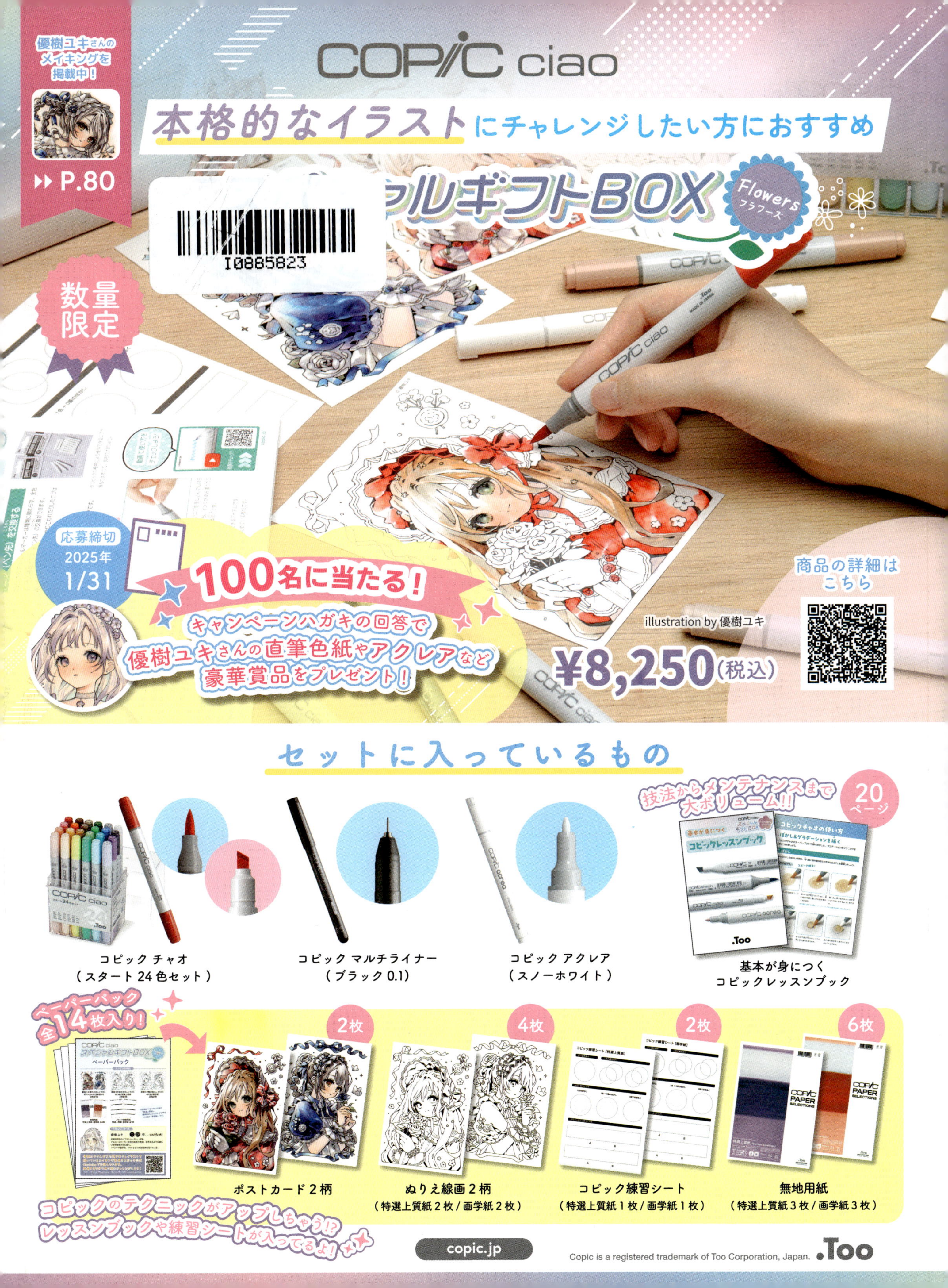
優樹ユキさんのメイキングを掲載中！
▶▶ P.80
COPIC ciao
本格的なイラストにチャレンジしたい方におすすめ
ャルギフトBOX
Flowers フラワーズ
I0885823
数量限定
応募締切 2025年 1/31
100名に当たる！
キャンペーンハガキの回答で
優樹ユキさんの直筆色紙やアクレアなど
豪華賞品をプレゼント！
illustration by 優樹ユキ
¥8,250(税込)
商品の詳細はこちら
セットに入っているもの
コピック チャオ
（スタート 24 色セット）
コピック マルチライナー
（ブラック 0.1）
コピック アクレア
（スノーホワイト）
技法からメンテナンスまで大ボリューム!!
20ページ
基本が身につく
コピックレッスンブック
ペーパーパック全14枚入り！
2枚
ポストカード２柄
4枚
ぬりえ線画２柄
（特選上質紙２枚 / 画学紙２枚）
2枚
コピック練習シート
（特選上質紙１枚 / 画学紙１枚）
6枚
無地用紙
（特選上質紙３枚 / 画学紙３枚）
コピックのテクニックがアップしちゃう!?
レッスンブックや練習シートが入ってるよ！
copic.jp
Copic is a registered trademark of Too Corporation, Japan.
.Too

88
季刊エス
2025 Winter
S第88号／2025年10月1日発行　年4回発行(3､6､9､12月発売)
各界のビジュアル表現を総覧★ストーリー&キャラクター表現の総合誌
Story & Character, See & Draw, Style, Show & Move, Sense, Spirit, Soul!

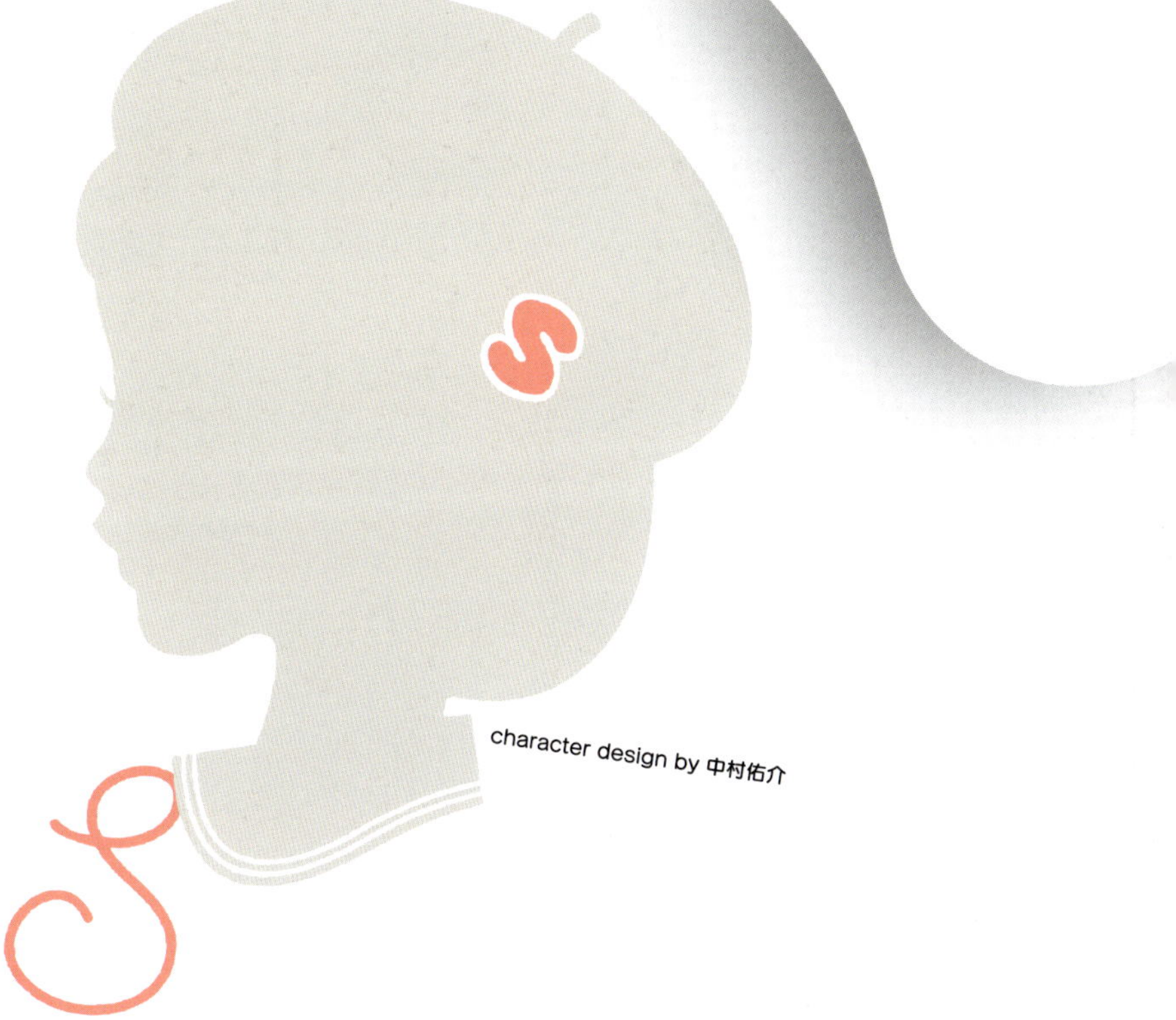

character design by 中村佑介

## 表紙&ピンナップ｜加藤和恵

## 怪異—ふしぎあやかし—



Editor-in-Chief
天野昌直

Editor
高橋祐美
佐々木弥生
草野友美加
中村穂乃香

Contributing Editor
稲葉怜

Public Relations
杉本歩美

Support Staff
斉藤真子
紺野恵未
今井野乃歌
大城麻優見
篠田侑里
新井日和
斎藤真帆
石黒陽南
吹野文要

Art Director & Title Logotype
佐々木暁

Designer
小嶋香織(oflo)
水谷文香

Publisher
三芳寛要

Printing Director
加藤弘貴(広済堂ネクスト)

●発売＝株式会社 パイ インターナショナル
〒170-0005　東京都豊島区南大塚2-32-4
TEL:03-3944-3981(代表)
●制作＝株式会社 パイ インターナショナル　エス編集部
〒150-0041　東京都渋谷区神南1-13-3アーク神南ビル2F
TEL:03-6455-0223(編集部直通電話)
●印刷＝株式会社広済堂ネクスト



PIE International Inc.
2-32-4 Minami-Otsuka, Toshima-ku, Tokyo 170-0005
email international@pie.co.jp
www.pie.co.jp/english

Printed in Japan

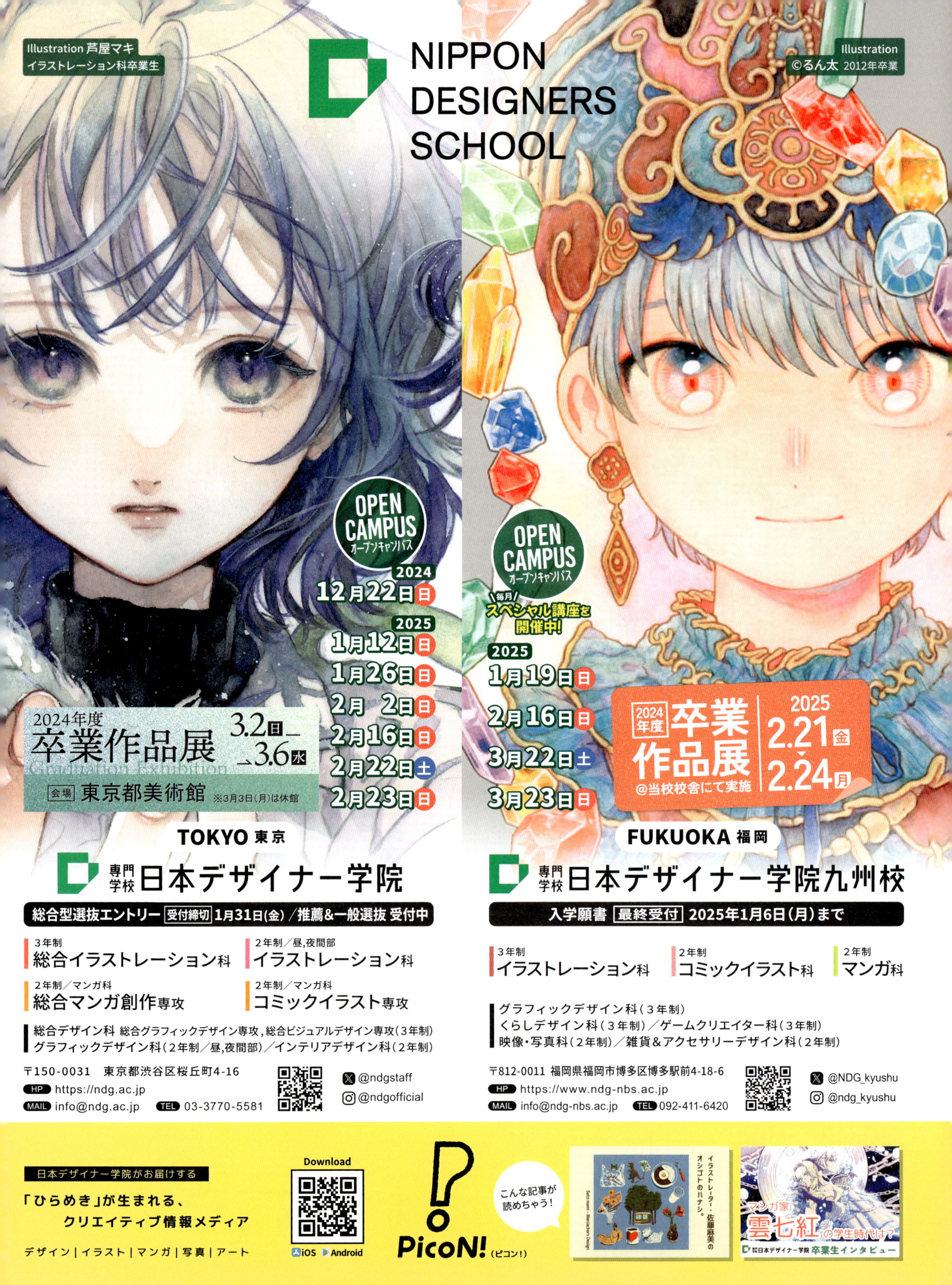
Illustration 芦屋マキ
イラストレーション科卒業生
NIPPON
DESIGNERS
SCHOOL
Illustration
©るん太 2012年卒業
OPEN CAMPUS
オープンキャンパス
2024
12月22日日
2025
1月12日日
1月26日日
2月 2日日
2月16日日
2月22日土
2月23日日
2024年度
卒業作品展
Graduation Exhibition
3.2日
3.6水
会場 東京都美術館 ※3月3日(月)は休館
TOKYO 東京
専門学校 日本デザイナー学院
総合型選抜エントリー 受付締切 1月31日(金)／推薦&一般選抜 受付中
3年制 総合イラストレーション科
2年制／昼,夜間部 イラストレーション科
2年制／マンガ科 総合マンガ創作専攻
2年制／マンガ科 コミックイラスト専攻
総合デザイン科 総合グラフィックデザイン専攻,総合ビジュアルデザイン専攻(3年制)
グラフィックデザイン科(2年制／昼,夜間部)／インテリアデザイン科(2年制)
〒150-0031 東京都渋谷区桜丘町4-16
HP https://ndg.ac.jp
MAIL info@ndg.ac.jp
TEL 03-3770-5581
@ndgstaff
@ndgofficial
OPEN CAMPUS
オープンキャンパス
毎月! スペシャル講座を開催中!
2025
1月19日日
2月16日日
3月22日土
3月23日日
2024年度
卒業作品展
@当校校舎にて実施
2025
2.21金
2.24月
FUKUOKA 福岡
専門学校 日本デザイナー学院九州校
入学願書 最終受付 2025年1月6日(月)まで
3年制 イラストレーション科
2年制 コミックイラスト科
2年制 マンガ科
グラフィックデザイン科(3年制)
くらしデザイン科(3年制)／ゲームクリエイター科(3年制)
映像・写真科(2年制)／雑貨&アクセサリーデザイン科(2年制)
〒812-0011 福岡県福岡市博多区博多駅前4-18-6
HP https://www.ndg-nbs.ac.jp
MAIL info@ndg-nbs.ac.jp
TEL 092-411-6420
@NDG_kyushu
@ndg_kyushu
日本デザイナー学院がお届けする
「ひらめき」が生まれる、
クリエイティブ情報メディア
デザイン | イラスト | マンガ | 写真 | アート
Download
iOS Android
PicoN! (ピコン!)
こんな記事が読めちゃう!
イラストレーター・佐藤麻美のオシゴトのハナシ。
マンガ家 雲七紅の学生時代は?
日本デザイナー学院 卒業生インタビュー

# S -mono　Software Hardware Materials etc

## 水彩画や色鉛筆などにオススメの コットン100%国産水彩紙!!

### Doアートペーパー/Beアートペーパー

コットン100%ペーパー
209g/㎡・中性紙
ナチュラルホワイト色
(各紙共通)

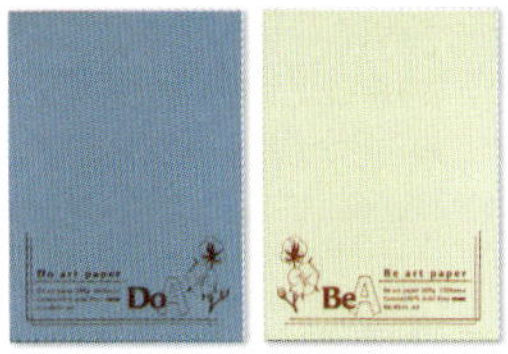

パッド:
サイズ、価格、天糊・15枚入
A3規格:2,970円(税込)
A4規格:1,650円(税込)
B5規格:1,100円(税込)
シート:サイズ、価格
4/6判(1,091mm×788mm)
Y目 726円(税込)

Do art paper [ドゥーアートペーパー] (左)
適度なザラつきのある紙肌と柔軟性を持った風合いある表面が特徴で、自然な水彩表現が可能です。

Be art paper [ビィーアートペーパー] (右)
滑らかな紙肌(細目)と柔軟性を持った表面が特徴で、絵具も適度に吸い込み、発色に優れます。

ミューズ
オンラインショップ

● 株式会社ミューズ ☎03-3877-0123(代)
● www.muse-paper.co.jp

muse DRAW ON OUR EXPERIENCE

## 「Wacom One 液晶ペンタブレット 13 touch / 12」新発売！

デジタルクリエイティブに挑戦したい人に向けた新しい「Wacom One シリーズ」が登場。購入してから開封、使い始め、さらにスキルを磨くところまで、Wacom One が寄り添ってサポート。多彩なチュートリアルやサービスが付いた、初心者にぴったりのモデルです。

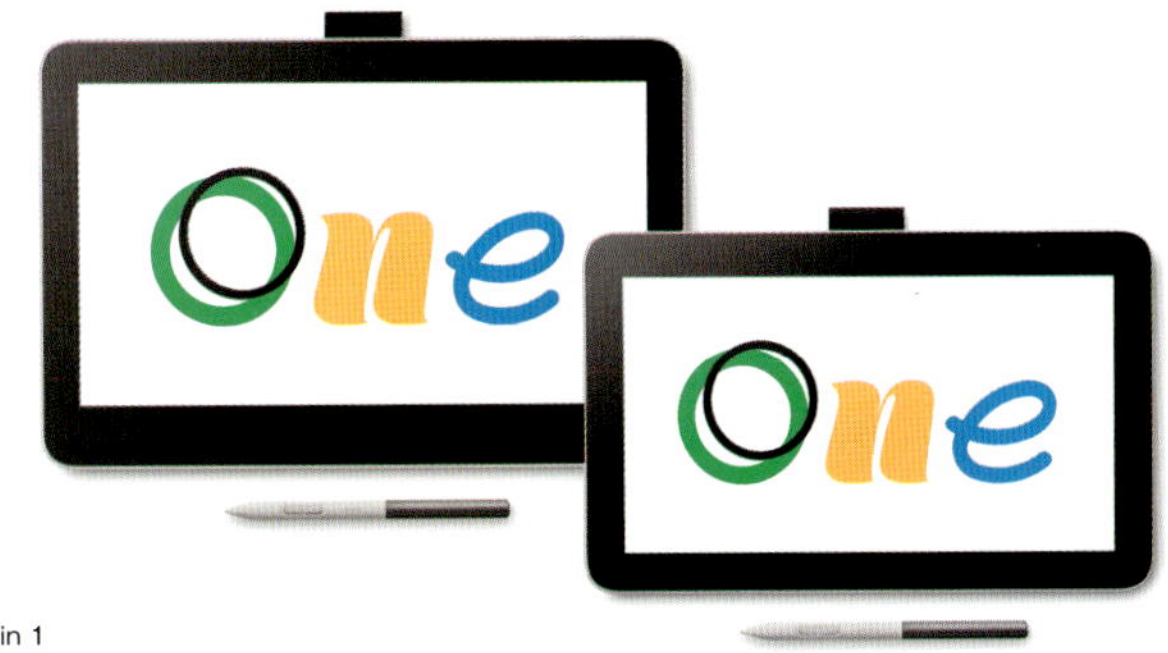

■製品情報
・製品名：
　Wacom One 液晶ペンタブレット 13 touch / 12
・型番：DTH134 / DTH121
・液晶パネル表示サイズ：13.3 型 / 11.6 型
・筆圧レベル：4096 レベル
・マルチタッチ：DTH134 のみあり
・価格：オープン価格

■対応システム・接続
・パソコンへの接続
　USB Type-C (DisplayPort Alternate Mode) or 3 in 1
　(HDMI、USB-A、電源)
・対応システム
Windows® 7 以降 (最新の SP 適用)
macOS 10.13 以降

*1 コンピュータに標準装備されたUSBポート以外での動作は保証していません。
*2 専用ペンによる入力が可能なタブレットPCなどのコンピュータでの動作は保証していません。
*3 電子マニュアルのダウンロードにインターネット接続が必要です。

●株式会社ワコム ☎03-5337-6701(平日9:00〜20:00／土曜日10:00〜18:00※日祝を除く) ● www.wacom.com

## 特殊水性顔料「マルチインク」採用 大切な作品、もう色褪せない、ブラッシュペン

### ステッドラー ピグメント ブラッシュペン

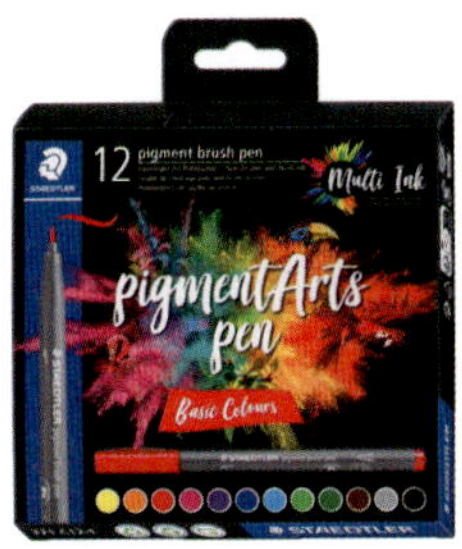


卓越した耐光性、速乾性、耐水性を兼ね備え、描いた作品も永くお楽しみいただける「マルチインク」は、APマークに準拠し、身体にも安全な無臭で長時間でも安心して描いていただける「特殊水性顔料インク」です。

色数・単色全36色　1本 価格：330円(税込)
12色セット 価格：3,960円(税込) ／ 24色セット 価格：7,920円(税込)
36色セット 価格：11,880円(税込) *ドイツ製

●ステッドラー日本株式会社
●https://www.staedtler.jp

## いろんな作品づくりにマッチする 美文字筆ぺんセット

### BIMOJI FUDE PEN Assorted set／5本セット

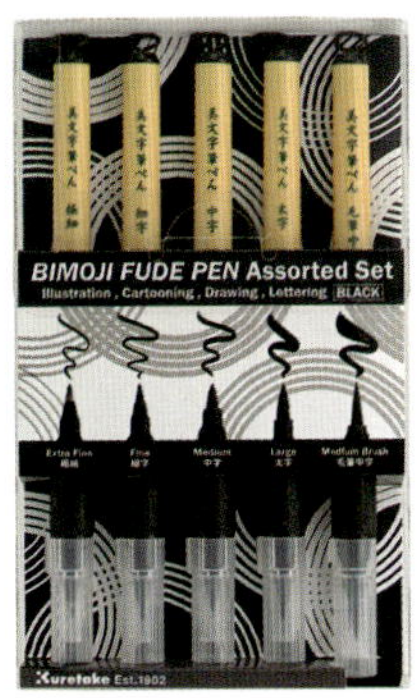


イラスト、漫画、ドローイング、レタリングに使える美文字筆ぺん全種類(5本)セットです。

・美文字筆ぺん 極細
・美文字筆ぺん 細字
・美文字筆ぺん 中字
・美文字筆ぺん 太字
・美文字筆ぺん 毛筆中字
・なぞり書き用下絵×1

価格：1,650円(税込)

● 株式会社 呉竹　☎0742-50-2050
● https://www.kuretake.co.jp/

## スマホ・タブレット パソコンで描ける

### CLIP STUDIO PAINT PRO

クリップスタジオペイント プロ

Ver.3.0

デジタルでお絵描きするなら
みんなが使っている安心定番のペイントアプリ！

[iPad / Android / Windows / macOS / Chromebook / iPhone / Android Phone]

CLIP STUDIO PAINT PRO
[一括払い] Windows / macOS
**5,900円(税込)**
[月額利用プラン] iPad / Android / Windows / macOS / Chromebook / iPhone / Android Phone
初回申込み時最大3ヶ月無料
年間契約で最大7ヶ月分お得
**100円／月(税込)〜**

- リアルで自然、思い通りの描き味
- ペンも UI も自由自在にカスタマイズ
- 無限に追加される数万点のブラシ・素材
- スマホなら毎月30時間まで体験！

【CLIP STUDIO PAINT 公式サイト】www.clipstudio.net/

● 株式会社セルシス　● www.celsys.com/

## 厳選された原料による鮮やかな発色 ターレンスの最高級ブランド

### レンブラント透明水彩絵具

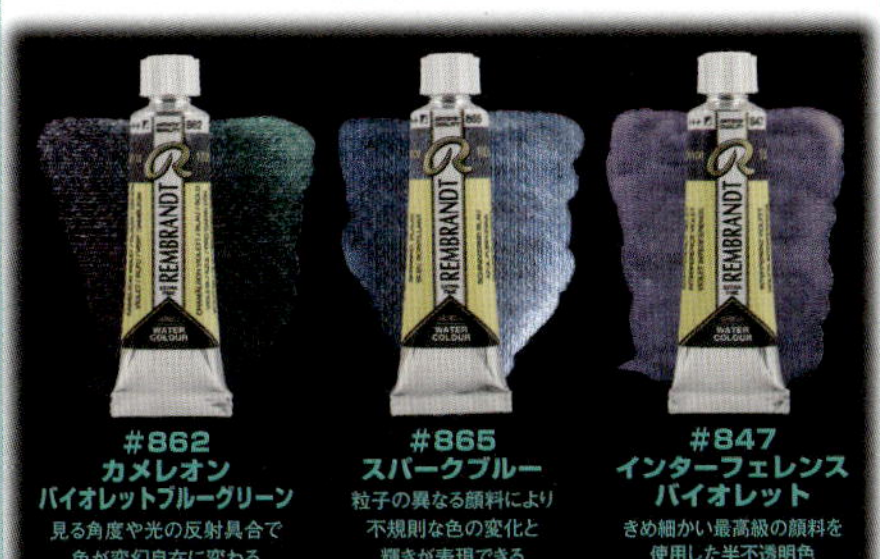


ターレンスの最高級ブランド「レンブラント」がお届けする透明水彩絵具。きめが細かい顔料と無色のアラビアゴムが、輝きのある純粋な透明感を表現します。

色数：全120色
価格：10ml チューブ　各770円〜990円(税込)

● 株式会社ターレンスジャパン　● www.talens.co.jp/
X @talensjapan　@talens_japan

## 同人誌からオリジナルグッズまで 高品質・格安印刷でお届けします！

### 同人誌印刷・同人グッズ制作なら コミグラ

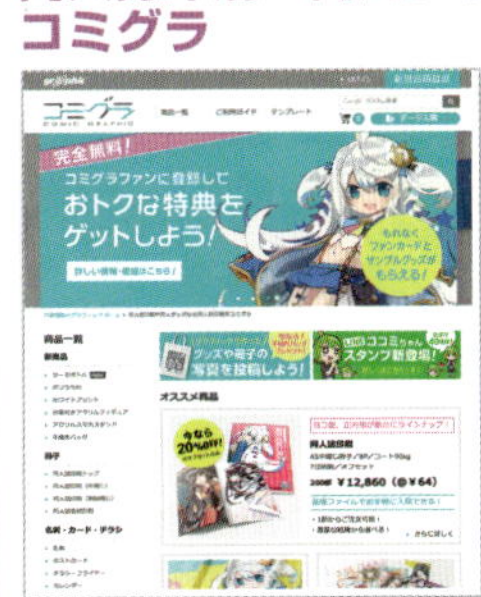

同人誌やイラスト集はもちろん、シールやアクリルキーホルダー、キャンバスプリントなど様々なグッズが作れます。各種イベントでも多くの絵師様にご愛用いただいております。当社自慢のフルカラー印刷であなたの創作活動を応援します！

24時間いつでも
注文・入稿受付 OK

[コミグラ] www.graphic.jp/comic/

新規会員登録ですぐに使える500円分のポイントをプレゼント！さらに初回ご注文納品時のアンケートに回答して500ポイント！

● 株式会社グラフィック
● www.graphic.jp/

gr@phic

## 小部屋を取って、組みかえて、カスタマイズできる水彩パレット

### ホルベイン 小部屋が取り外せる水彩パレット

小部屋(シャーレ)が取り外せるので色を並べかえることができる、まったく新しい水彩パレットが登場！ たとえば同系色でまとめてみたり、制作内容によって色の並び順を変えてみたり…制作が捗ります！シャーレをすべて外して洗えるのでお手入れもカンタン！

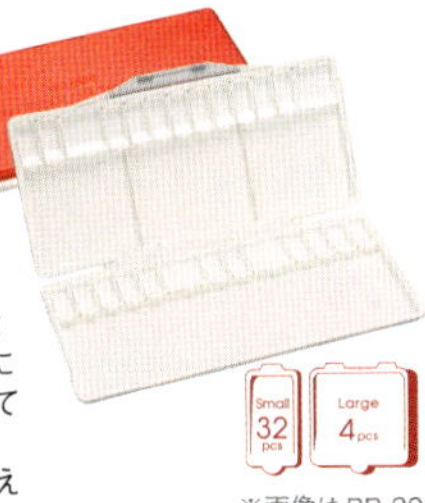


※画像は RP-30

サイズは2種類、シャーレも大・小の2種類をご用意
RP-24 24仕切(シャーレ 小：26ヶ、大：4ヶ)　3,080円(税込)
RP-30 30仕切(シャーレ 小：32ヶ、大：4ヶ)　3,630円(税込)

● ホルベイン カスタマーセンター　0120-941-423
● 受付時間:平日 10:00〜16:00(土日祝日・お盆・年末年始を除く)
● https://www.holbein.co.jp/

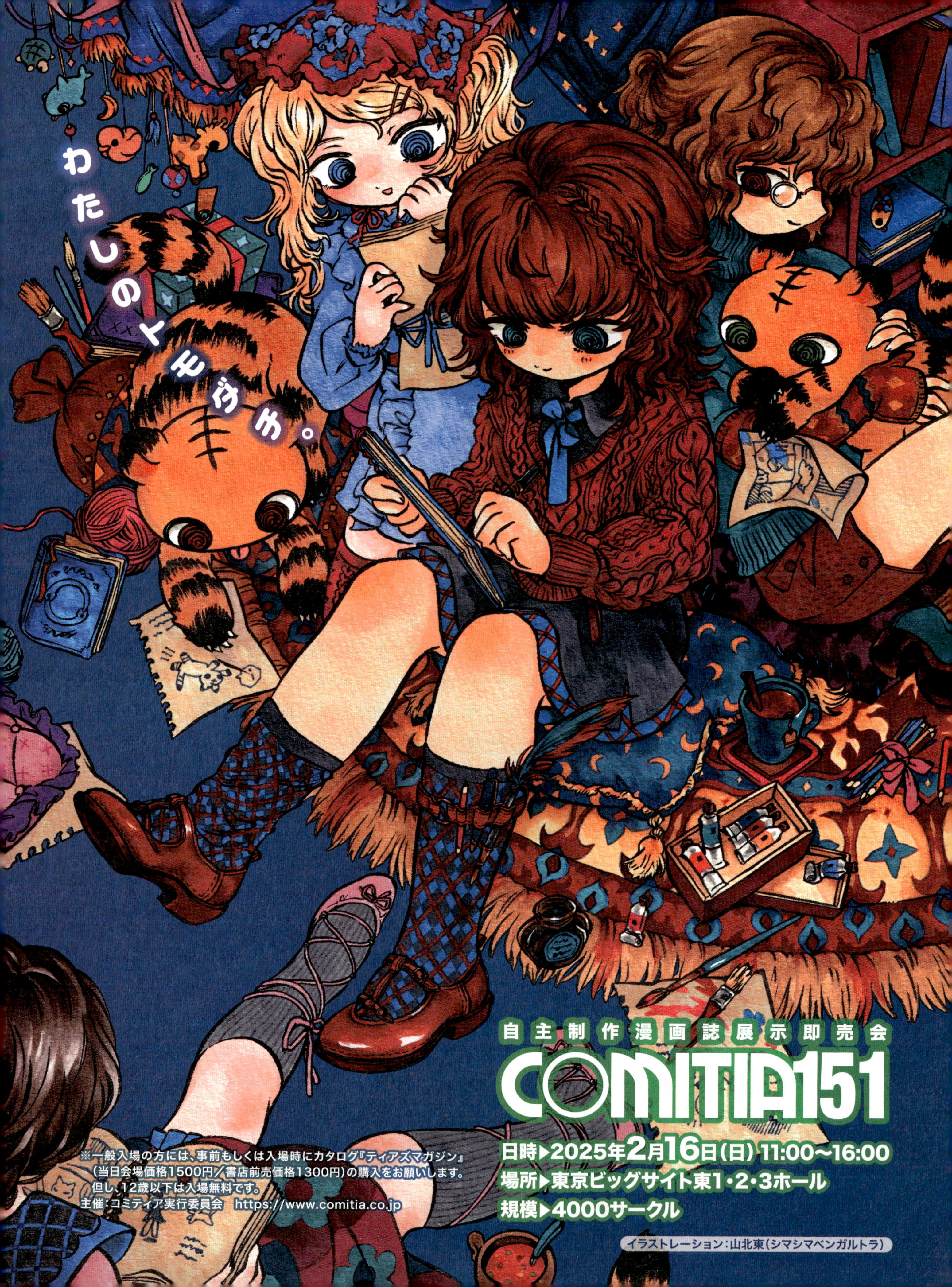
わたしのトモダチ。
自主制作漫画誌展示即売会
COMITIA151
日時▶2025年2月16日(日) 11:00〜16:00
場所▶東京ビッグサイト東1・2・3ホール
規模▶4000サークル
※一般入場の方には、事前もしくは入場時にカタログ『ティアズマガジン』
(当日会場価格1500円／書店前売価格1300円)の購入をお願いします。
但し、12歳以下は入場無料です。
主催:コミティア実行委員会　https://www.comitia.co.jp
イラストレーション:山北東(シマシマベンガルトラ)

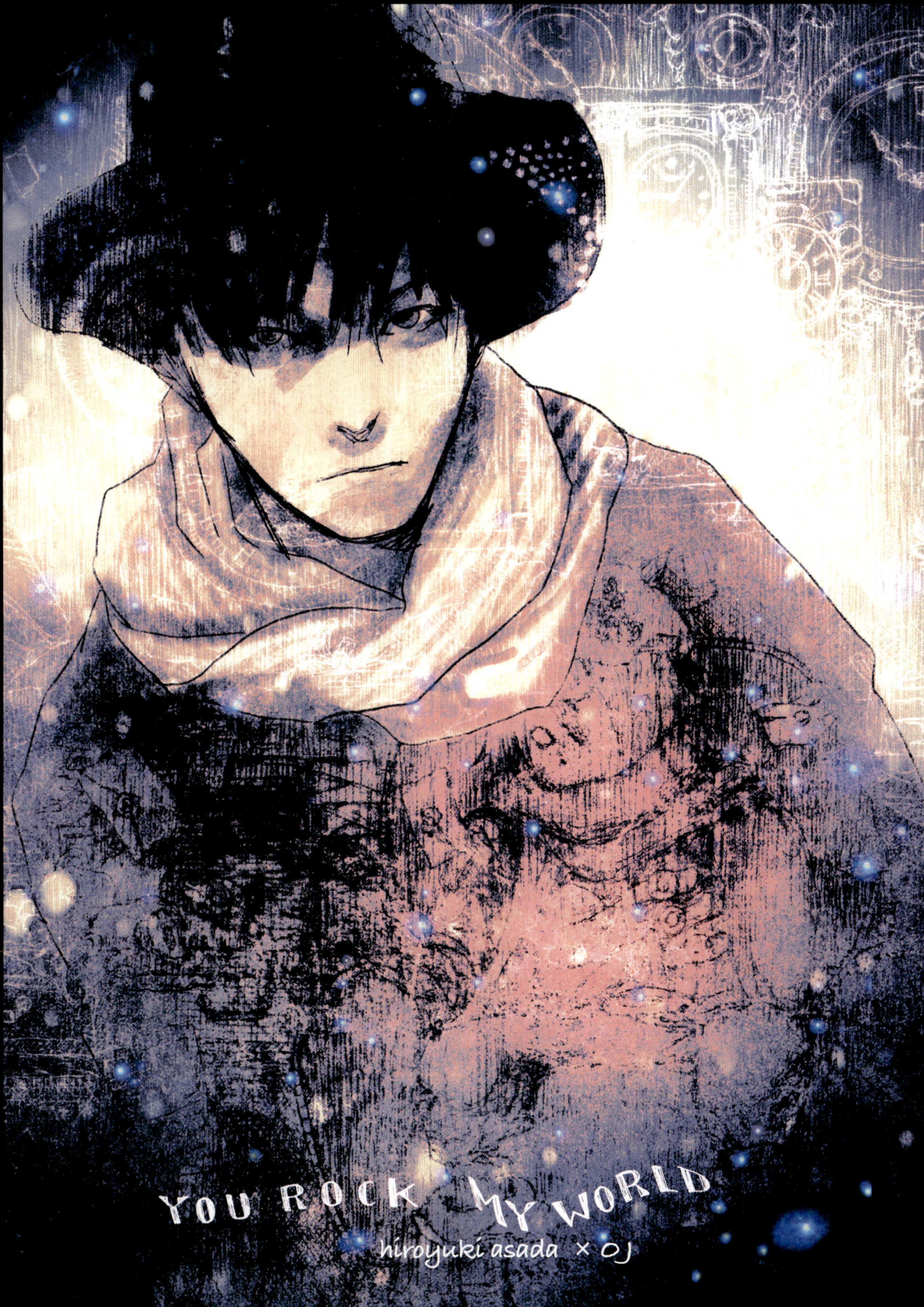


Frontispiece/Illustration by 浅田弘幸 「YOU ROCK MY WORLD」浅田弘幸 × 大山純(ストレイテナー)

# 青の祓魔師（エクソシスト） 加藤和恵

かとう・かずえ／第59回手塚賞準入選受賞作『僕と兎』で、「赤マルジャンプ」2000SUMMERにてデビュー。2005年より「月刊少年シリウス」にて、『ロボとうさ吉』を連載。読切作品『ホシオタ』『深山鷺邸事件』（『TIME KILLERS 加藤和恵短編集』収録）を経て、2009年より「ジャンプSQ.」にて『青の祓魔師』を連載中。2021年には『営繕かるかや怪異譚』（原作：小野不由美）の短期集中連載も行った。



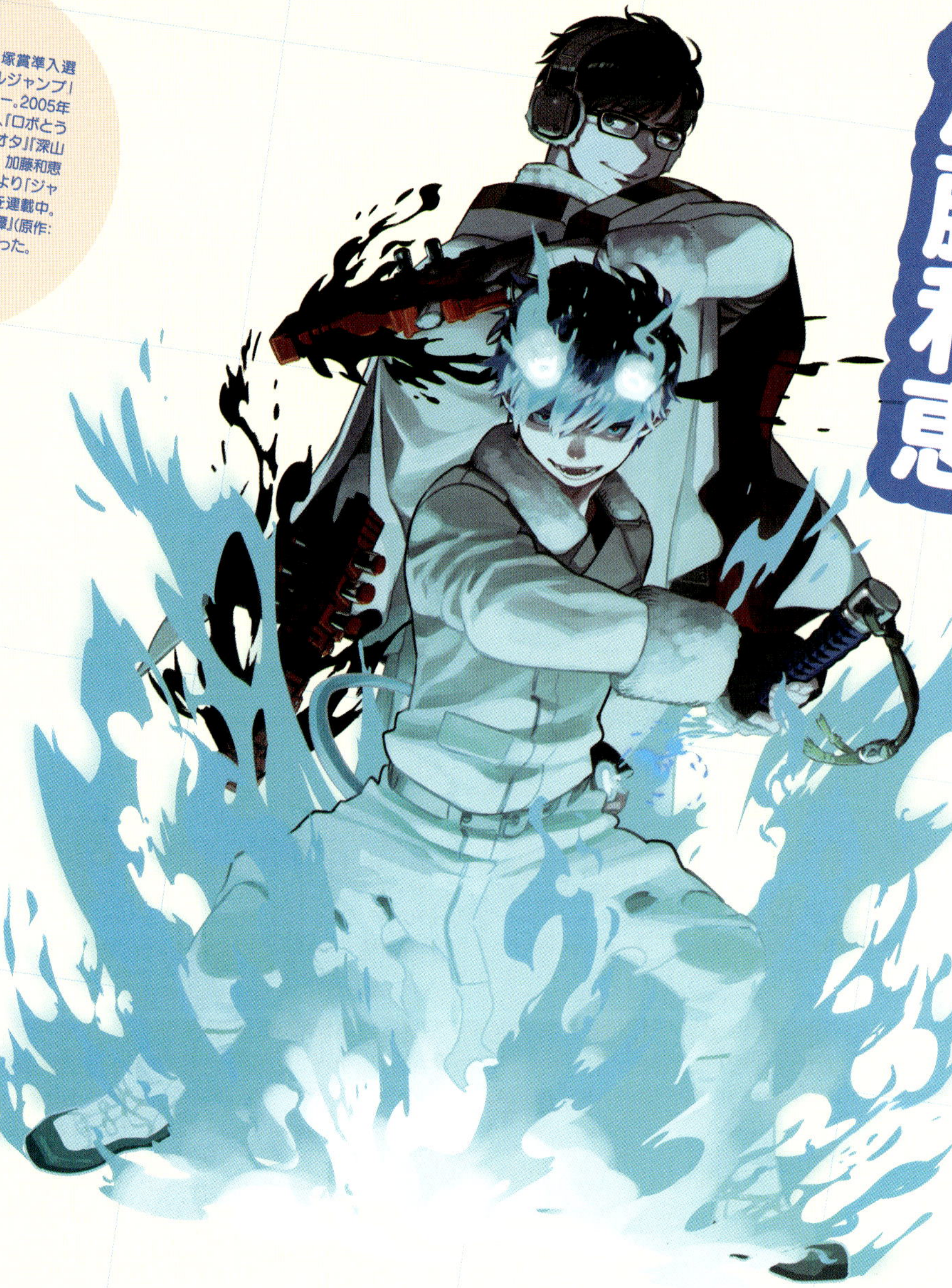

**ついに連載15周年を迎えた『青の祓魔師（エクソシスト）』。燐も雪男も祓魔塾の仲間たちも、それぞれに大きな試練を何度も乗り越えながら、その度に成長し、絆を深め、今や最終決戦へと辿り着いた。そんな『青エク』の作者・加藤和恵さんに、今号は「怪異」をテーマにした表紙も描き下ろしてもらった。まずは表紙についてのお話を伺ってから、たっぷりと『青エク』の軌跡を振り返ってインタビュー！**

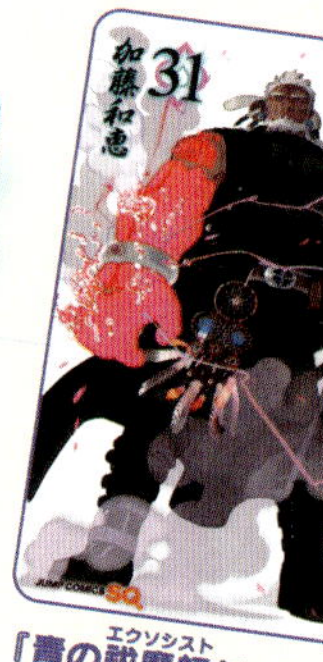


『青の祓魔師（エクソシスト）』31巻
●発売：集英社
●価格：594円（税込）

## 加藤和恵インタビュー

――今号は、『青の祓魔師（エクソシスト）』（以降、青エクと表記）連載十五周年を迎えた加藤和恵さんに、「怪異」をテーマにオリジナルの表紙イラストを描き下ろしていただきました。ラフは二パターンいただきましたが（※十六ページ掲載）、それぞれどんなイメージか教えていただけますか？

**加藤**　キャッチーにアップの構図で「うらめしや〜」というイメージと、和服の男が暖簾からぬぅ〜と出てくるイメージですね。「怪異」と聞いて、和風ホラー、日本の怪談の雰囲気が思い浮かんだので。

――二パターンのうち暖簾のほうのアイデアで進めていただきましたが、どんな設定でしょう？

**加藤**　まずは風呂屋の暖簾と幽霊の「ゆ」を掛けました。「暖簾の奥は黄泉の世界ですか」とメールでコメントをいただいて、なるほど〜と思ったんですけど、確かに暖簾の向こう側は異界なんだろうなという気がします。最初は暖簾から出てくる男をキツネ耳にしようと思ったんですけど、それだと「怪異」というより「妖怪」になっちゃうと思ったので、やめて普通の人にしました。浴衣には魔除けの柄をフリーハンドで描いて貼っています。カゴメやウロコって魔除けの意味があるんですよ。だから魔除けの着物をまとって、異世界から帰ってきたところですね。あとは色をグレーっぽくしようかなというのは最初に決めていて。特にストーリーみたいなものは考えていなかったです。

――手前の植物は、だいぶおどろおどろしい雰囲気ですね。

**加藤**　最初に「植物を入れてはどうでしょう」と提案されたので、枯れた植物を入れようと思いました。芍薬はちょっとグロテクスな実をつけるので、テーマに合っていいかなって。ただ秋の植物なので、季節には合っていなくてスミマセンという…。梅は正月感が出るかなと思って入れました。

――ラフにはなかった、浴衣の男のものではない手が完成作品には追加されていて、ちょっとゾッとしました。

**加藤**　手はラフを描いたあとに入れようと思いつきました。もともと『営繕かるかや怪異譚（以降、かるかやと表記）』の短期連載をしている時に、何か写り込んでいるような心霊写真っぽいイラストを色々描いていたので、その流れですね。あとは途中から、少し燐っぽく描こうという気持ちはありました。

――確かにやや面影が…！　今回はCLIP STUDIO PAINT（以降、クリスタと表記）で描かれていますが、二〇一三年に『青エク』九巻のカバーイラストメイキングを取材させてもらった時はPainterでしたよね？

**加藤**　そうですね。デジタルを始めた頃はPainterで、そのあとクリスタを使う前はＳＡＩで描いていたんですけど、実はPainter の筆が一番好きです。クリスタの筆は、無料配布されているものを使わせてもらってるんですが、ジャストなものは、まだ模索中な感じで。最近はバケツで塗ることも多くて、そのあと筆で調整するようなイメージです。

――なるほど。詳しくはメイキングページでご紹介いたしますね！　では、ここからは『青の祓魔師（エクソシスト）』について伺っていきたいと思います。コミックスが三一巻まで発売される現在、かなりクライマックス感のある展開が繰り広げられていますが、十五年という長期連載の末にここまで辿り着いて、率直にどんな気持ちでしょう？

**加藤**　もう、早く最後まで描き切りたい気持ちが強いです。今年のはじめは、もっとグイグイ進めるつもりでいたんですけど、病気で長期間休んだりして全然描けなかったので、早く進めたくてイライラしています（笑）。

――京都篇（五〜九巻）を描くタイミングで、

最後までの大筋の展開は決めたそうですが、その頃に加藤さんが思い描いていたものと比べてどうですか？

**加藤** 削って削って、ここまで来た感じですね。それこそ学園生活のワチャワチャした話もネタはあるのですが、主軸のストーリーをちゃんと進めようとすると、ゆっくりやっている余裕はなくて。ただ、当初考えていたものから増えた要素もあります。例えば劉成龍（リュウセイリュウ）というキャラは、もともと劇場版アニメのゲストキャラで漫画に出す予定はなかったのですが、最終決戦的な今の流れで、日本以外のエクソシストも色々いたほうがいいだろうし、ファンサービスにもなるのでは、と思って出すことにしました。京都篇をやる頃にアニメが始まり、打ち切りの可能性もなくなったので、当時の担当と打ち合わせて最後までの大体のプロットを決めたのですが、「これ、全部やってたら一〇年くらいかかるじゃん!!」と、話していた通りになってますね…（笑）。

――もう、十五年ですものね。京都篇では、のちにイルミナティのエピソードと通じる藤堂が初めて登場しますが、過去篇（二二～二五巻）ではイルミナティと正十字騎士團の関係や、一巻と繋がるエピソードを読むことができ、切なく恐ろしくも感慨深かったです。

**加藤** 本当は一巻の時点で伏線として触れておくべき事柄がたくさんあったんですけど、打ち切られるかもしれない恐怖でやれなかったことがいっぱいあるんです。それこそルシフェル率いるイルミナティの存在も、燐と雪男の母親であるユリの存在も怖くて出せなかった。本当に、アニメが始まるまでは「大丈夫？ 続く？」という気持ちで。でも大丈夫そうだということで、京都篇では少し長めの話をつくることになったんです。決まっていたのは、剣を抜けなくなった燐が最終的には剣を抜ける、というところをカタルシスにすることと、雪男も主軸のストーリーに絡ませること。それ以外は都度、描きながら決める感じでした。

――そもそも連載開始前に設定が決まっていたキャラクターは、燐、雪男、獅郎、しえみに、メフィストあたりでしょうか？

**加藤** そうですね。ただ獅郎は最初、男性ではなくおばあちゃんだったんですよ。それが、しえみのおばあちゃんにスライドしました。それから京都の三人組も、今より少し悪そうな感じですが初期ラフにいました。シュラも最初からいたかな。アマイモンは土壇場で考えたキャラで、出雲もライトニングも最初はいなかったですね。実はベルゼブブは初期から考えていたキャラで、昔描いたイラストがもとになっているのでビジュアルもできていました。でも出せるタイミングがなかなかなくて、今の最終決戦でようやく出せた感じです。

――最終決戦で登場した新キャラと言えば、連載十五周年の人気キャラクター投票で九位にランクインしたアモンも気になります。

**加藤** アモンはベルゼブブと違って、本当に土壇場で考えたキャラです。でも、火の王イブリースの強い眷属（けんぞく）という設定ではあるので、そう見えるように頑張って考えました。私の中ではYouTubeの配信者のイメージで、喋り方なども参考にしています。

――まさかの配信者！ 出雲は最初から考えていたキャラではなかったそうですが、出雲とイルミナティの関係が描かれるイルミナティ篇（十二～十五巻）は、連載の途中で展開を決めたということですか？

**加藤** 初期からきれいに流れが決まっていたのは過去篇くらいです。ずっと過去篇をやるために続けているようなものだったので、あそこでしっかり獅

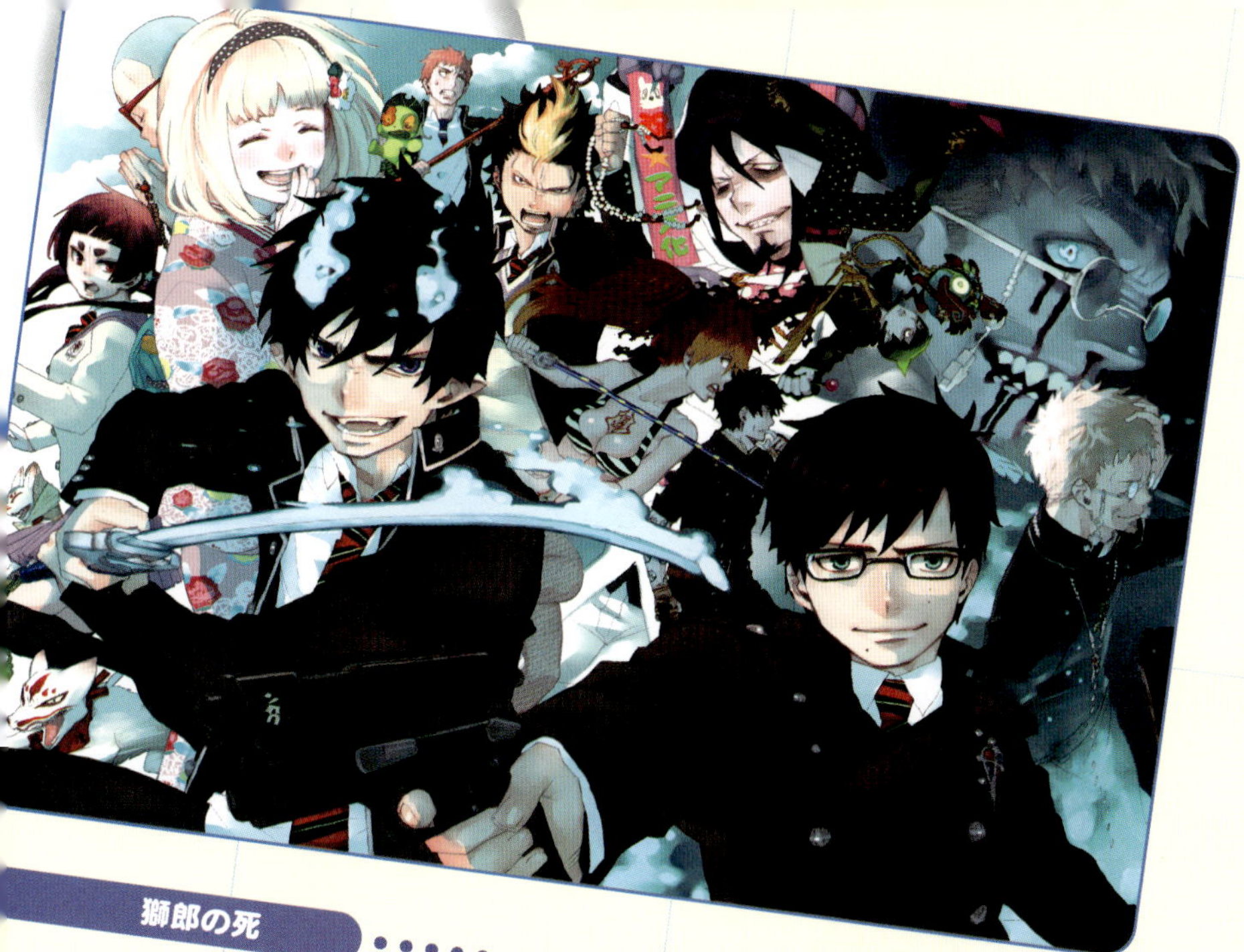

## 獅郎の死

サタンの血を引く燐は、そうと知らぬまま15年生きてきた。ところが、ついに青い炎を発し、力を覚醒させてしまう。燐のもとには獅郎に憑依したサタンが現れ、獅郎は燐を守るために絶命する。獅郎の仇を討つため、祓魔師（エクソシスト）を目指して正十字学園に入学した燐は、生徒でなく講師の雪男を目の当たりにするのだった。

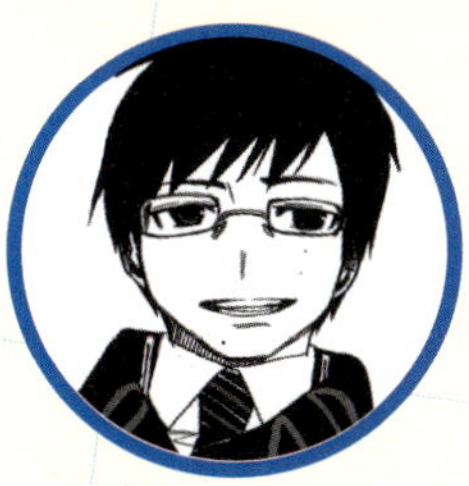

**奥村雪男**（おくむらゆきお）

燐の弟で、史上最年少で祓魔塾講師となった天才。医工騎士（ドクター）と竜騎士（ドラグーン）の資格を有する。

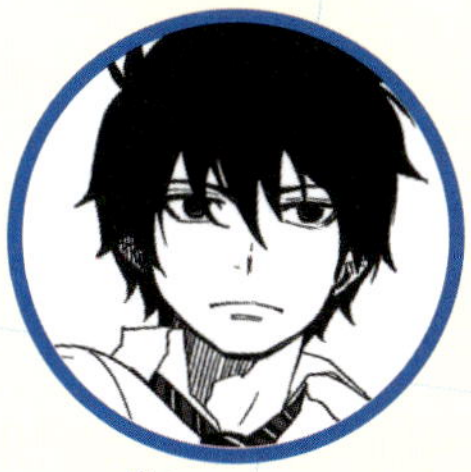

**奥村 燐**（おくむら りん）

人間と悪魔の血を引くサタンの落胤。養父・藤本獅郎の仇を討つため祓魔師（エクソシスト）を目指す。

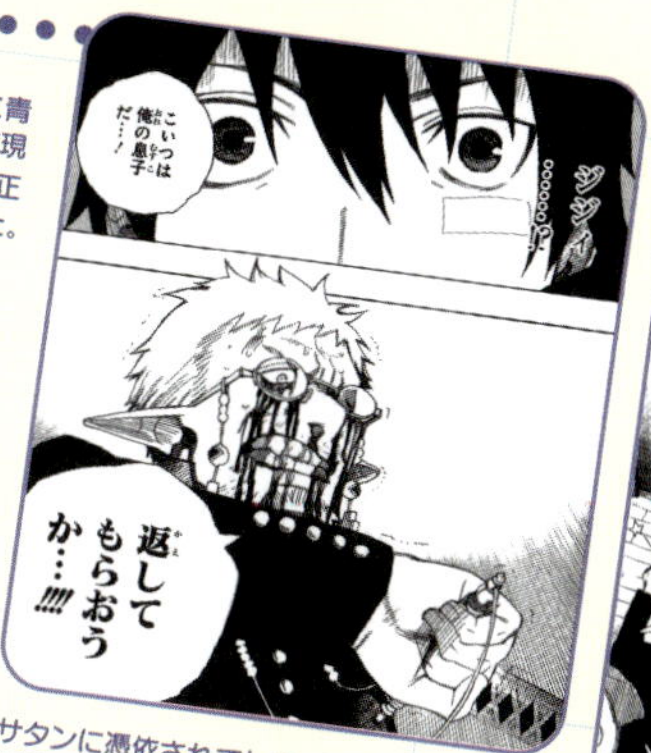


サタンに憑依されてしまった獅郎は、燐を守るために自ら命を絶つ。

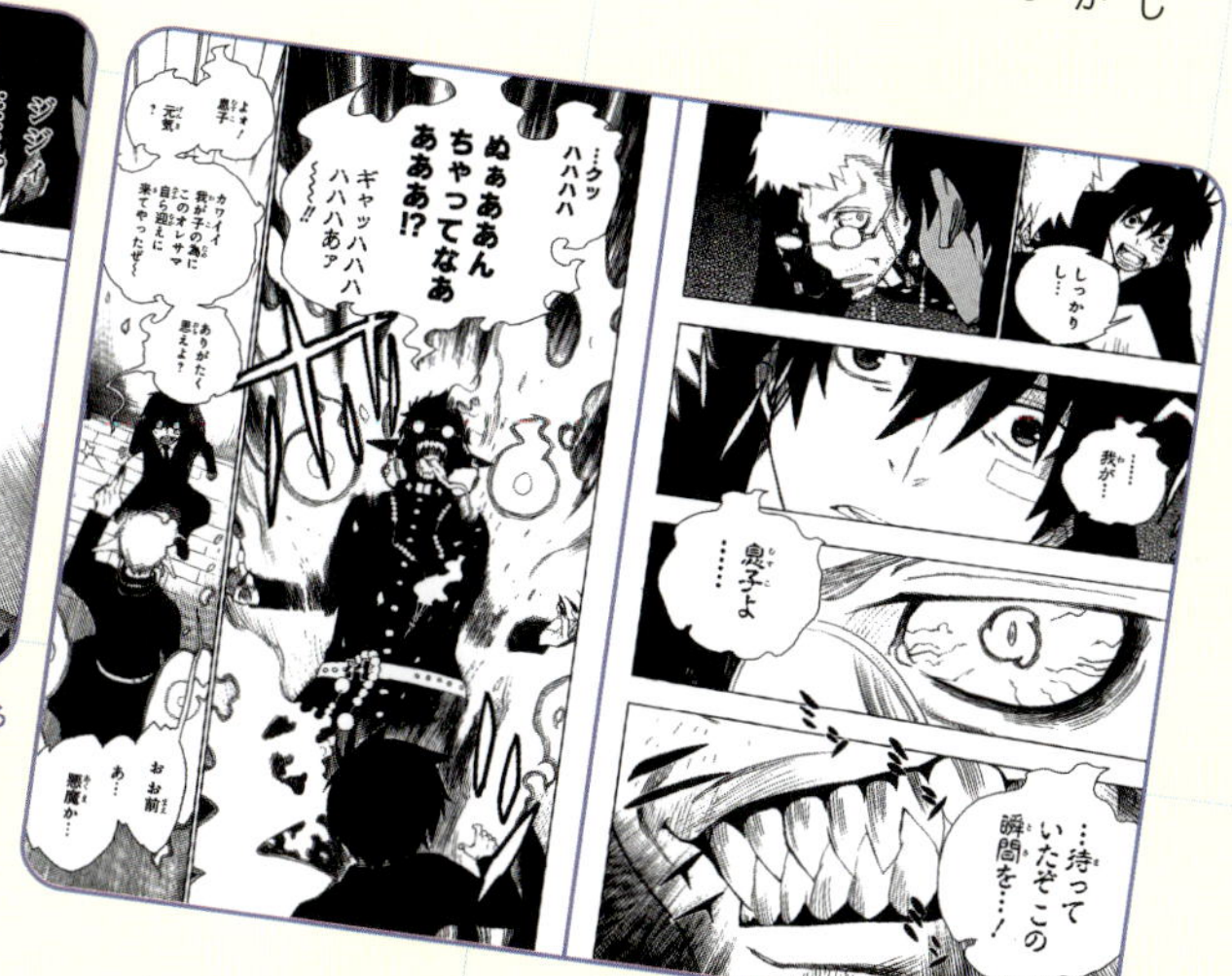


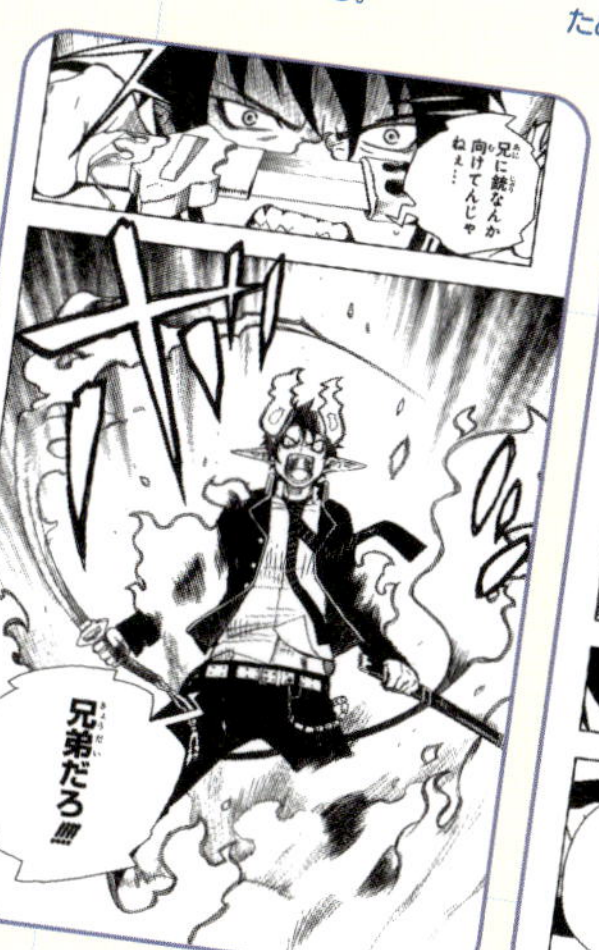


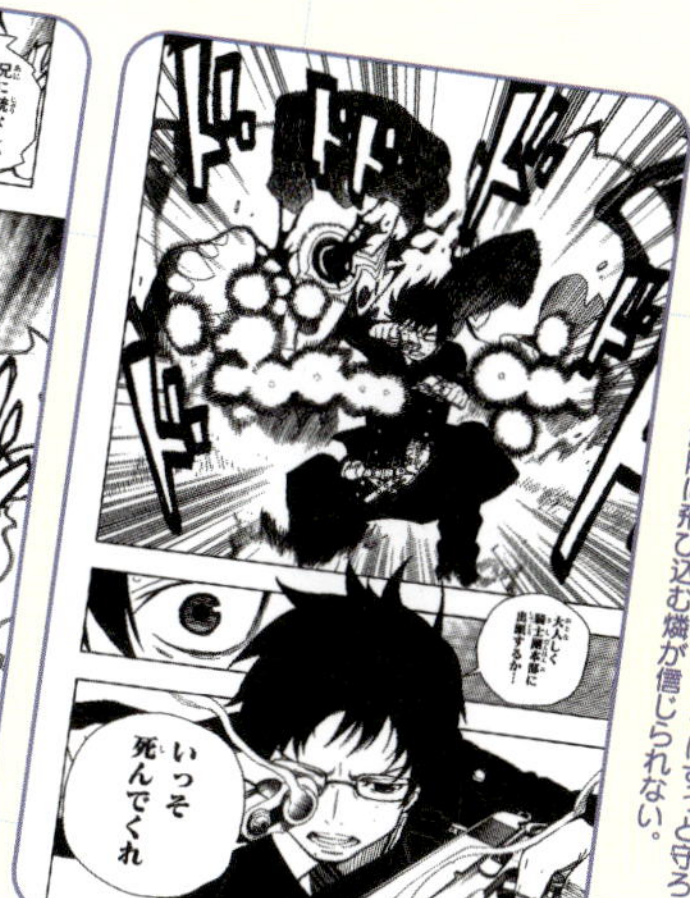


サタンの炎を受け継ぐ兄を、幼い頃から獅郎とともにずっと守ろうとしてきた雪男は、自ら危険に飛び込む燐が信じられない。

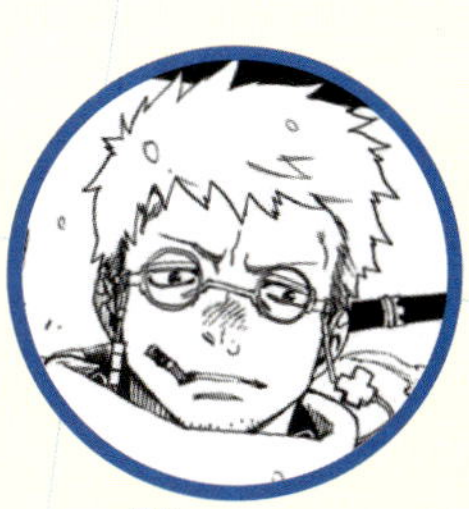

**藤本獅郎**（ふじもと しろう）

燐と雪男の養父で前聖騎士（パラディン）。燐を守って命を落とす。メフィスト、サタンとの間に因縁を持つ。

郎のことを描けたのは本当に嬉しかったです。イルミナティ篇は、イルミナティが敵であることを読者に示すために、そろそろ大きいエピソードつくろうと思って、ちょうど描きたかった出雲の話も絡めたら、想定以上にエグくなってしまったという。

――ストーリーも凄惨ですが、ゾンビや再会した出雲の母の姿もなかなかで……。

**加藤**　その先に続く過去篇も怖いので、読者に対して「ここから怖いよ！」と示しておこうと思ったんです。それに連載当初はあまり意識していなかったのですが、『青エク』をエクソシストものとして、ファンタジーというよりはホラーにしていきたい気持ちもありました。

――イルミナティ篇では志摩がスパイだったことも判明しますが、実はギリギリまでスパイにするかどうかは迷っていたそうですね。

**加藤**　そんなんばっかで。志摩はスパイにならなければ、ちょっとしたお茶の間サイズの悩みを抱えつつも、安心感のあるゆる〜いツッコミキャラとして描いていたと思うんですけど、それだとキャラとしてはもったいないかなと。もともと人気のあるキャラだったし、ちゃんと物語の主軸に絡んだほうが面白いんじゃないかと思ったんです。ユルユルした雰囲気と、シリアスを両立させるのが難しくも、おいしいキャラですね。

――スパイになったあとも、学園に戻ってきて引き続きみんなと一緒にいるので、シリアス一辺倒ではなく、楽しさもちゃんとありますよね。しかも雪男との距離感も面白くて、雪男が悩んでいるのを見抜いて、誰かに相談するよう助言していました。

**加藤**　シンプルに傍で見ていて、「この人、大丈夫かしら？」と思ったんでしょうね。

――そんな雪男も、最近ようやく長い葛藤から抜け出して吹っ切れた様子です。

**加藤**　今の雪男は、憑き物が落ちたような状態です。本人はまだ内心ちょっと恥ずかしいかもしれないですが、今までで一番フラットな精神状態かと（笑）。周りとしても「あれ？　なんか違う…？」となってます。

――シュラに絡まれては不機嫌に対応する雪男の姿がお馴染みでしたが、今や涼しい顔で気にも留めておらずで（笑）。そんなふうに長い連載のなかでキャラクターの意外な一面や、関係性の変化なども見られますが、加藤さんの中で想定していなかったものもありますか？　例えば、ライトニングの弟子として、まるでお母さんのように世話を焼く勝呂などはどうでしょう？

**加藤**　確かにライトニングと勝呂がこんなことになるとは、まったく想定してなかった！　もともとは、ライトニングを正十字騎士團の中枢に深く触れていくようなキャラにしようと思った時に、誰か一緒に動く助手をつくろうと思ったのが最初です。でも燐が助手は不安すぎるし、この時の雪男も無理で。じゃあ、誰にしようかなとなって勝呂がいいかもしれないと思ったんです。勝呂は勝呂で悩んでいたし、自分とは真逆のタイプであるライトニングから学べることも多いんじゃないかって。それで弟子入りする流れにしました。徐々に二人の関係性にも説得力が出てきて、三一巻ではだいぶ関係が発展した気がします。自分でも予想していなかったことですが、二人が今みたいな関係性になれているのは、私としても面白いです。そういう「意外とこうなった！」みたいなことは、いっぱいあります。

――三一巻では、ライトニングの代わりに泣く勝呂と、それを見て微笑むライトニングにグッときました。ライトニングに足りない情の部分を勝呂が補い、ライトニングもそれを頼りにしていますよね。

**加藤**　ライトニングはやべえ奴なんだけど、自分がやべえことをちゃんと自覚しているので、そういう安心感はあるキャラなのかなと思います。

――関係性の話で言うと、燐は早い段階からしえみのことが気になっていますが、最近はしえみ側にも変化が見られますね。

**加藤**　そうですね。少しづつ動かしていってるつもりです！

――楽しみにしていきます！　関係性だけでなく、人物像としても想定してなかったところに辿り着いたキャラクターはいますか？

**加藤**　アマイモンは、もともとそんなに重要なキャラになる予定ではなかったのですが、今はできるだけ主軸に絡めようとしていますね。でもなかなか難しくて、あまり動かしてあげられていないんです。今の最終決戦にも一応、しえみと絡むことでギリギリ参加している感じですが、それも最初は考えていなかった展開で。初期にしえみが、最初の強敵という感じで現れたアマイモンに、ヒロイン然とさらわれるベタな展開がありましたが、今はそのアマイモンを使い魔にすることで、過去の因縁と、向き合うしえみを表現できるかなと思いました。

――しえみが実はどういう人物か、というのは最初から決めていましたか？

**加藤**　しえみの設定自体はもともと初期からありました。けれど、どうやって主軸に絡めていくかは決まっていなかったので、徐々に今の方向に転換していった感じです。

――みんなと違う時間軸で二年間修行をすることは？

**加藤**　あれはもうしょうがないという感じで。どうしても修行はせざるをえないので、メフィストに特別な空間を用意してもらって二年くらい修行したら、しえみの力に少しは説得力が出るかなと。メフィストの時空を操る能力は本当に便利です。五年修行したとなると、五歳上になっちゃうけど、二年ならまだお酒も飲めない年齢だし、読者さんにもまあしょうがないと思ってもらえるかなって。だから初期からしえみが年上になることを想定していたわけじゃなかったです。

――なるほど。現在、正十字騎士團とサタン、八候王(バール)らとの最終決戦真っ只中で、複雑なチーム戦が展開していますが、キャラクターたちがどう関わり、どう動くのかなど、どんなふうに考えているのでしょう？　文字

## 京都・不浄王篇

祓魔塾に入って早々にサタンの息子と知られた燐は、最悪な空気のなか塾生たちと京都遠征へ。学園最深部の「不浄王の左目」が盗まれたことを受け、京都出張所の「右目」の警護を応援するためだった。出張所では明陀宗の座主である勝呂の父・達磨の関与が疑われているようだが――？

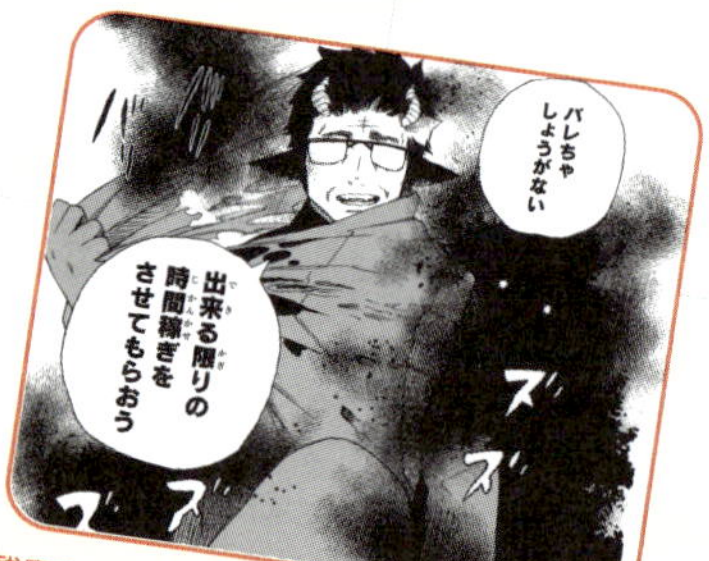


祓魔塾の元講師・藤堂は悪魔落ちして不浄王の左目を奪還。雪男に不穏な言葉を残して消えた。

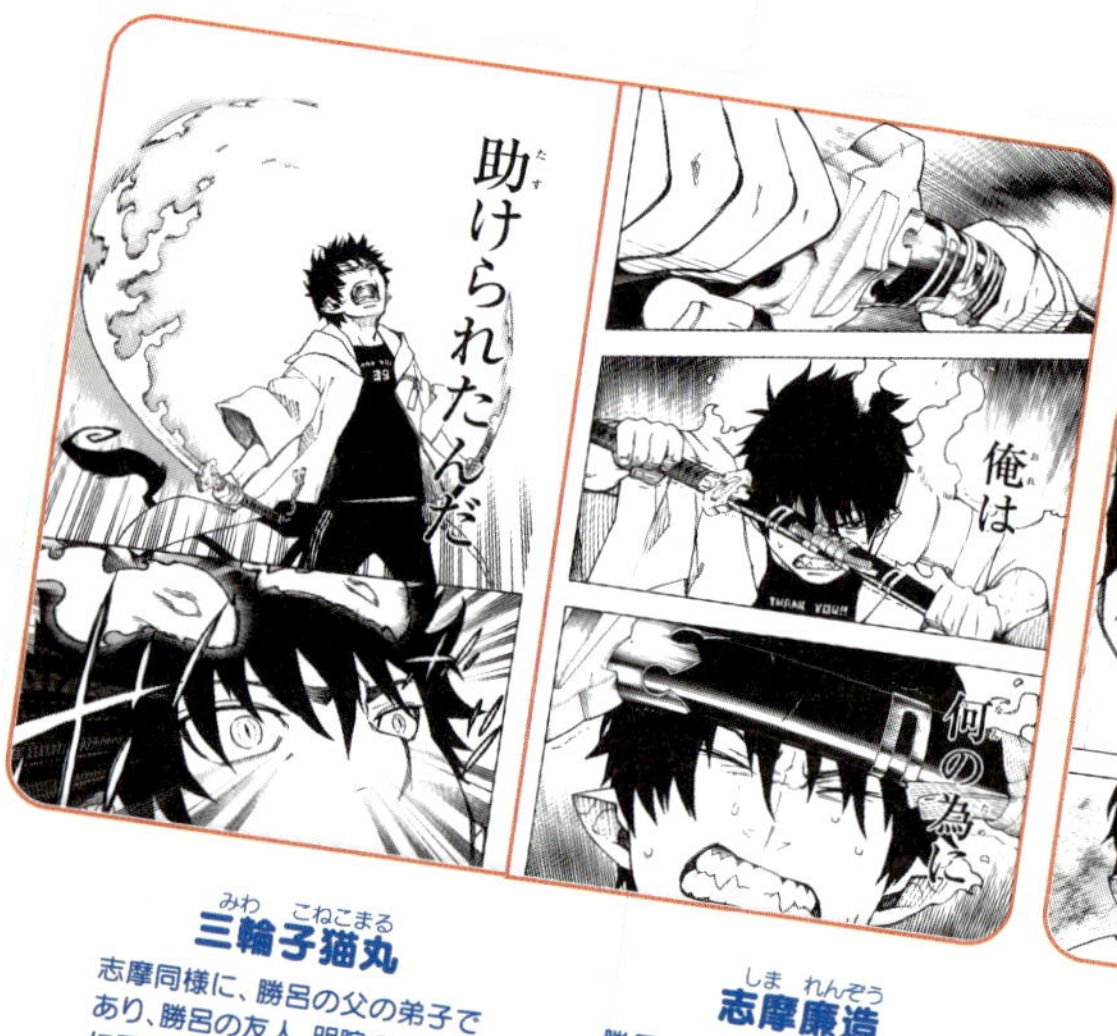


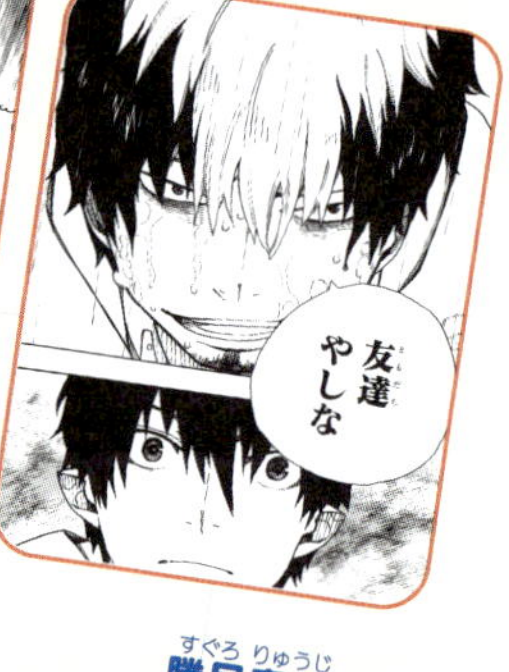


藤堂は手に入れた両目で不浄王を復活させ、達磨の伽樓羅(カルラ)を喰らう。そんななか燐は、ひとり結界を張る勝呂のもとへ。炎への怖れを乗り越え、友を救うために降魔剣を抜く。

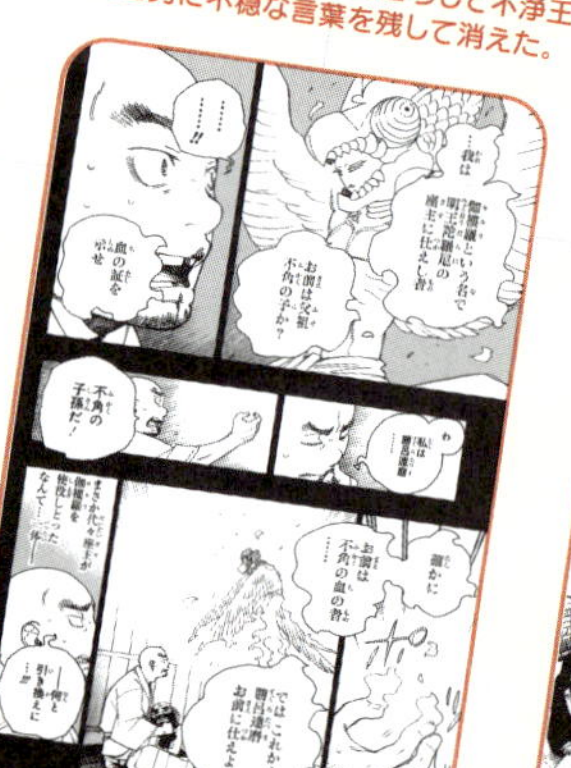

達磨の秘密には理由があった。再び炎を出して監房に入れられた燐に、達磨の秘密「伽樓羅(カルラ)」にまつわる告白の手紙が届く。

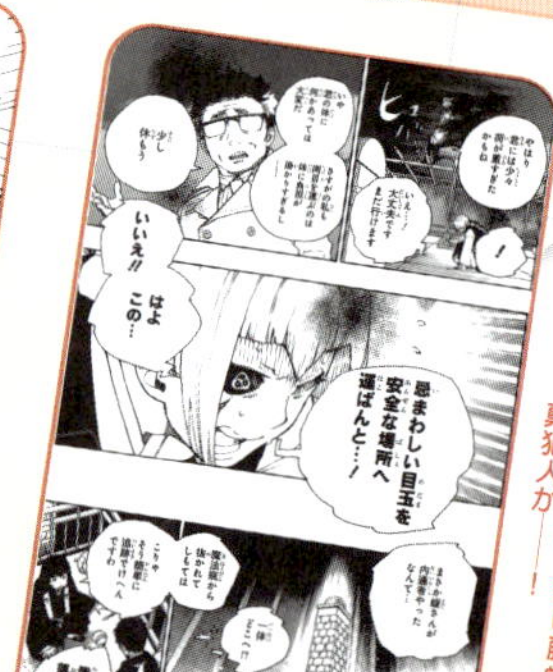


秘密の多い達磨が裏切り者と疑われていたが――！　実は藤堂に騙された真犯人が

**三輪子猫丸**(みわ こねこまる)

志摩同様に、勝呂の父の弟子であり、勝呂の友人。明陀の人たちに恩を感じている。

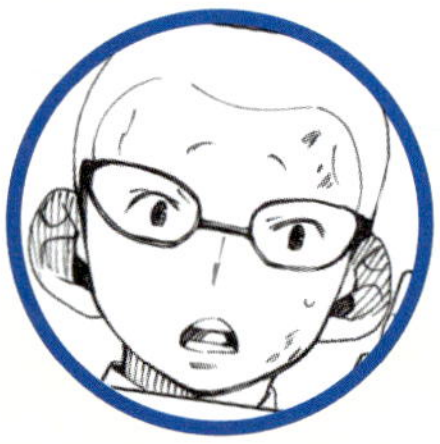

**志摩廉造**(しま れんぞう)

勝呂の父・達磨の弟子であり、勝呂の友人。男兄弟の末っ子。詠唱騎士(アリア)を目指す候補生。

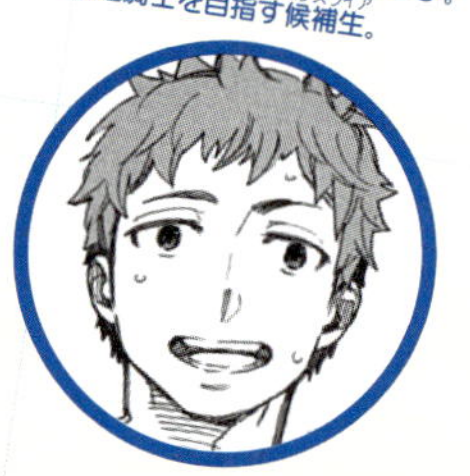

**勝呂竜士**(すぐろ りゅうじ)

京都の由緒ある仏教秀宗派・明陀宗の跡取り息子。竜騎士(ドラグーン)と詠唱騎士(アリア)の資格を志望。

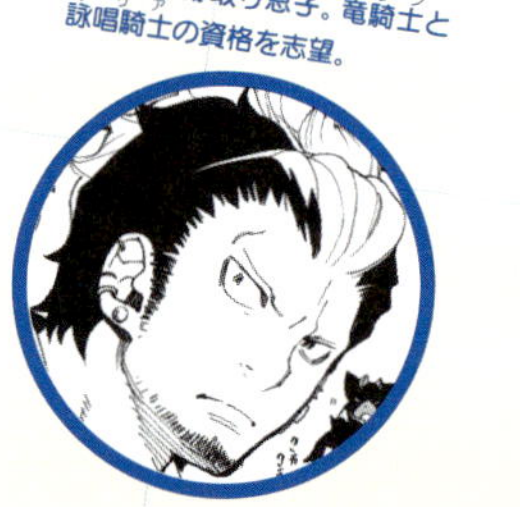

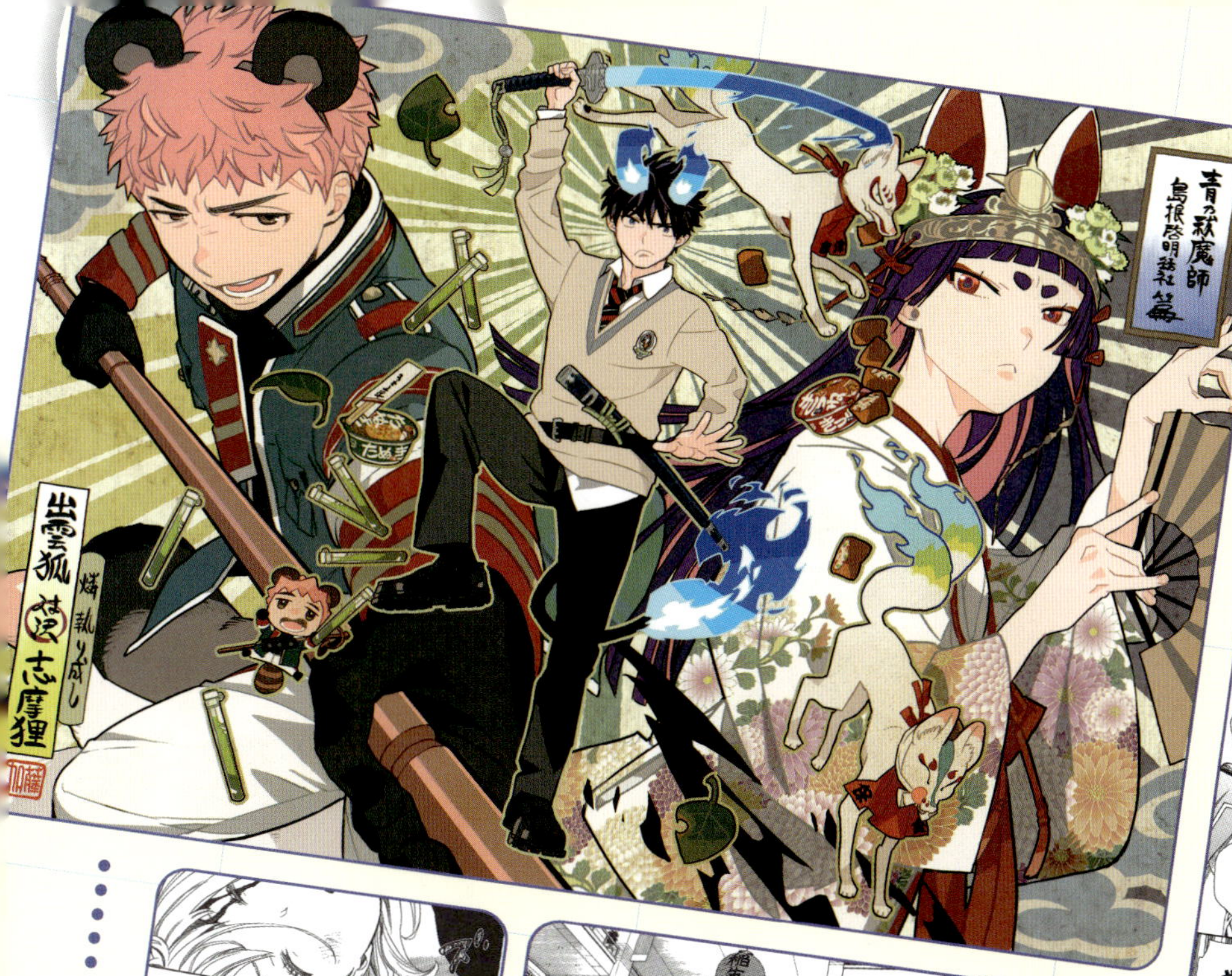


# 島根・啓明結社(イルミナティ)篇

不浄王討伐に成功した燐たちだが、各地で悪魔にまつわる異変が起きる。その背後に啓明結社イルミナティの存在が特定され、騎士團内にはスパイが紛れこんでいることも明らかに。そうして学園祭の夜、イルミナティの計画に重要な神木家の巫女の力のために、出雲はまさかの志摩に連れ去られるのだった――。

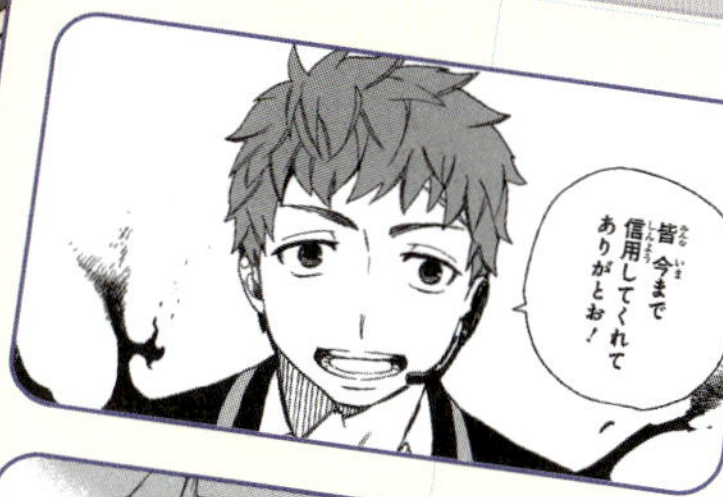


学園に現れたルシフェル率いるイルミナティの一団とともに、志摩はみんなの前から去った。

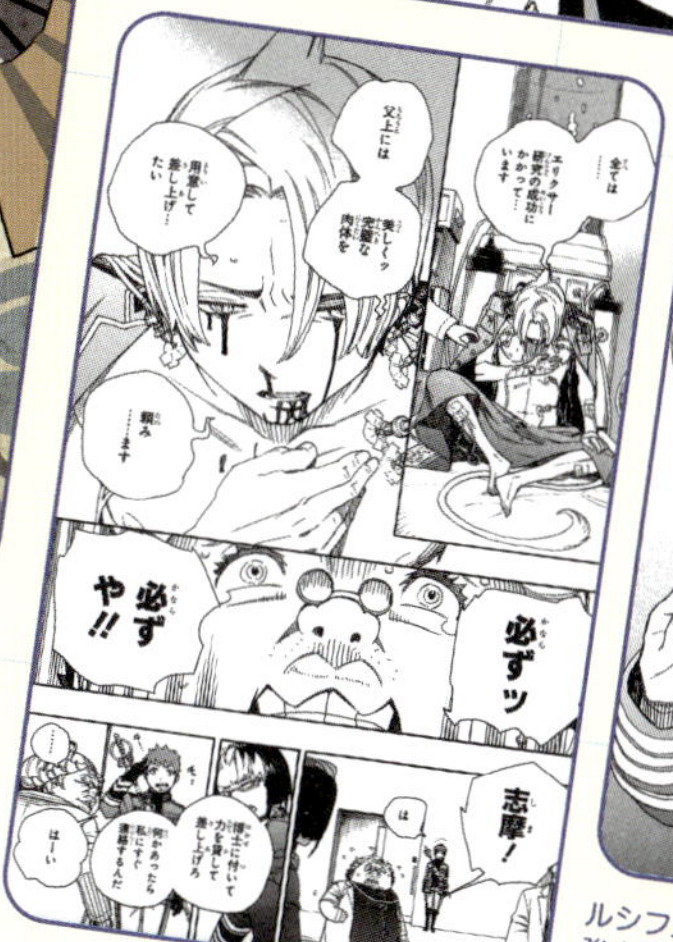


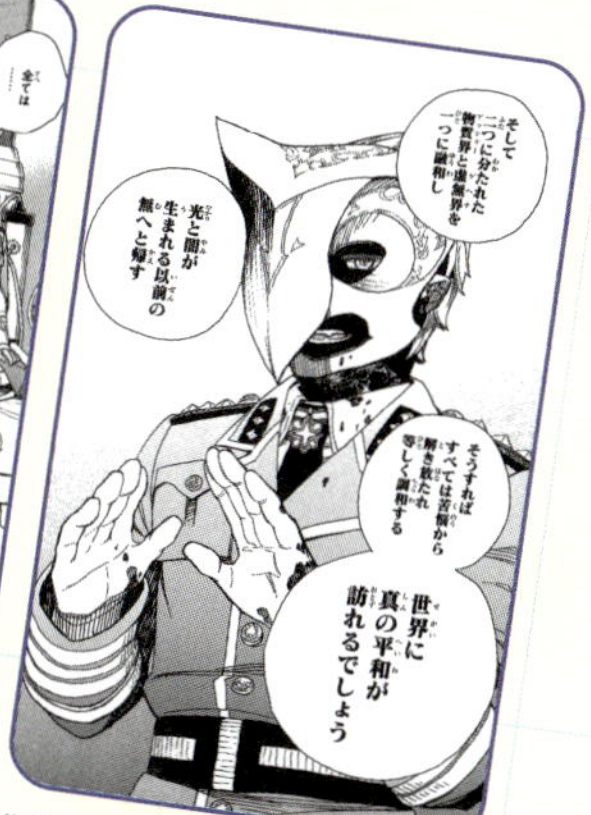


ルシフェルの物質界(アッシャー)への執着は、その強大な力を受けとめる完璧な肉体が得られない苦悩から生まれる。

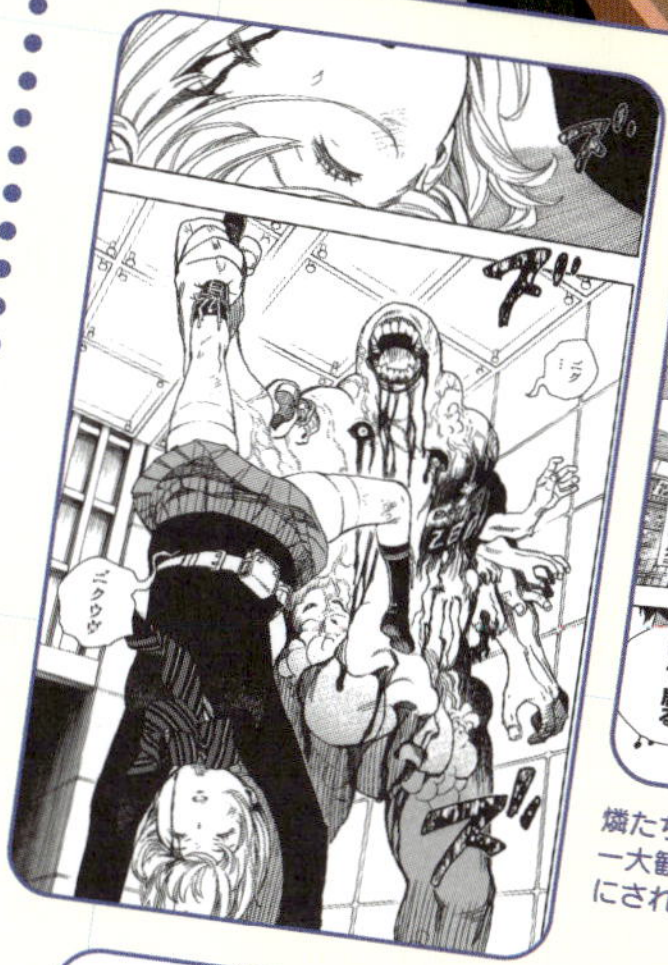

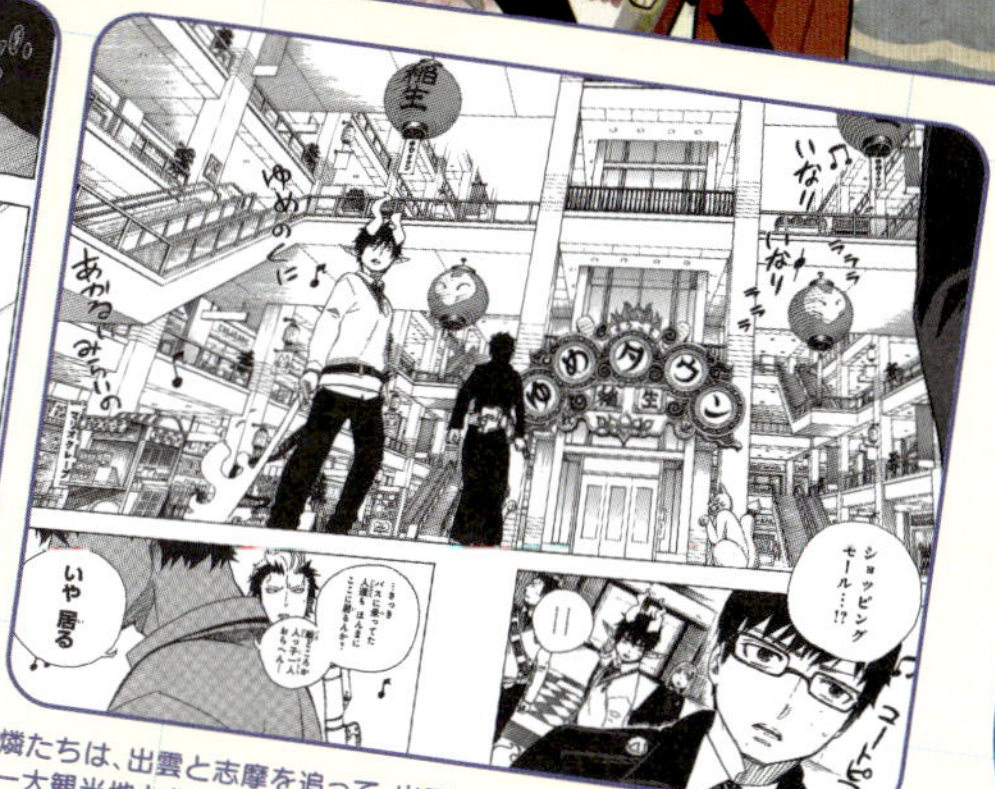

燐たちは、出雲と志摩を追って、出雲の生まれ故郷である島根県・稲生へ。一大観光地と化した「ゆめタウン」内部に潜入すると、そこは研究の餌食にされた人間たちのゾンビが彷徨うショッピングモールに。

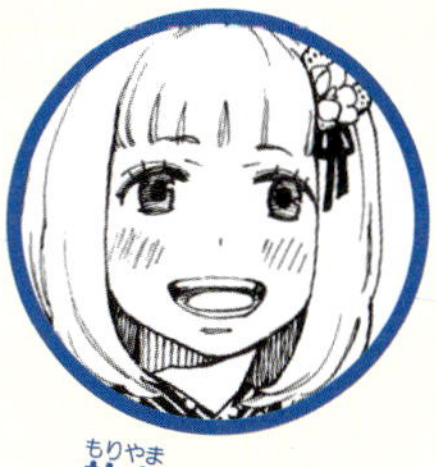

**杜山(もりやま)しえみ**
祓魔用品店「フツマヤ」の娘。燐に触発され祓魔師(エクソシスト)を目指す候補生(エクスワイア)になる。

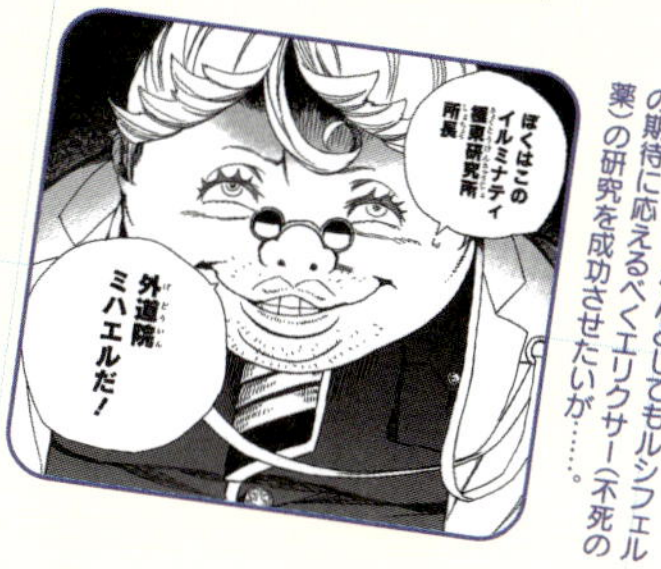


出雲を使って、なんとしてもルシフェルの期待に応えるべくエリクサー(不死の薬)の研究を成功させたいが……。

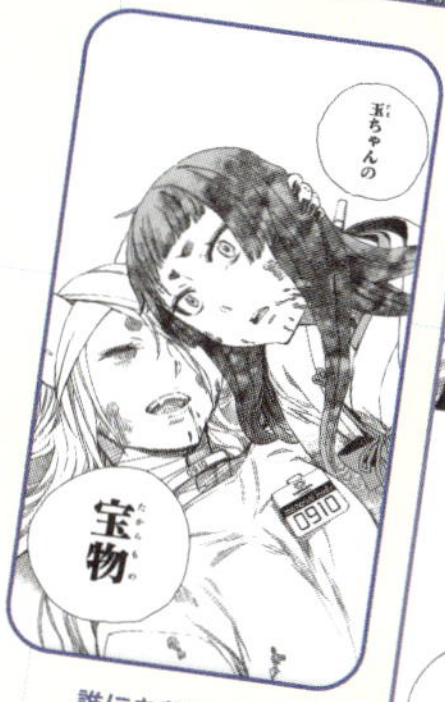


誰にも頼らず外道院の実験に挑み、九尾に取り憑かれる出雲。けれど、そこには母も仲間もいた。

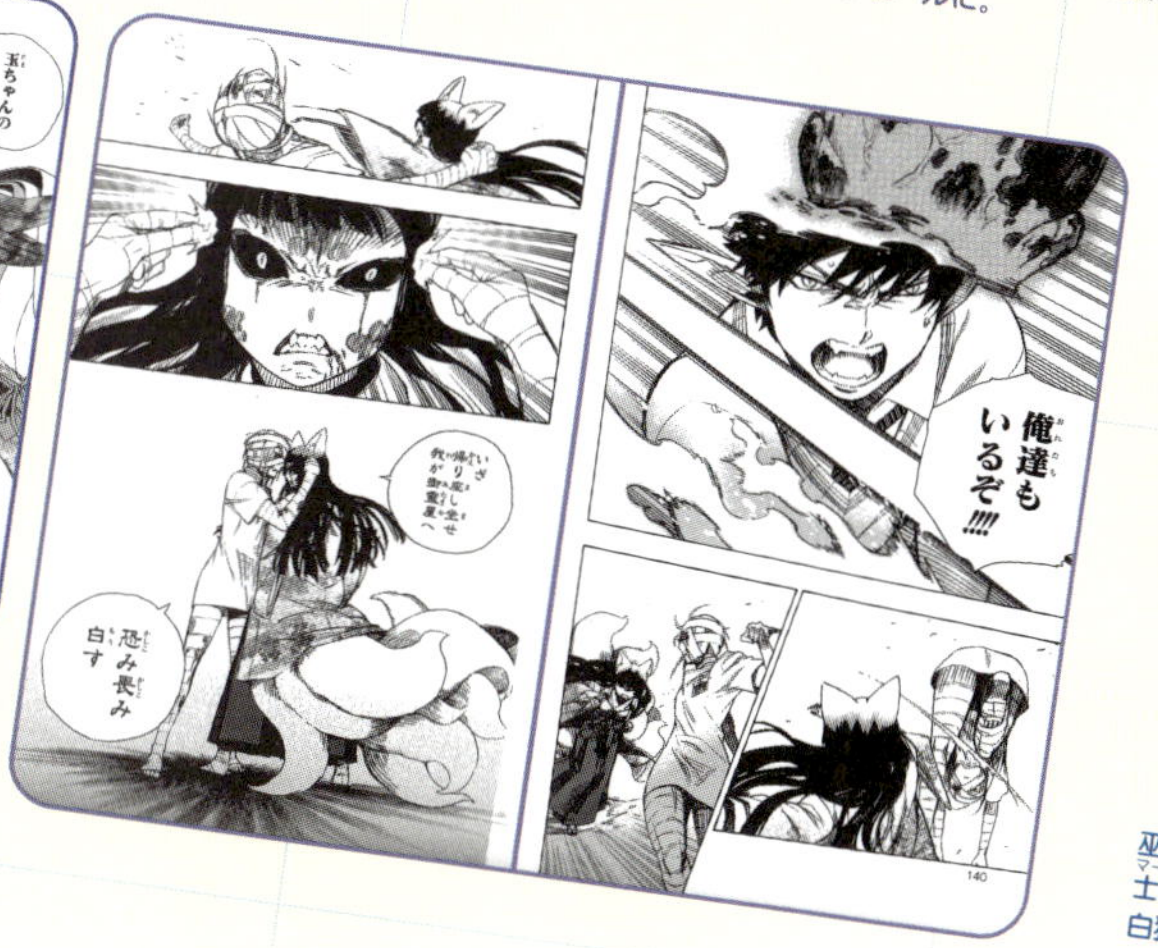


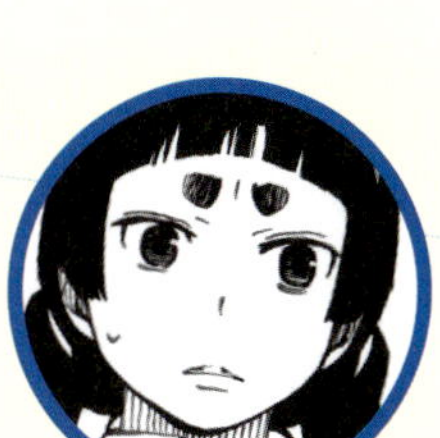

**神木出雲(かみきいずも)**
巫女の血統である候補生。手騎士(テイマー)の才能を持ち、一度に上級の白狐を二体も召喚する。

で整理することもありますか?

**加藤**　文字で書くこともありますが、今の展開で言えば、思いついたアイデアをほとんど出力していないです。筋道を立てて論理的にプロットを書くのが苦手で。書いていても気づくと、とっちらかった落書きみたいなものができてしまうだけなんですよね。

――定期的にシナリオ打合せの合宿をしていると過去のインタビューで拝読しましたが、その時は文字でまとめている感じでしたか?

**加藤**　その時は小さなカードにやりたいことだけを大量に書いて、それをどういう順番でやっていくか、ホワイトボードの上でパズルみたいに並べて書いていく感じでした。過去篇の時は定期的にやっていて、サタンとの戦いが始まる直前にもやりましたが、実はコロナ禍以降はやってないですね。最近はとにかく自分の頭の中にあるものを記憶で描くことが多いです。そのせいで、思いついたアイデアを描く前に忘れることもあったり……。そもそも描き終わったものを見直すのも苦手なんです。終わったものって粗しか見えなくなっちゃうので。どうしても必要に駆られて見直す時も渋々な感じですね。もう描いたそばから忘れていっちゃう。最近で言えば、オセオラの過去の話を描いていた時も、めちゃくちゃ調べて考えた設定も、ラフもメモも紙に書いていたものはほぼ捨ててしまいました。

――えーっ!(驚)もったいない!

**加藤**　オセオラのために集めたネイティブアメリカン関連の資料も、描き終わってすぐに奥のほうに仕舞い込み、今はルーシーの話を描くために、道教の資料が手前のほうに置いてあります。

――キャラクター設定などもあまり描かないですか?

**加藤**　連載初期は担当に見せる用にも、自分自身の確認用にも描いていたんですけど、連載十五年目にも突入すると、もうちゃんとは描かないですね。ただ、今の戦闘でみんなが着ている白いポンチョは、キャラクターごとに着こなしが違うので、さすがにラフを描いた気が。あれも捨てたような気がする……。滅多に見返さないし。

――えーーー(悲)。

**加藤**　実は来年三月に原画展があるので、何が残っているんだろう?　と今、探しているところなんですけど、偶然捨てていなかったものがチラホラ出てきてはいますね。

どうしても紙が増え続けていくので、邪魔だなと思って捨てちゃうことが多いんですけど。

——ファンは見たいので、せめて捨てる前にスキャンだけでもしていただければと……っ!

**加藤** 確かに私も他の作家さんの描いたものは見たいもんなあ。

——ちなみに一巻の時点でルシフェルの設定は考えていたそうですが、それはどんなものでしたか?

**加藤** まず基本として、サタンの異名か、それに相当するような悪魔を八候王に設定しているのですが、ルシフェルもその一人として最初に考えました。ルシフェルはラテン語で「明けの明星」を意味する言葉で、イルミナティという秘密結社も「光なす者」という意味があるので、ルシフェルがイルミナティを率いているというのはいいんじゃないかと思って。最初は、そのぐらいの単純なところから考えていきました。それとイルミナティという組織は、昔レオナルド・ダ・ヴィンチやニュートンが所属していたという都市伝説があったんですが、そこでは科学を否定するカトリックに反発する、科学を信奉する人たちが集まっていたみたいな。色んな秘密結社の都市伝説に似たような話があるんですが、面白いなと。そこから科学者が集まるような組織にしたいな、というイメージもありましたね。ルシフェルに関しては、強い悪魔ほど通常の肉体を維持するのが難しいために物質界に執着しており、体を維持するのが相当の苦しみであるからこそ、本来は神々しい綺麗な見た目がいいなと思って。そのあたりまでは最初に考えていました。

——そんなルシフェルの苦しみが特に過去篇では痛々しくも印象的に描かれますが、過去篇と言えば、やはりサタンが非常に魅力的に描かれていると感じます。サタンが獅郎に対して「お前になりたい」と漏らすのも切なくて。

**加藤** 過去篇を組み立てる上での一番の命題は、一話に出てくるチンピラサタンにちゃんと繋がるようなキャラクターとして成立させることでした。燐が過去を旅することや、最後の獅郎と燐のやり取りは最初から描くと決めていましたが、それ以外は細かく決まっていたわけではないです。ただ、なんとなく自分の中で、サタンはまともに大人になるという経験は積んでいないだろうなというのはあったんですよ。きっと未成熟な子供であろうと。だから、そこに説得力が増すようなエピソードをつくろうと思いました。



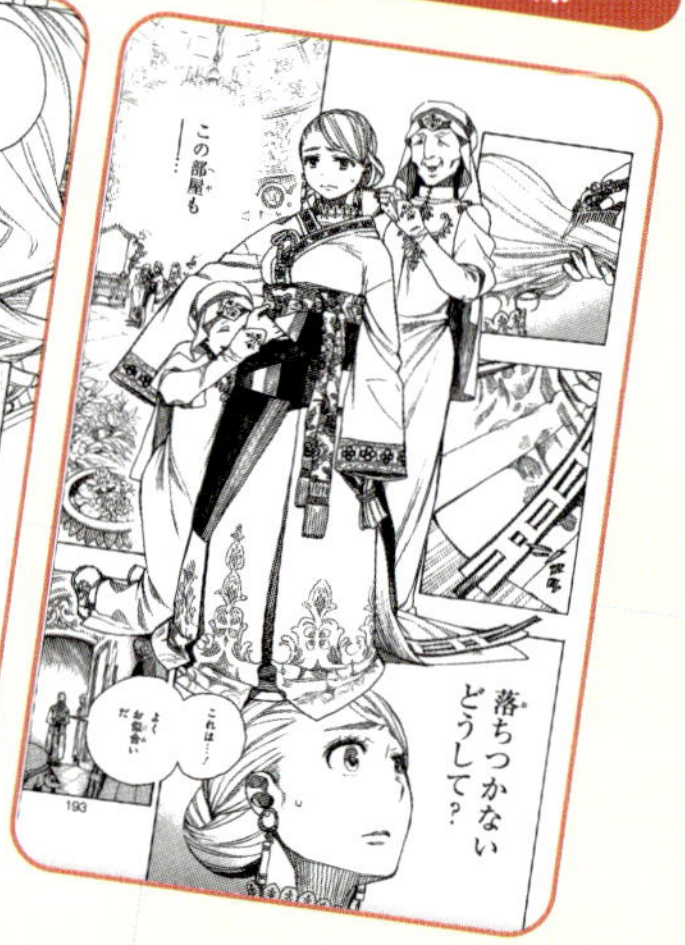


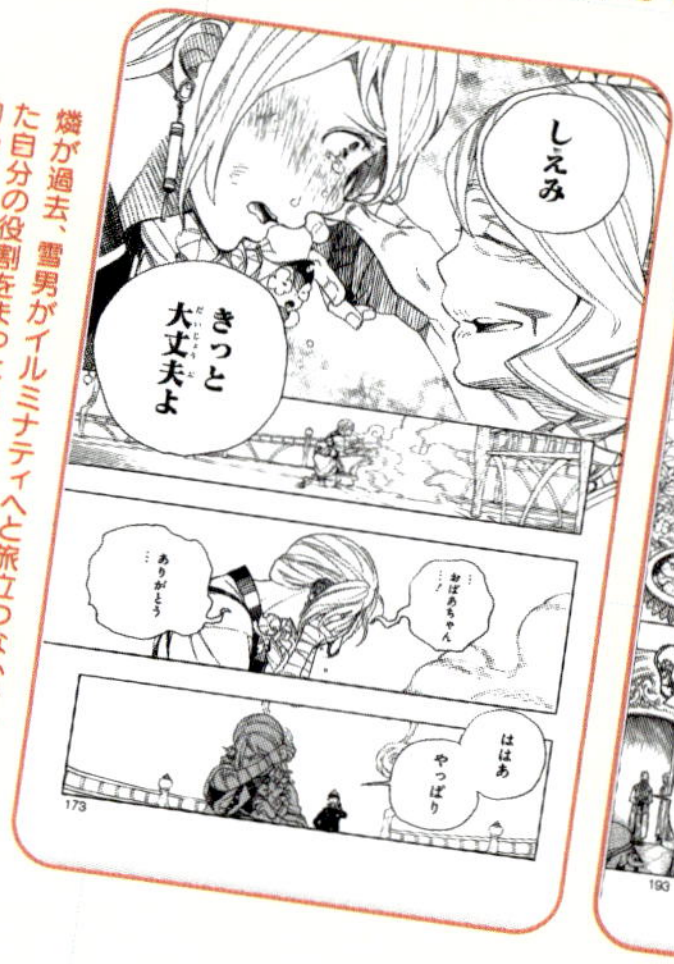


燐が過去、雪男がイルミナティへと旅立つなか、しえみもまた自分の役割をまっとうするために斉庭へと向かい、修練に励んでいた。そうして教導霊となった祖母と二年半の時を過ごし、大きく成長するのだった。

——体を得たサタンを、まるで子育てでもするかのようにユリが教育していきますよね。ユリに対するサタンの態度が、母親に対する幼子のようで可愛くもあります。

**加藤** 体は大きいけれど生まれたてな感じですね。

——ですから一巻のサタンは「ザ・悪役」という印象でしたが、過去篇を読んでいると、ちょっとサタンが不憫にも思えてくるんです。

**加藤** 自分としてはそんなつもりで描いたわけではなかったんですけど、過去篇を描いたあとサタンに同情する声を多くいただいたので、みんな、そんなふうに思うんだ、と意外でした。サタンとユリの恋愛模様に心を痛めてくださる方もけっこういて。

——加藤さんとしては、サタンにも同情すべき可哀想なところがあるんだ、という気持ちで描いているわけではなかったんですか?

**加藤** ないですね。……いや、正確にはそもそもサタンに限らず、キャラクターを描く時にはいい奴にもなんとなくツッコミどころはあるし、悪い奴にも共感できる側面はある、というふうに描いているので。「ザ・少年漫画」という感じの、わかりやすい勧善懲悪なキャラクターの描き分けはできていないかもしれないです。

——だからこそ、キャラクターにリアリティがあるのだと思います。

**加藤** もし『青エク』を連載しているのが「週刊少年ジャンプ」なら、そうは描かなかったかなと思うんです。小学生も読者層に入るので、もう少しわかりやすいキャラクター像にしていたと思います。でも「ジャンプSQ.」は高校生、大学生以上が想定読者層なので、そのくらいの年齢だと、さすがに悪いだけの奴なんていないだろ、とわかっているはずだなと。それなら、玉虫色の多面体の人物を描くほうが読者にもキャラクターをリアルに思ってもらえるのかなって。ただ、サタンの場合は悪の親玉でもあるので、あまりに哀愁が漂い過ぎてもスカッとしないので、バランスが難しいなと思いました。

——そもそも主役である燐が悪魔と人間、どちらの血も引いているわけですからね。悪魔=敵、という単純な話ではありませんよね。

**加藤** 燐もちょうど今、人間と悪魔の間に立つ自分に気づき直しているところです。最初はどちらかに寄るべきだと思っていたから、人間の味方だと言っていたけれど、そうではなくて、自分にしかできない、自分にしかありえないポジションがあるのかもしれない、と思い始めていて。これからは、そういう燐を追っていくことになると思います。雪男が少し落ち着いたと思ったら今度は燐か、と思われそうですが。

——雪男のほうが燐よりも一足先に自分の存在について悩んでいましたものね。それこそ過去篇直前の二一巻折り返しコメントに「連載当初からイメージのあった展開に、ひとつ到達できてよかった」というふうに加藤さんも書かれていましたが、あそこで雪男は燐を撃ってイルミナティへと向かいました。

**加藤** 兄弟ものとして始めた段階で、兄弟ものの王道というか、どこかで二人は決裂するだろうと思ってやってきたので、あの時はやっと二人を動かせた、という感じでしたね。

——そこから一方の燐は過去へと向かい、それぞれに過去、イルミナティから帰還した二人の兄弟問題が解決したいま、サタンとの最終決戦が盛り上がりつつあるところですが、ようやくここまで来たなという感じですか? あるいはあっという間でしたか?

**加藤** どっちもありますよね。正直もう十五年経ったのかという気持ちもあるし、漫画としては十五年もかかってしまったという気持ちもある。描き始めた当時とは世の中の価値観も変わってきているし、そういう意味でも早く描きあげないといけないなと思っています。ちょうど十周年くらいの時は、自分としては常に頑張って最新のものを描いているつもりなのに、あまりに長く続けてきたせいで、作品としては色々

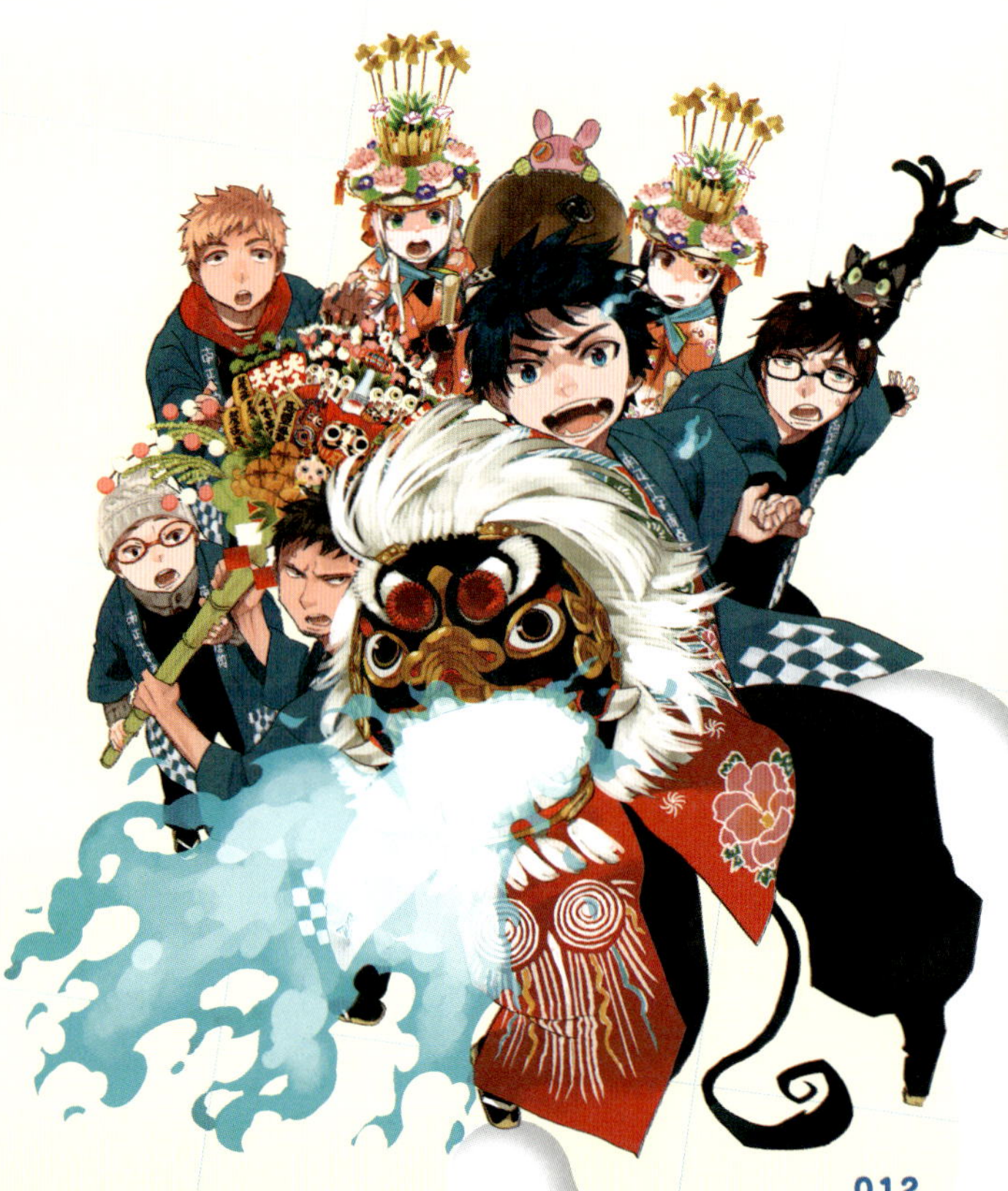

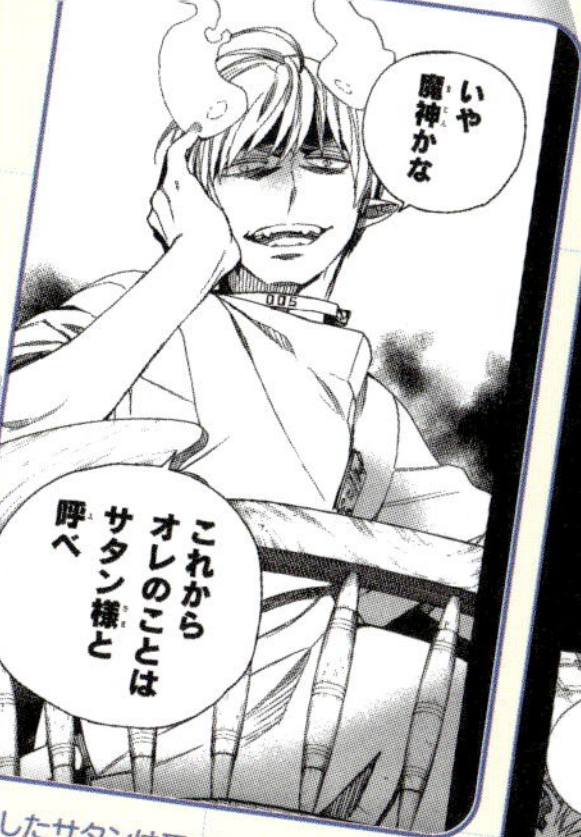


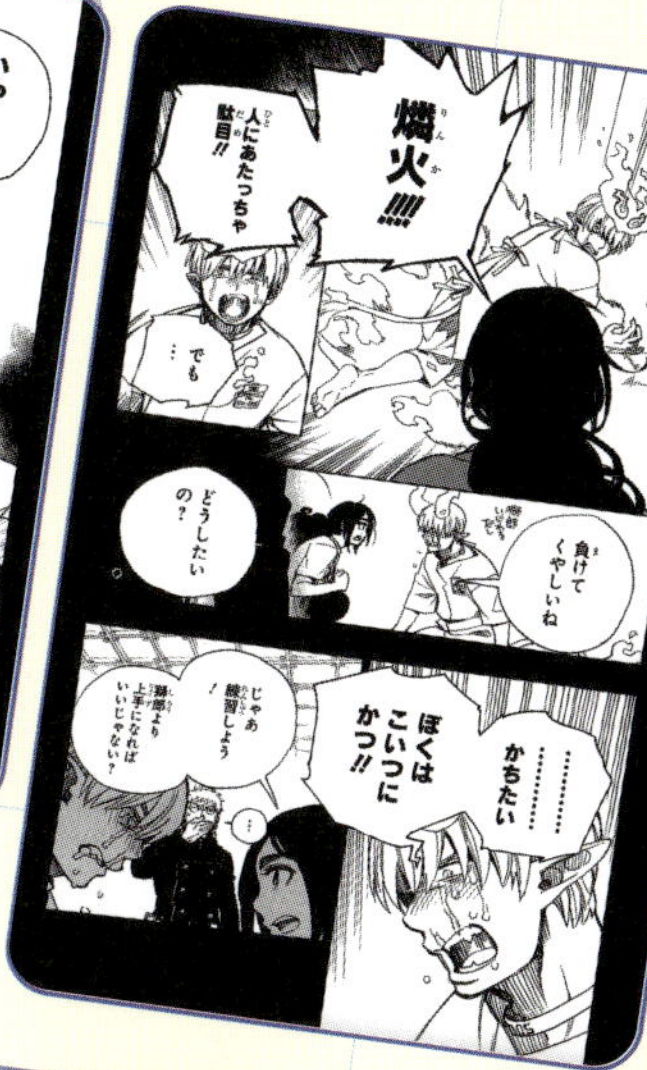


受肉したサタンは研究所を抜け出し、ユリのもとへ。それは幼い頃から遊びにきていた青い炎＝燐火だった。ユリは子供を育てるように、サタンを教育するのだが——。

## 終夜(過去)篇

世界の異変が続くなか、雪男は自身の左目に宿る「サタン」の存在に苦悩する。そうしてメフィストに秘密を迫ったことで襲撃の容疑で拘束される。そんな雪男の救出に向かう燐だが、拒絶され降魔剣を折られ炎を暴走させる。燐に別れを告げた雪男はイルミナティに向かい、燐は自身の出生を知るべく過去の旅に出る。

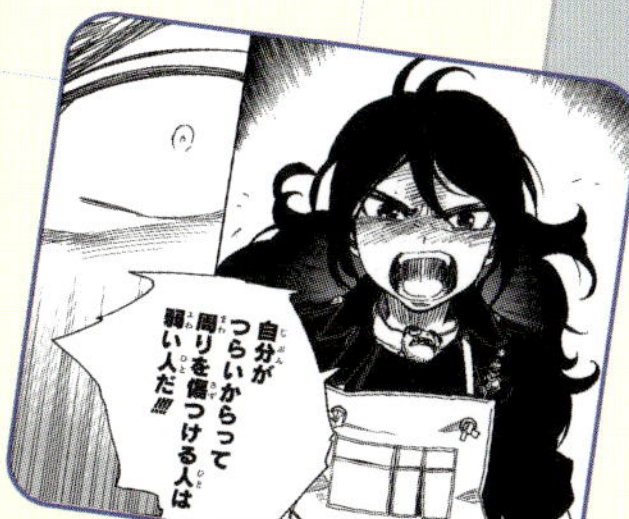

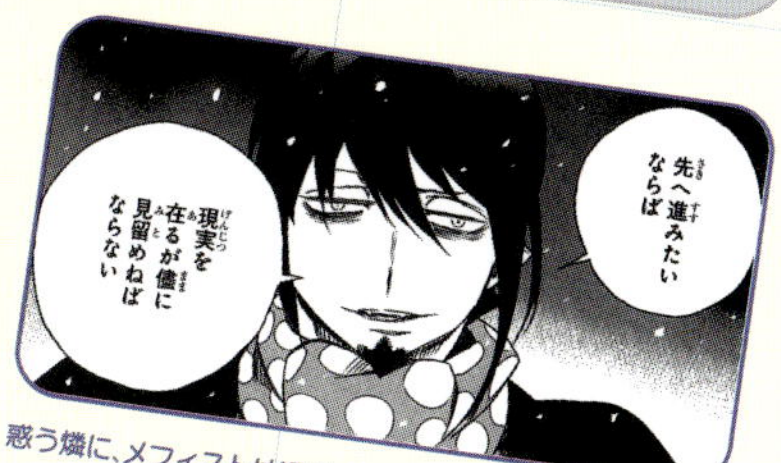


惑う燐に、メフィストは過去へと繋がる扉の鍵を渡す。

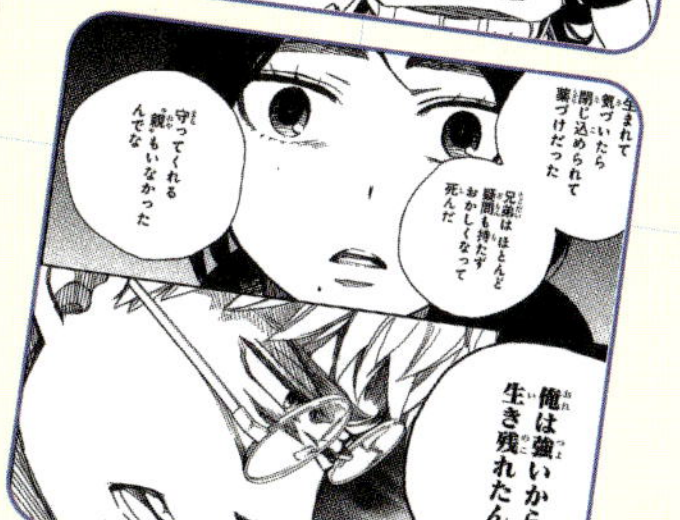


過去へと降りたった燐は、獅郎と母であるユリの足跡をたどりながら、その過酷すぎる運命と、恐ろしい研究の行方を見つめることになる。

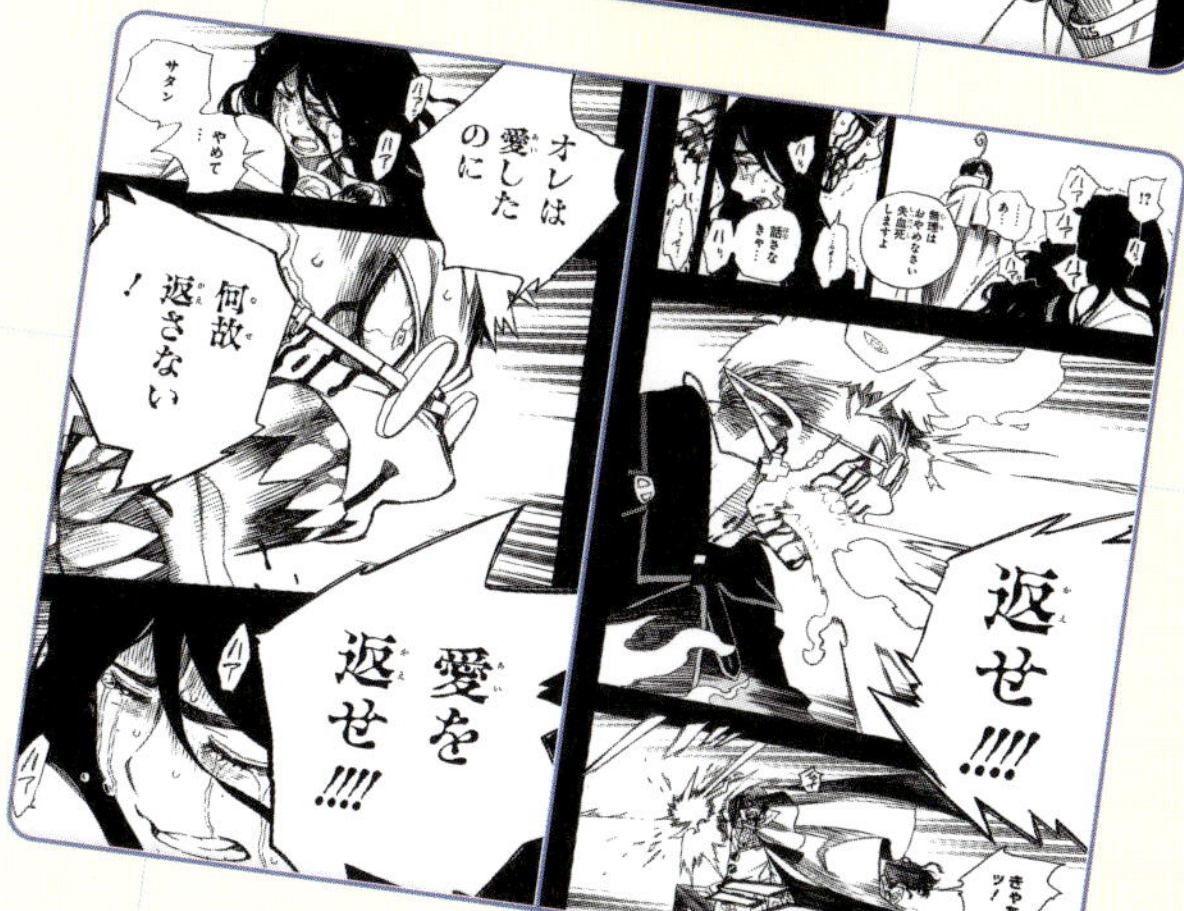


暴走したサタンはユリを求め、ともに暮らすなかでユリはサタンの子を宿す。しかし二人は引き離され、裏切られたと誤解したサタンの崩壊は止まらない。世界も青い炎に呑まれる。獅郎に憑依し「愛を返せ!!!!」と咆哮するサタンが切なくもある。

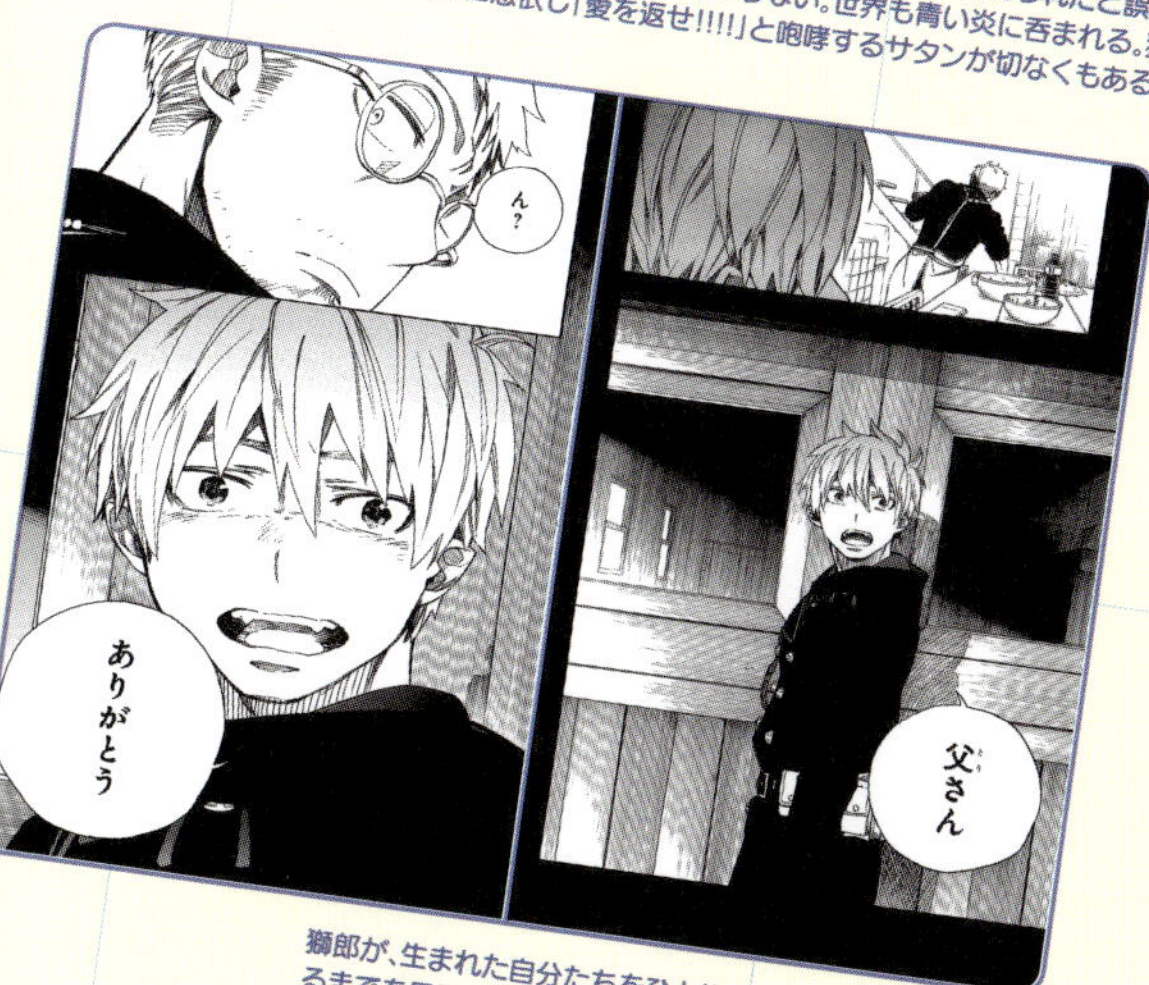


獅郎が、生まれた自分たちをひとりで育て、終わりの日を迎えるまでを見届けた燐は、最後に開いた扉の先で、獅郎に感謝の言葉を伝える。自分は一生けんめい生かされたのだと、そして自分には雪男がいるのだと強く思う。

な意味で過去のものになっているという感じがあって。そういう世間と自分とのギャップに苦しんだ時期はありました。無我夢中で新人ないし中堅ぐらいの気持ちで描いていたら、いつの間にか大御所みたいに思われているというか。それで『青エク』を描くことに疲れてしまって、一度違うことをやりたくて始めたのが『かるかや』だったんですよ。『青エク』以外の世界を持たないと共倒れしそうだったんです。『かるかや』から学ぶことも多くて、描かせてもらった後は、そういう状況もスンと受け入れられるようになって。最近は自然と、まあ、そうっすよねと、受け入れられるようになりました。これが十五年の余裕ですかね（笑）。そもそも、ここまでゆっくり一つの作品を描かせてもらえることが、今はむしろラッキーなことだと思っています。

——読者としても、ここまで読めることがラッキーです。でも紆余曲折を経て今があるわけですね。『青エク』のお休み中に連載する作品として、小野不由美さんの小説『かるかや』を選んだのは、ホラーを描きたい気持ちがあったからですか？

**加藤**　一時的に『青エク』をお休みして描くので、完全にオリジナルの漫画を自分で一からつくるのは難しいということで、何か原作ものならやれるかなと今と同じ担当さんと話していて。古典をやることも考えたのですが、その時にちょうど『かるかや』を読んでいて面白かったので、やりたい作品の第一希望として挙げたら、ありがたいことに小野先生にOKをいただけたんです。

——そもそも加藤さんは、『青エク』の十五周年で怪談イベントを開催されるほど怪談にもハマッていらっしゃいますが、当時から『かるかや』以外にもホラー小説などは読まれていたんですか？

**加藤**　それこそ『かるかや』が載っている怪談専門誌の「幽」を読んだりしていました。でも最近あまり小説は読めていないですね。活字が得意なわけじゃないので、読むぞと気合を入れて読むんですけど、すごく時間がかかってしまうんですよ。私は本の中に流れている時間通りに間を取って読んでしまうので、速く読むことができなくて。それは漫画も同じで、勝手に自分で、漫画の中に流れている時間と同じくらいの間を取って読んでしまう。だから映像的なコマ割りの漫画だと、一冊読むのに二時間ぐらいかかってしまって。でもそういう漫画が好きですね。ああ、非常にいいものだった、まるで映画を一本観たようだと思える漫画は最高ですね。

——それは昔からですか？

**加藤**　特に若い頃はそうでした。今は歳を重ねて、多少器用に読めるようになりましたけど。そもそも漫画のコマというものは、時間の経過を意図して配置されているものだと思っているので、その作者の意図する時間通りに読みたい気持ちがあるんです。ただ、いわゆる漫画的なコマ割りの場合はそうでない場合もあるので、映像的に気をつかったコマ割りに比べると、わりと速く読めたりもします。

——それは面白いですね。加藤さんが漫画を描く時もきっと映像的なコマ割りと、漫画的なコマ割りの描き分けは意識されていますよね？

**加藤**　そうですね。でも、どちらかと言えば映像的なコマ割りにしたいと思っていますね。コミカルなシーンなんかは意図的に漫画っぽいコマ割りにして、ちょっとアップテンポにしようという時もありますけど。『かるかや』は特に絵で説明しなきゃいけないことが多かったので、じっくり絵を見てもらえるよう、いつも以上に映像的なコマ割りを意識しました。

——確かに、何か見えてはいけないものを見てしまいそうな怖さもあって、早くめくりたい気持ちもありつつ、思わずじっくり、じっとり見入ってしまう感じがありました。

**加藤**　おお、そんなふうに読んでもらえて嬉しいですね！

——シチュエーションもリアルですし、間取りも細かく設定されていて。

**加藤**　リアリティに関しては小野先生の仕事のなせる業ですね。間取りに関しては、ちょうど自分も家を建てたタイミングで「家」というものに興味があり、建築士のツテもあったので、全部プロの方に間取りを描き起こしていただいたんですよ。それを小野先生にも確認していただいて。小野先生がOKなら、もうこの通りに描けばいいんだという安心感のもとにやっていました。『かるかや』において家の情報がいい加減かもしれないというのが、もっとも読者の信頼を失うことだと思っていたので、そこをクリアできているなら大丈夫だろうと。あとは職人さんにも色々話を伺ったりしました。

——職人さんのお話は、主人公・尾端のビ

# The making of 青の祓魔師

『青の祓魔師』のプロット、ネーム、下絵を紹介!

## 126話 無双破る

過去への旅で自分の出生を受け入れることのできた燐は、メフィストから受け取った鍵で、雪男のことを連れ戻しにいく。そして燐と雪男はようやく向き合い、それぞれに、あられのない自分の気持ちを言葉にし、体もろとも激しくぶつかり合うのだった。

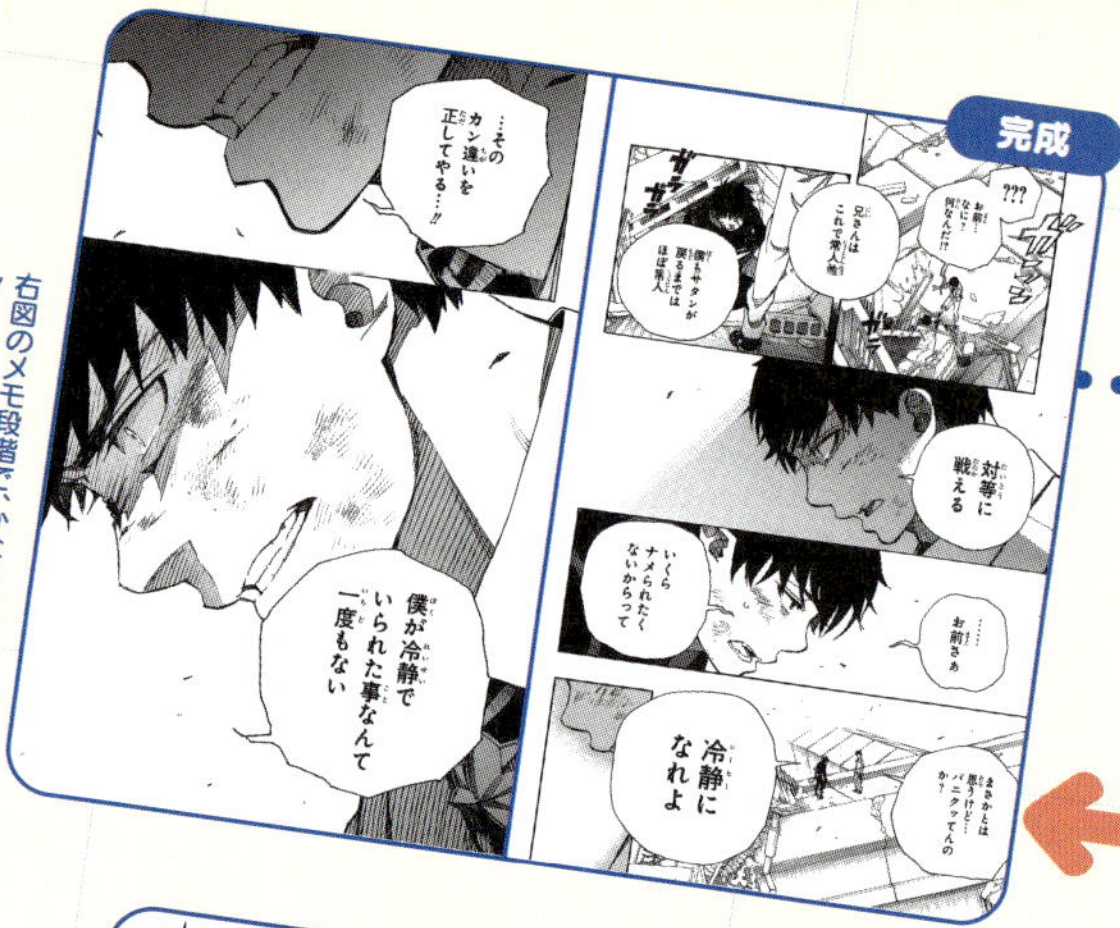


右図のメモ段階で、かなり推敲が見られるシーン。また、メモに書かれたセリフからも変更が見られる。

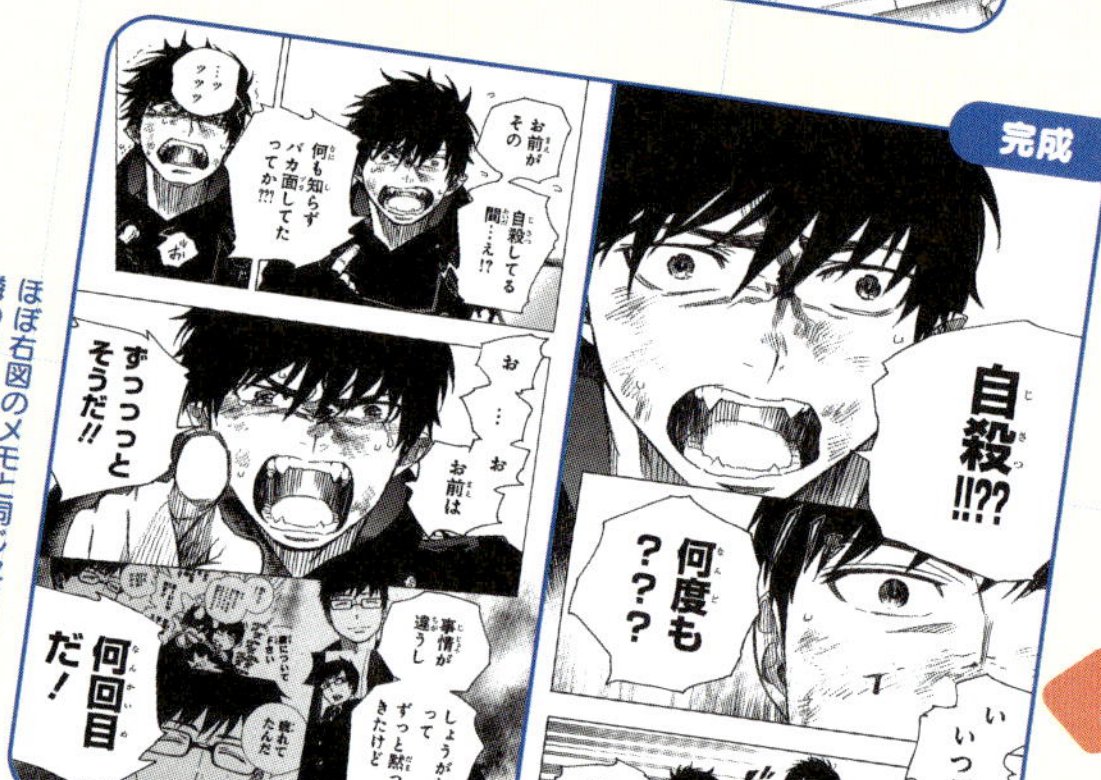


ほぼ右図のメモと同じセリフで展開する。燐の想いが読み手にもグッと伝わるような熱のこもったシーン。

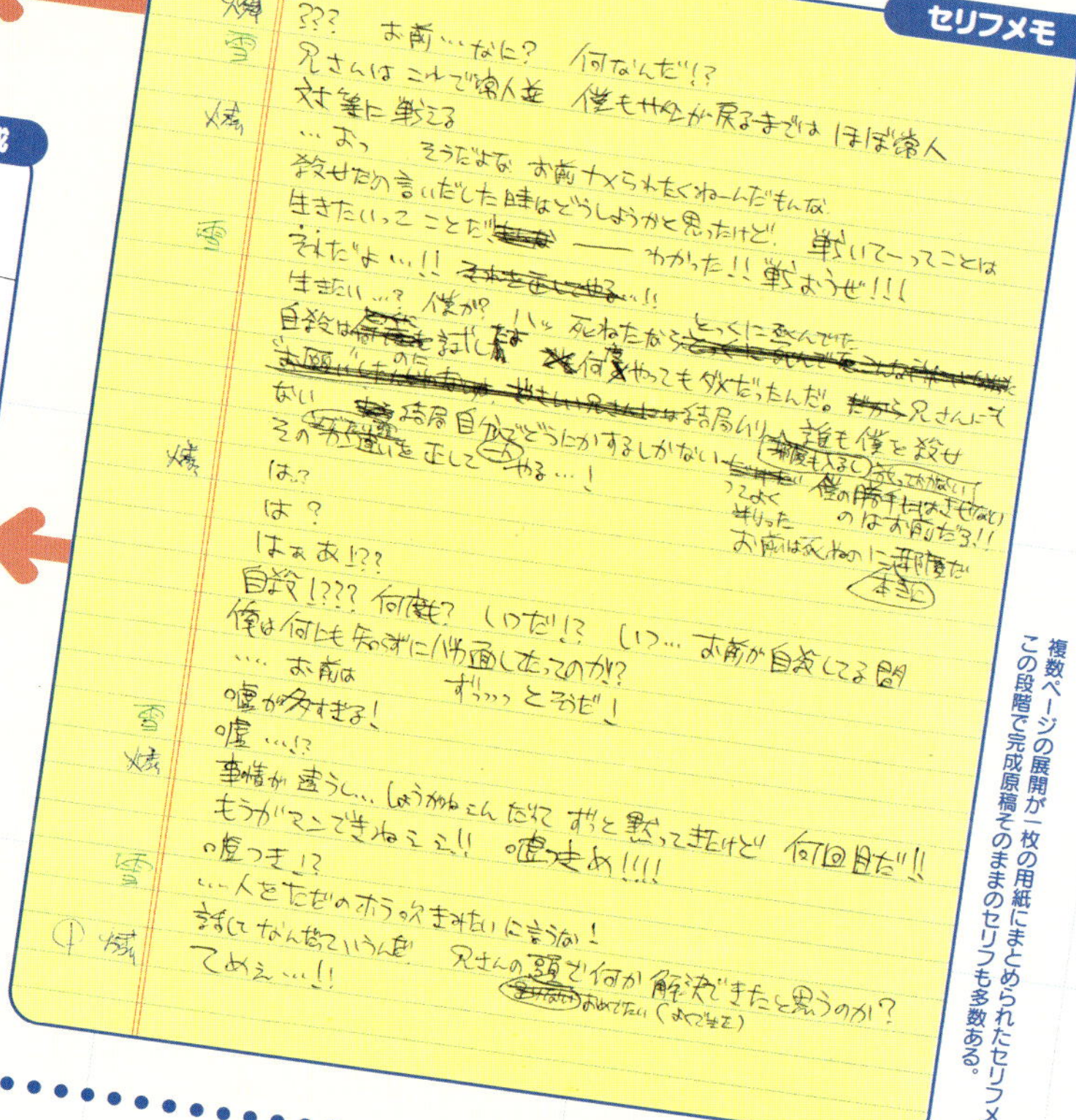


複数ページの展開が一枚の用紙にまとめられたセリフメモ。この段階で完成原稿そのままのセリフも多数ある。

ジュアルに活かされたりもしましたか?

**加藤** 職人さんのお話で活きたところは、作業中は夏でも長袖とかですかね。尾端は小説を読んだイメージで普通にデザインするなら、もう少し朴訥とした佇まいになると思うんですけど、漆原友紀先生が描かれたぴったりなイラストのイメージもあったので、そこに準じたいなという気持ちもありつつ、最終的にはもう漫画は別物と考えて、漫画らしいキャラデザを目指しました。あとは、尾端にはちょっと捉えどころのないミステリアスな雰囲気もあるので、その感じも出るように。ただ、優しい人物だとも思うので朴訥感も入れつつですが。

――尾端の飄々とした雰囲気とツヤツヤな髪が好きです。先ほど最近はあまりホラー小説なども読まないと伺いましたが、ホラー映画はいかがですか?

**加藤** ホラー映画は新旧色々観ますね。

――新しいものというのは、例えばアリ・アスターとか?

**加藤** ああ、おしゃれなホラー! 観てますよ。『ボーはおそれている』も観ました。一番最近観たのは『サユリ』(原作:押切蓮介×監督:白石晃士)かな。色々観ているうちにYouTubeに予告編がオススメであがってくるので、それを覚えておいて観に行ったり、アシスタントさんのオススメを観に行ったり。

――なるほど。「怪異」特集なのでさらに伺いたいのですが、子供の頃に怖かったものや印象的な怖い話、覚えている都市伝説などはありますか?

**加藤** 都市伝説は、ちょうど私が小学校の頃に、口裂け女や人面犬が流行っていて、怖え~本当にいるのかな~?? くらいの感じでしたね(笑)。人面魚は、どこかの寺の鯉の頭が人の顔に見えるという記事を雑誌で見てワクワクしてた記憶があります。あとは心霊写真集が図書館にあって、みんなでワイワイ見ていましたね。でも自分の学校では怪談の噂も七不思議もなかった気がします。むしろ憧れましたね。ロマンがあっていいなって。あとは中学生当時流行っていたホラーゲームの『かまいたちの夜』は、弟が友達から借りてきたのをやった記憶があるんですけど、最近そのシリーズが三〇周年ということで、姉弟で改めて買ってやってみたんですよ。今やっても推理ものとしてストーリーもしっかりしていてワクワクできました。

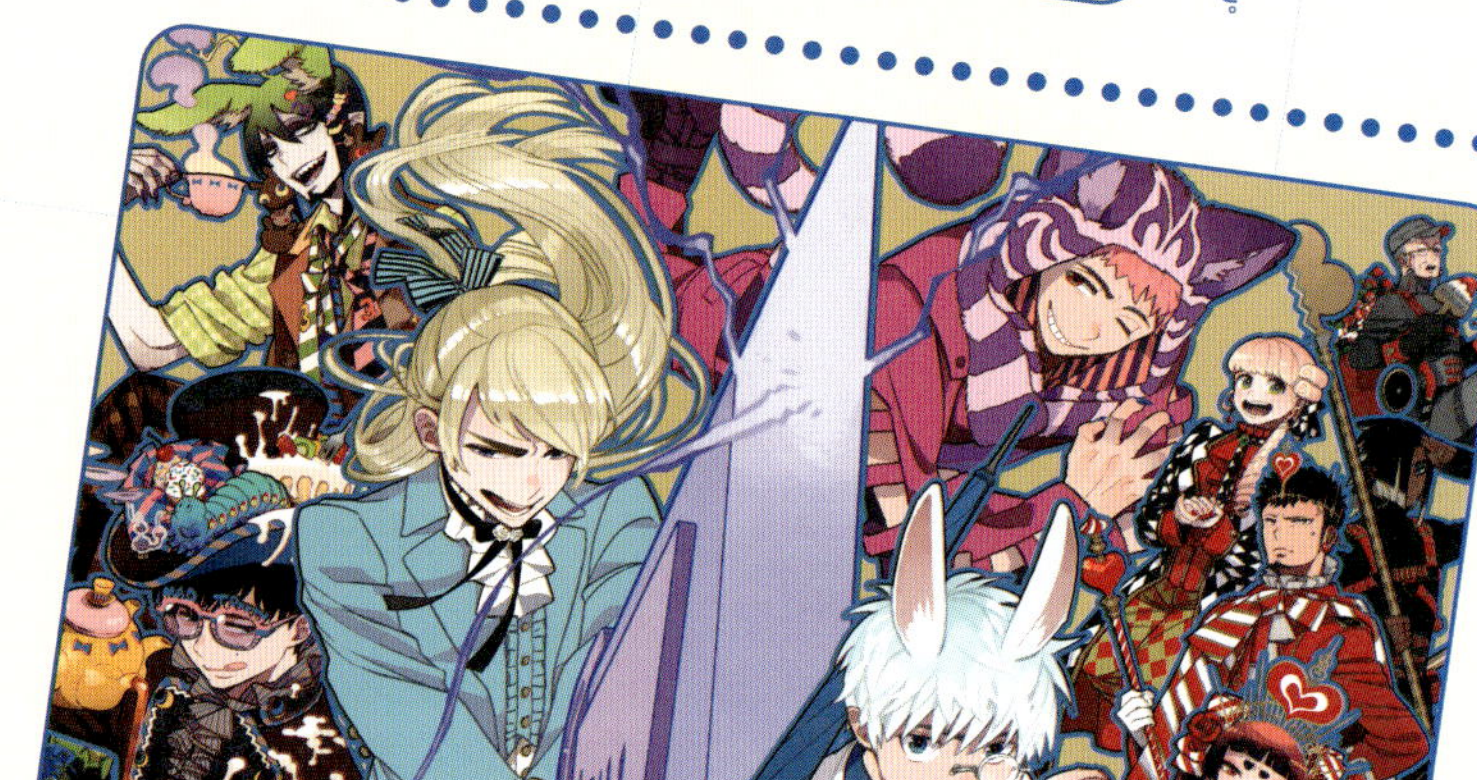

――そんな気づきが! 都市伝説から懐かしのゲームまでありがとうございます。というわけで、最後に今後『青エク』でやってみたいことなどあれば教えていただけますか?

**加藤** 謎解きイベントがやりたいですね。怪談イベントでもシナリオは自分でつくったので、謎解きイベントもやれるのであれば、大筋は私がつくりますよ! という気持ちです。でも来年は原画展もやっていただけるし、もう『青エク』という作品としては十分な気がします。もし可能なら怪談イベントを毎年夏の恒例にしたいという欲はありますが…!!(笑)。

――恒例になったら楽しそうです。引き続き、クライマックスの『青エク』を楽しみにしています。本日はどうもありがとうございました!

ネーム

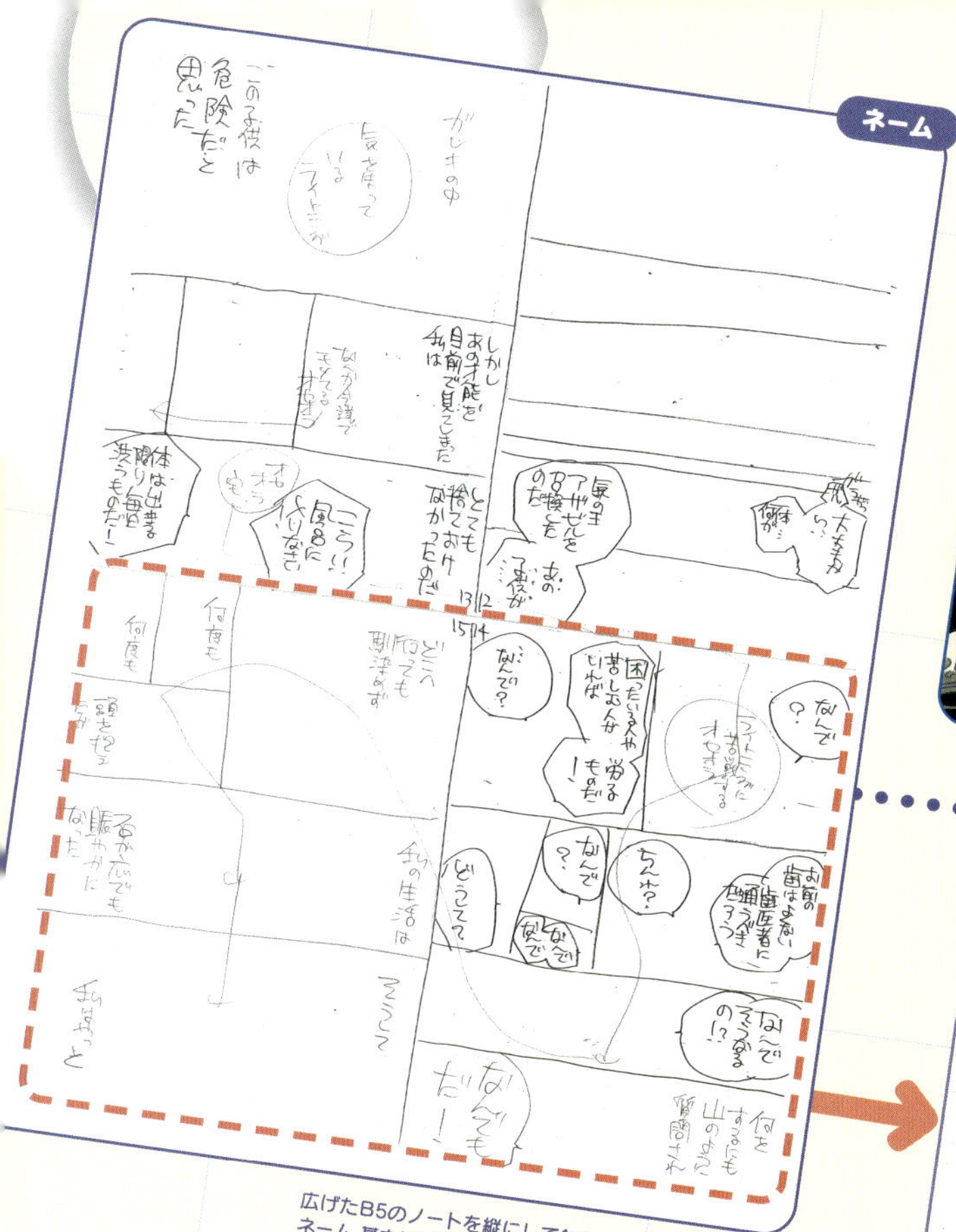

広げたB5のノートを縦にして1ページ、1見開きが収まるネーム。基本的に絵は入っておらず、コマ割りとセリフのみ。

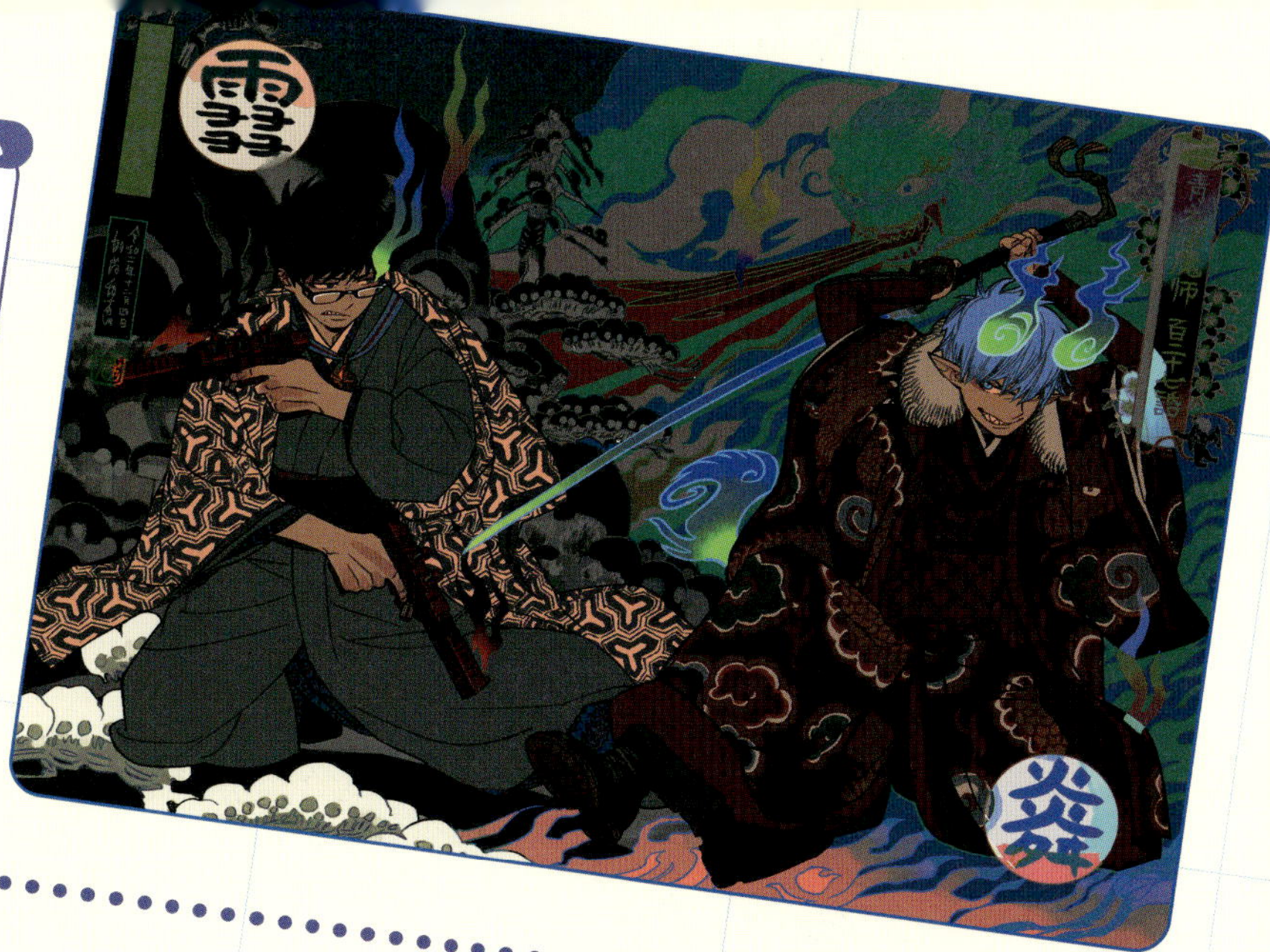

## 148話 無双才む（むそうさだむ）

サタンとの最終決戦にて、オセオラとアモンの戦いを描くエピソード。最後の力を振り絞り、ボロボロになりながら捨身の戦闘に挑むオセオラの人生が、走馬灯のように駆け巡る。辛い記憶、ライトニングとの出会い——切なくも美しい。

下絵

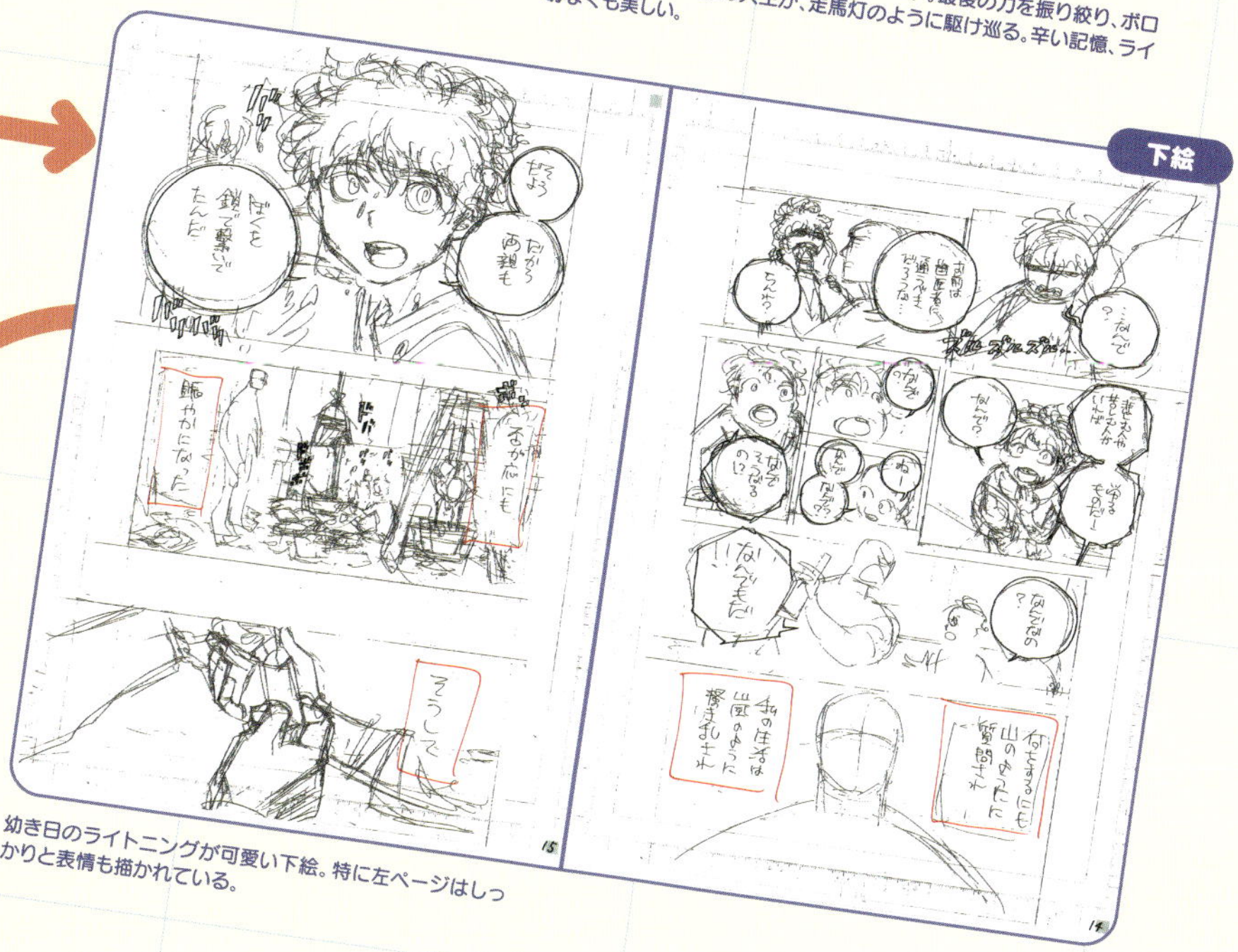

幼き日のライトニングが可愛い下絵。特に左ページはしっかりと表情も描かれている。

完成

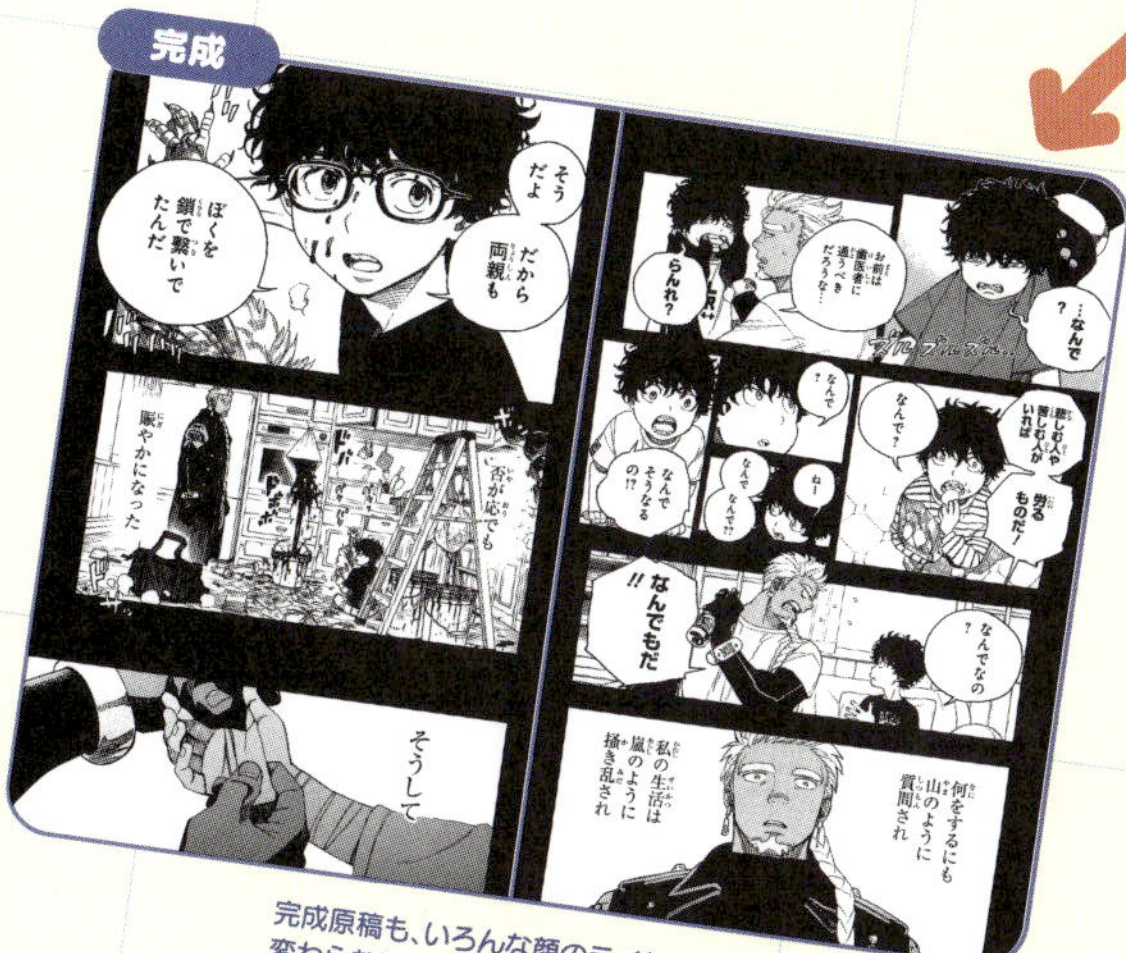

完成原稿も、いろんな顔のライトニングが可愛い。ほぼ下絵と変わらない印象だが、メガネが追加された模様。

下絵

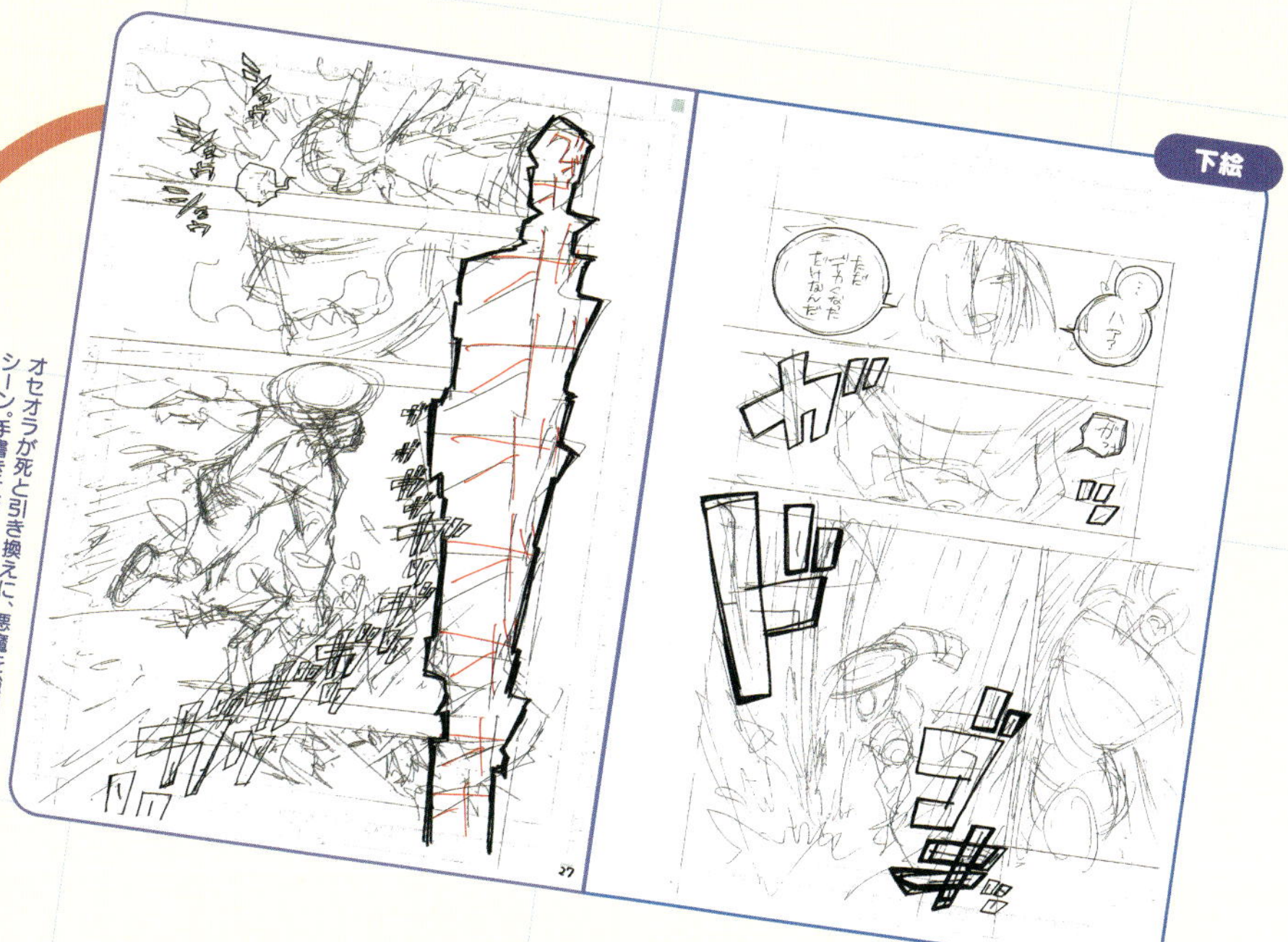

オセオラが死と引き換えに、悪魔を強制憑依させるシーン。手書き文字にも荒々しさが感じられる。

完成

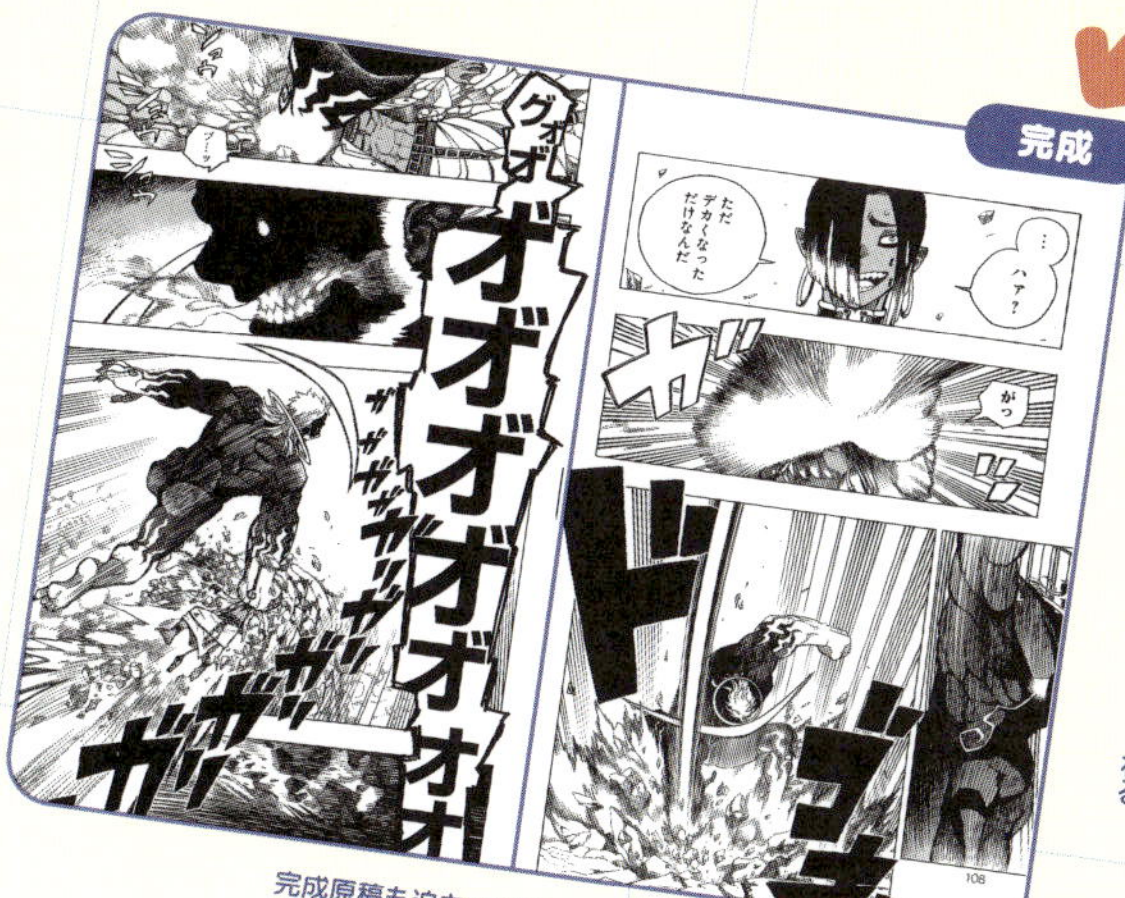

完成原稿も迫力の描写に。ベタが入ることで、荒々しさに重厚感も加わった。

# 加藤和恵
## 季刊エス vol.88 表紙イラスト
# メイキング

季刊エスの創刊初期には読み切り漫画も描いてくれた加藤和恵さんが、満を持して表紙に登場！「怪異」をテーマにオリジナルイラストを描き下ろす。異界と常世を彷徨うような謎めく浴衣の男に、怪しき手足、禍々しく画面を彩る芍薬や、紅の血──そんな表紙のラフから完成までをお届けする。

◎作業環境【iPad】　◎使用ソフト【CLIP STUDIO PAINT】

### 加藤さんが作品を描く際に使用しているブラシツール

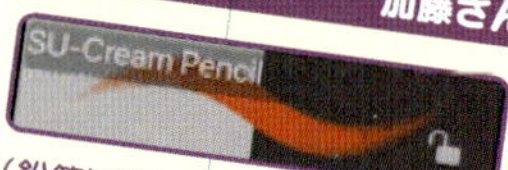


（鉛筆）SU-Cream Pencil…主にラフや線画を描くときに使用しているブラシ。描いた線のフチがややざらっとしており、アナログのような風合いのある仕上がりになる。主に加藤さんはブラシサイズを7〜24、ブラシ濃度を78に設定している。

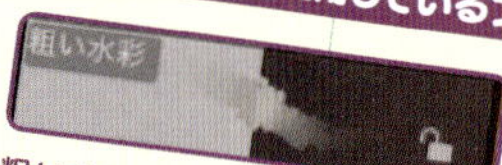


粗い水彩、繊維にじみ…地面を描写する際に使用しているブラシ。水彩境界のようなにじみのついたタッチが特徴的な「粗い水彩」ブラシや「繊維にじみ」ブラシを使うことで、地面のでこぼこした質感を表現している。

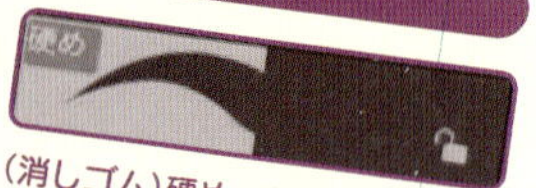


（消しゴム）硬め…線や塗りを整える際に使用している。境界線がぼけることなくしっかり消すことができる。

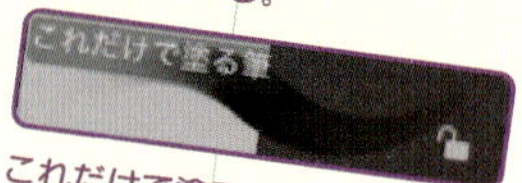


これだけで塗る筆…主に着彩をするときに使用しているブラシ。ストロークの向きによって塗られる濃淡が異なる。描いた線のフチがなめらかで、グラデーションをつくりやすい。

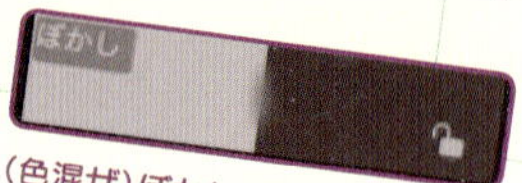


（色混ぜ）ぼかし…「これだけで塗る筆」ブラシで塗ったときに、ぼかす際に使用している。

### ラフを描く

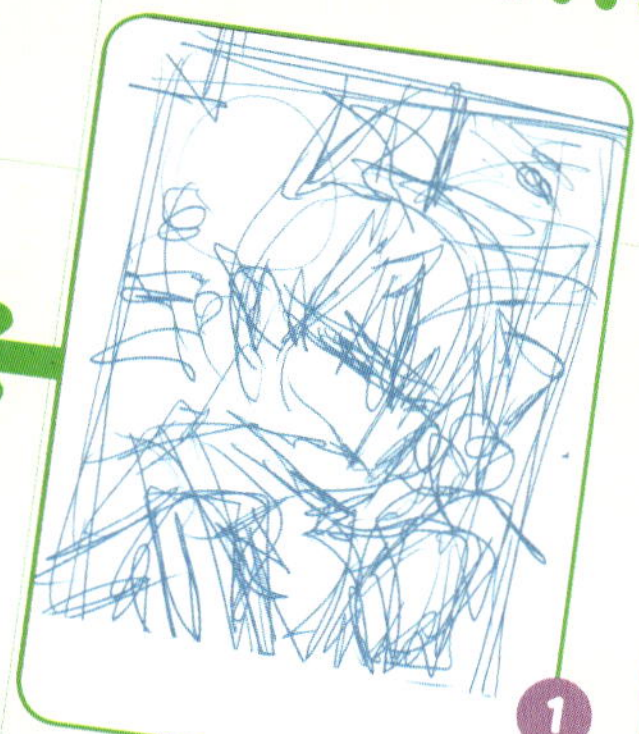

①「SU-Cream Pencil」ブラシを使い、水色でイメージをざっくりと描く。左上には「S」のロゴが入るため、丸のアタリが入れてある。

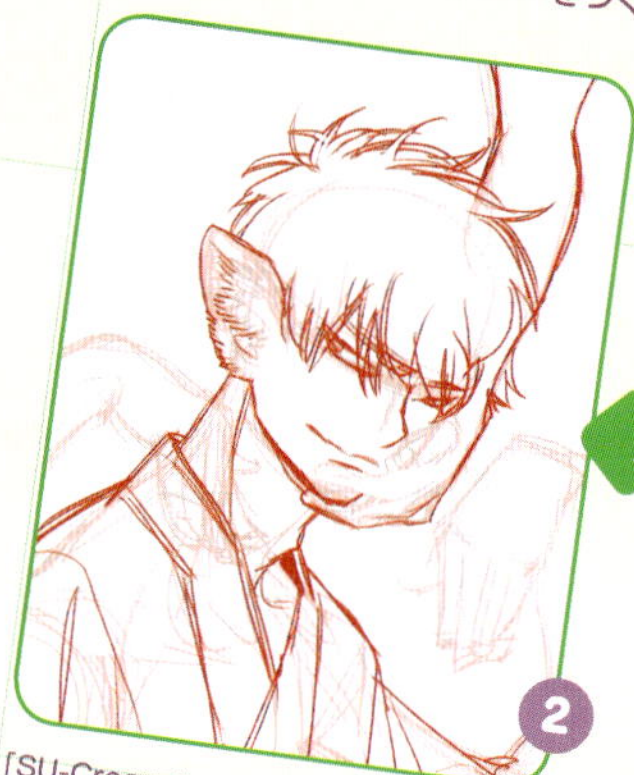

②「SU-Cream Pencil」ブラシや「（消しゴム）硬め」ブラシを使い、①のイメージを描き起こしていく。この時点では男の頬に何者かの手が添えられている。

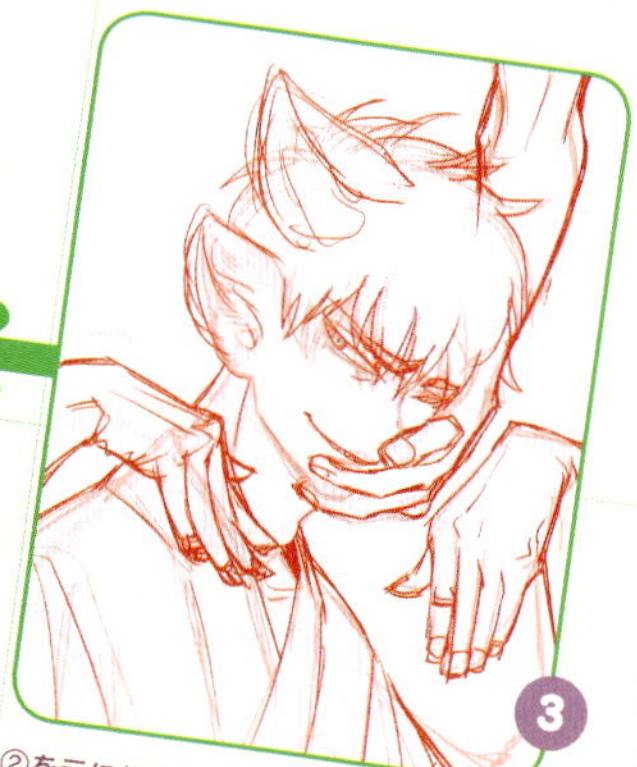

③②を元に細部を描き起こす。頭にも耳が生えてより人外み が増している。幽霊ポーズをする男の骨ばった指先も描かれた。

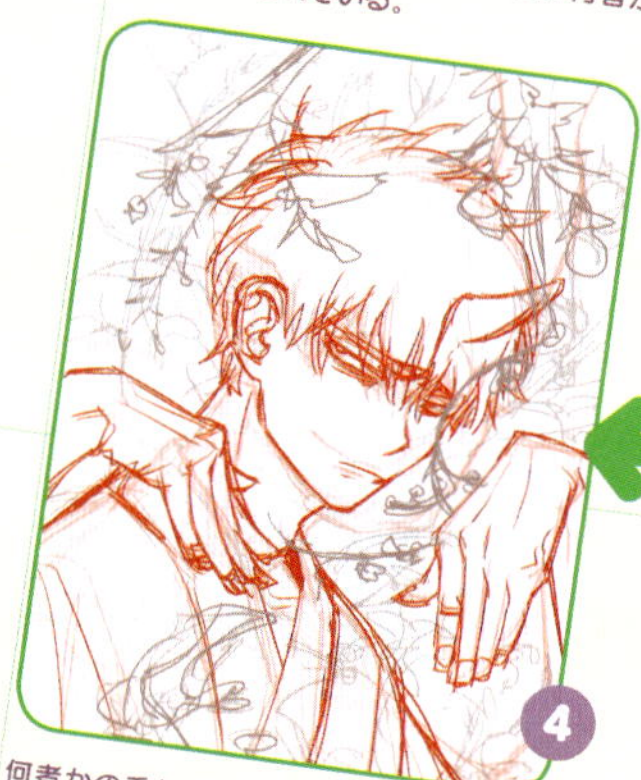

④何者かの手が外された代わりに、男に絡みつくように植物が追加。また微妙に表情が変化したり、額にツノが加えられたりと、様々なアイデアを試していることもわかる。

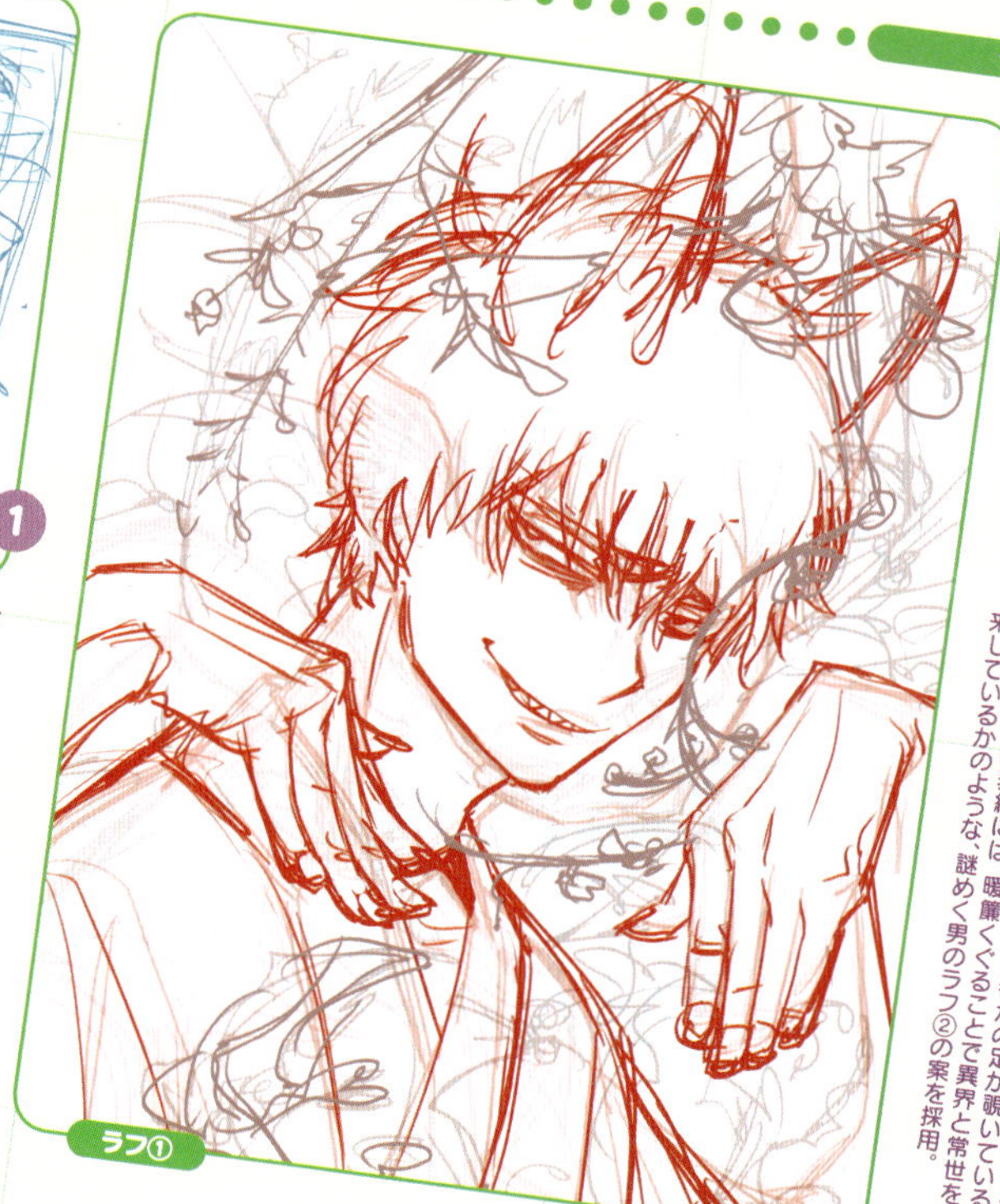

ラフ①

「怪異」をテーマに描かれた二種類のラフ。ラフ①は、キツネ耳を生やした男が幽霊ポーズをしており、いまにも「うらめしや〜」と迫ってきそうな様子だ。一方のラフ②は、風呂屋の暖簾をくぐる男が描かれている。ラフの段階ではケモ耳やモフモフの尻尾が生えており、妖怪のイメージが強い。暖簾の向こう側はベタで塗られて暗闇になっており、何者かの足が覗いているのも印象的。今回の表紙には、暖簾くぐることで異界と常世を行き来しているかのような、謎めく男のラフ②の案を採用。

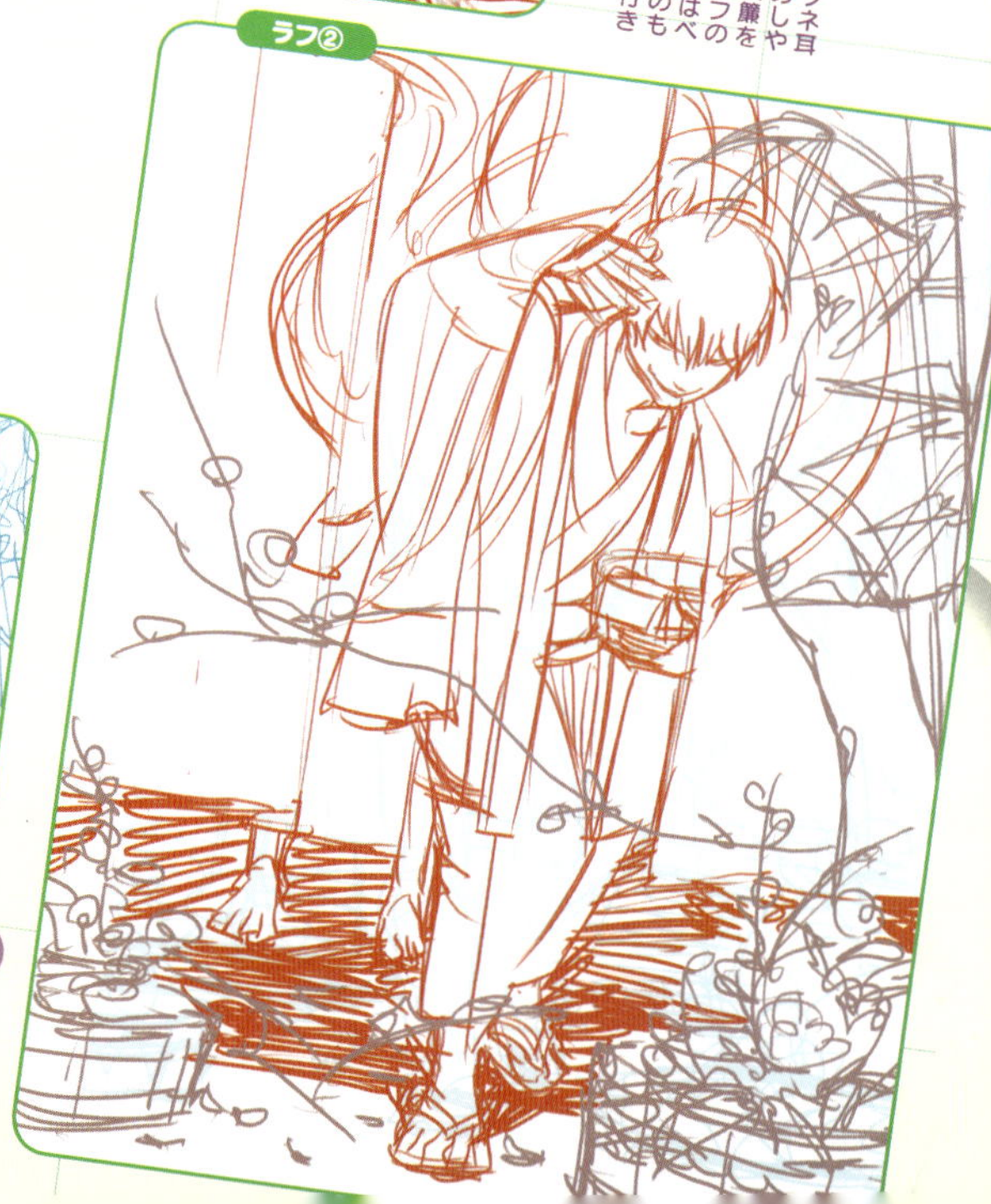

ラフ②

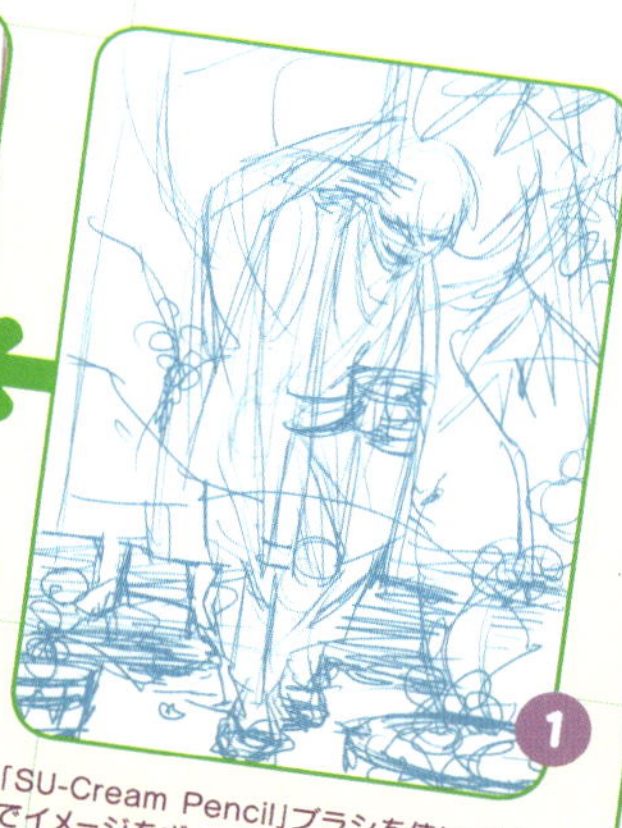

①「SU-Cream Pencil」ブラシを使い、水色でイメージをざっくりと描く。暖簾をくぐる時のどこか不敵な表情はこの段階からイメージされている。

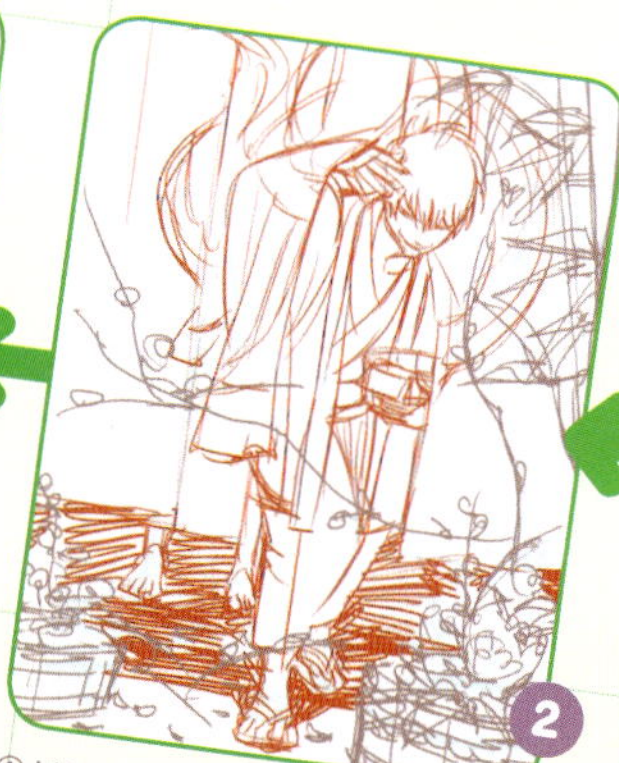

②①よりさらにイメージを描き起こす。ラフの段階で思いついたアイデアも取り入れつつ、描き進める。

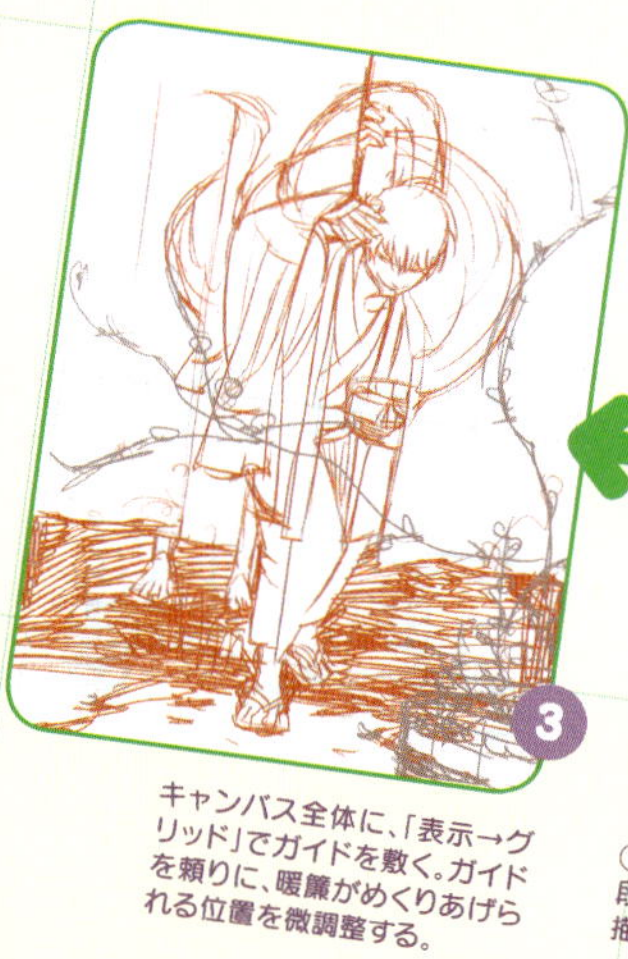

③キャンバス全体に、「表示→グリッド」でガイドを敷く。ガイドを頼りに、暖簾がめくりあげられる位置を微調整する。

## 下絵を描く

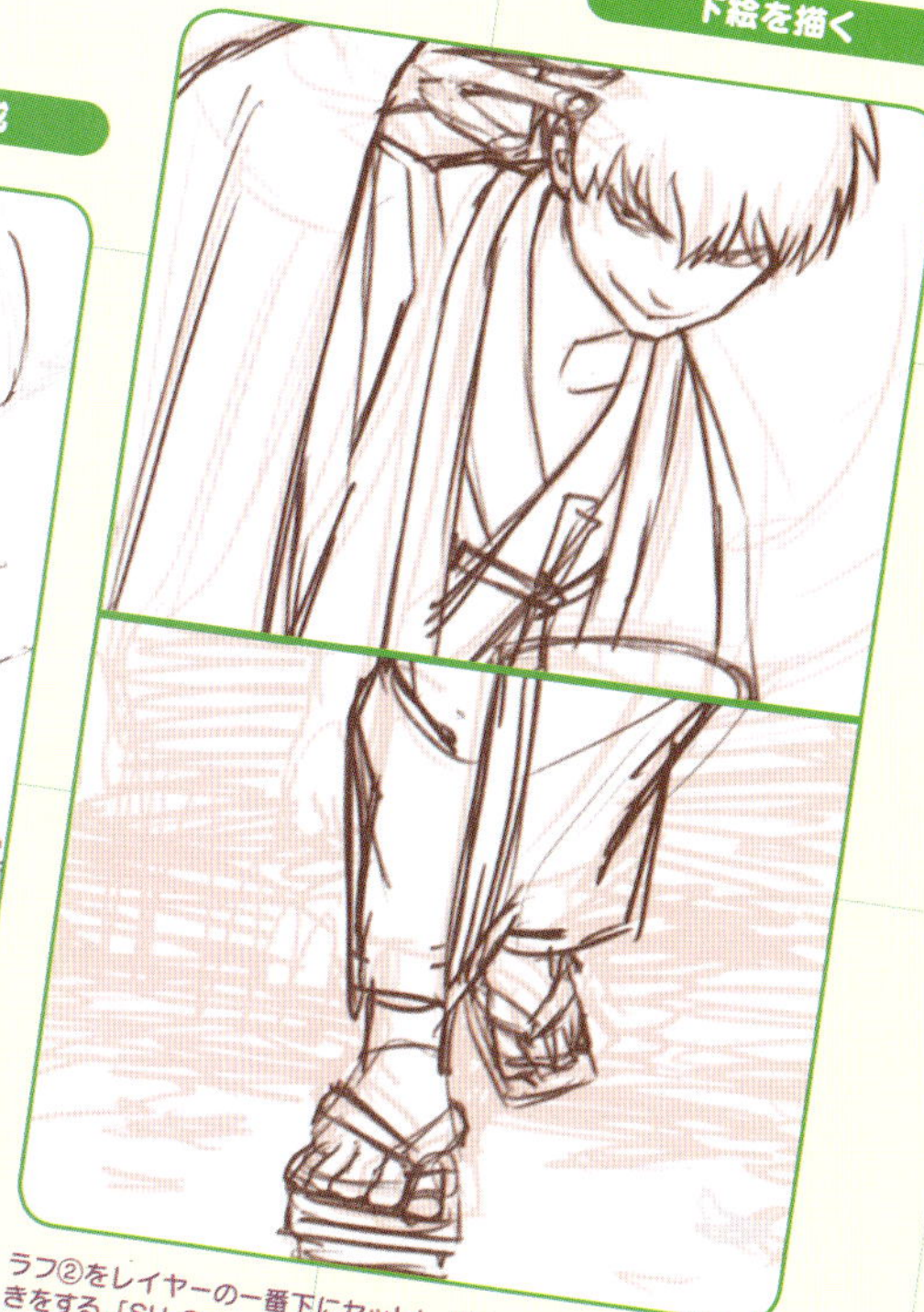

ラフ②をレイヤーの一番下にセットし、透かしながら下描きをする。「SU-Cream Pencil」ブラシを使い、指先や髪、着物のシルエット、植物など下絵を描く。

## 下絵の完成

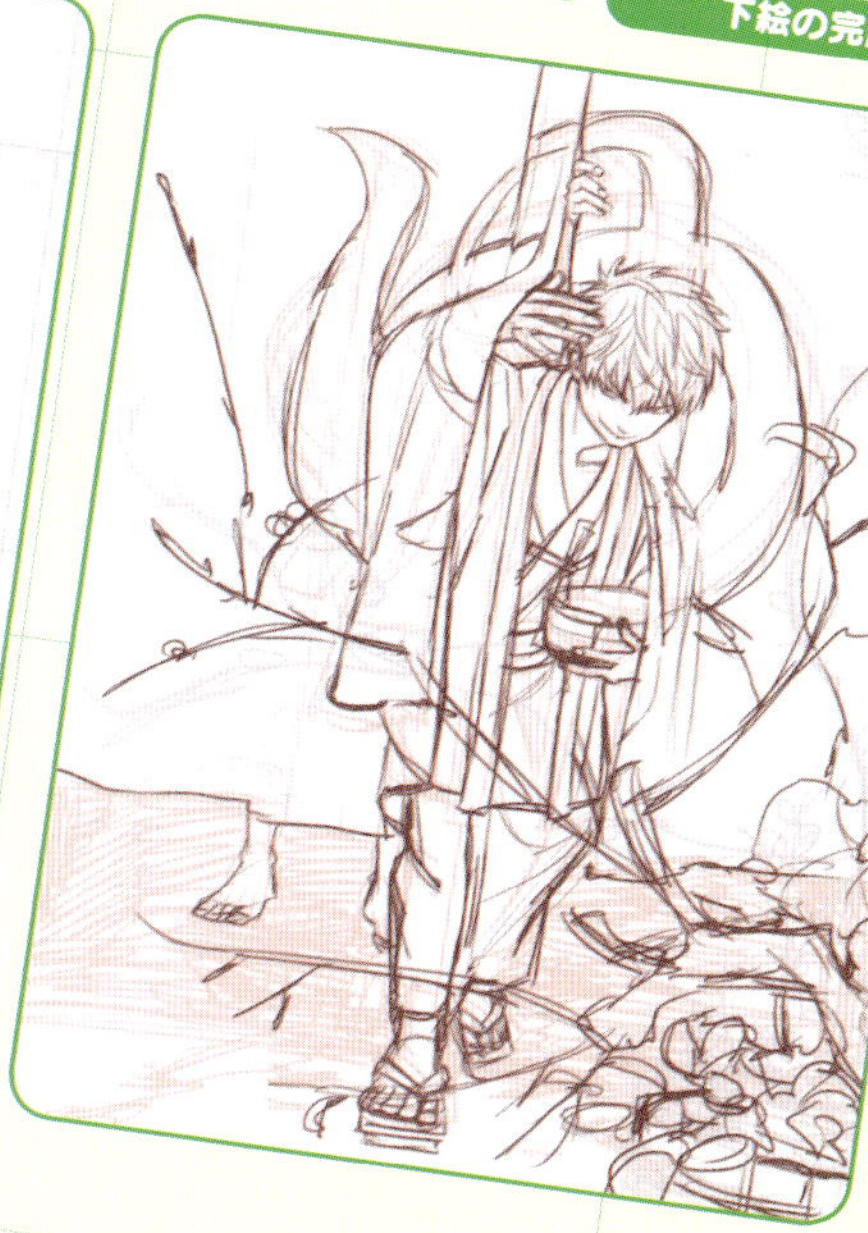

## 暖簾の線画を描く

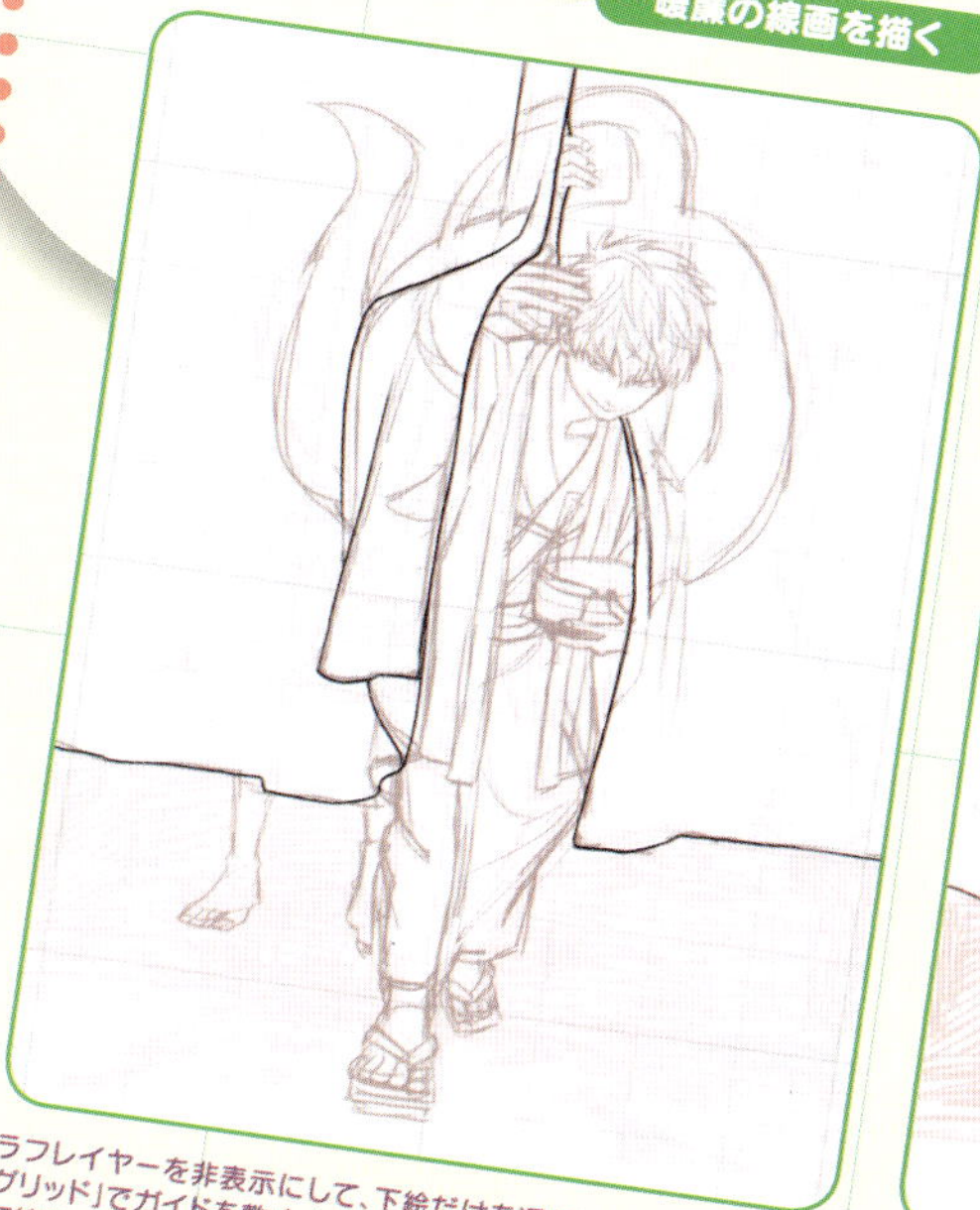

ラフレイヤーを非表示にして、下絵だけを透かして状態で、「表示→グリッド」でガイドを敷く。「SU-Cream Pencil」ブラシを使い、黒色で線画を清書する。布の重さを意識して線を引く。

## 人物と植物の線画

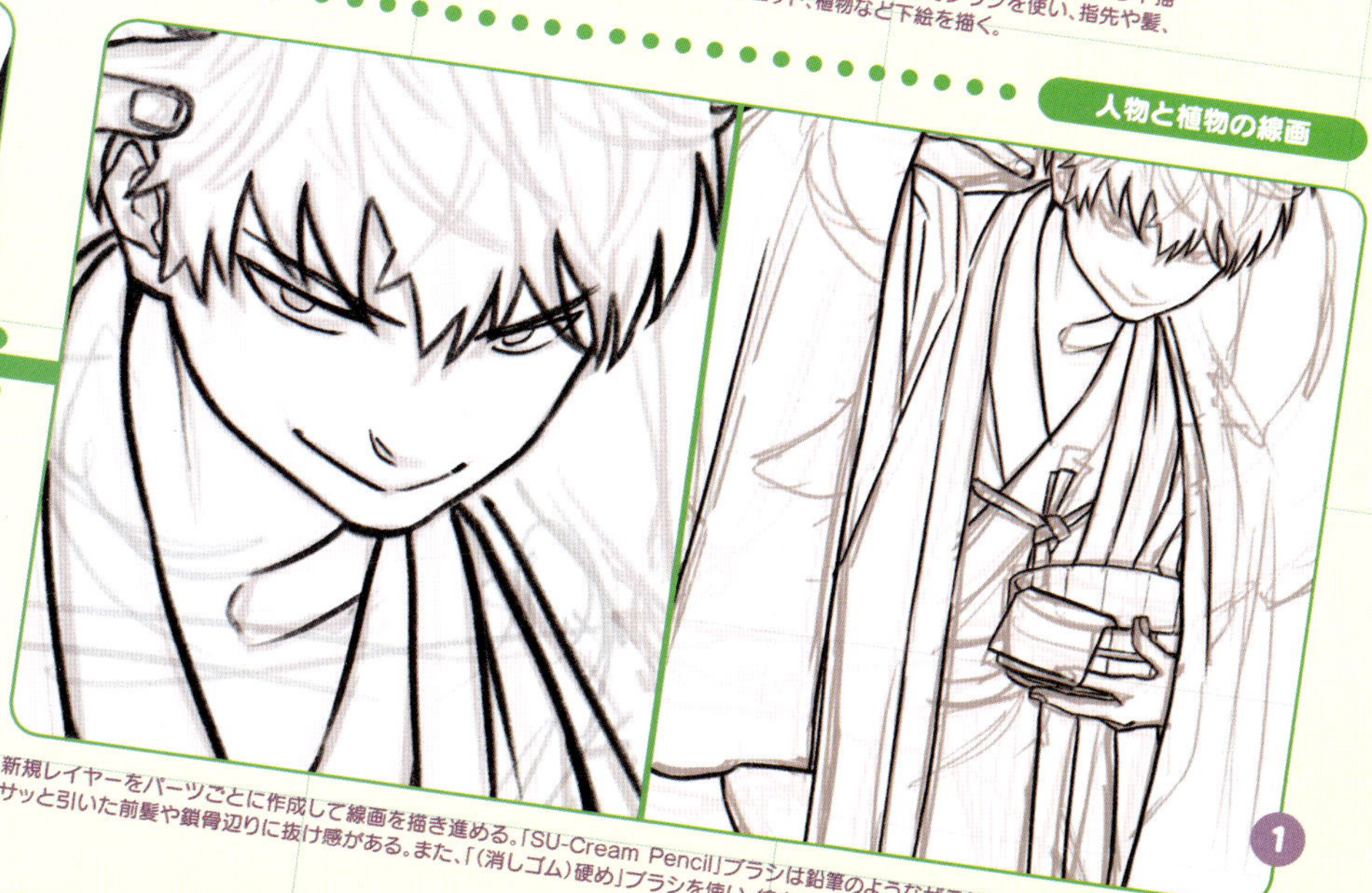

1

新規レイヤーをパーツごとに作成して線画を描き進める。「SU-Cream Pencil」ブラシは鉛筆のようなザラザラとした線を引けるので、サッと引いた前髪や鎖骨辺りに抜け感がある。また、「(消しゴム)硬め」ブラシを使い、線を削って強弱をつける。

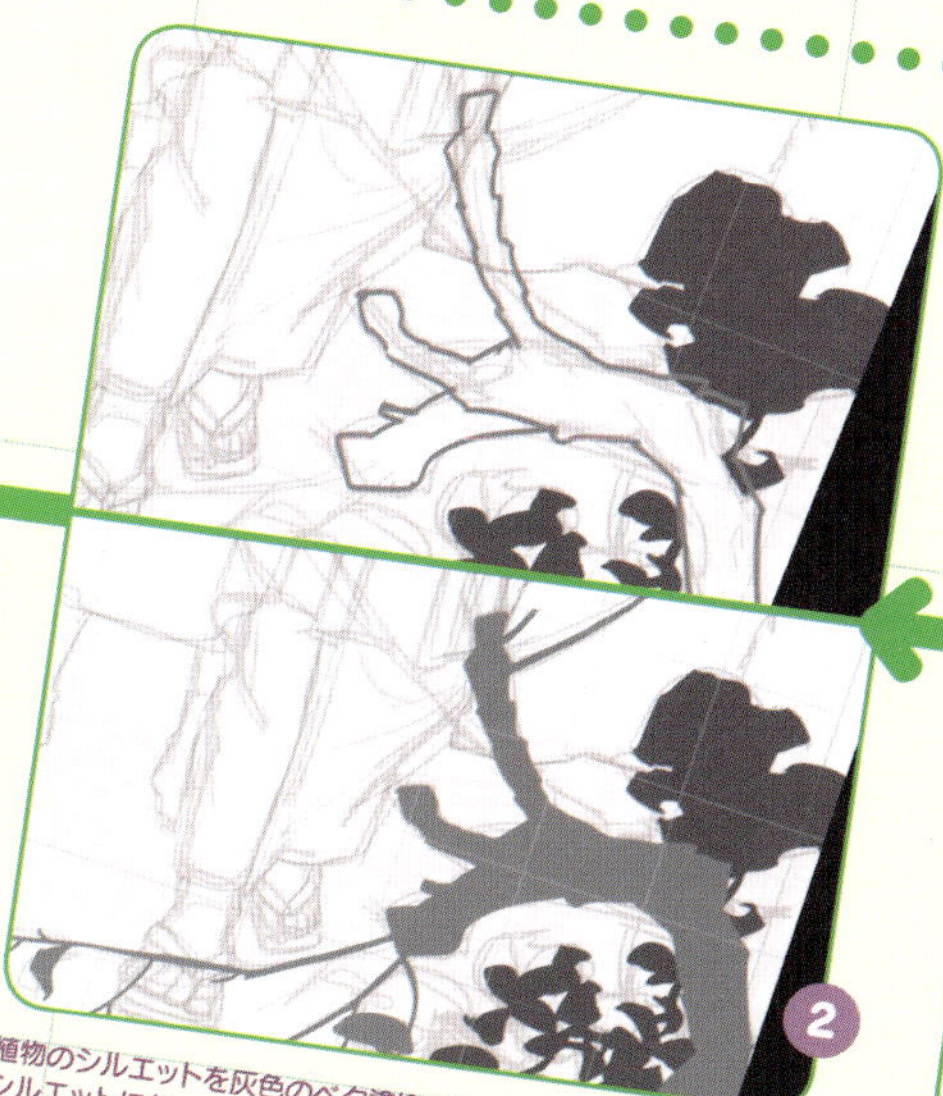

2

植物のシルエットを灰色のベタ塗りで描く。葉はボリューム感のあるシルエットになっている。また、大きくうねる樹や枝のりんかく線を描き、[塗りつぶし]ツールで明るい灰色にベタ塗りする。灰色の下塗りでも、濃さを変えることで物の前後関係を分かりやすくする。

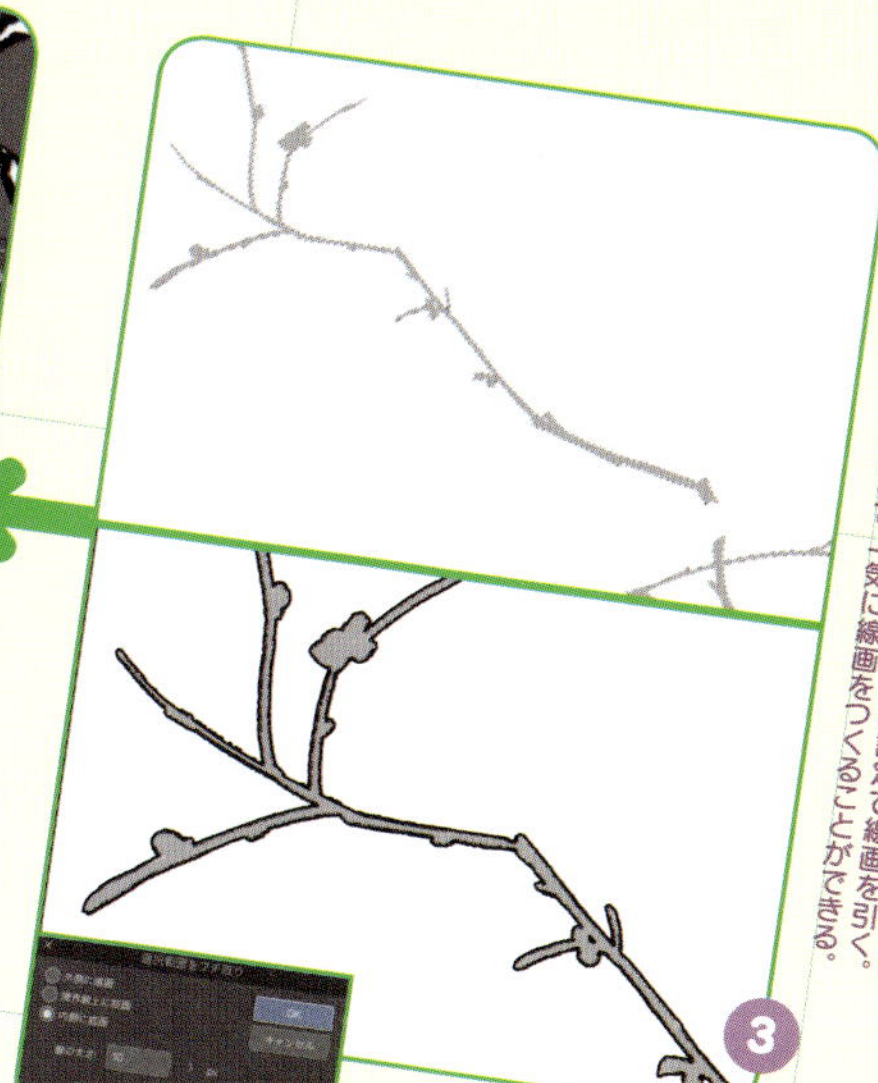

3

画面を横断するように伸びる、手前の梅の木の枝を灰色で描く。枝以外のレイヤーを非表示にしたら、シルエットを[自動選択]ツールで選択。「SU-Cream Pencil」ブラシのまま、「編集→選択範囲をフチ取り」を選び、「内側に描画」「10px」の設定で線画を引く。[自動選択]で選択したことで、一気に線画をつくることができる。

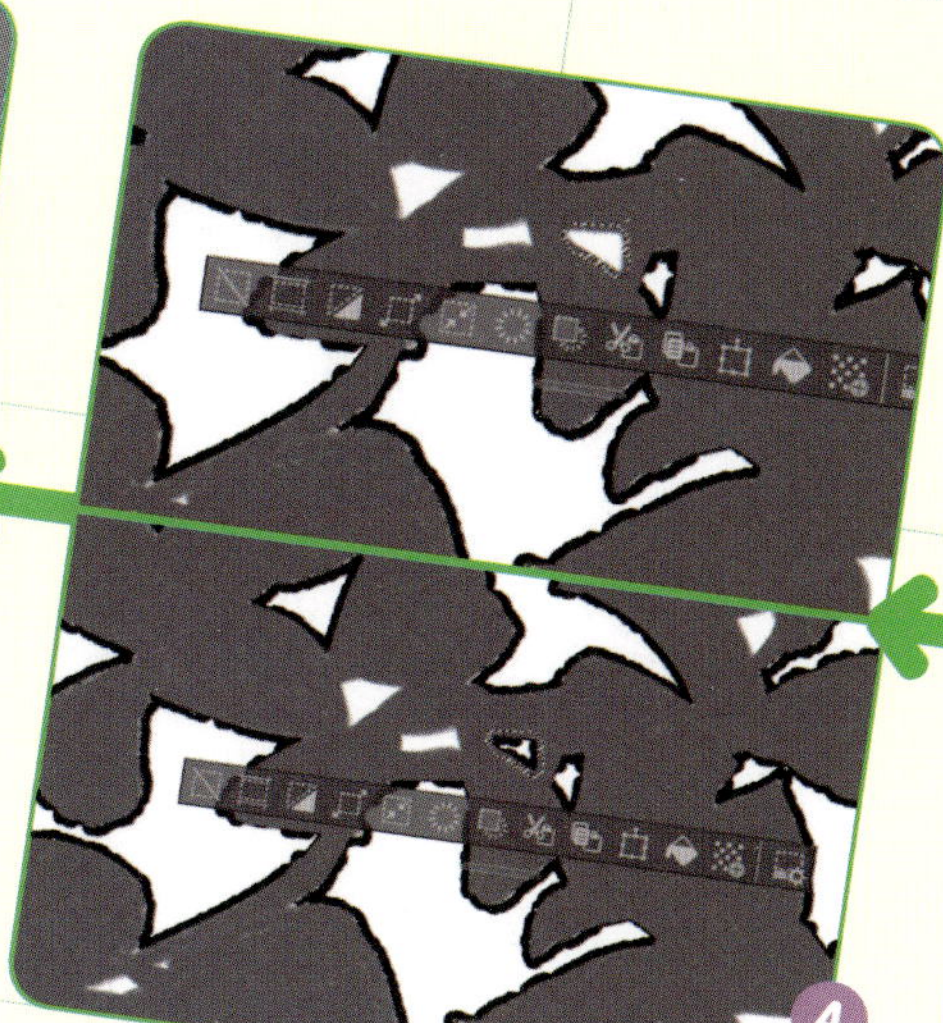

4

③の手順同様に、植物のシルエットをフチ取る。内側にある隙間は都度[自動選択]をして、線画を引いている。また、線画のつなぎがあまい部分は手描きする。

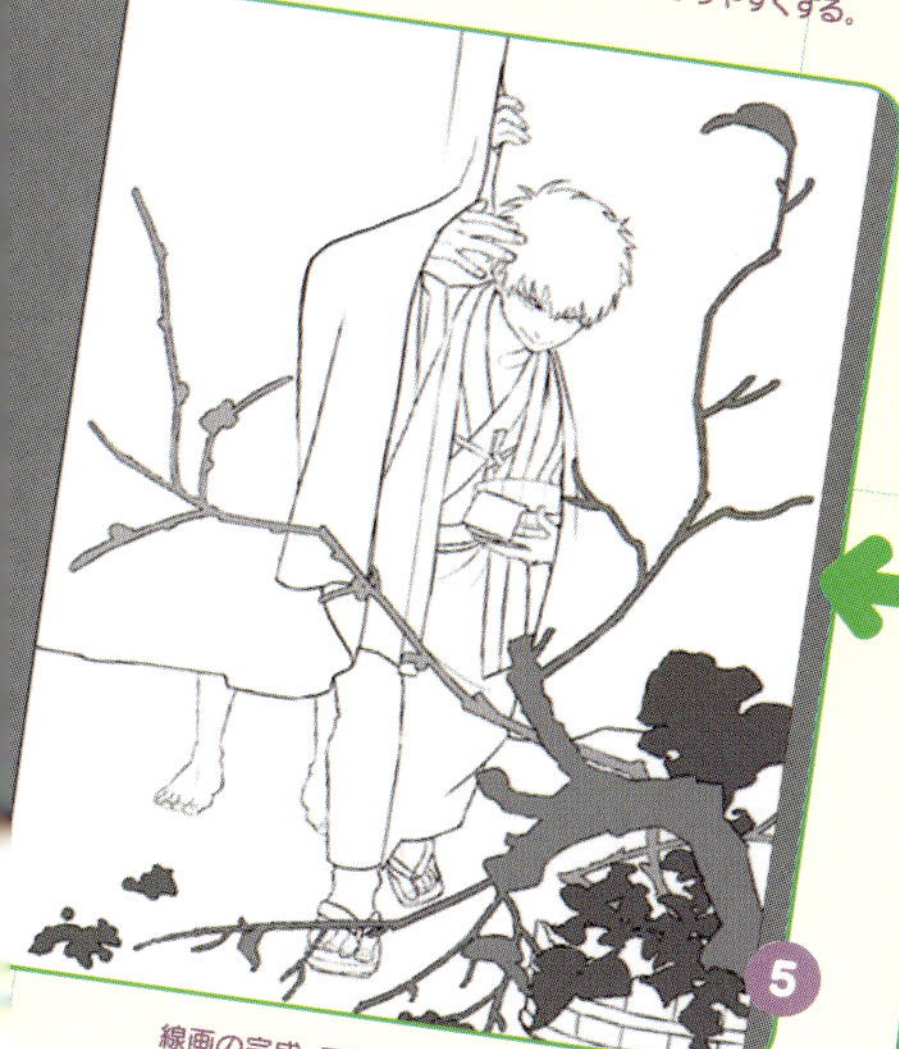

5

線画の完成。ランダム性のある強弱を取り入れることで、手触りの感じられる線画になる。植物の模様は塗りで表現するため、この段階では線画による描き込みはされていない。また、暖簾の「ゆ」の文字は下塗りで書き入れる。

## 下塗りする

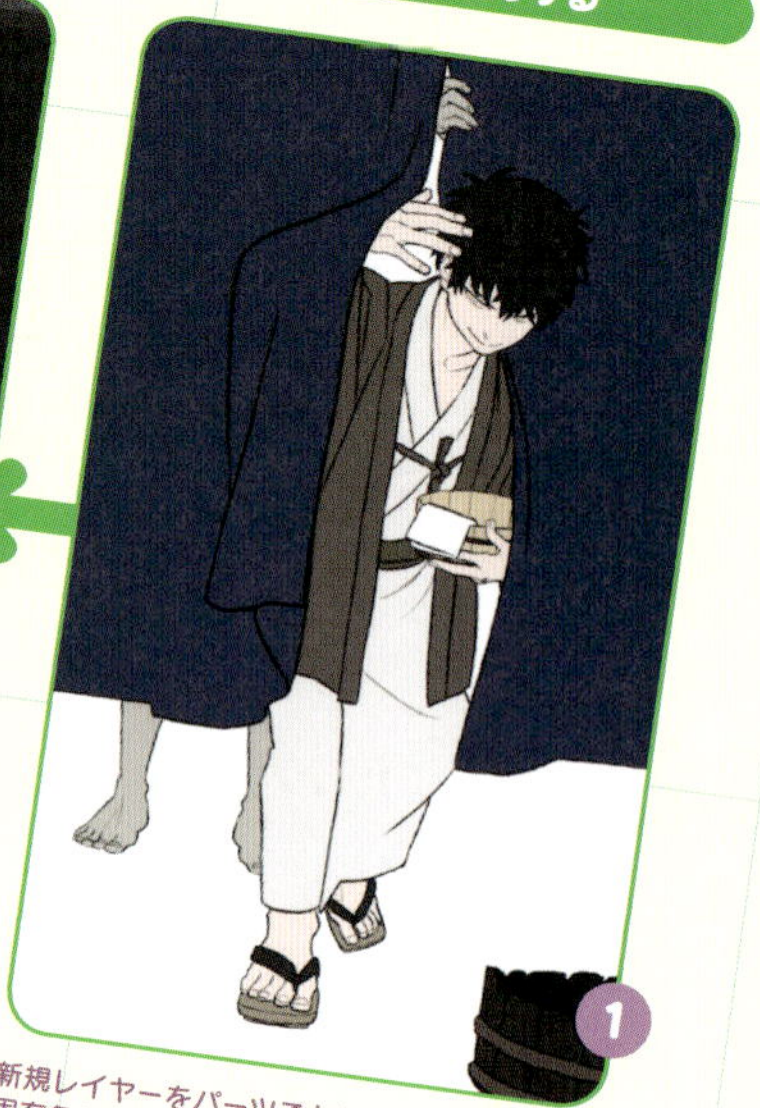

1 新規レイヤーをパーツごとに作成し、ベタ塗りで固有色に塗り分ける。

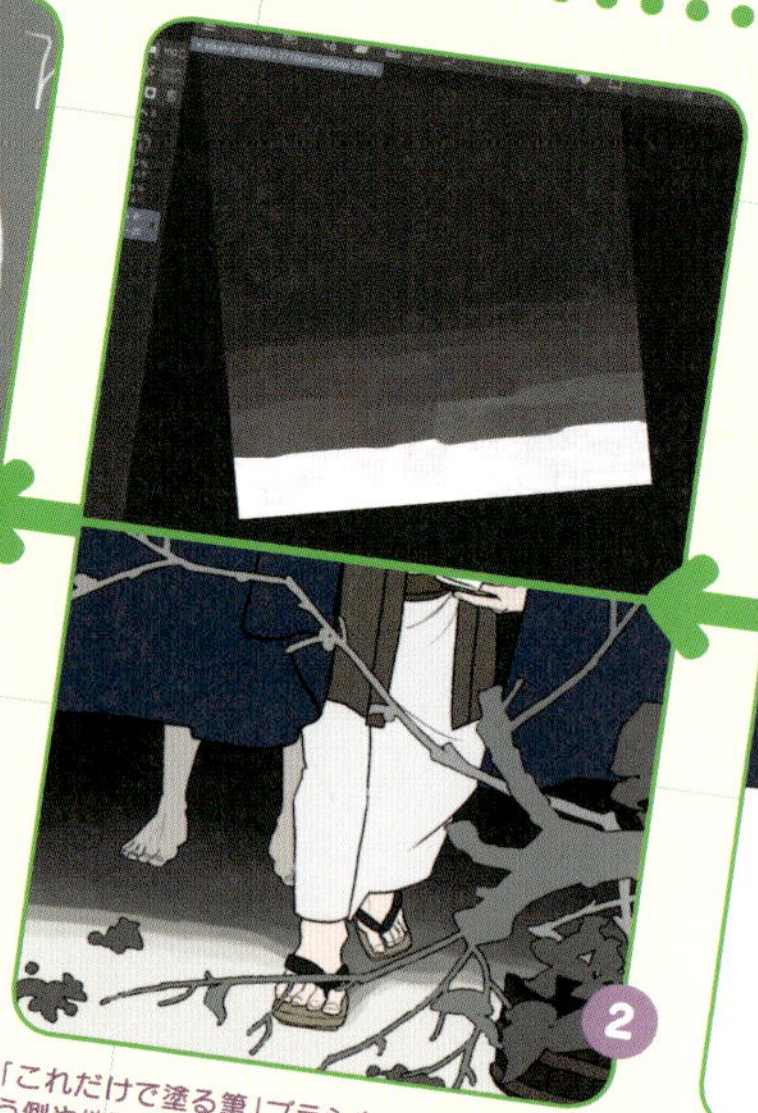

2 「これだけで塗る筆」ブラシを使い、暖簾の向こう側や地面のカゲを塗る。下に向かうにつれて明るいグラデーションになっている。加藤さんは手のストロークに合わせて、塗りやすい方向にキャンバスの向きを回転させていた。また、「粗い水彩」ブラシや「繊維にじみ」ブラシを使って、カゲにザラザラとした質感を加えつつ、グラデーションをなめらかにする。

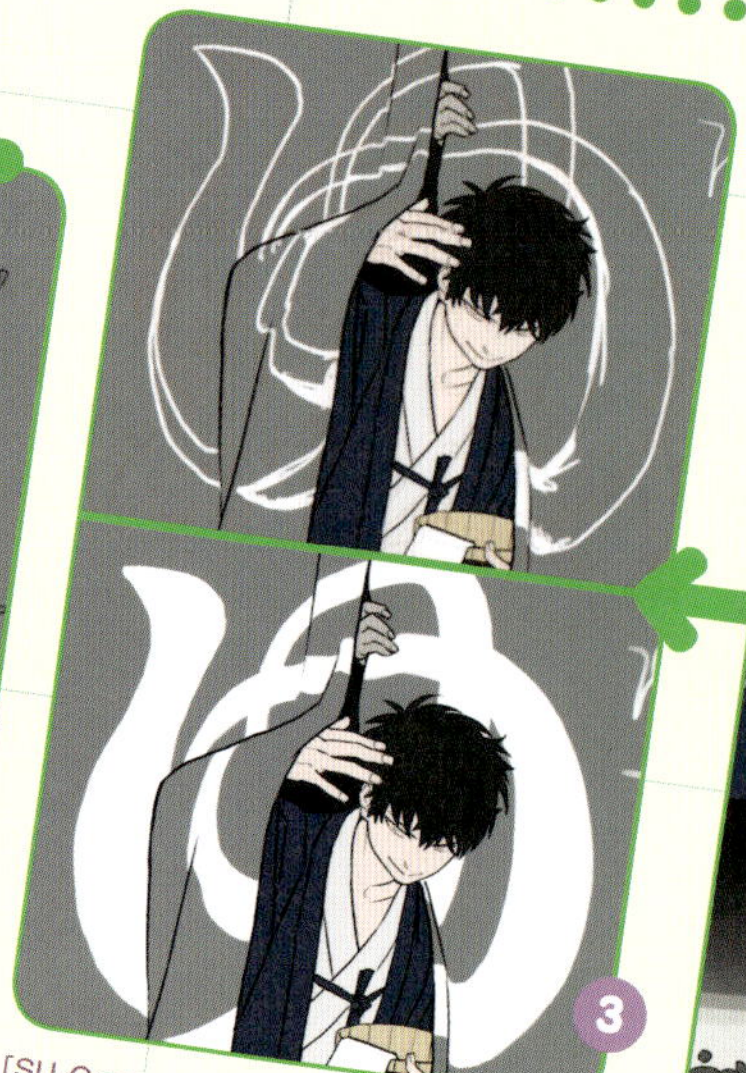

3 「SU-Cream Pencil」ブラシの白色を使い、暖簾に「ゆ」の字を書く。暖簾はめくりあげられているので、波打ちに合わせて字が歪んでいる。字の形が決まったらベタ塗りし、「(消しゴム)硬め」でシャープにする。

下塗り完成

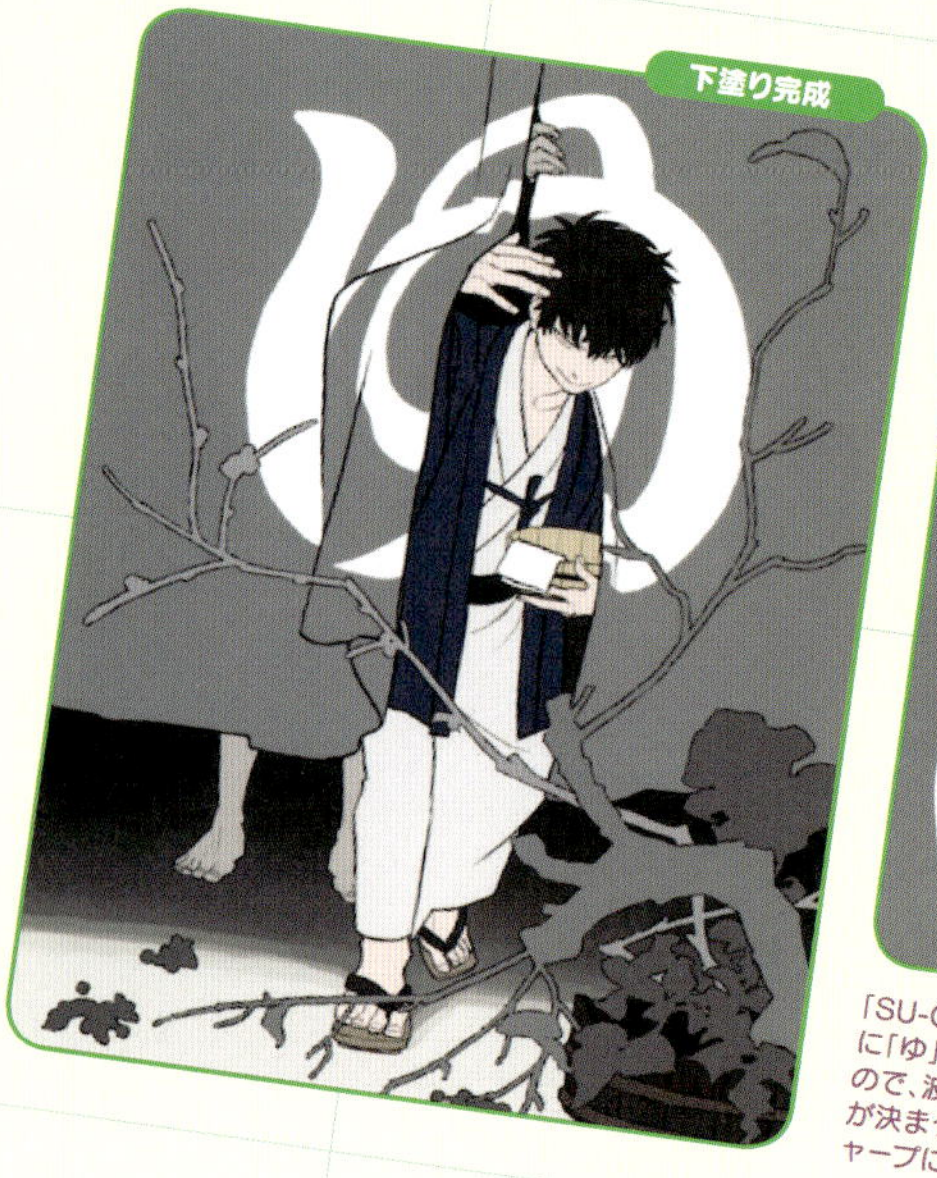

## 肌や瞳を塗る

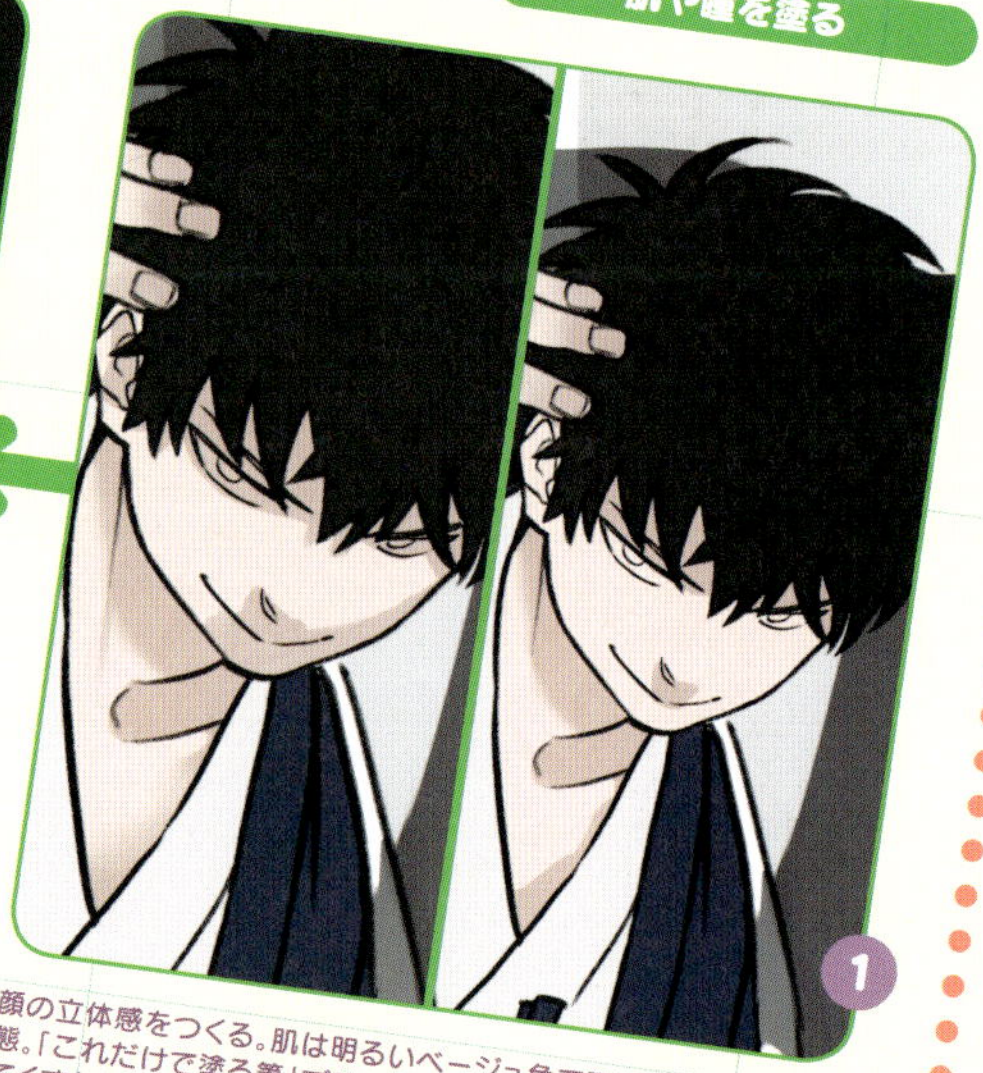

1 顔の立体感をつくる。肌は明るいベージュ色で下塗りされている状態。「これだけで塗る筆」ブラシを使い、指の節や顔の凹凸に合わせてくすんだベージュ色を置く。カゲの濃い部分は色のフチをパキッと残し、なめらかにしたい部分は「(色混ぜ)ぼかし」ブラシでふんわりとなじませている。

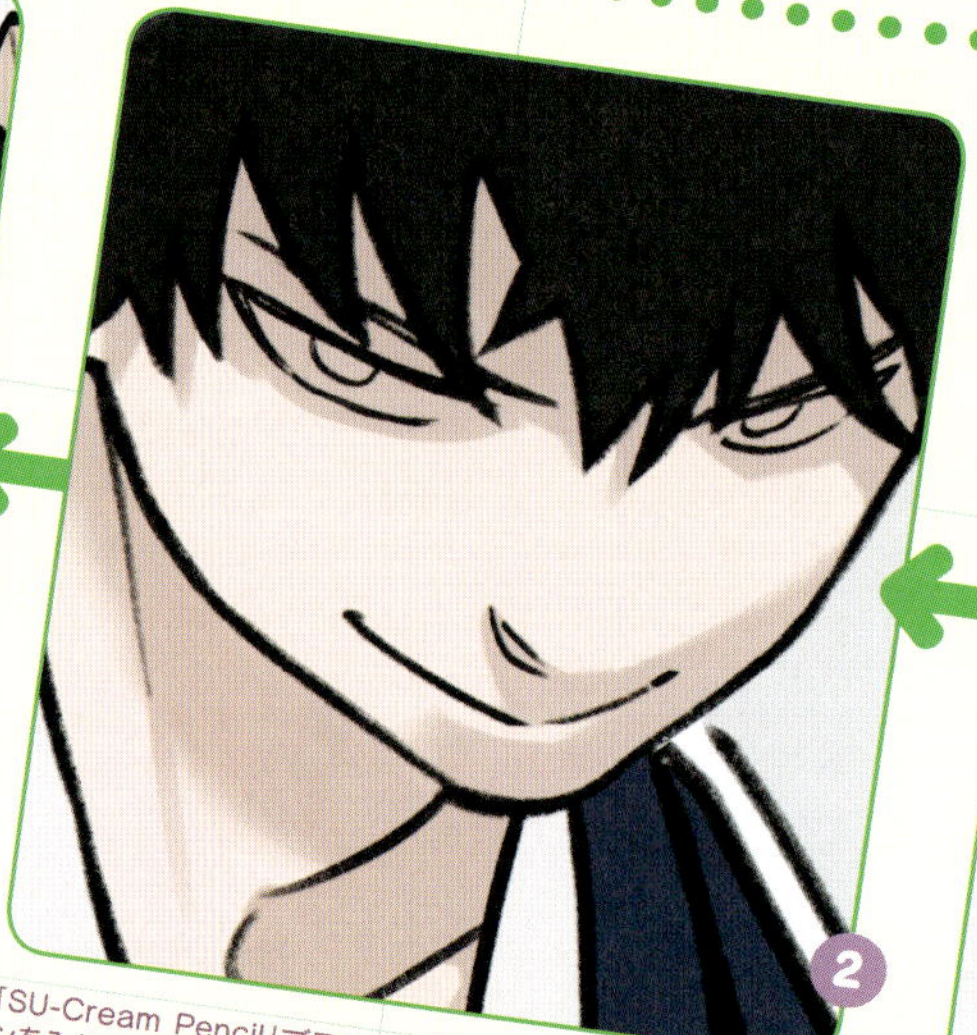

2 「SU-Cream Pencil」ブラシを使い、下塗りと同じ色で下唇にラインを入れてぷくっとした立体感をつくる。また、前髪のカゲの形をよりシャープになるよう、整えた。

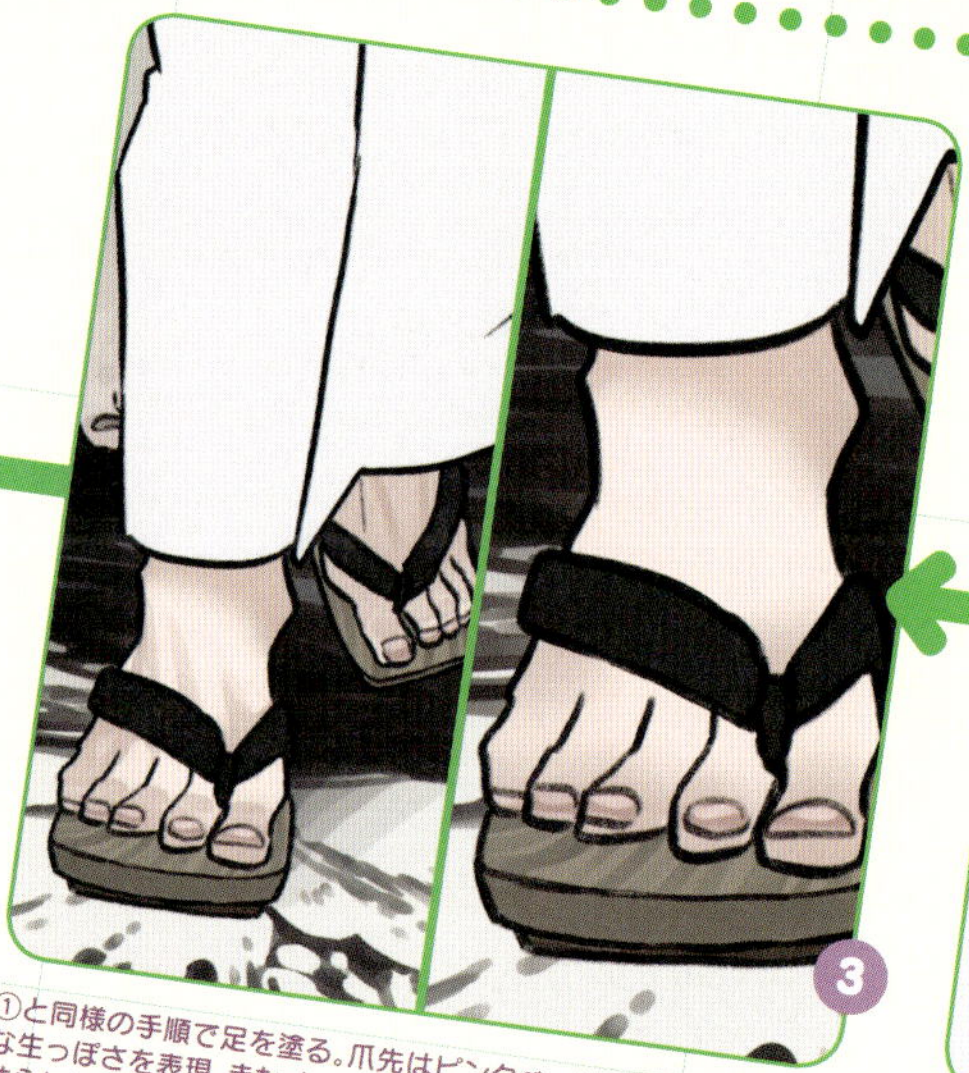

3 ①と同様の手順で足を塗る。爪先はピンクベージュ色を塗り、リアルな生っぽさを表現。また、しっかりと足の甲にスジを入れることで男性らしいゴツゴツ感を表現する。

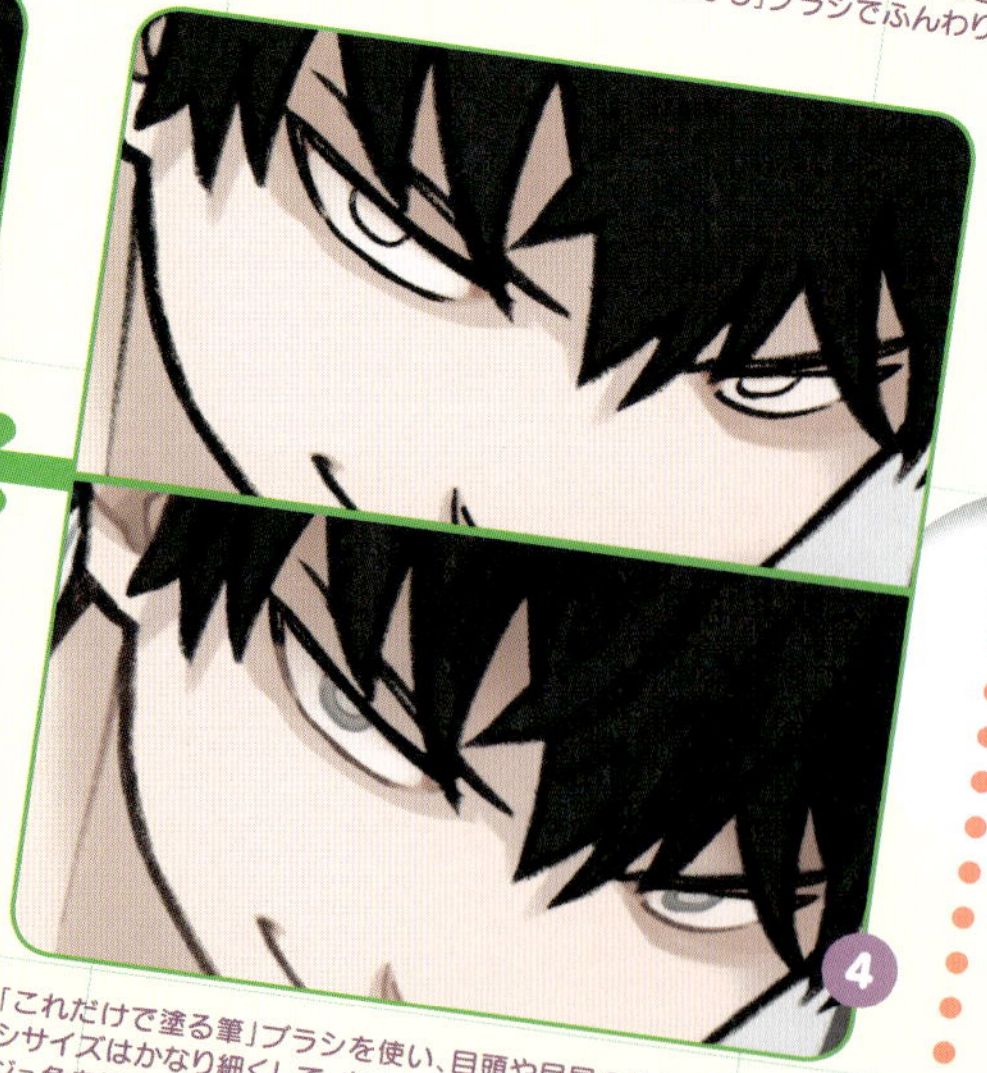

4 「これだけで塗る筆」ブラシを使い、目頭や目尻の粘膜を塗る。ブラシサイズはかなり細くして、小さな三角を描くイメージでピンクベージュ色を塗る。また、白目は白色、瞳孔は灰色に塗りつつ半円のハイライトを描き入れる。

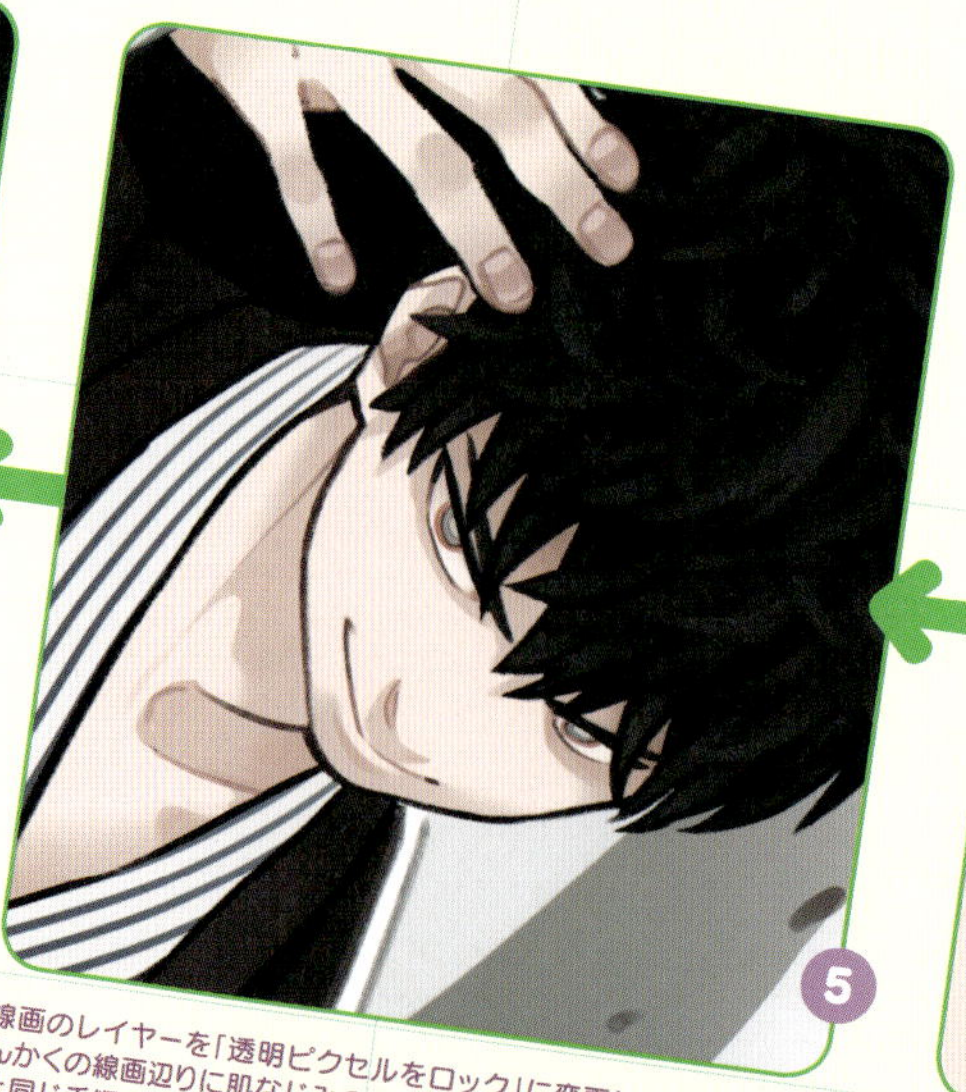

5 線画のレイヤーを「透明ピクセルをロック」に変更して、指の節やりんかくの線画辺りに肌なじみの良いこげ茶色を重ねる。ほかにも、①と同じ手順で前髪の生え際に一段階濃いカゲを入れたり、下唇のくぼみを描いた。また、朱色で瞳孔をフチ取る。瞳に朱色を入れたことで只ならぬ者の雰囲気が出る。

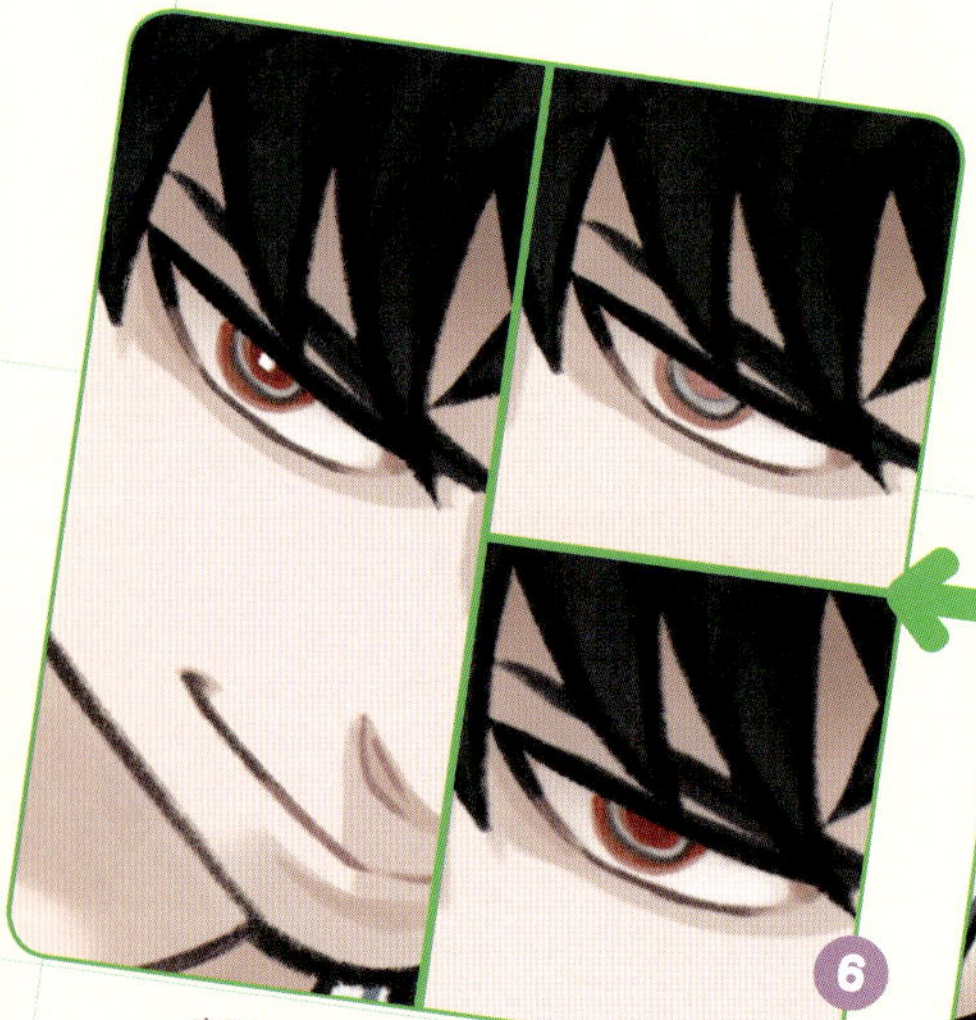

6 さらに瞳を加筆する。「これだけで塗る筆」ブラシを使い、瞳孔に朱色を加える。全体を引きで見ながら、朱色の量のバランスを調整し眼差しの強さを決める。また仕上げに瞳上部に白く強いハイライトを点で入れ、視線を強くする。

少し明るい黒色を[塗りつぶし]ツールでベタ塗りする。塗りつぶしをした際に線画の隙間に生まれた余白は、手描きで塗り埋める。しっかりと余白を塗り埋めることで作品の仕上がりをきれいにする。 1

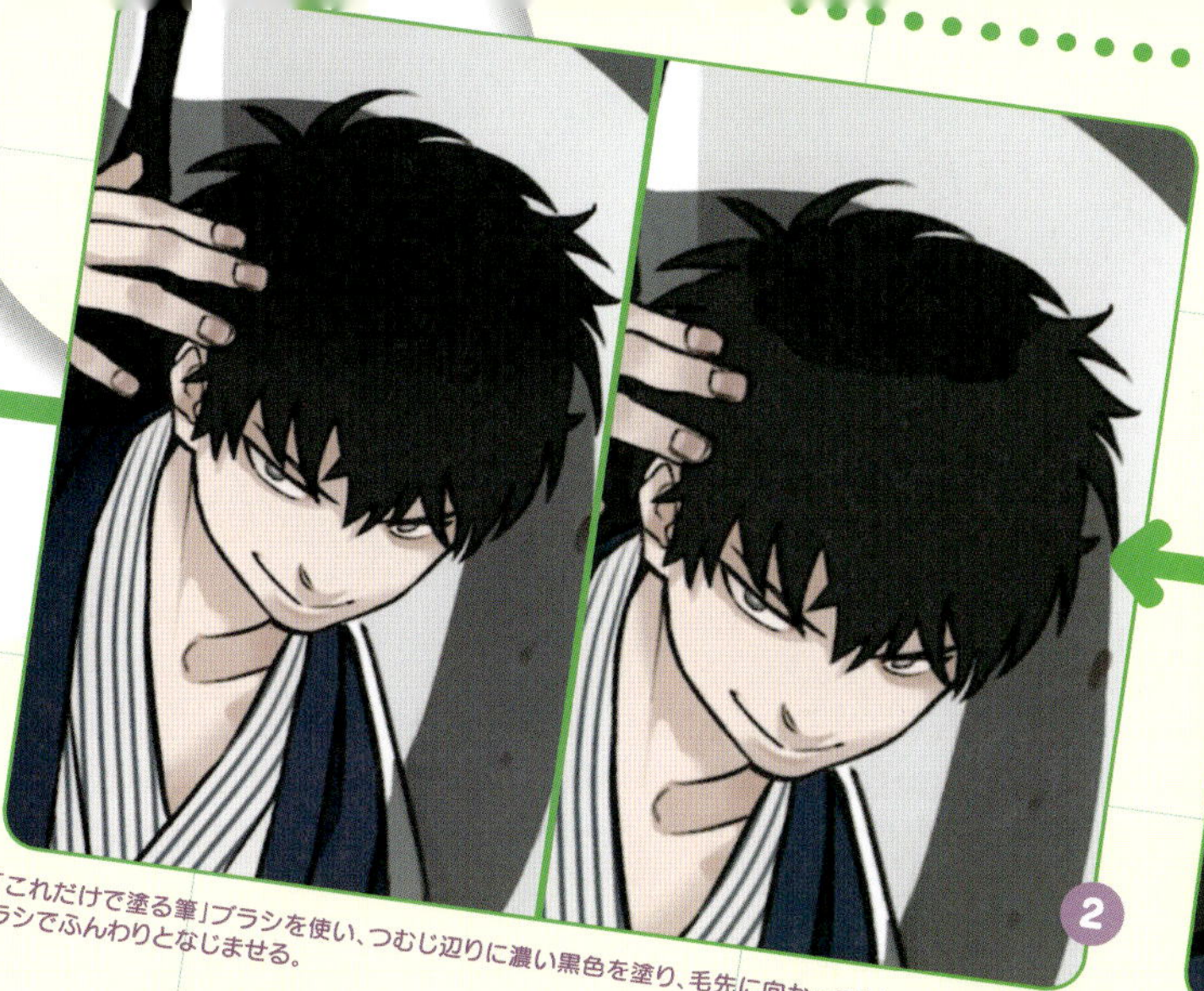

「これだけで塗る筆」ブラシを使い、つむじ辺りに濃い黒色を塗り、毛先に向かって「(色混ぜ)ぼかし」ブラシでふんわりとなじませる。 2

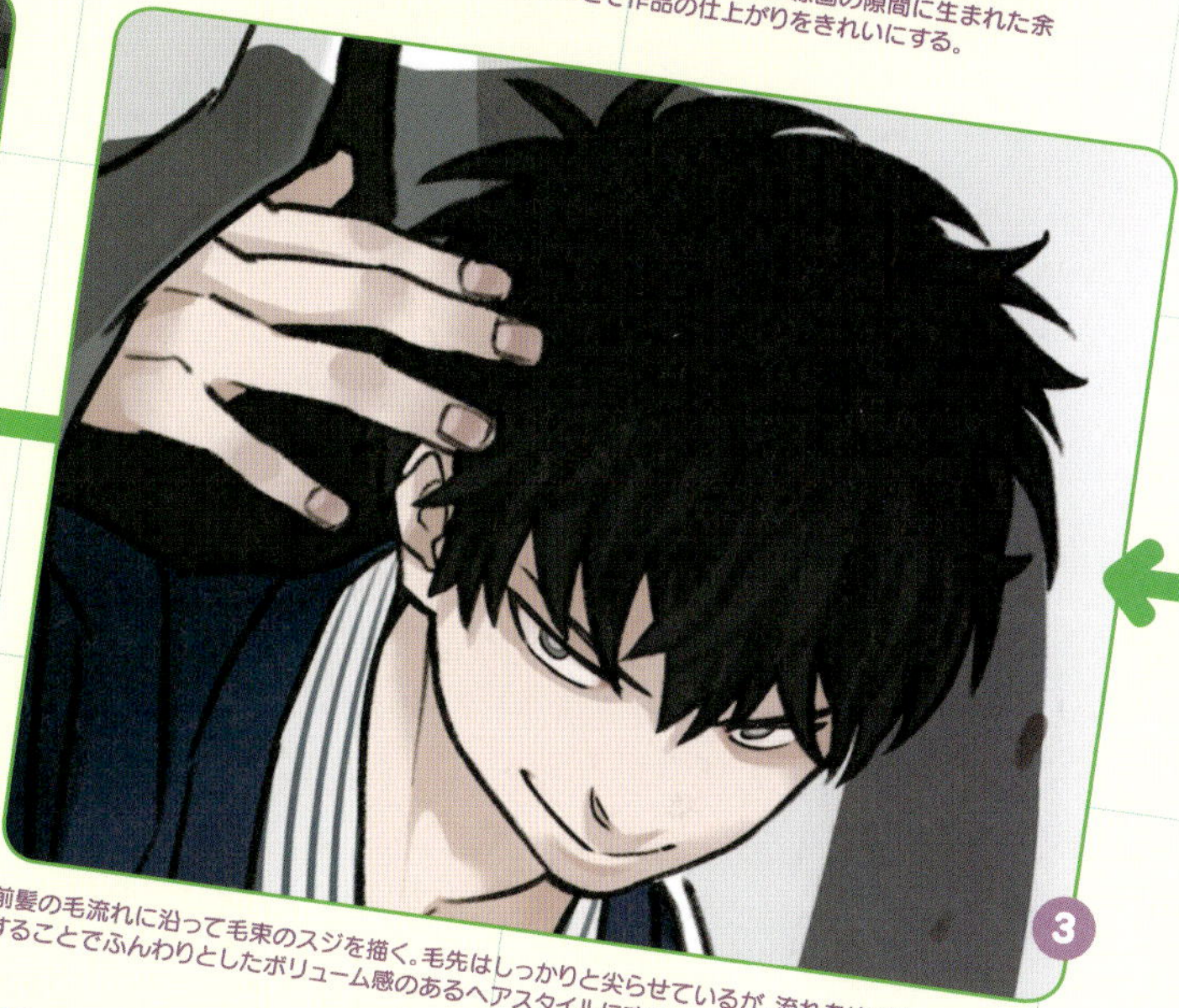

前髪の毛流れに沿って毛束のスジを描く。毛先はしっかりと尖らせているが、流れをゆるやかなカーブにすることでふんわりとしたボリューム感のあるヘアスタイルにする。 3

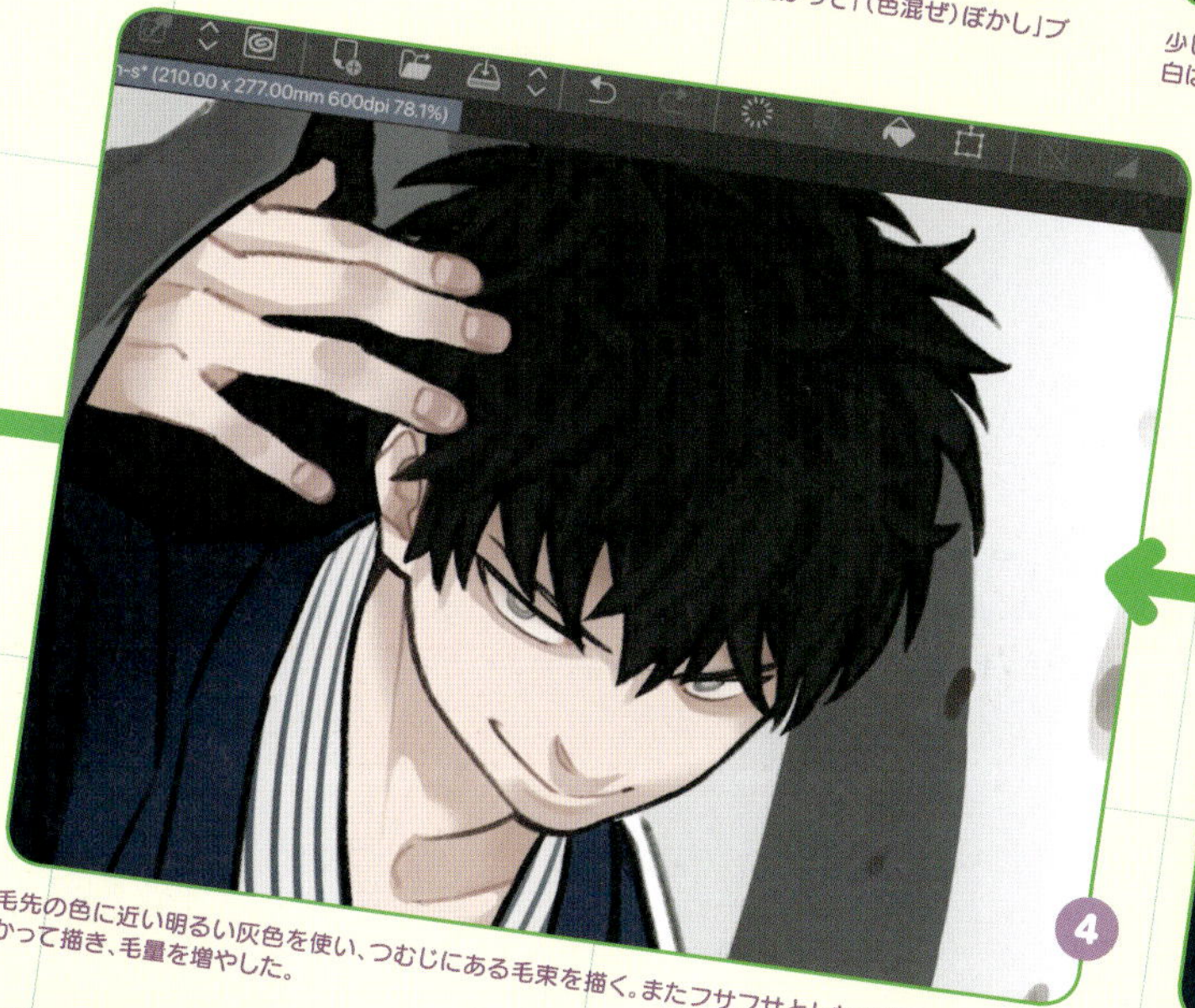


毛先の色に近い明るい灰色を使い、つむじにある毛束を描く。またフサフサとした毛束を中央辺りに向かって描き、毛量を増やした。 4

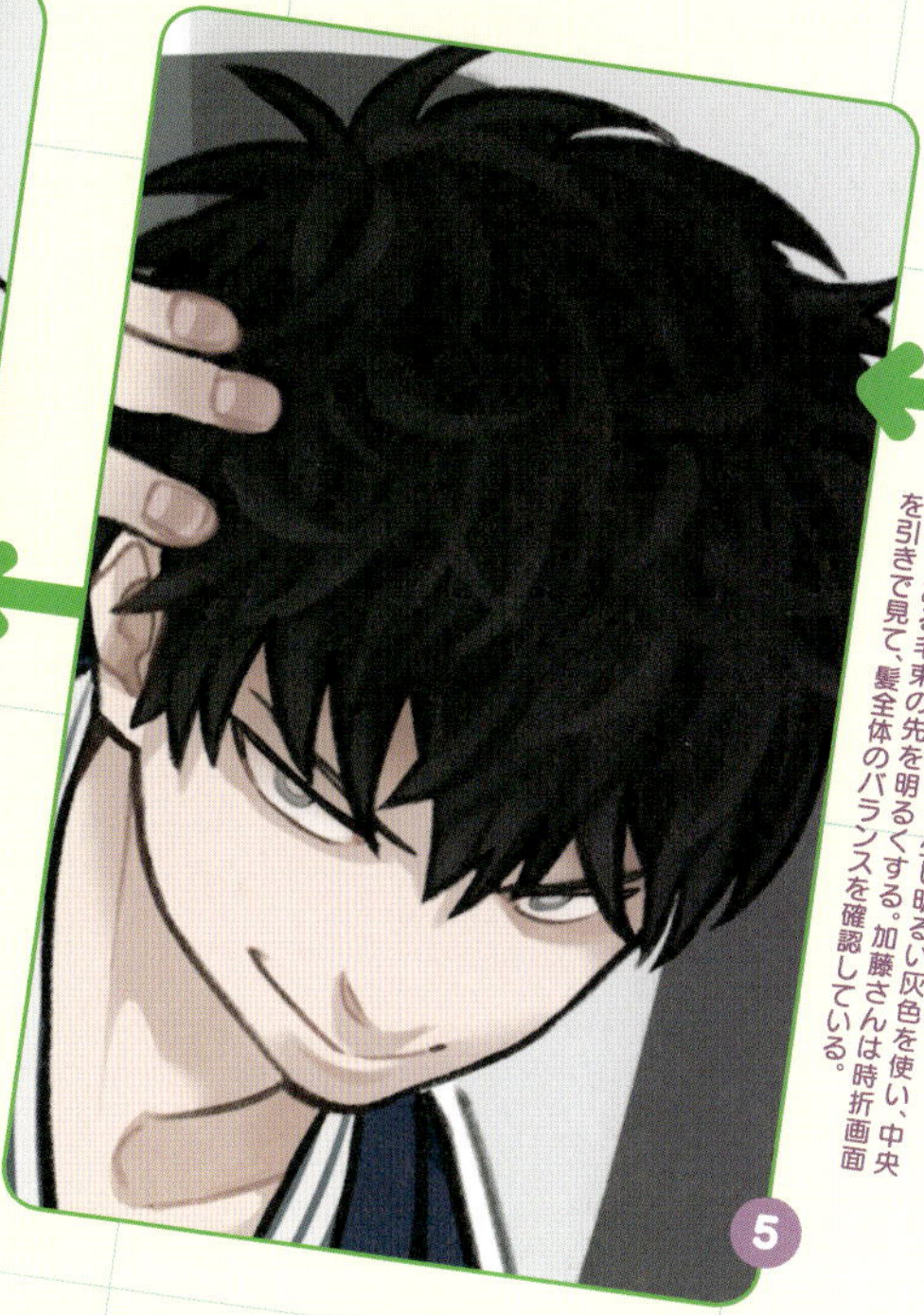

④で描いた毛束の色よりも少し明るい灰色を使い、中央辺りにある毛束の先を明るくする。加藤さんは時折画面を引きで見て、髪全体のバランスを確認している。 5

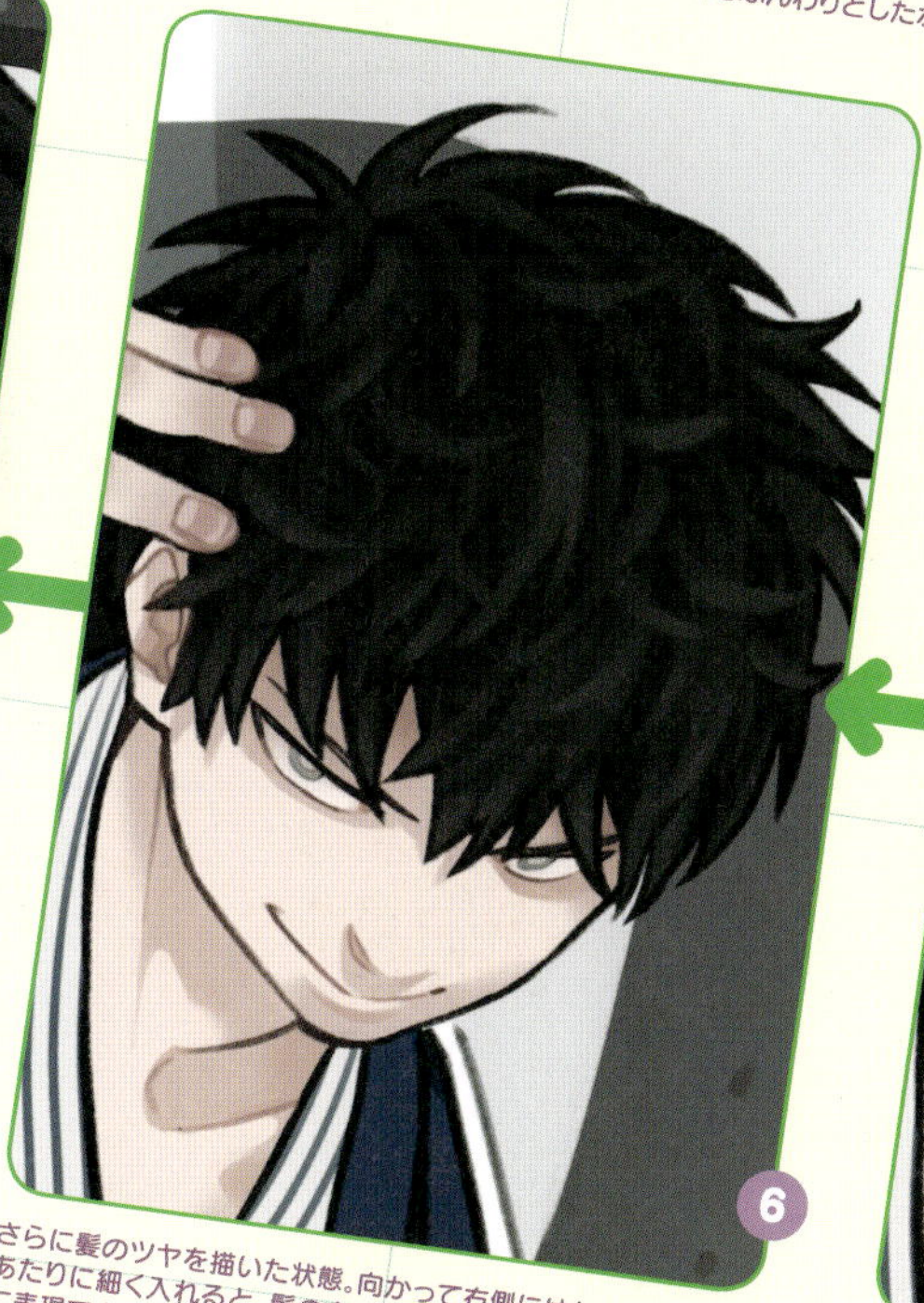

さらに髪のツヤを描いた状態。向かって右側にはねる毛束を中央あたりに細く入れると、髪のウェーブ度が増し、ボリュームがさらに表現できる。 6

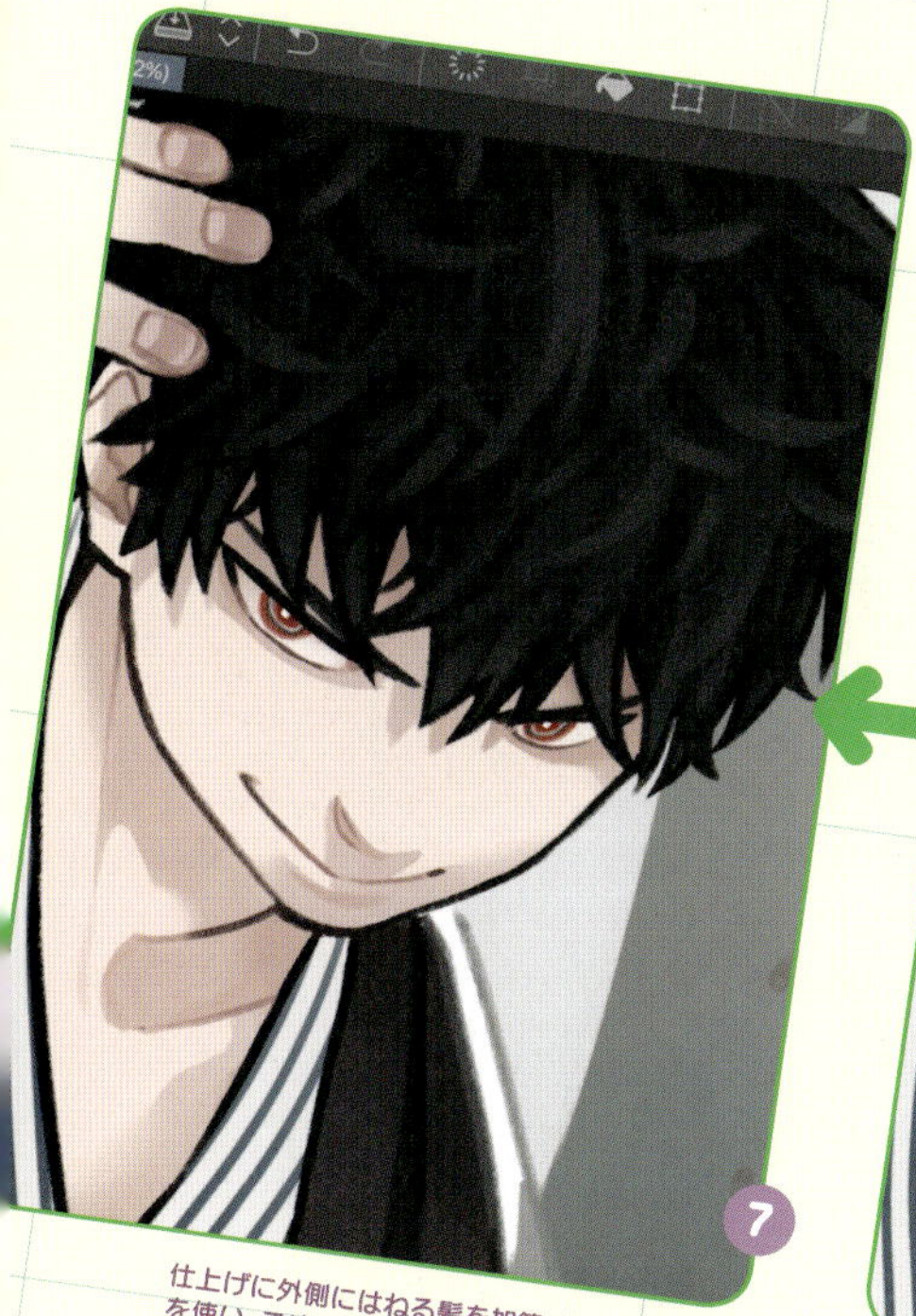

仕上げに外側にはねる髪を加筆。線画に近い黒色を使い、こめかみや耳のあたりに小さなはねっ毛をプラスする。細かな毛を加筆することで、髪全体のシルエットがきれいにまとまっている。 7

## 浴衣に魔除けの模様を描く

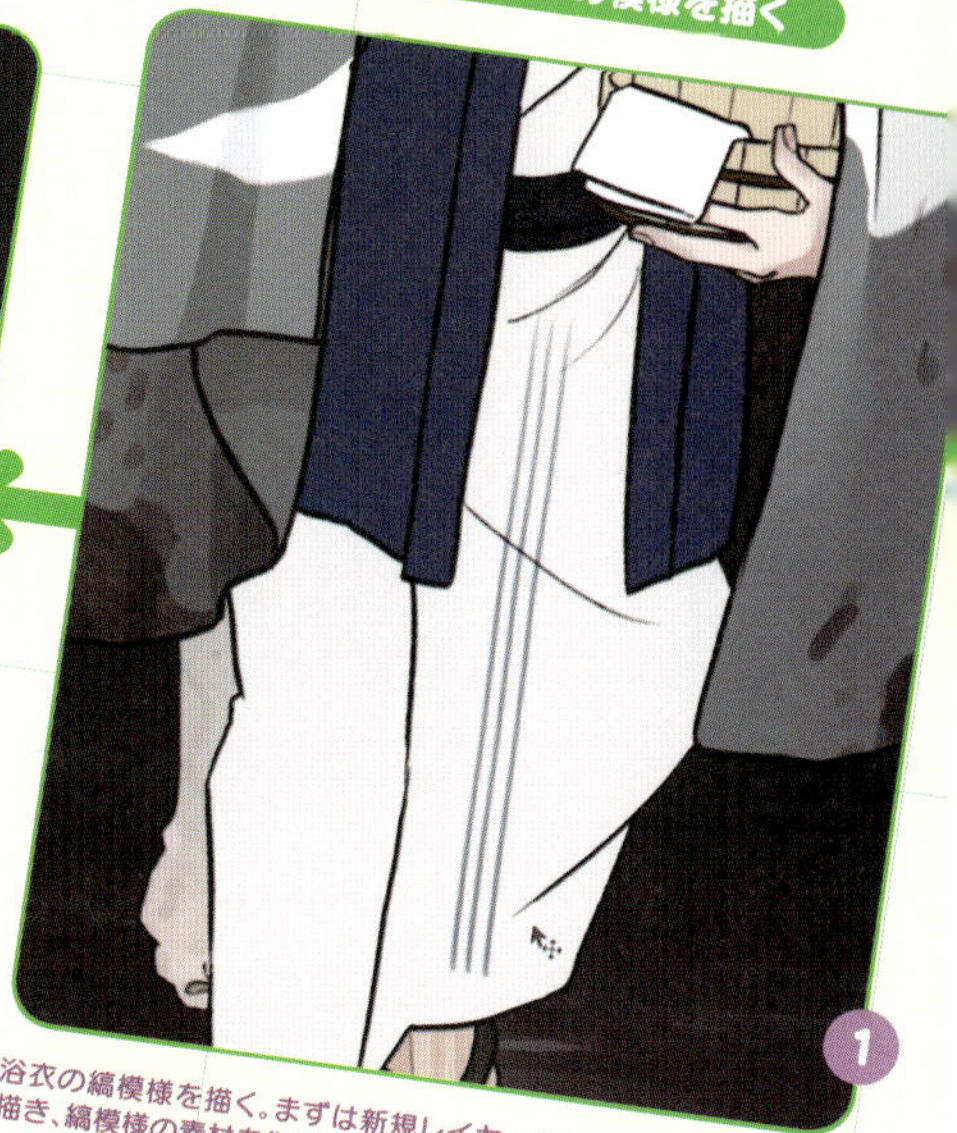

浴衣の縞模様を描く。まずは新規レイヤーにフリーハンドで直線を描き、縞模様の素材を作成する。

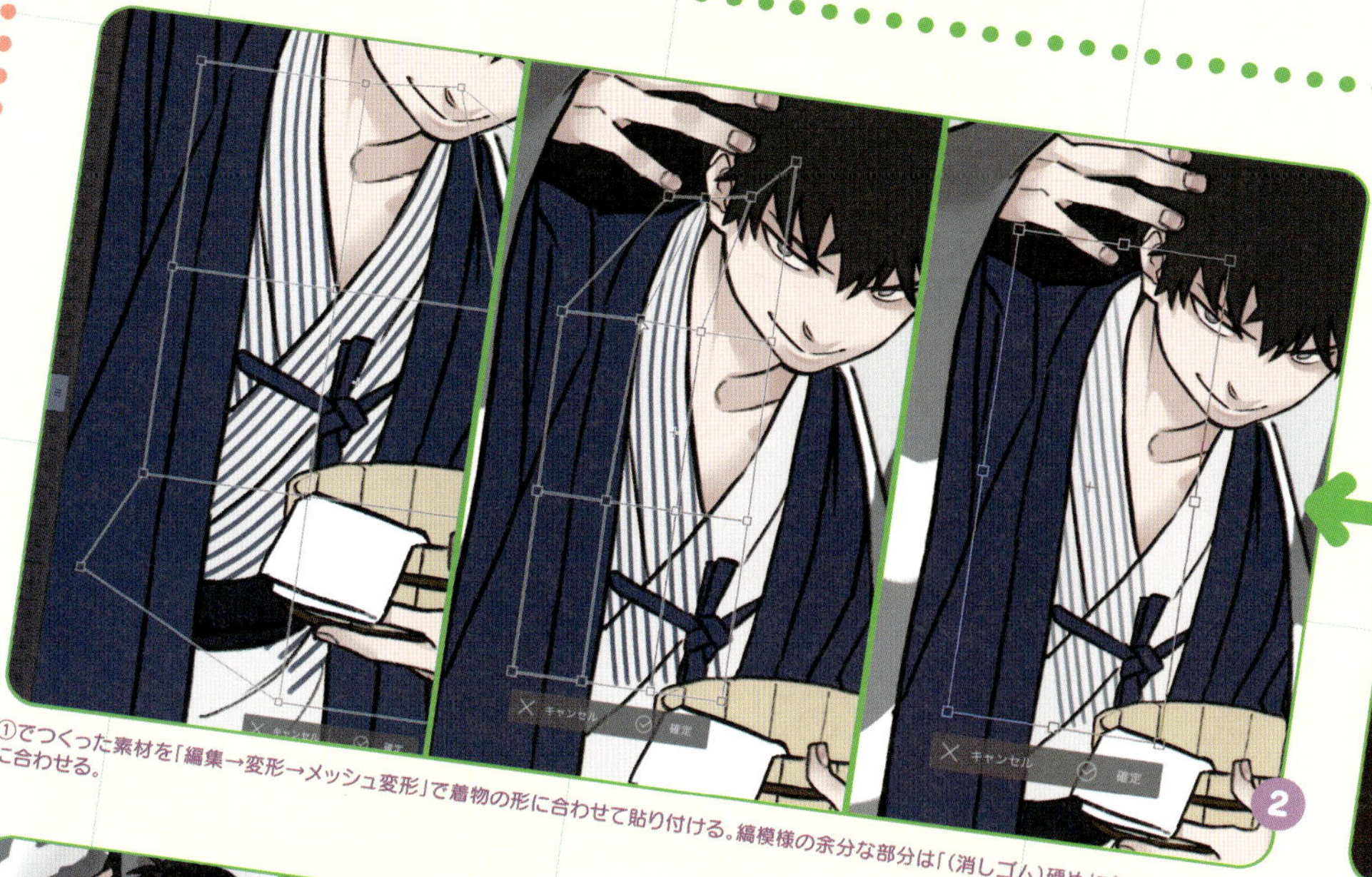

①でつくった素材を「編集→変形→メッシュ変形」で着物の形に合わせて貼り付ける。縞模様の余分な部分は「（消しゴム）硬め」ブラシで消して、形に合わせる。

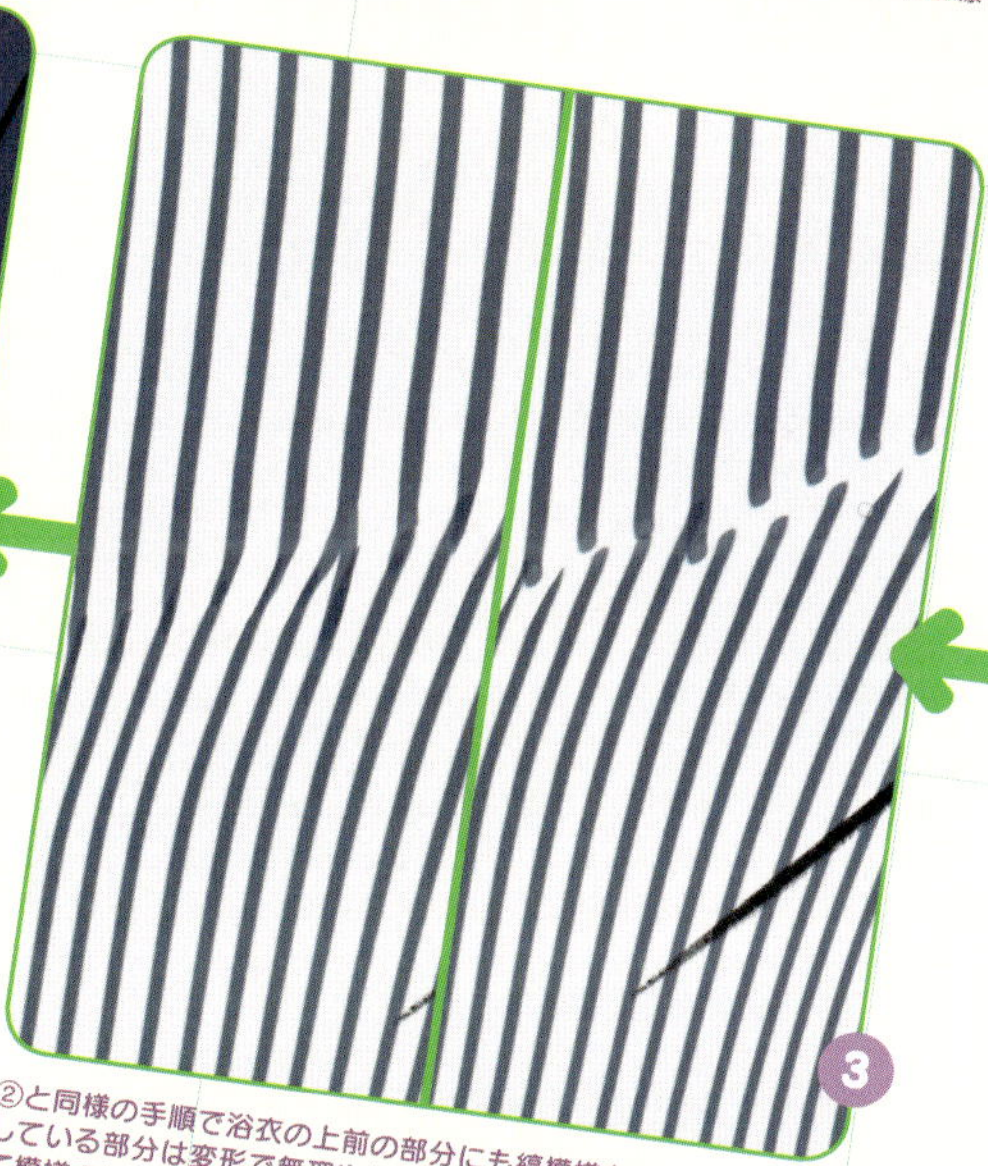

②と同様の手順で浴衣の上前の部分にも縞模様を貼る。布がカーブしている部分は変形で無理やり曲げず、素材と素材をつなぎ合わせて模様の延長を描いている。境目は手描きで線を繋げてなじませる。

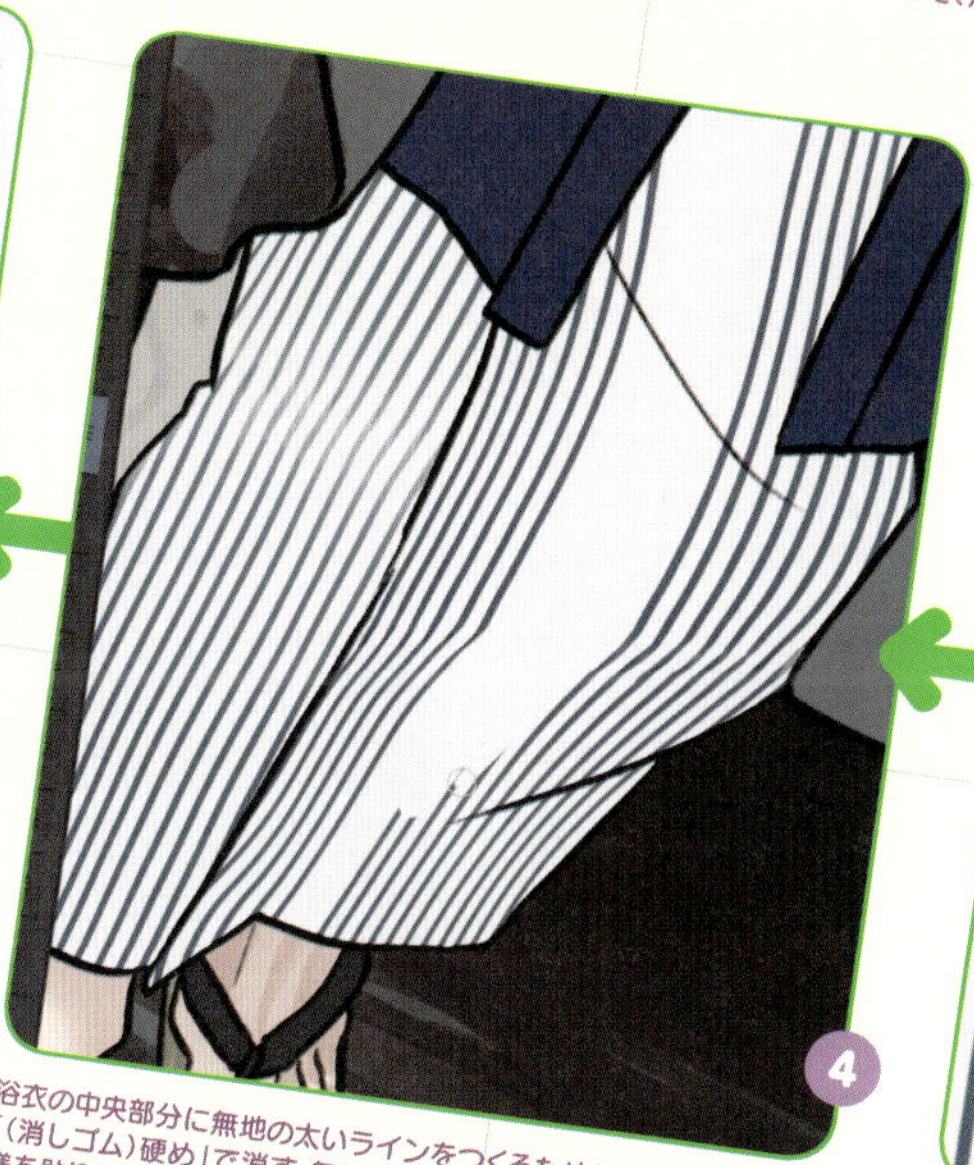

浴衣の中央部分に無地の太いラインをつくるために、余分な縞模様を「（消しゴム）硬め」で消す。無地の部分には今後作成する魔除けの模様を貼り付ける。

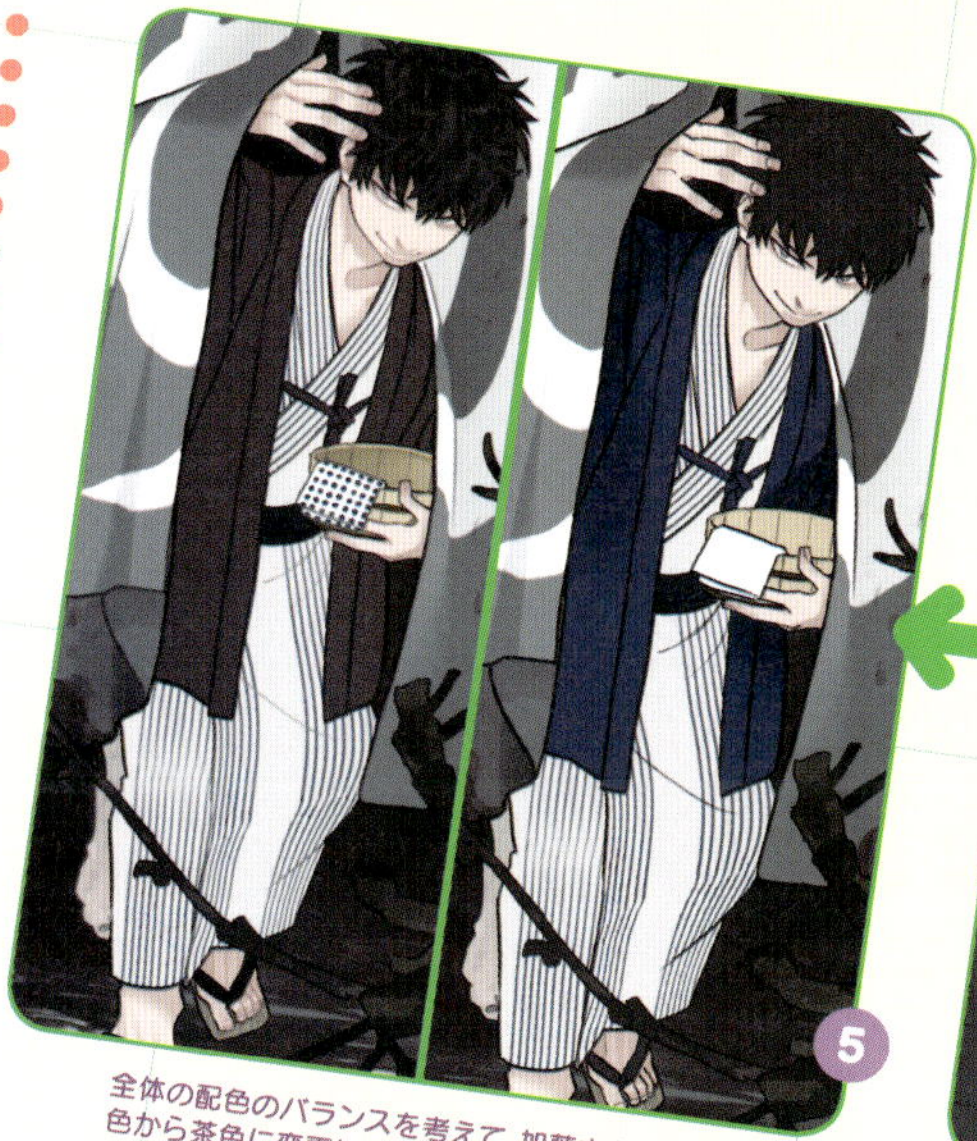

全体の配色のバランスを考えて、加藤さんは羽織の色を青色から茶色に変更している。広い面積にある色を茶色に変更したことで、より冬の錆びれた印象になる。

『籠目模様』

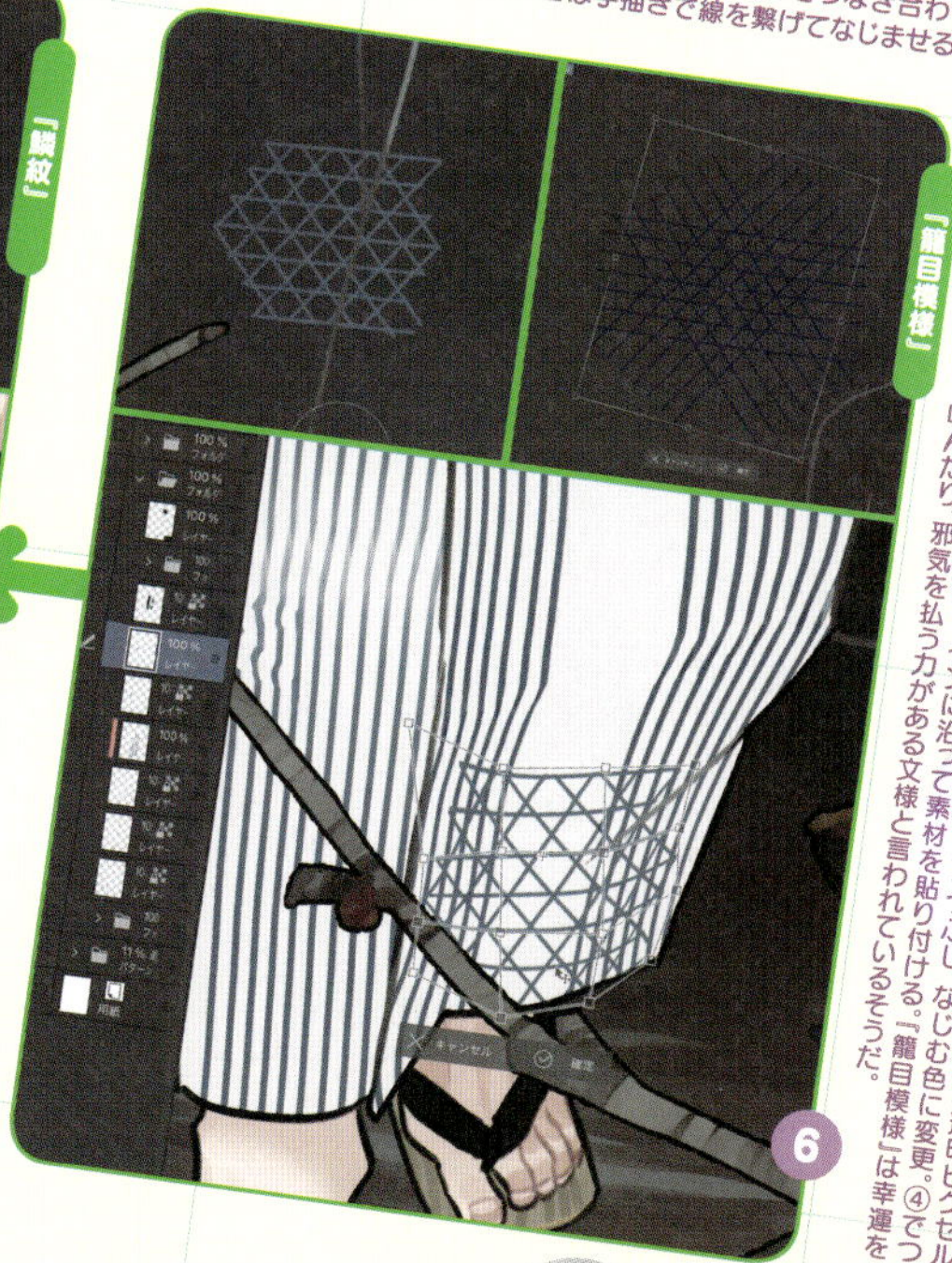

上下に合わせた三角形の網目が特徴的な『籠目模様』の素材を作成する。まずは横、斜め右・左にカケアミ線を引く。はみ出ている余分な線を消して、三角格子の模様をつくった。出来上がった素材のレイヤーを「透明ピクセルをロック」して、濃い紺色から藍色に塗りつぶし、なじむ色に変更。④でつくった無地の太いラインに沿って素材を貼り付ける。『籠目模様』は幸運を呼んだり、邪気を払う力がある文様と言われているそうだ。

『鱗紋』

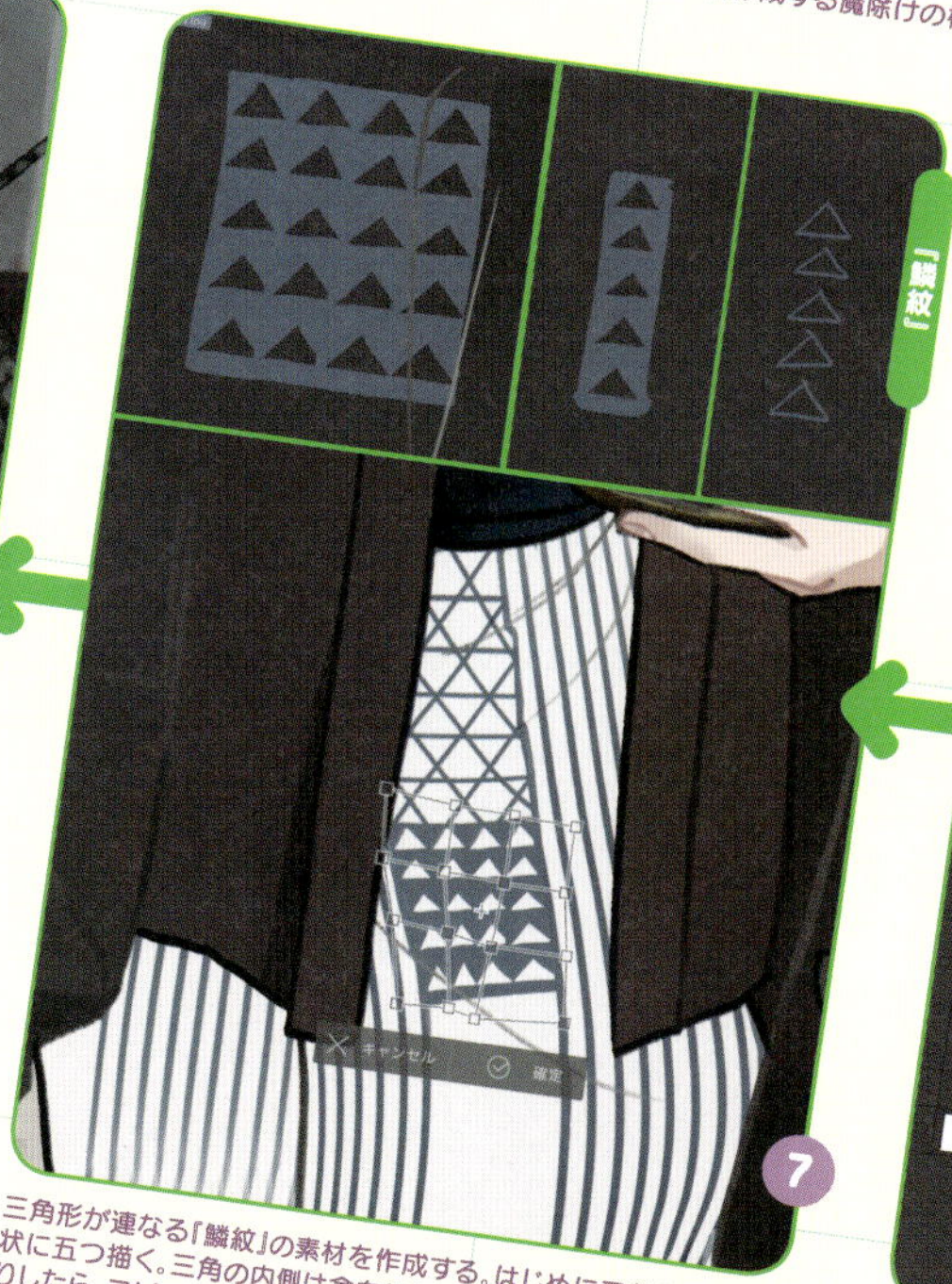

三角形が連なる『鱗紋』の素材を作成する。はじめに三角を縦ライン状に五つ描く。三角の内側は余白にして縦ライン状にフチをベタ塗りしたら、コピーして複製し、繋げて大きな模様にする。『鱗紋』も魔除けの力があると信じられているそうだ。

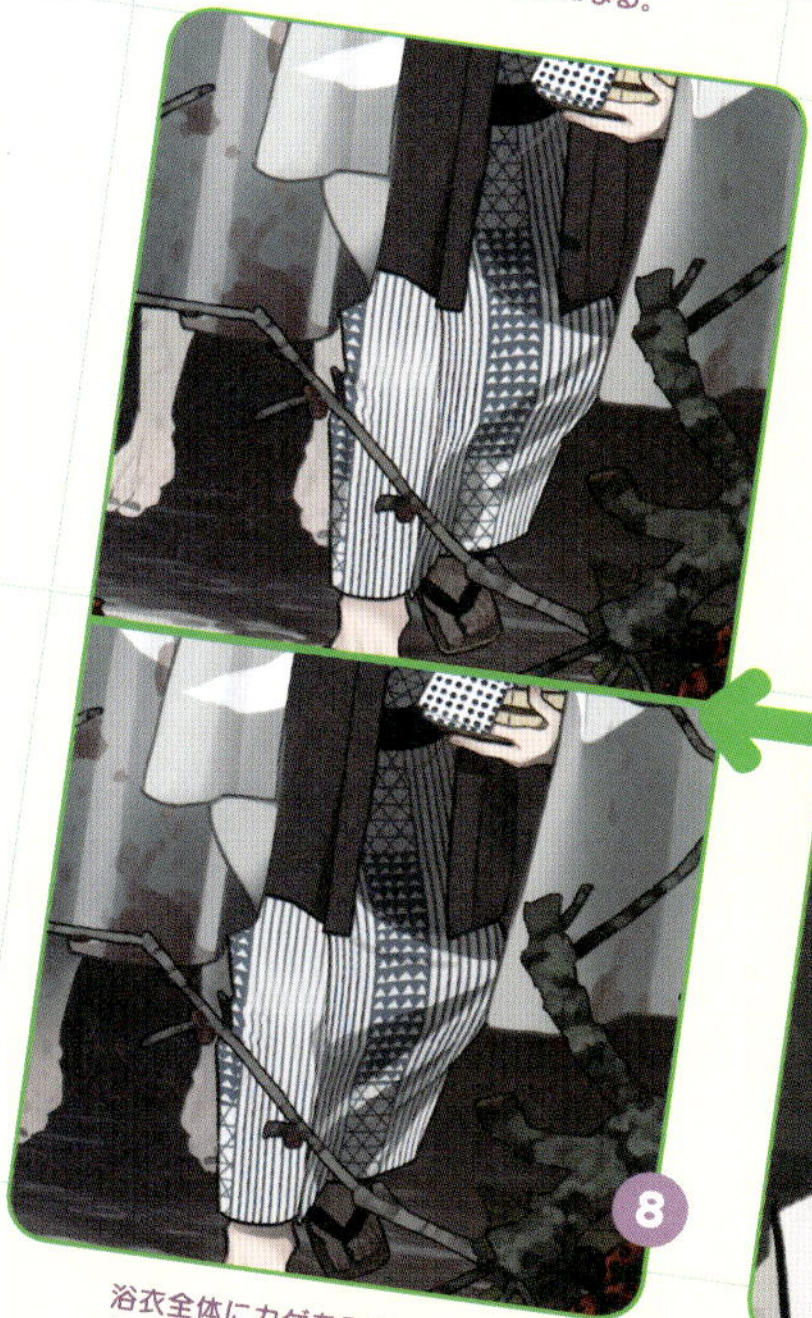

浴衣全体にカゲを入れる。これまで同様に「これだけで塗る筆」ブラシや「（色混ぜ）ぼかし」ブラシを使い、浴衣にカゲを塗る。暖簾をくぐって身体を前に少し倒しているので、お腹辺りに大きくカゲが入る。また右足を出して裾の布が引っ張られているので、斜めに鋭いカゲが描かれている。

## 豆絞りや桶を塗る

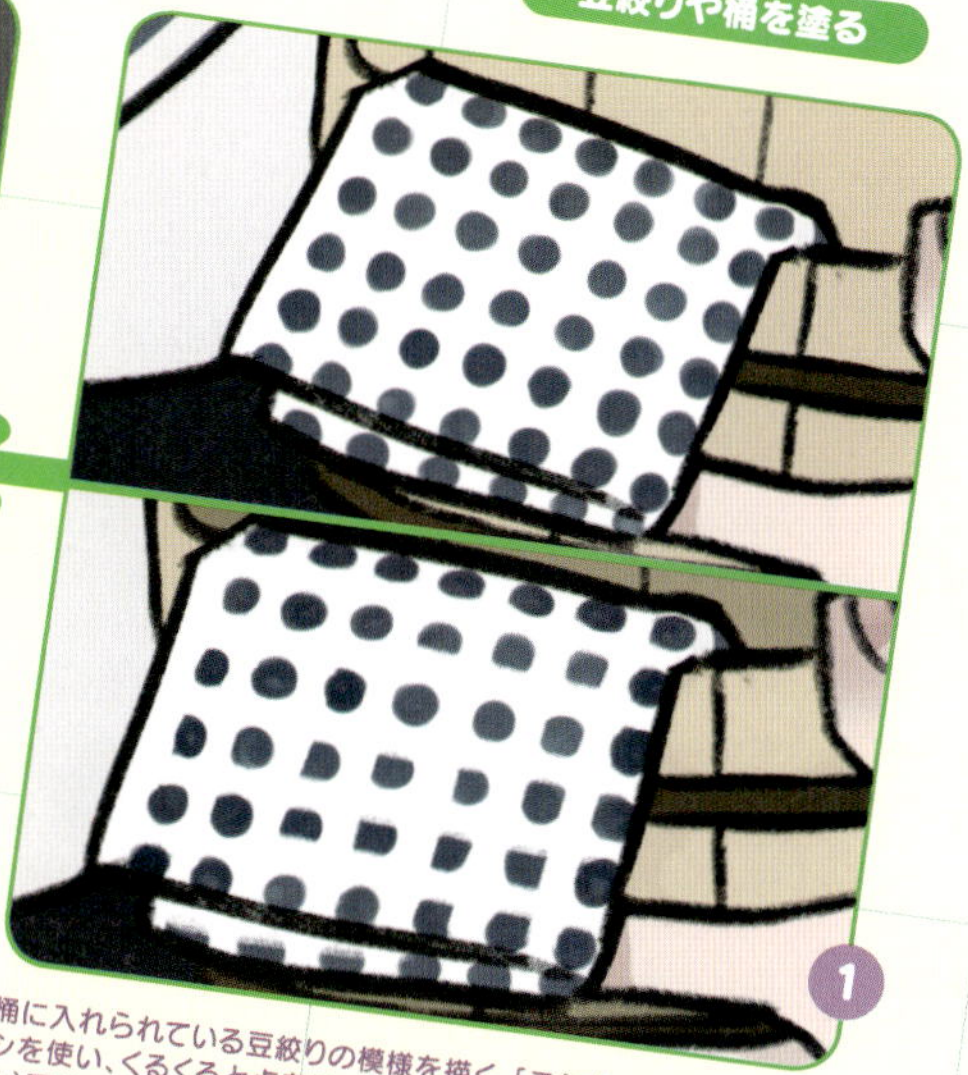

1 桶に入れられている豆絞りの模様を描く。「これだけで塗る筆」ブラシを使い、くるくると点を描く。点の列を均等に揃えるため「（消しゴム）硬め」で削る。布のパリッとした質感を表現できた。

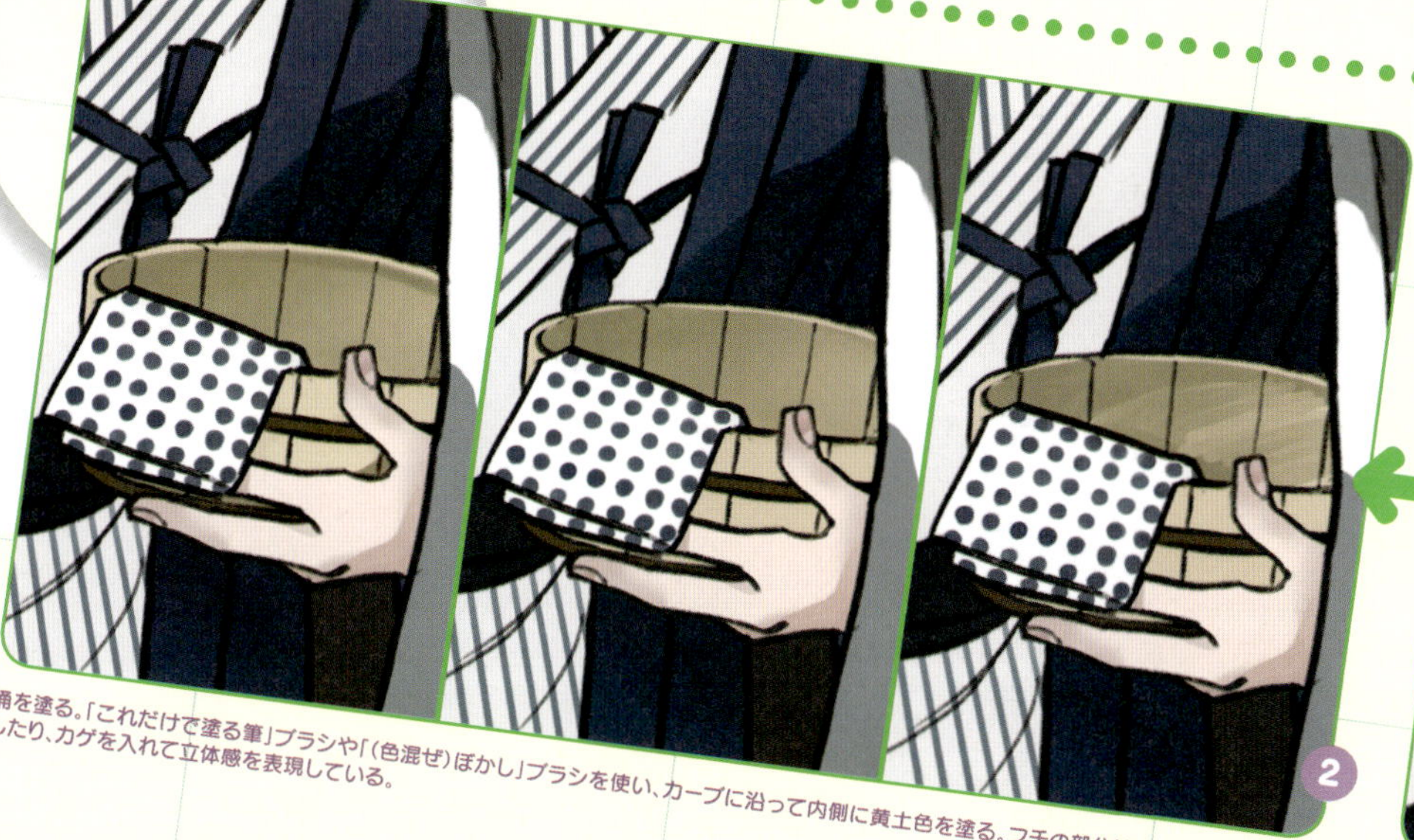

2 桶を塗る。「これだけで塗る筆」ブラシや「（色混ぜ）ぼかし」ブラシを使い、カーブに沿って内側に黄土色を塗る。フチの部分は下塗りの色を塗り残したり、カゲを入れて立体感を表現している。

## 暖簾のたわみを描く

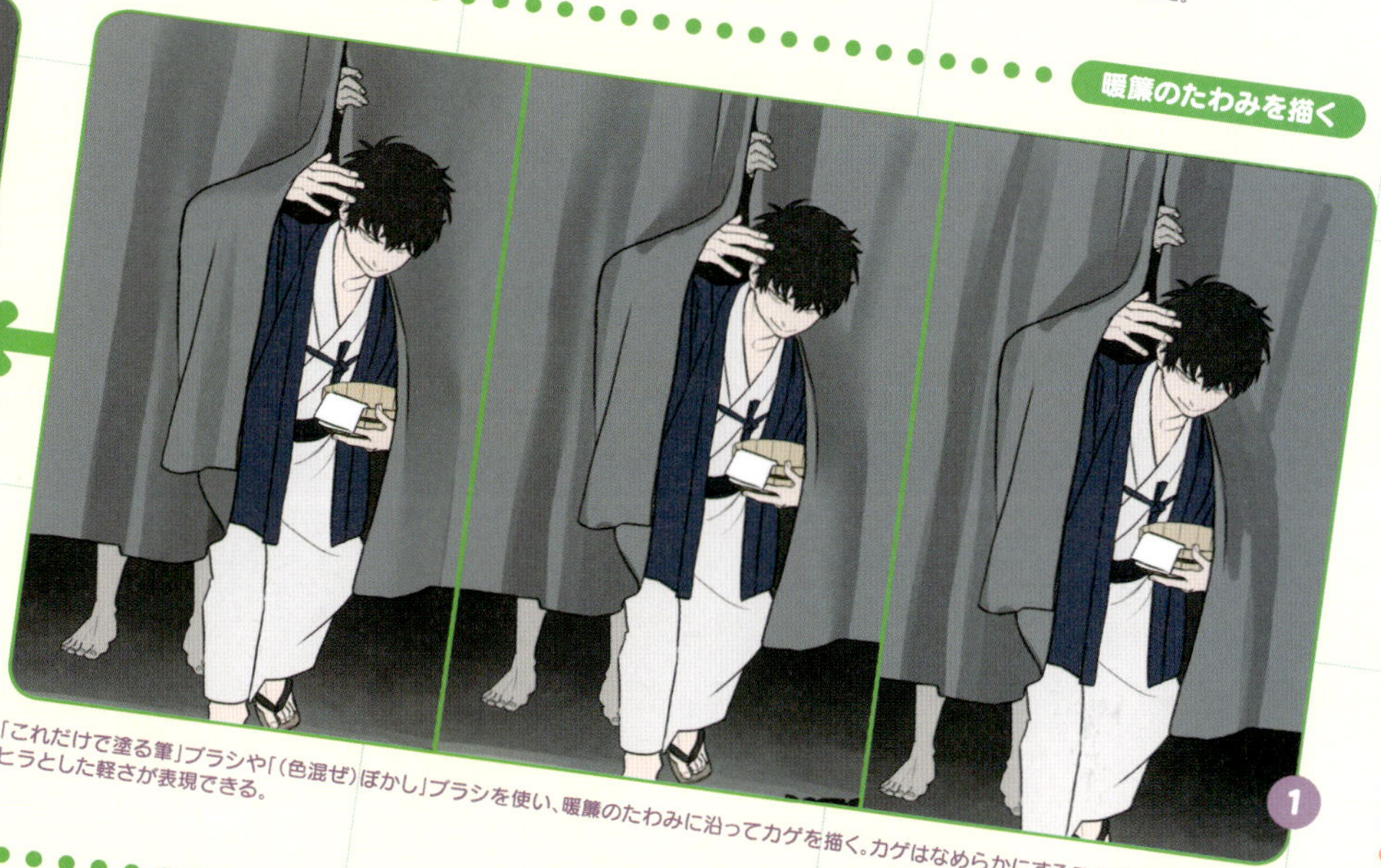

1 「これだけで塗る筆」ブラシや「（色混ぜ）ぼかし」ブラシを使い、暖簾のたわみに沿ってカゲを描く。カゲはなめらかにすることで、暖簾の薄くヒラヒラとした軽さが表現できる。

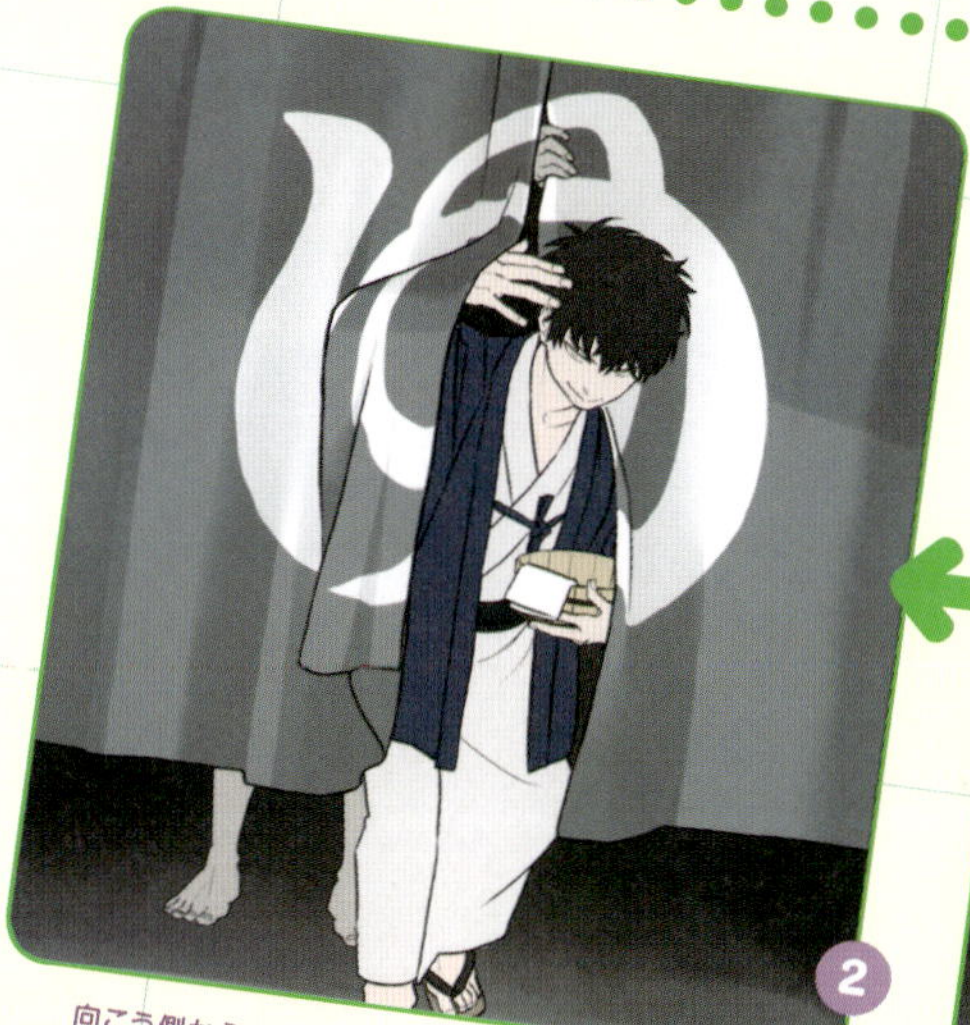

2 向こう側から何者かが暖簾をめくる手の周りには、濃いめにカゲが入れられている。「ゆ」の文字を書いたレイヤーを表示した状態にして、カゲのバランスを確認するのがポイント。

## 暖簾に付く血飛沫を描く

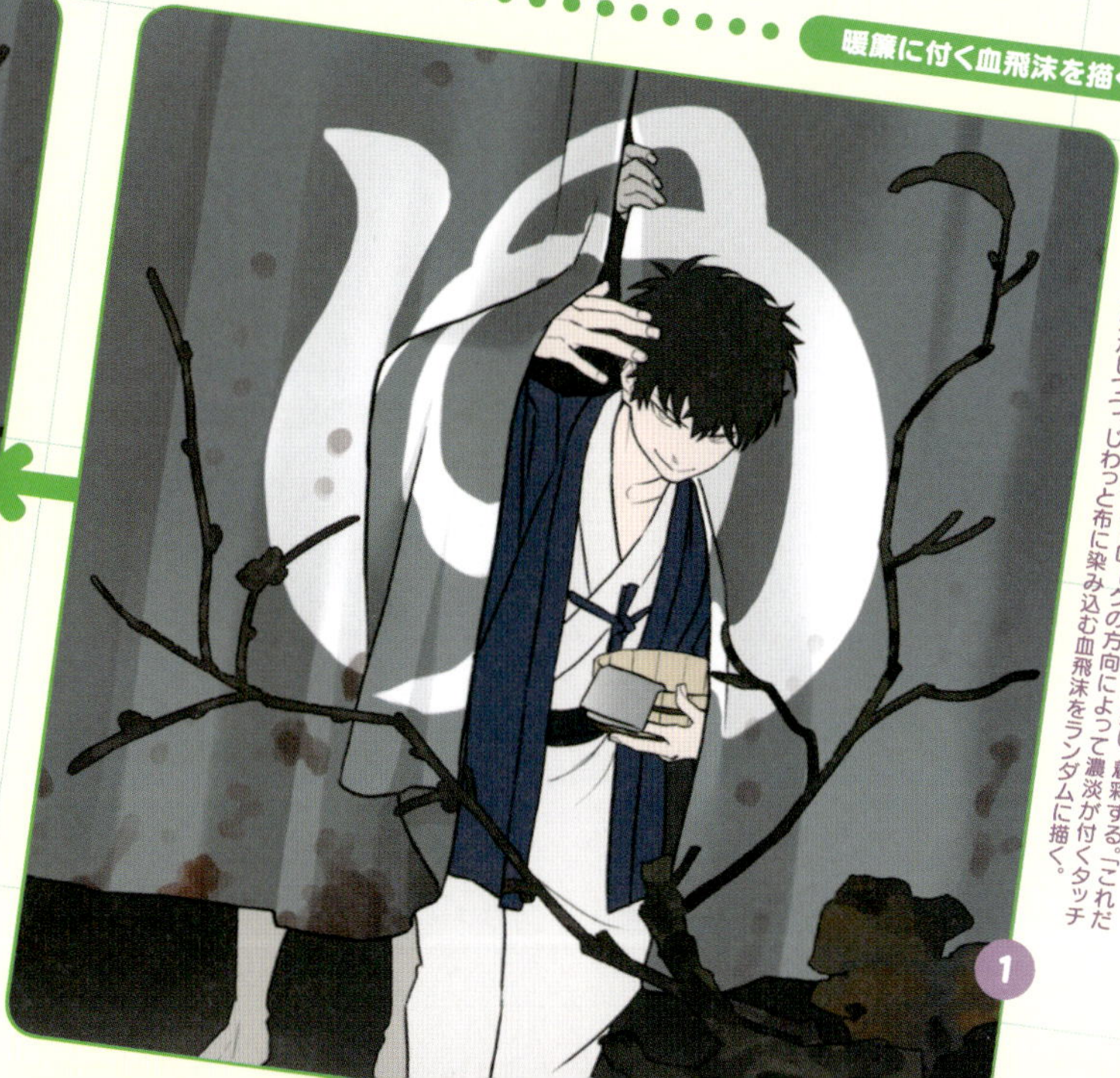

1 「スポイト」ツールで植物と同じ濃い赤色を拾い、着彩する。「これだけで塗る筆」ブラシのストロークの方向によって濃淡が付くタッチを生かしつつ、じわっと布に染み込む血飛沫をランダムに描く。

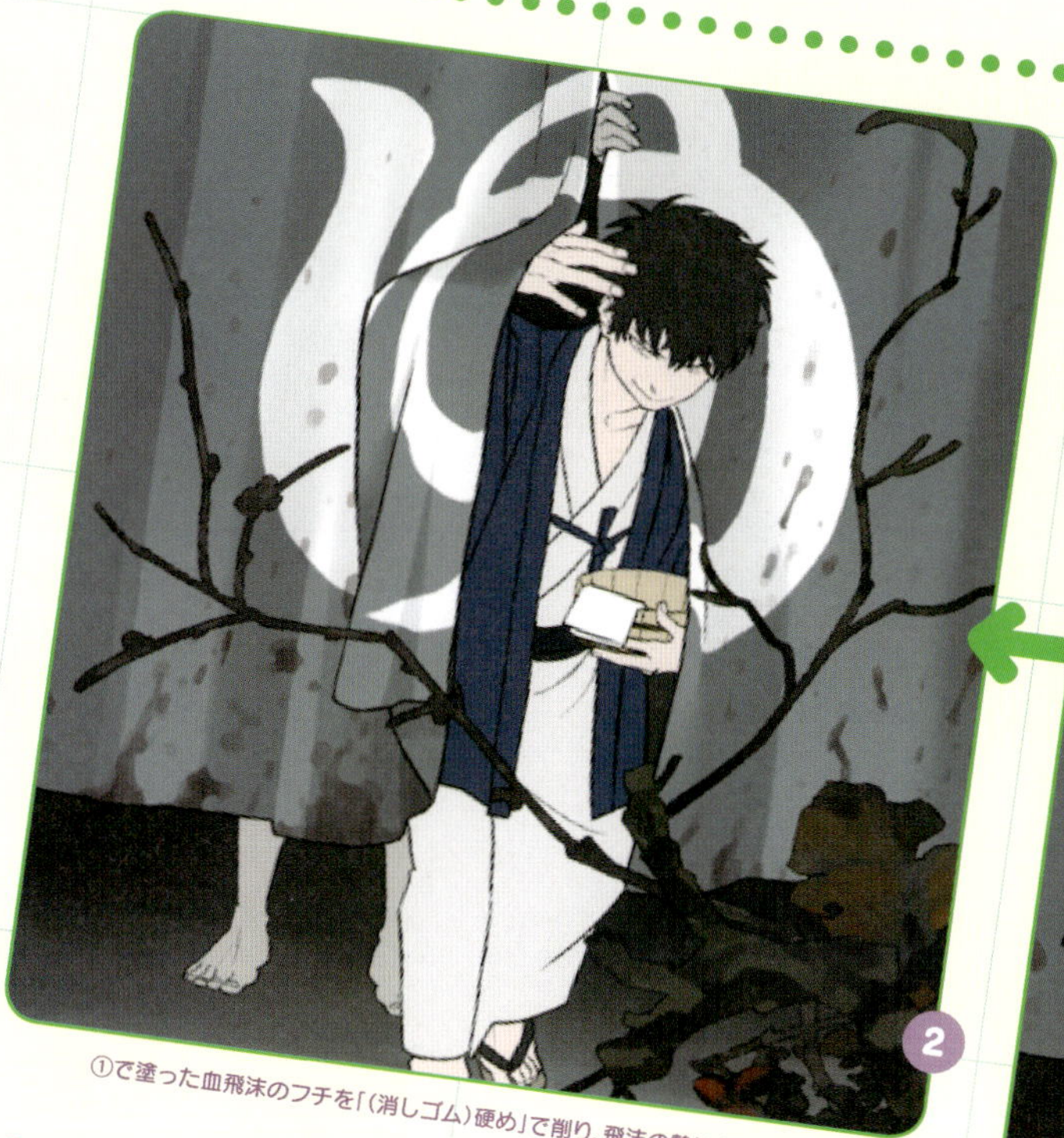

2 ①で塗った血飛沫のフチを「（消しゴム）硬め」で削り、飛沫の勢いを表現する。

## 地面に飛び散る血を描く

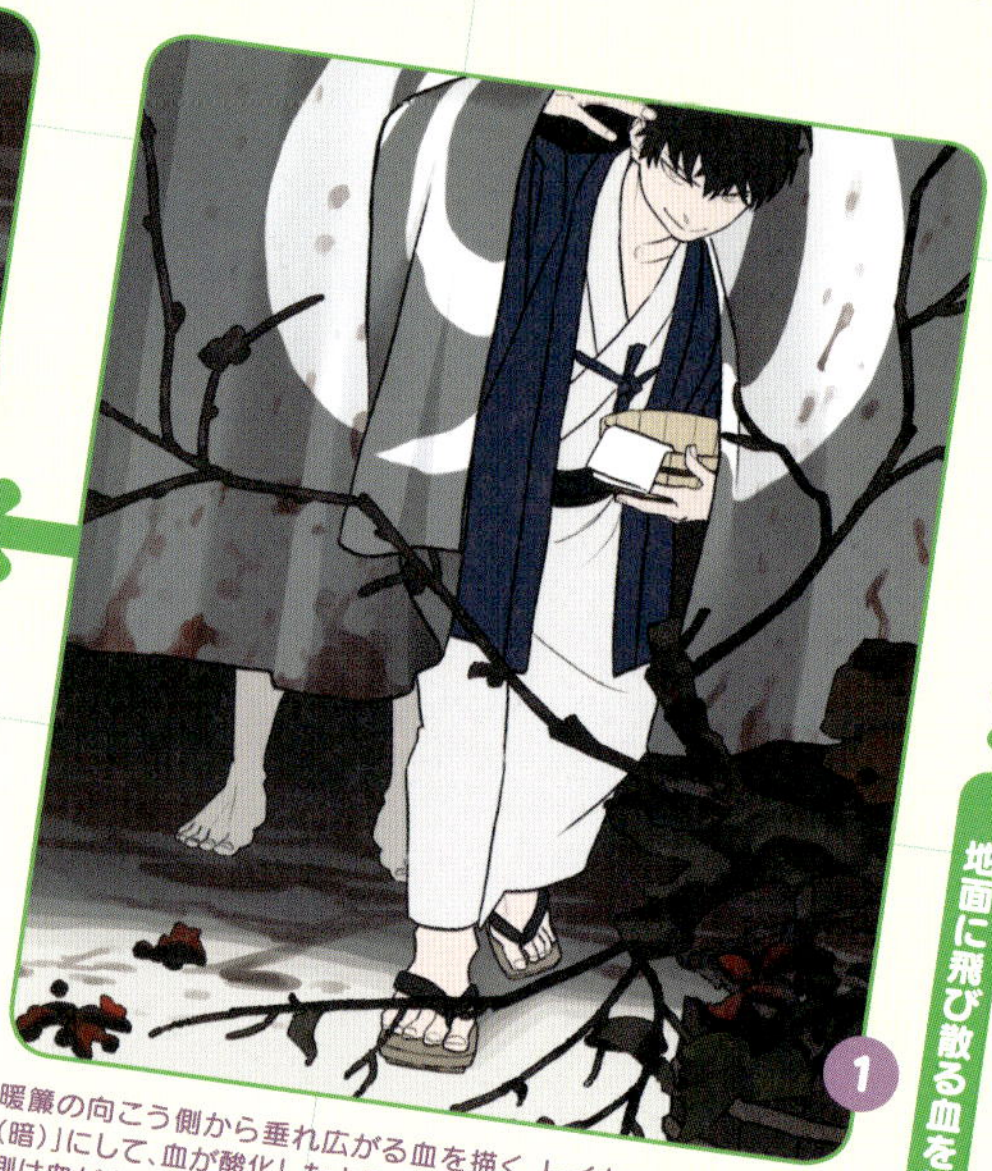

暖簾の向こう側から垂れ広がる血を描く。レイヤーモードを「比較（暗）」にして、血が酸化したような鈍い色にしている。また、暖簾の奥側は血が水溜りのように広がっている。

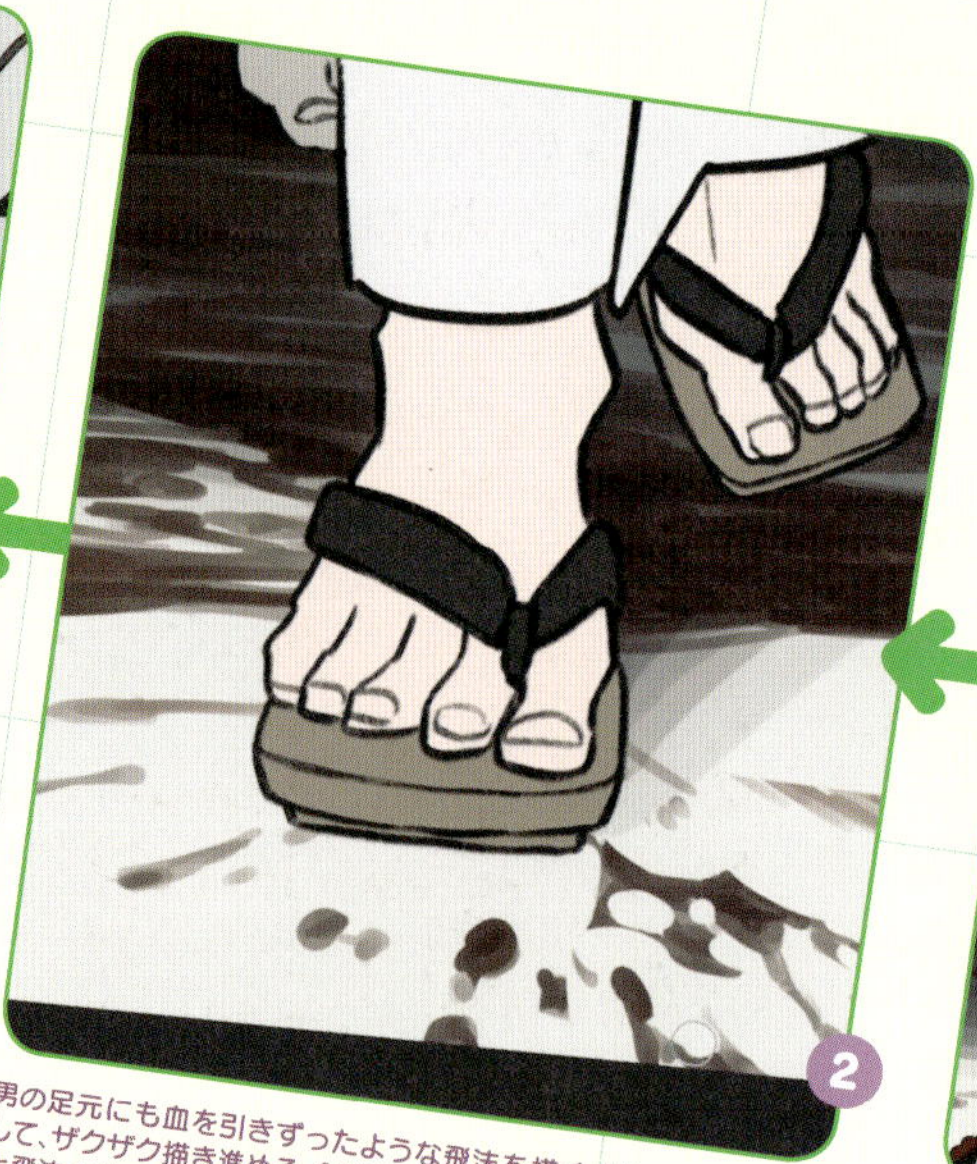

男の足元にも血を引きずったような飛沫を描く。飛沫は勢いを優先して、ザクザク描き進める。「（消しゴム）硬め」ブラシで部分的に削ると飛沫の勢いが表現できる。

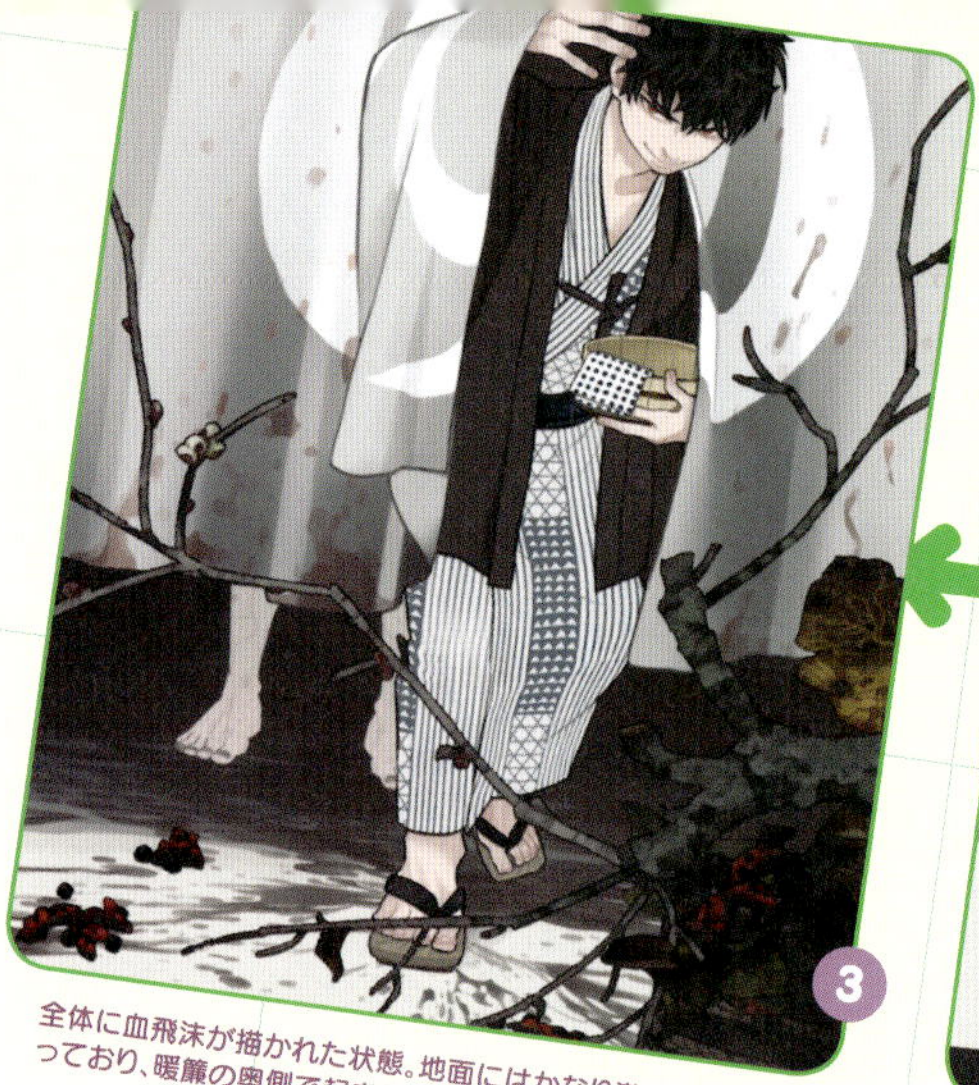

全体に血飛沫が描かれた状態。地面にはかなり激しく血が飛び散っており、暖簾の奥側で起きた出来事の惨さを想像させられる。

## 暖簾の向こう側に佇む足を描く

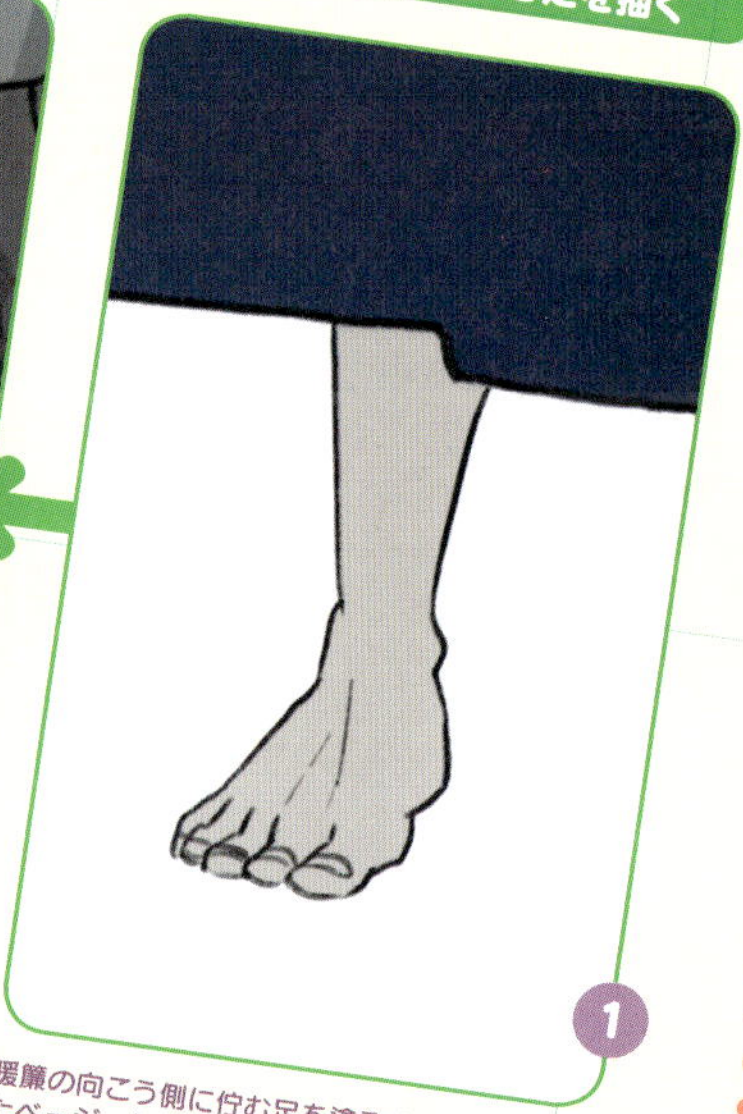

暖簾の向こう側に佇む足を塗る。足は灰色がかったベージュ色で下塗りされている。下塗りしたレイヤーは「透明ピクセルをロック」した状態。

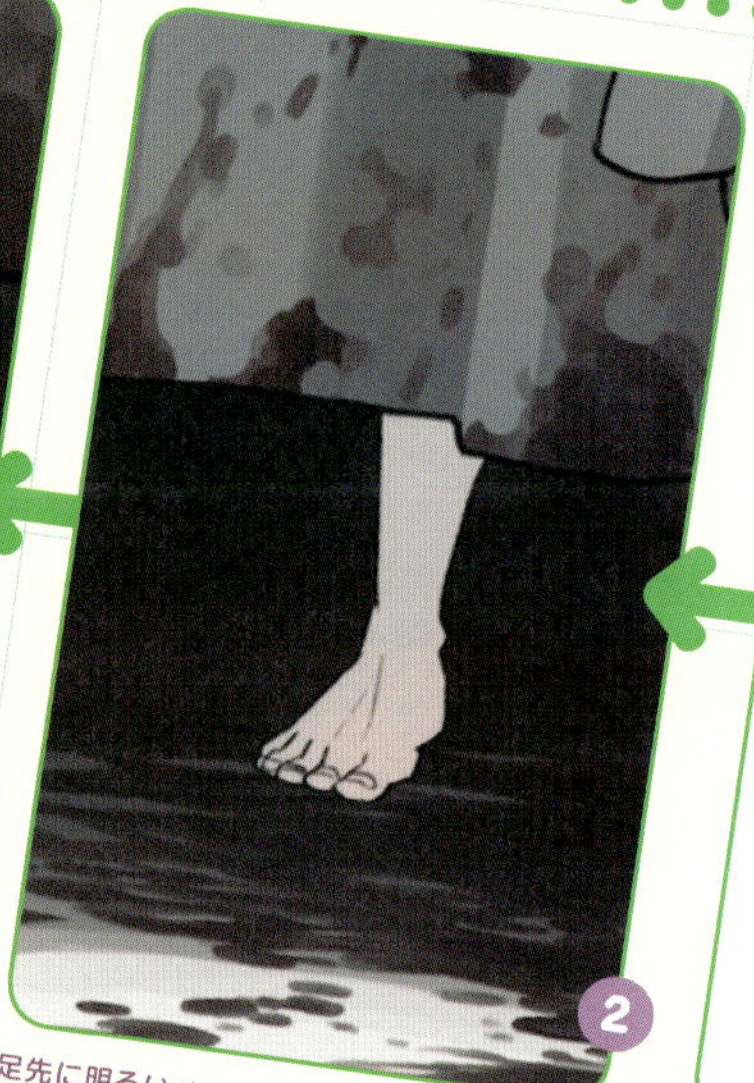

足先に明るいベージュ色を重ねグラデーションにする。グラデーションにすることで奥行き感が表現される。

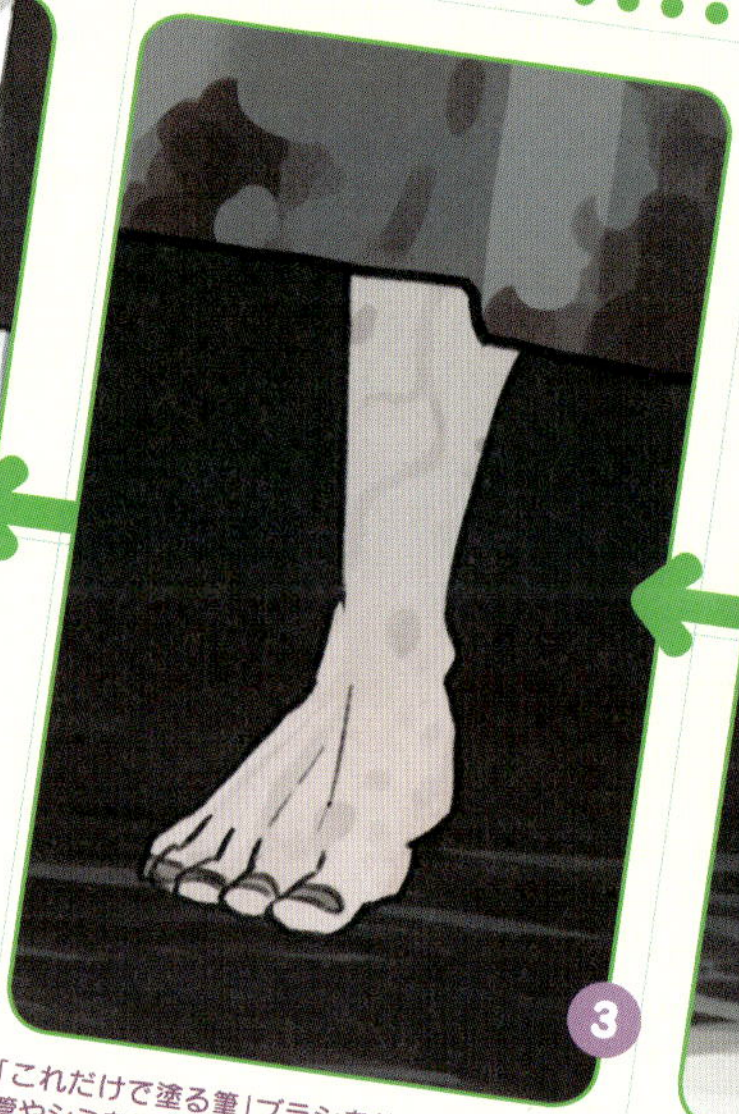

「これだけで塗る筆」ブラシを使い、浮き出る血管やシミを描く。かなり生っぽさが増した。

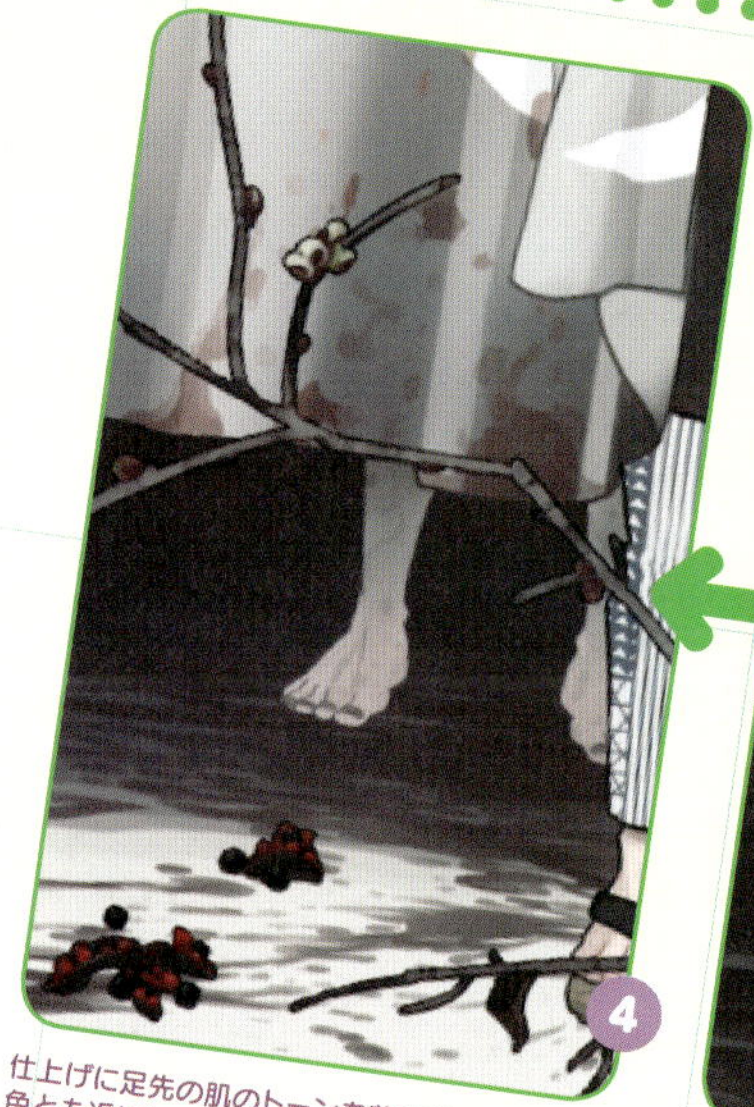

仕上げに足先の肌のトーンを落ち着かせる。血の色とも近いトーンの灰色をうっすらと重ねた。

## 植物を描く①

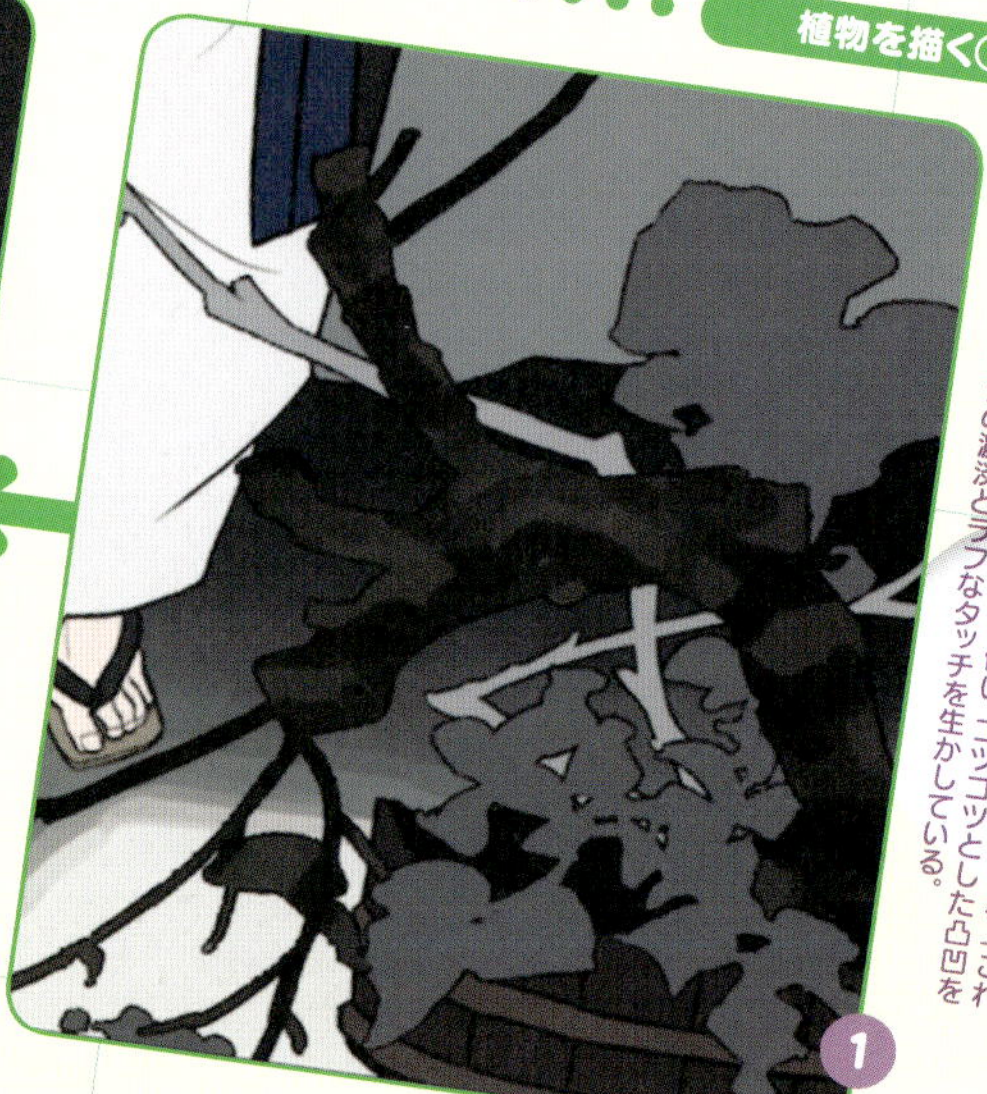

手前にある植木に生えている、太い樹の皮を描写する。「これだけで塗る筆」ブラシの黒色を使い、ゴツゴツとした凸凹を描く。ブラシの濃淡とラフなタッチを生かしている。

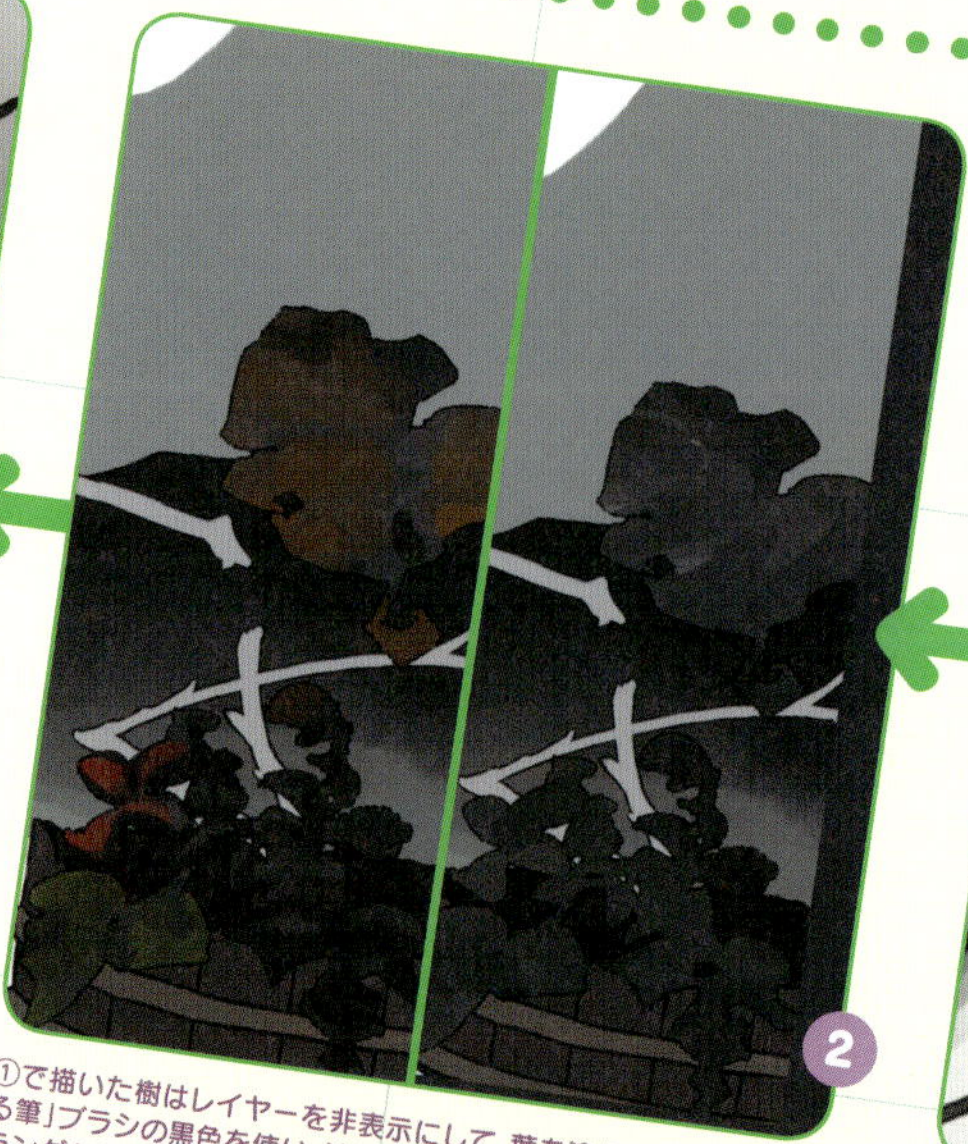

①で描いた樹はレイヤーを非表示にして、葉を塗る。「これだけで塗る筆」ブラシの黒色を使い、波打つ表面のカゲを描きつつ、固有色をランダムに重ねる。鮮やかな色が塗られ華やかさが増す。

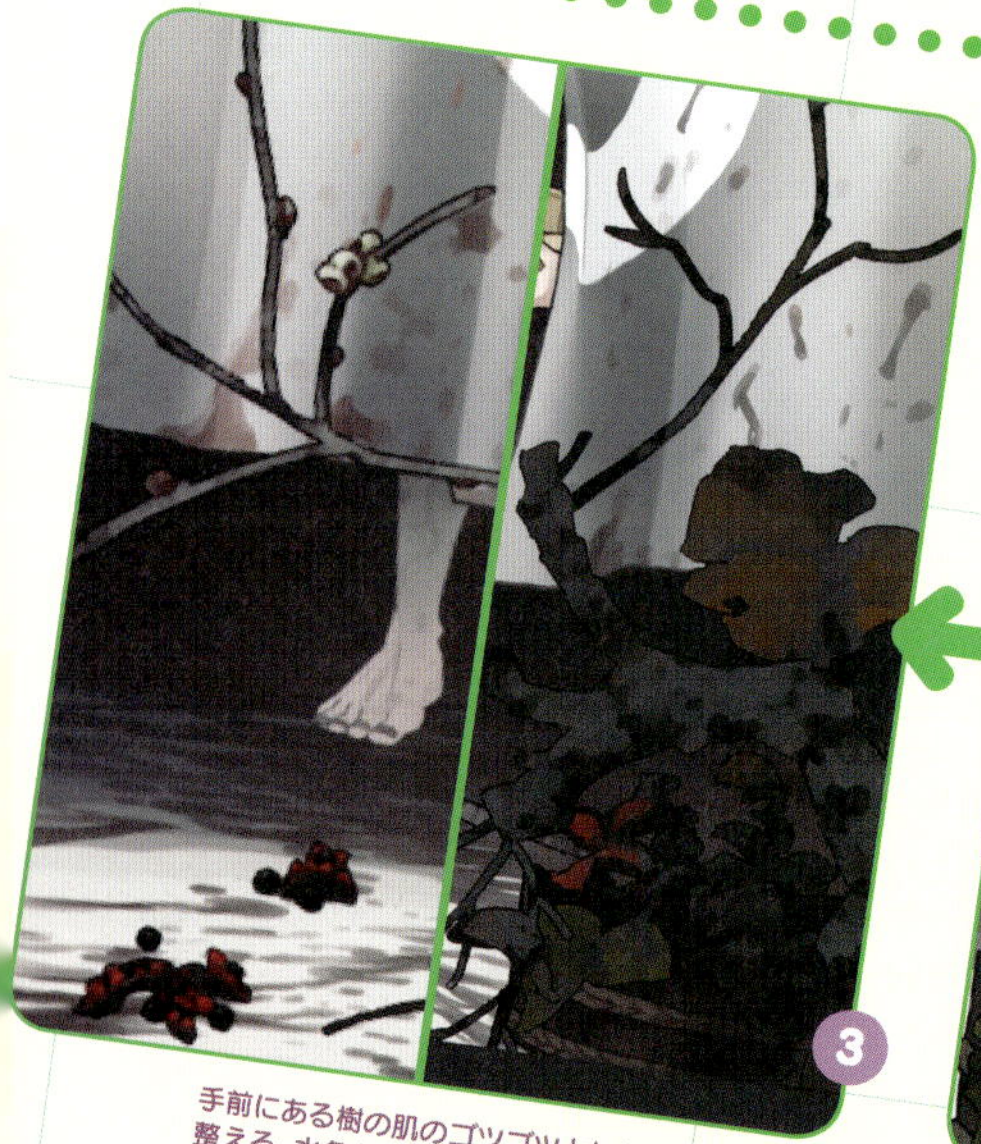

手前にある樹の肌のゴツゴツとしたタッチをさらに整える。水色がかった灰色を加えることで、冬の寒さや錆びれた印象を表現できる。凹凸を強調するように点々とタッチを加えつつ、ツヤもつくる。また、梅の木の枝も樹皮を描く。

## 植物を描く②

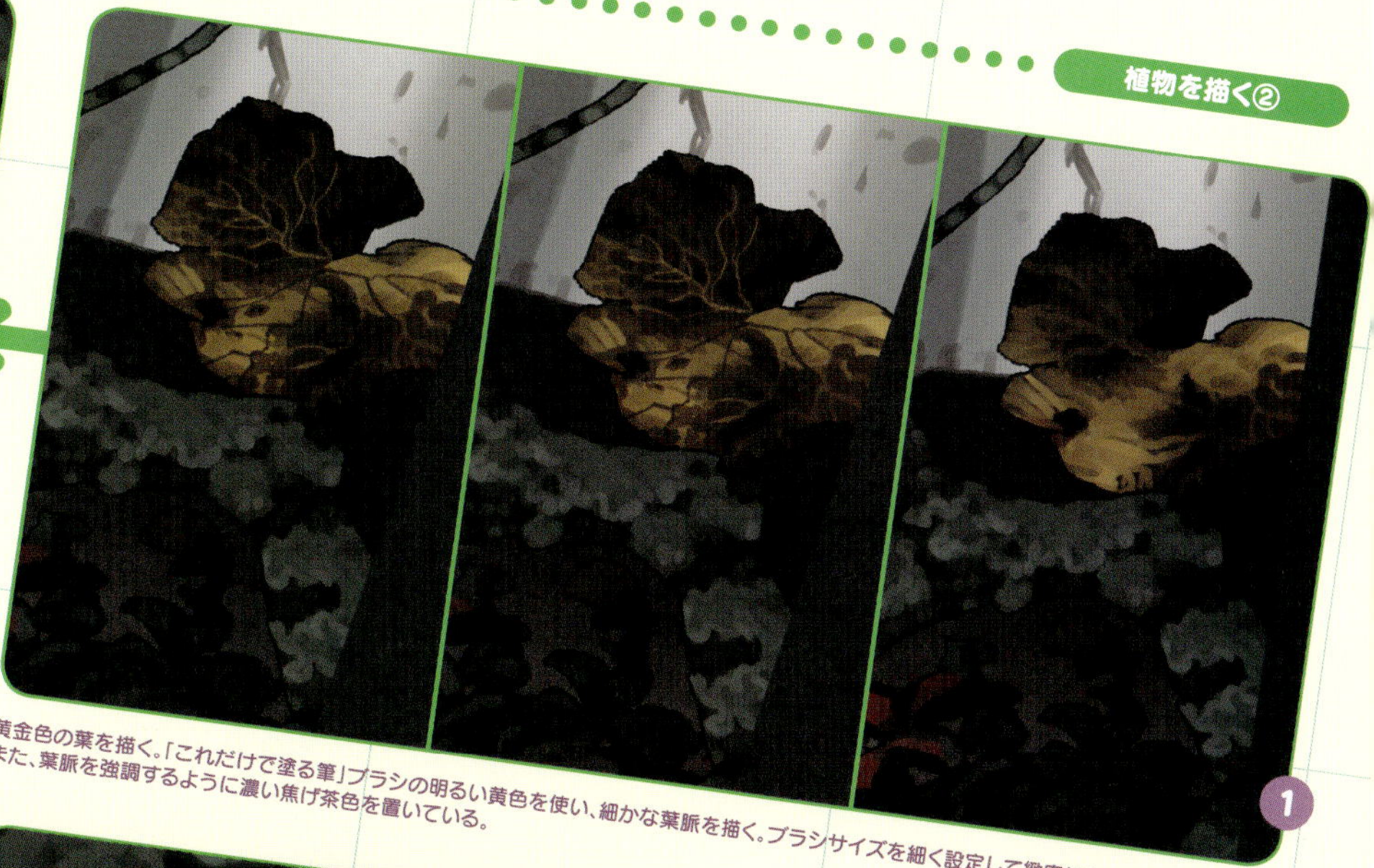

1 黄金色の葉を描く。「これだけで塗る筆」ブラシの明るい黄色を使い、細かな葉脈を描く。ブラシサイズを細く設定して緻密にタッチを入れている。また、葉脈を強調するように濃い焦げ茶色を置いている。

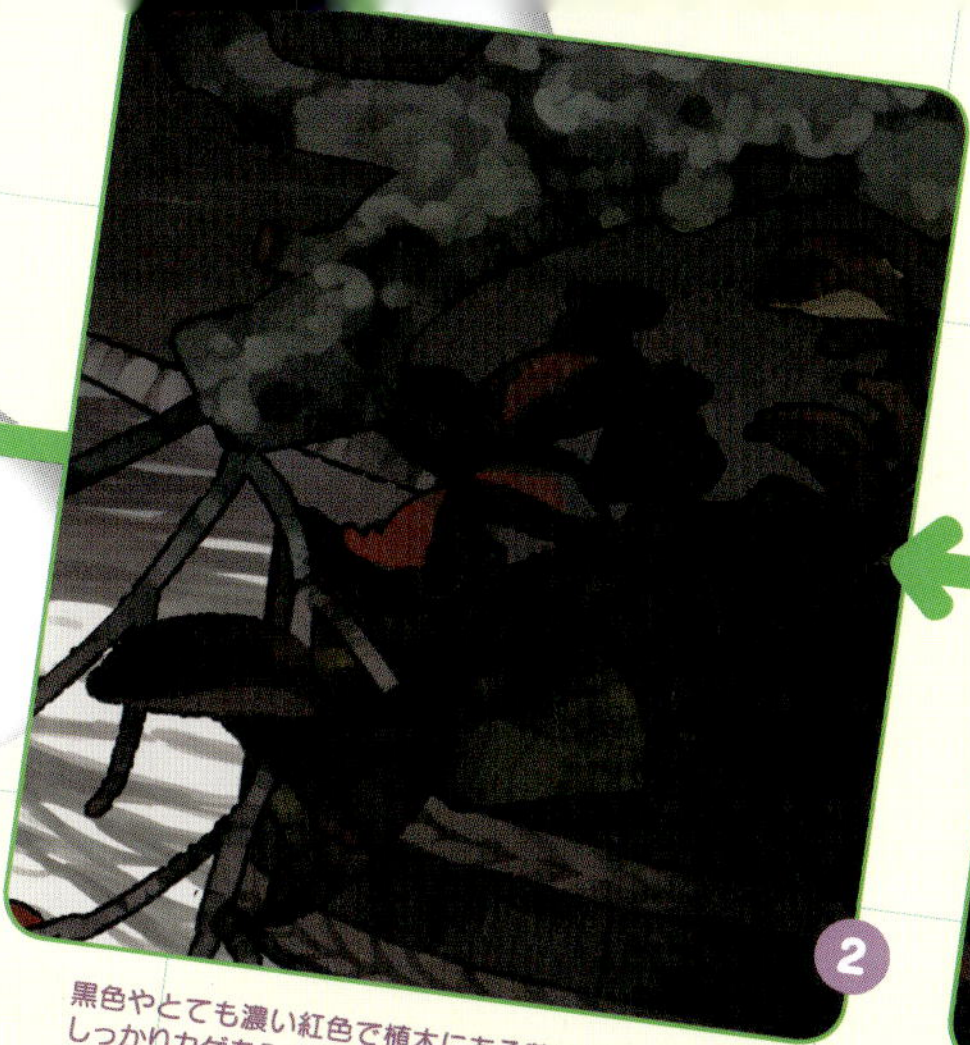

2 黒色やとても濃い紅色で植木にある葉に強めのカゲを入れる。しっかりカゲを入れることで、錆びれた印象に仕上げる。

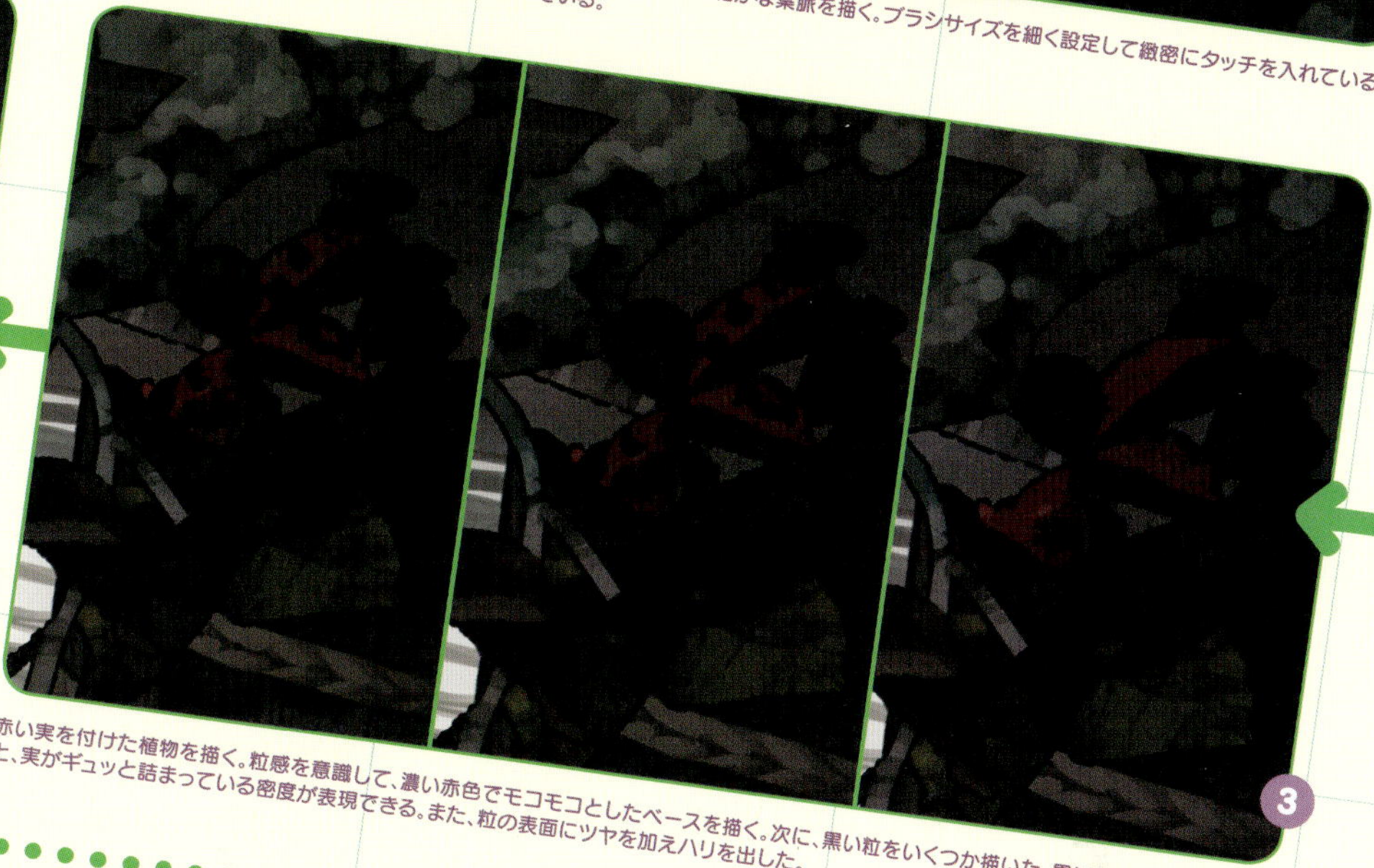

3 赤い実を付けた植物を描く。粒感を意識して、濃い赤色でモコモコとしたベースを描く。次に、黒い粒をいくつか描いた。黒い丸を少し欠けさせると、実がギュッと詰まっている密度が表現できる。また、粒の表面にツヤを加えハリを出した。

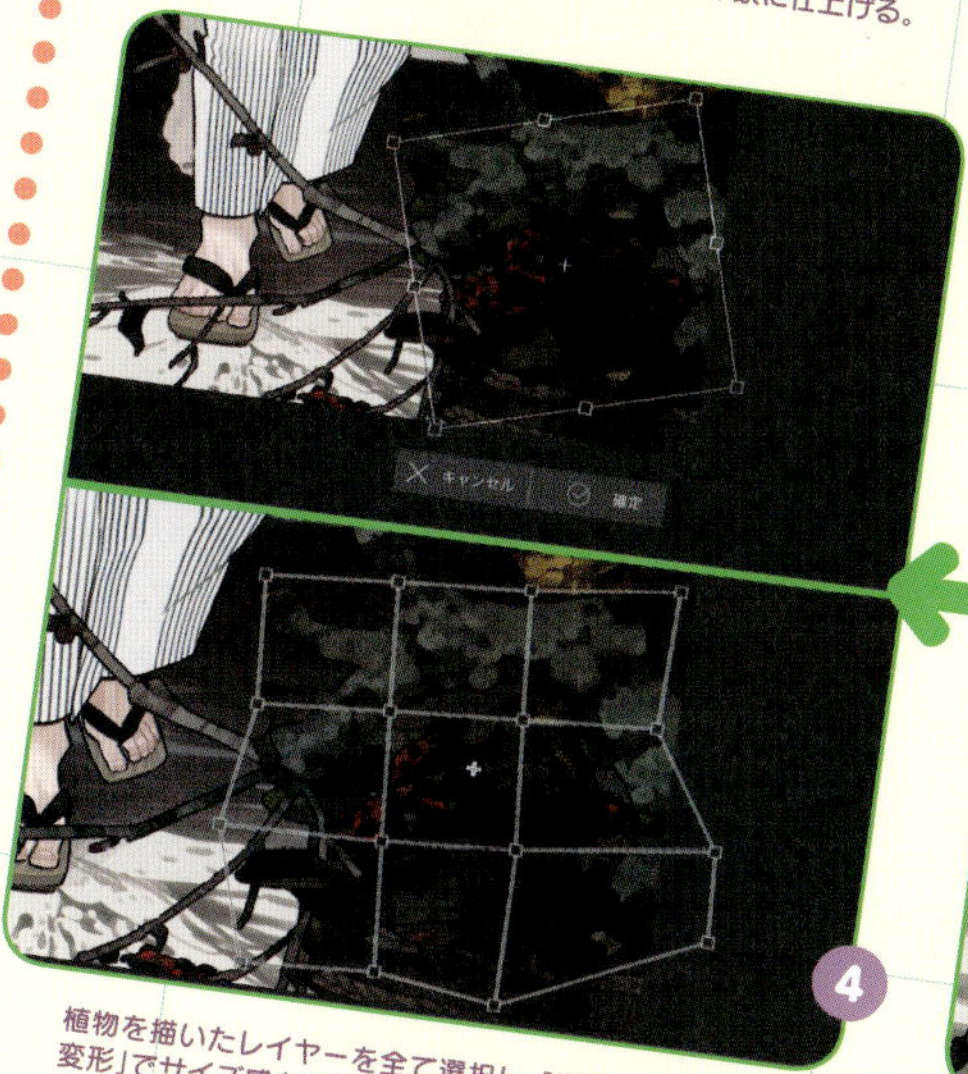

4 植物を描いたレイヤーを全て選択し、「編集→変形→メッシュ変形」でサイズ感を調整する。右下辺りを膨らませて全体的に大きくする。

## 仕上げ

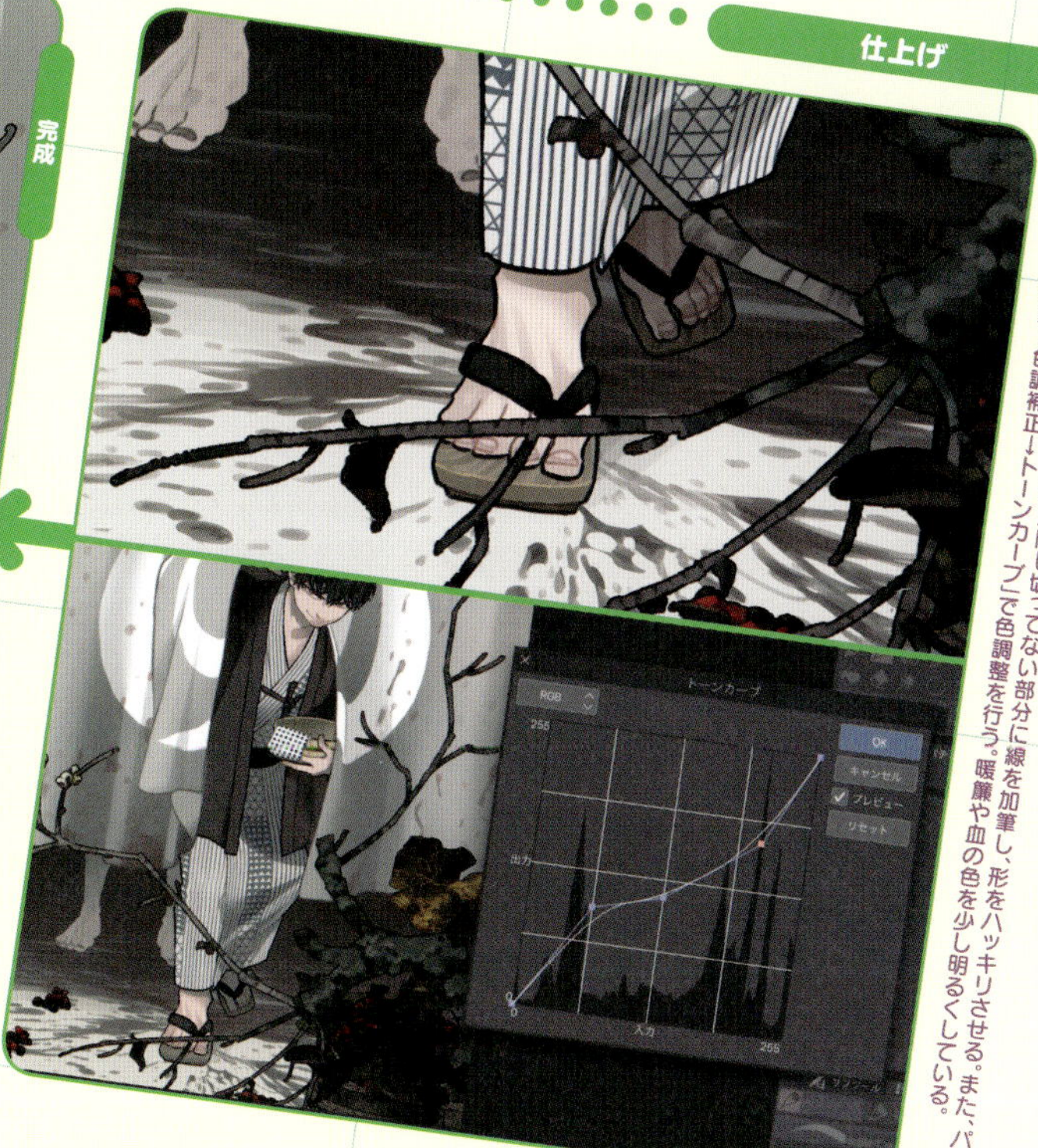

仕上げに植物の線画を整える。線画が閉じ切ってない部分に線を加筆し、形をハッキリさせる。また、パーツごとに「編集→色調補正→トーンカーブ」で色調整を行う。暖簾や血の色を少し明るくしている。

完成

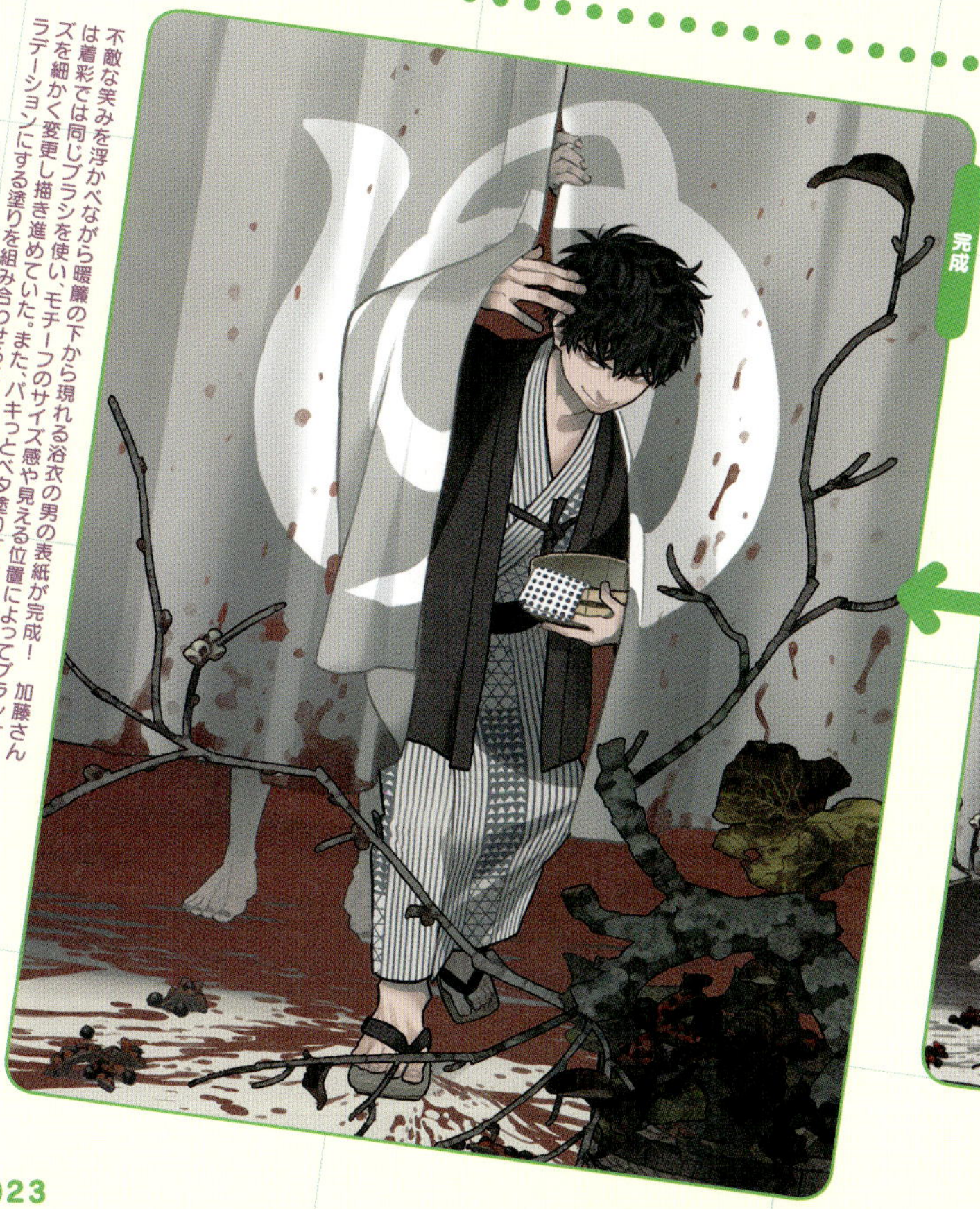

不敵な笑みを浮かべながら暖簾の下から現れる浴衣の男の表紙が完成！ 加藤さんは着彩では同じブラシを使い、モチーフのサイズ感や見える位置によってブラシサイズを細かく変更し描き進めていた。また、パキっとベタ塗りする箇所となめらかなグラデーションにする塗りを組み合わせることで、重厚感のあるタッチにまとめている。

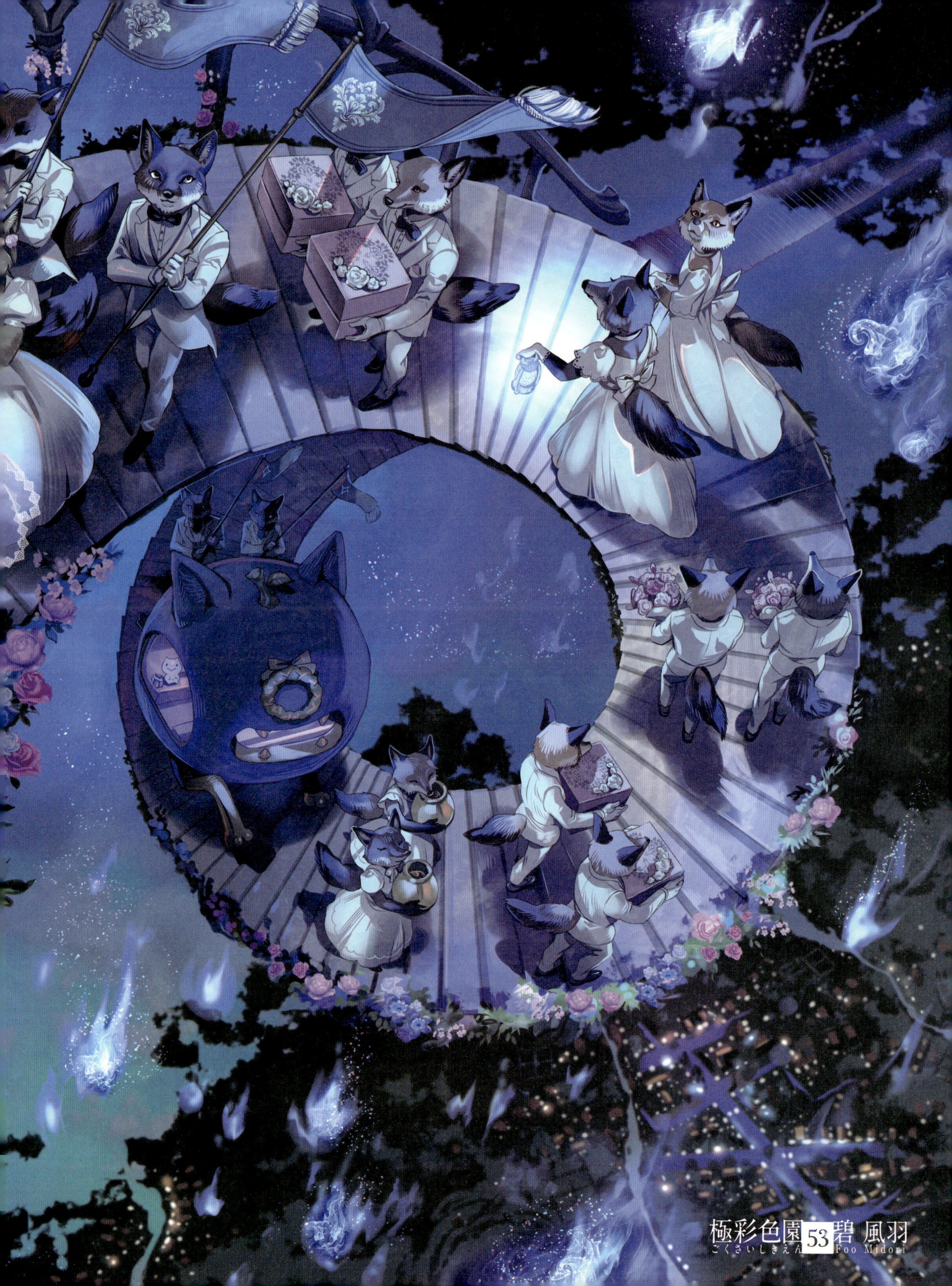

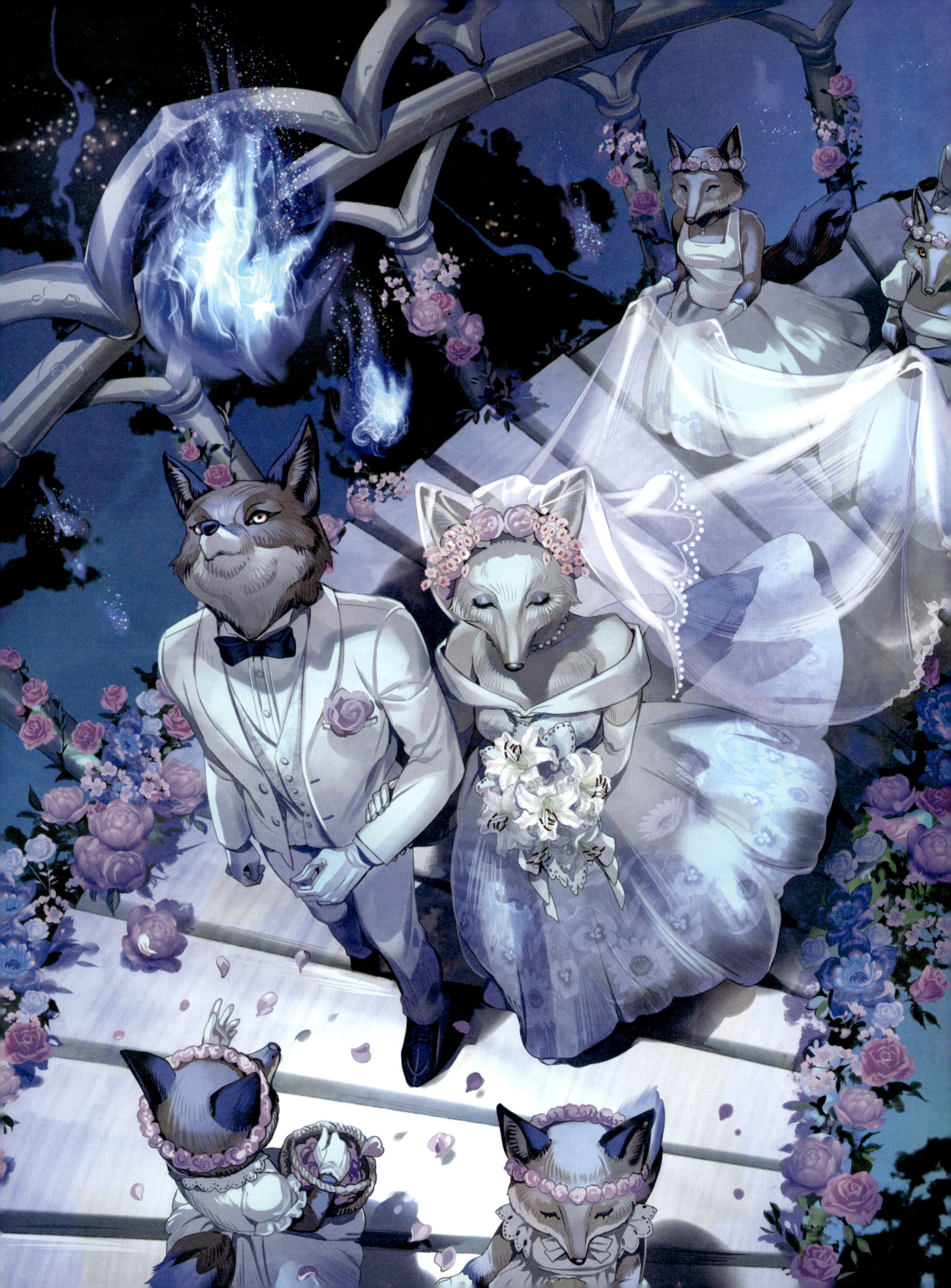

# 七原しえ

「地獄太夫 - 根の国底の果て -」
華やかな着物を身に纏う艶やかな遊女。花魁道中を共にする骸骨の眼差しや、札を顔面に貼り付けた女中たちの笑顔がとても不気味だ。遊女の周りには亡霊の魂のようなものが青白く漂い、何かを必死に乞う骸骨の哀れな姿が着物の柄となっている。

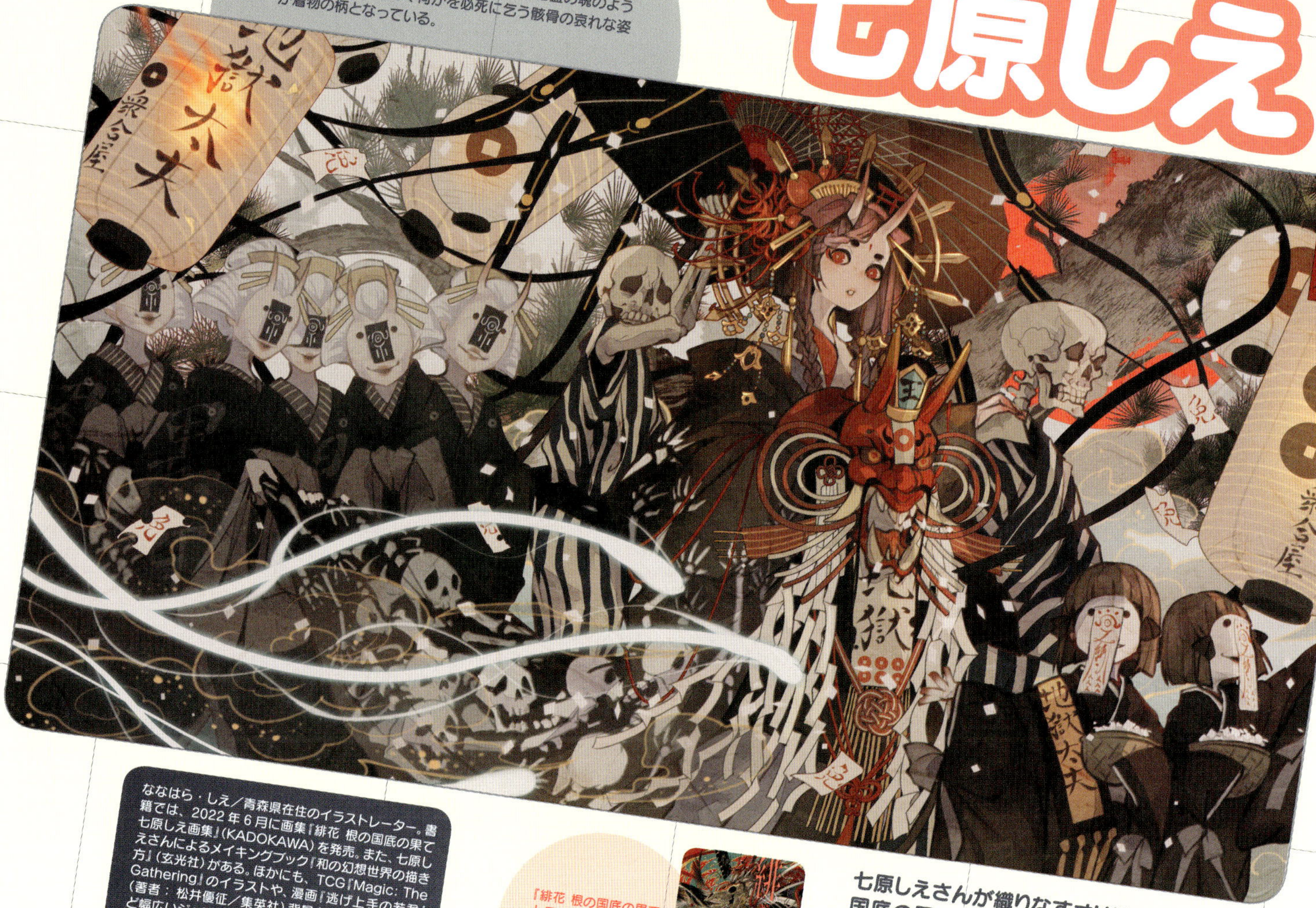

ななはら・しえ／青森県在住のイラストレーター。書籍では、2022年6月に画集『緋花 根の国底の果て 七原しえ画集』（KADOKAWA）を発売。また、七原しえさんによるメイキングブック『和の幻想世界の描き方』（玄光社）がある。ほかにも、TCG『Magic: The Gathering』のイラストや、漫画『逃げ上手の若君』（著者：松井優征／集英社）背景カラー、書籍装画など幅広いジャンルで活動している。
X=@nanaharasie
pixiv id=114086

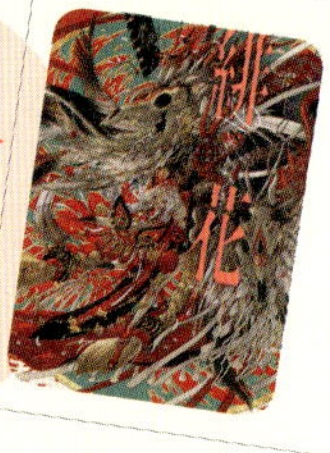

『緋花 根の国底の果て 七原しえ画集』
著者：七原しえ
発行：KADOKAWA
価格：2,750円（税込）

**七原しえさんが織りなすオリジナルシリーズ「根の国底の果て」では、閉鎖的な島国を気高く生きる、〈神〉、〈人〉、〈ナレノハテ〉が華麗でしなやかに、緻密なタッチでもって描かれる。赤や黒で囲われた美しい瞳とふと目が合い、はからずして心を奪われてしまうだろう。今回、七原しえさんに筆記インタビューを敢行！「根の国底の果て」や画集のお話、作画について、読まれている資料、最近の作画事情、お仕事についてなど伺った。**

**Q1** 七原しえさんのオリジナルシリーズ『根の国底の果て』では閉鎖的な島国を舞台に、古き神々や人、異形たちが優雅に美しく、仄暗さをもって描かれていると思います。画集『緋花 根の国底の果て』では、外の世界から訪れた異人が根の国に魅了されていく様がイラストだけでなく、怪異譚としても物語られています。そもそも『根の国 底の果て』はどのように着想されたのでしょうか？ また、画集では、ストーリーを紙縞さんが文章化されていますが、どのように打ち合わせをされたのかも気になっております。

**七原しえ** 以前、イラストの題材を探して読んだ昔の絵巻や民話・伝承書物に、どうしてそんなことをするのか、何故そのような造形なのか全く理解できない人外や妖怪の物語や絵を数多く見かけ、もしかしたら昔、人間は『おっかない、理解出来ないけどそういうモノなのだから仕方ない』とありのまま受け入れていたのかなと。そんな世界を自分のイメージで描き表してみたいと思ったのが最初です。

世界感としては、人と神と異形は互いに相容れず、同じ土地に住みながらそれぞれ独自の世界を持っているという設定があります。神や異形は人智を越えた存在のため人間と全く意思疎通ができないし、する必要もない。人は中には対抗しようと様々な術や力でそれらを従えようとする者もいるけれど、大半は神や異形を恐れ避け、三者三様に何とかギリギリ共存しているというような世界です。

画集を制作するにあたり、まず紙縞さんには『根の国底の果て』の設定をお渡しし、あとはイラストを見てどう感じたか、どんな背景を思いついたか、思うままご自由に創作して下さいとお伝えしました。ある程度の基本設定はありますが、そもそもが互いのことが全く理解できない存在が混在する世界感のため、見た人が自由にイラストを解釈・想像するのが正解なのだろうなと。実際見た方がどんな物語を紡ぐのか拝見してみたかったというのがあります。ですので、ストーリーを読んで『なるほどそういう解釈もあるのか』と非常に楽しませていただきました。

**Q2** 七原しえさんが描かれるキャラクターの、視線をこちらに送ってくるような憂げな表情に惹かれています。また、目を囲った隈取のような化粧やまろまゆも特徴的です。瞳を赤や黒で囲うことで、人間離れしている雰囲気を感じました。人物の表情を描かれる上で、意識されていることについて教えてください。

**七原しえ** 目元を特徴的にすることで見ている人の視線が最初に向かい、『視線が合ってしまった』『こちらが見ているのではなく、実は向こうがこちらを見ているのでは』と、視線を通じてイラストへの没入感を意図せず体感してしまうように仕向けたいなと思っています。

**Q3** キャラクターたちが様々に和服を着崩している装いから、島国で強くたくましく、ありのまま過ごしているというピュアなイメージを抱いています。また、柔らかい素足の描写（丸いかかとや指先）から幼いあどけなさも感じました。七原さんが衣装デザインで意識していることについて教えてください。

**七原しえ**　着飾った衣装よりは、生活や伝統に根付いた民俗芸能的なデザインにするようにしています。割と弱肉強食的な世界感なので、服をはだけて凝った服を着ても非実用的ですし、たくましく生きるには実用性優先なんですね。多分皆細々と堅実に生きている。腰に結ぶ紐一つにしても、『これは採った薬草を入れる袋を下げるため』『魔を避ける提灯を下げるため』など色々理由付けをしたい。説得力のある造形を心掛けています。肩やかかと・指先など肌が露わな部分は逆に赤みをプラスして、過酷な世界で生きるキャラの無垢さ、ひたむきさを出したいと思っています。

**Q4**　七原しえさんが描かれる、空気の揺れ動きに惹かれております。中でも、作品『櫻の宴 - 根の国底の果て -』で見られる舞の流れが美しいです。紅白の紐が大きく弧を描き、神楽鈴を鳴らす優雅さにうっとりしています。また、『風鈴売 - 根の国底の果て -』のように、旗が重なり風鈴が連なるボリューム感に圧倒されています。同じ物がいくつも積み重なっていたり、紐が何十にも結ばれている表現を見ると、より神がかった、日本の神話を思い浮かべます。画面を構成するときに、七原しえさんが意識していることがありましたら教えてください。

**七原しえ**　物と物が重なり合ってもまとまり感がある、見やすく分かりやすい、そんなイラスト構成を心掛けています。そのためにラフはかなりな時間を掛けて描いています。全体の作業で清書二割とするとラフの制作は八割くらいを占めていると思います。紐の配置一つ、散る花びらの配置一枚で空気の流れや画面全体の印象が大きく変わるので、清書の段階で違和感の無いようにまずは最初のラフの段階でパズルを組み合わせるようにしっかり詰めてから仕上げています。

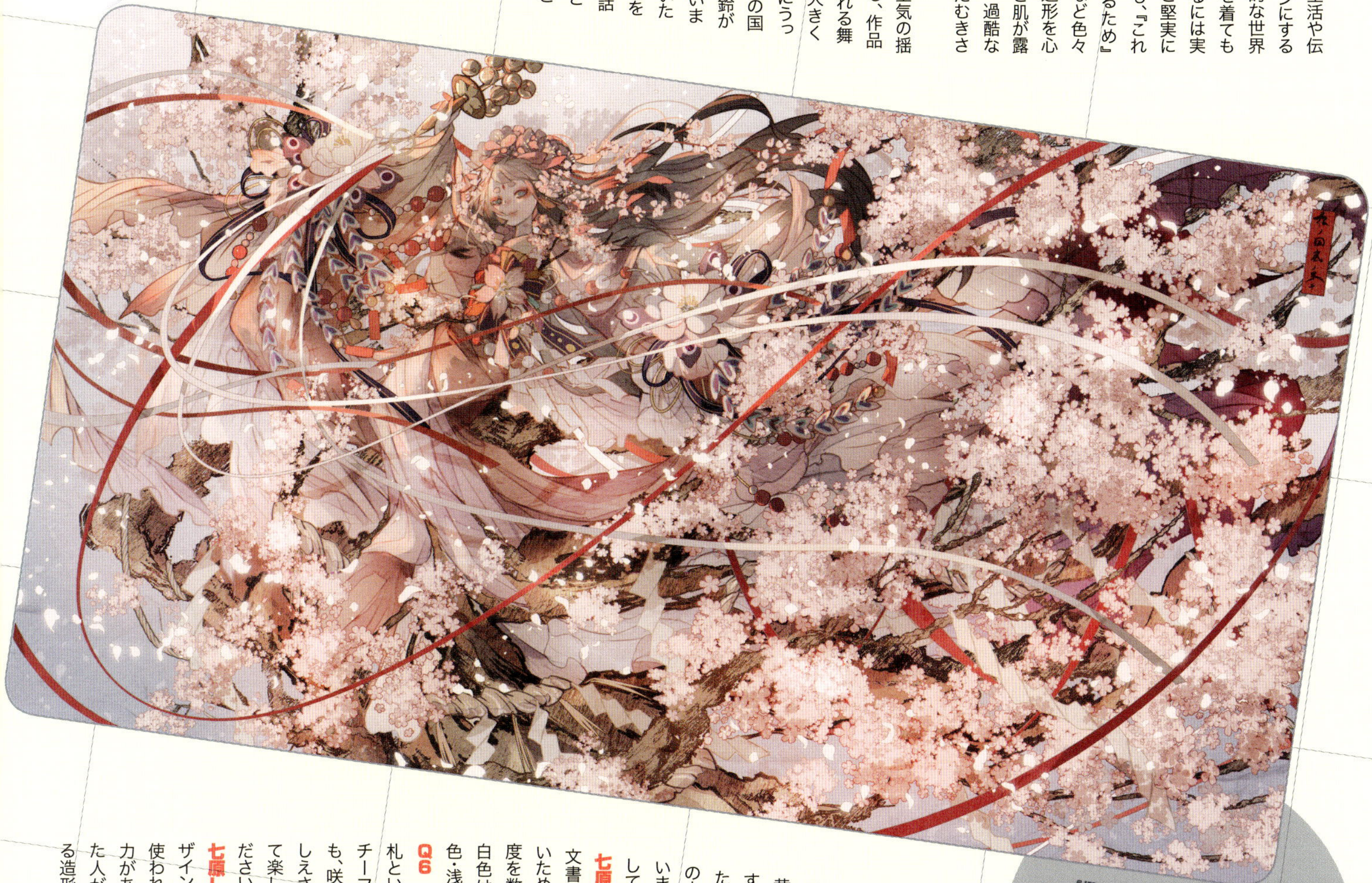

「櫻の宴 - 根の国底の果て -」
神楽鈴を鳴らし優雅に舞い踊る女性に心を奪われる。その涼しげな眼差しからは、こちらの心の内を見透かすようだ。また、穏やかであたたかな風が流れており、着物や紅白の紐、咲き誇る櫻を優しく揺らしている。

**Q5**　作品『春風献上 - 根の国底の果て -』のように縁起の良い華やかな紅白や黄金色、『夢見鳥 - 根の国底の果て -』のように落ち着いたトーンの黄金色の色づかいに情趣を感じています。また、和紙や布のようなざらっとしたテクスチャも重ねられており、日本画のような風合いが生まれているように思いました。七原しえさんが着彩で大事にしていることについて教えてください。

**七原しえ**　どのイラストも共通として古文書や古い日本画のような印象を出したいため、最初に想定した色から意図的に彩度を数段階落として着彩しています。特に白色は完全な「#FFFFFF」でなく生成り色・浅黄色となるように調整しています。

**Q6**　作品では、神々や動物、幻獣、面やお札といった神具など日本神話にまつわるモチーフが登場していると思います。ほかにも、咲き誇る花々の描写が美しいです。七原しえさんが描きごたえを感じる、描いていて楽しいと思うモチーフについて教えてください。

**七原しえ**　もしかしたら本当にこういうデザインがあるのではないか・過去にこういう使われ方をしていたのではないか・こういう力があるのではないか、などイラストを見た人が色々想像できるような説得力のある造形を考えて描くのが好きです。特にお面などはデザインするのが楽しいですね。どこの国や神が元の造形なのか、このお面を被るとどうなるのか、どんな踊りを踊るのか、など次のイラストのアイデアに繋がることも多く、設定が膨らむ題材の一つです。

**Q7**　Q6の内容に続きまして、七原しえさんの作品ではタイトルに込められた意味を解釈する楽しみもあります。和を題材にする際、どのように資料を集められているのでしょうか?

**七原しえ**　最近は古語辞典や古典名言辞典、漢和辞典は手元に置いて、時間があるときは流し読みするようにしています。気になった言葉があれば、それを調べ、そこからイラストイメージに発展させ、最終的にそれがイラストタイトルになる。ということが多いです。新聞やニュースもよく読みますし、古本屋さんで古書を購入することも多いです。もちろん実物も実際に行って観察したり資料として写真を撮ったりします。青森に非常に凝った装飾の『じゃんばらしめ縄』という注連縄があるのですが、各地に残っているそれらを探して車を走らせたり、旅行やドライブも資料探しの一環になっています。

**Q8**　七原しえさんの最近の作品と、過去の作品を見比べてみると、人物の瞳が丸く柔らかい印象に変化していると思いました。また、画面いっぱいにあえて流れを断ち切るような形で描くことで、キャラクターの動きがよりダイナミックになっていると感じます。最近の作風について、意識していることがありましたら教えてください。また、最近の中でも、お気に入りの作品について教えていただきたいです。

**七原しえ**　目が穏やかなほうがかえって何を考えているのか分からなそう、と考えるようになったのが一つ。イラストを見る人が注目してくれるポイントをどれだけ増やせるか、ということを意識しているのがもう一つの理由です。まずイラストを見る人が注目するのは顔なので、情報量を増やすとすると目が重要になってきます。最近お気に入りのイラストは『鳥天狗 - 根の国底の果て-』なのですが、まずは目や視線などで見る人に注目してもらう。すると次にイラスト全体に散らばった違和感…実はお面も鳥をついばんでいる、人物の手足も少し不自然、木に髑髏が刺さっている、これは早贄なのでは、などと気がつく、という流れが出来上がります。基本イラストというのは流し見されるものなので、三秒視線を止めて見てもらったら勝ちだと思っています。十秒以上見てくれる人はもうそのイラストについてどのようなことにしろ何かを考えたり感じてくれたりしている。そうなったらもう大勝利かなと。SNSでもそうですが、膨大な情報量の中で一瞬だけ横切るイラストにどれだけ注目してもらえるか、イラストを描かれる方の悩みの種かと思います。イラストの観察ポイントを意図的に多く織り込むという方法を一度試してみていただけたらと思います。

**Q9** 七原しえさんは小説やゲーム、漫画などさまざまなジャンルでイラストを描かれていると思います。これまでお仕事をしてきた中で、楽しかったことや難しかったこと、印象的だったお仕事について教えてください。また、お仕事をする上で意識するといいことについても知りたいです。

**七原しえ** 最近は割と『お任せで、好きなように描いてください』とご依頼いただくことが多いです。カードゲーム『Magic: The Gathering』で和風イラストをご依頼いただいたことは非常に印象に残っています。この人ならなんとか和風に仕上げてくれるだろうという信頼をいただけている、のだと勝手に思っているのですが、どうなんでしょう。『和風』とは雲や川

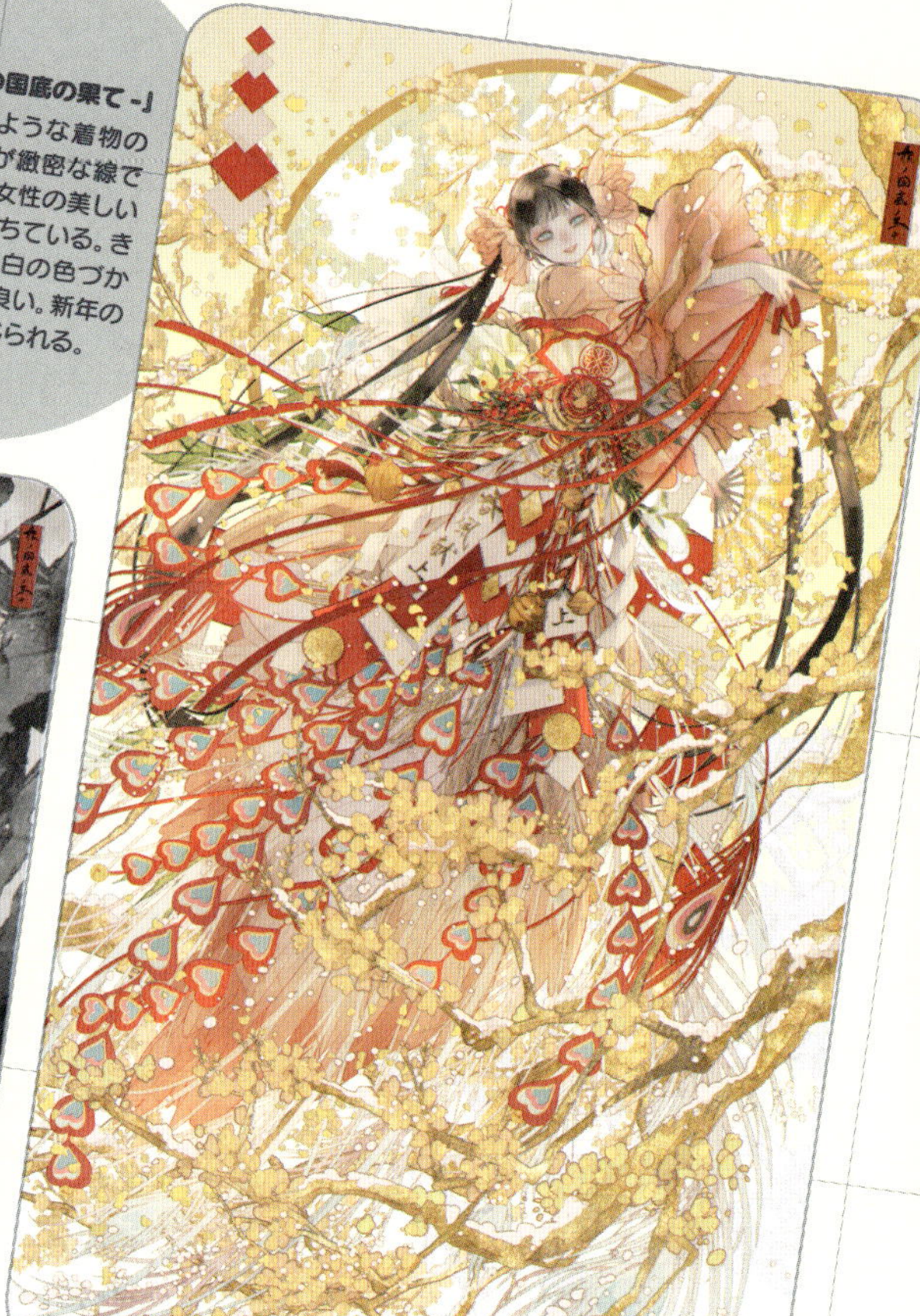

『春風献上 - 根の国底の果て -』
まるで孔雀の羽ような着物のデザインと流れが緻密な線で描写されている。女性の美しい眼差しは慈愛で満ちている。きらめく黄金色と紅白の色づかいはとても縁起が良い。新年のあたたかな風を感じられる。

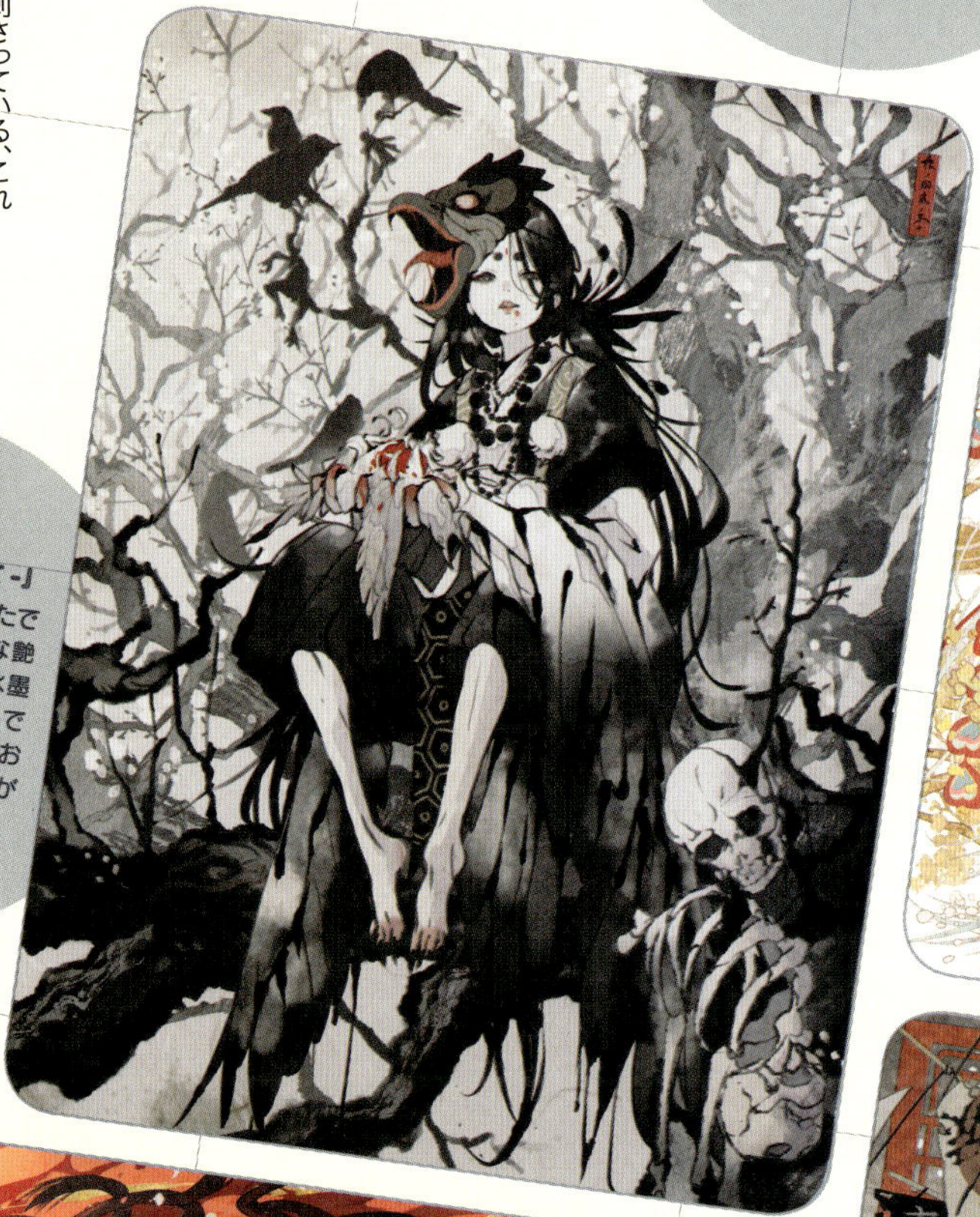

『烏天狗 - 根の国底の果て -』
烏天狗が生き血を喰らったであろう、紅を刺したような艶っぽい口元が魅力的だ。水墨画のような滲みのタッチで禍々しい世界が描写されており、烏天狗のそばでは髑髏が串刺しにされている。

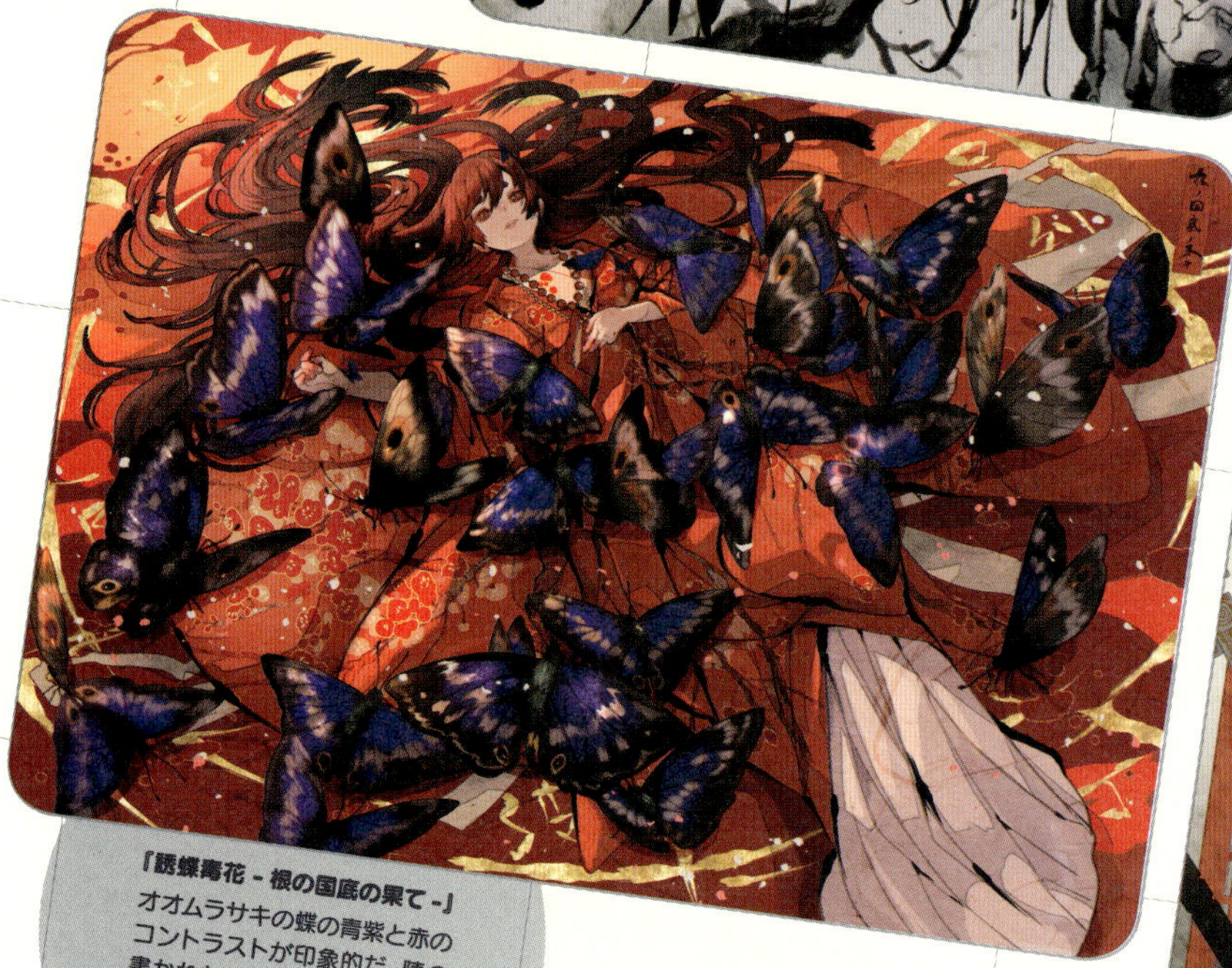

『誘蝶毒花 - 根の国底の果て -』
オオムラサキの蝶の青紫と赤のコントラストが印象的だ。陣の書かれた地面に横たわり、優雅に飛翔する蝶を見つめるような、憂いを帯びた眼差し、力のない指先の表情がどこか切ない。

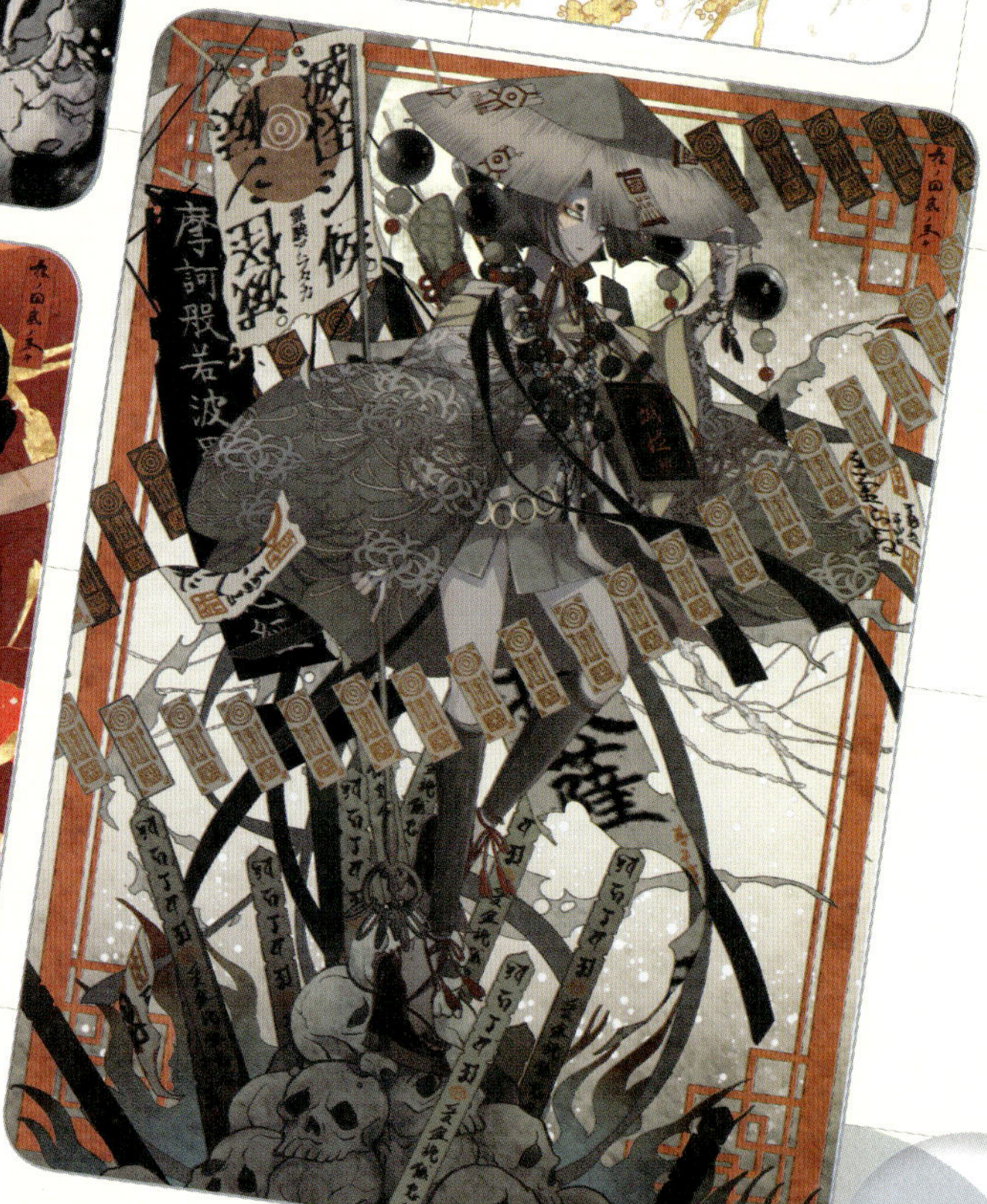

『破怪僧 - 根の国底の果て -』
「滅怪シ候」と書かれた旗を背負い、塔婆が刺さった頭蓋の山の上から鋭い視線でこちらを見下ろしている。いくつもの札が取り囲み、錫杖を持つ出立ちが勇ましい。

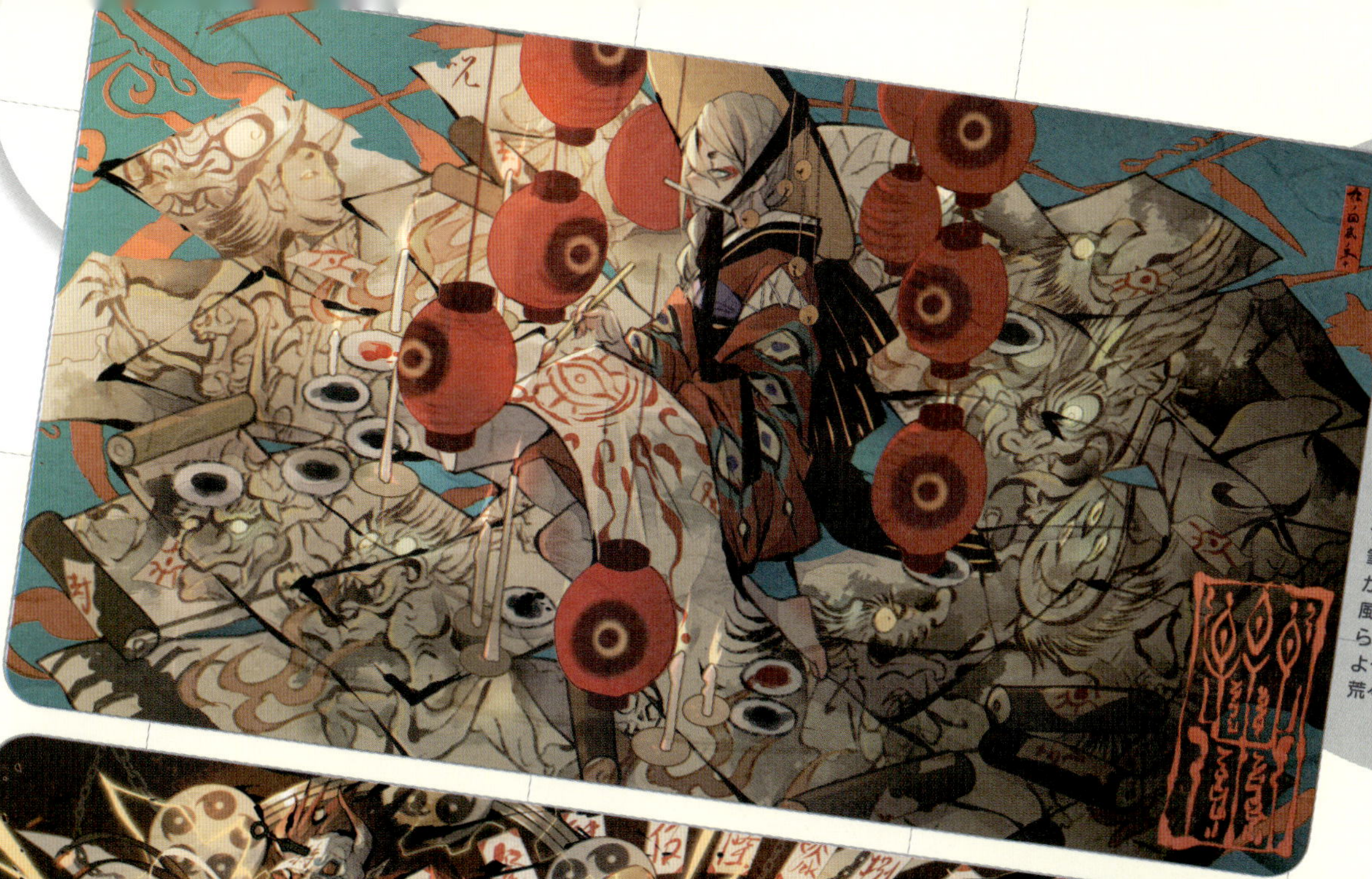

**『百鬼夜行譚 - 根の国底の果て -』**
悪鬼や骸骨、荒神など恐ろしい者たちが描かれた絵巻が、ターコイズブルーの床一面に広げられている。筆をくわえながら筆を走らせる姿が素敵だ。目玉のような提灯が彼女を取り囲み、何者から身を守るような、結界を張っているようにも思える。

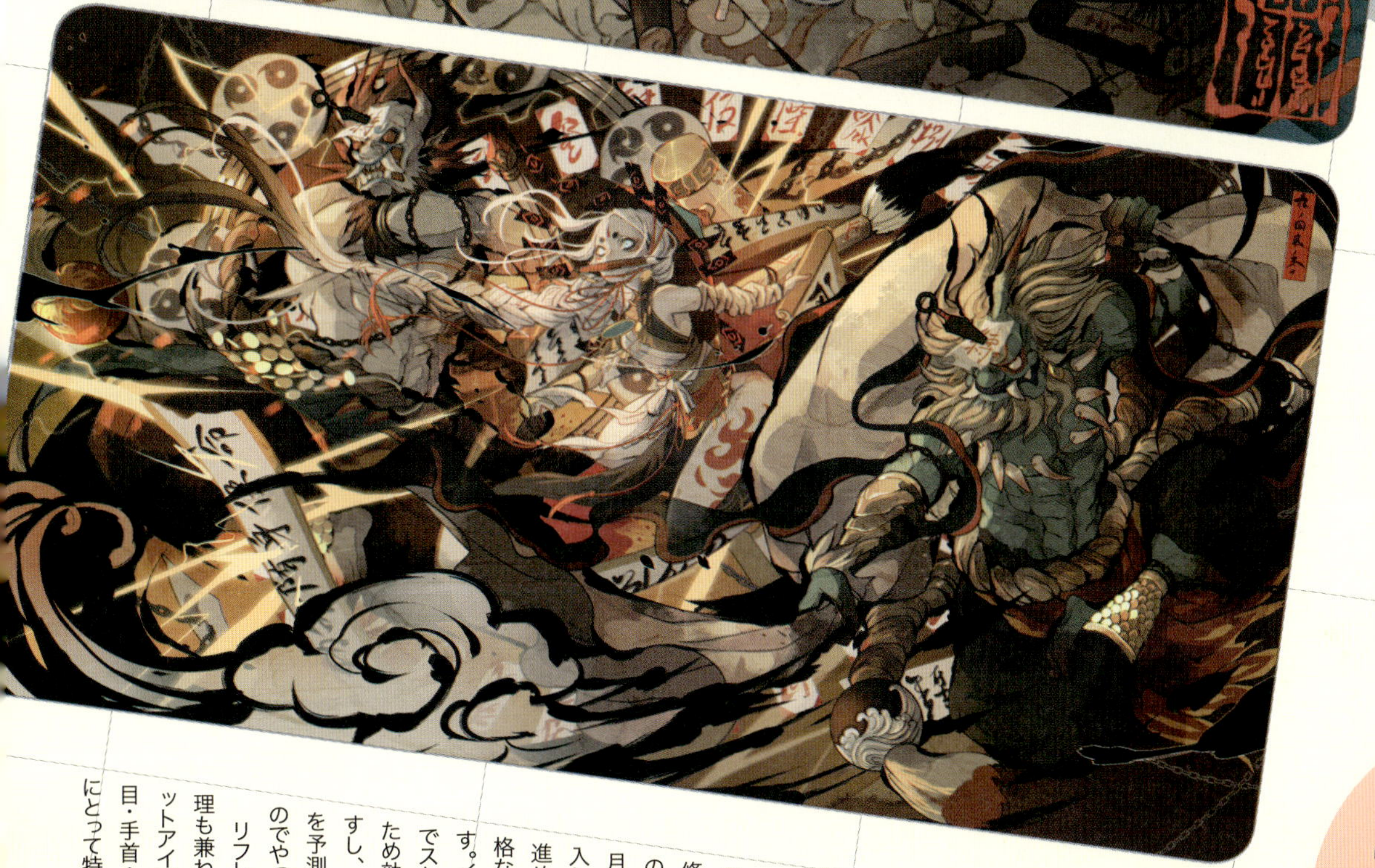

**『風神雷神 - 根の国底の果て -』**
風神雷神の額には「縛」の紙がクナイで刺されており、大きな筆を振りかざす少女が使役するかのよう。周囲には稲妻が走り風が吹き荒れ、飛び交う巻物からも争いの場面に見える。墨のようなインク溜まりのタッチは荒々しく、力強さを感じられる。

の流れ、海の荒波、動物、花など現在も日常的に身の回りにあるものが題材なので、現代的なイラストを和風にアレンジすることは比較的難しくはないのですが、『こういう題材の場合はこのデザイン』、と即座に思いつけるよう、常日頃からデザインを調べたりバリエーションの引き出しをたくさん作って自然と描けるようにしておくことが非常に大事だと思っています。

**Q10** 絵のお仕事を長く続けるうえで、例えばスケジュールや体調管理など、七原しえさんが意識していることについて教えてください。また、お仕事の合間にしているリフレッシュ方法があれば、教えてくださいませ。

**七原しえ** ラフの提出・線画の提出・完成稿の提出・その他修正箇所の提出など、先方からのご要望が無くても『次回は○月○日に提出予定です』と一報を入れるようにしています。仕事を進める際は、スムーズな進行・適格な意思疎通を最も重視しています。〆切までの期間を自分のペースでスケジュールを切ることができるため効率的に作業することができますし、小さなことですが先方も日程を予測しやすく喜ばれることが多いのでやっておいて損はないはずです。リフレッシュ方法については、体調管理も兼ねていますが目が疲れる前にホットアイマスクなどで目を休めています。目・手首・腰の健康はイラストレーターにとって特に重要で、このうちのどこかが不調なときは最悪作業ができなくなります。皆さんも大事にしていただければと思います。

**Q11** 七原しえさんが普段制作されるときの作業環境について教えてください。

**七原しえ** 自宅の一室を作業場にしています。夏は涼しいのですが冬は非常に寒く、毛布やセーターを着込んでの作業となります。仕事以外で気が散りたくないのでTVはありません。お仕事イラストの場合は内容が影響されないよう作業中は音楽もほとんど流していません。かなり殺風景な仕事部屋ですが、あまりに味気ないので最近ポストカードを買って壁に飾るようになりました。レンチキュラーのレトロなアナログさが逆に新鮮だったりします。

**Q12** 今後の活動について告知できることがありましたらお話しください。また、七原しえさんがしてみたいことがありましたら教えてください。

**七原しえ** お仕事イラストが忙しくてオリジナルイラストがなかなか描けていないのですが、前回画集を出してからしばらく経ったので、次の画集をそろそろ準備したいと思っています。ほかにも現在進行中のお仕事が多数控えていますので、告知や情報を日々お待ちいただけると嬉しいです。

**七原しえさんのアトリエ**
インタビューでもお話されていたように、壁にはレンチキュラーの黒猫のイラストが飾られており可愛らしい。また、水墨画についての書籍がずらり。『東北の伝承切り紙』や、『古語辞典』、『中国・四国地方の神楽探訪』など各種資料もある。

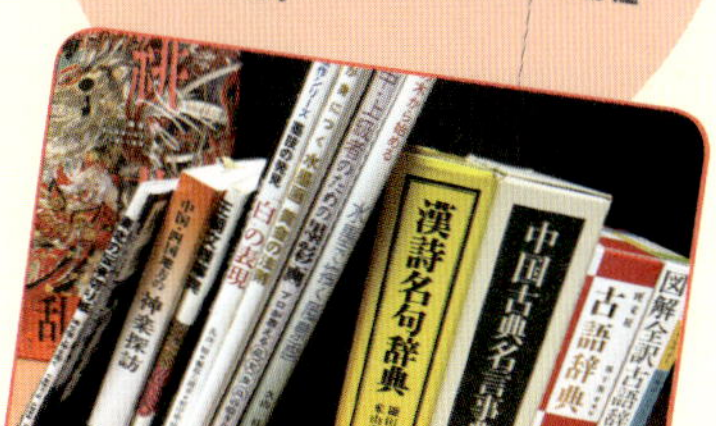


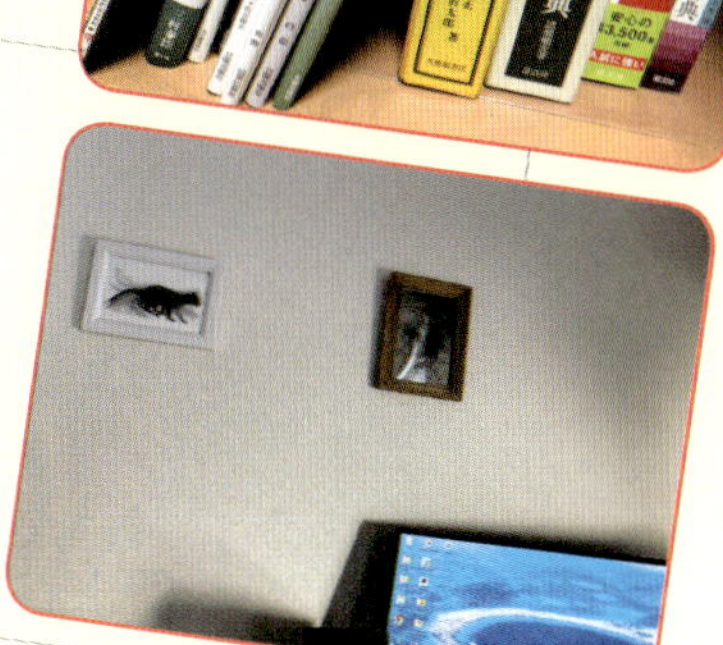

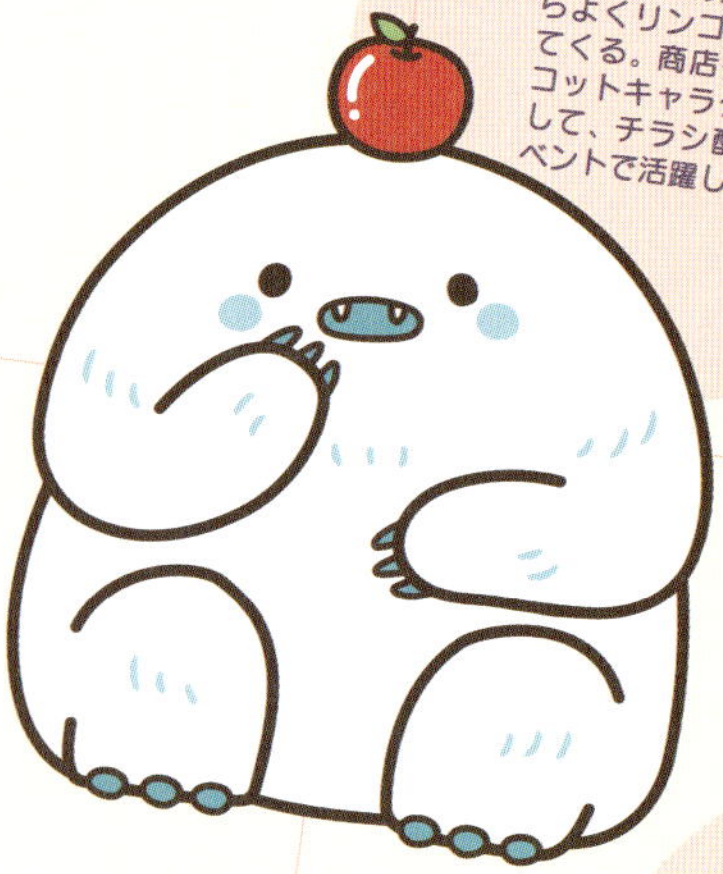

**ゆきお**

心優しい雪男。実家からよくリンゴが送られてくる。商店街のマスコットキャラクターとして、チラシ配りやイベントで活躍している。

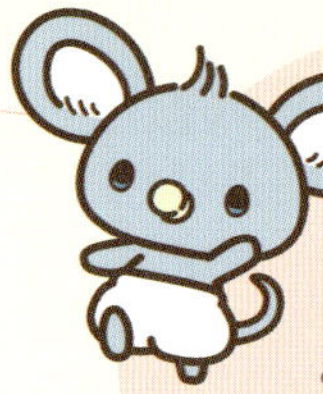

**God speed baby**

おせまると一緒に住んでいる充電式のネズミのおもちゃ。めっちゃ速いが、電池が切れるとおねむになっちゃう。

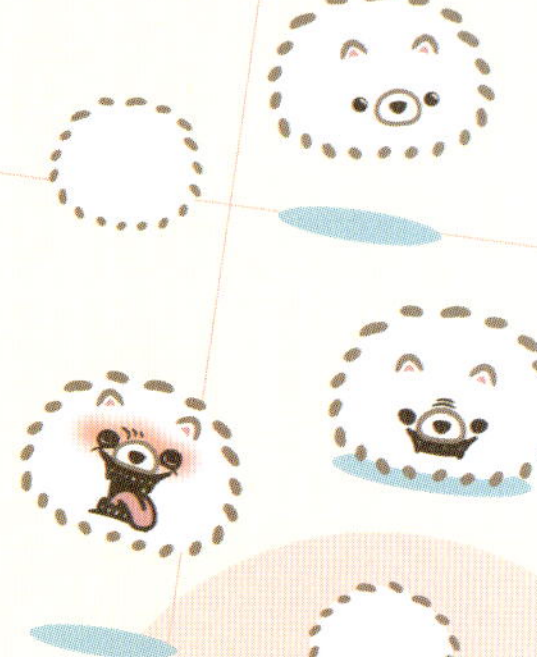

**ポメランパシャラン**

空気中を漂うフワフワの生き物。風の吹き溜りに集まっている(ポメだまり)。とてもカワイイ見た目だが、キレやすいので注意！

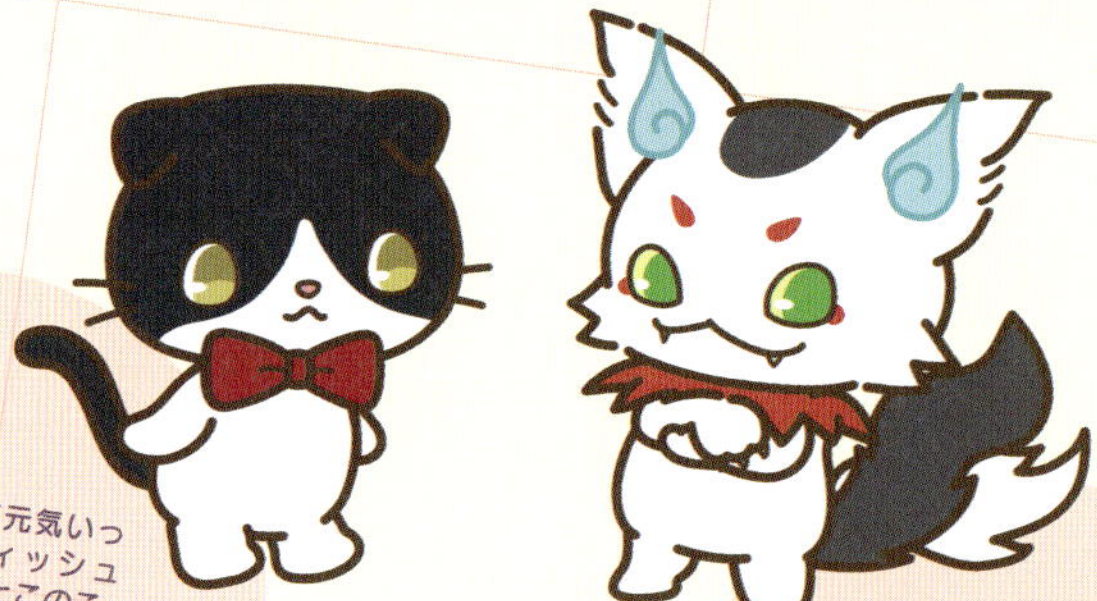

**おせまる**

食いしんぼうで元気いっぱいのスコティッシュフォールドのおとこのこ。アパートの2階で暮らしていて、ふしぎな生き物たちに興味津々。ちょっぴりどんくさいところがある。2月18日生まれ。

**猫又さん**

おせまるのおとなりさん。「飼い主とずっと一緒にいたいニャー。」「愛猫ちゃんとずっと一緒にいたい。」猫と飼い主の願いが成就して妖怪猫又となったため、何年生きているのかは分からない。本名はキャンディちゃん。

**店長**

1階の喫茶店「かっぱコーヒー」の店長。最近バイトリーダーから店長に昇格したらしい。コーヒーとギターを愛するギリギリ若者かっぱ世代。店長の作るナポリタンはしゃばもんたちに大人気。

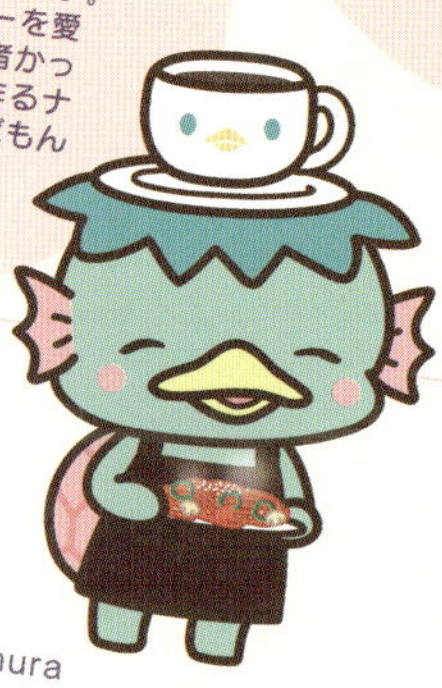



**落武者**

かっぱコーヒーの常連。カウンター席とおかわり自由のかっぱブレンドがお気に入り。毎年、関ヶ原の合戦の時期になると落ち着かない。エキストラの仕事をしている。

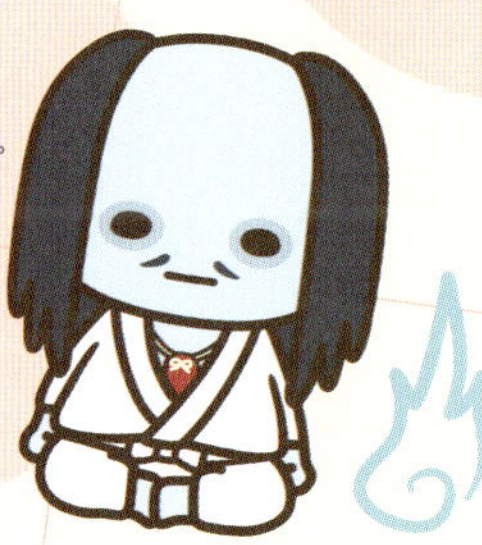

**ムッチとモッチ**

うさぎの義兄弟。一角がムッチ、鹿角がモッチ。アパートの屋上でキャンプ生活しながら、こどもどうぶつえんで働いている。頭のツノは人間からは見ることができないけれど、たまに勘の良い子供に見つかり揶揄されてしまう。

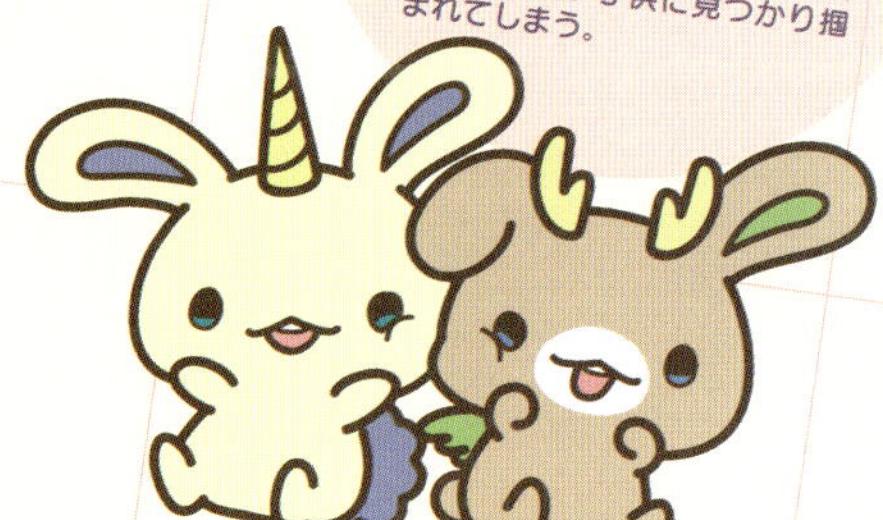

しゃばもん

ふしぎとあやかしの世界

# おくむらみゆき

X=@okumuramiyuki
Instagram=okumurasanchi

**Q1**　現在、おくむらみゆきさんはSNSを通して、ふしぎな生き物たち「しゃばもん」の日常を発信していらっしゃるかと思います。まずは、しゃばもんのメインキャラであるハチワレ模様の猫「おせまる」が誕生した経緯について教えてください。

**A1**　iPadを購入してお絵描きしようと思った時、一番身近なモチーフでしたので一緒に暮らしている猫のオセロを描き始めました。スコティッシュフォールド特有の折れた小さい耳、白黒のハチワレ、金色の瞳はオセロそのままに。迷子札をつけるために首輪をしているのですが、赤いリボンが付いているので大きく描いてアクセントにしました。最初は思ったままに描いていましたが、「ぬいぐるみにするとどうなるかな?」と想像してデフォルメしてみました。そうして出来上がったのがキャラクターの〝おせまる〟です。

**Q2**　おせまると同じアパートには、個性豊かで賑やかなキャラクターたちがたくさんいらっしゃるかと思います。モチーフとしては、猫又、雪男、カッパ、落武者など、ふしぎさのある生き物をセレクトされているように感じ、気になっております。アパートの住人のビジュアルや性格などについては、どのように考えられていったのでしょうか?

**A2**　**・猫又さん**…最初から絶対にキャラクターにしたいと思っていました。妖怪になればずっと猫さんと一緒にいられる、猫と暮らす人の多くは願っているのではと思ったからです。

**・ゆきお**…大きくてモフモフで包み込んでくれる温かい存在が欲しいと思って描きました。田舎から都会にビジネスの勉強をしにきた雪男という設定です。

**・かっぱ店長**…昔から日本人の身近にいる妖怪です。今は都会になって、かっぱの望む綺麗な水はなくなってしまったけど、代わりに美味しいコーヒーで頭のお皿を潤わせているのかも?

**・ムッチとモッチ**…海外にいるアルミラージとジャッカロープといううさぎのUMAです。訳あって日本にやってきました。ジャッカロープはキャンプファイアーが

おくむらさんのご自宅で一緒に暮らしている、スコティッシュフォールドのオセロ♡

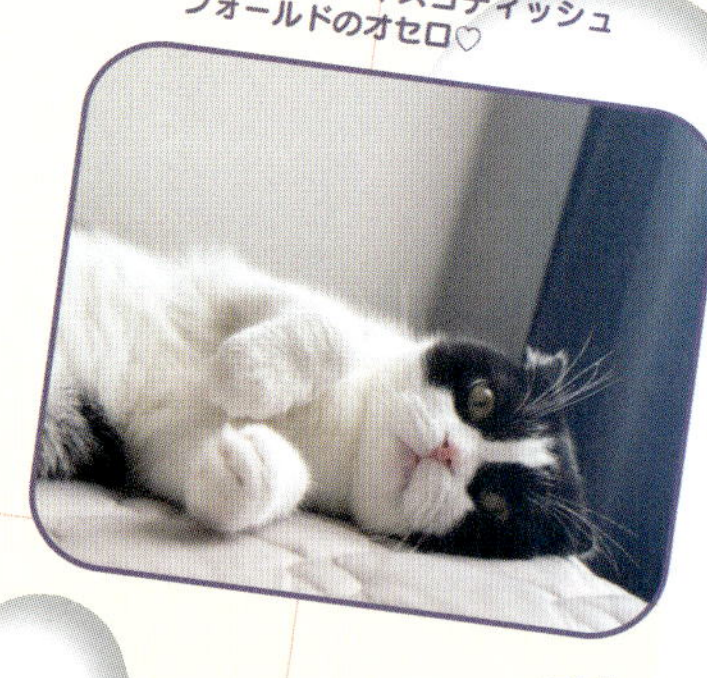

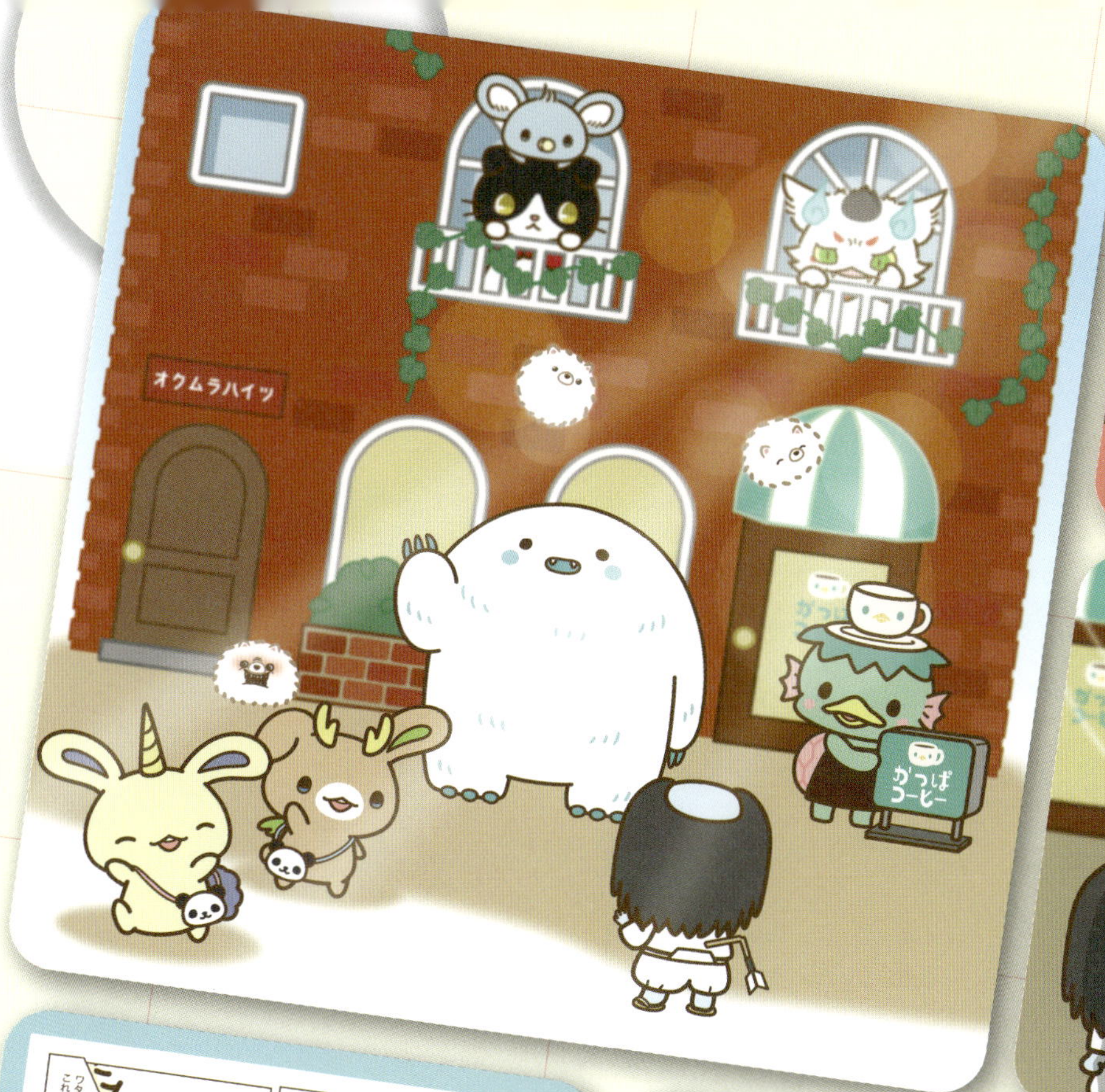


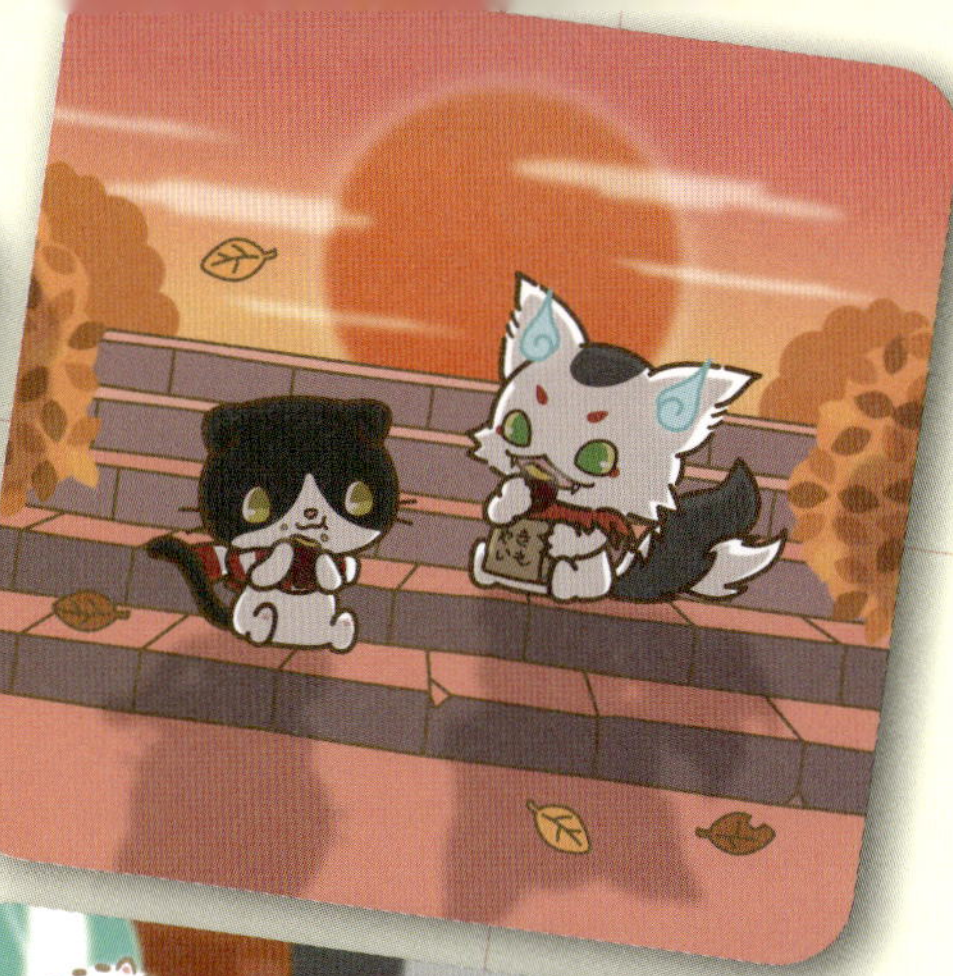

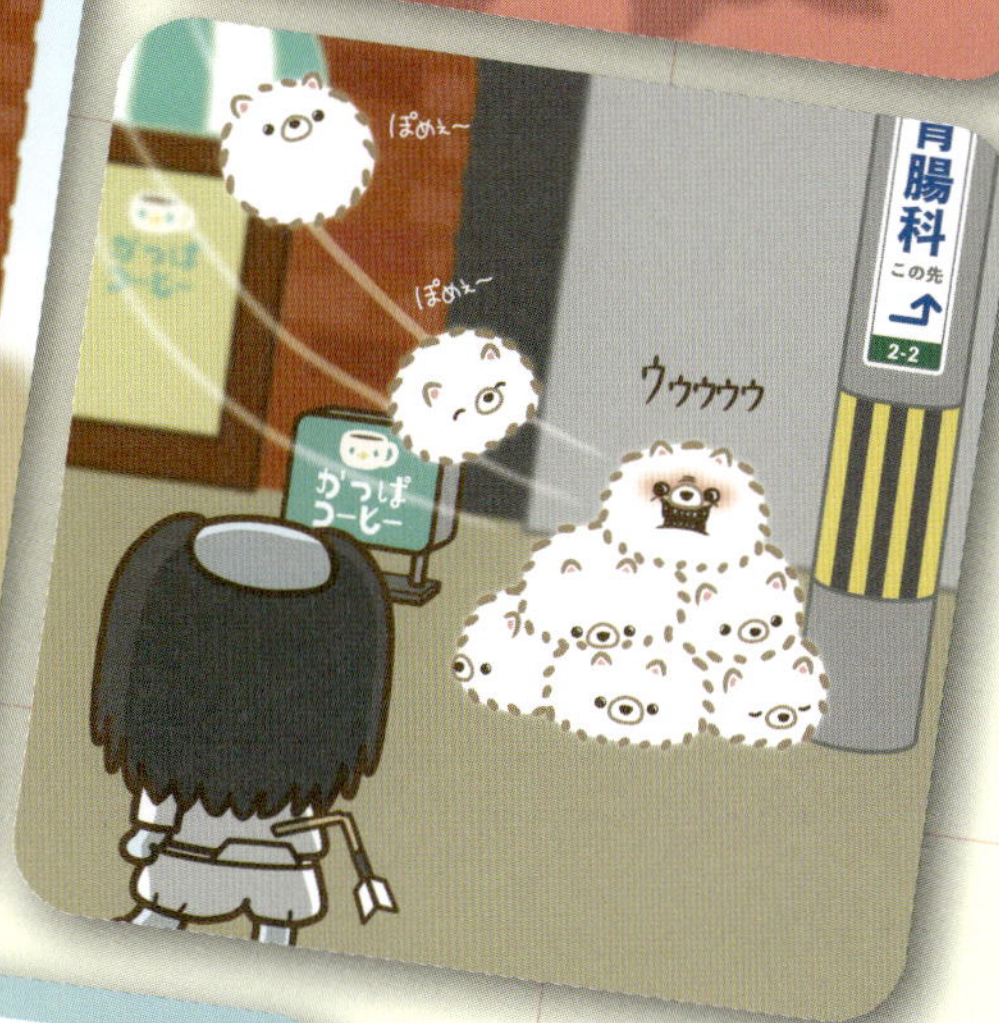


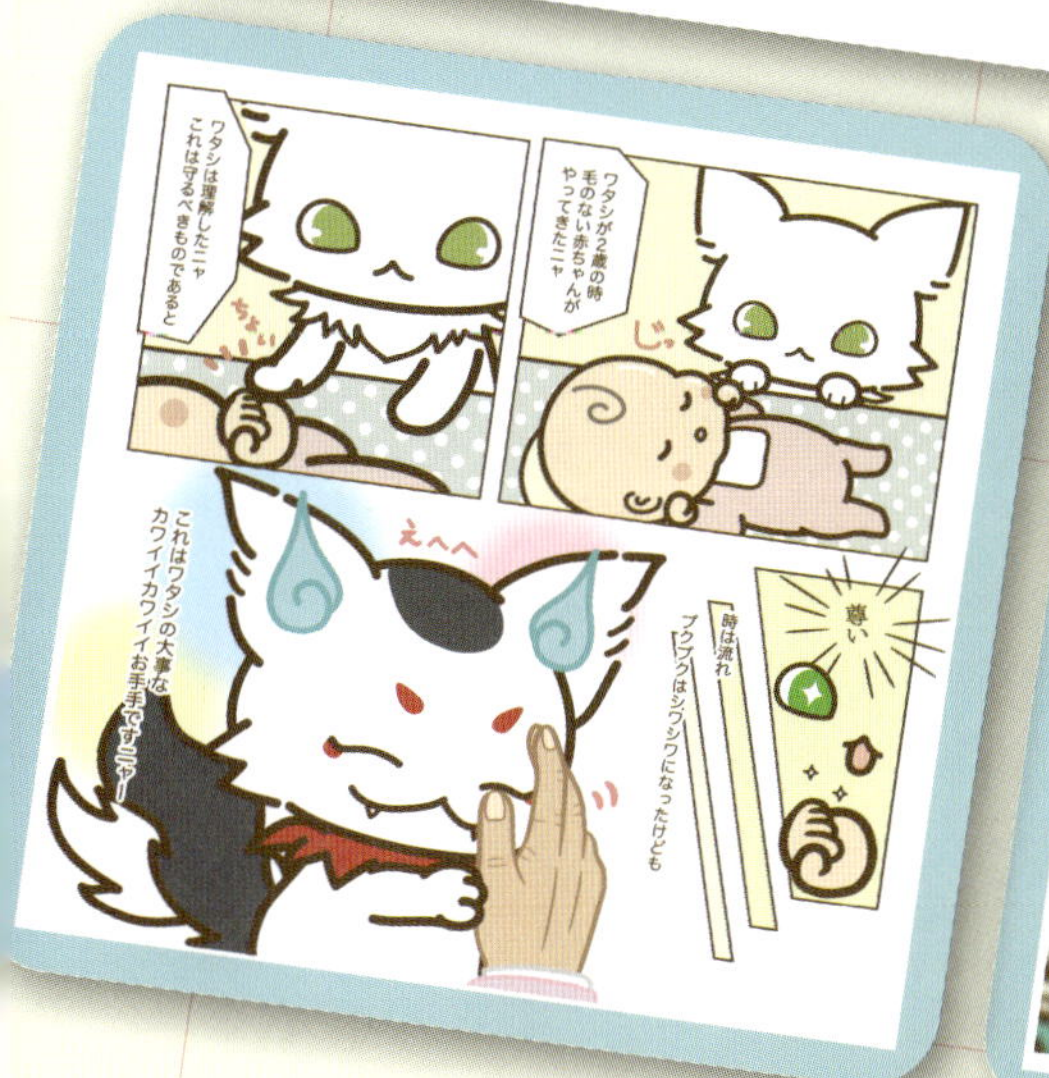


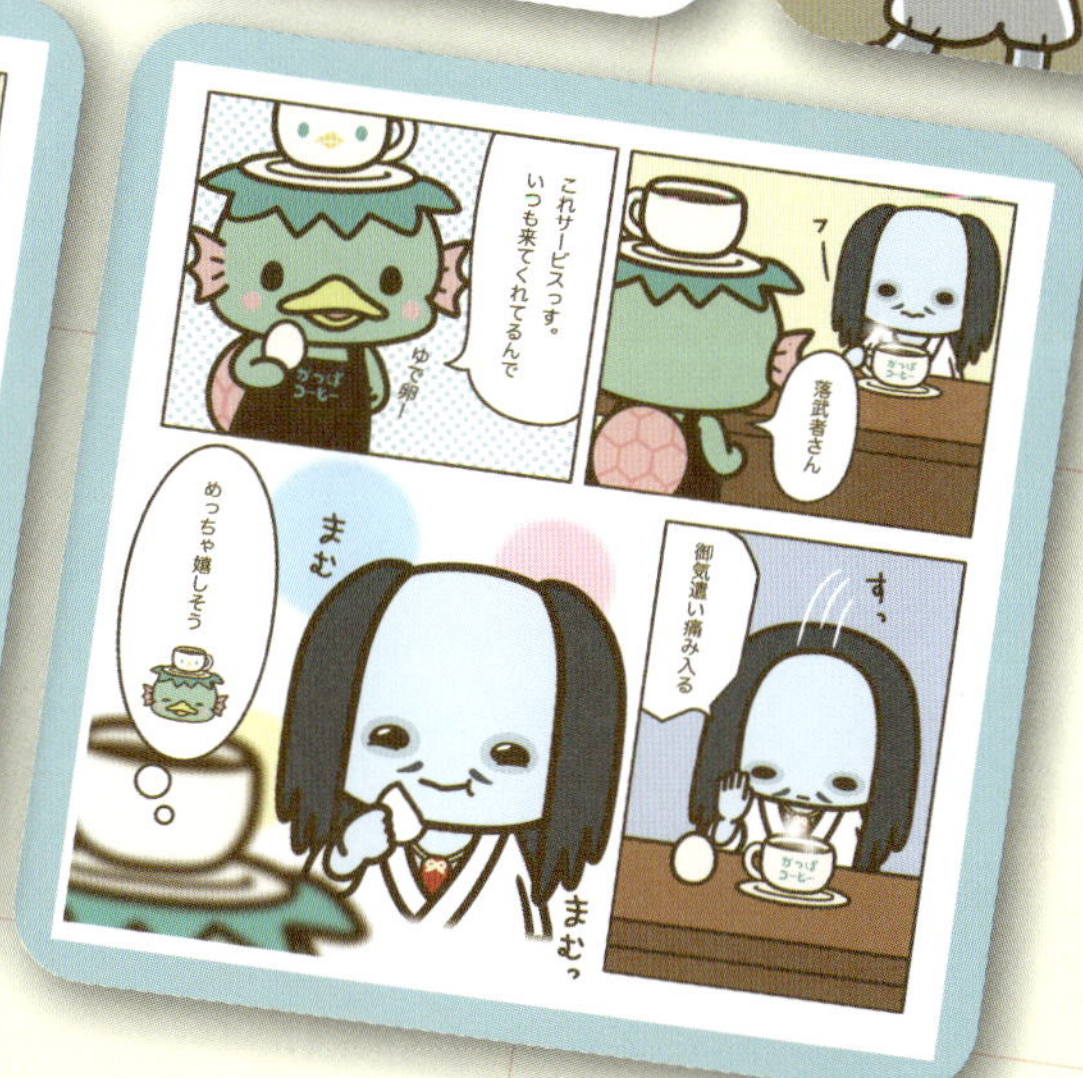


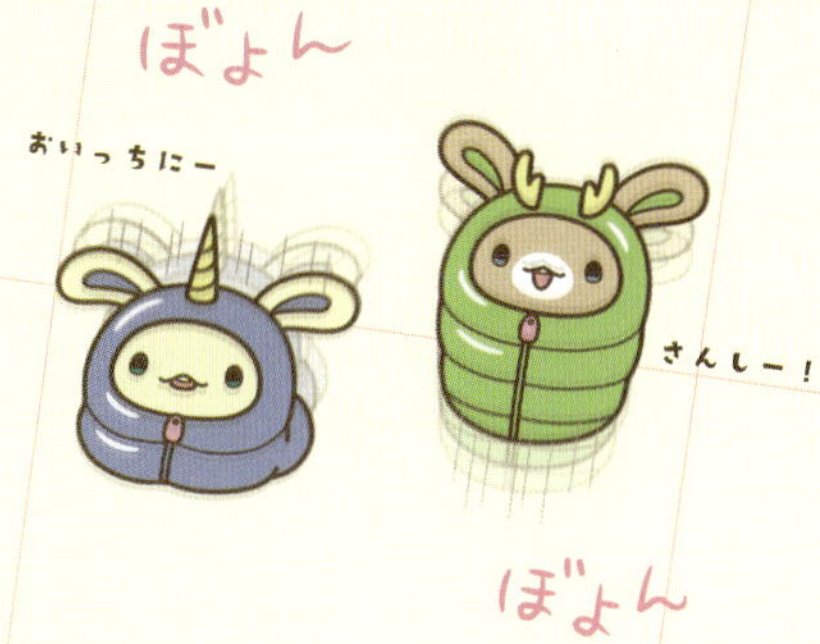


好きらしいので、アパートの屋上でキャンプしてもらうことにしました。

**·God speed baby**…我が家にいる充電式の走るねずみのおもちゃがモチーフでおせまるの遊び相手です。直線を突っ切り華麗にスピンを決める姿を見てGod speed babyという言葉が脳裏をよぎりました。

**・ポメランパシャラン**…ふわふわのポメラニアンがケサランパサランみたいだと思ったのでそのままを描きました。すぐキレるポメラニアンが好きでYoutubeでよく見ていたので、キレた顔にしたら面白カワイイかなと思って描いてみました。

**・落武者**…武士の亡霊って多分日本のあちこちにたくさんいらっしゃると思うので、喫茶店にも行くだろうと(笑)。落武者さんは現世への思いが強すぎて実体化しています。

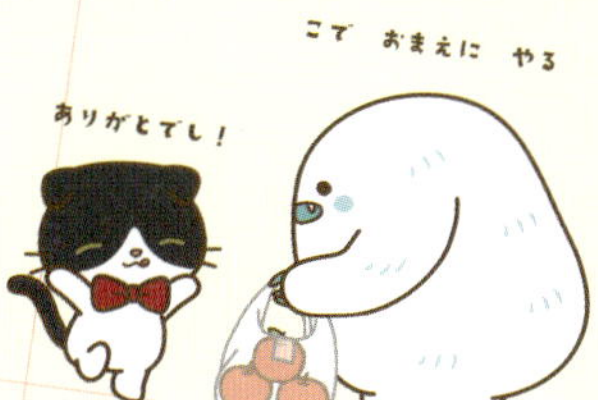


**Q3** また、物語や舞台設定についても、どのようにアイデアを膨らませていったのか、伺いたいです。

**A3** 猫と暮らしている人にはあるあるだと思うのですが、オセロが時々虚空を目で追ったり、壁に向かってにゃぁにゃぁ鳴いている時があります。その様子を見て、「あ、おるな。」と思ったんです。オバケか妖怪か、妖精のようなものが。私には見えないけど身近にいるふしぎな生き物ってどんな子たちなのかな？　と想像をめぐらせました。あと私は古い建物を見るのが好きなのですが、駅から離れると、人が住んでいるのか分からない古いお家や、営業しているのか分からないお店がありますよね。勇気を出して入ってみたら、そこは不思議な世界かも？　とよく妄想しています。そこから古びたアパートと喫茶店を舞台に、ふしぎな生き物の物語を描いたら面白そうだなと着想を得ました。

**Q4** 今後、チャレンジしたい活動などをお聞かせください。そして告知できることなどがありましたら教えてください。

**A4** 今後もSNSで、ほっとしてもらえたり、クスッと笑ってもらえるような物語を展開していくつもりです。見た目だけでなく、キャラクターの仕草や発する言葉から内面カワイイを感じてもらえるよう頑張ります。どうかしゃばもん達を見守っていただけると嬉しいです。絶賛勉強中なのですが、いつかしゃばもん達が登場する絵本が作れたら幸せです。

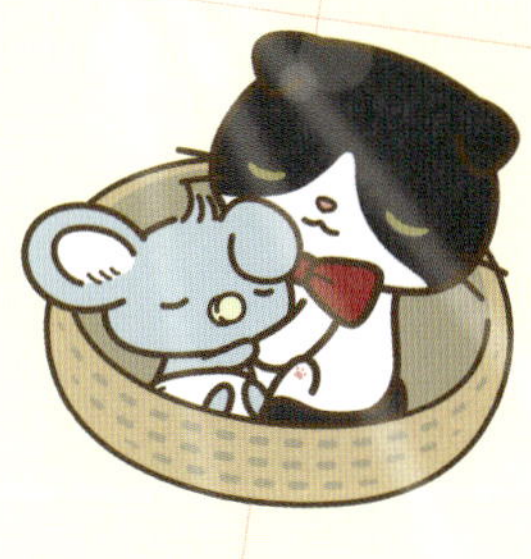

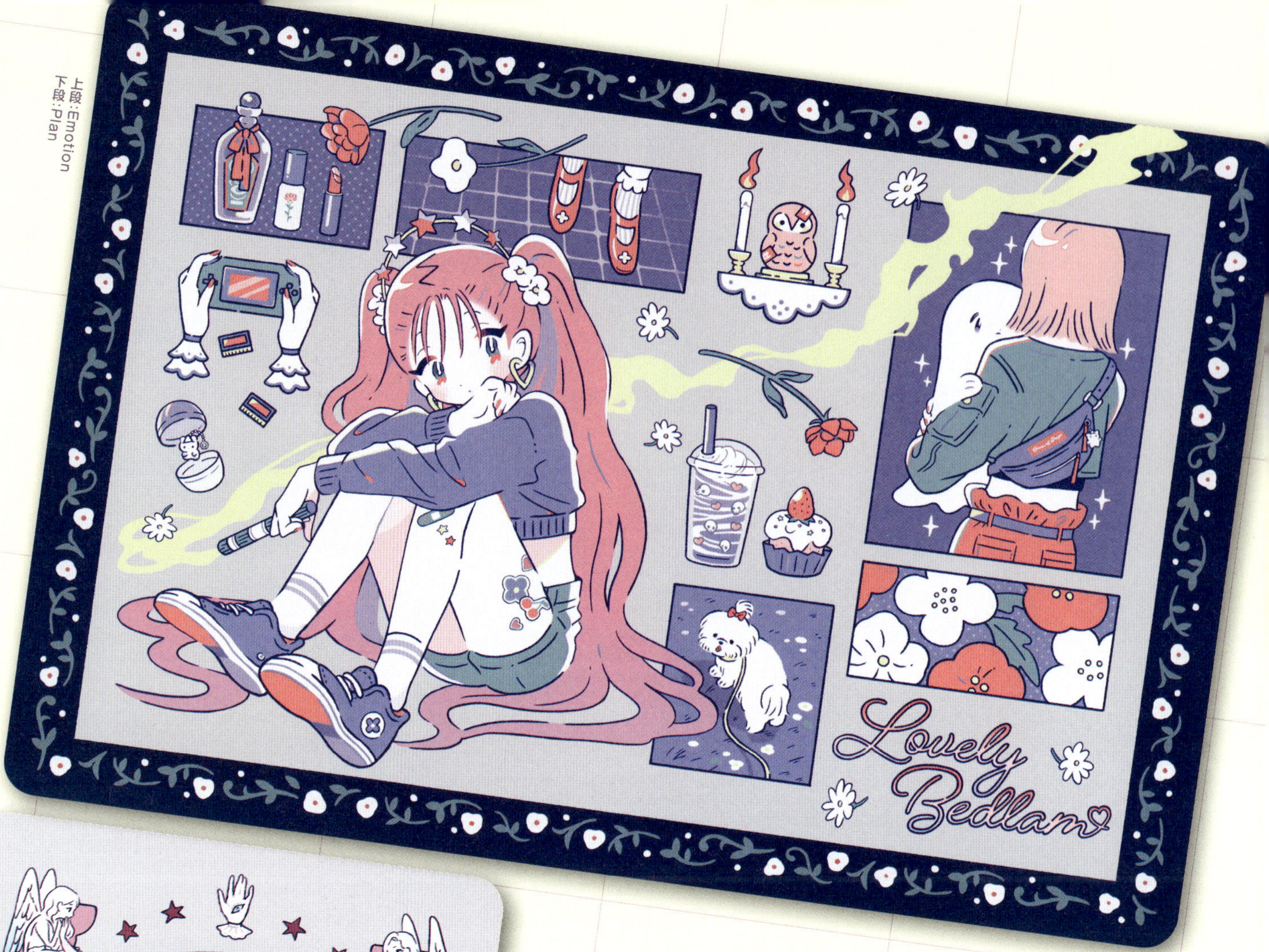


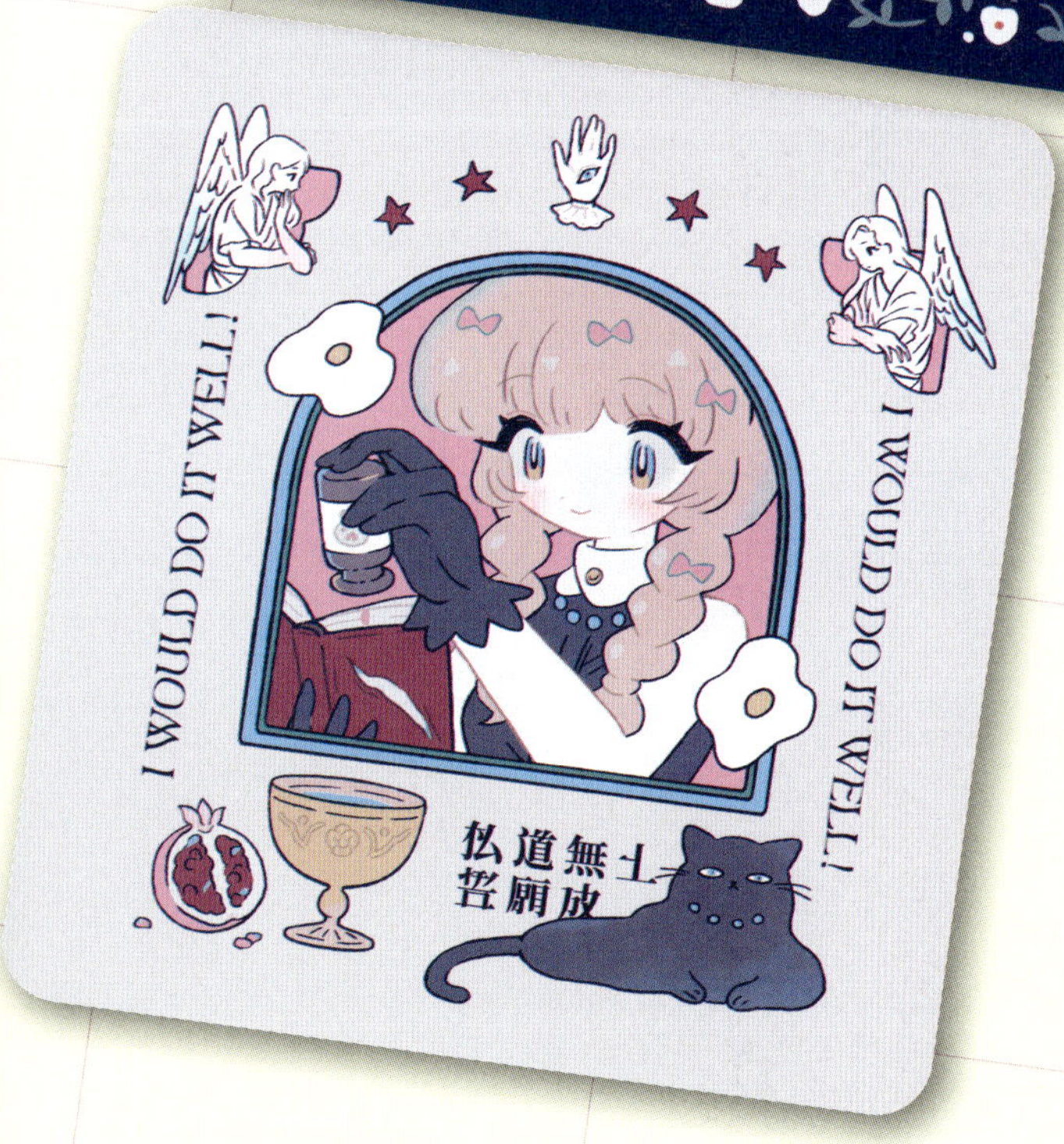


上段：Emotion
下段：Plan



# hasuimo

X=@has_kuma
Instagram=hasmo44
HP=https://hasuimo.tumblr.com/

**Q1** hasuimoさんは、霊的なものがお好きだとお聞きしました。描かれる作品も幽霊、神仏、霊体などをモチーフにされていることが多いように感じております。まずはhasuimoさんが霊的なものに惹かれる理由や、気になるようになったきっかけなどについて伺えますと幸いです。

**A1** 霊的なモチーフを描くことが多くなったきっかけは宗教美術（特に仏画や仏像）との出会いが大きいと思います。いま思うと思春期特有かも…と客観視出来るのですが、もともと学生時代はかなりネガティブだったことも相まって、死にまつわることに興味があり…現実逃避も含めて鬱屈としたテーマの創作をしていました。当時は手や足を画面にびっしり描く表現がお気に入りだったのですが、ある日、美術館で仏画を観たとき、無数の手を持つ多腕の仏様が絵画的にも、デザイン的にも素晴らしくて衝撃を受けました。こんな死後の世界の表現方法があるということにわくわくし、しかも「手ってたくさん描いていいんだ…！」という謎の自信を持つようになりました。そこから派生して様々な宗教美術に触れ、人が考える地獄や天国などの死後のかたち、考え方、装飾品一つとっても意味があるモチーフなど、鑑賞することがとても楽しくて、同時にかなり影響を受けています。死に関してはやっぱり怖さが強いですが、色々なものを観て自分なりにゆるく考えた「あったらいいなと思うあの世」が創作していくなかでずっと基盤にあるような気がします。

**Q2** hasuimoさんの作品はグレイッシュなカラーリングに、太めの線で紡がれるやわらかなストロークが心地よく、離れ位置にあるつぶらな瞳からは愛らしさを感じております。hasuimoさんが人物を描く際に、色づかいやデザインで意識していることがありましたら、伺えますと幸

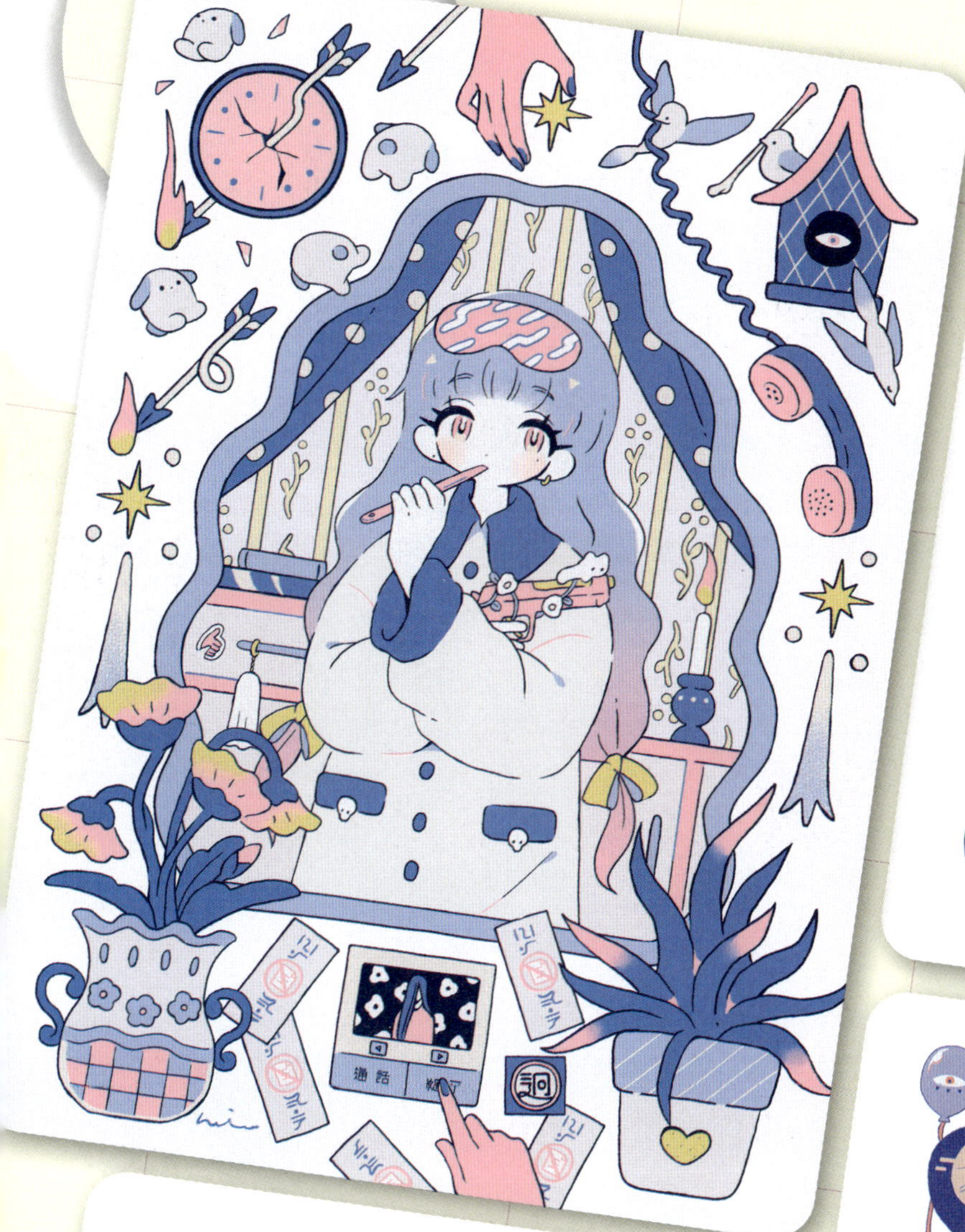

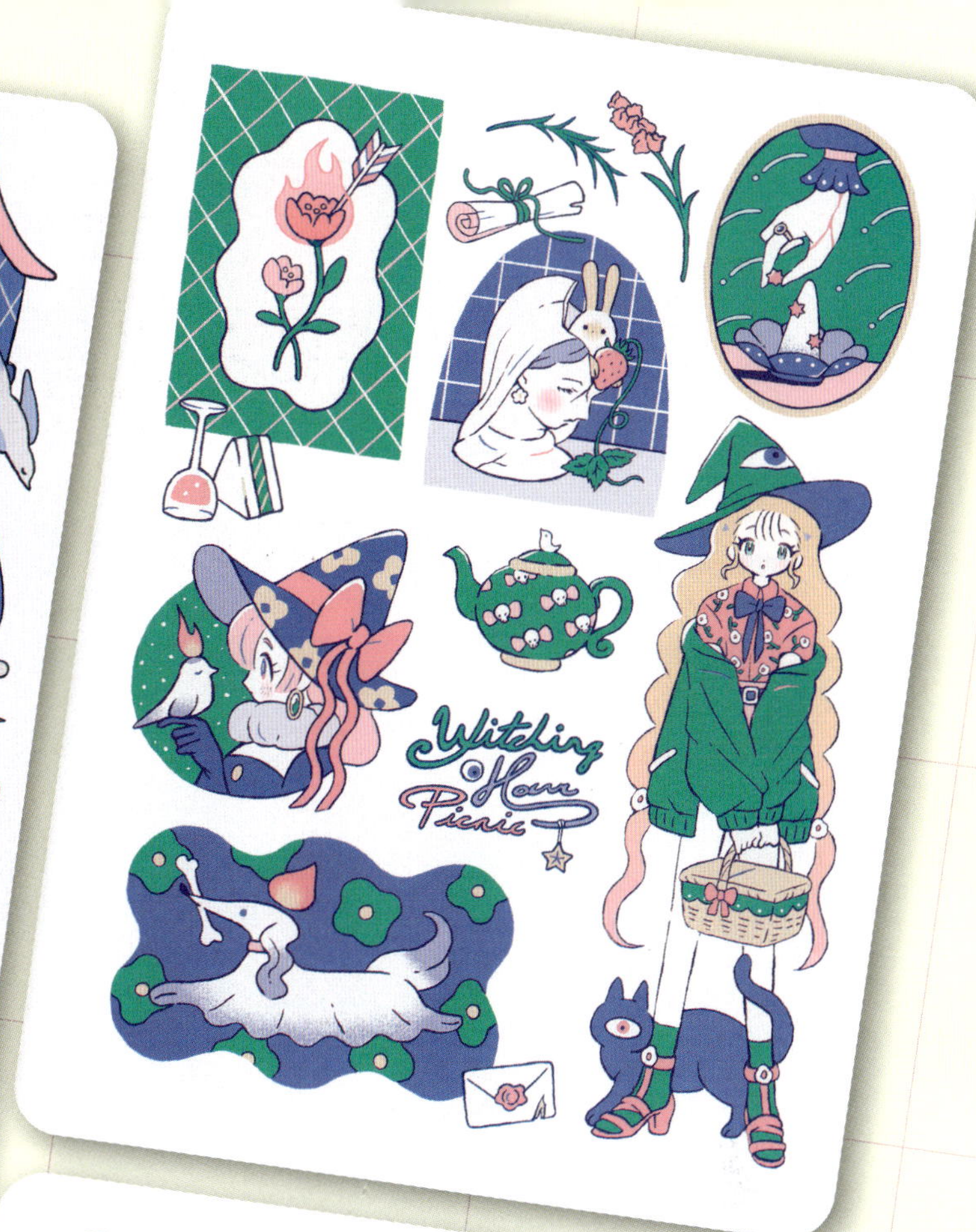

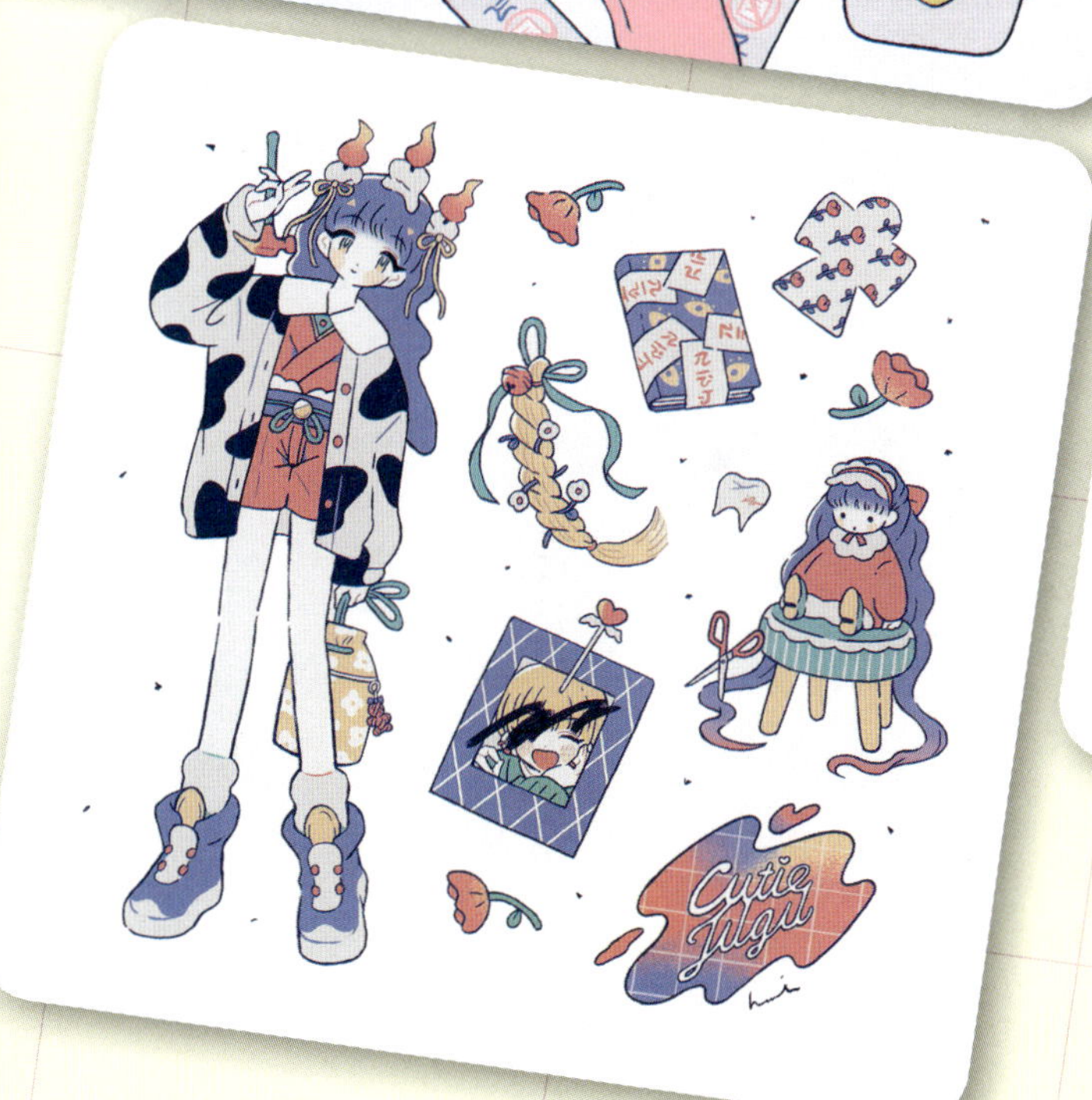

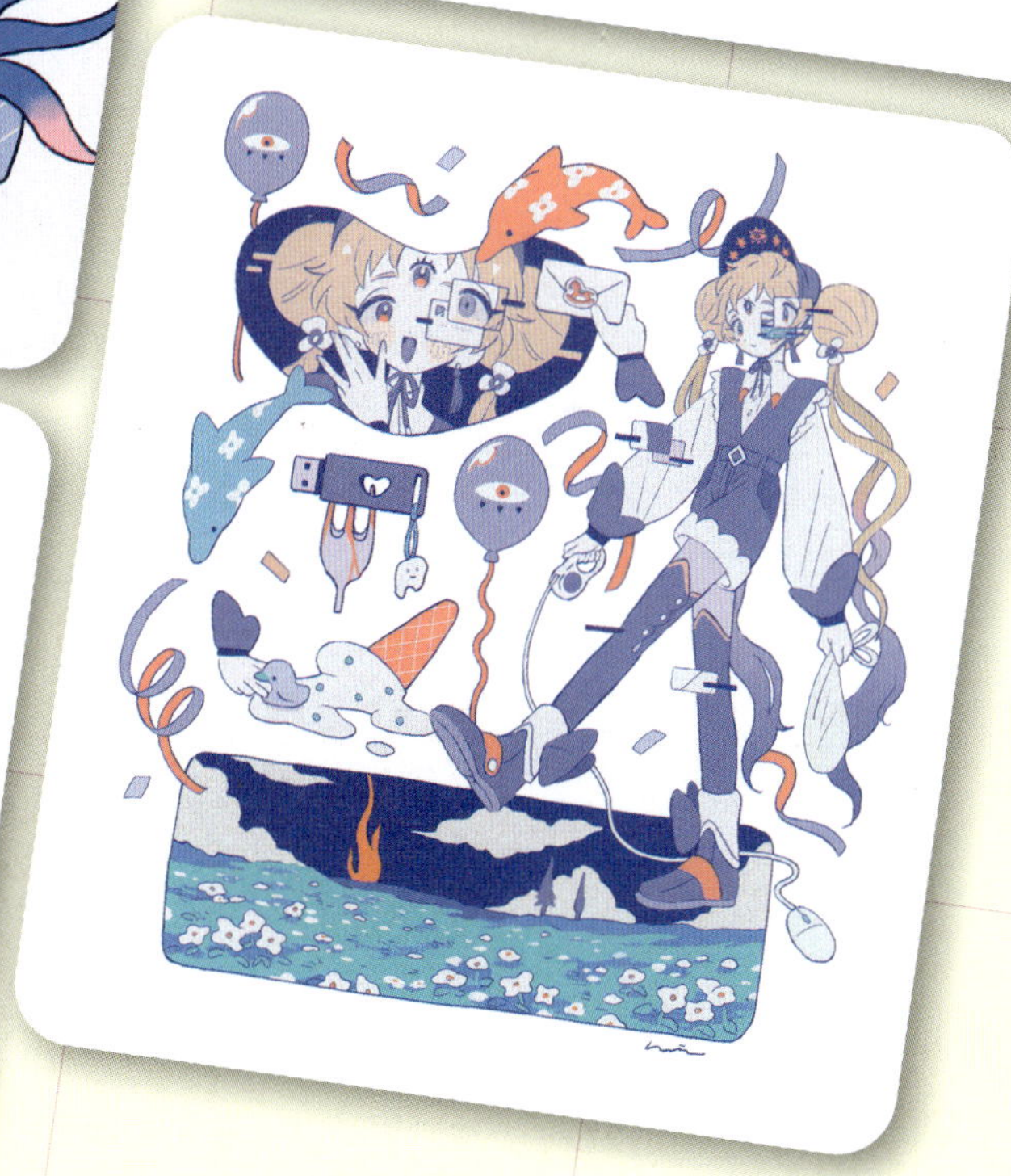

右上段：Witching hour picnic
右下段：Dream bug
左上段：My own room
左下段：Cutie jugu

いです。また、ついつい描きたくなるモチーフについてもお聞かせください。

**A2** 見た目の印象で言うと全体的にデザイン性を感じるようなイラストを目指しています。その試みとしてキャラクターの顔や服などは影も含めてあまり描き込みすぎないようにしていて、その制限のなかでかわいいフォルムやシルエットになるよう模索しています。線がシンプルな分、配色は毎回悩んでいて。色の傾向は自分の環境の変化や、その時の好みによっても変わるのですが、最近はだんだん彩度が高くポップになってきており、いまは特に青色が個人的にブームです。また、絵のテーマに関しては明るさと暗さをごちゃまぜにしたような、不安定な状況や心情を描きたいことが多いので、不穏な要素をゆるさやかわいさでコーティングしているイメージで描いています。その要素の一端として、メメントモリやヴァニタスを感じられる頭蓋骨や、様々な意味合いを持つ、目のシンボルなどはつい入れてしまう好きなモチーフです。

**Q3** 今後の活動でチャレンジしたいことや、描きたい題材をお聞かせください。そして告知できることなどがありましたら教えてください。

**A3** 来年は個展をさせていただく予定なので、そこに向けて作品を増やしていきたいのと、イラストだけでなく動画や立体作品にも挑戦して表現の幅を広げていきたいです。

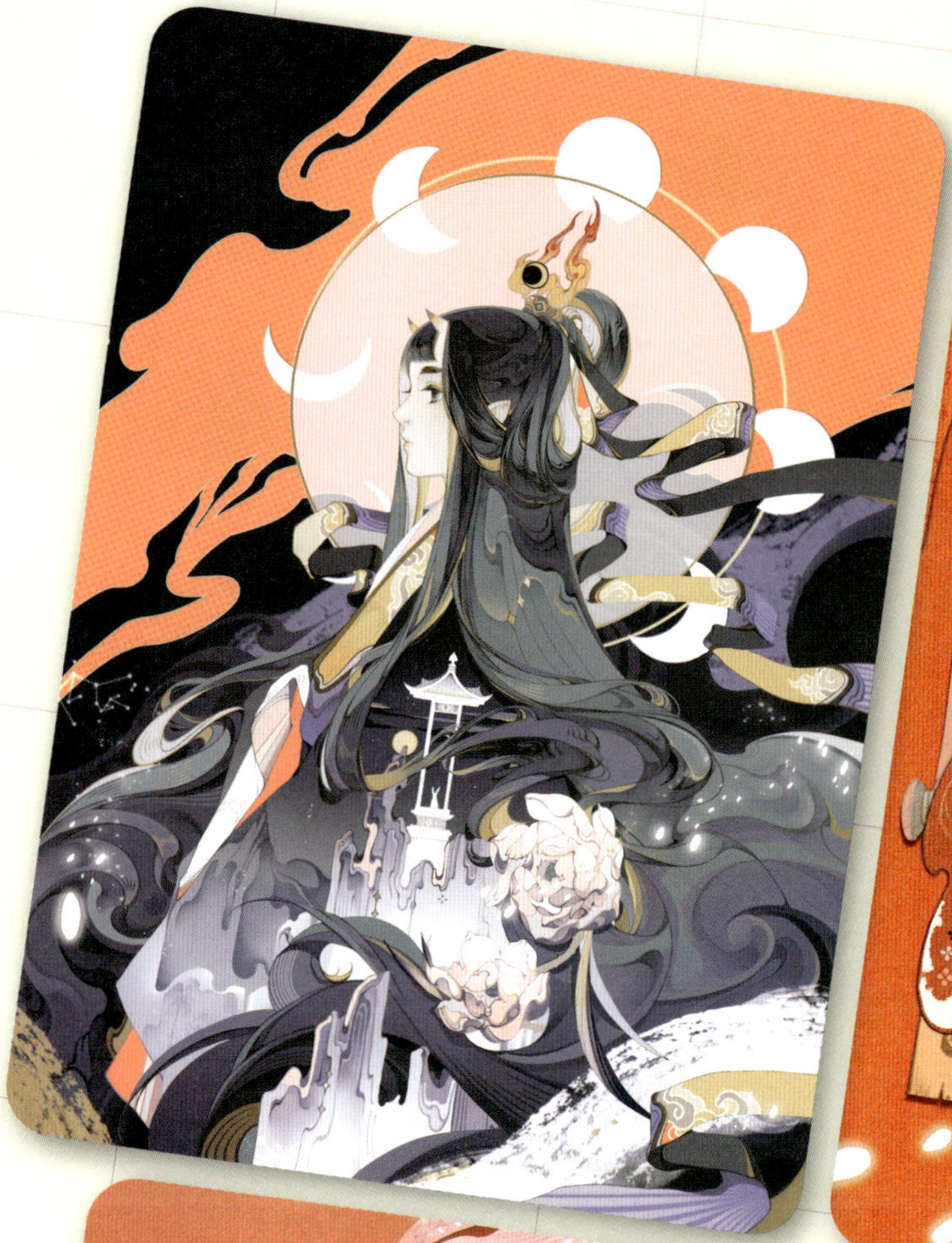

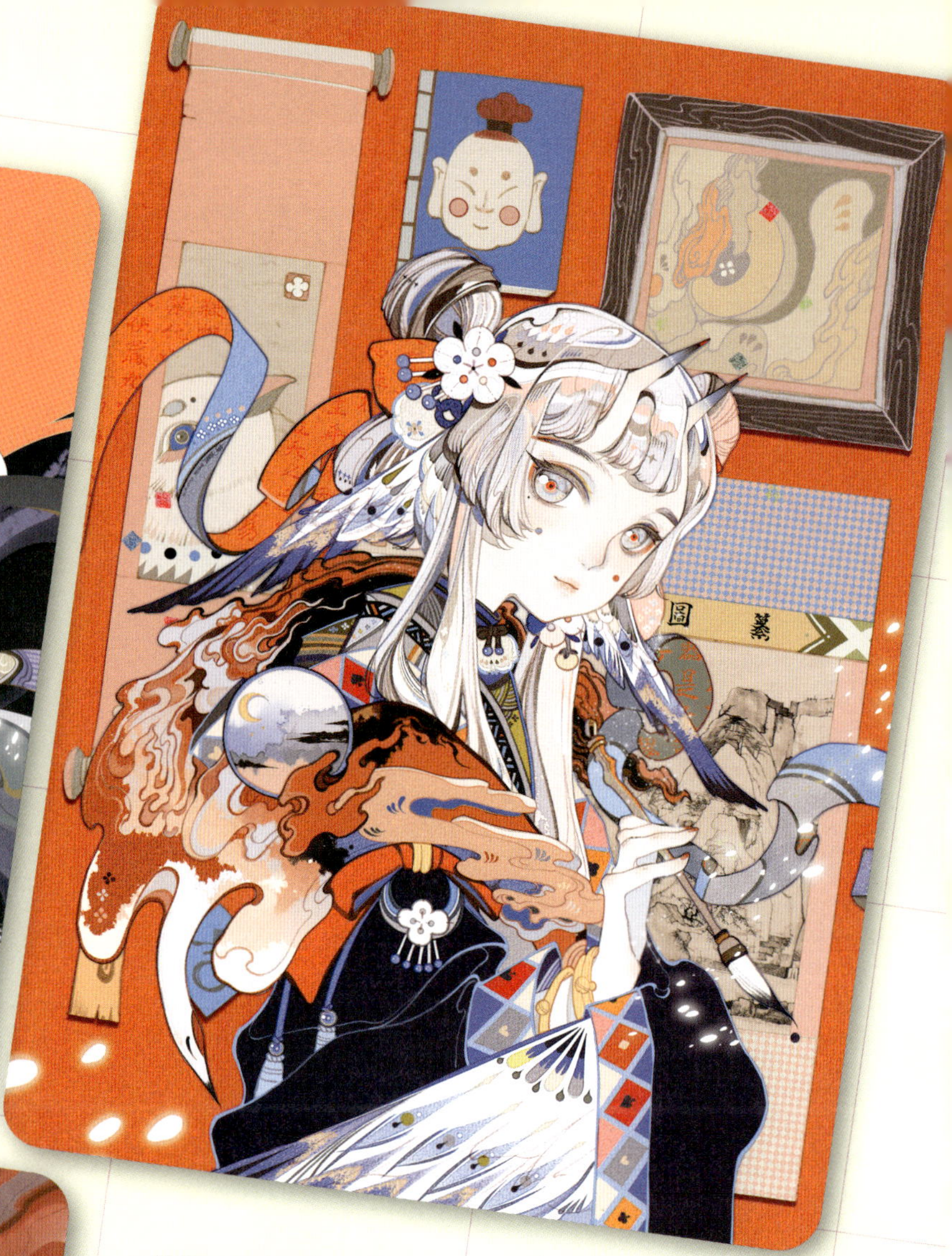

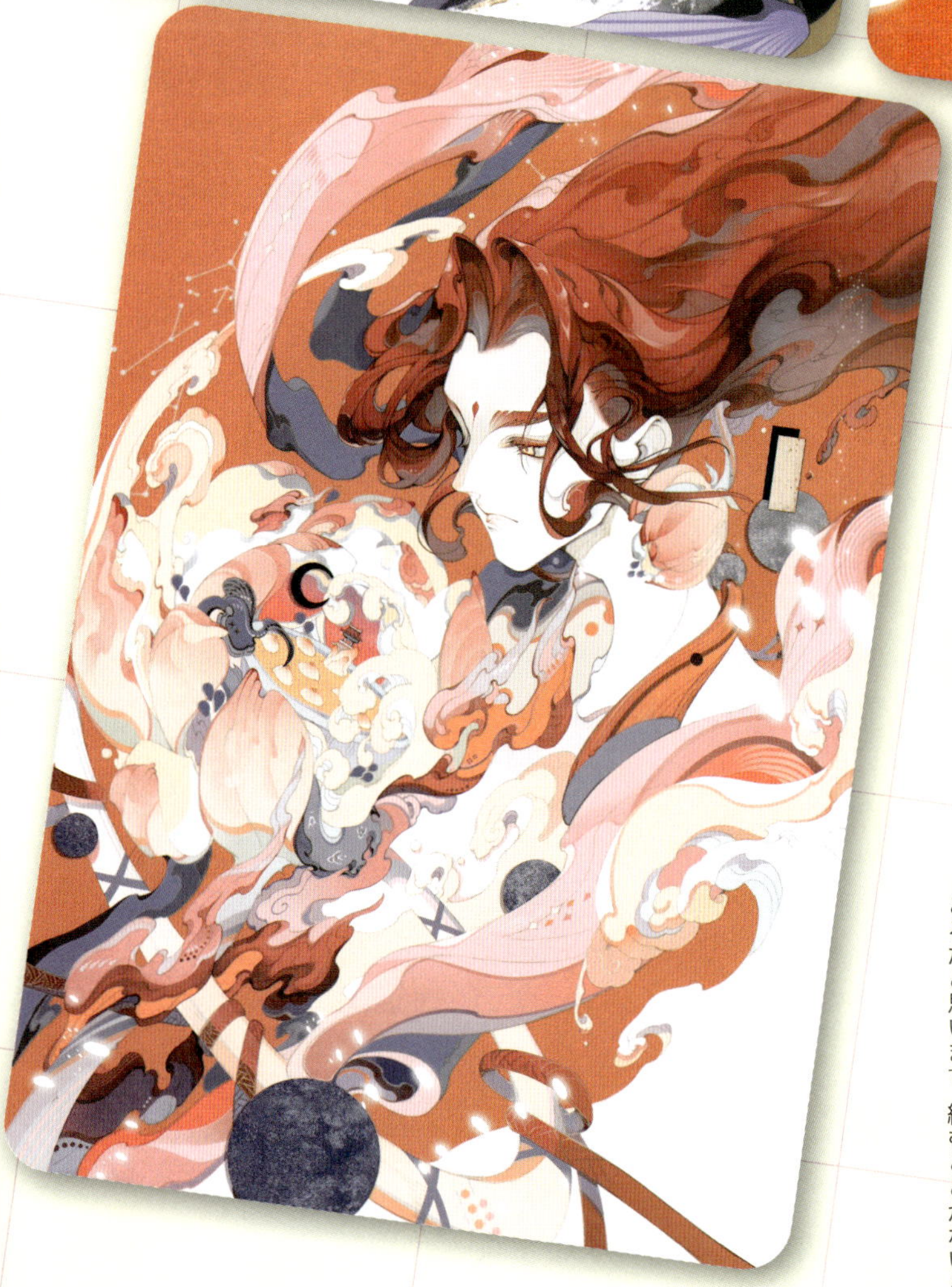

ふしぎとあやかしの世界

# 妖魔君

X=@yaomojun
Weibo= 妖魔君是茶水妹

妖魔君の最新画集はBOOTHにて販売中！
comicup.booth.pm/items/5645186

**Q1** 私は妖魔君さんの描く和風ファンタジーの作品が大好きです。着物や巫女などの衣装が揺れ動く描写は、華やかで美しいです。まずは、妖魔君さんが思う「和風ファンタジー」の魅力をお聞かせください。また、和装の良いところを教えてください。

**A1** 私は子供の頃、アニメが大好きでした。当時、中国で放映されていたアニメのほとんどは、さまざまな神話や伝説を題材にしたものだったように思います。なかでも「**大闹天宮**」や「**哪吒闹海**」は、些細なシーンも記憶するほど何度も繰り返し見ていました。大人になってから、私に大きな影響を与えたのは『千と千尋の神隠し』と『犬夜叉』です。これらのアニメがきっかけで和の美しさを知りました。私にとっての和風ファンタジーの魅力は、アジアというモチーフが非常に身近であることと、「時間」という超えられない壁が存在しているところだと思います。縮むことがないこの

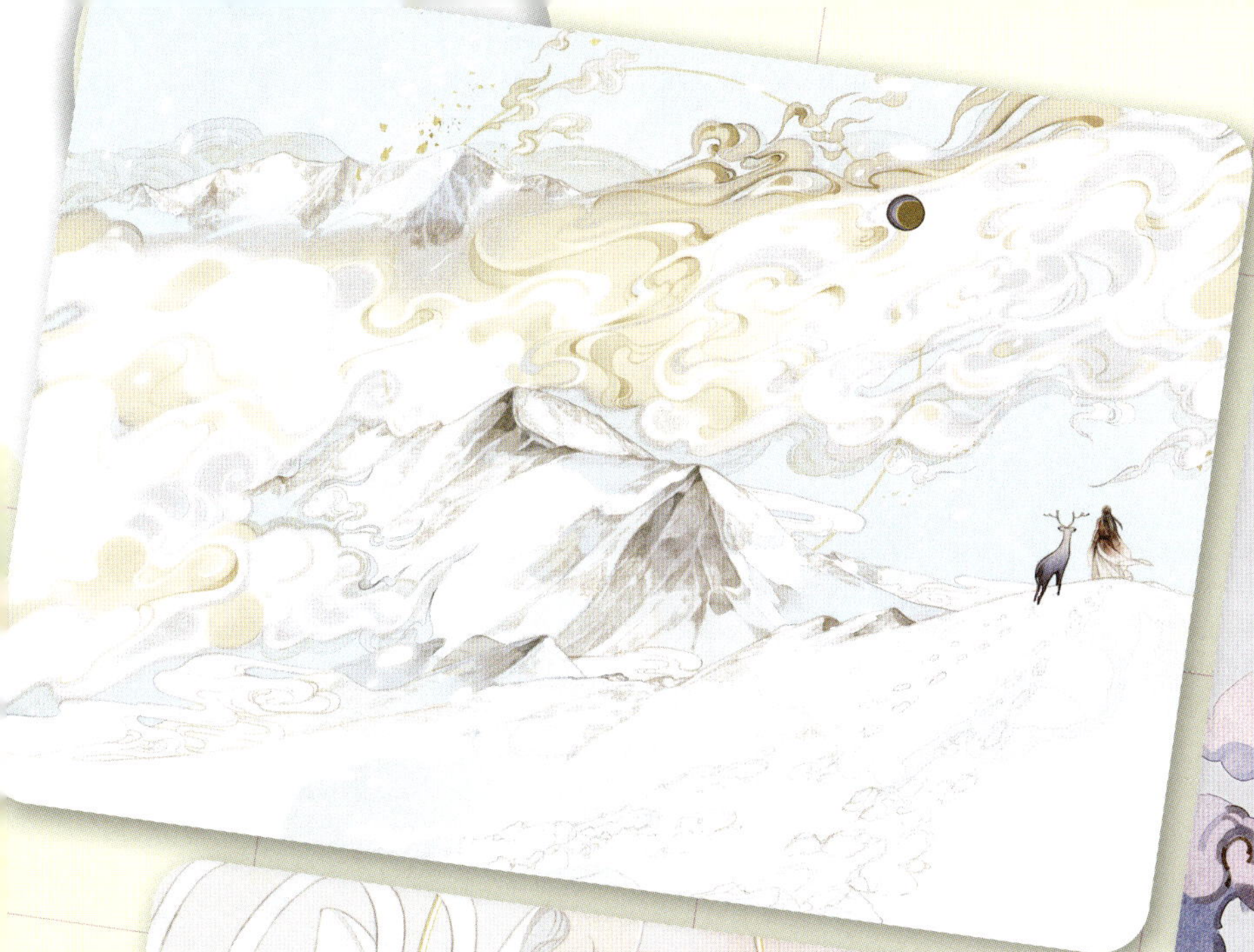

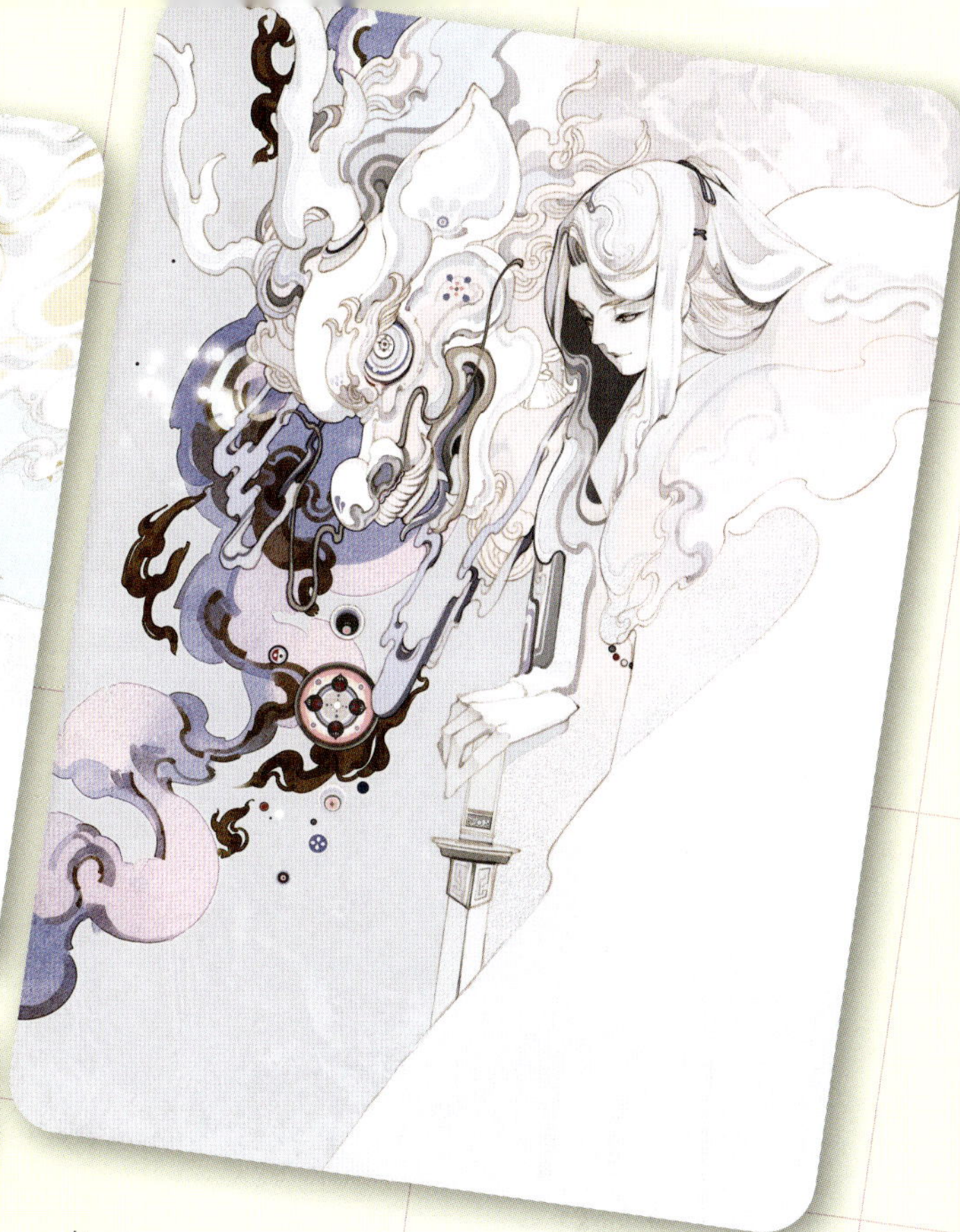

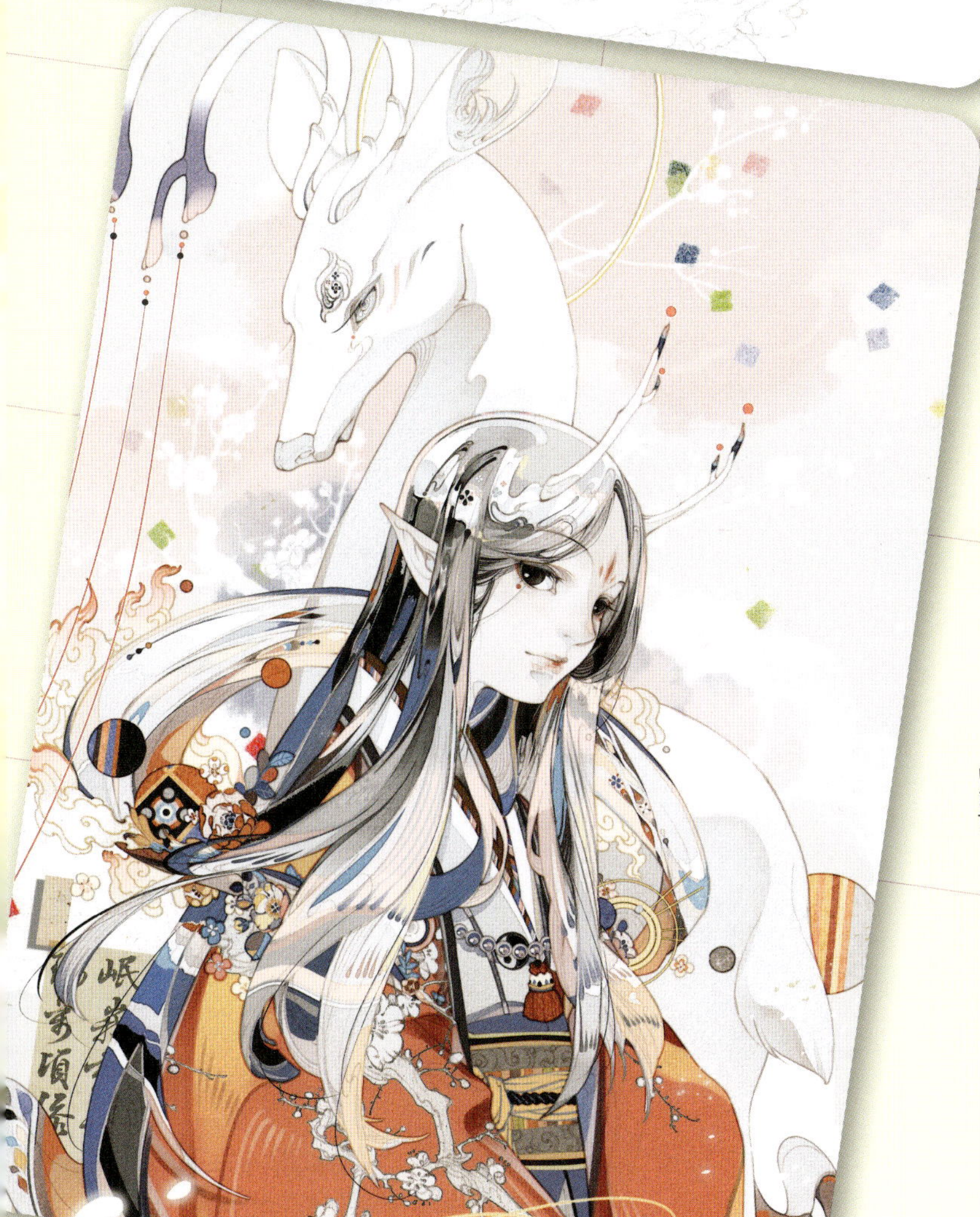

距離感は、見る人を過去の幻想へと誘います。また東アジアの服装は、文明や信仰の起源が似ていて、多くのルールが存在しているようにも思います。衣装は機能性だけでなく、着る人自身が持つアイデンティティを捉えることで、本来キャラクターが持つビジュアルの魅力に加え、新たな個性になるものだと考えています。さらにアジアの衣装は、東洋特有の自然な優雅さと落ち着きがあると思います。それは私が住む地域が長い時間を経たことによって変化した、生活環境と密接に関係していて、一種の「時間」の積み重ねのように思うのです。「和風ファンタジー」の最大の魅力は、独自の文化を持ちながらも、新しい要素を包み込むことができる包容力があるところだと思っていて。海外の要素や時代によって変化するデザインに順応できるところが面白いところだと思います。

**Q2** 妖魔君さんの描く人物は、風をまとっているかのような印象を抱きます。風で揺れる着物や、ゆらめく煙が、妖魔君さんの描いた人物を生き生きと見せているように思います。そんな妖魔君さんがどのようにして絵の構図を考えているのか知りたいです。

**A2** 躍動感のある構図に関しては、私もまだまだ勉強中ですし、このアプローチで素晴らしい仕事をされているアーティストや先輩もたくさんいます。私のイラストでは、人物は静的であることが多いのですが、背景は動きがあるため、「風」の流れがより顕著になるのだと思います。

**Q3** 妖魔君さんはデジタルで絵を描いていると思うのですが、妖魔君さんの絵を見ると、水彩紙や和紙で描いたような風合いを感じます。妖魔君さんが現在の作風にたどり着いた経緯を知りたいです。

**A3** 実際、これまでのほとんどの絵は線画が手描きです。着彩時に重ねるアナログのような質感だけでなく、アナログの線画を取り込んだ時の紙や鉛筆の線の風合いもあるように思います。デジタルで絵を描くことはまだ難しく、感覚が掴みづらいです。そういったこともあり、単純に自分の手癖に従って描けるように、着彩後の工程もアナログの質感を高めるようになり、今の作風に辿り着きました。このタッチを褒めてくださり、ありがとうございます。今後はより面白い絵を描けるようになりたいです。

**Q4** 今後、妖魔君さんがチャレンジしたいことついて教えてください。また、告知したいことがあればお書きください。

**A4** 自分の得意なことをもっと伸ばしたいと思っています。同時に、密かにいろいろな題材やタッチにも挑戦していきたいと考えている最中です。フルデジタルで絵を描いてみたり、アナログ画材だけで絵を完成させたり。とにかく、流れに身を任せて、いろいろな世界を描けたらと思っています。最後に、自分の本の宣伝を少しさせてください。私の新作『従雲（丛云）』は、日本でも購入できます。もし日本のかたで興味があれば、簡単に買えるのでチェックしてください！

上段右：閻魔様の云うとおり／上段左：魔女の購買
下段：地獄パトロール

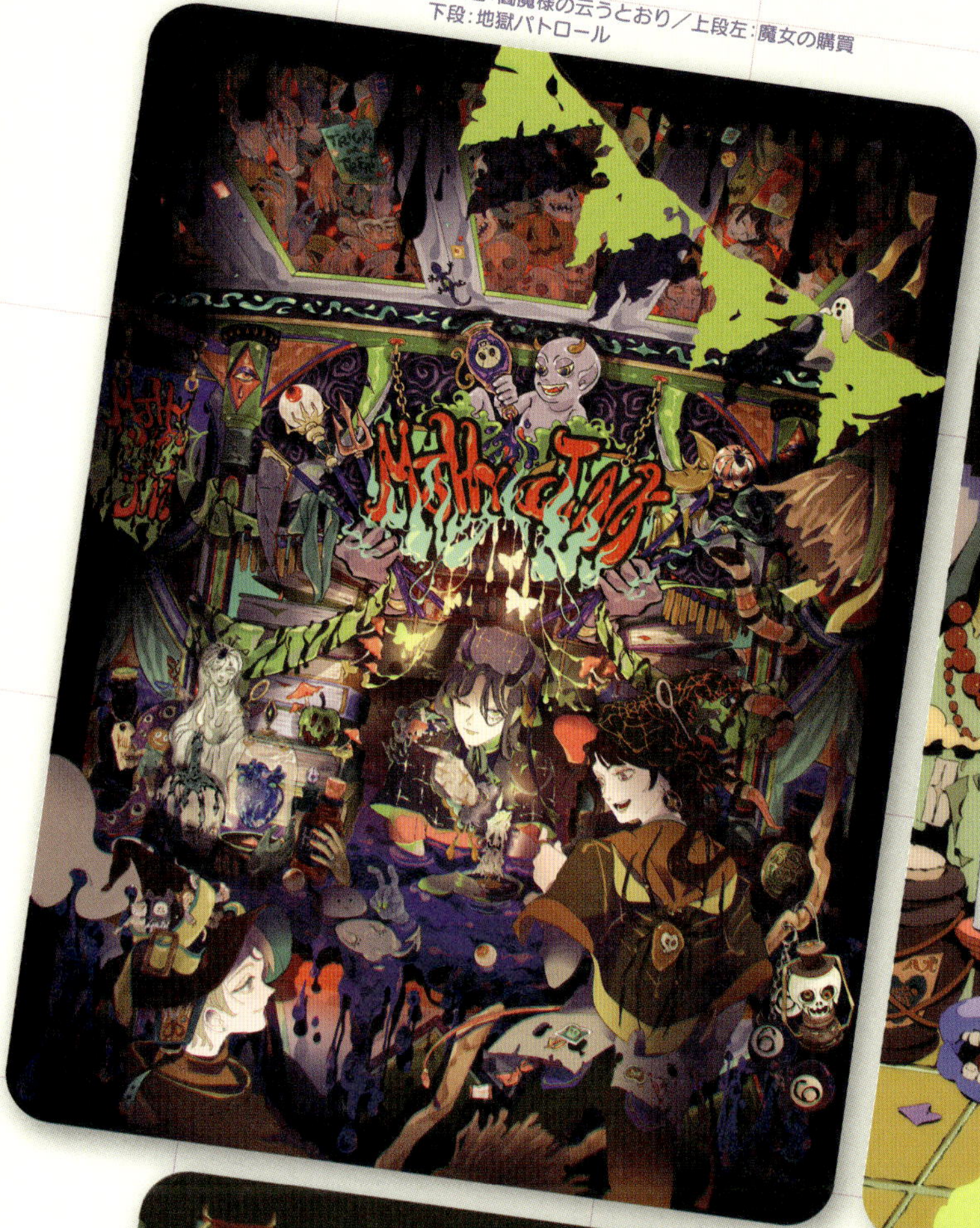

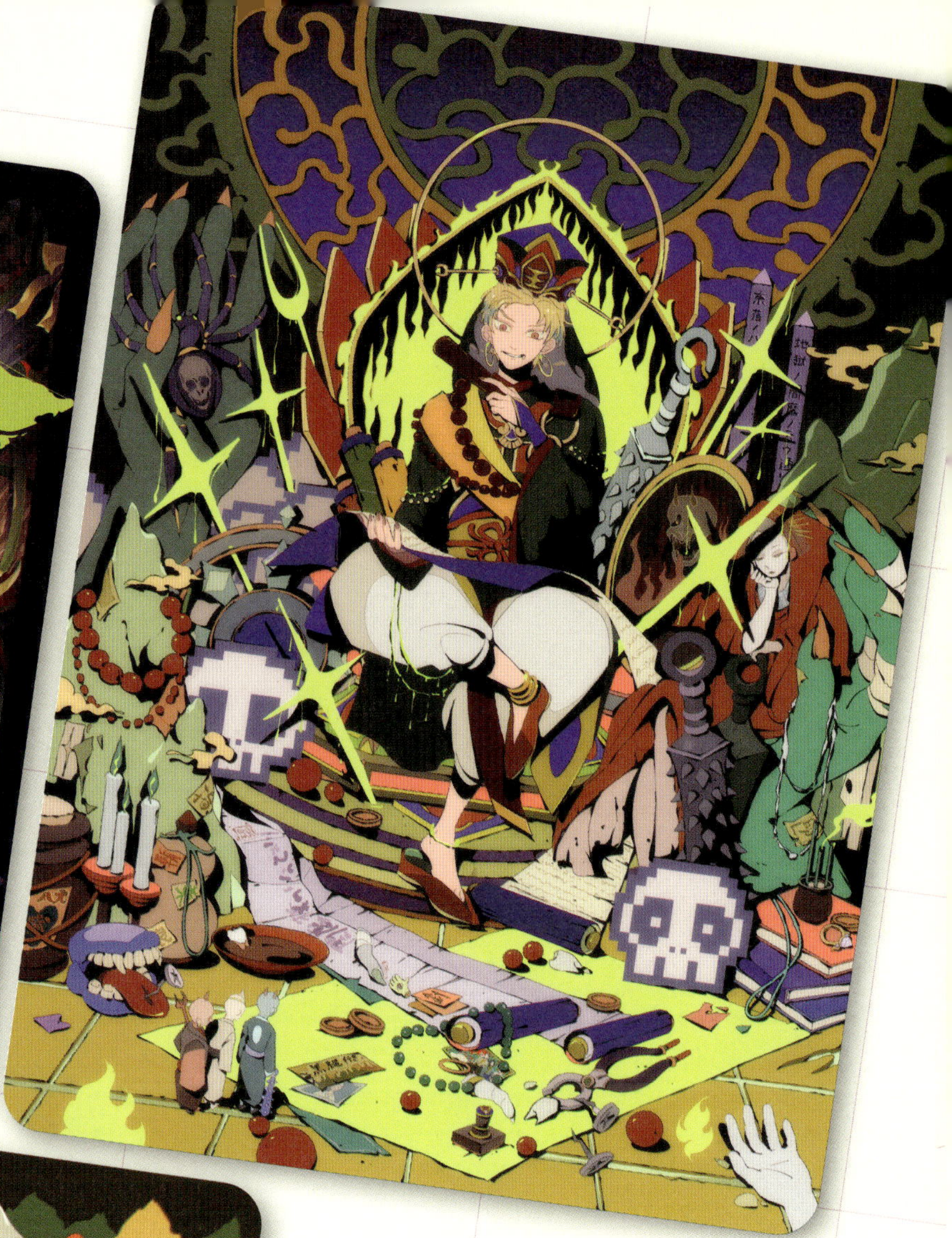

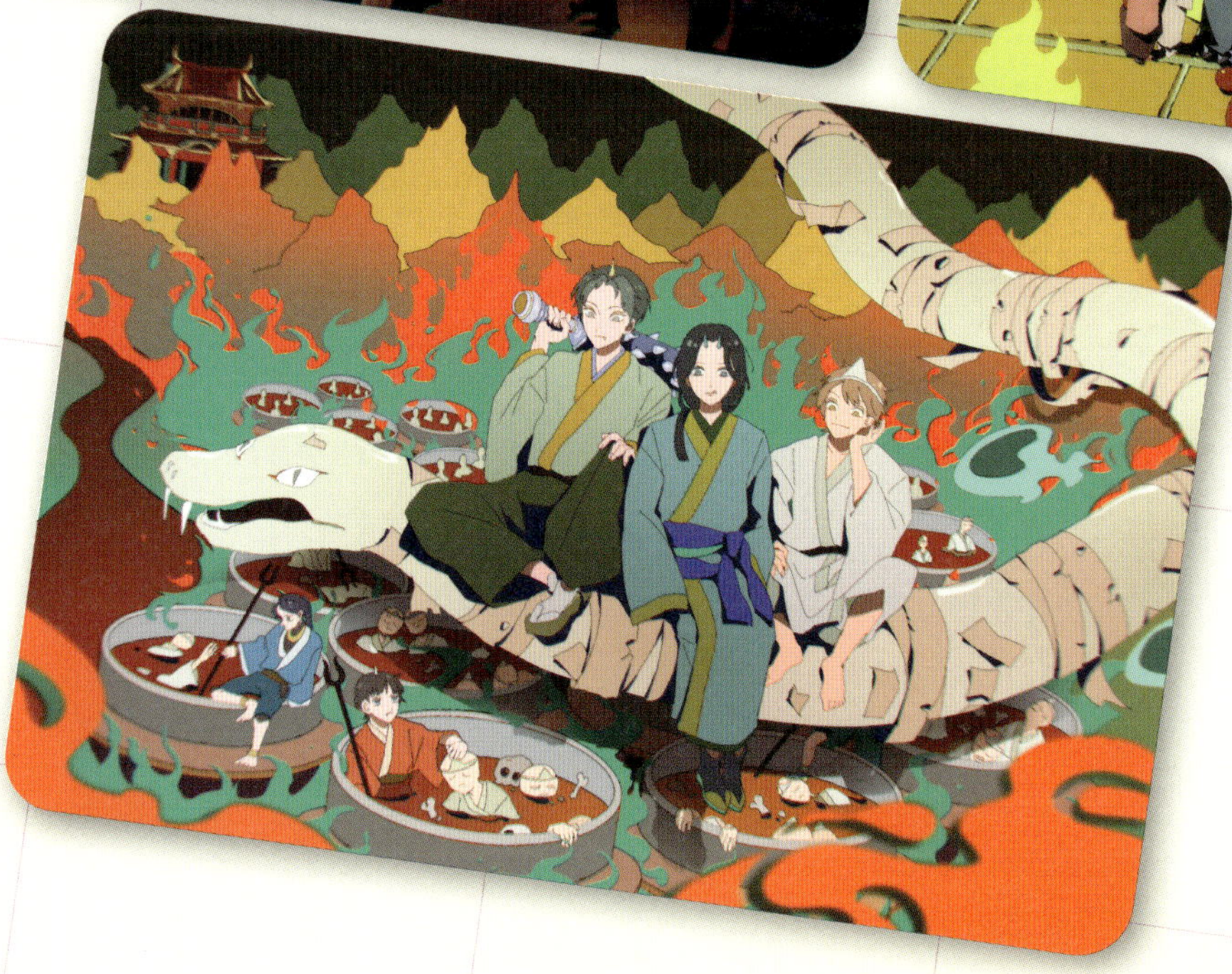

ふしぎとあやかしの世界

# harvey_onion!

X=@harvey_onioni
Instagram=harvey_onioni
連絡先 = akatsukitar0830@gmail.com

**Q1** 妖怪、モンスター、鬼などの人外キャラクターがさまざまに登場するharvey_onion!さんの作品世界は賑やかで楽しいです。harvey_onion!さんが好きな世界観やキャラクター像について伺えますと幸いです。

**A1** 私はダークファンタジーな絵をついつい描いてしまいます。ファンタジーだけでは抑えきれず、いつのまにかダークなモチーフを追加しちゃうんですよね。また、不気味なものや怖いモチーフは可愛く、ユーモアを持たせて描くようにしています。歯や手は特に好きなモチーフで沢山転がしてしまいがちです。個人的に行くなら天国より地獄の方が面白いんじゃないかと思っていて、地獄には想像できないようなアトラクションがあるのだと思うと妄想しがいがあり、いつも楽しく描くジャンルの一つです。

36ページ掲載の「地獄パトロール」の後ろにある建物は閻魔堂で「閻魔様の云うとおり」に描いた閻魔様が職務中、という感じで世界線は繋がっているんです。鍋の中の湯は亡者にとっては激アツですが鬼にとってはいい湯で、湯に浸かりながらゆる〜くお仕事しています。閻魔様には見つからない程度に。「地獄パトロール」は間違って地獄に来てしまった亡者に社会見学させてあげているというストーリーもあります。大きな蛇に乗りパトロールしながら地獄巡り中の一コマといったところですね。

人物については「雲屋」や「魔女の購買」など、店員さんはお店の顔と言われるように、お店の雰囲気やイメージとマッチするように着飾らせていくので、商人キャラは描きがいがあり、キャラクタ

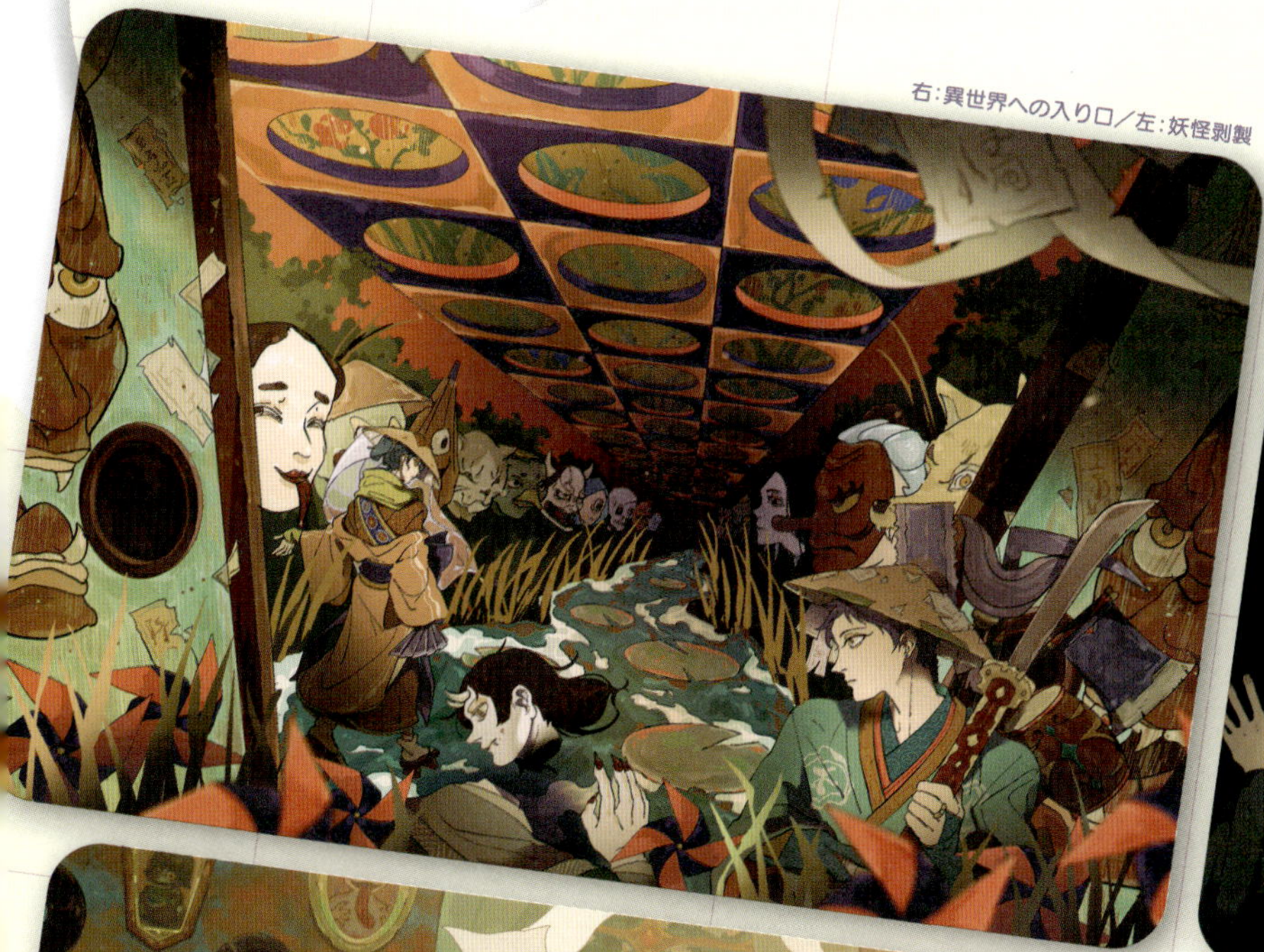

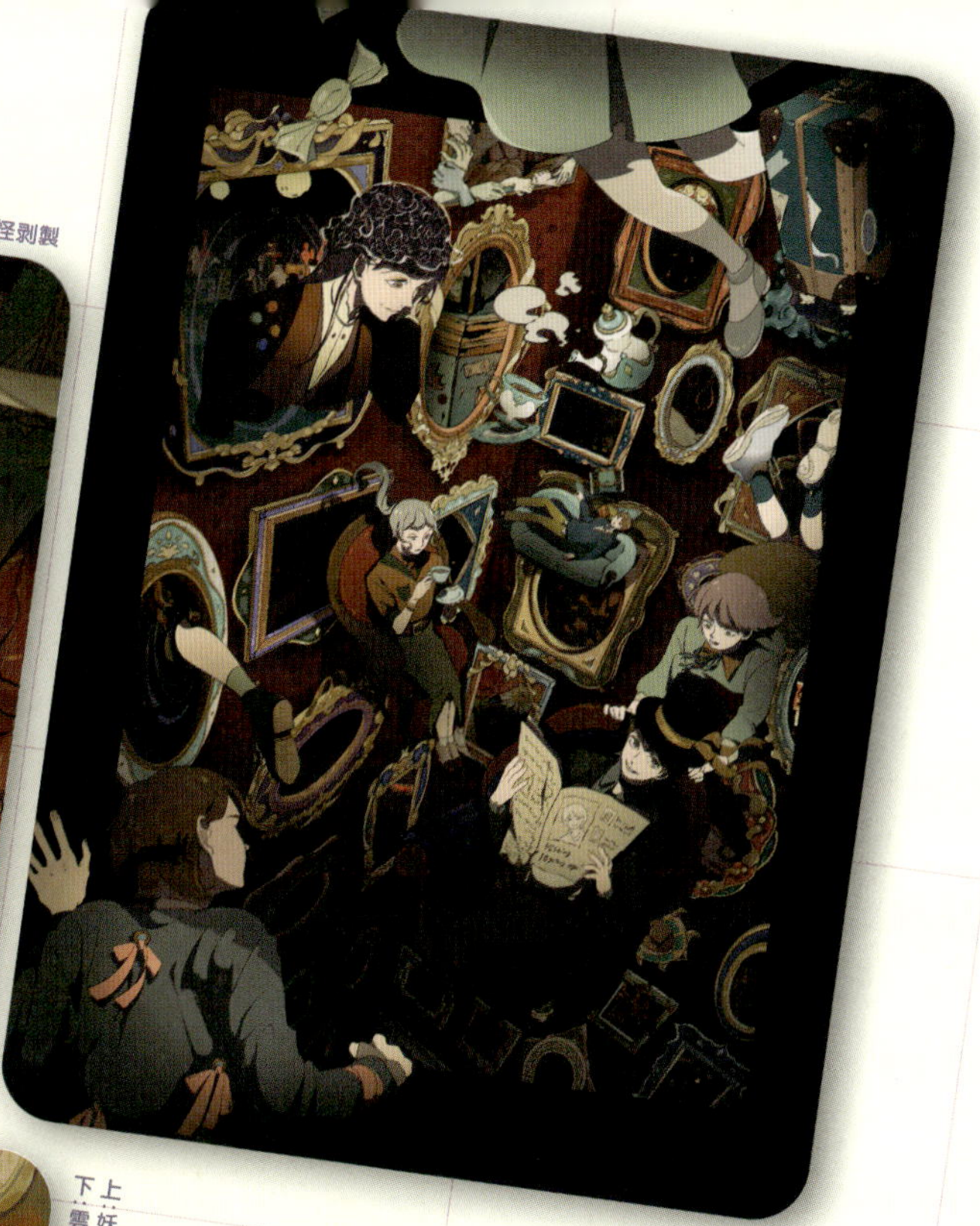

右：異世界への入り口／左：妖怪剥製

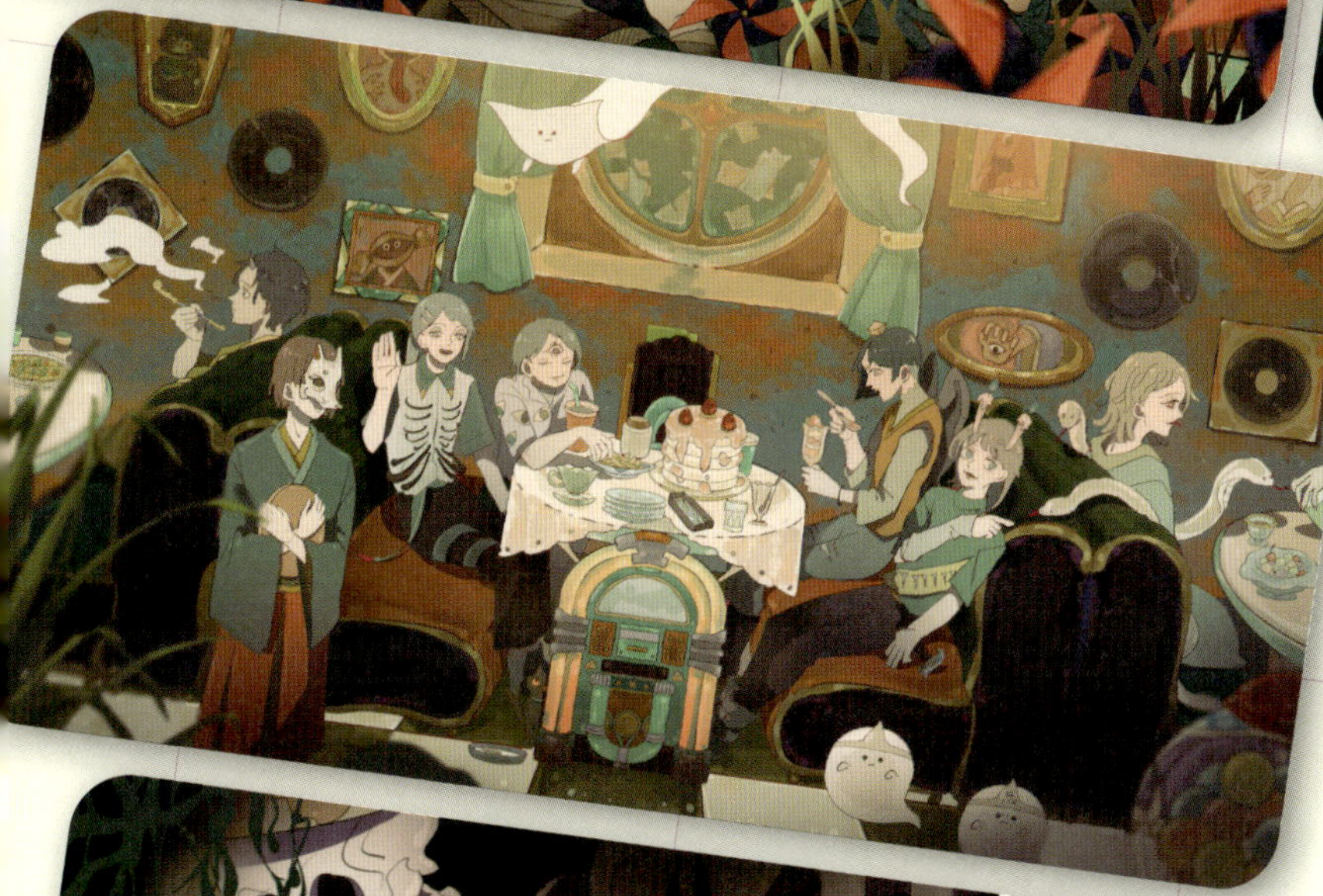

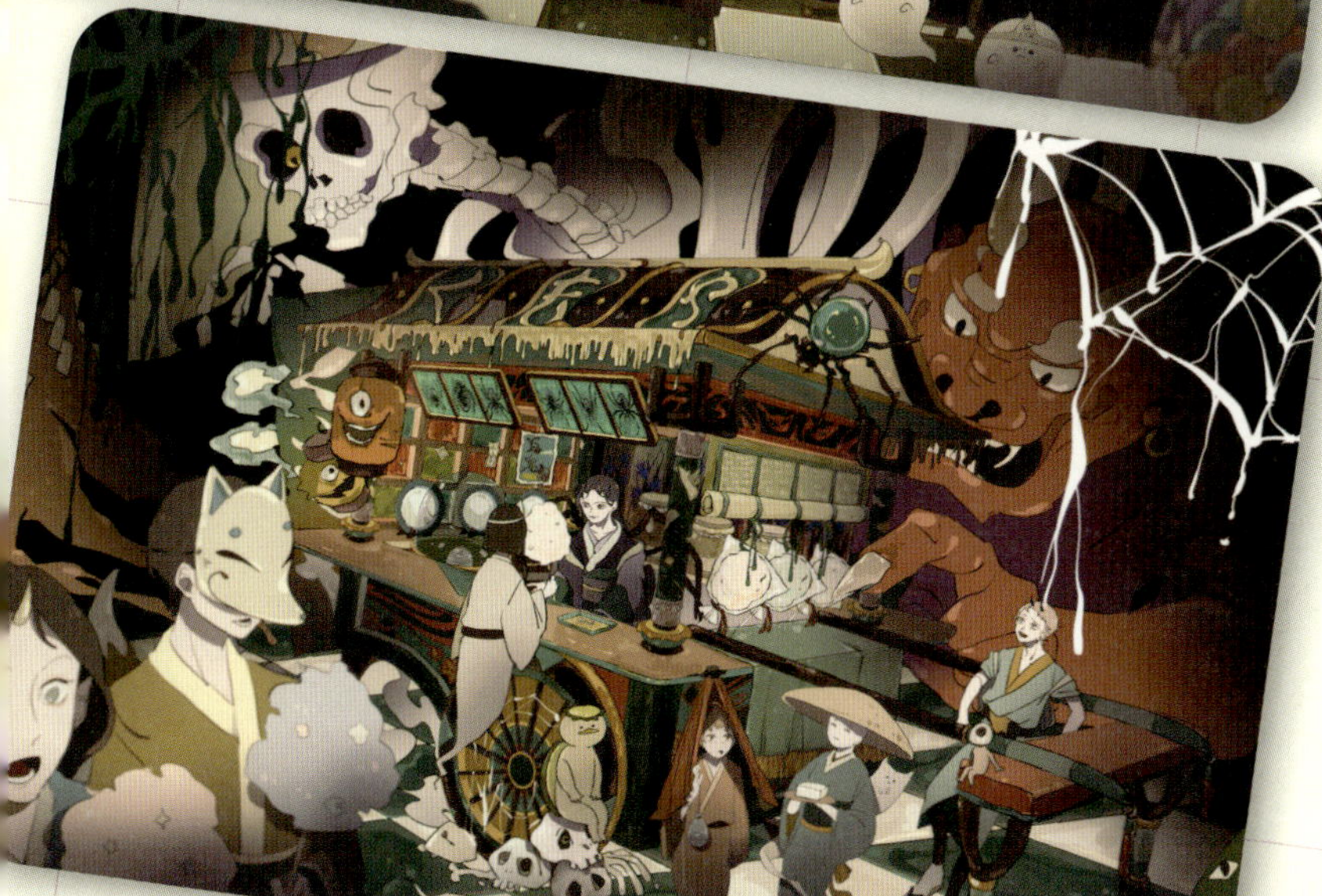

上：妖怪たちの来るところ
下：雲屋

ーとしてお気に入りの人物たちです。お店屋さん系はかわいい物と不気味な物のどちらもたくさん詰め込んで描けるので、作画コストの割に筆が進みまくります。気付いたら出店しているスピード感です（笑）。

**Q2** harvey_onion!さんの作品はエキゾチックなカラーリングに細やかなモチーフで構築される世界が素晴らしいです。また人物の仕草やポージングをアオリ構図やフカン構図で描くことで、臨場感のある作品に仕上げているように感じています。harvey_onion!さんが絵を描く際に、構図や色彩で意識していることや大切にしていることがありましたら教えてください。

**A2** 映画のワンシーンのように、前後にも物語を感じられる構図や画角を意識しています。昔から絵本やホラー映画が好きで。それらに影響されつつイラスト一枚でストーリー性のある絵を描くため、「どこかにある別の世界の日常や非日常の一コマを記録している」という感覚で、その世界に入り込んだカメラマン視点で描くことを心掛けています。そして、メイン以外のキャラにも生活感を持たせることも大切にしています。偶然メインにならなかっただけで主となる人物以外の、ただただ生きている小さきキャラを紛れ込ませることで物語が広がるからです。私自身、隅々まで見ごたえのある絵が好きで、絵のどこを切り取っても物語を感じられるような絵を目指しているので特に大切にしていることになります。

色彩は大体メインの色を決めて、ダークなテーマの絵でも派手めな差し色を入れるようにしています。同系色ばかりにならないようにし、派手な色は散りばめるような感じで配置するという感じです。色決めが一番楽しい作業です。「地獄パトロール」の青色の炎や「妖怪剥製」の天井の色は迷った記憶があります。イメージと違うなと思ったときは大体色のせいだと思っているので、最終的には自分のときめいた色に決定しています。色塗りは絵を描く過程の中では遊びみたいな工程だと思っているので、ありえないと思うような色を置いて遊んでみることも大切だと思います。「妖怪たちの来るところ」の背景壁は色遊びしている中で、この配色ええやん！　と思い、決まりました。「画線は真面目に、色では遊ぶ！」ことを大切にしています。

**Q3** 今後の活動でチャレンジしたいことをお聞かせください。

**A3** 今後はキャラクターたちのことを深掘りしたストーリー漫画を描いたり、動画作りにも挑戦していきたいです。そして、画集や絵本を出せるくらい作品数を増やしていけたらいいなと思っています。沢山の人々を私の世界に招待したいです。

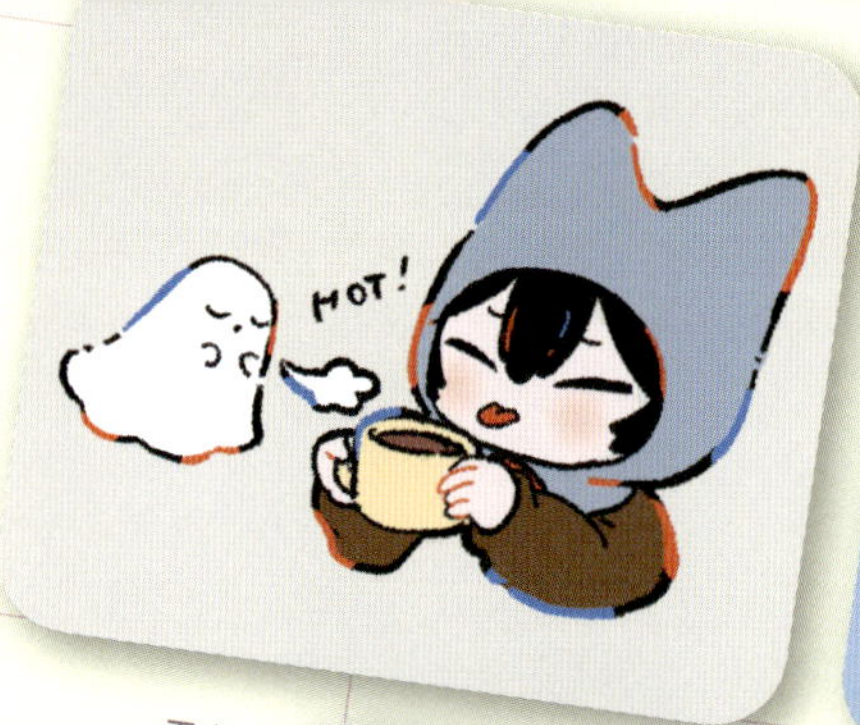


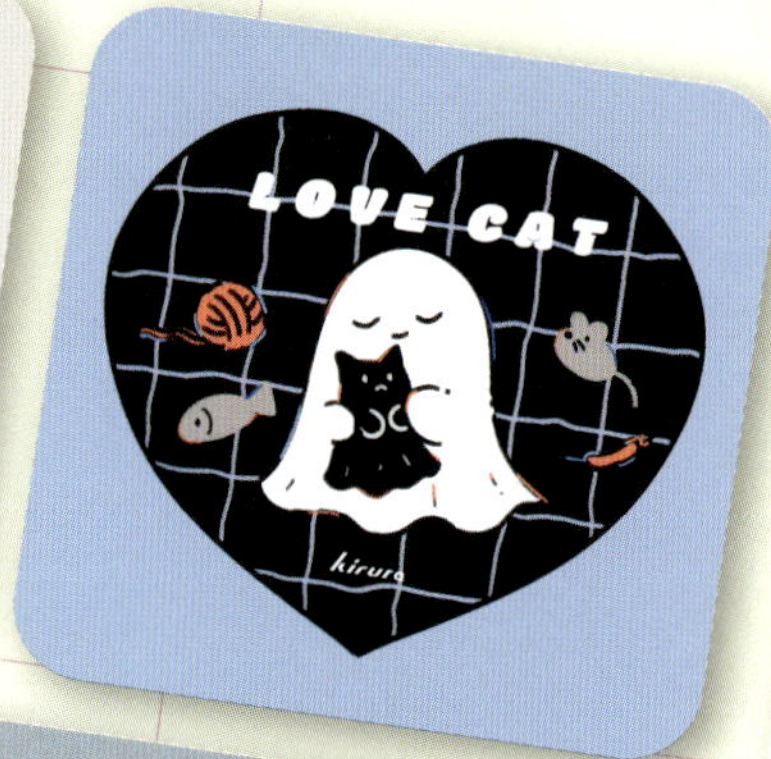


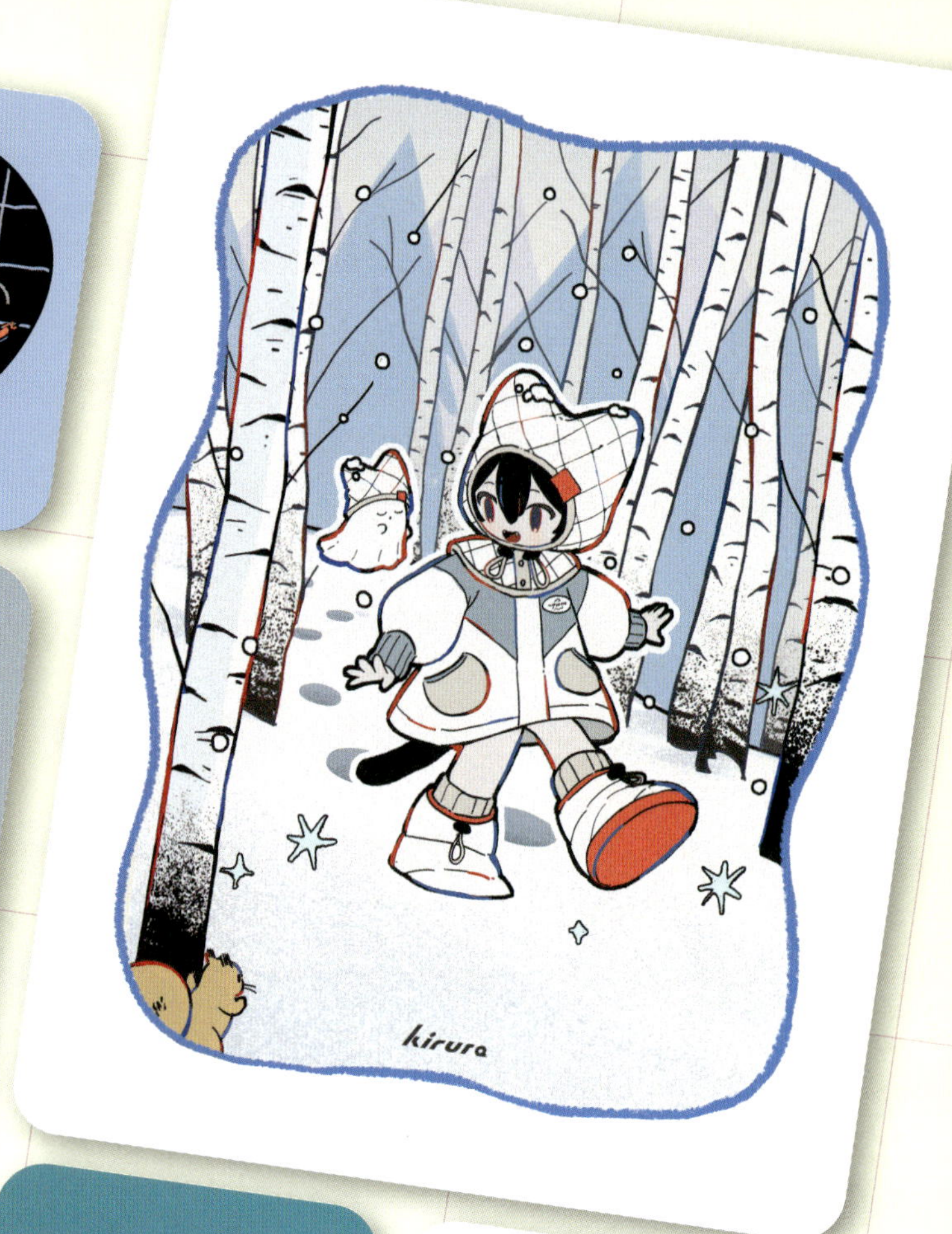


上段右：猫可愛がりおばけ／上段左：HOT!
下段：キトンくんの秋

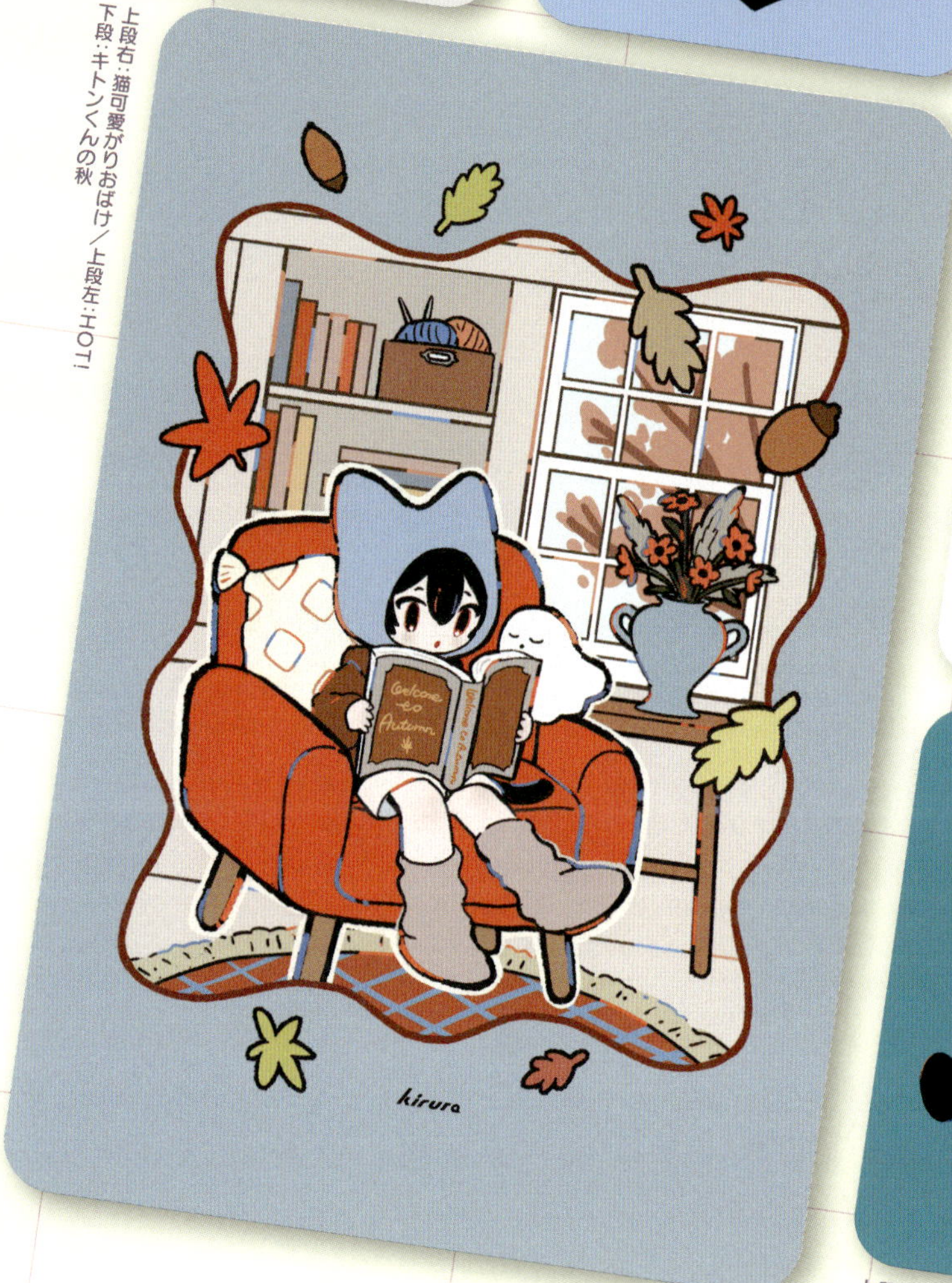


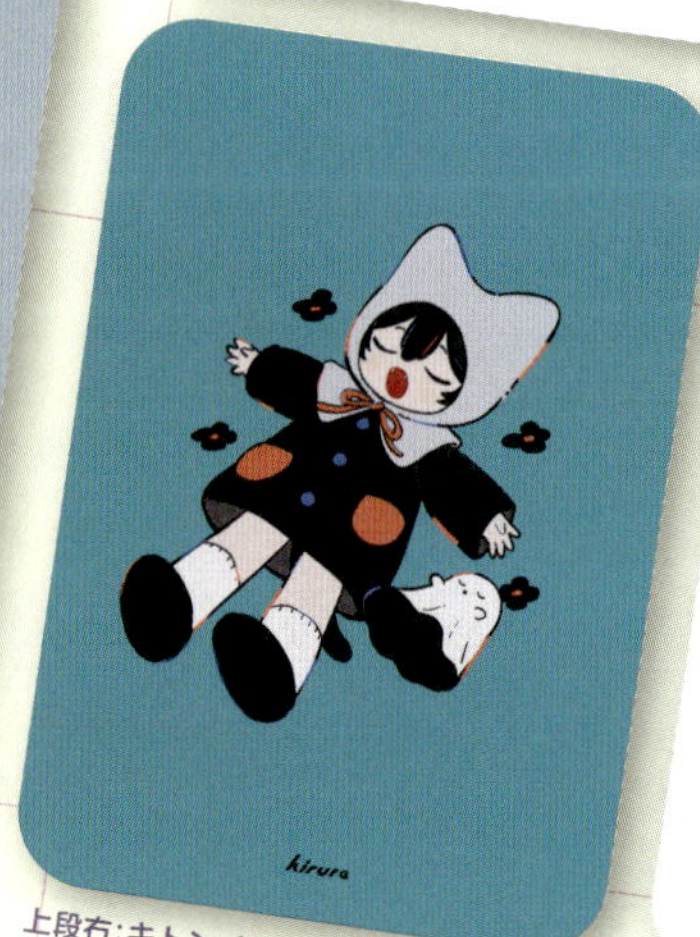


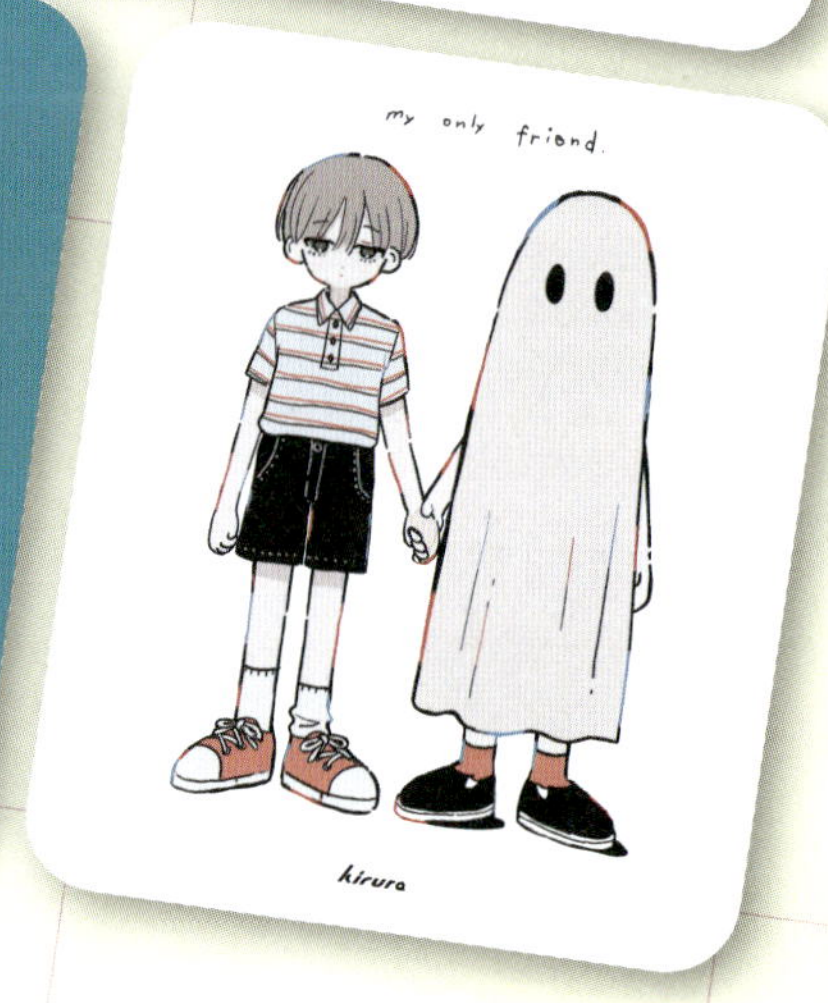


上段右：キトンくんと雪
下段右：ぼくだけの友達／下段左：おひるね

ふしぎとあやかしの世界

# KIRUTA

X=@milkghost124
Instagram=milkghost124

**Q1** まずは、KIRUTAさんのオリジナルキャラクター「キトンくん」と「おばけちゃん」についてご紹介いただけたら嬉しいです。あわせて、KIRUTAさんが思う、おばけや不思議な生き物の魅力についてもお聞かせください。

**A1** 自分の絵柄でマスコット的な存在が欲しくて、思いついたのがキトンくんでした。もともと布のおばけが好きでよく描いていたので、キトンくんとセットにしたら可愛いのでは？ と思い、一緒に描くようになりました。いまは二人の関係性を描くのが新鮮で楽しんで描いています。

おばけはふわふわ浮遊している様子が可愛らしく、だけどもうこの世には存在しない。そういった仄暗さとふわふわした可愛さを併せ持ったところにわたしは惹かれるのだと思います。また、不思議な生き物も好きです！ わたしはヤモリや蛾が好きなのですが、それらをベースに、意外と可愛いかも？ と感じてもらえるようにアピールしていけたらなぁと思っています。

**Q2** KIRUTAさんの描く作品は、モノトーンのカラーに白が混じったような青や赤の配色が美しく、心地がいいです。また、丸みを帯びたキャラクターデザインも愛らしく、惹かれております。KIRUTAさんが絵を描く際に、デフォルメと配色で意識していることがありましたらお聞かせください。

**A2** やわらかい印象にしたいので曲線を大事にしています。デフォルメだけどリアルさも出したくて、キトンくんの大きな耳は角度によって変化を出したりして、立体的に考えるようにしています。また、自分の好きな色づかいってなんだろうと考えた時に、抵彩度の中に赤やオレンジがアクセントになっている配色でした。色数を絞ってあまり子供っぽくならないような色彩バランスを心がけています。

**Q3** 今後の活動でチャレンジしたいことをお知らせください。

**A3** 今後も可愛いけどダークさを感じる雰囲気を追求できたら良いなと考えています。現在キトンくんのぬいぐるみも制作中です！ 気になる方はSNSをチェックしてみて下さいね。

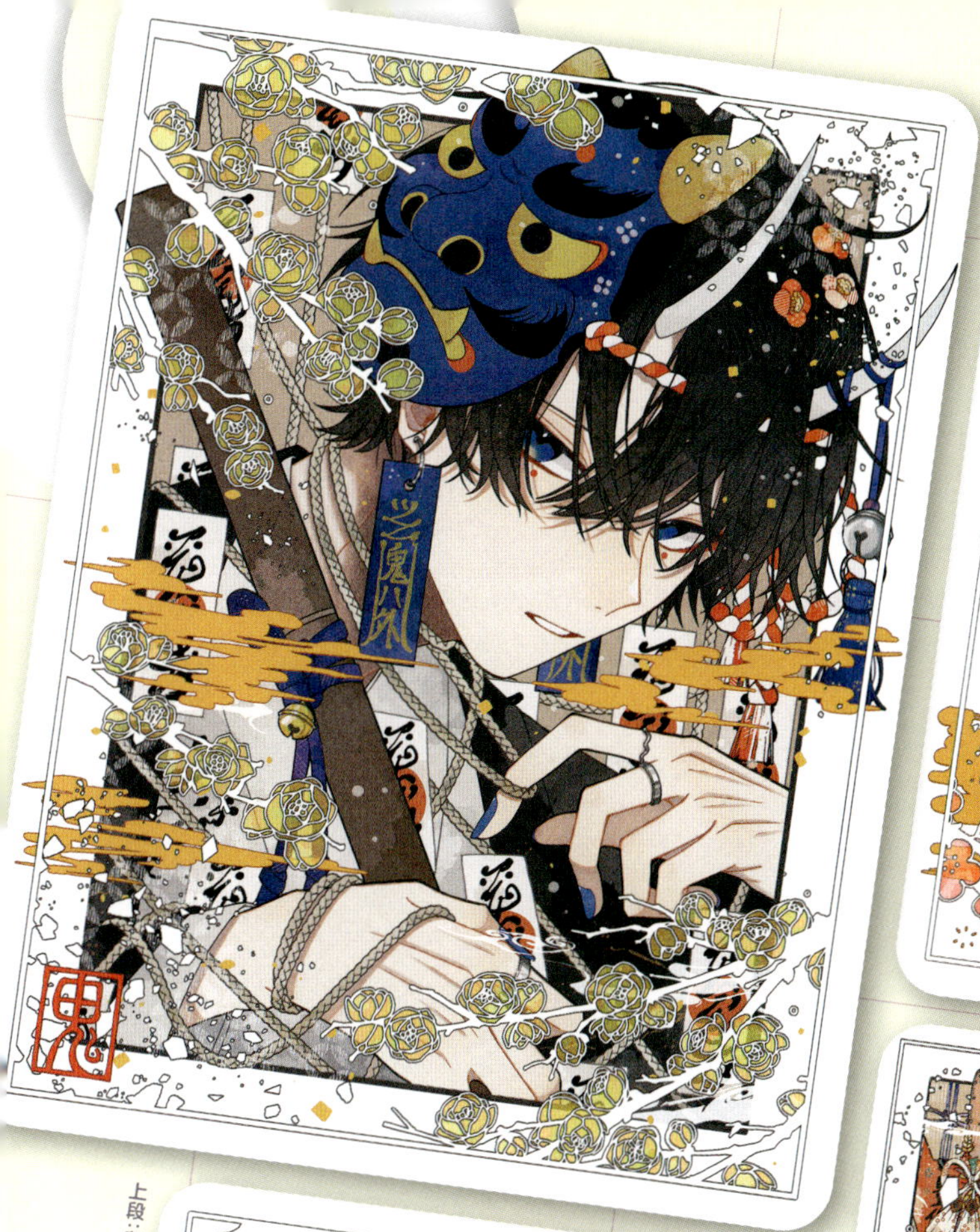

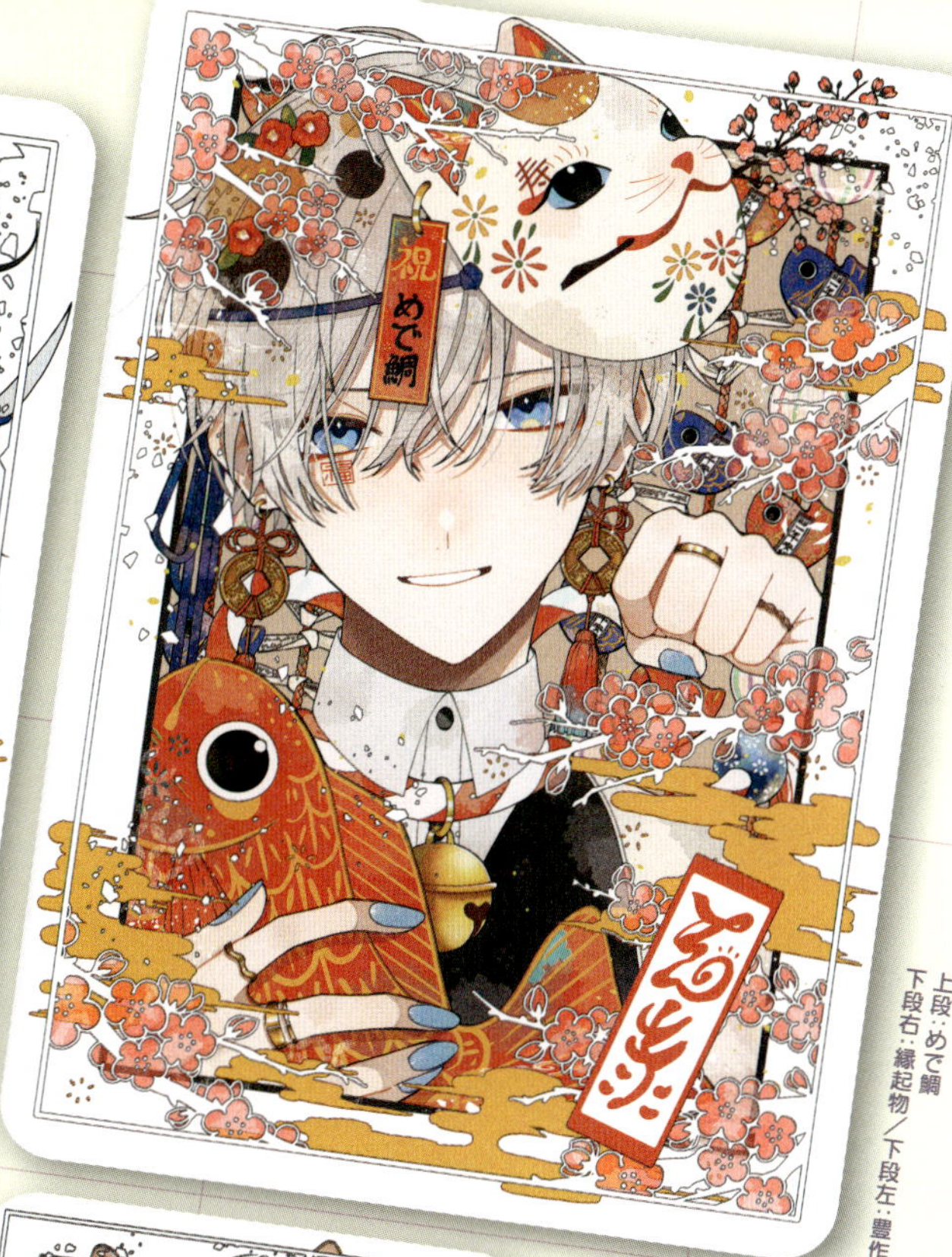

上段：めで鯛　下段右：縁起物／下段左：豊作

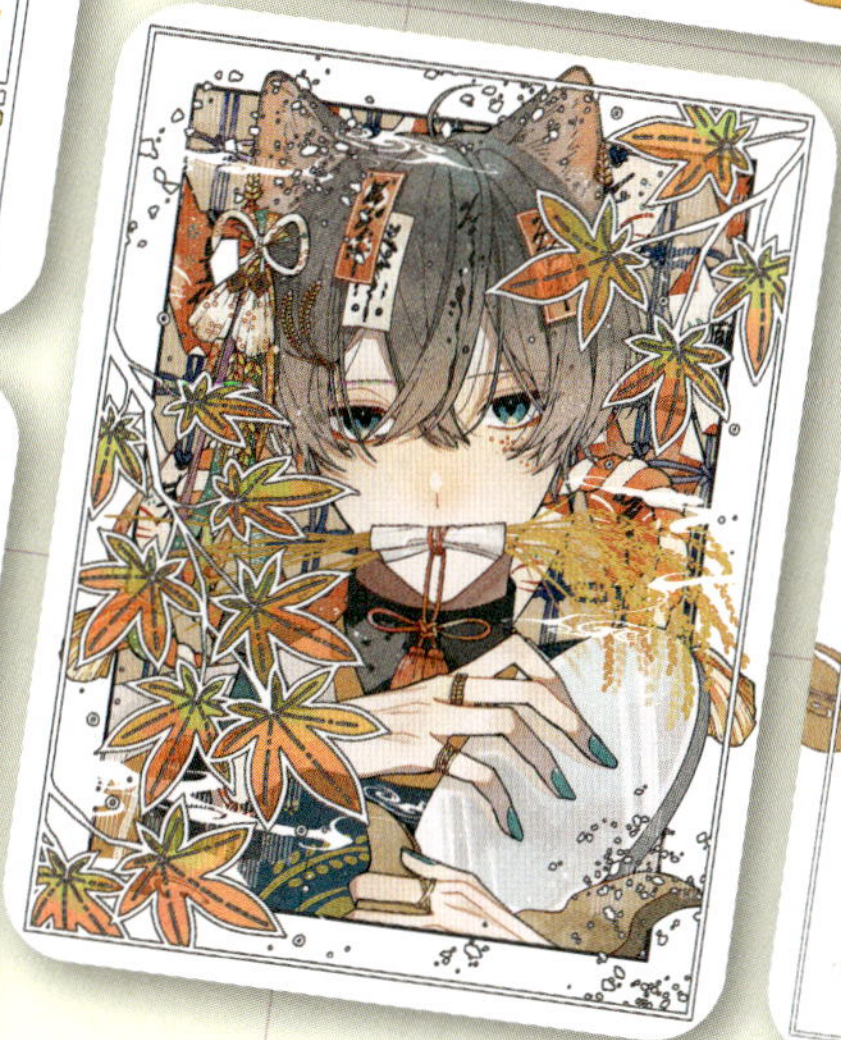

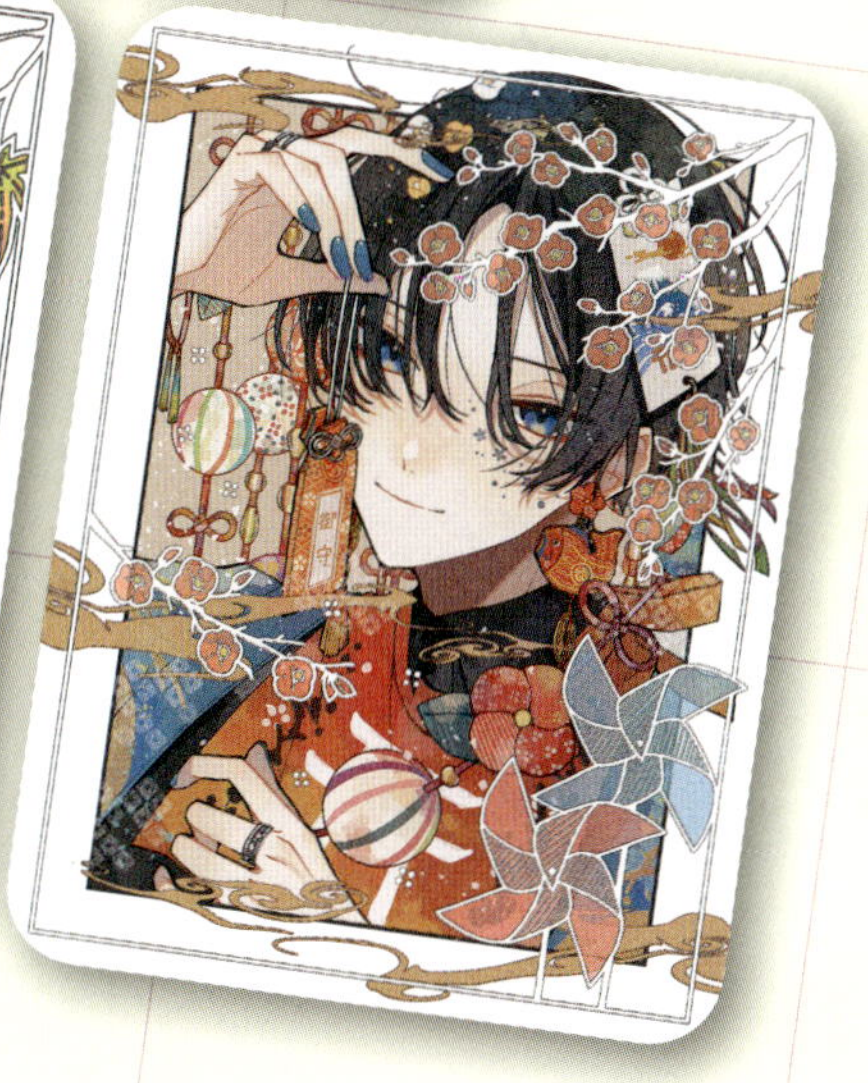

上段：鬼／下段：狐面

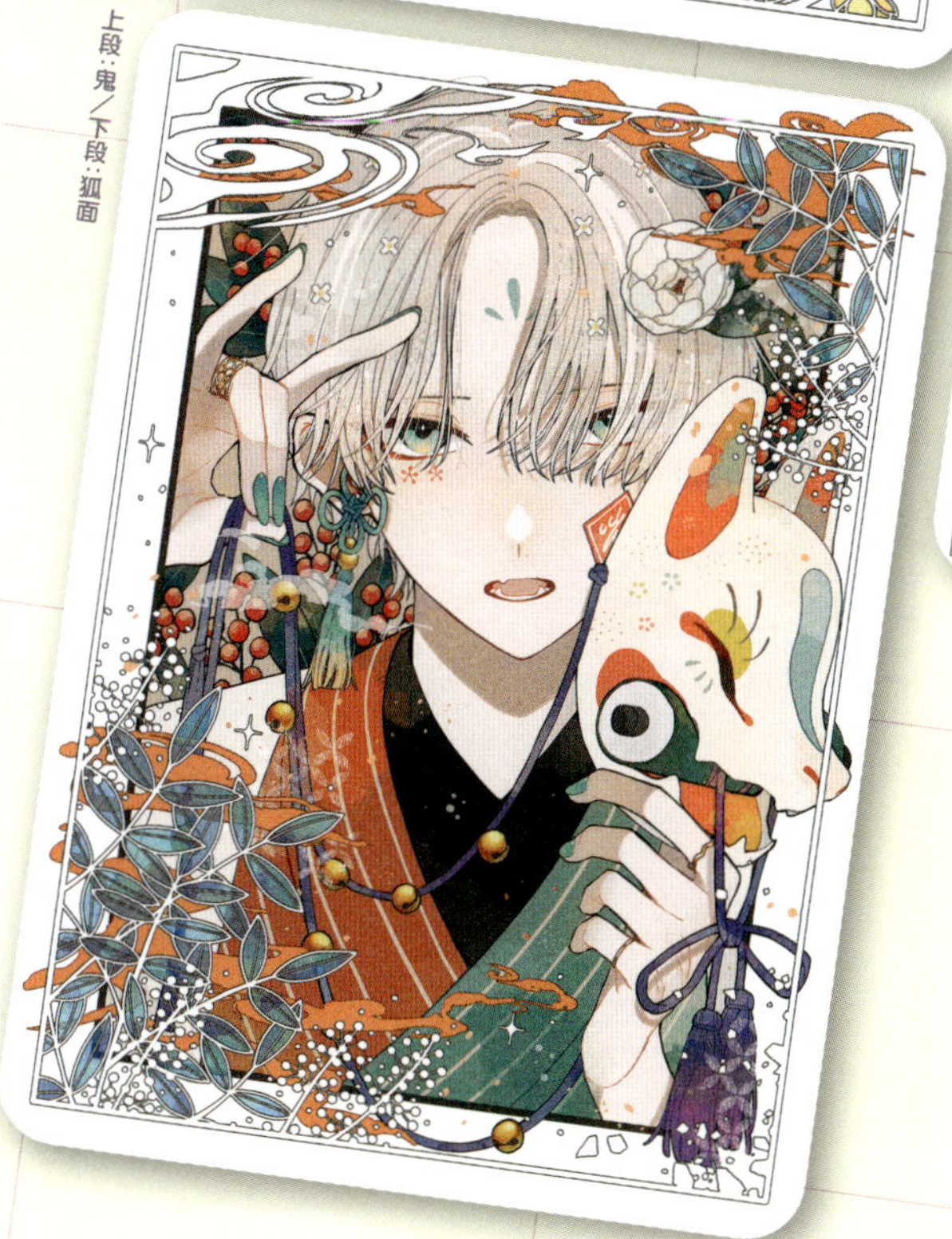

ふしぎとあやかしの世界

# しらまめ

X=@Shira_mame93
Instagram=shira_mm93

**Q1**　しらまめさんの描く男の子たちの透明感溢れる肌や髪にクールな目元からは、フェティシズムを感じております。まずは、しらまめさんが好きな人物像についてお聞きしたいです。

**A1**　外見は少し人外っぽさがあるようなミステリアスな男の子が好きです。私が描くキャラクターは人外が多いので、人より長い時間を生きていると考えています。沢山ある時間の中で自由奔放に生きる子もいたり、何か役目を背負っている、芯を持った子もいたりします。単純にケモ耳やツノっ子が好きなのもありますが、パッと見は人間なのによく見ると人間じゃない…人間度八〇％な男の子を表現したくて、ケモ耳やツノを生やしたり、お面などの装飾をつけて人ではない雰囲気に仕上げています。

**Q2**　しらまめさんの作品は、白いフレームで人物を囲うような構図も印象深いです。また、透け感のあるカラーリングで彩られた四季の植物からは、美しさと華やかさを感じております。しらまめさんが目指す絵づくりについても伺いたいです。

**A2**　額縁に飾られているような、一瞬で目を引くような絵を目指しています。特に意識して描いているのは色と構図のまとまりです。色は白と黒＋補色関係の二色をメインに使用することで、お互いの色が目立ち、まとまりのある絵になります。構図は、メインである男の子の顔が目立つように白枠の花を被せないように描くことを意識しながら、テーマに関連する小物を装飾に取り入れて情報量を多くしています。私の絵の一番の特徴でもある花は、絵を投稿する時期を考えて季節の花を描くようにしています。

**Q3**　今後の活動でチャレンジしたいことをお聞かせください。また告知できることがありましたら、お知らせください。

**A3**　いろんな経験をして自分の表現の幅を広げていきたいです。告知としましては、二〇二五年一月一八日＆一九日に原宿アルタにてサイン会イベントを行います。詳細はSNSに投稿していますので興味がある方は是非チェックしてみてください！

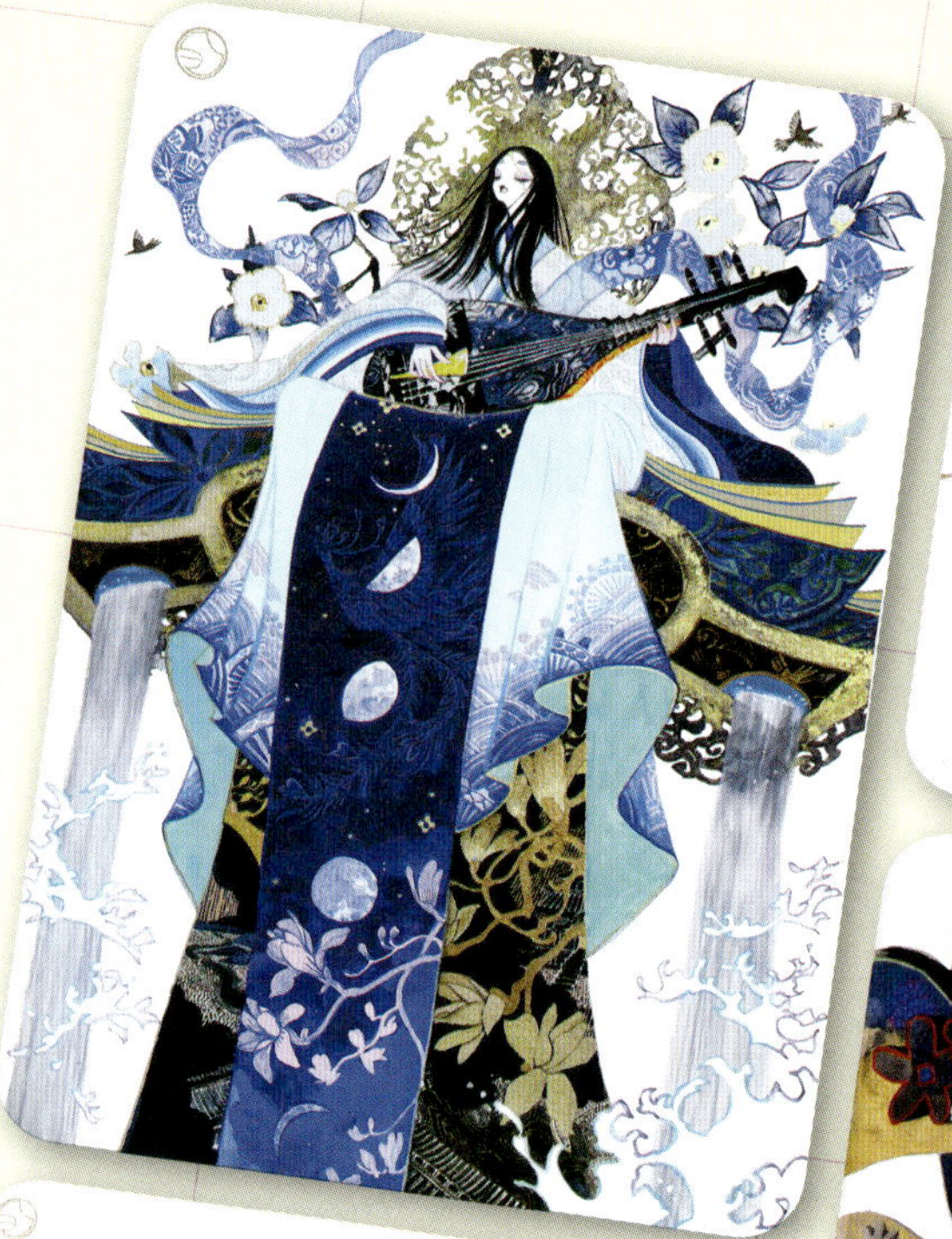

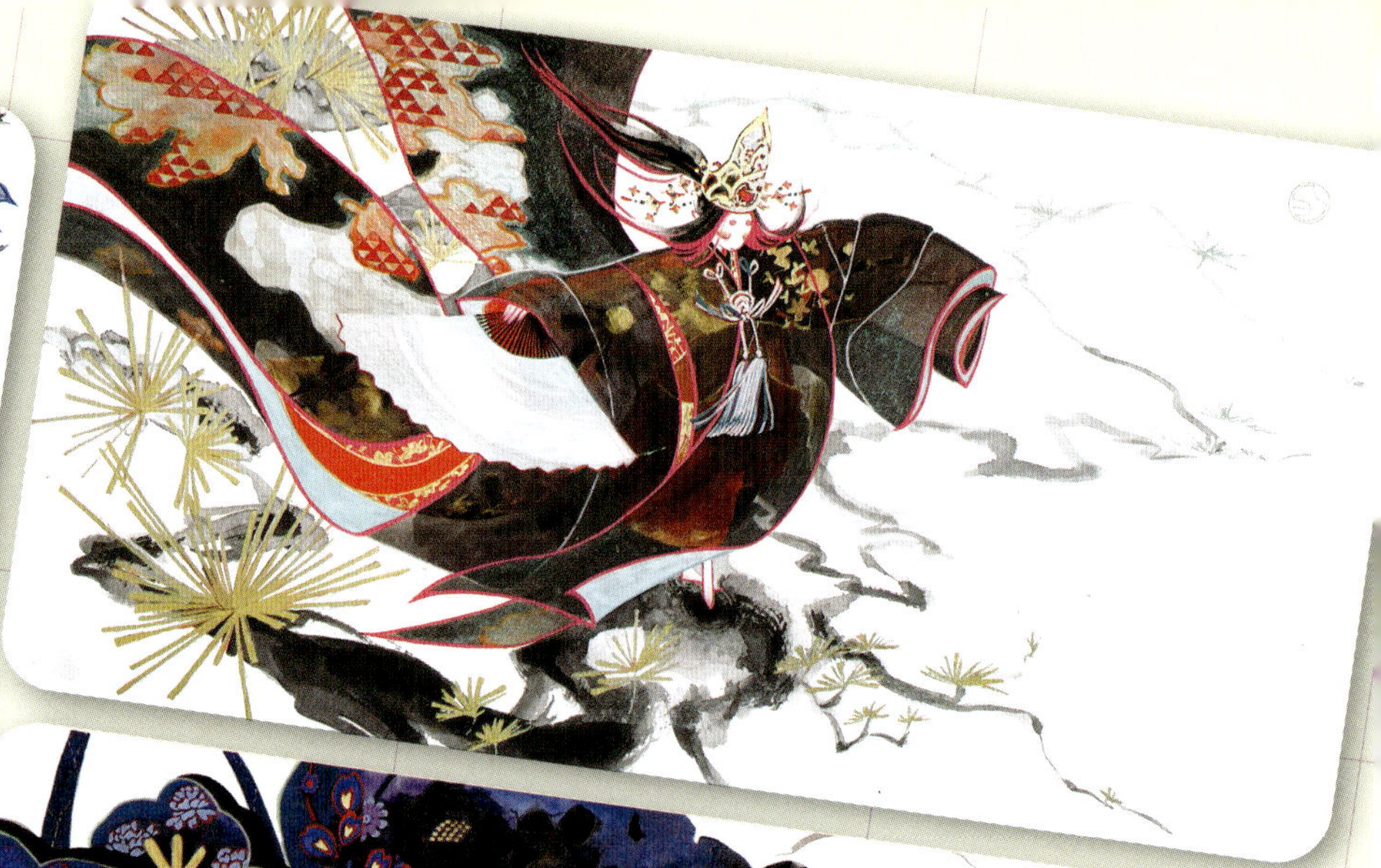

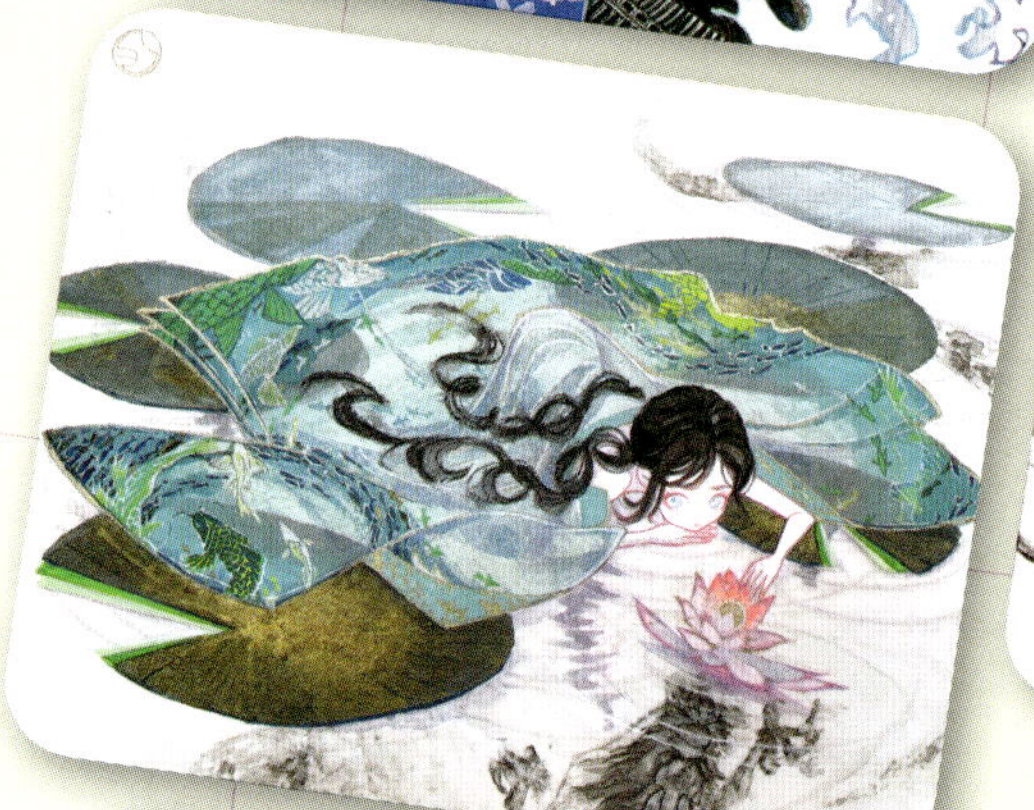

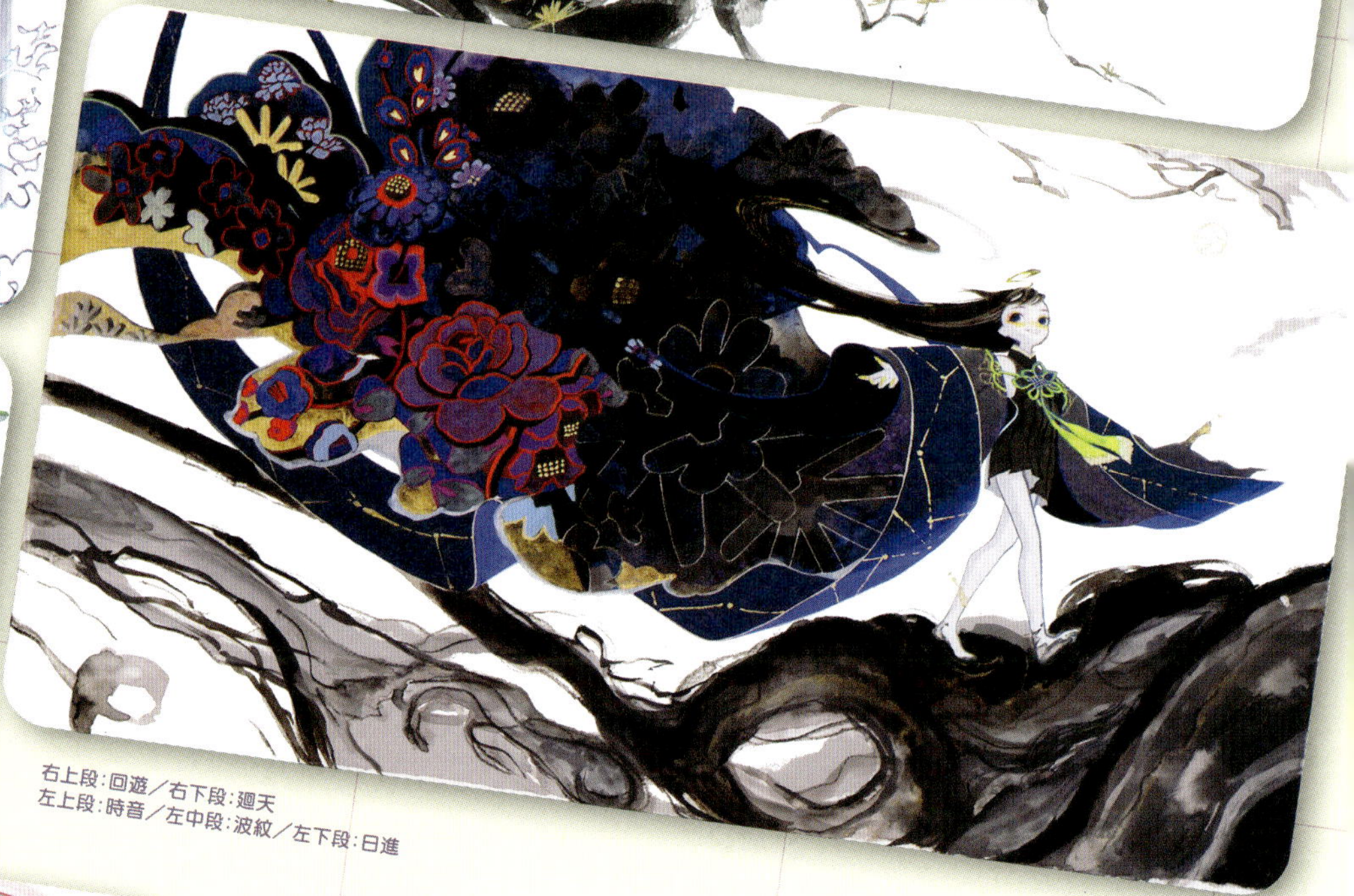

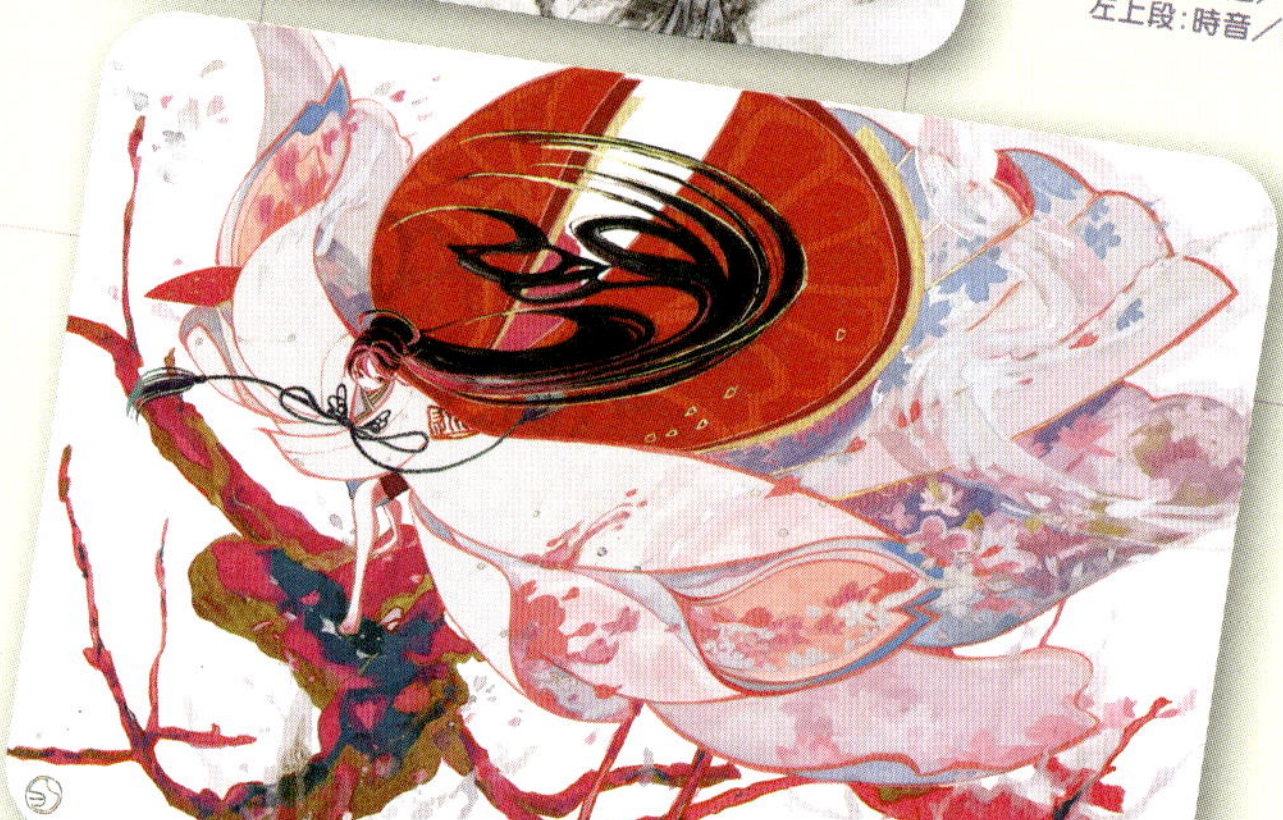

右上段：回遊／右下段：廻天
左上段：時音／左中段：波紋／左下段：日進

ふしぎとあやかしの世界

# 紫昏たう

X=@shiguretau
Instagram=shiguretau
HP=https://www.megure-shiguretau.com

**Q1**　紫昏たうさんの描く和装の少女たちは、華やかで美しく、力強いタッチが印象的だと感じております。まずは紫昏たうさんが現在の作風に辿り着いた経緯についてお聞かせください。

**A1**　幼い頃から日本史や古典文学上の女性に惹かれ、和風少女を描いていました。美大でテキスタイルデザインを学びながら、いまの衣を魅せる作風に辿り着きました。絵の少女は控えめな表情や仕草が多いのですが、対照的に衣は大胆に動かして、少女の内に秘めた想いを開放することを目指しています。素材と技法の組み合わせによって色や柄が変わる染織を観察すると、豊かな気持ちになります。絵にも生かして、ポスターカラー・アクリルガッシュ・墨・胡粉・和紙・箔などを組み合わせて発色や質感で遊ぶのが好きです。

**Q2**　紫昏たうさんの描く作品は、鮮烈なカラーリングに躍動感のある構図が素晴らしく、見ていて心地が良いです。作品を描く際に、構図やカラーリングで大切にしていることを伺いたいです。

**A2**　構図は人物を中心に、背景とのバランスを意識しながら纏った衣で画面に動きを出しています。配色は染物のように、異なる色同士も自然に流れて淡い色から深い色まで表現することを大切にしています。例えば、『廻天』のメインカラーの黒色は、濃いグレーと青系・紫系を使い、サブカラーには高彩度の黄色・赤色・金色を入れ、背景を抜くことで強い逆光のような印象を目指しました。

**Q3**　今後の活動でチャレンジしたいことをお聞かせください。そして告知できることなどがありましたら教えてください。

**A3**　パッケージや広告のお仕事、イラストのテキスタイル化、空間アートに挑戦したいです。来年の個展「言の羽」では、自己犠牲の恩返し後、京都へ渡った鶴の新たな染織物語が始まります！　新旧合わせて約三〇点の原画をぜひご覧ください。

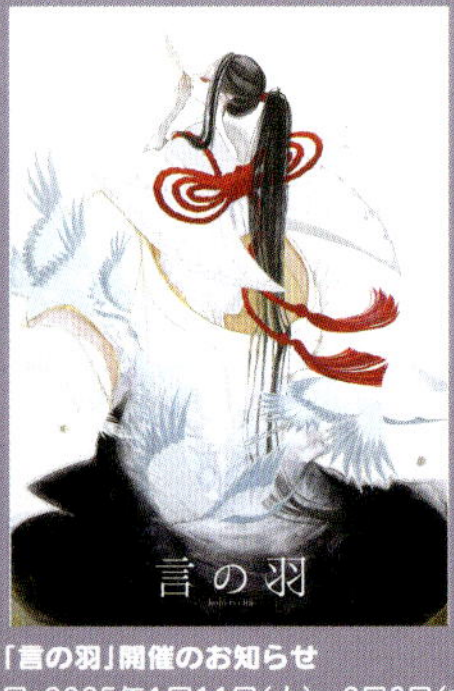


**個展「言の羽」開催のお知らせ**
開催日：2025年1月11日(土)～2月6日(木)
場所：土筆 GALLERY SHOP NAGOYA
(アピタパワー新守山店2階 草叢BOOKS内)

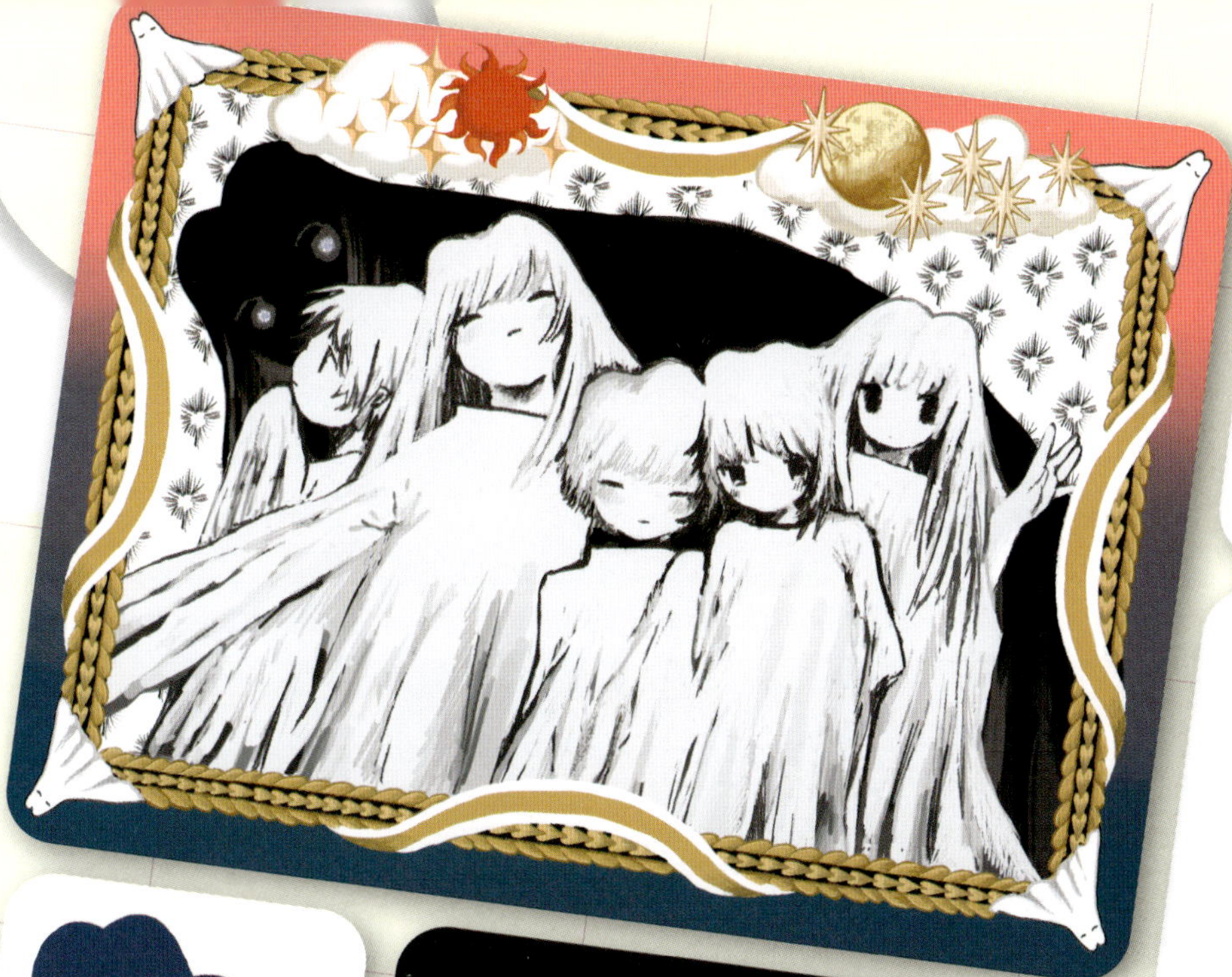

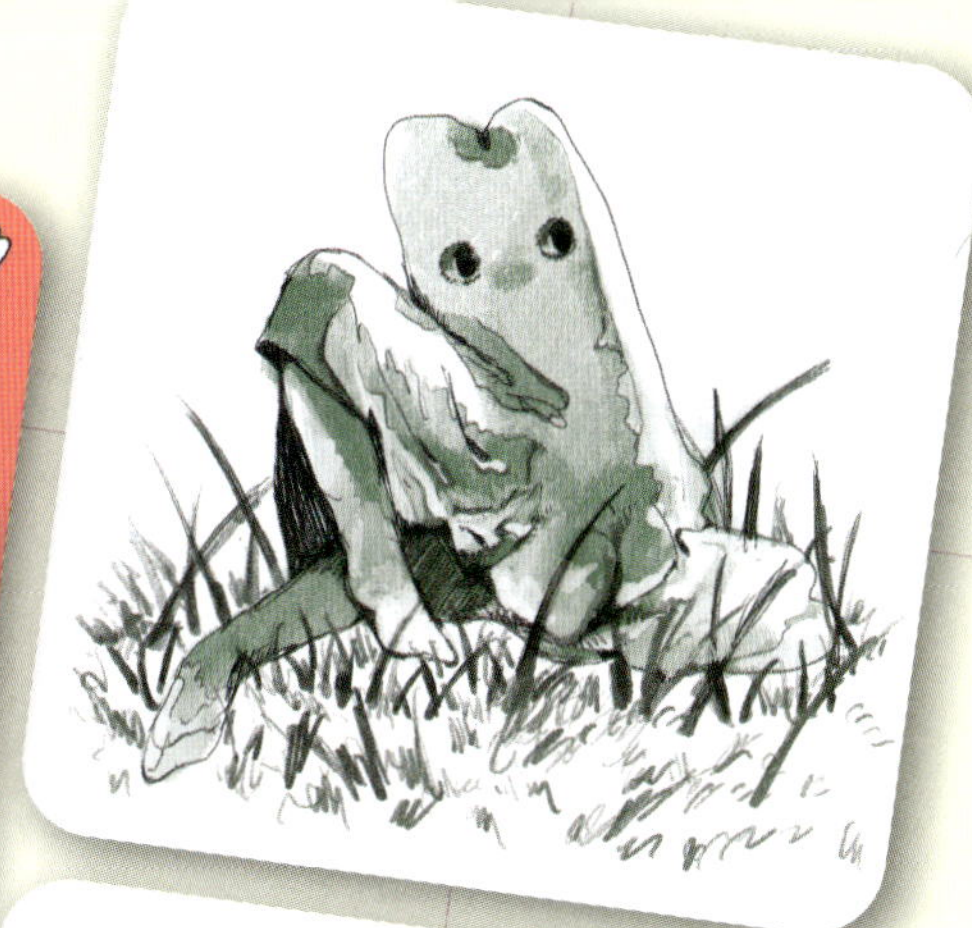

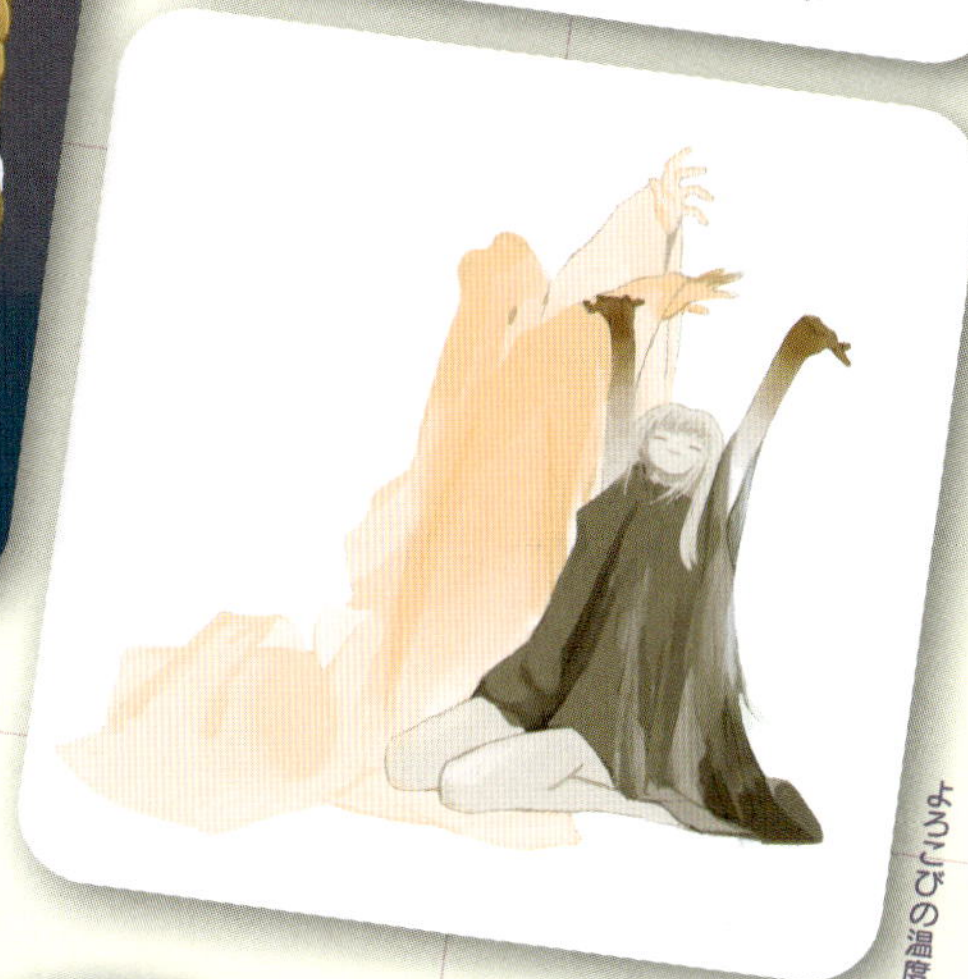

よろこびの温度

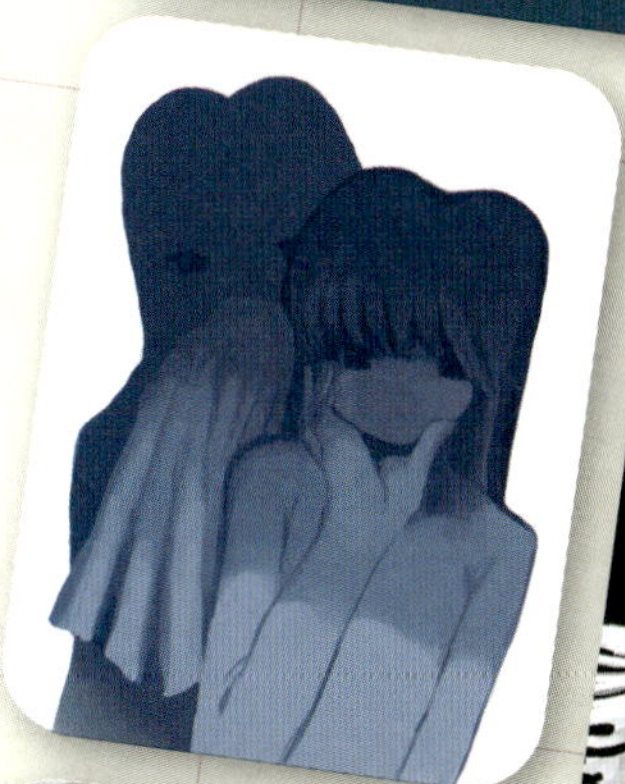

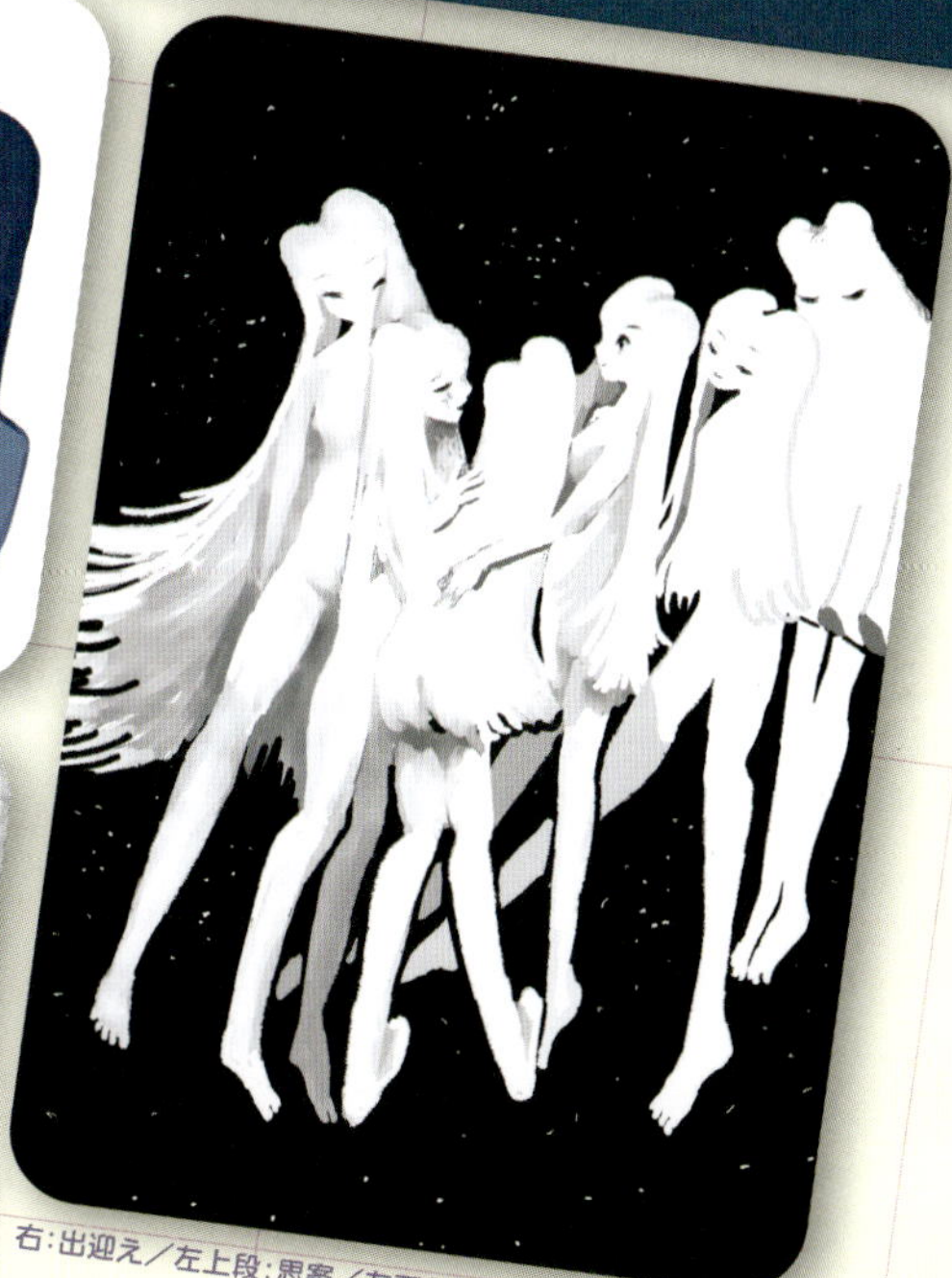

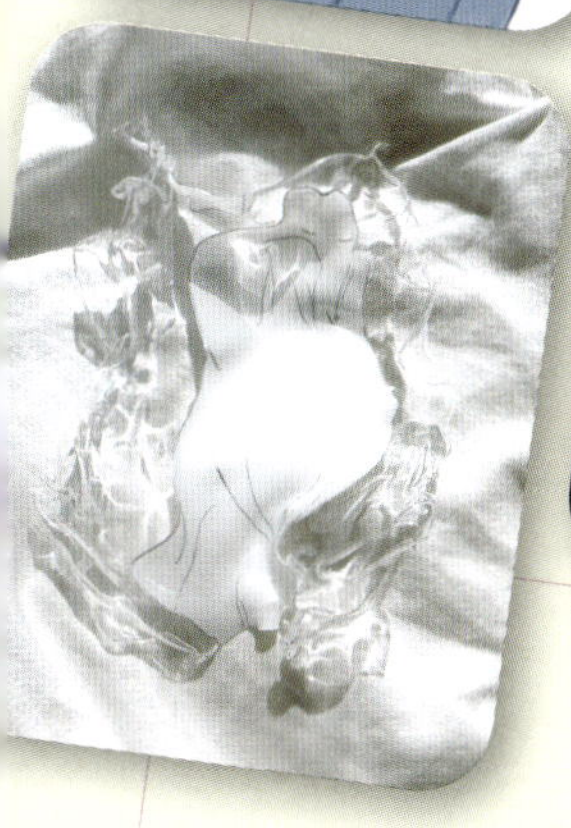

右：出迎え／左上段：思案／左下段：うたたねの始まり

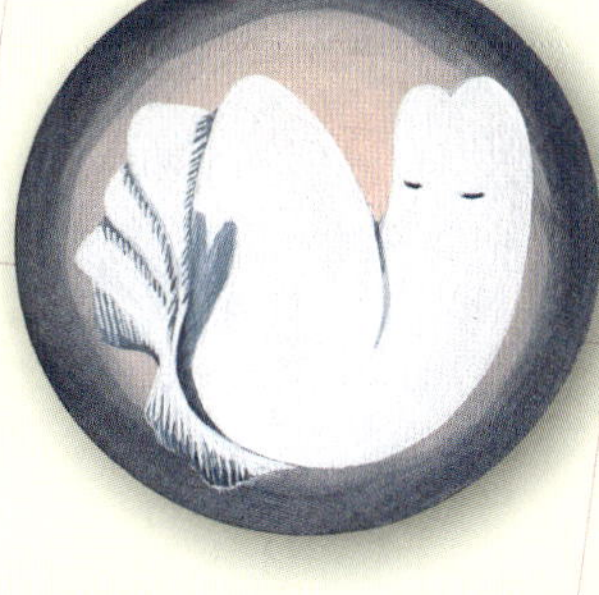

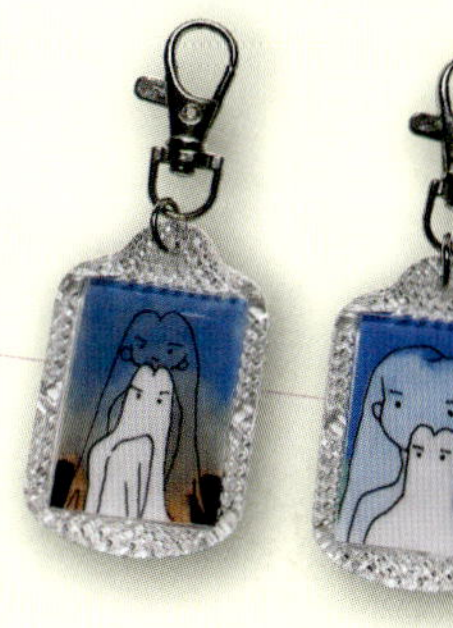

右：朝／夕
左：安静な浮遊

ふしぎとあやかしの世界

# つきのこはら

X=@tu____ki
Instagram=tu____ki

**Q1** つきのこはらさんの描く『キキッテ』が気になっております。まずは、キキッテがどのようなきかっけで誕生したのかお聞かせください。

**A1** キキッテが生まれたきっかけは、学生時代に工芸専攻で染色を学んでいた際に、布の皺や影のようなものをドローイングで描いたのが始まりです。布に包まれた時の安心感や、肌触りの異なる生地に表現媒体としてわくわくしながら触れ合っていた気持ちからキキッテが生まれました。最近はキャラクターとしての要素と、自身の感情表現に寄り添ってくれる存在という二つの面でキキッテと向き合っています。

**Q2** つきのこはらさんは、穏やかな光や風を捉えたかのような温もりのある作品から、孤独や寂しさ、そして愛を感じるような作品まで、キキッテを通して様々な感情を描かれているように感じております。つきのこはらさんが描きたいと感じている世界観について伺えたら嬉しいです。

**A2** 私は感情を元に絵を描くことが多いです。それはいままで生きてきて分かり合えなかった事で生まれた悲しみや、他人に素直な自分を打ち明ける事ができなかった後悔など、自分だけで抱えこんでしまった感情が多くあった事からきているのだろうと思います。最近では、好きな人に会えて楽しかった、可愛いものを見つけて嬉しかった、物を壊してしまい悲しかった…。そんな日常的に出会う感情を、言葉を持たないキキッテはどう表現するのか、と考えながら絵を描いています。キキッテは、丸い目のシンプルな顔と、やわらかなテクスチャの布の体をもつ不思議な存在です。そんなキキッテの個性をこれからも活かしながら大切に表現していければと思います。

**Q3** 今後の活動でチャレンジしたいことをお聞かせください。また告知できることがありましたらお知らせください。

**A3** 来年もキキッテを通して自由に表現を楽しみたいと思います。また、来年に作品展がございます。大きめのプラバン作品をメインに展示予定です。ご都合がよろしければ、ぜひご来場ください。

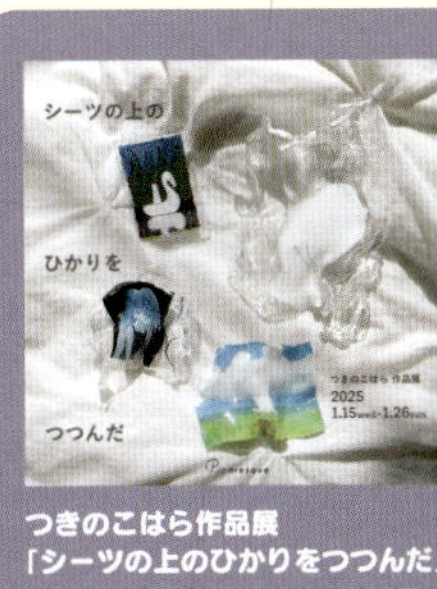


**つきのこはら作品展**
**「シーツの上のひかりをつつんだ」**
期間：2025年1月15日～1月26日
時間：11:00-18:00
場所：Picaresque（ピカレスク）
〒151-0053 東京都渋谷区代々木4-54-7-101

# かいいのかわいい生活

今号の季刊エスは「怪異ーふしぎとあやかしー」と題して、妖怪、不思議生物、おばけなど…現実ではあり得ないような、ちょっぴり怖いけれどワクワクさせるようなファンタジー世界の特集をします。このページでは、私たちの暮らしのどこかにひっそり寄り添うように存在しているかもしれない「かいいのかわいい生活」を紹介！　怖いだけではない、ちょっとふしぎでかわいくて、どこかへんてこな生き物たちを、無自覚系怪異コメンテーターであるめねぎのコメント付きで、クローズアップしてお届けします。

**名前**：めねぎ
**誕生日**：11月23日
**性格**：かおが可愛い子にすぐ声をかけてしまうフッ軽うさぎ。性別不明。自分が死んだことを忘れている無自覚系怪異。

宇宙イチ、まぁるくてころんとしたボディを持つ未確認生命体のピポ♡　ピピピポリアンズのみんなとオレッチも仲良くなりたいぜ〜♪

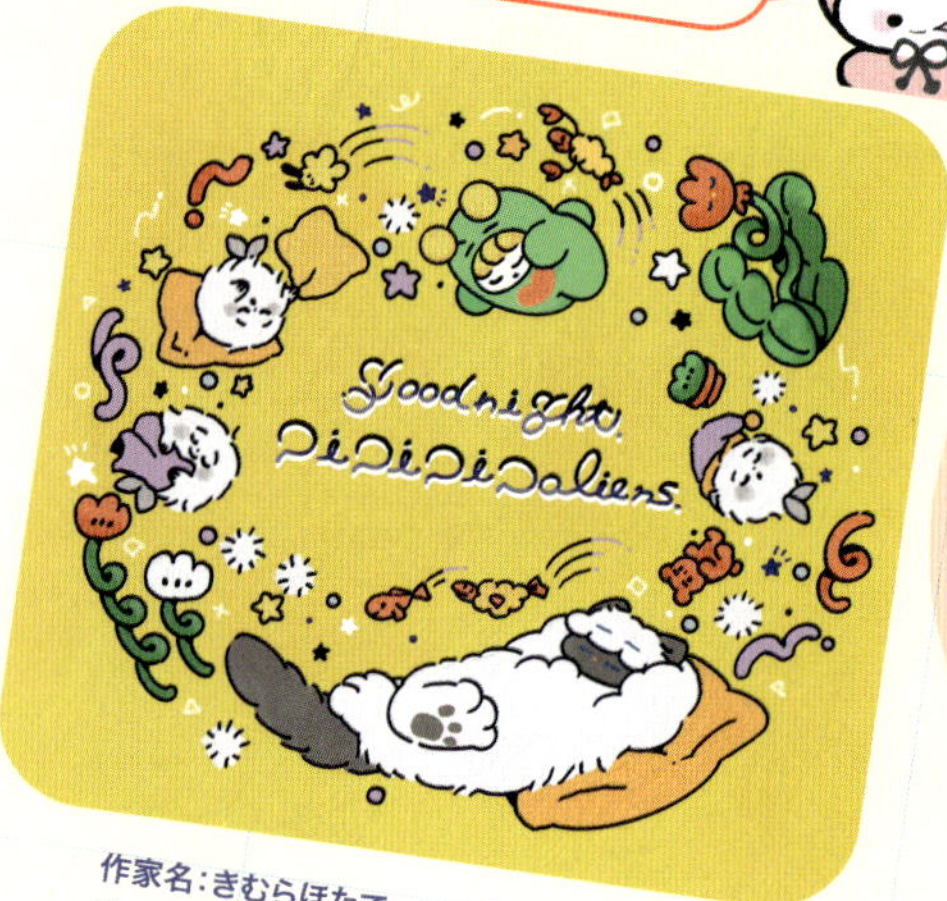


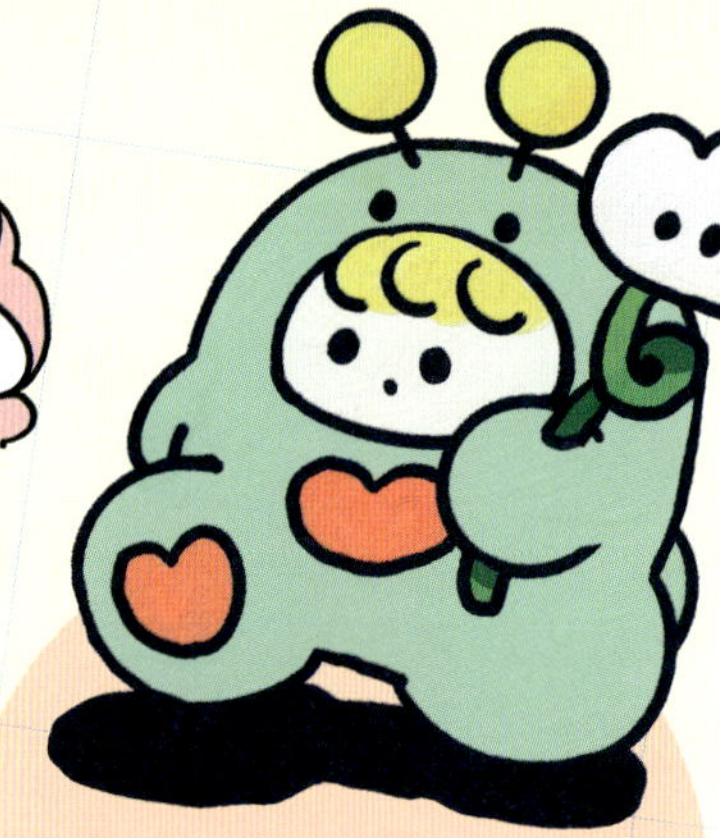

**名前：ピポ**
**誕生日**：1月11日
**性格**：おだやかな性格。植物のお世話と木のイスがだいすき。

作家名：きむらほたて
X=@pipipipoliens
Instagram=pipipipoliens

**【販売情報】**
LINEスタンプ発売中!
ふしぎでかわいいみんなたち。【ピピピポリアンズ】で検索してね!

**LINEスタンプ**

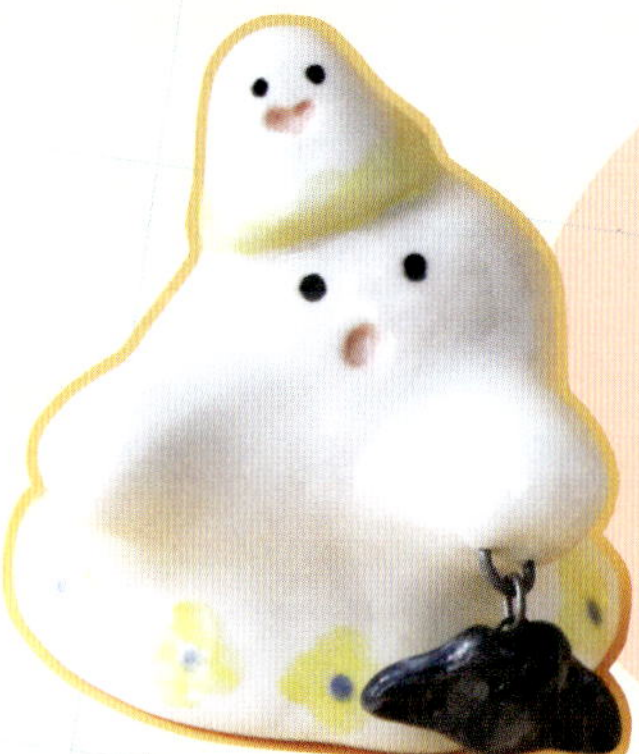

**名前：花模様のおばけ親子とコウモリ**
**誕生日**：？月？日
**性格**：お花好きなママとイタズラ好きの坊や。毎日コウモリと散歩するのが親子の楽しみ。

おばけ界イチ、ゆるほやな癒し系おばけファミリーが登場だぜ〜★　オレッチも坊やの隣でママとお花畑をお散歩したい〜♪

作家名：haruka peco
X=@harukapeco1
Instagram=haruka_peco

**【販売情報】**
手びねりでゆる〜い雰囲気の陶磁の置物やアクセサリーなどを制作しています。BASEやイベント出展で販売しています。詳しくはSNSをチェック!
<通販サイト>
https://harukapeco.base.shop

**通販サイト**

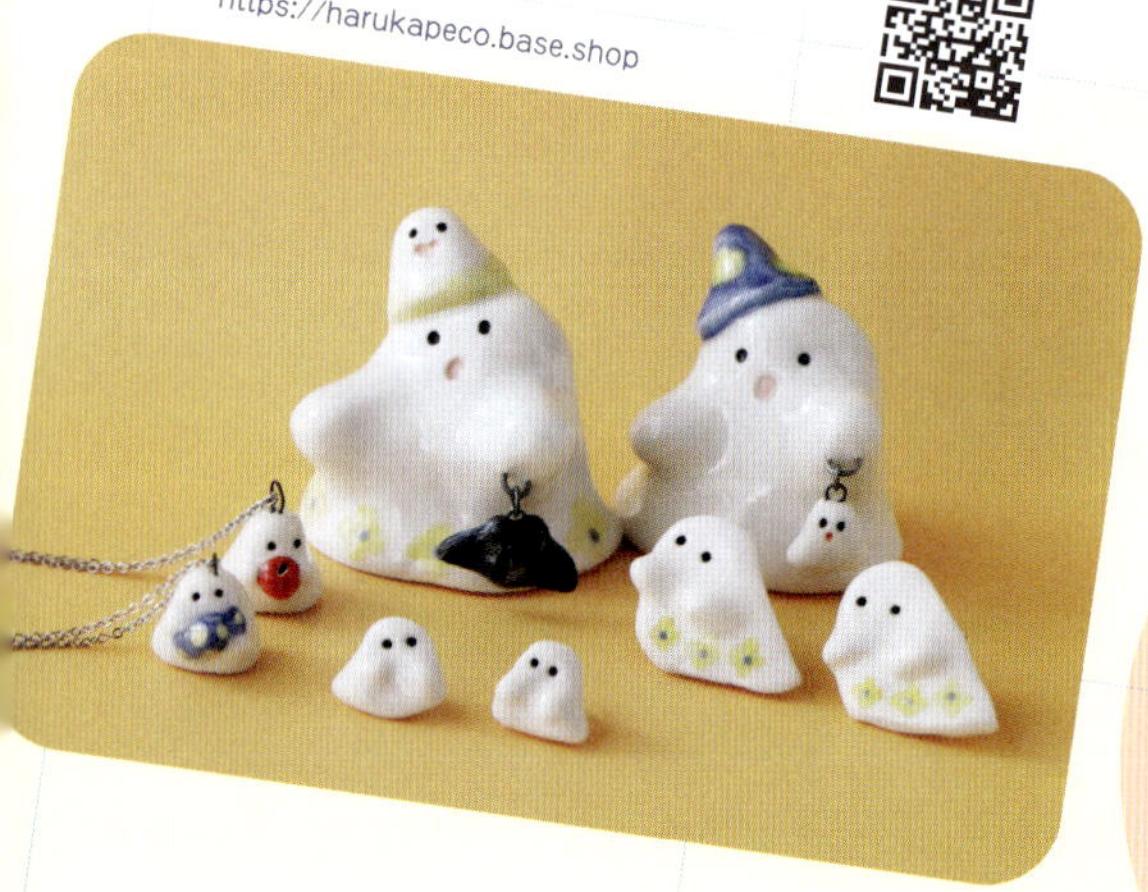

暖かいお家を探しているイエティのこどもっち。並行な眉とお口のバランスはイカしてるぅ〜♪　オレッチもお揃いの眉毛が欲しいぜ★

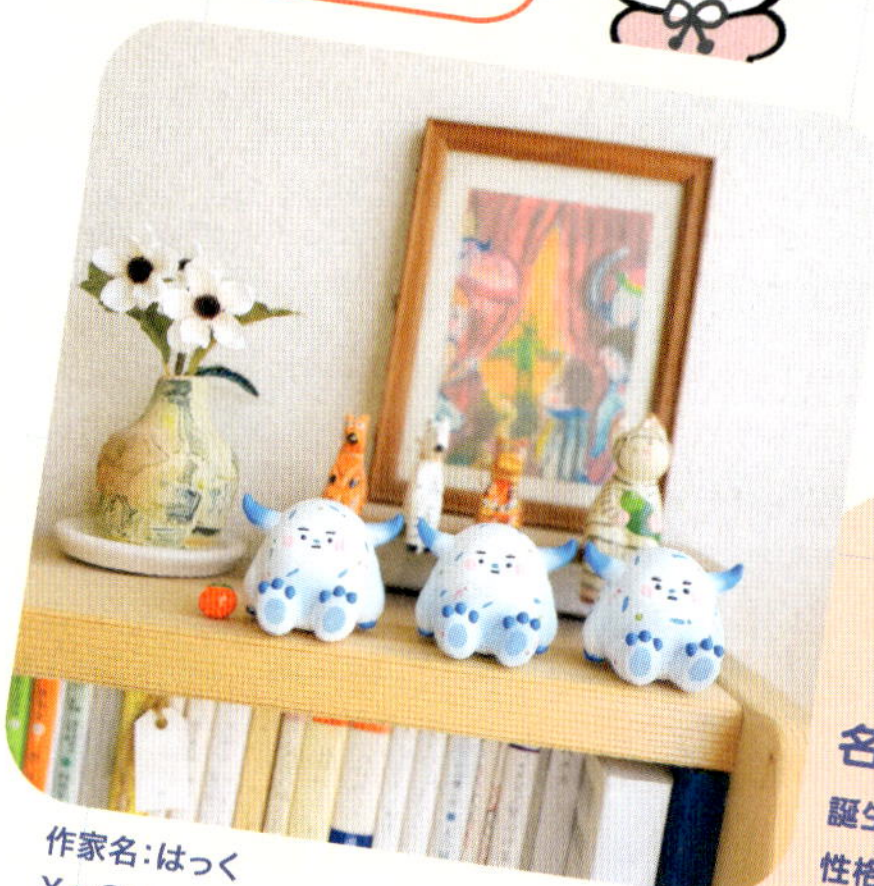

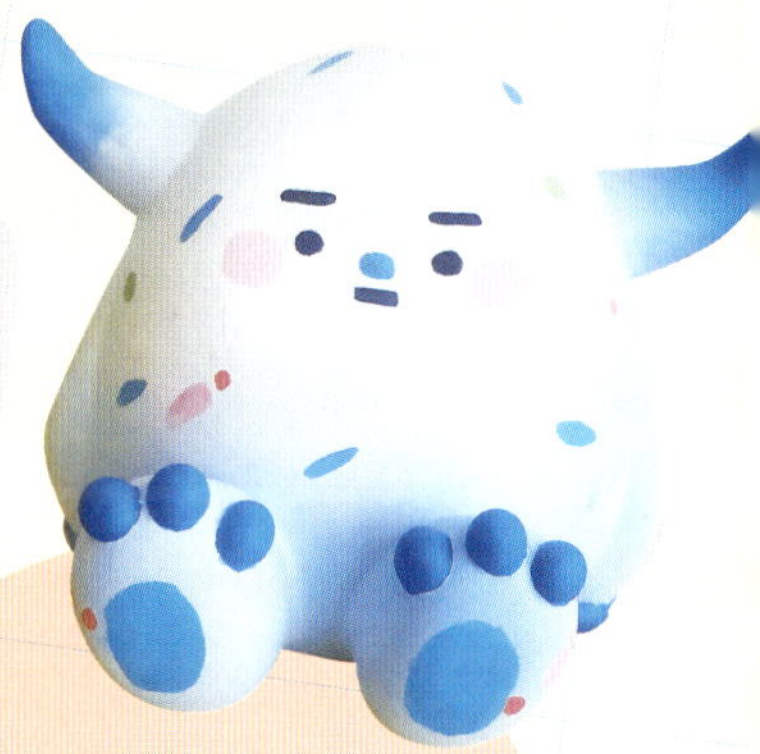

**名前：いえちゃん**
**誕生日**：10月11日
**性格**：イエティの子ども。寒いのは苦手なので山から上京した。暖かいお家を探している。

作家名：はっく
X=@Huck_8989

**【販売情報】**
いえちゃんのフィギュアは追加販売予定。情報は随時Xにて更新中。

**X**

白い体がコンプレックスのおばけ。モコモコボディ＆浮かび上がる四白眼にオレッチも夢中だぜ〜♡　はやくオレッチ色に染め上げたいっ★

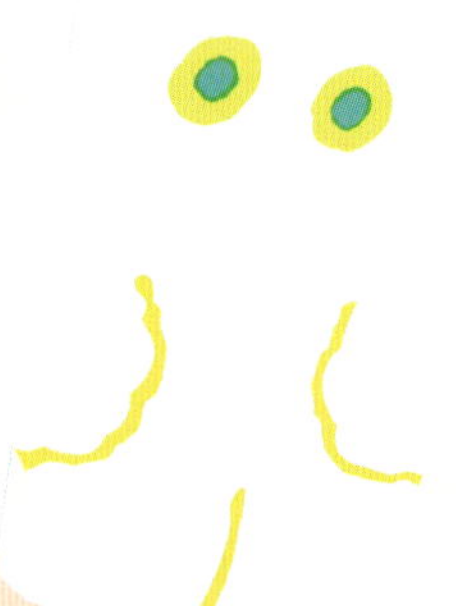

**名前：おばけ（本当の名前はいろおばけ）**
**誕生日**：？
**性格**：自分の体が白いことがコンプレックスで色に憧れているおばけ。いつかカラフルになりたいと思っている。気づけば触ったものの色を吸い取れるように。でも体はいっこうに白いまま。

作家名：いとい ゆき
Instagram=itoi_yuki
X=@itoi_yuki

**【販売情報】**
年に2〜5回全国各地で開催している個展、POP UP SHOP、イベント出展（紙博・蚤の市）などにて、グッズを販売しています。おばけのぬいぐるみを作りたいなと少しずつ準備中。
また、年に一回程度オンラインショップ「UKIUKI SHOP」をオープンしています。
〈オンラインショップ〉
https://itoiyuki.theshop.jp/

**通販サイト**

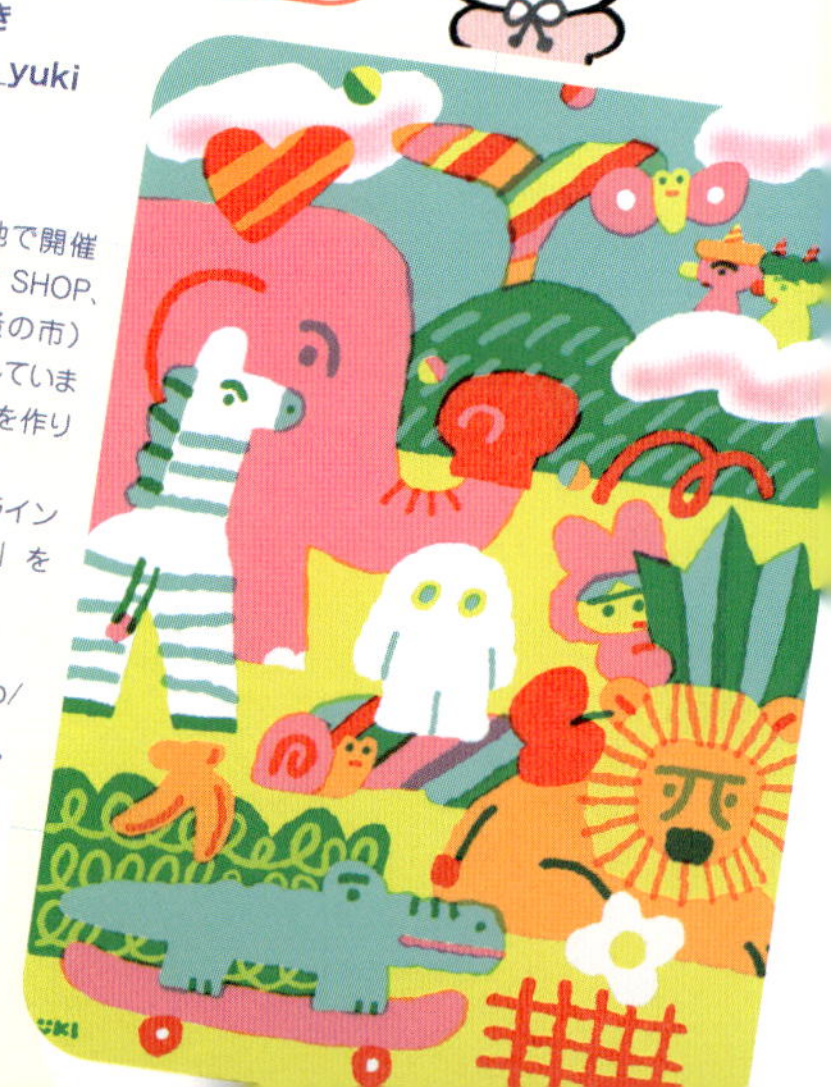

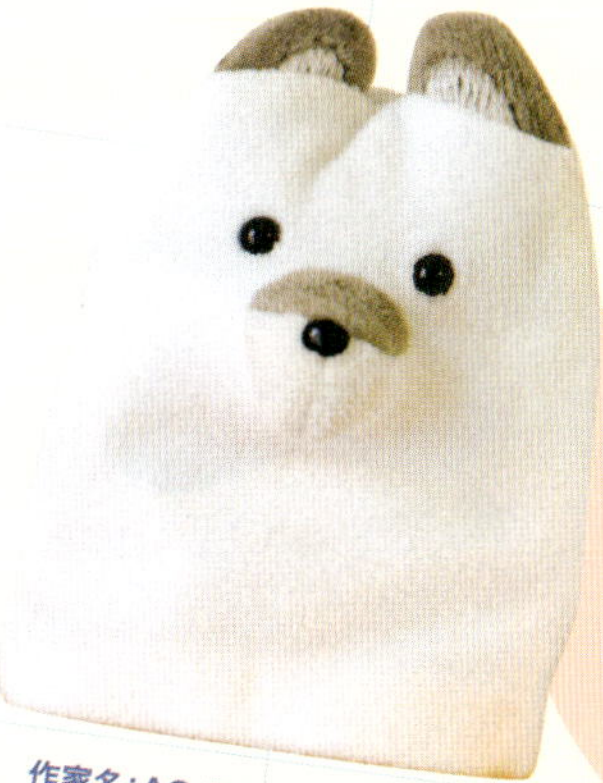

## 名前：ゴースドッグ

誕生日：自称10月31日

性格：好奇心旺盛で食いしん坊。興味の向くままに行動している。取り憑いた飼い主の性格に似ることがある。ピーマンドッグやほしドッグなどの姿違いも確認されている。

作家名：AO FUJIMORI
X=@Ghost_Dog1031
Instagram=ghostdog1031

【販売情報】

BASEに抽選販売を行っております。販売告知はXにて。寒い時期は冬毛のピーマンドッグやダイコン・ドッグなどが現れる予定です。

〈通販サイト〉

https://ghostdogs.base.shop

通販サイト

好奇心旺盛で食いしん坊なゴースドッグ。つきだす立派なマズルが最高にクールなおばけだぜ★　オレッチも飼い主に立候補！

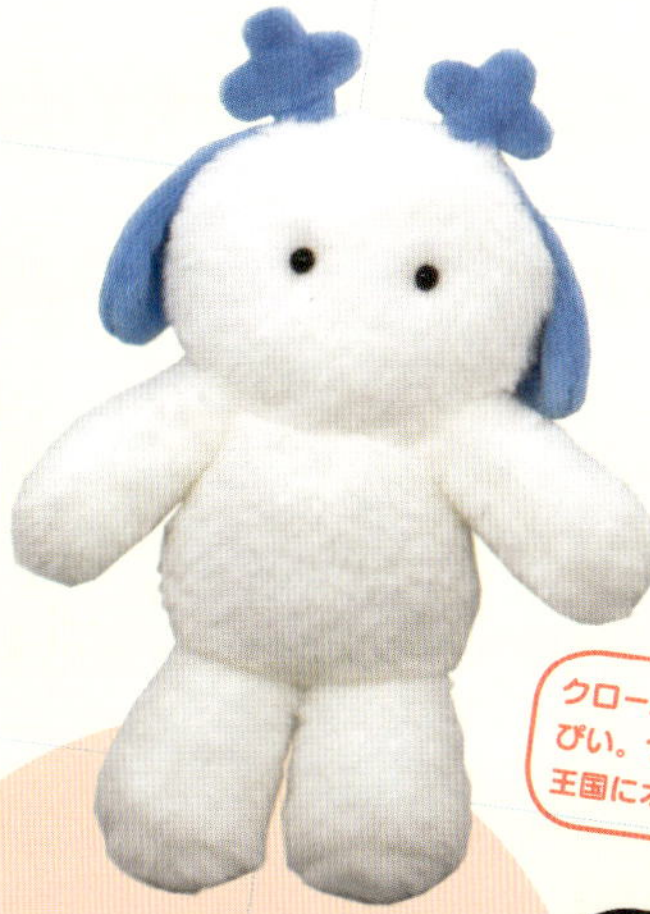

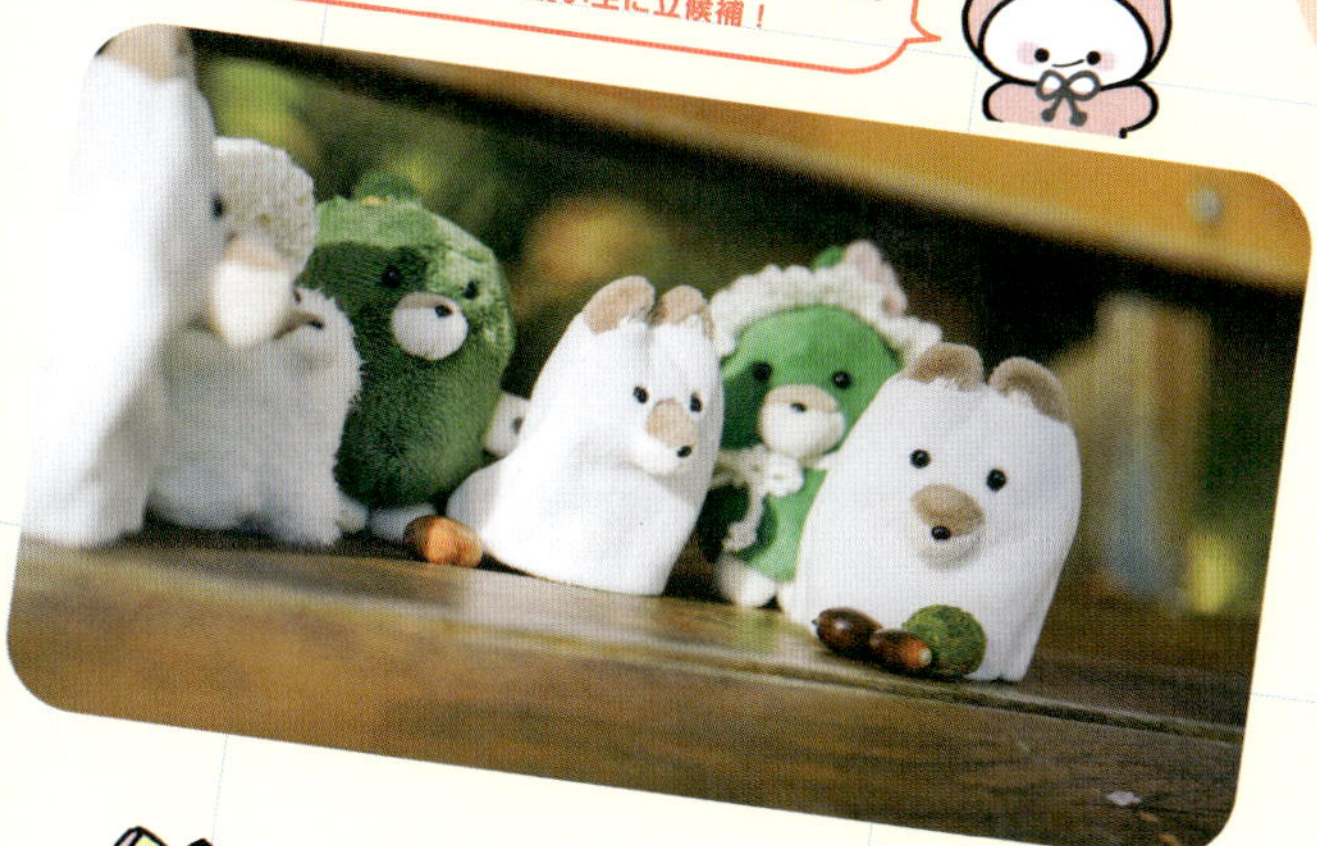

作家名：あやさ工房
X=@lalala_ayasa
Instagram=lalala_ayasa

【販売情報】

minneにて販売を行っております。

京都芸術大学 卒業制作展（2025年2月8日〜2月16日）ではややぴいのぬいぐるみ、日本画やグッズを展示・販売します！

現在minneにて出品中のややぴいもそちらでお迎えいただけます。

〈通販サイト〉

https://minne.com/@lalala-ayasa

通販サイト

クローバーのようなツノが生えた謎の生物ややぴい。つぶらな瞳がキュートだぜ★　ややぴい王国にオレッチも遊びに行きたいっ！

## 名前：ややぴい

誕生日：個体によりそれぞれ異なる。

性格：ややぴい王国から冒険にきた謎の生物。きらきらしたものを集める習性がある。

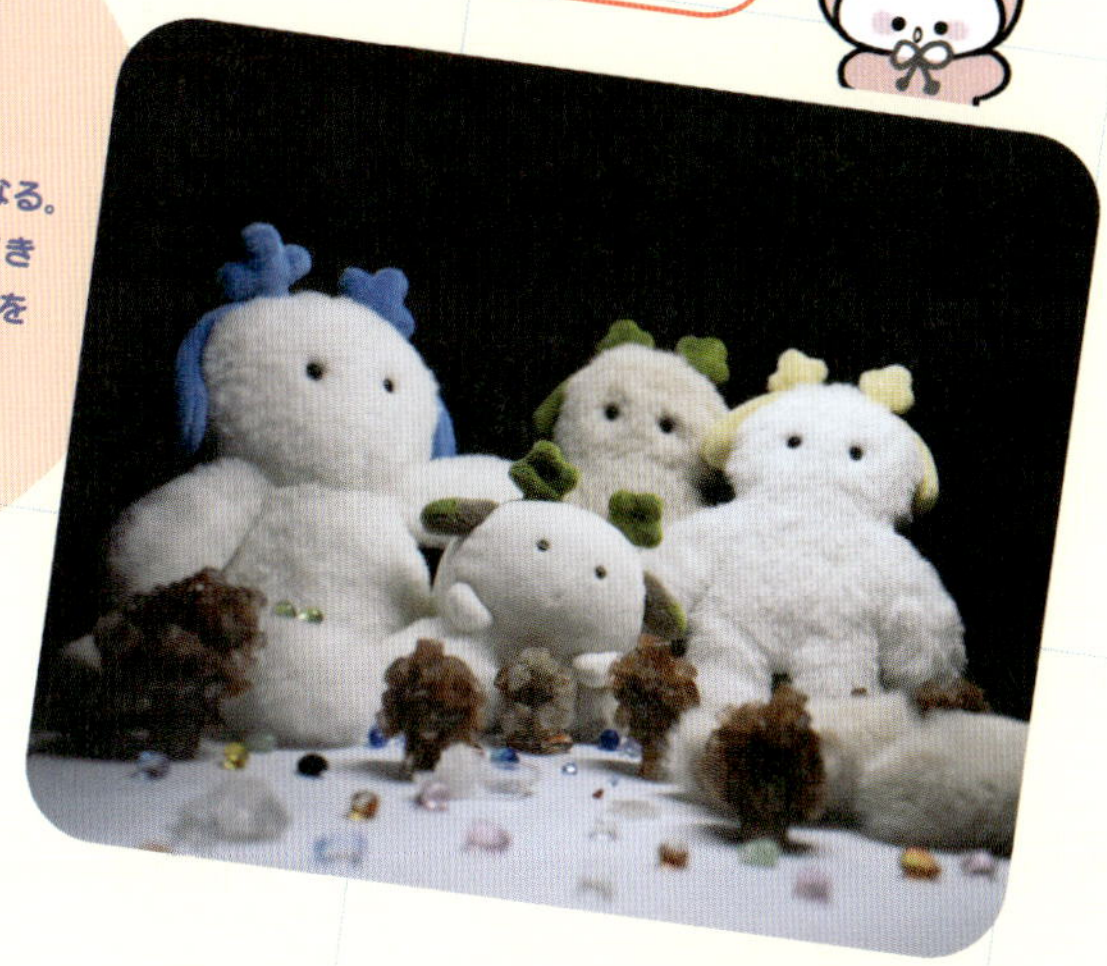

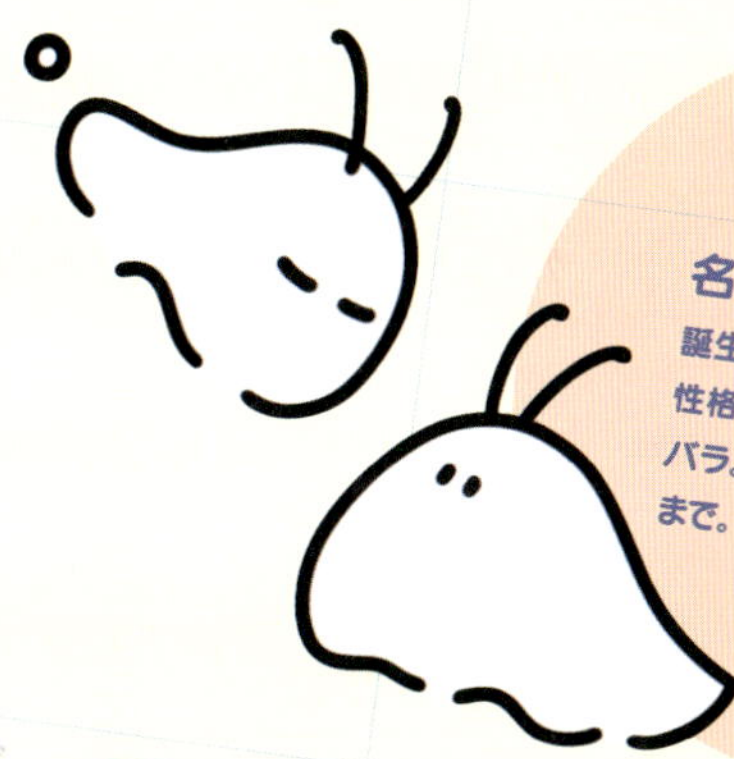

## 名前：何者でもない君

誕生日：なし

性格：個体によって性格はバラバラ。スイーツ好きから酒好きまで。

ふわふわ揺れ動く何者でもない君。白いボディはいろいろなカラーに染まって擬態する（?）らしいぜ★　小さき命、大切にしたいぜ〜。

作家名：marron
X=@who_no_image
Instagram=who_no_image

【販売情報】

BOOTHにてグッズ販売中です。

また、LINEスタンプも販売中です！

イベント出展情報など詳しくはXまたはInstagramにてイベント出展などお誘いお待ちしております！

〈通販サイト〉

https://who-no-image.booth.pm

通販サイト

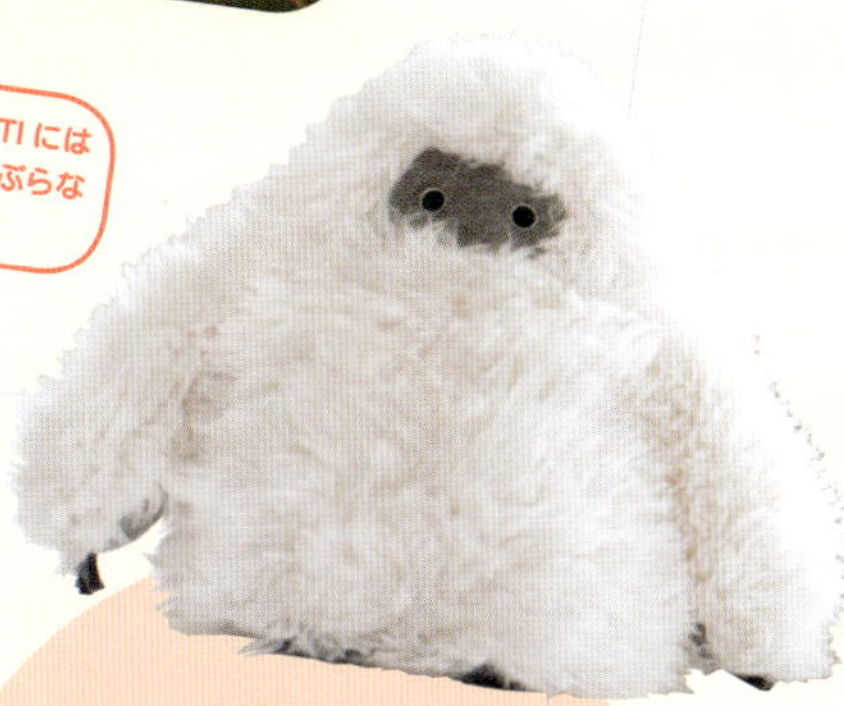

癒しのむくむくボディを持つ BABY YETI には勇敢な一面も。産毛からまぁるく覗くつぶらな瞳にオレッチの母性が…♡

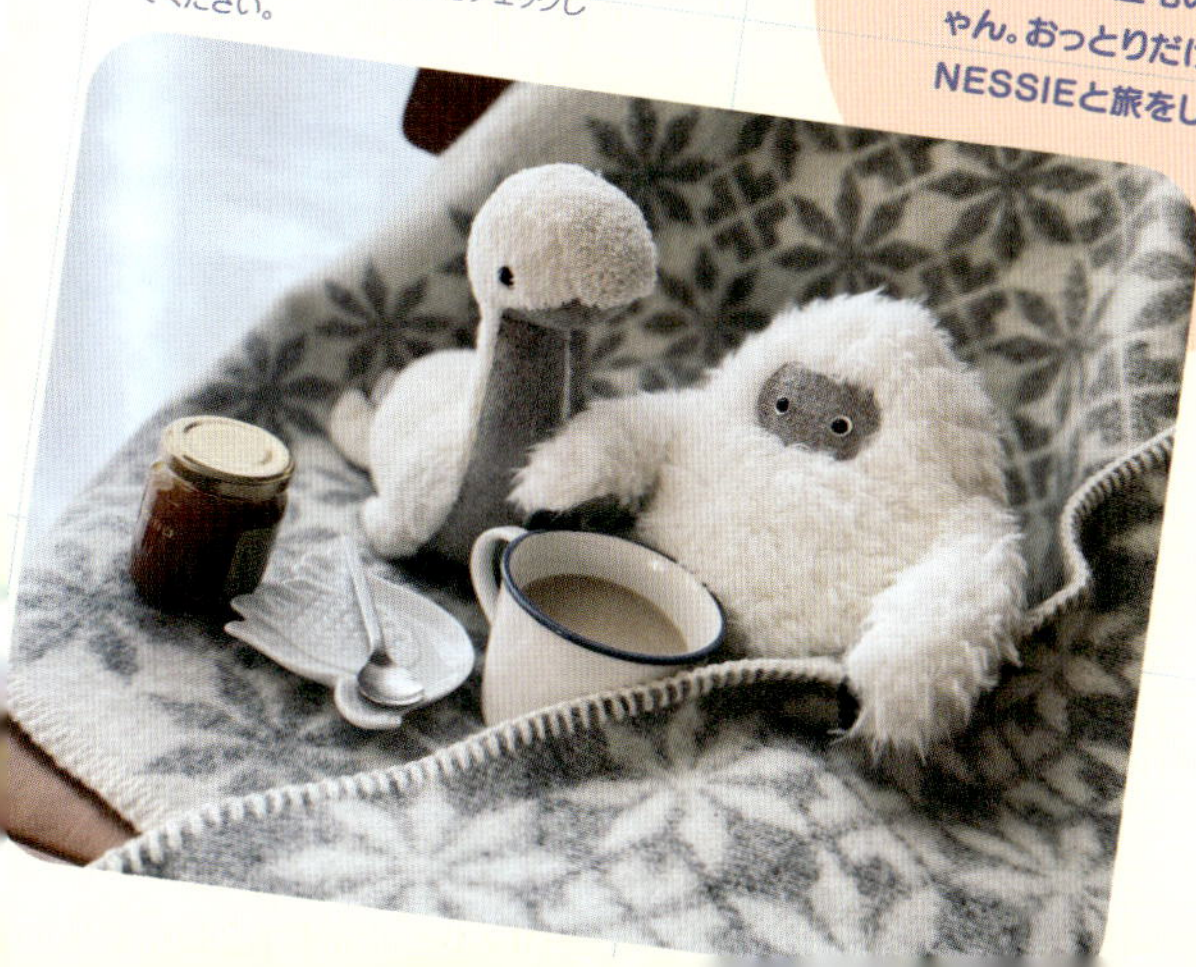

作家名：せこなお
X=@sekonao
HP=https://www.mokemono.com/
Instagram=mokemono

HP

【販売情報】
個展や下記ショップなどにて、不定期販売しています。
**VINYL TOKYO**
https://kenelephant.co.jp/vinyl/
**はちみせ**
https://83s.shop/
詳しくはSNSの告知情報をチェックしてください。

## 名前：BABY YETI（ベイビーイエティ）

誕生日：3月18日

性格：白い産毛のイエティの赤ちゃん。おっとりだけど勇敢。BABY NESSIEと旅をしています。

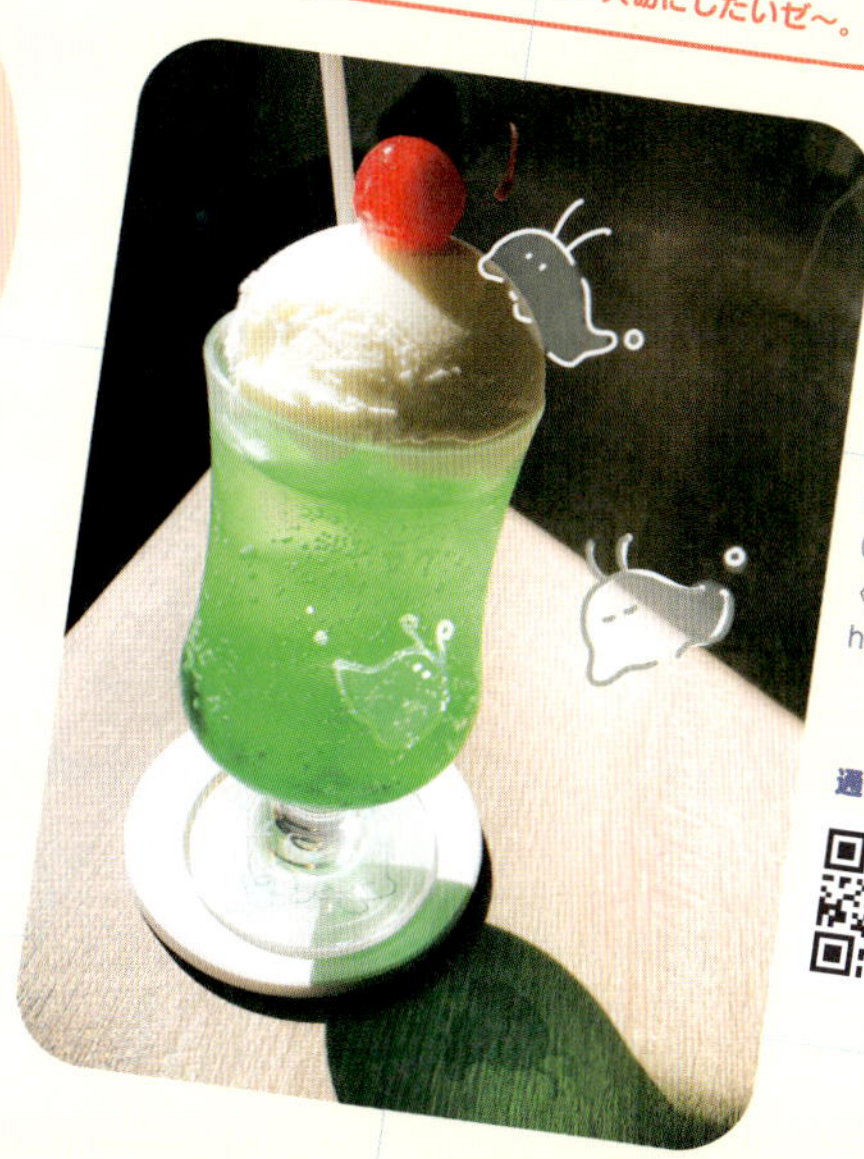

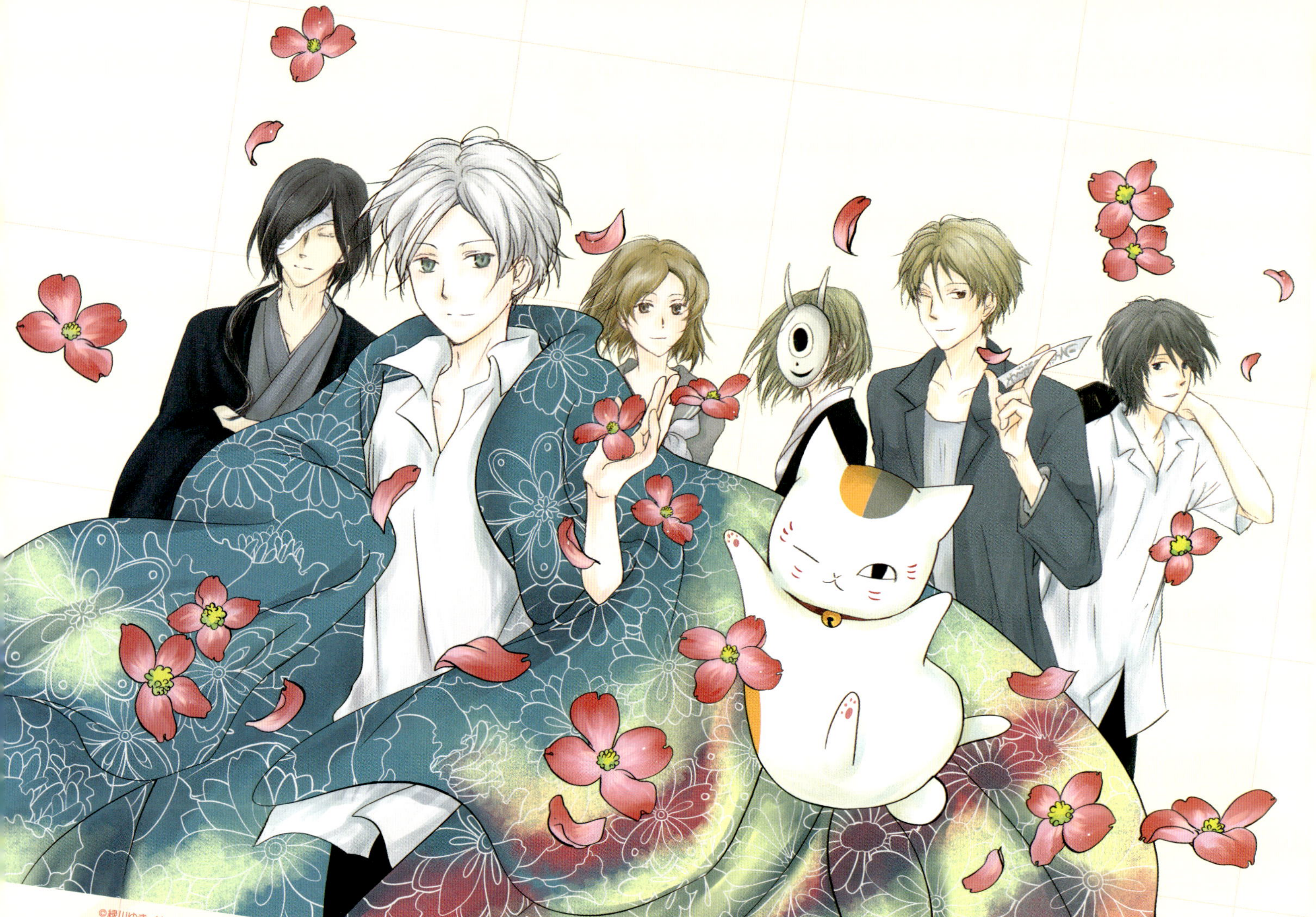



# 夏目友人帳
# 緑川ゆき

「妖怪が見える」という秘密を抱えた少年・夏目が、祖母の遺品である妖たちとの契約書の束「友人帳」を手に入れたことで、用心棒・ニャンコ先生とともに、妖、祓い人、あるいは人間との出会いや別れを繰り返しながら心を交わす物語『夏目友人帳』。そんな本作は、昨年には連載20周年を迎え、今秋にはアニメ七期も放送。著者である緑川ゆきさんに、なんと17年ぶりとなる筆記インタビューを敢行し、『夏目友人帳』の長い道のりを振り返りながら、たっぷりとお話を伺った。

みどりかわ・ゆき／熊本県出身。漫画家。1998年「LaLa DX」(白泉社)にて『珈琲ひらり』でデビュー。『あかく咲く声』『緋色の椅子』などの連載を経て、2003年より『夏目友人帳』の執筆を開始し、現在も「LaLa」にて連載中。昨年連載20周年を迎えた。テレビシリーズ、劇場版など、アニメ化もされている。

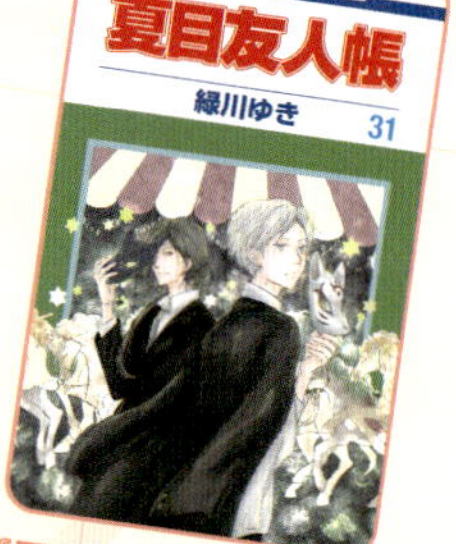

『夏目友人帳』31巻
●発売：白泉社
●価格：528円（税込）

**Q1** 九月にはコミックス三十一巻も発売されましたが、長らく『夏目友人帳』を描き続けるなかで、緑川さん自身の作品やキャラクターに対する気持ちや距離感にどんな変化があるかを教えてください。

**A1** 読切スタートでしたが、初期から大まかに進んでいきたいストーリーは決めてあって、徐々にそこを進んでいっています。有難くも長く続けさせていただいたことによってキャラ達や関係性が成長してしまい、予定しているエピソードを通過する際に、予定を立てた頃よりキャラの硬度が変わっていて、表す感情や反応が違うものになり、描きたかったシーンが変わってしまうことがちょっと寂しくもあり楽しくもあります。

初期の頃は夏目友人帳は〝夏目とニャンコ〟+〝他キャラ〟というスタンスは絶対崩したくないと毎回かなり苦労したのですが、今は自然とそれができるようになったと少しだけ自分を信じられるようになったので、どのキャラのこともあまり怖がらず楽しんで描けるようになりました。

**Q2** 季刊エスで『夏目友人帳』を初めて取材させていただいたのは、まだコミックスが三巻までしか発売されていない頃でした。その頃に比べると、夏目と人、夏目と妖の関係性にも大きな変化が見られます。そういった変化については、いつもあとがきにも丁寧に書かれていますが、連載当初と比べて、思わぬ変化を遂げたキャラクター、あるいは関係性はありますか？

**A2** エス様には初期の頃からお声をかけていただき、漫画を描くモチベーションを上げていただいて本当にありがたく嬉しかったです。ありがとうございました。

もともと少し毒のあるものが描きたいほうでしたし、折角の妖怪ものなのでと初期はもっとシビアな設定も各キャラにはありました。ただ長く続けていると、思った以上に優しい目でキャラ達を見守ってくださる読者様がたくさんいらっしゃって、作者といえどキャラの心や関係性が傷つくものをエンタメ

# 緑川ゆき インタビュー

に消化できない場合は簡単に描くべきではない（応援やアニメによって大勢の方に育てていただいた『夏目友人帳』にかぎりますが）と考えられるようになり、各キャラの芯は絶対変えずに出す情報を熟考しながら、「怖い」も「つらい」も楽しんでもらえる描き方を各キャラ用に模索しながら描いています。

**Q3** 七年ぶりのアニメ放送、楽しく拝見しております。依島もアニメに初登場しましたが、アニメ七期をご覧になっての感想や感慨を教えてください。

**A3** いまだにアニメ化が決まり『夏目友人帳』のために監督・スタッフ様方が熊本までご挨拶とロケハンに来てくださったこと、本当に嬉しくていつまでも鮮明で励みになっています。七期目ともなるとこれまでにご協力いただいた方々は多くて、エンドロールにお名前がなくなったのが寂しかったり、新しいお名前を見つけて嬉しかったり、こんな幸せな気持ちにしていただけるアニメ『夏目友人帳』がまた始まったことが嬉しくてたまりません。七期では、夏目の心が安定してきて原作の侘しさや孤独感が薄れたことで、エピソードとしてはパワーダウンしてしまっていたら申し訳ないととても心配ではあったのですが、ワンカットワンカットとても美しく描いていただき、のびのびと動かしていただき、アニメのためにテンポを整えていただいたセリフへ華やかな声を吹き込んでいただき、とても素敵で…！ 温かく楽しく作っていただき毎回嬉しくて泣きながら観ています。依島さんや勇さんなど新キャラもするりと飲み込めるよう丁寧に見せてくださっていますし、登場すると警戒されがちな祓い屋の名取さんや的場さんも細やかな仕草や演出でなんとも魅力的にしてくださっています。夏目、ニャンコ先生、田沼にタキ、犬の会や同級生達に藤原夫妻など、各キャラが登場するたびホッと楽しくなる、本当に素晴らしい七期目を作っていただきました。

**Q4** 連載初期は夏目とニャンコ先生を描く時に心細さを感じていたそうですが、もうだいぶ長い間、ふたりの日々を心地よく、安心感のあるものとして見ています。夏目とニャンコ先生の日々を最近はどんな気持ちで描いていますか？

**A4** Q1でお答えしたように、初期は距離のある夏目とニャンコ先生による〝この二人〟と〝他〟という描き方だったので、言い方を変えれば「〝他〟と交われない〝この二人〟」だったような気がします。けれど夏目とニャンコ先生が自然と一緒にいられるようになったことで、この構図なりの楽しみ方がわかってきた気がしています。初期はニャンコ先生が力を貸せば解決してしまえる話にならないようとても苦心していたのですが、今は夏目が人と関わるようになってきたので、妖怪の先生が解決してしまえることではなくなってきて、夏目と一緒に先生も四苦八苦できる状態が描けるようになってとても嬉しいです。

**Q5** 友人帳を残した夏目の祖母・レイコのことが初めてきちんと描かれたのは五巻「仮家」で、それまでは「フリとオチ的な存在だと思っていた」とのことです。そこから十四巻「変わらぬ姿」や、十九巻「ゴモチの恩人」などで、緑川さんいわく「レイコの特別でもなんでもない日常」が描かれますが、他にも緑川さんの頭の中にはいろんなレイコの日常があるのでしょうか？

**A5** 初期から一番設定に変化がないのはレイコさんです。それは今生きて成長しているキャラとは違って、どういう人生だったかはもう動かないキャラだからなのかなと思っています。「変わらぬ姿」や「ゴモチの恩人」は〝見えることで人との関わりも妖との関わりもきっと苦労しただろう〟と言う一文で説明できてしまっている内容を、わざわざ漫画にする必要があるのかとかなり悩みながら描いた思い出があります。生きていた頃のエピソードを考える事はできますが、終着点の決まっているキャラなので、さっさと描いてしまいたいという気持ちとなんとなく描いたら終わっていくんだろうなという気持ちもあって、描く配分が難しいキャラだと思っています。

**Q6** レイコのエピソードで印象的なものと言えば、二十二巻「名前を教えて」で描かれる友人帳の始まりの話です。緑川さん自身も「いつか描きたいと思っていたものがやっと描けました。」とのことで、レイコと蒼子の切ないすれ違いや、それに対して涙するソラノメの姿にも胸が痛みました。どんなふうに考え、いつから温めていた話なのか、また、このエピソードを描けた手応えについても教えてください。

**A6** レイコさんの描こうと思っている話は大体決まっているのですが、苦労人なので描いていて辛いものが多く、なかなか描く勇気が出ない話の一つでした。この話は、イメージとしては寂れた駅で不思議な少女（レイコ）を見かける男子高生視点のエピソードと

## 夏目とニャンコ先生

祖母・レイコに間違えられては度々、妖に襲われる夏目。それはレイコの遺品である、妖の名前を集めた紙束「友人帳」のせいだった。友人帳に名前のある妖は、その名を呼ばれると逆らうことができないからだ。夏目は妖たちに名前を返すことを決め、ニャンコ先生は夏目が消える時に「友人帳」をもらい受ける約束で、夏目の用心棒となった。

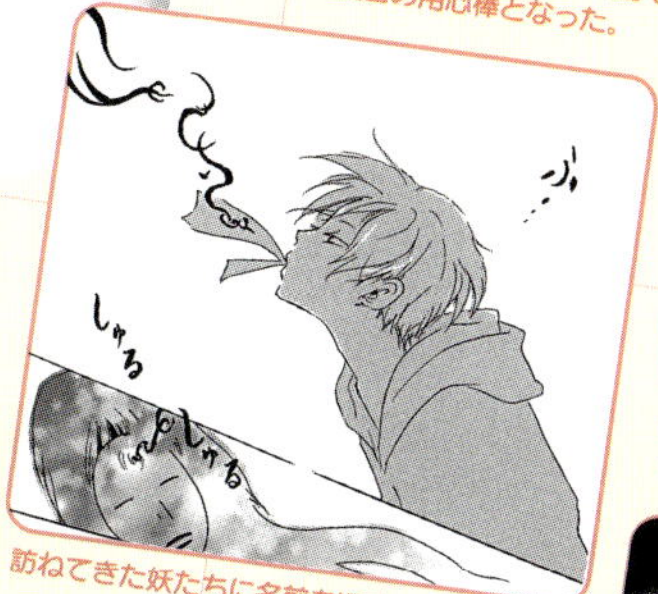

訪ねてきた妖たちに名前を返す日々。

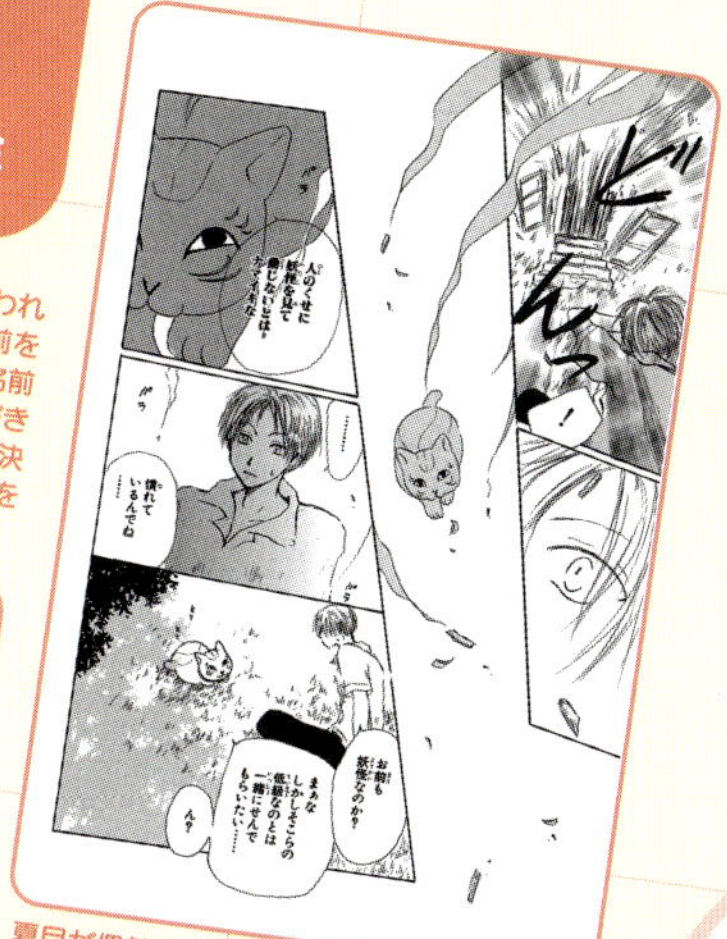

夏目が偶然に結界を破ったことで、祠から出てきたニャンコ先生。

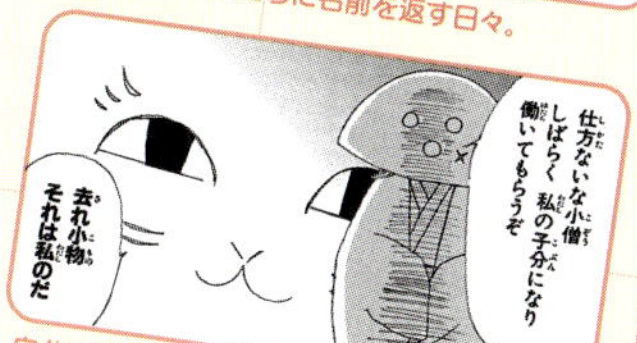

自分の獲物であることを主張。

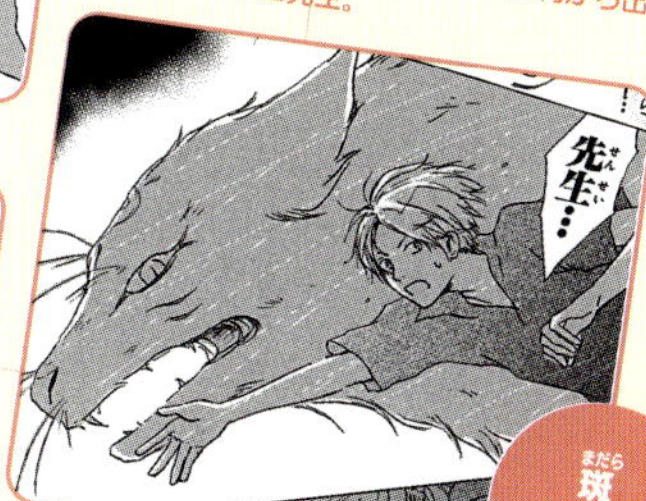

斑（まだら）（本来の姿）

ピンチとあらば助ける。

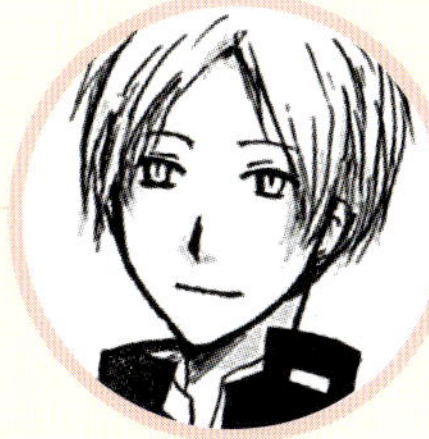

**夏目貴志**（なつめ たかし）
妖が見える少年。祖母・レイコの遺品である友人帳を受け継ぎ、妖たちに名前を返している。

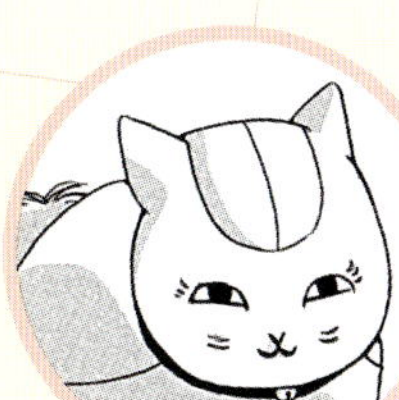

**ニャンコ先生**
（自称）夏目の用心棒。本来の姿はとても優美。甘いものと酒に目がない。

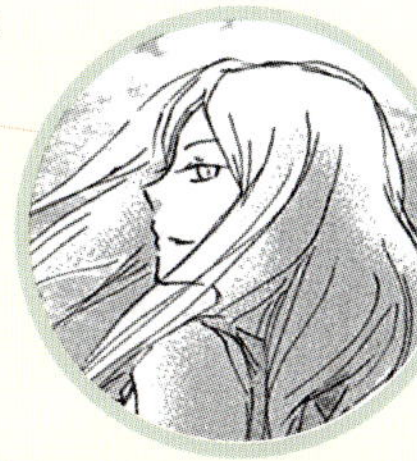

**夏目レイコ**（なつめ）
強力な妖力ゆえに孤独だった、謎めく貴志の祖母。「友人帳」にたくさんの妖の名前を集めた。

## 名前を教えて

友人帳の1枚目に名を刻む妖・ソラノメが語るレイコと、レイコのことを大好きだった蒼子のすれ違いの物語。レイコと友達になりたかった蒼子は、自分が勝ったら名前を教えてほしい、とレイコに勝負を挑み続けるが……。輝かしい戯れの日々が終わり、今度はレイコがソラノメを勝負に誘うのだった。

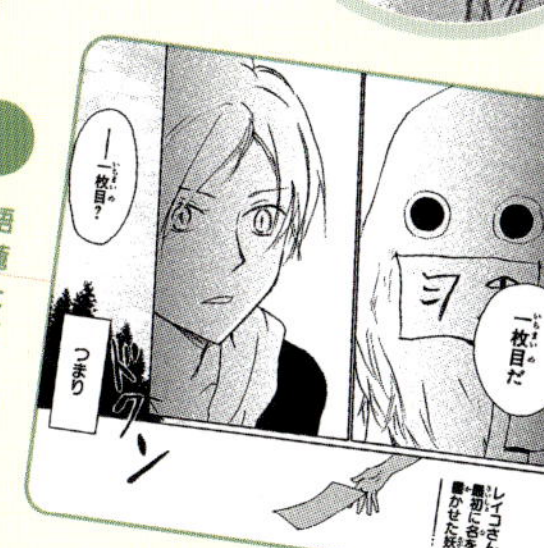


近くにいる者の心が時々伝染してしまうソラノメは、レイコの初めての子分。

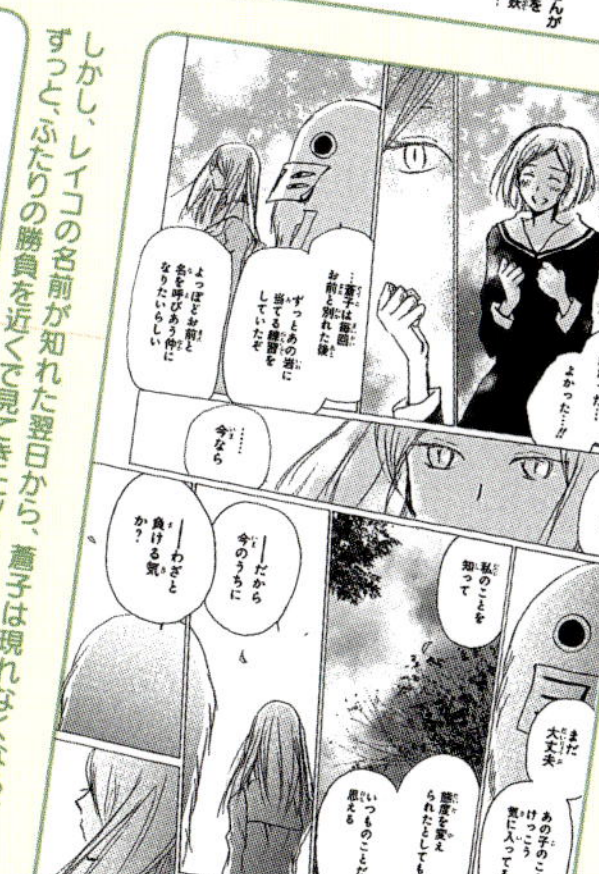


はじめは蒼子を遠ざけようとしていたレイコだが、ソラノメには覗けない、その硬質な心がだんだんと揺れはじめる。

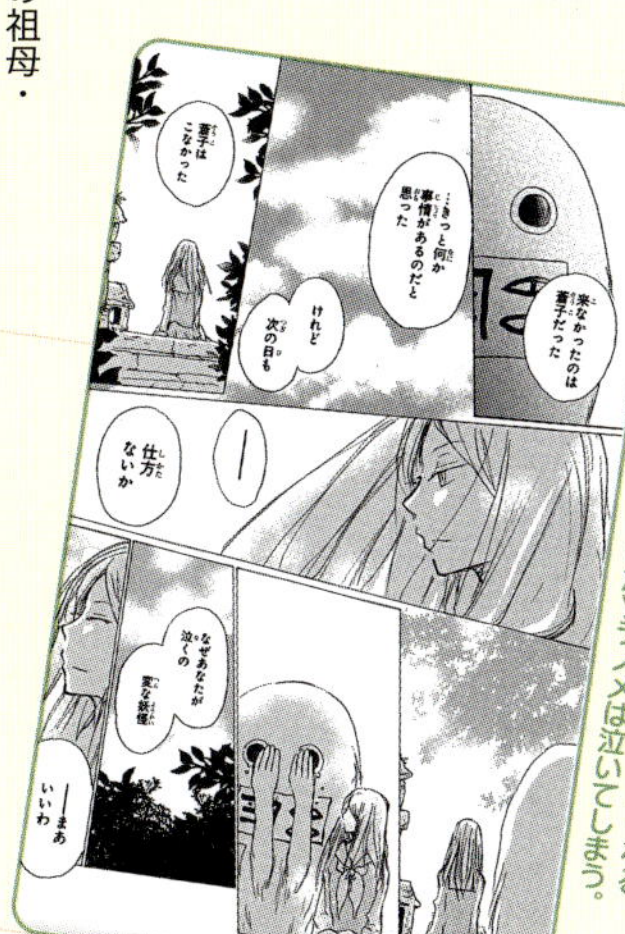


しかし、レイコの名前が知れた翌日から、ずっと、ふたりの勝負を近くで見てきた蒼子は現れなくなる。ソラノメは泣いてしまう。

## 夏目、温泉へ行く

妖が見える者同士でありながら、その関わり方に大きな違いがある夏目と名取。そんな名取に誘われて温泉旅館へとやってきた夏目は、名取との距離感に迷いつつも初めての旅行を楽しんでいた。ところが、まさかの妖退治が勃発！　話したいのにうまく話せない不器用なふたりの関係が一歩進む——!?

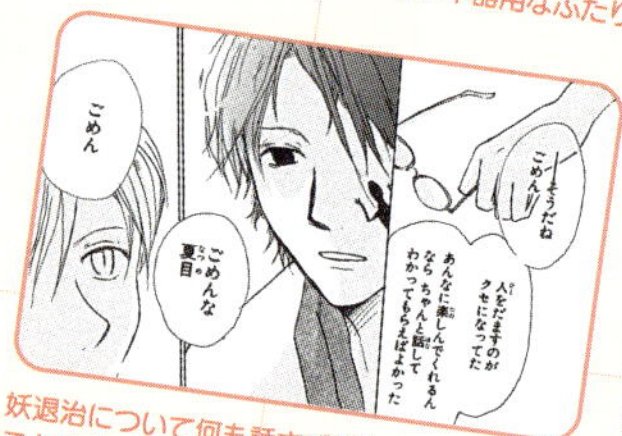

妖退治について何も話さず連れてきてしまったことを、夏目に謝罪する名取。

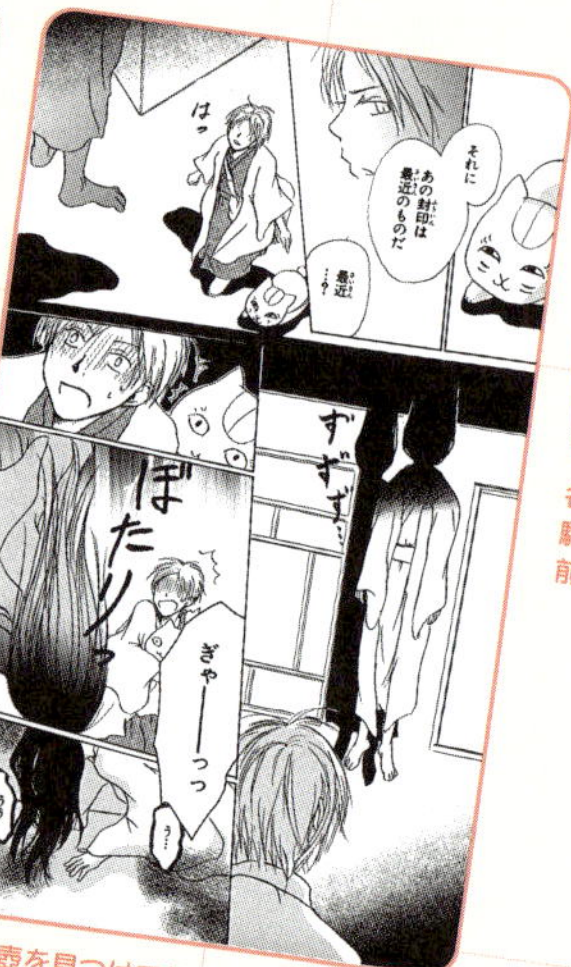

怪しい壺を見つけて旅館を調べると、やはり妖が姿を現した！

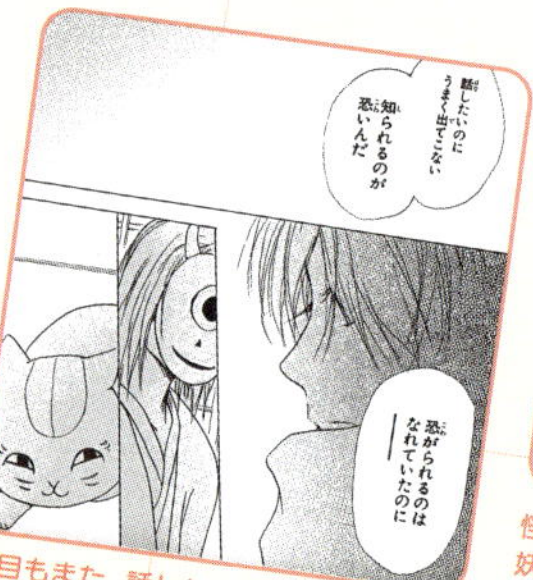

夏目もまた、話したいのに話せないことがたくさんあるのだった。

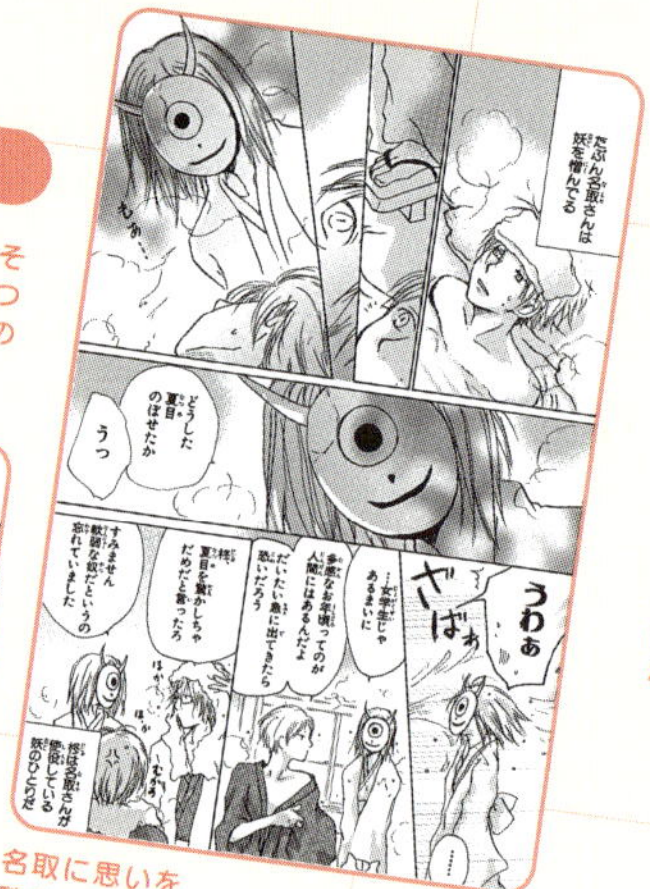

名取に思いを馳せる夏目の前に柊が…！

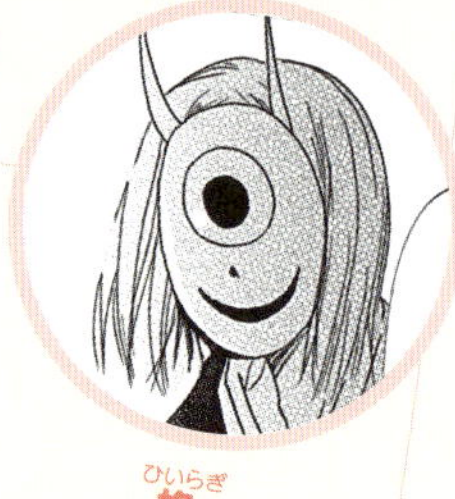

### 柊（ひいらぎ）

名取の式。かつて幼い名取に助けられた恩から、名取に絶対的な忠誠を誓っている。

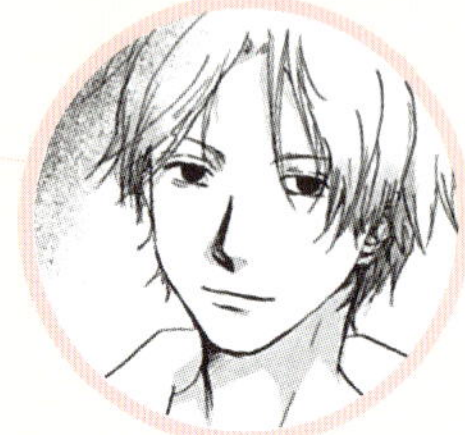

### 名取周一（なとり しゅういち）

人気俳優でありながら、お祓い家業も営む。体中を動くヤモリのアザに憑かれている。

## 呼んではならぬ

夏目の力を頼って、助けを求めてきた少女。それは陣を描き、そのサークル内で妖を見ることができるタキだった。タキは陣の中で禍々しい妖を見たために祟りを受け、夏目もその祟りに巻き込まれてしまう。しかもニャンコ先生が見えなくなるピンチまで。果たして無事に妖を封印できるのか——!?

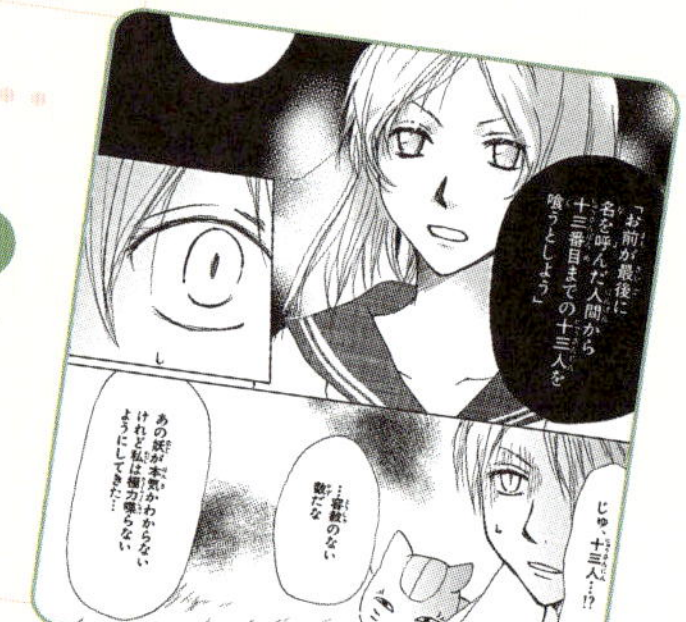

タキに名前を呼ばれた夏目は祟りの被害に…！

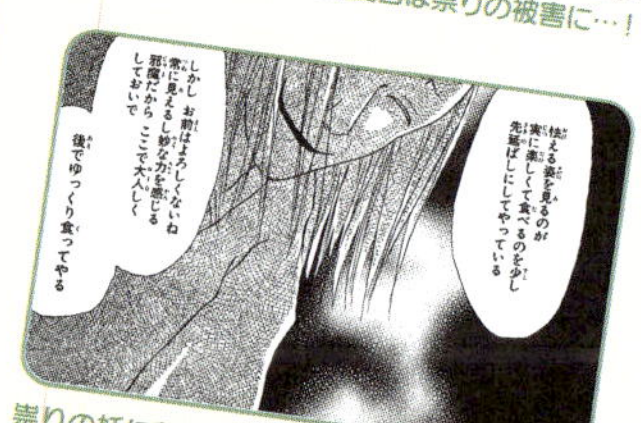

祟りの妖に襲われた影響で、夏目の目には妖が見えなくなってしまう。

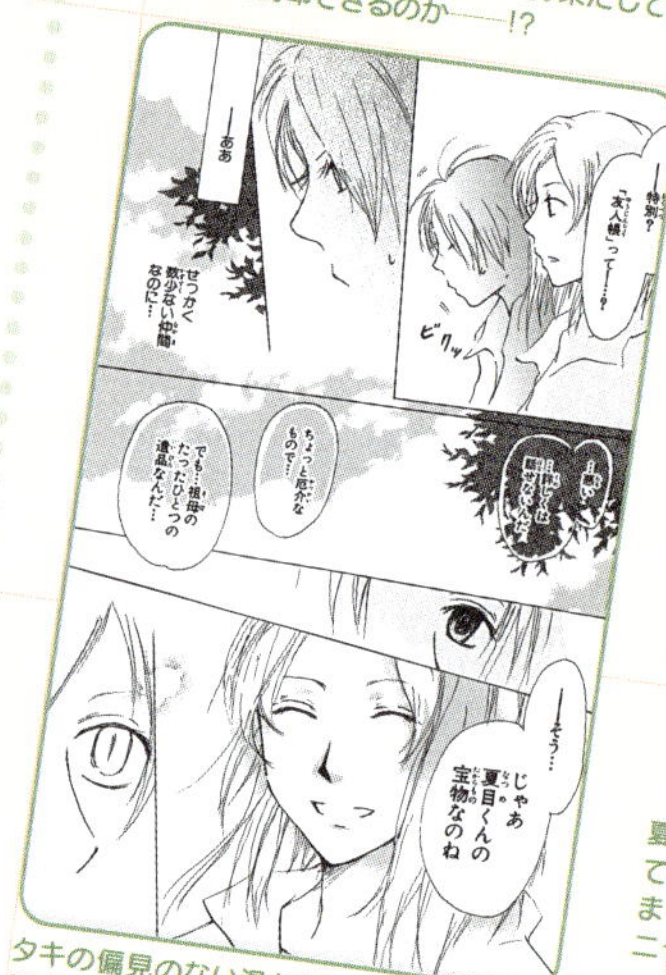

タキの偏見のない温かな言葉に夏目の心もほぐれるのだった。

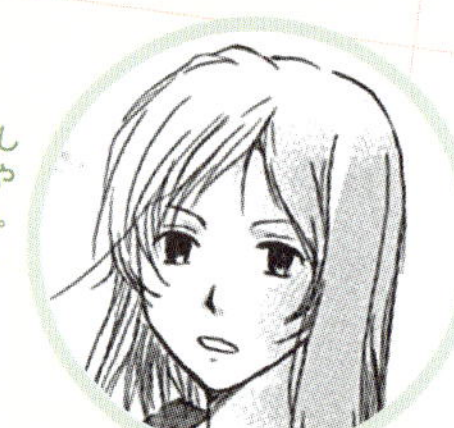

### 多軌透（たき とおる）

夏目の友人。妖を研究していた祖父の影響で陣やまじないごとに詳しい。ニャンコ先生の大ファン。

## タカシの友人

妖の見える少年・カイと出会った夏目は、自分と同じ苦労をするカイにかつての自分を重ね、守りたいという想いを募らせる。ところがカイは人に化けた危険な妖で、名取がカイを祓いにきたことを知る。カイを助けたい夏目と、そんな夏目に裏切られたと誤解するカイ。ふたりの行き違いが悲しい初の長編エピソード。

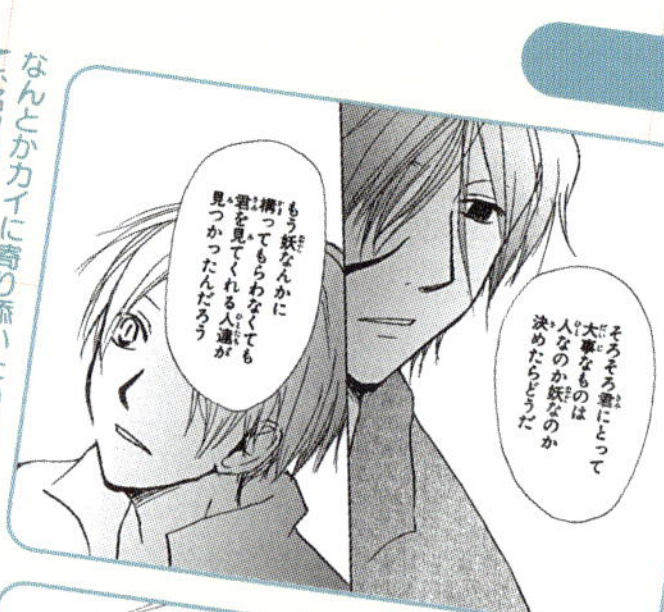

なんとかカイに寄り添いたい夏目に対して、名取の言葉が突き刺さる。

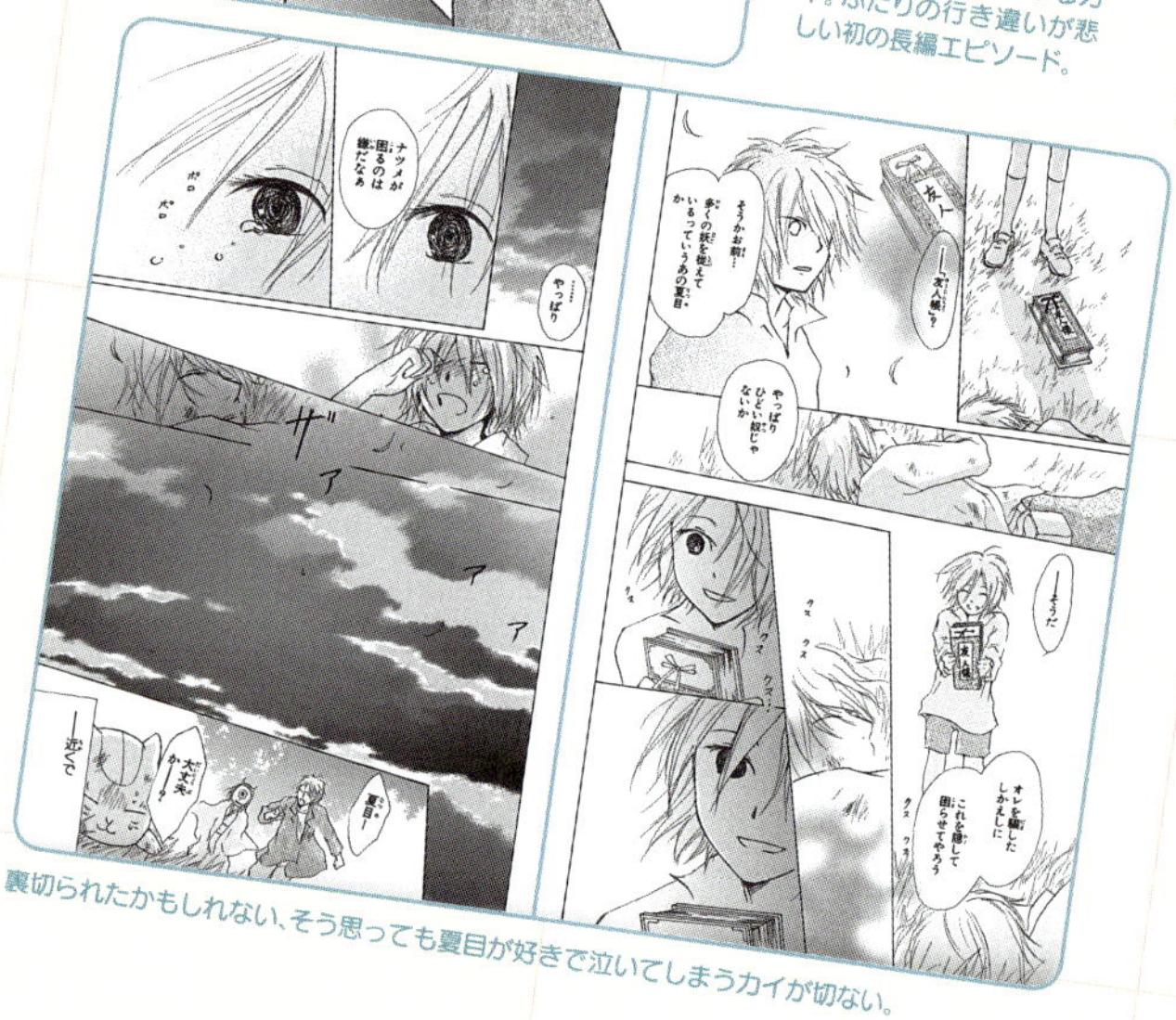

裏切られたかもしれない、そう思っても夏目が好きで泣いてしまうカイが切ない。

して考えていました。でも描き始めるにはなんだか寂しくて妙なノイズも多く、気が乗らないままずっと描けずにいたのですが、男の子ではなく蒼子という女の子が見えてからは、ぱあっと話に色がついていくような気がして、今を逃したら描けないと思って飛びついて描いたような気がします。

**Q7**　こうして連載が続いていくと、意外とニャンコ先生とレイコの関係性が謎めいていると感じます。例えば六巻の特別編「レイコ懐古帳」で描かれていたレイコとヒノエの出会いのように、両者の出会いやなんらかのエピソードが、緑川さんの頭の中にはあるのでしょうか？

**A7**　レイコさん周りやニャンコ先生周りや二人の関係性は大事なものがあるので、ぜひじっくり描きたいと思っています！

**Q8**　友人帳にある名前を妖に返す夏目と、妖の祓い屋である名取は、ともに妖が見えてしまうことでの孤独や苦労に共通点を持ちながらも、その生き方や考え方には大きな違いがあります。そんな二人の関係性は連載のなかでどんどん変化していきますが、四巻「夏目、温泉へ行く」の巻末ネタバレで、「妙な心細さを感じる」「少しはわかりあってきたということでしょうか」と書かれていたのが印象的です。今の二人に対してはどんなふうに感じますか？

**A8**　夏目も名取さんも、お互い力になりたいと思い合えるようになりましたが、力になりたいの質がそれぞれ違うのではないかなと感じています。同じ気持ちでも取る行動は人によって違うものだなと描いていて思うので、そういうズレのような差のようなものを描いていけたら嬉しいです。夏目はまだ未来を選んでいく学生であること、名取さんはそこを通過し終わった大人であること、この差が大きくて、正しいことへの考え方の差異も大きいのではと感じています。「言ってよかった」と「言わなきゃよかった」の間を波のように繰り返していく二人なのかもしれません。

**Q9**　五巻「呼んではならぬ」のタキの初登場エピソードは、「大きな落書き」と「条件付きで妖が見える」という種からできたお話だそうですが、そもそもタキはどんなイメージで考えたキャラクターでしょう？

**A9**　アニメ化のお話が来た頃だったんじゃないかなと。万が一アニメにしていただけるのだったら女の子が見たいという気持ちと、でも他に女の子を出すとレイコさんの特別感が薄れてしまうのではないかと抵抗があって、よっぽど好きになれるような子じゃないと難しいと悩みながら描いた気がします。夏目の隣に立っても読者様の気持ちがざわざわしないような、凛とした女の子が描ければいいなと頑張った気がします。打ち合わせ後はほとんど決め打ちでネームを担当さまに見ていただくことが多いのですが、"しっかり者だけどニャンコ先生を可愛いと言い出すようなセンスの持ち主"というキャラクター造形は担当さまと相談しながら作り、描き進めた思い出があります。相談して作ったキャラク

## 遠き家路

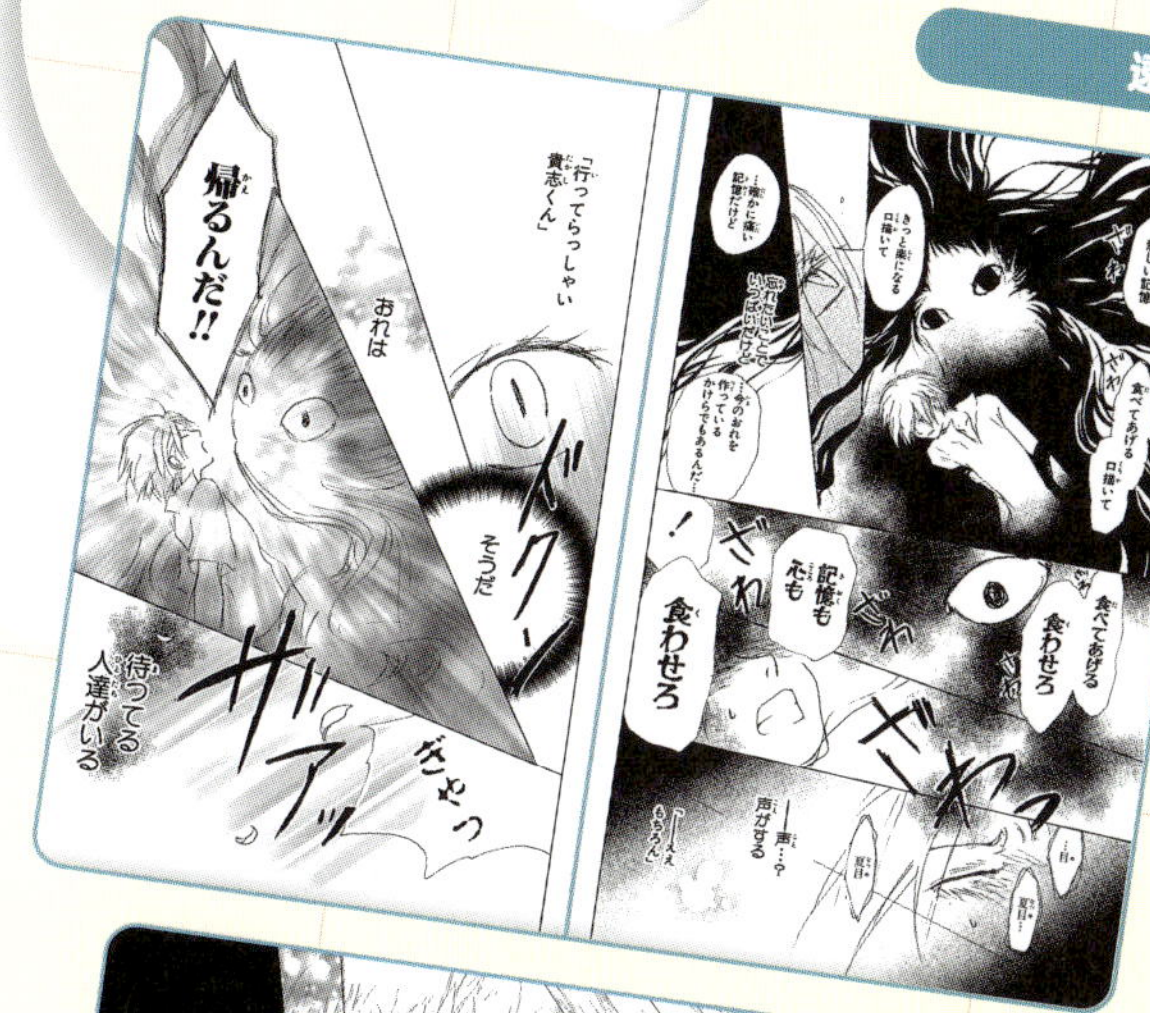

もう手に入らないから忘れたい——。亡くなった父と暮らした家をそうして避けてきた夏目だったが、家が人手に渡ることを知り、最後に見にいく決意をする。家族を失い、親戚の家で過ごした、あの辛い子供時代を追体験するかのように、かつての家路を辿る夏目。そんな夏目にも今や新しい、かけがえのない家路があるのだ。

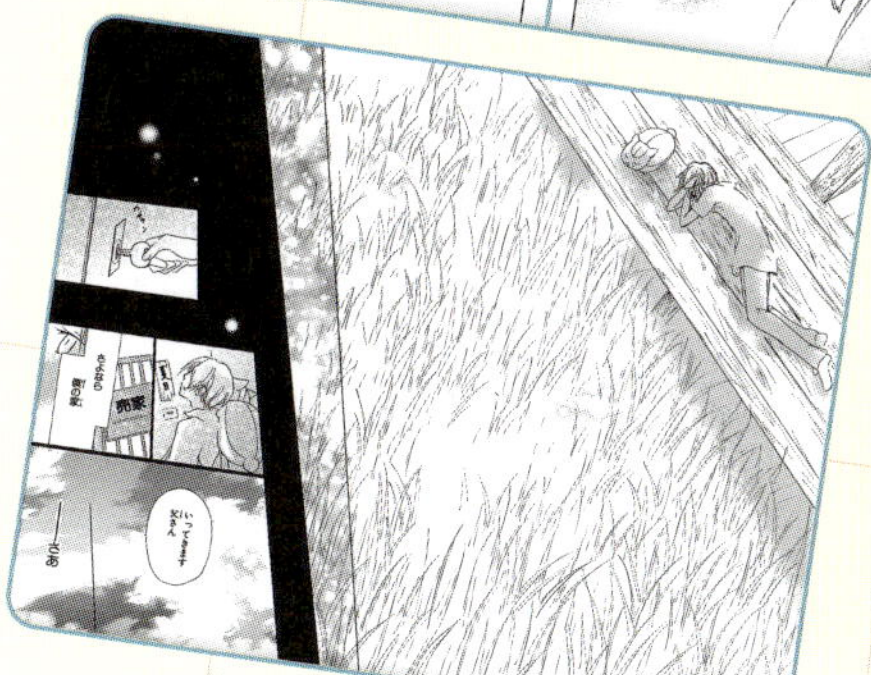

ようやく辿り着いた懐かしい縁側で、顔を覆って静かに泣く夏目の姿はあまりに美しく、切ない。

## 帰る場所

藤原家に行く少し前のこと、さみしい夏目を連れていこうとした妖がいた。そんな「帰る場所」を持たなかった頃の夏目と妖の話。そして今、封じたはずの妖に夏目は見つかってしまう。けれど悪夢から目覚めた夏目のかたわらにはニャンコ先生がいて、鮮やかに妖を蹴散らすのだった。

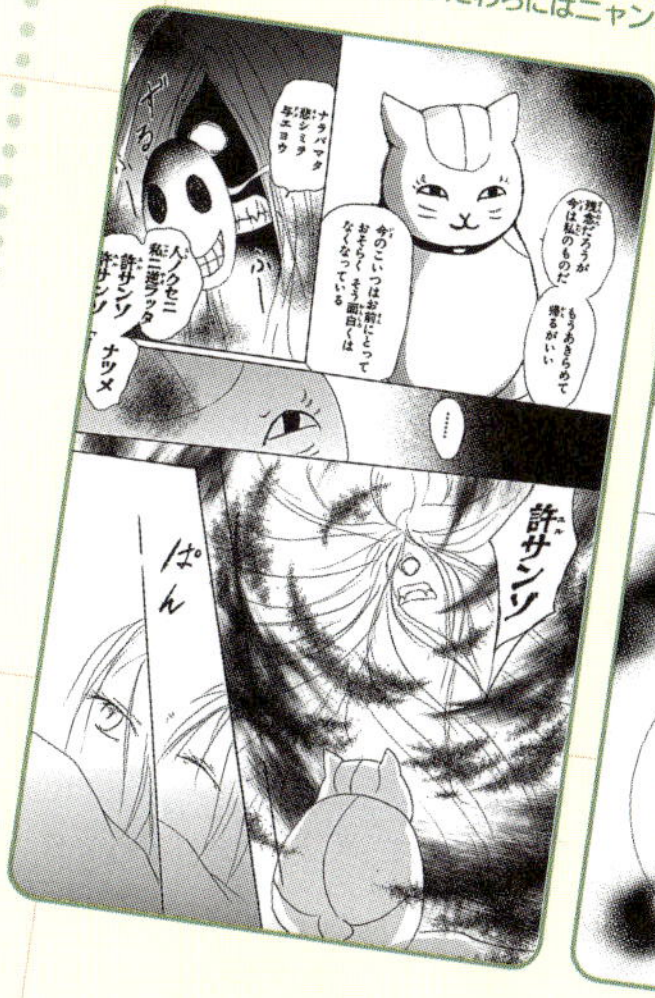

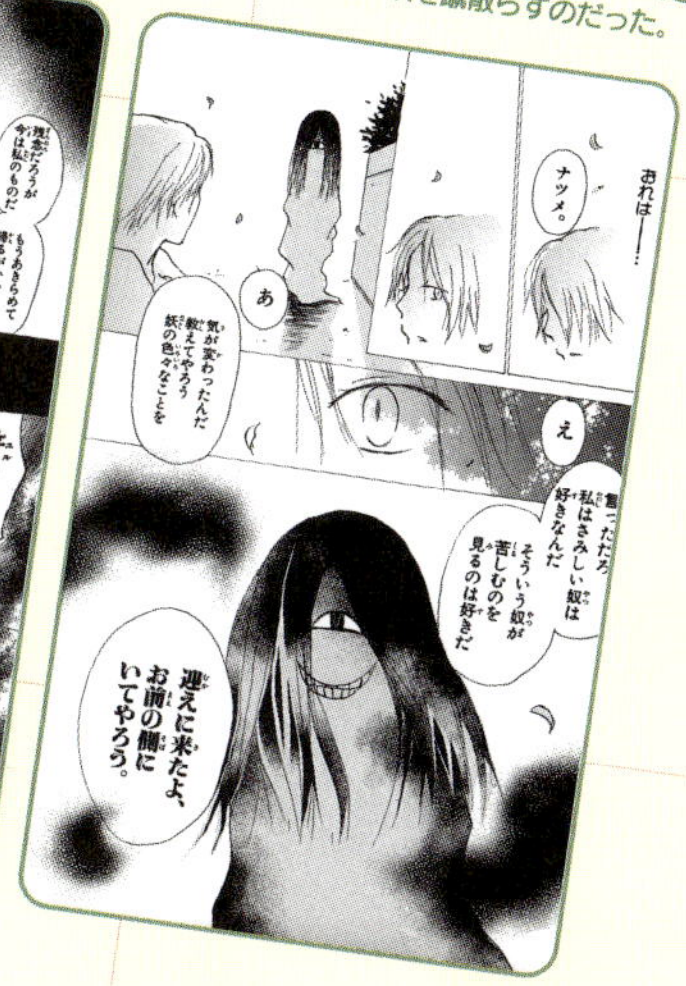

## 硝子のむこう

ある日突然、謎のビンに吸い込まれ、オミバシラという妖の復活の供物として持ち去られてしまう夏目。そんな夏目を救出するため、ニャンコ先生、田沼、名取が共闘するエピソード。友人の力になりたくて無理する田沼、友人を失うかもしれない恐怖に青ざめる夏目、そんな夏目を鼓舞する名取。三者三様の想いが渦巻く。

大切な人を危険にさらしてしまった恐怖に青ざめる夏目だが……。

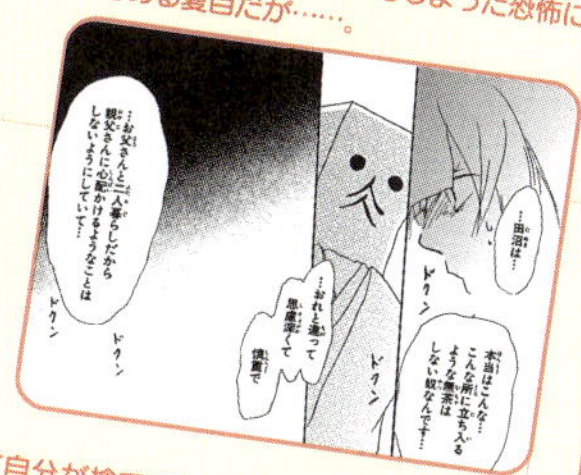

かつて自分が捨ててしまったものを、夏目には手放してほしくない、と願う名取だった。

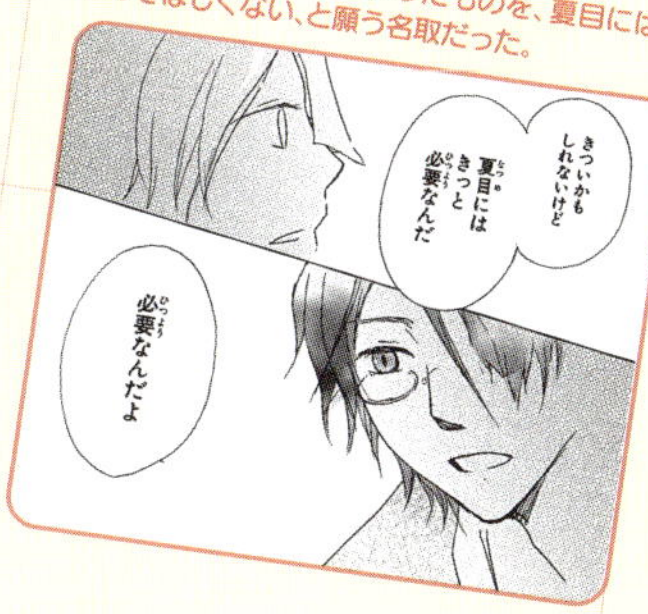

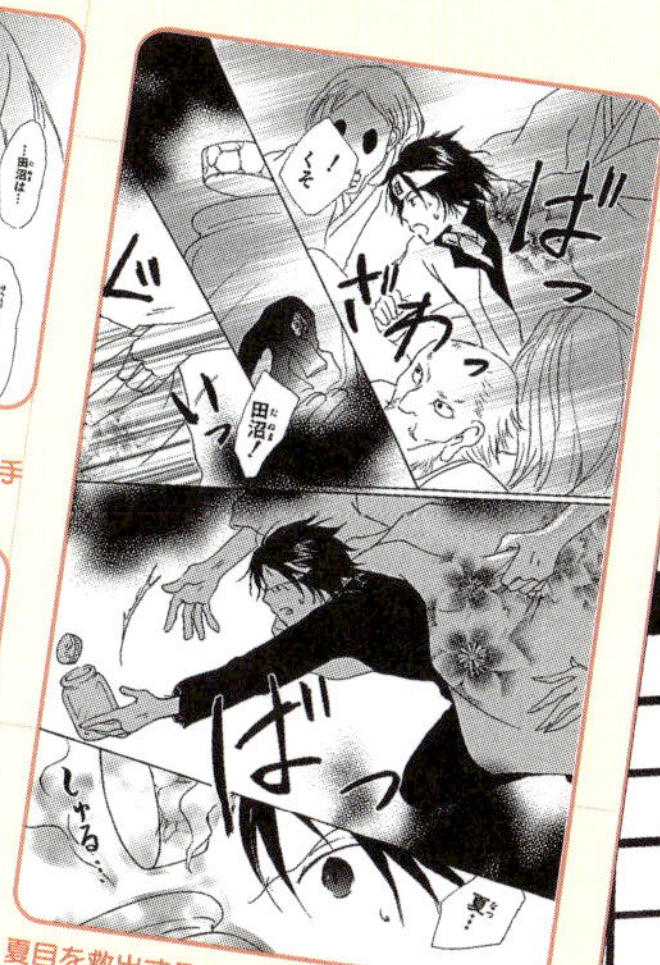

夏目を救出するために、なんとか妖たちを欺き、宴を掻き回すべく奔走する田沼。

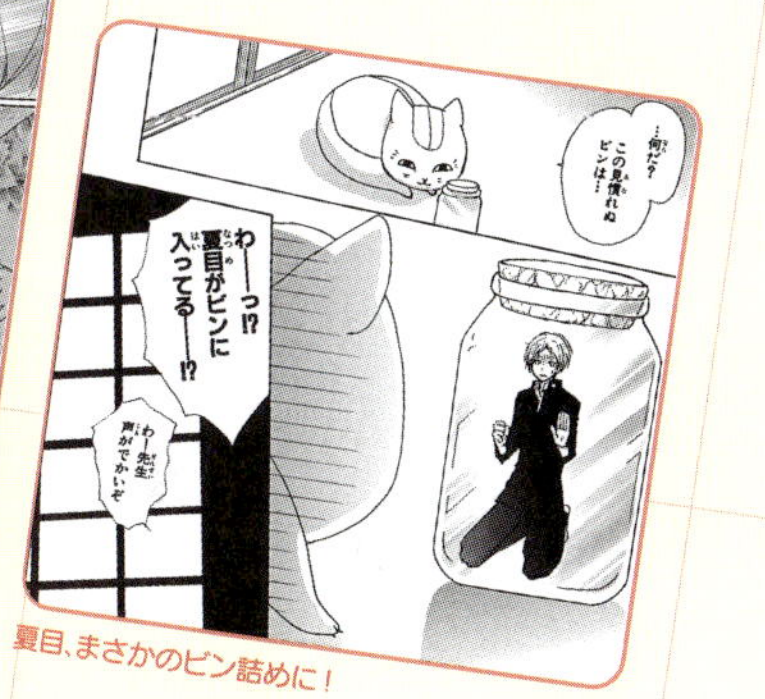

夏目、まさかのビン詰めに！

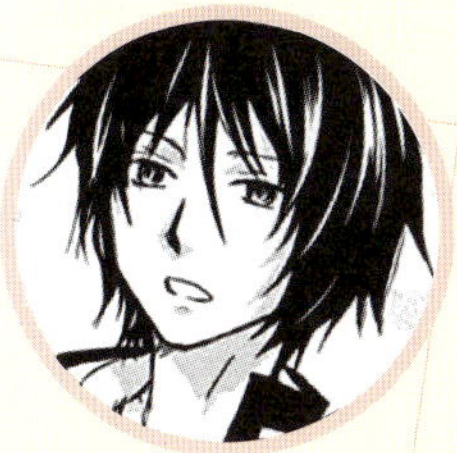

**田沼 要**（たぬま かなめ）
夏目の友人。お寺の息子で、普通の人に比べ妖の気配に敏感。

ターで言うと、的場さんも初登場時は設定画を何案か描いて担当さまと一緒に相談しながら作った大事なキャラです。

**Q10** 六巻「タカシの友人」で、初めて三話連続のお話を描かれています。名取から夏目に対する「そろそろ君にとって大事なものは人なのか妖なのか決めたらどうだ」というセリフや、カイという子供の姿で現れる妖との切ない交流も印象的です。初めての三話連続ということで緑川さんの中での思い出などあれば教えてください。

**A10** 月刊連載で三本読切を描くのは無理なので、一本を三分割でやらせてくださいとお願いした気がします。もともと長編を描きたいほうだったので、長いお話を描けるのがとっても嬉しかったです。すれ違ったまま終わってしまう話をやっていなかったのでやってみたいと組み立てて、そういうすれ違いのお話に共犯的に名取さんを出すことができて嬉しかったです。ただ最後に許されたかはともかく、夏目とタキがクッキーを持って会いに行くシーンを入れたかったのが入らず心残りだったのですが、アニメではクッキーを食べるカイのシーンを入れていただけて感激でした。

**Q11** 八巻は、夏目が今や孤独ではなく、信頼できる家族や友人達を得たのだということを、しみじみ感じられる巻だと思います。文化祭が楽しみで嬉しい気持ち、だからこそ自分のまわりに危険を持ち込んでしまうことの恐ろしさ。互いに気になり思い合う気持ちが、なんだか噛み合わないけれど一歩近づいたように感じられる田沼との関係性、そしてかつて寂しい自分によってきた妖と、今、自分の暮らす藤原家、かたわらにいるニャンコ先生——。そんな八巻を描いていた時の緑川さんの気持ちを教えてください。

**A11** 初期の頃、夏目を評価していただけたのは夏目とゲスト妖怪の心の交流を描いていたからだと思っていて、そんななか夏目自体のことを描きたくもあり、描いても楽しんでもらえるのかととても悩ましかったです。それでもやっておきたいと思って描いた話が多い巻だった気がします。ゲスト妖怪の話は一本一本考えないといけないのですが、夏目自体やレギュラーの話はやりたいと普段から考えている話が多いので、わりとするすると描けて楽しかったです。

**Q12** 十一巻「遠き家路」について教えてください。八巻の「帰る場所」に続き、十一巻の「遠き家路」では夏目の幸せだった頃の記憶と、実際にかつての実家を訪れる姿が描かれます。セリフなく縁側で泣いている見開きのシーンがとても切なく美しく、また新たな家族写真を得た夏目にも嬉しい気持ちになりました。「ずっと描いてみたいと思っていた」話だそうですが、夏目という人物像を考えた時からイメージしていたエピソードだったのでしょうか？

**A12** 夏目にも父親と暮らし愛されていた記憶はあると思っていて、でも辛い時にその温かい思い出が励みになるかと言うと、そのことを思い出すと愛してくれていた人がもう消えてどこにもいないんだと気付いてしまい、立てなくなってしまうので封印しなければならないくらい夏目は孤独なんだろうなと思って描いてきていました。ですから、この話を描いてしまうと妖しい夏目が人間になってしまう気がして、描きたくても描きたくないと恐る恐る描いた話でした。草ぼうぼうの古い縁側に横になり、顔を隠して泣いている夏目が初期の頃から頭に浮かんでいて、そこが実家なのかなと思っていたところに色々繋がって出来ていったお話です。

**Q13** 十二巻「硝子のむこう」について教えてください。だんだんと周りを頼れるようになったことで田沼を危険にさらす恐怖を味わった夏目と、夏目の力になりたいと奔走するもうまく果たせない田沼、それぞれのジレンマに応援したい気持ちがむくむくと湧き上がるエピソードだと感じます。その苦しさ、葛藤、レイコも自分も捨ててきてしまったも

## ふたつの輪

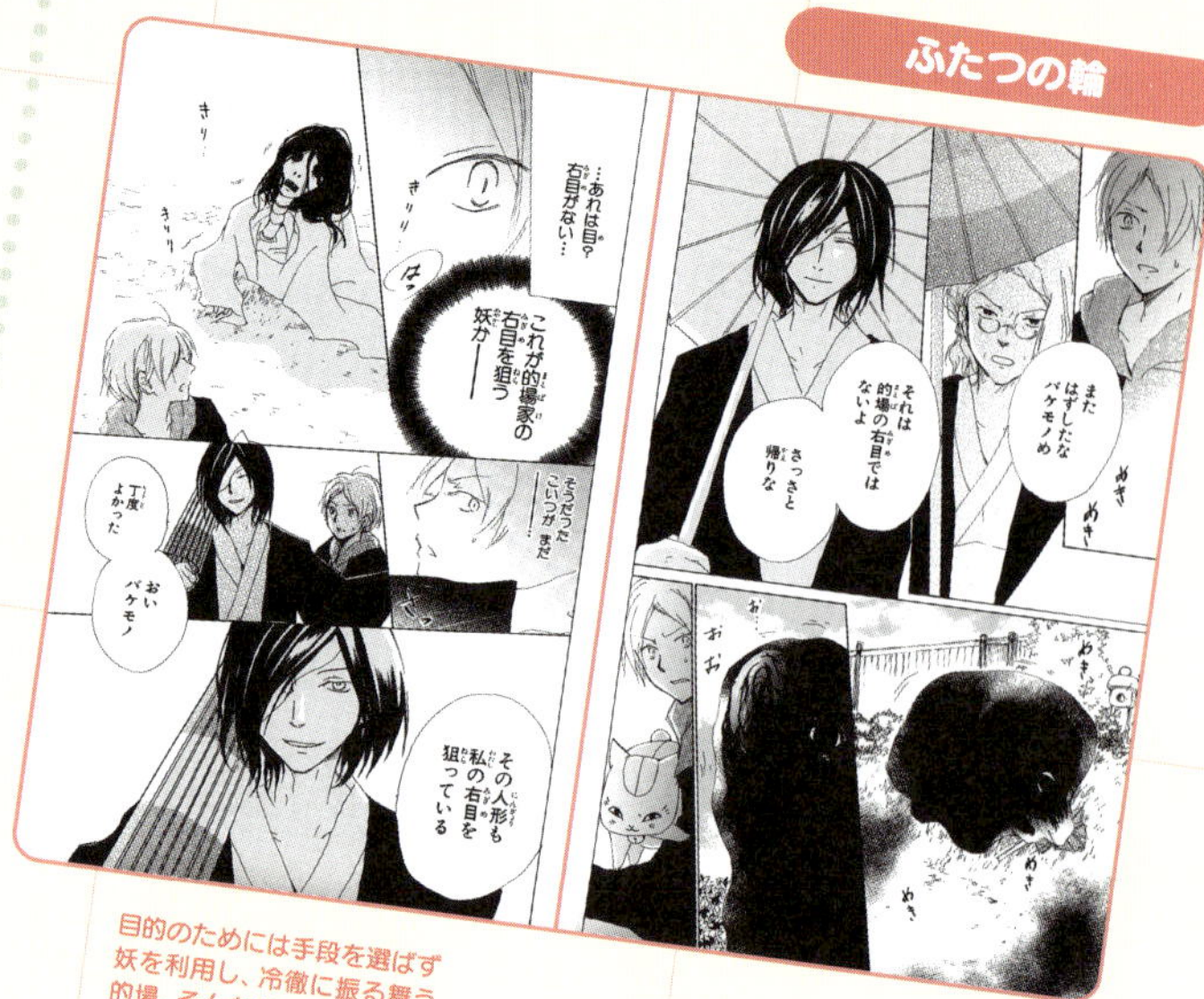


目的のためには手段を選ばず妖を利用し、冷徹に振る舞う的場。そんな的場の態度に反感を抱く夏目だが、右目を狙う恐ろしい妖の襲撃を目の当たりにし、心をざわつかせる。あまりに複雑で過酷な運命を、ただただ嗤う的場を、ひどく遠くに感じるのだった。

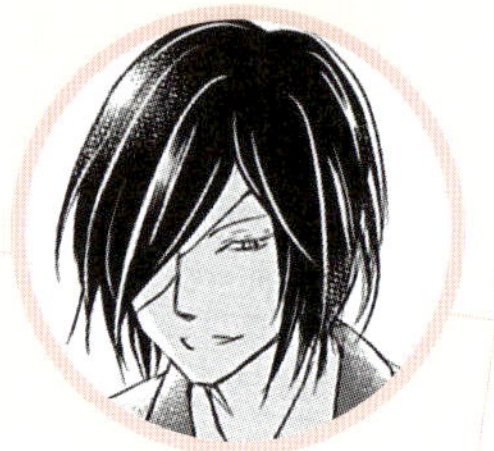

**的場静司**（まとば せいじ）
祓い屋の名門・的場一門の若き頭主。頭主は代々、その右目を妖に狙われる運命を背負う。

## 違える瞳

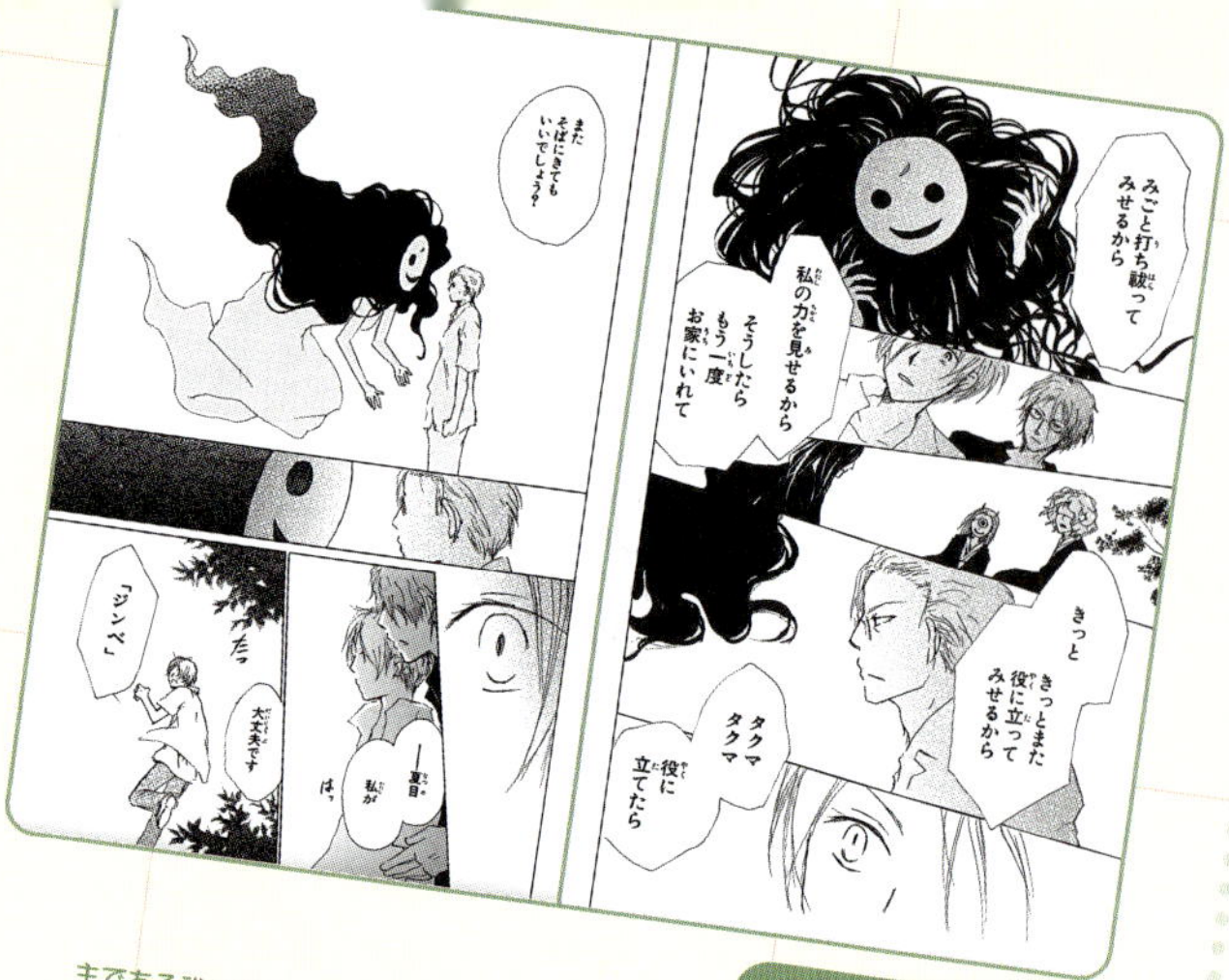


主である祓い屋と、式である妖の、あまりに切ない関係を描いたエピソード。かつて名取が世話になった祓い屋・タクマは、今や妖が見えなくなり廃業した。ところが家の外に閉め出されたかつての式によって、家に災いがもたらされていた。式を自由にすべく解約の儀を行おうとした夏目が見たものは――涙なくして読めない。

のを捨ててはいけないんだ、と夏目に語る名取の言葉の持つ優しさと重さも深く響きました。一方で、妖の宴の賑やかさ、雑に夏目に化けるニャンコ先生、小瓶に閉じ込められる不憫な夏目など、他にも見どころが満載です。特にお気に入りのシーン、描いていて楽しかったところなどを教えてください。

**A13** 初期のネームでは、小さな壺に夏目が閉じ込められて、それを先生が背負って事情を知るゲスト妖怪と一緒に右往左往する形で途中まで描きました。けれど描いて楽しくなかったので考え直したところ、ガラス瓶に入った方が絵的に楽しいかも、中身が見えるなら誰かにもミニ夏目が見えたほうが面白いのでは、乗り込んでいった先に知り合いがいたらサプライズになるかもな、という感じで出来ていったような気がします。瓶に入っている間の晩御飯どうしよう…と考えていたら、ニャンコ先生が変身してくれた感じです。この時三人初顔合わせのイベントもできて良いタイミングになったと思います。夏目が田沼に見える事を話したことによって、田沼側が嬉しい半面話さなければよかったと夏目に思われたくないというプレッシャーが強くなっていたのは、描いていて意外な発見でした。だから、夏目は後悔はしていないけれど、西村北本や藤原夫妻には話さずにいるのだと思います。夏目は田沼にだけはもう一緒に揺れてもらおうと。名取さんはそういう気持ちをもう通過して踏み込ませないと決めてしまっているから心を揺らす必要は無いのですが、揺れているものを見ると自分も揺れてしまうのが名取さんなのかもしれません。

**Q14** 的場という人物像と、的場一門をどのようにして考えたか教えてください。七巻の「人ならぬもの」で的場は初登場しますが、当初は悪役のイメージが強く、珍しく怒りを露わにするニャンコ先生も印象的でした。続く九巻「東方の森」でもやはりあまりいいイメージがないのですが、十三巻「連鎖の陰」で手紙が読まれなかった的場の憂い、十九巻「ふたつの輪」で描かれた過酷な状況、二十三巻「約束の残る家」で発した「祓い屋をやめたいと思ったことはない」などのセリフから見えるブレない強さなどから、その印象はどんどん変わっていきました。巻末のネタバレでは、的場一門のエピソードに関しては「前から描きたかった」と書かれることが多いので、初期からかなり細かく設定や人物像を考え、温めていらしたのかなと想像しますが、いかがでしょうか?

**A14** 本編にとって〝妖怪は必ずしも良いものではない〟という要素はとても重要で、そのための祓い屋達でもあります。多少ダーティーではありますが人を守るために動いている祓い屋が、夏目や読者様視点から見ると悪役のように怖く見えてしまうのは、ちょっと面白いなと感じております。でもそういうバランスが、友人帳について妖怪にも人にも話してはいけない物だと実感してもらえるんじゃないかなと。的場さんにも大きな役割があると思っているので、怖がられながらも何とか描き切っていきたい大事なキャラです。大まかな設定は決まっていたのですが、キャラクター図案をいくつか描いた中から、夏目初代担当様が長髪のものと眼帯のものを選んでくださったので、では長髪の理由・眼帯の理由が必要だと具体的に出来上がっていきました。その頃、なぜか和傘をさして立っているイメージがずっとあって、ああ、柄が目玉模様にみえるのかと思って繋がっていった感じです。

**Q15** 十七巻の「歪みなき世界」や、二十一巻の「伸ばした手は」など、かつての名取のことを描いた特別編における、名取と的場の関係性がとても好きです。過去の二人を描く醍醐味や、二人を描く上で大事にしていることを教えてください。

**A15** 何も持っていない名取と、多くのものに囲まれると決まっている的場、お互いの立場になる事は無い二人というのは描いていて楽しいです。たったひとつ下の破格の実力者、いっこ上の自由なルーキーとお互いにとって引っかかる存在な気がします。二人とも夏目とは違う反応を描くことになるので新鮮ですし、描きたい話はたくさんあります。こういうところを通ってきたから、今の二人になっているという話をきちんと描きたい。レイコさんやニャンコ先生の時も思うのですが、話はあるけれども〝夏目〟が出ない話をどれくらいやっていいのかは、読書様の反応を見ながら担当様と相談して決めていければと思います。

**Q16** 十五巻「違える瞳」では、式が見えなくなり廃業した祓い屋・タクマのエピソードが描かれます。ジンベが何も見えなくなったタクマに対して「またそばに来てもいいでしょう?」と話すシーンは何度読んでも思わず泣いてしまうのですが、タクマと月子という人達をどんなふうに考えたのかと、式と主の関係性を描く上でどんなことを大切にしているかを教えてください。

**A16** 廃業していく祓い屋を描きたい、そうなった時に家族がどれくらい心配することになるのかを一度描いておきたいと思っていました。名取家も一度は廃業した身で、お世話になった先輩がそこへと向かっていく時の名取、それを見守る夏目を描きたくて出来ました。名取は元名家だったので、外野からやいやい言われるのが煩くてはったりもかねて式をはべらせているタイプですが、力がさほどない祓い屋は式もどこか愚かな者が多いので、手の内をバラさないためにもあまり周囲に見せていなくて、とそういうところを見せれたらと楽しんで描けました。あまり賢くないものだからこその主側の愛着と、式側の異種的な怖い幼さと可愛さを描けたらなと思いました。

**Q17** 十八巻「閉ざされた部屋」も主と式の絆を描いたエピソードと言えますが、箱崎家についてどんなふうに考えたのか教えてください。また余談ですが、箱崎家で出会った妖が話した「夏目の面差しと似た男」の話もいつか読めるのか気になっています。

**A17** ビックリ箱のような箱崎邸には思い入れがあります。華やかで賑やかな空間にたった一人で住んでいたらしい、妖怪達はその場所について知っているけれど人はほとんど詳しく知らない場所、というのは魅力的だと思っています。夏目がこの場所でニアミスした情報もそのうちきちんと描きたいと思っています。

**Q18** 主と式に限らず、人と妖の間にある感情、交流が魅力的に描かれるのも『夏目友人帳』の醍醐味のひとつだと感じます。例えば三巻「闇に光るのは」の蛍、十巻「偽り

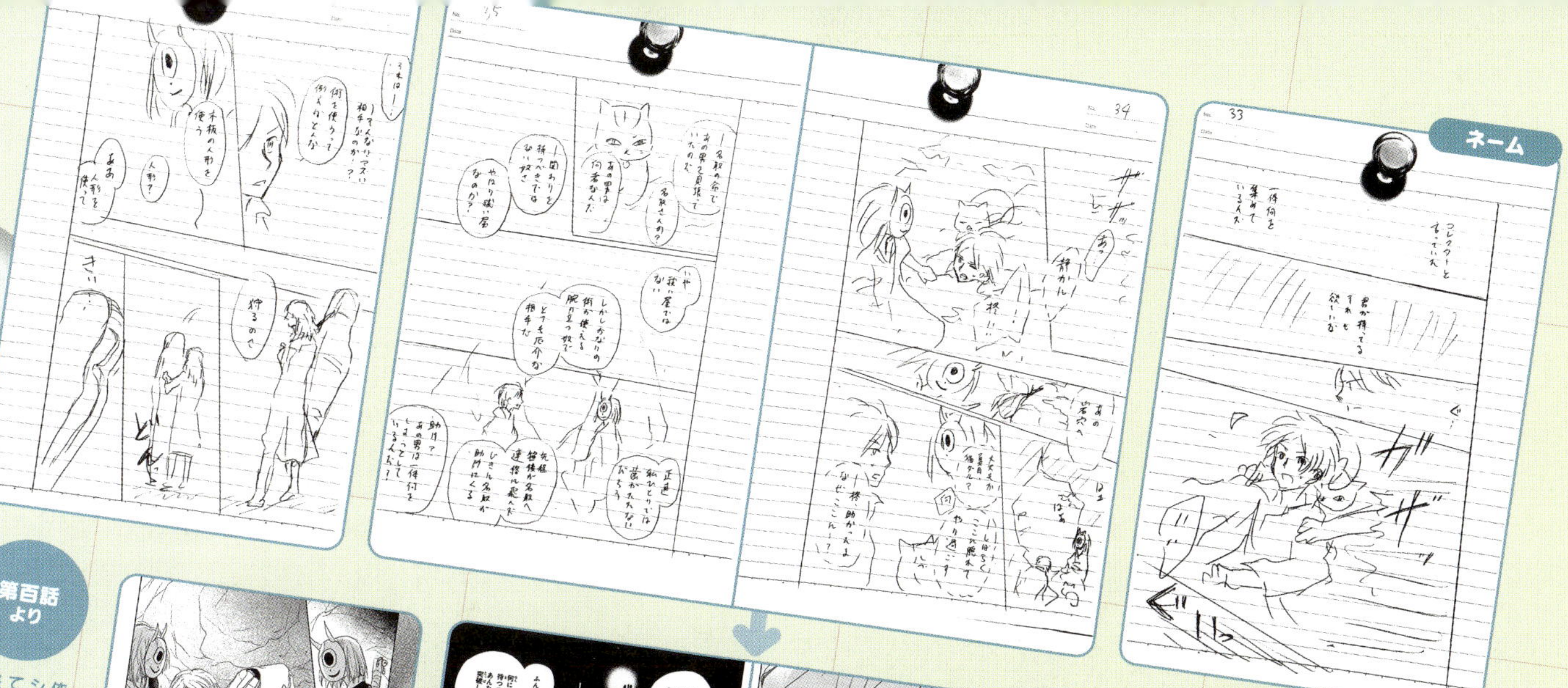


第百話より

依代の里で伴と初対面し、逃げる夏目らを描いたシーン。ネームと完成版では構成や展開が変わっていることがわかる。例えばネームでは背後から梓につかまえられていた夏目が、完成版では夏目が倒れこむのを前から梓が受け止める形に。

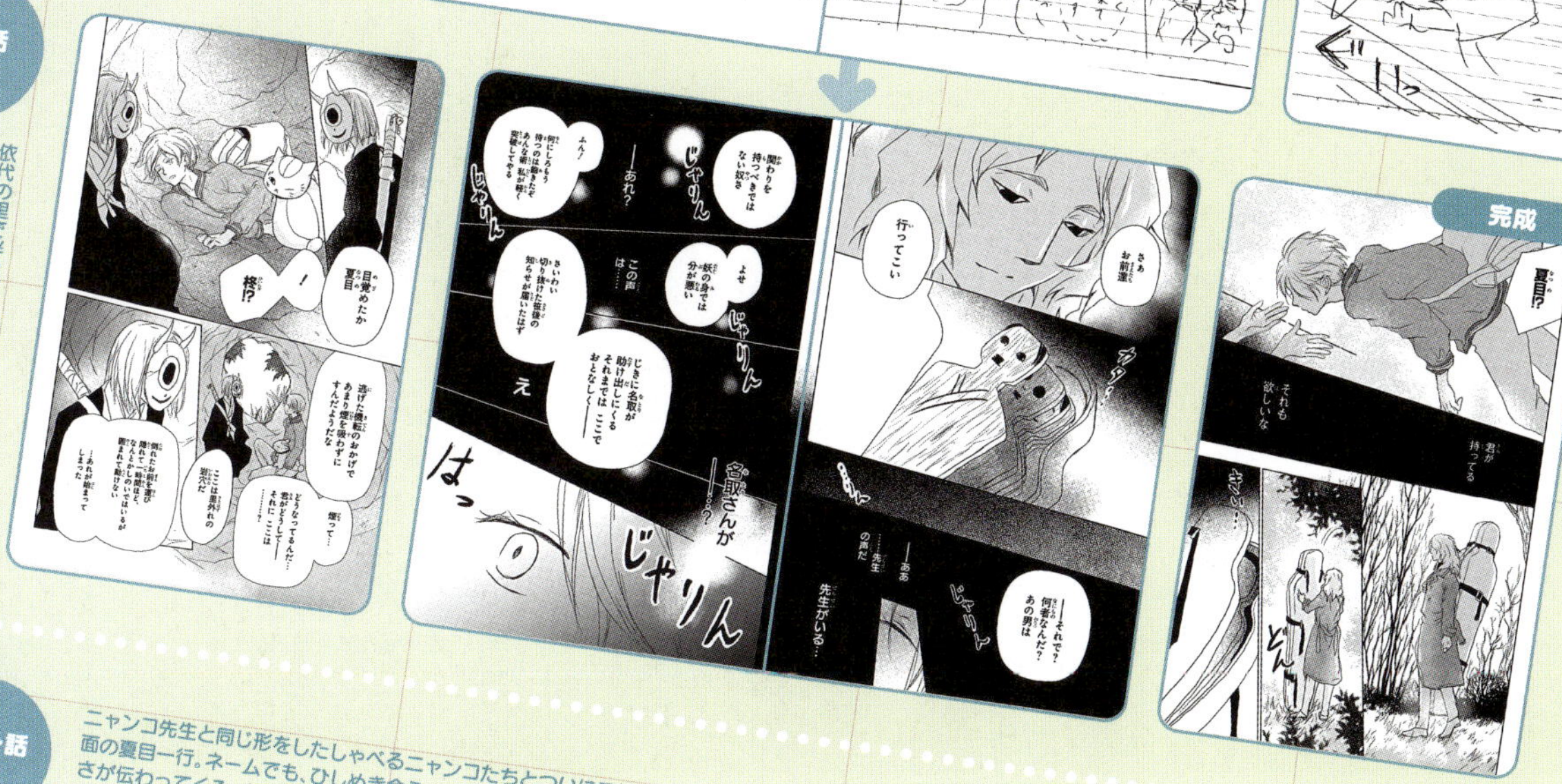


第百一話より

ニャンコ先生と同じ形をしたしゃべるニャンコたちとついにご対面の夏目一行。ネームでも、ひしめき合うニャンコたちの愛くるしさが伝わってくる。また的場のアングルがネームと完成版では異なる。百話のネームがアナログなのに対して、こちらはデジタル。

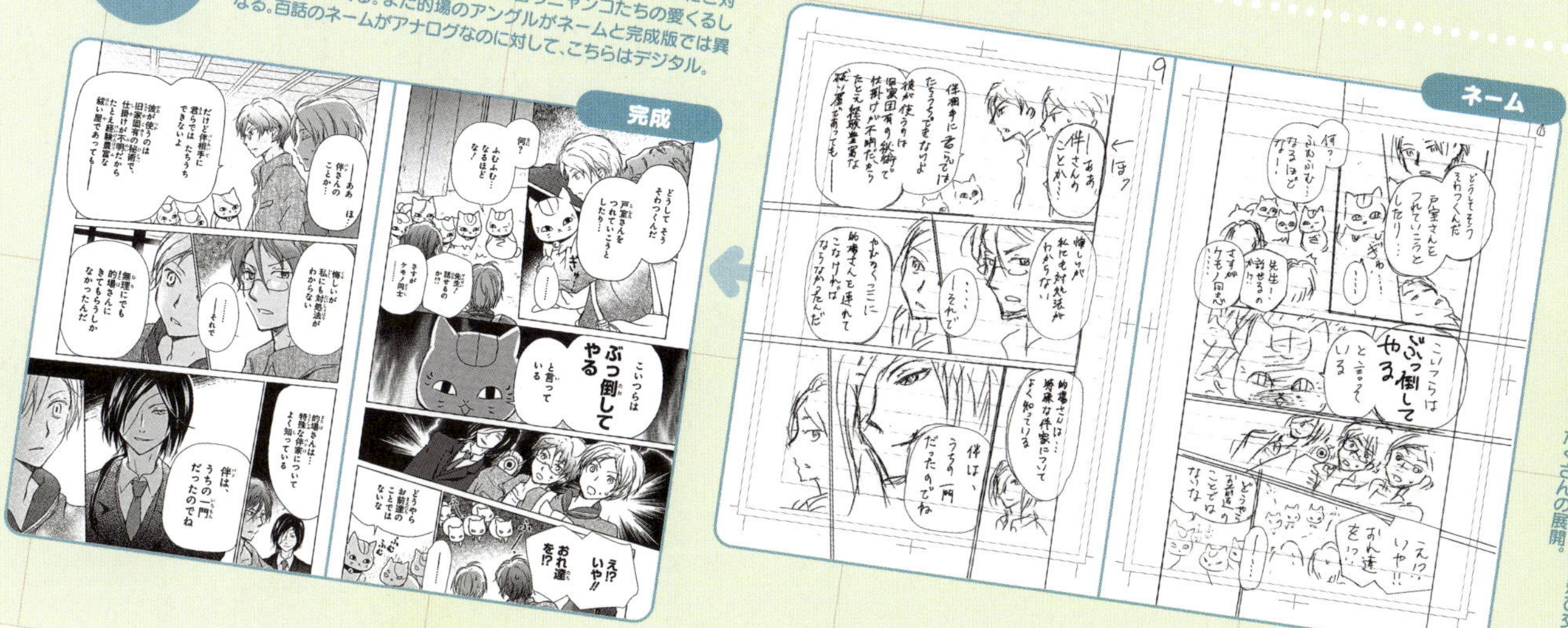


## 依代の眠る里

記念すべき第百話から始まる長編エピソード。ニャンコ先生の依代である招き猫をはじめ、かつて幻の術具がつくられていたという焼き物の里が舞台となる。とにかく愛くるしく画面を飛び交う大量のニャンコに、術師の伴やおぞましい陶器人形との戦いまで、盛りだくさんの展開。

の友人」の柴田と村崎、十四巻「悪戯な雨」の女の子の妖の切なさ、十六巻「結んではいけない」の苦しい気持ちを込めた秘密のらくがき、「遠い祭り火」の田沼とイトさん、あるいは十七巻の「いつか くる日」の葵と香のようなハッピーな恋愛関係、二十一巻「眞の奥」の恋とも言えない曖昧な気持ちなど、さまざまな想いや関係性を描いていらっしゃるかと思います。緑川さんが妖と人との間にある感情、交流を描く上で大切にしていること、特に思い入れの深いエピソードを教えてください。

**A18** お互いの姿を見ることもほとんどない、長くは触れ合えないであろう者同士がたった一瞬触れ合った瞬間に何かが生まれてしまうこともあって、それは儚くて美しい魅力のあるものではないかと。その時どういう触れ合い方をするのか、どうすれば忘れられないような一瞬が作れるのかを大事に考えたいなと思っています。

**Q19** 『夏目友人帳』には妖同士の関わり合いと、そこに不思議と首を突っ込んでしまう人間達、を描く話も多くあります。例えば、十八巻「出来ること」のシロとアケのちょっと微笑ましい勘違いや、十九巻「明日咲く」の切なくも美しいナナマキとアズマの師弟関係、二十四巻の「怪しき来訪者」ではミスズの思わぬ一面も見られ、それが田沼と夏目の関係にもかえってくるようなところもありました。そういった妖同士の関わりを描く上で楽しいところ、大事にしているところや、特にお気に入りのエピソードがあれば教えてください。

**A19** 人と妖怪、の異種間の方がドラマチックではありますが、妖怪と妖怪も基本的には心が触れ合ってしまった瞬間やどちらかの心に残る出来事があって、そこを大事に描きたいと思っています。上手く言えませんが、あまり話したこともなかった子に落とし物したよと声をかけてもらった瞬間の感動みたいな、小さなことだけど何故かいつまでも忘れられない情が生まれるきっかけを、共感をもって読んでもらえるものに描けたらいいなと

## 年下のいとこ

祓いそこねた幻術使いの妖に魅入られてしまった名取は、叔父の家に隠された秘密を探ろうとして幻覚に取り込まれる。そこには生まれることのなかった年下のいとこ、自分と同じ世界を見るはずだったかもしれない美弦がいた――。名取の決意が厳しくも美しく描かれるエピソード。

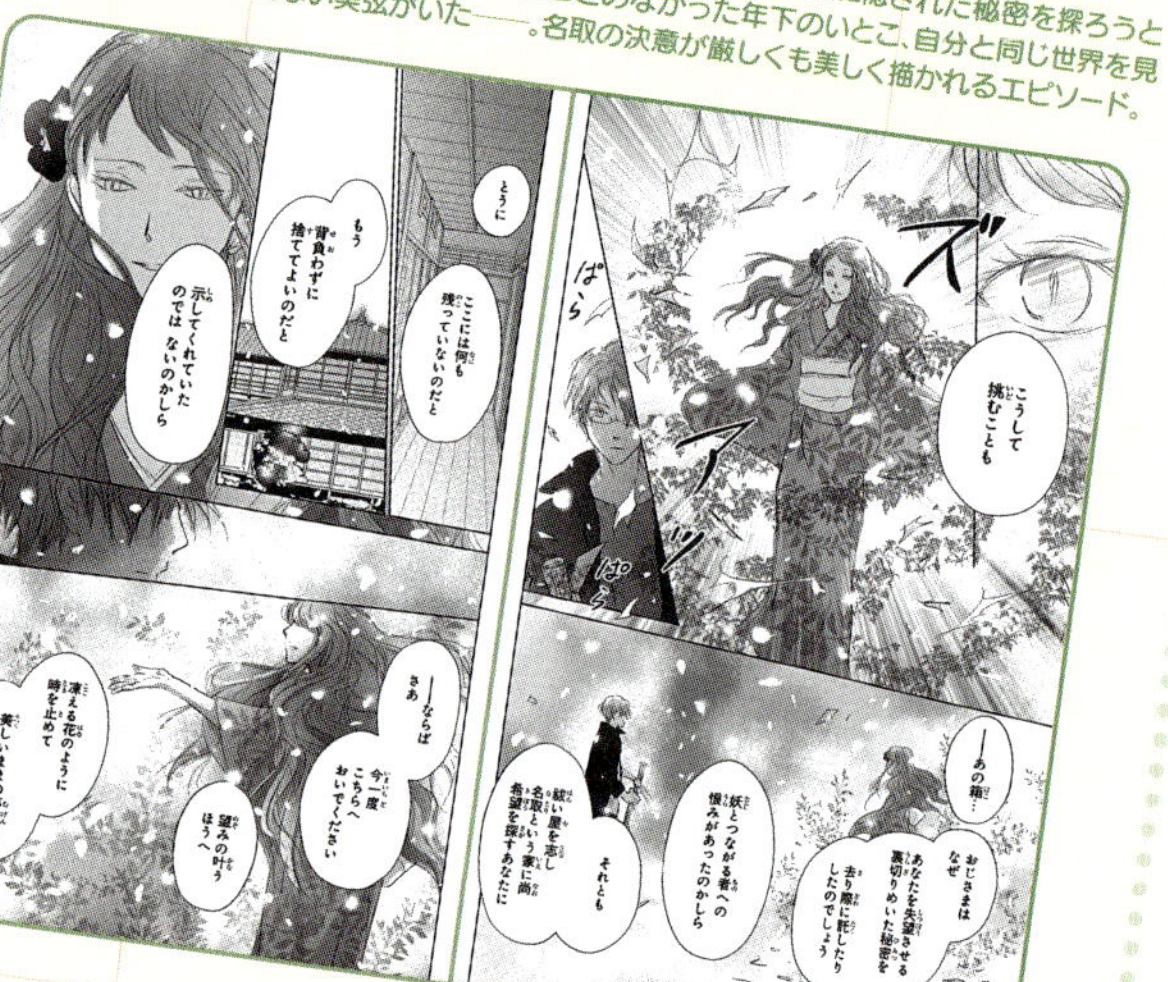

## 亡き友を訪ねて

バスに乗り間違えたことから、古い友人の家に行く依島に、同行することになった夏目とニャンコ先生。亡くなった友人の娘は二人のはずだが、そこには三人の娘の姿が。ニャンコ先生を覗きこむ三人の顔にゾワリとしてしまうホラー色強めのエピソード。読み進めていくと思わぬところに辿り着く。

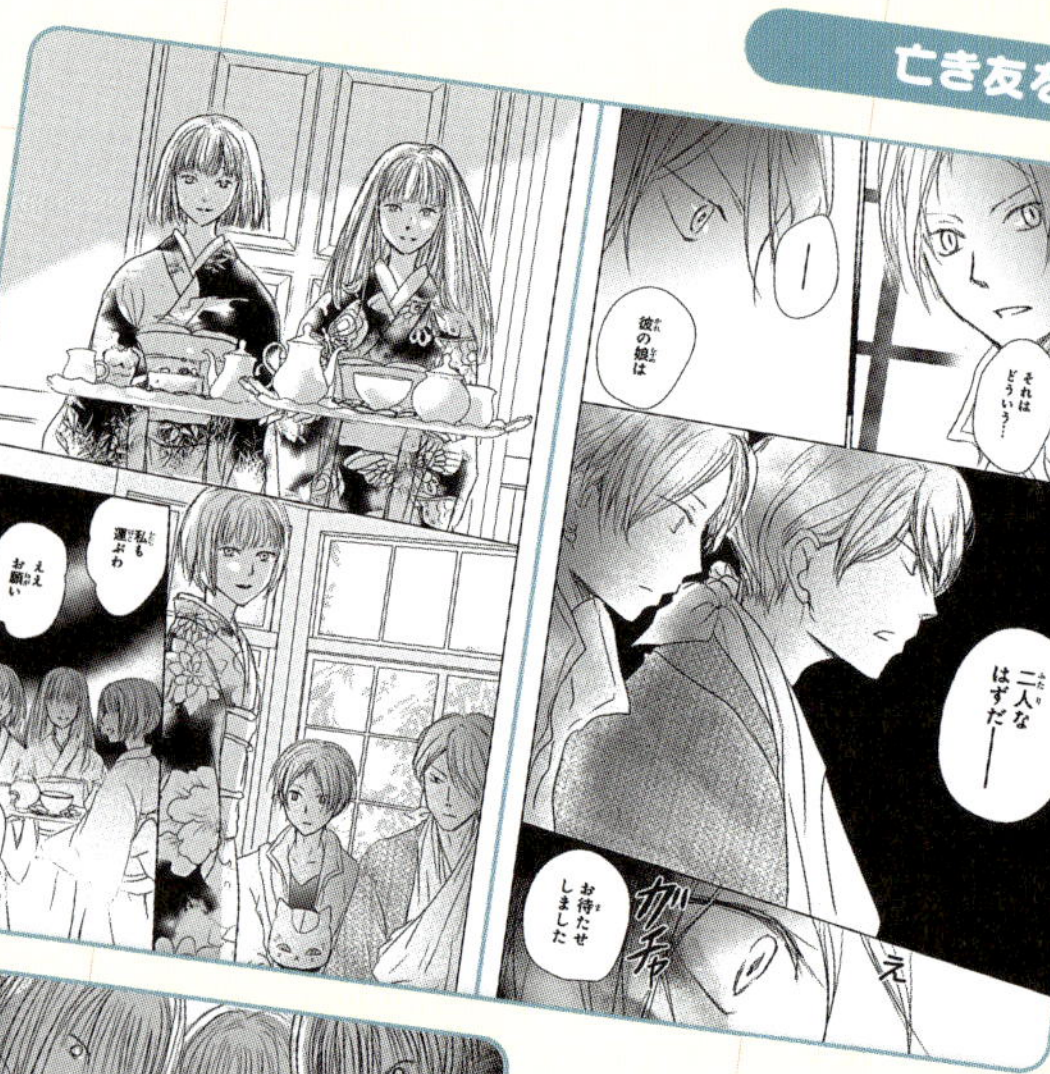


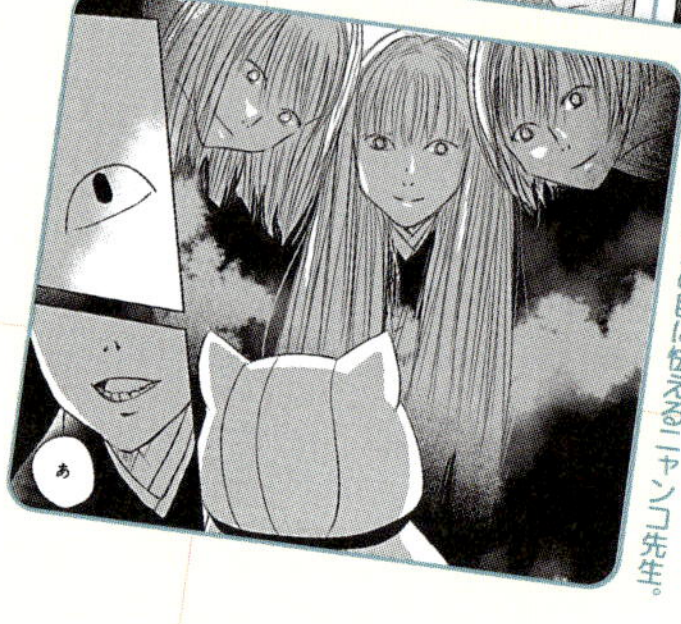

三人の目に怯えるニャンコ先生。

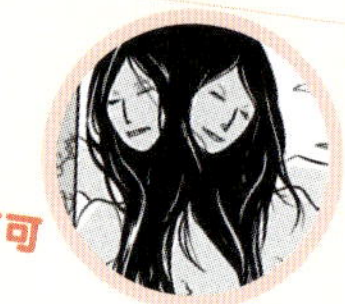

可可

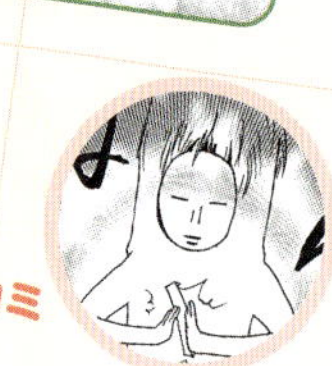

カリカミ

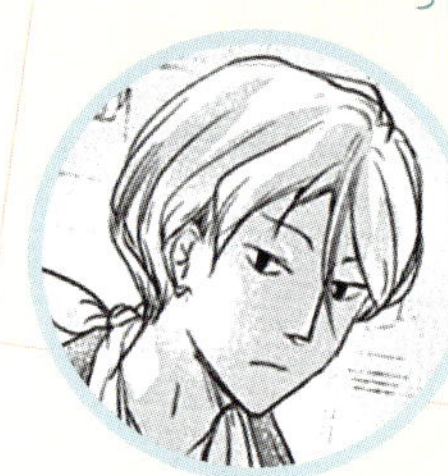

依島（よりしま）

かつては的場と張り合うほどの祓い屋一族だったが、今は引退して山奥で暮らしている。

思っています。

少し話しがズレるのですが、夏目友人帳を描いていて難しく感じていた点は、すれ違ってしまう人や妖怪の話ではなく、それを見ている夏目の物語というところでした。当人たちの物語を描いていいのであればその気持ちを集中して描けるのですが、実際はそれを見ている夏目の気持ちを描かなければならなくて、当人同士の気持ちより夏目のフィルターを通して客観的にみることになるので、その場合でも、読者さんにきちんと感情が届くエピソードができるよう悪戦苦闘して考えていました。今となってはそういう客観的夏目目線と一緒に読者様も、当人たちの気持ちを考えながら読んでくださったのがありがたくも良かったなあと、作者冥利に尽きるなと思っています。

**Q20** 二十五巻・記念すべき百話から始まる「依代の眠る里」は、初期から描いてみたかったお話ということで、読者としても盛りだくさんに楽しめるエピソードだと感じます。とにかくニャンコ先生と同じ形の招き猫がひしめきあう愛くるしい画面や、夏目がこんなにも誰かを信頼できるところまで来たんだと感じられたこと、的場との共闘、伴という新たな刺客、恐ろしい人型の人形などなど、記念回に相応しいエピソードだと感じます。三巻の黒ニャンコのエピソードのあたりから構想はあったのでしょうか？　また、特にこだわったところ、苦労したところや楽しかったところなどを教えてください。

**A20** ニャンコ先生と同じ招き猫が実はいくつかあるというお話は、ご指摘のとおり黒ニャンコの頃から描きたいと思っていました。祓い道具の招き猫の郷を描くならば祓い屋達にも集まってもらおう、そういう道具には危険な要素もあることも描いておきたい、とあれこれ詰め込んで描かせていただきました。長く続けさせていただけているのは読切のように、雑誌でも読みやすい長さのお話の連続だからだと思っているのですが、百回記念を機にどうしても長いお話が描きたかったので、夏目二代目の担当様にお願いしたところ、応援してくださって描かせていただけることになり、本当に嬉しかったです。と同時に描き出すと止まらなくて、本当はもっといっぱい描きたいことが浮かんだのですが、そろそろ畳まなければいけないという気持ちもあって描ききれなかったことも多く、とても大好きなお話ですが、おそらく夏目友人帳内では初めて描き直したい、もっとじっくり、それぞれのキャラや職人や陶器人形のことなど描きたかったと感じているお話です。

**Q21** 依島が友人宅を訪ねる二十六巻「亡き友を訪ねて」は、二〇巻「とおかんや」と繋がる友との切ないエピソードであると同時に、肌触りとしてはホラー色がかなり強いと感じました。例えば、娘たちがニャンコ先生を覗きこむシーンなど、なかなか怖いです。ずっと描きたかった話とのことですが、どんなところが楽しかったですか？

**A21** 依島は怖い妖怪に出くわす率が高いというか、柴田にはちょっと女難の相があるイメージがあって、依島には妖怪難の相があるイメージで、そういうのを出せるエピソードを描いてみたくて。依島の隣に夏目を立たせると少し遡った時代のように描ける気がして、エネルギッシュでどこか禍々しい、レトロなホラー感が出せるような気がしています。

**Q22** 『夏目友人帳』もやはりホラーっぽい異色感のある話だと感じました。「夜に友人と会うとドキドキするあの感じを描いてみたい」とのことでしたが、ホラーっぽいものを描こうという意識はありましたか？

**A22** 怖くなっていたら嬉しいですが、ホラーっぽく描こうと特に意識はしていませんでした。どちらかというと、普段どこか浮世離れしている友人から秘密の共有を提案されて、はたから見ると少し滑稽なくらいワクワクしてしまっていて、でも実際はその相手は偽物で、そんなことにも気づけないまたぶんもう二度と会えない友達と出会っていた、というお伽話のような気分で描きました。ただ西村が階段を踏み外すくらい、我に帰るくらい怖い瞬間のために、夜人形が動き出す怖さは描けていたらいいなと思っています。

**Q23** 二十八巻「年下のいとこ」は、ずっと描きたいと思っていたエピソードとのことですが、幻想的な美しい描写に加え、名取の過去、その少し弱くもある一面なども見られ、非常に印象的に感じられました。緑川さんがこだわったところ、大切にされたところを教えてください。

**A23** ずっと描きたかったものばかりでちょっと恥ずかしいのですが、遅筆で描いてみたいものばかりが溜まっていっています。名取家についても少しずつ描いていきたくて、やっと一歩踏み出せた気がします。何が起こっているのかわからない夏目の混乱に読者様を巻き込みながら、美しい美弦越しに名取の姿が見えてくるように描きたいなと。名取が夏目に出会った時、一瞬夢見てしまったものがあったのではと思っています。祓われるべき者の美弦も、それを魅了してしまった名取も、なんとか美しく描いてあげられたらと頑張ったお話でした。

**Q24** 二十九巻「クイーンのお招きにより」は、洋館を舞台にしたゴシックホラー感を感じられるエピソードが非常に楽しく、また三〇巻、三十一巻の「とある少女の肖像」にもつながっていくエピソードでもあります。「とある少女の肖像」で思わぬことが明らかになりますが、ここで登場するSHINOBUとクララの人物像と、「とある少女の肖像」のエピソードについて、どんなふうに考えたか教えてください。

**A24** 美しい女主人の占いの館に集まって怪しい降霊術を楽しむ女性達、そこに放り込まれタジタジな夏目達、がやりたくて組立てたお話です。占い道具から術具への流れでいきたいなと。せっかくなので色んなタイプの女性が描きたくて、夏目友人帳に出なさそうな女の子は？　と考えて、ホストのようで

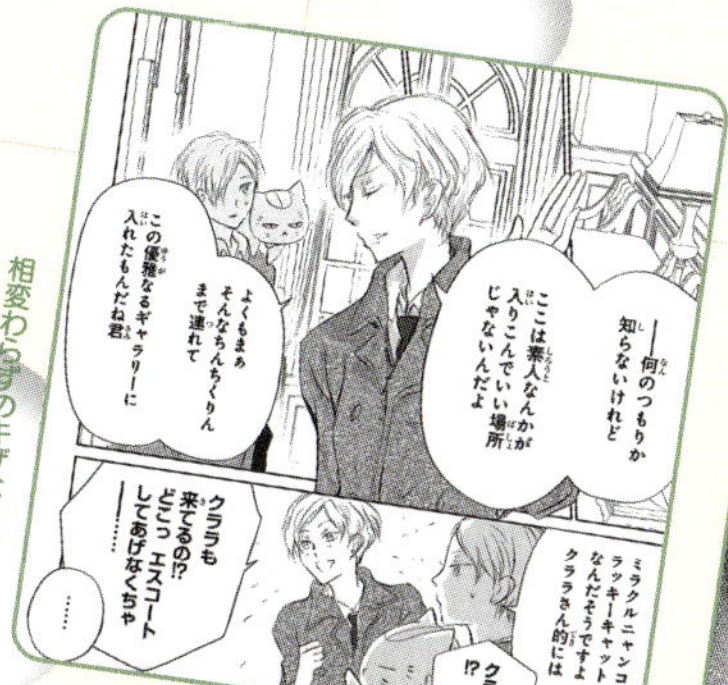


相変わらずのキザなノリで登場。

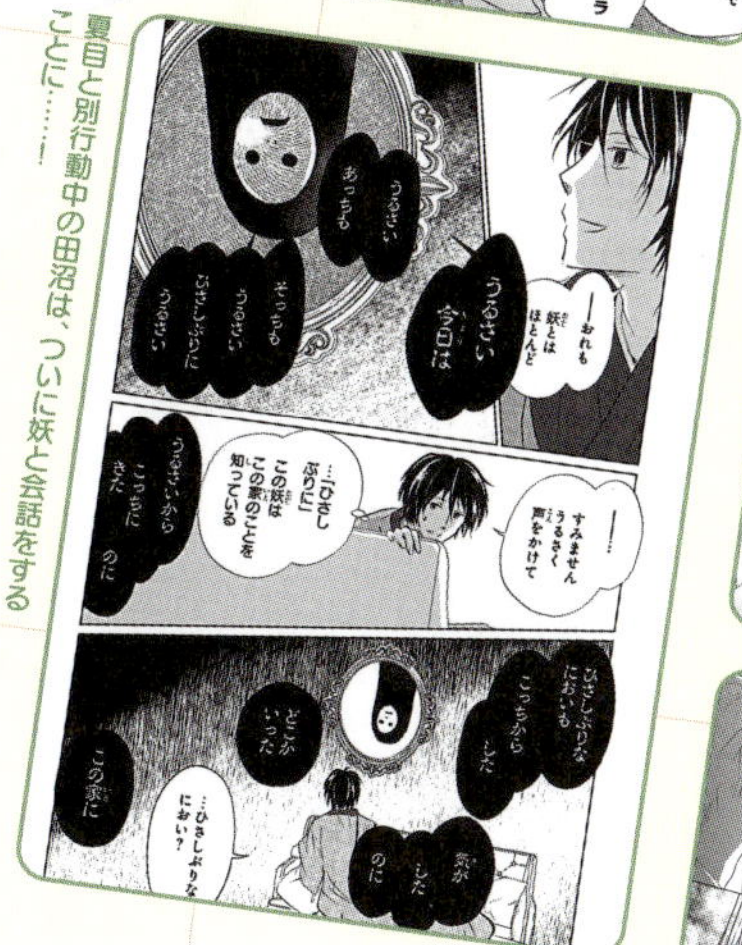

夏目と別行動中の田沼は、ついに妖と会話をすることに……

## とある少女の肖像

旧仲冨邸で開催される妖祓いにまつわるオークションを舞台に、それぞれの思惑が交錯するエピソード。SHINOBUとクララの再登場、知り合いの代理でオークション品を持参する田沼、そんな田沼に襲いかかる伴に、伴の雇い主と思われた黒峰美彩の正体など、今後にも関わる重要な展開多数。

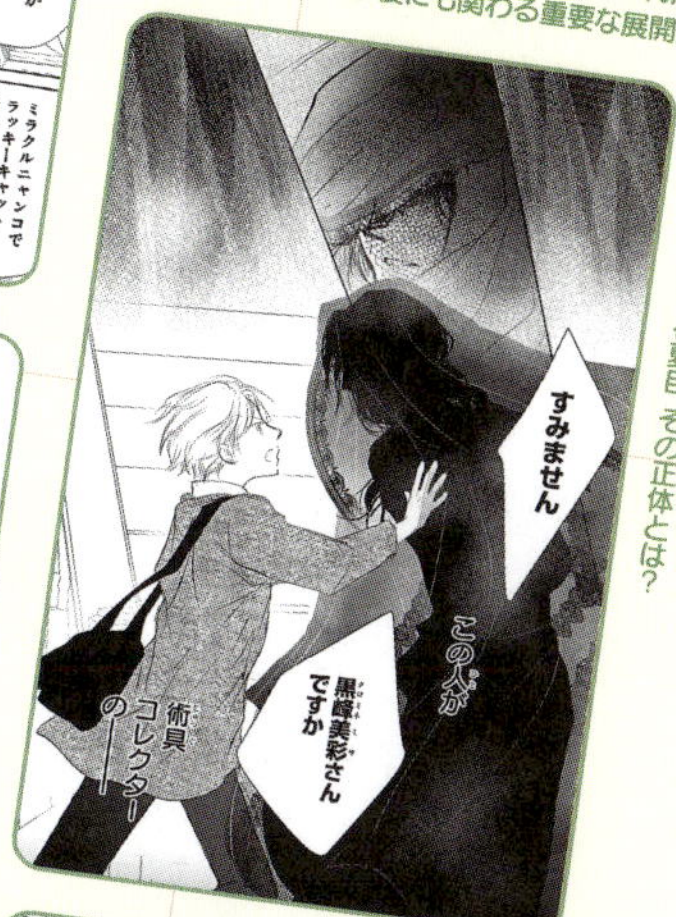


黒峰美彩に接触する夏目。その正体とは？

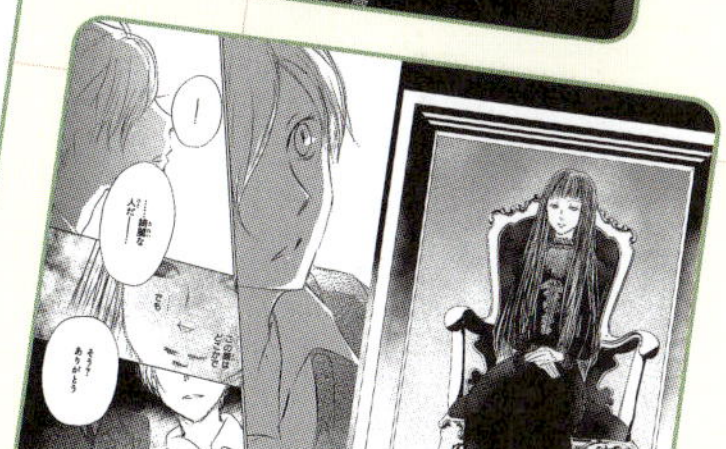

旧仲冨邸に飾られた大きな肖像画。その顔には見覚えが……？

## クイーンのお招きにより

ゴシックムード漂う洋館・如月荘で繰り広げられる、オカルティックな一夜の出来事を描く異色のエピソード。ミステリー要素もあり。大勢の女性キャラクターに囲まれ、なんだか居心地の悪そうな夏目と田沼の姿も微笑ましい。また、「とある少女の肖像」にも登場するSHINOBUとクララのコンビネーションも楽しい。

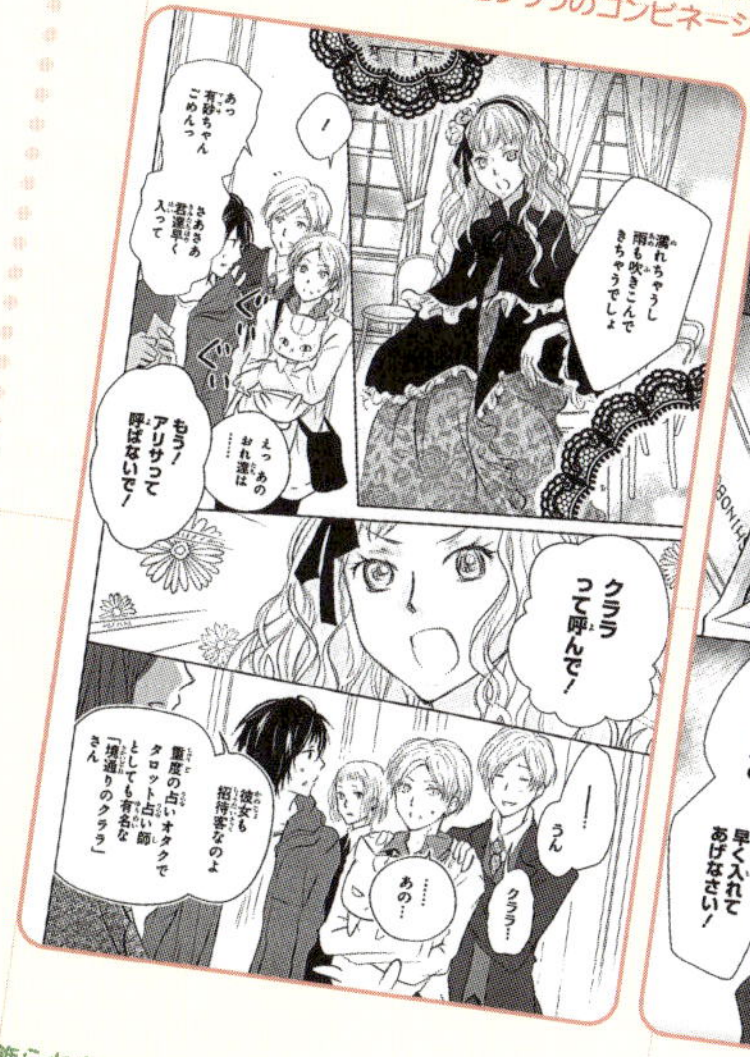


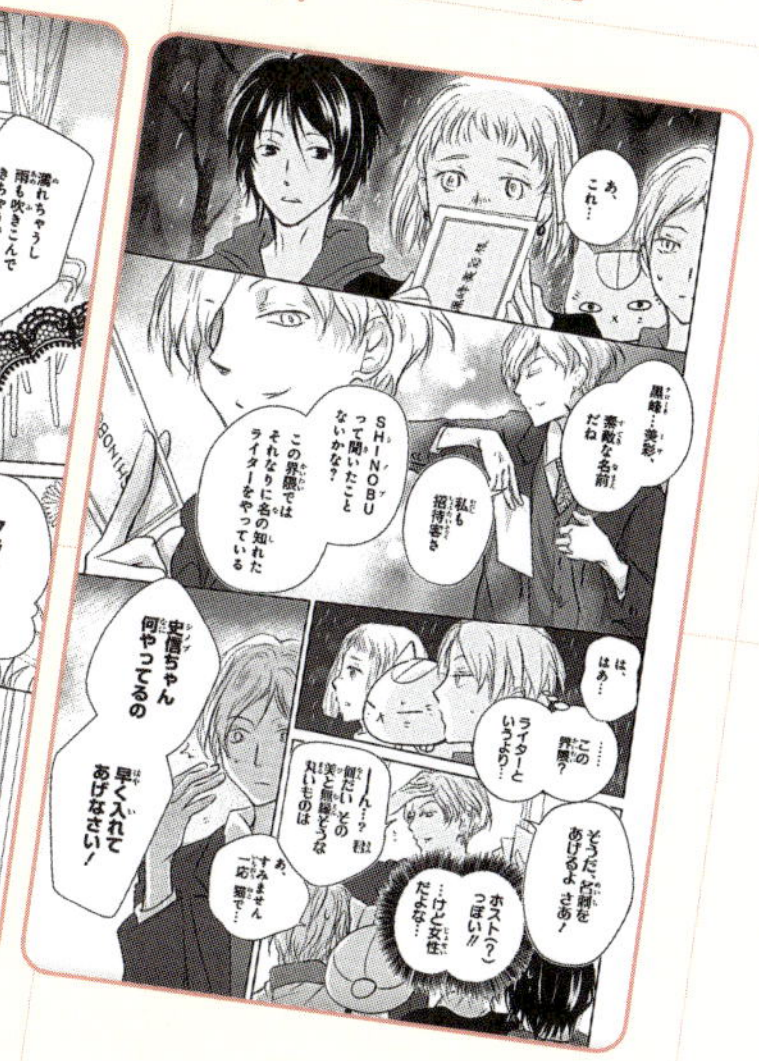


ちょいキザめな女性やゴスロリ系の子はどうかなと、凸凹コンビのSHINOBUとクララができました。伴を登場させた時からオークション編はやりたかったので、これ以上間が開かないうちにと流れに任せて。オークションでは色んな物を夏目も田沼も見るチャンスになると色々詰め込めたし、黒峰美彩にも辿りつけて嬉しかったです。

**Q25** 特にビジュアルデザインの気に入っている妖を教えてください。モフモフ獣系、民族系、不思議系など色々で楽しいです。十二巻カリカミがお気に入りだそうですが、「ヨキカミミカナ　ヨキカミミカナ」のコマが可愛いです。

**A25** 「カリカミ」を褒めていただき嬉しいです、ありがとうございます。ちょっとした違和感が不気味さに繋がると思うので、顔の位置が人間よりちょっとだけズレていると不気味な感じで好きな気がします。カリカミといえば、夏目が会ったと知った名取に「カリカミは生きてる人間が触ってしまうと命を吸われてしまう程の妖。二度と会ってはいけない」と怒られて、後から結構危ない妖怪だったと知るというエピソードがやりたかったのですが、間が開いたので諦めたのを思い出しました。あとはネタバレになるので全身をあまり描くことができなかった「名の主来たりて」の「可可」も描いていて気持ちが良かったのでもっと姿を描きたかった妖怪です。

**Q26** 特に禍々しく、恐ろしく描けたと感じる妖を教えてください。個人的には、凶面、二体さまなどが怖かったです。

**A26** 白黒で描いた時、のっぺりしたものが怖い気がしてそこを描きたいのですが、なかなか難しいです。凶面はいい具合に白黒を生かせた気がして気に入っています。

**Q27** モノクロ原稿・カラー原稿の使用画材・作業環境を教えてください。

**A27** モノクロは10.5インチiPadの第一世代ペンシルでペン入れをしています。仕上げやトーン貼りはワコムの液タブか12.9インチのiPad Proで。ペン入れも12.9インチでやりたいのですが、そちらは第二世代の軸に角があるペンシルで、第一世代ペンシルの鉛筆のような硬い芯と丸い軸に慣れてしまって移行できないのが悩みです。カラーも線画は10.5インチ、着色は12.9インチか液タブでやっています。いつか左手ツールにも挑戦してみたいです。

**Q28** 緑川さんが最近ハマっていることを教えてください。

**A28** 「モンスターハンター」は2Gで触れて以来ずっと好きです。ただゲームをする時間をなかなかつくれないので、原稿が終わってから四日間くらいだけ触れられればと楽しんでいます。

**Q29** 最後に、特集テーマが「怪異」ということで、緑川さんがこれまでに聞いた怖い話、あるいは怖い体験、子供時代に流行っていて印象的だった都市伝説などあれば、差し支えのない範囲で教えてください。

**A29** 田舎だったので結構あった気がします。学校も古く、体育館ではなく講堂と呼ばれていた建物の時期もあって、講堂の床下には「いぼばあさん」が張り付いていると噂がありました。

小学生の頃スケッチ大会で並んで絵を描いていた友人が、「この辺りに住んでいたあるお家の人が毎晩金縛りで苦しんでいたんだけど、旅のお坊さんが突然その家に寄って、『縁側の踏石をひっくり返してみなさい』とだけ言って行ってしまった。言われた通りひっくり返してみたら、それは墓石だったんだって」とさらっと昨日のことを話すように教えてくれたのが、なんだかゾワっとして好きでした。

――心のこもった充実の回答をありがとうございました！　これからも『夏目友人帳』を楽しみにしています！

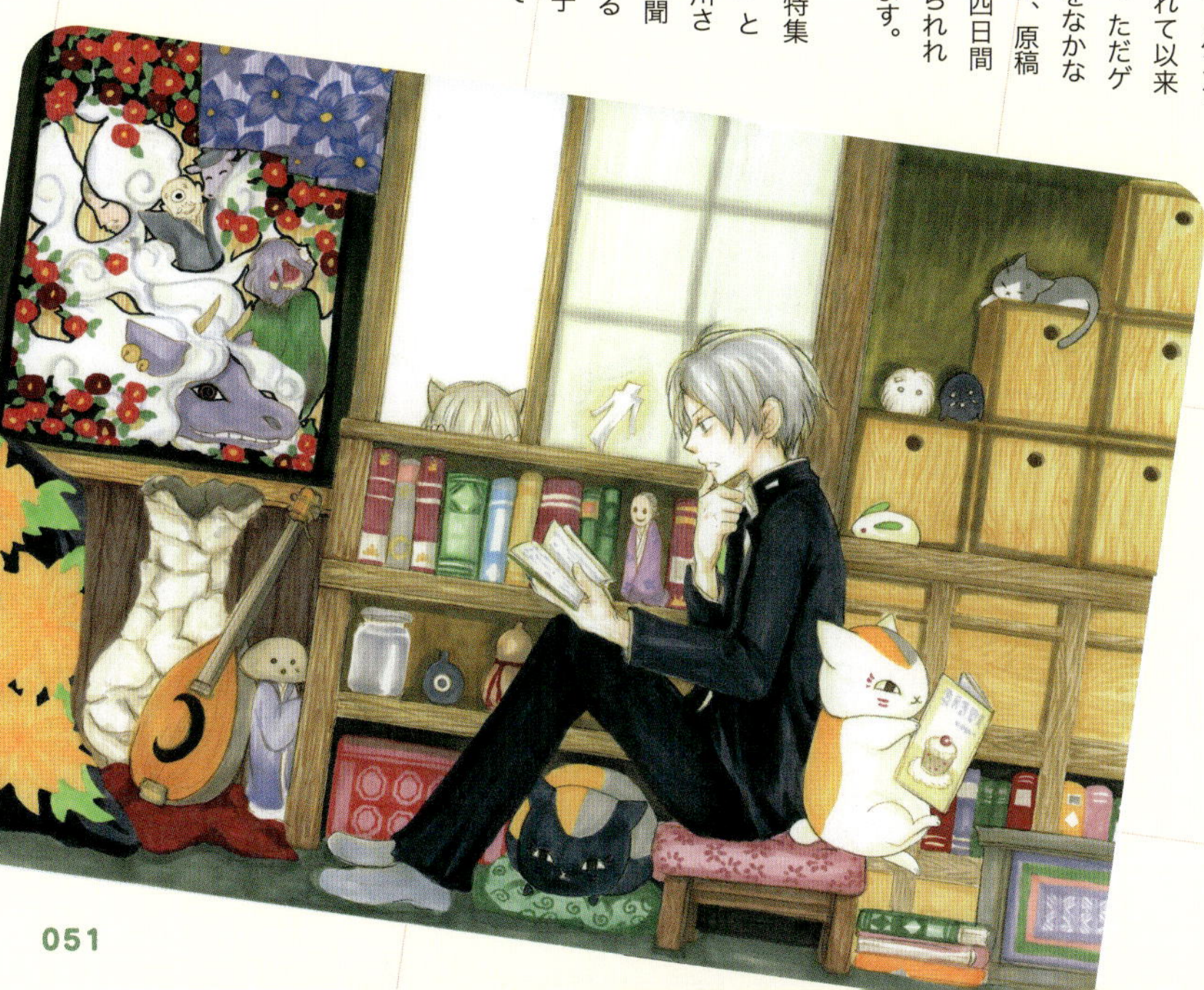

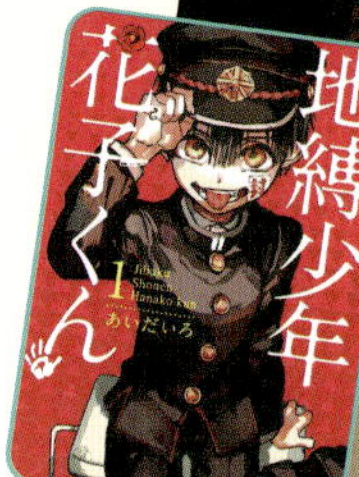


『地縛少年花子くん』
**最新23巻・12月27日発売！**
著者：あいだいろ
発行：スクウェア・エニックス
価格：770円（税込）
※特装版は価格が変わります

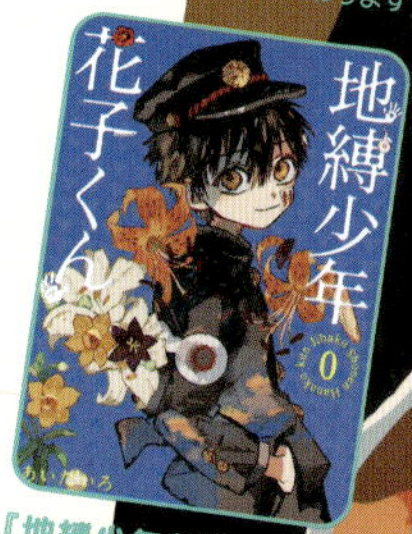


『地縛少年花子くん』
**0巻**
著者：あいだいろ
発行：スクウェア・エニックス
価格：770円（税込）

# あいだいろ 地縛少年花子くん

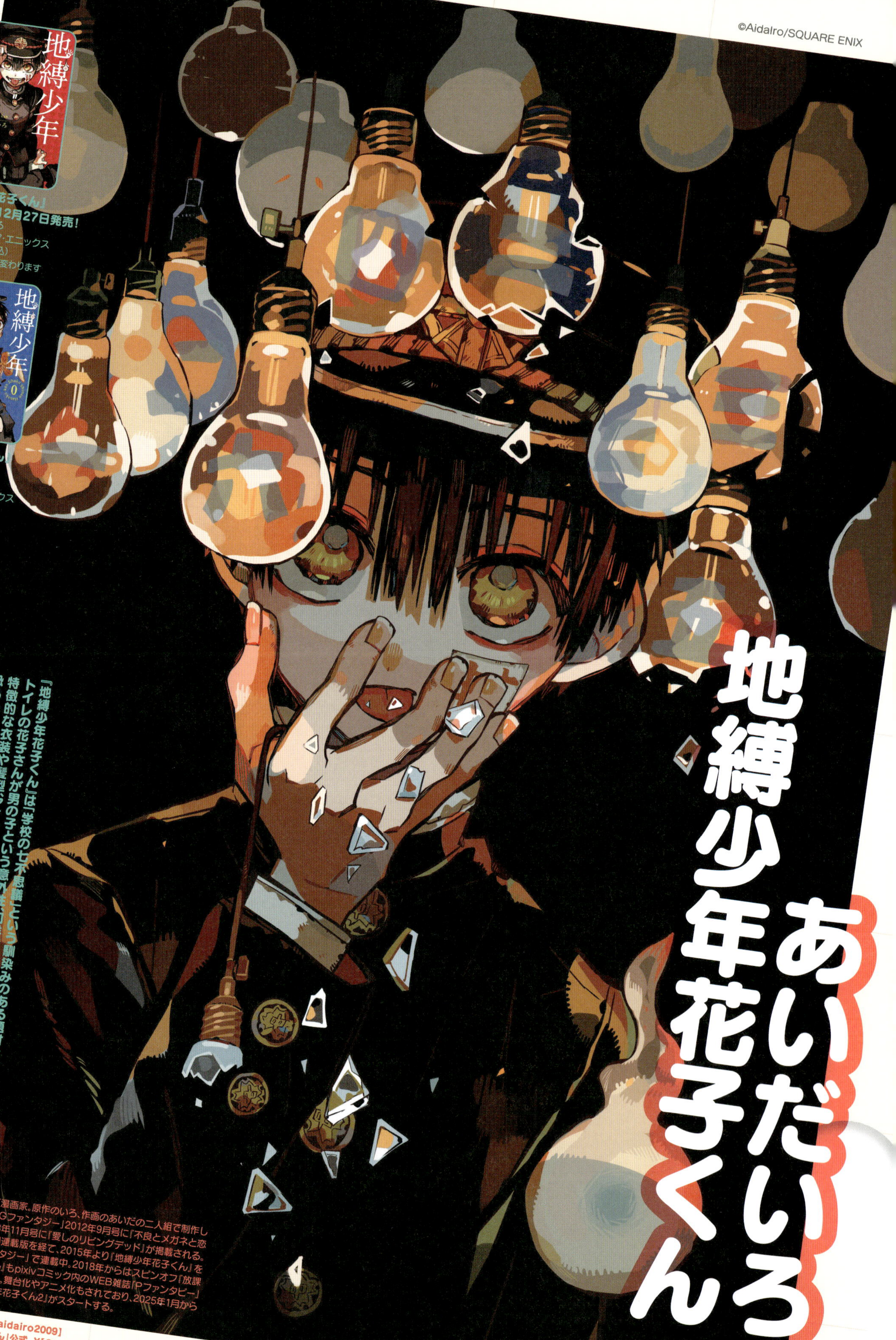

『地縛少年花子くん』は「学校の七不思議」という馴染みのある題材と、トイレの花子さんが男の子という意外性、和洋折衷で少しレトロな世界観が魅力だ。特徴的な衣装や髪型、アイテムの組み合わせにも物語性がある。恐ろしいだけではない怪異の姿も印象深く、花子くんの少年らしい無邪気さとダークな一面が出たときのギャップにドキッする。コミカルさとシリアスさで魅せる『地縛少年花子くん』の世界観やキャラクター、作品づくりについて、あいだいろさんに伺った。

あいだいろ／漫画家。原作のいろ、作画のあいだの二人組で制作している。「月刊Gファンタジー」2012年9月号に『不良とメガネと恋と戦争』、2013年11月号に『愛しのリビングデッド』が掲載される。2014年に短期連載版を経て、2015年より『地縛少年花子くん』を「月刊Gファンタジー」で連載中。2018年からはスピンオフ『放課後少年花子くん』もpixivコミック内のWEB雑誌「Pファンタピー」で連載している。舞台化やアニメ化もされており、2025年1月からアニメ『地縛少年花子くん2』がスタートする。

あいだいろ X【@aidairo2009】
「地縛少年花子くん」公式 X【@hanakokun_info】

## あいだいろさんにキャラクターについてのコメントをいただきました！

# 『地縛少年花子くん』の登場人物・怪異たち①

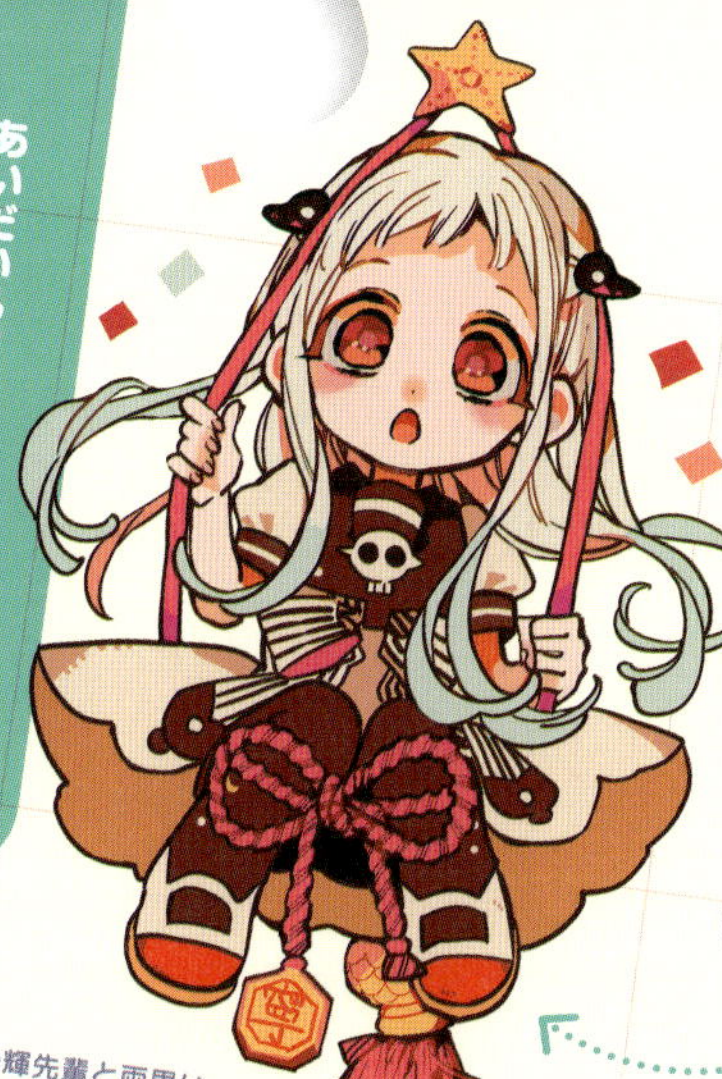

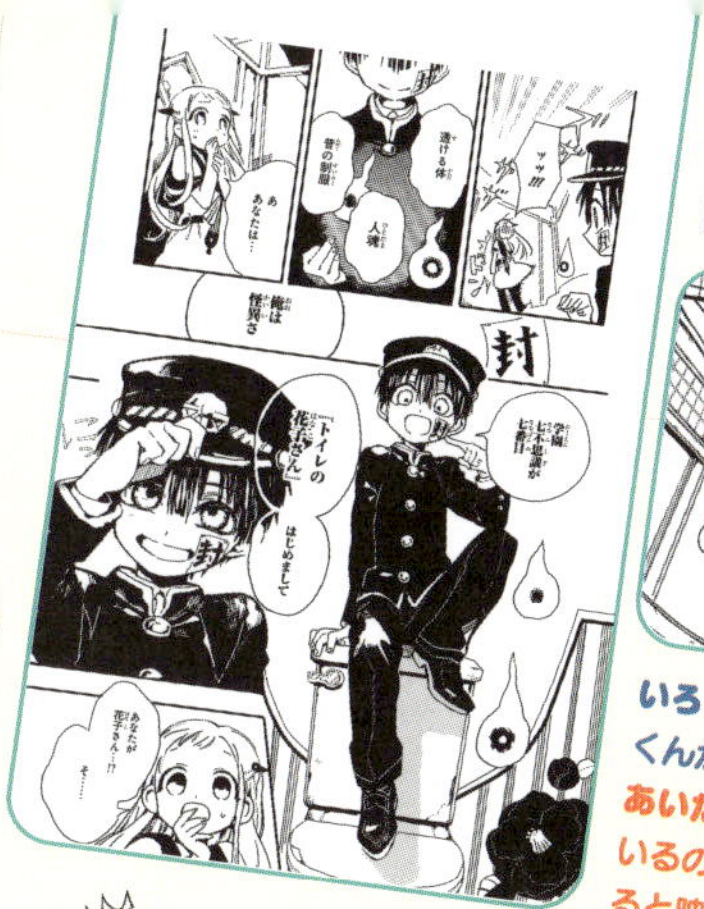


## 八尋寧々（やしろ ねね）

高等部一年生。憧れの輝先輩と両思いになるべく、願いを叶える「トイレの花子さん」の噂を実践する。意図せず人魚の呪いを受けてしまい、水がかかると魚の姿になってしまう。大根足なことを気にしている。自分の死期が近いことを知ってしまい…。

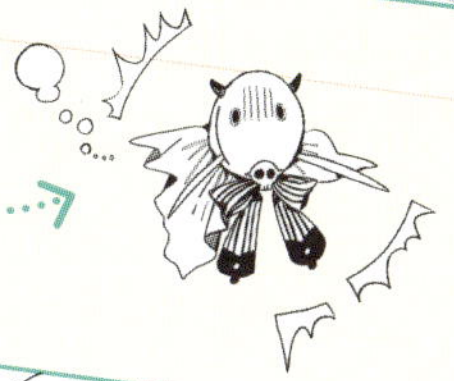

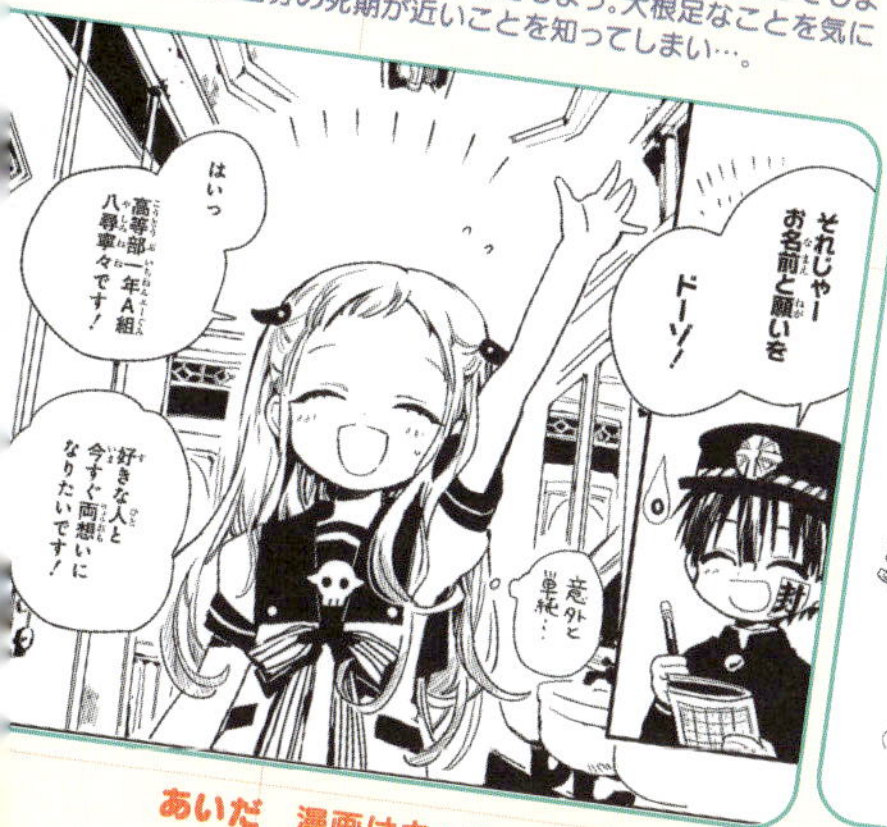


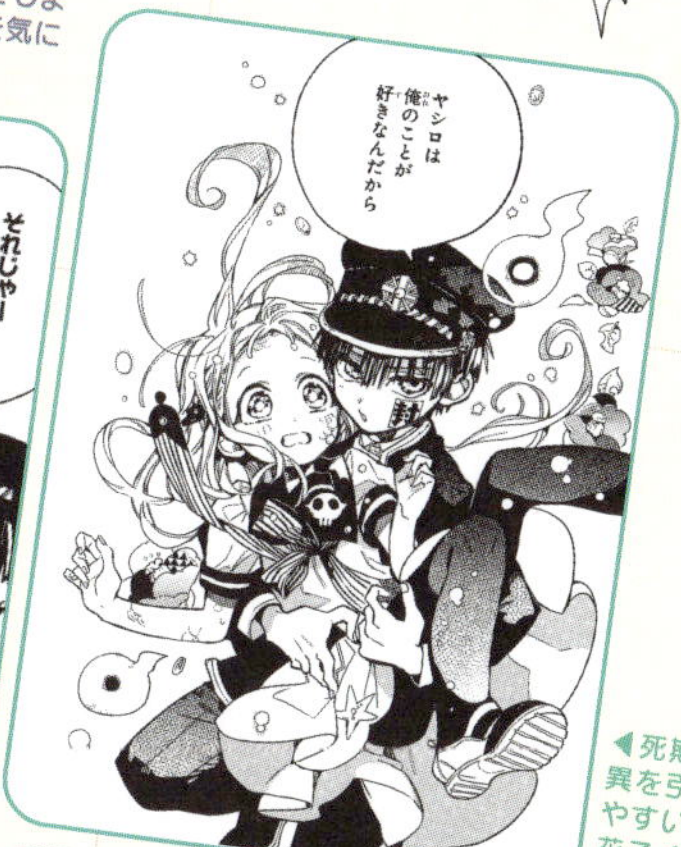


**あいだ**　漫画はキャラの全身が常に入るわけではないので、バストアップや顔だけでも特徴が出るようにしています。寧々ちゃんはドクロのブローチや髪の勾玉ですね。大根足については、確か編集長からヒロインに何か特徴を、という要望があって設定した記憶があります。顔はプリティです。

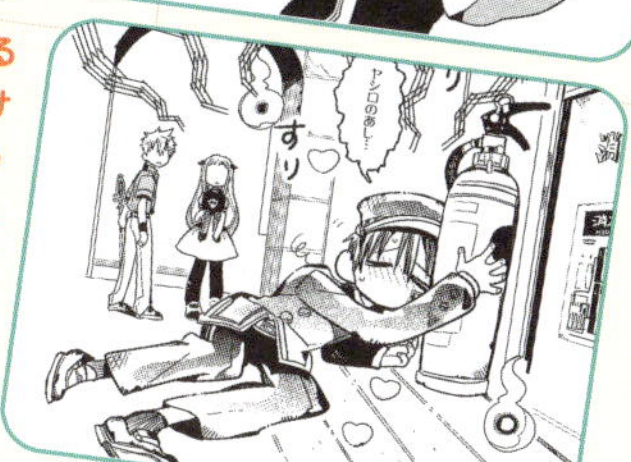


◀死期が近い寧々は怪異を引きつけ、狙われやすい。助けに現れる花子くんは誇らしげな表情。ふたりの距離感も魅力のひとつ。

◀大根足が消化器に…寧々の視線が怖い。

## 花子くん｜七不思議のリーダー・七番「トイレの花子さん」

かもめ学園の旧校舎にいる怪談「トイレの花子さん」。学ラン・学帽姿の男の子。明るく無邪気だが、過去に仄暗い経験をしている。好物は手づくりのドーナツ。

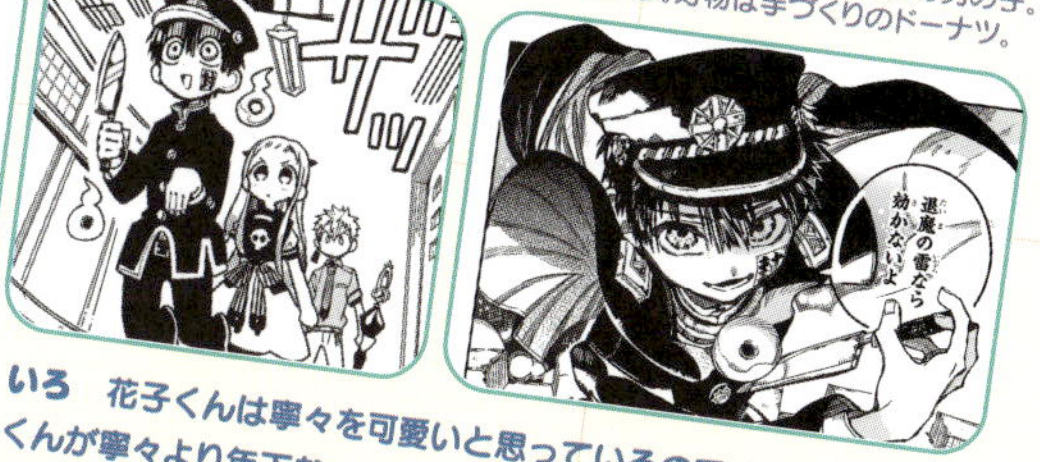


**いろ**　花子くんは寧々を可愛いと思っているので、距離が近いです。花子くんが寧々より年下なので許されていますね。

**あいだ**　トイレは自然と洋式で決まりました。あとは花子くんが棲んでいるので、棲んでつらくない場所にしたかったです。ステンドグラスがあると映えていいなと思いました。

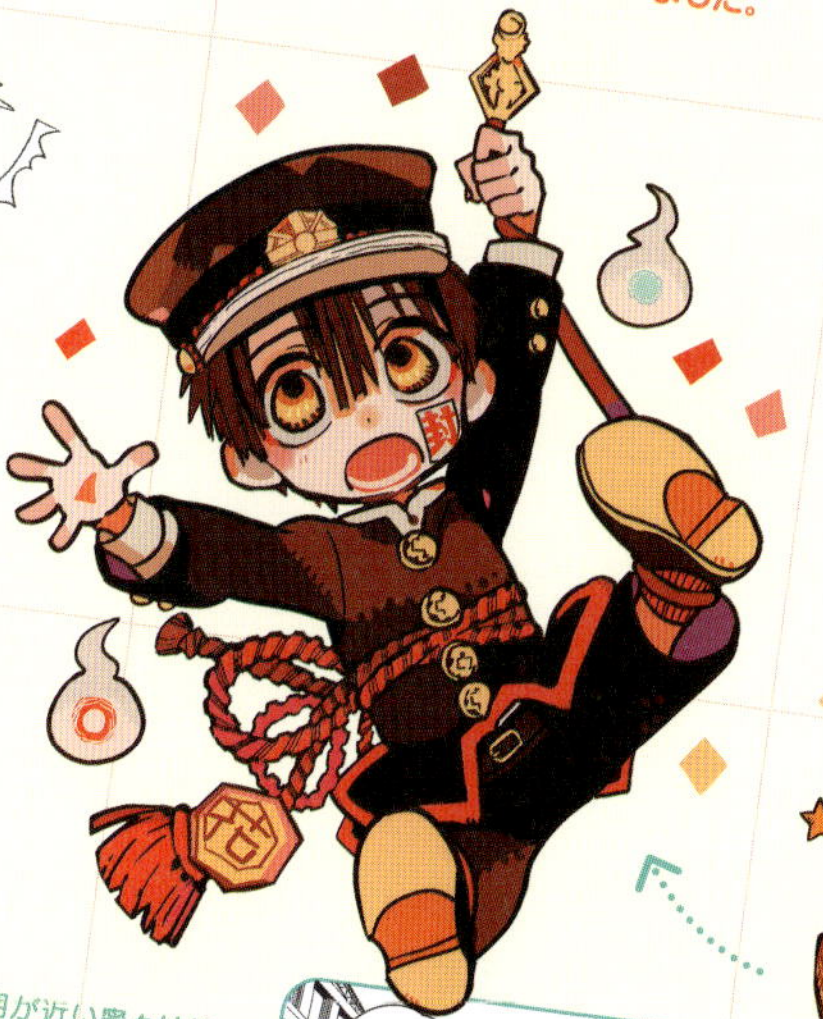

## 柚木普（ゆぎ あまね）

「生前の」花子くんの名前。星が好き。性格は花子くんよりも穏やか。土籠先生と関わる時代は怪我が絶えない姿で描かれる。物語のなかで、幼少期から青年期、社会人まで、様々な容姿で登場する。

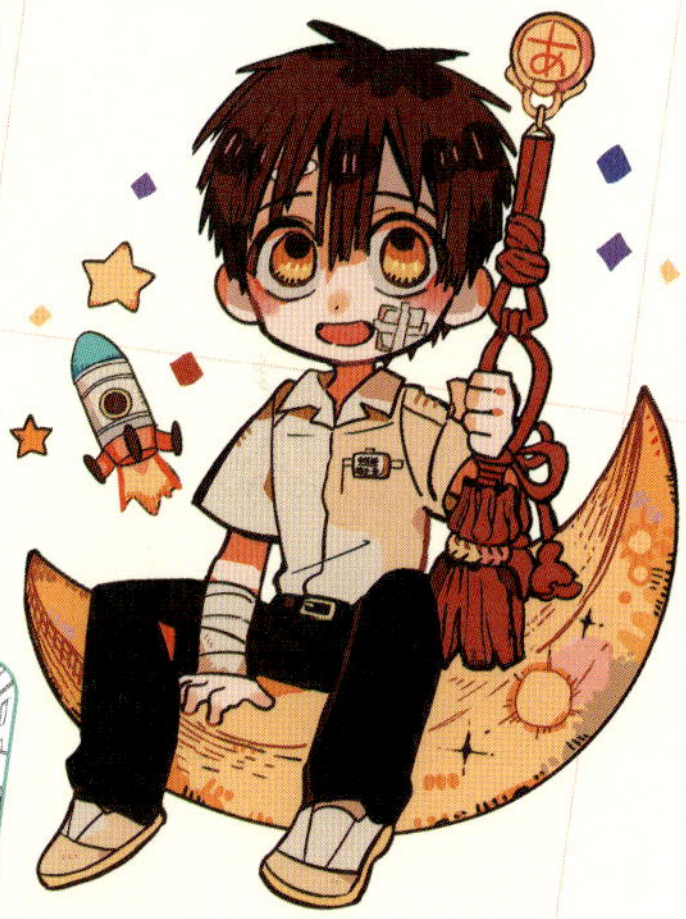

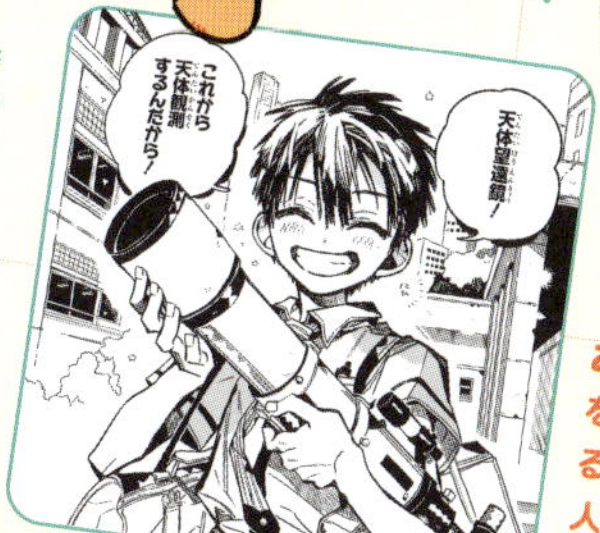


**あいだ**　年齢に合わせて、当時の生活を反映しています。生活が破綻しているか、疲れているか、服のよれ具合、大人になって取り繕えるようになっているか、など…。

## 三葉惣助（みつば そうすけ）（ミツバ）｜七不思議・三番「カガミジゴク」

顔は可愛いが性格に難あり。写真を撮ることが好き。幽霊として光と出会い未練を晴らすが、つかさ達の手により恐ろしい姿の怪異へ変えられてしまう。

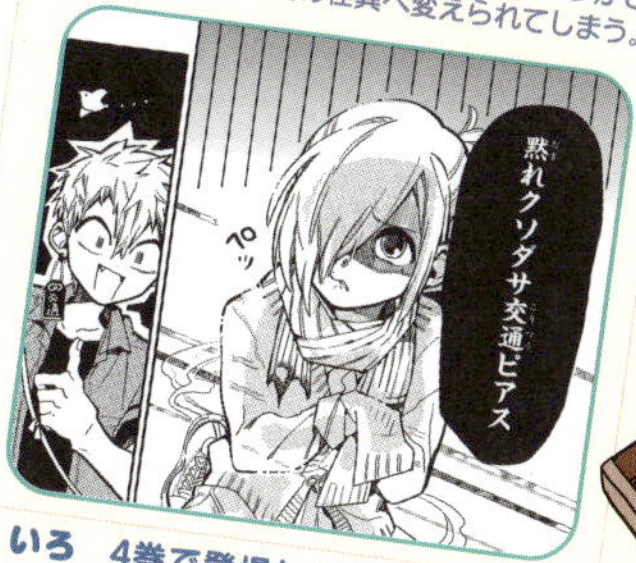


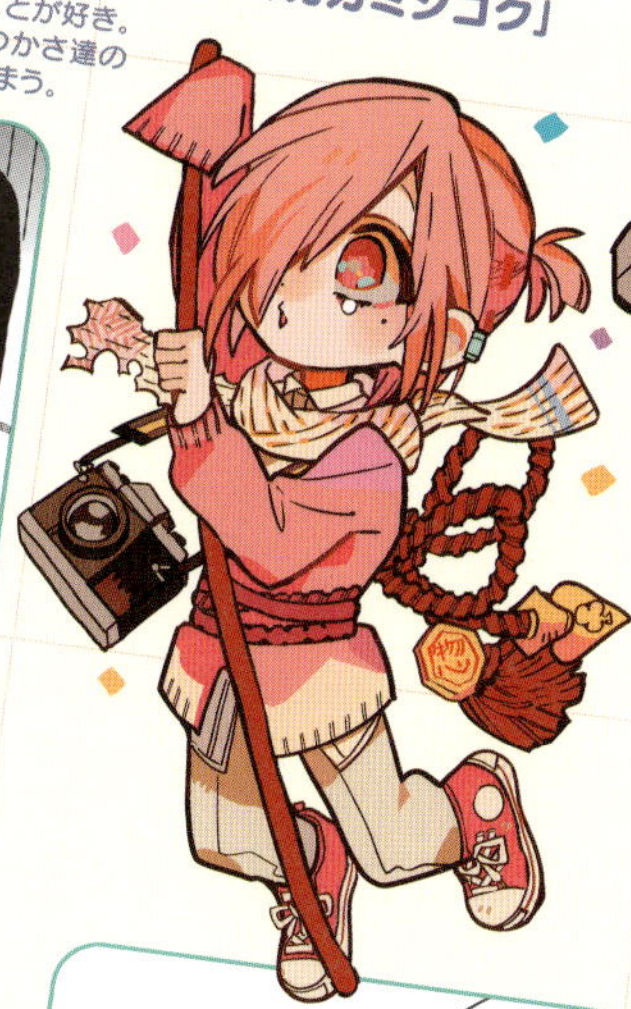

**いろ**　4巻で登場しますが、それまでに出ていない属性のキャラにしようと誕生しました。

**あいだ**　色味でいうと、花子くんと寧々はシックなので、光と組み合わせたときにポップになる色味にしようと思いました。

**いろ**　ミツバは一度退場しましたが、光と絡ませてまだ描けることがある、光をもっと深掘りできるなと思い、再登場してもらいました。

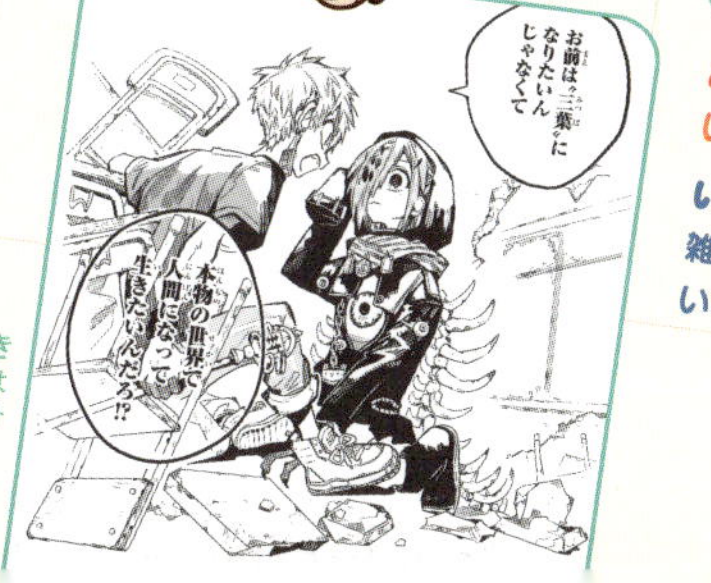


何度も形を変えられながら怪異として生き続けているミツバ。かつての三葉惣助ではなくなったけれど、光は友達を続け、くじけそうになるミツバを励ます。

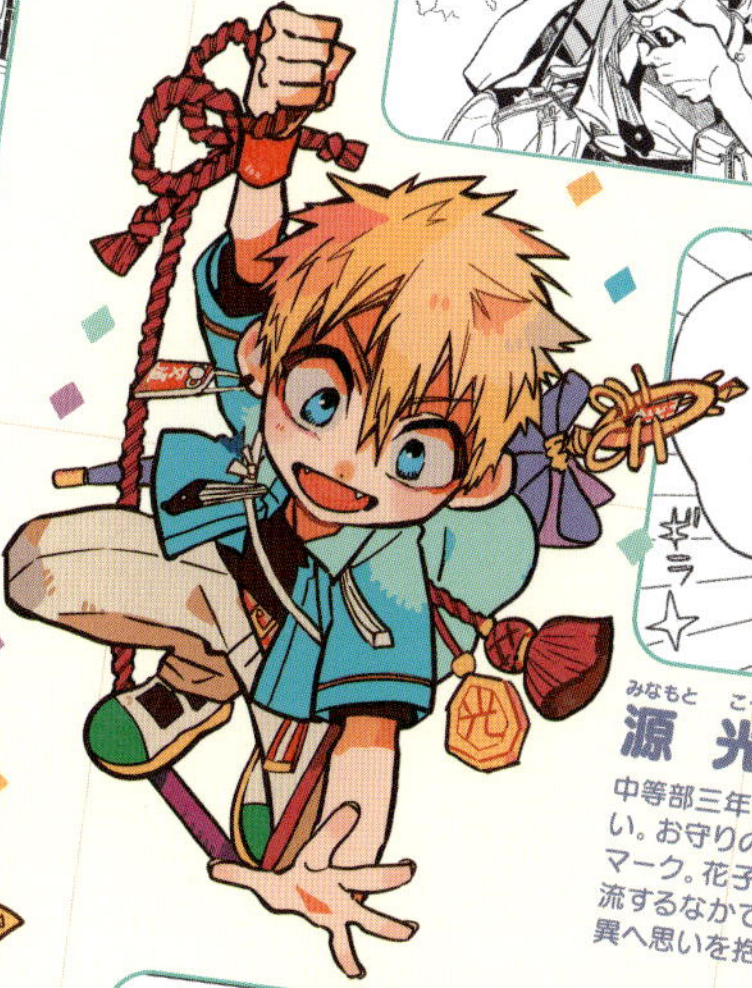

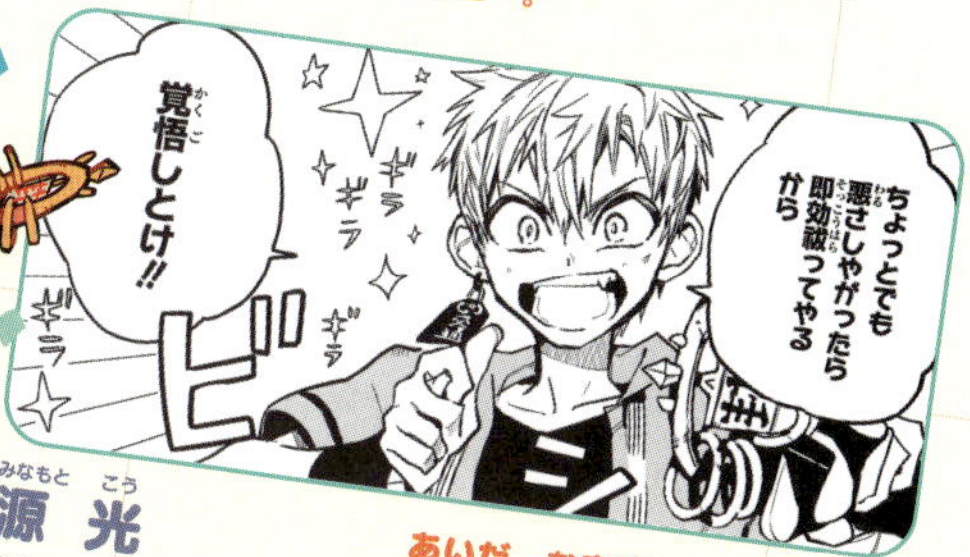


## 源光（みなもと こう）

中等部三年生。熱血漢で情に厚い。お守りのピアスがトレードマーク。花子くんやミツバと交流するなかで、兄とは異なる怪異へ思いを抱く。料理が得意。

**あいだ**　お守りピアスや杖など作品のジャンルである、和風でホラーというのがわかりやすいようにデザインしました。あと髪と顔が元気！　です。最近は優しい表情が多いかも。

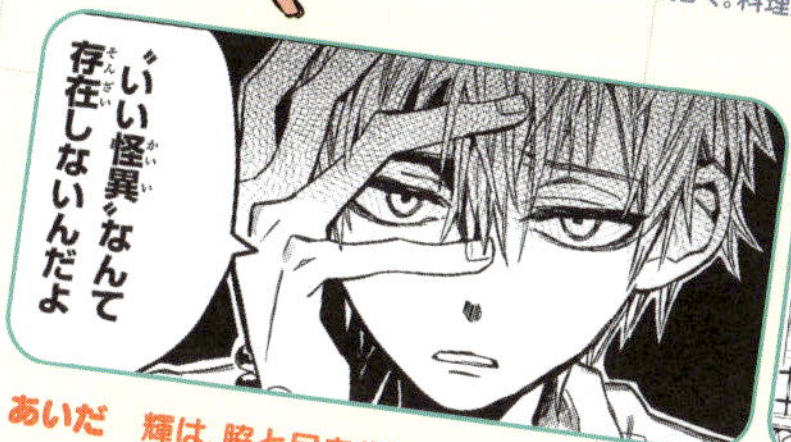


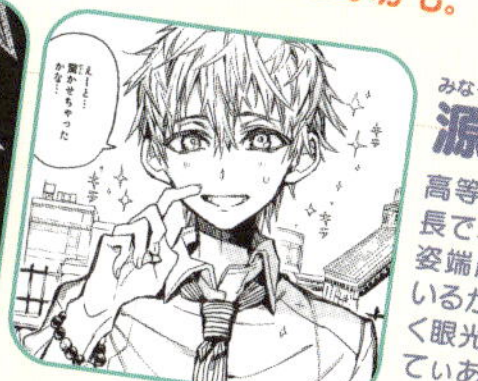

## 源輝（みなもと てる）

高等部二年生の生徒会長で、強力な祓い屋。容姿端麗でキラキラしているが、怪異に容赦がなく眼光が鋭くなる。妹のていあらを溺愛したり、料理下手な一面も。

**あいだ**　輝は、脇と足を常に閉じていて、姿勢がいいです。上品な振る舞いをするように気をつけています。考え事をするときは、あごを触る癖があります。ちなみに光は耳やほっぺを触ります。

**いろ**　初めてしっかり登場した第9話（コミックス2巻収録）で花子くんを祓いそうになるのですが、雑誌のアンケートがすごく下がりました（笑）。イケメンだからといって全てが許されるわけではないことがわかりました。

あいだいろさんにキャラクターについてのコメントをいただきました！

# 『地縛少年花子くん』の登場人物・怪異たち②

## ヤコ｜七不思議・二番「ミサキ階段」

人間の岬（ミサキ）に好意を抱いていた稲荷像。「ミサキ階段」を管理する。依代が壊された現在は猫に扮してかもめ学園で保護されている。土籠とは犬猿の仲。

**あいだ**　狐の姿のときにしている前掛けを人型ではエプロンとして使って統一性を持たせています。ヤコは白と赤を基調にしたデザインなのですが、そのカラーバランスを狐でも人でも崩れないように気をつけています。

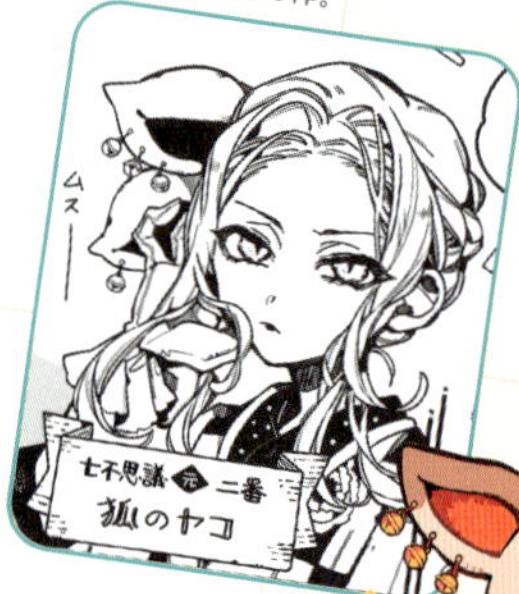


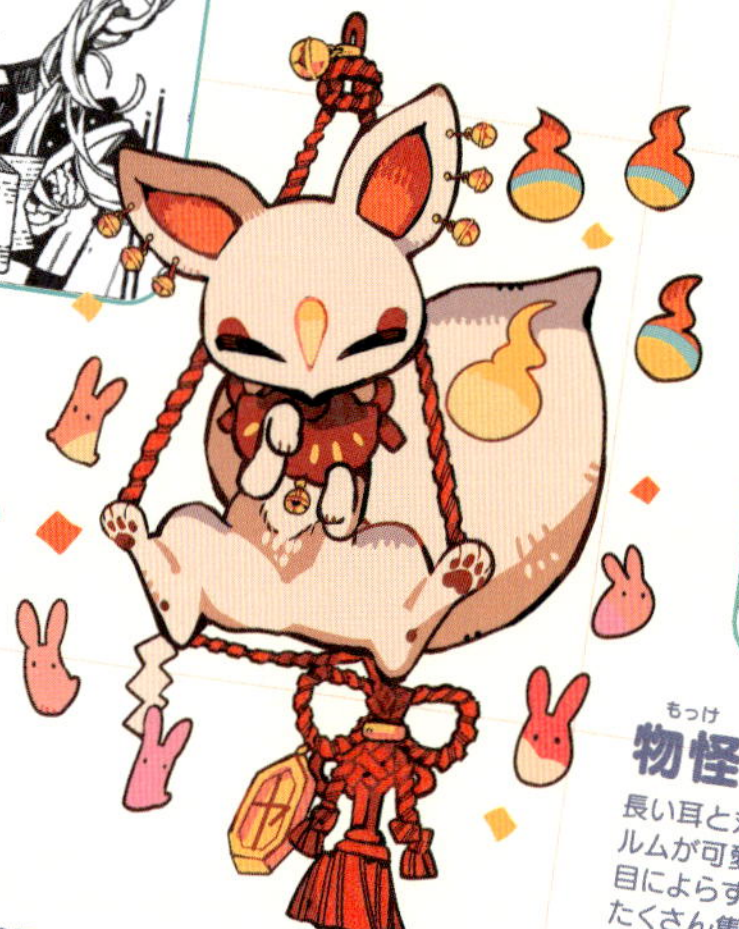

## 蒼井（あおい） 茜（あかね）｜七不思議・一番「三人の時計守」

寧々のクラスメイト。秀才で副生徒会長も務める。葵とは幼馴染。告白しては振られ続けている。時計守になったきっかけも葵だった。時間停止の能力を持つ。

**あいだ**　七不思議の時計守姿になるときは、少しだけ大人っぽく描いています。葵に対しては、うれしくて目がキラキラになるのですが、葵以外だと力が抜け、目が据わったような表情になります。

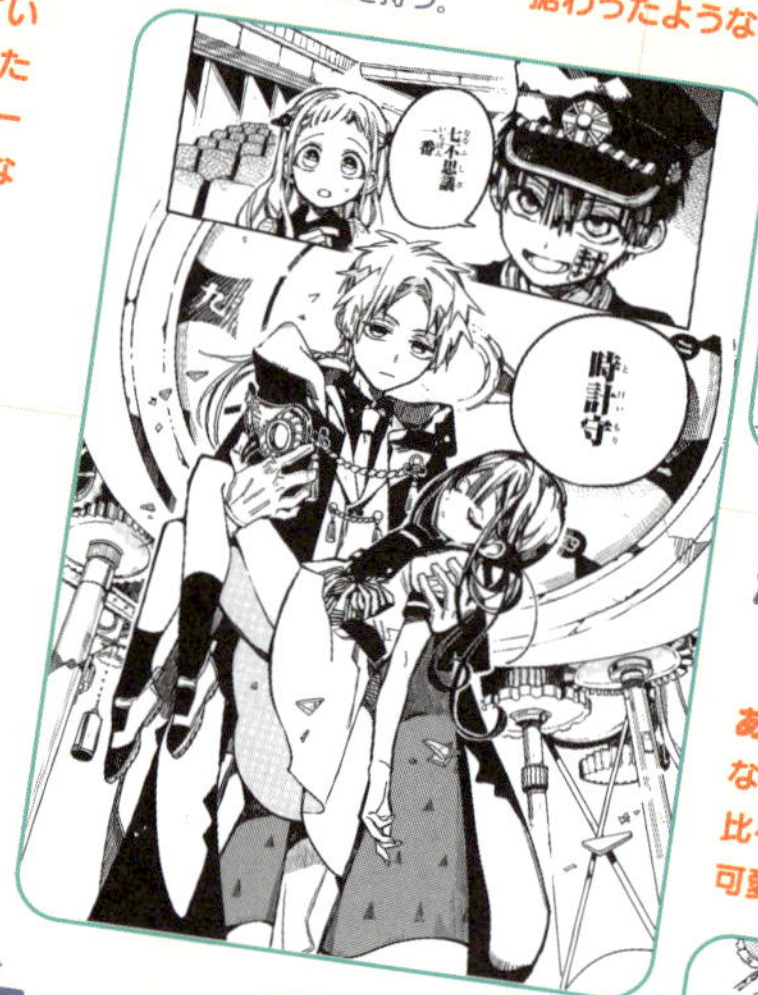


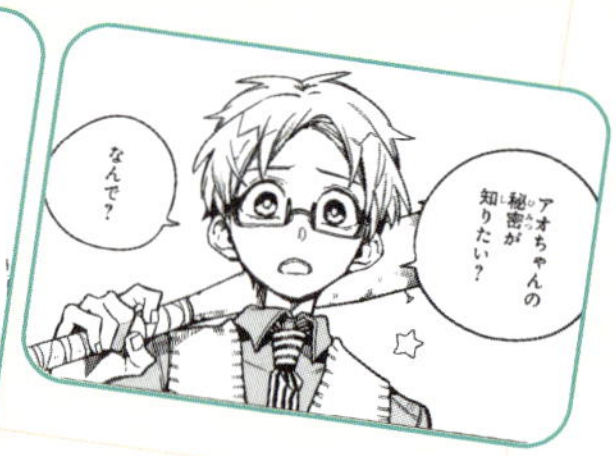


## 赤根（あかね） 葵（あおい）

寧々の親友でモテクイーン。学園に流れる噂に詳しい。結婚したら蒼井葵という名前になるため蒼井からの告白を断っている。「六番編」で胸中に溜まった思いを吐き出して以降、怪異が見えるようになり、サバサバした言動も見られる。

**あいだ**　美少女（葵）美少年（輝）を描くときは描き込みの線数を多めになるようにしています。髪の毛サラサラ、瞳キラキラです。寧々ちゃんと比べて目のハイライト小さめで暗い面積が多いのが葵ちゃんらしくて可愛いね♥と思っています。

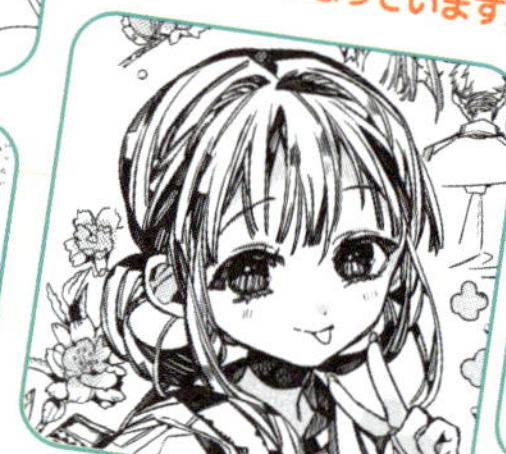


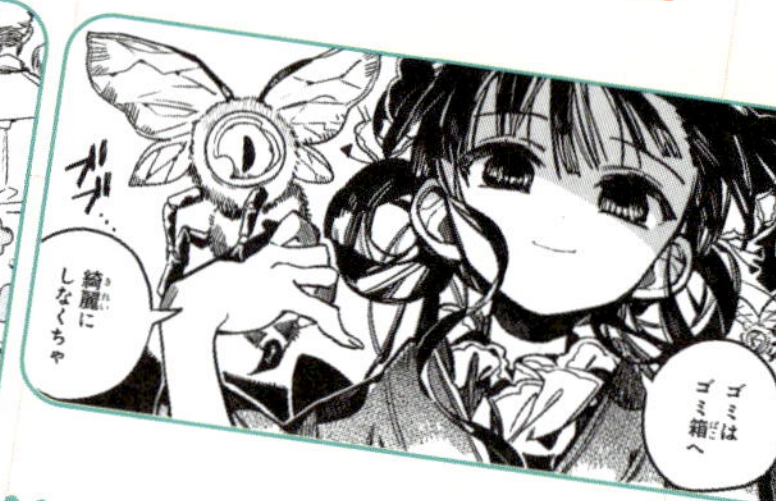


## 物怪（もっけ）

長い耳と丸みのあるフォルムが可愛い怪異。見た目によらず思考は凶悪で、たくさん集まると巨大化する。アメが好き。いろんな姿で登場する。

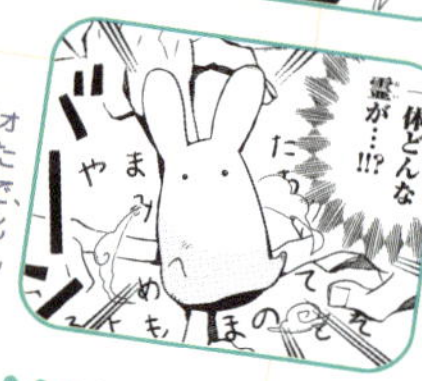


## 土籠（つちごもり）｜七不思議・五番「16時の書庫」

かもめ学園に長く棲む怪異。生前のあまねの担任や、現在の光の担任を務める。蜘蛛の巣のような額の模様や長い首が特徴的。白衣を着ており、理科準備室にいる。

**あいだ**　土籠はキャラデザに迷わなかったですね。怪異姿の方が先に決まっていた気がします。しれっとした表情で優しい怪異です。

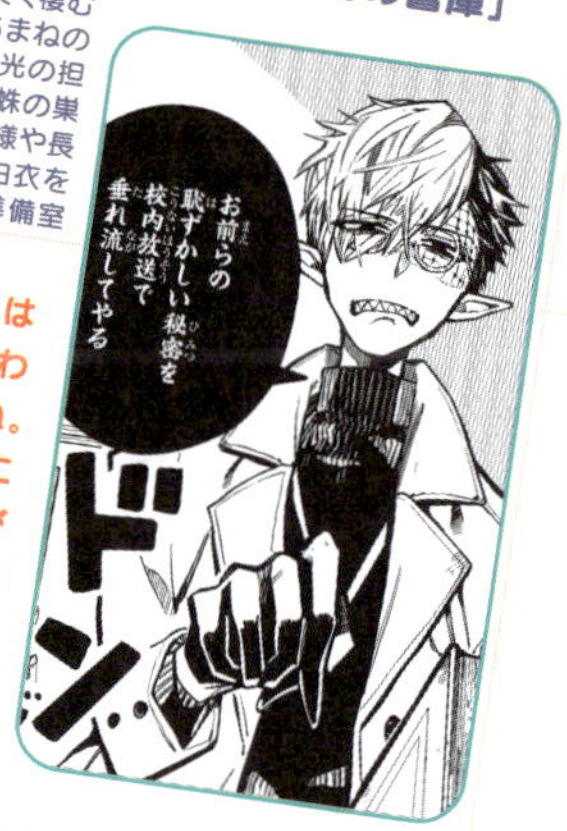


――今号の季刊エスの特集テーマは「怪異」です。いろさんは以前のインタビューで和洋問わずホラーや民間伝承、ナーサリーライムなどがお好きと話されていました。どんなところに惹かれますか？　また、あいださんは小さい頃に「トイレの花子さん」を題材にした作品をご覧になられていたとありました。印象に残っている作品やビジュアルなどについて、お聞かせいただけますと幸いです。

**いろ（原作）**　恐怖って普遍的で身近ですよね。日々の中でも暗いところがなんだか怖い、何かいるかもしれないと感じることがあると思うのですが、そういった恐怖心が例えば「暗がりに潜むお化け」の物語なんかと合わさると、想像力を補強してくれる。「ここに書いてあることは本当なのかも」とフィクションの存在に現実味を与えてくれるところが好きです。あと、ホラーをジェットコースターのような娯楽だと捉えている所もあると思います。

**あいだ（作画）**　TV番組の『ポンキッキーズ』内で放送されていたアニメ『学校のコワイうわさ　花子さんがきた!!』を観ていました。このアニメに出てくる花子さんは味方をしてくれるので、「花子さんっていいやつ！」という印象が潜在的にありました。『花子さんがきた!!』では「さっちゃんのうわさ」と「怪人トンカラトン」という話が特に怖かったです。

**いろ**　私はNHKの『こども人形劇場』であった「パンをふんだ娘」という歌が怖かったです。影絵だったのですが、水たまりで沈んでいくんですよね…。

――「パンをふんだ娘」は教訓めいたところがありつつ、お話も展開もかなりシビアで幼い頃に見たらトラウマになりそうです。「さっちゃんのうわさ」や「怪人トンカラトン」は都市伝説的なお話ですが、おふたりの学校には不思議な噂話はありましたか？

**あいだ**　学生時代はホラーブームで、遠足や修学旅行の写真販売では、みんな心霊写真を躍起になって探してました。やはり、プロが撮った写真に心霊写真は一枚もなかったですね。

**いろ**　私の通っていた学校では、怪談らしいものは微塵もなかったです。探したりしたのですが、悲しくなるくらいありませんでした…。

――ブームのときは心霊写真もよくテレビ番組で取り上げられていましたよね。それぞれに好きな世界観やモチーフについても、お聞きしてみたいです。

**あいだ**　真新しいものよりは古いものの方が好きです。例えば、一九二〇年代の商業的なイラストが出始めた頃の俳優がポーズをキメているポスターなどかっこいいなと思います。家具や服も今見ても可愛いものが多いです。あとは一九六〇年代の当時の人が考えた近未来のレトロフューチャーも好きです。

**いろ**　書くのも読むのもファンタジー要素がある世界観が好きです。児童書とか……最近は『ハウルの動く城３　チャーメインと魔法の家』を読みました。ホラーやミステリも好きですが、こちらは見る方が好きかも。

――あいださんが興味のある年代は『地縛少年花子くん』の世界観とも近いですね。つづいて漫画について伺っていきたいのですが、最初にいろさんとあいださんが二人で漫画を作るようになった

## 『愛しのリビングデッド』

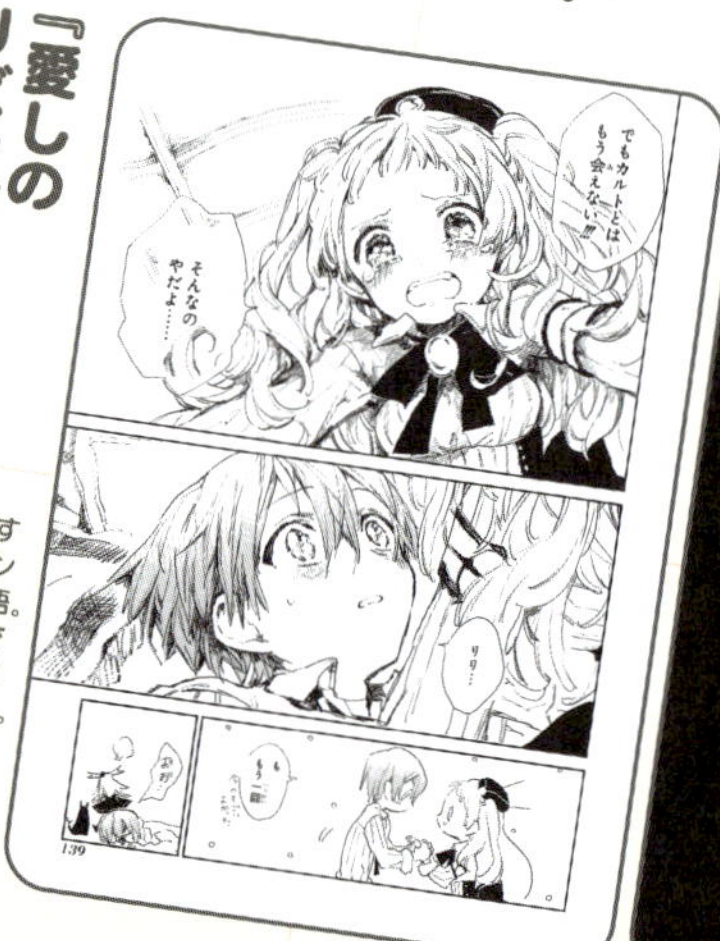


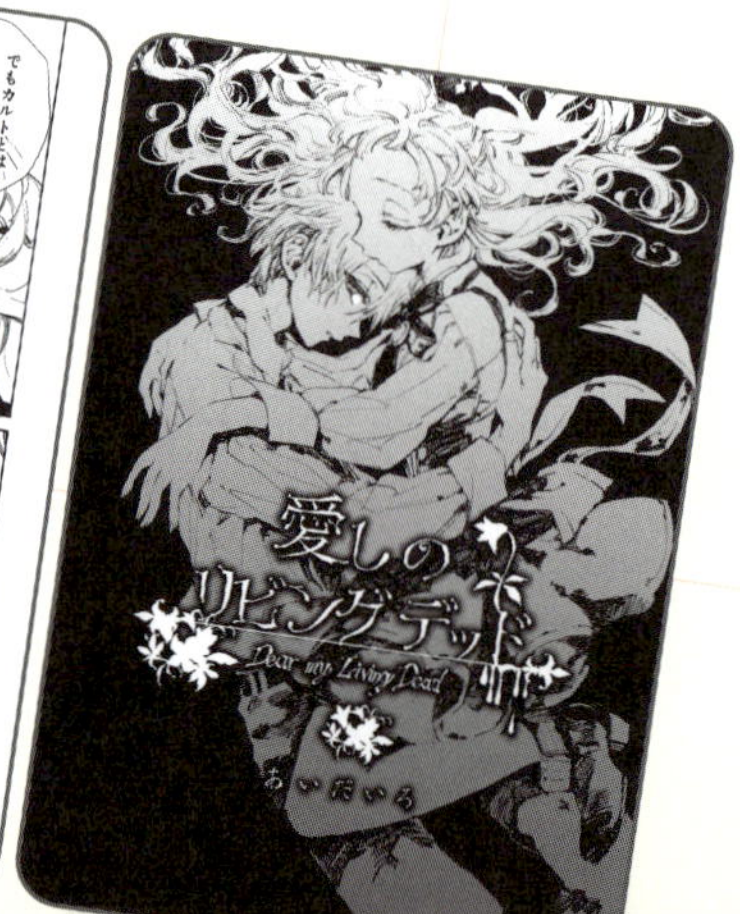


ゾンビを退治するネクロマンサーたちの物語。繊細なタッチで描かれる表情に見入ってしまう。変えられない運命と、カルトが選んだ道に胸が締めつけられる。

あいだいろさんにキャラクターについてのコメントをいただきました!

# 『地縛少年花子くん』の登場人物・怪異たち③

## 柚木(ゆぎ)司(つかさ)

花子くん(あまね)が殺したと言う双子の弟・つかさ。似ているけれど、残虐度が高く闇深い。呪われた【赤い家】には、幼いつかさの姿をした「何か」が棲み憑く。病弱なあまねを救った代償に取り込まれたようだ。花子くんとは逆の頬に札が貼られている。

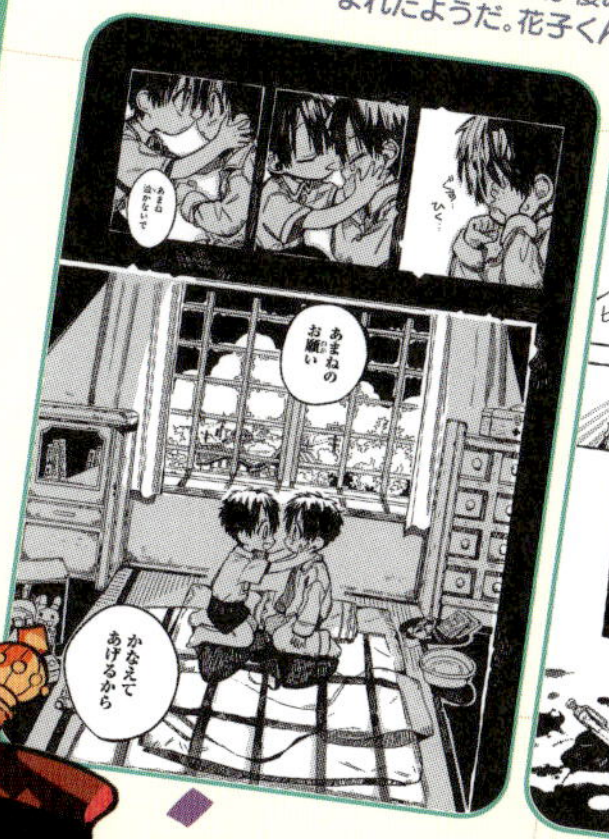


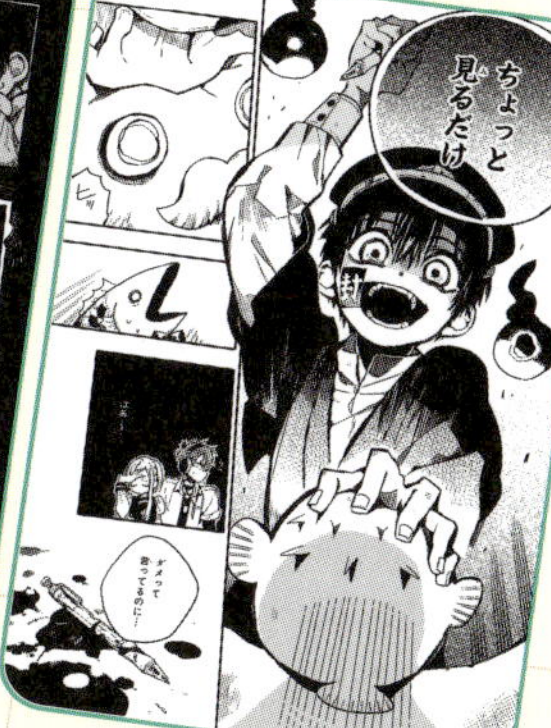


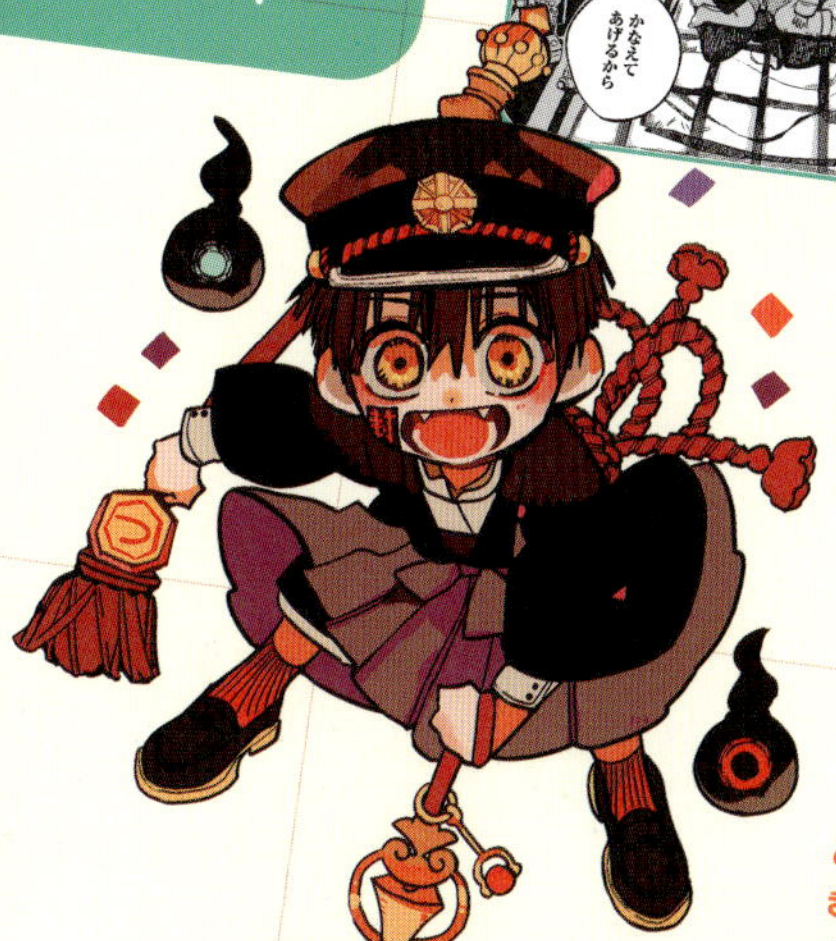

**あいだ** 短期連載版のときから、つかさがいる前提での構図が多いです。

**いろ** 双子が特に好きというわけではないです。同じ顔が二人いると可愛いなぁと。好きな顔を増やしたい、いろんな表情をさせたいから別人にする。となると増えていくんですよね、なぜか。

**あいだ** それが双子が好きっていうんじゃないの?(笑)。

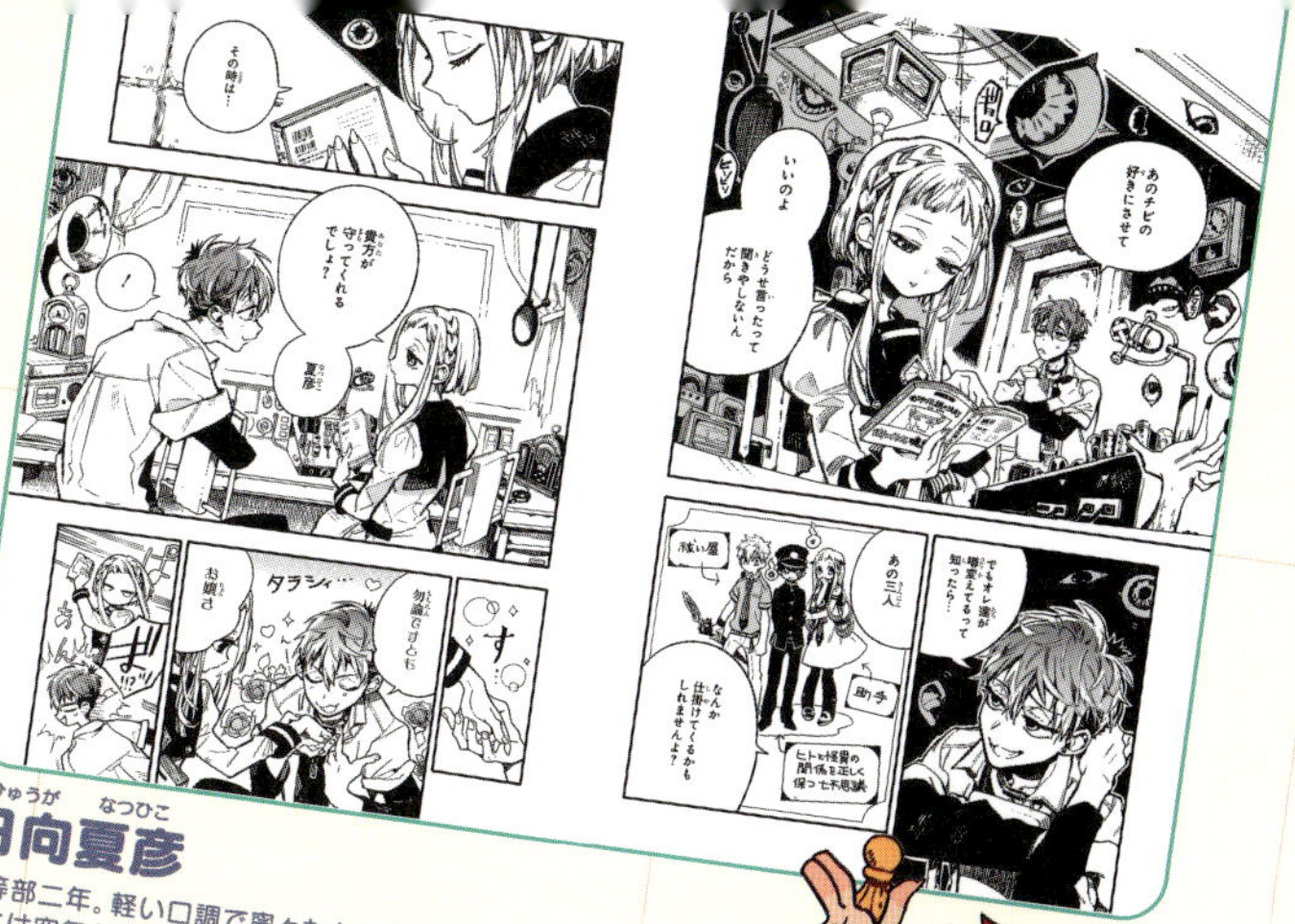

## 日向(ひゅうが)夏彦(なつひこ)

高等部二年。軽い口調で寧々たちを誘い出す。桜には空気として扱われている。殺しても殺しても死なない人間で、怪異にとって猛毒の血液を持つ。七不思議全ての依代を壊すことを目的に動いている。

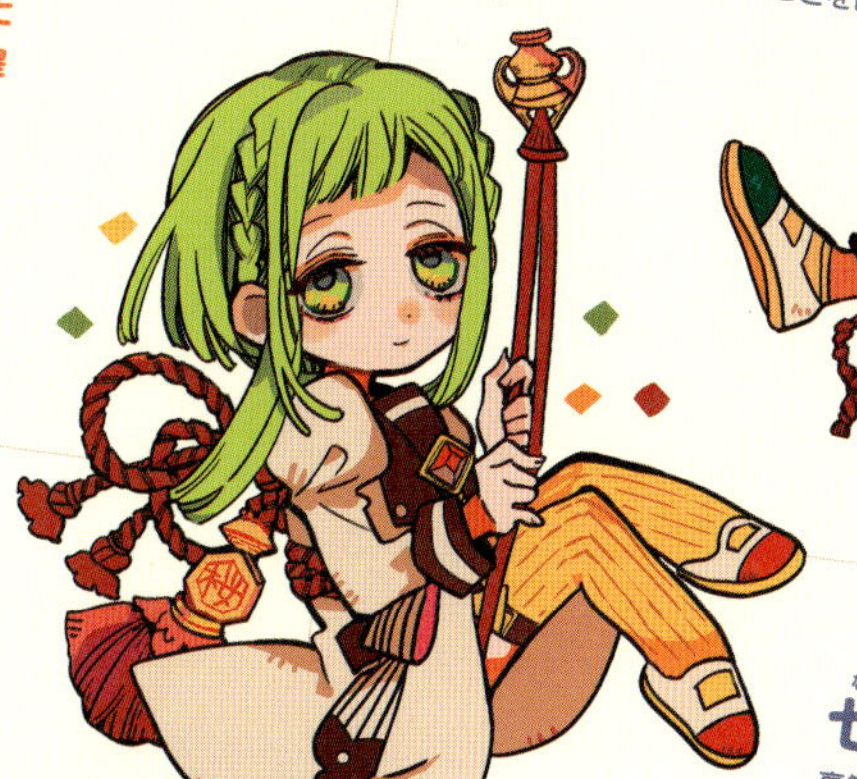

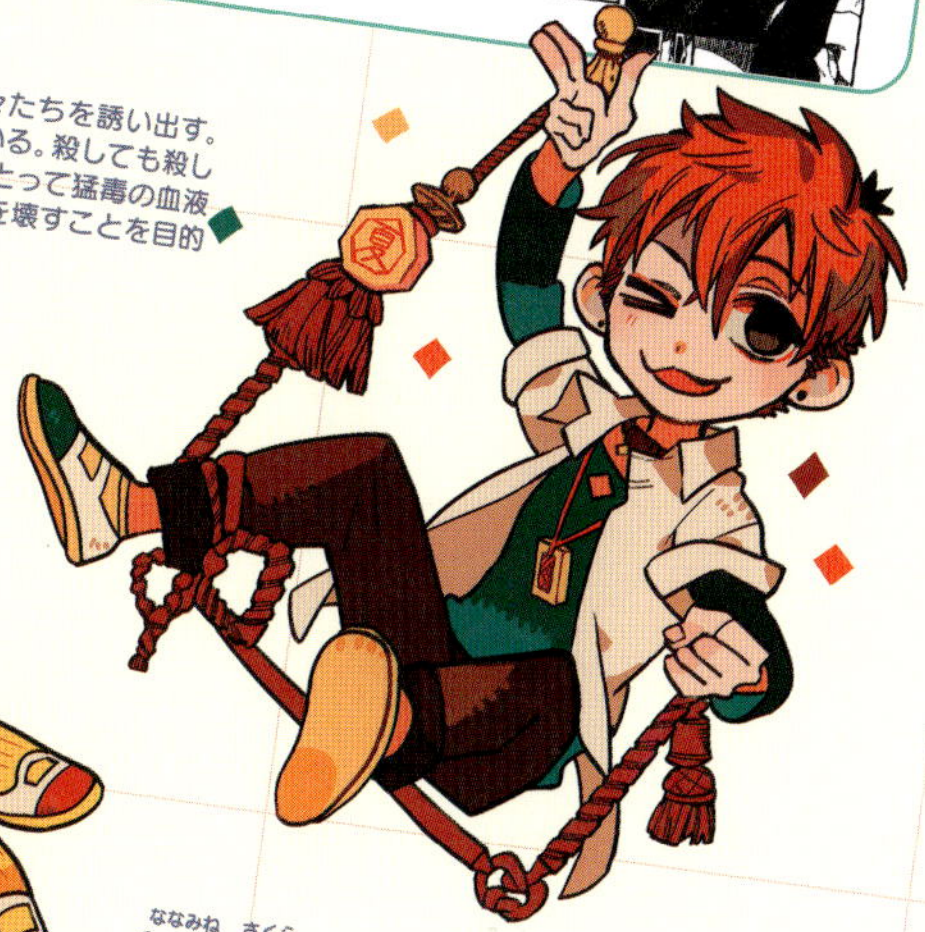

## 七峰(ななみね)桜(さくら)

高等部三年生。つかさを手伝い、放送室で怪異の噂を流す。伏目がちな目元の美少女。寧々と同じく、願いの対価に怪異(つかさ)と縁を結んだ。100年以上願い続けていることがある。

**あいだ** 放送室の3人組は集合しているコマでもそれぞれ視線の先がバラバラになる様にしています。桜さん筆頭にクールな雰囲気です。対して主人公組(花子くん、寧々ちゃん、光くん)は全員で輪になってそれぞれを見てることが多いです。ちなみに夏彦はかっこつけて絵になるようなポージングをとる癖があります。つかさは自由に浮いています。

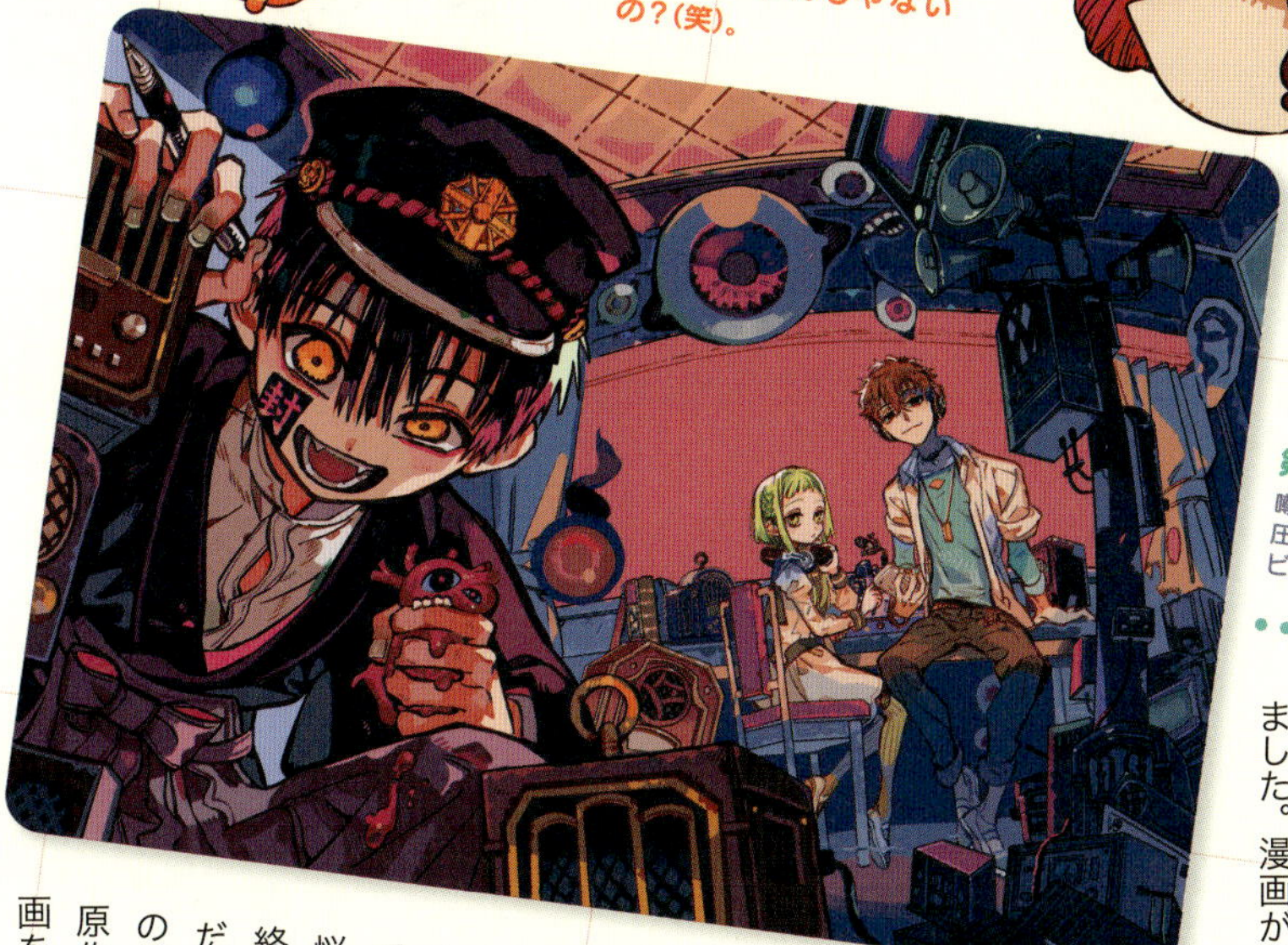

**第106の怪・扉イラスト**

噂を流す不気味な放送室のビジュアル。圧を感じるつかさの表情に目を離せない。ビビッドピンクの差し色もインパクト大。

## シジマメイ | 七不思議・四番「美術室のシジマさん」

四島メイへの死後の噂の虚構に対する嘆きと怒りで生まれた怪異。境界の中に理想の世界を作ることができる。「描くこと」を生かした能力が印象的だ。

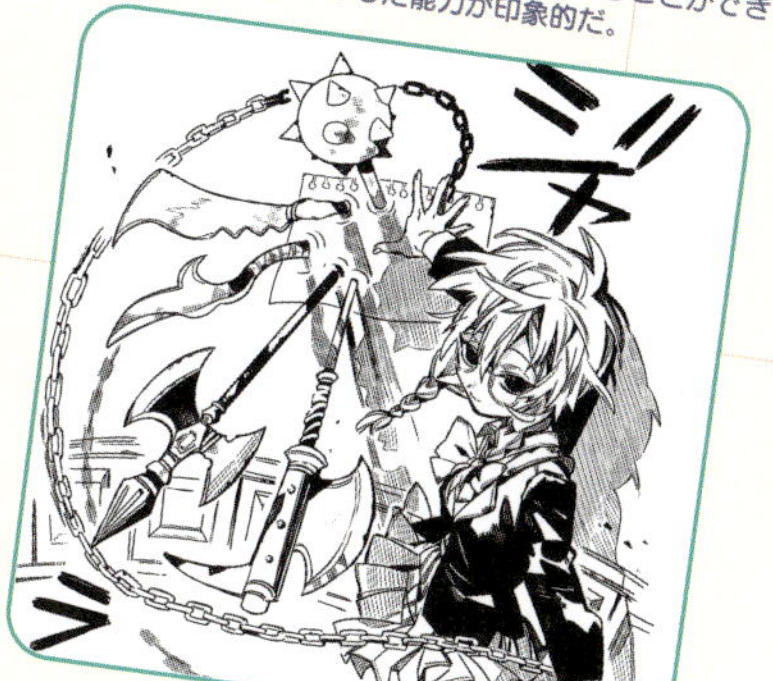

## 薄暮(はくぼ) | 七不思議・六番「シニガミサマ」

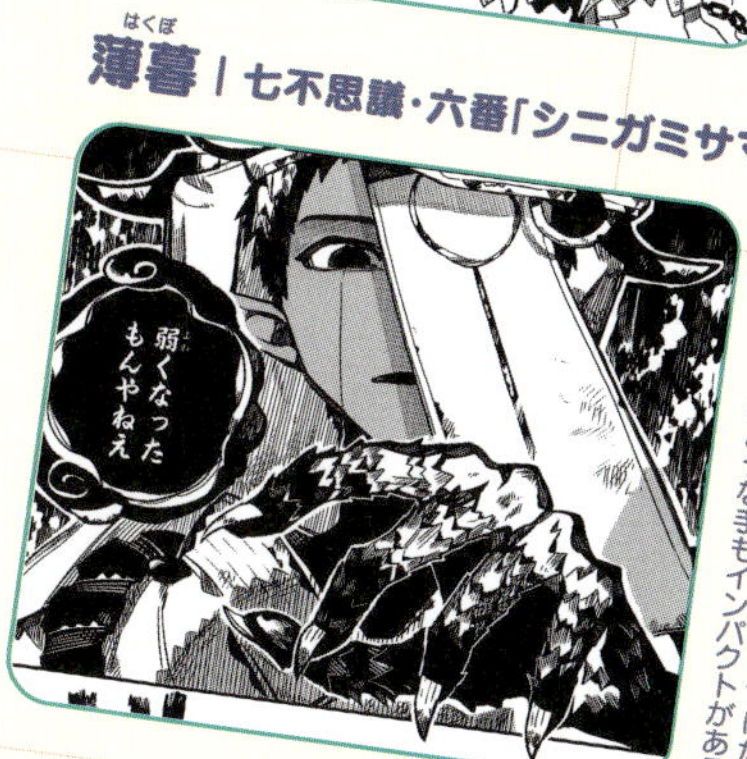


生と死を司る怪異。骨の被り物をつけたビジュアルや獣のような手もインパクトがある。

きっかけをお聞きしてみたいです。

**いろ** 元々、一人で小説を書いていました。学生時代に劇の脚本を書くことがあり、複数人で作品を制作する経験を経て、もっと誰かと作品を作ってみたいと思うようになりました。漫画が好きだったことと、大学で出会ったあいださんの絵に一目惚れをして「作画をやってくれないか?」と声をかけました。

**あいだ** いろさんの作品を読んで「コンビを組んだら楽しそうだな」と二つ返事しました。返事をしたあとに「コンビで描くってどうやるの!?」と悩みました(笑)。最終的にいろさんと組んだのは漫画『バクマン。』の影響が大きいです。原作と作画、二人で漫画を描くモデルケースが初めてつぶさにわかり…どうやっていけばいいのか、スタートを切る上で背中を押してもらった作品です。あとは、いろさんの書く世界を「私一人」を読者にしてはいけない。同じ体験をする読者がもっといてほしい!と思ったこともきっかけです。

――とても素敵なエピソードですね。初期と現在で、制作方法に変化はありますか?

**いろ** かつては集まっていたこともありましたが、今は通話が多いです。あいださんとは味噌汁の冷めない距離に住んでいるので、近所でイベントがあったら一緒に出かけたりします。会うと自然と仕事の話もするので、やり取りが密なのかもしれません。

――ありがとうございます。続いて、デビュー作品『愛しのリビングデッド』(『地縛少年花子くん』0巻収録)から振り返りつつお話を伺いたいです。変えられないリリアの運命と、カルトが選んだ道に胸が締めつけられました。

**いろ** ゾンビものが好きなんですよね。

**あいだ** リリアは、ふわふわで幸せを詰め込んだキャラデザ、カルトは直線的で、疲労を詰め込んだキャラデザに

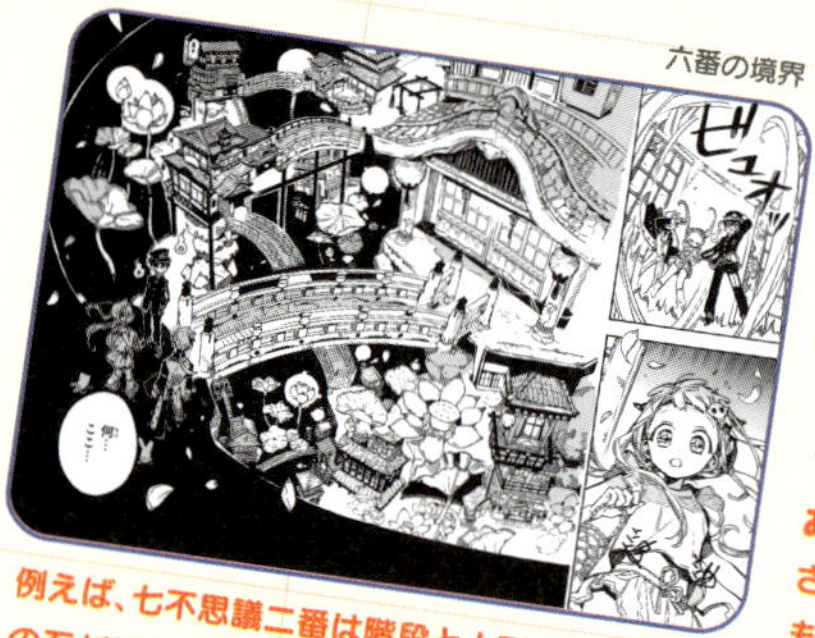


六番の境界

## 此岸（このせ）と彼岸（あのせ）を繋ぐ「境界」

七不思議の力を最大限に発揮できる境界。そのビジュアルは豪華でスケールが大きい。参道のような二番、太鼓橋を渡る六番、時計守の境界は時計の部品や大きなゼンマイで構成されている。どの境界も独創的でインパクトがある。

**あいだ**　七不思議の境界は、二つの要素で構成されています。一つは七不思議の名前に関わるもの。もう一つは本人とは関係ないものです。例えば、七不思議二番は階段と人形。五番は本棚と蝶々など。六番の境界は大きな蓮の花や賽の河原の石が積み上がったような建物の空間なのですが、これは本人が昔誰かから聞いた死後の世界、極楽のイメージから作られたのだと思います。関係ないものはレンコンの精です。（ま行でしゃべる一つ目の生き物）行ってみたい境界は、ヤコの境界です。

**いろ**　私も二番の境界が一番行ってみたいです。フォトジェニックですよね。インスタに上げられそう。

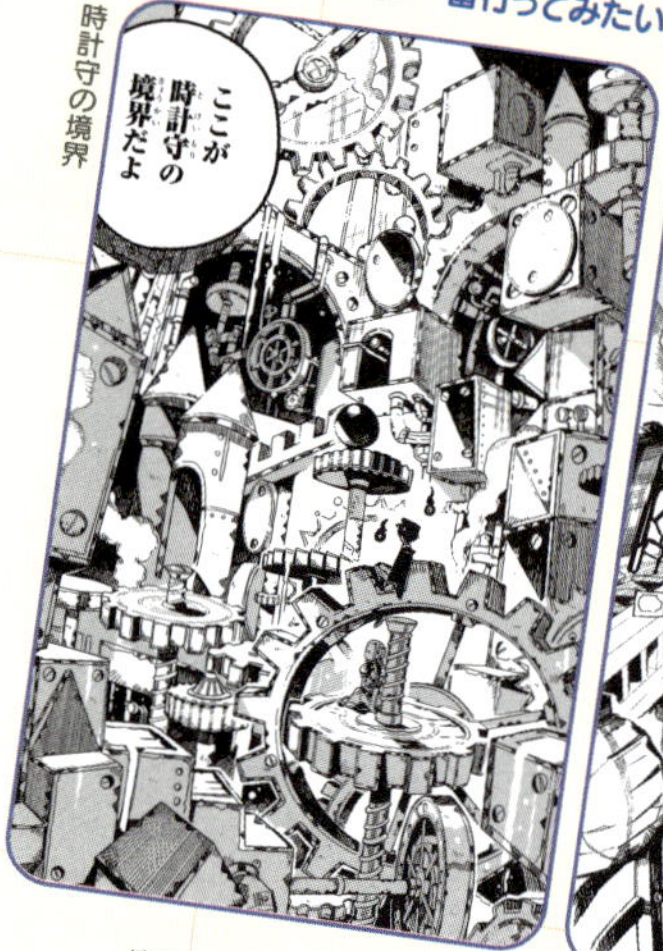


時計守の境界

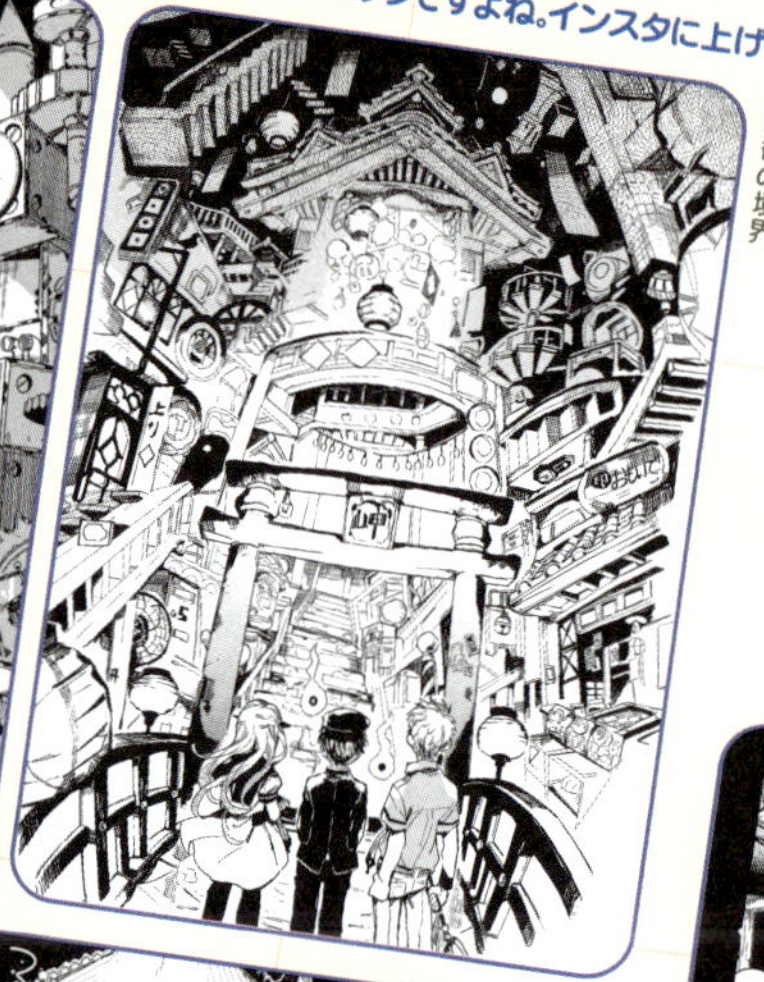

二番の境界

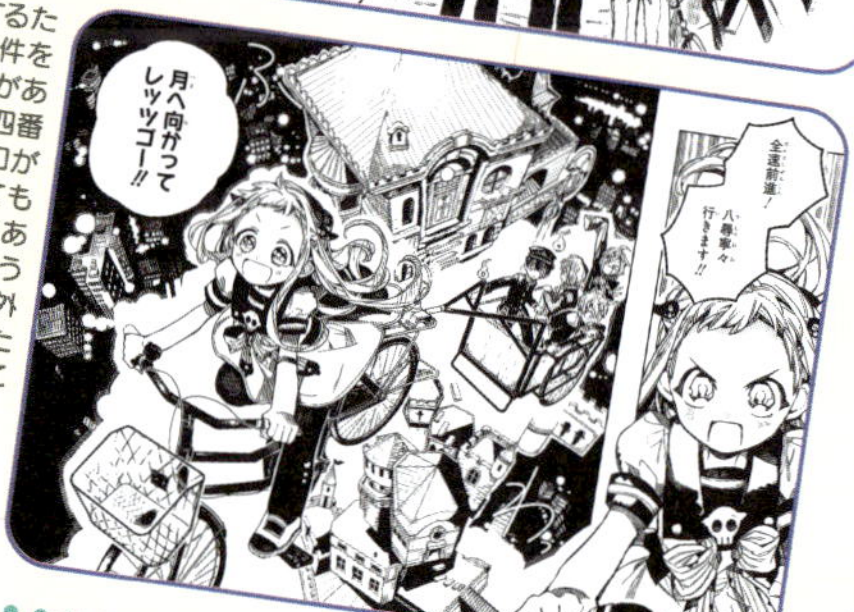


境界から脱出するためには過酷な条件をクリアする必要があるが、七不思議・四番の境界には非常口があることを教えてもらう。その場所である大きな月に向かう場面では、学園の外側まで作り込まれた広大な境界を見ることができる。

## 学園に広まる噂

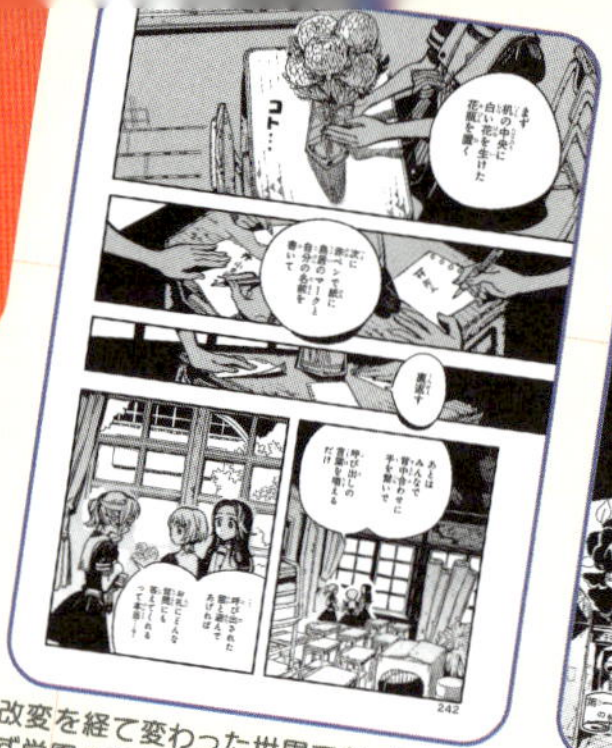

改変を経て変わった世界でも、相変わらず学園のなかで噂は広がる。呼び出された霊と遊ぶことでどんな質問に答えてれるという「つかさくん」とは…。

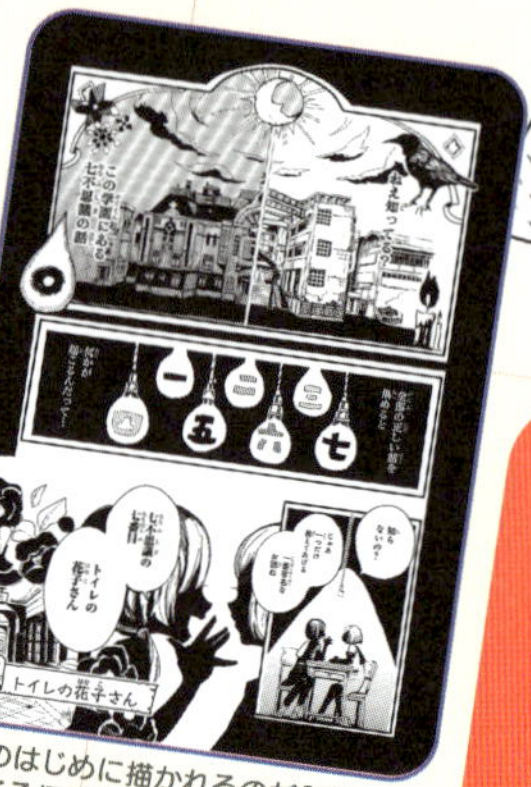


物語のはじめに描かれるのが「噂」。学園で起こる怪異や都市伝説、霊障などが影絵のようなシルエットや紙芝居のようなビジュアルで描かれることが多い。

## 此岸に現れる怪異

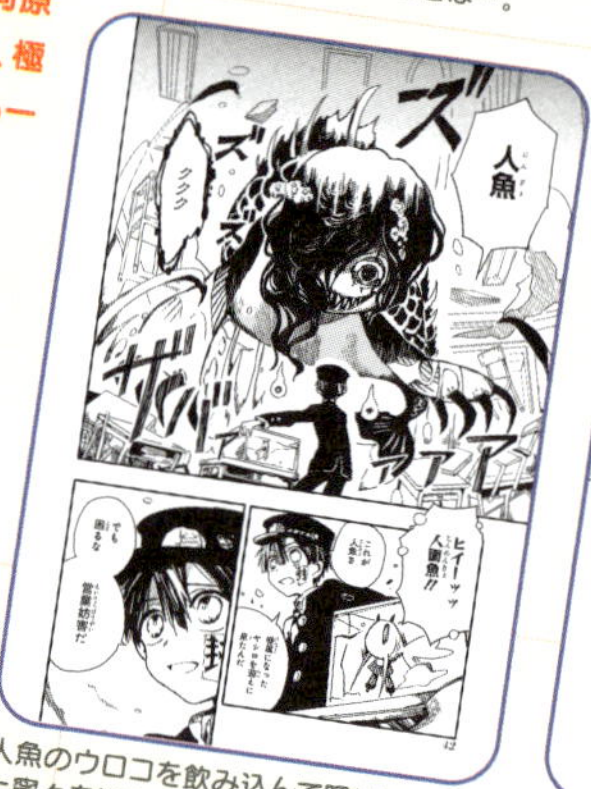


人魚のウロコを飲み込んで呪いにかかった寧々を迎えに来た人魚。大きな瞳と濡れた髪がおどろおどろしい。このあとも魚たちは寧々の勧誘を試みる。

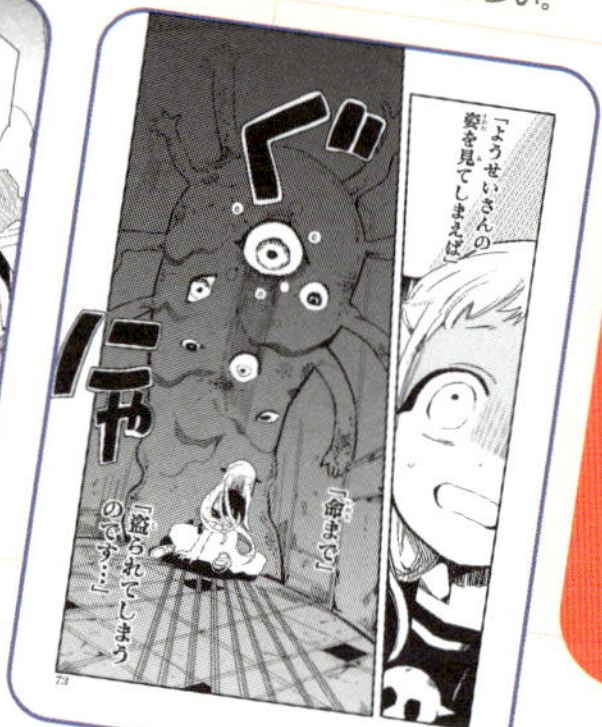


大きな体に手や目がたくさんある「ようせいさん」。その正体は「もっけ」。1匹だと可愛いもっけが、集合体となることで不気味な姿に。

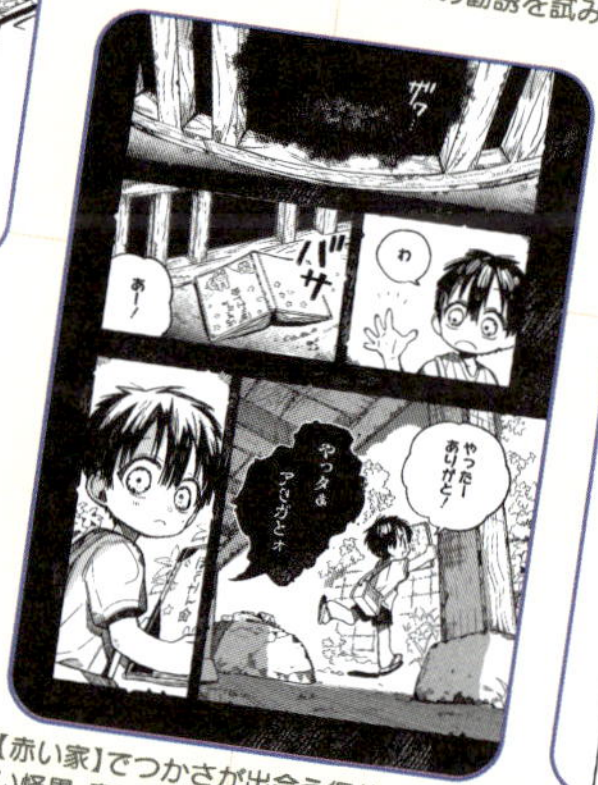


【赤い家】でつかさが出会う得体の知れない怪異。意図せず生贄を与え、対価を得る関係を重ねてしまう。オウム返しするセリフの文字からも不気味さが伝わる。

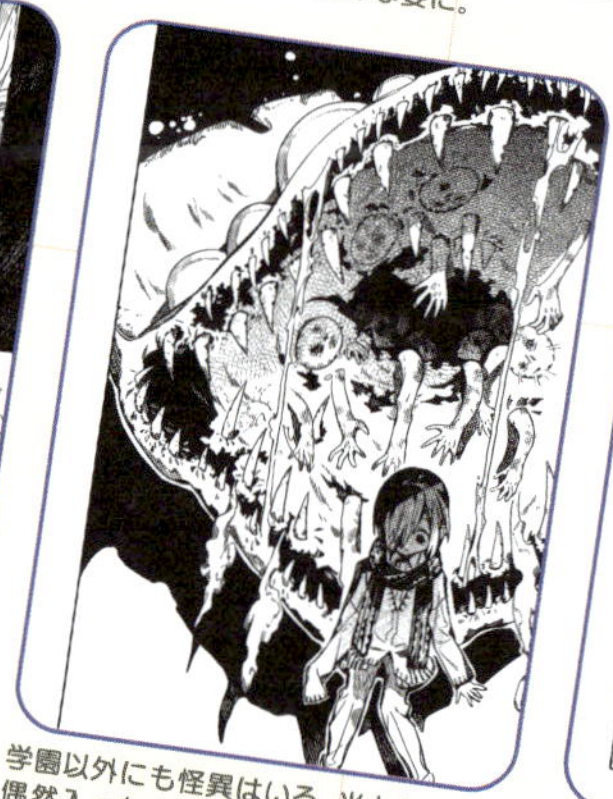

学園以外にも怪異はいる。光とミツバが偶然入った水族館は魚の怪異に溢れていた。大きく開けた口の中に人の顔や腕が埋まっておりドキッとする。

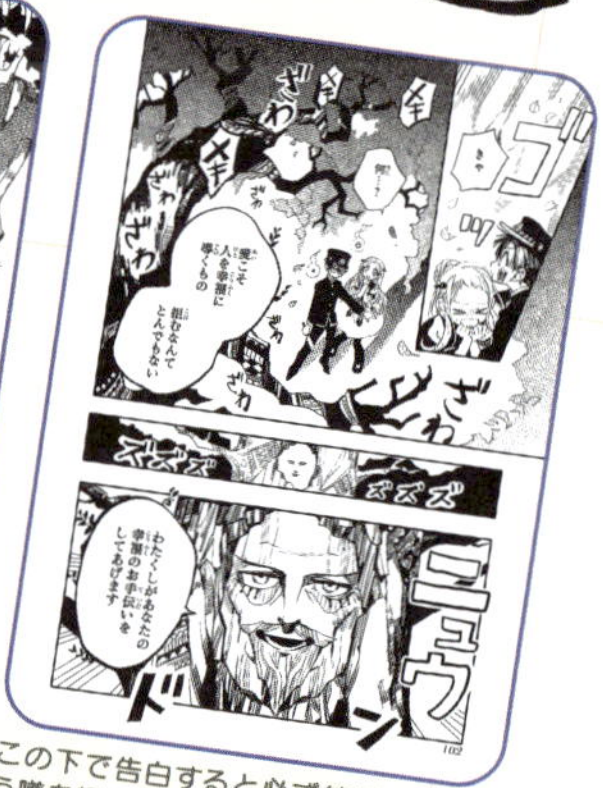


この下で告白すると必ず結ばれるという噂を糧に巨大化した木の怪異「木魂」。無理矢理恋人同士にしたことでおかしなカップルが爆誕。怖くない怪異も登場。

しました。大事なシーンを作画するときは、線の有り無し、角度の調整などでピタッとハマる顔になるまで一コマ五時間くらいかけます。リリアやカルトだけはないですが、下まぶたの動きを意識しています。

――五時間も…すごいです！　下まぶたの動きを意識することも興味深いと感じました。誌面への掲載は『愛しのリビングデッド』よりも前になりますが『不良とメガネと恋と戦争』（『地縛少年花子くん』5巻収録）は、企画の趣旨もありコミカルな作品です。『地縛少年花子くん』にも登場する茜くんや山吹くんが描かれていますね。

**いろ**　茜や山吹は、花子くんよりも先に生まれています。当時人気があったので、このまま寝かすよりは、と『地縛少年花子くん』に登場させました。

――そうだったのですね。その後、全三話の短期連載版（『地縛少年花子くん』0巻収録）を経て『地縛少年花子くん』の連載がはじまります。「学校の七不思議」という馴染みのある題材と、トイレの花子さんが男の子という意外性、レトロな世界観に引き込まれます。仄暗さとコミカルさが混ざり合った物語のアイデアを膨らませていく工程についてもお聞きしてみたいです。

**いろ**　はじめは課題で書いた小説を漫画にしたものでした。花子くんの生前の柚木普と、のちのち七不思議の四番になるシジマメイのお話です。このお話自体に怪談やラブコメの要素は全くなく、ただの高校生として生きている普とメイ、二人の交流を描いた内容でした。それに学校の七不思議要素を足して『地縛少年花子くん』が誕生しました。怪談やレトロな要素はあとからできたもので、先に話の根幹となる暗

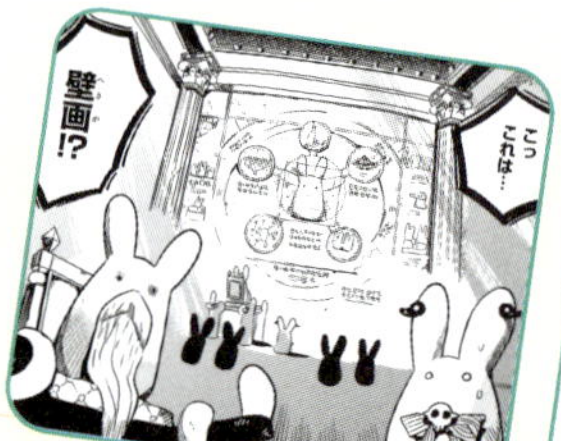


突然もっけになってしまった寧々。えるだーもっけに連行された先で告げられる世界の真理は衝撃的な内容で…。

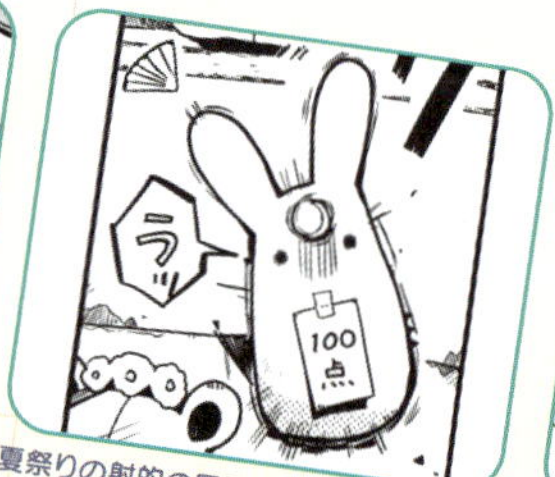


夏祭りの射的の景品に混ざっていたもっけ。寧々のコルクがクリティカルヒット！

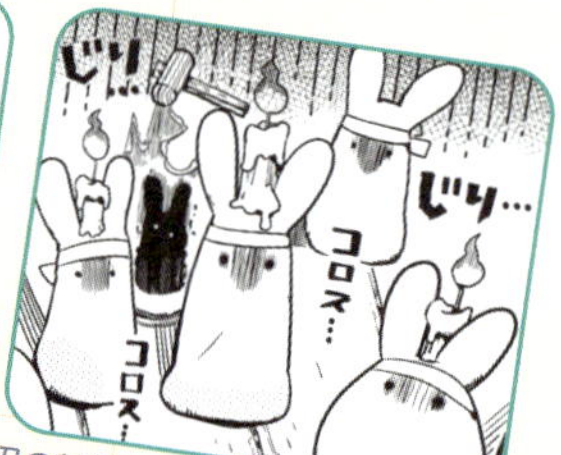


丑の刻参りもっけ。輝に捕えられた蒼井の周りに集まってきていた。

## 日常に潜むもっけ

**いろ**　もっけを書いているときはいつでも楽しいです。本当は本編でもっと登場させたいのですが…。本編がどんなシリアスな状態になっていても、もっけにはもっけの生活があります。

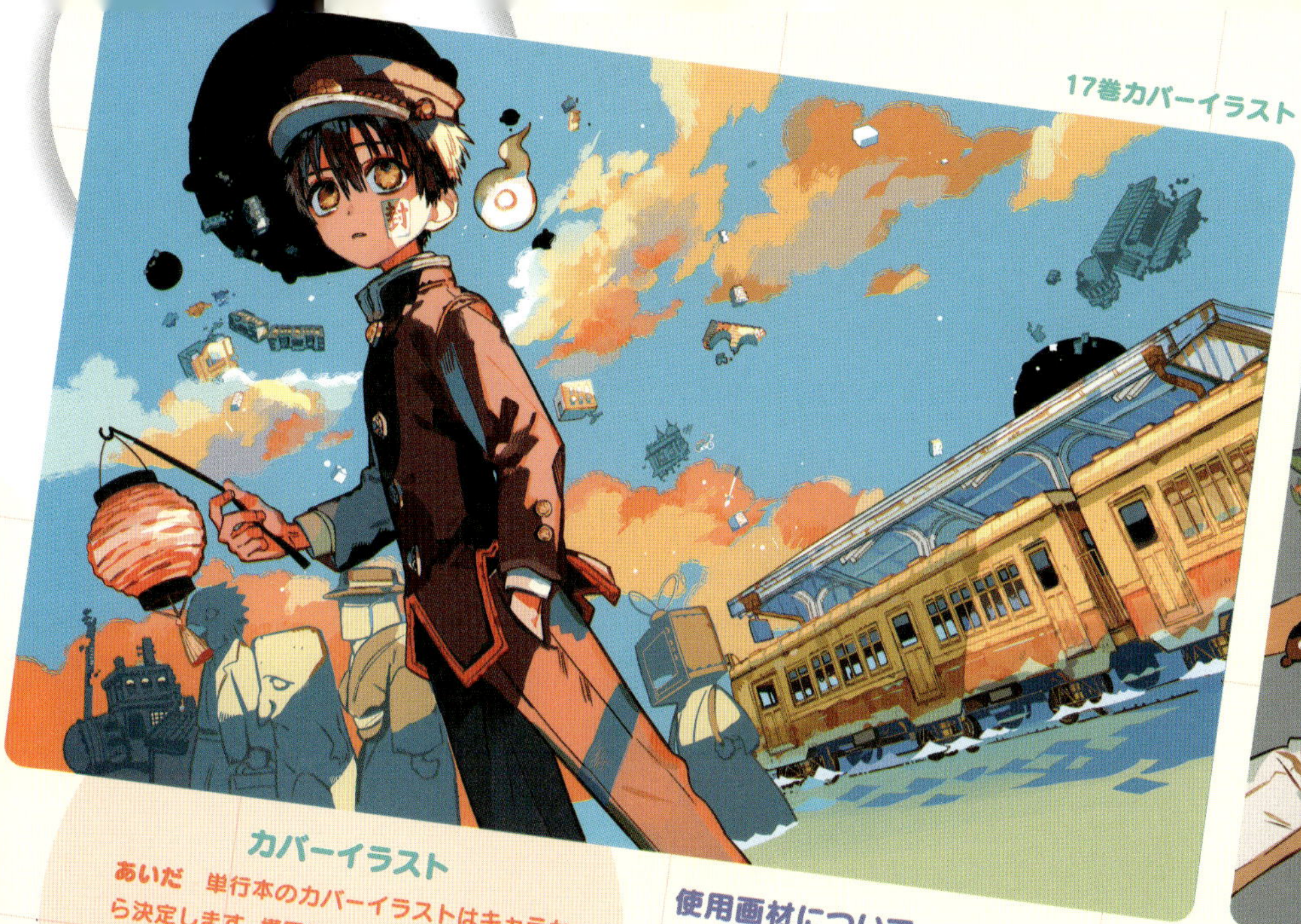

17巻カバーイラスト

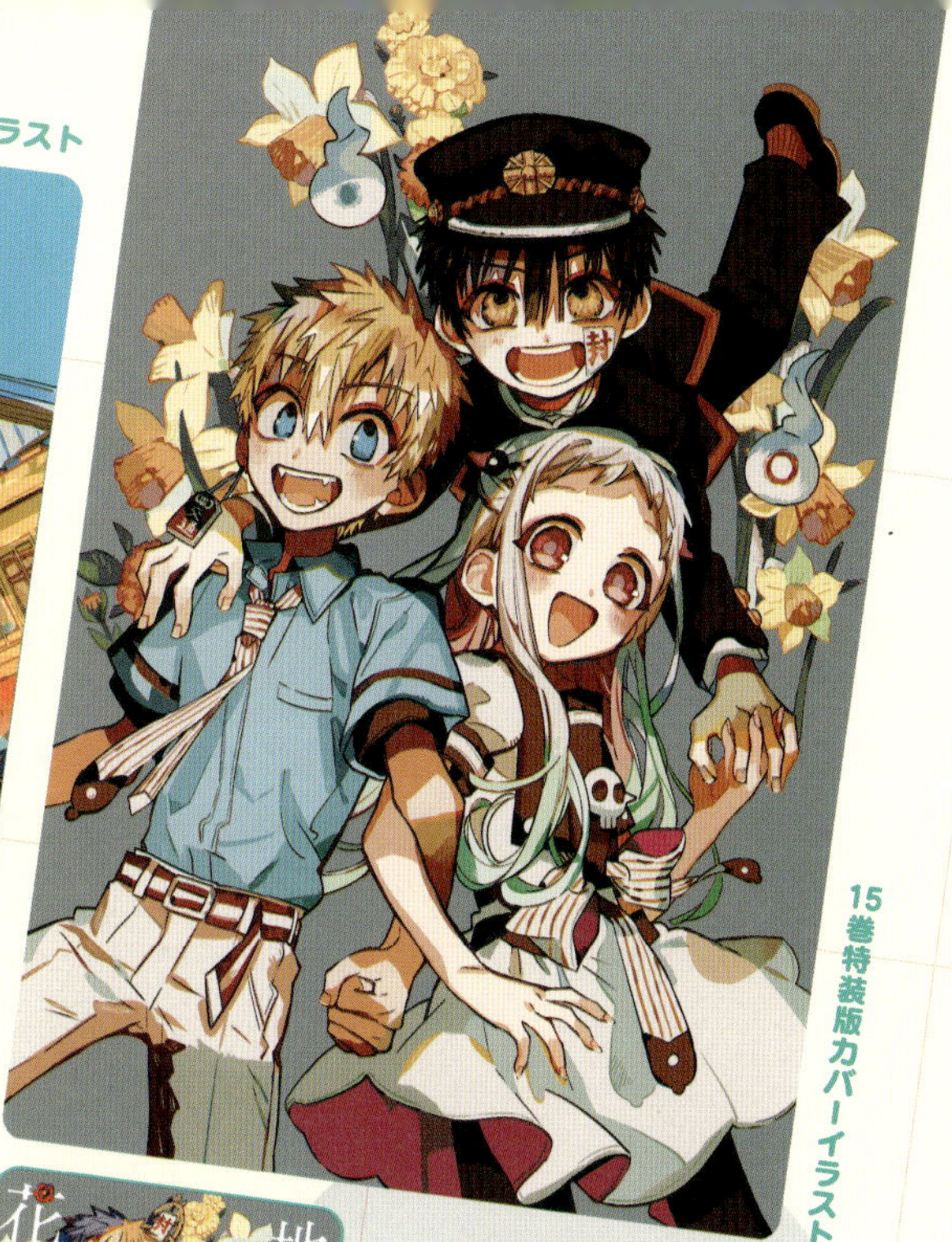

15巻特装版カバーイラスト

## カバーイラスト

**あいだ**　単行本のカバーイラストはキャラから決定します。構図は何パターンも出して、考えることが多いです。メインのカラーは、最初に決めてもキャラを塗り始めると印象が変わったりするので、流動的です。

## 使用画材について

【カラーページ・カラーイラスト】
【モノクロページ】共通
◎PC（タブレット）：
液晶ペンタブレット（Wacom Cintiq）
◎描画ツール：
SAI2（主に使うブラシ名：鉛筆・平筆）

**あいだ**　私は筆圧が弱いのですが、SAIは一番筆圧感知との相性が良くて描きやすいです。モノクロページのトーン処理などはCLIP STUDIO PAINTを使っています。また、ネームを切るときに無印良品の「週刊誌4コマノート」を使うときがあります。最初からPCでネームを切ることもありますが、「外でおいしいもの食べながら描きたい！」というときはアナログで描いています。

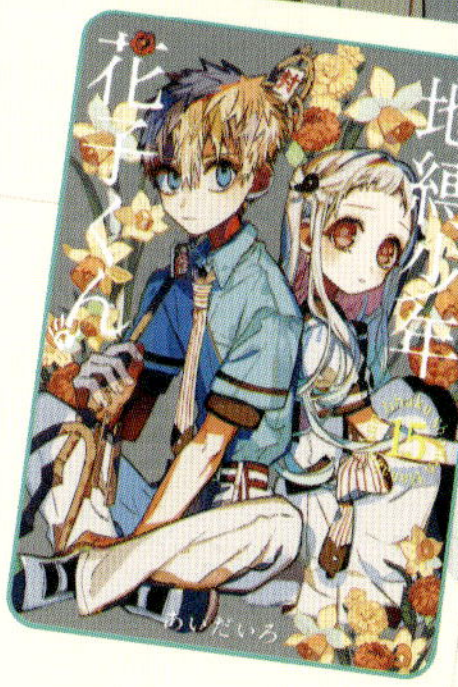



## 雰囲気が異なる特装版カバー

15巻は花子くんとの別れが描かれる。通常版には花子くんの姿がなく、寂しそうな寧々と光のみ。特装版は花子くんもいて、寧々と光も明るい表情で描かれている。

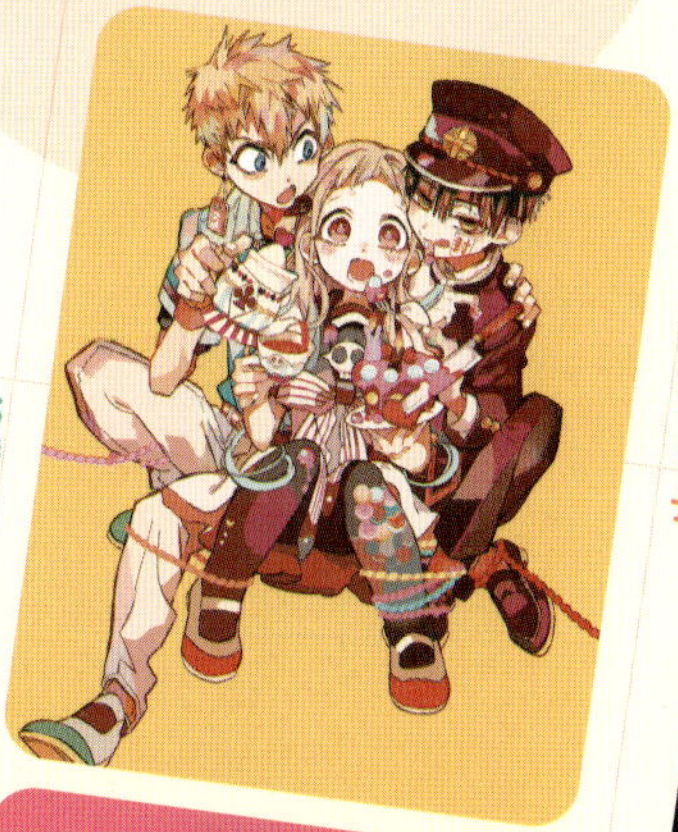

5巻カバーイラスト

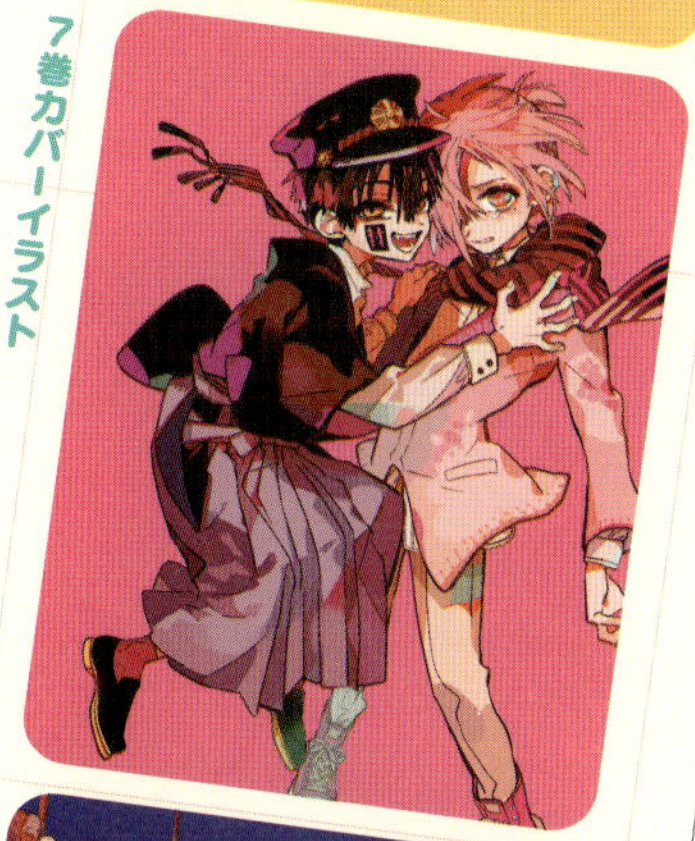

7巻カバーイラスト

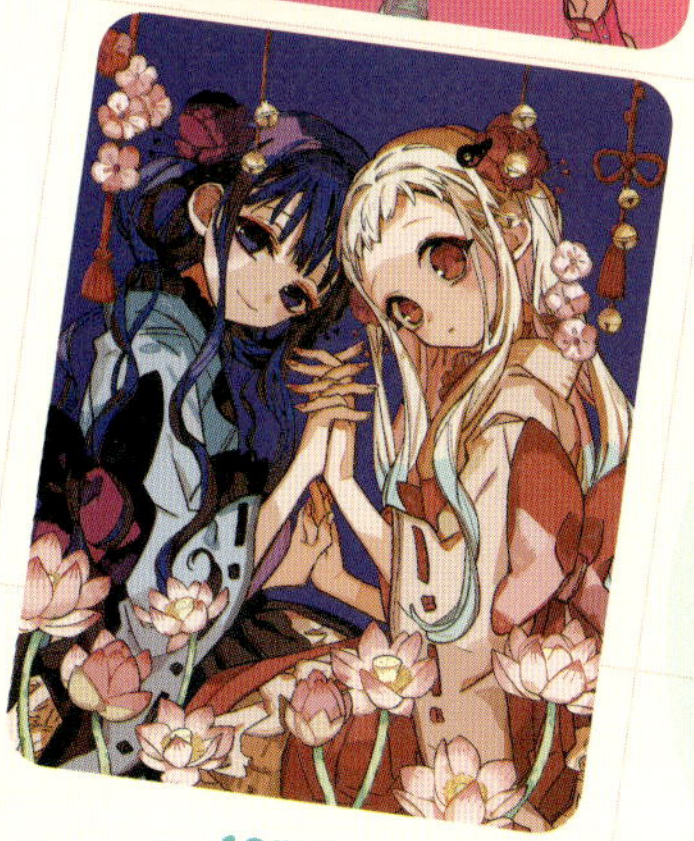

13巻カバーイラスト

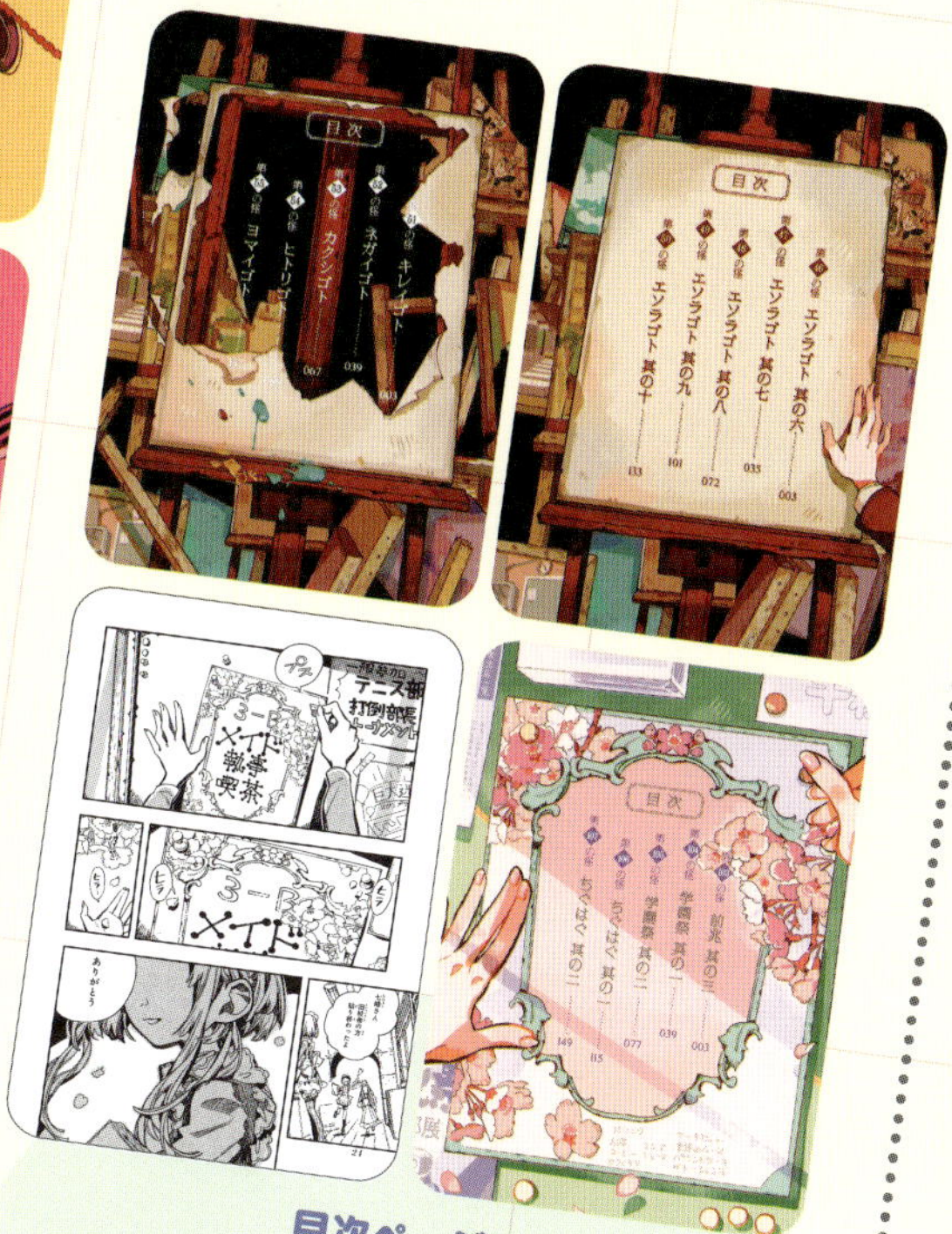

## 目次ページ

単行本は目次ページも美しい。「エソラゴト編」は、ストーリーとリンクしてキャンバスが破られたり不穏な様子になっていった。学園祭が催される21巻は、掲示板にチラシを貼る様子が描かれた。作中にも同じデザインが登場する。

**あいだ**　テンションで決めてしまうことが多いです。印象的なシーンをいくつかラフ出しして、その中から決定しています。

## 目の描き方

『地縛少年花子くん』のキャラクターの目は、フォルムや描き込み具合でキャラクターを見分けられるほど特徴的。さらに感情の起伏や人ならざるものの気配を感じる瞳まで、多彩な目元を紹介する。

**あいだ**　寧々は相手をしっかり見るので、瞳によく映り込みますね。花子くんとつかさはキャラデザとして見分けがつくようにしています。ハイライトのない瞳は演出として効果的だと思うときによく使いますね。

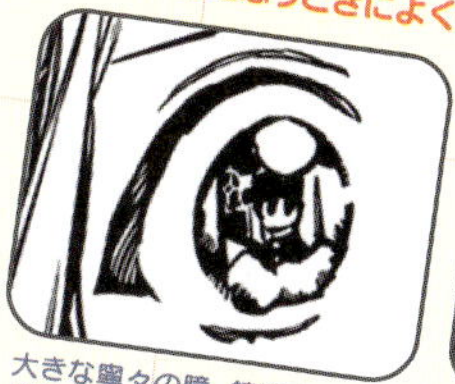

大きな寧々の瞳。鏡面のように視線の先にいる花子くんが映る。

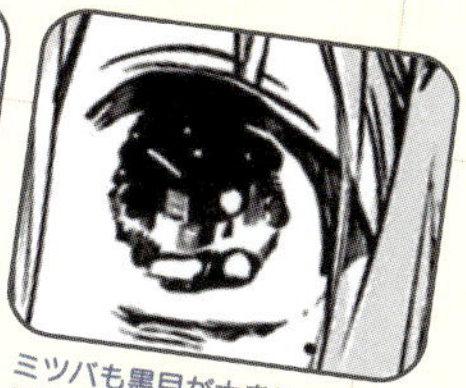

ミツバも黒目が大きい。空を見る瞳には流れ星が映っている。

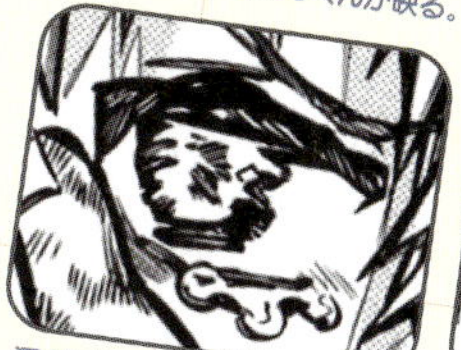

涙をこらえる光の目元。うるんで歪んだ黒目も印象的だ。

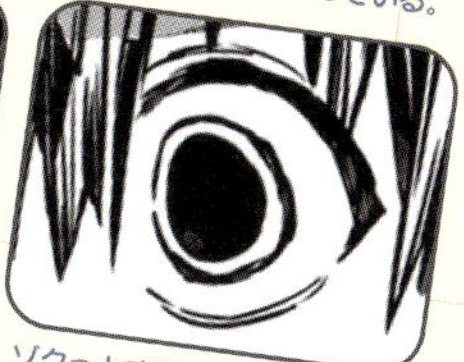

ゾクっとする黒ベタの瞳。感情が読めず不気味さが増す。

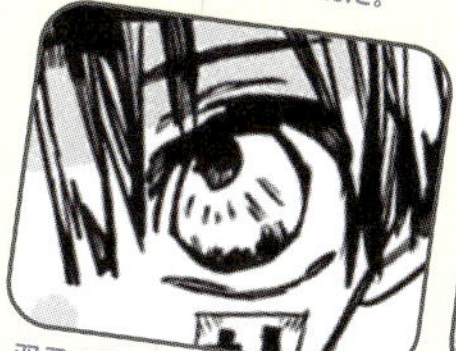

双子の瞳は似ているが、あまね（花子くん）は瞳孔が上まぶた側にあるのが特徴的。

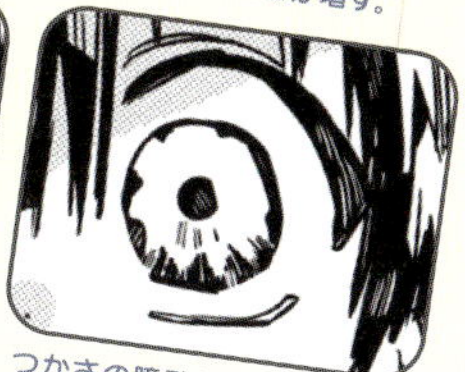

つかさの瞳孔は中央にあるので、感情がわかりづらい。

## 漫画の制作に欠かせないものは？

**いろ**　日本茶です。700ml入るティーポットを横に置いて作業しますが、1日で3～4回空にしています。昔に読者さんからいただいた手作りのコースターを今でも使っています。ストーリーを考えるときは、作中で流れていそうな環境音を流しています。コミックス5巻の、寧々が過去の柚木普に会うシーンを考えていたときは夕焼けチャイムを10時間流してました。

**あいだ**　1日に2時間くらいは歩きます。ジムへ行ったり図書館へ行ったり、飼っているハムスターと遊んだり…それと描くことの繰り返しです。たまに、いろさんと一緒に散歩します。

## あいだ さんに聞く作画のポイント

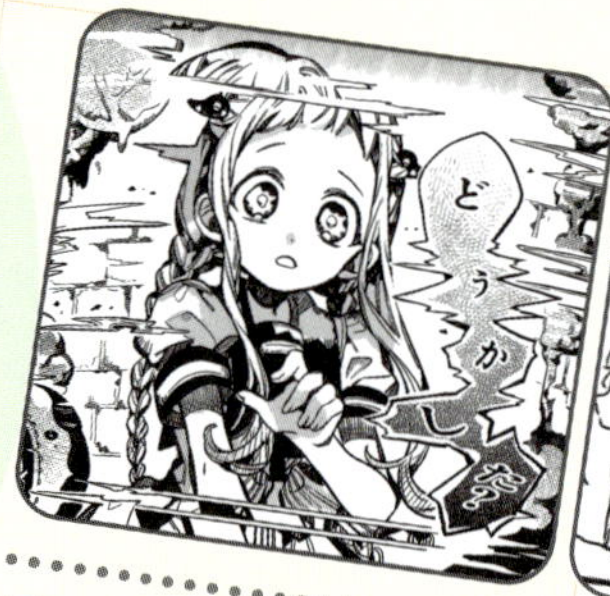


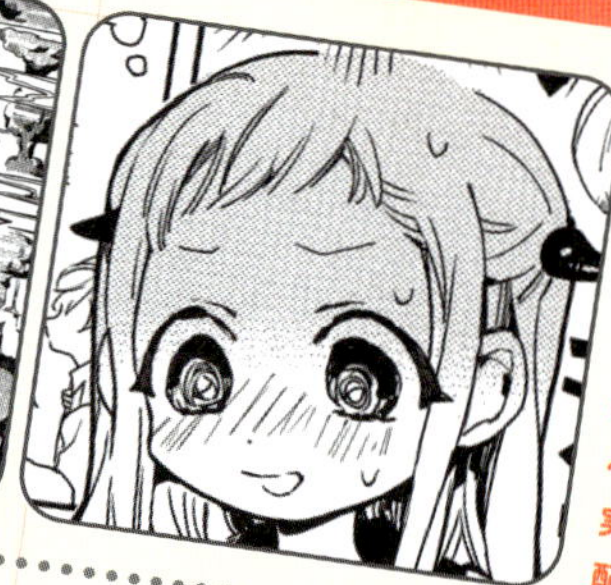

### 線のタッチ

パキッとした強弱のある線で立体感を表現したタッチが魅力的。初期よりもシャープさが増し、線の存在感を強く感じられる。歪みなど線で見せる演出も面白い。

**あいだ**　印象的なシーンは、前後のコマとベタのバランスを変えるようにしています。実際の光源ではなく、演出としての光源を配置したりもします。

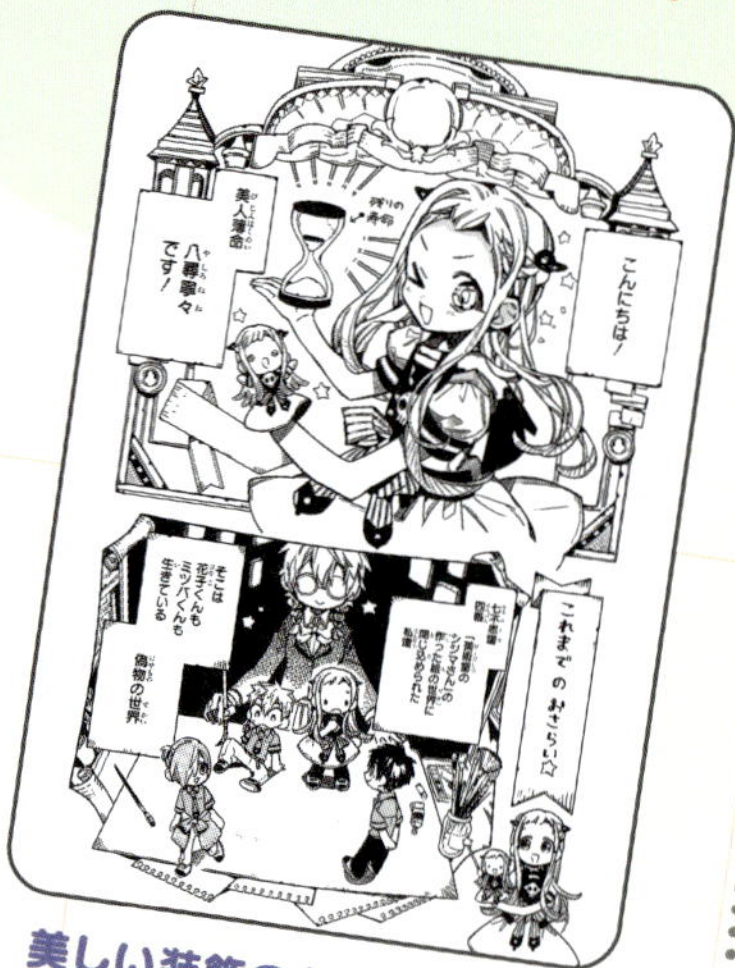


### 美しい装飾のおさらいページ

コマに施された装飾も見どころ。特に「おさらい」はキャラクターの挨拶とともに、物語の状況を読者にわかりやすく解説してくれる。自己紹介に添えられたセリフも楽しみのひとつ。

**あいだ**　『花子くん』は雑誌で連載されているので、『花子くん』をまだ読んでいない方が雑誌をパラパラっとめくったときに、可愛いレトロなものがあると目に止まりやすいかなと思って描いています。コマの枠線が妙だ、なんだろう？　と興味を持ってもらいやすいのかなと。

### 白と黒のバランス

黒髪と黒い学ランの花子くんは、全て黒ベタではなくタッチを加えて立体感やツヤを表現。白黒のバランスで緊迫感が伝わってくる場面も。

**あいだ**　ベタで一旦描いたあとに、回りに合わせて明暗を分けるようにしています。

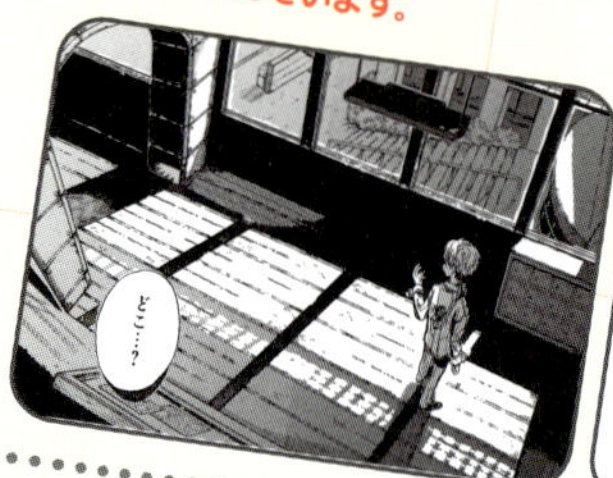

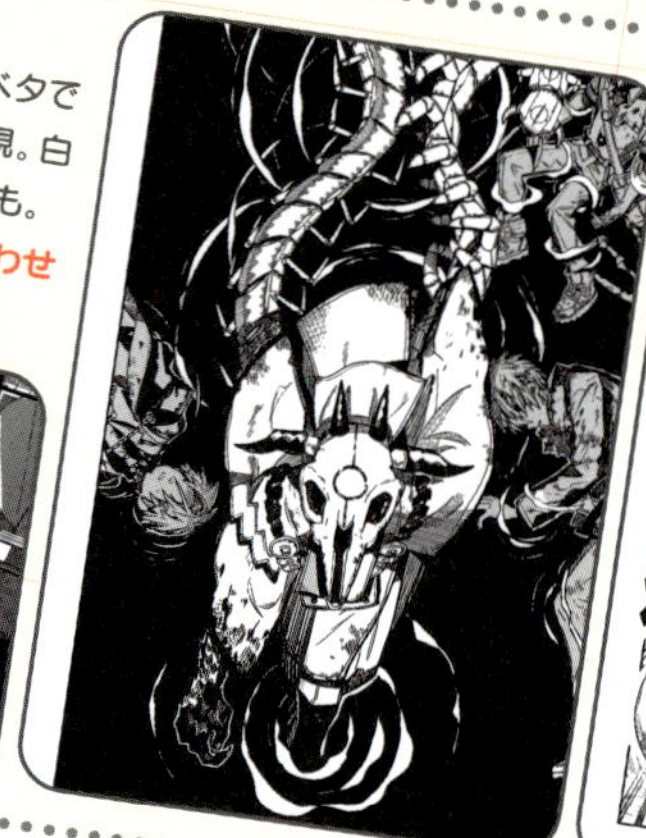

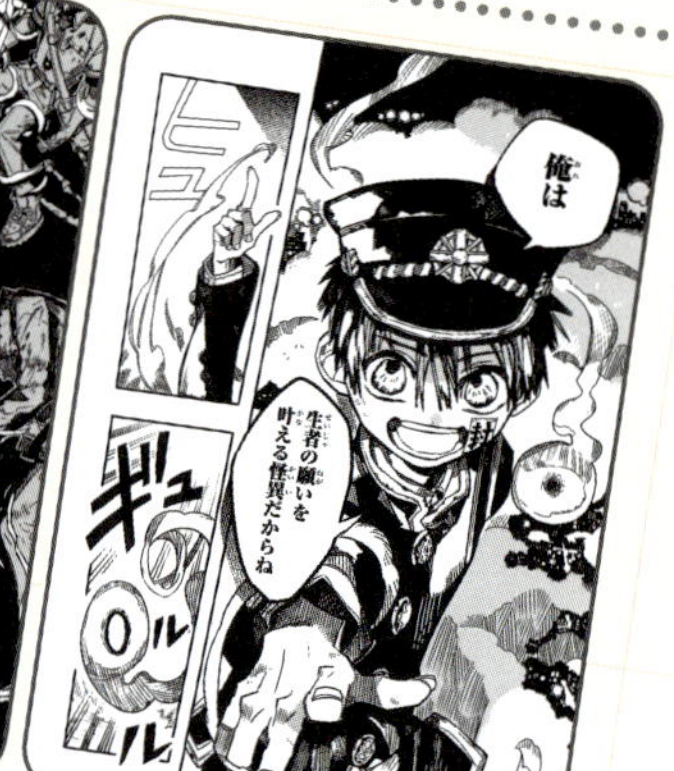


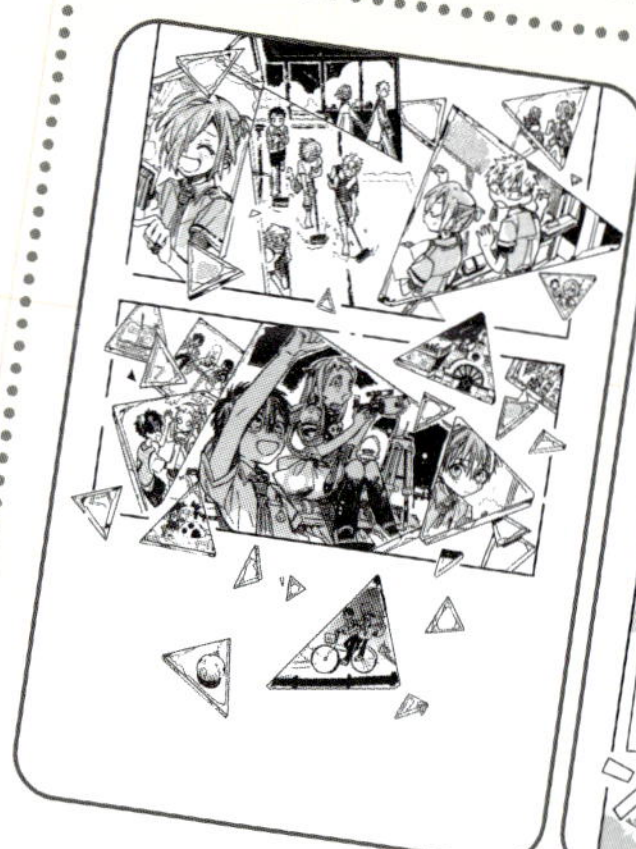

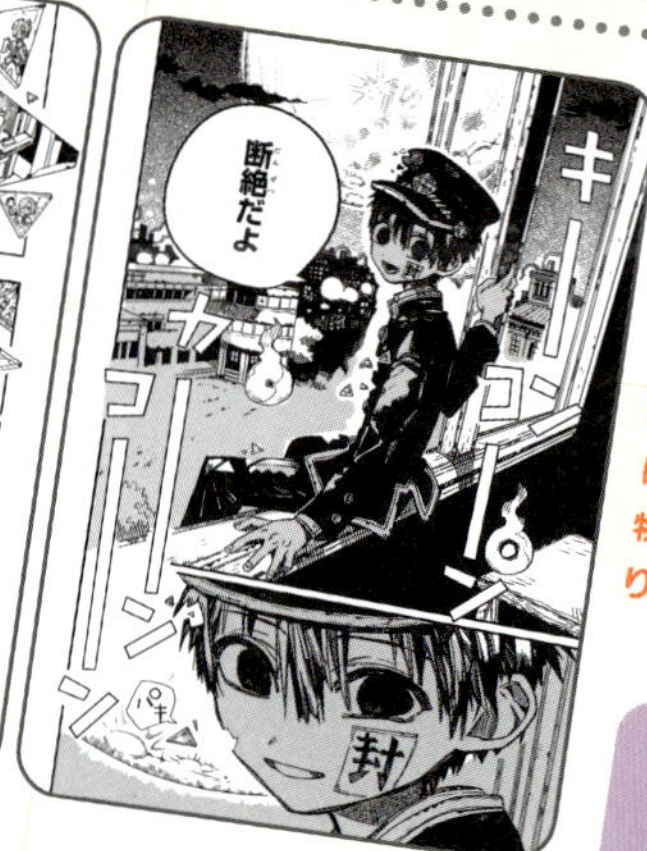


### 三角形のモチーフ

依代を破壊された世界が三角形で崩れていったり、背景や小物、ミツバのマフラーの質感などにも三角形のタッチが入っている。表紙のデザインにも三角形があしらわれているので注目してみてほしい。

**あいだ**　三角形については、作品固有のエフェクトがほしいと思って使いました。歌舞伎で着られている着物のうろこ模様からアイデアをいただいた部分もあります。あとは、ガラス質のものが好きだからですかね。

い部分ができていました。

**あいだ**　アイデア出しは、二人でご飯を食べながら話すことはありますが、その場で確定することは少ないかな？　いろさんの発案だったり、私が描いたキャラデザから設定を考えることもあったります。七不思議の土籠や六番は先にキャラデザが決まりました。SNSでやっている季節のイベント企画は、先に描いたイラストからキャラが着ている衣装や世界観に合わせて、いろさんに話を作ってもらっています。

――作り方をカチッと固めすぎず進めていくのですね。シジマメイと柚木普が登場する「エソラゴト編」は、七不思議の噂話からではなく、いつのまにか怪異に取り込まれているという、日常と非日常が交錯する構成がとても印象的でした。

**いろ**　章単体で読める、映画版みたいな話を作りたいと思って始めたのが「エソラゴト編」です。映画版は、話の規模が大きくて、最後ドラマチックに終わると思うので、そういう部分を意識しました。シジマさんは短期連載版ですでに登場しており、そのときは七番様（花子くん）が好きだったのですが、長期連載版ではその要素はなくなりました。学校の怪談を描く上で美術室の怪はあるあるなので出したかったです。

――とてもドラマチックで引き込まれました。六番（薄暮）のお話を描く「六番編」もかなり規模が大きいですね。骨の仮面をかぶっているビジュアルもインパクトがあります。

**あいだ**　骨を被った人が出ることは序盤から決まっていて…。次に六番は死神という設定が決まり、鬼というのはあとから決まりました。爽やかな野球部っぽい顔ですが、性格はスポーツマンシップからは程遠いです。六番編では葵の掘り下げができて、とても楽しかったです。

**いろ**　エソラゴト編が清々しい話だったので、反対に六番編はドロドロした嫌な話を書きたいと思って始めました。かつてそこに在った身勝手な因習とか、

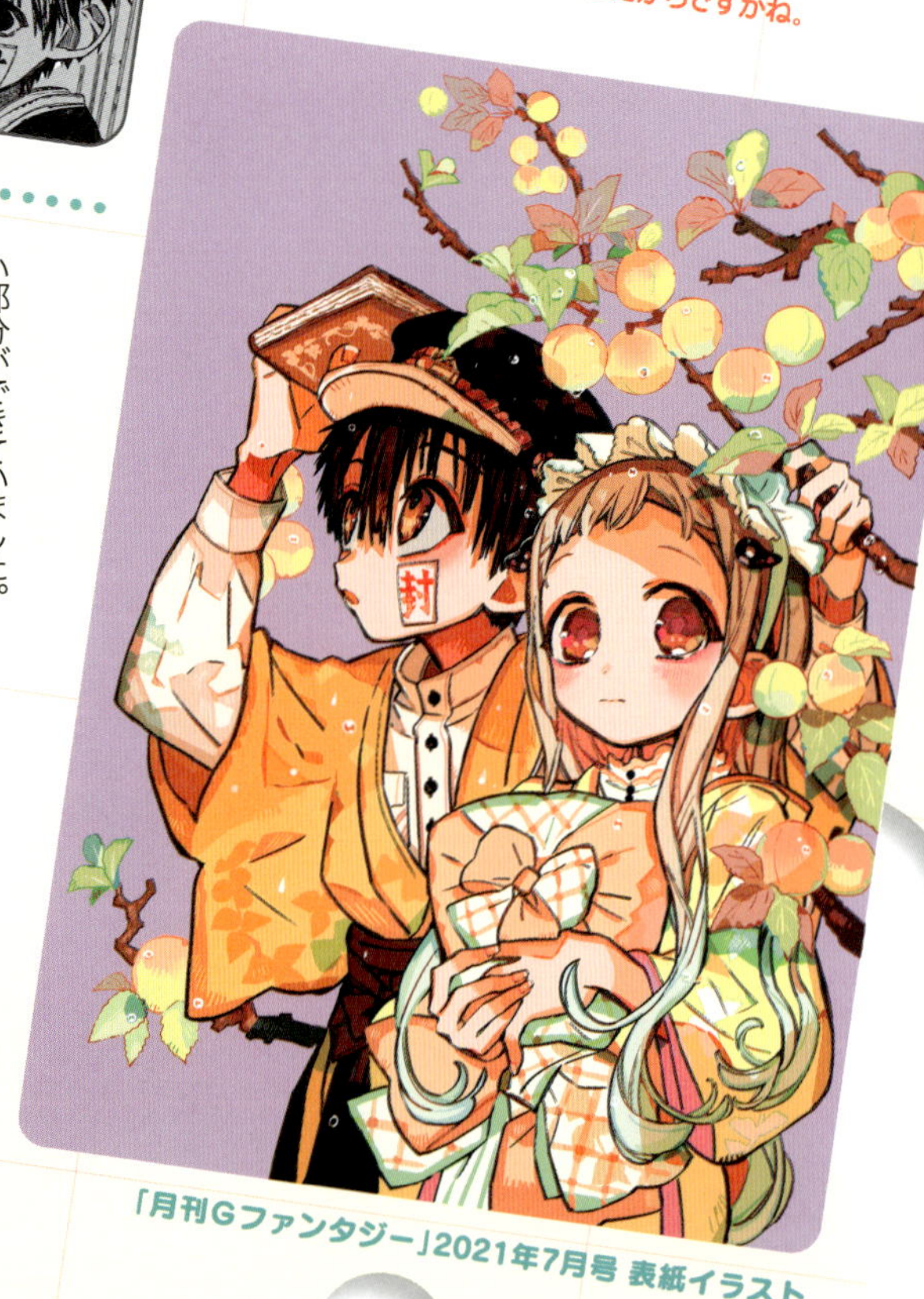


「月刊Gファンタジー」2021年7月号 表紙イラスト

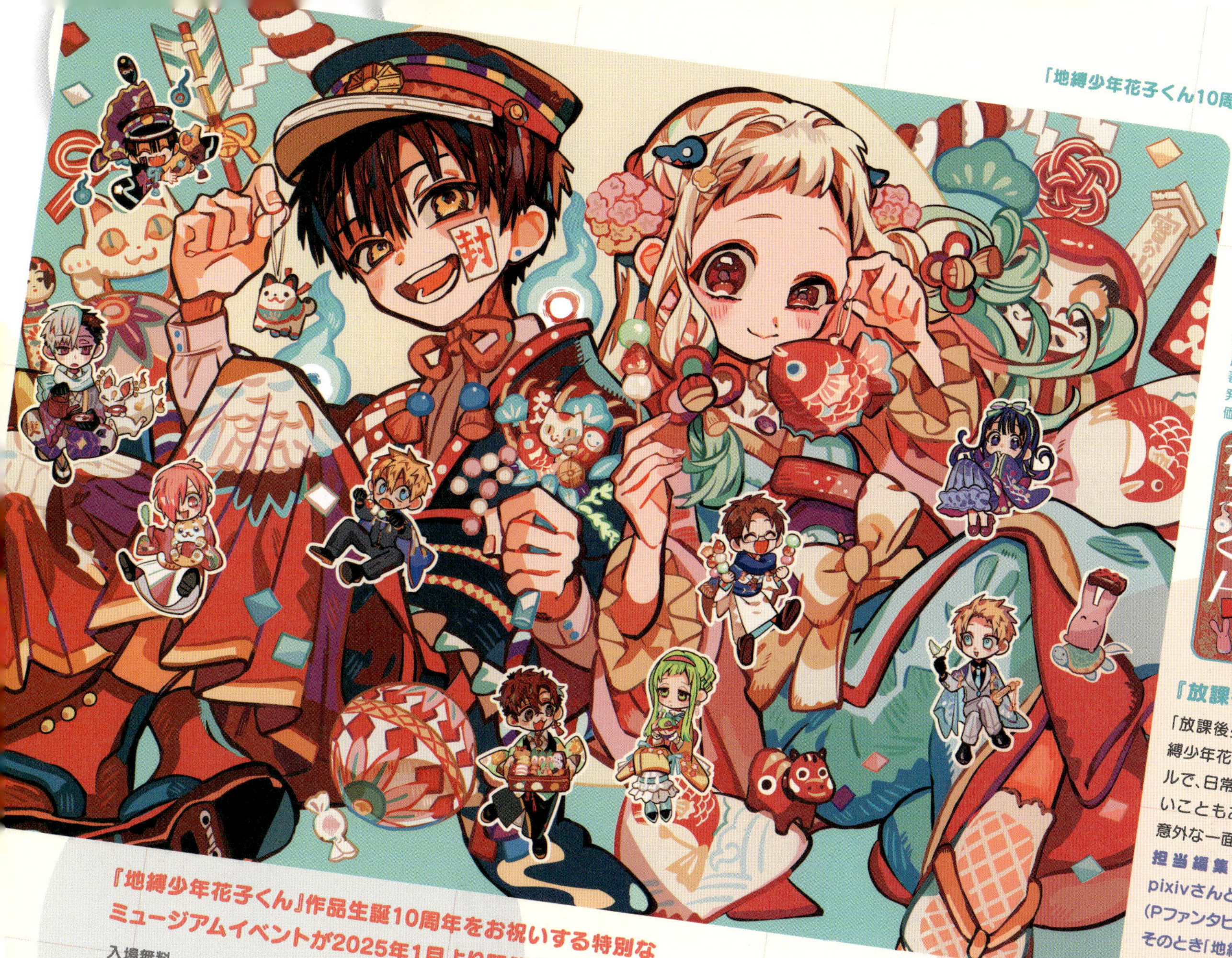

「地縛少年花子くん10周年記念ミュージアム」
メインビジュアル

『放課後少年花子くん』
既刊2巻
著者：あいだいろ
発行：スクウェア・エニックス
価格：770円（税込）

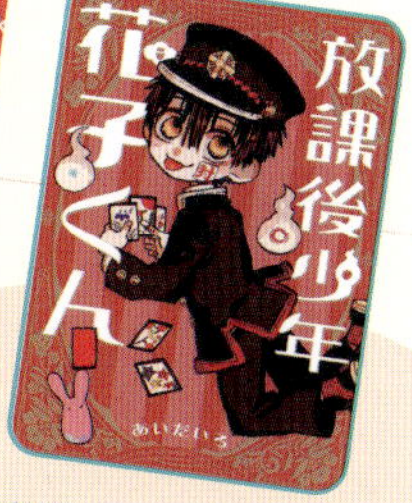

## 『放課後少年花子くん』

「放課後少年花子くん』は『地縛少年花子くん』よりもコミカルで、日常的なエピソードが多いこともありキャラクターの意外な一面を知れる。

**担当編集**　編集部の方で、pixivさんと組んだWEB雑誌（Pファンタピー）を企画しており、そのとき「地縛少年花子くん」のスピンオフはどうか？　と話が挙がり、あいだいろさんに打診させていただきました。ショートストーリーでコメディ、本編がシリアスなときの息抜きになるようなスピンオフがいいなぁとご相談した記憶があります。

**『地縛少年花子くん』作品生誕10周年をお祝いする特別なミュージアムイベントが2025年1月より開催されます!!**

入場無料
※事前のWEB抽選やWEB予約・整理券などによる入場制限をさせていただく場合がございます。

ミュージアム開催記念グッズ
発売決定!

**東京会場**｜有楽町マルイ
2025年1月31日(金)〜2月16日(日)

**大阪会場**｜なんばマルイ
2025年2月22日(土)〜3月9日(日)

**愛知会場**｜名古屋パルコ
2025年4月5日(土)〜4月20日(日)

**福岡会場**｜博多マルイ
2025年4月26日(土)〜5月11日(日)

イベント・グッズの詳細は
公式HPをご覧ください
https://sqex.to/hanako_10thM

キャラ同士のすれ違いとか。キャラの感情を揺さぶる展開は楽しかったですが、シナリオに苦労しました。

——蒼井くんの前では見せない葵ちゃんの一面や、拗れてしまう姿は胸が痛かったです。『地縛少年花子くん』はキャラクターの変化も見どころだと感じます。「夜遊び編」で描かれた光とミツバも良い関係だなと感じました。

**いろ**　光とミツバの関係を書くのは楽しいです。水族館のエピソードはシナリオに難航してしまって…。

**あいだ**　話をカラオケで考えていて、ふとモニターを見ると、クマノミと珊瑚礁の映像が流れていて「水族館にする?」「水族館いいね」で決まりました。

**いろ**　その後、実際の水族館にもあいださんと行きました。楽しかったですね。

——そのような経緯で決まったのですね！　スピンオフの『放課後少年花子くん』についてもお聞きしたいです。コミカルなエピソードや超展開も楽しいです！　『放課後少年花子くん』だから描けた話数や描いていて楽しかったシーンを教えてください。

**いろ**　キャラクターがバランスよく全員出てくるようには考えています。が、たまに偏ります。寧々がもっけになる話は『放課後』だから書けた話ですね。その回（9日目「トゥルー・オブ・もっけ」）が一番好きです。

——アニメやイベントなど、目白押しな『地縛少年花子くん』は、作品生誕十周年を迎えます。おめでとうございます！　記念イベントの開催が今からとても楽しみです。

**あいだ**　ありがとうございます！　お祝いをテーマにしているので、おめでたいグッズが目白押しです。ぜひお楽しみに！

——さらに二〇二五年一月からは『地縛少年花子くん2』がスタートします！　アニメで楽しみにしているところをお聞きしてみたいです。

**いろ**　たくさんありすぎて選べないですね…。オープニングとエンディングも、とても楽しみにしています。

——作品の世界が凝縮された映像に注目ですね。最後に『地縛少年花子くん』に限らず、おふたりが気になっていることやハマっていること、または今後挑戦してみたいと思っていることをお聞きしたいです。

**いろ**　脱出ゲームが大好きなので、いつかSCRAPさんとコラボしたいという野望があります。お化け屋敷も大好きなのでコラボしたいです。もっけの目覚まし時計がほしいです。花子くんのホラーゲームも作りたいですね。ゲームも大好きなので、作りたい気持ちは永遠にあります。欲が尽きないです。

**あいだ**　鉄道が好きなので、スイスのユングフラウ鉄道に乗ってみたいです。国内でもいろんな鉄道に乗りたいです。

——たくさんお答えくださり、ありがとうございました！

画集に直筆サインを入れて1名様にプレゼント。詳しくは巻末のハガキをご覧ください！

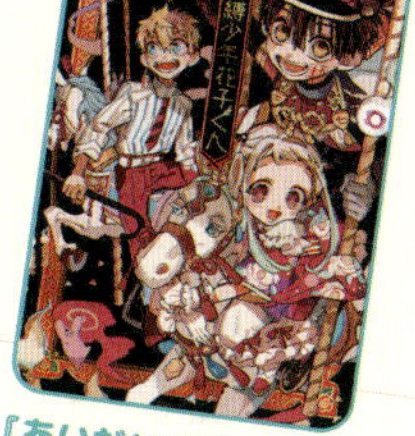

『あいだいろ画集
地縛少年花子くん』
著者：あいだいろ
発行：スクウェア・エニックス
価格：1,800円（税込）

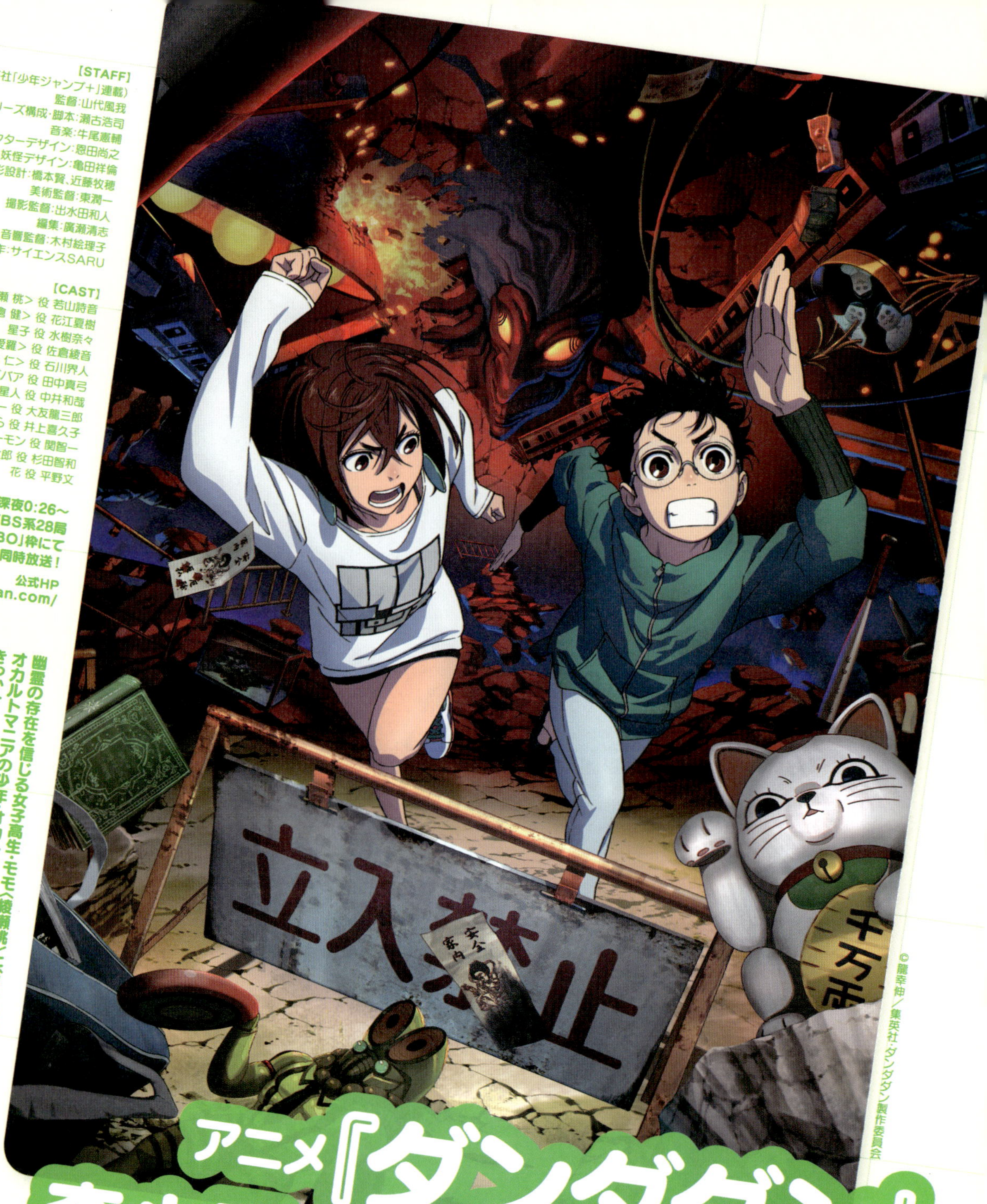




# アニメ『ダンダダン』李小霏、Louis Ventre

【STAFF】
原作：龍幸伸（集英社「少年ジャンプ+」連載）
監督：山代風我
シリーズ構成・脚本：瀬古浩司
音楽：牛尾憲輔
キャラクターデザイン：恩田尚之
宇宙人・妖怪デザイン：亀田祥倫
色彩設計：橋本賢、近藤牧穂
美術監督：東潤一
撮影監督：出水田和人
編集：廣瀬清志
音響監督：木村絵理子
アニメーション制作：サイエンスSARU

【CAST】
モモ<綾瀬 桃> 役 若山詩音
オカルン<高倉 健> 役 花江夏樹
星子 役 水樹奈々
アイラ<白鳥愛羅> 役 佐倉綾音
ジジ<円城寺 仁> 役 石川界人
ターボババア 役 田中真弓
セルポ星人 役 中井和哉
フラットウッズモンスター 役 大友龍三郎
アクロバティックさらさら 役 井上喜久子
ドーバーデーモン 役 関智一
太郎 役 杉田智和
花 役 平野文

■10月3日から毎週木曜 深夜0:26〜
MBS/TBS系28局
「スーパーアニメイズムTURBO」枠にて
全国同時放送！
公式HP
https://anime-dandadan.com/

幽霊の存在を信じる女子高生・モモ〈綾瀬桃〉と、UFOの存在を信じるオカルトマニアの少年・オカルン〈高倉健〉。モモがクラスのいじめっ子からオカルンを助けたことをきっかけに話すようになった2人だったが、互いに否定する宇宙人と幽霊を信じさせるため、モモはUFOスポットの病院廃墟へ、オカルンは心霊スポットのトンネルへ行くことになる。そこで2人は、理解を超越した圧倒的怪奇に出会い、窮地の中で秘めた力を覚醒させるモモと、呪いの力を手にしたオカルンが、迫りくる怪奇に挑む！ 運命の恋も始まる!? オカルティック怪奇バトル&青春物語が開幕！

今回、そんなアニメ『ダンダダン』でカラースクリプトを担当する李小霏（ソフィー・リー）さん、CGスーパーバイザー！ 3Dキャラクターデザインを手掛けるLouis Ventre（ルイス・ベントル）さんにインタビューを敢行！ また、山代風我監督による絵コンテや、美術監督の東潤一さんによる美術などもたっぷりと紹介する！

通訳：Patrick Spellman（パトリック スペルマン）

## 李小霏（Sophie Li）（ソフィー・リー）インタビュー

李小霏（Sophie Li）（ソフィー・リー）／キャラクターコンセプトアーティスト、イラストレーター。アニメ『ダンダダン』ではカラースクリプトを担当。これまでに『スコット・ピルグリム テイクス・オフ』（二〇二三年／監督：アベル・ゴンゴラ）のカラースクリプトを手掛ける。ほかにも、キャラクターデザイン、絵本の挿絵など精力的に活動中。
X=@mmcoconut
Instagram=mmcoconut
HP:https://sophieli.carbonmade.com/

――ソフィーさんは、『スコット・ピルグリム テイクス・オフ』（二〇二三年／監督：アベル・ゴンゴラ）でもカラースクリプトを担当されていますが、もともと、どういった経緯でサイエンスSARUに所属することになったのでしょう？ それ以前にどんな活動をされていたのかも含めて教えていただけますか？

**小霏** 日本に来る前は、『スパイダーマン』『アベンジャーズ』などのマーベルアニメーションや、ディズニーの子供向け絵本などで、キャラクターデザインやコンセプトデザイン、コスチュームデザインの仕事をやっていました。ですから、仕事としてカラースクリプトをつくったのはサイエンスSARUで『スコット・ピルグリム』に参加した時が初めてです。もともと私はアメリカの大学で映画を学び、フランスの大学でアニメーションを学んでいたので、世界中の作品から影響を受けているのですが、なかでも特に好きだったのが自由で大胆なSARUのアニメーション作品でした。それで二〇二二年の夏に、SARUのインターンに応募したんです。その前に大学の卒業制作で友人たちと『Golden Hour』という短編映画をつくったのですが、アベルさんが、その作品で私がカラースクリプトを担当しているのを見つけて気に入ってくれたことが、『スコット・ピルグリム』への参加に繋がりました。

――『スコット・ピルグリム』では、スムーズにカラースクリプトのお仕事をできました

## 李小霏による<br>OPアニメーションの<br>カラースクリプト

ソフィーさんによるカラースクリプトでは、色や光によって物語や構図をどのように見せるか、という方向性がデザインされている。また、上段二枚の図のように、シーンごとにまとめることで、全体の流れや雰囲気を把握しやすい。作品全体の方向性を定める、制作をスムーズに進める上で重要な役割を担っている。ソフィーさんはOPアニメーションだけでなく、本編のカラースクリプトも手掛けている。

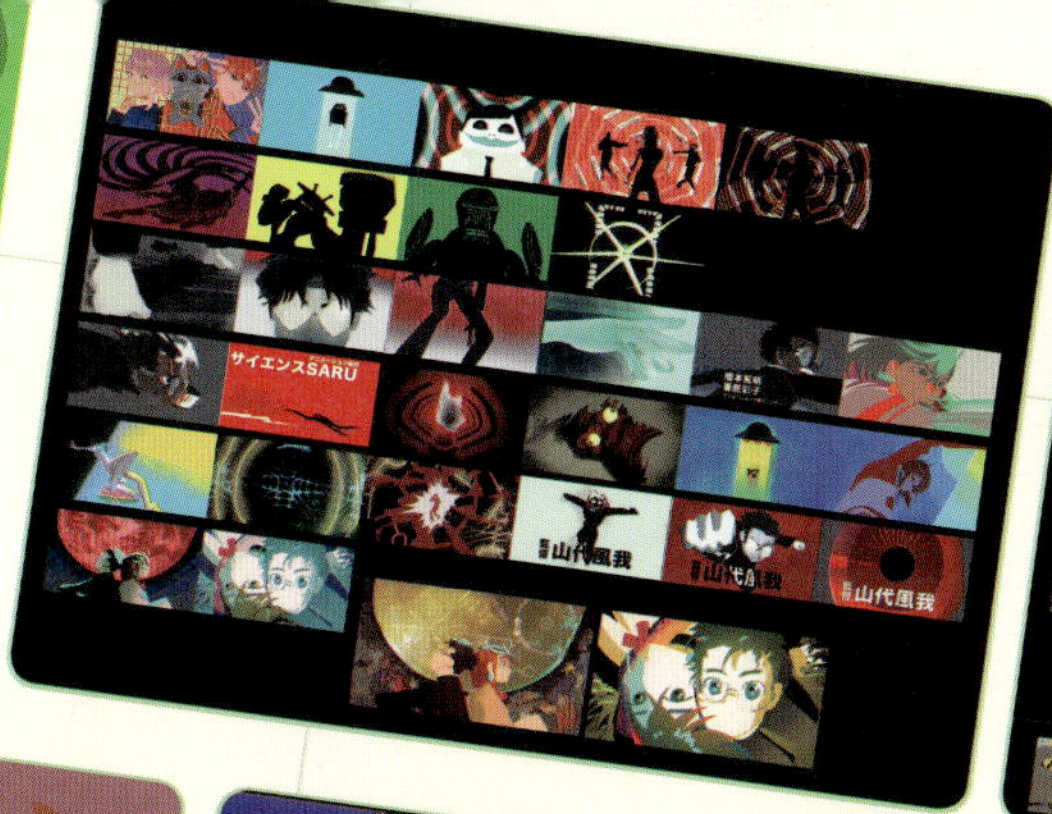

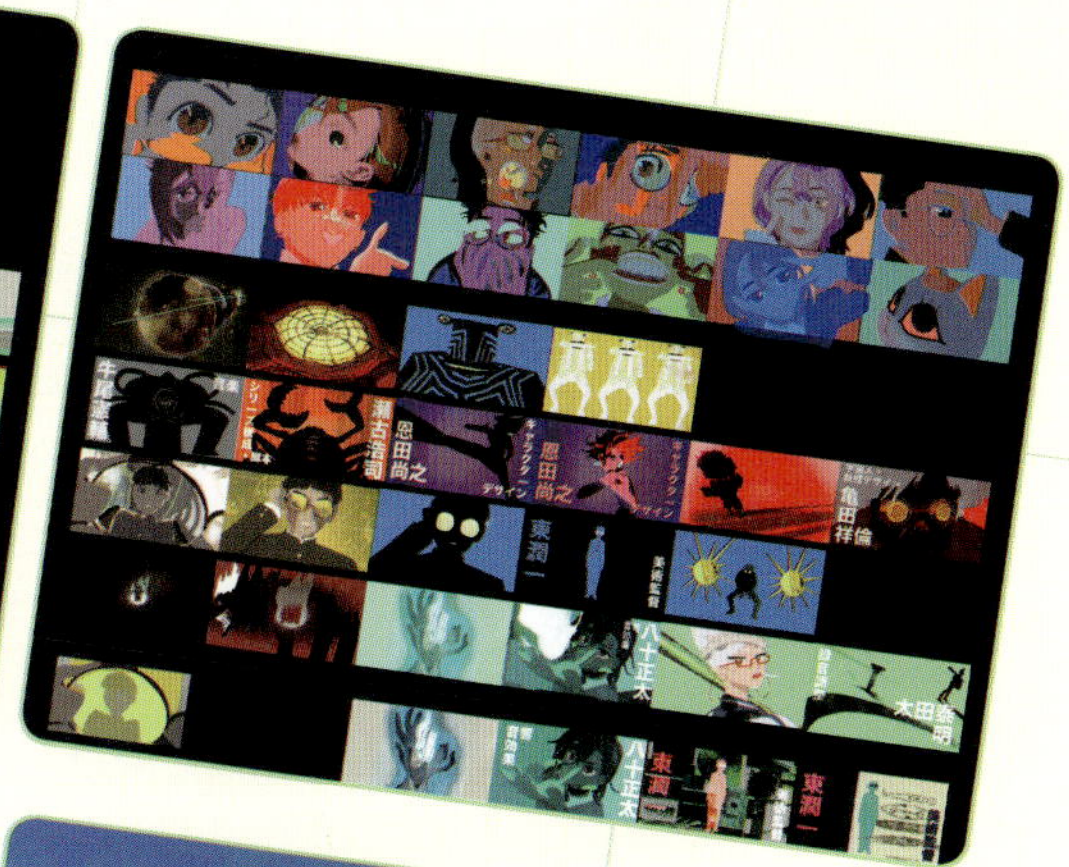

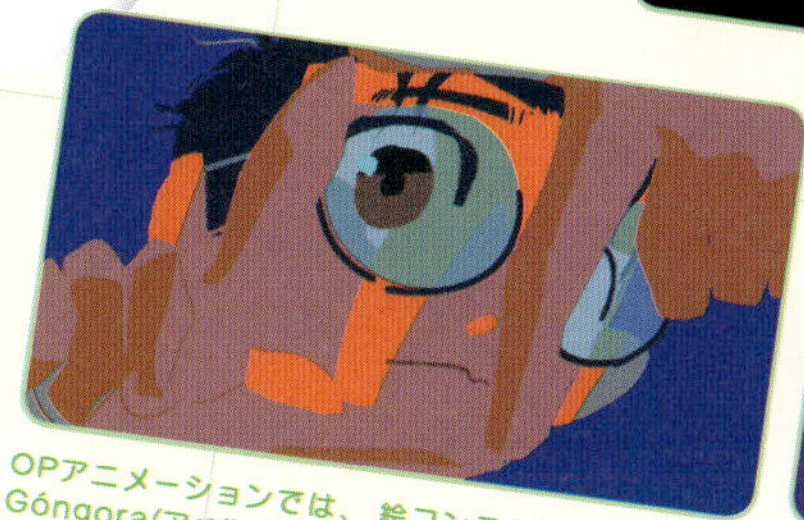

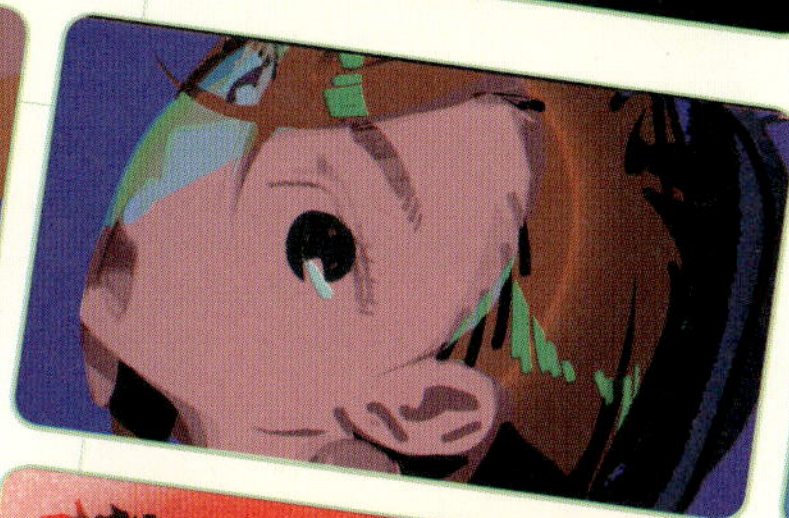

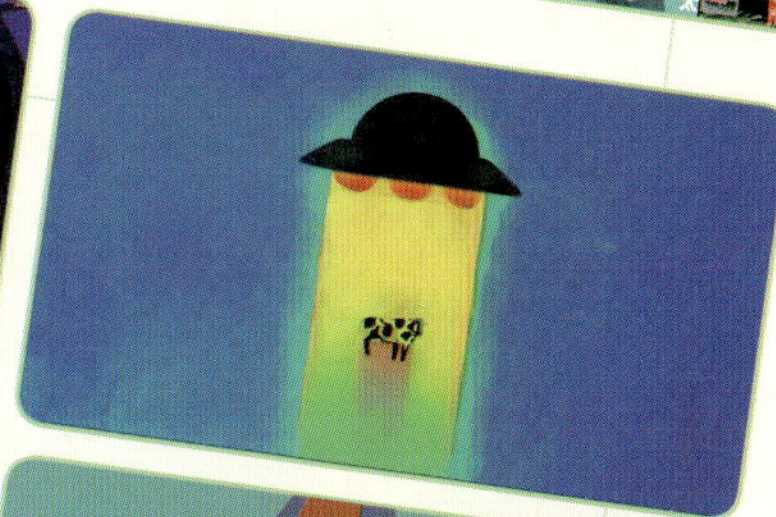

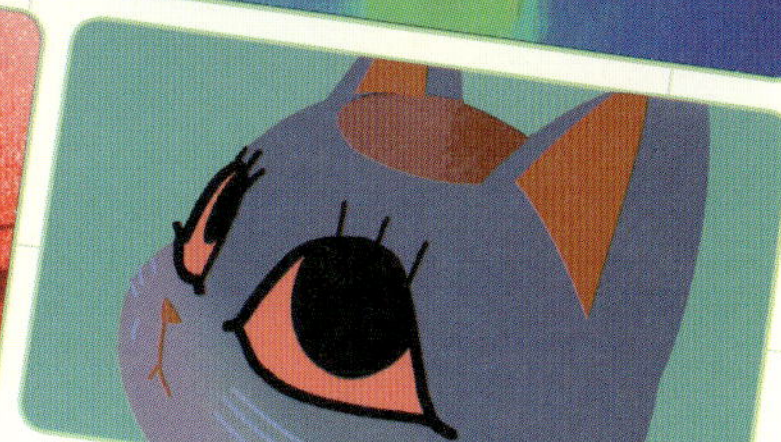

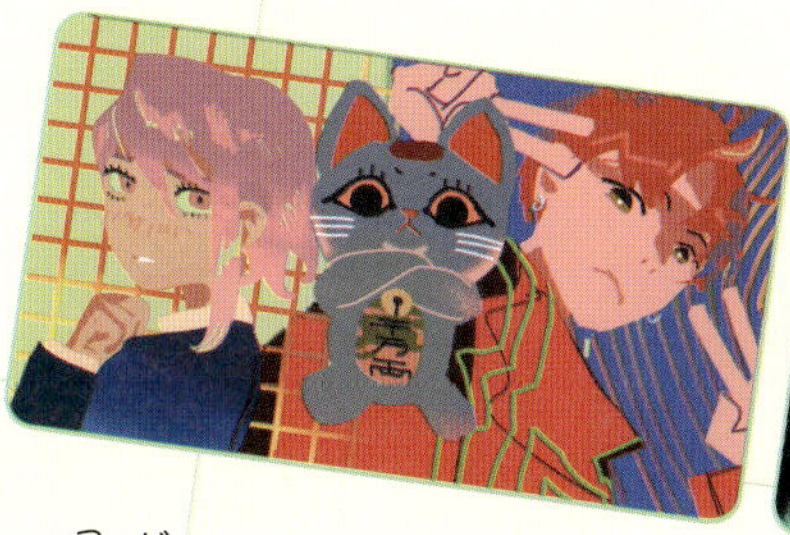

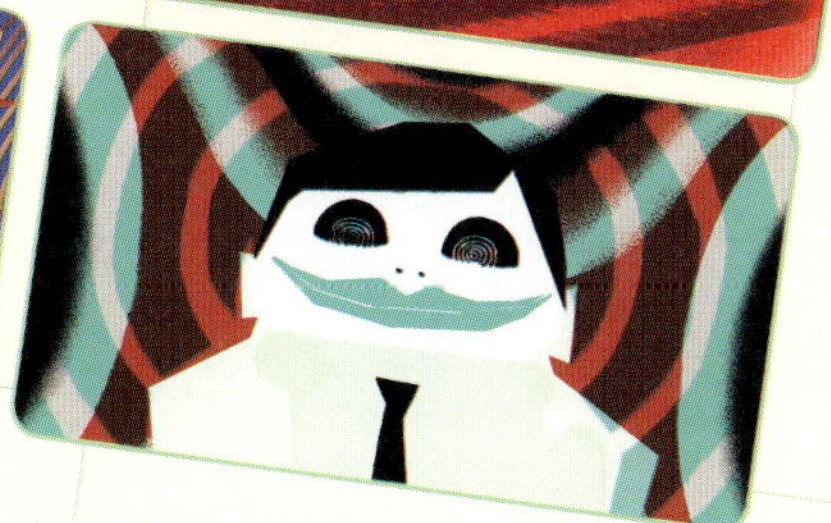

OPアニメーションでは、絵コンテを担当したAbel Góngora(アベル・ゴンゴラ)さんのカットに合わせて、ソフィーさんが生き生きとした自由な色づかいで仕上げている。カットを追うごとに色の組み合わせが目まぐるしく変化し、カラースクリプトの段階からリズミカルなテンポが生まれている。また、サイケデリックな色づかいで描かれるキャラクターたちは、強い光が当てられており、パキッとした濃いカゲでシルエットが浮かび上がってドラマチックな印象だ。

か？

**小霏**　昔から、カラースクリプトがアニメーションをつくる工程のなかで一番楽しいものだと私は感じていて、他の映画や制作物でもカラースクリプトを見つけては、自分なりに研究するのがもっぱらの楽しみだったんです。ですからデザインからカラースクリプトに仕事が変わっても、そんなに苦労はありませんでした。それまでのデザインやイラストの仕事は、描くこと自体にじっくりと時間をかけることが多かったのですが、カラースクリプトの仕事は、ライティングだったり色の方向性だったり、とにかく考える時間が多く、そういう仕事のやり方も自分にとってはすごく楽しいです。

——ソフィーさんにはピッタリのお仕事だったんですね。では『ダンダダン』に参加することになった経緯と、原作に対する印象を教えてください。

**小霏**　『スコット・ピルグリム』のあと、『ダンダダン』に興味はないかとプロデューサーから声をかけられました。その時に原作漫画と、山代(風我)監督からの「こういう方向性で行きたい」という参考資料として、ギレルモ・デル・トロ監督の映画『パンズ・ラビリンス』(二〇〇六年)と『ヘルボーイ/ゴールデン・アーミー』(二〇〇八年)を渡されました。そこがスタート地点と言っていいのかなと思います。原作に対する印象は、まず龍(幸伸)先生の画力が本当に凄すぎて圧倒されました。内容的には特撮やオカルト、SFにラブコメなど、いろんなジャンルが混ざっているのが興味深く、話もコミカルで面白いと思いました。インターネットからの影響も多分にあるように見えますが、それでいて非常にスタイリッシュでおしゃれだと感じます。要素としては懐かしいものも扱っていて、見せ方もとても斬新です。『ダンダダン』の作業をしている時に、原作から何かを引用しようと読み始めると、つい仕事を忘れて読み耽ってしまうことが多いです。

——ソフィーさんが、原作も楽しく読んでらっしゃることがよくわかりました。山代監督とは具体的にどういった打ち合わせをされましたか？

**小霏**　打ち合わせでよく出るのが、先ほどのデル・トロ監督の映画のほかに特撮、特に昔のテレビシリーズの話です。監督からいつも渡される参考資料のなかにも、ほぼ必ず特撮ものが入っていますね。迷った時は特撮に立ち返ると、なんとか解決できる感じです。昔の特撮もライティングの工夫が面白くて印象的ですが、やはりデル・トロ監督のライティングセンスは抜群に優れています。ですから、特にライティングに関しては、特撮とデル・トロ作品の双方からインスピレーションを受け、それらを彷彿とさせるようなイメージをつくろうと思いました。

——確かに『ダンダダン』のライティングは独特で印象的なものばかりです。ちなみに、各話のカラースクリプトをつくる際の進行手順についても教えていただけますか？

**小霏**　カラースクリプトのオーダー自体は、ほぼ山代監督主導ですが、場合によっては各話の演出や、副監督のモコちゃんさんからオーダーが来ることもありました。タイミングとしては絵コンテが上がって、ある程度内容がフィックスしたところで打ち合わせをすることが多かったと思います。大体は絵コンテから数コマをピックアップして色づけていくのですが、たまに原作のコマを色づけることもありました。『ダンダダン』は日常と、戦闘シーンなどの非日常で色彩ががらりと変わりますが、私は非日常のほうに携わることが多かったです。全話数ですべてのカラースクリプトを担当するわけではなく、山代監督から「ここはソフィーさんの意見を聞きたい」とか「ソフィーさんの才能をここで活かしたい」と言われて、部分的なシーンやキャラだけカラースクリプトをつくることも多かったです。そういったなかで全体的に色の方向性に関わったのは七話でした。

——そうなると七話に対する思い入れが一番深そうですね。各話におけるソフィーさんの関わり方や、そこでのエピソードなども伺っていいでしょうか？

**小霏**　そもそも山代監督は、各話のテーマカラーについて、最初からかなり明確なイメージを持っていました。例えば一話は妖怪vs宇宙人で「赤 対 青」、二話のフラットウッズモンスターは「黒」というふうに。さらに「この赤を使いたい」「この青を使いたい」と具体的に色指定をされることもありました。一話は妖怪vs宇宙人のバトルだったので、既存の作品で宇宙人が登場する時にどういう扱い方がされているのか、どういう見せ方をしているのかを自分なりに調べました。妖怪に関しても同様に、日本の作品をたくさん勉強しました。それでも一番リテイクが多かったのは一話だと思います。例えば私は、バトルで優勢になっているほうの色を明るく強く、負けているほうの色を暗く弱くしたいと提案しましたが、山代監督は赤と青、二つの色の彩度は等しく保ち、画面上の色の占有面積を変えることによって、妖怪と宇宙人のパワーバランスを示したいとおっしゃっていました。山代監督からはたくさんのことを教わりましたし、一話が終わって放送を観た時に、「ああ、よくできたな」と元気をもらいました。

——一話は赤と青の絶妙なコントラストがとても格好よかったです。

**小霏**　ありがとうございます。二話と四話に関しては赤が重要な色でした。二話はフラ

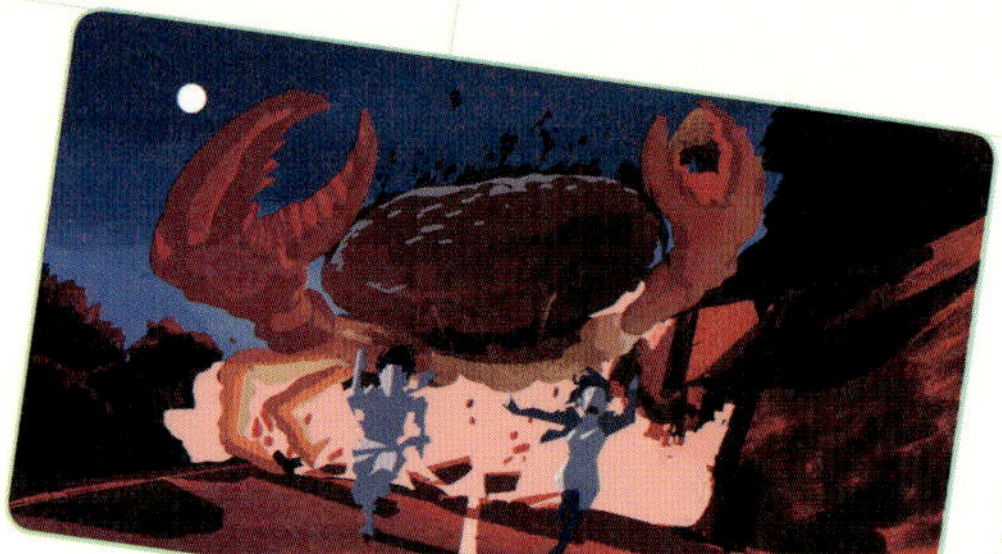

**第4話「ターボババアをぶっ飛ばそう」**
第4話では巨大なカニの形をした地縛霊との壮絶な鬼ごっこが繰り広げられる。カニの濃く鮮やかな赤色はターボババアの色味とも共通しており、地縛霊との関係性が示唆される。また、道路や林といった空間にも赤色が影響している。

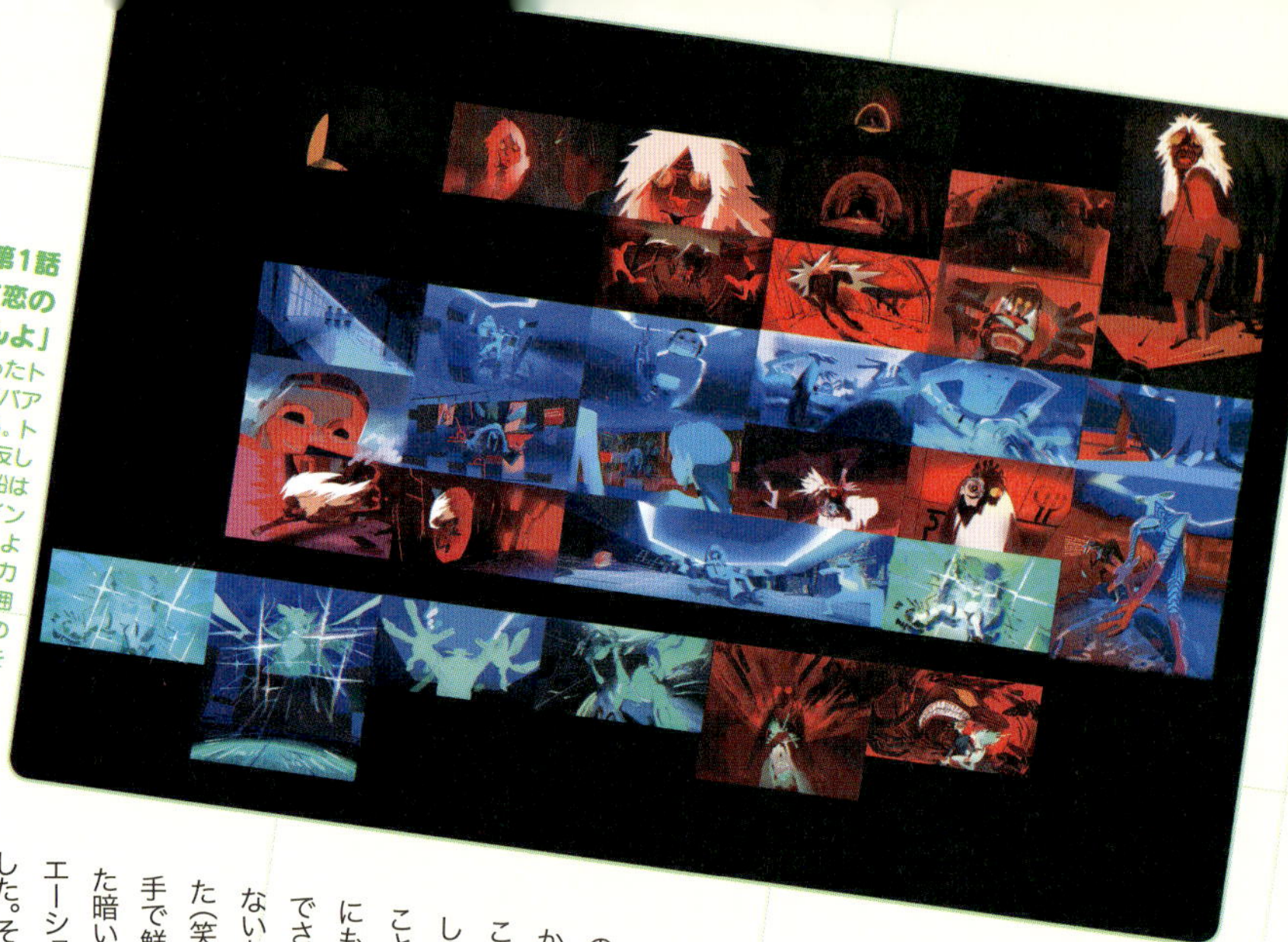

**第1話「それって恋のはじまりじゃんよ」**
鮮烈な赤色に染まったトンネル内にターボババアの瞳が怪しげに光る。トンネルの空間とは相反してセルポ星人の宇宙船は酷く冷たい青色がメインカラーとなっており、より不気味な印象だ。霊力を開花させたモモの周囲はエメラルドグリーンの光りが輝き溢れ、空間を支配している。

ットウッズモンスターのモノクロの世界で、どうやって赤を印象的に際立たせるのか、そもそもモノクロをどう美しく見せるかが課題でした。そのために昔の日本のモノクロ映画、例えば黒澤明監督の映像の見せ方なども参考にしました。一方の四話のカニとのバトルは、とにかく圧倒的に赤が多い。こんなに一色だけを強く押し出す作品を今までやったことがなかったので、個人的にも赤が好きでよく使う私でさえ、これはやり過ぎではないかと心配になるほどでした(笑)。ですが結果として、派手で鮮やかな赤から落ち着いた暗い赤まで、様々な赤のバリエーションで遊ぶことができました。そもそもカニのバトルシーンがとても楽しいので、そういう回に携われたこともとても嬉しかったですね。

——全体的な色の方向性に関わったという七話はいかがですか？

**小霏**　七話はもっとも難しかった話数の一つです。時間もかなりかかりました。前半には派手なアクションシーンがありますが、後半は重く感情的なシーンとなり、一話の中で雰囲気やスタイルがたびたび変わるので、それに合わせて色をつくるのは大変でした。前半のアクションシーンで、アクロバティックさらさらのテーマカラーであるピンク色に染まった空間と、廃倉庫の錆びた鉄の赤をどう合わせるかも試行錯誤して苦労した部分でした。それから九話のドーバーデーモンとセルポ星人のシーンはとても楽しかったですね。ドーバーデーモンのテーマカラーは黄色ですが、そこにセルポ星人の縞模様が合わさると、『キル・ビル』みたいなデザインになるのが面白かったです。

——では、最後に『ダンダダン』で手掛けたカラースクリプトのなかで、特にソフィーさんのお気に入りの話数や、楽しかった仕事を教えてください。

**小霏**　オープニングがとてもとても楽しかったです。『スコット・ピルグリム』に続き、オープニングを監督するアベルさんから依頼をいただいたのですが、かなり自由にやらせてもらいました。本編はキャラクターのテーマカラーや、シーンごとの色の使い方に細かくルールがあるので、そこまで自由にはできないのですが、オープニング、特に最初のほうのキャラの顔アップのカットでは、本当に自由に暴れることができました(笑)。イメージとしてはCMやモデルのスナップ写真を意識しています。ああいったコミカルで大胆なポーズを普段のカラースクリプトで描く機会はなかったので、本当に新鮮で楽しかったです。

——ちなみにアベルさんの絵コンテはどんなものでしたか？

**小霏**　一部のカットでは、色の方向性はすでに絵コンテの段階で決められていましたが、冒頭のキャラの表情のカットについていえば、アベルさんの絵コンテはモノクロでした。このカットにはこのキャラを登場させたいとか、このカットはこういう雰囲気にしたい、といった指示はありましたが、基本的にはポーズも色も自由に選ぶことができました。あとは「少し醜く、少し怖い、でも可愛い感じがほしい」というオーダーはありましたね。また私としては、もともと龍(幸伸)先生の原作漫画の表紙の色づかいが面白いと思っていたのですが、なかなか本編では使えないような鮮やかな色だったので、オープニングで、そのテイストを取り入れたいと思いました。特撮風のシルエットカットについては、アベルさんから本編の怪異の色に従ってカラースクリプトを作るよう指示をいただき、少し質感を加えた単色の背景を描きました。とにかく、アベルさんが私を信じて、自由に任せてくれたことも嬉しかったですね。

——素晴らしいですね。本当にキャッチーで中毒性のある魅力的なオープニングアニメーションになったと思います。引き続き、残りの放送も楽しみにしています！

## 第7話「優しい世界へ」カラースクリプト

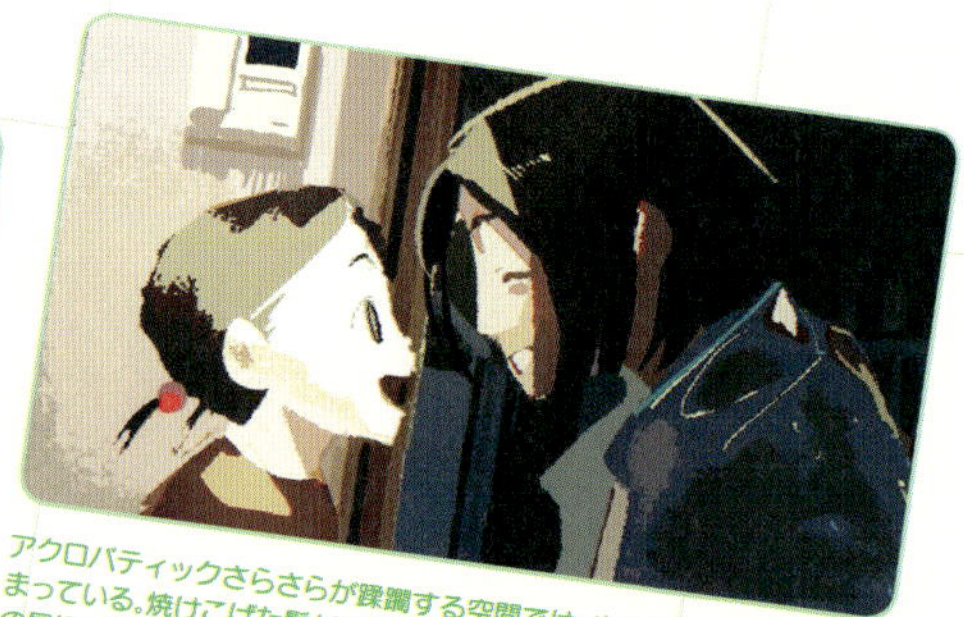

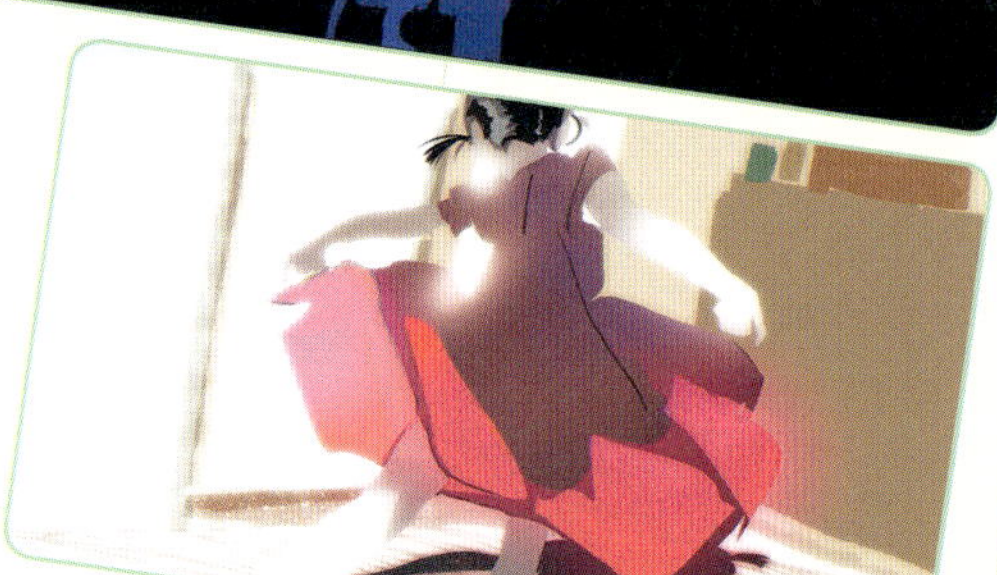

アクロバティックさらさらの回想シーンのカラースクリプトでは、ピンク色のドレスに喜ぶ娘の姿が、窓から差し込む強い光りに包まれるように描写されている。彼女の中で思い出が色褪せず美しいきらめきを放っているようだ。また、満点の星空と、輝く夜景の街並みは幻想的で切ない。

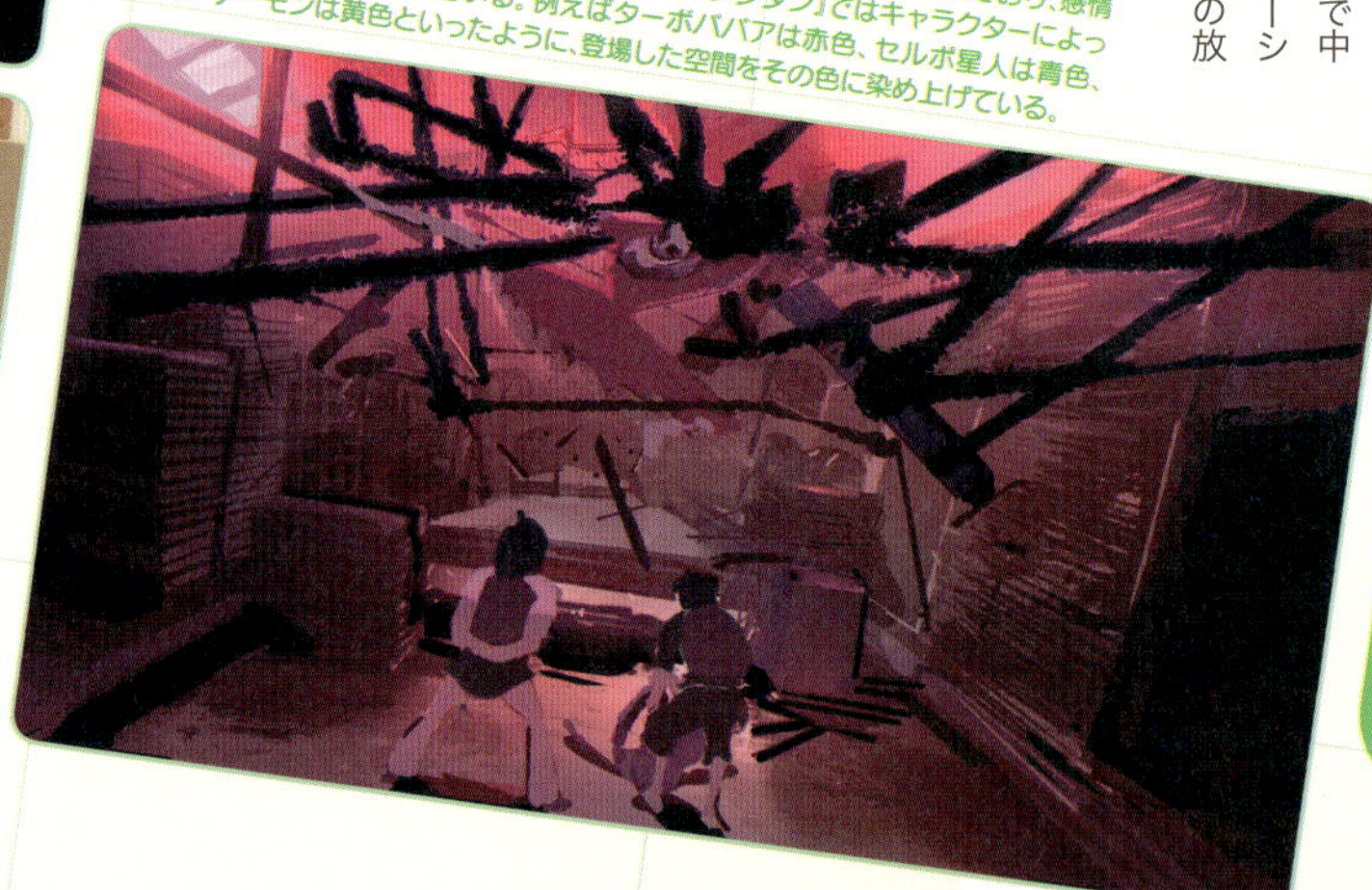

アクロバティックさらさらが蹂躙する空間では、やや紫がかったピンク色に全体が染まっている。焼けこげた髪が支柱に絡まる様子が勢いのある線で描写されており、感情の昂りや戦闘の凄まじさが伝わってくる。アニメ『ダンダダン』ではキャラクターによってテーマカラーが決められている。例えばターボババアは赤色、セルポ星人は青色、ドーバーデーモンは黄色といったように、登場した空間をその色に染め上げている。

## Louis Ventreによる3Dキャラクターデザイン

ここでは、ルイスさんが制作された宇宙人・妖怪の3Dキャラクターデザインを紹介！上段左図は地縛霊のカニの姿がデザインされたもの。カニの甲羅にはよく見ると人の顔らしき白い凹凸がいくつもある。また、腹節は瞳のようなスジに加え、鼻や口、歯がびっしりと生えている。上段右図は、地縛霊とターボババアが合体したデザイン。ターボババアと合体したことで、鼻先が丸くなり、髪が生え、唇にシワがあるといった生々しい肉感が加えられている。ゾッとするようなデザインが繊細に、美しく3D化されている。

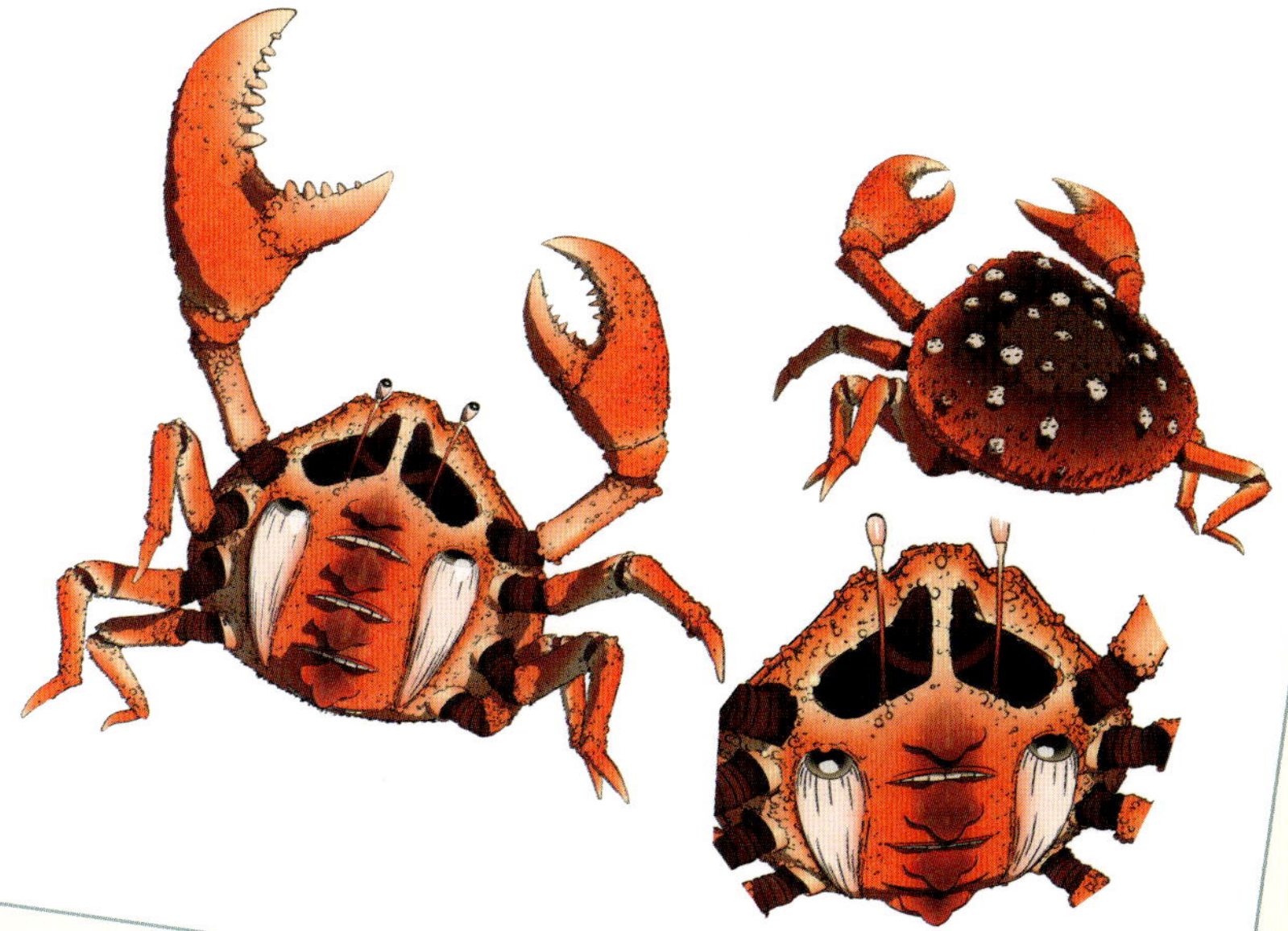

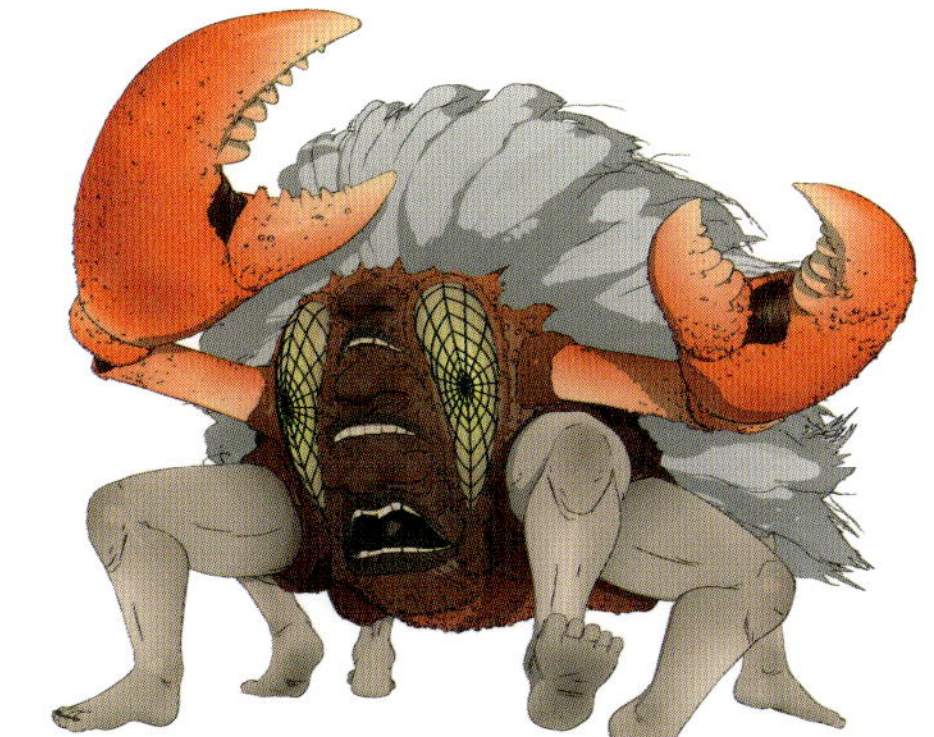

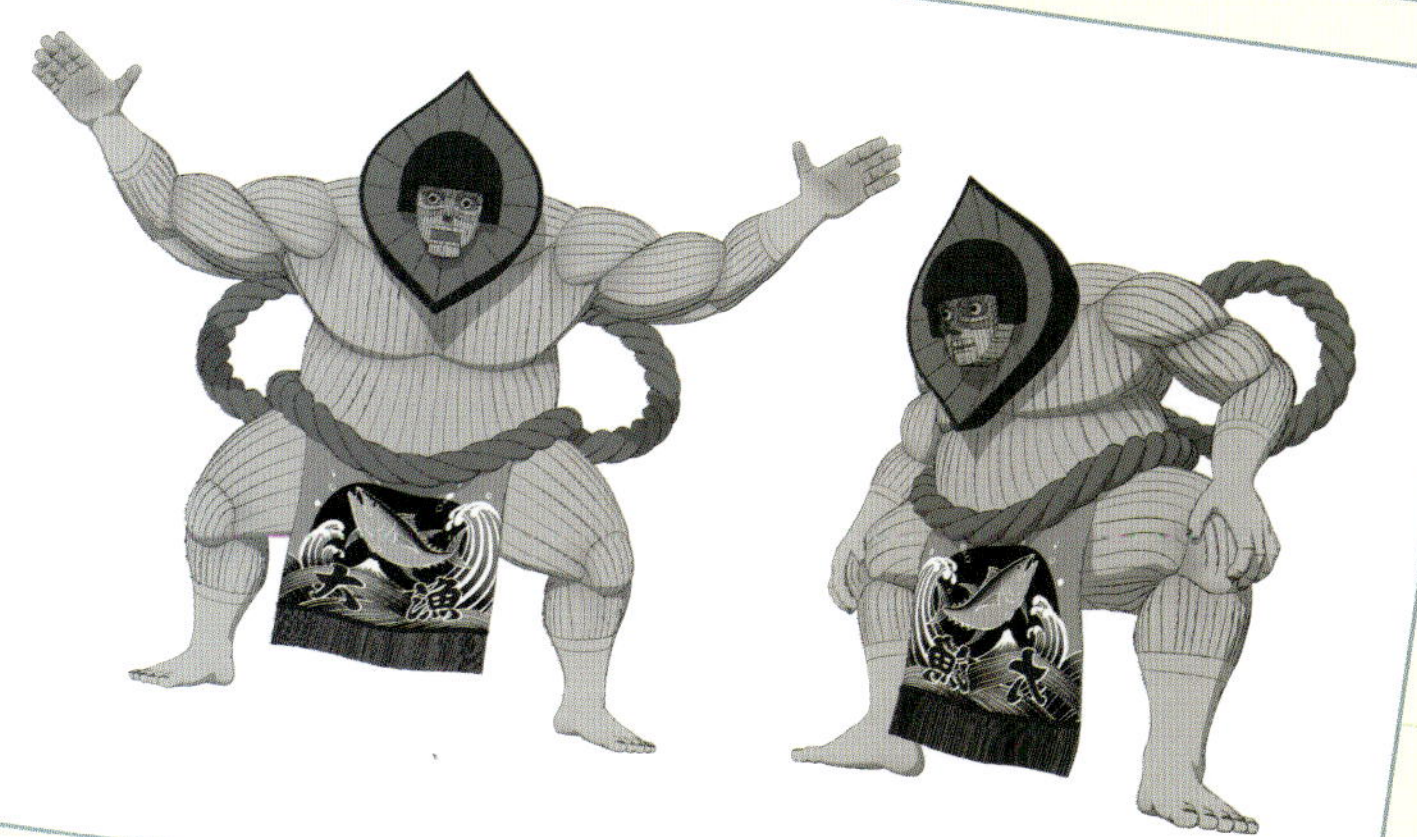

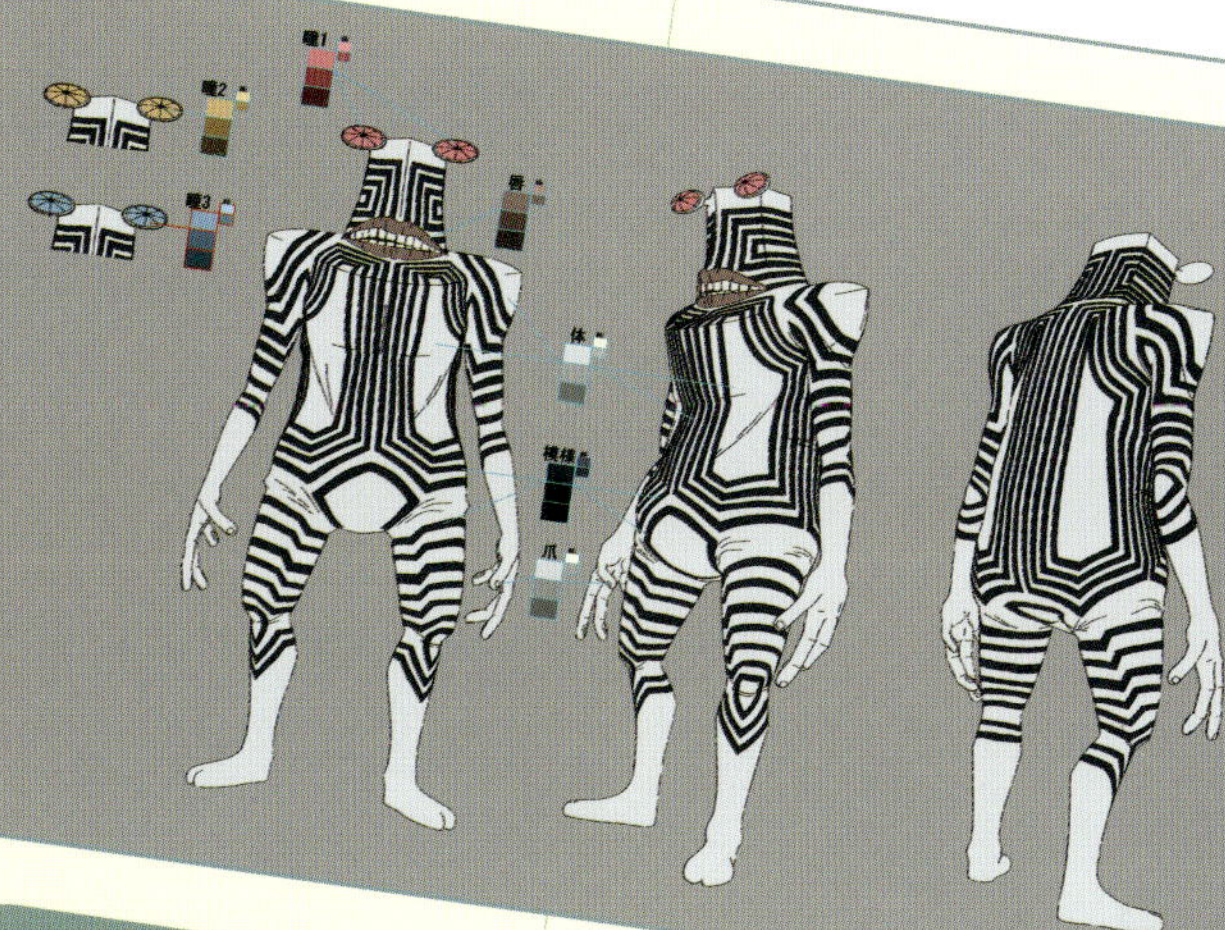

ほかにも、ルイスさんはセルポ星人（中身）や、フラットウッズモンスターの3Dキャラクターデザインを手掛けている。セルポ星人（中身）の尖った肩や膨らんだ腹部、ひょろっと長い手足など独特な体型が見事に再現されている。また、フラットウッズモンスターの柔らかく重たい肉感がデザインからも伝わってくる。

## Louis Ventre（ルイス・ベントル） インタビュー

Louis Ventre（ルイス・ベントル）／アニメ『ダンダダン』ではCGスーパーバイザー・3Dキャラクターデザインを担当している。これまでに、『犬王』（二〇二二年／監督：湯浅政明）や、『きみの色』（二〇二四年／監督：山田尚子）のCGなどを担当している。

——ルイスさんは『犬王』（二〇二二年／監督：湯浅政明）など、これまでにもサイエンスSARUの作品にCGのスタッフとして参加されていますが、もともとどのような経緯でSARUに所属することになったのでしょう？

**ルイス**　CGはもう十年くらいやっていて、SARUに入る前は主にコマーシャルの仕事をしていました。SARUに入ったのは、当時SARUの社員だった友達から「3Dのスタッフを募集してるよ」と教えてもらい、応募したのがきっかけです。

——もともとコマーシャルの仕事をメインにされていたということは、特にアニメが好きだったわけではないんですか？

**ルイス**　いえ、アニメーションは好きでした。そもそも3Dを勉強したのはCMをつくるためではなく、アニメーションをつくるのが夢だったからです。ですからSARUに入れた時は夢のようでしたね。

——日本のアニメがお好きだったんですか？

**ルイス**　もちろんです。とくに宮崎駿監督の作品はたくさん観ましたよ。それ以外にも色々観ていますが、そこまで強く影響を受けた作品はありません。

——なるほど。ではルイスさんが『ダンダダン』に参加することになった経緯と、原作にどんな印象を持っているのかを教えてください。

**ルイス**　SARUに入ってからは、ほぼすべての作品に携わってきましたので、『ダンダダン』にも、ごく自然な流れで参加することになりました。SARUで『ダンダダン』をつくるという話を聞いた時は本当に嬉しくて、ずっと楽しみにしていました。今までSARUがつくってきた作品というのは、どちらかと言えばニッチでアーティスティックなものが多かったと思うのですが、今回は初めての王道少年漫画ですから、フランスの友達も『ダンダダン』のことはみんな知っていました。

——『ダンダダン』はフランスでもメジャーな作品なんですね。今作のルイスさんのクレジットは、CGスーパーバイザー・3Dキャラクターデザインというものですが、具体的にはどんなことをされているんですか？

**ルイス**　この一、二年間はずっと『ダンダダン』の作業をしていたので、本当にいろんなことをやってきました。まずは3Dのクリーチャーデザインを担当していて、セルポ星人のモデリングは私がやりました。そのほか社内の3Dチームを率いて管理することも多かったです。実は今回の『ダンダダン』でSARUとしては初めて3Dキャラクターを扱うので、自分もデザインをすることに相当なプレッシャーがありました。多くのアニメファンは、3Dキャラクターをあまり好まないだろうと思っていたので、受け入れてもらえるか心配だったのです。けれど山代（風我）監督には3Dキャラクターを取り入れることにかなり明確なビジョンがあって、3Dならではの表現をしたいと言うので、山代監督を信じて自分もデザインに取り組みました。

——山代監督が3Dキャラクターを採用した目的はどんなものだったのでしょう？

**ルイス**　山代監督は、もともと昔から3Dを使うことには興味があったようです。今回に関して言えば、作画した画との差別化が

## 美術監督・東潤一による ダンダダンの世界

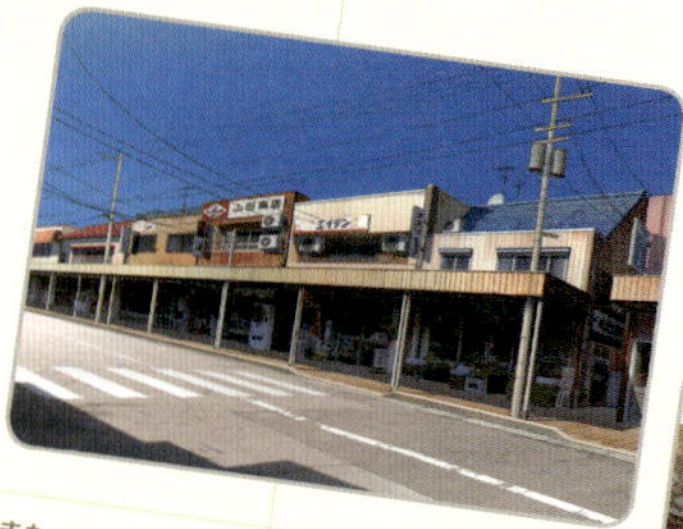

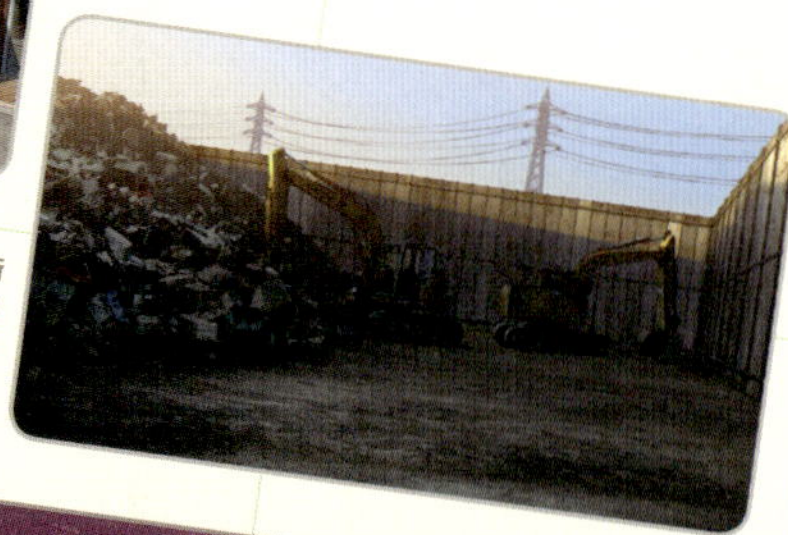

アニメ『ダンダダン』では、怪奇バトルが繰り広げられる世界が美術監督・東潤一さんによって制作されている。右図は正能市の夜の姿。正能市はターボババアのテリトリーであるため、鬼ごっこをしたシーンでは建物が赤黒く染め上っている。夜の街中を照らす蛍光灯の灯りに赤色が加わって、より怪しいホラーな空間に。

また、上図では清々しいほどの青空が広がる商店街が描かれている。年季の入った看板や店先の緻密な描写が美しい。また、右図は粗大ゴミの山がある工場現場の美術。夕日がうっすらと差し込み、時が止まってしまったような静寂が感じられる。

アクロバティックさらさらが支配する空間では、カラースクリプトでも計画されていたようにかなり激しいピンク色にまとめられている。倉庫の屋根に穴が空いているため、外からの光りが差し込み、より幻想的な空間になっている。また、左図は第7話の回想シーンで登場したホテルの一室。本編では奥側にぼかしの加工がされていたが、ソファやTVなど細部まで描写されている。

## 第7話の回想シーン

アクロバティックさらさらの回想シーンでは、ルイスさんが制作したという、自宅から外へと駆けていくCGアニメーションが流れる。連れ去られた娘を決死で追いかける彼女の思いが、激しく揺れ動く目線によって語られる。CGアニメーションではピントがぶれているカットをいくつか組みわせることで、実写のようなリアリティを生み出している。また、ルイスさんは目線の動きに合わせて外灯や建物の光がブレて伸びる効果線を別のCG素材として制作して重ねており、より真に迫るシーンを生み出している。

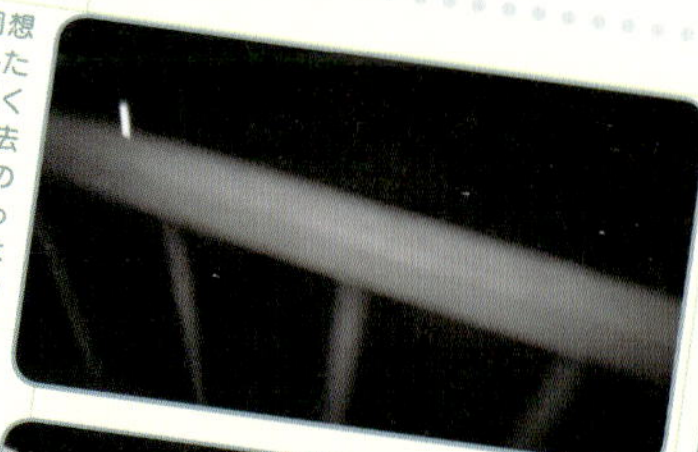

目的だったのかなと思います。

特に最初の頃は、かなり3D感を出すようなデザインがアイデアとして挙がってきました。

そこから最終的には、もう少し作画寄りになりましたが、特に宇宙人はよりつくりもの感、3D感を出したいというオーダーがあったと記憶しています。

——山代監督との打ち合わせで、作画と3Dの分け方について、何か最初に決めたルールや柱となる方針などはありましたか?

**ルイス**　山代監督とは以前から一緒に仕事をしているので、他の作品でも同じようなやり方をしてきましたが、まずは一話ごとに、監督と演出でどこを3Dにしてどこを作画にするかを考えてもらい、ある程度アイデアが固まったタイミングで私に声をかけてもらいます。例えば「ここを3Dにするかどうか検討しているんだけど、ルイスさんはどう思いますか?」みたいな感じですね。そこから話し合いを進め、制作上の合理性と見映えとの兼ね合いのなかで相談を重ねて最終的な判断を下します。3Dを扱った経験や、3Dに関する知識があまりない監督や演出の方もいらっしゃいますので、その場合はより慎重に相談を重ねて試行錯誤します。基本的にはそういう流れですね。

——今作がサイエンスSARU初めての3Dキャラということですが、フラットウッズモンスターやカニ、セルポ星人(中身)など、ルイスさんがデザインする上でこだわったところや大変だったところはどんなところですか?　視聴者としては、3Dかどうかを意識することもなく、臨場感たっぷりでリアルに動く姿を存分に楽しんでいます。

**ルイス**　私が今までにやってきたSARUでの仕事というのは、本来、作画が担ってきた画づくりを3Dで再現しようとすることです。ですから、作画でできる表現と同じように3Dでも表現しようとしてきました。そこにあるニュアンスや動きを3Dでも活かしたい、残したいと思っています。けれど違う媒体のものを完全に再現することはたぶんできないし、譲歩しなくてはいけないこともあると思います。特にキャラクターに関しては、もともとの原作のデザインを完全に再現すると、おそらくアニメーションが付けられないものになる。ですから元となる原作のデザインのニュアンス、雰囲気、ディテールを活かしながら、どうやって動かせるものをつくるか、が一番の課題となります。それが、なかなか難しい。とにかく原作の漫画を参考にして、自分たちでゼロから地道に3Dをつくっていきました。でも、ある意味それが良かったとも思います。問題が起きてもすべて3Dの作業で完結するので。けれど、みなさんが納得できるような出来に辿り着くまでには相当な時間がかかりました。どうやって3Dで作画の表現を再現できるのか、どうやって3Dの素材を周りの作画の空間に馴染ませるのか、そのあたりが一番時間のかかった業務ではないかと思います。

——様々なご苦労があったんですね。ここからは具体的な話数についても伺っていきたいと思います。四話はカニとのスピード感あふれるバトルが非常に楽しい回でしたが、ル

## 山代風我監督による第1話の絵コンテ

下図はターボババアの呪いに掛かったオカルンが必死の決意で、拉致されたモモを助けにきたシーンの絵コンテ。「彼女のためなら、バケモノにだってなってやる!!」という台詞に合わせて、顔がターボババアに侵食される様が鮮やかに描かれている。また、呪いの侵食具合に合わせて望遠から広角になるカメラの動きが指示されている。

右図は超能力に目覚めたモモが、自身の超能力で宇宙船を破壊してしまうシーンの絵コンテ。壁にめり込んでいるオカルンのカットから、カメラを少し引いて（TB）、モモに振る指示（PAN）がされている。オカルンからモモにカメラを振ることで、同じ空間に居て起きている出来事だということが伝わってくる。また、セルポ星人の指先にはモモに向かう赤矢印の指示があり、アニメーションでも念力で押し戻されてそのままフレームアウトしている。

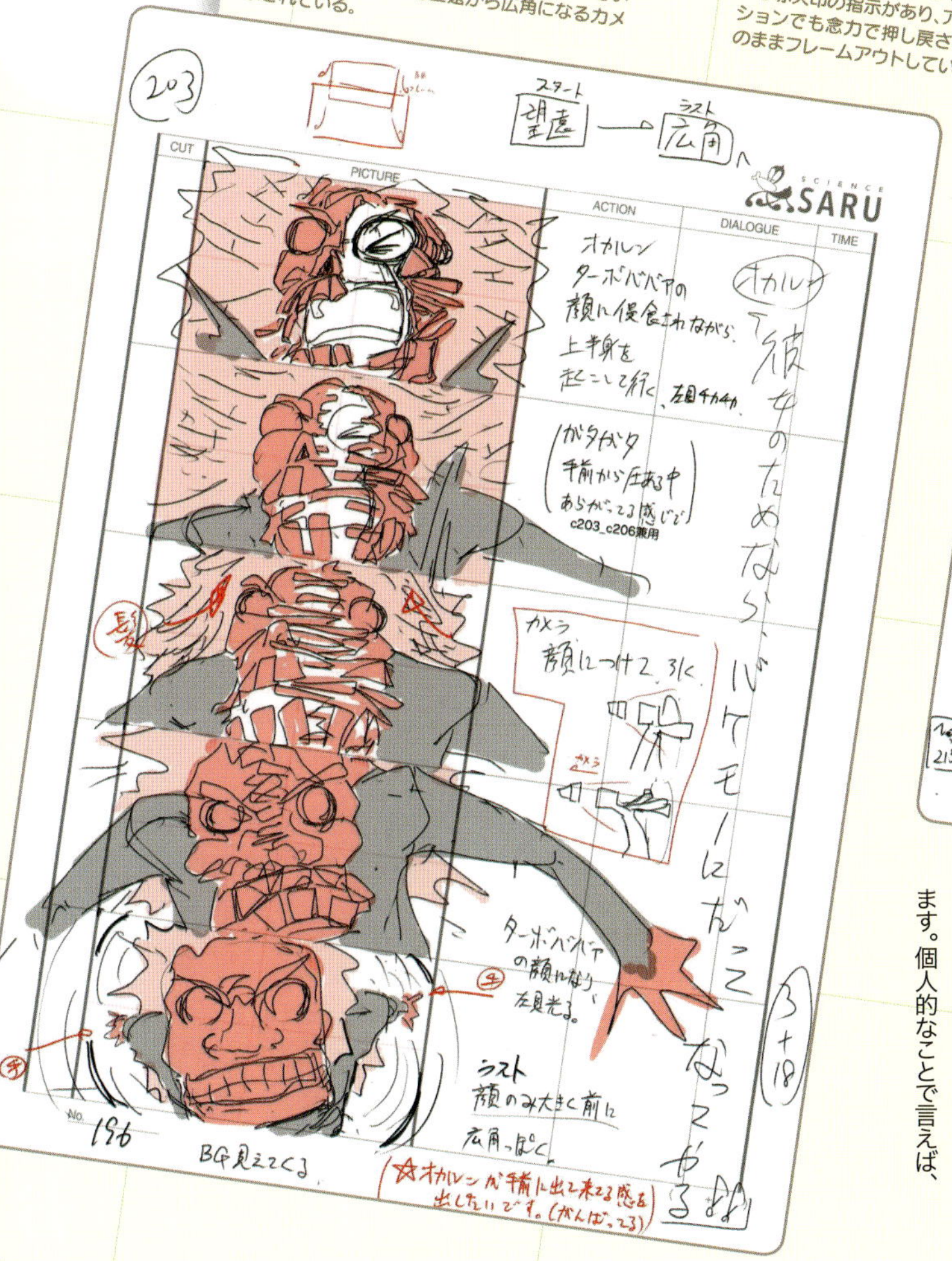


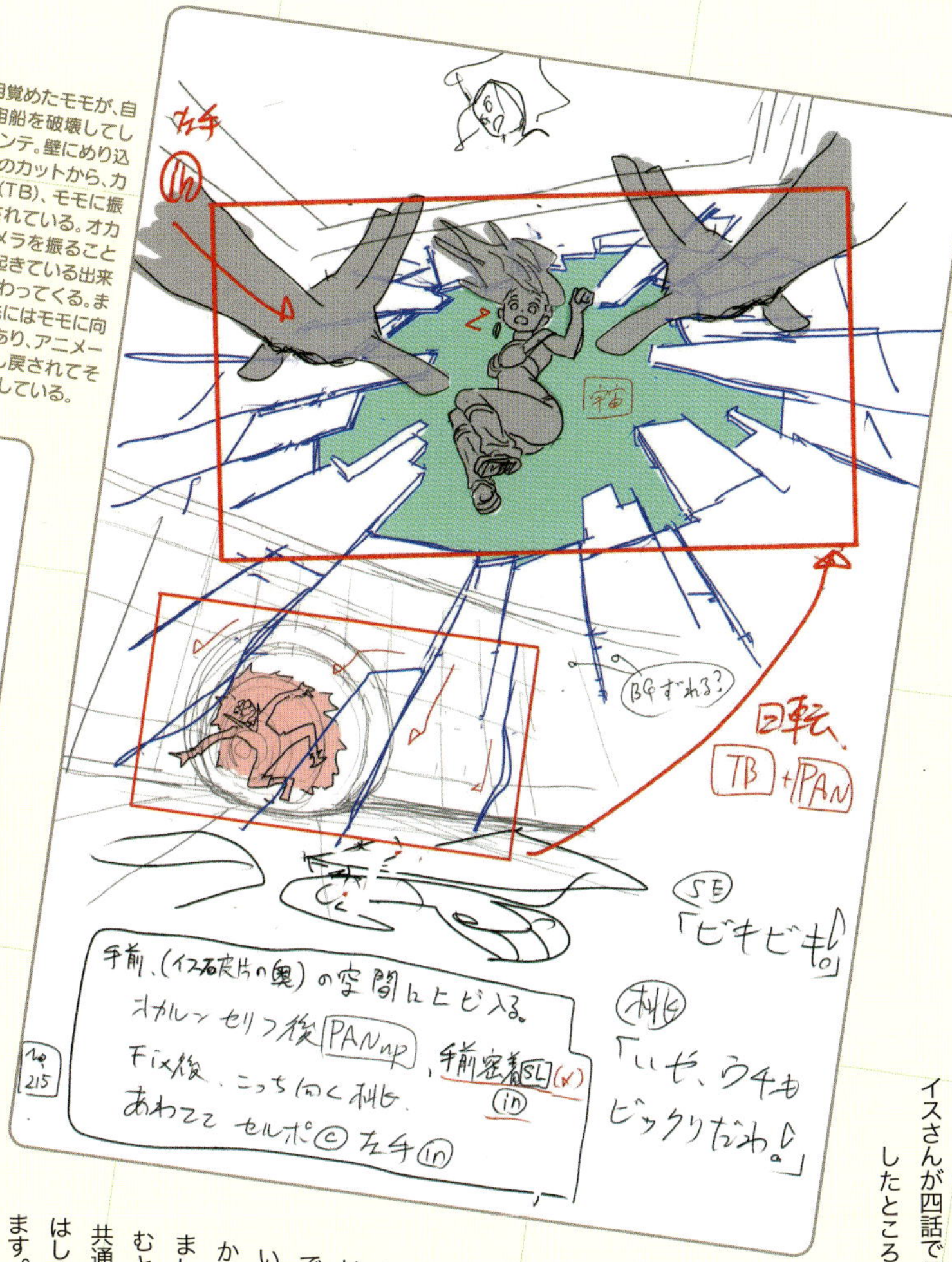


イスさんが四話でこだわったところや苦労したところを教えていただけますか?

**ルイス**　四話でCGを使っているのはカニ、ターボババアと地縛霊が合体したカニ、電車などですね。一話、二話と比べると、四話の制作はわりとすんなり捗りました。一番の苦労は、やはり一話と二話で、どういうふうにつくればいいのか、どういうやり方で進めるといいのか、どういう期待があるのか、とにかく色々探る必要がありました。けれど四話まで進むと、なんとなくみんなの共通認識ができるので、仕事はしやすくなってきたと思います。個人的なことで言えば、『ダンダダン』の3Dキャラのなかではカニが一番のお気に入りです。完成した四話を観た時は嬉しく、楽しかったですね。「あぁ、できたんだぁ!」って。四話で頑張ってくれたのが、3Dアニメーターのテン（李欣恬）さんとメラニー（Melanie Stern）さんです。とても腕の立つ方々で、視聴者が見たいであろう、あらゆるものを3Dで再現してくれました。本当に素晴らしかったです。また、カニのモデリング作業は『ダンダダン』の制作が本格的に動き出す前から始めていて、今作で一番最初に手掛けたものです。時間があったので、さすがに四話の制作が始まるタイミングでは完成していて、良いスタートダッシュができたかなと思いますね（笑）。一番悩ましかったのはターボババアと地縛霊が合体したカニです。髪と3Dの相性がちょっと悪いんですよ。それで、最初はカニの胴体だけ3Dにして、ババアの髪は作画でやるという方法も検討しましたが、余計にややこしくなりそうなので止めました。結局フル3Dになりましたが、優秀なアニメーター二人のおかげで、作画のようにも見える素晴らしいクオリティに仕上がりました。完成したものは、視聴者と同じように放送順で観ていますが、今のところ一番好きなのは四話です。CGもたくさん使われていますし、ドラマチックで楽しい回だと思います。

——3Dをまるで作画の表現と変わらないように見せるという使い方もあれば、まさにCGらしく使う場合もあると思うのですが、例えば七話のアクロバティックさらさらの回想シーンで、走って追いかけるさらさらの目線で景色が揺れるシーンは、かなり実写っぽくリアルに感じられました。そのあたりのバランスはどう考えていらっしゃいますか?

**ルイス**　実は七話の追いかけるカットに関しては面白い誤算があって。自分としてはいかにもアニメ調の背景にしたいと思いながらつくっていたんですよ。そして、できあがったものに関しても、それらしいルックになったかなと思っていたんです。ところが後になって改めて見返してみたら、「めっちゃ実写じゃん!」となって。自分でも、あれ…?と思っていました（笑）。ですから、あのシーンは最初から実写のような見た目を目指していたわけではないんです。けれど結果として見映えよくできたなと思います。視聴者の反応も良かったですし。そもそも、あの追いかけるシーンは自分のなかでも特別なカットなんです。『ダンダダン』の制作が動き出した直後に、山代監督から「このカットは特別につくってほしい」と依頼されたもので、「この映画とか、この映画みたいな感じで!」というラフなオーダーのもと、全体的にかなり自由につくらせてもらったものなんです。それが自分としてはとても楽しい経験でした。

——素晴らしいですね。それでは最後に、ルイスさんにとって特にお気に入りだったり、思い入れのある話数やシーンを教えていただけますか?

**ルイス**　CGキャラが出てくるシーンは全体的にどれも良かったと思いますし、今回の3Dキャラクターデザインは、自分の人生のなかで特別なゴールのひとつになったと思います。さらに、ちょっとだけ大袈裟に言わせてもらうなら、七話の追いかけるカットは、たぶん自分の人生でもっともよくできた仕事だと言いたい。大変満足しています。『ダンダダン』という作品は本当にチームのみなさんの協力のもとに成り立っている作品だと改めて感じます。通常の作画のアニメーターさんも、3Dのアニメーターさんもよく頑張りましたし、今日の通訳もしてくれた制作進行のパトリック（・スペルマン）もよく頑張りました。アニメファンがCGのキャラクターを受け入れてくれるのかずっと心配でしたが、結果的にはうまくいったと思いますし、『ダンダダン』は自分がSARUに入ってから、もっともチャレンジングな作品になったと思います。

——ありがとうございました。十二話まで引き続き楽しみにしています!

# 桂正和×夜馬裕

## 不思議世界の話

**今号の特集テーマは「怪異ーふしぎとあやかしー」と題して、幽霊から妖怪、オカルトまで非日常の不思議世界を特集します。このページでは、数々の人気作を世に生み出しながらも、怪談好きが高じて自らも語り手として不思議な体験を話す漫画家・桂正和さんと、イベントから執筆活動まで精力的に活動をし、怪談ファンを魅了し続けている最恐怪談師・夜馬裕さんにご登場いただきます。今回は怪談を好きになったきっかけから、言霊による力の話、実際に周りで起きた不思議な体験までをたっぷりと掲載し、より怪異な世界にみなさんを誘います。**

——今号の「季刊エス」の特集は「怪異—ふしぎとあやかし—」と題し、幽霊から妖怪、オカルトまで非日常の不思議世界を特集します。そんな特集テーマに合わせて、漫画家として不動の地位を築きながらも、怪談好きが高じて自らも怪談イベントに登壇されるまでになった桂正和さんと、独特の語りと巧みな構成力で怪談ファンを虜にし、イベントから執筆まで幅広く活躍する最恐怪談師・夜馬裕さんのおふたりにお越しいただきました。夢のような対談が実現して嬉しいです。まずはおふたりの出会いについて教えてください。

**桂**　最初は、怪談イベントの楽屋ですよね。

**夜馬裕**　そうですね、二〇二一年に新宿のロフトで開催した「魔怪都市新宿」だったと思います。その時は、ゆっくり話をする時間はなかったのですが、あの桂正和先生がお客さんとして会場に来ている！　ということで怪談師たちが湧きました(笑)。みんなヤル気を出しちゃって。ところが出番が後半で、楽屋入りの遅かった島田秀平さんは、初対面で桂先生だとは気づいていないものだから、手相を見て「お仕事でもうひと山成功しますね」なんて言うんですよ。そこで桂先生が「そっか〜」と嬉しそうにニコニコされている姿を見て、なんて素敵な人なんだろうと思ったのを覚えています。

——桂さんは三年ほど前にはすでに怪談を聞かれていたのですね。

**桂**　その頃から、怪談を聞きに行くようになったんです。もともと、毎年夏に出る稲川淳二さんのDVDを買って見ていたのですが、一度行ってみるかと実際にツアーに行ったことを皮切りに怪談にハマってしまって。そこからYouTubeでも怪談を聞くようになり、さらにはライブを見に行くようになりました。同時期に、怖い話を競い合う番組「OKOWA」にも出会い、夜馬裕さんをはじめとする、たくさんの面白い怪談師さんを見つけました。

——一気に怪談師の世界にのめり込んだんですね。

**桂**　欲していたんでしょうね(笑)。「怪奇蒐集者」シリーズもDVDで買っていろいろな怪談師さんの怪談を見ていたのですが、一瞬で見終わっちゃうんですよ。だから、YouTubeで、さまざまな怪談師を知ることができ、楽しかったですね。あとはClubhouseがコロナ禍で流行ったことで、怪談師たちともそこで交流が広がったのも大きいです。

**夜馬裕**　Clubhouseに桂先生が怪談を聞きに来ていることに、怪談師たちは再び湧きましたよ(笑)。自分たちが好きで見ていたミュージシャンや漫画家の方々に、自分が喋るものを面白がって好きだと言ってもらえたら、やっぱり嬉しいですし、ものすごく励みになる。僕は『ウイングマン』が特に好きなのですが、僕のなかでは突然、目の前に現れた桂先生こそが〝電影少女〟でした！

——確かに(笑)。『ウイングマン』はちょうど実写ドラマが放送中ですね。ドラマは、桂さんが企画初期から携わり、舞台も現代に合わせて構成を考えられたと伺っています。

**桂**　僕は脚本の構成があった上で、重箱の隅をつつくような細かい理屈を通したり、整合性が合うように指摘をさせていただいたくらいです。

**夜馬裕**　ドラマ版も原作者がきちんと物語を監修しているという安心感がありますよ。『ウイングマン』は僕にとって特別な青春の物語で、漫画のラストシーンを思い出すと、今にも涙ぐみそうになるんです。ドラマ版のラストがどうなるのかも楽しみです。

——夜馬裕さんは、桂さんご本人に対してはどんな印象をお持ちですか？

**夜馬裕**　僕は『桂正和〜キャラクターデザインの世界展〜』で、徹底してこだわり抜く、桂先生の創作態度を目の当たりにして震え上がりました。例えば「TIGER & BUNNY」のヒーロースーツも、胸元に光るパーツひとつで実際に採用されなかったスケッチも含めて三〇種類くらい描いていて！　Switchの「ASTRAL CHAIN」も、ゲームには再現されない所まで、緻密にデザインされたものが大量に展示されていたので驚愕しました。桂先生のデザインがあまりにも良かったので、そのままゲームを購入してしまったほどです。

**桂**　やっぱり描きたいデザインが思い浮かんじゃうし、思い浮かんだものは全部描いておかないとダメだと思うんです。そこが楽しいところだし、やりがいでもあるからさ。別に使われないものがあってもよくて。でも「TIGER & BUNNY」の時も、例えば僕が勝手に描いた細かい設定を見て、そういう設定があるならこういう話がつくれますねと展開に組み込まれることもあって。だから全てが無駄になるわけじゃない。キャラクターデザインをする時は、自分が考えた自分の作品じゃないからこそ、想像しなくてはいけないんですよ。妄想することで僕のなかでキャラクターの人格が生まれ育ち、どんどん肉付されていく。そのなかで自然とデザインも広がっていくんだよね。理屈やバッググラウンドを考えていないデザインは、生活感も出ないし、どうしても薄っぺらくてつまらないものになるんじゃないかと思います。

**夜馬裕**　口で言うのは簡単ですが、実際に桂先生が描き続けたものが目の前にある迫力は凄いです。僕も採用するかどうかは別として、たくさん取材をすることが好きなんですよ。本物のクリエイターって、見えないところで本当に細かく全てを設定していて、だからこそ表に出てくる一枚の絵やデザインが迫力を持つんだと思います。　桂先生の仕事を見ていると、ちょっと自分も頑張ろうという気になります。

——素敵なお話です。では、ここからは特集テーマ「怪異」に合わせたお話も伺えたらと思います。夜馬裕さんは、二〇一四年に怪談師としてデビューされ、二〇歳から約三〇年間で約四〇〇〇話もの実話怪談を集めたそうです。現在は怪談の語りだけでなく、書籍の執筆やコミカライズまで幅広くお仕事をされていて、目覚ましいご活躍です。

**桂**　怪談師のみなさんは、いろいろな地方に行ってトークをされていますから、いつも忙しいですよね。

**夜馬裕**　そうですね。日本は特に夏の怪談が盛り上がりますが、それって日本独特のものなんですよ。海外の人からすると、明るくて日が長い時期に怪談を聞くなんて、日本人はよほど怖がりなのかと言っていました(笑)。でも実は理由ははっきりしていて、夏はお盆があるからですよね。死者を迎える時期に怖い話を放送したり語ったりすることが、文化としてあるわけです。

**桂**　お盆におばあちゃんの家に行くと怖い話をしてくれるみたいなね。

——お盆におばあさまが怪談を話すんですか？

**桂**　今の怪談みたいなものではないですけど、昔話みたいな妖怪話をしてくれましたね。ほかにもご近所であった怖い話とか、不思議な話をしてくれたり。そういう日本の夏の風習もだんだんなくなっちゃいましたよね。

——近年はテレビでも、あまり怖い話や映像は流れなくなってきたイメージです。

**桂**　昔はテレビでも心霊写真や心霊現象の番組がたくさん放送されていました。

**夜馬裕**　昔は心霊写真の本とかもありましたね。僕が小さい頃に好きだったのは、世界の七不思議、あとは四次元世界だけをまとめたオカルト本で、ページの半分がバミューダトライアングルでした。

**桂**　バミューダトライアングルは流行ったなぁ〜！　そういう有名な海域があるんですよ。半分は嘘でしょうけれど、不思議ですよね。

**夜馬裕**　バミューダトライアングルは、もとから魔の海域と呼ばれていて、その海域の上空を飛んでいた飛行機が消えたりして話題になりましたよね。その頃、僕が読んでいた本には、「見よ！　これが重力の狂った世界だ！」と謳いながら忍者屋敷でただ斜めに立っている人の写真が載っていましたけど(笑)。

**桂**　ひどいもんですよ(笑)。でも、それはそれで楽しかったですよねえ。

**夜馬裕**　そうなんですよね。だから今はロマンがなくなってきちゃった。

**桂**　実話怪談と言い出してから、ロマンが減ってきてしまったんですかね？

**夜馬裕**　でも、僕が怪談を好きになっていったのは、そうした古き良きオカルト文化が廃れていった頃なんです。もともと僕自身、オカルトや怖い話が好きで色々見ていたんですけれど、好きで知っていくうちに、例えばUMAがお金のために撮られた捏造写真であったとか、船員が消えたことで有名なメアリーセレスト号の事件も詐欺の可能性があるとか、夢のない話がたくさん出てきて。そういうものに対して少し白けた気分になっていたんです。けれど大学生の時に、お酒の席で「実はあそこで幽霊を見たことある」という話を聞いたら、どんどんワクワクしてきて、もはや事実かどうかもどうでもよくなったんです。僕自身も小六の時に幽霊を見た記憶があって、確かに幽霊を見た時の出来事を鮮明に覚えているんですよ。けれど、他人からすれば見間違いだろうと言われるかもしれないし、事実は誰にも確かめようがないんです。だから実話怪談は「実話」とつけていますが、

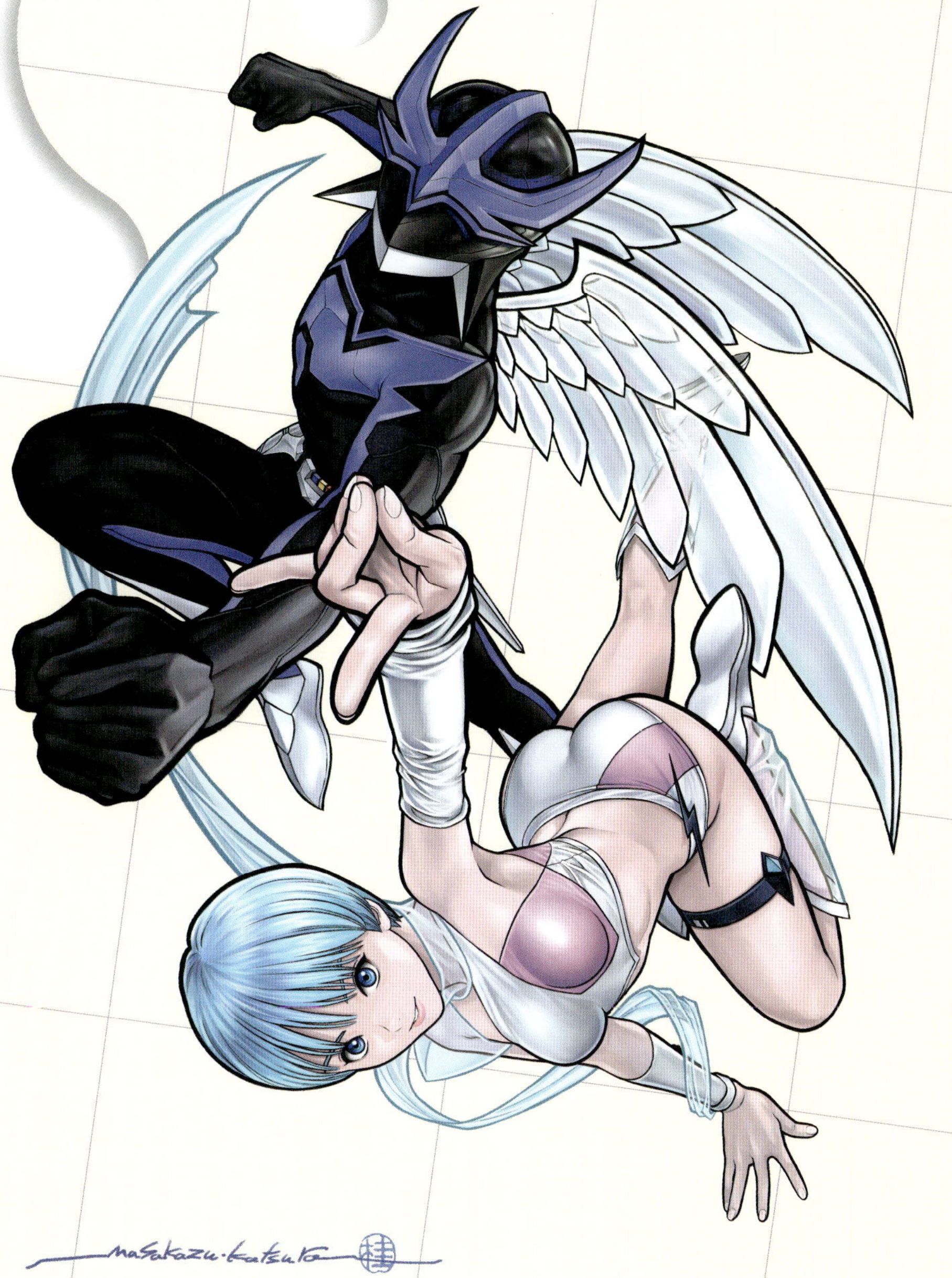

それが本当に事実かどうか裏をとるつもりはありません。本人が見たと言っているならその人のなかでは本物です。とにかく、実際に見て体験した出来事を「聞く」ということが実話怪談の面白いところだと思っているんです。

**桂**　僕は聞き手だけど、その感覚は語り手と一緒ですね。それが本当にあった出来事かどうかを追求しようというわけではなく、こういうことがあったんだという話自体が面白い。それが嘘であろうが、その人は見たと言っているんだから、その人にとっては事実であって。そこに、なぜそういうことが起こったのかというバックボーンなどが付け加わってくると話がさらに面白くなってきますよね。今の怪談のスタイルは、バックボーンをしっかりと交えながら話すことが主流になっているように思います。昔と今では怖い話も、だいぶスタイルが変わっていますが、実話怪談と言いながらもそこは非常にロマンのある部分だと思いますね。

**夜馬裕**　時代と共に変化したもので言うと、近年は具体的な地名や施設名をなかなか言えないです。昔は、幽霊を見た場所を具体的に出して話していたのかもしれないですが、今では風評被害も考えて、名称をぼかさないと話せなくなってきましたね。

――SNSや動画配信などの発達に伴った変化ですかね。心霊スポットなどは、無断で侵入してしまう問題なども聞きますね。

**夜馬裕**　心霊スポットと呼ばれる場所は、怪談師的なロマンで考えると、「ここに女のお化けが出る」というみんなの気持ちが女の幽霊を「つくる」時があるのではないかと思うんです。噂されていた事件が嘘だとしても、長い年月をかけて人の想いが強大な呪いをつくり出して心霊スポットにしてしまう。人の精神性が幽霊になるとしたら、精神性で幽霊や呪いをつくりあげても不思議ではないだろうとは思います。僕がもともとSF好きなこともあって、すぐそういうふうに思いたくなっちゃうんですけど。

**桂**　う～ん。人間が願ったことが現実になる、というのは分かる気がします。怪談とは少し違うんですけど、人間には「こうありたい」という強い気持ちがあるじゃないですか。例えば、漫画は人が理想とする造形を大体は描いていると思うんです。そして今の女の子たちは、昔の人からしたら考えられないくらい、スタイルや顔の造形が変化していますよね。三次元の子たちも少女漫画のように顔が小さくて目が大きくて、脚が長くなってきている。人の憧れる気持ちや願いに、実際の容姿がどんどん近づいているような気がするんですよね。

**夜馬裕**　描かれた願いが叶うなんて『ウイングマン』の世界じゃないですか（笑）！　でも美意識の変遷にあわせて、実際に顔の造形が変化するのは不思議ですよね。怪談のなかでも怪異怪談は、人の気持ちと想いによるところの話も多いので、どこまでいってもロマンチックだなと思います。あと怪談は、誰が体験したのかという主観視点の面白さもありますよね。桂先生と金沢へ行った時に、鳥山明先生と電話をしているタイミングで互いにラップ音を聞いたというエピソードを話されていたじゃないですか。あれもよく知らないおじさん二人がラップ音を聞いて怖かった、というだけの話だと聞く人もガッカリするんだけど、桂先生が語るにつれて、登場するのが鳥山明先生だと分かった瞬間、盛り上がりましたよね。芸能人や著名人など、自分が知っている人がお化けを見たという話にはやっぱりロマンがあると思います。僕は匿名でしか話をすることができないのですが、例えば実際に霊が見える人が自分の体験で喋るリアルさが一番面白かったりすると思うんです。だから桂正和と鳥山明がラップ音を聞いて、一晩怯えたという話は、何よりも面白いんですよ。

**桂**　そんな面白くないですよ（笑）！　でも、怪異ってタイミングですよね。鳥山さんの家でラップ音が鳴って、その何分か後に僕の家でラップ音が鳴るのは変じゃないですか。普通の家鳴りだとしても、タイミングが良すぎる。徐々にそうした違和感が怪談になっていくんだなあって。そういえば、夜馬裕さんが一般の方から集めた怪談は、いただいた話をさらにご自分でも話をする際に再構成されるんですか？

**夜馬裕**　ある程度はしますよ。話す順番も変えますし、その人がその時にどんなセリフを言って、どんな気持ちになったのかは、ある程度こちらで想像をしないと語れないシーンもありますね。特に細かい描写の必要な本の場合は、

▲桂正和さん画業40周年の記展として開催された原画展のメインビジュアル。捻りの効いたポージングをフカン構図で描いた作品からは、美しく、しなやかな肉体が伝わってくる。また、現在の桂さんのタッチで『ウイングマン』の世界を見れることも、ファンとしては嬉しい一枚。

初出：「40th Anniversary 桂正和～キャラクターデザインの世界展～」描き下ろしイラスト



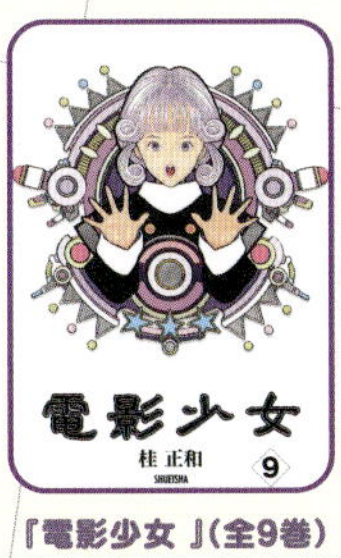


『電影少女 』(全9巻)
◎定価(電子)：794円(税込)
◎発売：集英社


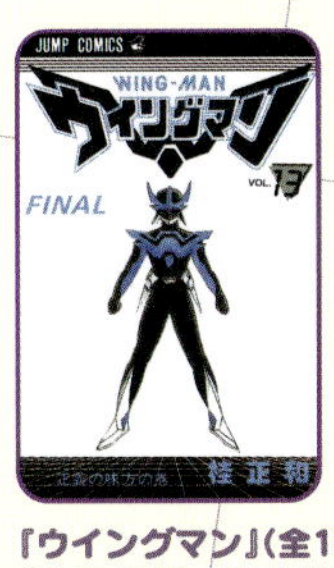


『ウイングマン』(全13巻)
◎定価(電子)：440円(税込)
◎発売：集英社


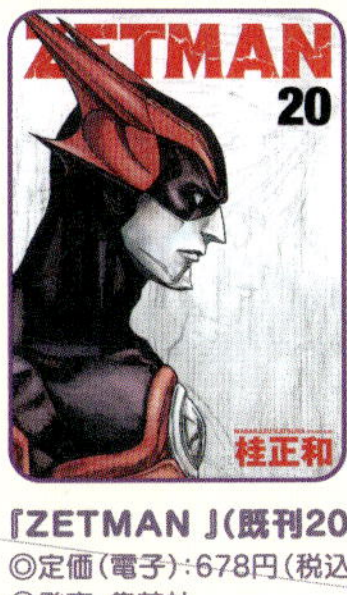


『ZETMAN 』(既刊20巻)
◎定価(電子)：678円(税込)
◎発売：集英社


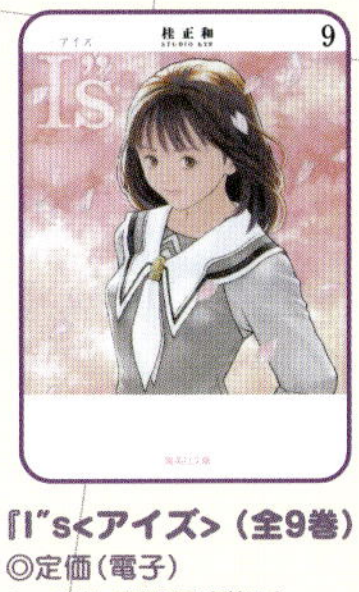


『I"s<アイズ> (全9巻)
◎定価(電子)
1～3巻：690円(税込)
4～9巻：722円(税込)
◎発売：集英社


**桂正和**（かつら・まさかず）

漫画家。キャラクターデザイナー。1980年に『ツバサ』で第19回手塚賞佳作受賞。翌年の1981年には「週刊少年ジャンプ」(集英社)でデビュー作『転校生はヘンソウセイ!?』が掲載された。その後、『ウイングマン』、『電影少女』、『I"s<アイズ>』、『ZETMAN』(いずれも「集英社」)など、多くのヒット作を生み出す。また、アニメ『TIGER & BUNNY』のキャラクター原案＆ヒーローデザインを担当。2022年には画業40周年を記念して「桂正和～キャラクターデザインの世界展～」が開催された。2024年には『ウイングマン』が実写ドラマ化される。

【X】@MasakazuKatsura

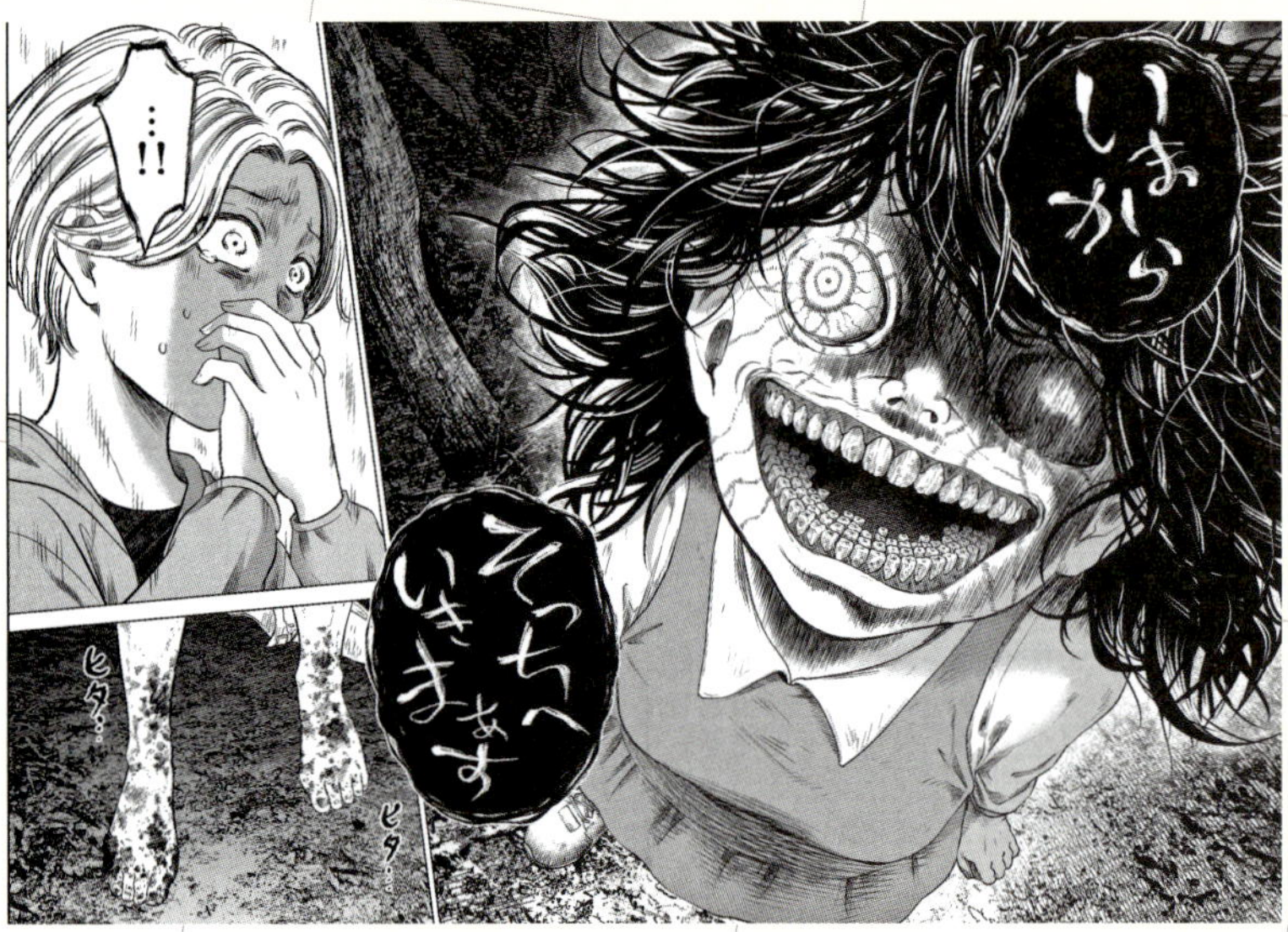


『厭談夜話』第十三談（3巻収録作品）の「落とされ坂」では、外本ケンセイさんの力強いタッチで見せる大迫力なページに衝撃を受ける。夜馬裕さんは毎話、ネームの段階で物語のセリフの口調や表現の監修をおこなっているそう。

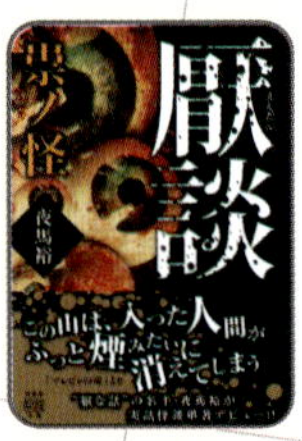


**『厭談　祟ノ怪』**
◎定価：715円（税込）
◎発売：竹書房
©夜馬裕/竹書房
※電子は価格が異なることがあります

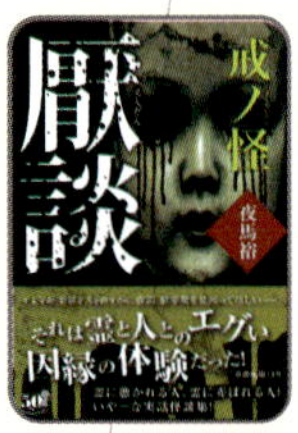


**『厭談 戒ノ怪』**
◎定価：748円（税込）
◎発売：竹書房
©夜馬裕/竹書房
※電子は価格が異なることがあります

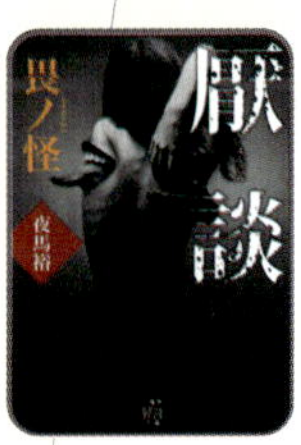


**『厭談 畏ノ怪』**
◎定価：836円（税込）
◎発売：竹書房
©夜馬裕/竹書房
※電子は価格が異なることがあります

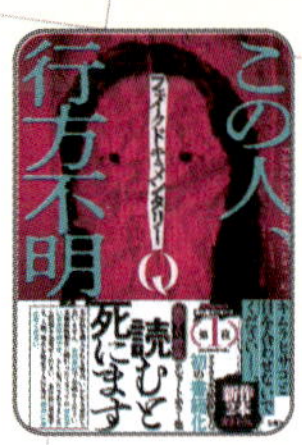

**「フェイクドキュメンタリーQ」**
◎定価：1,540円（税込）
◎発売：双葉社
©夜馬裕/双葉社
※紙と電子では価格が異なります

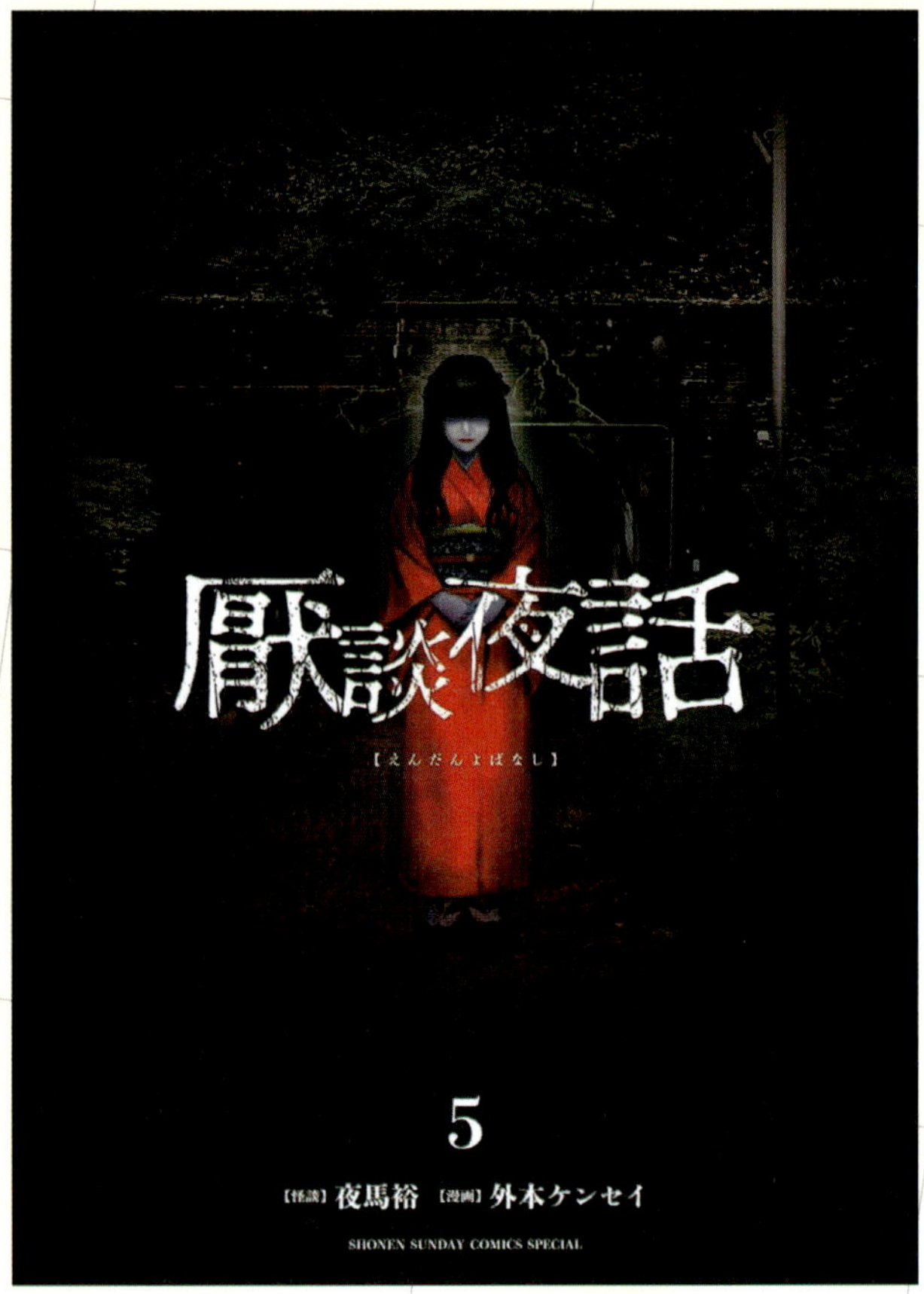


**『厭談夜話』最新5巻が発売中！**
夜馬裕さんが収集した実話怪談を外本ケンセイさんが漫画化！　現在は「サンデーうぇぶり」で連載中。

◎怪談：夜馬裕
◎漫画：外本ケンセイ
◎定価（紙）
1〜2巻：715円（税込）
3〜5巻：770円（税込）
◎発売：小学館
©夜馬裕・外本ケンセイ/小学館
※紙と電子では価格が異なります

**夜馬裕**（やまゆう）
怪談師、怪談作家。2014年に怪談師としてデビューし、同年には同じく怪談師であり怪談作家であるインディと怪談師ユニット「ゴールデン街ホラーズ」を結成。今年2024年には活動10周年を迎えた。また、「怪談最恐戦2020」で三代目最恐位、「怪談総選挙2020」では、1位・2位を同時受賞という快挙を成し遂げた。著書として、『自宅怪談』（イースト・プレス）、『厭談 祟ノ怪』『厭談 戒ノ怪』『厭談 畏ノ怪』（いずれも「竹書房」）がある。現在は、「サンデーうぇぶり」（小学館）で『厭談夜話』を連載中。
【X】@yamayu_ggh

そういった瞬間も多いです。あとは、僕が書いて語ったということを自分だけにわかる印にするために、本筋に関係ないところを一部変えています。例えば、六階建てが五階になっていたり、姉が妹になっていたり。

**桂**　夜馬裕さんの話は本当に独特ですよね。最後には、必ず厭な気持ちにさせるじゃん（笑）。あれは構成での役割が大きいんですか？

**夜馬裕**　構成で工夫している部分も多いとは思いますが、厭な気持ちになる話を選んでいるというのもありますね。二〇一九年に参加した「怪談最恐戦」ではファイナルに進んだのですが、そこで「厭な話をこよなく愛する怪談師」と紹介されて。翌年、その名前のまま優勝してしまったので、厭な話をして欲しいというオファーが自然と集まってきたんです。もちろん、厭な話以外もするんですけど、あまりみんなの印象には残らないのかもしれないですね（笑）。そもそも僕が厭な話をするのは、そこで人間の奥行きを見せたいからなんです。例えば体験者の方がちょっと厭な感じに見えるシーンってあると思うんですけど、怪談のなかで人間の奥行きを出そうとする時に、やっぱり厭な部分が使えるんです。もちろん厭なところ以外の奥行きだってありますが。例えば、旦那さんが呪いをかけられて無惨な死に方をしたという話で、それが陰惨な死に方だった時に、その無惨な死に方より、その話を笑って話す奥さんのほうが怖いし厭じゃないですか？

**桂**　怖いですね！　夜馬裕さんのそういう視点が良いですよね。

**夜馬裕**　僕が思う厭な怖さはそこにあるんです。そしてこの話も長い時間、お酒を飲みつつ奥様から聞いたので、奥様が旦那さんにどれほど苦労したのか、もっと言うとお母さんが苦労しているのに、息子さんはお金を稼いでくる父親の味方しかしなかったなど、奥様にだって色々な事情があることもわかる。僕はそういう体験者の話をどこまで聞いて、自分がどこまで何を感じるのかが奥行きだと思っていて、その奥行きを話の構成力で表現したいんです。

**桂**　実際、喋ってみるとそんなに悪い人ではないけれど、ある一瞬だけ怖さを感じる瞬間があった場合、そこの怖さを膨らませて話を構築するのはテクニックがあるんですねぇ。想像ですが、取材をしていても多くは、怪談として語れるかがわからないような出来事だと思うんです。そんななか、夜馬裕さんが本当にこれは凄いと驚かれた不思議な体験はありますか？

**夜馬裕**　今年の春、「怪談五人羽織」という名古屋のイベントでも話させていただいたのですが、すごく当たる占い師に出会ったんです。その方に、当たる占い師として、どういう人が正しいのかを聞いたら「中途半端に当たるのが丁度いいのよ。だって人間の人生は嫌なことしか大体は起こらないんだから。嫌な未来も全部知った上で、諦めて受け入れるのなんて嫌でしょう？」って。確かに中途半端に当たる占いなら、病気を予言された一年後に実際に病気を患ったとしても、「あぁ！　ほんとに言われた通りになっちゃった」「言うこと聞いてケアをすれば良かった」と思って、次からもまた占ってもらおうと思うじゃないですか。でも、あなたは〝必ず〟来年癌で死ぬとか、あなたはどうやっても〝必ず〟大病に侵されてじきに働けなくなると言われたら、みんな未来を頑張って生きるのが嫌になりますよね。そうだよなあと思いながら占い師の話を聞いていたら、「ほら、前にした例え話があるでしょ」と占い師が切り出して。「あるカップルが幸せな結婚をして、ずっと幸せに暮らすけれど、晩年に大事に育てた一人息子にハンマーで殴り殺される」そんな人生を知ったらどう思う？　と言うんです。「今日私たちが結婚をお祝いしている二人のことよ」って。結婚した夫婦は、占い師に心酔しているので、その占いを知った上で結婚しているんだと。「当たる占いを聞くって、そういうことよ」と言われ、僕は震え上がりましたよ。でも、なぜこの話を僕にしたのかと聞いたら、「あなたがこの話をもうすぐ名古屋でするからよ」と言われて。当然、その時には名古屋に行く予定はなかったのですが、それからぴったり一〇日後に、名古屋でやる「怪談五人羽織」のイベントのオファーがきました。だから僕は定められた運命に従って名古屋でこの話をしていたんです。

**桂・S編集部**　え〜っ!!（驚愕）

**夜馬裕**　再び占い師の方に会った時、試しに次にこの話をするイベントがいつなのかを聞いてみたんです。そうしたら「そうね、次はみんながお祭りのように盛り上がっているけど、あなただけ一人ぼっちで怪談を喋る日ね」と言われて。その時は意味がわからないと思っていたのですが、今年の夏も「魔怪都市新宿」に出たんです。たくさんの人たちが、いろいろなコーナーを絶えずするなかで、主催に「夜馬裕さんだけ一人で二五分くらい怪談をして、バシッと空気を変えるコーナーをやってもらっていい？」と頼まれて(笑)。このことかと思って喋りました。その後さらに占い師に、次にこの話をするイベントを聞いたら、しばらく電話口で相手が考えた後に「変なことを言うけど、たぶん、あなたが温泉に入りそびれる日よ」と言われたんですね。温泉に入りそびれた日にこの占い師の話をするのか!? と、やっぱり聞いた直後は意味がわからなかったけれど、年内に温泉地の営業が三回あったんです(笑)。どこでこの話をするんだろうと思ってはいたのですが、直近の熱海のイベントでは、温泉付きの宿を取っていたんです。

**桂** え! そこで、まさか本当に温泉に入る時間がなかった…?

**夜馬裕** その日は、絶対に温泉に入りたいと思っていたので、早めにチェックインをして、温泉に入ってからイベントへ出演しようと思っていたんです。ですが、そんな日に限って熱海で携帯を落としてしまって、チェックインもできないまま携帯を探し回って。なんとかコンビニで落とした携帯を見つけたのですが、イベントには一五分も遅れました。実際、温泉に入りそびれたので、そのイベントで占い師の話をやりました。ただそうは言っても心のなかではイベントは二二時頃には終わるだろうから、二四時まで入れるホテルの温泉に入ろうと思っていたんです。ところが打ち上げのためにバーに移動して、温泉に入るために二三時二〇分くらいに帰ろうとしたら近くにいたお客さんに、「このまま日本平へ行って、みんなでUFOを呼んだんです。UFOの動画が撮れたうえに、UFOを撮影しながら心霊写真まで撮れちゃって…。この話をしてもいいですか?」と声をかけられて! 動画も写真もあるし、話も面白くて、その日は結局、温泉に入りそびれちゃったんです(笑)。

**桂** すげぇな、その占い師!

**夜馬裕** 翌朝には温泉に少し入りましたが、日付は変わっていますから、確かに占い師が当たっていると思って。最後にもう一つ。先月発売された『厭談 畏ノ怪』へ収録するために、この占い師の話を書いて載せようと思ったんです。そのことを占い師に伝えたら、「あなたが私の話を載せるのはその本じゃないわね」と言われて。占い師にタイトルを聞かれたので、厭な話で「厭談」というシリーズで、『祟ノ怪』『戒ノ怪』が発売されていて、今回は『畏ノ怪』だと伝えたら、「う~ん。あなたがこの話を載せるのは『■ノ怪』ね」と言われて……。

**桂** まだ出版予定もないのにタイトルまで(笑)!

**夜馬裕** この『厭談』シリーズは、タイトルは出版社の方が決めるんですよ。もし本当に次に発行される本が『■ノ怪』だったら、担当編集に「この日のために取っておいた原稿があります」と、その場で原稿を出してやろうと思って(笑)。そうしたら編集者も悲鳴をあげるだろうと思うんですよ。

**桂** その人能力者ですね~! 僕の知り合いのタレントさんがすごい能力者に出会った話を教えてくれたこともあったんだけど、テレビ局でその能力者さんと会った瞬間に、共演者に「おめでとうございます! 元気な息子さんが!」と言っていたそうなんです。その時は何のことだかわからなかったのですが、数分後にかかってきた電話で、息子が生まれたことが分かったそうです。その話を聞いた時は驚きましたね。

――すごいですね。おふたりは、ちょっとした第六感や直感のようなものが働くことはありますか?

**桂** ないですね。

**夜馬裕** 僕もないです。人を見ることを意識してきたので、この人のこういう部分はどういったタイプなのかをパターン分けして、頭のなかで組み合わせて分析します。ですから、勘でなく人を観察するタイプですね。

――なるほど。些細な表情の変化や普段と違うリアクションを見逃さないように観察するんですね。

**桂** 嘘つきとかも、すぐに見抜けますか?

**夜馬裕** 本物の詐欺師も大好きですけど、嘘かどうかは全然わからないですよ。詐欺で服役した知人は、本当の話のなかに少しの嘘を混ぜるのですが、それがうますぎて。本物の詐欺師は言っているうちに自分の嘘も信じていくので、もはや嘘を言っている意識もないですし、九割の本当に一割の嘘を織り交ぜて話すから、どれが嘘なのかもわからない。以前に、仮釈放中の詐欺師の方と一緒にご飯を食べたこともあったのですが、その時に聞いた話の内容を後日、確かめてみたら大切な所だけ嘘でした。嘘のレベルの底が知れないというか、自分が疑っていたところよりも、もっと手前の入り口のところで嘘の話をされていたこともあれば、嘘だと思っていた一番奥の話だけが、唯一本当のことだったりもして震えますよ。

――導入の話はフェイクで、信じていた話の最後でひっくり返される展開は、夜馬裕さんの怪談の構成に近いように思います。

**夜馬裕** そうですね、詐欺師には勉強させていただいていますね(笑)。

――桂さんは最近不思議な体験はされましたか?

**桂** 霊的なものが見える人と仲が良くて、一緒に家を片付けている最中に「この部屋、もう一人いるよね」と言うんですよ。もう引っ越すからいいけど、怖いからやめてよと思って! でも、その霊は何もせずにただいるだけで、全然僕のことを気にしていないから大丈夫だと言うんです。ある日、一人で夜中に作業をしていた時に、変なことがあったんですよ。僕は水を張ってない湯船のなかに集めた紙のゴミを置いているのですが、数分後にガサッと紙が傾れた音がしたんです。でも、それはよくあることかと思って。それから少ししたら、もう一度同じような音が鳴って、三〇分後には、ゴミ袋に入れた紙のゴミを上から踏みつけるような、バサバサッという音がしたんですよ! さすがにこんな音はしないだろうと思って怖いなと思いました。

**夜馬裕** めちゃくちゃ幽霊がアピールしてるじゃないですか!

**桂** そうなんですよね。出入りしているアシスタントもしょっちゅう音がすると言っていたんです。けど、僕には興味ないらしい。

――その幽霊はどんな人なんですかね?

**桂** 詳細はわからないけれど、女だとは言っていました。たぶん昔から土地に憑いているんじゃないですかね。ゴミが邪魔なんだけどって伝えたいのかな?

**夜馬裕** 女の霊だと、お風呂が好きだったのかもしれないですしね(笑)。「なんでこんなところにゴミを置いているのよ、やめてと言ったよね!」と伝えてきているのかもしれないですね。

**桂** 翌日、浴槽を見ても紙がおし潰されている様子もなく、変わらず紙が積み重なっていました。だからこそ、あの踏みつけたような音がより違和感あるなって。

**夜馬裕** 面白いですね。桂先生自身は怖い出来事があると、嫌だって感じられているように思うんです。でも、怪談はお好きなんですね。

**桂** 僕は物語として怪談を好きなんですよね。子供の頃は、お化け屋敷に行くのと同じ感覚で、怖い思いがしたくて怖いテレビ番組を見ていました。人が語る怪談は、稲川淳二さんから始まり、ほかでは聞くことができない不思議な物語がたくさん聞ける場所なんです。だからあまりゾッとすることはなく、イカす! って思うんだよね。

――それは、フィクションよりもノンフィクションのほうがいいのでしょうか?

**桂** 僕はどっちでも構わないんですよね。嘘っぽい話でも面白ければ「その設定いいね」と思う。人間の因果関係などが絡んでくると、ドラマが生まれるように思うけれど、実際、僕の周りで起こる不思議なことは一瞬の出来事なんですよね。僕はとにかく不思議なことが起きるのが好きなんです。僕は、人怖も好きだし、都市伝説も好きだし、オカルト全般が好きなんです。でも全部は信じてないんですよ。どこか冷めた目線で見てもいます。

**夜馬裕** 実は怪談にはいろんなレイヤーでの見方があるのですが、自身のなかのオカルトに対するリテラシーを持って、ちょっとだけ冷めた目で見てほしいというのはあります。心霊やオカルト的なもの全てを真に受けることは怖いことですよね。桂先生みたいに、どこか冷めた目で楽しむために、自身のなかで検証してくれないとダメだし、語るほうも変に「これは本当だ」と強弁しすぎてしまうと、スピリチュアルビジネスみたいになってしまうので、語るほうも受け取るほうも、一定のリテラシーを超えないように気をつけなければならないなと思うんです。

**桂** そうですよねぇ。怪談ってある程度エンタメでやっていますもんね。

――夜馬裕さんはフィクションかノンフィクションかは重要ですか?

**夜馬裕** ホラーコンテンツとしてどう楽しませるかなので、実話怪談ではリアリティラインがすごく大事なんです。例えば体験者が、具体的な駅前の名前を出してきたら、ストリートビューで確認しますし、実際に行ける場所には足を運んだりもします。人間の記憶は曖昧で雑だからこそ、リアリティラインをなるべく守る。取材をしている時も、リアリティを担保したいので、どうしてこういう展開になったのかを細かく聞いたりします。

**桂** 聞く側もそうです。フィクションでもノンフィクションでも、どちらでもいいという感覚はありますが、今の時代の流行としては実話怪談なんですよ。でも、これが本当であろうが嘘であろうが、「なんかありそうだな」と思えることがいいなと思うんです。根本が嘘だろうが本当であろうがよくて、その話にリアリティが感じられたら聞き手側もいいなと思う。

**夜馬裕** たとえSFでも、完璧な世界設定があるとリアルなんです。SFの世界のなかでのリアリティってあるじゃないですか。桂先生が最初に、人物設定や世界観設定をすべてつくっておくという「奥行き」もそうだと思いますし、フィクションであれノンフィクションであれ、どんなものでもその作品に求められているリアリティラインをどう担保するかなんですよね。実話怪談としてのリアリティラインがあるし、SFホラーだってちゃんと整合性がないと受け手は冷めてしまう。世界観設定、展開、出てくるガジェットなど、全ての設定がきちんとしてないとできないことだと思います。あらゆる作品に求められるリアリティラインはあると思うので、最後はそこにどれだけ奥行きを出せるかが重要な気がしますけどね。

**桂** 僕も怪談を何個かつくろうと思ったけれど、自分の身に起きた一瞬の出来事を物語として膨らませることが難しいですね。怪談師が語る話は、そのあたりがとてもすごいなと思うんです。怪談は奥深いですね。

**夜馬裕** 世界に誇る漫画家の桂正和先生が怪談好きなんて嬉しいですよね。今後も飽きないで、表舞台から裏路地の怪談界にもちょくちょく遊びにきてほしいです。

――本日は楽しいトークをありがとうございました。今後もおふたりの活躍楽しみにしています。

# Chad Michael Ward

チャド・マイケル・ウォード

## ダークと怪異の映像作家

ダークファンタジーをテーマにした作品では、ベストセラー小説『ヴァンパイア・ダイアリーズ』、『シークレット・サークル』などのカバーアートを手掛け、頽廃した官能美ではオリジナルの写真集『Dangerous Beauties』を発表。マリリン・マンソンやスラッシュたちのミュージックビデオを監督した後に映画業界に進出し、ダークなホラー映画を制作しているチャド・マイケル・ウォード。死と滅びとエロティシズム。ラヴクラフトの語った「宇宙的恐怖」(人智を超えた得体の知れなさを前にした時に感じる根源的な恐怖)に通じる、原初的な神秘に包まれた怪異を描く作家だ。今回はこれまでの作品歴を振り返りながら、インタビューとギャラリーで、チャド・マイケル・ウォードの世界を紹介する。

取材　ナディア・レフ(Nadya Lev)

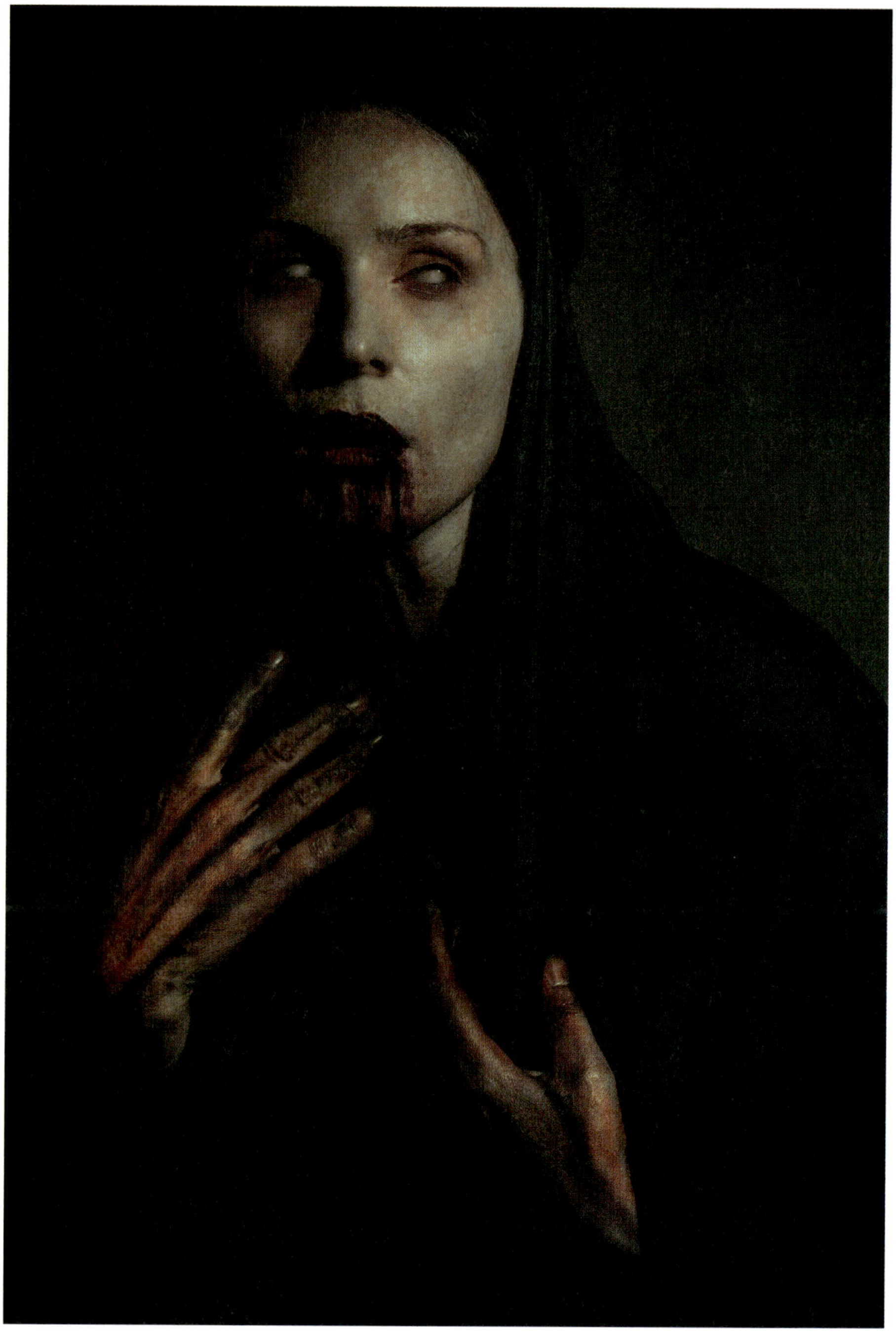

“Famine” 2023
Model: Soja

住む場所によって、芸術性はどれくらい変わるのか？

一九九〇年代から活躍するアーティスト、チャド・マイケル・ウォードは、太陽が降り注ぐロサンゼルスから、スウェーデンのウメオの暗い冬に移り住み、急激な変化を遂げた。ロサンゼルスのネオンの瞬きと絶え間ない野心の中で、ウォードはスポットライトを一心に浴びていたいミュージシャンやモデルを、まばゆい未来的なSFのアイコンに変貌させてきた。一方のスウェーデンでは映画制作を始め、より静かで暗く、超自然的な作品を手掛けるようになった。磨き上げられたブドワール(貴婦人の私室)のウッディな装飾性は消え去り、月夜の森の枝がそれに取って代わった。ランジェリーは儀式用のローブに、ハイヒールは怪物のようなマスクに代わった。おそらく、アーティストの作品に影響を与えるのは物理的な環境だけでないだろう。新しい土地での生活リズム、ゆっくりとした時間の過ごし方。ウォードにとって、太古の森の深淵と雪の静寂は、自らに深く入り込み、生と聖なるものに焦点を当てた新たな創造性を生み出すきっかけになったと言える。彼は新しい世界を感じるようになった。歳を重ね、クリエイティブなパートナーである妻「ソージャ」に出会い、さらにはパンデミックがウォードの作品を変えた。静寂を強いられたパンデミックは、ウォードにとって深い内省の期間となり、「どのような物語を語りたいのか」を見直すきっかけとなっただろう。ソージャとの出会いは、この進化をさらに深めた。二人が共有する芸術的ヴィジョンは、彼のプロジェクトに親密さと共同作業の刺激をもたらした。自身の美学と彼女の感覚を融合させることで、幽玄にして怪異、神秘性に満ちた作品を生み出している。すべての人生はアートプロジェクトだ。私たちの誰もが美しく、興味深く、ユニークなものを創造するために、日々決断をしている。ウォードの旅は、私たちがどこにいるのか、そして人生を誰と共有すべきなのかを深く物語ってくれる。

——チャドは、最初に写真家としてキャリアを出発したけれど、現在は映画監督です。写真から映画への移行について教えてください。大きな転換を決意した重要な瞬間があったと思う？

**チャド**　今にして思えば、映画を作りたいという衝動は常にあった。私の頭の中をあちこち飛び回っていたんだ。でも、もし決定的な瞬間があったとしたら、二〇〇二年にLAに行ったことだと思う。初仕事は、ネイサン・〝カルマ〟・コックス監督と組んだスタティック-Xの『Cold』のミュージックビデオで、その時まだ私はフォトグラファーだった。バンドがMV製作に金をかけていた時代だ。その曲は、『QUEEN OF THE DAMNED』のサウンドトラックだったので、ユニバーサル・

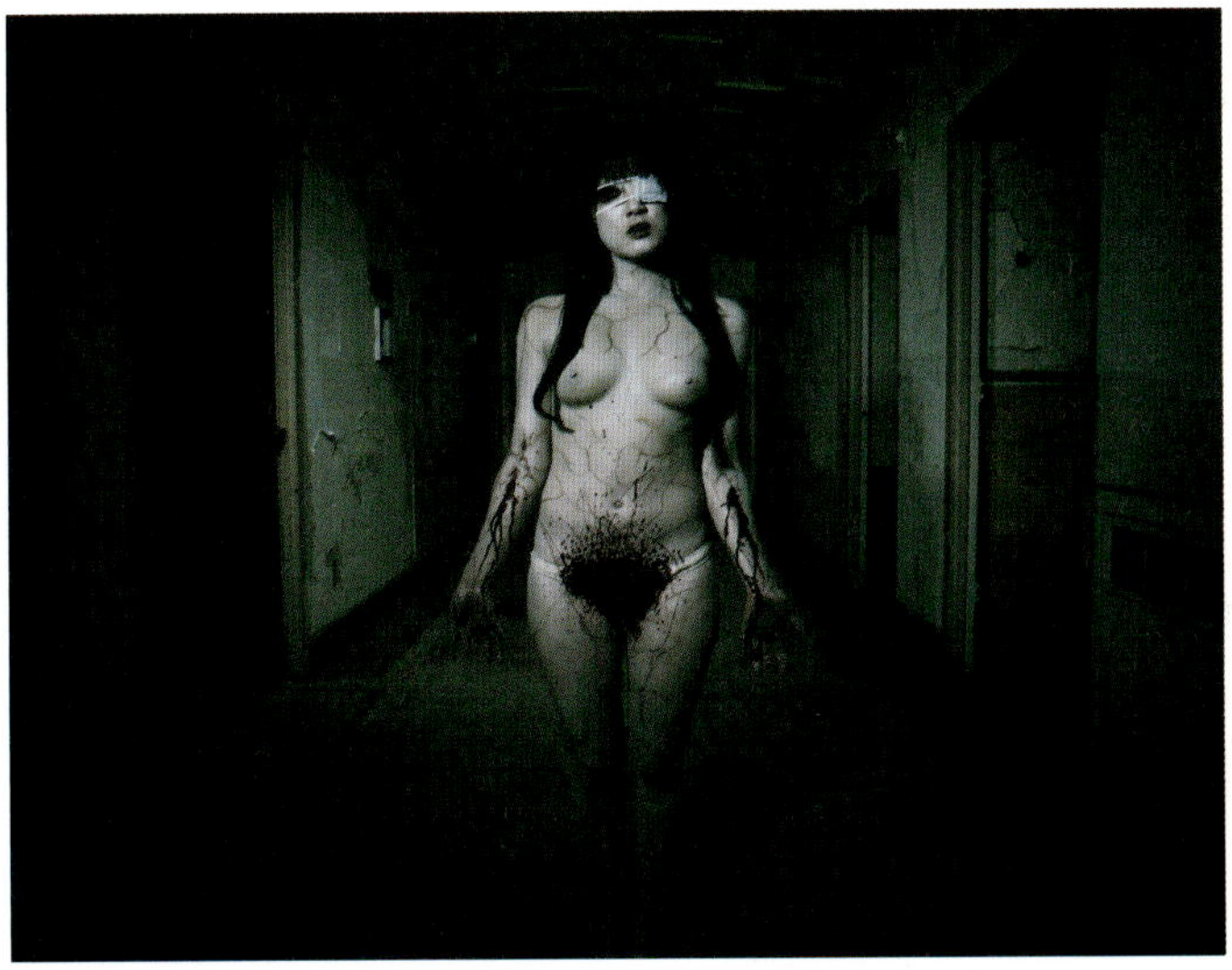

“TheSuicide” 「The Pain Box」2005

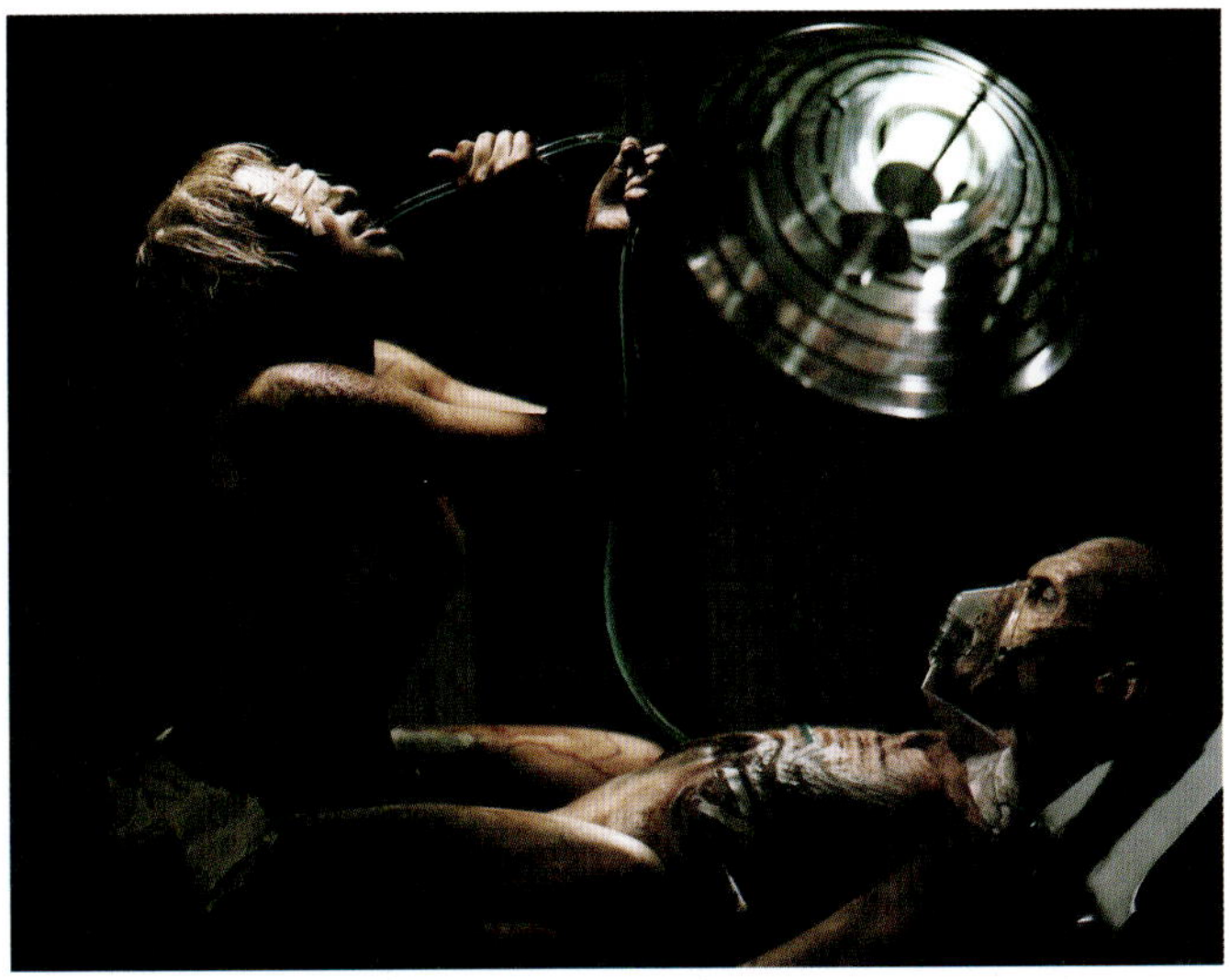

“Patient Zero” 「The Pain Box」2005

スタジオのバックロットで、ヴァンパイアとスタント満載の撮影となった。それは私にとって大きな衝撃だった。私が映画を作りたいと思ったのは、あの瞬間だったと思う。その後、ミュージックビデオで監督をするようになるまでには、数年かかった。最初の作品は二〇〇六年のドラゴンロードの『Until the End』で、そこからさらに一〇年近くを要して、二〇一五年にようやく初の長編映画『STRANGE BLOOD』を撮った。失敗を重ね、カメラやソフトウェアといった技術がより身近なものになってはじめて、この分野で自分に何が出来るのか、他人を頼らずに挑戦できるようになったと思う。

——チャドの活動の多くには、ミューズでありパートナーでもある妻のソージャが登場しますね。カップルがロマンチックにコラボレーションすることは、若い作家同士でもあることだと思うので、彼らにアドバイスするとしたら何と言いますか？　どのように関係のバランスを保ち、衝突を乗り越え、アイデアを出し合い、一緒に目標を達成してきたのでしょう？

**チャド**　カップルでの共作か。アドバイスするなら、「やめておけ！」だね。冗談だよ(笑)。ソージャとの仕事は本当に充実していて、私たちの制作スタイルは、お互いにクロスオーバーするところが多く、とても助かっている。見落としていたものを見つけたり、自分では持ち得なかった視点でものを見ることが出来る。そういう目をもう一対持っているようなものだ。彼女は、時には私が試みているイメージやシーンのアイデアとは正反対のコンセプトを持ってくることがある。お互いのクリエイティビティに共通点がありながらも、それぞれのスタイルが作品に影響するんだ。これも私たちのコラボレーションの面白いところだね。はじめはまったく異質に思えたものが、共作していくうちに一つにまとまって、最後には決まってスリリングなものになる。意見が合わず、撮影が上手くいかないこともあるよ。あと、こういった作品づくりには複雑さがつきものだろう？　イメージを実現するには、身体的な強さも要求されるしね。私たちはサポートしてくれるクルーを雇ってはいないから、大抵は彼女と私は二人きりで、朝の五時に森の中に入り、何とかやれるだけのことをするんだ。すべてをうまくやり遂げるために、私たちにはお互いに決めたマントラ(約束)がある。それは、何かが失敗したり崩れたりしたら、時間を置いて立て直し、プランを練り直して、後日再挑戦するために戻ってくるというものだ。もちろん、ショットやシーンが上手くいかず、もう一度やり直したことが少なからずあるけど、最終的には、それも気に入るところとなった。こうすることで、私たちは正気を保ち、ロマンチックでクリエイティブな関係を生き生きとさせることが出来ているのだと思う。二人とも、再び立ち上がり、埃を払って、やり直すことを厭わない。ありきたりに聞こえるかもしれないけど、何をするにも、一番大事なのはコミュニケーションだと思う。私たちは一緒に創作する度に、それを心に刻んでいるよ。

——二〇〇六年に『The Pain Box』というシリーズを撮りましたね。まるで一つのまとまった、プロットのしっかりしたホラー映画のスチールのようでした。この作品は、映画的なストーリーテリングへの最初の進出でしたか？　それとも、『The Pain Box』以前に映画的なスケールのプロジェクトはあったの？

**チャド**　『The Pain Box』は、まさしく私がシネマティック・ストーリーテリングの世界に打って出た最初の作品だった。それは、何か大きなことをやってやろうという、非常に野心的な試みだったし、私はクルー全員に自分のビジョンを見せる機会を設けたんだ。数枚のビジュアルが公開された直後から、見た人たちは「これは何の映画のスチール？」と騒ぎはじめた。それを聞くのは本当に誇らしかったね。当然のことながら、これらの作品がハリウッドの門戸を開き、私にプロの映画監督としての初仕事をもたらしてくれることとなった。

——チャドが今住んでいる北スウェーデンは、雪に覆われて、日差しの強いLAのプールやヤシの木の世界とは全く違うでしょう。そちらでの暮らしはどうですか？　アートシーンも、LAとは違うのかな？

**チャド**　LAから北スウェーデンへの引っ越しは、私の人生を大きく変えるものだった。日常生活のすべてが一変した。当然、LAが恋しいし、そこにいる友だちもみんな恋しい。でも、北スウェーデンでは、故郷にいた時よりもずっとクリエイティブな自由を手に入れられている。ここは静かだし、考える時間も持てる。それに何より、スウェーデンには国営の映画プログラムがあるんだ。映画制作のための助成金を受けるチャンスがあり、毎年、映画祭やシンポジウムが開催されている。映画制作のコミュニティに関わりの深い、活発な映画委員会もあるよ。LAでは、孤独のうちに制作しているように感じることがあった。ここウメオ(スウェーデン北部で最も大きな都市)は、もっとオープンな感じがする。私はここの映画人のほとんどを知っているし、彼らも私と交流をしてくれる。おかげでこの四年間で、LAにいた二〇年間よりも多くの映画作品を制作することが出来たんだ。もちろん、デメリットもある。LAでは、石を投げれば俳優や映画スタッフに当たる。「何かの装置が必要？　それを売っている店なら二〇軒あって、すぐに揃うよ」って感じだった。それがこの北の地では、何でもストックホルムから持ってくるか、ヨーロッパ本土から取り寄せるしかない。ロサンゼルスのような便利なところから来た者にとって、それに慣れるのは容易ではないね。でも、ここでの生活はそれを差し引いてもお釣りが来る居心地の良さがあるよ。

——LA時代のチャドの作品には、華やかで、ロサンゼルスらしい、「インディー・スリーズ」(二〇一〇年前後にY2Kのカウンターとして登場した古着やダメージを取り入れたロックファッション。近年もリバイバルしている)のような、「日が昇るまでパーティー」という雰囲気のものがあったと思います。例えば、「Let's Get Naked」という曲のミュージック・ビデオは、ランジェリー姿のモデルたちがクマの着ぐるみとパーティーをしたり、ストリップをしたり、ドラッグをシェアしながら乱交する内容でした。また、当時のチャドの作品は、サイバーパンクの要素がたくさんあったよね。これらとは対照的に、近作はより旧い世

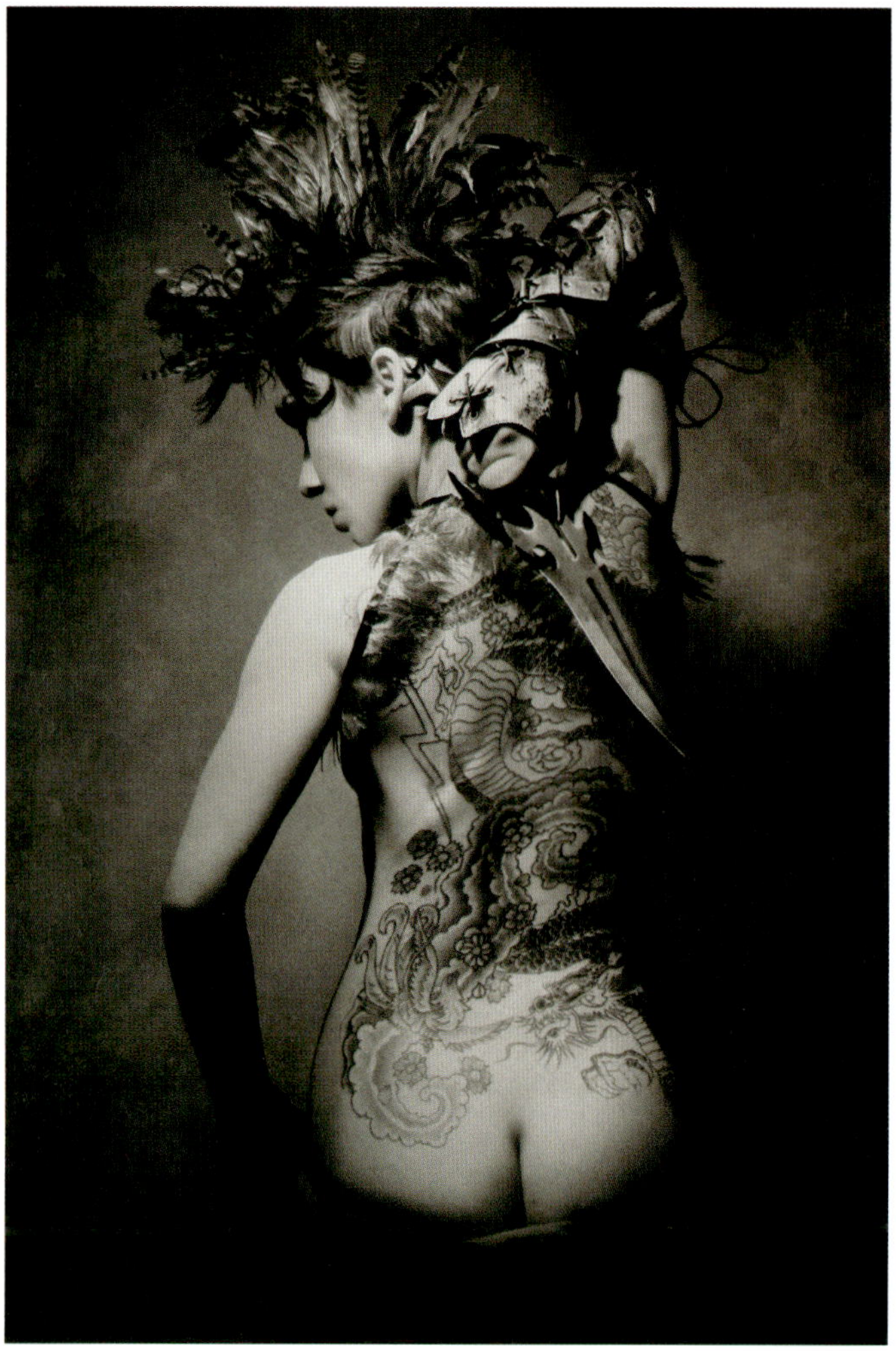

“Aria” 2008 Model:Aria

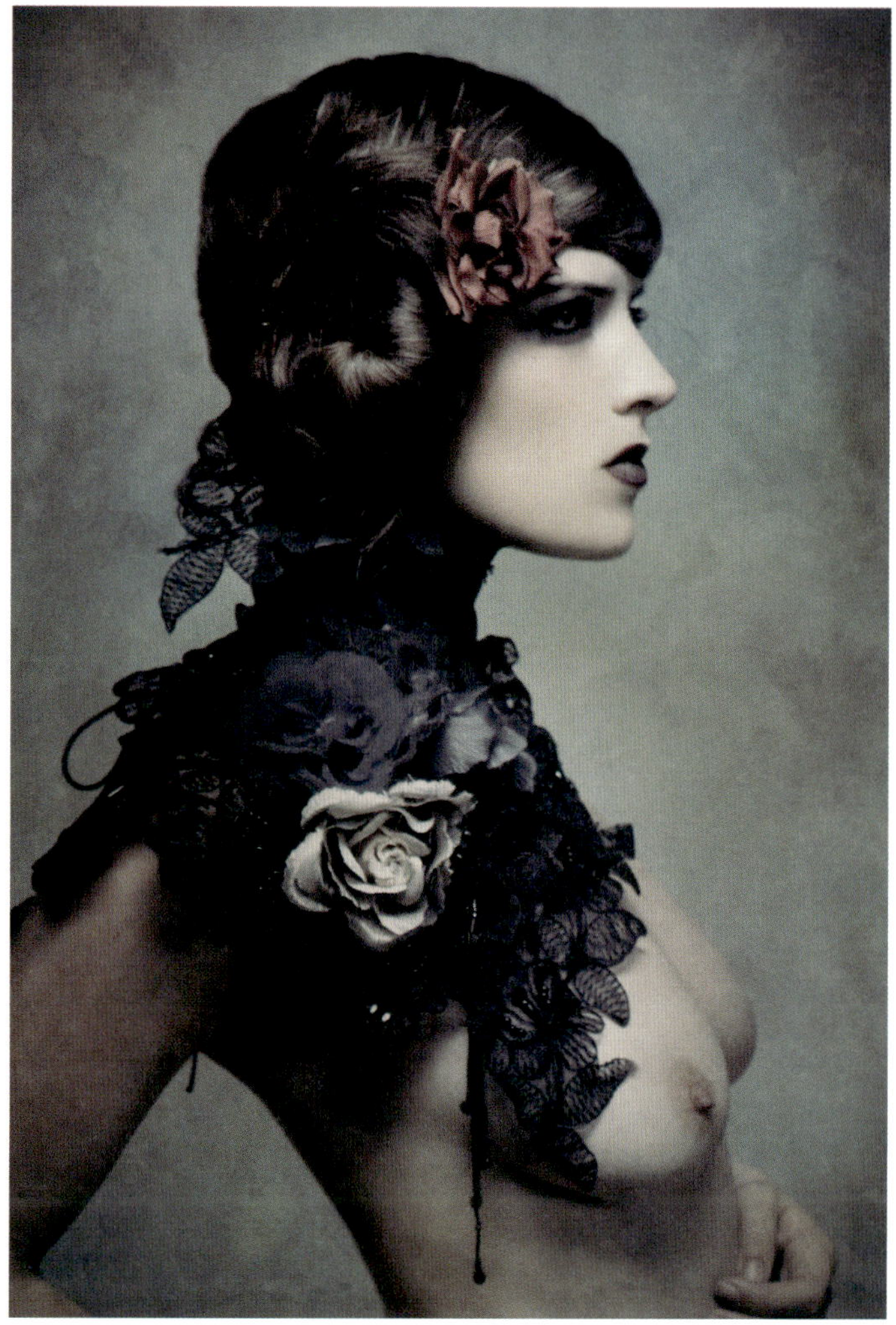

“VictorianBlue” 2007 Model:Charlotte

界に触れているように感じます。現代が舞台ではなく、古代のおとぎ話を彷彿とさせるような作品。セクシャルであるとしても、詩的で禁断の香りがする、シャーマニズム的な要素がある。この表現性の変化は、新しい環境（スウェーデン）でアートを制作した結果なのでしょうか。それともチャドの内面的な変化のせいですか？

**チャド**　その両方だと思う。一つには、私も年を取った。何年もの間、表現したいことを十分にやってきた。特にLA的美学のヒートランプの下でね。それに、私は最近、自分が自閉症だったと知ったんだ。そのおかげで、本当は自分が何に興味を持っているのか、これからの仕事でどんなストーリーを語りたいと思っているのかに集中したいと思うようになった。スウェーデンに引っ越したことで、こうした決断が容易になったんだ。ここでは、文化がまるで違うからね。どう考えても、北スウェーデンは「インディー・スリーズ」やサイバーパンクの中心ではない。その代わりに森や雪、写真を撮られても別に気にも留めない人たちの文化に囲まれている。実のところ、もうLA的美学にはあまり興味がないんだ。二〇年もの間、LAのアートシーンでやってきたから、他の新しいこと、違うことに移行できて新鮮な気持ちでいる。だからといって、自分のテーマであるセクシュアリティの探求が終わったというわけではないよ。今はただ違う方法でドレスアップしているんだと思う。今は外面的なもの——艶やかで、あからさまで、見せかけのもの——を、より内面的で、エモーショナルでリアルなものに置き換えて活動したいと思っているんだ。

——チャドはキャリアを通じて、実にいろんな表現ジャンルを追及してきたと思います。写真、映画、脚本、絵を描くこと、マスク作り…。この他に、まだあまり触れていないけど、これから試してみたい手法はあるの？

**チャド**　ずっとエレクトロニック・ミュージックを作りたくてたまらないんだよね。ジョン・カーペンターのように、自分の映画作品のために曲を書きたい。ソフトウェアとMIDIキーボードは持っているけど、いかんせん、使い方を学ぶ時間が取れないんだ。新しい情報や技術はウサギの巣穴のようなもので、自分が映画制作の足場を固める前にやりはじめると、迷子になってしまいそうで怖いんだ。だから、まあ、いつかはね。

——今号の「季刊エス」は怪異がテーマです。チャドはどのような怪奇作品、ホラー、ダークミステリーに触発されてきましたか？

**チャド**　私はコズミック・ホラーに夢中だ。H・P・ラヴクラフト、そして彼の宇宙に遊びにやってくる多くの作家たちの作品からは、たっぷりとインスピレーションと影響を受けている。グロテスクで一見理解不能なクリーチャー（それは人間もモンスターも）から、非情な宇宙を前にした人間性の探求、代替現実やパラレルワールドのアイデアまで、ラヴクラフトとその友人たちの多くの作品は、私自身の作品に大きな役割を果たしていると言える。そして「ウィアード」。より現代的な「ニュー・ウィアード」は、セイレーンが呼ぶ声のようなものだと感じている。ほとんどすべての新作は、ドライブに例えるなら、その物語が公道で何が出来るか試運転してみる前に、まず「ウィアード」からはじめてみると言っていいね。そして、その旗印の下、しばしば民族衣裳やコズミック・ホラーの装飾をまとった、宗教や超常現象の探求として、作品世界をさらに広げていく。私にとって「ウィアード」は、そういった起点のようなものだ。

——「季刊エス」は海外の漫画家にもよく取材してきました。チャドは弊誌がインタビューや紹介記事をつくってきた、ビル・シンケビッチやケント・ウィリアムズ、デイヴ・マッキーン、アシュレイ・ウッドが好きだと言っていましたね。彼らの作風のどういうところが好きですか？

**チャド**　私は一九七八年以来の根っからのコミックファンだ。ビル・シンケビッチ、ケント・ウィリアムズ、デイヴ・マッキーン、アシュレイ・ウッドといったアーティストを知ったのも、コミックを通じてだった。彼らの先達であるH・R・ギーガーのような、シュールで異世界的な絵は、私の初期作品に強烈に影響を与えた。一九八〇年代当時、彼らが描いていた作品は他のコミックアーティストとはまったく異なるものだった。作

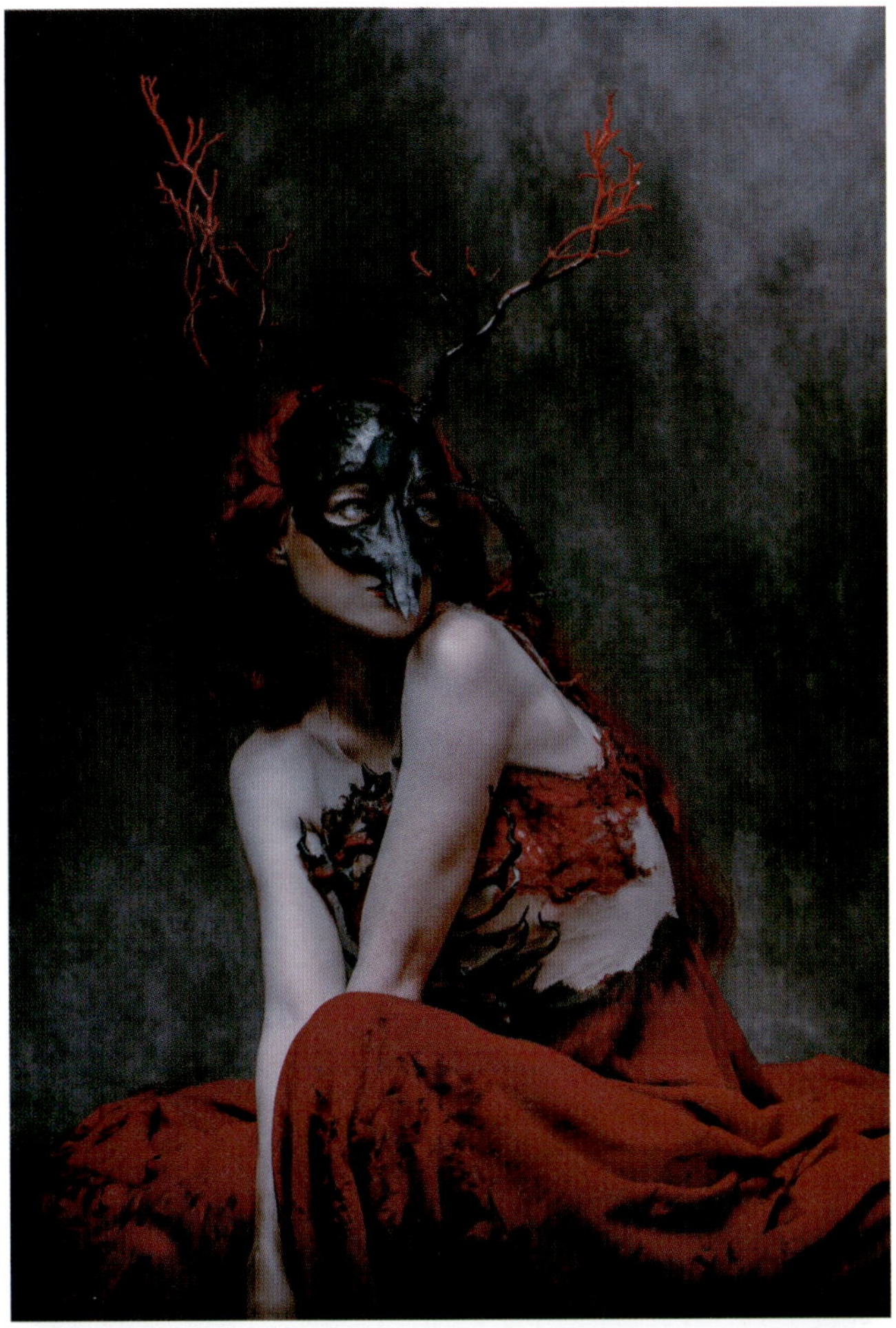

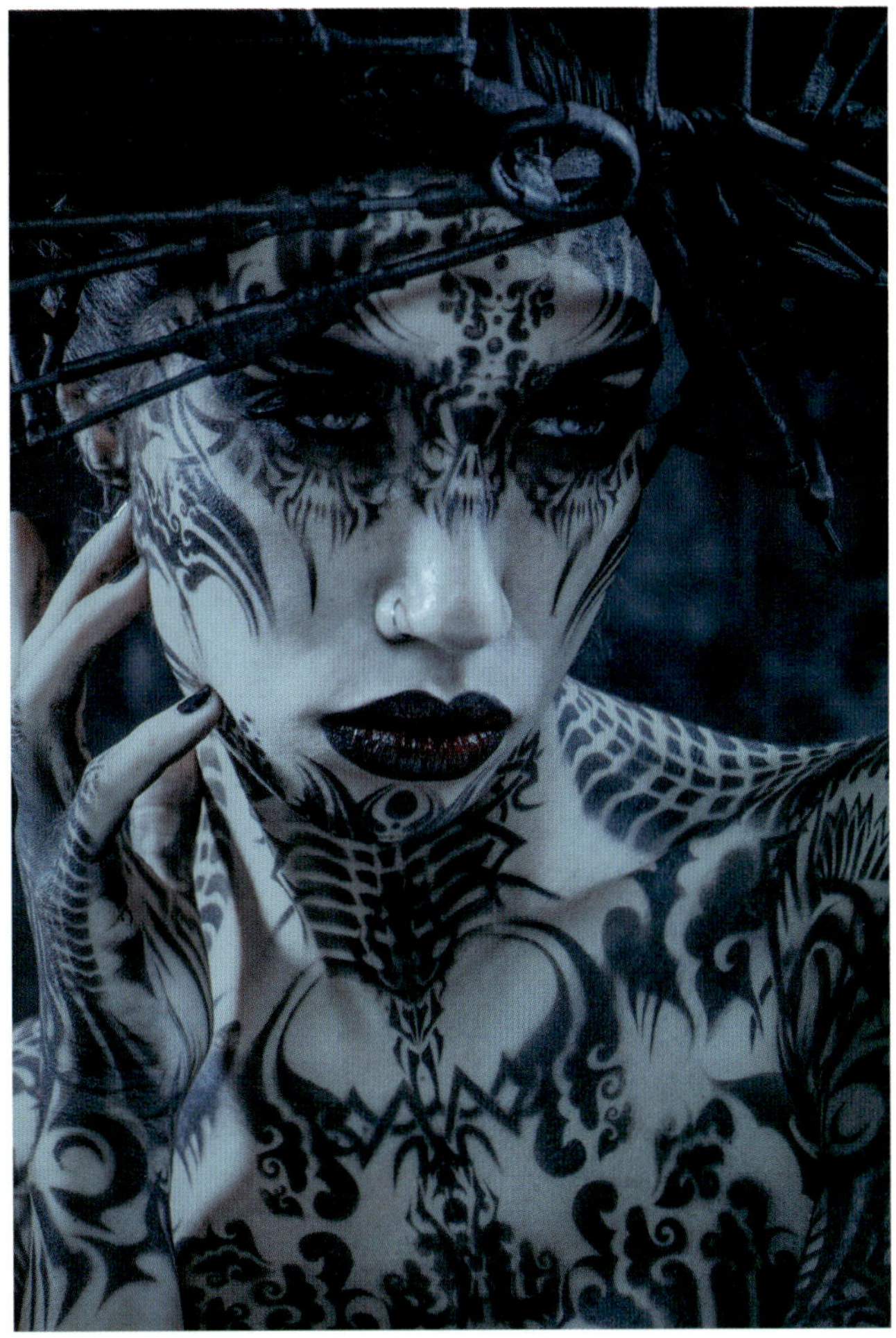

右上：untitled　2014　Body painter：MichaelRosner　Model：MichelleMarquez／左上：〝Arduinna〟　2016　Model：Jessica Dru
右下：〝Wabbit〟　2017　Model：Amanda Sugar Jones　Gear：DEANDRI／左下：〝Portrait of Soja〟　2019

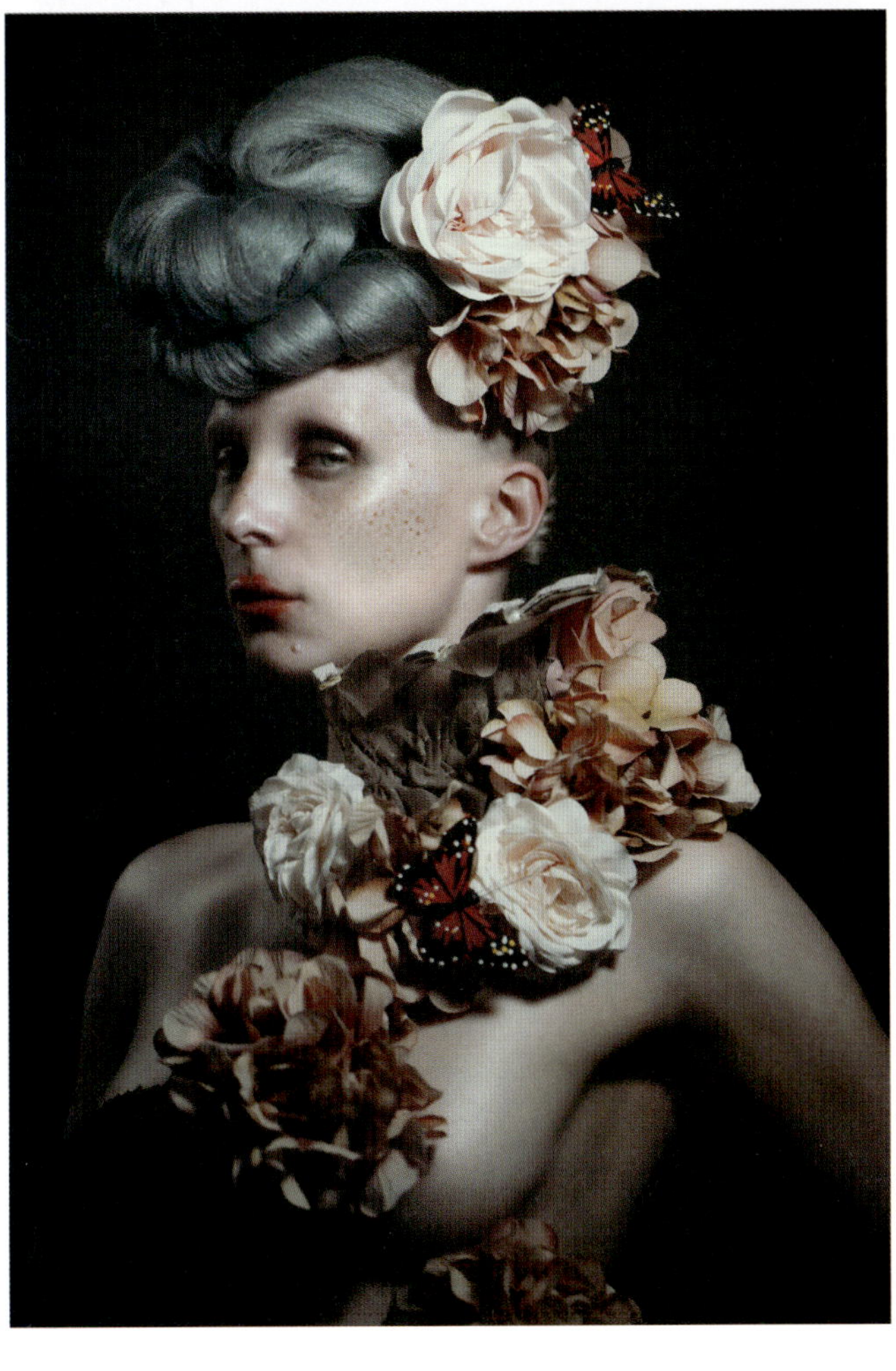

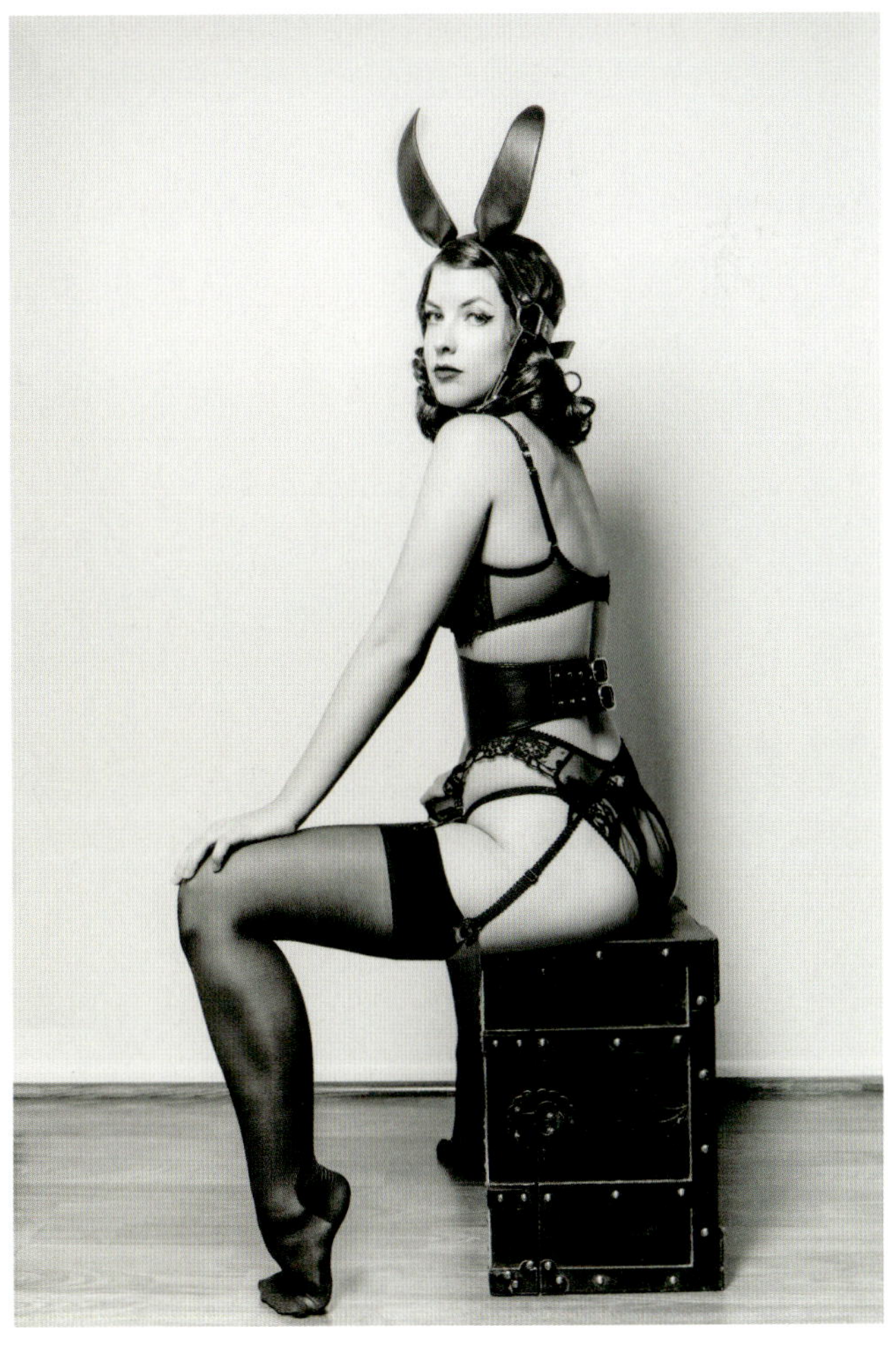

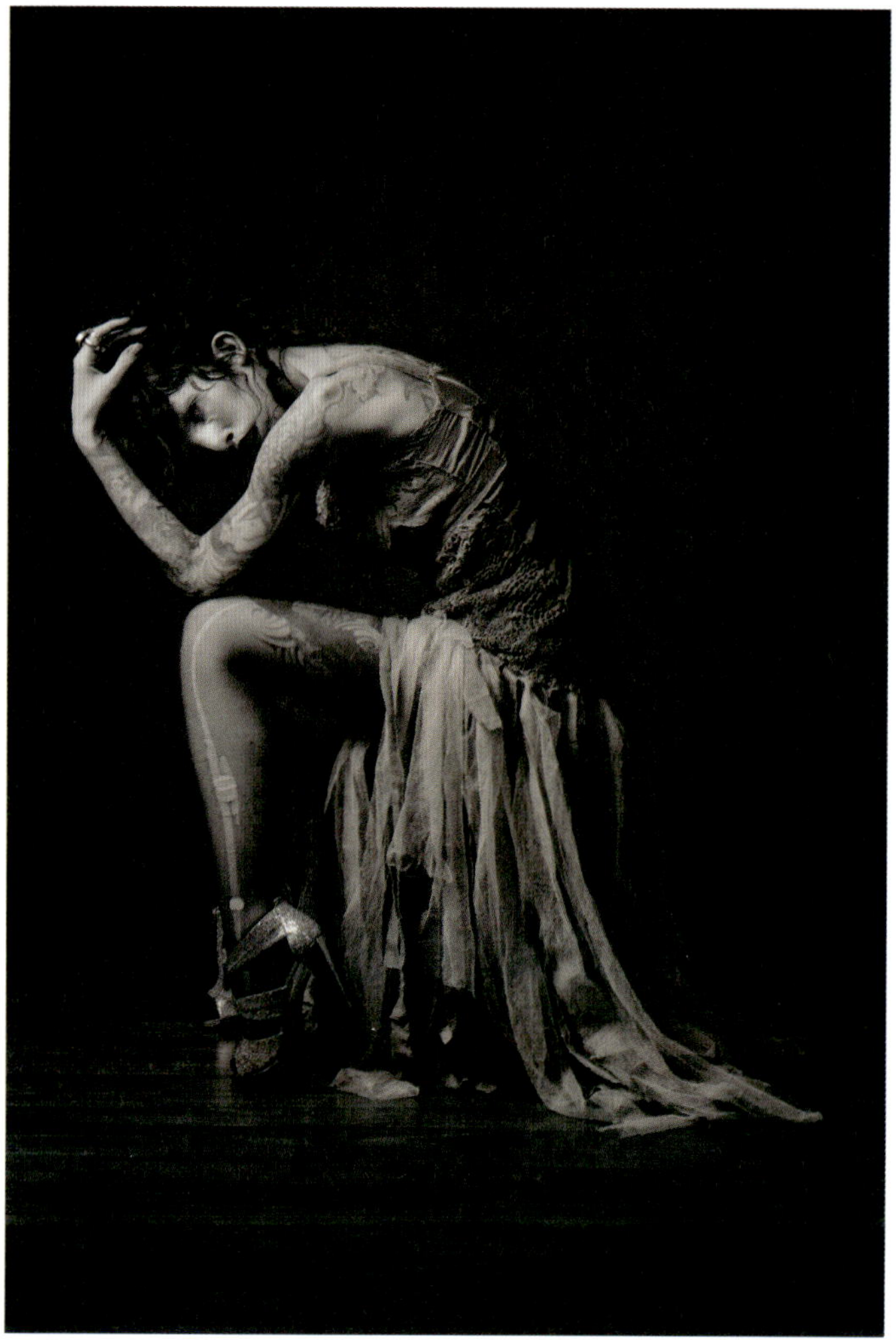

"Save the Last Dance"　2016　Model：Caitin Stickels

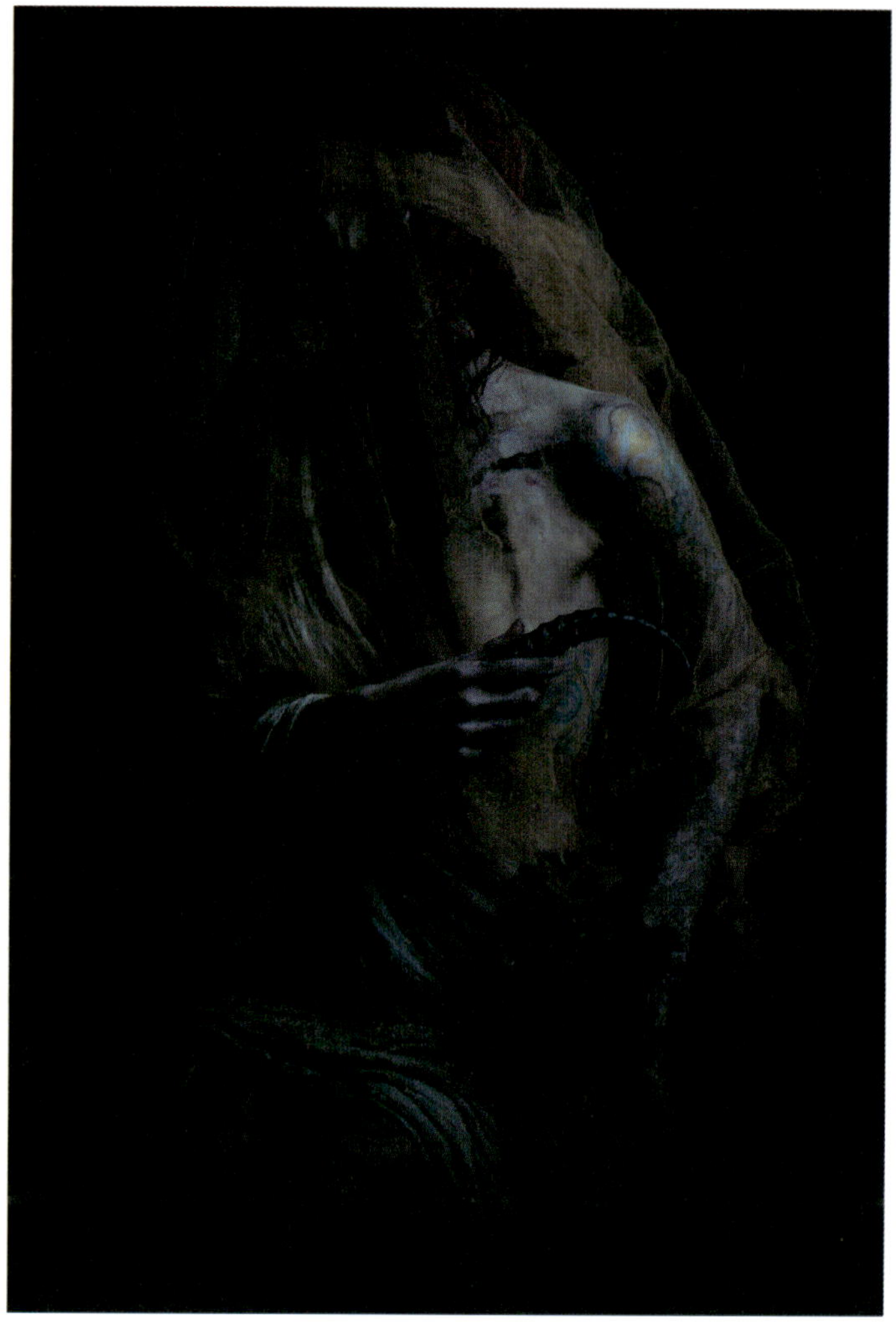

"A Dream of Flowers and Bruises"　2016　Model：Caitin Stickels

家独自のイメージを通して創り出された世界に、私は魅了されたものだ。特にマッキーンの『サンドマン』の表紙や、いろいろな単行本作品は、私の初期のアートに多大な影響を与えたよ。彼の独特の世界観は、若い頃の私に、ある種の奇妙な導きをもって、「恐れることなく自分の目で世界を見て、そのビジョンを自由に作品にして良いんだ」という許しを与えてくれたように思う。

——『Dangerous Beauties』などに収められたチャドのモデルたちの多くは、フェティッシュ界のアイコンでしたね。彼女たちと共通の美意識やテーマがあったのでしょうか？　皆でムーブメントを作っているような感覚はあった？

チャド　私がサンフランシスコやLAのフェティッシュシーンに足を踏み入れたのは、「フェティッシュ」——そして、アンダーグラウンドのキンキー／クィア・シーンから湧き上がってきたその非常に特殊な美学が——メインストリームへとかけのぼっていった時代だった。要するに、「良い時に良い場所にいた」ということだね。このことと、一九九七年から二〇〇二年にかけて私が制作したアートワークのおかげで、気づいたら、フェティッシュシーンのアイコンとなる多くのモデルたちと接触していた。それが直接的に共有された美学であったのか、それとも彼女たちがもたらしてくれたものと、私自身の考え方や嗜好とが融合したものであったのかは分からない。私はモデルを「ありのまま」に撮りたいとは思わなかった。その代わりに提案されたものは何でも受け止めて、それを自分の声で表現する新しい方法を見つけようと努めていたんだ。やがてフェティッシュシーンは進化し、変化していったけど、私も同じように変わった。あの頃のフェティッシュシーンは確かに興味深く、ワクワクする空間だったね。

——チャドは人間の肉体のどこに魅力を感じますか？　例えばタトゥーによって変身した素肌や、特別なフォルムをした姿形、根源的なエロスや死と滅びなど、肉体の描き方について聞かせてください。

チャド　私はこれまでずっと、「醜い」ものを美しく、美しいものを醜く」表現することに興味があると言ってきた。その二律背反が好きだ。人体については、普通では見られないような珍しいもの、そこに本質的なエロティシズムが宿っているということに魅了されている。また、死と腐敗は生きとし生けるものの宿命。気づけばいつもそれを刻み込むことに囚われている。私の新作映画の多くは、自らのアイデンティティを探求するものだ。私たちは、この世界で自分たちの居場所をどう見つけるのか？　他人からどう見られているのか？　自分自身をどう見ているのか？　その興味は、エロティックでダークなテーマの写真撮影を通じて、自己を探求しながら明示されてきたと思う。それを経たこの一〇年で、私の興味は、精神的、感情的、内面的な自己の探求へと発展した。

——チャドの作品には森がよく登場しますね。都会の風景よりも、森のほうがより想像力を刺激しますか？

チャド　実のところ、私の作品に森を登場させないことのほうが難しい。スウェーデンでは、毎日森に囲まれて暮らしている。何百マイルもの手つかずの森と、その根っこにひそむ秘密。森には原始的で神秘的な何かがあり、木々に包まれた世界は、私が愛してやまない「宇宙的な恐怖」を見事に代弁している。森はそれ自体がキャラクターになると思うね。

——そういった森も登場しそうな新作映画『FAIRY DUST』は、チャドが自身で制作したマスクを撮ったシリーズ「TUSK」を元にしたプロジェクトだそうですね。最後に、本作について詳しく教えてください。

チャド　はじまりは二〇二〇年、コロナのロックダウンがあった時だった。私はクリーブランドに足止めされていて、何か頭と手を動かすものが必要だった。同じ頃、パートナーのソージャは裁縫で衣装を作っていた。それを見て、裁縫でマスクを作ったら面白いに違いないと思ったんだ。マスクは私の写真をますます面白くするだろうと。毎週新しいキャラクターを登場させられるしね。作り方は経験を積むごとに進化してきたけど、今でも裁縫で仕上げている。ほとんどのマスクは即興だね。半分くらい出来上がるまで、どんな形に

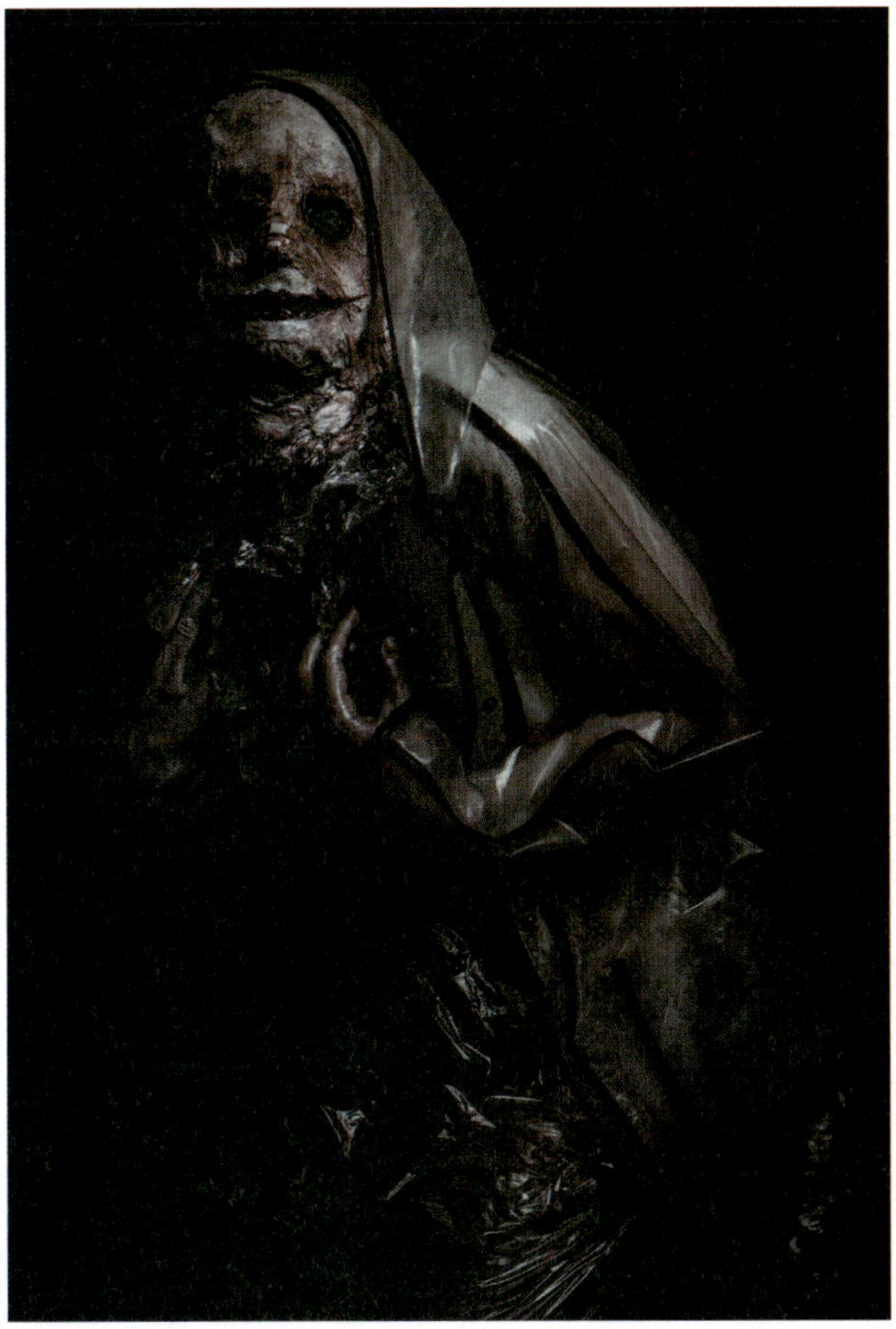

"Return to Innsmouth" 「HUSK」 2021 "Poppy" Mask by Chad Michael Ward

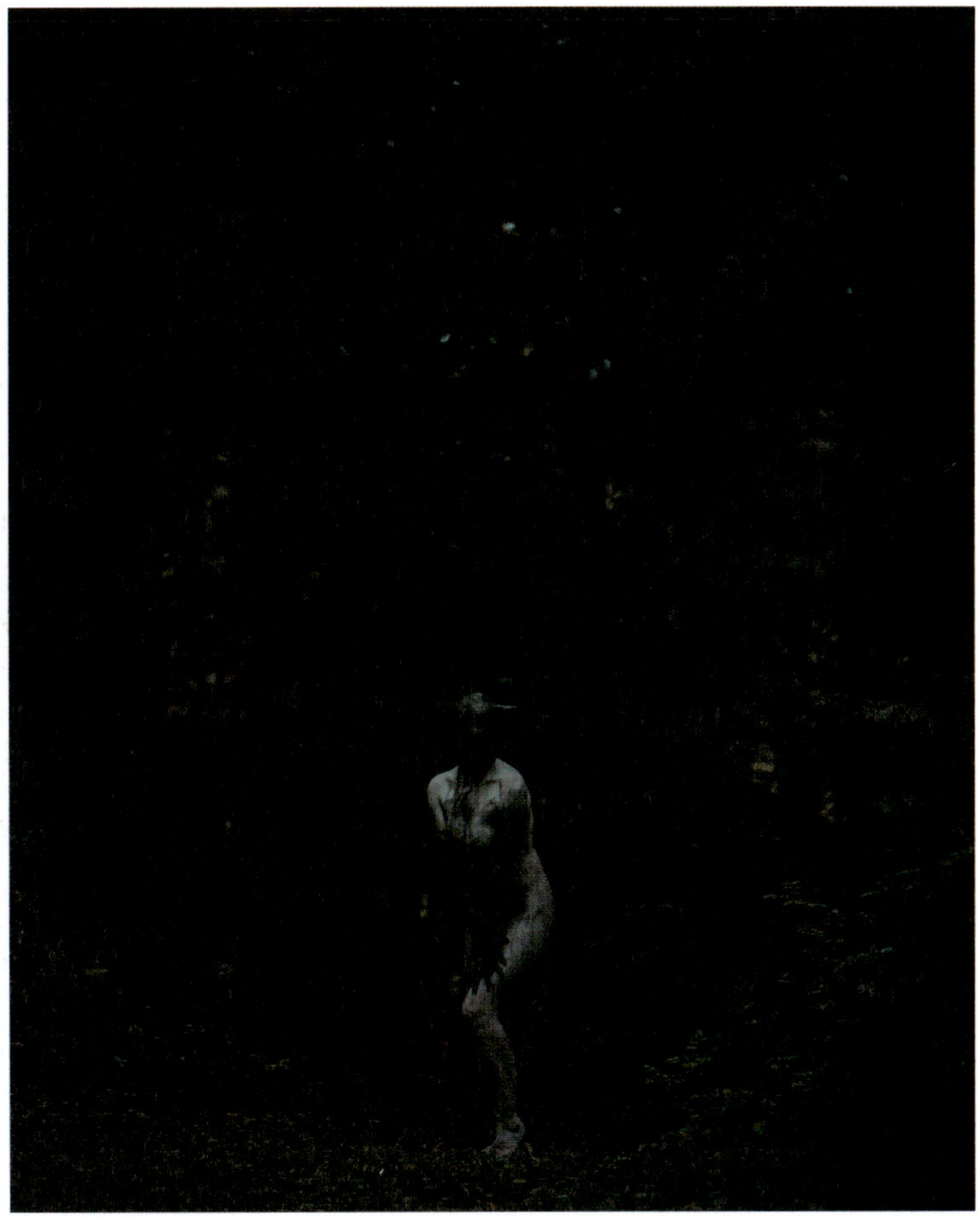

"Lost in the Woods" 「HUSK」 2021 Model：Dahlia Datura

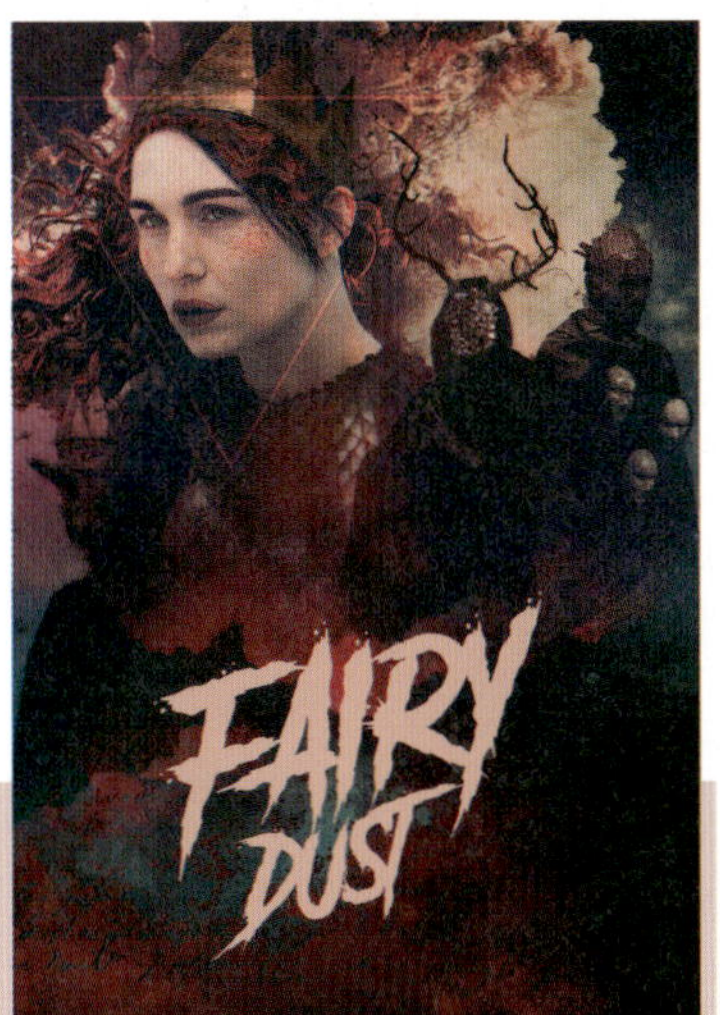


**Poster for "FAIRY DUST"**

チャドの新作映画『FAIRY DUST』は、少女が不思議と危険に満ちたシュールな夢の世界に迷い込み、愛する世界を汚す「闇」に立ち向かう物語。チャドのパーソナルな部分が最も反映された作品になるそうで、製作は2025年の秋に開始する。

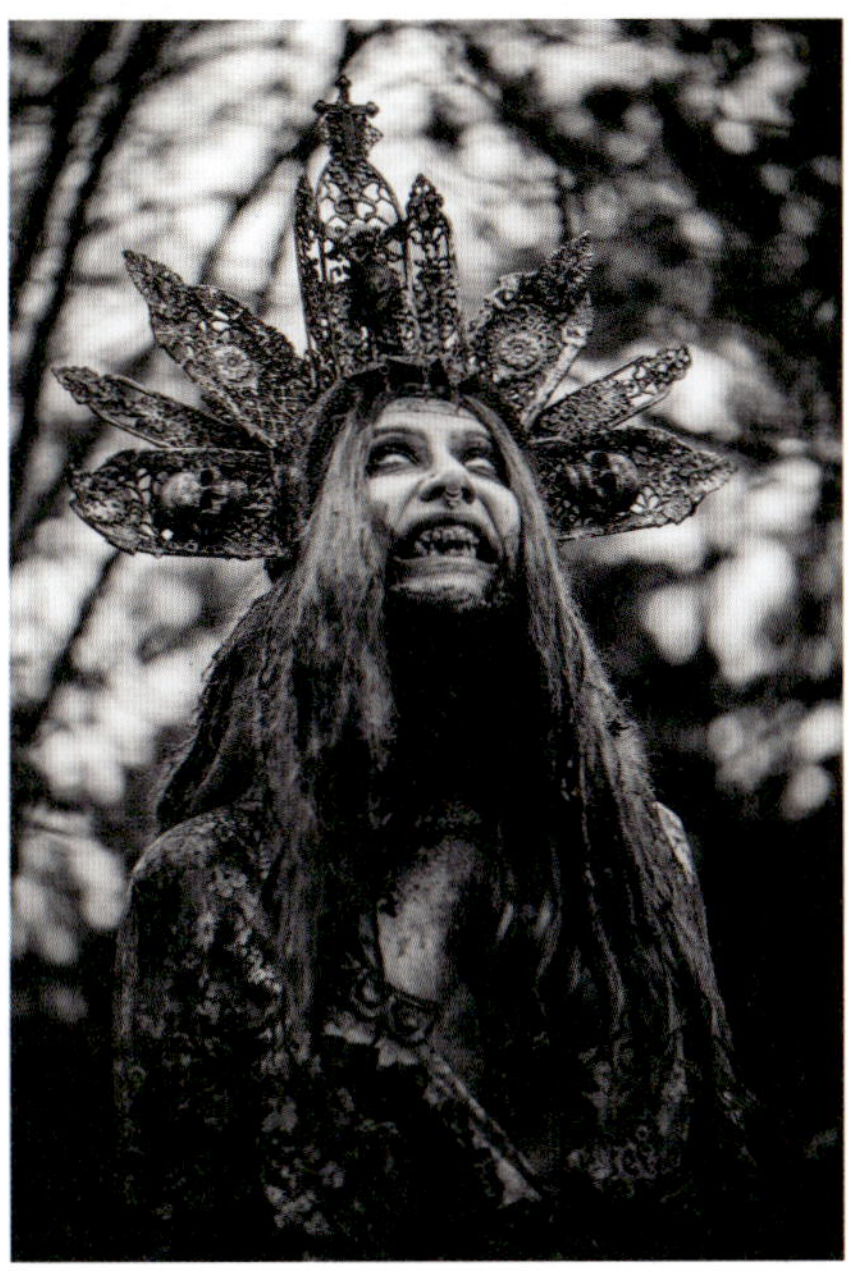

"Putrid Pleasure" 2018
Headdress：Missy Munster Model： Jo Holland

するかのプランも立てない。一つのマスクを仕上げるには数週間かかるので、一度に二つか三つ作ることが多いかな。今までに、自分と個人的なクライアントのために、六〇個ほどのマスクを作った。マスクを作りはじめて間もなく、撮影機材をアップグレードすることが出来た。新しい映画撮影用カメラを手に入れたんだけど、そうなると早速使ってみたくなってね。カメラテストをするなら、自分で作ったプロトタイプのマスク以外にない。撮影は本当に楽しかった。私はたくさんのマスクを作り、刺激的なロケーションに出掛けてはショート映像を撮った。軽いタイプの作品だけどね。これが二〇二〇年から二〇二三年までの「HUSK」プロジェクトだ。いつかこの手法で短編映画を撮ろうと思っていたんだけど、二〇二四年のはじめに、イギリスのプロデューサーから打診があったんだ。「HUSK」を長編映画にしたらどうか？ってね。その呼びかけに後押しされて、長編映画用のプロット『FAIRY DUST』を書き上げた。一人の自閉症の少女が、超現実的で幻想的な土地で、自分のアイデンティティに向き合う話だ。ジェンダークィアで、ヘビーメタルなフェアリーテイルと言える。私はこの物語を撮ることで、自閉症である自分と、それが人生に与えた影響を探ってみたかったし、同時に私のアート、写真、文筆、そして映画制作の美学の集大成を作ってみたかった。『FAIRYDUST』は、好奇心に満ちた幼少期、冒険心にあふれた一〇代、そしてオリジナルの美学を見出したアーティストとしての成人期を物語るものになるだろう。

——発表が楽しみです。今回はお話いただき、ありがとうございました。

### Chad Michael Ward

アメリカ出身の映画監督、脚本家、写真家。映像化もされた『ヴァンパイア・ダイアリーズ』(L.J.スミス著)や、『シークレット・サークル』(L.J.スミス著) をはじめ、数多くの小説のカバーアートを担当。写真集には『Dangerous Beauties』『Storyteller』『The Horror of Chad Michael Ward』などがある。映像作品では、マリリン・マンソン、ベルリン、ビリー・アイドル、スラッシュたちのミュージックビデオを監督。2015年には初の長編映画「Strange Blood」で映画業界に本格的に進出した。現在はスウェーデンに在住して、映画『FAIRY DUST』を準備中。

YouTube【@ChadMichaelWard】
Instagram【chadmichaelward_photographer】【chadmichaelward】

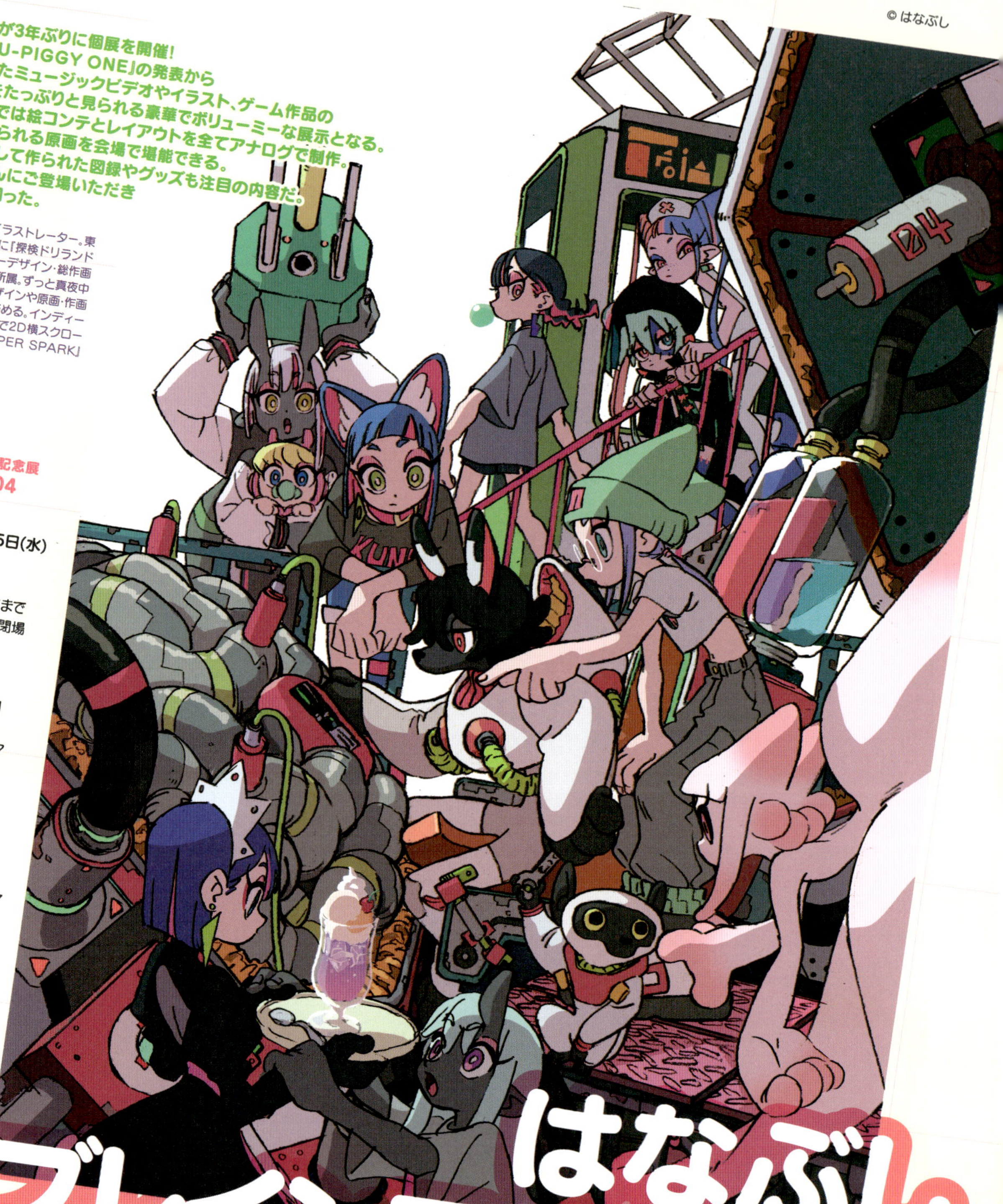

# はなぶし ブレインマシーン04

**アニメーター・はなぶしが3年ぶりに個展を開催!『ピギーワン KUNG-FU-PIGGY ONE』の発表から4年に渡りに手がけてきたミュージックビデオやイラスト、ゲーム作品の制作素材や貴重な資料をたっぷりと見られる豪華でボリューミーな展示となる。最新のMV『嘘じゃない』では絵コンテとレイアウトを全てアナログで制作。鉛筆の勢いや濃淡を感じられる原画を会場で堪能できる。さらに展示の開催を記念して作られた図録やグッズも注目の内容だ。展示準備中のはなぶしさんにご登場いただき開催に至るまでのお話を伺った。**

はなぶし（渡邉巧大）／アニメーター・イラストレーター。東映アニメーション時代の主な参加作品に『探検ドリランド -1000年の真宝-』(2013)のキャラクターデザイン・総作画監督がある。現在は「studio ALBLE」所属。ずっと真夜中でいいのに。のMVでは、キャラクターデザインや原画・作画監督だけでなく、コンテやディレクターも務める。インディーゲーム開発者・hako生活とタッグを組んで2D横スクロールアドベンチャーゲーム「ピギーワン SUPER SPARK」を開発中。

X【@hanabushi_】
Instagram【hanabushi_】
YouTube【KUNGFUPIGGY_】

## はなぶしシーズン1終了記念展 ブレインマシーン04

**開催日時**｜
**12月14日(土)〜12月25日(水)**
月〜金 11:00〜18:00
土・日・祝 11:00〜20:00
※最終入場は閉場の30分前まで
※最終日12月25日は18:00閉場
(17:30最終入場)

**会場**｜
**ライトボックススタジオ青山**
〒107-0062
東京都港区南青山5丁目16−7

**チケット**｜
**前売券1,000円**
**当日券1,500円**
平日来られる方は<期間有効券>
土日祝来られるか方は<日時指定券>
をお選びください

購入はこちらから▼

▲公式HP
イベント・グッズの詳細は
公式HPをご覧ください

**https://brainmachine04.studio.site/**

**ポスターに直筆サインを入れて1名様にプレゼント。詳しくは巻末のハガキをご覧ください!**

——「はなぶしシーズン1終了記念展」と題した作品展示ですが、このタイミングで展示を行おうと思われたお話から伺えますか?

**はなぶし**　今年五月に公開したMV『嘘じゃない』は、アナログで絵コンテを描いたんです。レイアウトも、全カット自分で描いているのですが、こちらもアナログで七〇〇枚以上描きました。実は、その制作中から展示ありきでやろうと考えていました。

——他のMV『お勉強しといてよ』と『暗く黒く』はコンテからフルデジタルでしたよね。

**はなぶし**　僕はコンテを切る前に「字コンテ」という歌詞と照らし合わせて何を描くか箇条書きしていく工程があるのですが、『嘘じゃない』は決定稿の前に三稿ほど作りました。その後にキャラクターやストーリーボードを描き出して、Vコンテに移るという流れなんです。三稿のなかでVコンテまで進んで、ずとまよ（ずっと真夜中でいいのに。）にも見てもらった案があったのですが、それを白紙にして作り直しているんです。

——よくあることなのでしょうか?

**はなぶし**　構想段階で変わることはありますが、Vコンテまで進めてボツにすることはありませんでした。詳しい世界観は展示の図録に入れるのですが、「謎の施設に囚われている実験生物に女の子が恋をして、一緒に過ごしたり逃亡を手助けする」という『美女と野獣』をイメージして作ったものでした。

——最初に進めた構想は王道のストーリーだったのですね。

# 『ブレインマシーン04』展示内容の一部を紹介

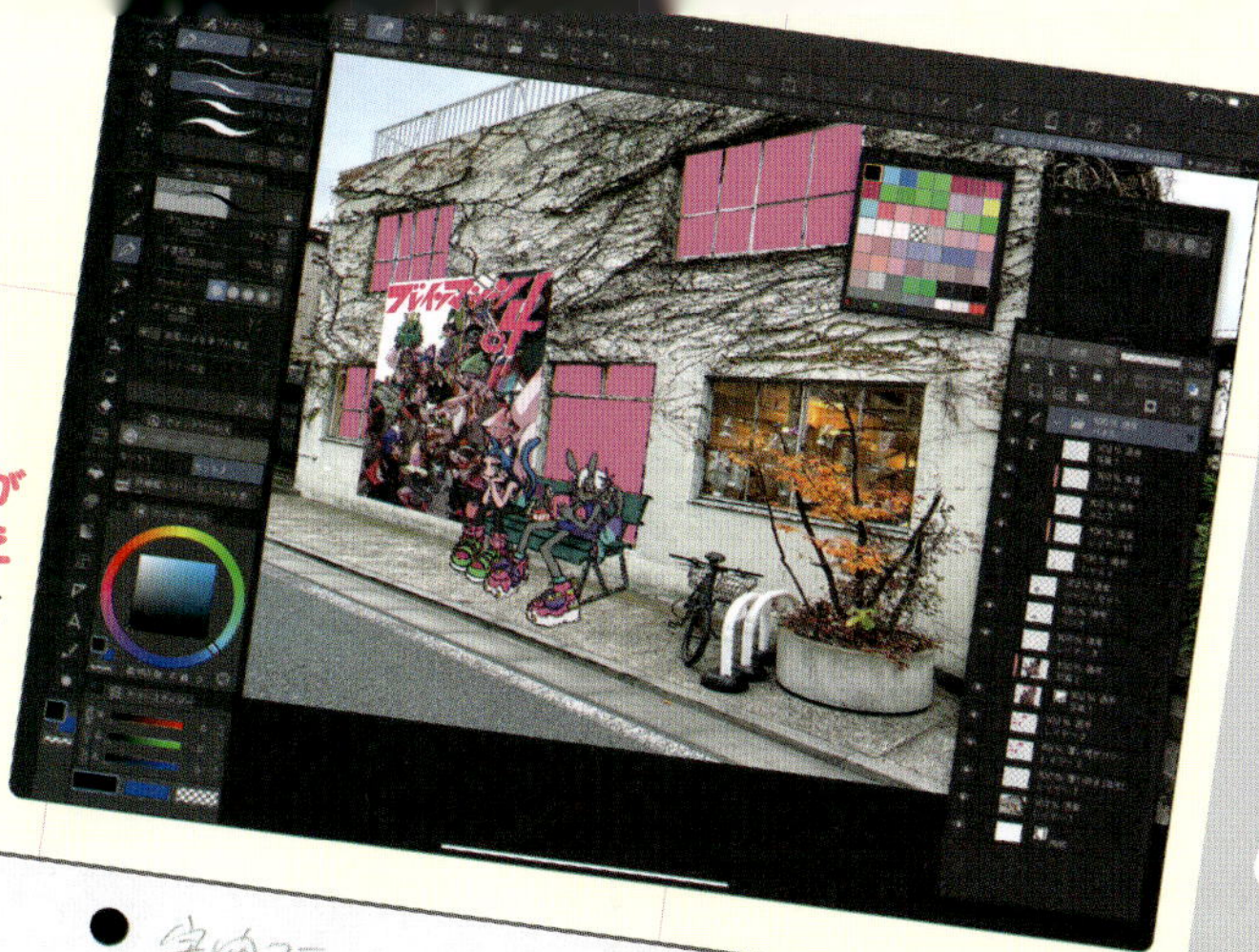

## シャミィ&ユエズが来場者をお出迎え

イラストから飛び出したふたりがベンチでくつろぎ中。よく見るとユエズが図録を熟読している…？　一緒に記念撮影してね！
※制作中のイメージです

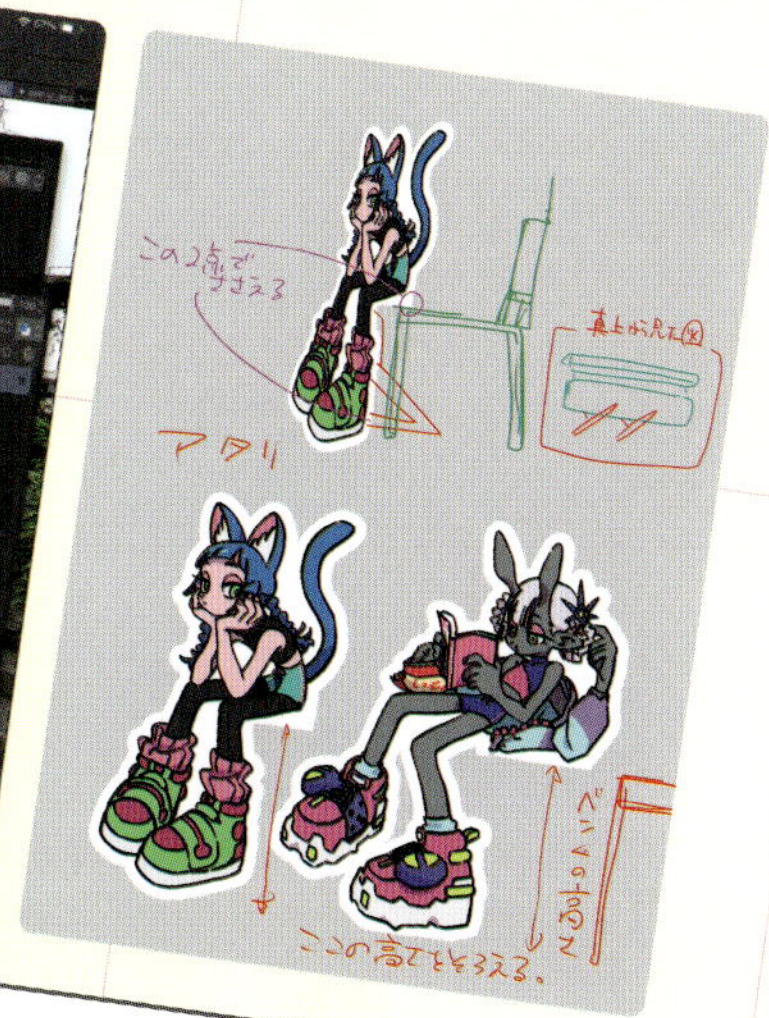

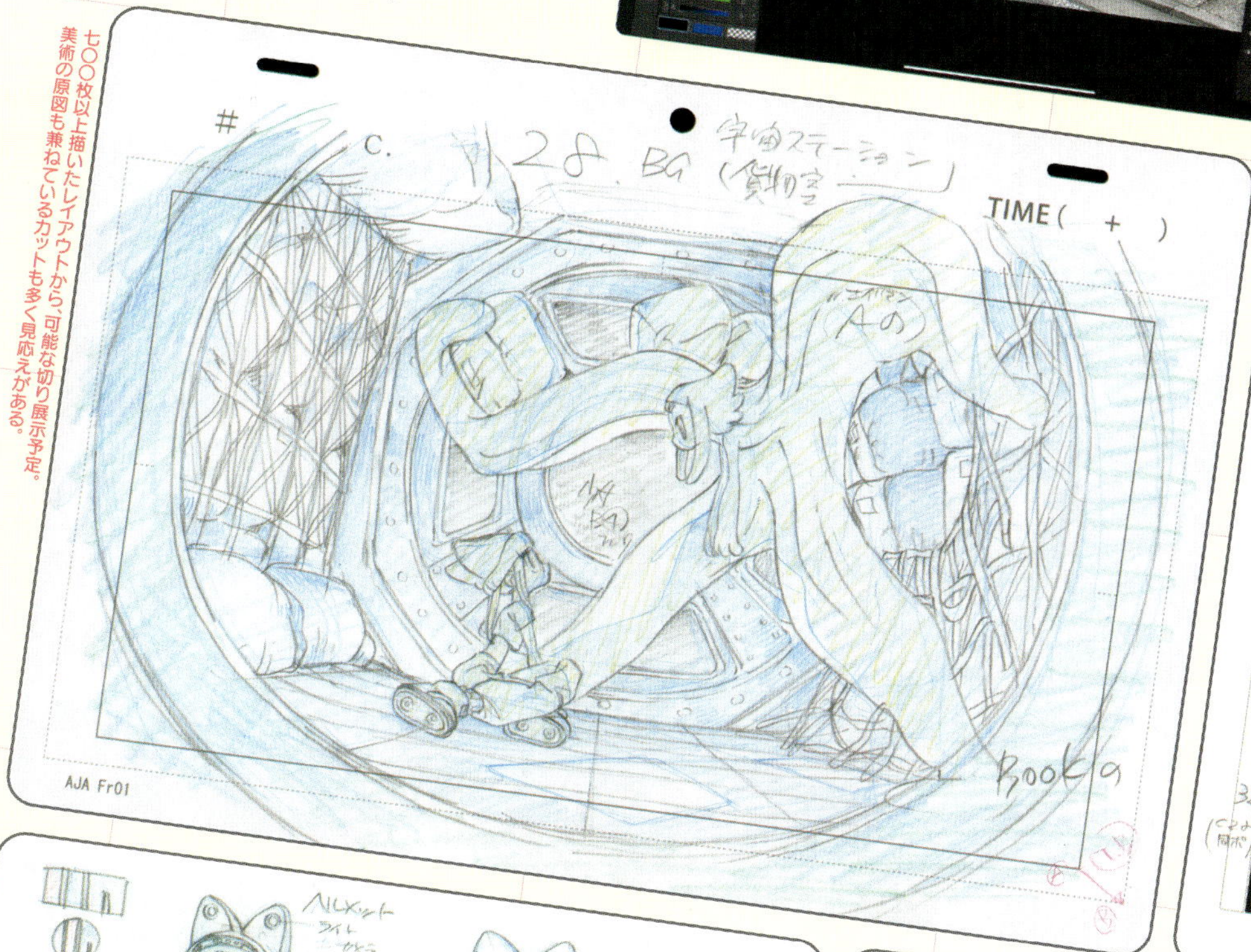


七〇〇枚以上描いたレイアウトから、可能な切り展示予定。美術の原図も兼ねているカットも多く見応えがある。

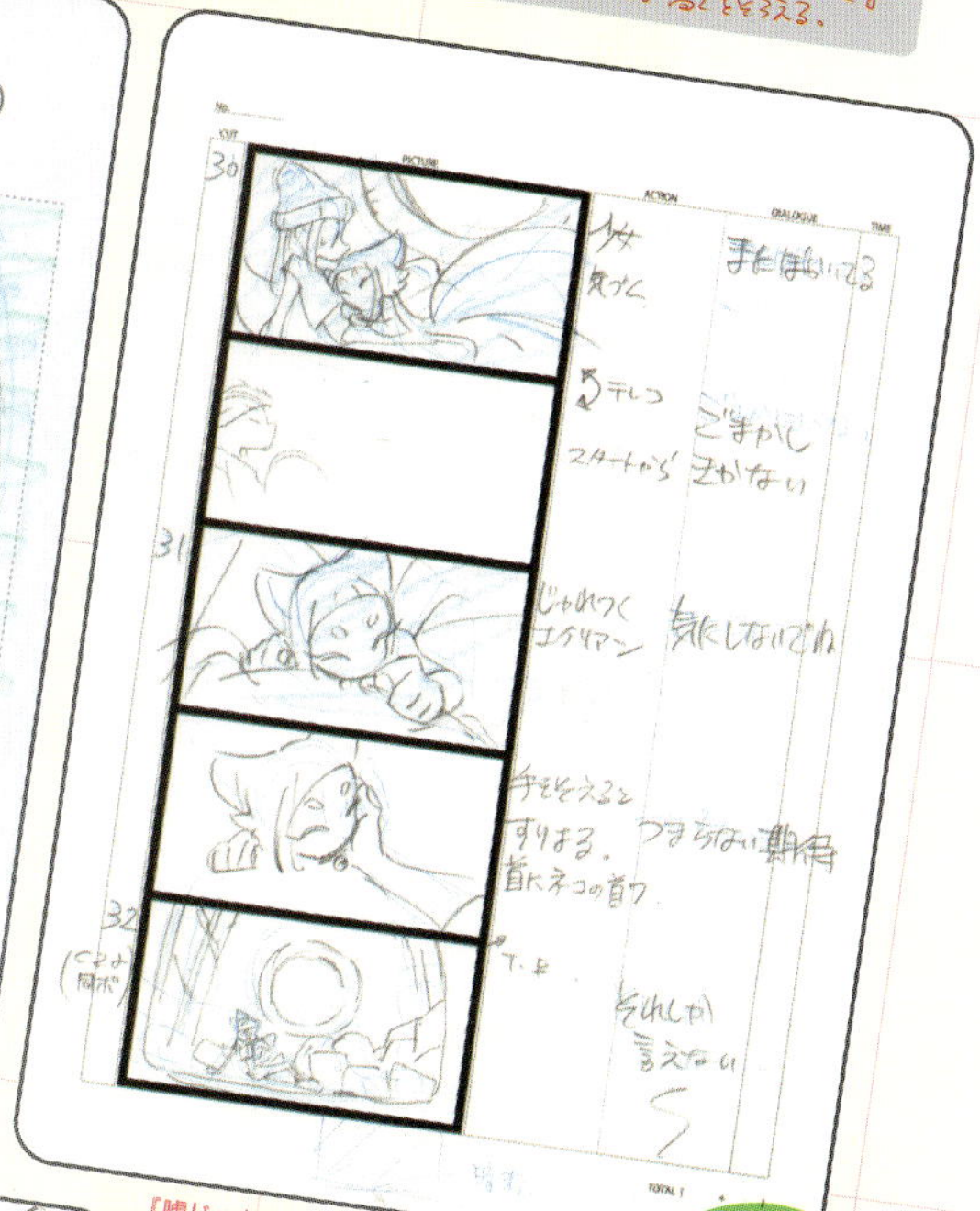

「嘘じゃない」絵コンテより。40枚に渡り描かれたコンテを全て見ることができる。

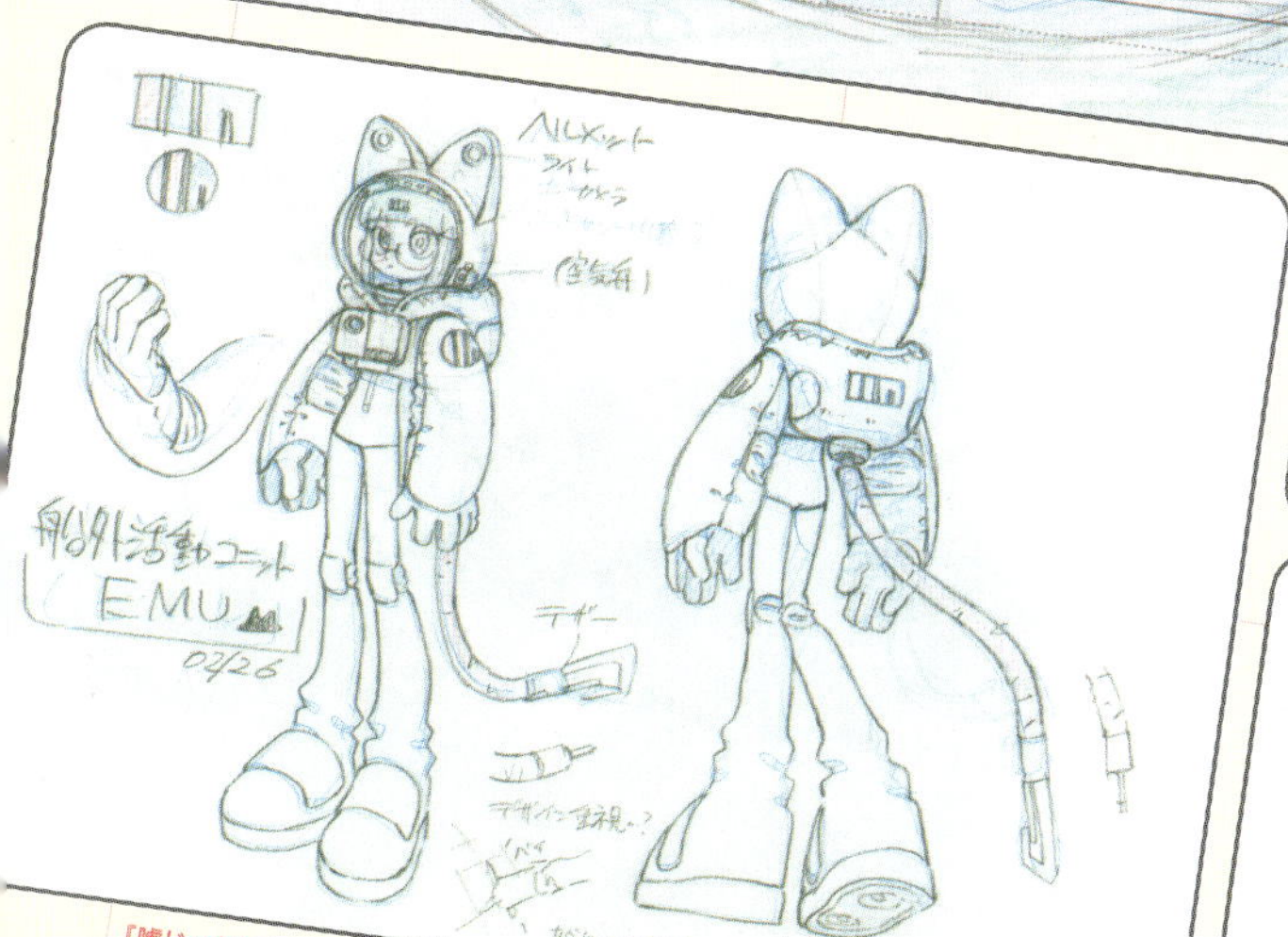

『嘘じゃない』キャラクターデザイン。右上は第1稿、右下は第2稿用に描いた登場キャラクター案。決定稿までに紆余曲折あった初公開の資料にも注目したい。完成までのタイムラインも興味深いのであわせてチェックしてほしい。

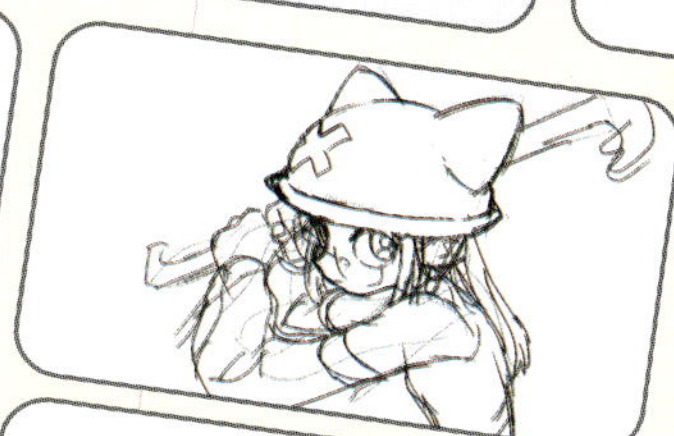

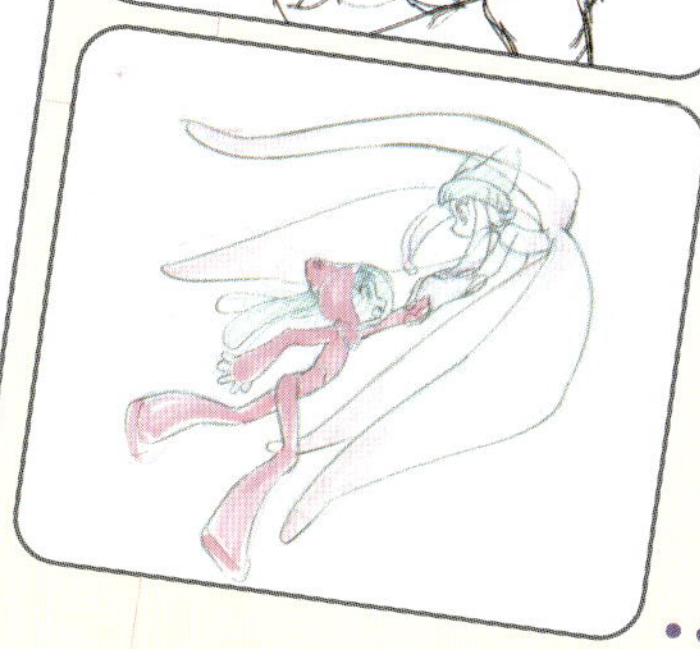

1F

## アナログ原画の筆致をじっくり見られる絵コンテとレイアウトを展示

展示のきっかけになったMV『嘘じゃない』のメイキング素材をフロア全体を使ってたっぷりと見られる。「MV制作ロードマップ」と題して、アニメの制作工程をたどれる構成になっており、没案や字コンテ、イメージボードからキャラクターデザイン、絵コンテ、レイアウト、原画、美術、動画・仕上げ、撮影、納品についてはなぶしさんの解説つきで楽しめます。

**はなぶし**　今までは変化球みたいな話ばかりで、いわゆる王道のハッピーエンドは全然やってこなかったんですよね。一度くらいドストレートを投げたいと思っていました。できたVコンテを撮影のアズマさんと東映の後輩の森（佳祐）くんに見せたときに「やっぱりちょっと違うんじゃないか」と描き直す背中を押してくれて。会場では採用しなかったVコンテも流すので見てみてください。

――最初はこれまで通りにVコンテを作っていたので、手描きの絵コンテにシフトしようと思った理由は別にあったのでしょうか。

**はなぶし**　なんだかデジタルで描けなくなっちゃったんですよね。昔からデジタルで描くとちょっと腕が落ちるなとは感じていて…。久しぶりに鉛筆で描いてみたら、思ったように描けていると思えたことが大きいです。あとは、アニメーターとしての心残りがあって、一度くらい自分が培ってきた技術でミュージックビデオを作ってみたいなと思ったんです。それで、絵コンテだけじゃなくて全カット分のレイアウトをアナログで描こうと決めました。

――その経緯もあって、原画を展示もできたら良いなという気持ちに繋がるんですね。

**はなぶし**　そうですね。展示するという目標があれば頑張れるなと思いました。

――今回は会場もはなぶしさんが見て決めたと伺いました。

**はなぶし**　展示を自分たちでやってみようとスタートしたので、探しに行

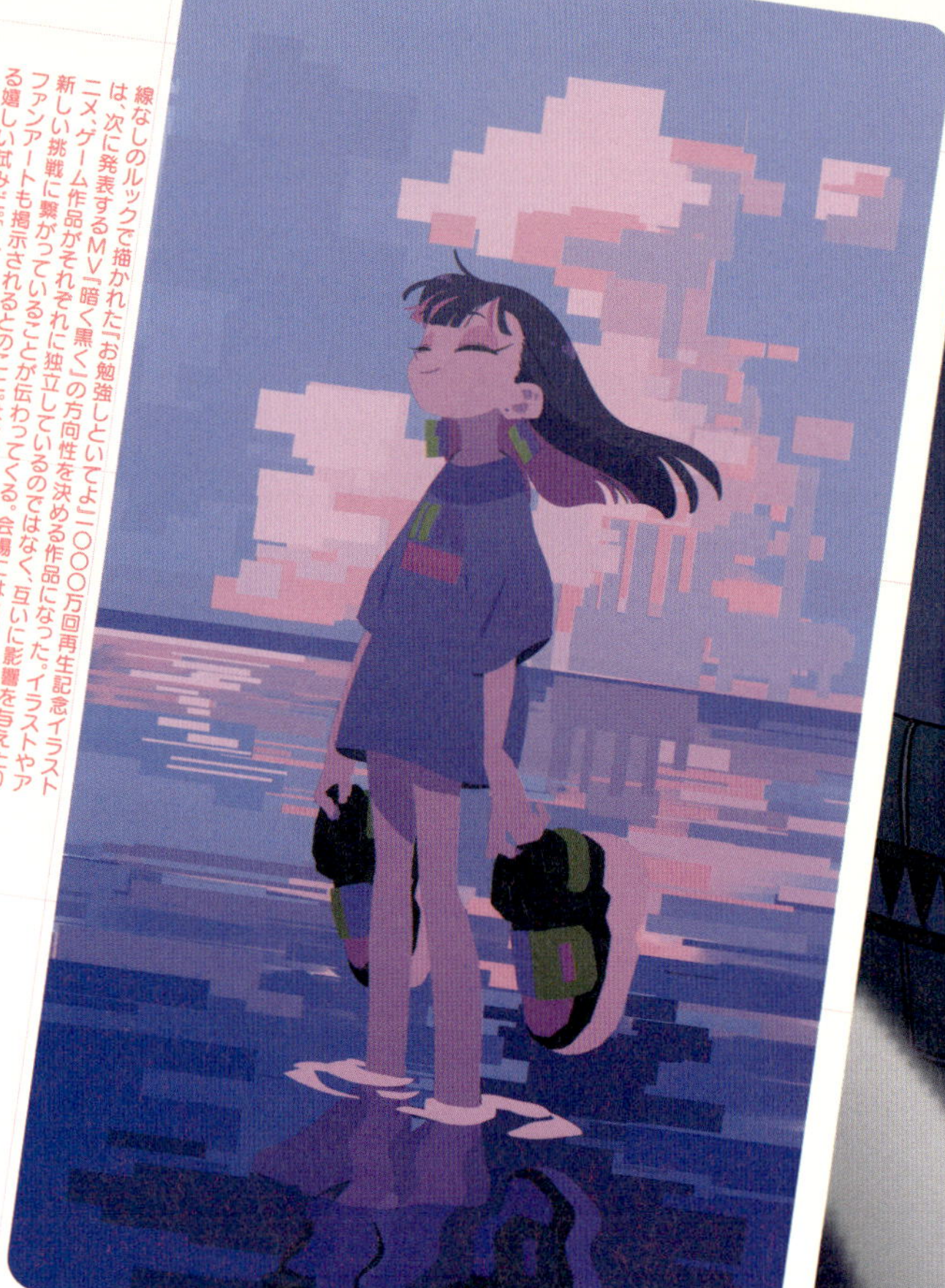

線なしのルックで描かれた『お勉強しといてよ』一〇〇〇万回再生記念イラストは、次に発表するMV『暗く黒く』の方向性を決める作品になった。イラストやアニメ、ゲーム作品がそれぞれに独立しているのではなく、互いに影響を与えたり新しい挑戦に繋がっていることが伝わってくる。会場にはSNSで呼びかけたファンアートも掲示されるとのこと。はなぶしさんの展示を一緒に盛り上げられる嬉しい試みだ。「#ブレインマシーン04」をつけて投稿してみよう！

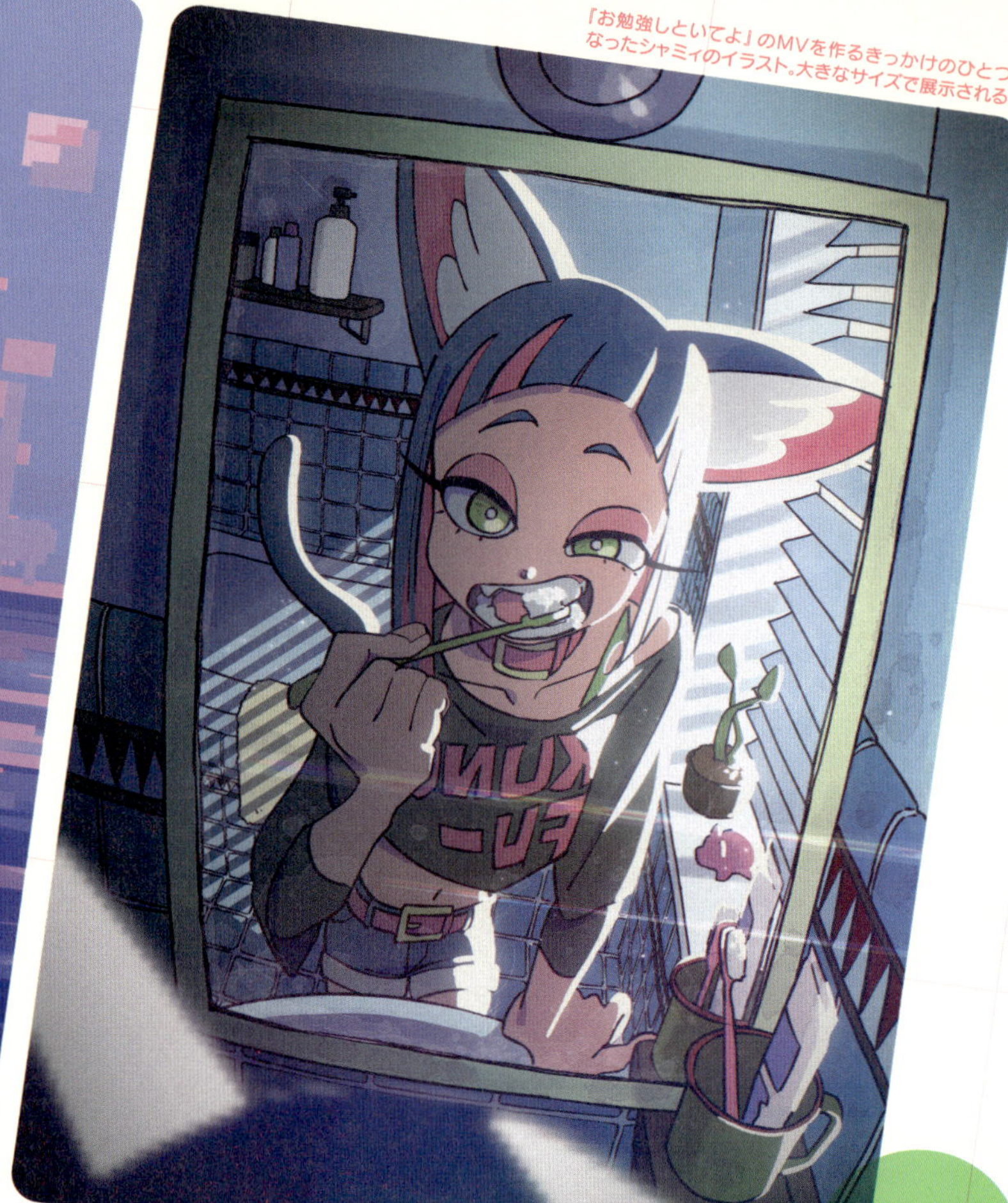

「お勉強しといてよ」のMVを作るきっかけのひとつになったシャミィのイラスト。大きなサイズで展示される。

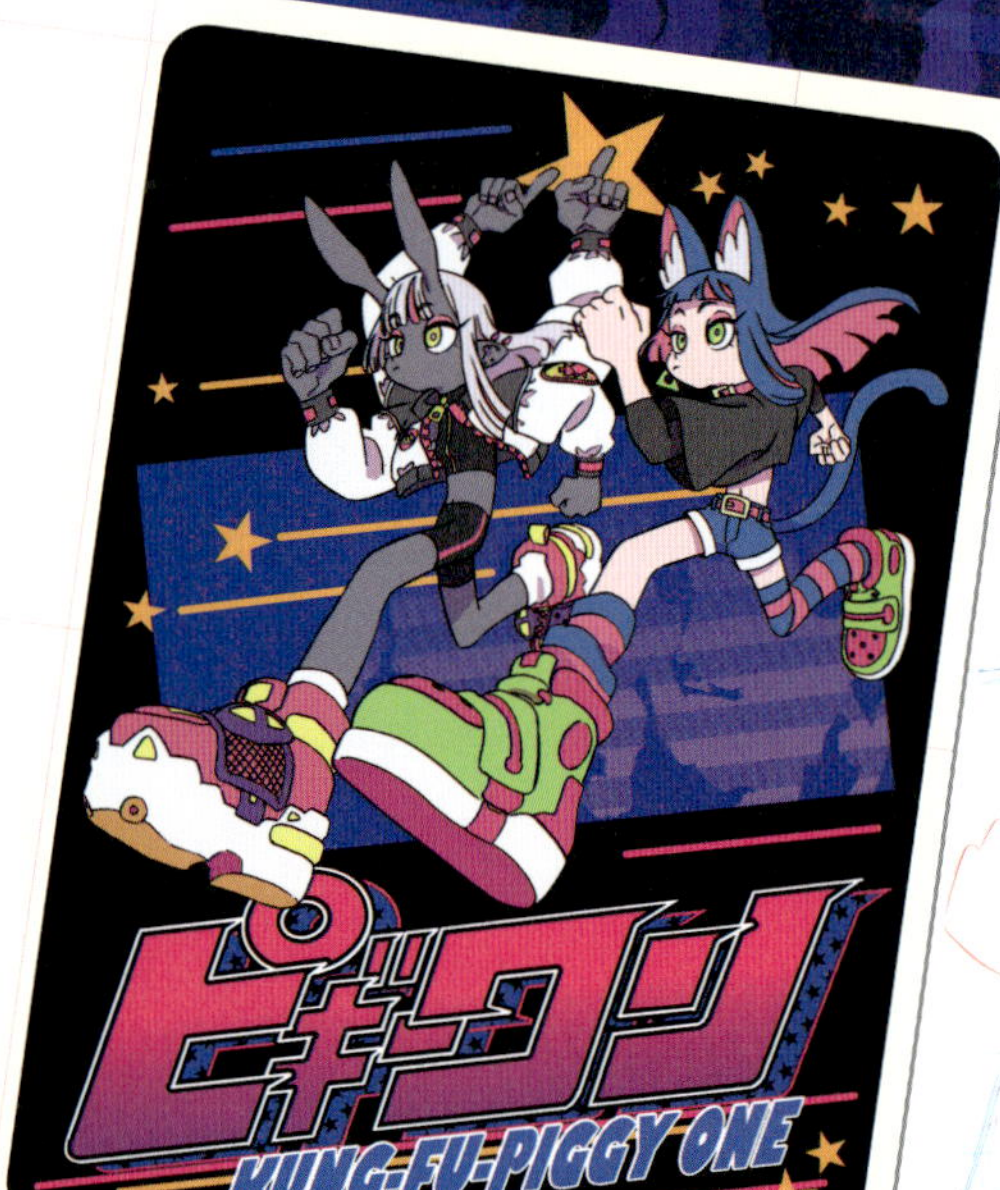


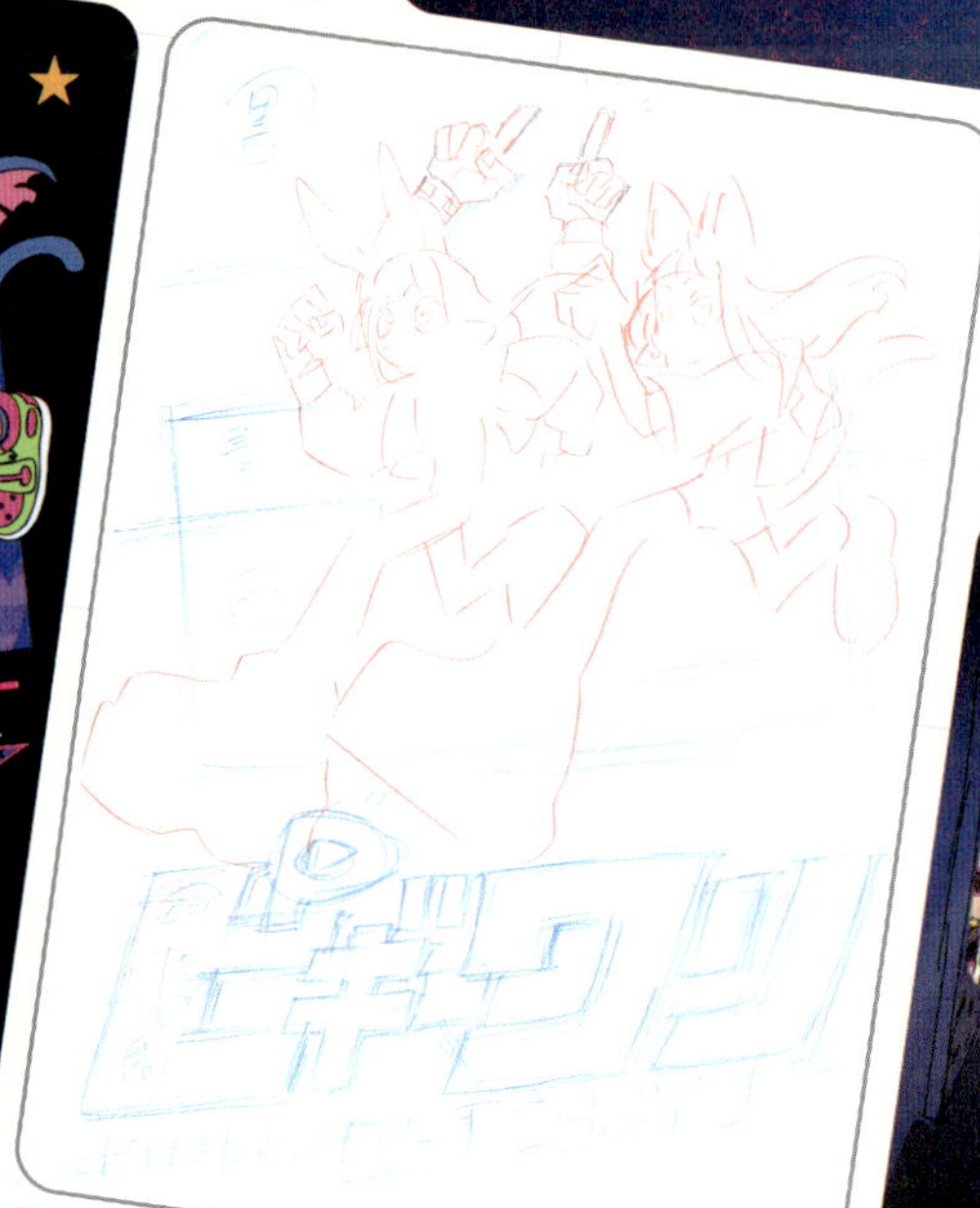

はなぶし名義での活動の幅を広げるきっかけになった同人誌『ピギーワン KUNG-FU-PIGGY ONE』。お馴染みのキャラクターたちのイラストもずらりと並ぶ。展示の図録にはラフや線画なども収録される。

2F

## アニメ・イラスト・ゲーム 多岐に渡る活動を体感できる空間

4年間に制作したMVのビジュアルとあわせて、イラスト作品もじっくりと見られる。開発中のゲーム『ピギーワン SUPER SPARK』は試遊も可能！ 『ピギーワン』の巨大なネオンも設置した賑やかな雰囲気になる予定。

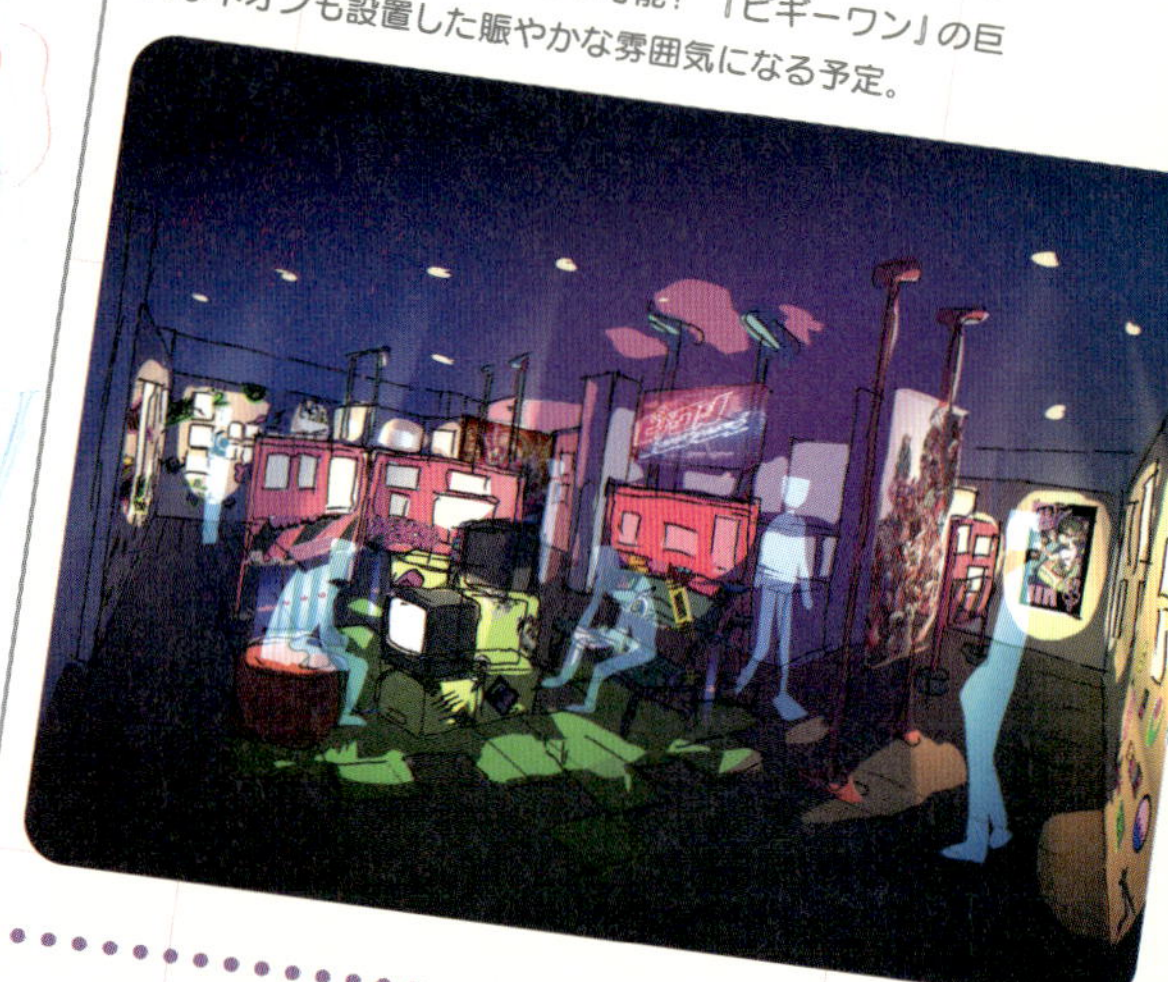

きました。もともと考えていたところではなかったのですが、歩きながら見つけたときに雰囲気が良かったのと「ライトボックススタジオ」という会場名がアニメーターらしいかなと思ったんです。

——構想段階の図案を少し見せてもらったのですが、作品ごとに雰囲気を変えていて世界観に入り込めると感じました。『嘘じゃない』のなかでカメラの動きにあわせてレイアウトを並べている場所があり、展示ならではだと感じました。

**はなぶし** 僕自身はシンプルに並べても嬉しいと思っていたんですが、進めていくうちにさすがに飽きるかな…という気がしてきて、一面だけ違う見せ方を入れてみました。

——ますます楽しみです。展示イメージを見ていると、ブラックライトでイラストを照らした前回の個展を彷彿とさせる空間もありますね。

**はなぶし** 一階は落ち着いて原画を見られる構成で、二階は『ピギーワン』と『お勉強しといてよ』『暗く黒く』が並ぶ、はなぶしランドみたいな感じです（笑）。『ピギーワン SUPER SPARK』の試遊もできますよ。他にもいろいろと準備中なのですが、展示内容やグッズ、図録も全て監修しているので、なかなか骨が折れますね。MV制作よりも大変なことがあるんだと切に感じている展示なので、ぜひたくさんの人に見てもらいたいです！

——ありがとうございました！ 見応えのある展示や図録も必見です！

## 『ブレインマシーン04』の図録とグッズにも注目！

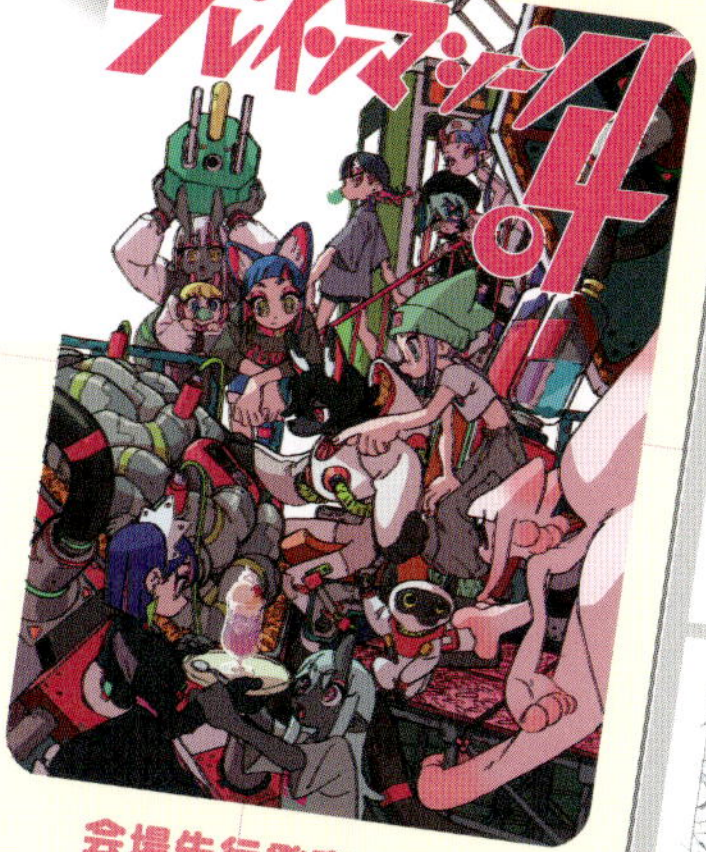

**会場先行発売！**
**大ボリュームの図録**

はなぶしシーズン1終了記念展「ブレインマシーン04」では、はなぶしアートワークスと題した図録を発売。256ページの大ボリューム＆迫力のある22.5cm×30.5cmでお届けする。

### 図録

**約1,000点収録する**
**はなぶしの4年間の仕事を凝縮した一冊**

MV『お勉強しといてよ』『暗く黒く』『嘘じゃない』のコンテ、キャラデザ、LO、原画、美術、撮影工程のメイキング素材を網羅的に収録する。制作時の資料やボツ案も惜しみなく公開。『ピギーワン』のキャラクタービジュアルやゲームのイメージボード、イラスト作品など4年分の仕事の集大成といえる内容だ。さらに副読本も必見。図録に収まりきれなかった解説やMVの制作を振り返るスタッフ座談会、東映時代の思い出を語るアニメーター座談会などを収録。ずっと真夜中でいいのに。ACAねさんとはなぶしさんの対談も敢行した、豪華な冊子。

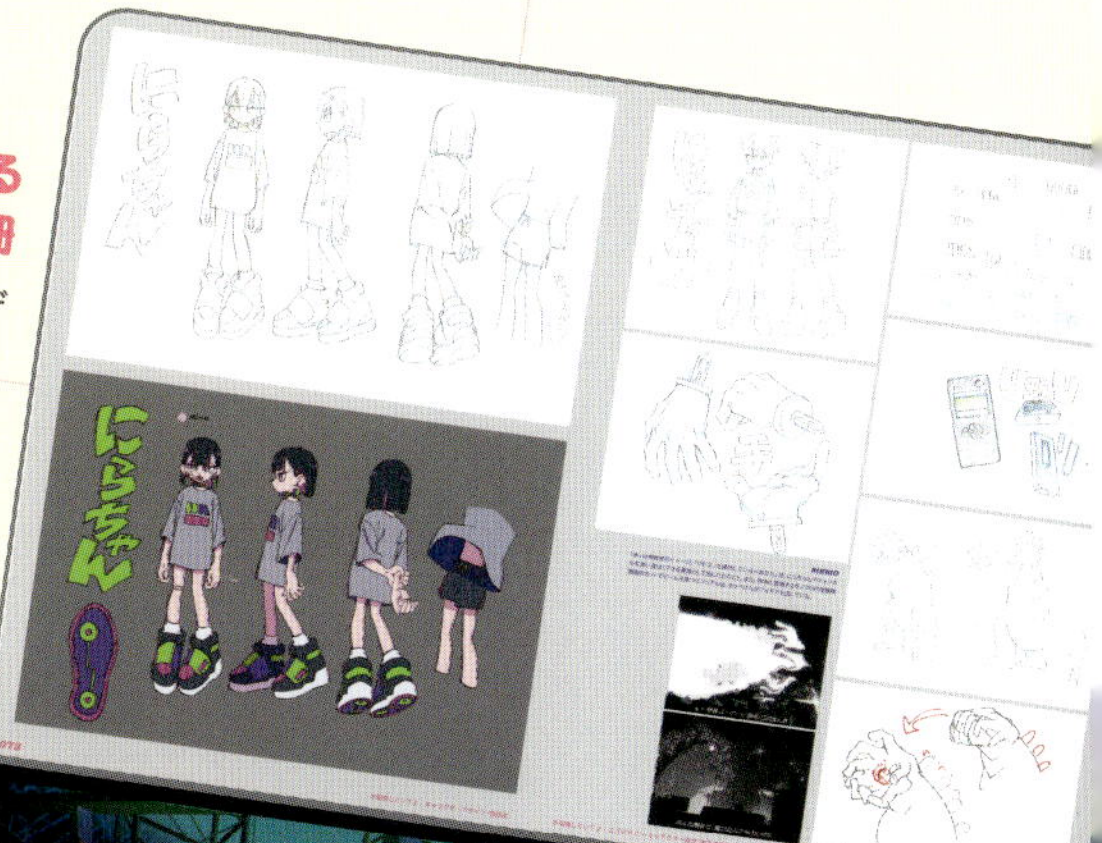

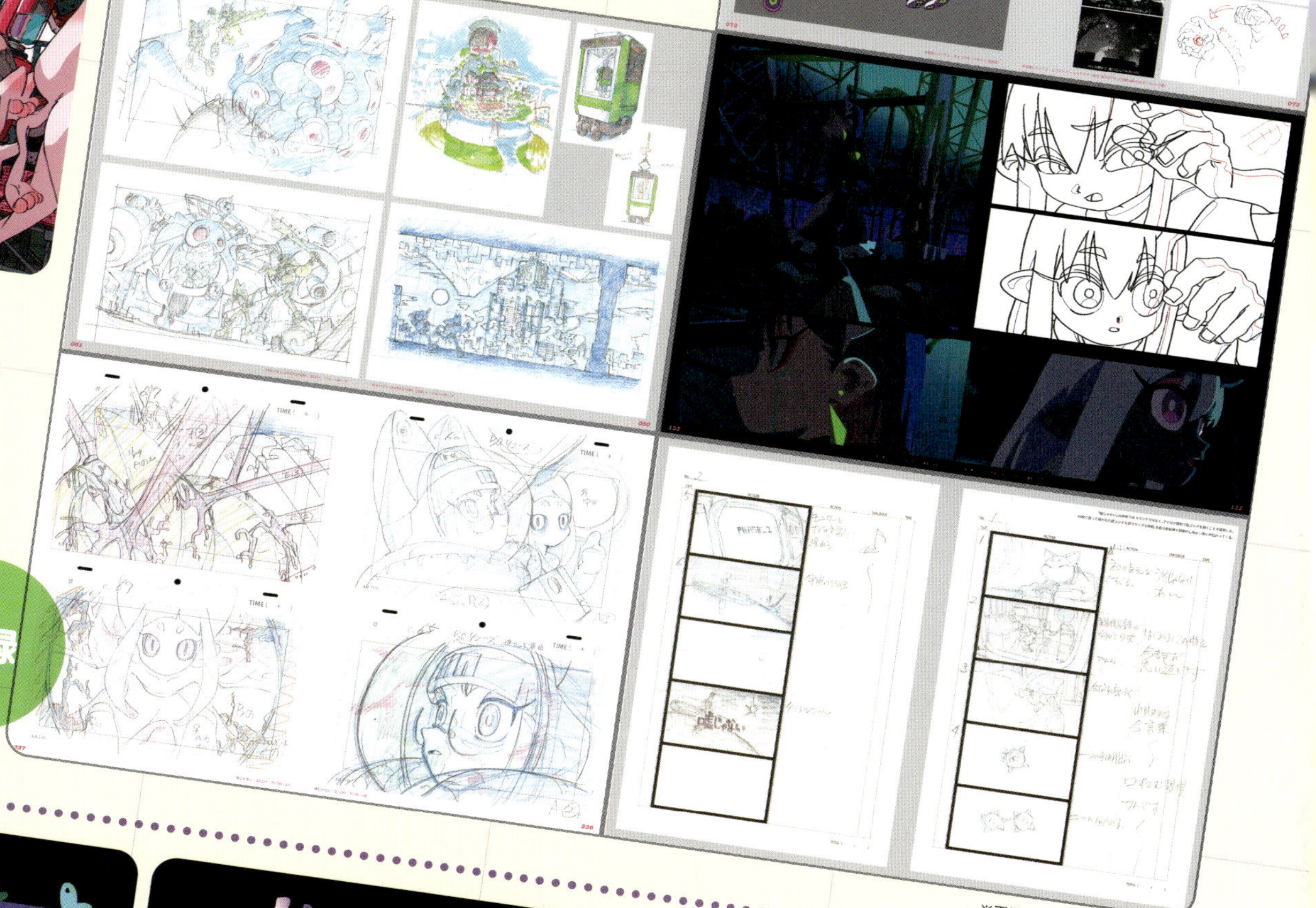

※画像は制作中のイメージです。

### グッズ

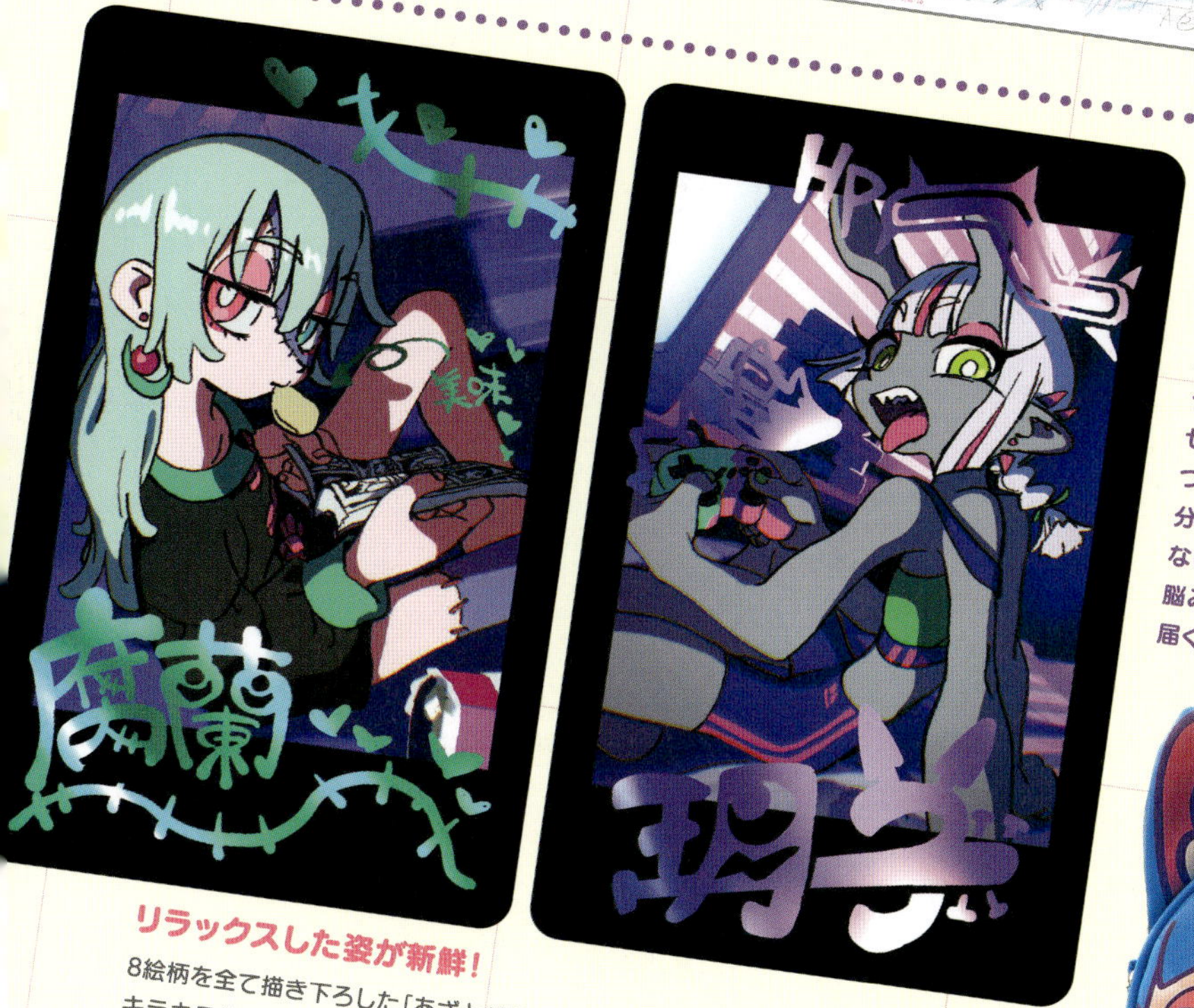

**リラックスした姿が新鮮！**

8絵柄を全て描き下ろした「あざとパジャマチェキ」。キラキラ仕様のサインが入っているのも楽しい！

**はなぶし**　パジャマチェキは『ピギーワン SUPER SPARK』のスタッフがアイデアを出してくれました。作監システムでラフを僕が清書しています。他のイラストも、僕が得意ではない作業を分業することがあるのですが、これはアニメを作っているからかなと感じますね。

**シルエットも色も可愛いポーチ**

立体的な耳がついたビビッドカラーのポーチ。シャミィと一緒におでかけしている気分に！

**はなぶし**　ぬいぐるみポーチにする案もあったのですが、イラストを生かした合皮を選びました。設計図のような発注書と元に作っていただいたポーチの形に合わせて、絵を描き直しています。設計図と現物はちょっとずつ変わるので、見ながら調整しています。色の指定も自分でしているのですが、何度もテストできないので、アニメを作るときとは違う脳みそを使いますね。出来上がりが届くまで緊張しました。

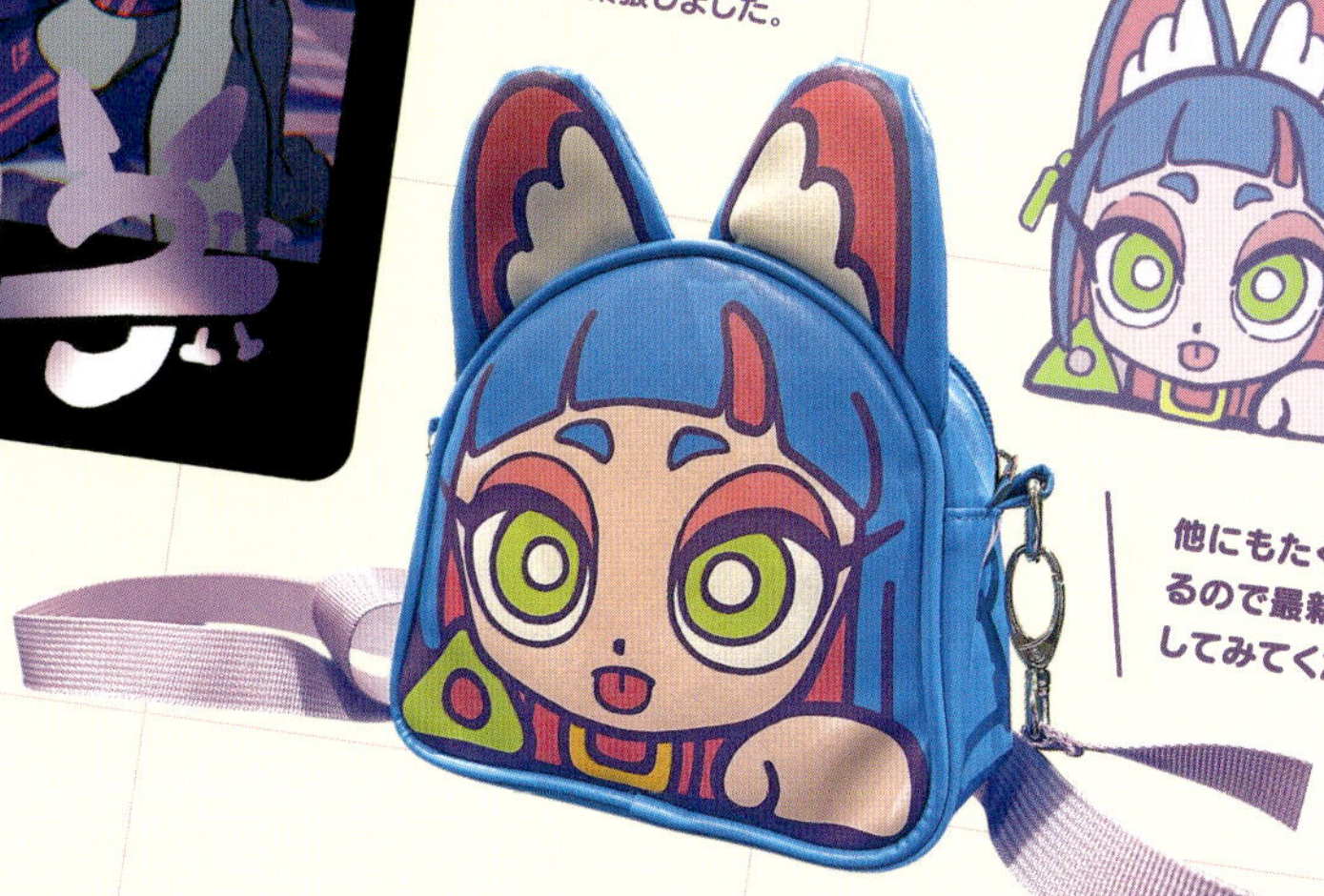

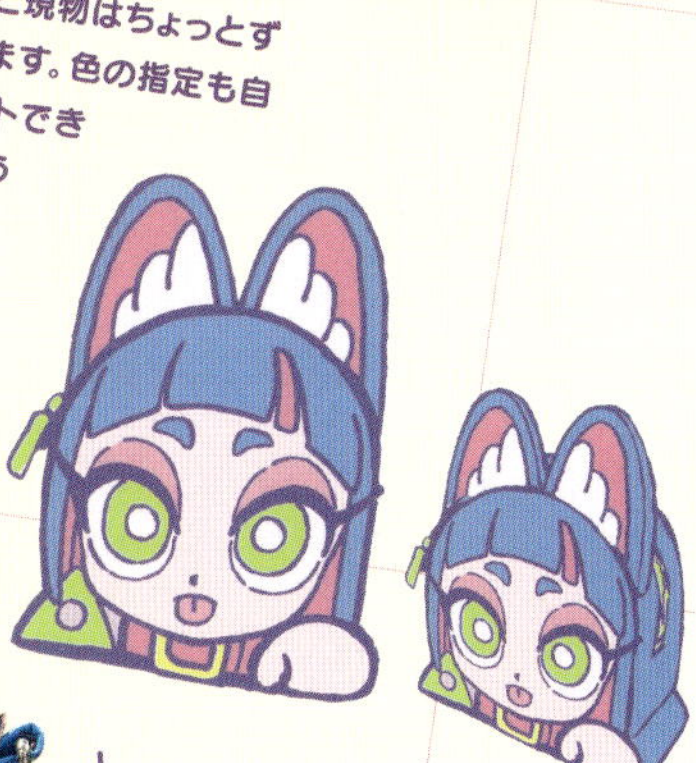

他にもたくさんグッズがあるので最新情報をチェックしてみてください！

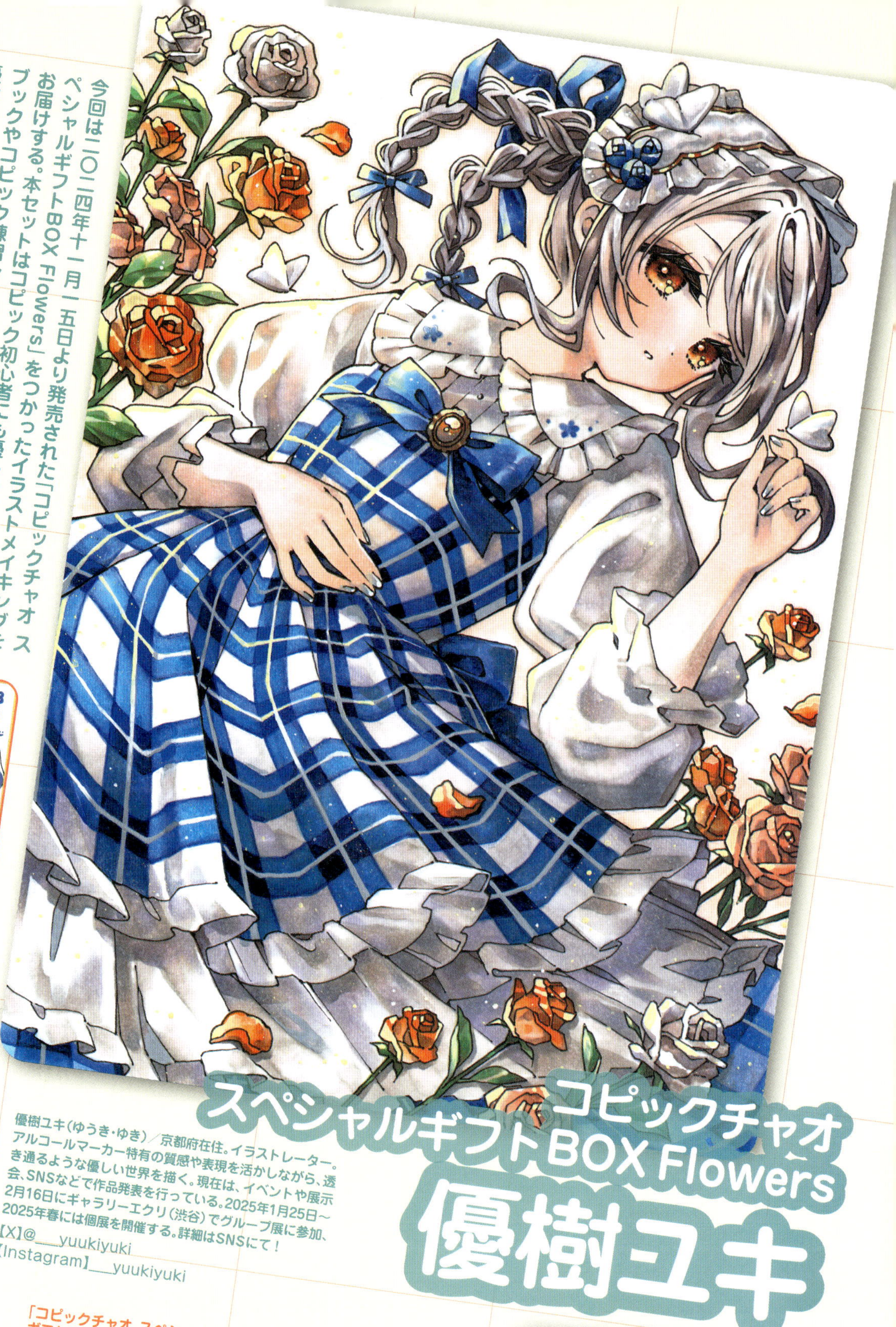

# コピックチャオ スペシャルギフトBOX Flowers
# 優樹ユキ

今回は二〇二四年十一月一五日より発売された「コピックチャオ スペシャルギフトBOX Flowers」をつかったイラストメイキングをお届けする。本セットはコピック初心者にも優しいコピックレッスンブックやコピック練習シートなどが同封された充実の内容に加え、優樹ユキが描き下ろした華やかで愛らしい限定パッケージが嬉しいスペシャルなボックスとなっている。今回のメイキングでは、「コピックチャオ スペシャルギフトBOX Flowers」をメインにつかいながら、優樹ユキが「コピック チャオ スタート24色セット」と相性の良い「コピック スケッチ」と「コピック アクレア」の5色をセレクトし、よりリッチなイラストを目指して絵を描く様子を紹介する。

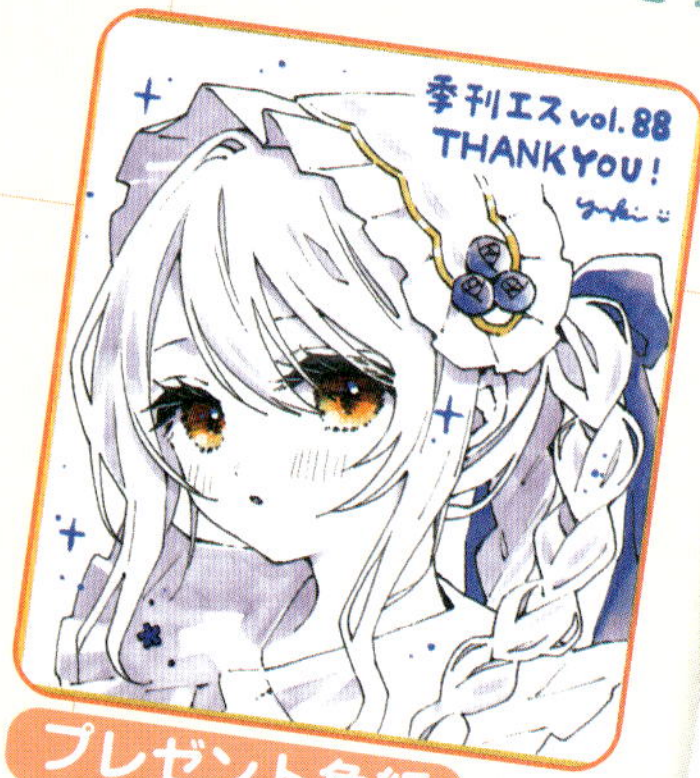


プレゼント色紙

優樹ユキ（ゆうき・ゆき）／京都府在住。イラストレーター。アルコールマーカー特有の質感や表現を活かしながら、透き通るような優しい世界を描く。現在は、イベントや展示会、SNSなどで作品発表を行っている。2025年1月25日～2月16日にギャラリーエクリ（渋谷）でグループ展に参加、2025年春には個展を開催する。詳細はSNSにて！

【X】@___yuukiyuki
【Instagram】___yuukiyuki

## 今回使用した画材

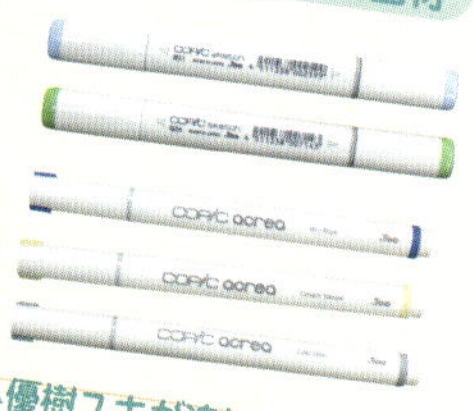

▲優樹ユキが追加した５色
メイキングではおすすめカラーと表記されている場所で登場します。

◎「コピックチャオ スペシャルギフトBOX Flowers」…コピック チャオ スタート24色セット、コピック マルチライナー ブラック 0.1、コピック アクレア スノーホワイト
◎優樹ユキが選ぶ！ 「コピック チャオ スタート24色セット」に合わせる５色のコピック★
・コピック スケッチ…B21、G24
・コピック アクレア…クールグレー、クリームイエロー、スカイブルー
用紙：特選上質紙（コピックペーパーセレクション）

### 「コピックチャオ スペシャルギフトBOX Flowers」セット内容とは…？

初心者の方にも使いやすいカラーを厳選したコピックチャオ24色セットに加え、主線用に使えるドローイングペン、仕上げに使えるコピック アクレアなどを一式そろえたギフトにぴったりのスターターセットです♪ コピックのYouTubeチャンネルでは、優樹ユキさんが描いたパッケージイラストのメイキングもみることができます！

【YouTube】
COPIC_Official channel

### 「コピックチャオ スペシャルギフトBOX Flowers」セット内容☆

・コピック チャオ スタート24色セット
・コピック マルチライナー ブラック 0.1
・コピック アクレア スノーホワイト
・基本が身につくコピックレッスンブック
・優樹ユキ描きおろしイラスト ポストカード/2柄
・優樹ユキ描きおろしイラスト ぬり絵線画/2柄×2種
・コピック練習シート
・用紙（特選上質紙、画学紙）
・キャンペーンはがき

**優樹**　用紙は特選上質紙、画学紙の２種類があり、画学紙はあたたかい質感、特選上質紙は細かいモチーフが塗りやすいです。また、発色がマイルドになるように感じます。

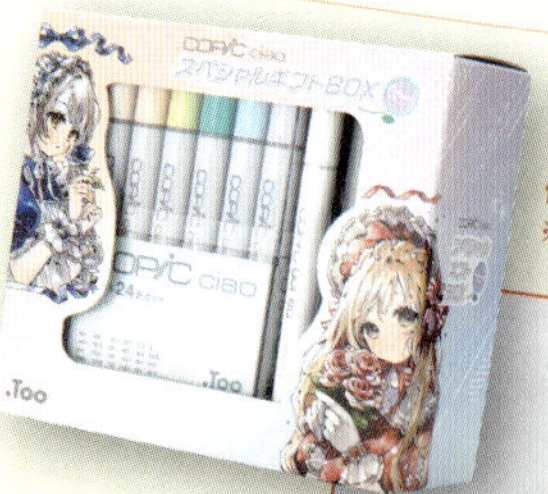

価格：8,250円（税込）
※数量限定の商品となります。

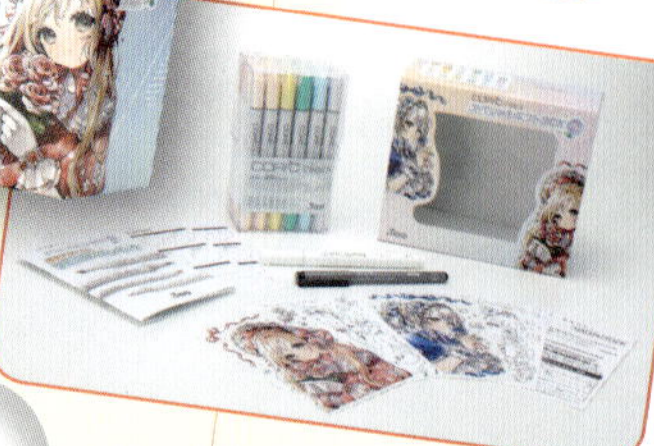

## 線画

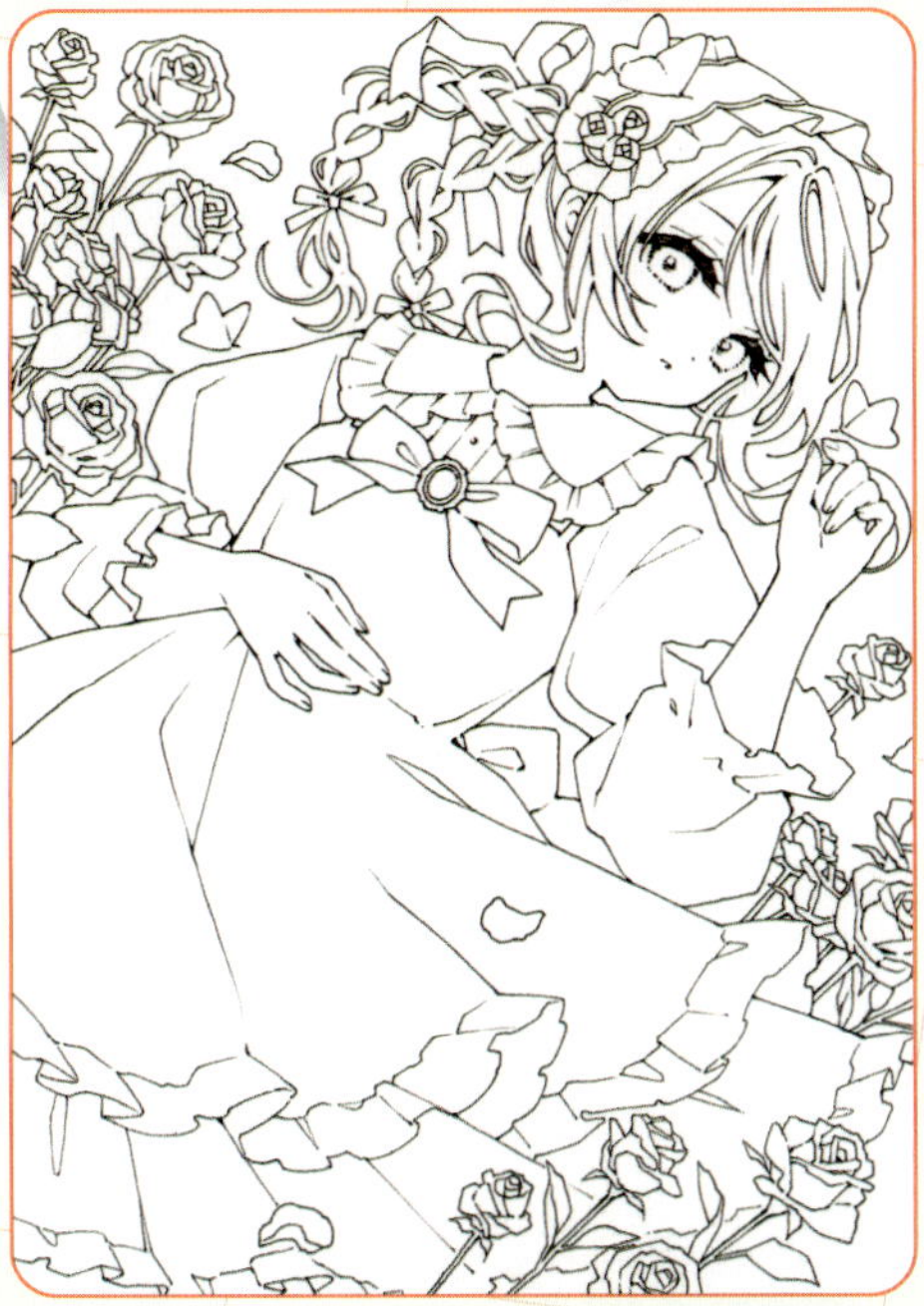

線画はデジタルで描いたラフをトレースした。ペン入れに使ったのは「コピックチャオ スペシャルギフトBOX Flowers」に入っているコピック マルチライナー のブラック(0.1)。ワンピースのチェック模様は線画を描かずに、デジタルで描いたラフを見ながらコピックチャオで描くのがポイント。

## ラフ

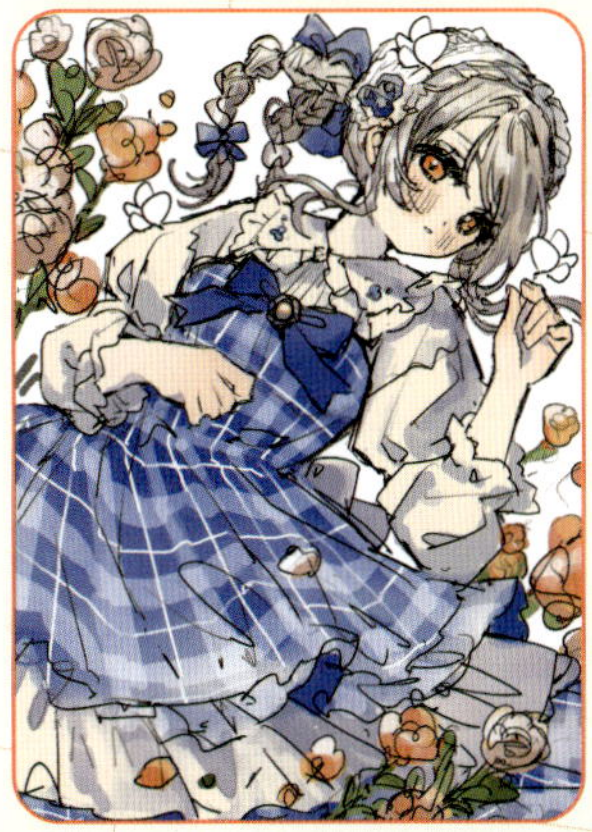

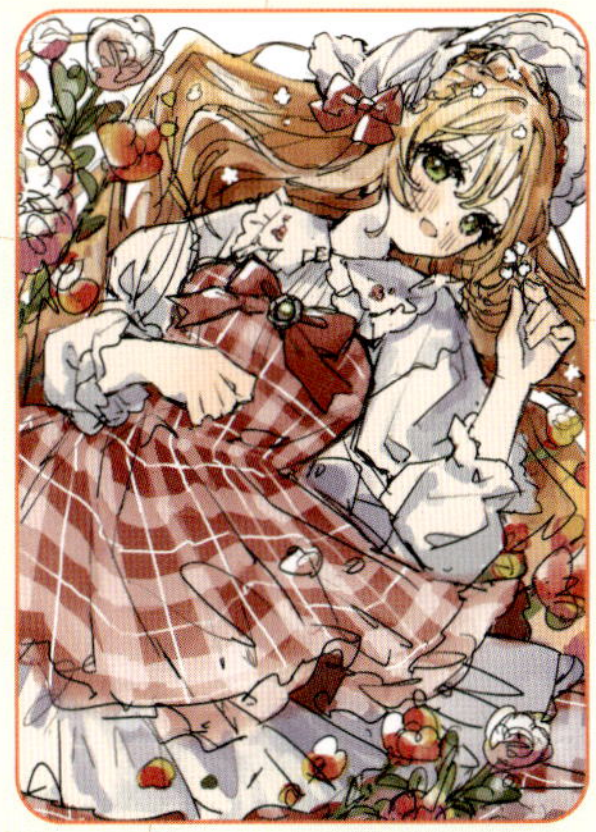

「コピックチャオ スペシャルギフトBOX Flowers」のパッケージに描かれたふたりの女の子のうちのどちらかを描いて欲しいと依頼をしたところ、優樹ユキさんはそれぞれの女の子でラフを作成してくれた。暖色系の子は大きなヘッドドレスにやわらかな笑みが目を引く。今回はアンニュイな表情に三つ編みヘアーがキュートな寒色系の女の子を採用した。「コピックチャオ スペシャルギフトBOX Flowers」に同封されたセットに加え、優樹ユキが選んだ5色のコピックスケッチとコピックアクレアで絵を描いていく。

### 線画の加筆

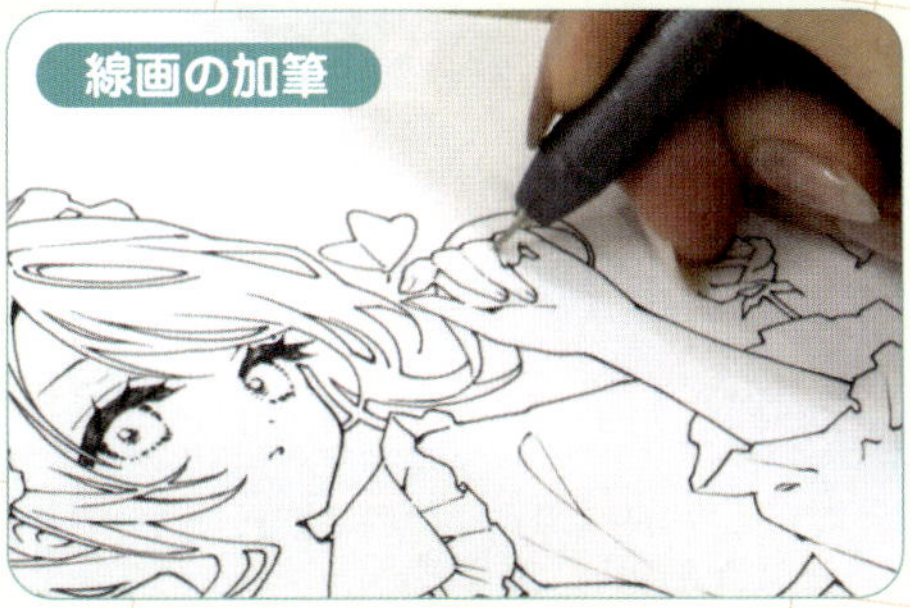

トレースを終えたら線画を引きで見て、部分的に加筆する。線を太くしたり、形を調整することで、バランスを整える。

### ラフの完成度をあげる

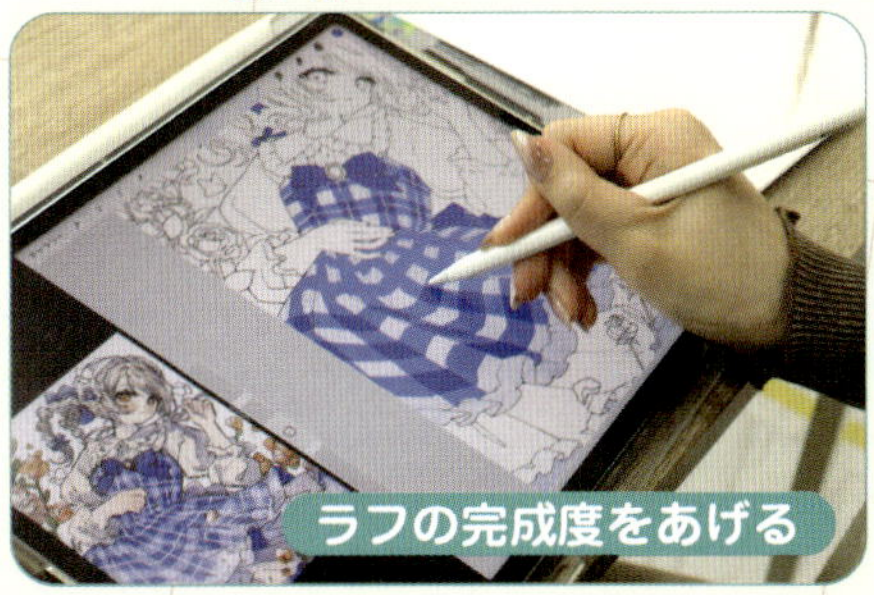

ワンピースの模様はアタリを取らずに、濃い色をつかって一発で描く。スカートのなびきに合わせて、模様を描くため、あらかじめデジタル上でしっかりと明確に模様を描いて下準備しておくのがポイント。優樹ユキさんはラフ(上図)が完成した後、チェック模様だけを改めてデジタルで丁寧に描き起こしていた。

肌の塗りは「コピックチャオ スペシャルギフトBOX Flowers」のパッケージイラストと同じ色&工程で塗っています！YouTubeでは優樹ユキさんが塗っている工程を解説付きで、タイムラプスの動画でみることができますので、ぜひ、季刊エスの誌面と合わせてみてください！

## ●●●●●●● 肌を塗る

使用色:R000／YR000／0番／E93／

**1**

優樹 「目元から色を置くのは勇気がいるけれど、首元から塗れば万が一、少しのミスがあってもリカバリーができる」という話を川名さんから聞いて、参考にしています。

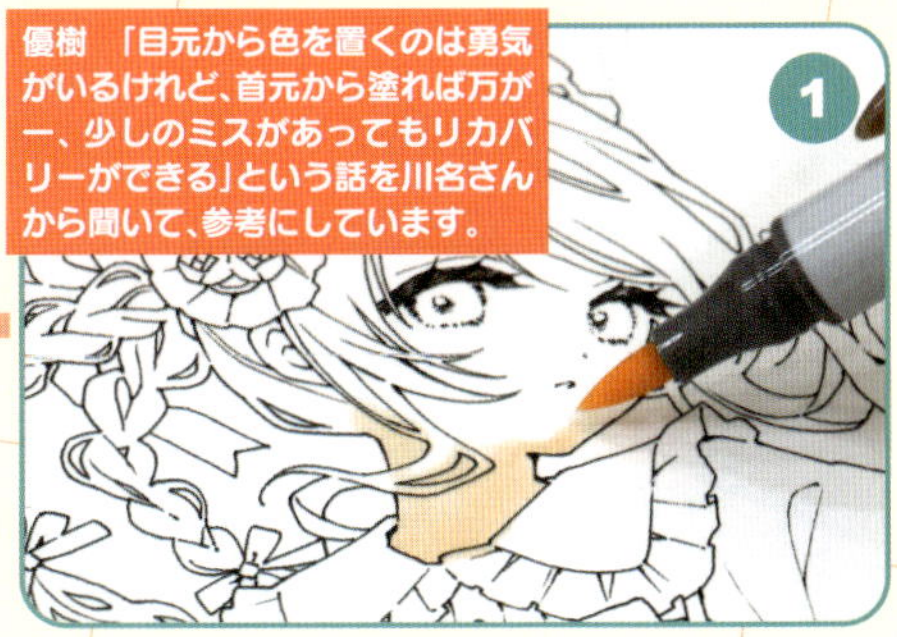

まずは首から顔の上部に向かって、YR000を擦るように塗る。色をしっかりと置いていくようなイメージでニブを動かす。

**2**

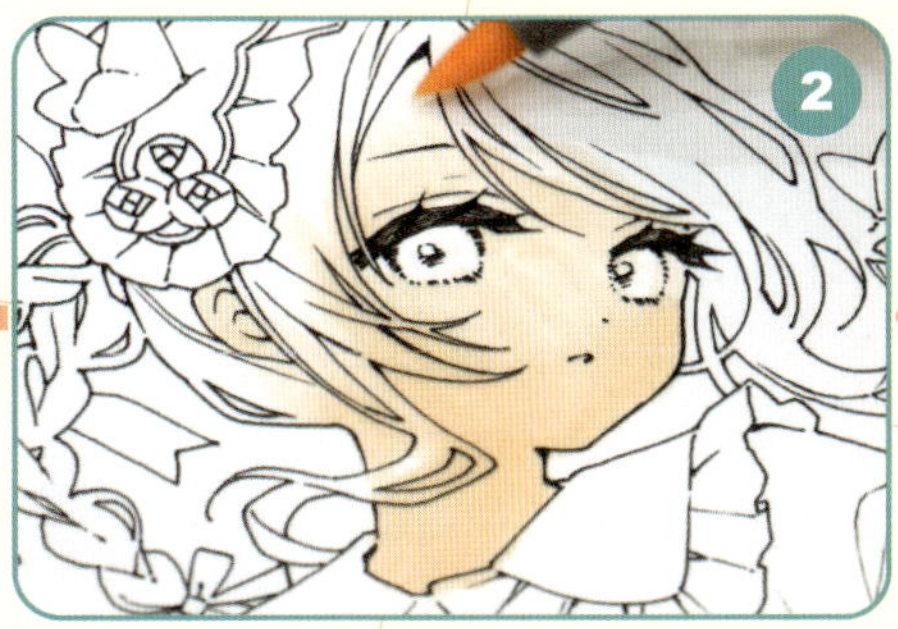

YR000を顔に塗り広げた状態。右眉の上は、少しだけ塗り残すと抜け感が生まれると同時に立体感が出る。肌の色は薄いので髪に色がはみ出ても気にしない。

**3**

**POINT** 0番は全体にたっぷりと重ねる。一度目は縦に色を塗り、二度目はわずかに斜めの角度で色を乗せるのがコツ。

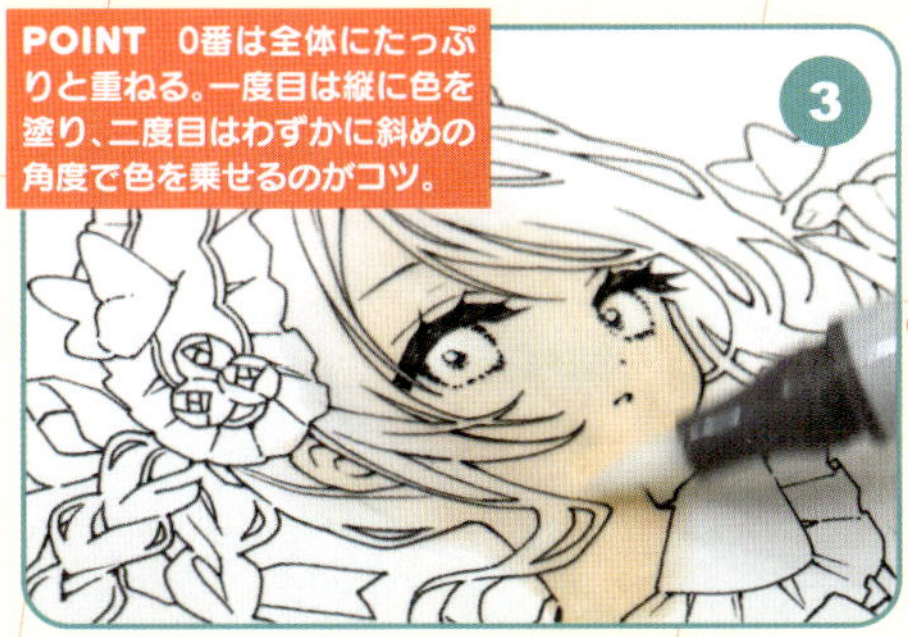

②で塗り残していたひたいから、アゴの先に向かって、肌全体に0番を乗せる。0番を重ねることで色の濃さを整えながらムラを無くす。

**4**

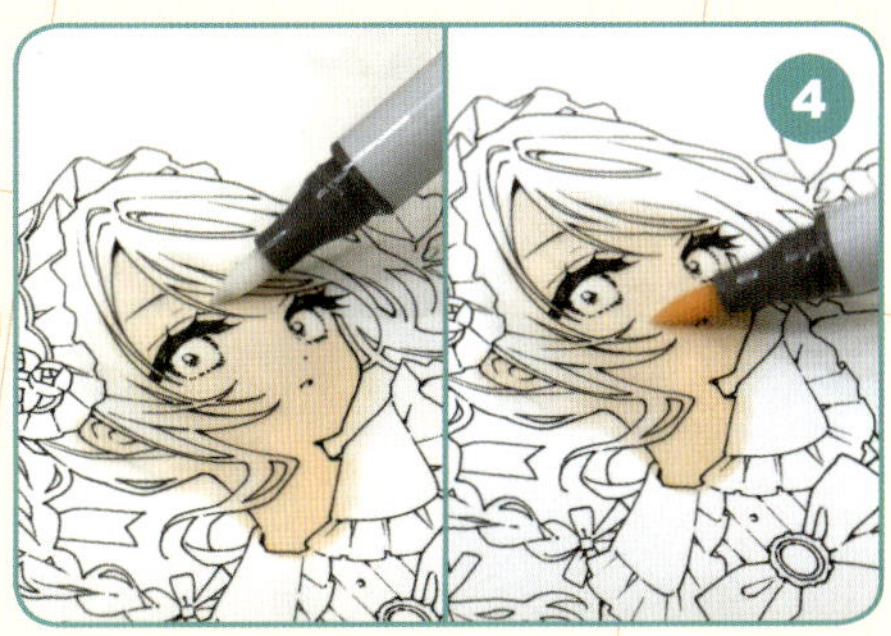

YR000を再び肌に重ねる。首から顔の中央部まで、カゲになる位置に色を塗った。上から0番を全体的に重ねてベースの色にYR000をなじませる。

**5**

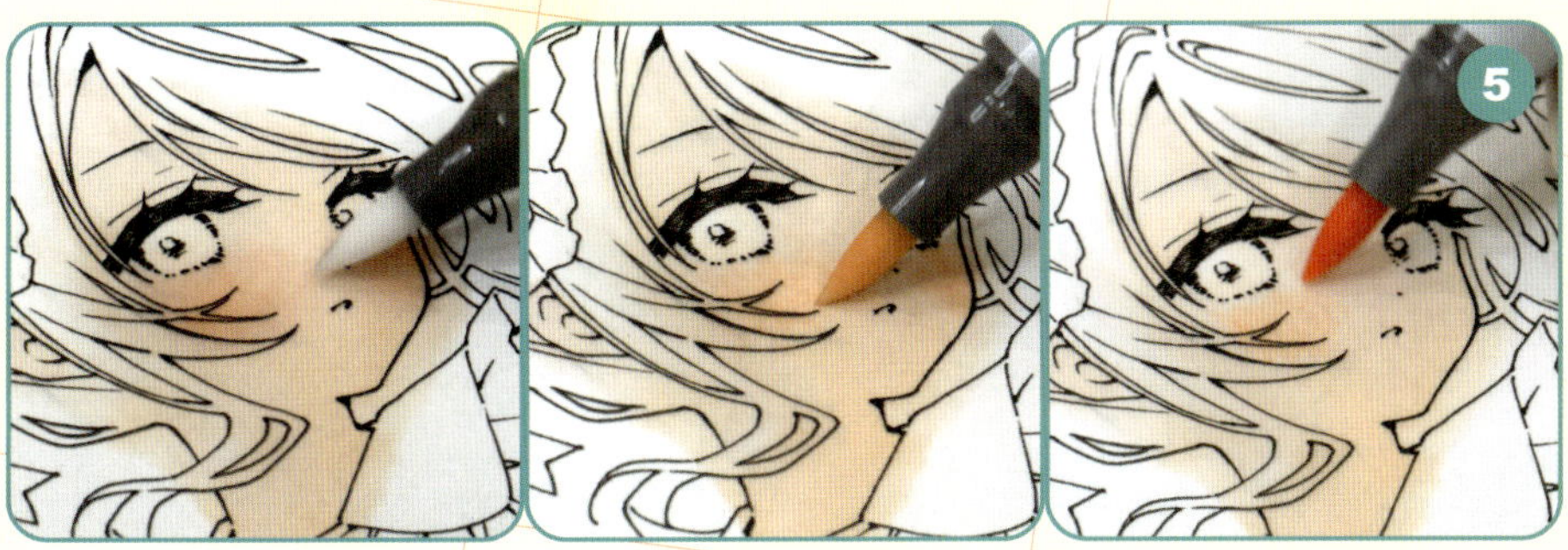

頬の赤みを塗る。まずは、頬の一番高い位置にE93を置く。左右の頬に何度か色を重ねて濃さを整えたら、グラデーションをつくっていく。E93の色のフチにR000を重ねて、肌のベースの色になじませる。さらに、0番で頬の色のフチをぼかしながら、外側へに向かって塗り広げることで、やわらかな肉感を再現する。

 ※色番号のみの記載の場合は「コピック チャオ スタート24色セット」に入っているコピックチャオをつかっています。

## 肌を塗る（つづき）

使用色：E93／R000

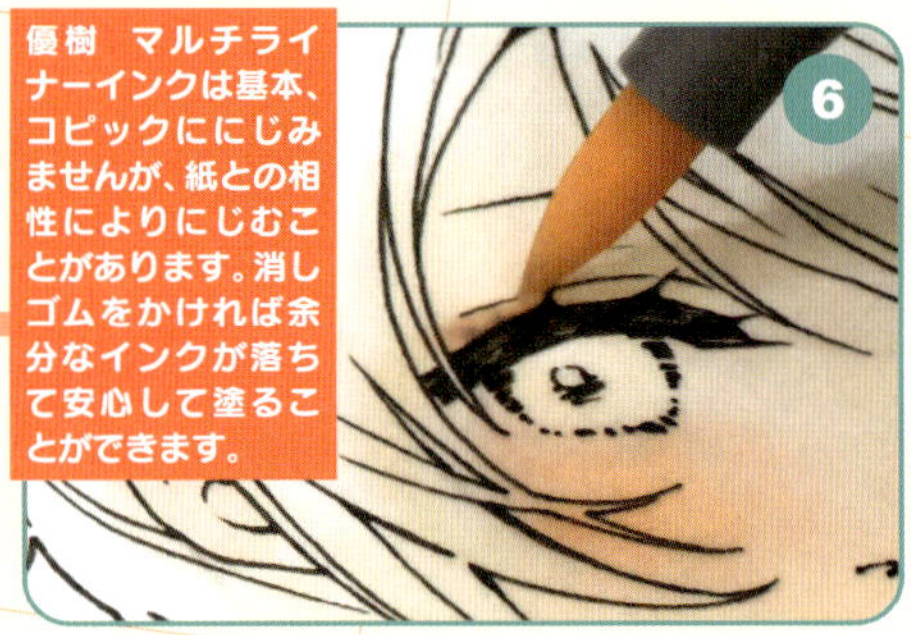


ふたえの幅には頬の赤みでつかったE93を置いた後に、R000を塗り重ねた。この時、コピックチャオのインクによって線画がにじんでしまった。

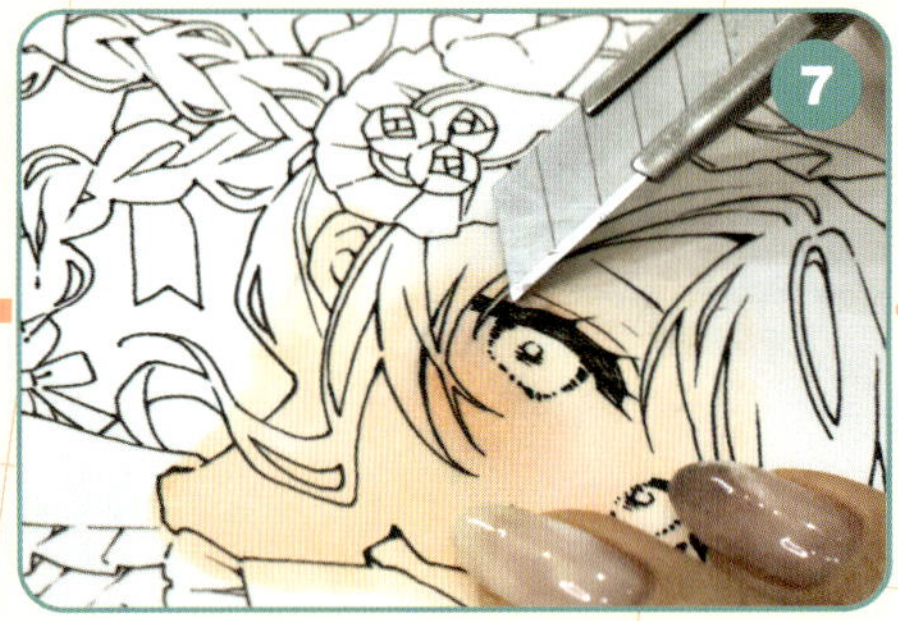


にじんだ線画を修復する。カッターの刃を寝かせながら、紙の表面のみを削る。細かく優しくカッターを動かして、スクラッチのように削るそう。

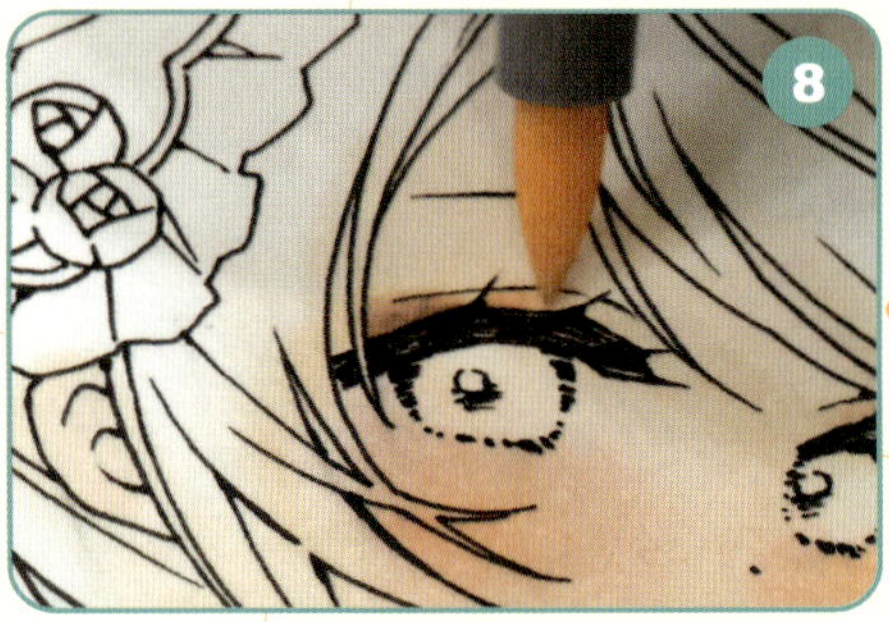


紙を削り終えたらふたえ幅に⑥と同じ色を重ねる。周囲の色を乗せると、にじみが気にならなくなることも多いため、絵の修復に集中しすぎずに一度様子を見る。

## 瞳を塗る

使用色：YR16／YR31／0番／E71

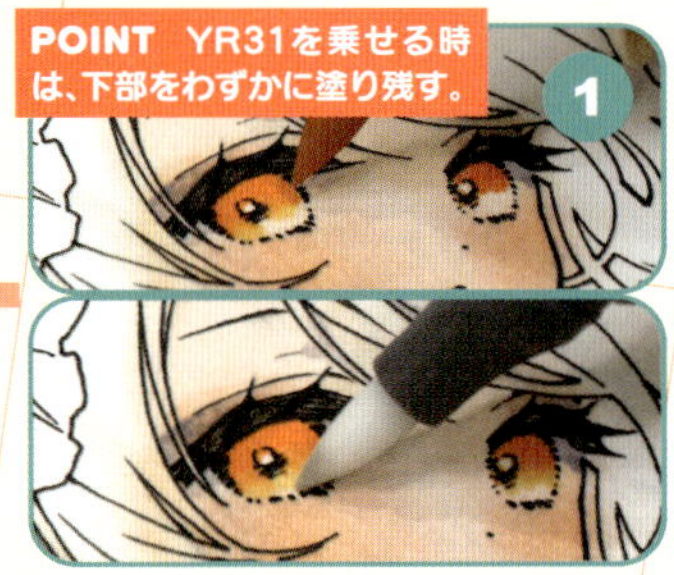


瞳は上から下に向かってグラデーションをつくる。上部にはYR16を乗せ、中部にはYR31をなじませながら置く。下部には0を重ねてグラデーションに。

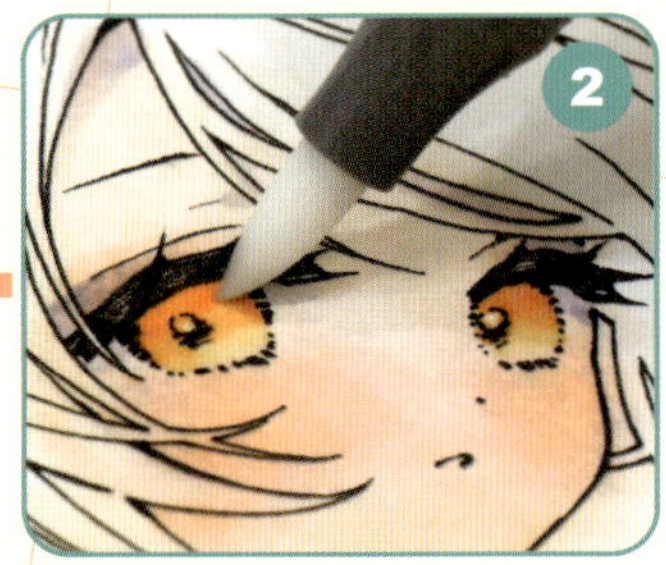


スタンプのように0番のニブをところどころ押し付ける。①で塗ったインクが溶けてにじみ、ナチュラルな透明感が生まれてウルウルな瞳となった。

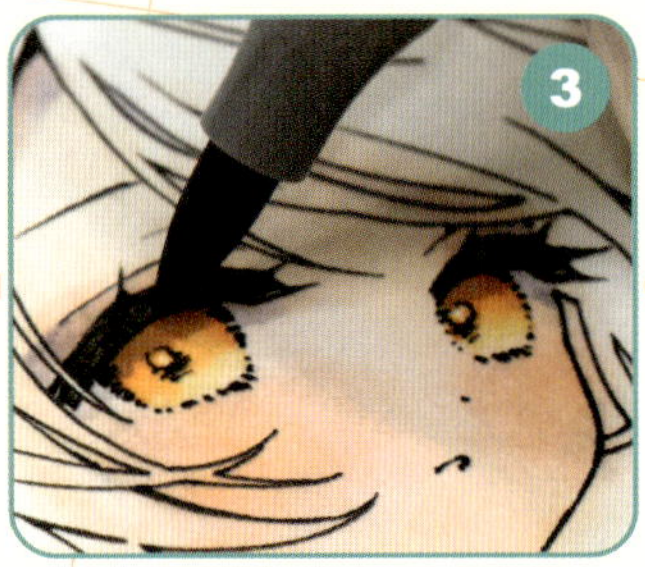


瞳の色を濃くする。アイラインの線画にわずかに色を被せながら、瞳上部にE71を乗せる。次の④の工程では色の鮮やかさをプラスする。

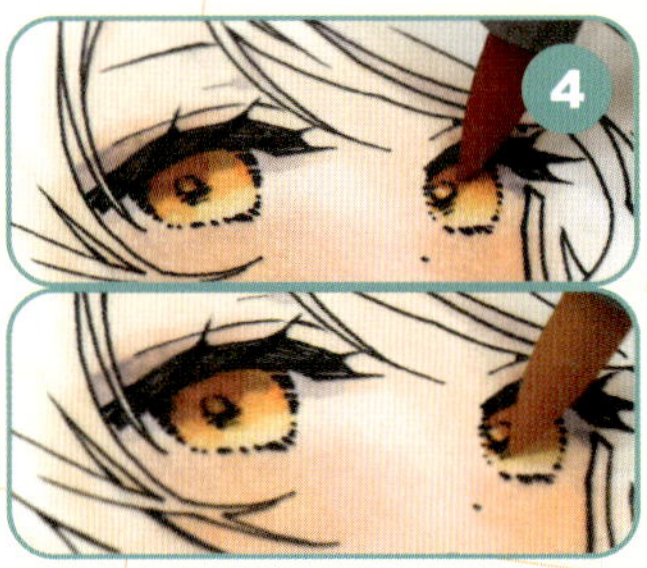


線画で描いたハイライトの付近にYR16を乗せる。瞳上部に乗せたYR16となじませながら瞳の中央部にYR31を重ねると、目力がアップした。

## バラを塗る

使用色：YR31／G24／YG11／BV31／0番／YR16／E93／R000／クリームイエロー

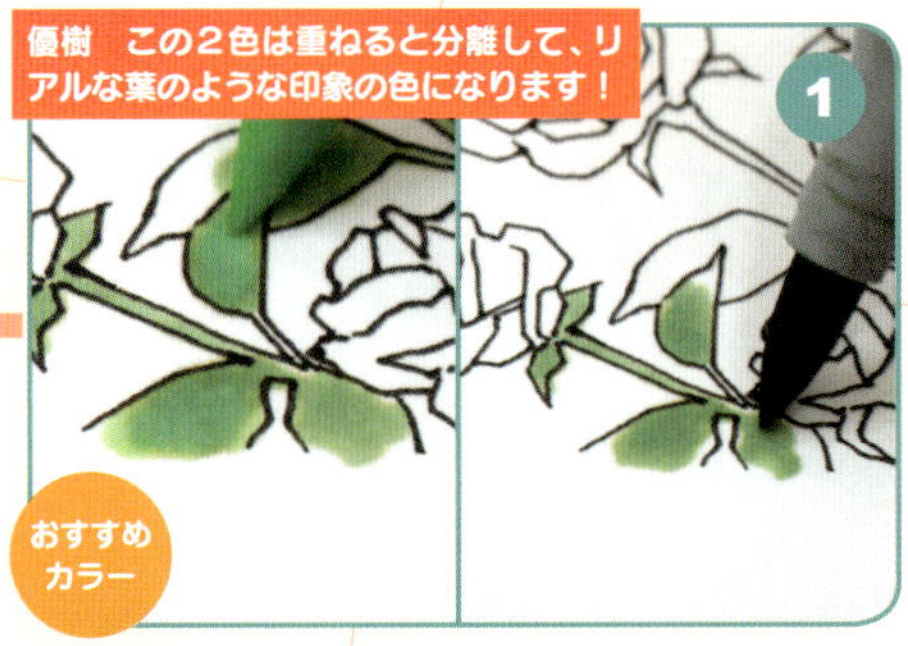


バラのくきと葉はベースの色として、コピックスケッチのG24をつかう。葉先や光が当たる場所は塗り残すのがポイント。YG11を塗り重ねると色が分離する。

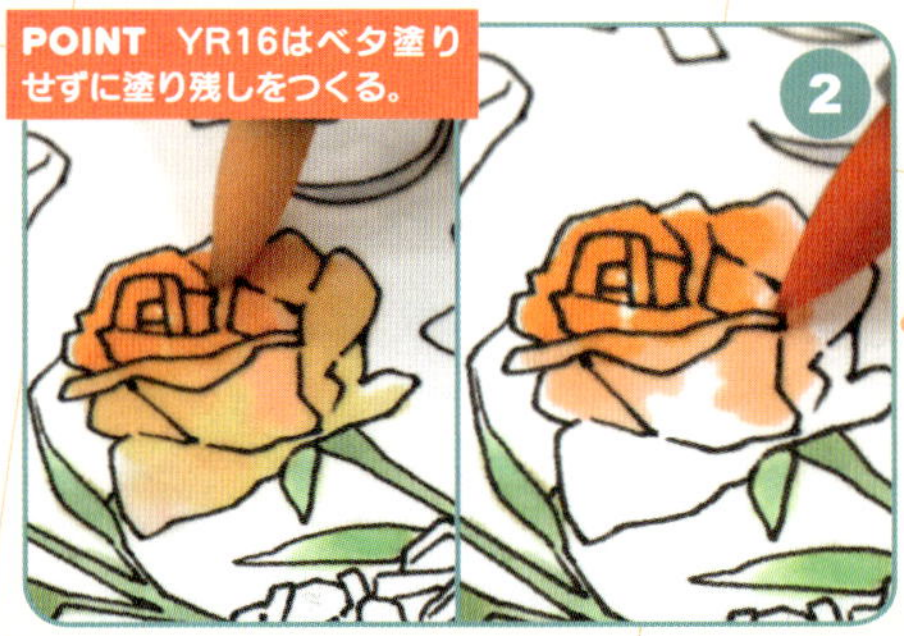


バラの花を塗る。中央部はYR16を置く。光が当たる場所にはYR31をトントンと押すように隙間を埋めながら重ねた。全体にR000を乗せてなじませる。

### POINT

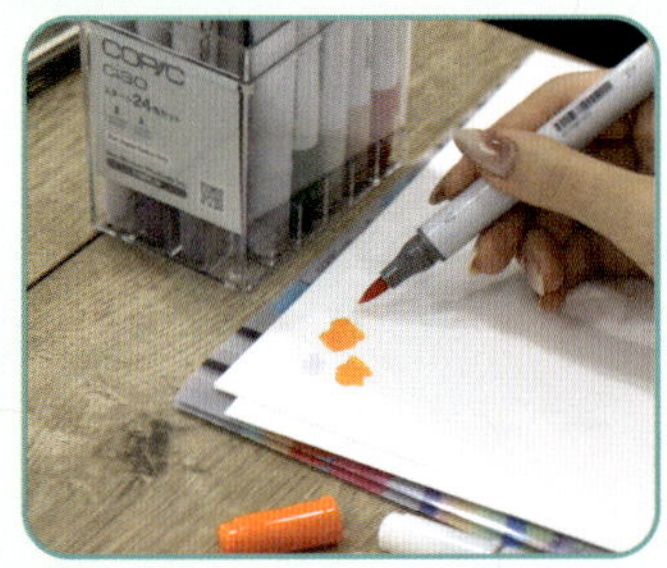

優樹　新しいコピックは最初、どのくらいのインク量が出るのかが分からないですよね。いらない紙に試し塗りをしながら量を見るのがおすすめです。

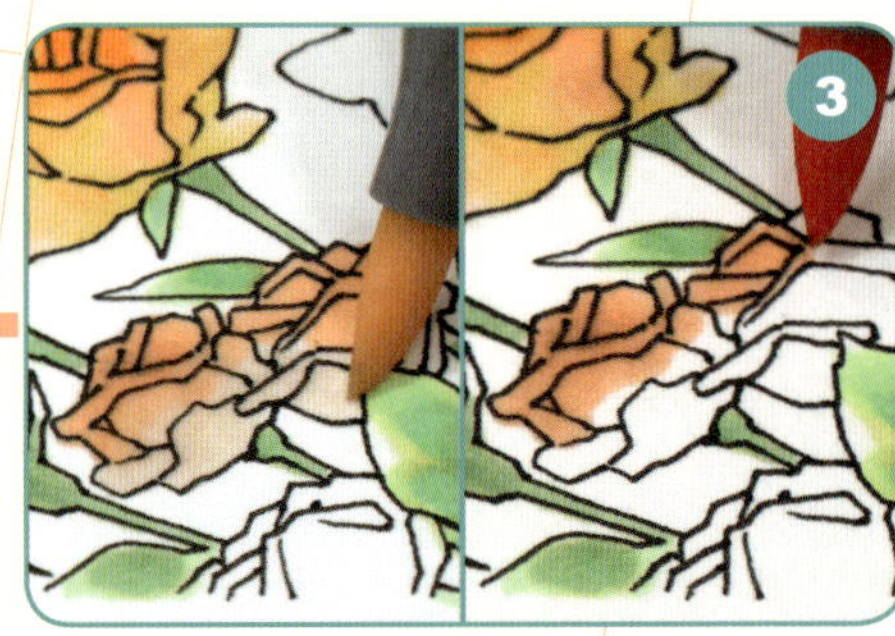


赤みの強いバラは2色でグラデーションをつくりながら塗る。花の上部はE93で塗り、下部をR000でなじませながら塗り広げた。

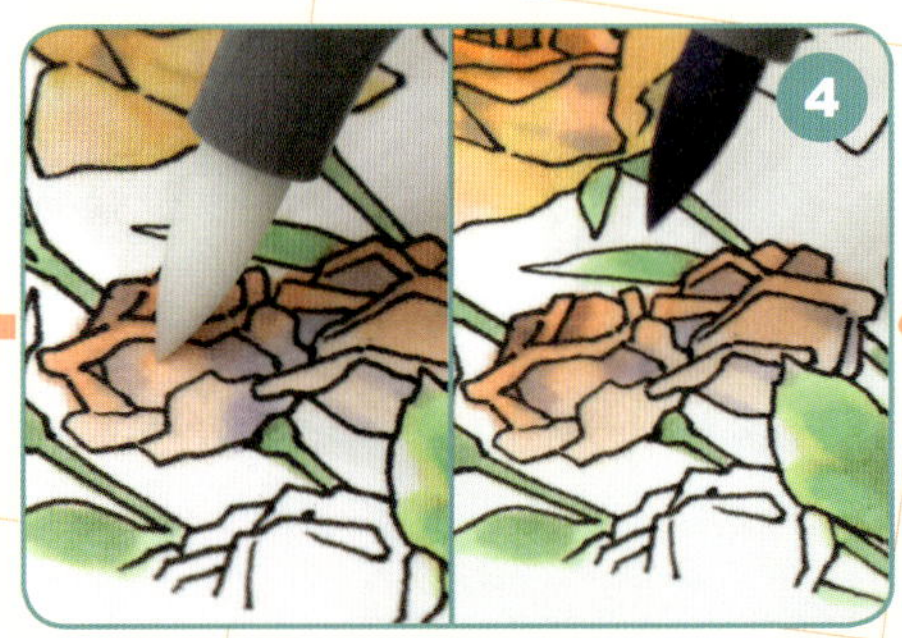


花のカゲは人物の肌のカゲにも使用したBV31で描く。ペン先で軽やかに塗るのがコツ。続いて、BV31を塗った場所を避けながら、光が当たる場所に0番を重ねる。

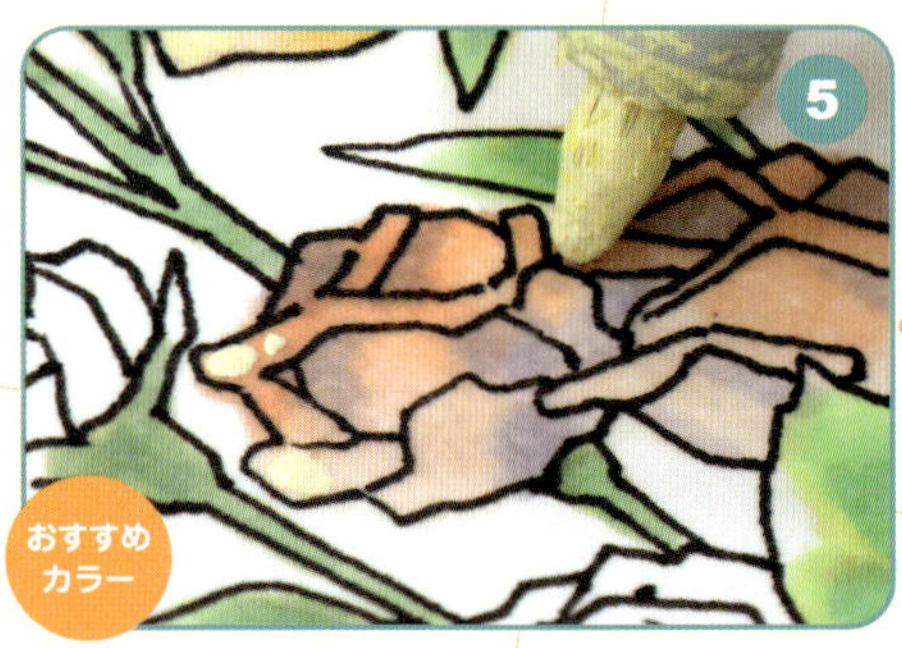


コピックアクレアのクリームイエローで加筆する。ホワイトではなく、あえてクリームイエローをつかうことで、あたたかな光が当たっていることを表現した。

※色番号のみの記載の場合は「コピック チャオ スタート24色セット」に入っているコピックチャオをつかっています。

## お洋服を塗る

使用色：B02／C-3／BV31／W-2／0番／B21／B23／スカイブルー

**POINT** 今回の絵は向かって左側から光が差し込む。そのため、濃いカゲは向かって右側を中心に乗せると良い。

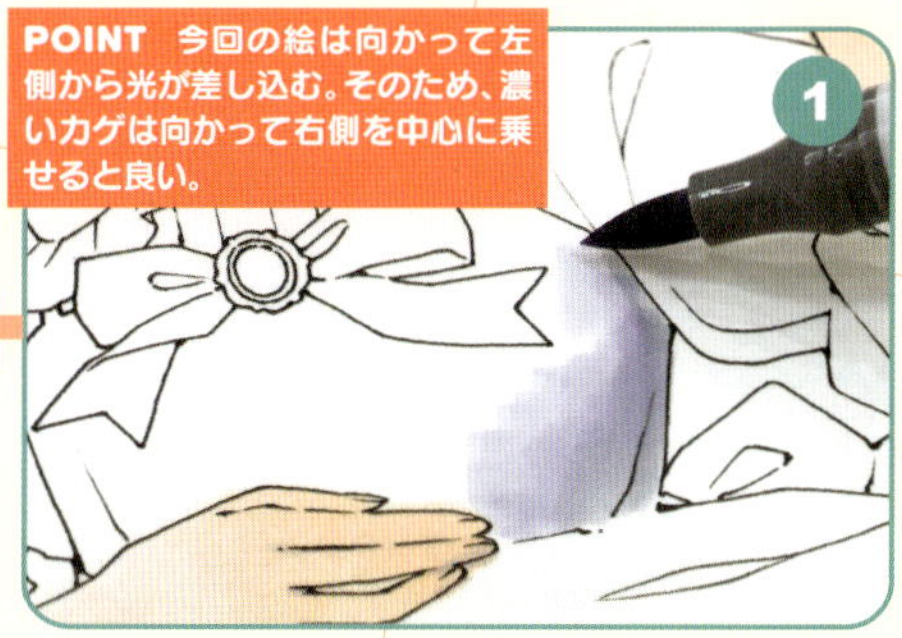


最初に服の陰影を描く。向かって右側の服の端にC-3をつかい、一番濃いカゲを塗った。C-3にBV31を重ねながら、胸元の陰影をざっくりと描いていく。

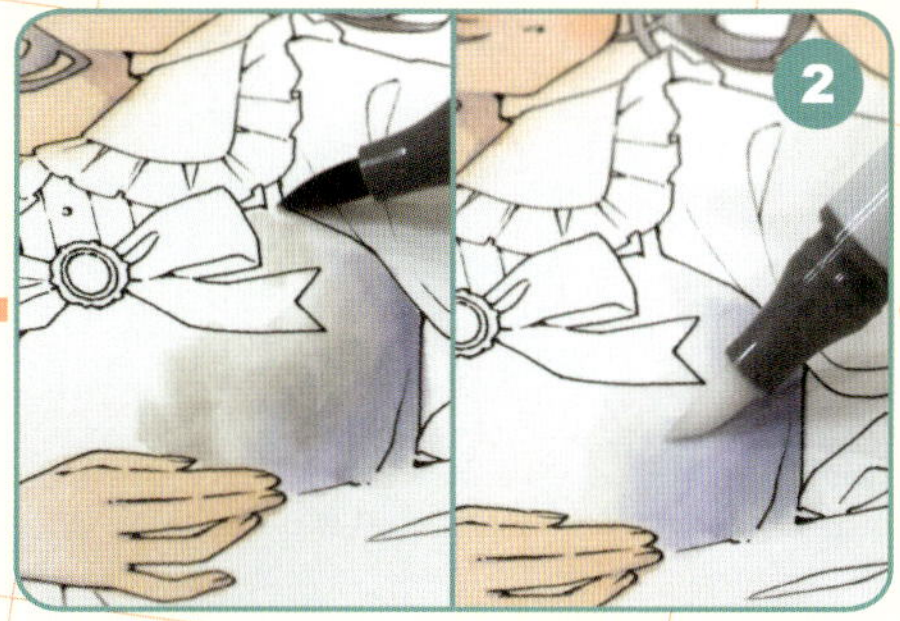


①で乗せたBV31を0番でぼかす。何度も0番を重ねて紙をしっとりさせるのがポイント。上からW-2を重ねて再び0番でぼかして、やわらかなカゲを表現する。

**POINT** 光が当たる部分のカゲは暖色系のグレー、光が当たらない部分のカゲは寒色系のグレーをつかう。

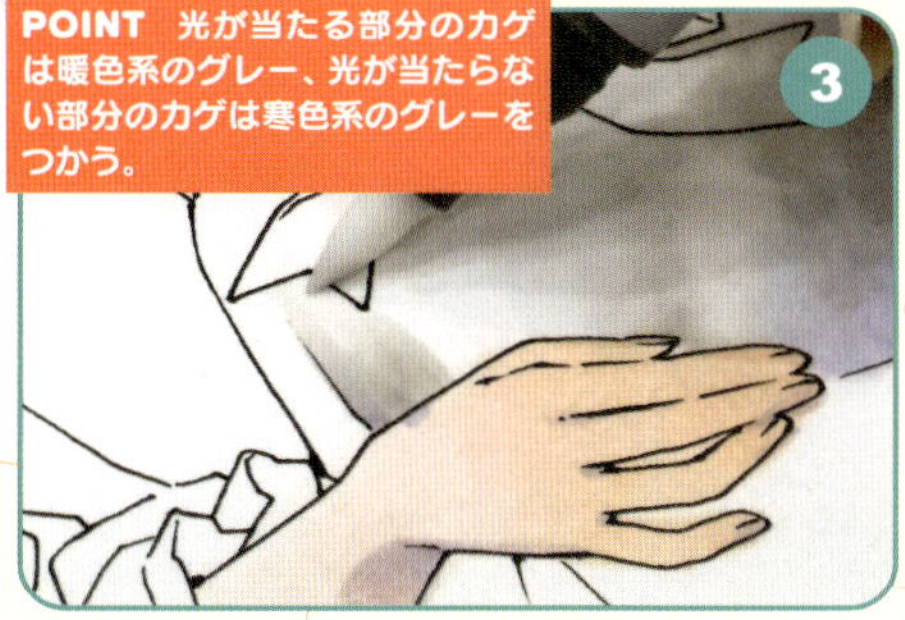


光源側のカゲはあたたかみのあるグレー色をつかう。線画に合わせてカゲを描く。ウエスト部分にW-2を乗せて、上部に向かって0番で塗り伸ばす。

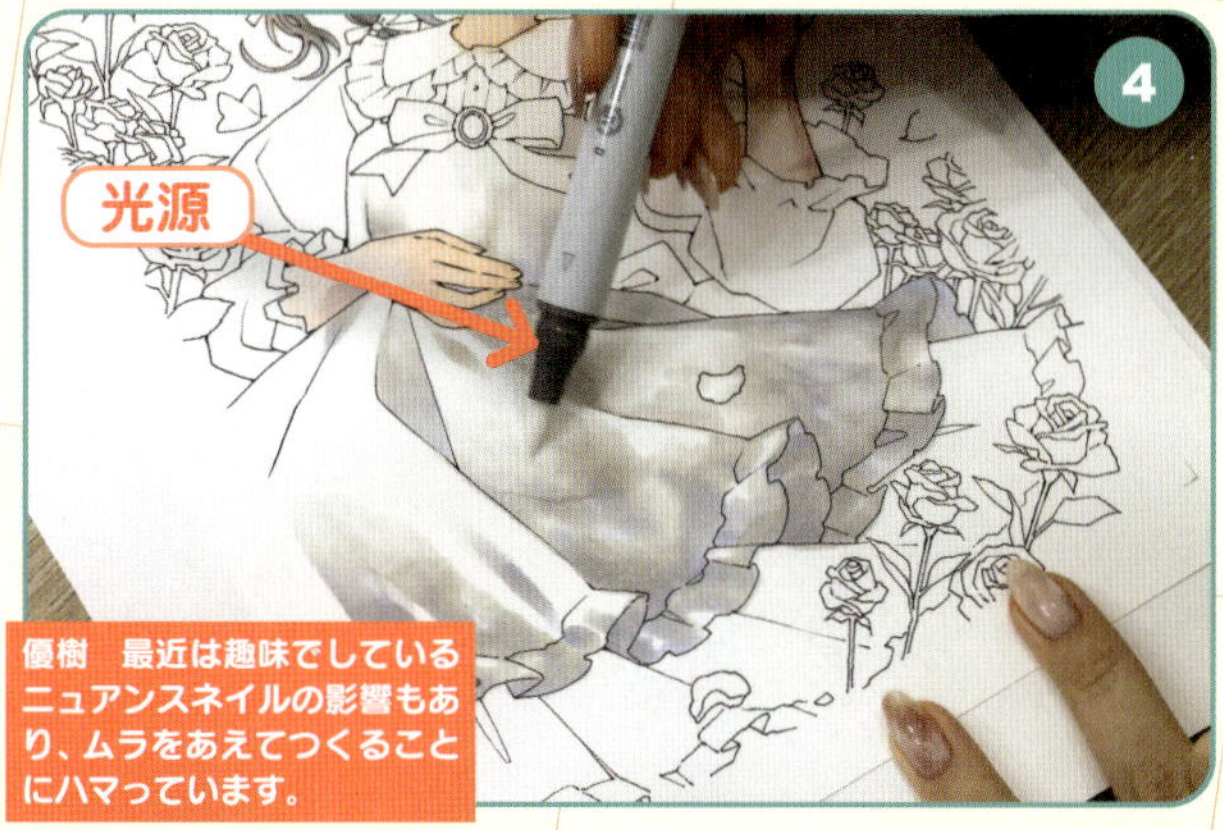


**優樹** 最近は趣味でしているニュアンスネイルの影響もあり、ムラをあえてつくることにハマっています。

①〜③までの工程と同様にスカートにもカゲを塗っていく。向かって右側は、一番濃いカゲが落ちる場所。まずスカートのフチに、肌や花のカゲにもつかったBV31を塗る。さらに、スカートの布のなびきと光源を意識して、あたたかみのあるグレー色のW-2をカゲ部分に乗せる。上から0番を重ねて、W-2をぼかす。お洋服の陰影はあえてざっくりと描き、筆のタッチを残すのがポイント。また、広い面積はコピックを寝かせながら塗るのがコツ。

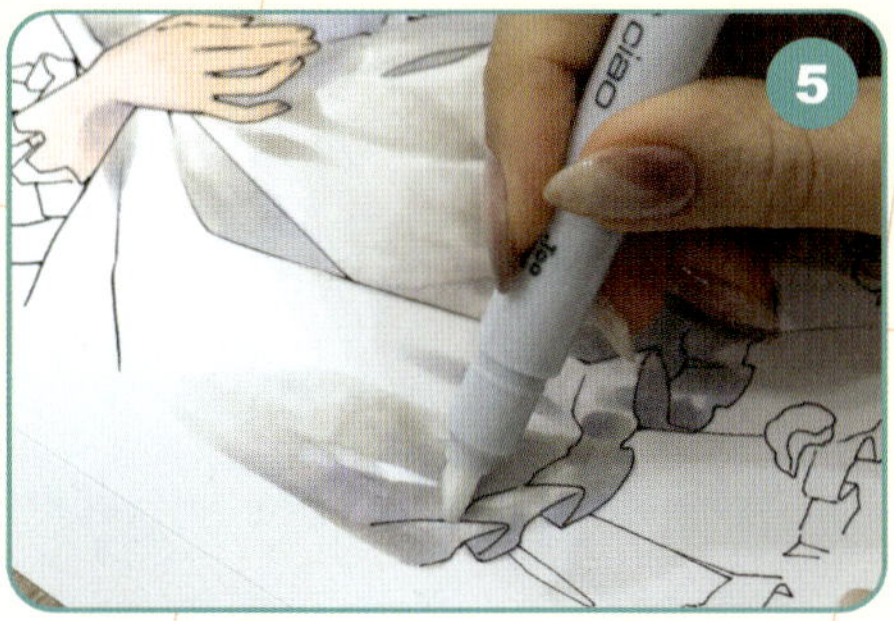


全体的に0番を乗せて、色をなじませる。強く擦りたい場所は、ブロードのほうをつかうと力を入れやすい。はみ出た色を落とす時にもブロードを利用していた。

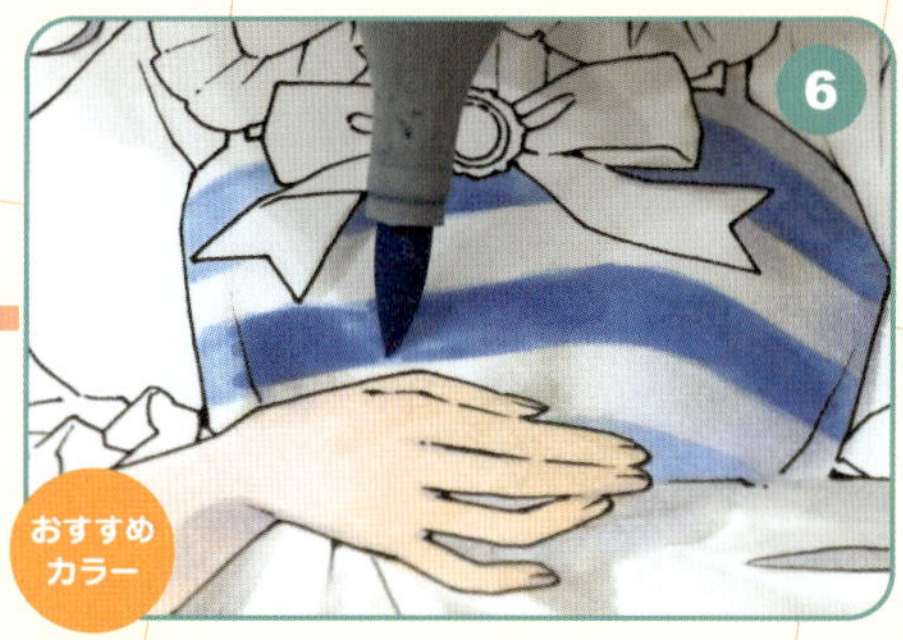


チェック模様を描く。向かって左側からコピックスケッチのB21で横のラインを引く。左胸の横に入り込む一番濃いカゲ部分や服のシワ、体の立体感に合わせて、部分的にB23を乗せB21でなじませながら塗る。

**POINT** チェック柄のラインのフチはB23でなぞるとメリハリが生まれる。

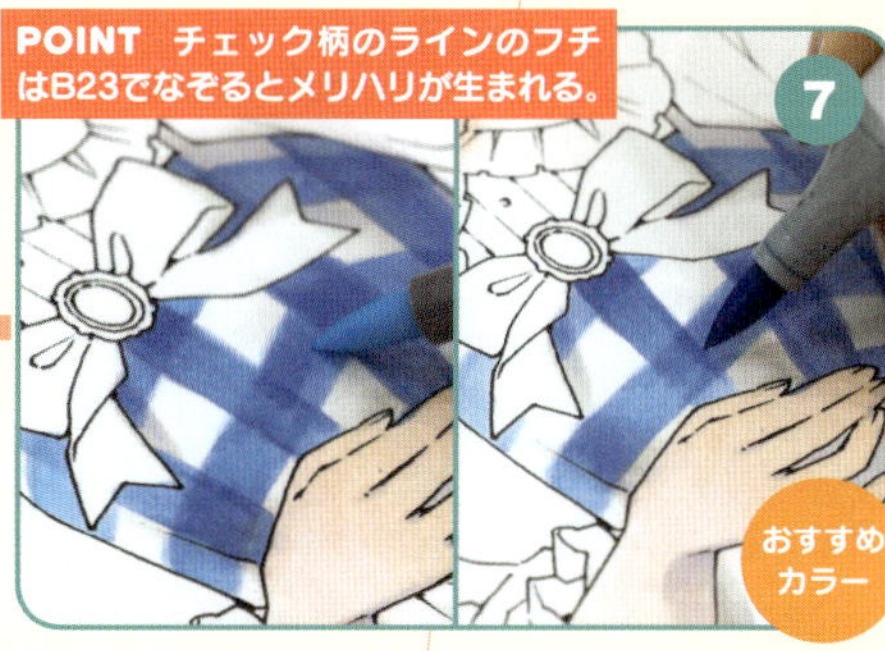


縦のラインもB23とコピックスケッチのB21でグラデーションをつくりながら描く。上から順にB23、B21、B23に色を重ねた。色の印象を明るく見せるために向かって左側のチェック柄にはB02を乗せた。

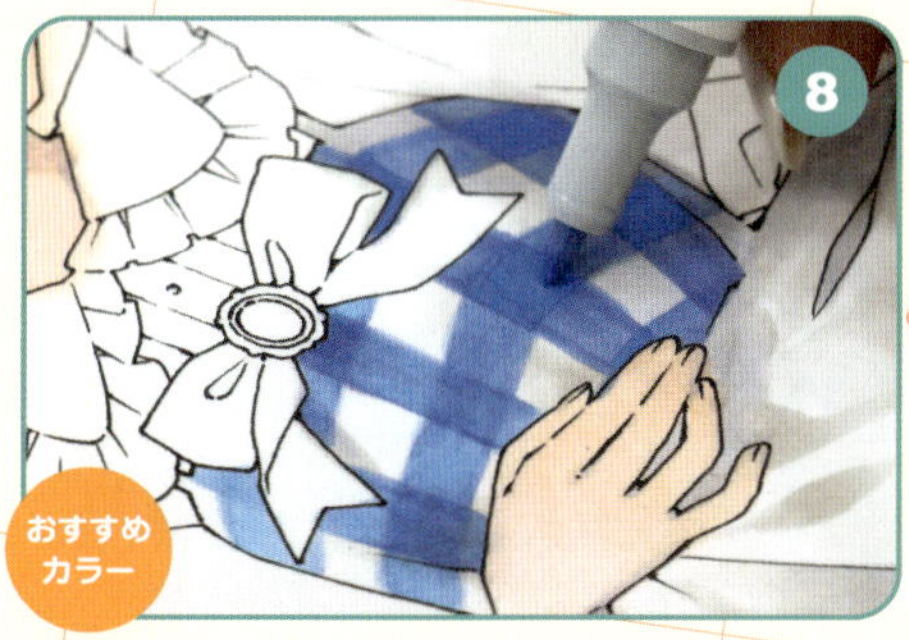


仕上げにチェックが重なる濃い四角の上に、コピックアクレアのスカイブルーで、四角い模様を加筆した。
**優樹** 「ポイントごとにコピックアクレアをつかうと、コピックアクレアの質感が引き立ちます」

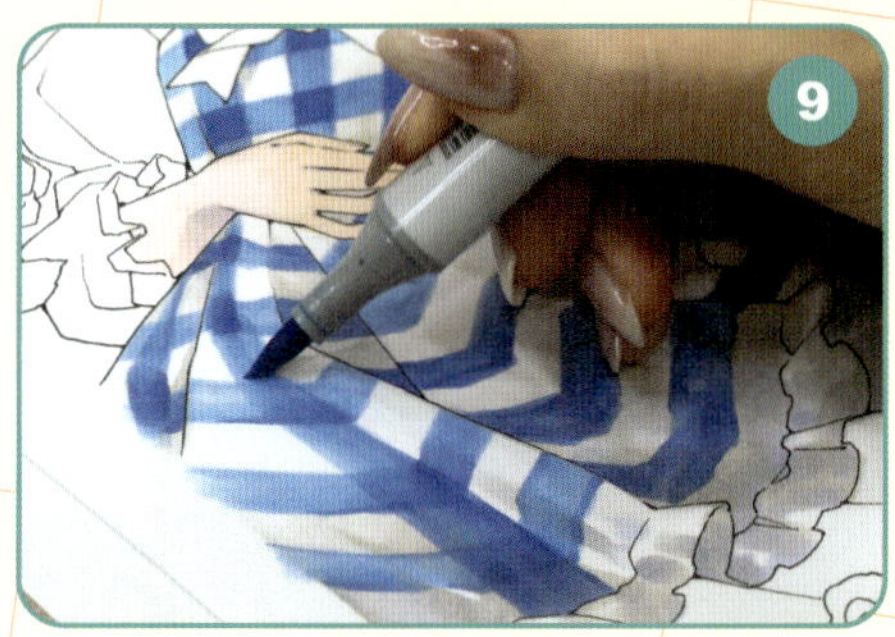


スカートも同様にコピックスケッチのB21とコピックチャオのB23をつかいチェック柄を表現する。チェック柄は、④の工程で描いた陰影に合わせた色をつかって描く。カゲの色が薄いところはB21、濃いところはB23を乗せながら模様を描くと絵になじむ。
**優樹** 「チェックは横のラインを先に描くと立体感を考えやすいのでおすすめです！」

### 仕上げにコピックアクレアをつかう

おすすめカラー

**優樹** コーラルピンクはよく使います。

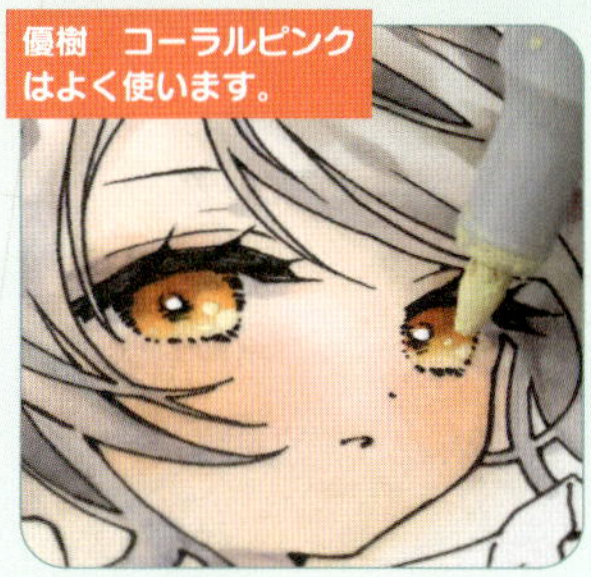

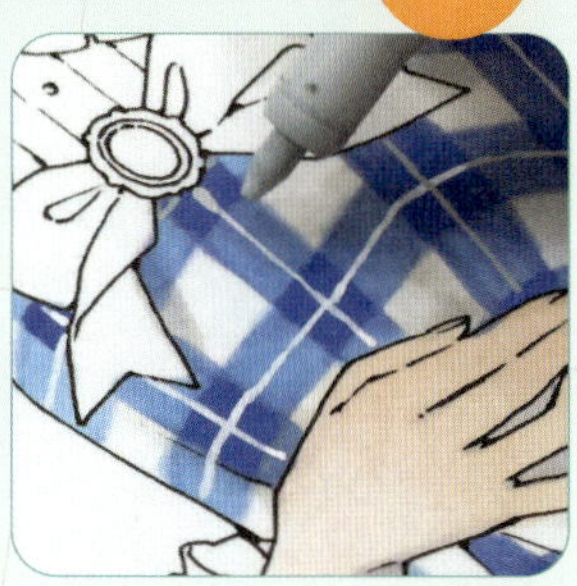

優樹ユキは絵の仕上げにコピックアクレアをつかっていた。瞳の瞳孔にはホワイトを入れて、細かいハイライトはクリームイエローで点を打つことによってウルウル感がアップ！　お洋服もコピックアクレアでチェック柄を加筆。メインは「コピックチャオ　スペシャルギフトBOX Flowers」のセットにも同封されているスノーホワイトをつかいながらも、カゲになる場所にはクールグレーを乗せて立体感を表現した。

### まとめ

仕上げにYR000と0番でモチーフをフチ取れば、クールなビジュアルでありながらも、どこか愛らしさを感じさせる女の子の完成！　今回、優樹ユキさんに描き下ろしていただいた「コピックチャオ　スペシャルギフトBOX Flowers」の女の子は、パッケージverの塗りをYouTube公式サイトでも見ることができます！　ぜひ季刊エスの誌面を合わせてチェックしてくださいね。

COPIC_Official channelのYouTubeはこちら！

第18回

# ペンタブレットdeアート投稿コンテスト 結果発表！

季刊エス・SS（スモールエス）編集部主催・ペンタブレットメーカー（株）ワコムの協賛で行われる年に1度の大きなイラストコンテスト『ペンタブレットdeアート投稿コンテスト』が第18回を迎えました。力作ぞろいのご投稿、誠にありがとうございます。今年は、展示会場をWEBとリアル5会場併設にて行い、43,000もの閲覧をいただき、同時に募った投票では3,500票が集まりました。たくさんの閲覧・投票ありがとうございました！　上位受賞者には、各賞品の他に季刊エス・SSの誌面　でメイキングなどにご登場いただきますのでお楽しみに。

**応募総数　933作品**

900点を超える応募となったため、季刊エス編集部で一次選考を行いました。通過した500作品は「展示会WEB会場」にて、閲覧と投票を募りました。一般投票と季刊エス編集部の投票でグランプリを決定いたしました！

**作品展示・投票会場**　専門学校 日本デザイナー学院 九州校（福岡県）／大阪総合デザイン専門学校（大阪府）／専門学校 日本マンガ芸術学院（愛知県）／専門学校 東京デザイナー・アカデミー（東京都）／日本アニメ・マンガ専門学校（新潟県）

賞品協賛　株式会社ワコム／株式会社PGN(FireAlpaca.com)
印刷協賛　株式会社グラフィック(コミグラ)

季刊エス編集部をはじめとした審査員と「作品展WEB会場」で募った一般投票で決定しました！

## グランプリ

1作品

### 神奈川県・Σウルフ

■作業環境／
Wacom MobileStudio Pro 16・CLIP STUDIO PAINT・Photoshop

海の平穏を護る神様と海の底にある生き物たちと共存する海底の楽園を描きました。楽園の名前は「ニライカナイ」と言う理想郷で、その中にある綿津見神社を想像して描いてみました。
わだつみが「生命の誕生に神の加護で手助けしているシーンとそれを見守る魚たち」と言うストーリーで描いていたのですが、別の解釈として「神の加護で、傷ついた体を癒しているシーン」にも見えて、色々な解釈が出来て面白いと思いました。殻が割れて光が漏れているのも解釈の違いで意味が変わってくるのも面白いです。
タイトルにある華護は誤字ではなく、華（花）や華やかな意味と加護を合わせた造語です。ない幻想世界を模索したイラストです。

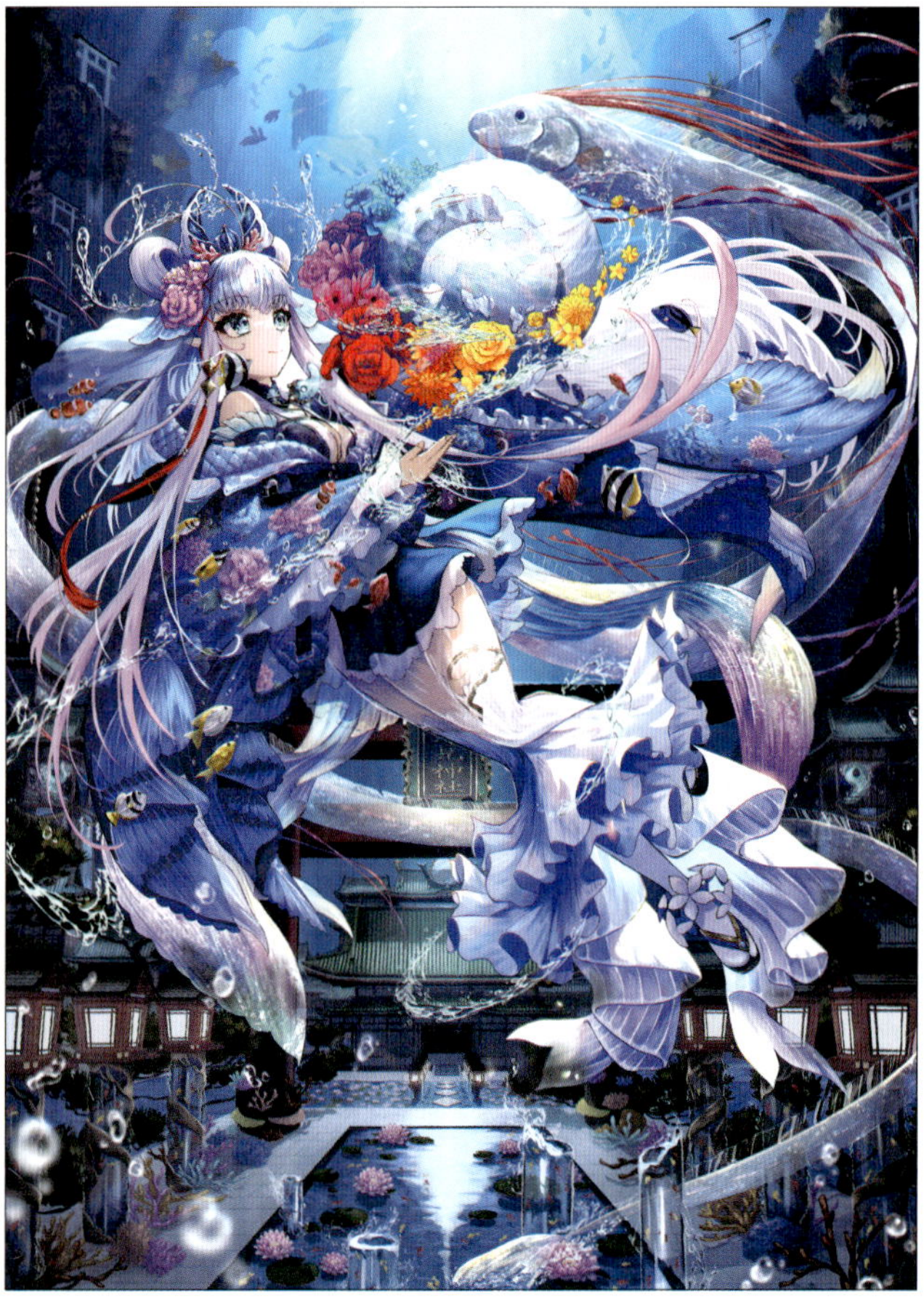

グランプリのΣウルフさんには、㈱ワコム製 プロフェッショナル向け液晶ペンタブレット「Wacom Cintiq Pro 17」をプレゼント！

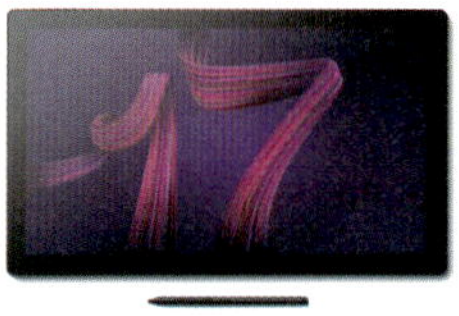

新しい作業環境で作品の幅をより広げてください！
さらにグランプリ受賞記念としまして、季刊エスでのメイキング依頼・WEBサイトで作品紹介ページを設けます。

## 銀賞

2作品

銀賞は㈱ワコム製液晶ペンタブレット「Wacom Cintiq 16」をプレゼント！

### 東京都・いち

■作業環境／Wacom One 12・CLIP STUDIO PAINT

好きなものを詰め込んできらきらした世界を表現しました。

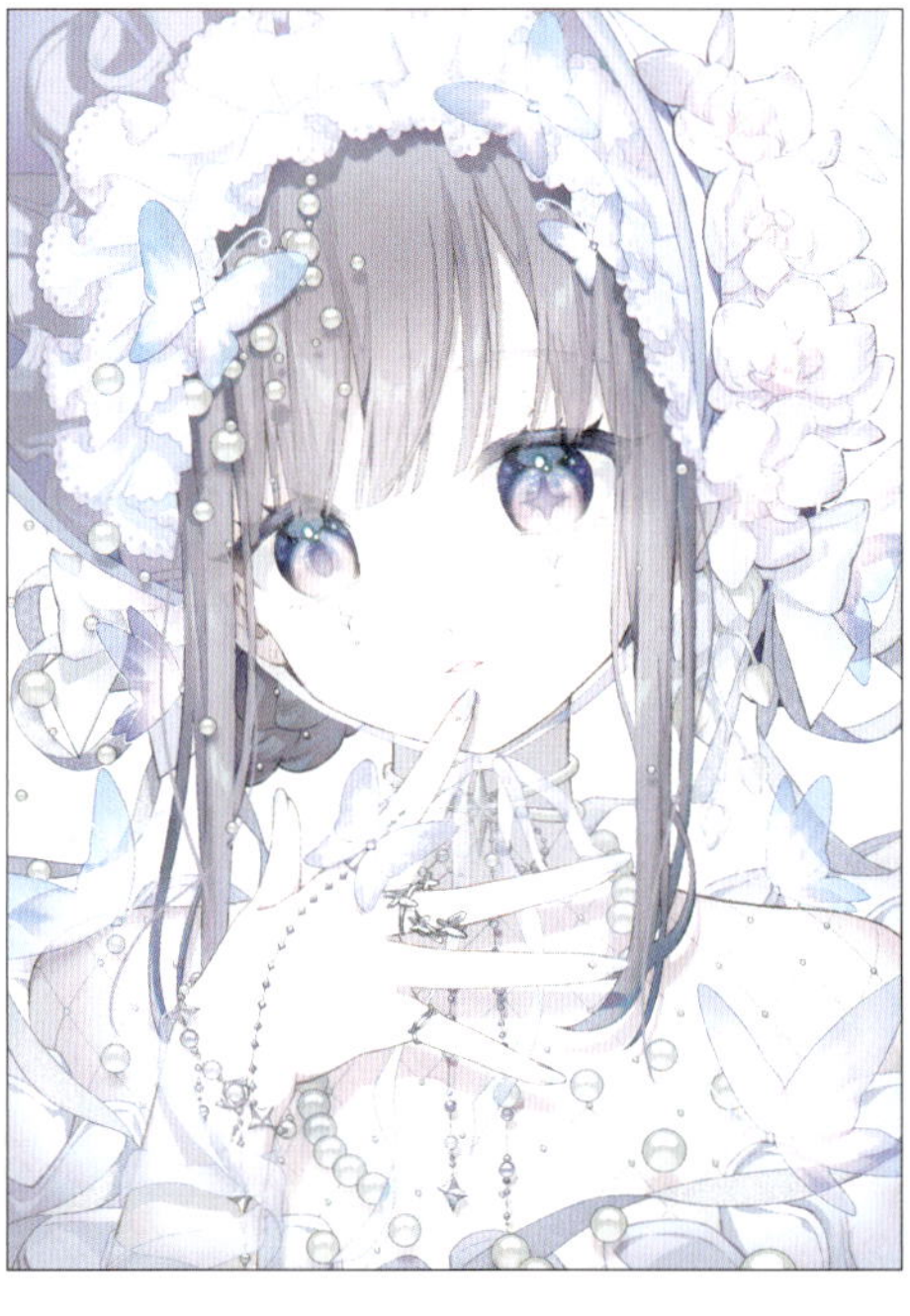

### 東京都・朧月・19歳

■作業環境／Wacom One・Affinity Designer 2

夏の空中都市をイメージして描きました。解放感やファンタジックな雰囲気を感じていただけたら嬉しいです。

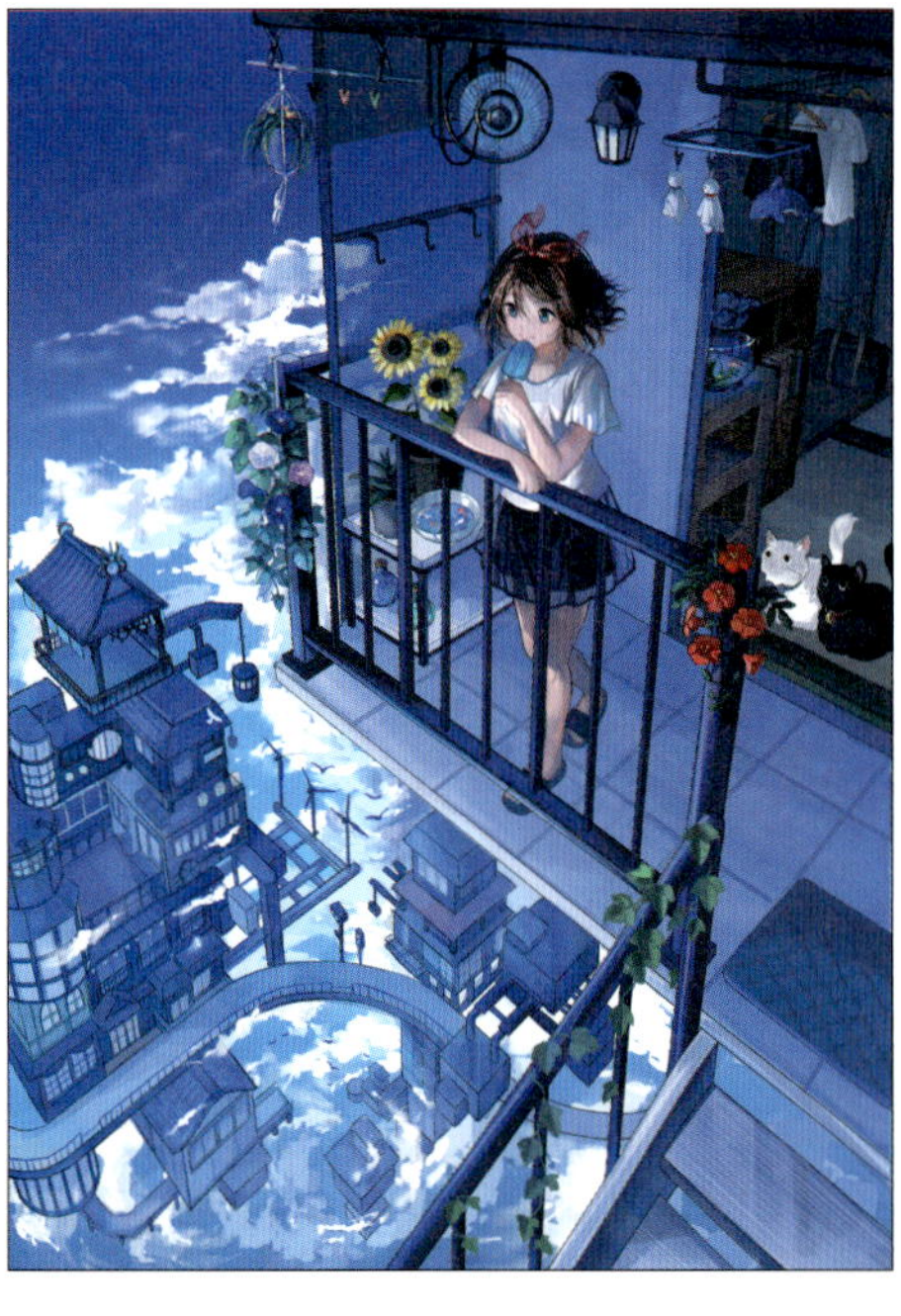

## 銅賞

2作品

銅賞は（株）ワコム製 液晶ペンタブレット「Wacom One 液晶ペンタブレット 13 touch」をプレゼント！

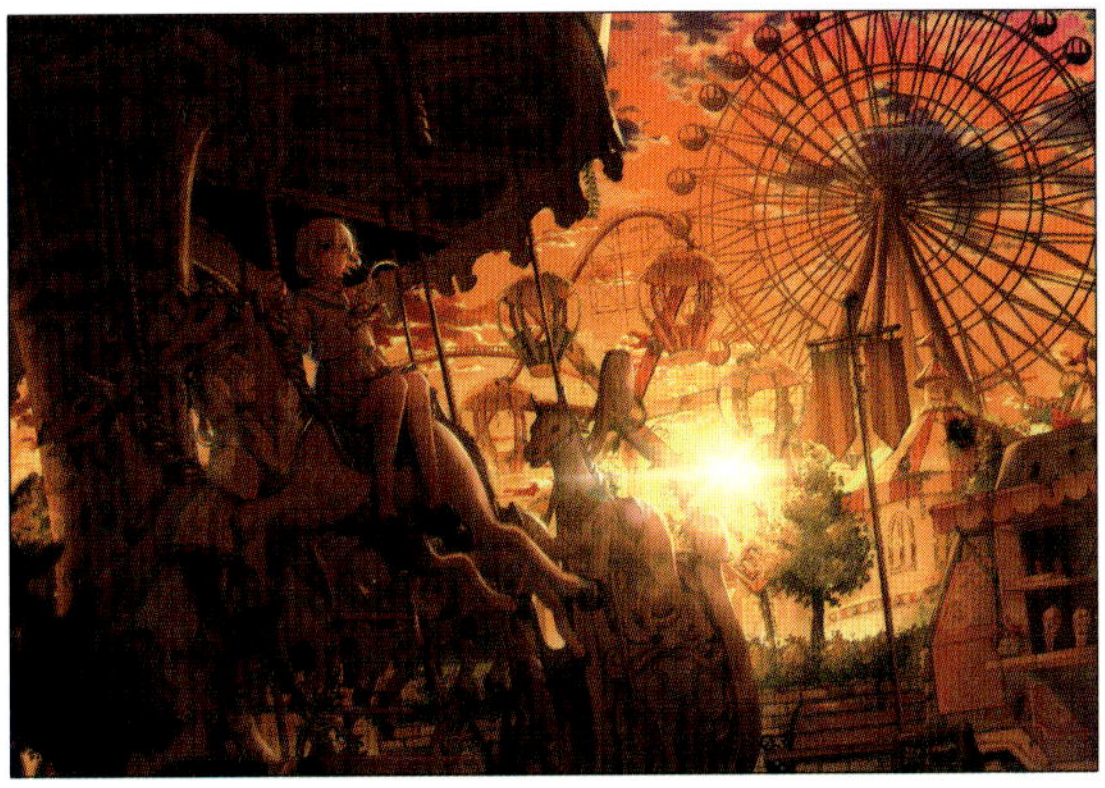

### 大阪府・りん

■作業環境／Wacom Cintiq 22・CLIP STUDIO PAINT

夕焼けの廃遊園地を描きました。
日が落ちる頃のなんとなく寂しい雰囲気が伝われば嬉しいです。

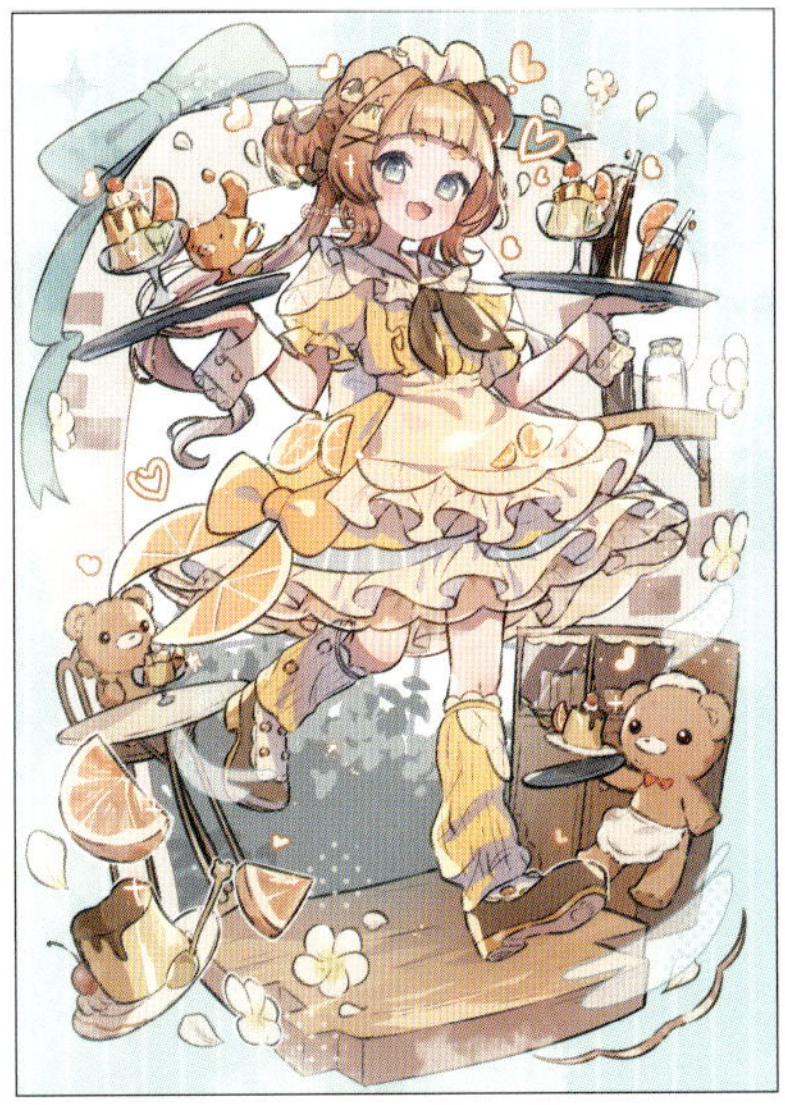

### 三重県・九十三ビス

■作業環境／Intuos Comic・CLIP STUDIO PAINT

熊のカフェの店員さんをイメージして描きました。

## 入選

4作品

入選はペイントソフト「Fire Alpaca SE」をプレゼント！

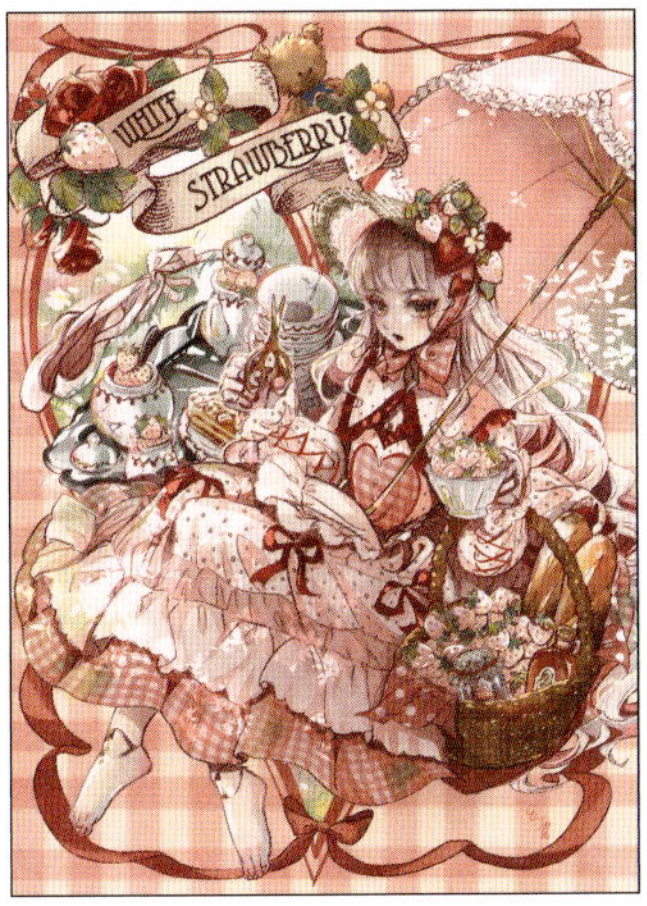


### 千葉県・anじぇら

■作業環境／
Cintiq 13HD
CLIP STUDIO PAINT

白苺をイメージしたギンガムチェックのドレスに身を包む少女人形。人形の少女は苺やお茶を口にすることはありませんが、人間のように振舞って遊んでいるのです。かつて人と遊んだ日々を、昨日のことのように思い出して。

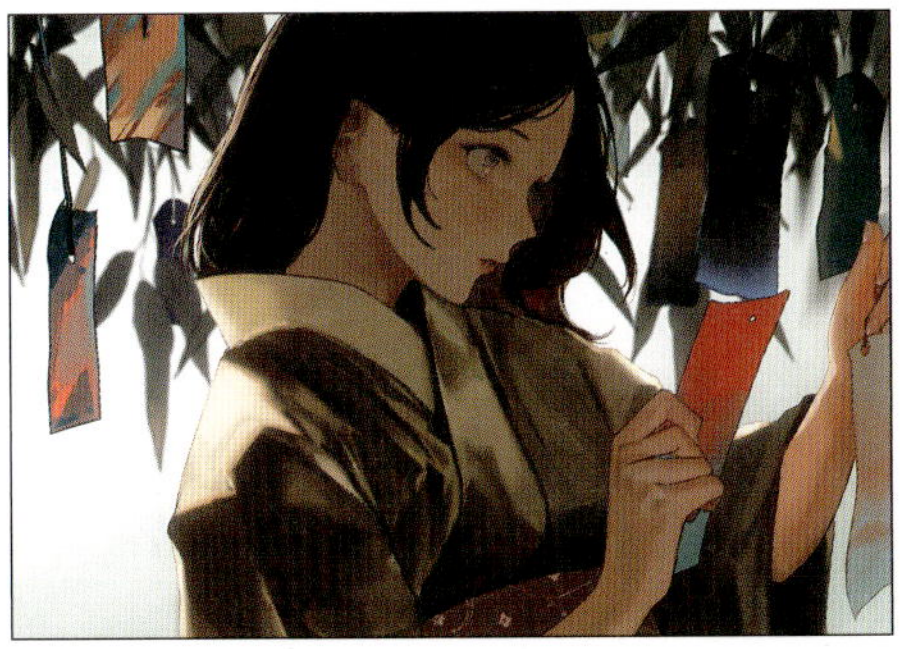

### 愛知県・nxmly・20歳

■作業環境／Wacom Intuos Pro
CLIP STUDIO PAINT

この作品における短冊は様々な色やグラデーションを用いてに変化しており、規定の短冊色を超える十人十色な気持ちや想い、願いを表現しています。この作品ではいまだに光を浴びていない未進出な少女が、情熱的な思いをのせた赤色の短冊を懸命につけようとし、少しずつ進歩しているという希望を逆光表現から表しました。私は10年以上Wacom様のペンタブレットを使用させていただいており、初めてIntuos comicを購入したその時からイラストレーターになる夢を叶えたい気持ちは変わっておりません。しかし、様々な事情で今日にいたるまで安定的な作家活動ができずにおりました。しかし、生活が安定してきた今年から「nxmly」としてイラストレーター活動を本格的に始める決意し、この作品を私のイラストレーター生活最初の意気込み、スタートの作品として制作いたしました。

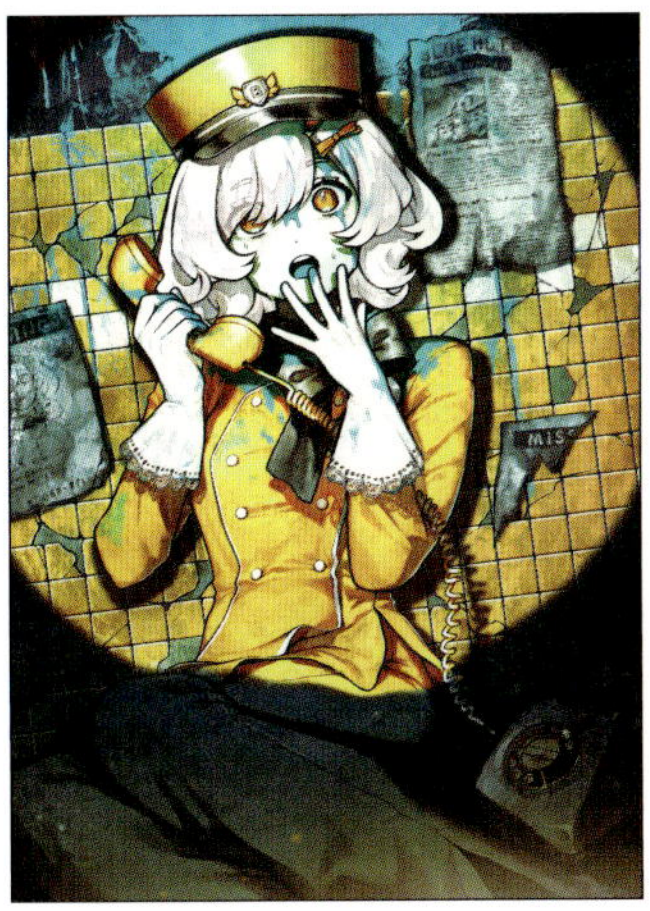

### 山口県・そるとおにぎり

■作業環境／One by Wacom
CLIP STUDIO PAINT PRO

シンプルでかわいくて、どこか不穏な女性のイラストを描きました。彼女の頭に滴っているのは血ですが、ライトの当たっている部分の色を反転させることで怖さを消し、ポップな印象をプラスさせました。

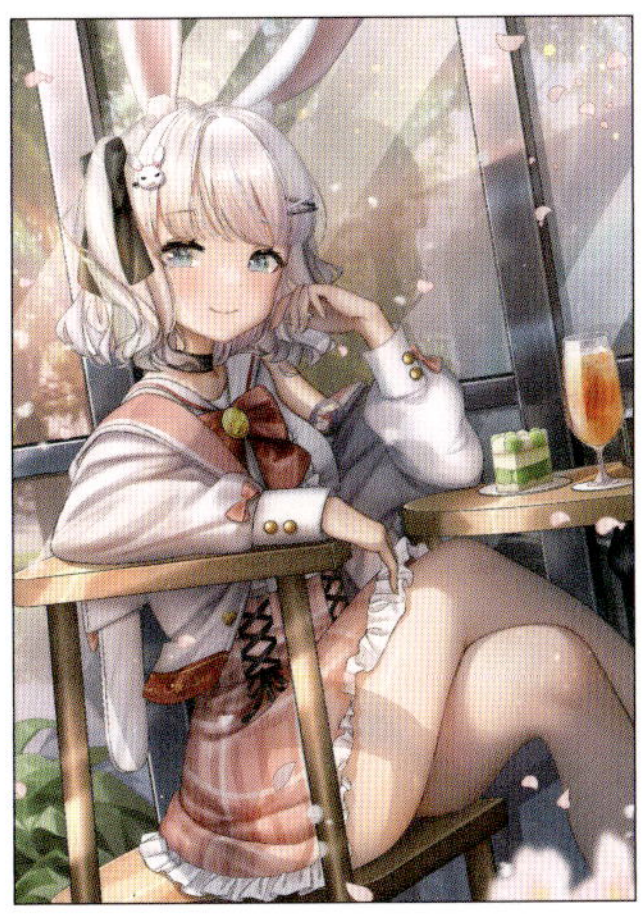

### 東京都・Kilin Usagi

■作業環境／Wacom Intuos Pro
CLIP STUDIO PAINT

かわいいうさぎちゃんが街角のカフェの席で冷たいジュースを飲んでいます。ゆったりとして心地よい雰囲気を伝えたいです。お気に入りのレースのスカートとウサギの耳がついたジャケットを描きましたので、皆さんに気に入っていただけたら嬉しいです！

## 個人賞

エス賞 1作品 | 書籍＆作品紹介ページ掲載

PIE賞 1作品 | 書籍プレゼント

ワコム賞 1作品 | ワコム特別オファー

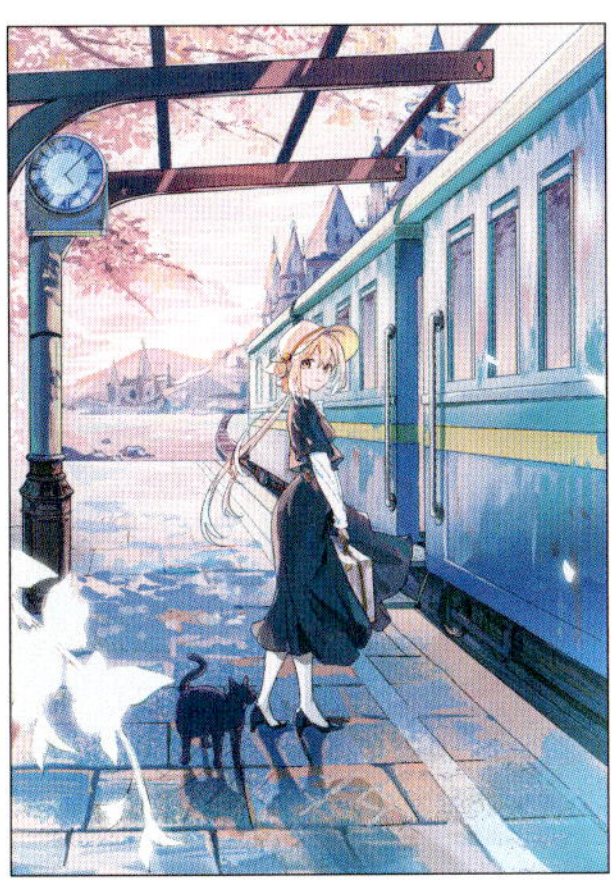

### 東京都・涙塩

■作業環境／Wacom Intuos Pro Small・CLIP STUDIO PAINT

春の出会いと別れをモチーフにした作品です。よろしくお願いします。

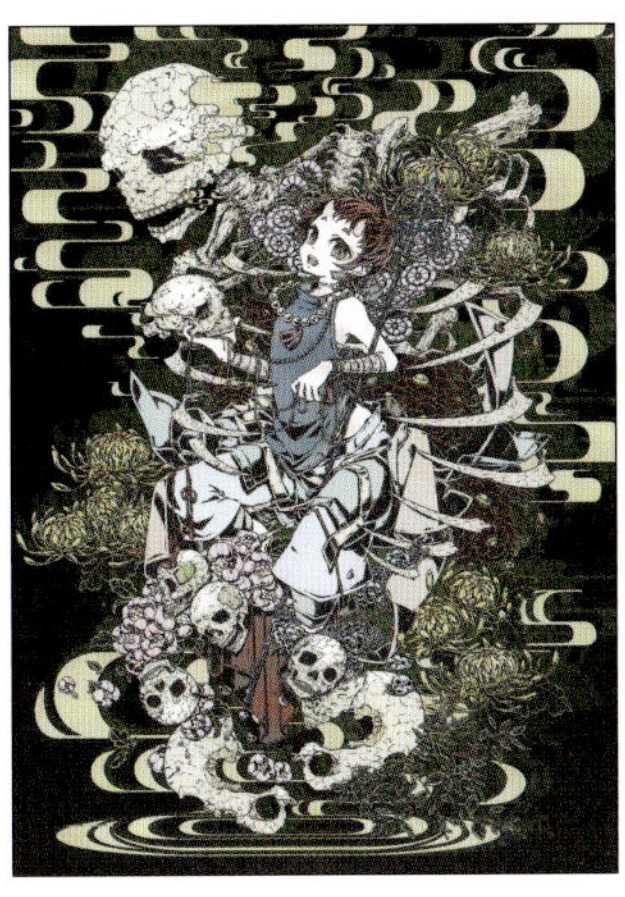

### 愛媛県・匣

■作業環境／Wacom Intuos Small・CLIP STUDIO PAINT

寂しがりな食いしん坊。可愛いあの子も愛しいその子も皆んなまるごと全部食べ尽くしたいけど、どうしても骨だけは歯が立たない。

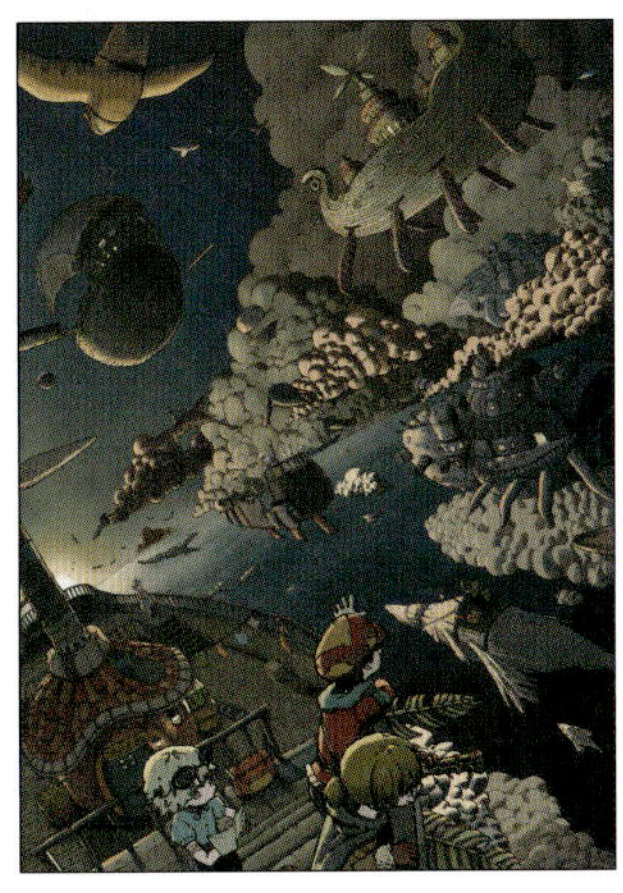

### 埼玉県・宮倉将吾

■作業環境／Wacom Intuos Medium・Photoshop

様々な船が夜明けの空の上で、それぞれ次の旅へ向かっていく様子を描きました。

# 準入選

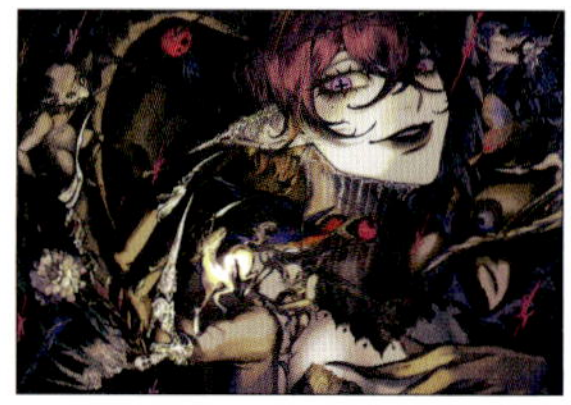
新潟県・бабочка
Wacom Cintiq 16・CLIP STUDIO PAINT

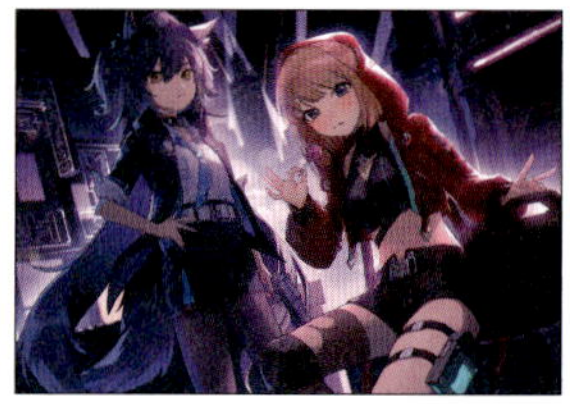
福岡県・有キ
One by Wacom・CLIP STUDIO PAINT

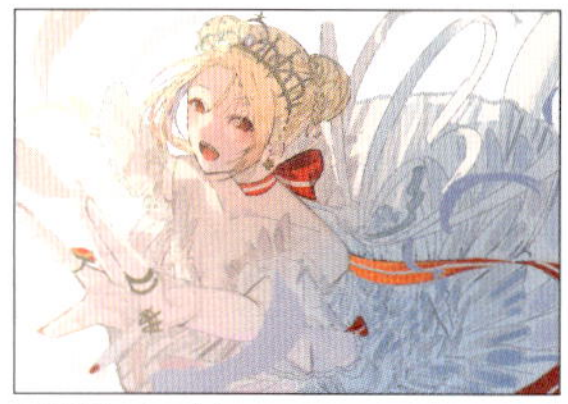
新潟県・木乃伊みいら
Intuos comic・CLIP STUDIO PAINT PRO

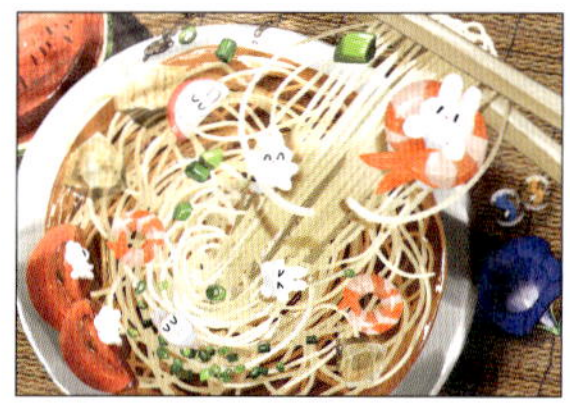
山形県・望月ひより・21歳
Wacom Intuos・CLIP STUDIO PAINT EX

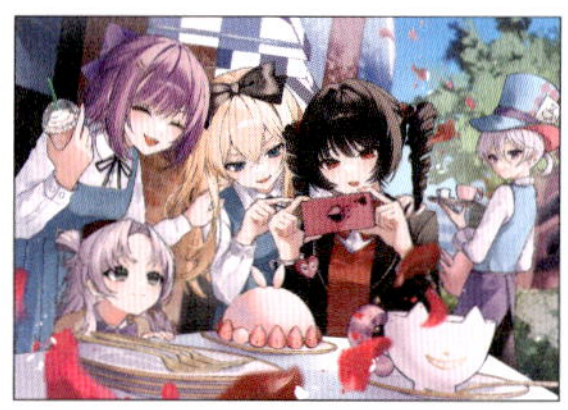
福岡県・風凜
Wacom One・CLIP STUDIO PAINT

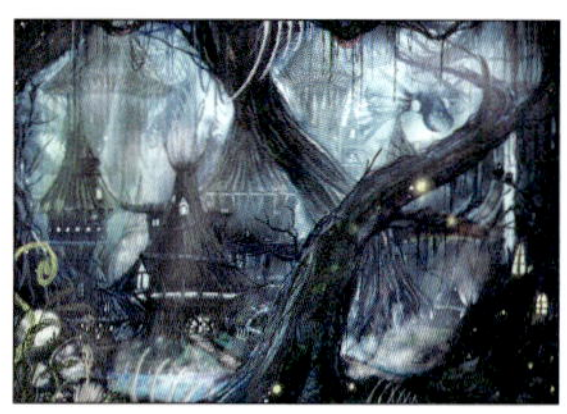
埼玉県・日向
Wacom Intuos・Photoshop

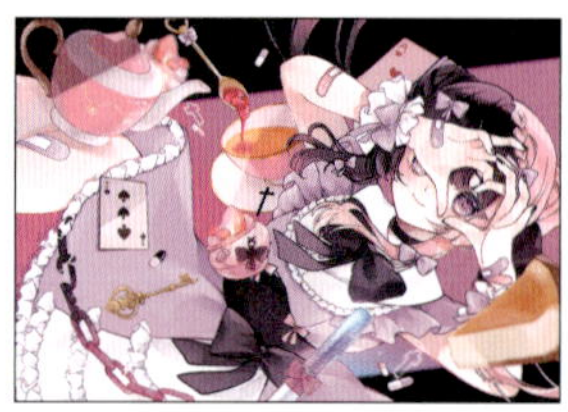
岡山県・桃野さん家
Wacom Intuos・ibisPaint・
CLIP STUDIO PAINT

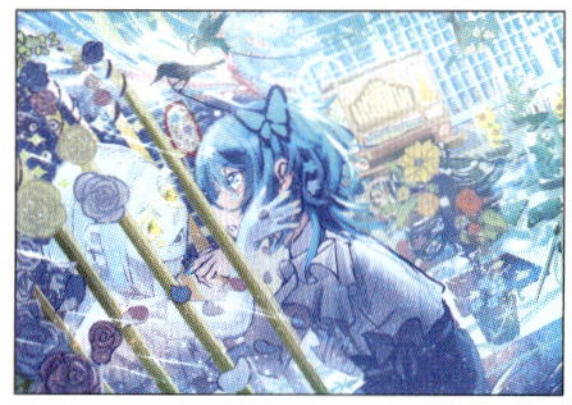
群馬県・男爵いもらー
Wacom Intuos Pro・CLIP STUDIO PAINT

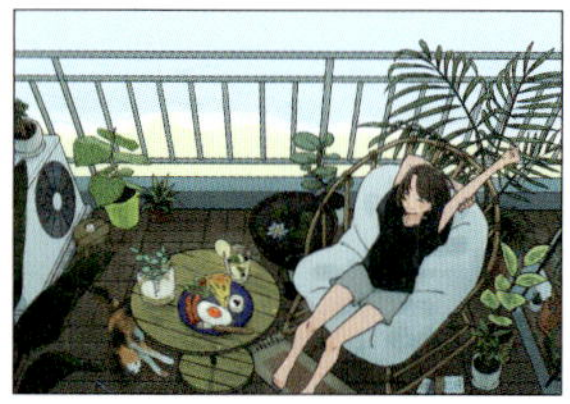
秋田県・松峰
Intuos Small・CLIP STUDIO PAINT EX

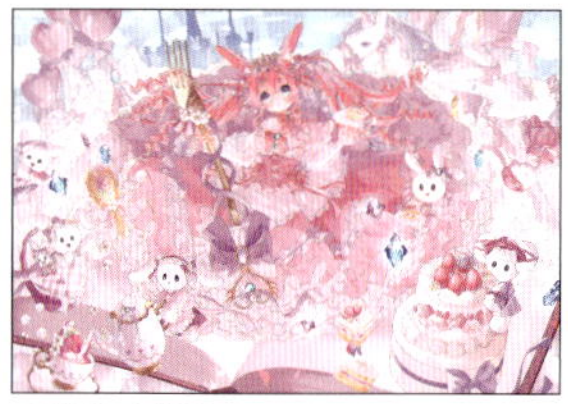
東京都・七海なつ
Wacom Cintiq 16・CLIP STUDIO PAINT

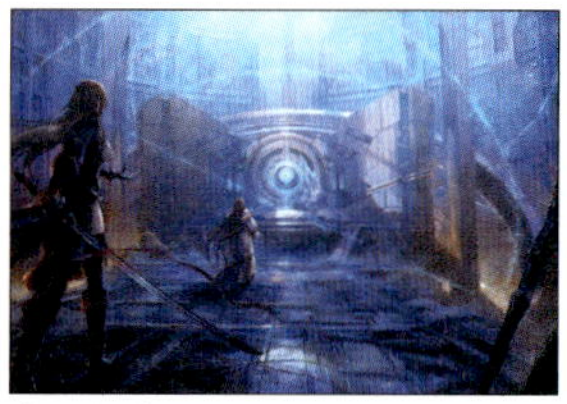
埼玉県・啓(ヒロ)
Wacom Cintiq Pro 24・Photoshop CC

岡山県・九廸じゃく
Bamboo・CLIP STUDIO PAINT EX

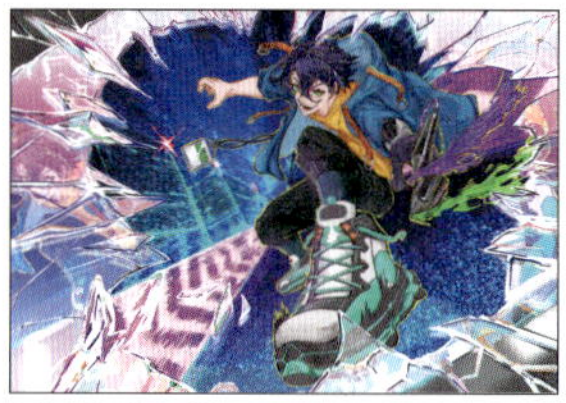
福岡県・絵を描くすべありぷ
Wacom Cintiq 22・CLIP STUDIO PAINT

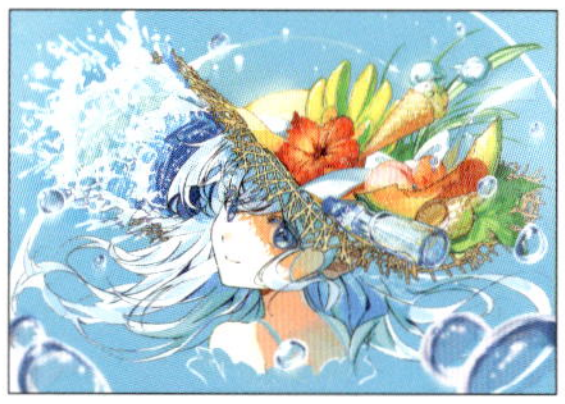
東京都・花雨
Wacom Intuos Pro Large・
CLIP STUDIO PAINT

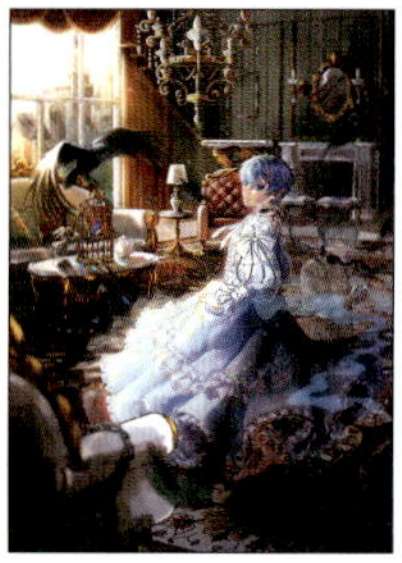
福岡県・AgureYo・20歳
Wacom Cintiq・CLIP STUDIO PAINT

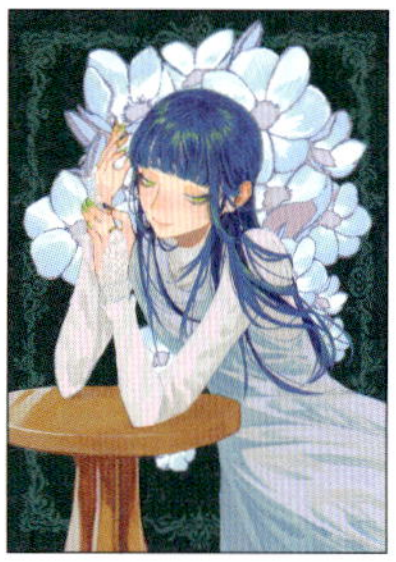
福島県・Bora
Wacom Intuos Small ベーシック・
Procreate

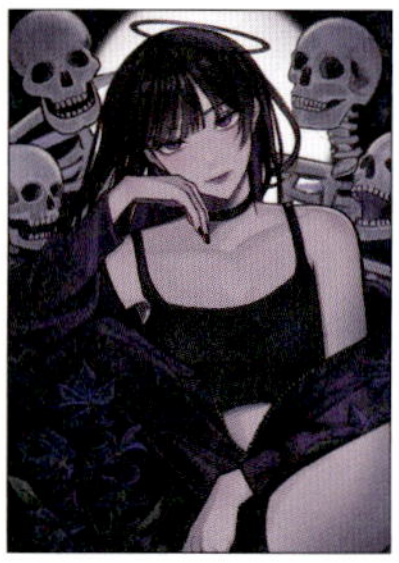
埼玉県・cham
Wacom One・Photoshop

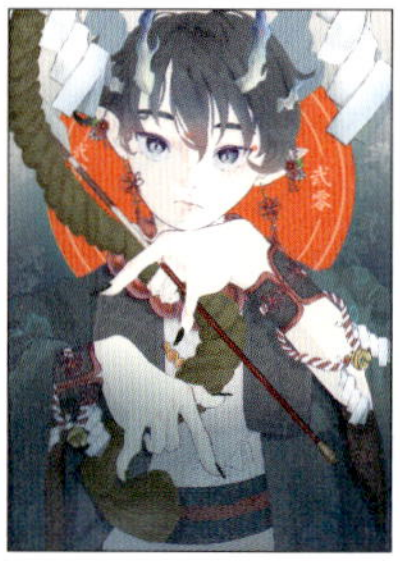
愛知県・chunig961
Wacom Intuos Pro Medium・
Photoshop

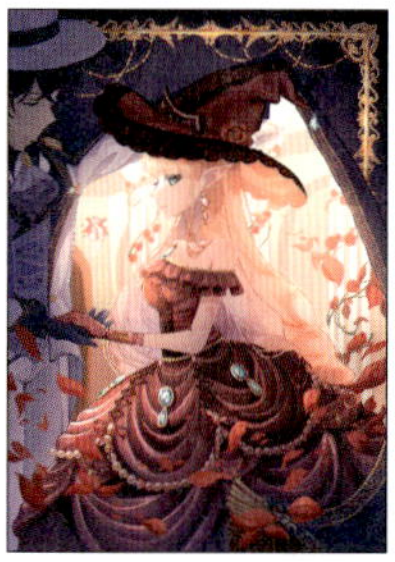
愛知県・Cube。
Wacom Intuos Small ベーシック・
CLIP STUDIO PAINT PRO

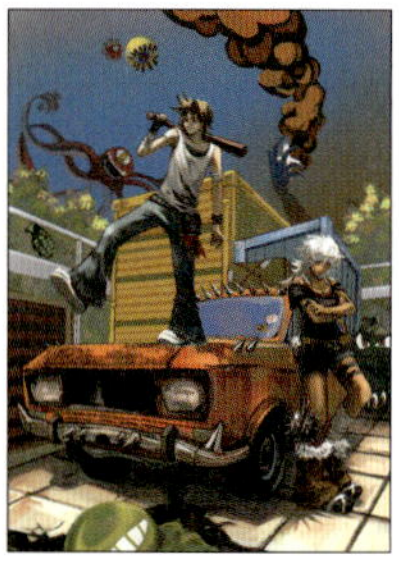
東京都・fio・21歳
Intuos Art・CLIP STUDIO PAINT EX

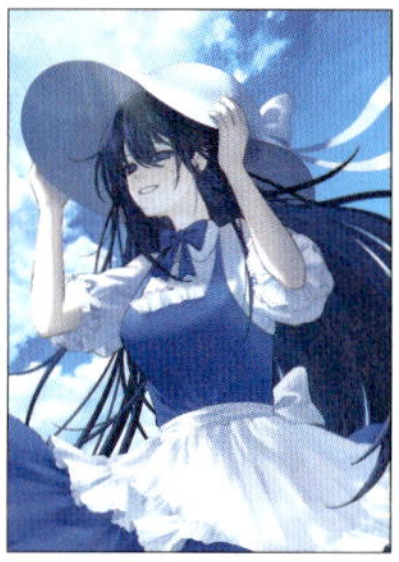
福岡県・Halo
Wacom Intuos Small ベーシック・
CLIP STUDIO PAINT

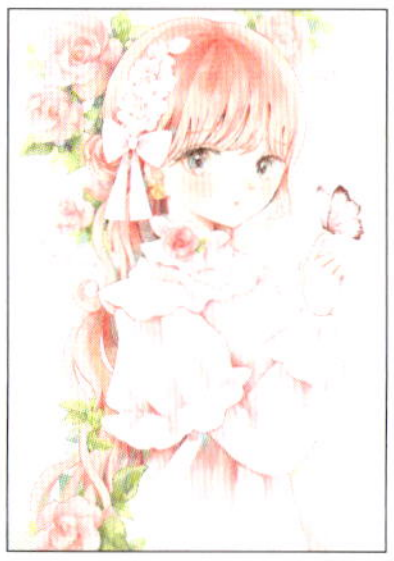
京都府・Hau
Intuos5 touch・CLIP STUDIO PAINT

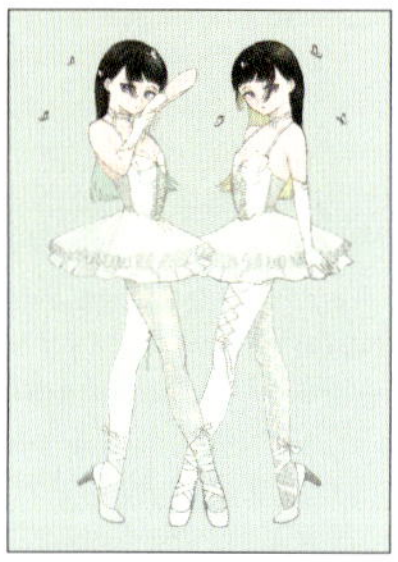
兵庫県・inui
Wacom Intuos・Photoshop

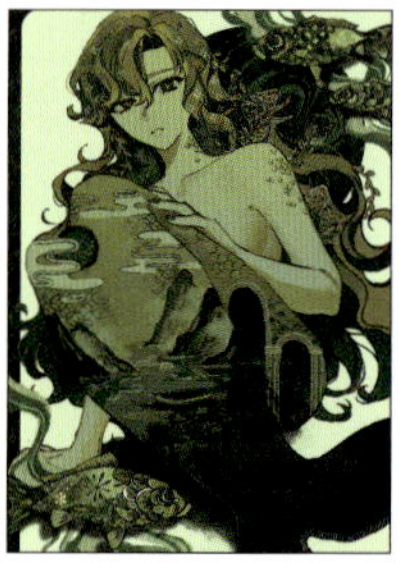
東京都・jolp
Wacom Cintiq 16・CLIP STUDIO PAINT

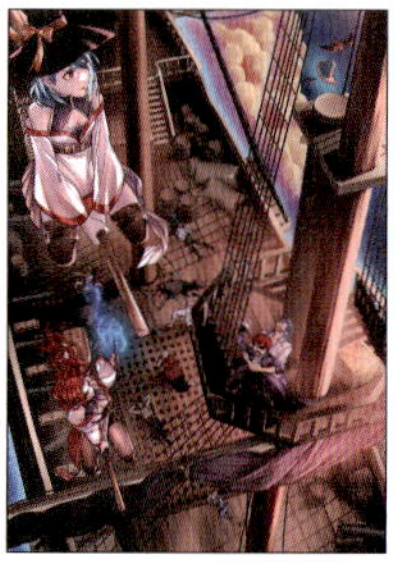
神奈川県・Joyamu
Wacom Intuos・CLIP STUDIO PAINT

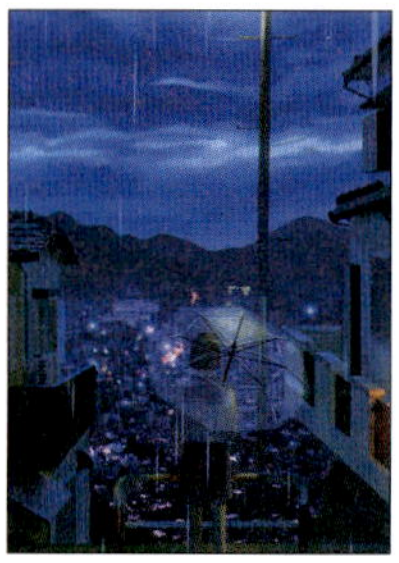
千葉県・kabusa・19歳
Wacom One・CLIP STUDIO PAINT

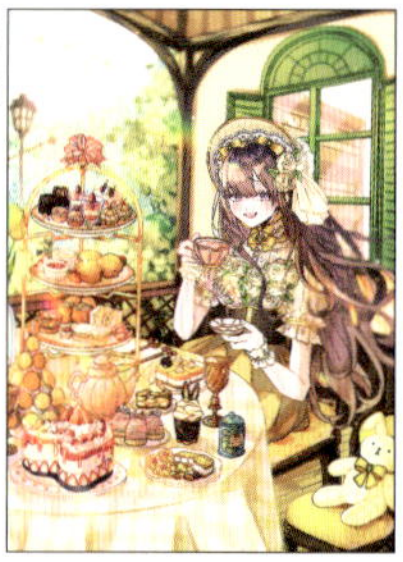
東京都・kokoto
Wacom One 13・CLIP STUDIO PAINT EX

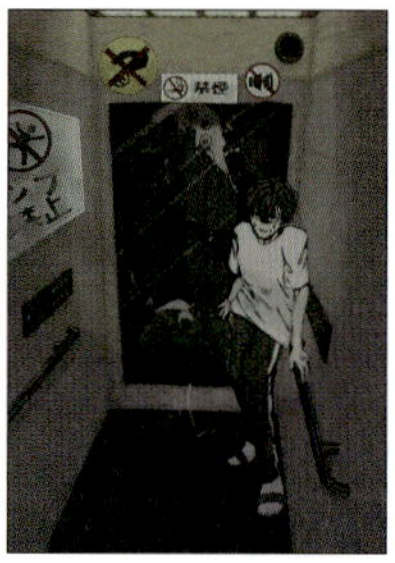
埼玉県・m
Wacom One・MediBang Paint

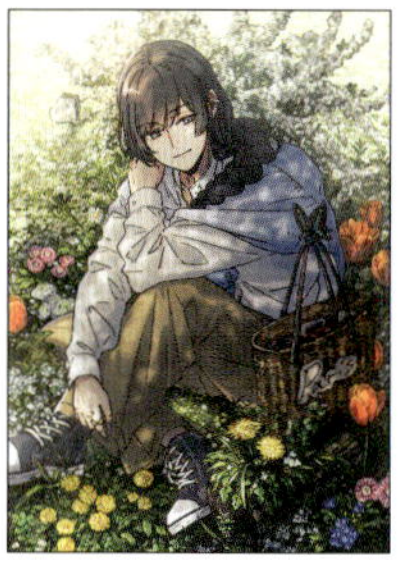
愛知県・Mujyo
Wacom Intuos Medium・
CLIP STUDIO PAINT EX・Photoshop

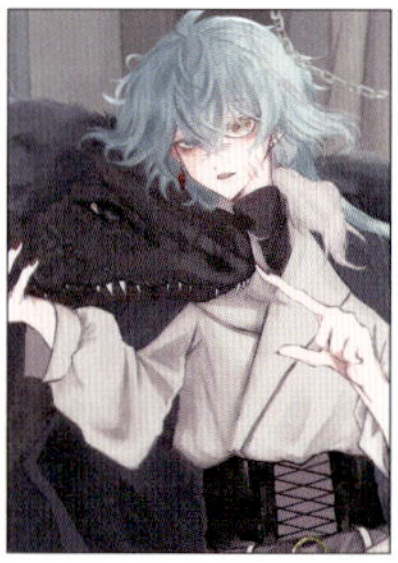
愛知県・neco・17歳
Wacom Intuos Pro・ibisPaint X・
CLIP STUDIO PAINT PRO

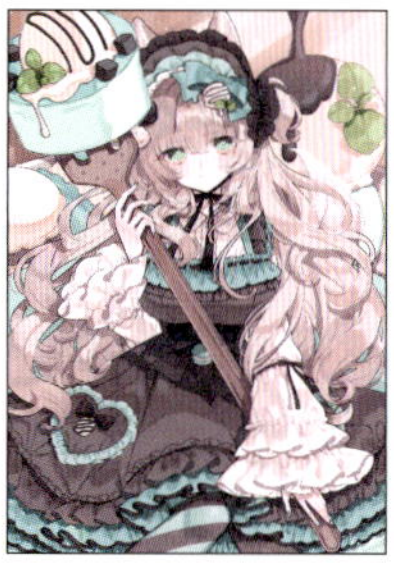
神奈川県・Qu6o
Wacom Intuos・CLIP STUDIO PAINT

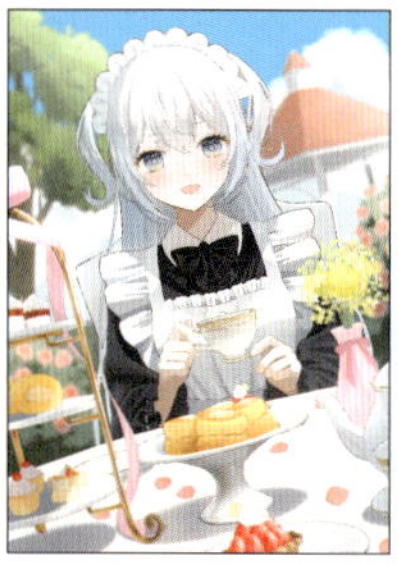
大阪府・ruruka
Wacom One 13・CLIP STUDIO PAINT PRO

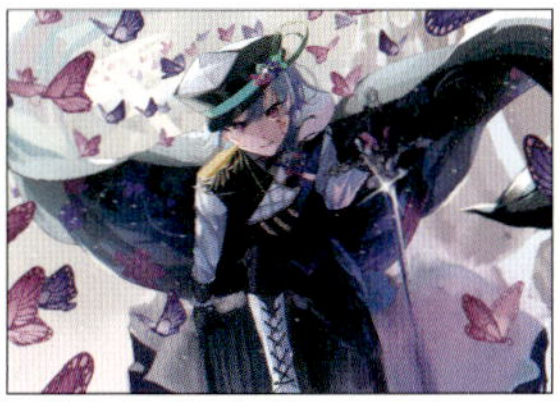

埼玉県・ヒイラギ
Wacom Intuos Small・CLIP STUDIO PAINT

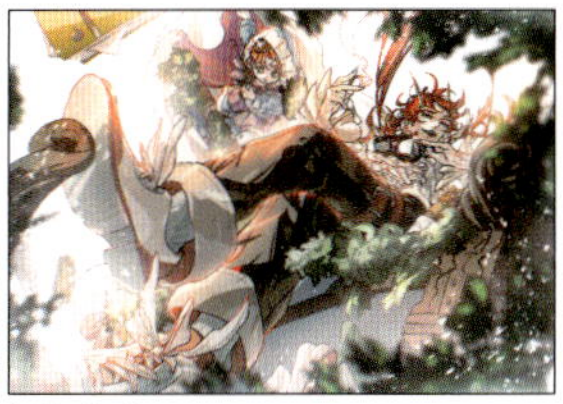

新潟県・化2。
Wacom Intuos Pro・Procreate・Photoshop

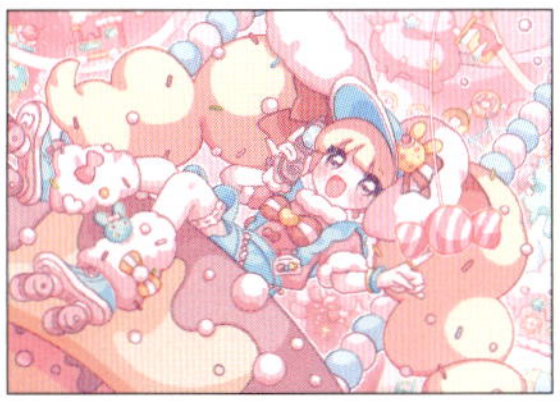

福岡県・のじ
Intuos・CLIP STUDIO PAINT PRO

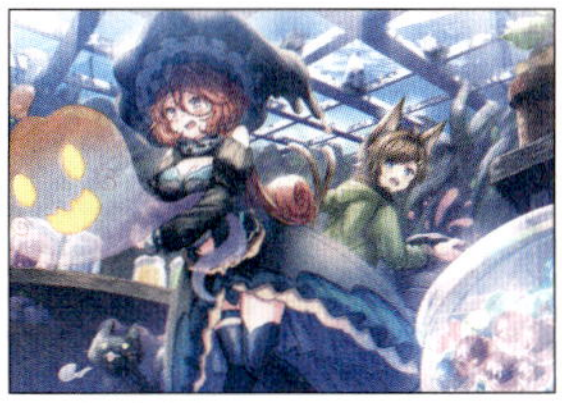

東京都・壱十九
Wacom Intuos Pro・CLIP STUDIO PAINT

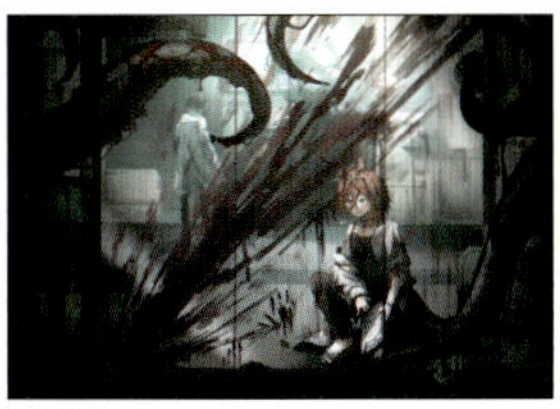

石川県・ねこげそ
Wacom Intuos Pro・CLIP STUDIO PAINT

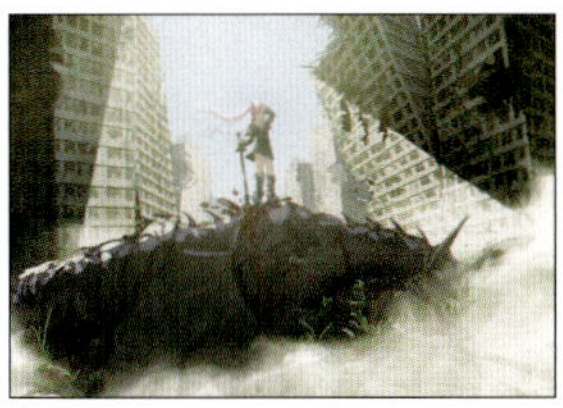

大阪府・ろーぐ
Wacom Cintiq 16・
CLIP STUDIO PAINT・Photoshop

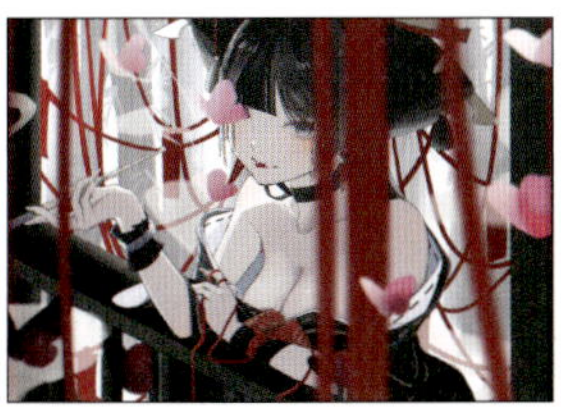

埼玉県・だぁよし
Wacom One・CLIP STUDIO PAINT

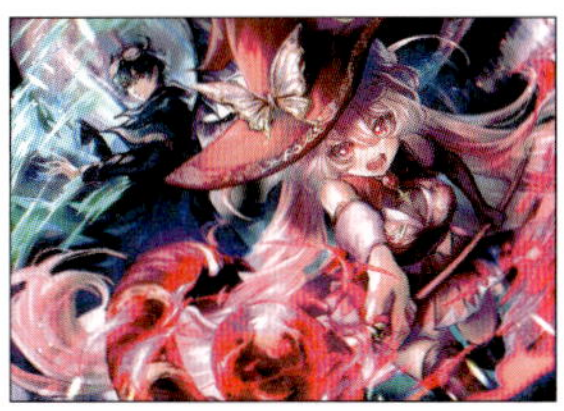

東京都・りぃーりー
Wacom Cintiq 22・CLIP STUDIO PAINT

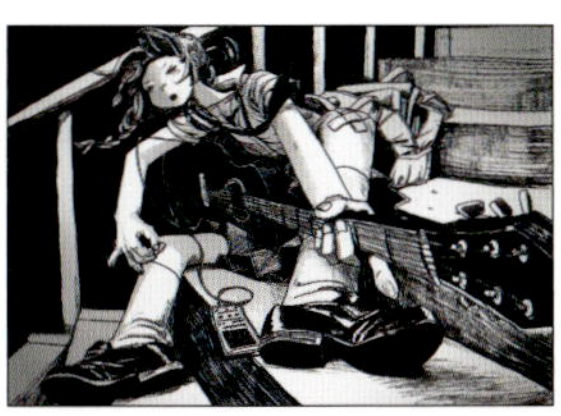

神奈川県・ソラ
One by Wacom・CLIP STUDIO PAINT

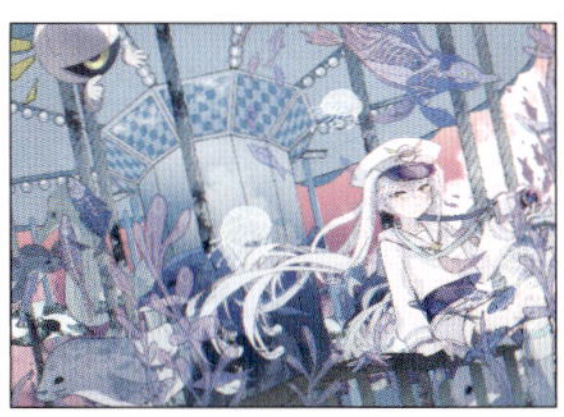

佐賀県・やときち
Wacom Cintiq Pro 16・
CLIP STUDIO PAINT EX

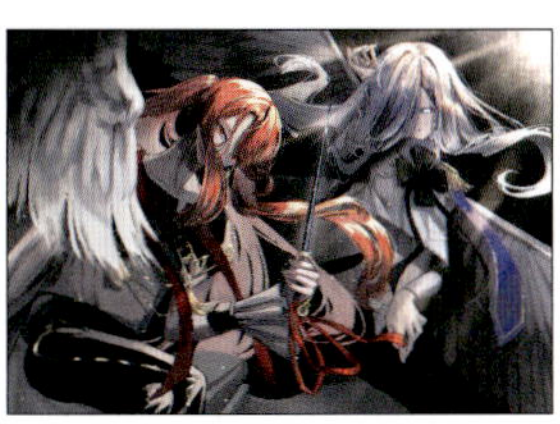

埼玉県・ゼレス
Wacom Intuos・CLIP STUDIO PAINT

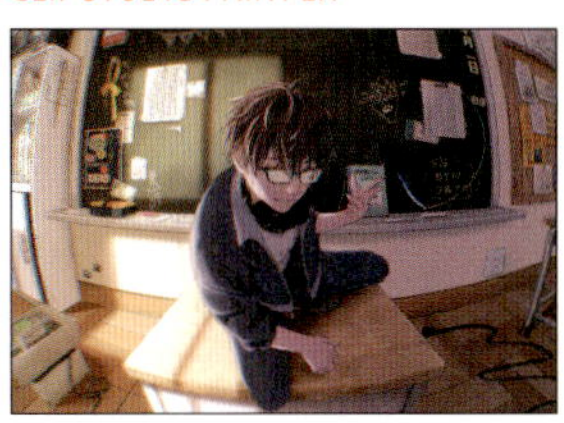

愛知県・みとろん
Wacom Intuos Pro・CLIP STUDIO PAINT

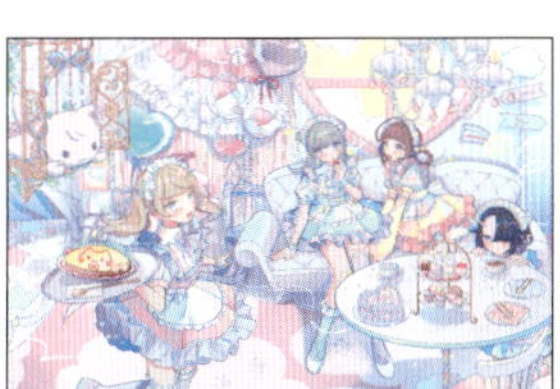

千葉県・さらさくな
Wacom Intuos Pro・CLIP STUDIO PAINT

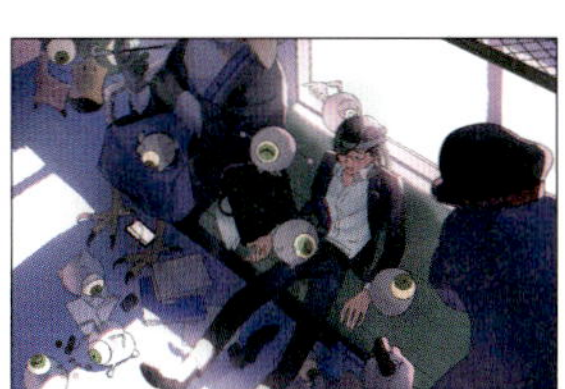

埼玉県・ホンゴウツバサ
Intuos4・CLIP STUDIO PAINT

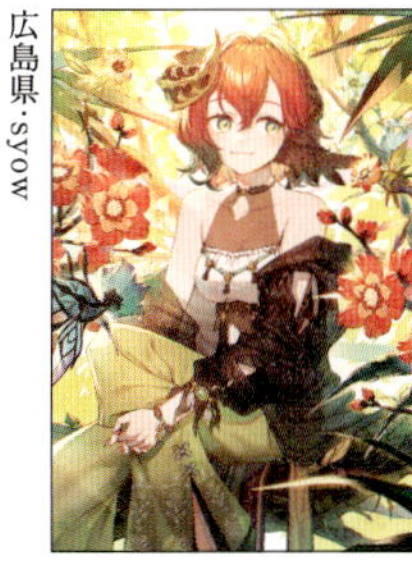

広島県・syow
Wacom Intuos Pen & Touch・
Photoshop CS5・CLIP STUDIO PAINT

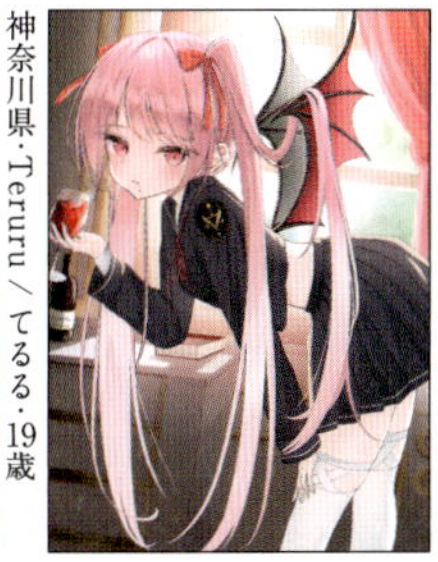

神奈川県・Teruru／てるる・19歳
Wacom Intuos Small・CLIP STUDIO PAINT

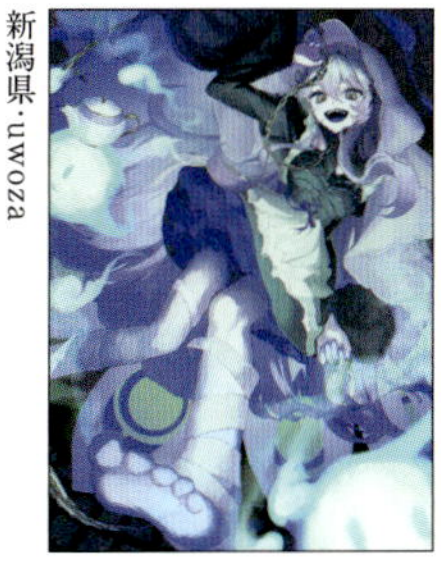

新潟県・uwoza
Wacom Intuos Pro・
CLIP STUDIO PAINT EX

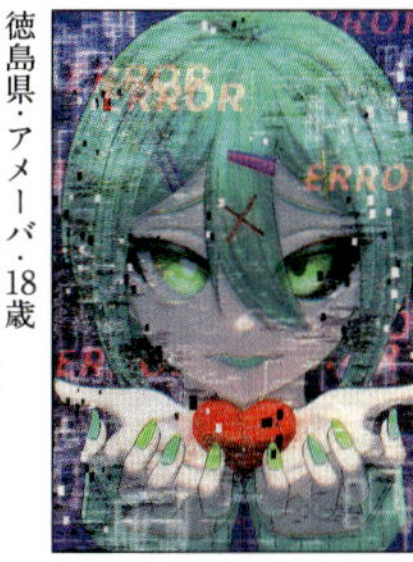


徳島県・アメーバ・18歳
Wacom One・CLIP STUDIO PAINT

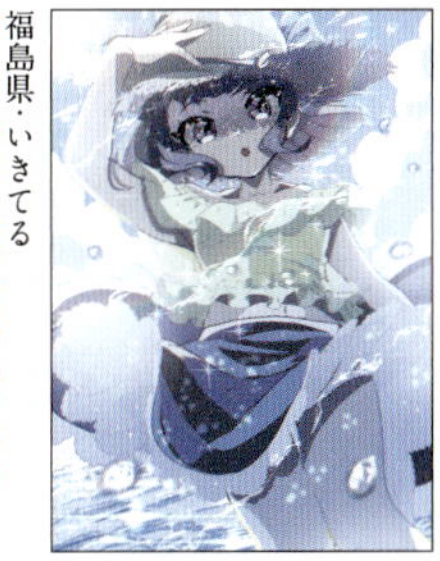

福島県・いきてる
Cintiq 13HD・CLIP STUDIO PAINT

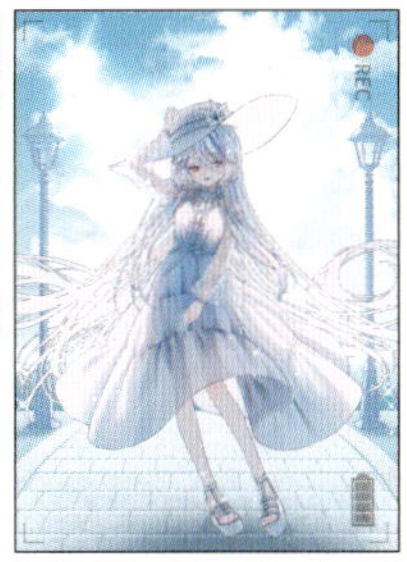

埼玉県・えもさく・21歳
Wacom Cintiq 16・CLIP STUDIO PAINT EX

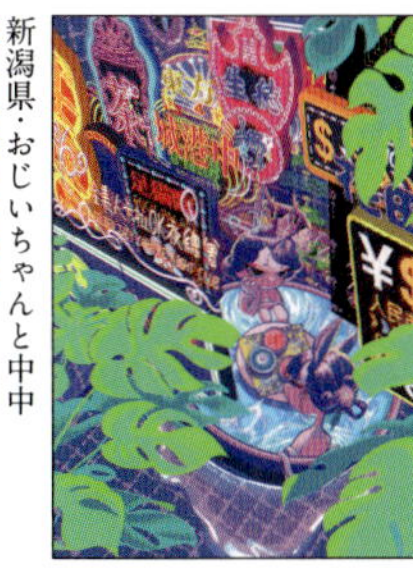

新潟県・おじいちゃんと中中
Wacom Intuos Pro・
CLIP STUDIO PAINT PRO

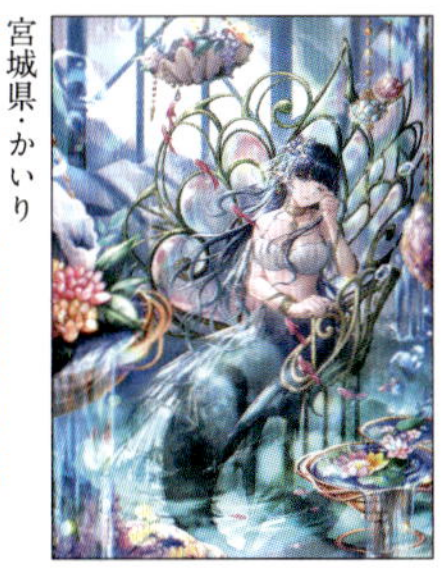

宮城県・かいり
Wacom Intuos・CLIP STUDIO PAINT

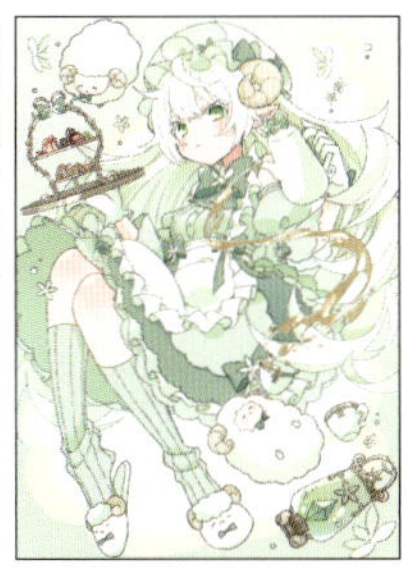

神奈川県・クスノキ
Wacom Cintiq Pro 13・
CLIP STUDIO PAINT EX

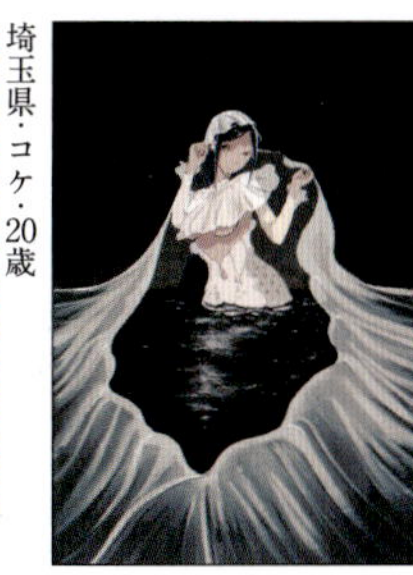

埼玉県・コケ・20歳
Wacom One 13・CLIP STUDIO PAINT

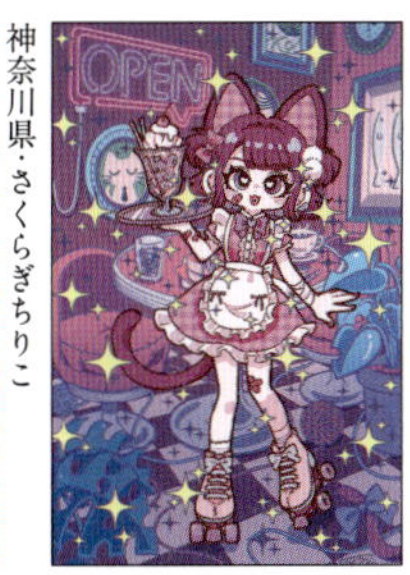


神奈川県・さくらぎちりこ
Wacom Cintiq 16・CLIP STUDIO PAINT

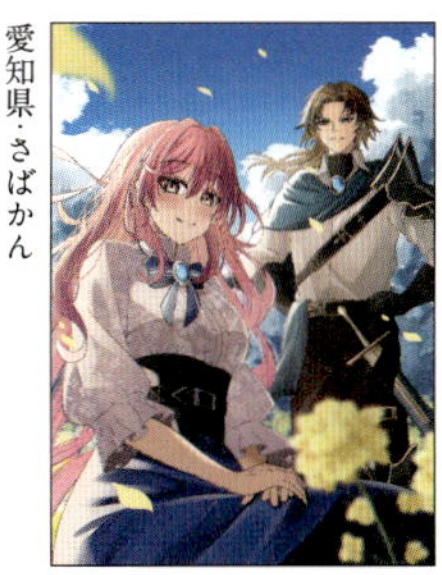

愛知県・さばかん
Wacom One・CLIP STUDIO PAINT

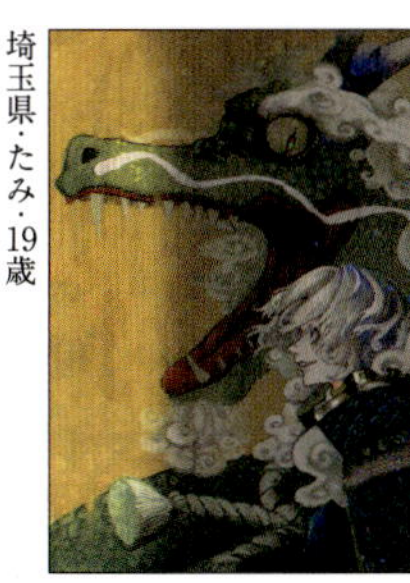

埼玉県・たみ・19歳
Wacom Intuos・Photoshop 2023

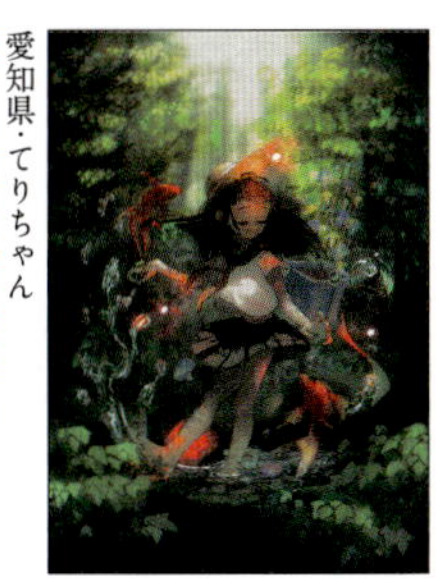

愛知県・てりちゃん
Wacom Intuos Pro Medium・
CLIP STUDIO PAINT

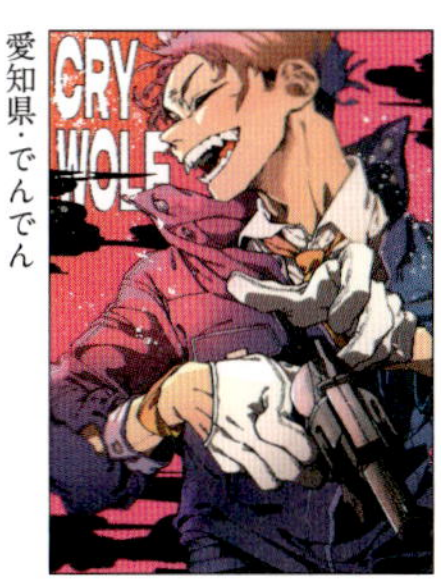


愛知県・でんでん
Intuos comic・ibisPaint X・Photoshop

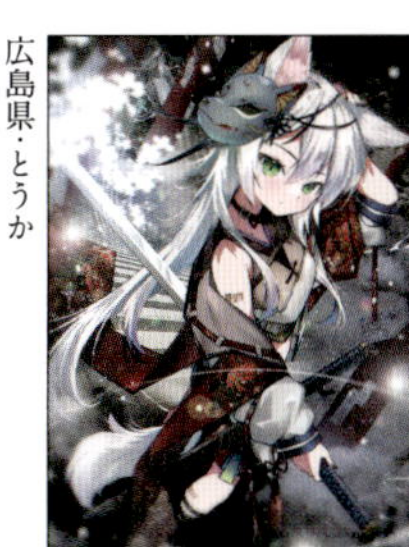

広島県・とうか
Wacom Cintiq 16・CLIP STUDIO PAINT

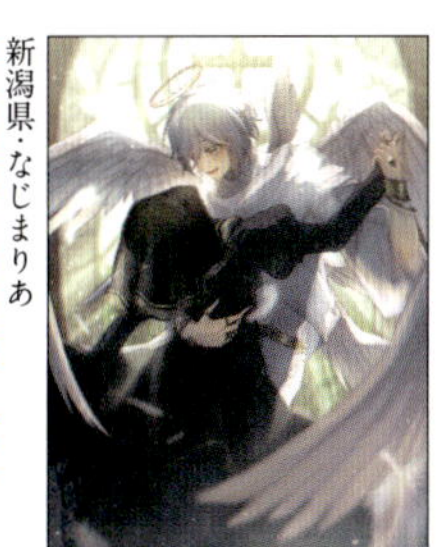

新潟県・なじまりあ
Wacom Intuos Smallベーシック・
CLIP STUDIO PAINT EX

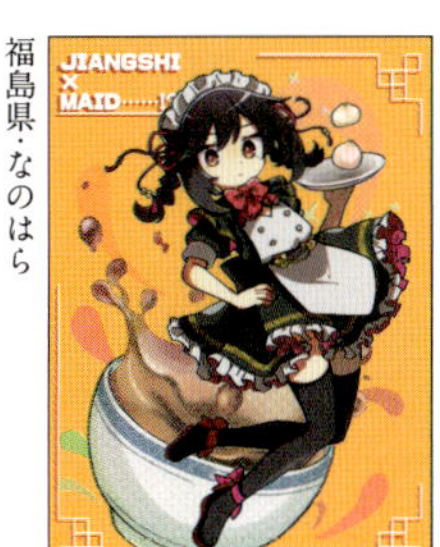


福島県・なのはら
Wacom Intuos Small・MediBang Paint

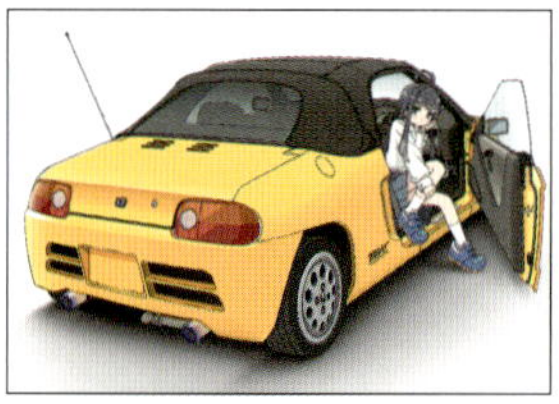
宮城県・ゴキブリ・20歳
Wacom Intuos・CLIP STUDIO PAINT

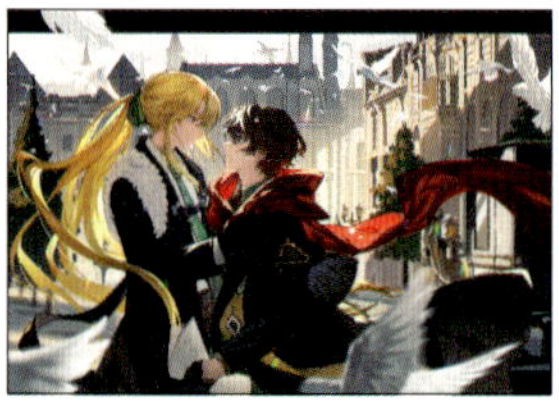
東京都・アム
Wacom Cintiq Pro 16・CLIP STUDIO PAINT

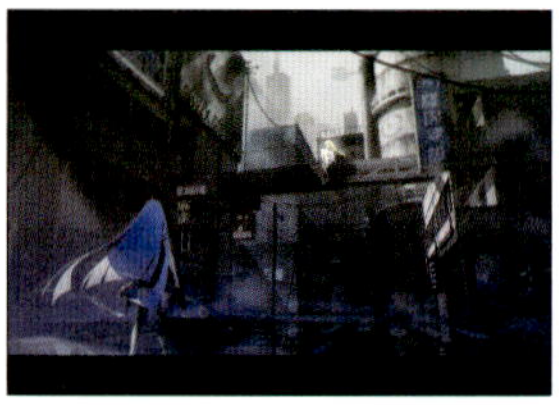
福岡県・アオリイカ
Wacom Cintiq 22・CLIP STUDIO PAINT

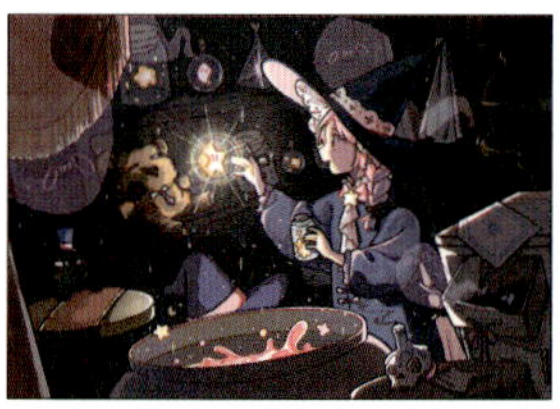
栃木県・SHIYUUNNHI・22歳
One by Wacom medium・SAI2

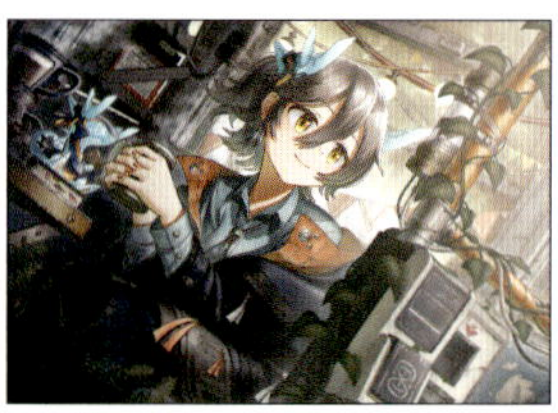
広島県・RLYØ
Intuos Comic small・CLIP STUDIO PAINT

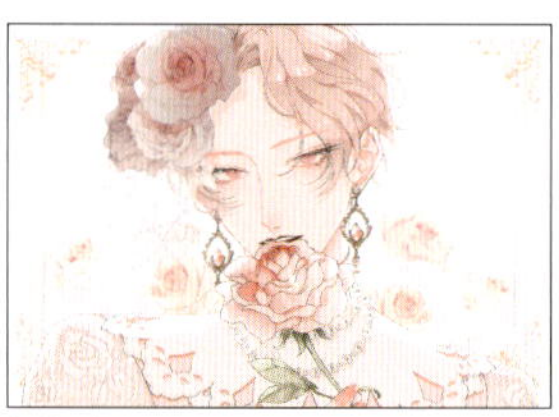
新潟県・rimei
Wacom Intuos・CLIP STUDIO PAINT

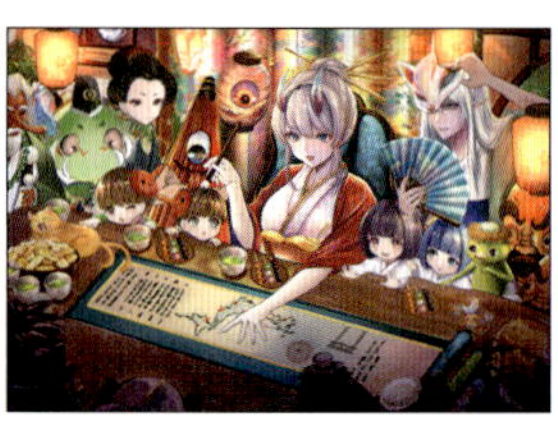
富山県・O山・19歳
Wacom Intuos Pro・CLIP STUDIO PAINT

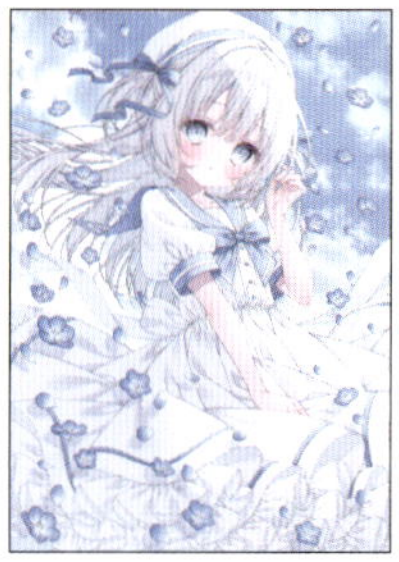
三重県・ぷぅ
Wacom Cintiq Pro 24・SAI-2・CLIP STUDIO PAINT

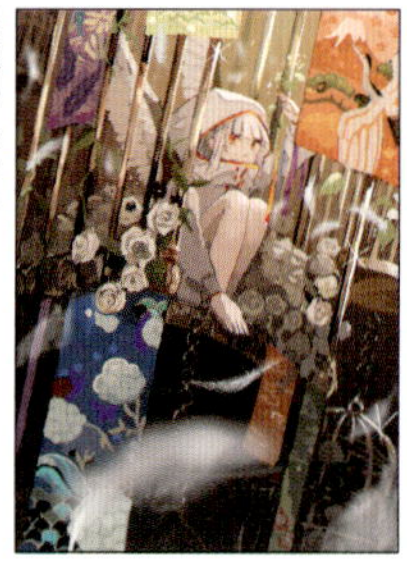
鳥取県・ハルキ
Wacom Cintiq 16・CLIP STUDIO PAINT PRO

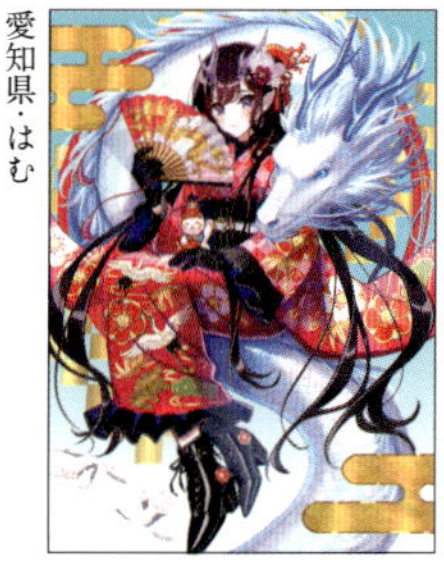
愛知県・はむ
Wacom One・CLIP STUDIO PAINT

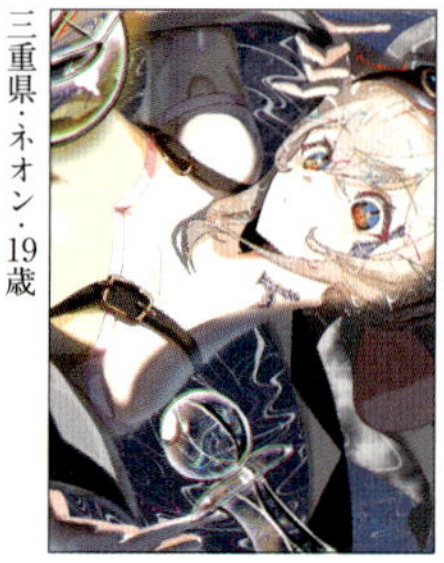
三重県・ネオン・19歳
Wacom Cintiq 16・CLIP STUDIO PAINT

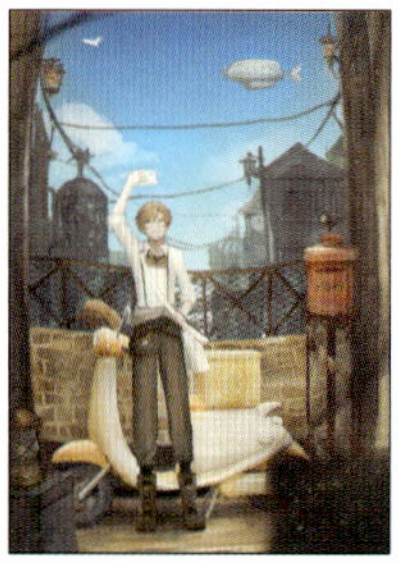
京都府・やまゆら・20歳
Wacom Intuos Small・CLIP STUDIO PAINT

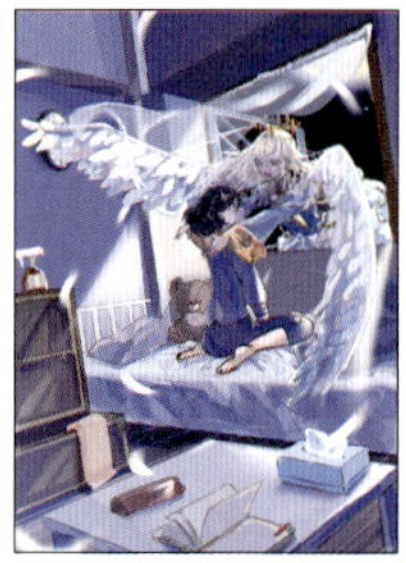
福岡県・もなかあめ
Wacom One 13・CLIP STUDIO PAINT PRO

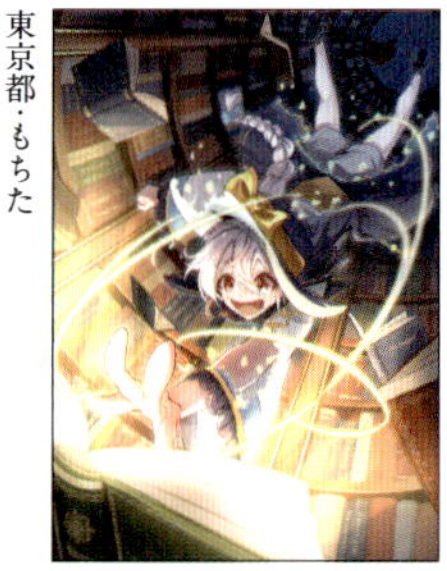
東京都・もちた
Wacom One・CLIP STUDIO PAINT EX

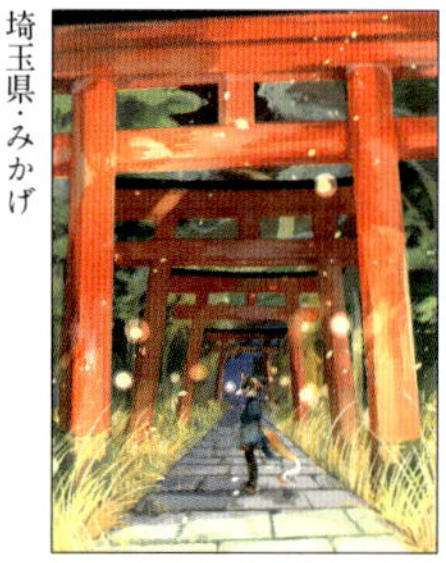
埼玉県・みかげ
Wacom Cintiq Pro 13・CLIP STUDIO PAINT

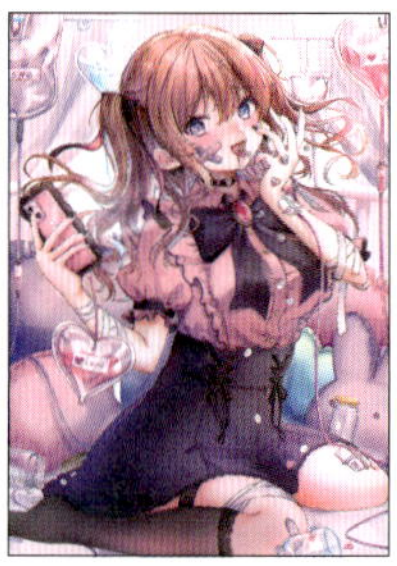
東京都・ラスク
Wacom Cintiq Pro 32・CLIP STUDIO PAINT

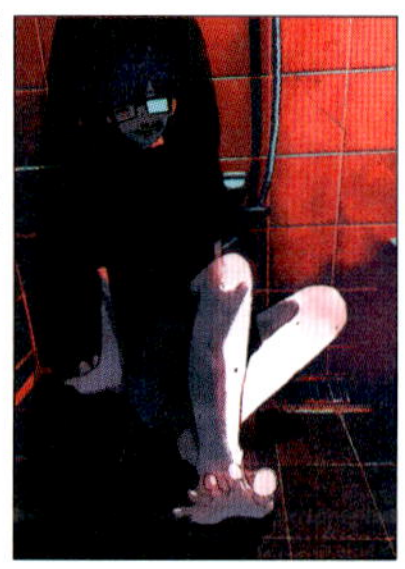
福島県・ヨニマル
One by Wacom・CLIP STUDIO PAINT PRO

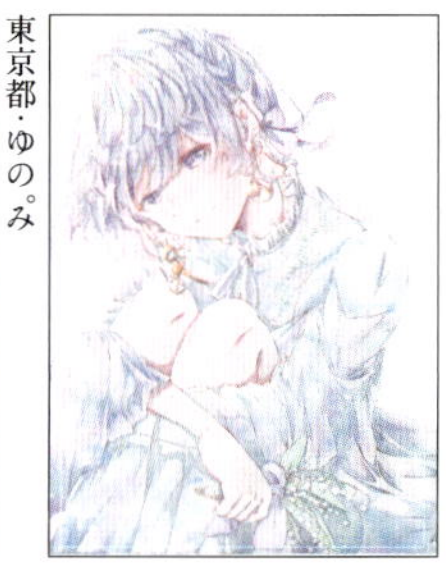
東京都・ゆの。み
Wacom Intuos Small・CLIP STUDIO PAINT

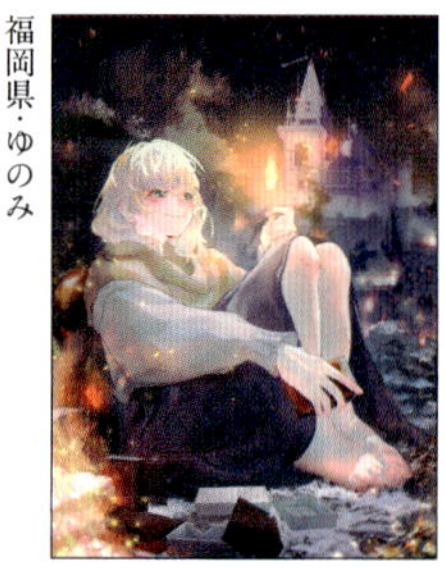
福岡県・ゆのみ
Wacom Intuos Pro Medium・CLIP STUDIO PAINT

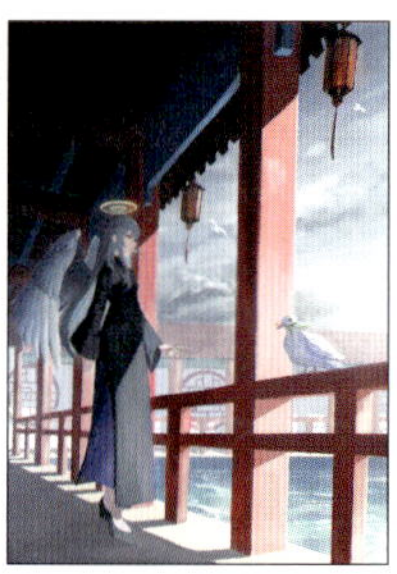
大阪府・わとを。
Wacom MobileStudio Pro 13・CLIP STUDIO PAINT

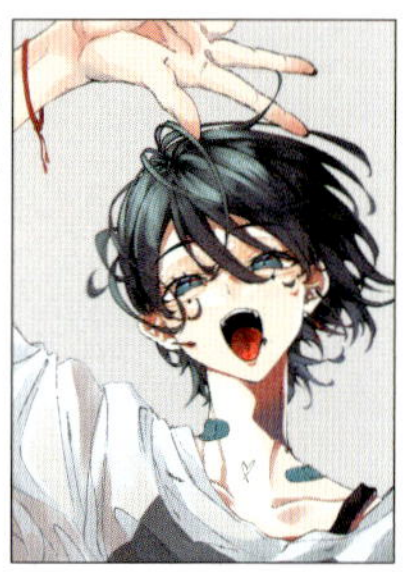
東京都・るづら
Wacom One・CLIP STUDIO PAINT

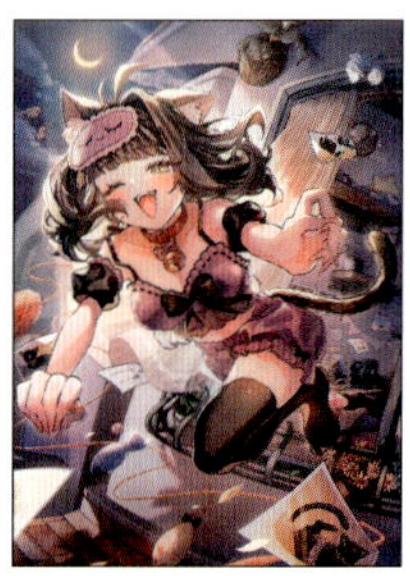
埼玉県・るーあ
Wacom Cintiq 22・CLIP STUDIO PAINT EX・Photoshop

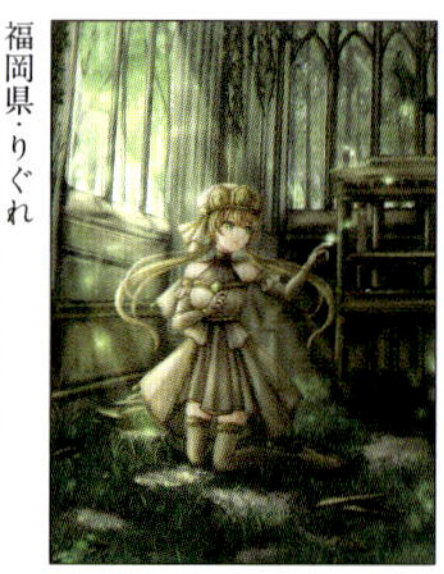
福岡県・りぐれ
Wacom MobileStudio Pro 13・CLIP STUDIO PAINT PRO

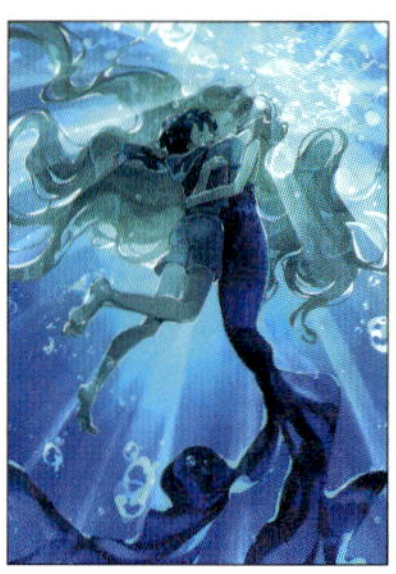
福岡県・基山夕一・19歳
Wacom Intuos Small・CLIP STUDIO PAINT EX

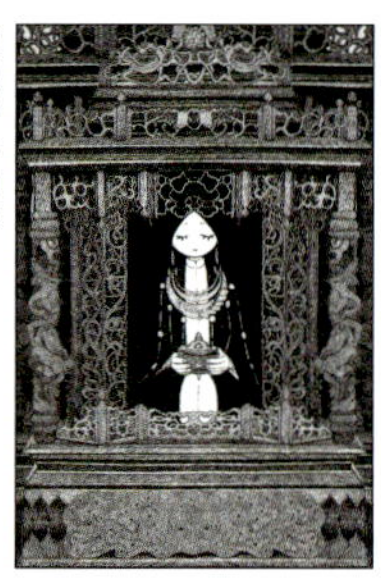
東京都・下川林
Wacom Cintiq 16・CLIP STUDIO PAINT

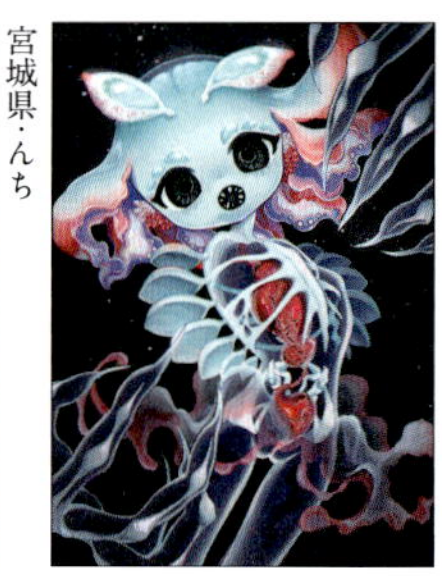
宮城県・んち
Wacom Cintiq 16・CLIP STUDIO PAINT

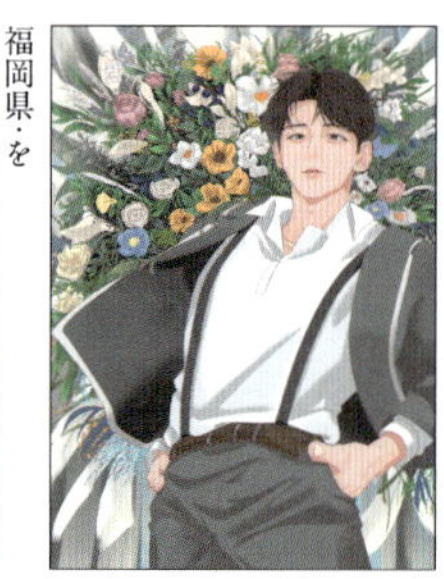
福岡県・を
Wacom Intuos4・CLIP STUDIO PAINT

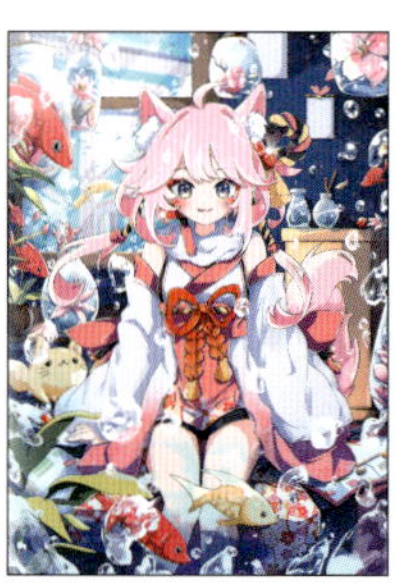
福岡県・香果推ぐみ
Wacom Cintiq 22・Photoshop

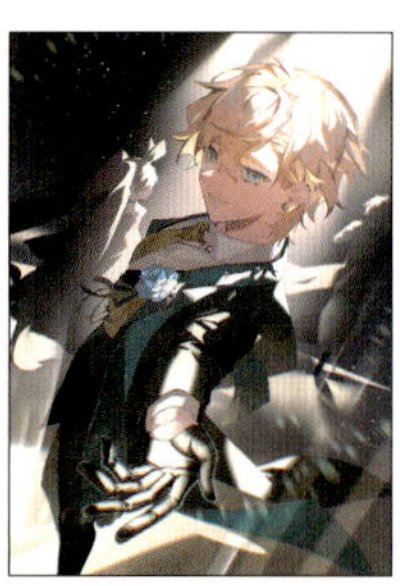
千葉県・原
Wacom One・CLIP STUDIO PAINT EX

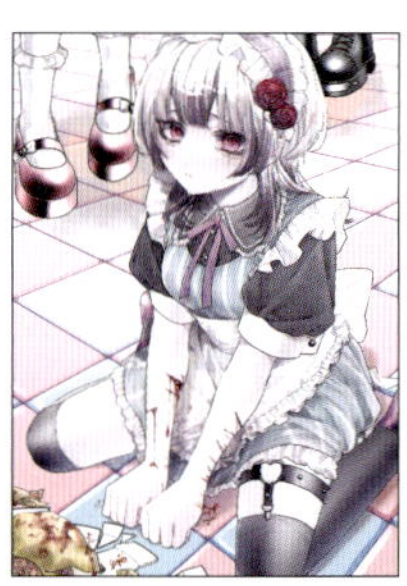
徳島県・愚華
Wacom Intuos Pro・CLIP STUDIO PAINT

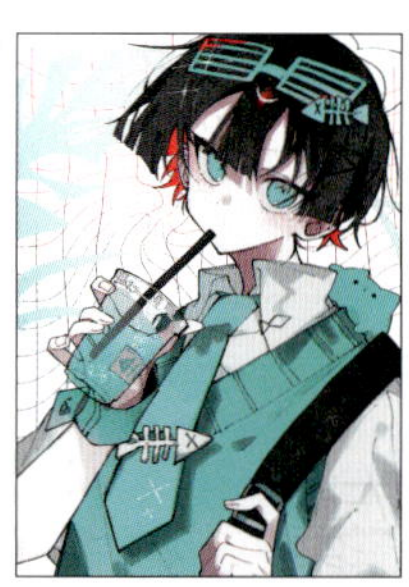
埼玉県・虚葉弌。
Wacom One・CLIP STUDIO PAINT PRO

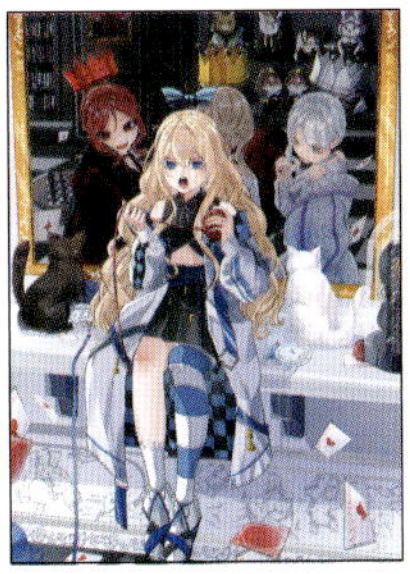
福岡県・小紫
Wacom One 12・CLIP STUDIO PAINT

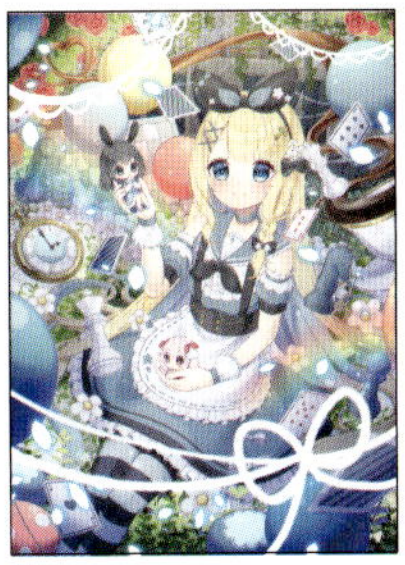
愛媛県・秋乃みん
Cintiq 13HD・CLIP STUDIO PAINT PRO

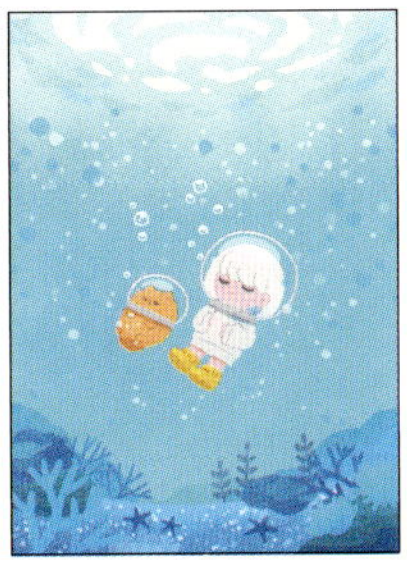
埼玉県・砂倉いおり
Wacom One・CLIP STUDIO PAINT

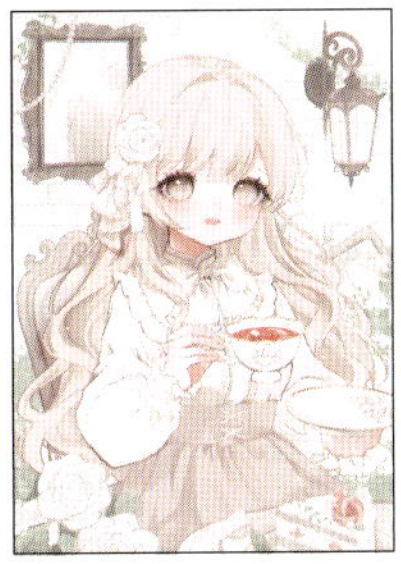
新潟県・紺日部りんぜ
Wacom One・CLIP STUDIO PAINT

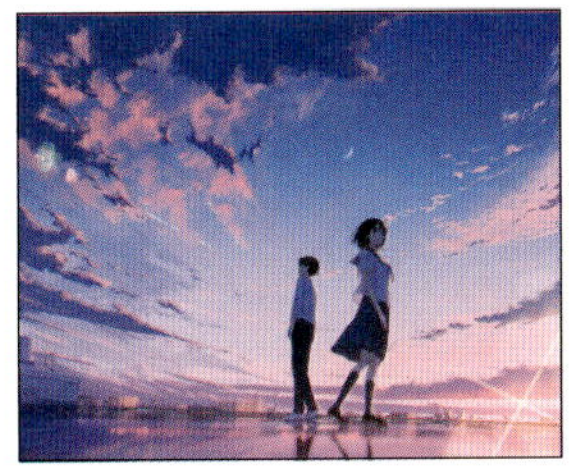
兵庫県・o-bana
Wacom Cintiq 16・CLIP STUDIO PAINT EX

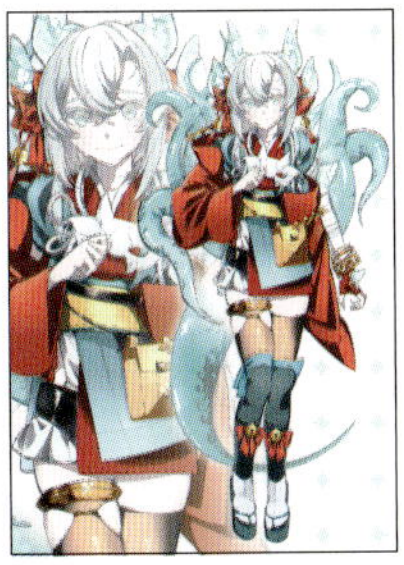
福島県・枢木
Wacom Cintiq 16・CLIP STUDIO PAINT

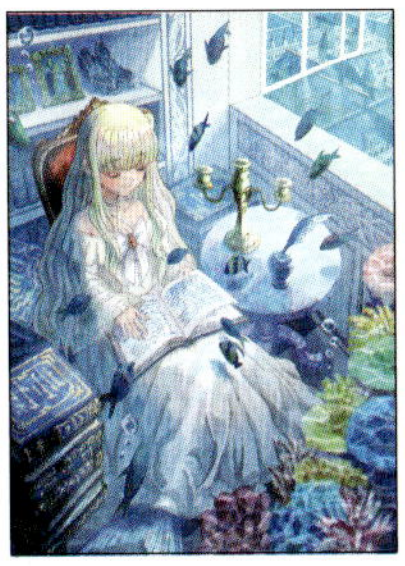
広島県・水沢翔太郎
Cintiq 13HD・CLIP STUDIO PAINT EX

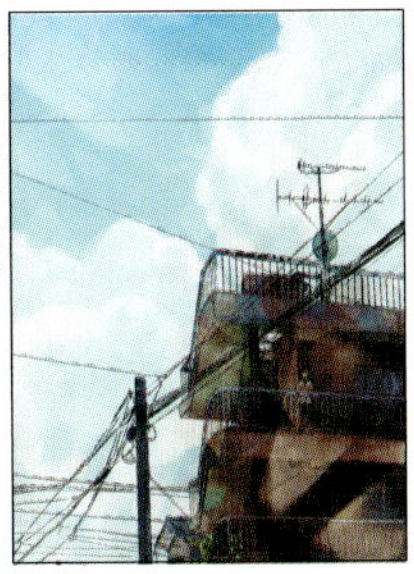
大分県・真崎奈津芽
Wacom Intuos・SAI・ibisPaint

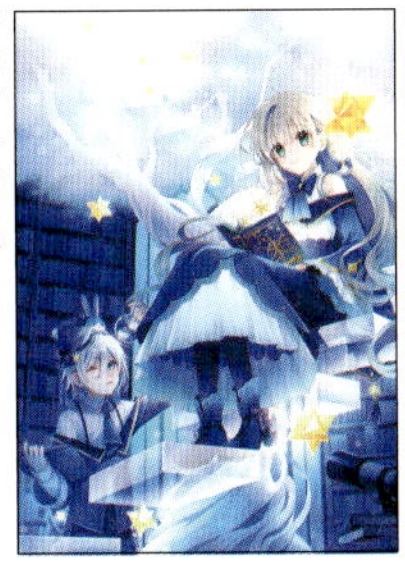
福岡県・小鳩白果
Wacom Cintiq 16・CLIP STUDIO PAINT

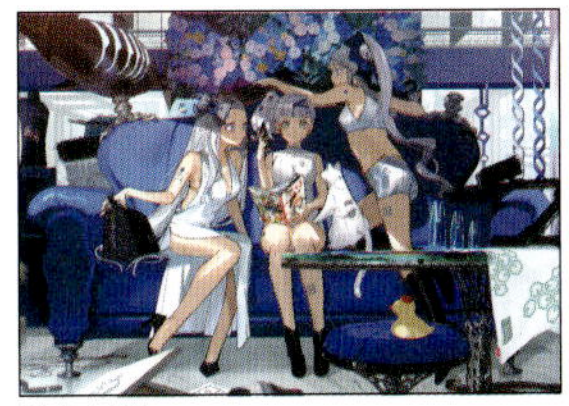
神奈川県・nbata
Wacom Cintiq 16・CLIP STUDIO PAINT EX

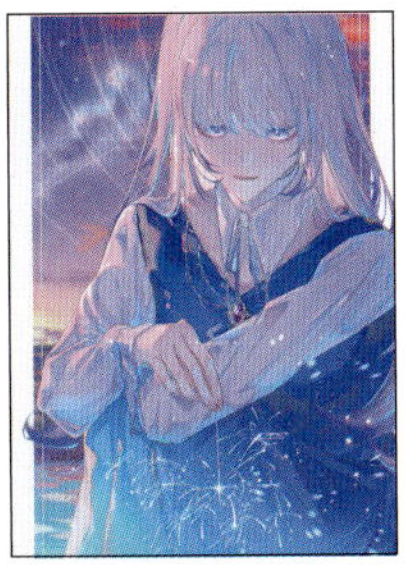
新潟県・天るり
Intuos Pro・CLIP STUDIO PAINT

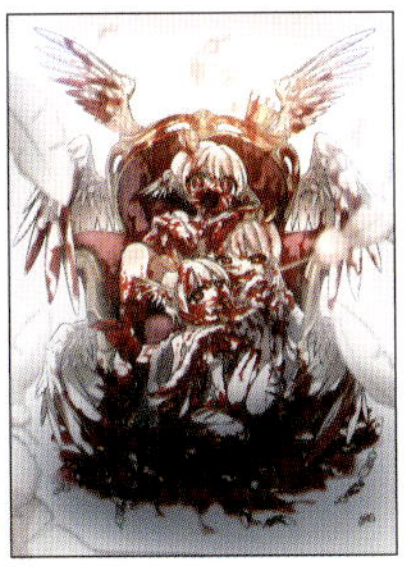
福岡県・足炊まぐろ
Cintiq 22・CLIP STUDIO PAINT

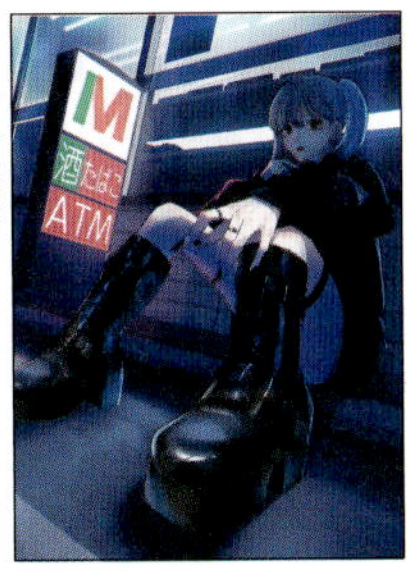
福岡県・青海葵
Wacom One 13・CLIP STUDIO PAINT

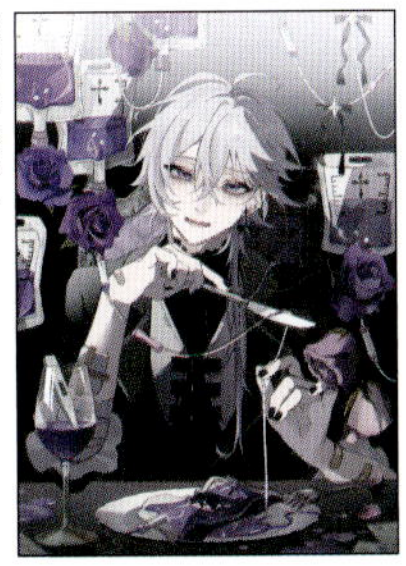
岐阜県・瀬ツナ
Intuos comic・CLIP STUDIO PAINT PRO

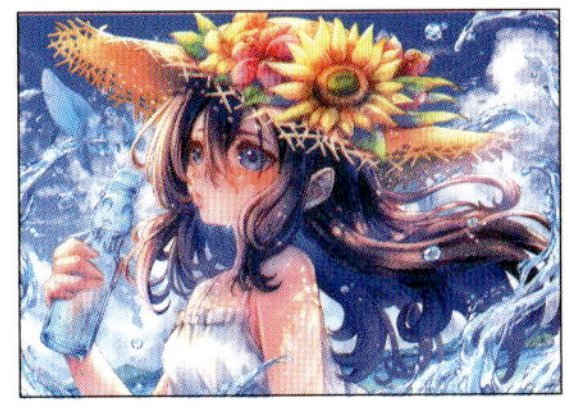
兵庫県・Kodue Sakiyama
Intuos4・CLIP STUDIO PAINT EX

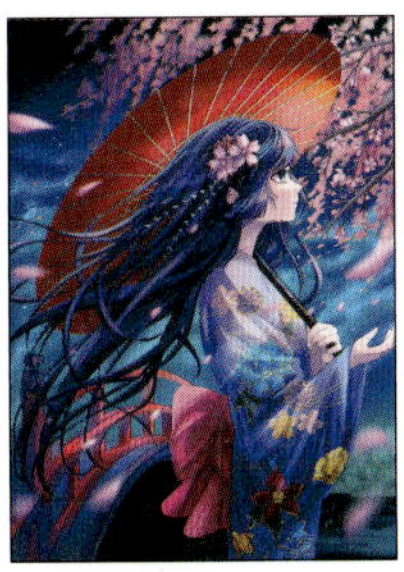
福島県・猫餃子
Wacom One・Procreate・CLIP STUDIO PAINT

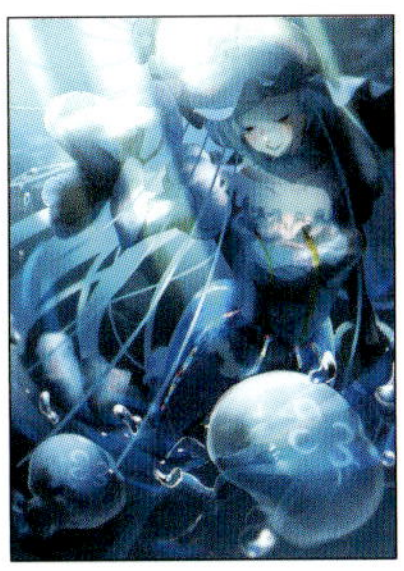
千葉県・藤影零・18歳
Wacom Intuos Pro・CLIP STUDIO PAINT

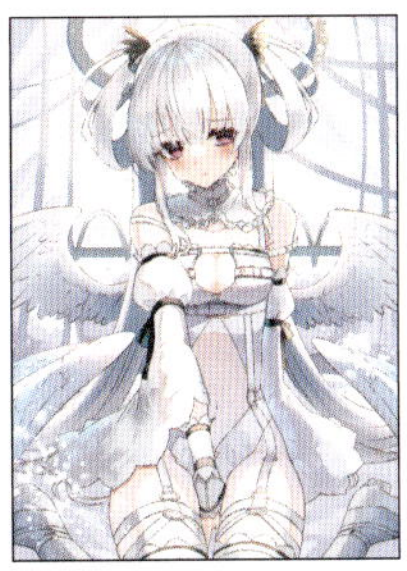
福島県・桃寸（もす）
Wacom Intuos Medium・SAI・CLIP STUDIO PAINT

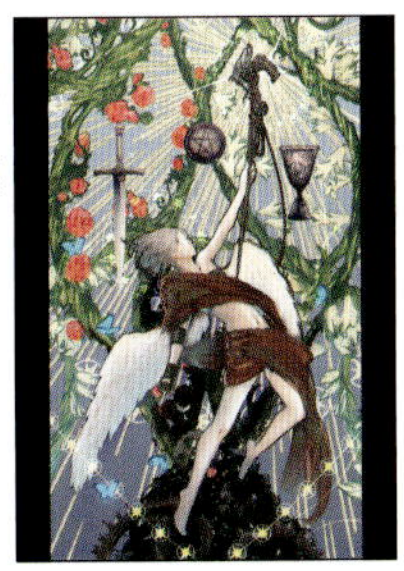
長崎県・天壌
Wacom Cintiq 16・CLIP STUDIO PAINT EX

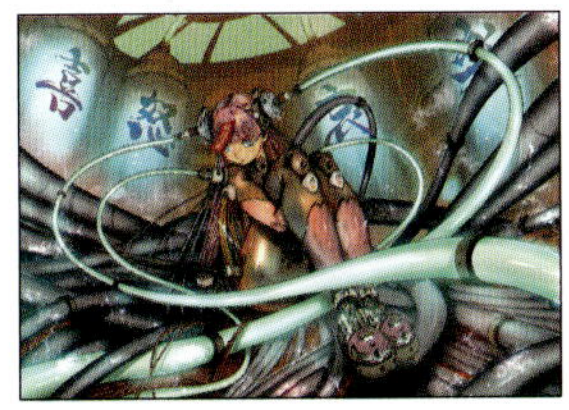
兵庫県・kamiya jun
Wacom Cintiq 22・CLIP STUDIO PAINT

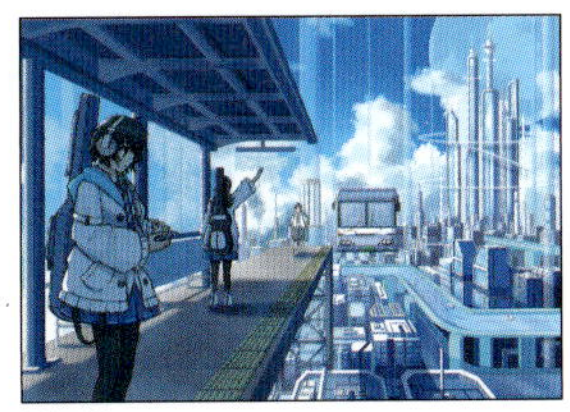
福岡県・daia
Wacom One・CLIP STUDIO PAINT

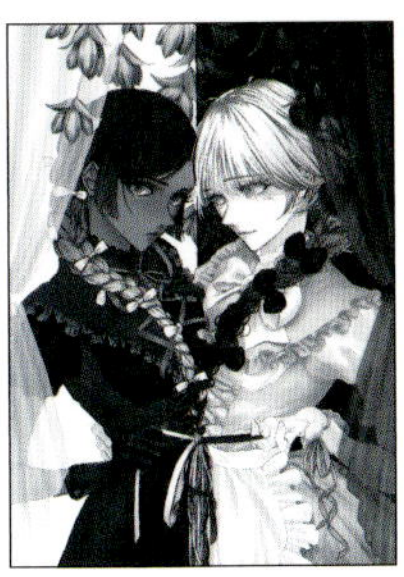
愛知県・無糖のこぴこぴ・21歳
Cintiq 22・Wacom Intuos Small・CLIP STUDIO PAINT

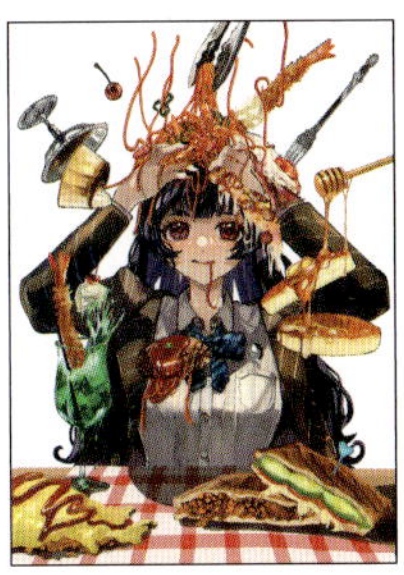
東京都・萌・モモ
Wacom Cintiq 16・CLIP STUDIO PAINT

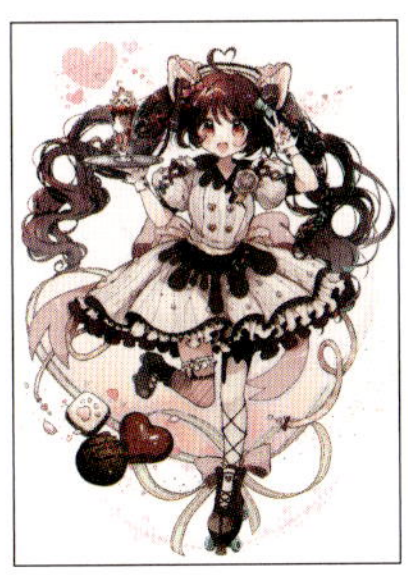
神奈川県・姫神かをり
Cintiq 13HD・CLIP STUDIO PAINT PRO

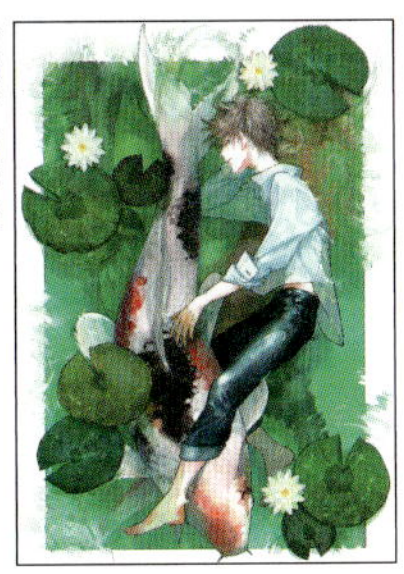
京都府・荻野槻
Wacom Intuos Pro・CLIP STUDIO PAINT EX

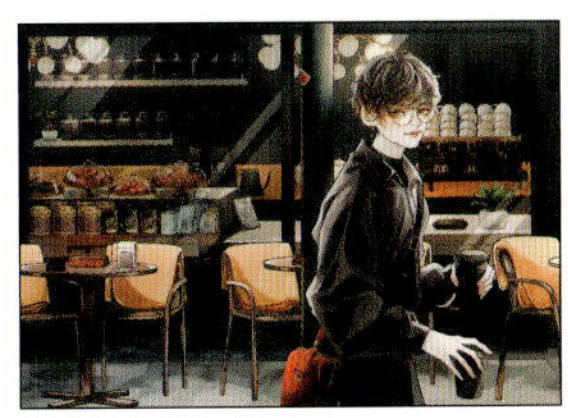
東京都・8田
Wacom Intuos Pro Medium・CLIP STUDIO PAINT

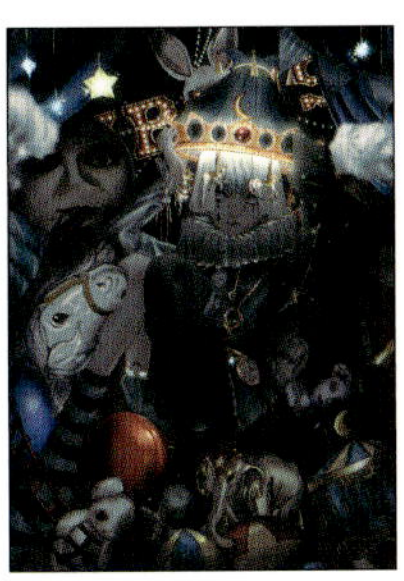
奈良県・薬袋にけ
Wacom MobileStudio Pro 16・CLIP STUDIO PAINT

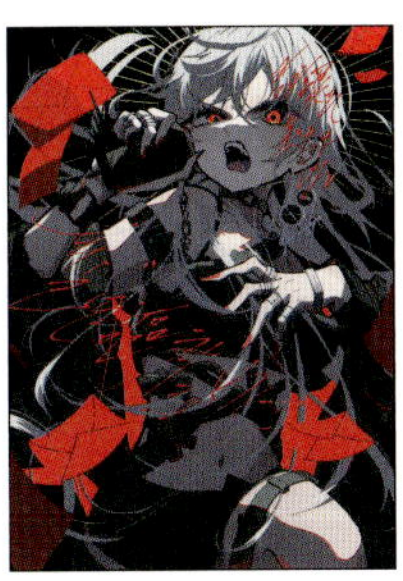
東京都・巫女柴めぐ
Wacom Cintiq 16・CLIP STUDIO PAINT

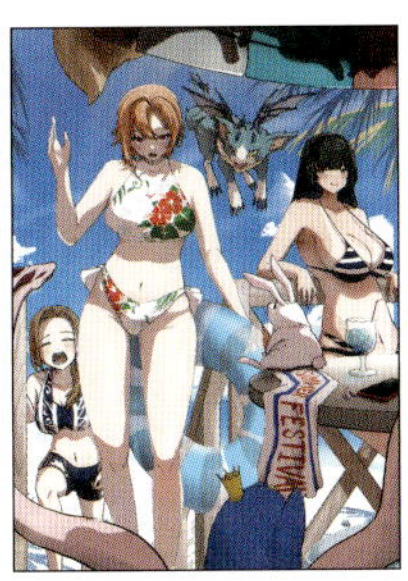
福岡県・鈴音色
Wacom Cintiq 22・CLIP STUDIO PAINT

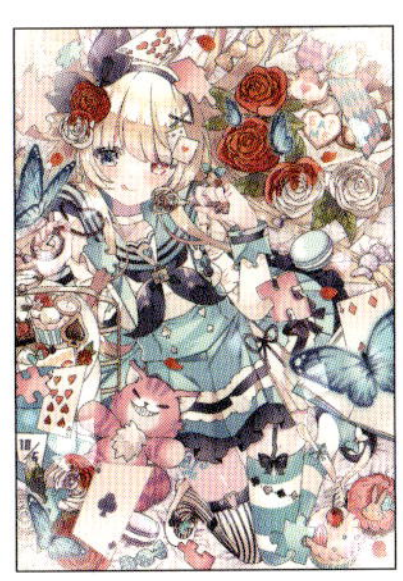
兵庫県・柚杞ゆぎな
Wacom Cintiq 16・CLIP STUDIO PAINT

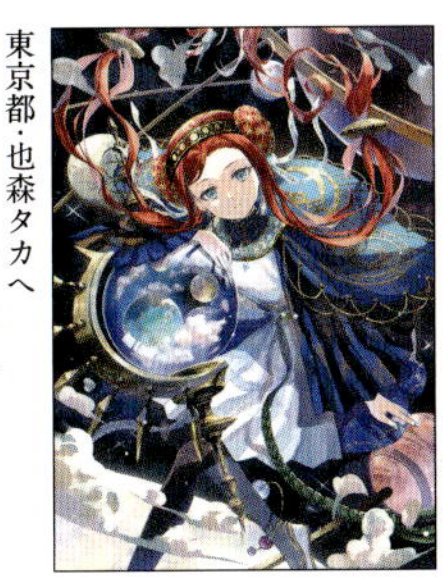
東京都・也森タカへ
Wacom Intuos Pro Medium・CLIP STUDIO PAINT

今後もコンテストを開催してまいりますので・これからペンタブレットで絵を描きたいという方も・今回挑戦しそびれた方も・広く投稿をお待ちしております。コンテストに関するお問い合わせは【http://www.s-ss-s.com】からご連絡ください。

もっと教えて…♥
# 七神マナのイラスト開発テクニック
Rare ZOO × 七神マナ

イラストレーターの七神マナがクリエイターにとって刺激となる場所へ伺い、お話をお聞きする連載企画がS 66号よりスタート！　いまよりも上手くイラストを描きたい、魅力的に表現したい人のために贈る対談&メイキング記事です。第21回はエキゾチックアニマルという珍しい動物を取り扱うショップ「Rare ZOO」の店長・中野さんにインタビューを敢行！　中野さんが「Rare ZOO」で働くようになったきっかけから、「Rare ZOO」でどのように動物を繁殖させて、どのように育てているのかについてお話を伺った。さらに、「Rare ZOO」でふれあえる動物のビジュアルも大きくたっぷり掲載し、「Rare ZOO」とエキゾチックアニマルの魅力をお届けします。

「Rare ZOO」が気になったかたは、お店に遊びにいってみてください♪　今回紹介している動物をはじめ、様々なエキゾチックアニマルと出会い、触れ合うことができます。SNSでは最新情報も更新していますので、ぜひチェックしてね！

Rare ZOO presented by OWL☆WAN
◎場所：〒542-0086 大阪府大阪市中央区西心斎橋2丁目10-31-2F　◎TEL：06-6210-2900
◎営業時間：12:00～19:00（最終受付：18:30）　◎定休日：不定休
◎アクセス：御堂筋線心斎橋駅から徒歩6分／四つ橋線四ツ橋駅から徒歩6分／近鉄大阪難波駅から徒歩11分
【Instagram】owlwan_rarezoo　【X】@clubowl296　【YouTube】アウルワン　【TikTok】owlwan296rarezoo　【HP】https://owl-wan.com/

2
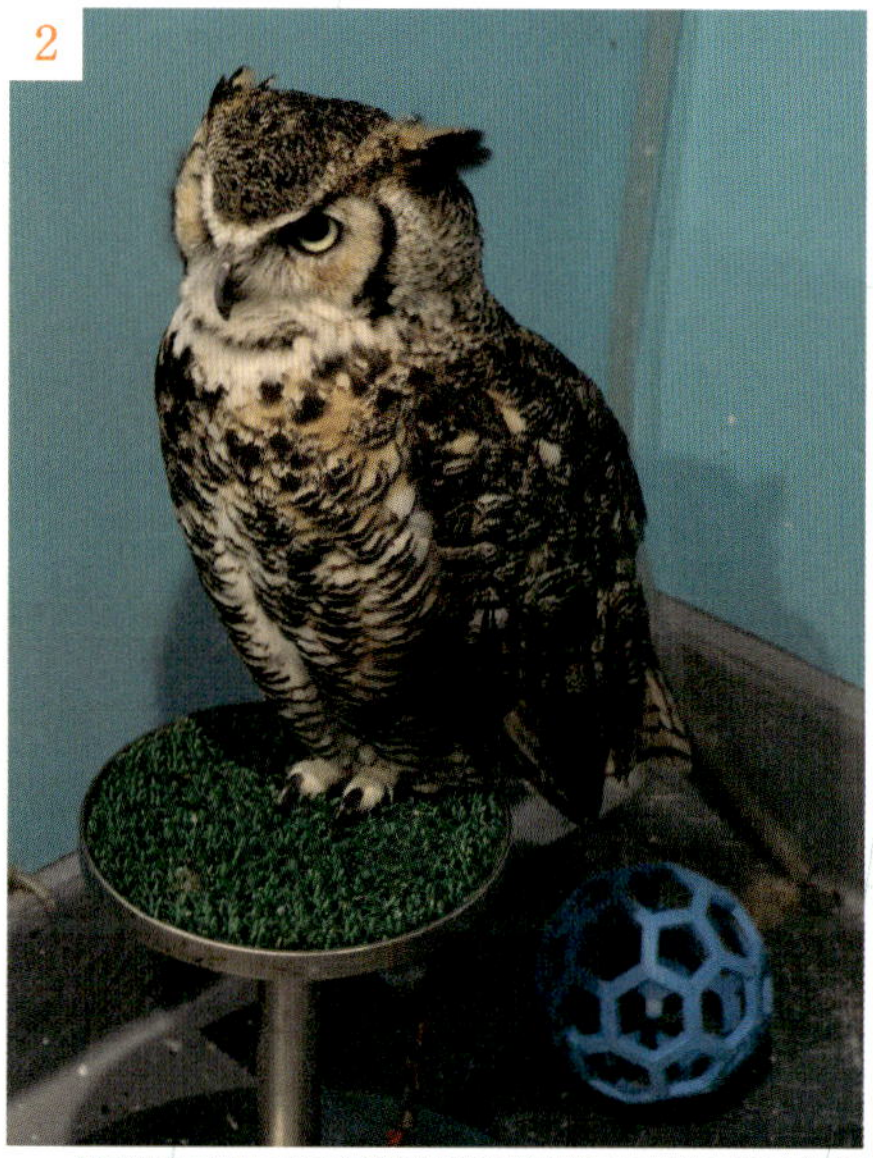
1
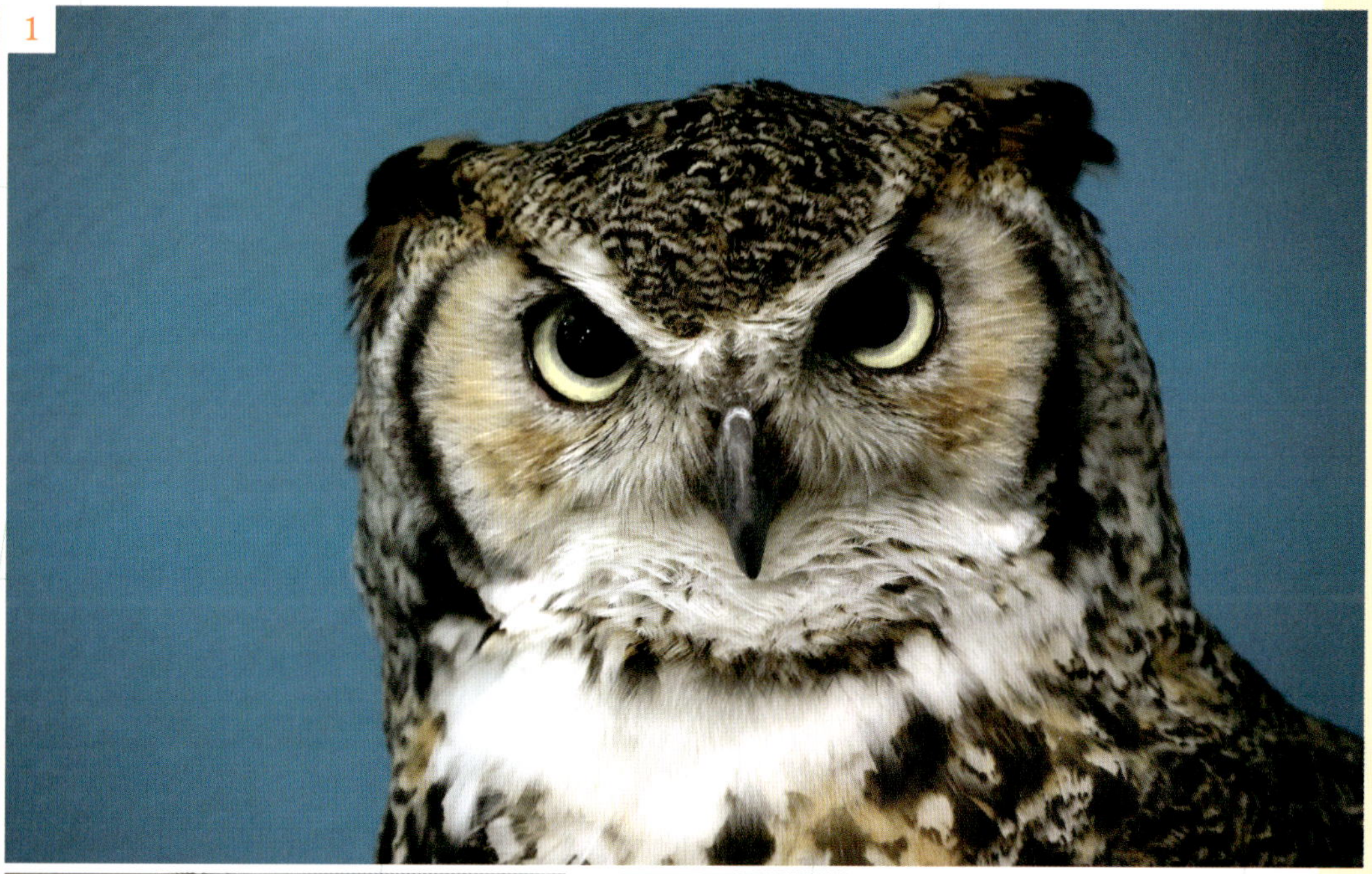
3
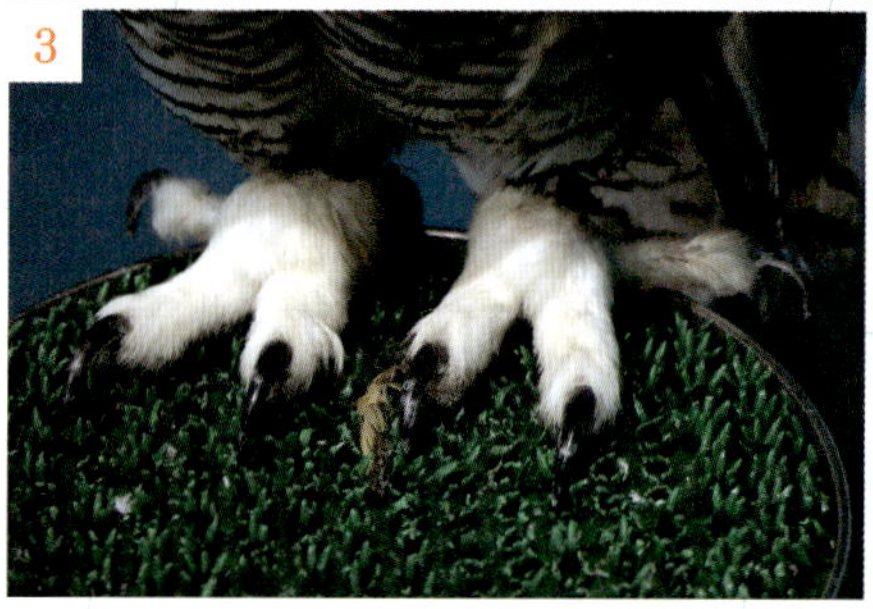
1.2.3:アメリカワシミミズク

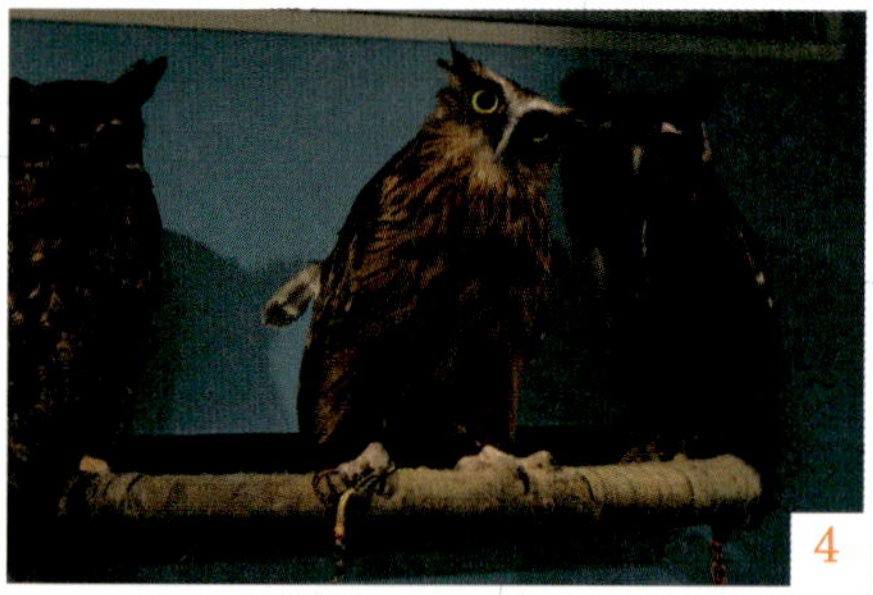
4
6
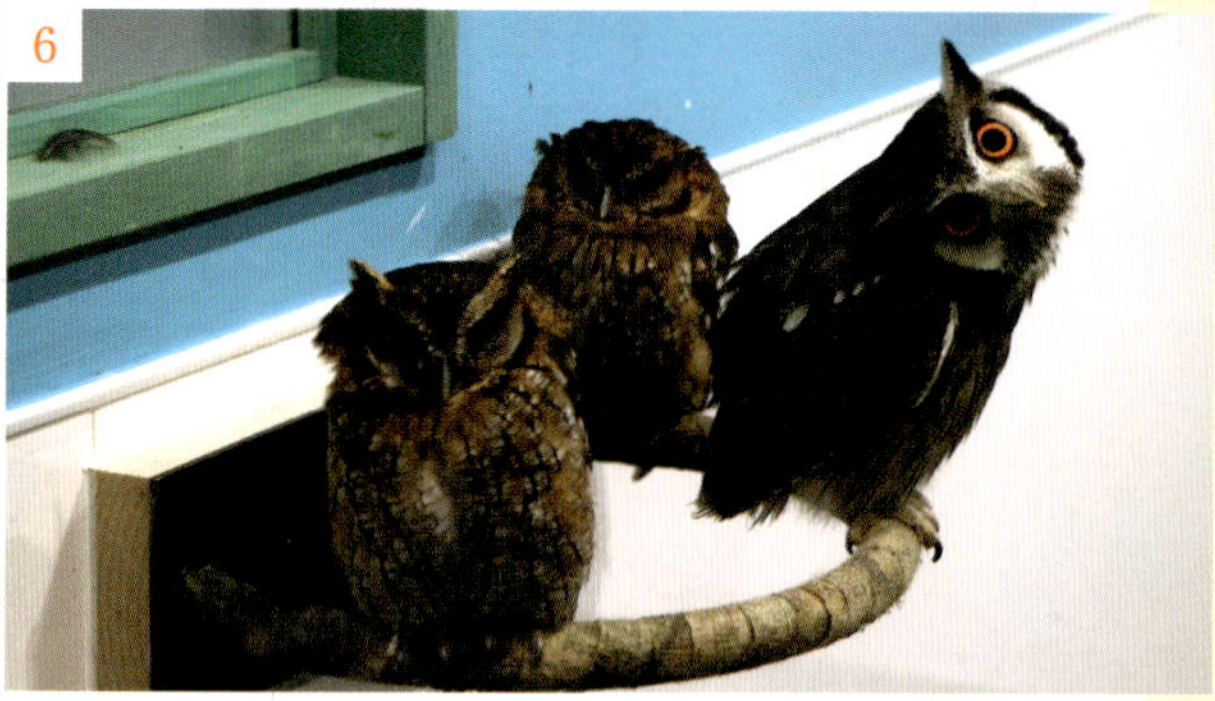
6:スピックスコノハズク(向かって左)
アフリカオオコノハズク(向かって右)

**七神**　スピックスコノハズクは、ふわふわで羽毛布団のふわふわさそのままでびっくり！　くちばしでつついてもらったけれど、全くの無傷。イメージとしては、くちばしの先がわずかに丸い印象でした。

5
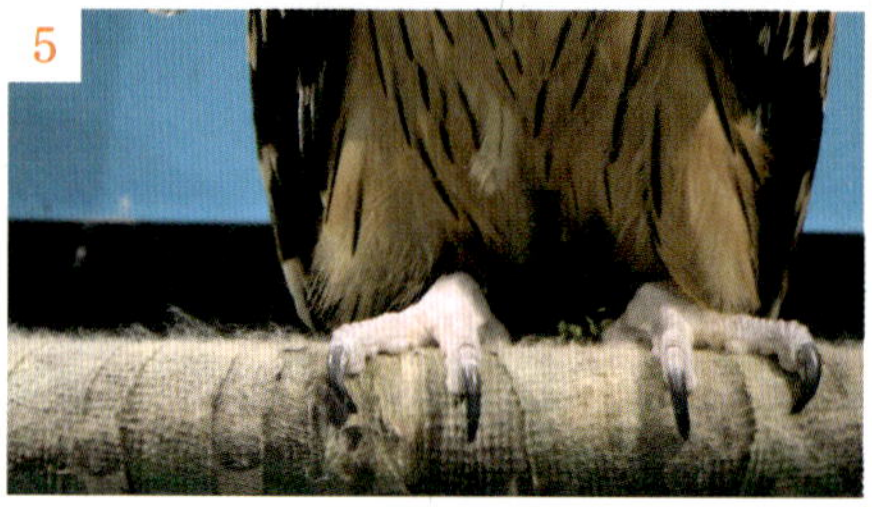
4.5:マレーウオミミズク

**七神**　「Rare ZOO」にいる子で、プレーリードッグのように、触られるのが大好きな生き物はいますか？

**中野**　フクロウのスピックスコノハズクという種類は、なつきます。私も以前飼っていたのですが、名前を呼ぶと二階から飛んできてくれました。首周りで寝たり、布団に入ってきたりしてとても可愛いです。

**七神**　手乗りサイズで可愛いですね！

**中野**　名前を呼ぶとホーホーと鳴いて返事をする子もいます。飼い主さんにベタ慣れになっている子は、飼い主さんが外出すると、姿が見えなくなるまで窓からずっと見守っていたり。

**七神**　見た目も可愛いし、最高ですね！

**中野**　もともと、フクロウは猫のようにツンデレな子が多いのですが、スピックスコノハズクは犬に近い性格で、スタッフでも迎えする子が多いですね。お世話をしていると、触られるのも好きになるので飼いやすいですよ。

**七神**　いいですね。あとは、意外と鳴き声が可愛い動物はいますか？　私はフェネックがすごく可愛かったです。

**中野**　フェネックは意外かもしれないですね！　狐の鳴き声は想像がつかないかたもいるかもしれないです。それに、喜ぶと尻尾を犬のようにブンブンと振るのも可愛いですよ。

**七神**　わかります。あと、大きな耳を折りたたんで、すごく笑顔になる姿も可愛いですよね！

### アメリカワシミミズクとマレーウオミミズク
主食：肉

ミミズクの足を見比べてみる。アメリカワシミミズクの足には毛が生えていて、フワフワな見た目をしている。アメリカワシミミズクは、寒い場所に住み、餌として哺乳類の小動物を食べることが多いため、足に毛を生やすことで、防寒と防御の役割があるようだ。一方で、マレーウオミミズクはざらっとした恐竜のような見た目をしている。マレーウオミミズクは暑い地域に住み、虫や魚を食することが多い生活のことから現在の見た目にたどり着いたのかもしれない。

### ミツオビアルマジロ
主食：ドックフード、雑食

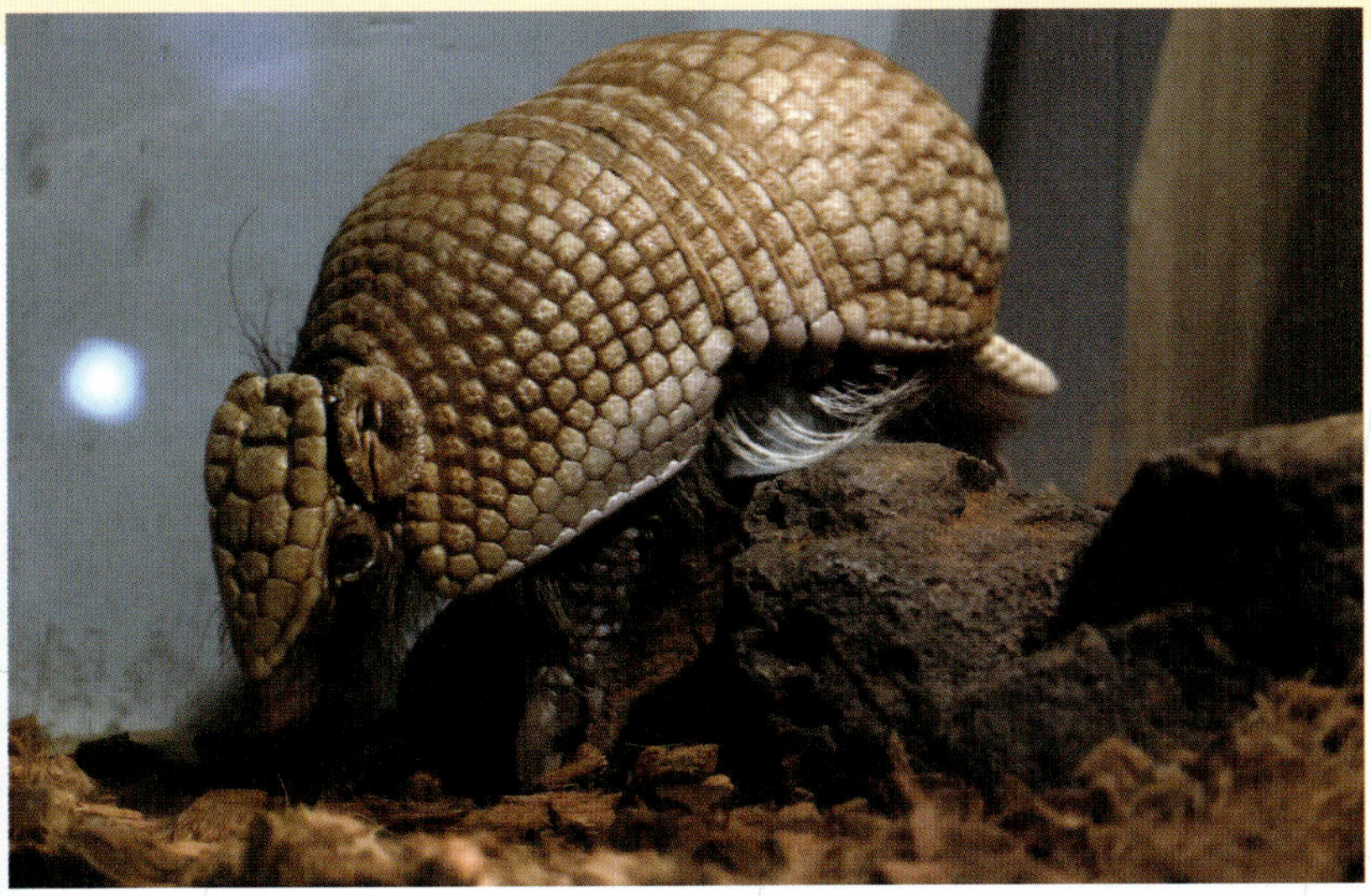

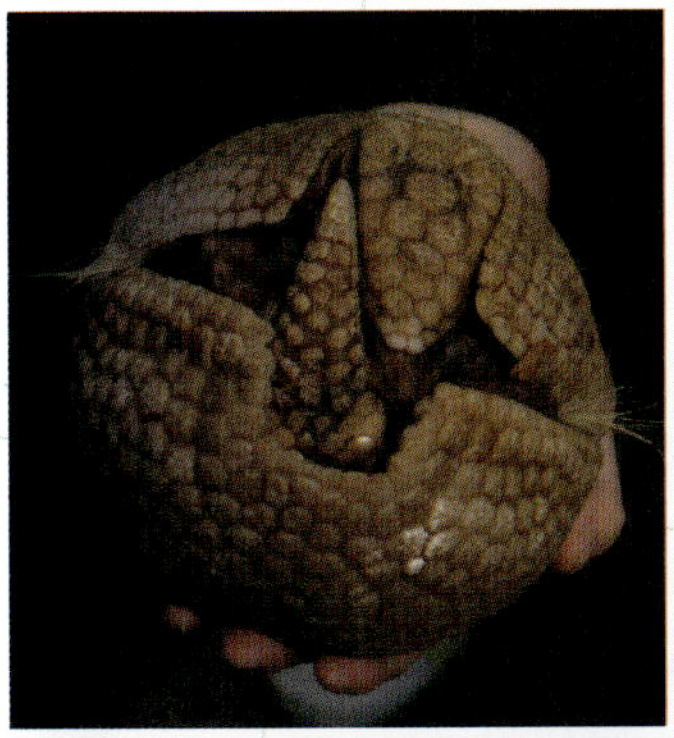

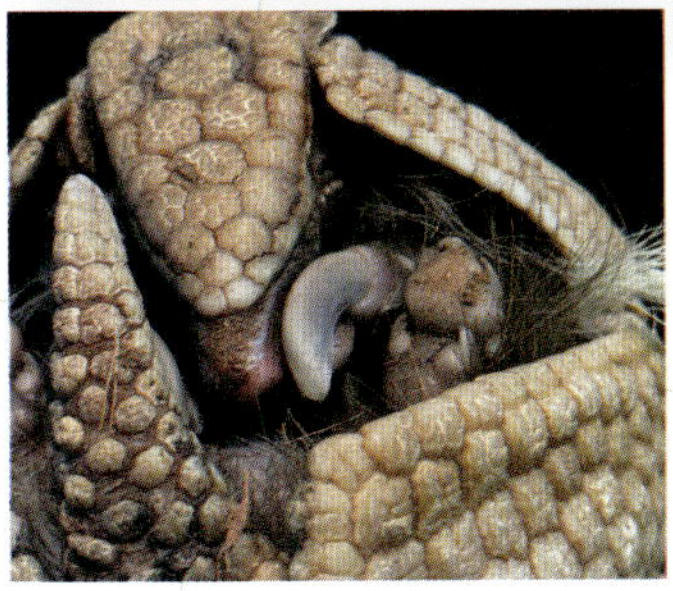

七神　ミツオビアルマジロは、触ってみると温かいライチの皮のような質感…。皮膚と甲羅の隙間に生えた毛は、甲羅に沿うように生えていて、丸まったときにはみ出す白い毛は猫のヒゲのような硬さでした。

――今回は、動物を愛する七神マナさんが、いま最も気になると話をしていた、エキゾチックアニマルを取り扱うショップ「Rare ZOO」の店長・中野さんにご登場いただきます。「Rare ZOO」は、もともとフクロウ販売店、猛禽類・エキゾチックアニマルの専門店「OWL☆WAN」として親しまれていましたが、今年の八月からより多くの方に珍しい動物や生き物を知ってもらうために、ふれあい動物園「Rare ZOO」に名前を変え、リニューアルオープンしました。まずは「OWL☆WAN」時代のお話からお聞きしたいです。

**中野**　もともと「OWL☆WAN」は、「OWL」が英語でフクロウを表し、「WAN」がローマ字読みでワンちゃん（犬）という意味で、二つの言葉を組み合わせた名前でした。犬はもともとオーナーがブリーディングをしていたこともあり、初めは子犬とフクロウの販売をしていたんです。

**七神**　最初は犬も取り扱われていたんですね！　それはいつ頃だったのでしょうか？

**中野**　二〇一一年頃だったと思います。もともとオーナーは、自宅で小さなお店を開いていたんです。その後、オーナーの自宅付近で店舗を構え始めました。

**七神**　もともと、ペットとして飼われていた犬が産んだ赤ちゃんを販売されていたのですか？

**中野**　はい。当時はプードルの繁殖をしていたそうです。もともと、ご夫婦でボーダーコリーとディスクドッグ競技に参加することにハマっていたそうで、たくさんのボーダーコリーに囲まれて生活していたと聞いています。それから、ブリーディングやプードルの繁殖をし始めたことと、ペットとしてフクロウを飼っていたことがキッカケで「OWL☆WAN」が誕生したそうです。

――中野さんはどういった経緯でオーナーさんと一緒にお仕事をされるようになったのでしょうか？

**中野**　もともと、オーナーとオーナーの奥様と同じ会社で働いていたんです。動物とは全く関係のない会社だったのですが、私も犬を飼っていたので、犬繋がりで仲が良かったんですよ。犬のことについて相談し合ったり、ディスクドッグ競技の大会を一緒に見に行ったりしていました。今のオーナーが会社を辞めて「OWL☆WAN」の前進の会社を立ち上げる際に、私も一緒に働かせてもらうことになったんです。

――そうだったのですね。ところで、「OWL☆WAN」がフクロウをメインに取り扱うようになったキッカケはあるのですか？

**中野**　犬は少しずつお迎えいただいていたのですが、親犬の面倒を見つつ、繁殖をするとなると、スタッフの負担も大きくて。それに、子犬が生まれない期間は何を売るのかという話にもなり、飼育しやすいフクロウの販売をし始めることにしました。ですが、最初は全く売れなくて。フクロウの取り扱いを辞めるべきか迷っていたタイミングで、体を細くすることで有名なアフリカオオコノハズクが徐々に売れ始めたんです。また、お客さまから問い合わせがあった際に撮影した、一〇羽ほどのアフリカオオコノハズクのヒナの写真がSNSでバズったこともあり「OWL☆WAN」自体も知っていただくようになりました。それから今では年間三〇〇羽ほどのフクロウがいるお店となり、自然と犬の繁殖はしなくなりましたね。ですが現在も、当時の親犬は普通のペットとして、一緒に暮らしています。

**七神**　そうだったのですね。また、犬と比べるとフクロウは飼いやすいのですか？

**中野**　フクロウは小さくても大きくても餌は生肉ですし、ふやかす必要もないので手間が少ないかと思います。それに、フクロウのくちばしは、硬いもの砕くためにあるわけではないので、つつかれても刺さるような痛みは無いんですよね。

**七神**　私も取材前に「Rare ZOO」さんでふれあい体験をさせていただいた際に、少しだけ噛んでもらったのですが、全然痛くなかったです（笑）。

**中野**　そうなんですよ。オウムやインコに比べると爪切りも楽です。アンクレットで繋いでいる状態にすれば、一人でも爪切りができます。

――その後、今年の夏からはふれあい動物園「Rare ZOO」として、お店がリニューアルオープンしたと伺っています。

**中野**　そうですね。もともとは「OWL☆WAN」の二号店のようなイメージで、一年以上前から物件を探していました。

**七神**　「OWL☆WAN」さんが爬虫類イベントに出られていた際に、店舗を増やすような話は聞いていたのですが、移転だとは思っていなくて驚きました。リニューアルした「Rare ZOO」さんでは、普段、近距離で触れたり見たりすることができない生き物たちがたくさんいて感動しました！　ここからは、「Rare ZOO」さんで繁殖されている動物についてもお話を伺いたいです。ペットとしても飼えて、他の種類の何にも似ていない生き物はいますか？

**中野**　アルマジロですかね。アルマジロは「ムツオビアルマジロ」と呼ばれる、背中が丸まらない種類の子の繁殖が一度成功しました。ですが当時は、妊娠にも全く気づかなくて。ある日、オーナーが飼育ケースのなかに、大きな消しゴムが置いてあるのかと思って近づいて見てみたら、ツルッツルのムツオビアルマジロの赤ちゃんが二匹生まれていて！　一瞬、目を離した隙に赤ちゃんが生まれていたことに驚きました。スタッフのみんなで喜んでいたそばから、ムツオビアルマジロのお父さんが自分の赤ちゃんにビックリしたのか、赤ちゃんをかじってしまって…！　生まれた瞬間からバタバタとしていた思い出がありますね。

**七神**　その後、赤ちゃんはお母さんが育てたのですか？

**中野**　そうです。ですが、私たちはムツオビアルマジロの赤ちゃんに関する知識がなかったので、もしもの時のことを考えて人口ミルクはどうするのか、食べ物は

### プレーリードッグ
主食：うさぎの餌
（チモシーなど）

七神　プレーリードッグは種類としてはうさぎの仲間です。肌触りも、毛は固めのうさぎのようでした。ですが、撫でると皮が伸びるような、モチモチとした雰囲気があり、堪らないです！　それに、撫でられるのが好きなところもペットとしてお迎えしたくなる気持ちになります。取材に行った時には、入り口に入ってすぐ、お出迎えをしてくれて。「Rare ZOO」のスタッフさんにたくさん触ってもらった後に、ゲージに戻されるのを嫌がる姿が可愛かったです。帰る頃には、ゲージのなかで堂々とひっくり返って寝ている姿も良かったです。

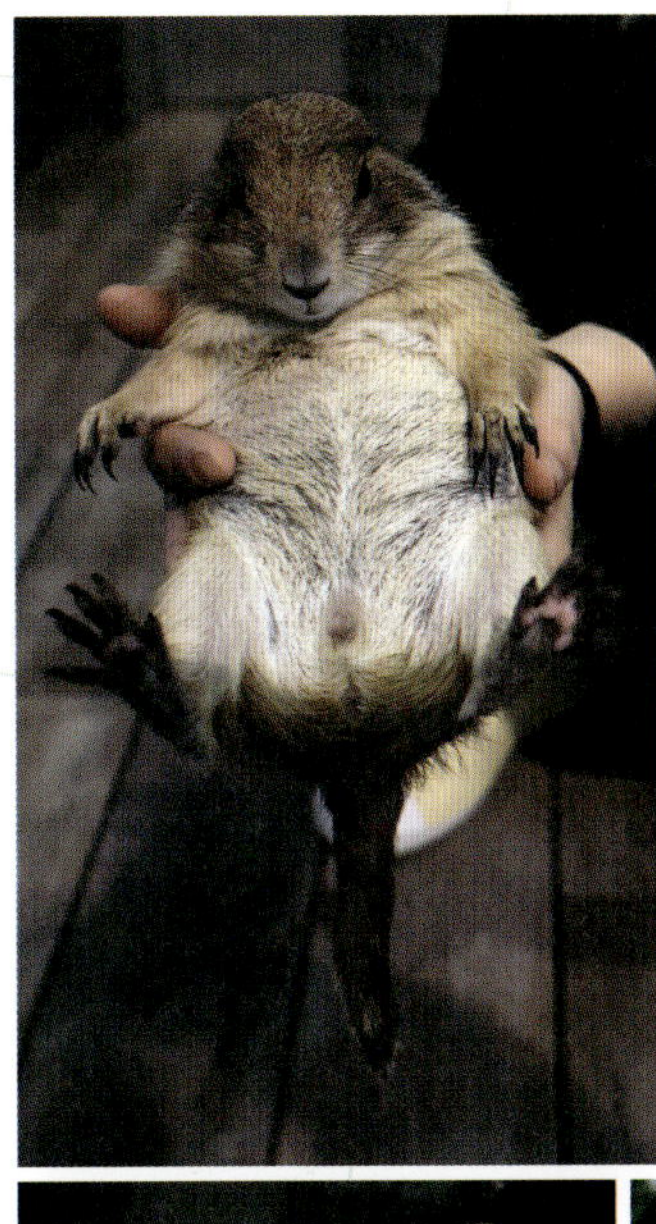

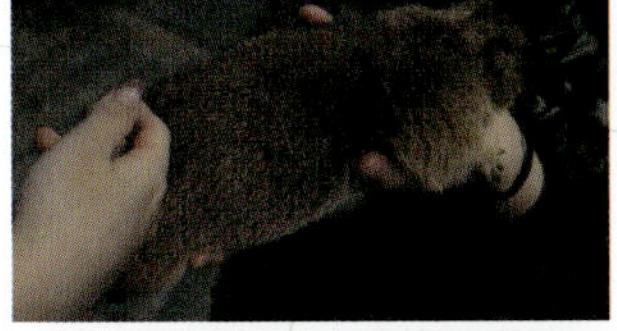

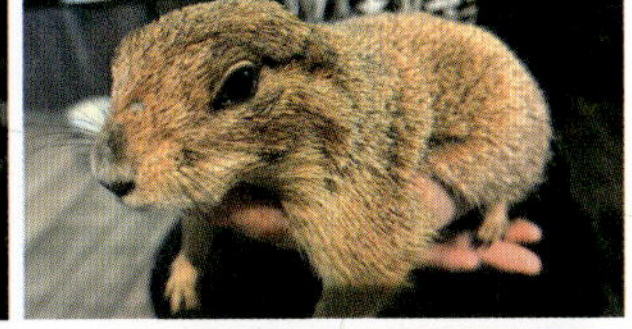

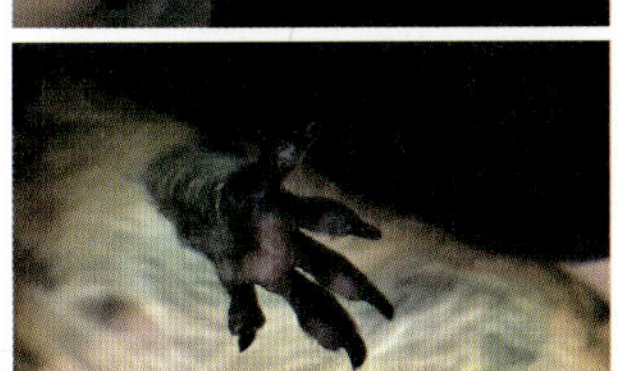

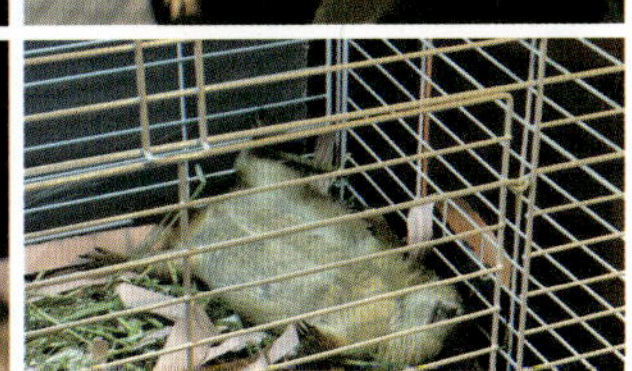

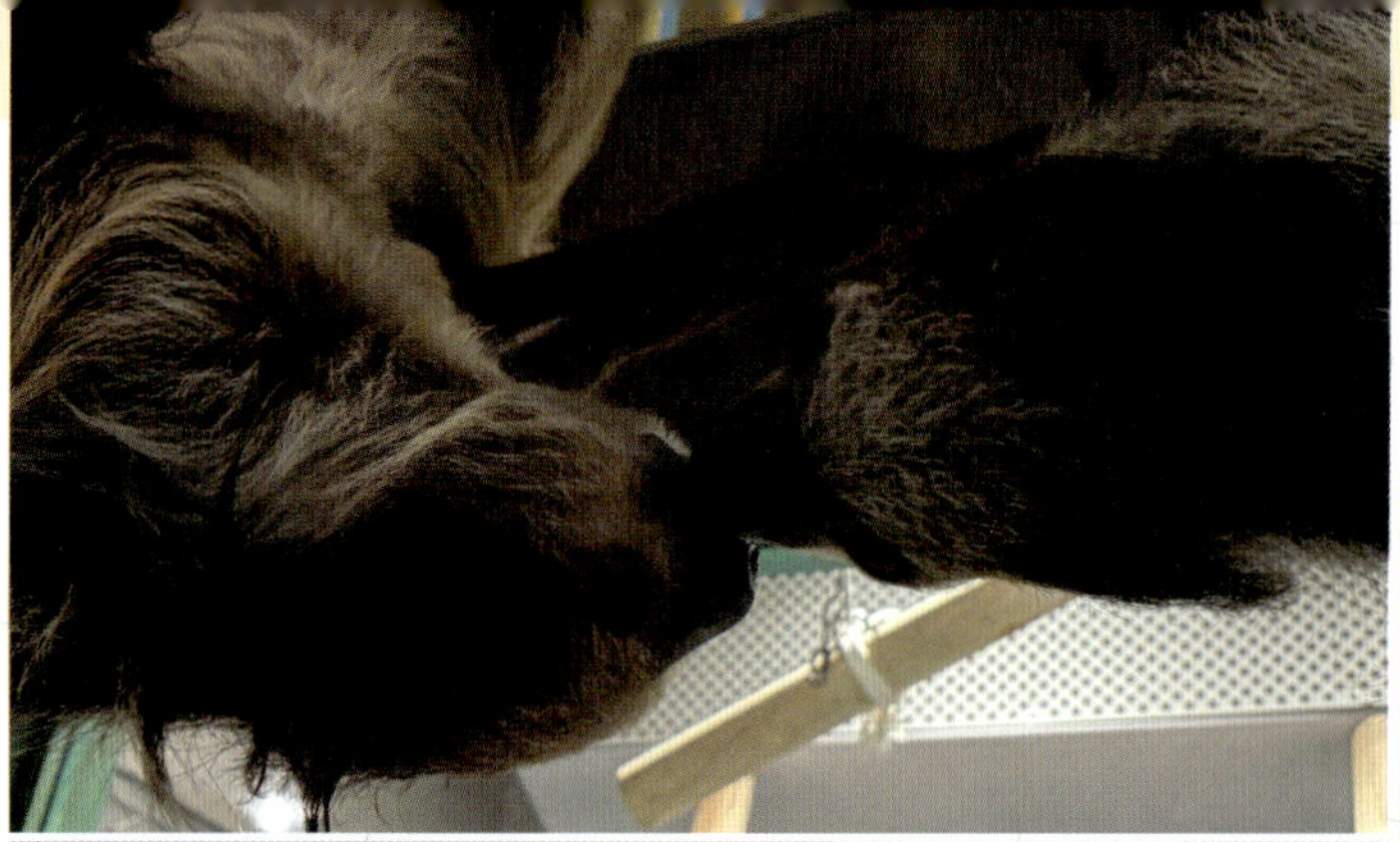

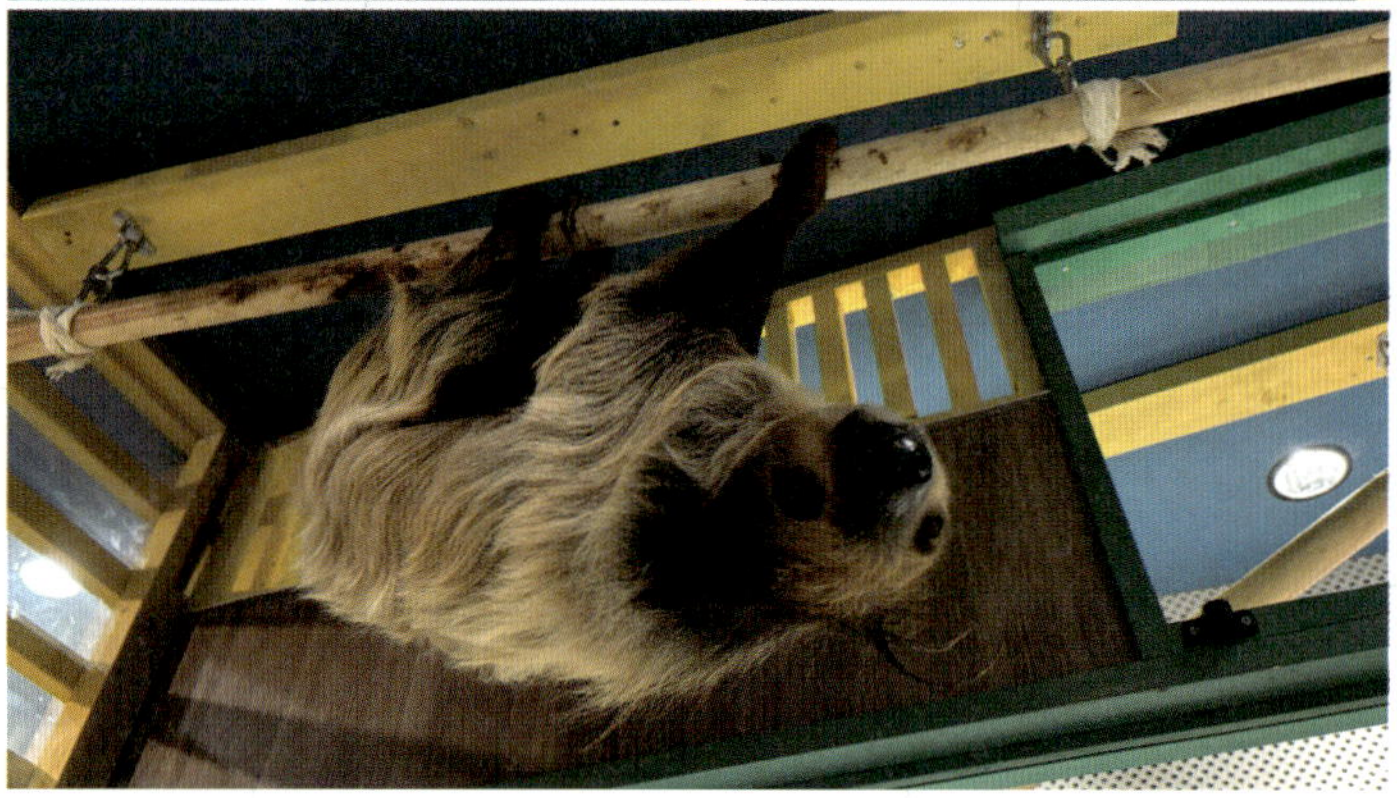

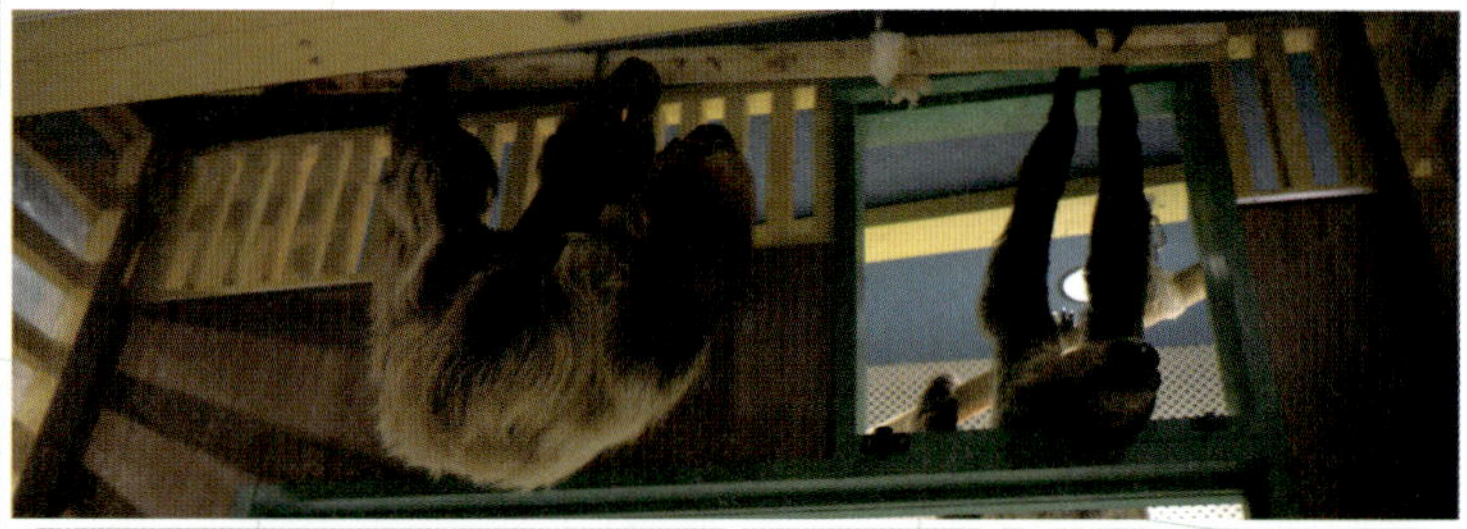

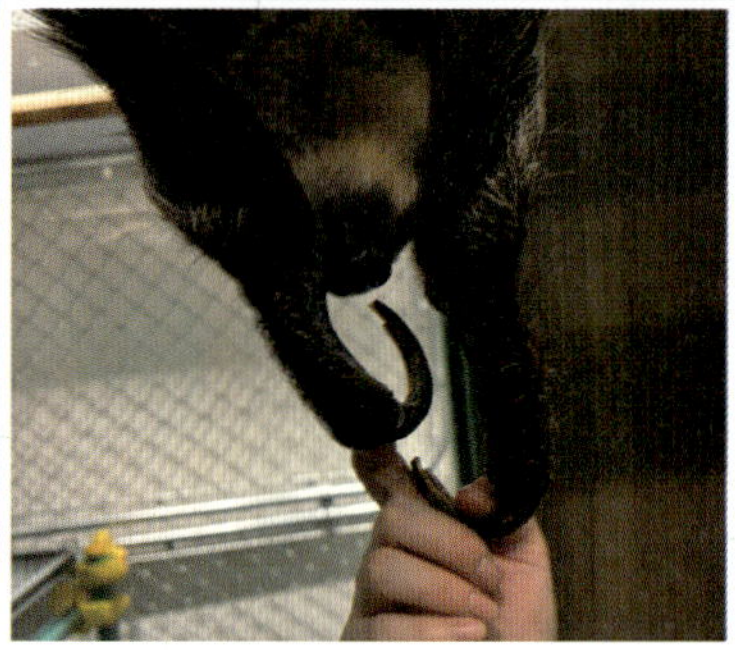

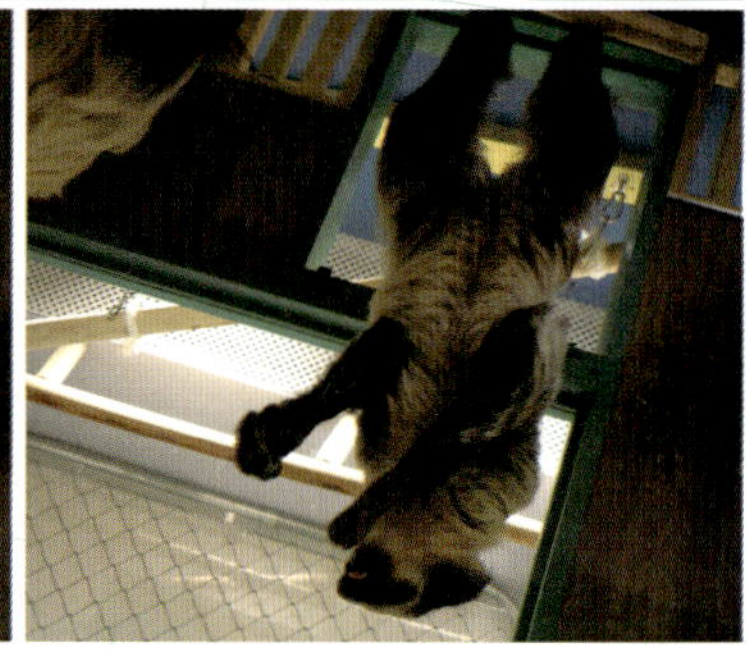

**フタユビナマケモノ**
主食：野菜

七神　爪が2つあることからフタユビナマケモノと呼ばれるナマケモノ。体はふわふわなやわらかな毛で覆われていて、前足は肘下1/3は指（爪も合わせるなら肘下1/2は指）だからこそ、関節の可動域が不思議…。爪は象の牙のような感触で、さらには巻きつく力が強かったです。そして何より、「Rare ZOO」にいるフタユビナマケモノのふたりはとっても仲良しなのが良かったです♡

何をあげるのかなど、急いで調べ始めました。調べていくなかで、繁殖に成功したことがあるという動物園を見つけたので電話で問い合わせをしたところ、動物園の人も古いノートを遡ってくれて、人工ミルクの作り方などを教えてくださりました。当時、アルマジロを人工で育てていたところはあまりなかったので、調べて教えてくださった動物園さんには本当に感謝しています。経過を見守っていると、案の定、二匹の子供の大きさが全く違っていて。人工ミルクもあげたのですが、あまり飲まなかったんです。原因を探っていくと、予想通り片方の子がミルクを上手く飲めていなかったようでした。アルマジロは自分のおっぱいを吸う場所が決まっているみたいで、その子が吸っている場所のおっぱいの出が悪かったことが原因だったようです。理由がはっきりと分かってからは、無事にちゃんと成長しました。

七神　それは焦りますね…。中野さんが「Rare ZOO」で働いていて、忘れられない出来事はありますか？

中野　子供を育てたくても育てられないショウガラゴですかね。ショウガラゴの妊娠期間は一二〇日くらいでして、その時期は家にも連れて帰って様子を見ているのですが、一昨年に参加した岡山のイベントのタイミングと出産時期が重なってしまい…。万が一、外出中に産まれたらと思うと不安で一緒にイベントに連れて行ったんです。そうしたら岡山に向かっている最中の車内で、突然ゴンッという音が鳴って。ショウガラゴのお母さんが入っているゲージのなかを覗くと、子供が産まれていたんです。

七神　え〜っ！　ゴンって音、すごく怖いですね…!?

中野　産む瞬間に、お母さんがケージのなかで暴れていたみたいで…。慌てて生まれたてのビチャビチャな赤ちゃんの体を拭きました。正直、そのあとはイベントどころじゃなくて（笑）。それに、赤ちゃんが生まれたら、一時間半〜二時間おきにミルクを与える生活が始まるんです。

七神　大変すぎますね…。そのショウガラゴはなぜ子供を育てられなかったんですか？

中野　そのお母さんはとても過保護というか…。子供を育てる気持ちはあるのだけど、ミルクをあげるよりもウロウロと周囲の監視をし続けてしまい、育てることができなかったんです。ですから、途中で赤ちゃんを引き上げて、代わりに私が育てることにしていて。育てたい気持ちがあるのに育てられないというのは可哀想だなと思って、そのペアは解消しました。いまは、誰でも触れる状態でお店にいます。

七神　お店で見させてもらったうめちゃんですね。ところで、ショウガラゴのメインのご飯はなんですか？

中野　飼育でしたら、猿専用のモンキーフードというのをあげます。犬でいうところの、ドッグフードのようなものがあるんです。

七神　モンキーフードの原材料は果物やお野菜ですか？

中野　そうですね。ほかにも小麦粉なども入っています。今は、種類が増えた方ではありますがドッグフードやキャットフードほどの種類はないので、いつもあげるものは決まっていますね。食いつきが悪い時は、違うメーカーのモンキーフードをあげたり、ときどきキャットフードも混ぜて食べさせることもありますね。

七神　キャットフードを食べる生き物は多いように思うのですが、「Rare ZOO」さんにはドッグフードを食べる生き物はいますか？

中野　アルマジロはドッグフードをあげます。一方で、フェネックやキンカジューはキャットミルクあげることも多いようですが、うちではヤギミルクをあげています。胃腸に優しいことからお猿さんも、ヤギミルクにしていますね。

七神　なるほど。ショウガラゴを飼う環境としては、人間と同じくらいの温度が適温でしょうか？

中野　赤ちゃんでも大人でも、ショウガラゴは二五度くらいに保温しないといけないです。ただショウガラゴはもともとアフリカの生き物ですから、朝、昼、夜では、温度差がすごくあると思うので、私の個人的な考えとしては、自宅では真冬でも最高は二八度〜二五度くらい、最低室温は一七度くらいを保っています。私自身、自分で飼いながら、ショウガラゴの生態や飼い方は観察しつつ模索中なんですよ。飼ってみるとわかるのですが、ショウガラゴも飼いづらいということはないんです。温度的にはモモンガやデグーと同じで、爬虫類のほうが難しいように思います。

七神　私も家にトカゲがいるのですが、どういった環境がいいのかを様子見している最中です。もともとトカゲが生息しているオーストラリアは、夜は寒いはずなのに、日本では日中だけでなく夜も保温することを推奨されていて、夜用の電気が売っていることにビックリします。生息地域の環境を考えて、この二年ほどは夜に暖房を切ってみたり、人間が快適に感じる温度にしてみたりするのですが、特別な変化はないんですよ。もしかしたら、あと五年くらい経てば変わることがあるかもしれないし、寿命に差が生まれるかもしれない。同時期に飼った子と比較をしながら良い環境や適した育て方を探しているので、中野さんの気持ちがすごくわかります。話は戻るのですが、ショウガラゴはメンテナンスとして爪切りやお風呂はどうされていますか？

中野　爪は生えているのですが、爪切りはしないです。ショウガラゴはカエルの手のような見た目をしていて、一本だけ長い爪が生えているのですが、ショウガラゴはそれを自分で整えるんですよ。何かにひっかからない限り、わざわざカットしなくていいんです。

七神　確かに手でいっぱいものを掴むから、勝手にやすれそうですね！

中野　そうですね。また、お風呂に入れる方もいますが、お風呂に入れる意味が正直まだわかっていないので、私たちは入れていません。

七神　水浴びはするんですか？

中野　もともとアフリカに住んでいた生き物なのでしないですね。匂いは飼育用品を洗えば済みます。

七神　あとは繁殖についてもお聞きしたいです。ペアリングはどのようにされているのですか？

中野　もともと私たちのお店ではペアでゲージに入れているのですが、ペア換えをしてうまくいった実績がなくて。普通にペアで生活をしていて、繁殖できたらいいなというくらいです。「Rare ZOO」では、みんなが生き物たちをペットのように可愛がってお世話をしています。ですから、赤ちゃんも産まれると嬉しいですが、もし産まれなかったとしても大切に育てることをみんなでしているんです。

七神　すごく理想的です。そういうところで産まれた子のほうが、ペットとして一緒に暮らしていくには安定しているように思います。

――「Rare ZOO」では、「他店様でお迎えされた子達と当店から巣立った子達の隔たりは一切持っておりません」という言葉をモットーに、飼育している子で悩みがあれば、相談を受け付けているというところも素晴らしいなと思いました。

中野　ありがとうございます。うちから巣立った子じゃなくても、内容をお聞きして、自分たちが分かることであれば情報を公開しますし、一般的な解決案や育て方は全て伝えるようにしています。

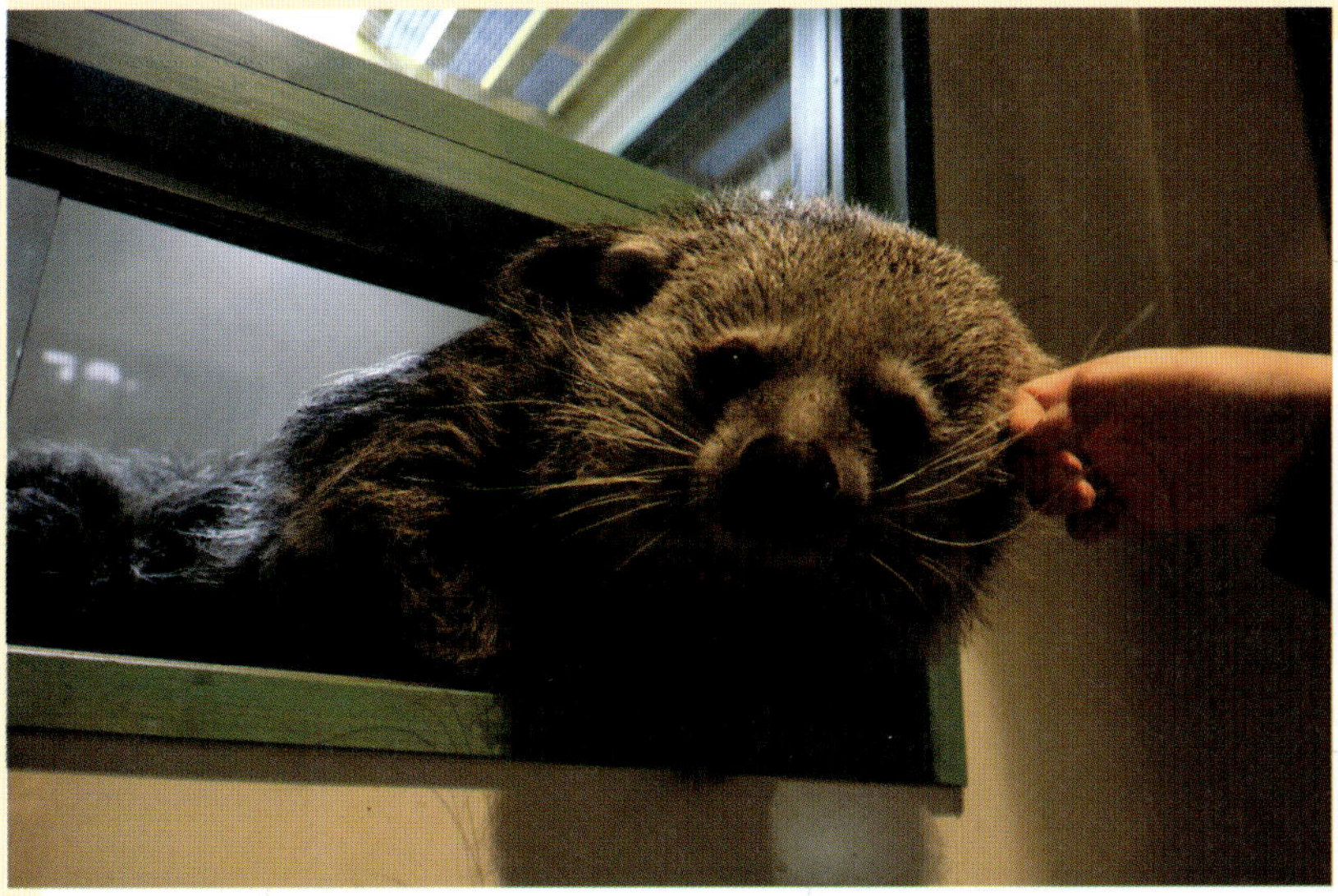

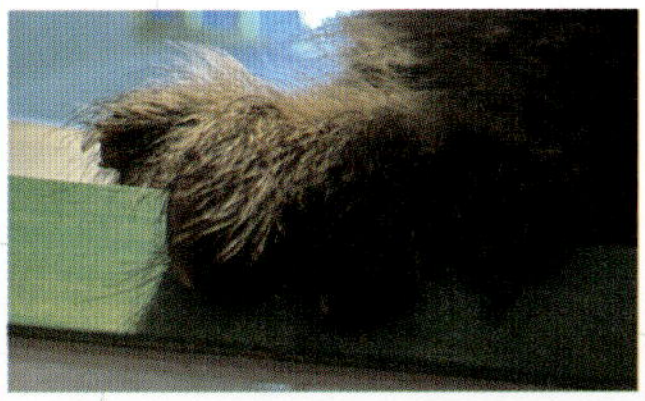

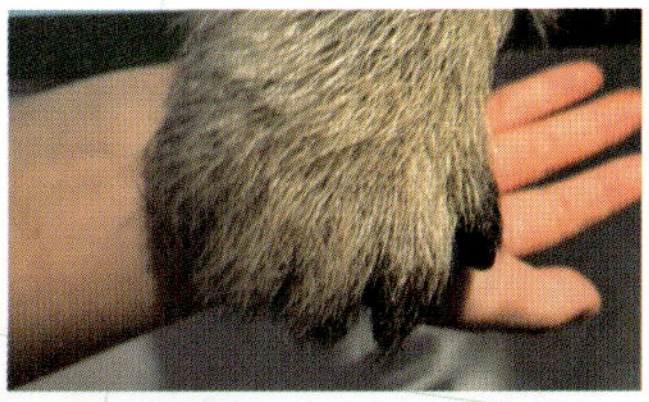

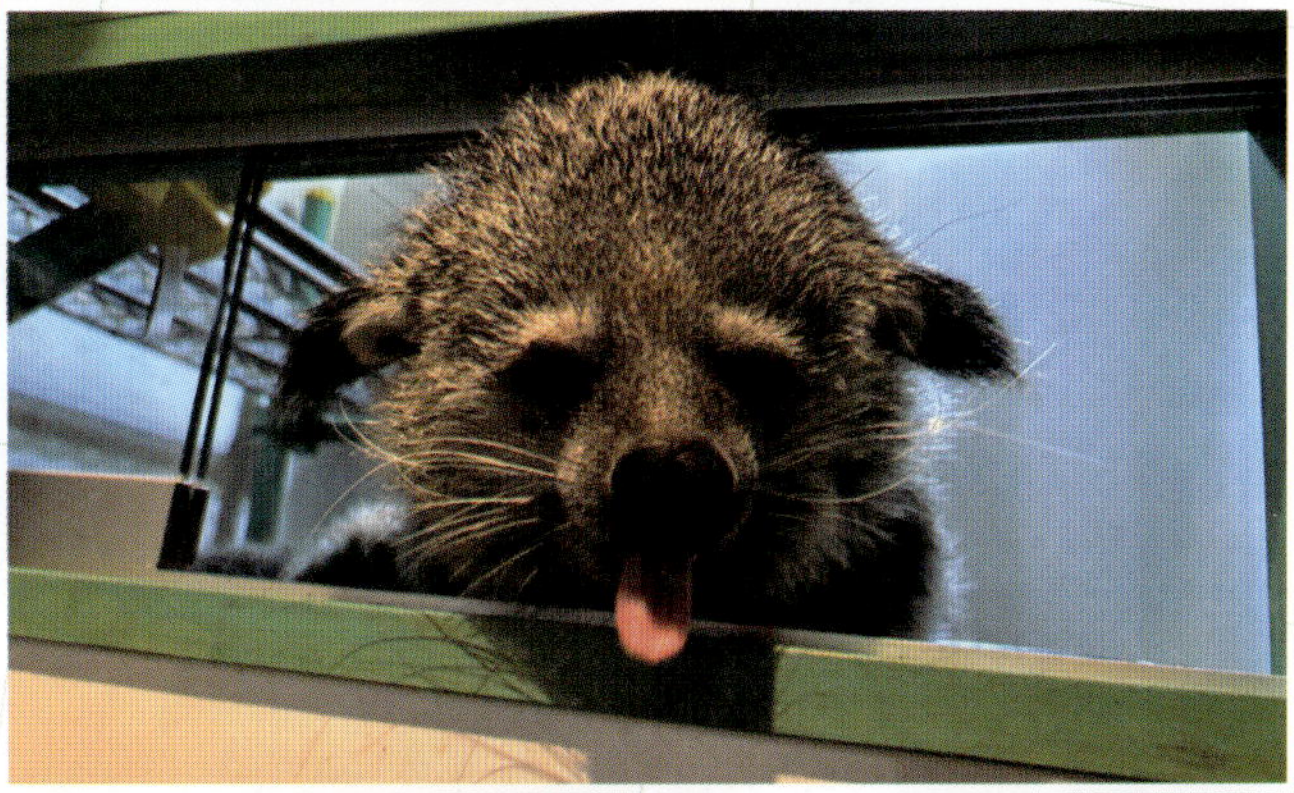

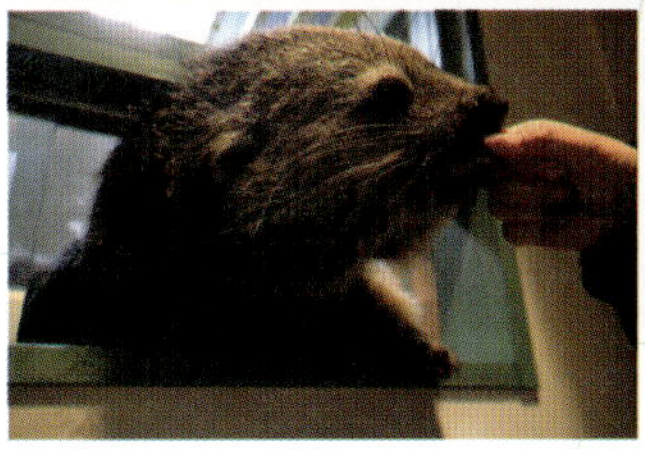

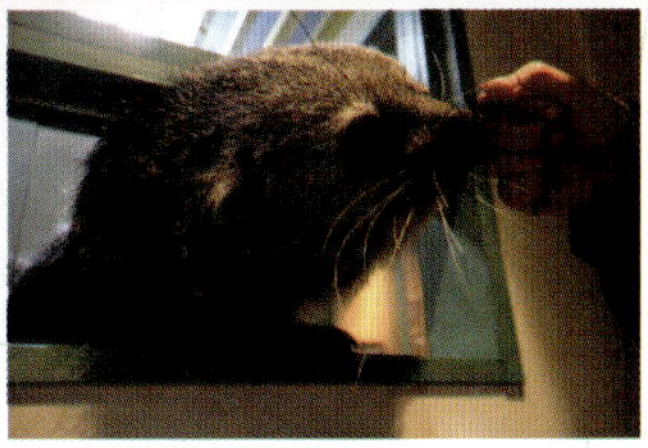

**ビントロング**
**主食：モンキーフード、雑食**

**七神**　ビントロングはジャコウネコの仲間。動物園でずっとみていたけれど、「Rare ZOO」で初めて触ることができ、感動しました…！「Rare ZOO」には3頭のビントロングがいて、今回は人気者の「のび太」を紹介します。ビントロングの毛はうねうねなクセがついていて、固めな質感。ポメラニアンのように毛に包まれてふわふわではなく、しっかり中身が詰まっていた印象です。手を触ってみるとクマの手のようなパッドがあって、爪は根本から爪先に向かい急激に細くなって鋭いように見えます。写真には写っていないけれど、尻尾があり、その尻尾をつかって木に登り生活をしているそう。耳が横に付いているのも可愛いポイント！

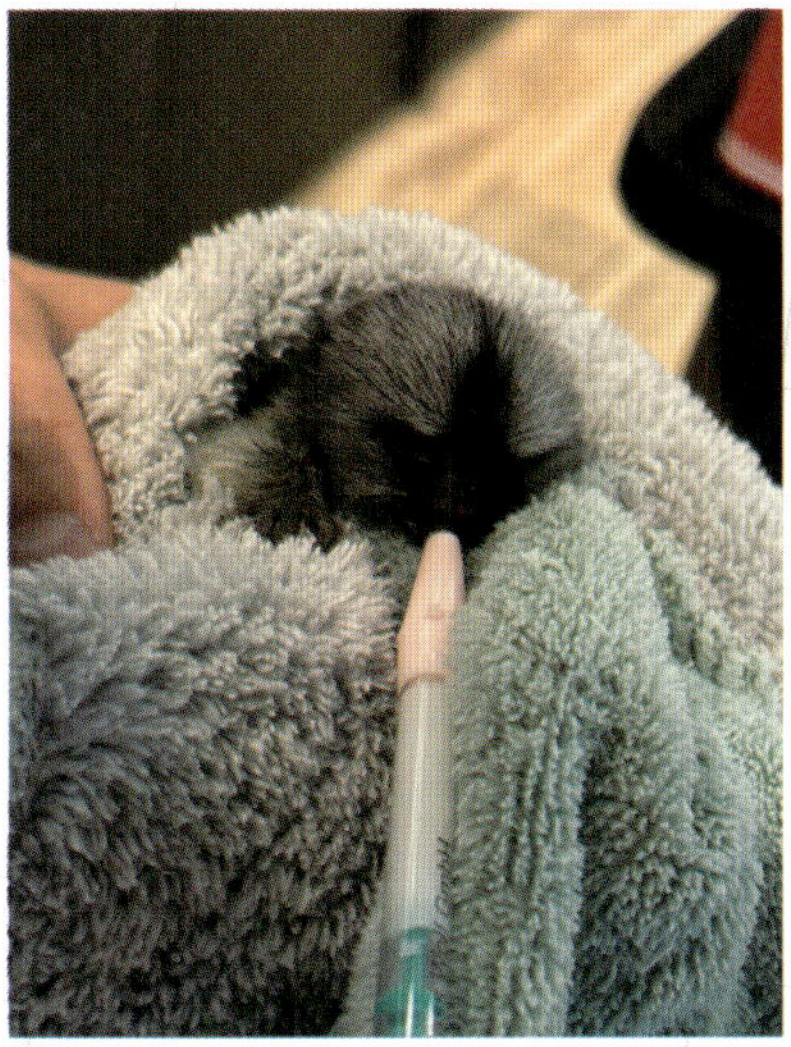

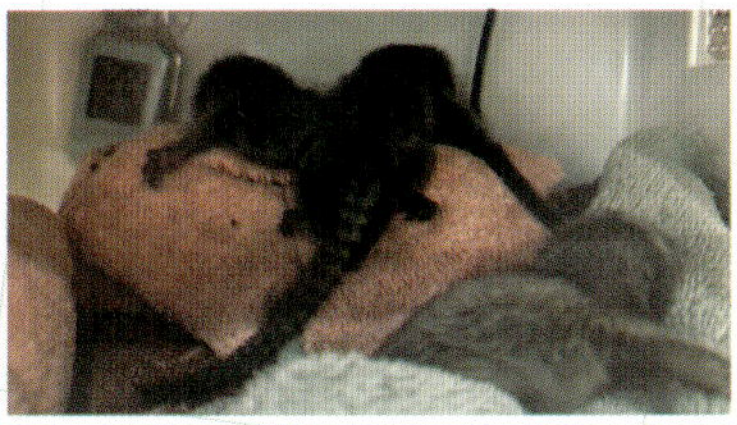

**コモンマーモセットの赤ちゃん**

七神マナが取材で「Rare ZOO」に行ったタイミングではコモンマーモセットの赤ちゃんがいた。生まれてまだ5日の貴重な姿を撮影させていただいた。中野さんは毎日2時間ごとにミルクを与えているそう。タオルで包みながら注射のようなもの（シリンジ）でミルクを飲む姿が愛おしい。ほかにも同じ日に生まれたコモンマーモセットが保温された部屋で一緒に暮らしていた。

**ショウガラゴ**
**主食：モンキーフード、キャットフード、ヤギミルク、虫**

インタビュー中に登場してきた、ショウガラゴのうめちゃん。大きな丸い瞳と耳が愛らしく、体は手のひらサイズというスケール感に衝撃を受ける。指に注目してみると、指先は丸い形となっており、すべて小さな爪が生えている。

**七神**　新生児のような指をしていて、とっても可愛い…。大人なのに生まれたて過ぎます…。

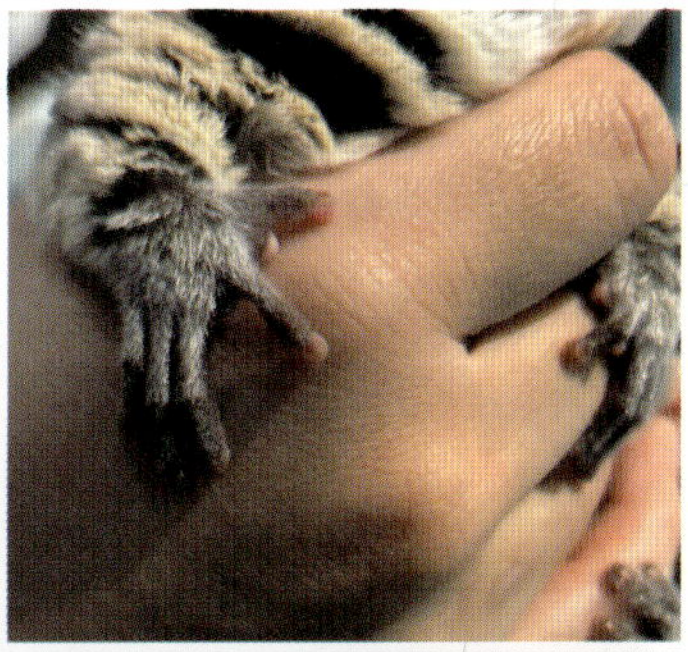

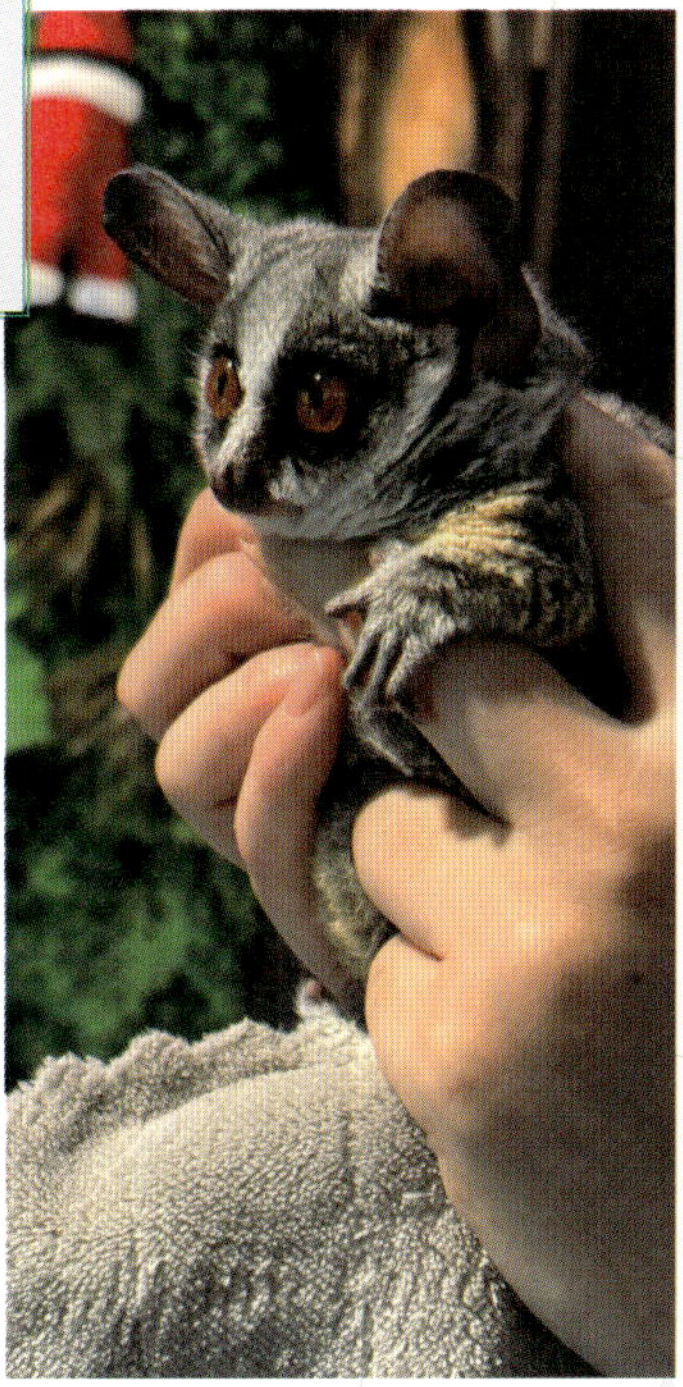

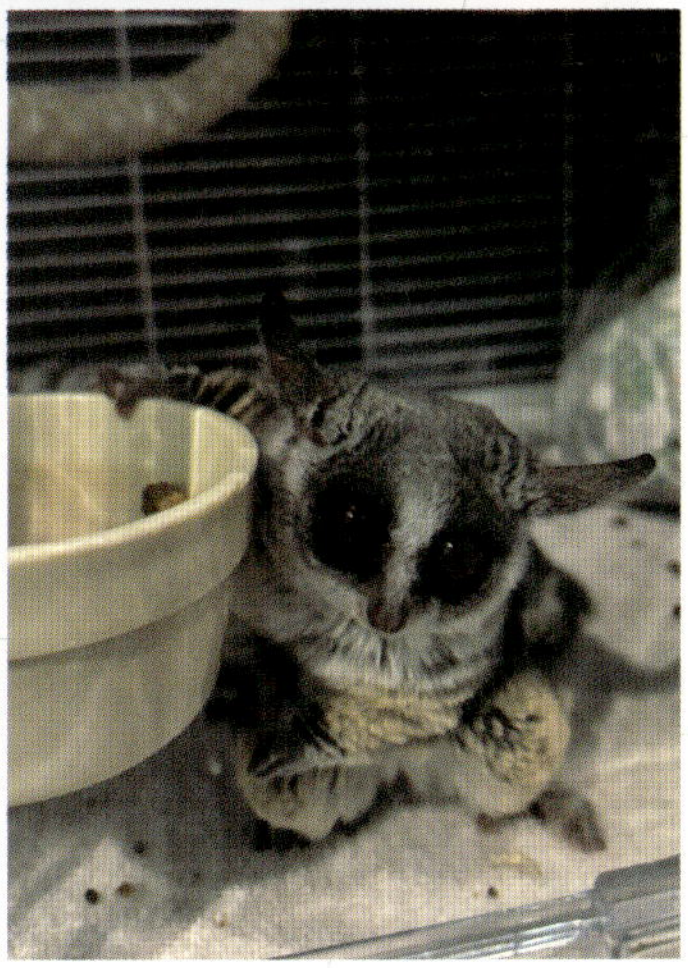

**七神**　他店でお迎えした子は普段、何を食べているのかどんな生活をしているのかなど、わからないことが多いはずなのに…。何か、助言をくれるだけでもありがたいですよ。

**中野**　「どこに聞けばいいのかわからない」という、困っている人の気持ちもわかるんです。だから、なるべくその気持ちに応えたいなと思っています。

**七神**　素敵です、よければ最後に、中野さんが繁殖にチャレンジしてみたいと思う生き物を教えてください。

**中野**　これまで、お猿さんはお世話を続けていくなかで自然と繁殖に繋がったのですが、サハラゾリラは繁殖をさせたくてお店に入れました。

**七神**　サハラゾリラという生き物は、名前も初めて聞きます！

**中野**　日本での繁殖例はあまりないようです。サハラゾリラはスカンクに似ていますがイタチ科なので、フェレットたちと仲間ですね。繁殖する期間が決まっていて、その時だけペアにする。以前に一度、サハラゾリラの繁殖に成功したのですが、その時はどんな姿で出てくるのかもわからなかったので、ある日、ピンクマウスのような姿の生き物が五匹くらい、ゲージの底網の隙間から落ちていたのを見つけた時はビックリしました。その時は結局、三匹しか助けられなくて…。部屋自体を暖かくしていたのですが、ものすごく小さな赤ちゃんなので素早くミルクを飲ませないと体温が下がってしまうんですよね。今後は、転落を防ぐためにゲージの底網は無くさないとダメなんだということも勉強になりました。

**七神**　底網から落ちるほど小さいサイズだとは思わないですもんね。

**中野**　そうなんです。そういうのを色々調べながら経験して育てるのが好きなんだと思います。上手くいかなかったら次を考えるし、他の動物園を調べたりしながら、育てています。

――　本当に素晴らしいですね。また「Rare ZOO」に遊びに行きます。本日はたくさんの貴重なお話を聞かせてくださり、ありがとうございました！

七神マナ（ななかみまな）／イラストレーター、漫画家、根本凪ちゃんのファン。いま探しているペットはプードル。求）毛色は白か黒、サイドについたアーモンドアイ、ショートバックで尾を背負い、前肢は真っ直ぐ硬く握り、骨格が密で下顎のしっかりしたマズルに、厚めのリップのかわいい女の子。譲）2食昼寝付き衣食住すべてのケア。
X（旧Twitter）＝@h654r1

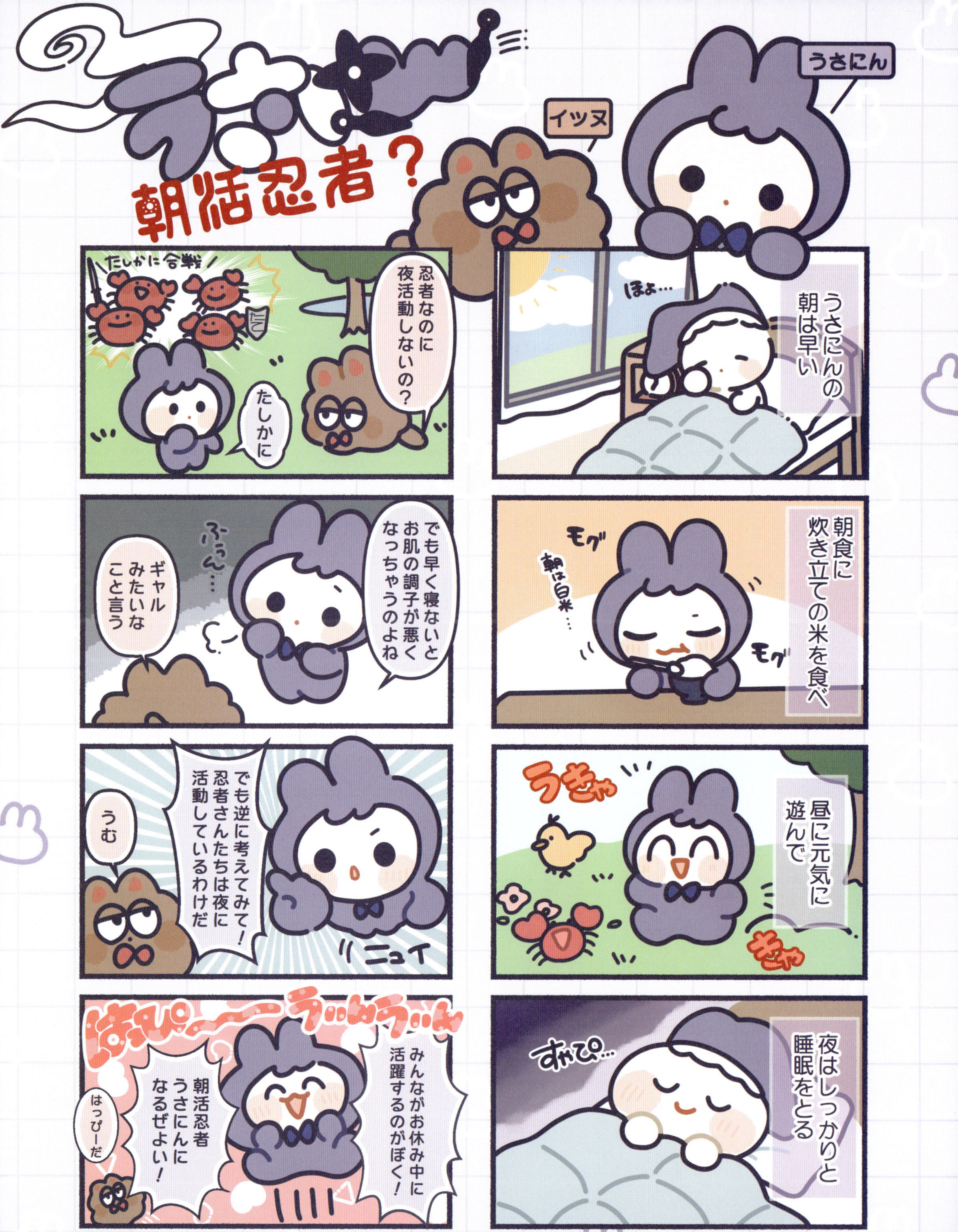
うさにん
朝活忍者？
イツヌ
うさにん
うさにんの朝は早い
ほぉ…
朝食に炊き立ての米を食べ
モグ
朝は白米…
モグ
昼に元気に遊んで
うきゃ
きゃ
夜はしっかりと睡眠をとる
すかぴ…
忍者なのに夜活動しないの？
たしかに
たしかに合戦
たて
でも早く寝ないとお肌の調子が悪くなっちゃうのよね
ふぅ～ん…
ギャルみたいなこと言う
でも逆に考えてみて！忍者さんたちは夜に活動しているわけだ
うむ
ニュイ
はっぴ～～うぃんうぃ～ん
みんながお休み中に活躍するのがぼく！
朝活忍者うさにんになるぜよい！
はっぴーだ

作・ととまめ

けんきょう「青のひとときき」

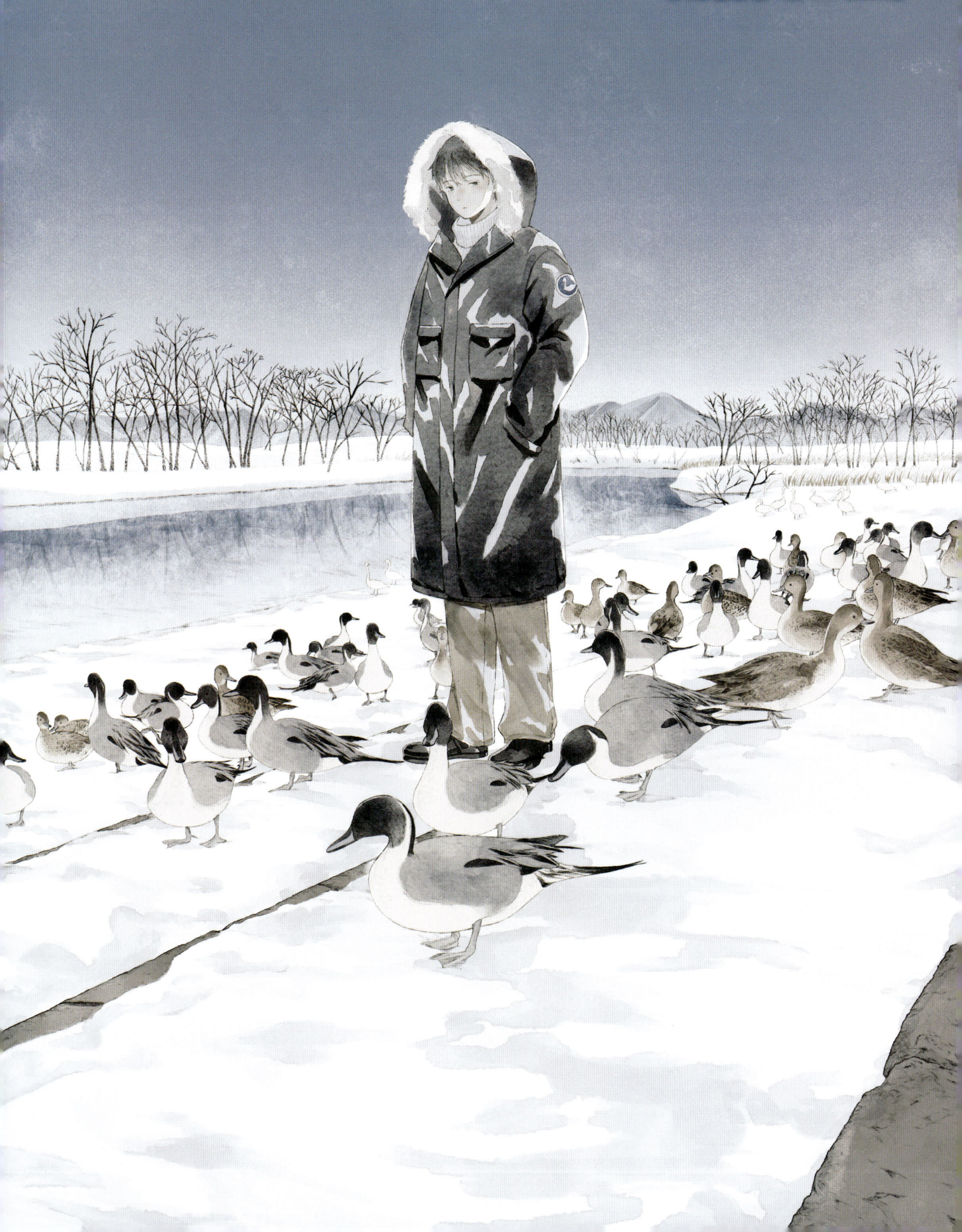

GALLERY ECRII

# 季刊エス運営のギャラリーエクリ 12月、2025年1月の予定！

## ■時雨個展「ASTERISK」

12月7日（土）～12月22日（日）
（木、金、土、日のみの開廊）

## ■香琳・優樹ユキ・みひろ・真田しろ グループ展

2025年1月25日（土）～2月16日（日）
（木、金、土、日のみの開廊）

ギャラリー エクリ
Gallery ecrii

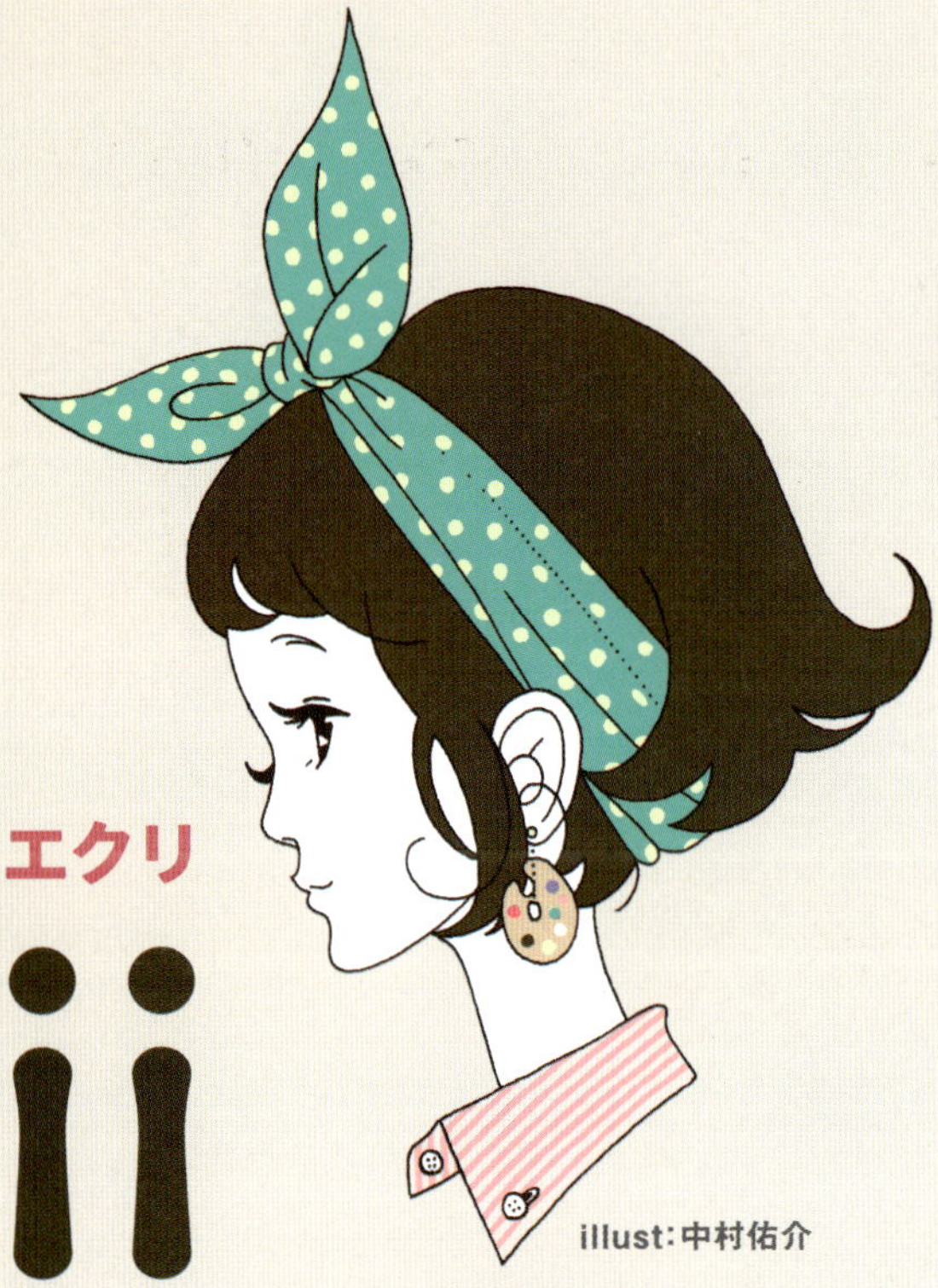

illust：中村佑介

**ギャラリーエクリ 予約フォーム**

スモールエスや季刊エスの最新号の発売に合わせた作家さんの展示や、エス編集部にゆかりのあるイラストレーターさんや漫画家さんの展覧会、テーマを設けたグループ展など、いろいろな企画をおこなっていきます。ギャラリーエクリの予約は、サイトでおこなえます。左図のQRコードから予約をお願いします。ぜひお越しくださいませ！

### 【お支払い方法一覧】

**ギャラリーエクリで使えるお支払い方法**
**（展示よって異なりますので、事前にご確認くださいませ）**

- 現金
- クレジットカード（Visa/Mastercard®/JCB/American Express/Diners Club/Discover）
- UnionPay（銀聯）
- 交通系電子マネー（Kitaca/Suica/PASMO/TOICA/manaca/ICOCA/SUGOCA/nimoca/はやかけん）
- iD
- ＱＲ決済（d払い/PayPay/au PAY/楽天Pay/J-Coin Pay/Smart CodeAlipay+/WeChat Pay/UnionPay（銀聯）ＱＲコード/COIN+/）
- QUICPay
- Apple Pay

### ACCESS

**渋谷駅から徒歩7分**

**150-0041**
**東京都渋谷区神南1丁目13-3**
**アーク神南ビル2F**
（Googleマップで
「ARK神南」として表示されます）

**TEL　03-6455-0223**

**ギャラリーエクリ Twitter**

**https://twitter.com/galleryecrii**

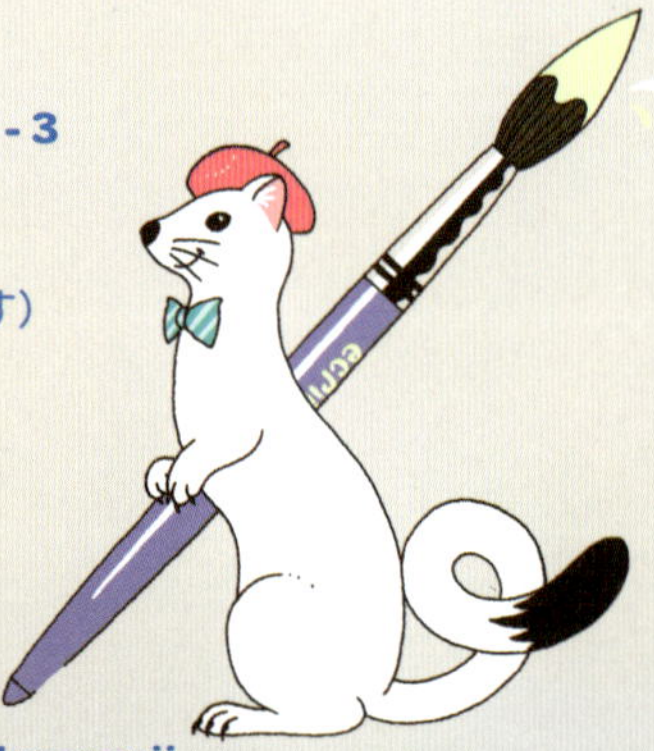

# Shop S midnight

こんばんは！
『Shop S』
キャストの絵 寿美子です！
本日も素敵な商品を
たくさん取り揃えて
ご紹介していきます！

ナビゲーター
絵 寿美子

今回、紹介するのはコチラ！
世田谷文学館で開催中の
「漫画家・森薫と入江亜季 展
―ペン先が描く緻密なる世界―」です！

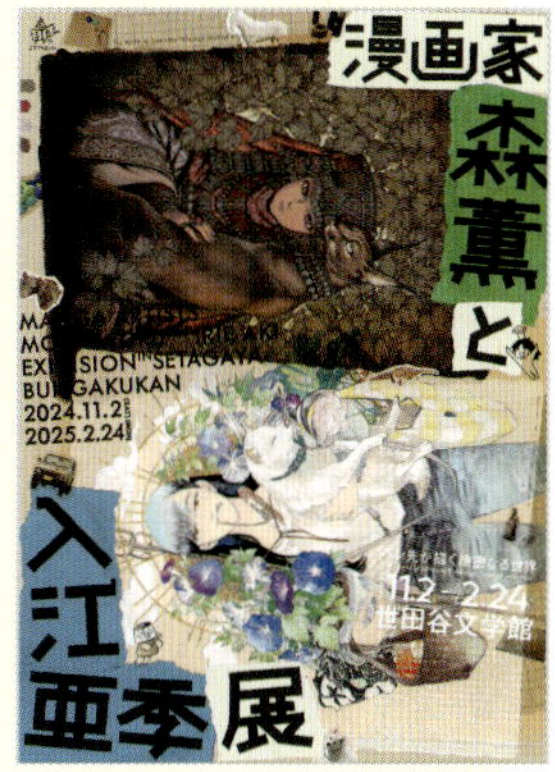

「漫画家・森薫と入江亜季 展
―ペン先が描く緻密なる世界―」

開催期間:2024/11/2～2025/2/24
会場:世田谷文学館 2階展示室
157-0062
東京都世田谷区南烏山1-10-10
開館時間:10:00～18:00
(ミュージアムショップは17:30まで)
休館日:毎週月曜日(ただし月曜が祝日の場合は開館し、翌日休館)
年末年始(2024/12/29～2025/1/3)
入場料:当日券・オンラインチケット…一般1000円、65歳以上・大学・高校生600円、小・中学生300円、障害者手帳をお持ちの方(ただし大学生以下は無料)500円
主催:公益財団法人せたがや文化財団
世田谷文学館
特別協力:KADOKAWA
協賛:株式会社ウテナ、
東邦ホールディングス株式会社
後援:世田谷区、世田谷区教育委員会

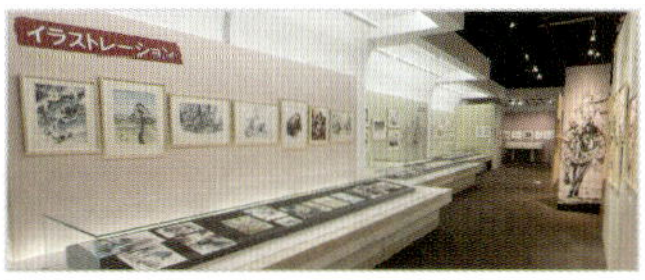
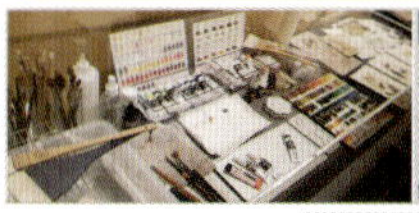
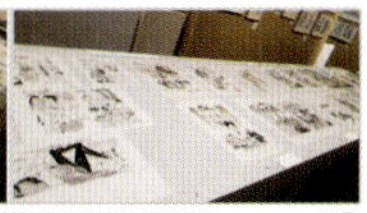

会場内では、森薫さんと入江亜季さんの同人誌、歴代作品から最新作まで、漫画原稿やカラーイラストの原画が数多く展示されています。また、作品やエリアによってはお二人や担当編集である大場渉さんのコメントによる解説もあり、寿美子も新しい発見がたくさんありました～！

ほかにも、森薫さんによる漫画の描き方メイキング、お二人が集めた資料・アイテムや実際につかっている画材、これまでのネームやラフ、Q＆Aなどなど…、展示内容は盛りだくさん…！

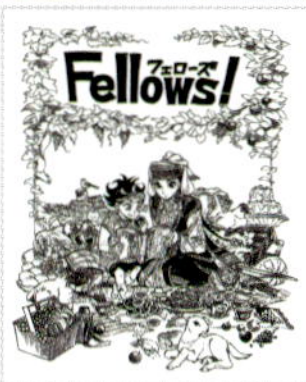

◀森薫『乙嫁語り』＆入江亜季『乱と灰色の世界』合作/© Kaoru Mori © Aki Irie © KADOKAWA CORPORATION

細部までじっくり見ていると時間はあっという間でした…。お時間に余裕をもって行かれることを寿美子はオススメしますよ～！

## Puroland Illumination Christmas

お次にご紹介するのはコチラ！
サンリオピューロランドで開催中の
冬のスペシャルイベント「Puroland Illumination Christmas」です♡

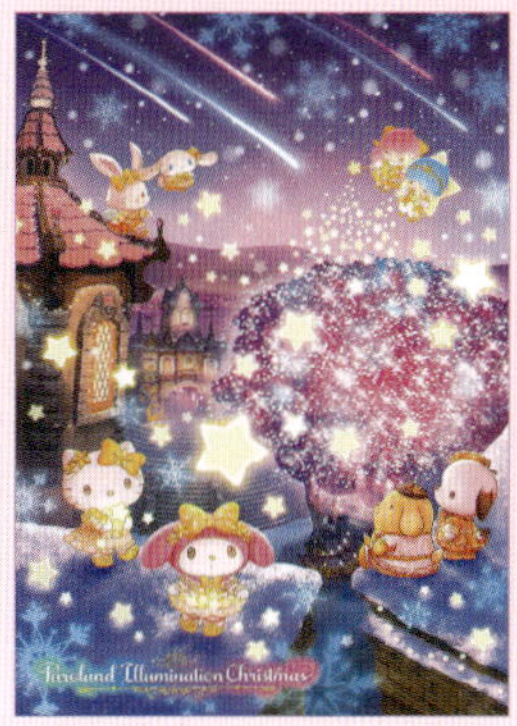

開催期間:
2024/11/07～2024/12/25

☆彡STORY☆彡
1年に1度のクリスマス！
キキとララは特別なクリスマスをみんなにプレゼントしたいと思い、思いやり星からキラキラする星をたくさん集めてきました。
ピューロビレッジは星で輝き、とてもロマンチックな雰囲気に♡
星の光が心に響く、幸せなクリスマスが始まります☆彡

◀詳細はこちら！
「サンリオピューロランド」HP
https://www.puroland.jp

そして、星をイメージしたコスチューム姿のサンリオキャラクターたちと一緒に参加できる期間限定パレード「Starry Starry Christmas Party」が初上演～！

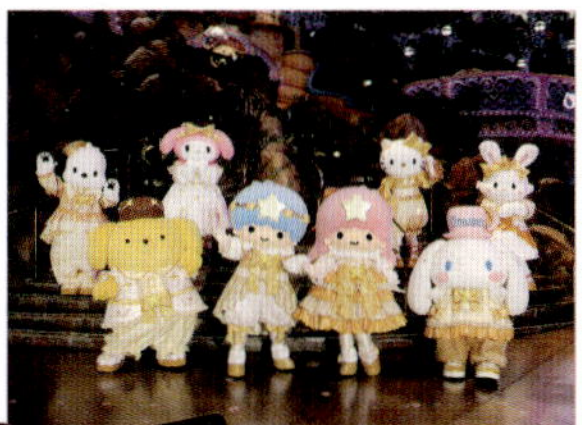

ダンスを覚えて一緒に踊ったり、パレードの最後にはみんなでスマホライトを光らせてピューロビレッジを星でいっぱいにして、クリスマスを楽しみましょう～☆

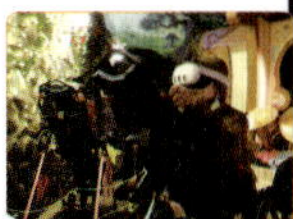
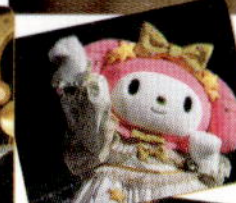
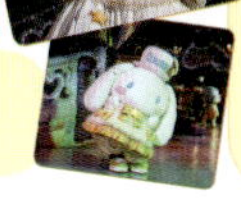

寿美子たちもピューロランドに行ってきました☆

ほかにも、キキとお揃いの空飛ぶ星をつけて、虹色の雲に飛び込む体験型ライドバンジーVR「リトルツインスターズと流れ星体験☆彡 ゆめ星雲バンジーVR」はスリル満点☆

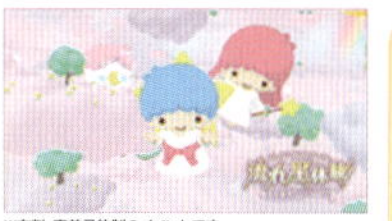

※有料・事前予約制のイベントです。

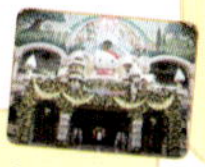

寿美子の願いも届いているといいな…☆

イベント期間中はクリスマス限定フードやグッズ、コラボレーション企画のイルミネーションショー、フォトスポットを楽しむことができますよ！
今後のシーズンイベントも楽しみですね♫



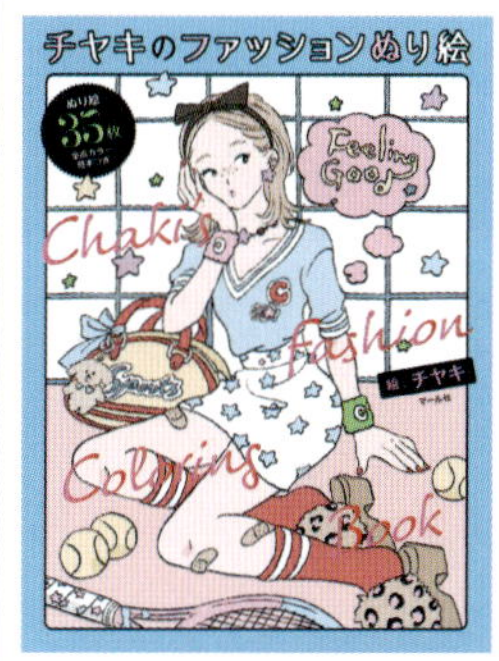

『チャキのファッションぬり絵』
著者：チャキ
価格：1,870円（税込）
発行：マール社

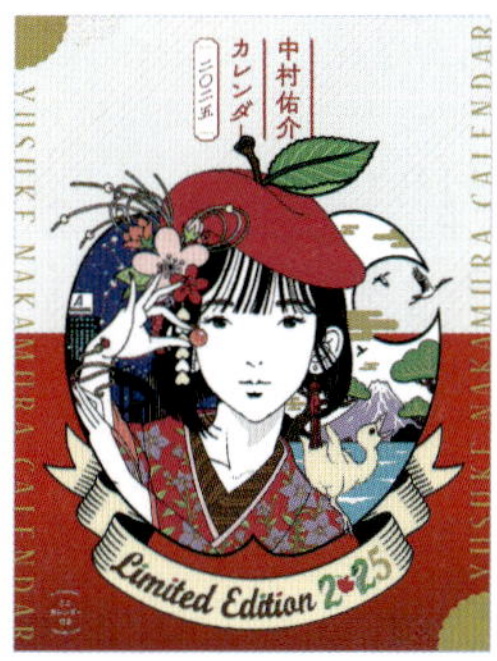

『中村佑介カレンダー二〇二五』
著者：中村佑介
価格：1,980円（税込）
発行：飛鳥新社

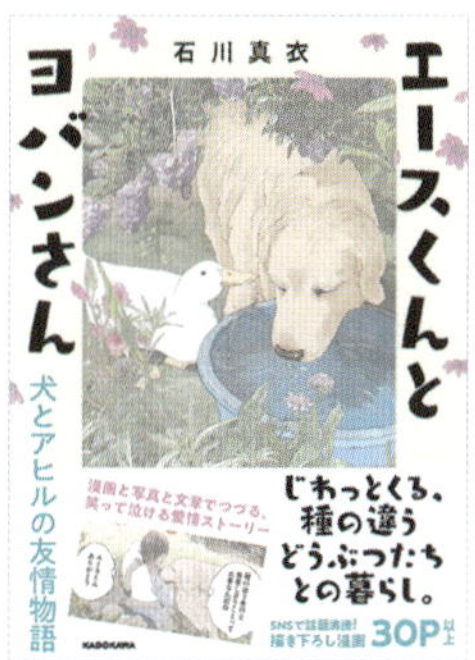

『エースくんとヨバンさん 犬とアヒルの友情物語』
著者：石川真衣
価格：1,595円（税込）
発行：KADOKAWA

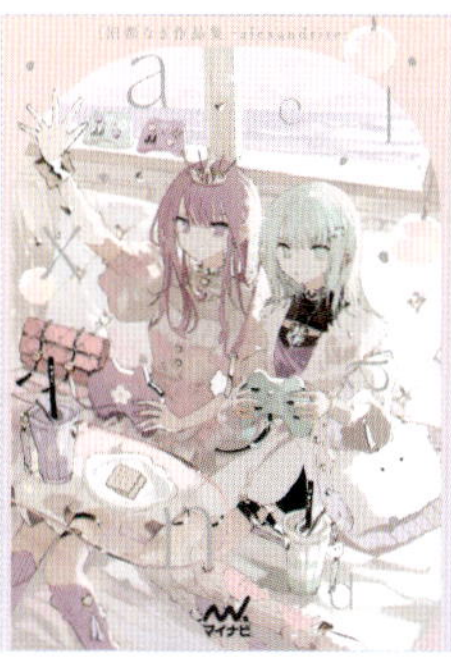

『旧都なぎ作品集 -alexandrite-』
著者：旧都なぎ
価格：3,630円（税込）
発行：マイナビ出版

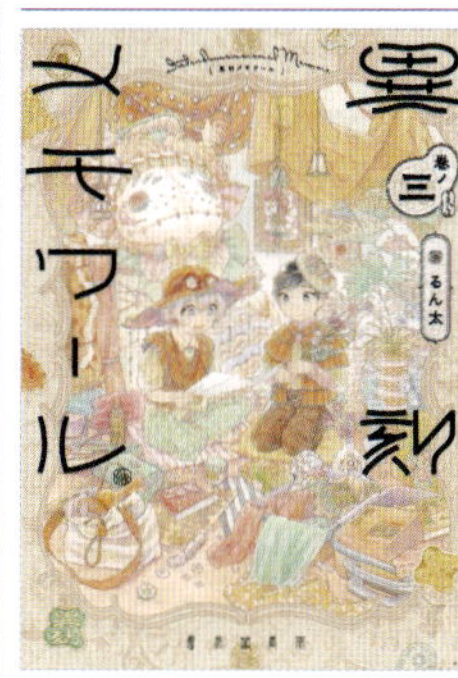

『異刻メモワール』巻ノ三
著者：るん太
価格：1,045円（税込）
発行：KADOKAWA

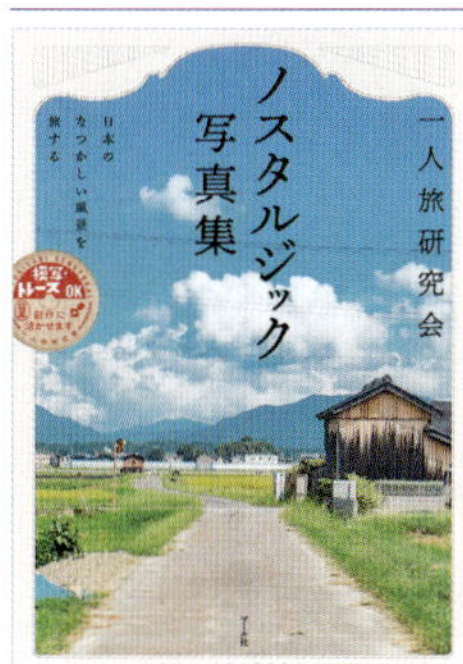

『一人旅研究会・ノスタルジック写真集』
著者：一人旅研究会
価格：2,640円（税込）
発行：マール社

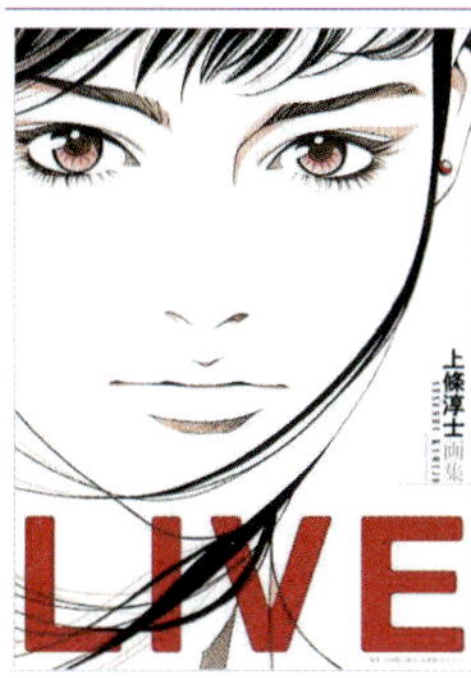

『上條淳士画集 LIVE』
著者：上條淳士
価格：4,950円（税込）
発行：小学館クリエイティブ

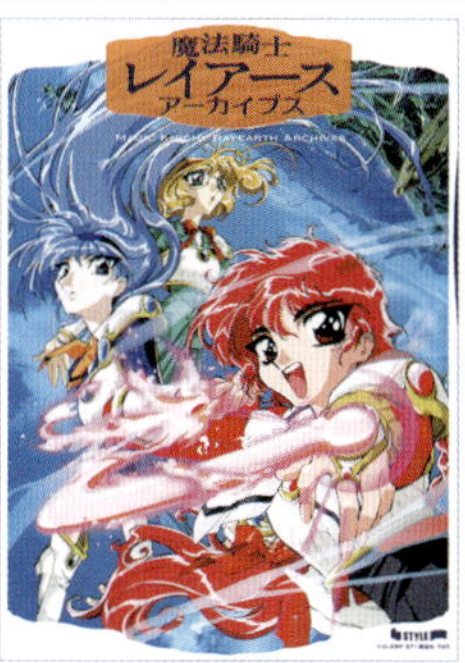

『魔法騎士レイアース アーカイブス』
著者：アニメスタイル編集部
価格：3,960円（税込）
発行：スタイル

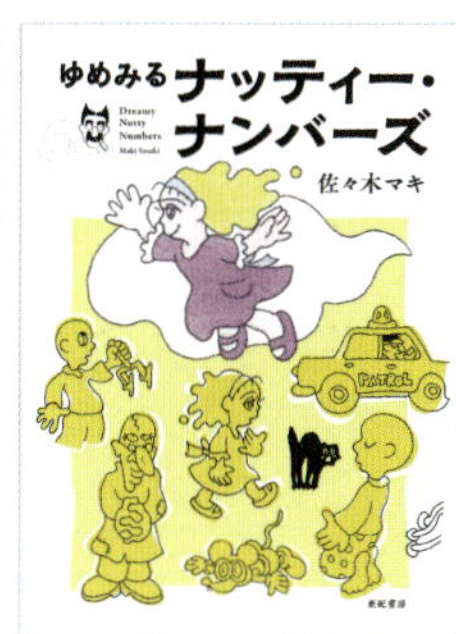

『ゆめみるナッティー・ナンバーズ』
著者：佐々木マキ
価格：1,650（税込）
発行：亜紀書房

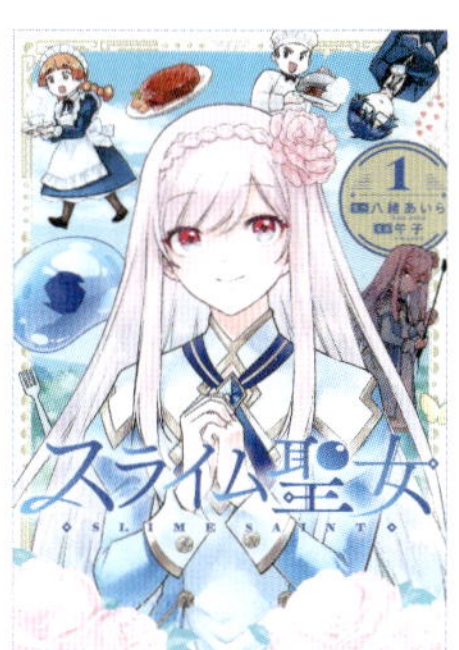

『スライム聖女』
原作：八緒あいら
漫画：午子
価格：792円（税込）
発行：集英社

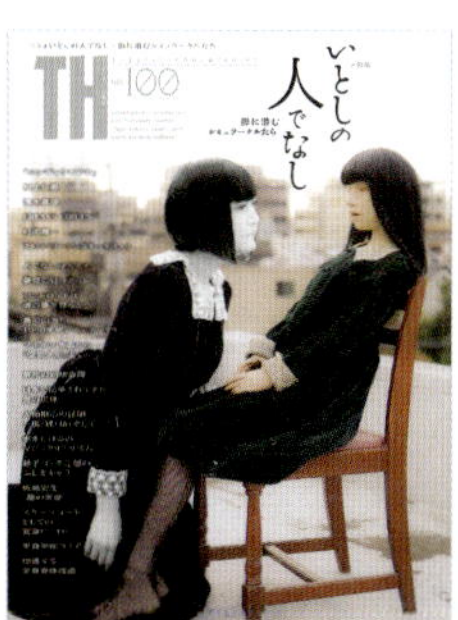

『いとしの人でなし』
編：アトリエサード
価格：1,650円（税込）
発売：書苑新社
発行：アトリエサード

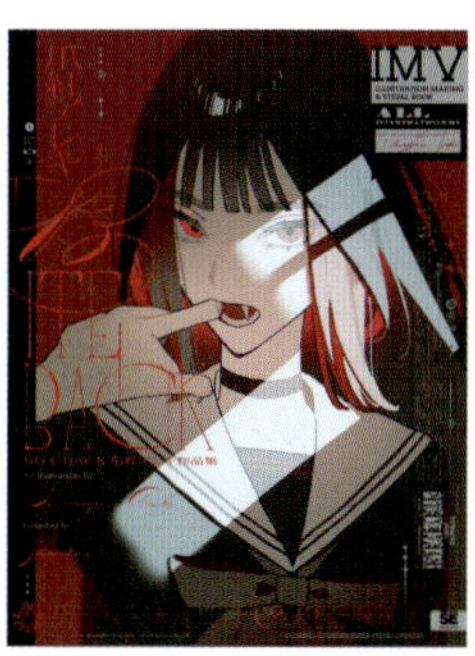

『BITE BACK 爪紅アレキ作品集 ILLUSTRATION MAKING &VISUAL BOOK』
著者：爪紅アレキ
価格：2,970円（税込）
発行：翔泳社

# 奥村靫正

Okumura Yukimasa

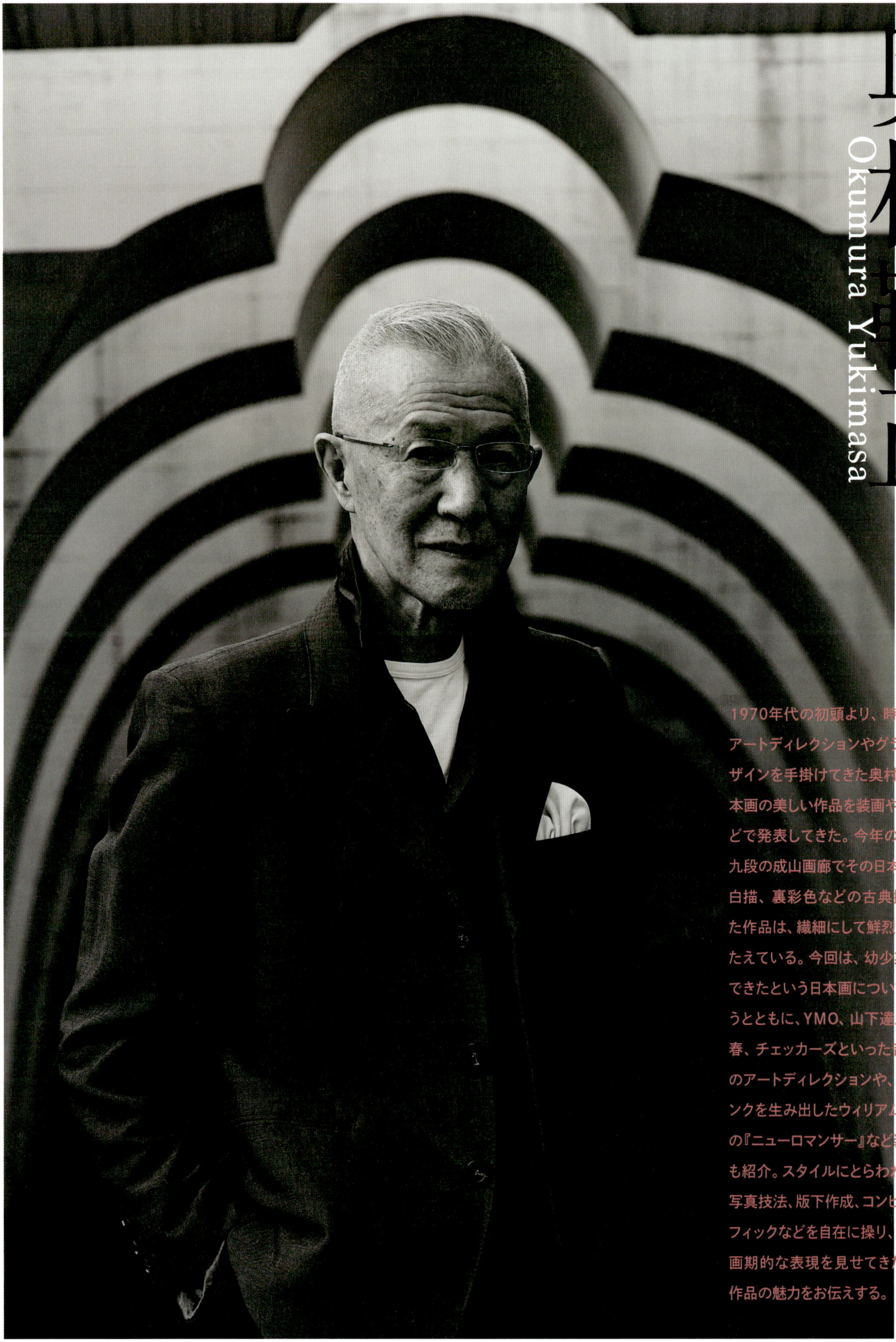

1970年代の初頭より、時代をつくるアートディレクションやグラフィックデザインを手掛けてきた奥村靫正は、日本画の美しい作品を装画やポスターなどで発表してきた。今年の夏に東京・九段の成山画廊でその日本画を展示。白描、裏彩色などの古典技法を用いた作品は、繊細にして鮮烈な魅力をたたえている。今回は、幼少期から学んできたという日本画についてお話を伺うとともに、YMO、山下達郎、佐野元春、チェッカーズといった音楽分野でのアートディレクションや、サイバーパンクを生み出したウィリアム・ギブスンの『ニューロマンサー』など装画の仕事も紹介。スタイルにとらわれず、絵画、写真技法、版下作成、コンピュータグラフィックなどを自在に操り、多様にして画期的な表現を見せてきた奥村靫正作品の魅力をお伝えする。

Photo | MAKOTO NAKAGAWA

**奥村靫正**（おくむら・ゆきまさ）

1947年愛知県生まれ。アートディレクター、グラフィックデザイナー、画家。1970年にWORKSHOP MU!!設立に参加。はっぴいえんど、サディスティック・ミカ・バンド、細野晴臣、大瀧詠一、小坂忠らのレコードジャケットを手がける。1977年にザ・ステューディオ・トウキョウ・ジャパン（現TSTJInc.）設立。YMO、加藤和彦、山下達郎、佐野元春、ムーンライダーズ、チェッカーズほか数々のミュージシャンのジャケットデザイン、ビジュアルデザインを担当。その活動分野は、広告、舞台美術、ブックデザインなど幅広く、2023年に『奥村靫正作品集』（グラフィック社）を刊行。また、書籍『家畜人ヤプー完結篇』で描いた日本画の展覧会を、東京の成山画廊で2024年に開催した。

http://www.tstj-inc.co.jp

協力　成山画廊
ポートレート撮影　中川真人


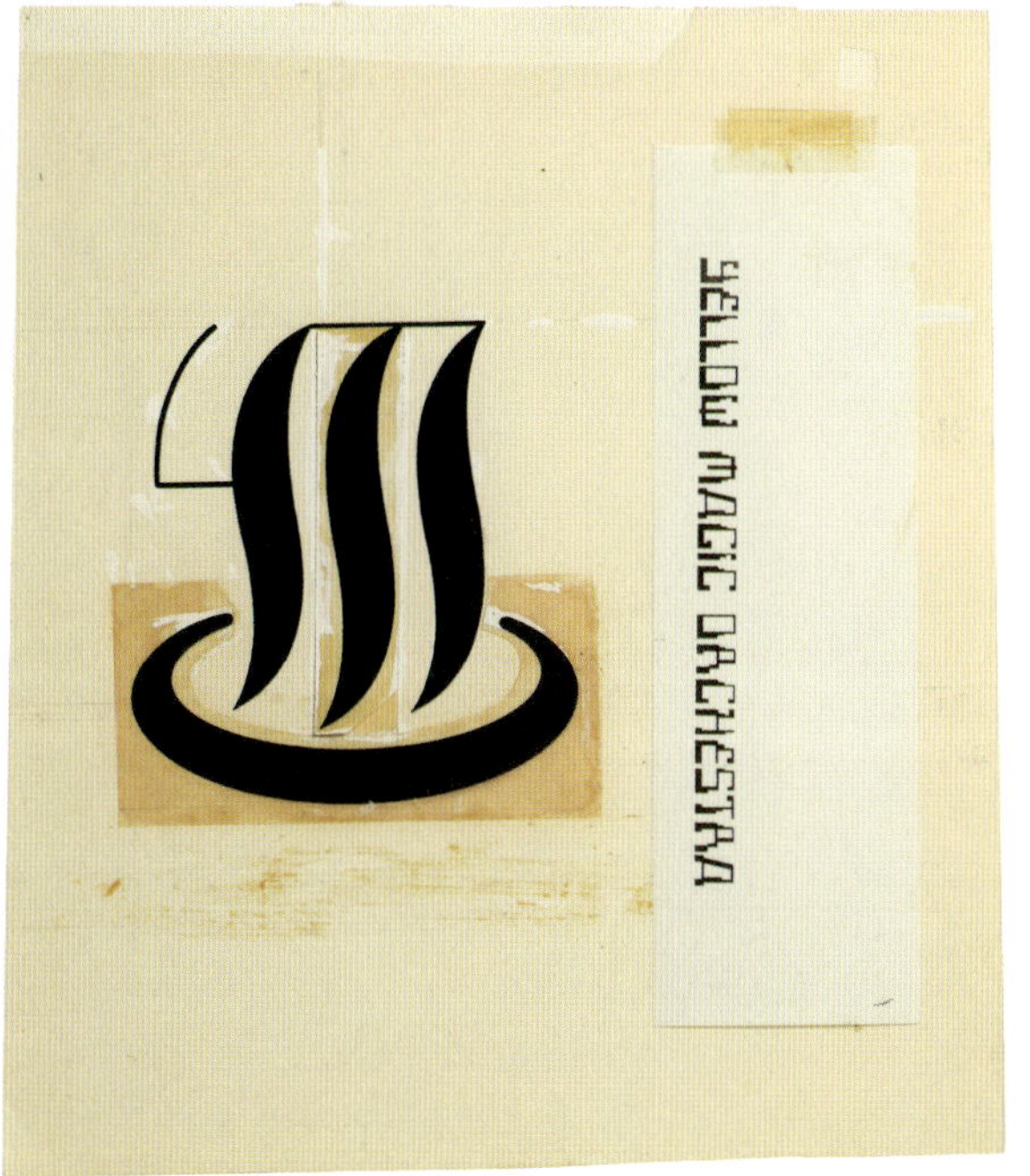


YMO温泉マーク（版下データ）
『BGM』ライナーノーツより

# 奥村靫正インタビュー

――二〇二四年の夏に、奥村靫正さんによる日本画の展覧会が開かれました。そのお話とご一緒に、デザインの作品についても伺えたらと思います。奥村さんは、お父様が日本画を描かれていたので、幼き頃から日本画に触れていたそうですね。

**奥村**　私の家は繊維系の商社で織物を作っていたのですが、明治、大正の戦争の時には、ウールの軍服や毛布などを作って満州に納めたりしていました。昭和になると紳士服用生地を作っていました。昔の商社系の人々は、お茶をやったり、骨董や絵を集めたりする事が多かったと思います。うちも、岸竹堂という幕末から明治にかけて日本画の大家だった、京都四条派、円山派の流れの人たちが父の周りにおられたようです。そういった環境のせいで、僕も日本画の先生につきました。江戸や明治の生まれで高齢のおじいちゃんたちから、写生と模写を学びました。

――やはり円山派だから写生が重要なんですね。

**奥村**　四歳くらいから一〇年ほど続けました。写生はかなり厳格な訓練でした。父が「じゃあ、写生に行くか」と言って、一緒に山へ登るんです。そこで、「山の上に鳶が飛んでいたね。鳶の目線で寺を描きなさい」と言われるのですが、はじめは描けないんですよ。それでも一生懸命に思い出して描いたら、「階段の数が違う」「屋根の組み方が違う」という指摘を受けるんです。そういう目の訓練はしましたね。まずは「もの」を見る。パッと見て、それを角度を変えて見たらどうなっているかを考えて描く。これは後にデザインをする上でも役立ちました。不動産系の仕事で建物を描くときも、図面を見たら全体像がだいたい分かるようになりましたから。カメラの撮影や、いろいろなところで役に立った経験でした。

――そうだったのですね。当時の日本画は洋画を取り入れたりして、「革新」と言われていましたが、日本画そのものは時代の中心ではなかった気もします。奥村さんも日本画からは離れていきましたね。

**奥村**　そうですね。時代としては違うのではないかと感じました。それに気がついたのは高校生の頃です。私の家には平凡社の美術全集があったのですが、そこでは時代別に、西洋も中国も日本も、同時代のものが並列で収録されていました。その見え方が非常に面白かったんです。マン・レイ、モホリ・ナギの後には横山大観がいて、デザインの分野でもバウハウスなどが並んでいました。それらを見て育ったので、世界の状況をなんとなく理解していて、広い目で見ていたのかもしれません。高校生のときに日本画をやめて、模索する時期に入りました。カメラで構成写真のような作品を作ったり、油絵もやりました。油絵はどうも肌に合わなくてやめてしまいましたけれど、図書館で「みずゑ」を見たり、シュルレアリスムの絵を見たりしていました。

――その後に、デザインの道に進まれますね。

**奥村**　高校生の頃は文化系や芸術系ではなく、理工系に行こうかと考えたりもしたのですが、難しいところもあって、まず写真の世界に進みました。親戚筋に写真弘社の柳澤卓司さんがいて、中学時代から親しかったんです。彼にデザインのことを教わったりしました。また、日本デザインセンターの写真部を立ち上げた尾崎三吉さんも親戚筋で、彼のスタジオに伺ったりするご縁もあって、自分でもストロボを使った写真を撮り、デザインや広告に興味を持ちました。そんな中で、柳澤さんから「桑沢が今面白いよ」と聞いて、桑沢デザイン研究所に進みました。当時はデザイナーの草刈順さんや彫刻の佐藤忠良さんが講師をされていて、教授陣が非常に充実していたんです。

――桑沢で一緒に学んでいたメンバーと卒業後に会社を作ったり、狭山に移動するあたりから本格的にデザインの仕事が広がっ

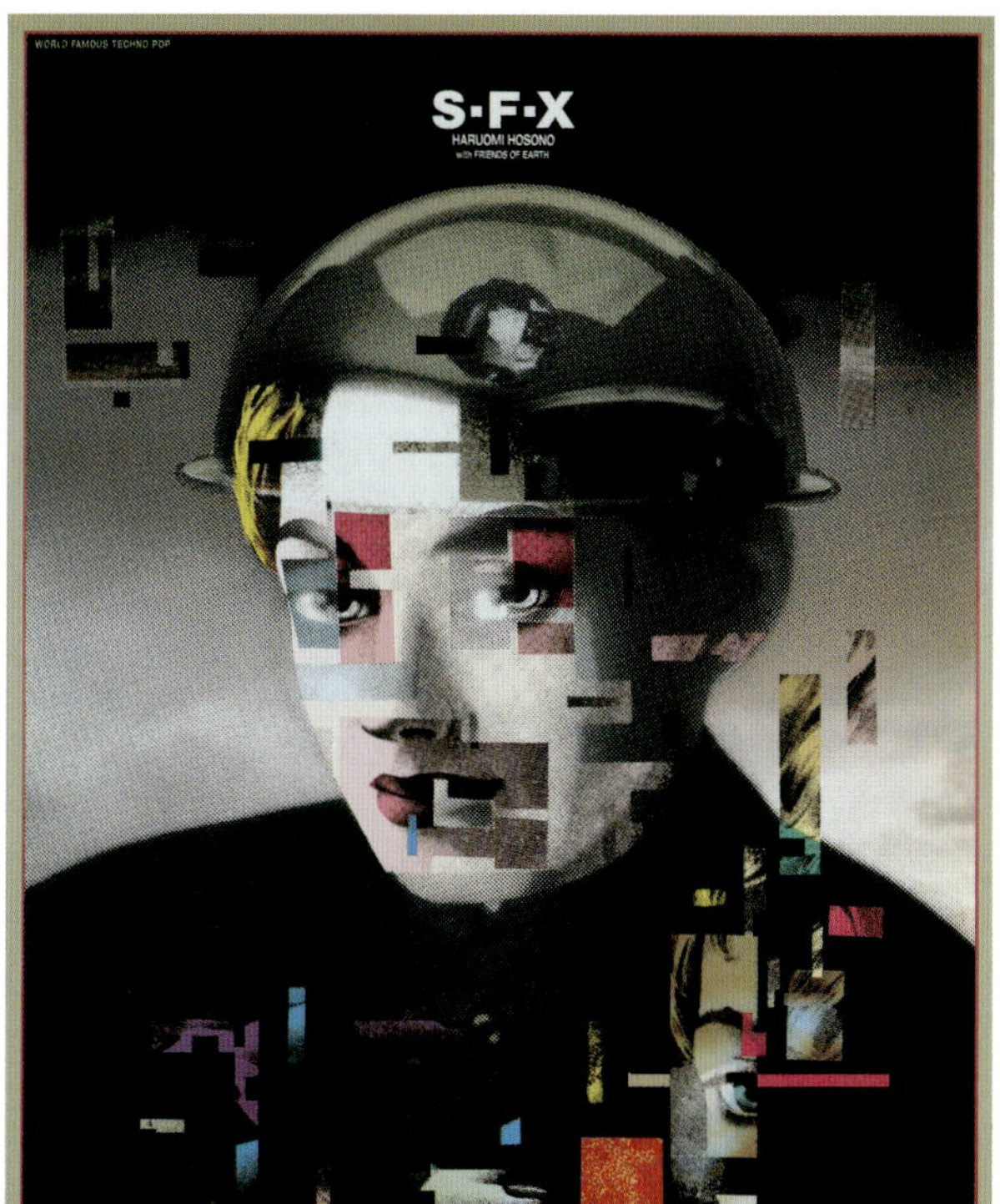


細野晴臣 with FRIENDS OF EARTH『S-F-X』
ポスター

——ていったと伺いました。眞鍋立彦さん、中山泰さんと、卒業後に会社を始めますよね。

奥村　桑沢を出てから一年くらいして、眞鍋立彦、中山泰と「WORKSHOP MU!!」という会社を作りました。ちょうど大阪万博があった時で、僕たちはそういうことにあまり興味がなかったのですが、若者に対して社会が興味を持っている時代でした。セゾングループであるとか、田中一光さんもプロデュースしていたSUPERPOTATOが空間デザイン設計で活躍していたりしました。僕たちもそういう流れで融資されて、良い条件で仕事が出来たんです。しばらくして、オイルショックの影響でほとんどの仕事がストップしたこともあって、狭山に移りました。狭山の米軍基地が返却されて、住居が貸し出されるという記事を新聞で見たんです。そこは、アメリカの軍隊ではなく、軍属系の医者や学校の先生たちが住んでいる土地でした。丘の芝生にポンポンと家のあるような、静かで環境の良いところです。ほどなく細野晴臣も来て、他にもミュージシャンが集まり、スタジオを作ったりしていました。僕もミュージシャンとのコラボレーションが多くなって、レコードジャケットの仕事が増えました。日本のロック系のほとんどの仕事は、七一年から七六年の五年間くらいでやったものです。

——狭山では、アメリカの本や雑誌などが見られる刺激もあったのでしょうか。

奥村　狭山の屑屋さんには米軍の雑誌が山積みになっていました。五〇年代から七〇年代の「サタデー・イブニング・ポスト」とか。アメリカ人たちが帰国する時に、家に置いていったものがいっぱいあったんです。まだ、外国の雑誌は神田にも売っていませんでしたから、それをアトリエに持ち込んで、切り貼りして大瀧詠一君のジャケットを作ったりしました。

——アメリカと日本では、デザインも違ったのでしょうか？

奥村　ぜんぜん違いました。タイポグラフィのネタもそういうところから持ってきました。

——デザインのプロセスで印象的だったのは、一九七九年の『パパ・ヘミングウェイ』のLPを制作された際のお話です。曲がまだ出来ていない場合も多いから、音楽作品のデザインは、スタジオに行ってミュージシャンたちと同じ時間を共有して、時代や現場の空気を感じ取って作っていたと仰っていました。これは実際にはどういう感覚なのでしょう。

奥村　具体的な何かということではないんですよね。彼らも音楽のスピリットとして、「具体的にこうだから良いんだよ」というわけではないので。この曲はどういう形で生まれたのか、どういう風に雰囲気を出しているのか。一緒に曲を聴きながら、そういうことをイメージして作っていたんです。

——一九八一年のYMOの『BGM』では、唐突に温泉マークのデザインが入っていたのが印象的でした。

奥村　あれは自然に出てきたんです。直感的なものですね。いわゆる企業のCI的な感じを入れるとどうだろうと思って作りました。

——日本的なものを意識されたところもあったんですか？

奥村　多少はあったと思います。デザインとしては、組みながらバランスを見て間隔の調整などはしていますね。

——一九八二年に発売されたLPアルバム『SOMEDAY』も強く記憶に残っています。この作品で佐野元春さんは有名になりましたが、「これがヒットしなければ辞める」という大事な時期だったと思います。

奥村　ソニーから、「良いミュージシャンがいるから、聴いてくれ」と言われたんです。なんとかヒットさせたいという思いがありました。彼は、音楽もジャケットも自分の内面に入っていく作風だったけれど、そこから抜け出したいと思いました。それまではジャケットも白黒写真で、ある方向性に固まっていたんだけれど、それではメジャーにならないだろうと思って、僕の方で勝手に作ったところがあります。佐野さん自身は、「ボブ・ディラン的な日常の写真でやりたい」というのがあったんだけれど、僕は「例えば、ディランがディズニーランドに行ったらどうだろう？」と発想を変えたんです。そこで、ベニヤ板で一〇メートルくらいある巨大なセットを作って、そこにフラミンゴを置きました。佐野さんは撮影現場に来るまで知らなかったから、「何、これ？」という感じで呆然としていました。普通だと、「飛んでくれ」とか「壁に手をついてポーズを取ってくれ」と言うものですが、僕も一切スタイリングはせずに、「ただ、そこにいてくれ」と言って、彼が「参ったな…」と感じている姿をそのまま撮りました。佐野元春の存在感だけを撮ろうと思ったんです。そんな風に進めたものだから、彼は「あのジャケットは嫌いだ」とずっと言っていましたよ。

——でも、あれで時代が変わったというくらいのアルバムでした。フラミンゴは手前に置いて、影を壁に投影させているんですか？

奥村　そうです。

——これは『ガラスのジェネレーション』の歌詞に出てくる「クレイジー・プリティ・フラミンゴ」だと思うんですが、このアルバムの収録曲ではないんですよね。その自由さも面白かったです。そしてチェッカーズについても聞かせてください。YMOの温泉マークと同じく、チェックというアイコン、抽象化されたデザインのあることが、他のアイドルのビジュアルプロデュースとは一線を画すところだと感じます。今の推し文化には、「概念」という言葉があって、推しをイメージした色やモチーフをデザインに使いますが、チェッカーズは四〇年も前にそういった手法がある。

奥村　彼らは九州のヤマハのコンテストで一位になったバンドなのですが、キャニオン・レコード（現在・ポニーキャニオン）から「一度見に来てくれ」と言われたんです。講堂みたいなところで演奏するのを、秋山道男と一緒に見に行きました。

——その時はどういう格好だったんですか？

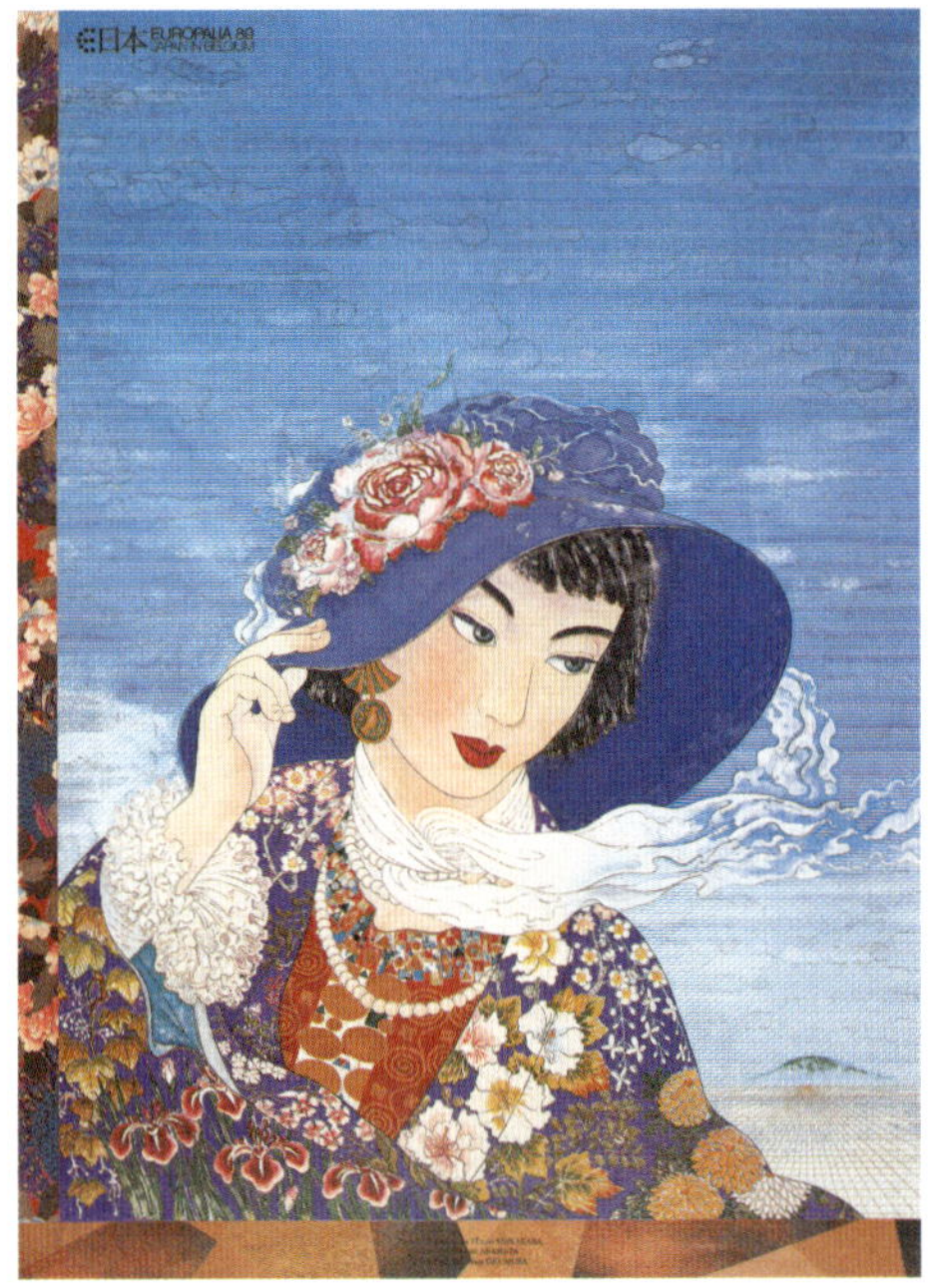

「Europalia '89 Japan in Belgium」
ポスター

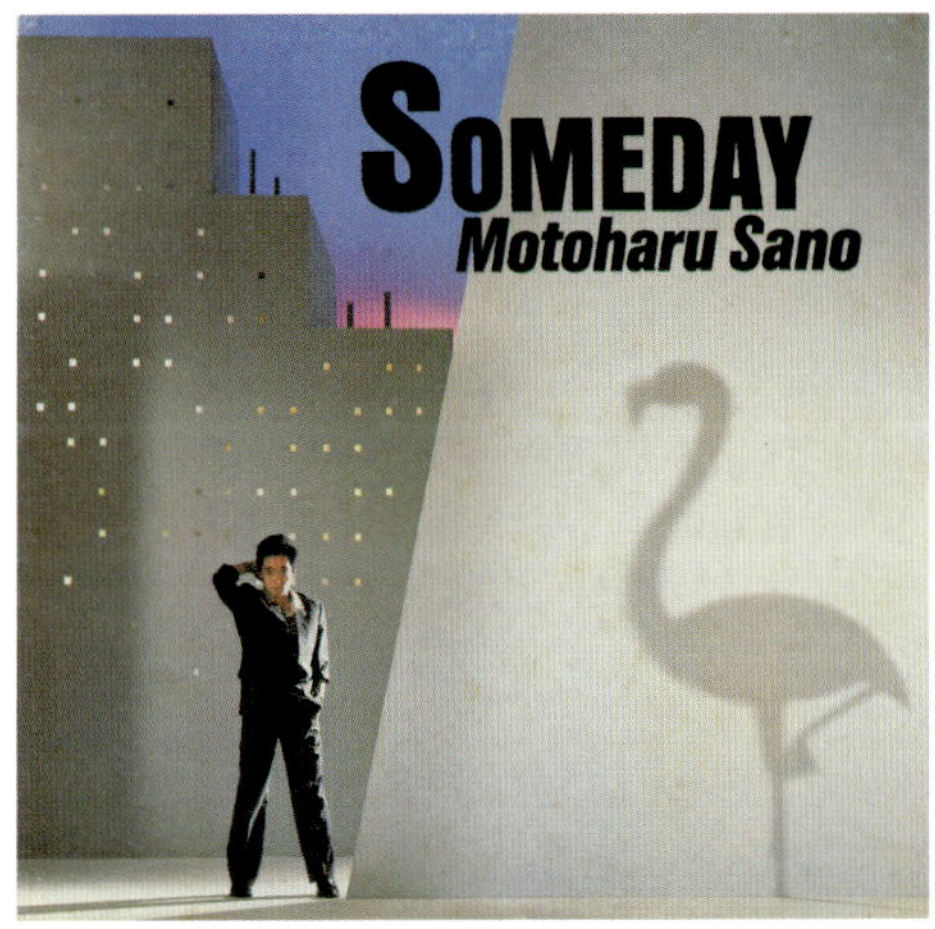


佐野元春『SOMEDAY』
LP

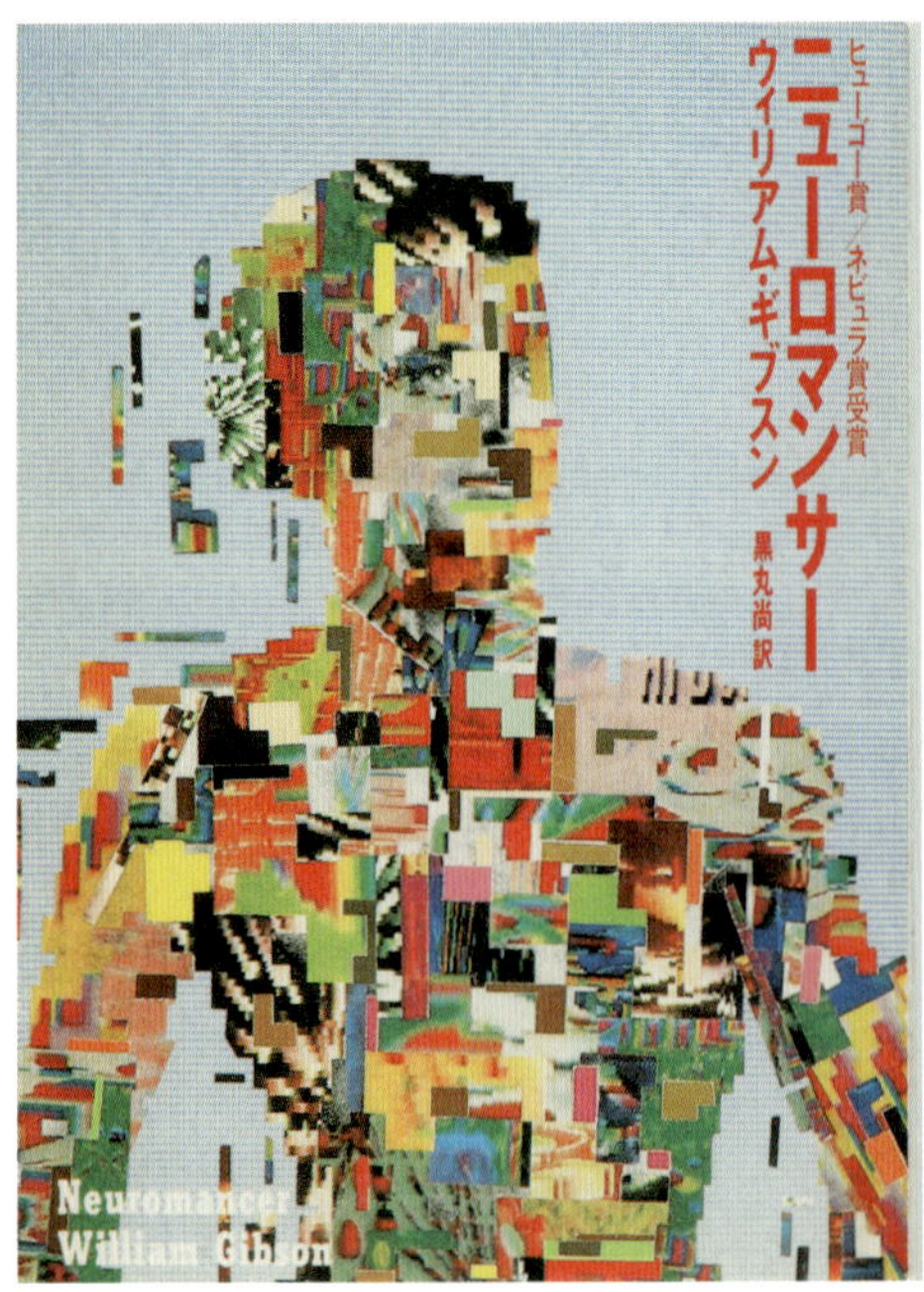


ウィリアム・ギブスン『ニューロマンサー』
装画

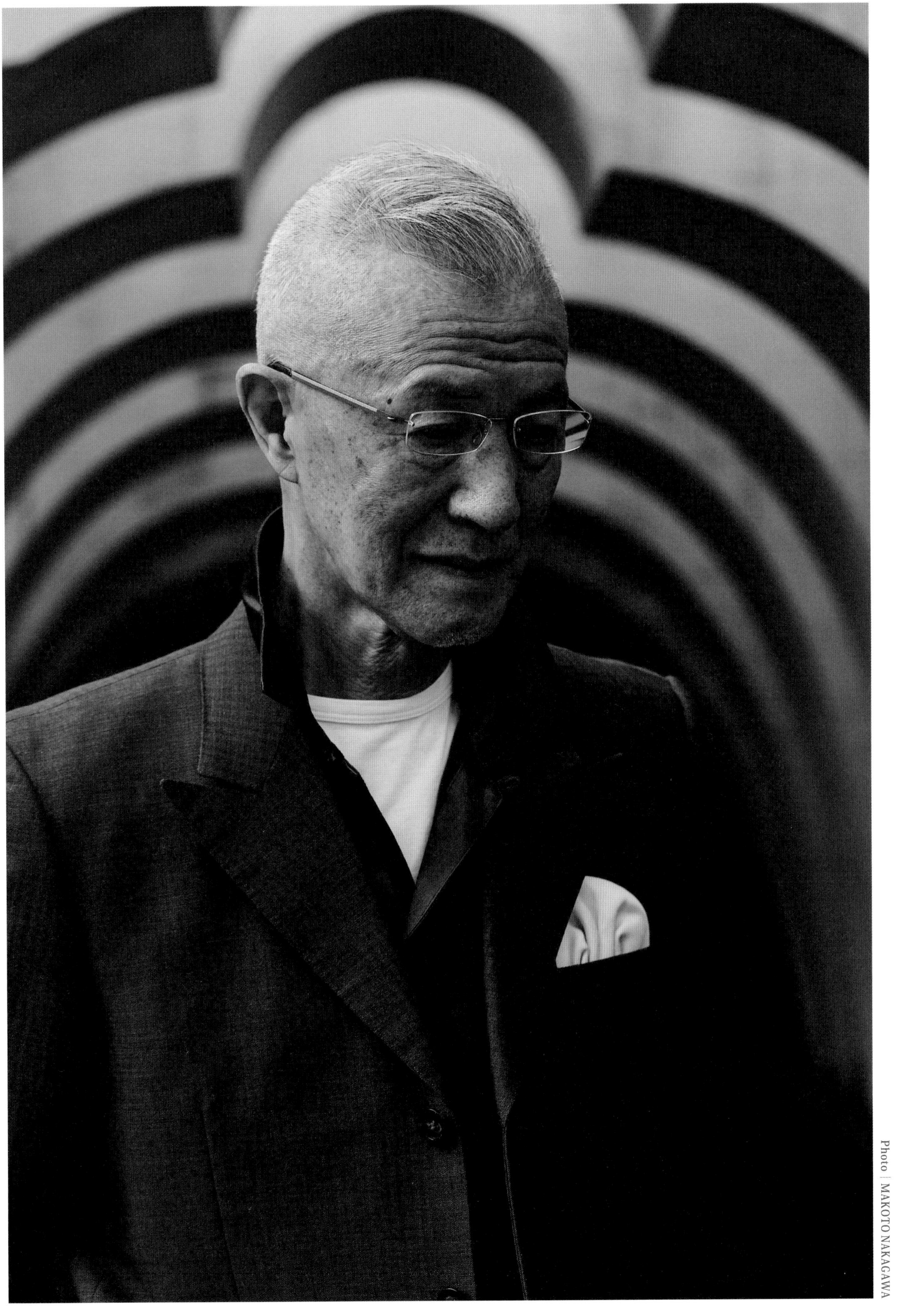

Photo | MAKOTO NAKAGAWA

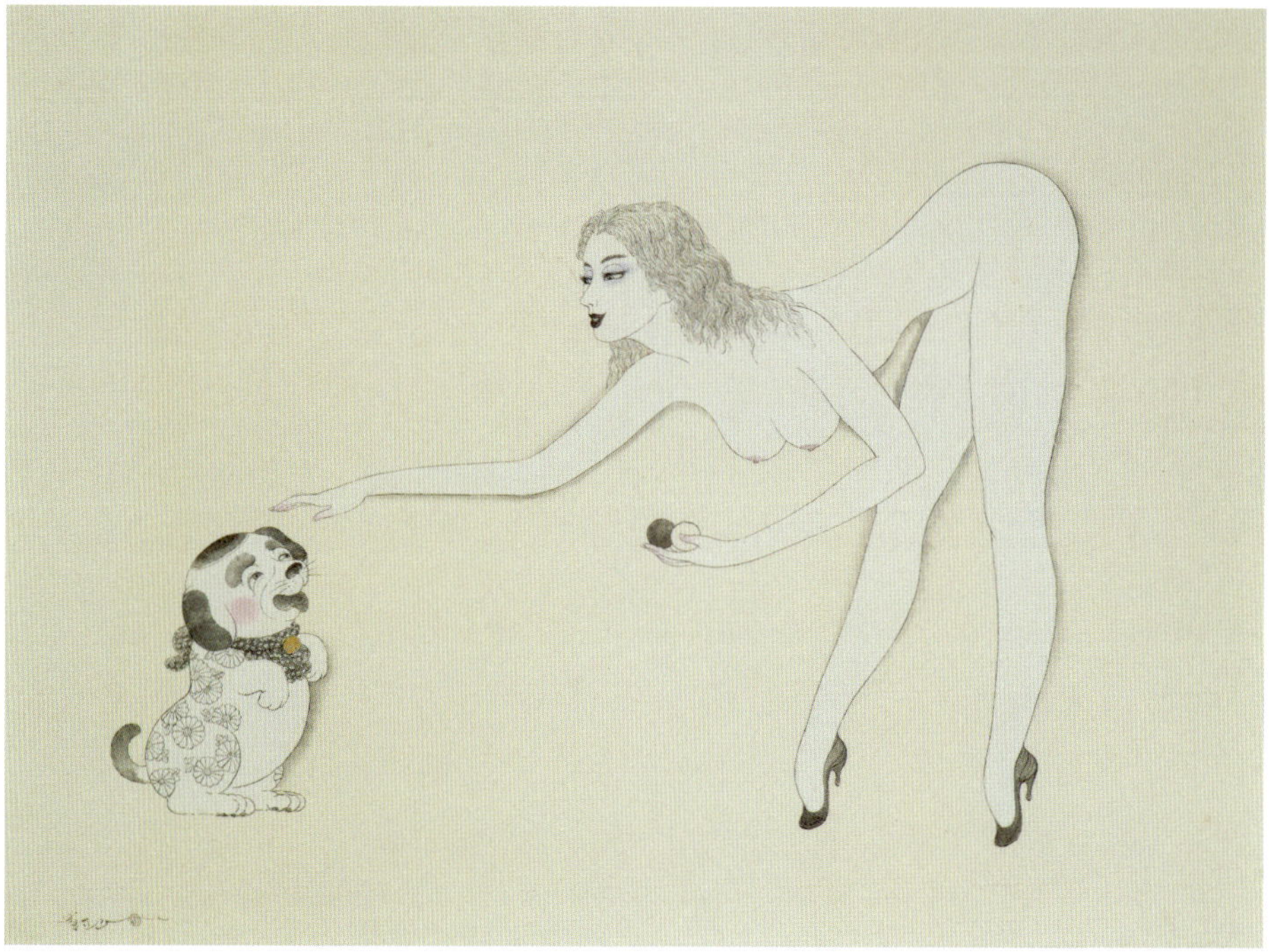

『家畜人ヤプー〈完結篇〉』
挿画

**奥村**　ほぼキャロルですね。リーゼントに革ジャンとジーパン。「どういうスタイリングがいい?」と聞いたら、「俺たちはこれしかない」と言っていました。僕は、七一年にキャロルもやっていたので、これは受けられないと思って、その場で断って帰りました。そうしたら、二、三週間して、フミヤと弟の尚之と武内君の三人が来て、「なんでも言うことを聞くからお願いします」と言うんです。それで引き受けることにしました。その時にはもう完成のイメージは見えていましたね。

**――名前は「チェッカーズ」ですが、本人たちはチェックをイメージしてはなかったんですね。チェックで固めているから、チェッカーズなのかと思っていました…。**

**奥村**　そうではなかったんです。バンド名の「チェッカーズ」は外したくないと言うので、じゃあ、チェックで行こうかと、こちらで考えました。僕がチェックの柄を三パターンくらい紙に描いて、生地から作って、堀越絹衣さんにスタイリングを頼みました。生地選びや形は堀越さんに任せました。佐野元春さんと一緒で、当日に服が飾ってあるのを見ても、彼らは「すごい服ですねぇ」と、自分たちが着るとは思っていなかったくらいです。「こんな服を着るなんて情けない。これでは故郷に帰れない」と、他のメンバーは嫌がってましたよ。

**――ポップで可愛い感じですもんね。このチームにヘアデザイナーの本多三記夫さんが入って、有名なチェッカーズカットが生まれたと思うのですが、YMOでテクノカットをされていますから、そのつながりでしょうか。**

**奥村**　そうですね。本多さんとはイギリスで出会いました。二回目のワールドツアーに一緒に行っていて、その時のステージの髪をやってくれていたのが本多さんです。その後日本に帰って、彼に「具体的な髪型を考えてくれないか?」と頼みました。チェッカーズの髪型はテクノカットの延長ですね。その場で、バシバシ切っていました。

**――当時の若者に絶大な影響を与えましたね。**

**奥村**　本当にすごかったですね。原宿駅の前の五〇〇メートルくらい、竹下通りの店が全部チェックになりましたから。それには僕もびっくりしました。

**――YMOの温泉マークもそうですが、チェッカーズもアイドルだけれど、チェックという抽象化されたデザインによって象徴される部分があって、そこが特別だと思うんです。そういうことは意識されていたのでしょうか。**

**奥村**　ポップ化しようと思って、象徴化したものをグラフィックの中で出したいと思っていました。

**――デザインとして特徴づいているから、みんなが取り入れられるし、原宿の街並みを変えるようなことが起きたんだと思います。そして、さらにエポックだと思うのが、ウィリアム・ギブスンの『ニューロマンサー』からなる三部作のカバーアートです。一九八六年ですが、男性の写真に、テレビモニター画像がモザイク状に重なっていました。サイバースペースに人間が接続してダイブするという「サイバーパンク」が初めて世に出た作品。まず、当時は『ニューロマンサー』を読んでどう感じましたか?**

**奥村**　SFとしては、新しい世界観を持っていると思いました。非常にデジタルティックなイメージがある。僕のデザインとしては、その前に細野さんの『S-F-X』で同じビジュアルをやっていたけれど、テーマは「デジタル」ですね。『ニューロマンサー』については、まずアメリカ版の本を見せられました。レイバンのサングラスに宇宙が写っているデザインでした。ギブスン自身はそれが嫌だったけれど、新人で文句も言えなかったところに、新しく僕の日本版が出来たので驚いたらしいです。日本に来た時も連絡がありました。突然、「これから行くから」という電話だったので、スケジュールが合わずに会えませんでしたけれど。

**――当時は、「この本で時代が変わる」という感覚はありましたか?**

**奥村**　なかったですね。デジタルということでいえば、音楽では細野さんやYMOがやっていたけれど、当時のビジュアルの場合は一時間の使用量が五万円くらいかかるメインフレームコンピューターが必要だったんです。僕もデジタルには興味があったけれど、この本の表紙は画像処理の機械で出力したものです。ビデオに撮った画像をデジタル出力して、その断片を手貼りしたものですね。

**――なるほど。出力した紙をカッターで切って、人物の上に貼りつけていったわけですね。**

**奥村**　その頃、同じ手法で、アルバイトニュースの駅貼り広告をやっています。立花ハジメがピノキオの格好をして、コンプレッサーで自動的に動く装置をつけて踊るものです。映像も作りました。

**――こういったデジタルコラージュ的なビジュアルは、一九八四年の細野晴臣さんの『S-F-X』でも作られていますが、あちらは技法が違うんですよね。**

**奥村**　『S-F-X』はほとんど暗室作業です。マスキングしたところに露光を当てて、画像を重ねていく多重露光ですね。マスキングが全部、四角いチップの形をしているんです。

**――建築、植物、動物のマチエールの四角いチップを、多重露光で奥村さんが描いた女性の絵と細野さんのポートレートに重ねたのですね。コンピュータでデザイン出来ない時代でしたから衝撃でした。**

**奥村**　一〇年くらいして、同じ構図で細野さんの作品を手掛けましたが、その時はもうMacがあったのでPhotoshopで合成しています。八二年か八三年かな。福田繁雄さんや田中一光さんには、「このスタイルで一生やれるよ」と言われて、賞も獲ったけれど、やめちゃうんですよね。次の年には、ぜんぜん違う日本画をやっていました。「君は馬鹿だねぇ」と言われました。

**――次々と新しいことに興味が出てくるのでしょうか。日本画といえば、一九八四年の『真理子の夢は夜ひらく』(林真理子)、一九八五年の『流され者5』(羽山信樹)、一九八五年の『極東慰安唱歌』(戸川純ユニット)は日本画でした。ご自身の日本画を起用するきっかけはありましたか?**

**奥村**　一〇年間くらい、ほとんど絵を描いていなかったんです。八〇年代に入って、昔にやめたものを、技術はあるんだから描いてみようかと思って仕上げたのが、それらの作品です。幼少期から日本画を描いていて、そこからどれだけ遠いところまで行けるか?　と思っていたのですが、元に戻ったわけです。一〇年描いていなかったけれど、意外と描けてしまうんですね。デザインをする中でも、いろいろ線を使っていましたから、技術が培われたんでしょう。前には引けなかった線が描けたんです。上手く描けて、面白い経験でした。

**――着彩はどのようにされたんですか?**

**奥村**　岩絵具を使っています。小説挿絵

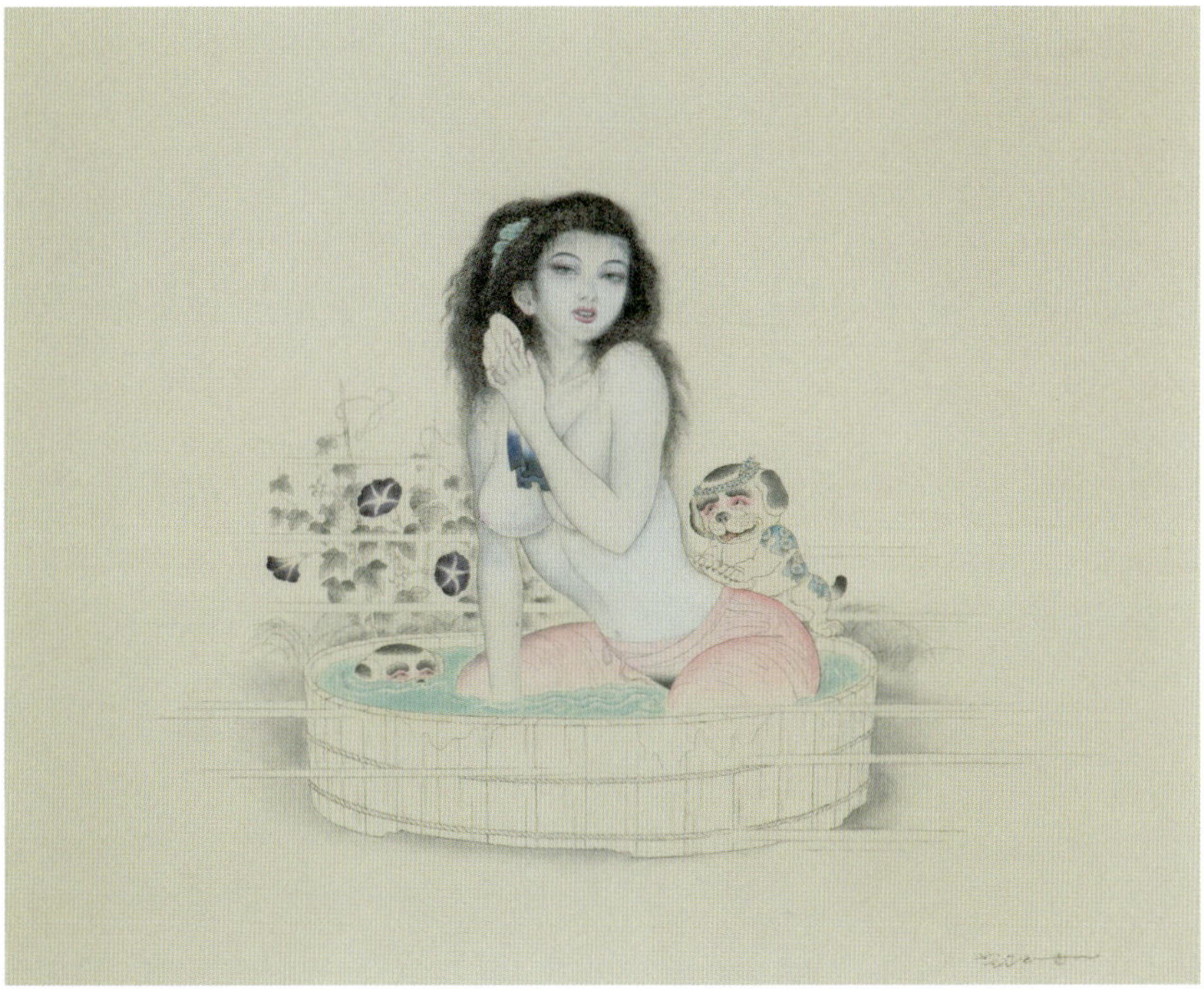

『家畜人ヤプー〈完結篇〉』

挿画

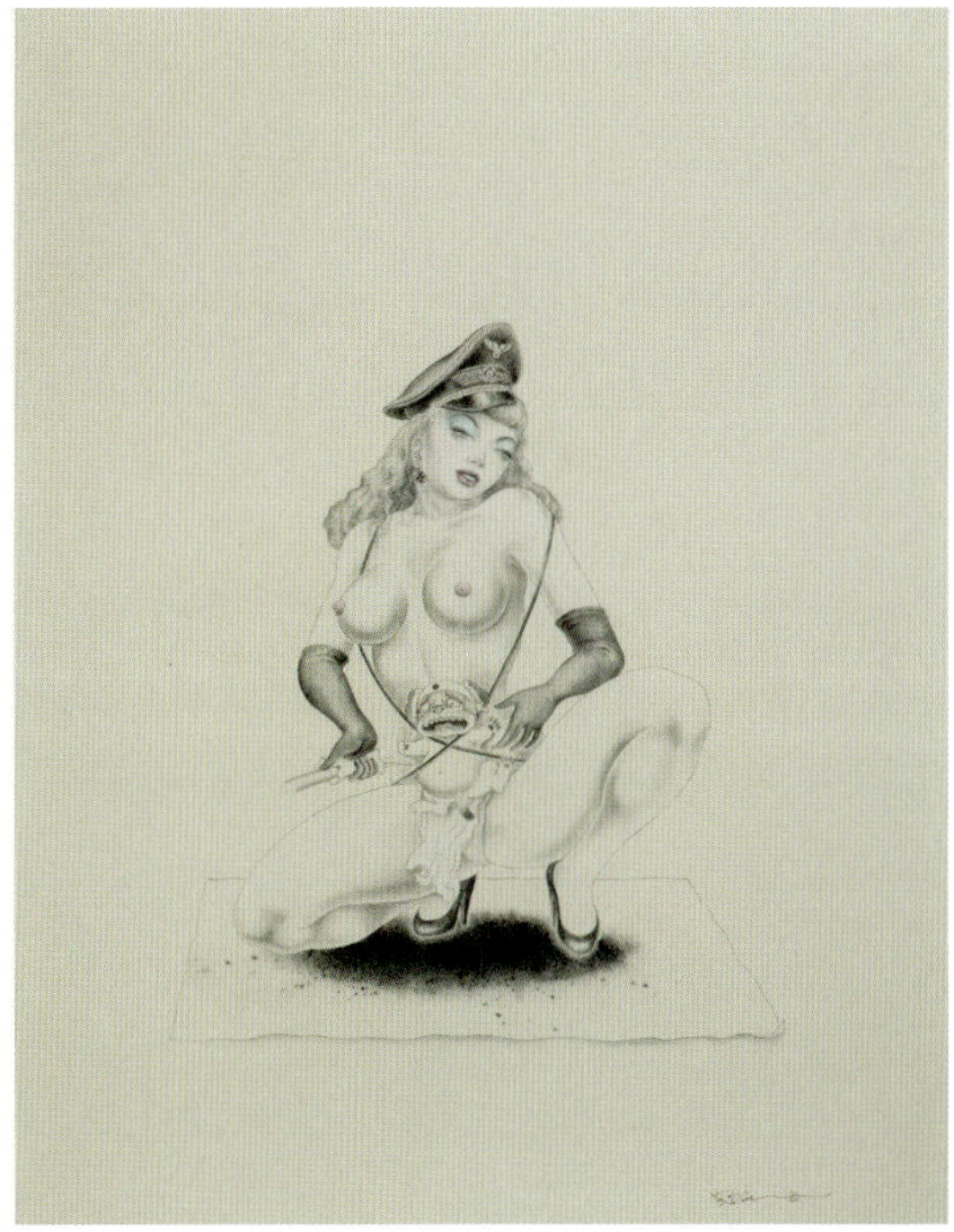

『家畜人ヤプー〈完結篇〉』

挿画

がメインでしたからね。

――同時期、一九八六年には村上龍さんの『POST』で、アメリカのポップアート的なカバーデザインをされていたのも驚きました。

奥村　同時にいろいろなことをやっているんですよ。「自分はこれをやる人だ」という風に決めずに、編集者さんと話した上で、どういう本を作りたいのか？　著者はどういう作家像なのか？　に焦点を置いてデザインしていましたから。

――日本画は、人物や自然が美しいということを率直に描けますが、それへの反抗みたいなポップアート的表現、さらに異化するデジタルの表現、それらを同時にされていたんですね。

奥村　普通はそのうちのどれかが作家の素質として出来上がるのですが、僕の場合はそれがないんです。原動力として取り入れているだけです。自分に興味がないというのかな、自分の表現をするのが嫌だった。子供の頃から、日本画の世界ではそういう自我を止められていたし、否定されていたせいもあるかもしれません。円山派だとそうですよね。感情を入れない。

――円山応挙は確かにそう言われていますね。そして、成山画廊で二〇二四年の夏に展示された、『家畜人ヤプー〈完結篇〉』（一九九一年に刊行）では、日本画でたくさんの作品を拝見できました。こちらは「日本画を描いて欲しい」という依頼があったのですか？

奥村　いえ、具体的な要望はありませんでした。「雑誌の連載の挿絵をやってくれ」というもので、全部のシーンが小説の中にあります。以前は宇野亞喜良さんがやられていて、その時はヤプーを畸形の小人にしていたけれど、僕はそうしたくなかったのでワンコにしました。僕が持っている御所人形の犬をもとにしながら、菊の刺青を背負ったワンコです。この作品を描いたことで右翼に脅かされたりしましたが、僕はこの頃、同時に宮内庁で宮殿画を描いたり、大嘗祭の絵も描いていたので、左翼にも責められましたよ。

――大変です…。思想とは関係なく、自由に制作されていて幅広いですね。日本画の技法としては、白描や裏彩色などの古典技法を使われていますね。髪の毛の線はとても細いですが、筆を替えられているんですか？

奥村　ほとんど一つです。身体の線と髪の毛は違うと思いますが、どのように描いても失敗しないように訓練しましたから、一つの筆でわりと仕上げることが出来ます。

――古い墨を混ぜて描くとも伺いました。

奥村　古い墨は中国のものですが、日本の墨と併用しています。青墨と油煙墨があって、青っぽい、赤っぽいという違いがあるんです。

――興味深いです。裏彩色についても聞かせてください。

奥村　紙にはほとんどしない技法で、絹本で使われるものです。裏彩色は模写の時に勉強しました。粗い和紙に描いているので、柔らかく見えます。畳鰯に描いているようなものですからね。にじみは結構面白いですよ。

――今回は『家畜人ヤプー〈完結篇〉』が発表されてから三〇年後の展示となりましたが、いま改めて日本画の魅力をお聞かせ願えますか？

奥村　一番納得出来る画作りが出来るかな、と思います。

――今だとコンピュータもありますが、やはり奥村さんの原点は筆にあるということでしょうか？

奥村　そうです。

――近年はご自身のデザインされた作品をシルクスクリーンにしたり、版下やポスターをオークション出品されたり、作品を残す活動をされています。こちらの活動の感想もお聞かせてください。

奥村　僕の作品はグラフィックなので、MoMAにはポスターが一式入っていますが、普通はなかなか残らないものです。倉庫にはいろいろな作品が残っていたから、なるべく気に入った方に持っていただけるような形で整理していこうと思っています。

――版下は貴重ですね。

奥村　残す気はぜんぜんなかったのですけれど、偶然あったんです。もう何十年も倉庫に眠っていたものもあります。

――最後に、弊誌は絵具やデジタルで創作する読者が多いのですが、作品をつくる上で大切なことをお聞かせ願えますか？

奥村　こうやって話していると、僕の場合はちょっと特殊な気もしますが、いろいろなことをあまりこだわらずに並列に勉強して、表現してきました。先ほど、家にあった美術全集の話をしましたが、そこでマン・レイを見つけたからといって、ずっとそれに入り込んでしまうわけではない。ある程度は踏み込んで解釈していくけれど、そこにのめり込んで自分のアートをスタートするわけではない。並列して学んだいろんなものを吸収しても、引き出しは一つ一つ孤立しているわけではないでしょう。溶け合っているような状況だと思います。また、人との関わりも大切にしてきました。閉じこもって絵を描く人も多いとは思うけれど、そういう感じでやっていくと大変かもしれないので、もう少し開放されたところで表現出来たら良いな、という気がします。目的も重要でしょうね。技術を磨きたいというのもあるけれど、僕の場合は、自分のためというよりは、社会性と見る人のことを考えてきました。対人的なことを意識して、自分が受けた仕事を返すという気持ちで、見てくれる人を大切にしてきましたね。

――奥村さんの作品は、たくさんの人が見るものとしてリリースされていますが、それが一人一人に強く響く作品にもなっていて、素晴らしいと思います。本日はいろいろなお話をありがとうございました。

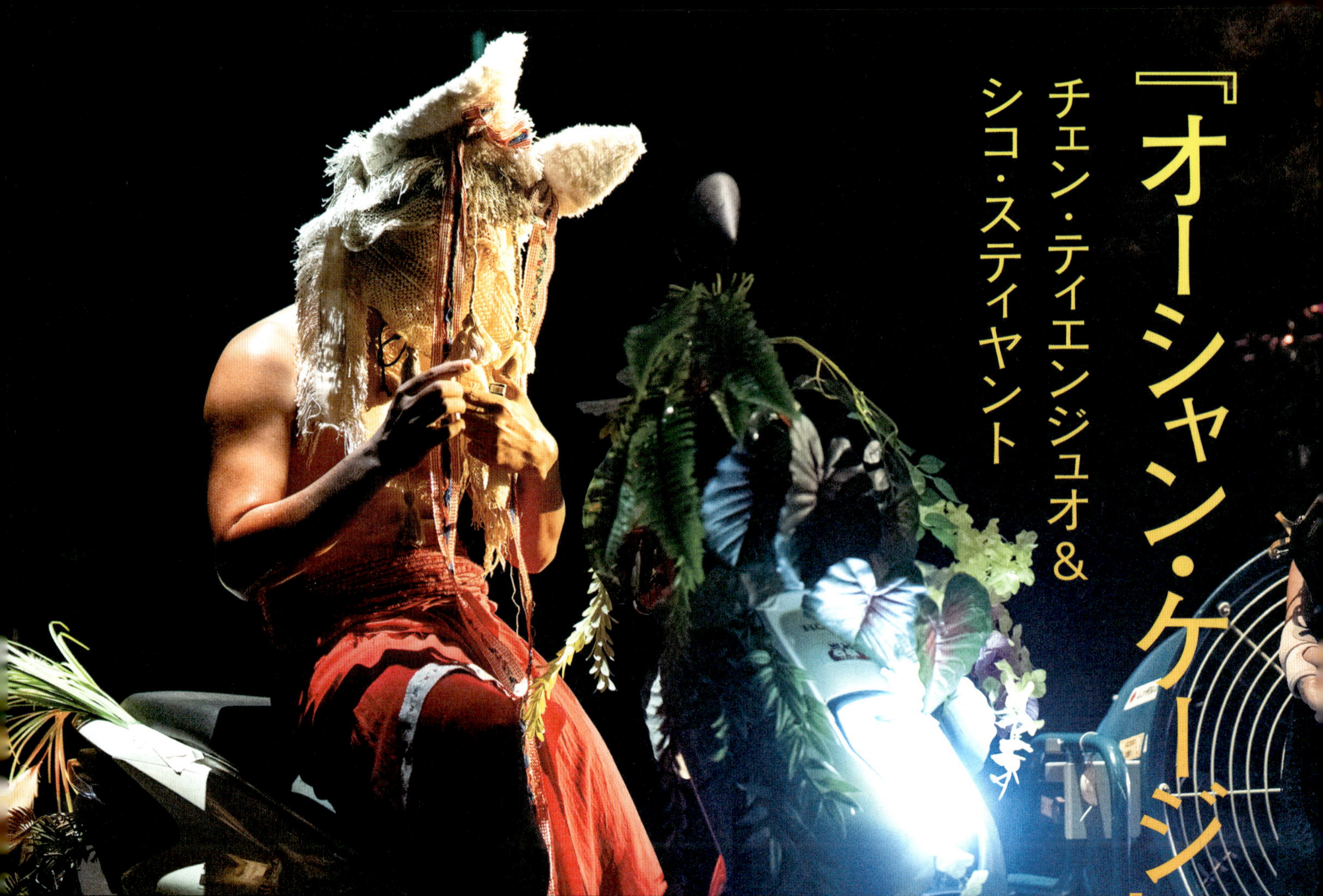

# 『オーシャン・ケージ』
## チェン・ティエンジュオ&シコ・スティヤント

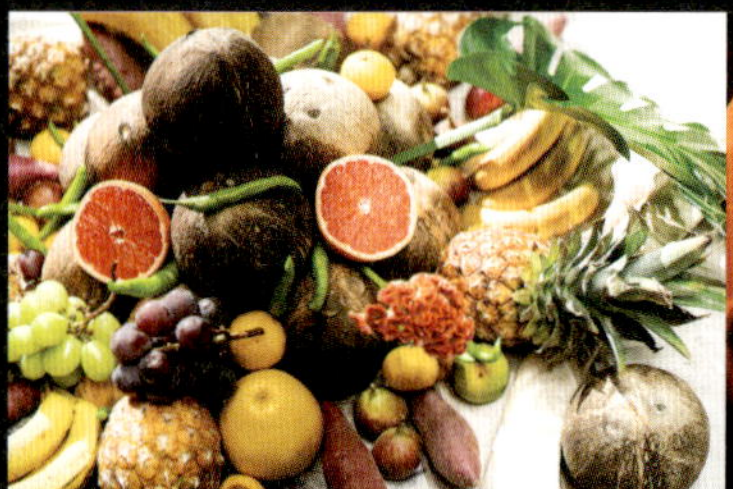
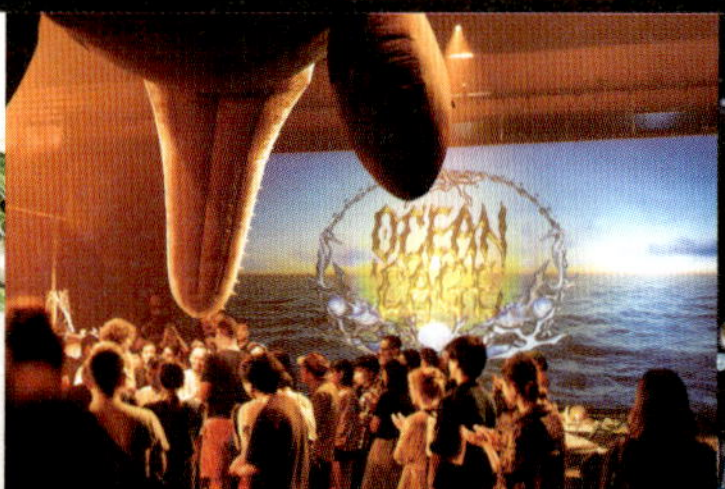

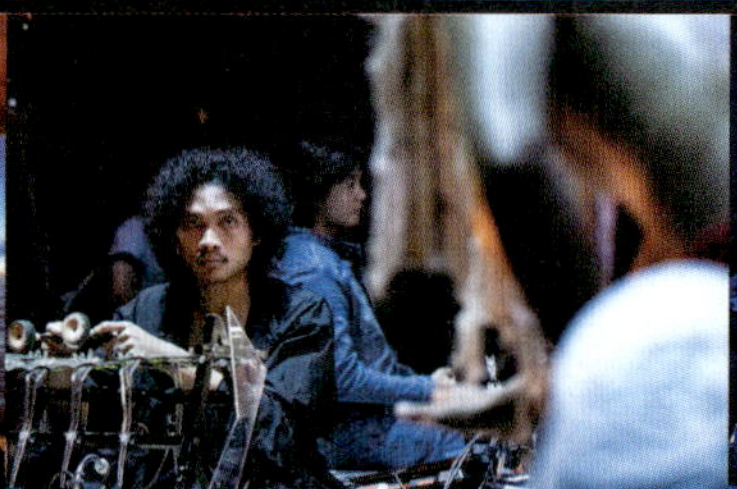
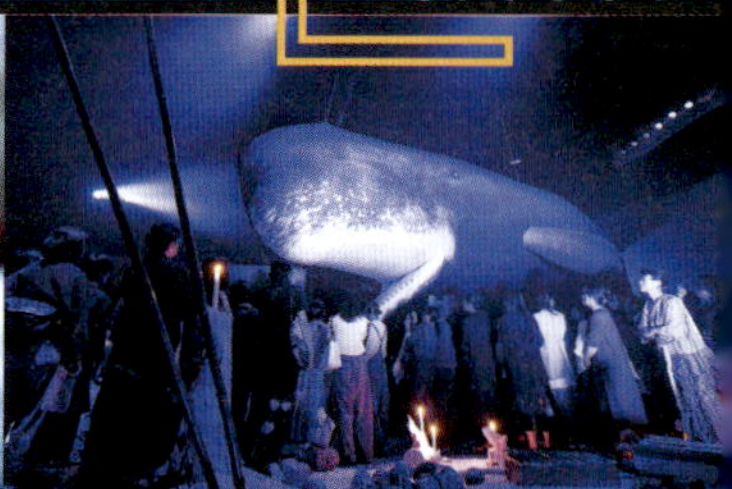

撮影：松見拓也　提供：KYOTO EXPERIMENT

## KYOTO EXPERIMENT 京都国際舞台芸術祭 2024

**チェン・ティエンジュオ** (Tianzhuo Chen)

2022年8月よりベルリンを拠点に活動。自身のレーベル「Asian Dope Boys」ではクラブシリーズを主催。オブジェクトやパフォーマンス、映像作品は、カラフルでグロテスク、キッチュなイメージを用いてアジアの心霊主義やLGBTIQ+、イコノグラフィー、舞踏、ヴォーギングやクラブカルチャーについて直接的に言及する。KYOTO EXPERIMENT 2021 AUTUMNではインスタレーション作品『牧羊人』を発表。最近の舞台作品に、『An Atypical Brain Damage』(steirischer herbst、グラーツ、2018／他)『Ishvara』(ウィーン芸術週間、2017／Theater der Welt Hamburg、2017／他) がある。
Instagram＝asian_dope_boys

**シコ・スティヤント** (Siko Setyanto)

インドネシア、ジャカルタ出身のダンサー・振付家。コンテンポラリーダンスについての情報交換ができるスペースや、インドネシアのダンサーたちのネットワーク、ダンサーのためのトレーニングセンター、そして若手振付家を支援する方法の創出を目的として、「DRKR Kolektif」を設立。2020年には、共同で「Dansity Dance Company」を設立。現在は、韓国ソウルの「Eun Me Ahn Company」でダンサー・振付家として活動するほか、音楽グループ「Gabber Modus Operandi」とも定期的に活動している。2020年から2023年まで、「Jakarta Arts Council Dance Committee」のメンバーを務めた。
Instagram＝sikosetyanto

「KYOTO EXPERIMENT 京都国際舞台芸術祭 2024」にて二日間に渡り日本で初上演された、チェン・ティエンジュオによる舞台作品『オーシャン・ケージ』。伝統と現代性を組み合わせ、様々な分野を自由自在に行き来きしながら創作するチェンは、振付・出演しているジャカルタ出身のダンサー、シコ・スティヤントと共にインドネシアのレンバタ島に位置するラマレラ村をリサーチで訪れた。

ラマレラ村では伝統的な漁法である捕鯨の儀式が行われている。儀式は単に食料を得る術ではない。海からの恵み、祝福は祖先からの贈り物であると考える村の人々にとって、彼らの信仰や社会、文化と深く結びつき、祈りを捧げる儀式が手厚くおこなわれているのだ。

本作ではインドネシアのラマレラ村の複雑かつ感情的な語りに根ざし、クジラ、漁師、祖先の間のもつれを包括している。ウサギの被り物をしたシャーマン、異形の容貌を持つ祖先の霊、漁師の視線はシコの身体を通じて語られる。ゆらめく肉体と息づかいの中、何度も発せられる“Baleo! Baleo!”という祈りの言葉が観客の身体に浸透していく。海やクジラ、ラマレラ村の人々が語る映像や、魚や果物、砂と骨、銅鑼、旗…といったオブジェクト、インドネシアのミュージシャン、カダパットとノヴァ・ルースによる音楽で満たされた、客席の無い空間を、観客は回遊し儀式の一員となっていくのだ。

この度、日本で初上演を終えたチェンとシコのふたりにインタビューを敢行。本作を着想されたキッカケや、制作期間の思い出、作品を通して感じたことなど伺った。

通訳：彭塀庭

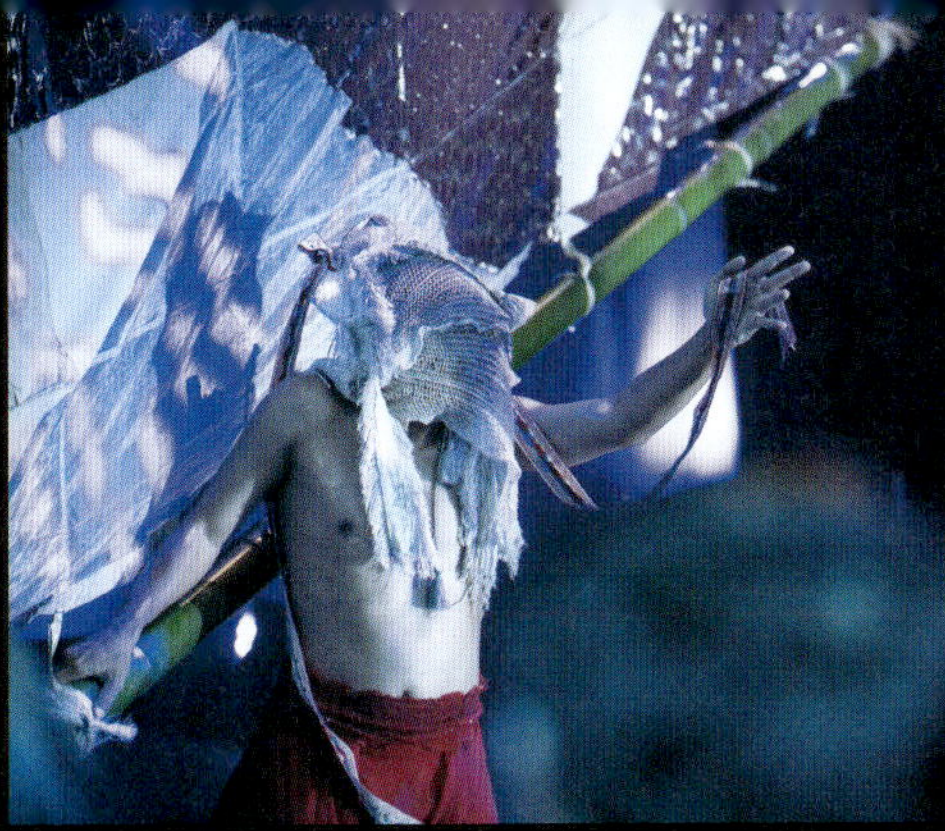

──『オーシャン・ケージ』は、インドネシアのレンバタ島に位置するラマレラ村の伝統的なクジラ漁のコミュニティと、彼らの「クジラ乞い」の儀式を、映像、ダンス、音楽、空間演出という、チェンさんらしいアプローチで圧巻のパフォーマンスに昇華していたと感じます。シコさんの臨場感あふれる素晴らしいパフォーマンスと、そこで見せたシャーマン、祖先の精霊、漁師の姿にも感銘を受けました！ まるで観客である私たちも「クジラ乞い」の儀式に参加しているかのような、とても刺激的な体験でした。まずは、この作品を京都で二日間に渡り上演されていかがでしたか？

**シコ**　『オーシャン・ケージ』はこれまでいろんな場所で上演してきたけれど、毎回、国や劇場によって、新しいことを取り入れて常に変化してきた作品なんだ。一つ一つのシーンは決まっているけれど、自分のダンス自体は毎回少しずつ変わるし、ミュージシャンの奏でる音によっても新しい動きが生まれたりする。今回の京都の公演は新たなチャレンジができたし、自分のスキルと表現力で自由にパフォーマンスができる場だったと思う。それと観客の反応も作品にとっては大事な要素なんだけど、どの公演を観たの？

──私たちは初日の公演に行きました。

**チェン**　初日だったんだね！ 初日はシコの動きやシーンに合わせてみんなが自由に歩いていたけど、二日目の公演ではずっと座るか、たまに立って歩く感じだったんだ。お客さんの雰囲気が全然違って驚いたね。

**シコ**　そうそう。二日目は難しかった。

──なんと…！ 観客があまり動かないとなると、動けるエリアも限られるのでより大変そうです。

**チェン**　だけどもみんなで座っていたからこそ存在を近くに感じられて、共に祈りを捧げている気持ちだったよ。京都でおこなったパフォーマンスはこれまでで一番好きな『オーシャン・ケージ』になったね。

──それはすごく嬉しいです。私たちも一緒に儀式に参加してお祈りしている気持ちになりました。

**チェン**　僕の作品では観客も演者も分け隔てなく、没入できるパフォーマンスを目指しているんだ。ただ作品を一方的に見る・見られるという関係ではなく、観客も実際にパフォーマンスに参加できる。近い距離であるからこそ互いの心や身体に影響を与える、そんな関係にしたかったんだ。

**シコ**　僕も長年ダンサーを務めてきたけれど、観客もパフォーマーになるのはとても面白い経験だったよ！ 僕が見つめたら少し緊張して不安がっていたり、逆に見つめ返してきたりして…、そんな場面も愛しかったね。

──シコさんがすぐ目の前で踊っていたり、目線があったと感じたときはかなりドキドキしました。ほかにも空間中に生魚の臭いがしていたり、手渡しでお供物であるマスカットをもらえる場面も面白かったです。そもそも、おふたりはリサーチで訪れたラマレラ村で強いインスピレーションを受けたそうですが、どのような経緯でラマレラ村を訪れたのでしょうか？ どうして『オーシャン・ケージ』をつくろうと思ったのかを教えてください。そもそも、おふたりは『オーシャン・ケージ』以外でもクリエイションを共にしていますが、シコさんがインドネシア出身であることも、ラマレラ村を訪れるきっかけの一つでしたか？

**チェン**　偶然、シコと海鮮系の食べ物を見ていたときに、インドネシアには有名なロブスターがあるよね、という話になって。だけど彼はロブスターを食べたことがなかったんだ。僕はそれに「ありえないよ！」って（笑）！

**シコ**　でも、本当に食べたことがなかったんだよ（笑）。高級食材だしほとんどは外国に輸出するもので、地元の人が日常的に食べる食材じゃなかったから。

**チェン**　そんな話をしていたら、彼がラマレラ村に伝わる海の文化を思い出したんだ。インドネシア人はいまだに槍を使ってクジラを狩るという伝統があると。

**シコ**　前に友人から聞いたことをそのときたまたま思い出してね。クジラ漁は現代でも槍を使っていて、何人かで船に乗り、旅に出ているんだって。旅が長くなると水が足りなくなるから、自分の着ているTシャツやエプロンに雨水を染み込ませてバケツに溜めたりしてるんだ、とも言っていてね。

**チェン**　そういう話もあったから、シコと一緒にラマレラ村へ行こうとなったんだよね。

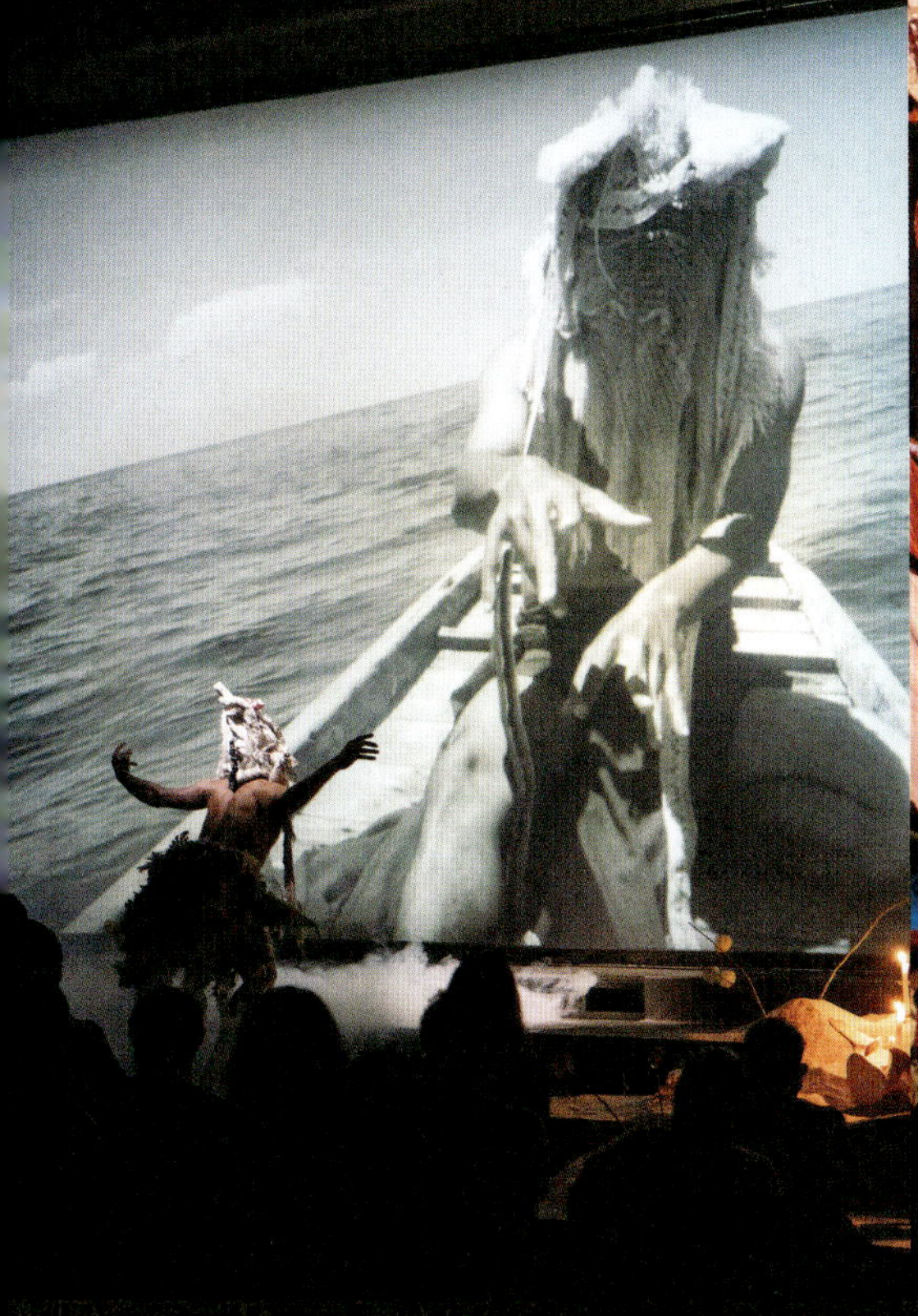

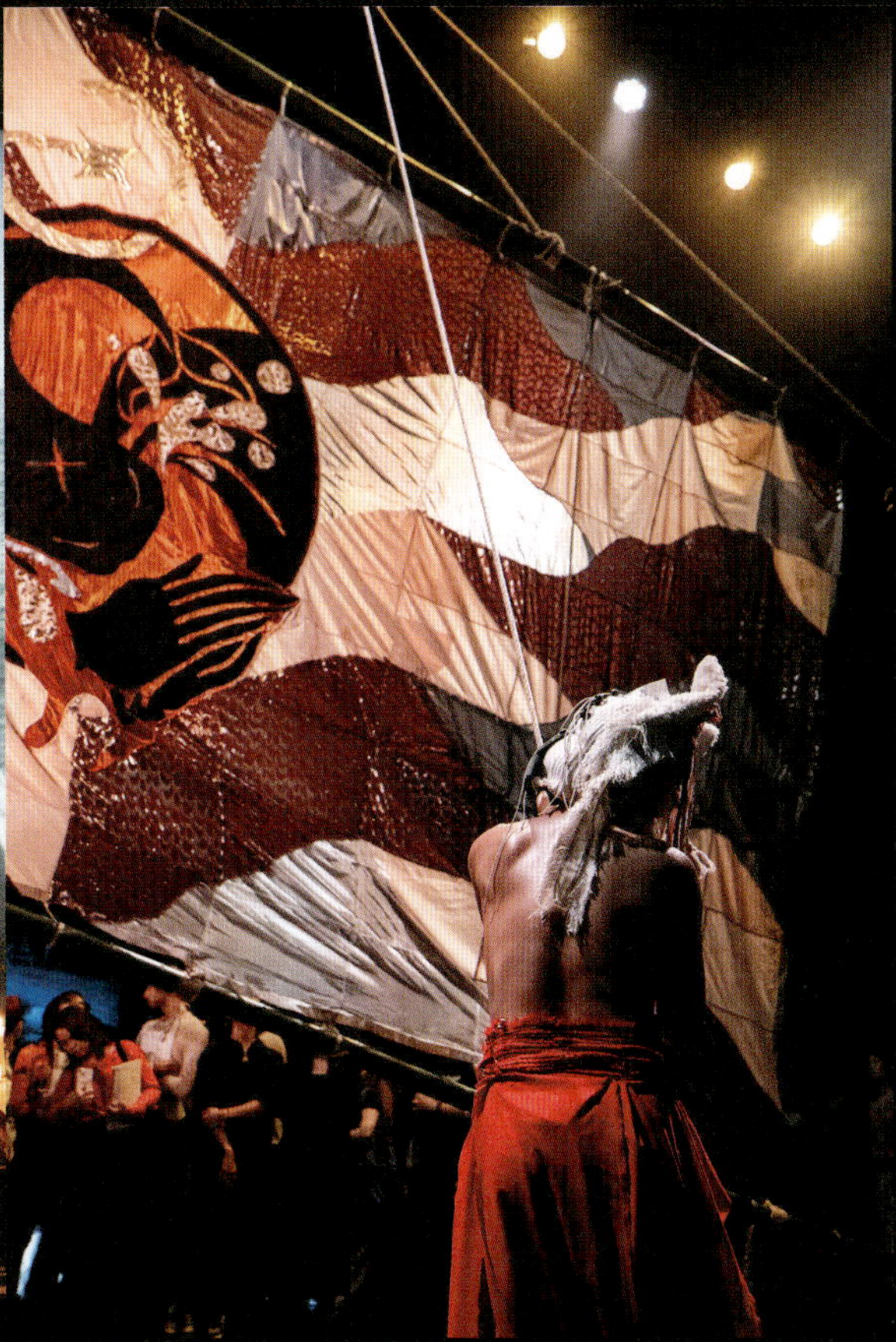

『オーシャン・ケージ』
演出:チェン・ティエンジュオ
振付・出演:シコ・スティヤント
ライブ音楽:カダパッド、ノヴァ・ルース
衣装:チェンティン・ヨー
メイク:ウナ・リョー
テキスタイルデザイン:ディアン・エスノー
照明デザイン(京都):谷田明彦
音響デザイン:マルティン・オルティス
技術監督:フランシスカ・マーケス
技術製作:ポール・メイド
制作アシスタント:ディアン・エスノー
企画・制作:partner in crime

製作:partner in crime、
チェン・ティエンジュオ
共同製作:KYOTO EXPERIMENT、
HAU Hebbel am Ufer劇場、Arsenic、
カンプナーゲル ハンブルク、タンツハウス
NRW
協力:BENTEN 2024 Art Night Kabukicho
助成:Capital Culture Fund Berlin
京都公演助成:文化庁文化芸術振興費補助金(舞台芸術等総合支援事業(国際芸術交流))|独立行政法人日本芸術文化振興会
主催:KYOTO EXPERIMENT

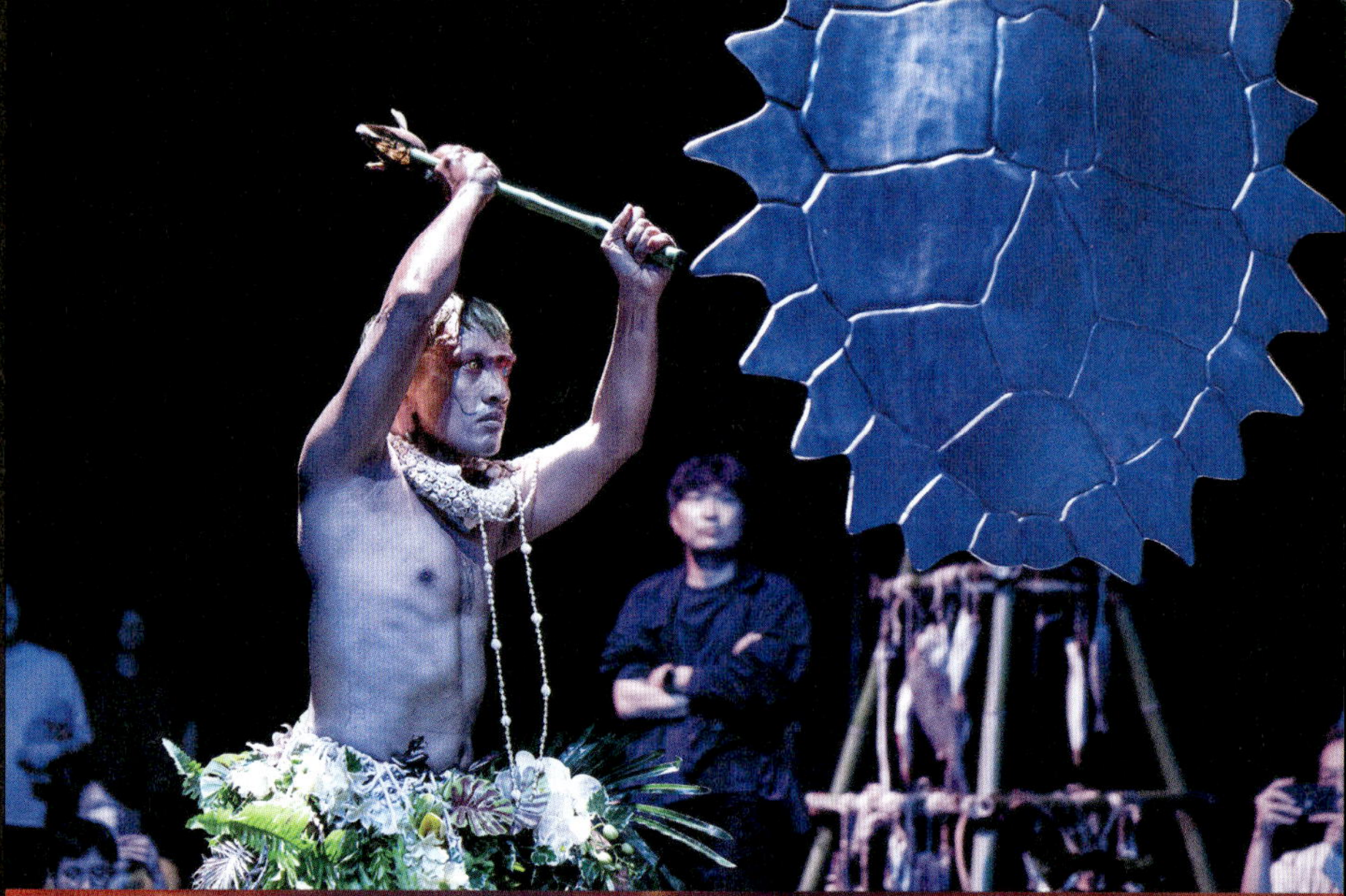

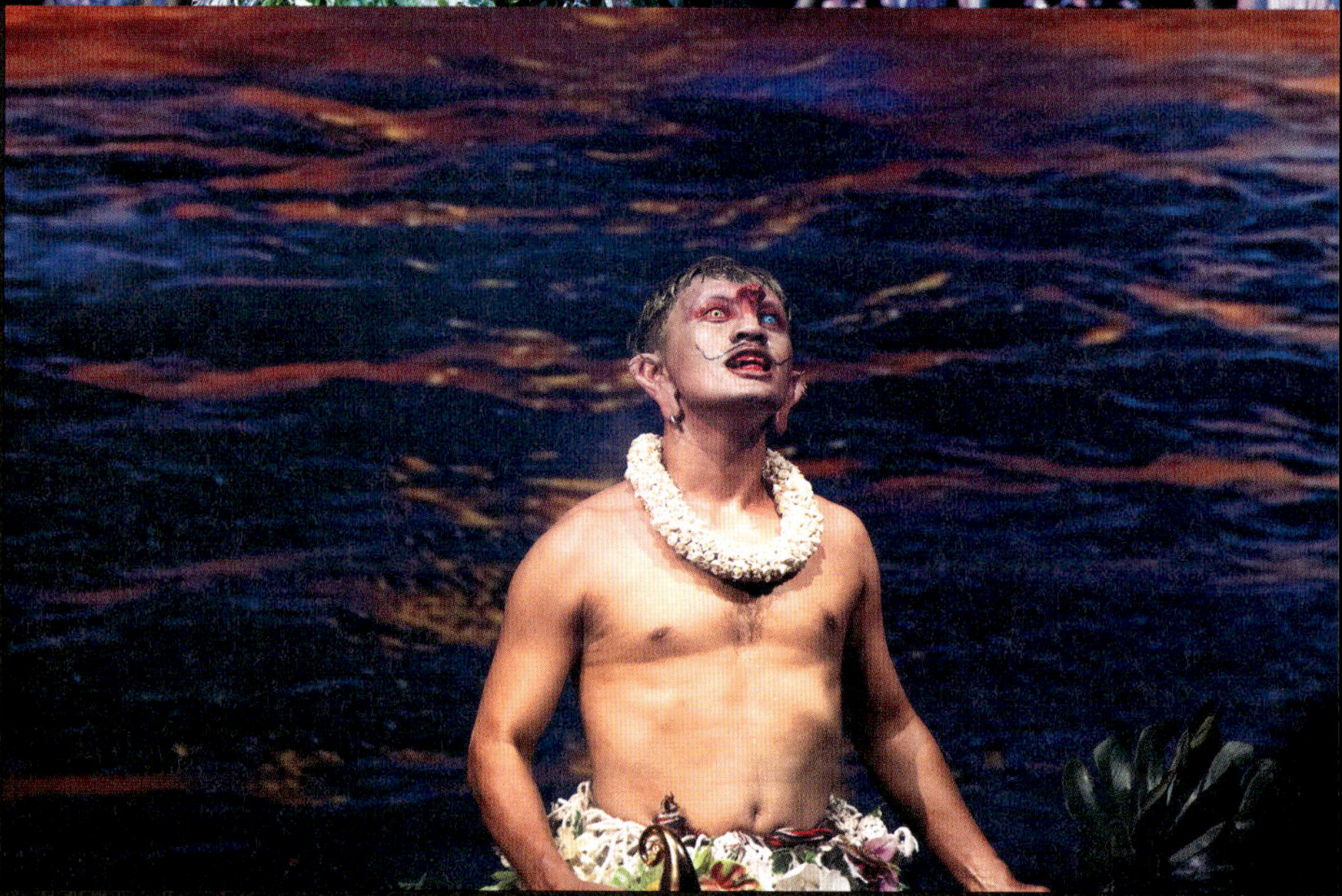

――シコさんとの何気ない会話がキッカケだったのですね。

**チェン**　実際に現地に訪れて、どんな作品にしようかと撮影をしながら村について調べていたんだ。そしたらラマレラ村は以前、オーストラリアに植民地化されたこともあり、東洋の民間信仰だけではなく外からやってきた西洋文化と混ざり合っていた、ということを知って。祖先は土地に元々住んでいたのではなく、まるで神様の導きがあったかのように、ほかの土地から移民して住み着いたのではないかという考えをラマレラ村の人々は持っていた。クジラは神様から我々村人に与えられるギフト、生きるための贈り物だと信じられているんだ、と。というのも、ラマレラ村は火山地帯だから山の上のほうではあまり植物が育たない環境であるということもあって、クジラを大事な食料としている。なのでクジラが獲れないときは「神様がお怒りなのかもしれない」と人々が集まって、誰が、何が悪かったかおこないを反省し、次に活かせるように討論しあっていた。

――クジラ漁は信仰心と深く結びついているのですね。また、『オーシャン・ケージ』を通して剥き出しの自然の美しさや村人の生活そのものを体感してほしいという狙いはありましたか？　荒々しくも美しい海や岩場の風景、クジラの海遊、村の人々の語り部など映像がとても印象的でした。

**チェン**　正直、自然の美しさについて考えるほどロマンチストではなくて、むしろ伝えたかったのはあそこに暮らす人々の過酷な生活。確かにラマレラ村はとても綺麗だけど、暮らしとしては水道もインターネットもなく、人が生活するにはかなり過酷な環境。だから『オーシャン・ケージ』を観たことで、観客が世の中にはこういった生き方もあるのだと、自分の生活を省みるキッカケになったら良いなと思ってるんだ。

**シコ**　僕はインドネシアのジャカルタが故郷なんだけど、今でこそ発展して便利な暮らしになったけど、昔はインターネットもないし、水も足りなくてすごく困っていた。でも今や便利な生活に慣れていたから、ラマレラ村に数日間滞在したときはとても大変で。生活するのには過酷な環境だと感じたよ。実際にラマレラ村の人からはジャカルタについて色々聞かれたのだけど、「素晴らしい都市ね！」と言われて、でも僕は心の奥底からみんなの(ラマレラ村の人々)いる島が本当に美しいよ！　と言っていたよ。

――お話を聞いているだけでも、ただ美しいだけでなく、かなり過酷な環境なのだと伝わってきます。また、チェンさんの作品

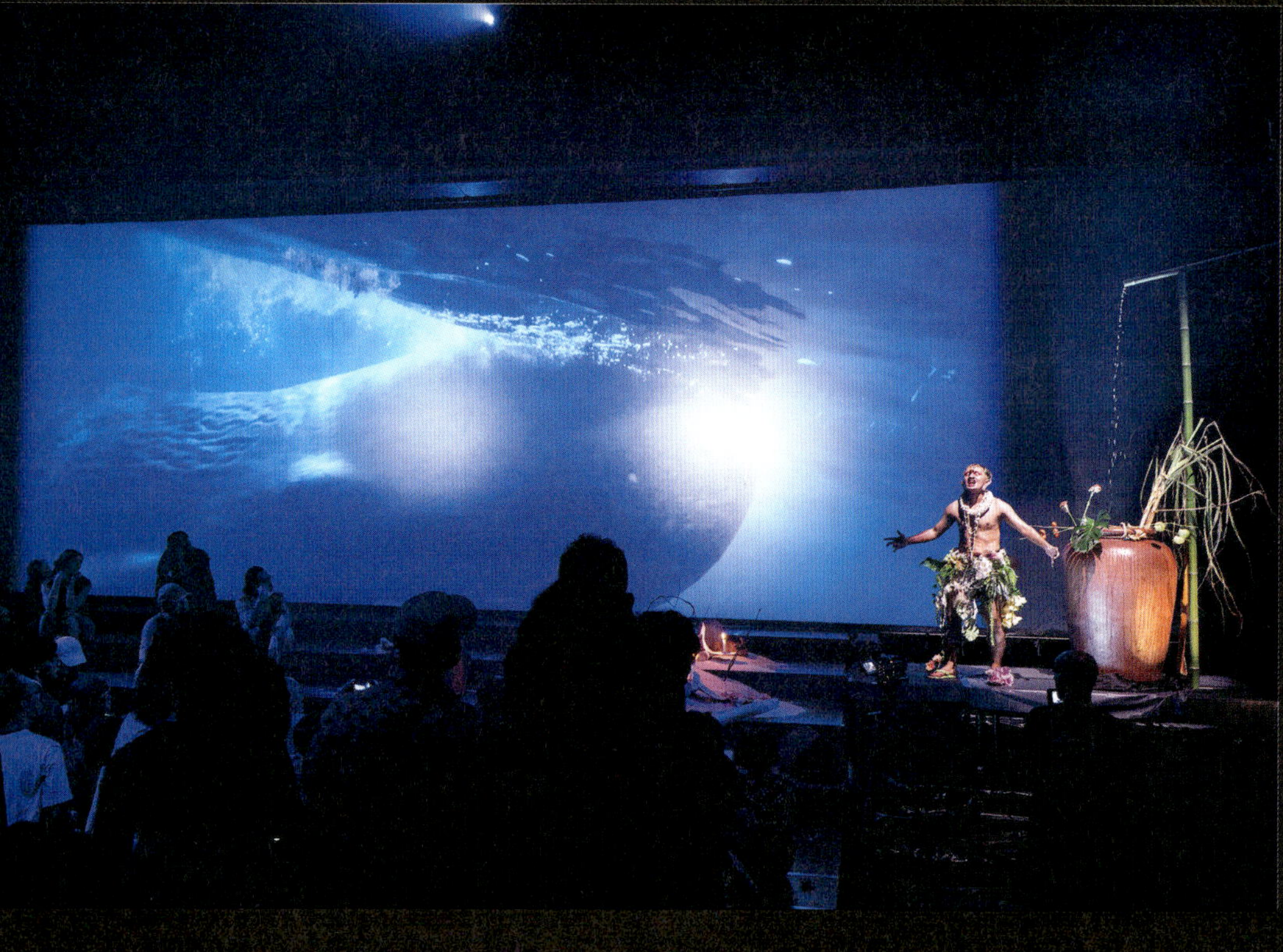

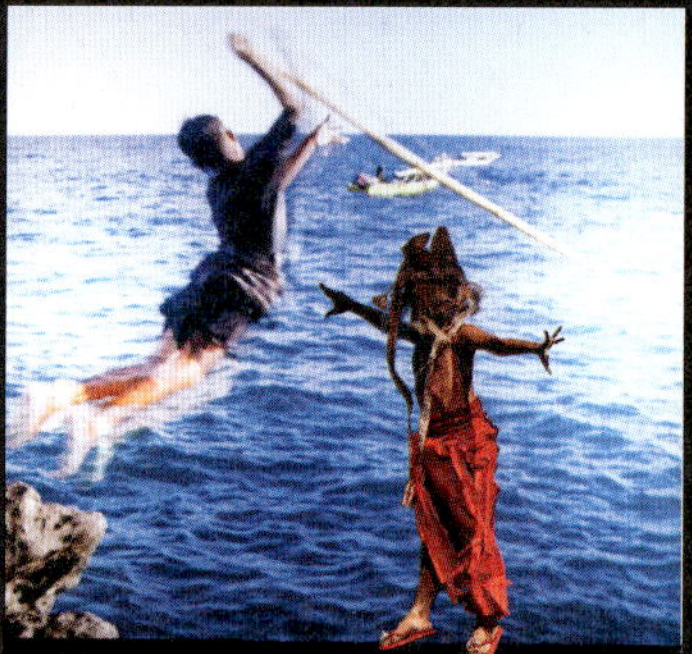

はこれまでも宗教や信仰、伝統と現在を同時に扱ってきたと思います。その一方で二〇一七年に日本で上演された『忉利天(とうりてん)』や、『自在天(ISHVARA)』、『TRANCE』などと比べると、今回の『オーシャン・ケージ』ではビジュアルのイメージがだいぶ違うと感じました。装飾的、人工的なイメージから、もっと素材そのものを見せている印象というか。

**チェン** 確かに『オーシャン・ケージ』は、これまでの僕の作品とは、少し雰囲気が違うとは周りにも言われるね。けれど観客が没入体験をするという点では同じだと思う。その上で『TRANCE』と『オーシャン・ケージ』で言えば、もちろんまったく違う作品。みんなと話しながらトランス状態になれる「場」をつくるための空間づくりをしているのが『TRANCE』だとしたら、

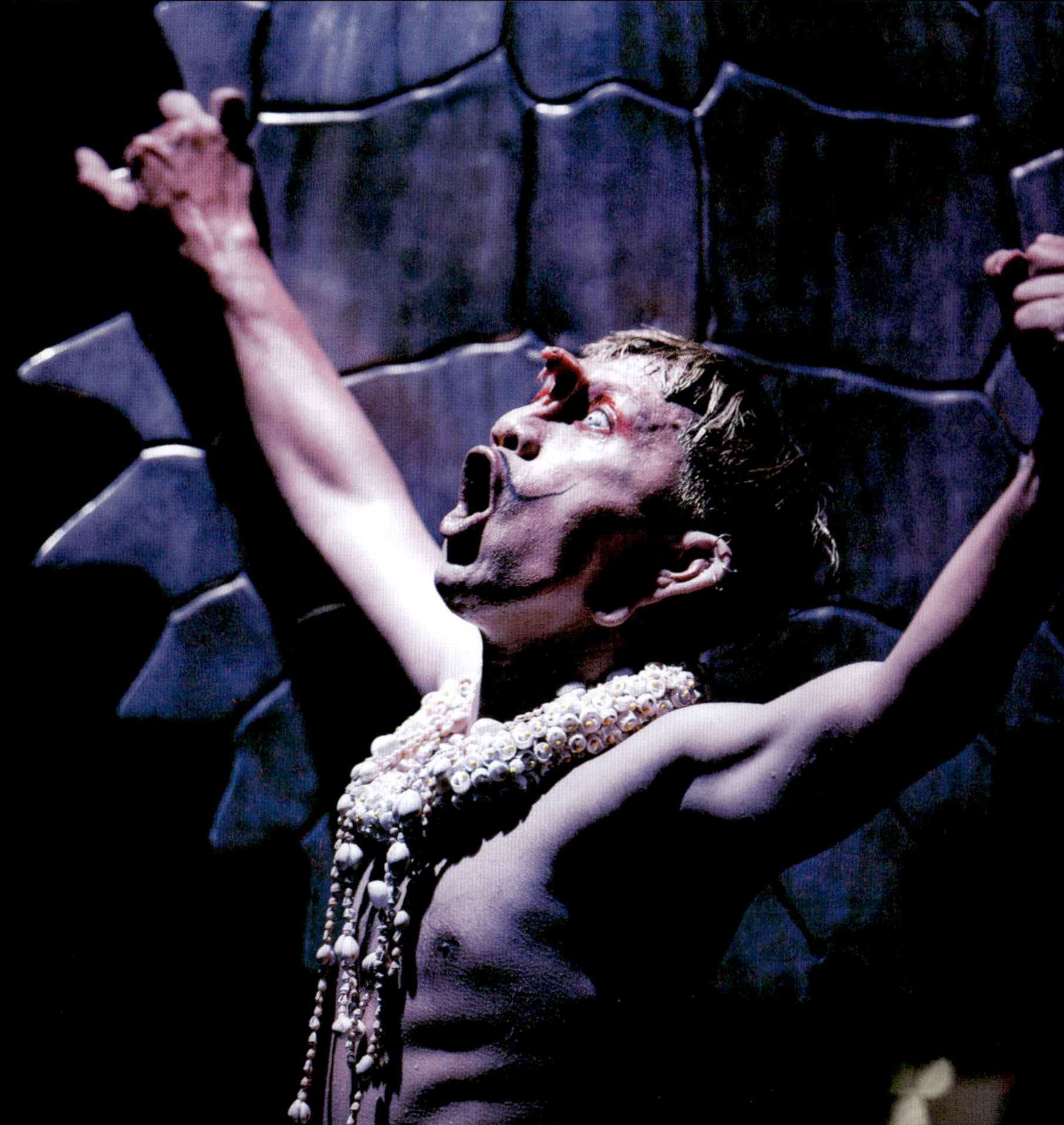

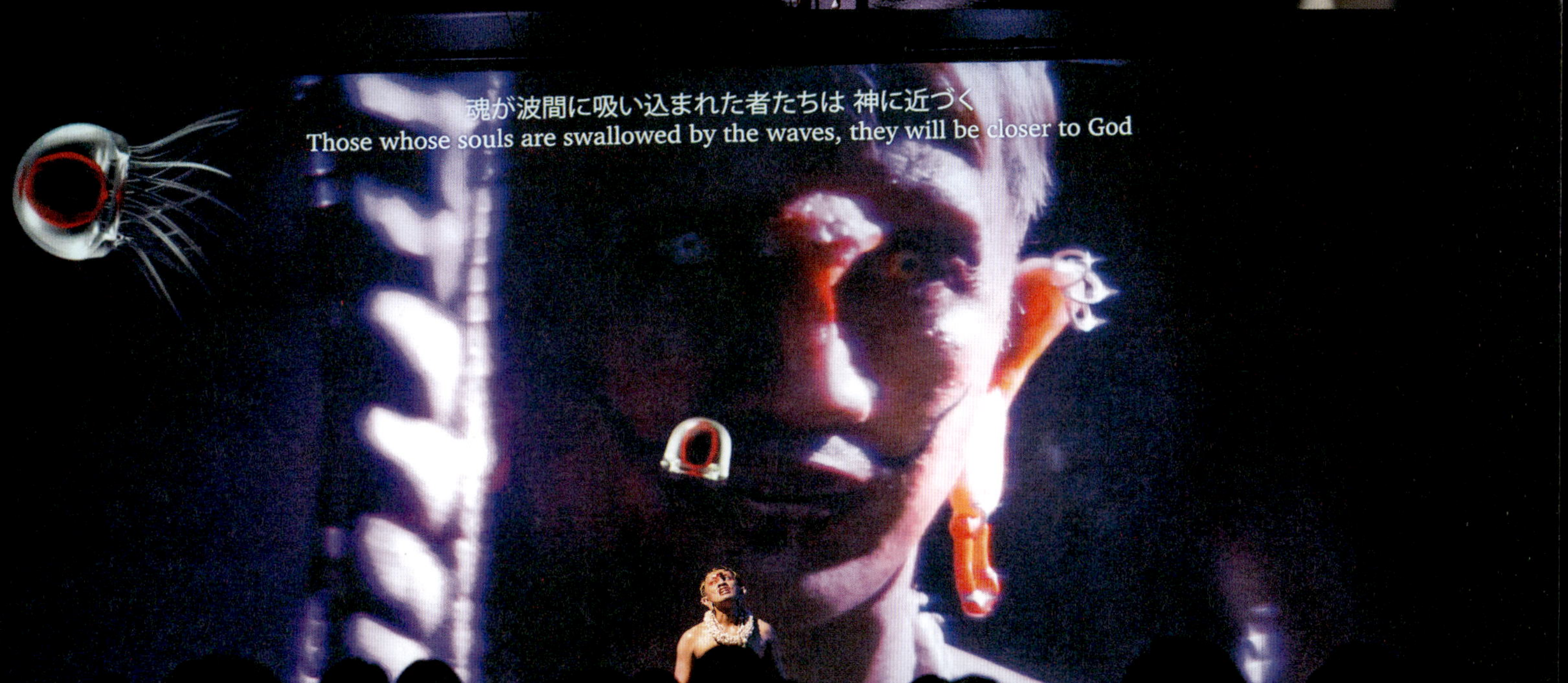


『オーシャン・ケージ』はそこに暮らす人々
の物語を伝えるためにあの景色がある。そ
れと『オーシャン・ケージ』をつくったの
は二〇二二年で、『TRANCE』の初演から
四年ほど経っているから、その四年で僕の
心境にも変化はあったと思う。具体的な違
いとしては『TRANCE』は新型コロナ前
に上演した作品で、コロナによって中止に
もなった作品。だか
らコロナ禍において
自分たちの力ではコ
ントロールすること
のできない状況にぶ
つかり、生活や仕事
の意味が何なのか悩
み、新しいものをつ
くりたいという気持
ちも確かにあった。
また、シコと出会っ
た時期でもあって、
彼のユニークで独特
な動きを見たときに
新しいスタイルのパ
フォーマンスができ
るという閃きが生ま
れたときでもあった
んだ。

——運命的な出会い
でありますね。少し
話は変わりますが、
『オーシャン・ケー
ジ』では舞台上のシ
コさんとシンクロす
るように映し出され
る映像も重要な要素
だと感じます。映像
では、ラマレラ村の
少年が槍を突く練習
をする様子や、祖先
がこちらを静観する
姿、クジラの口の中
から見える景色と鮮
烈な赤色など…、

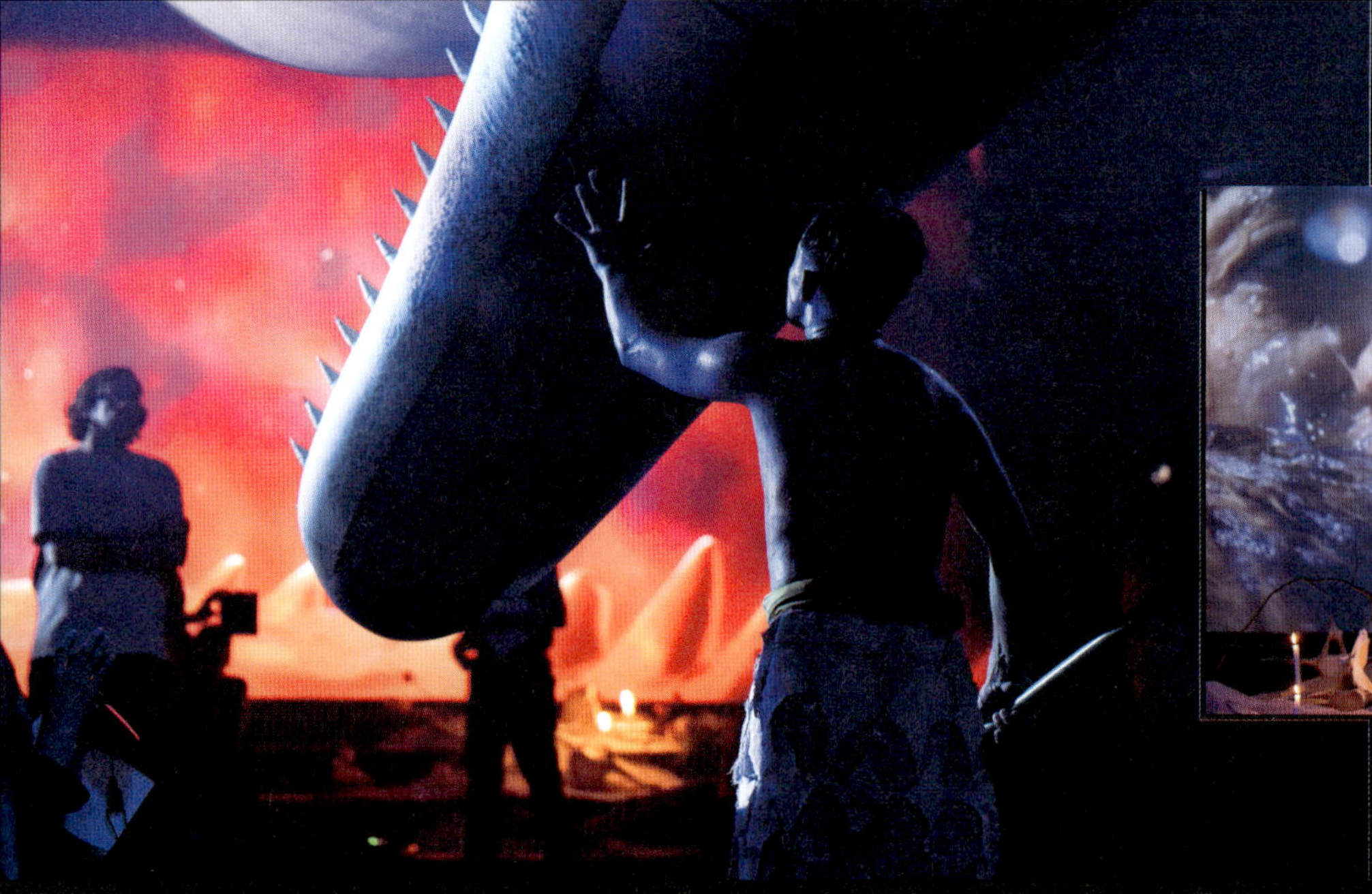

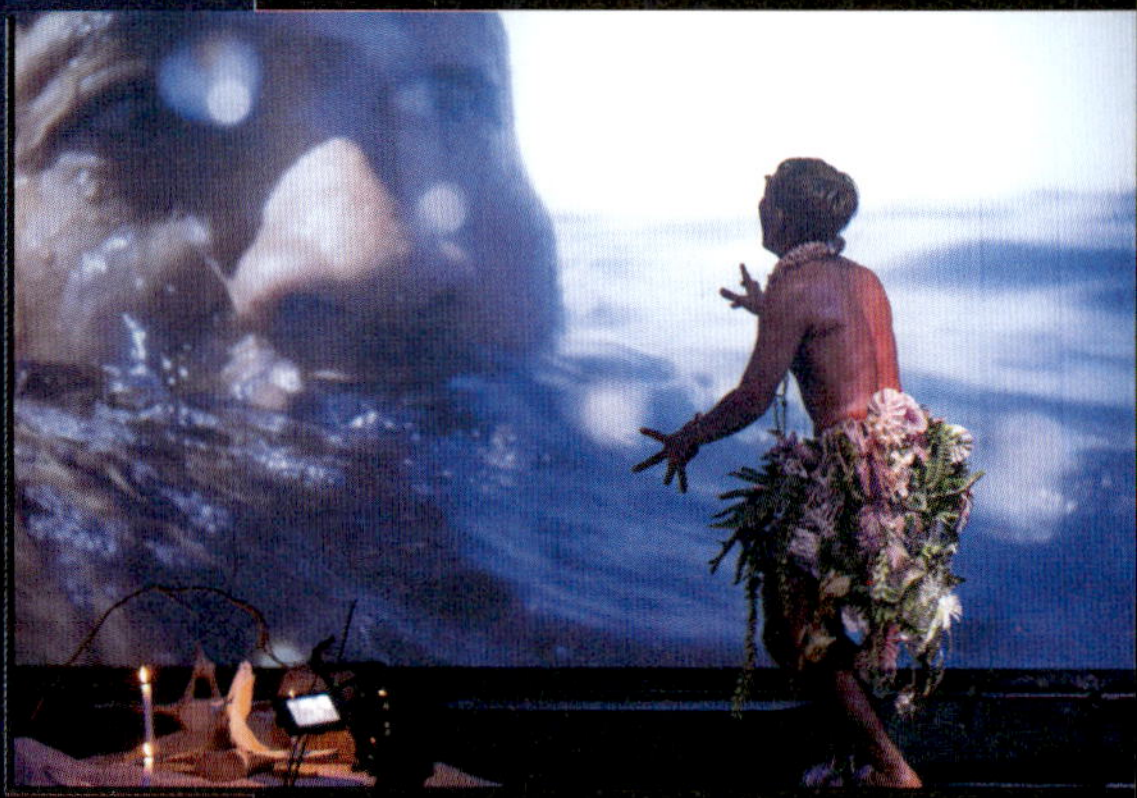

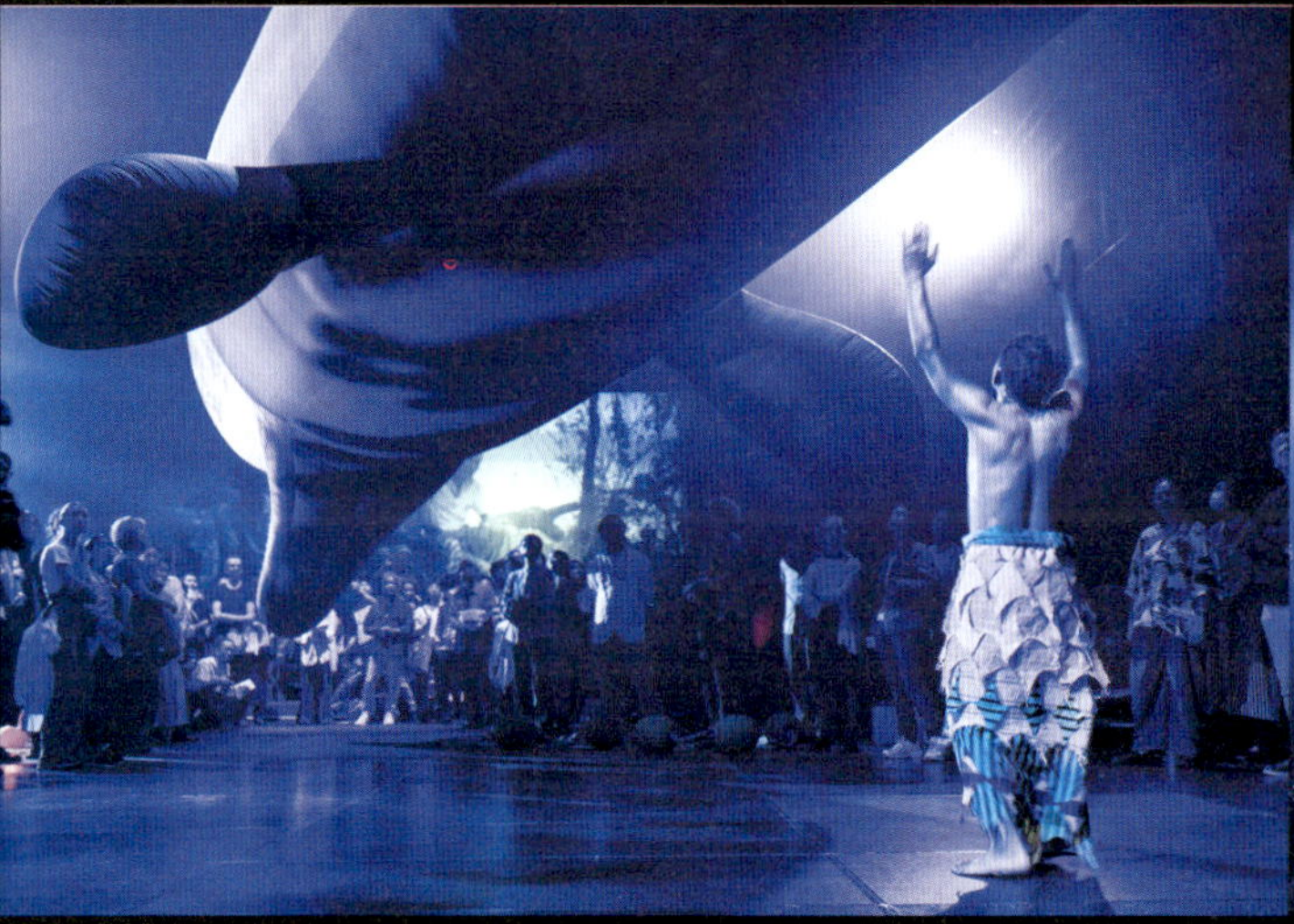

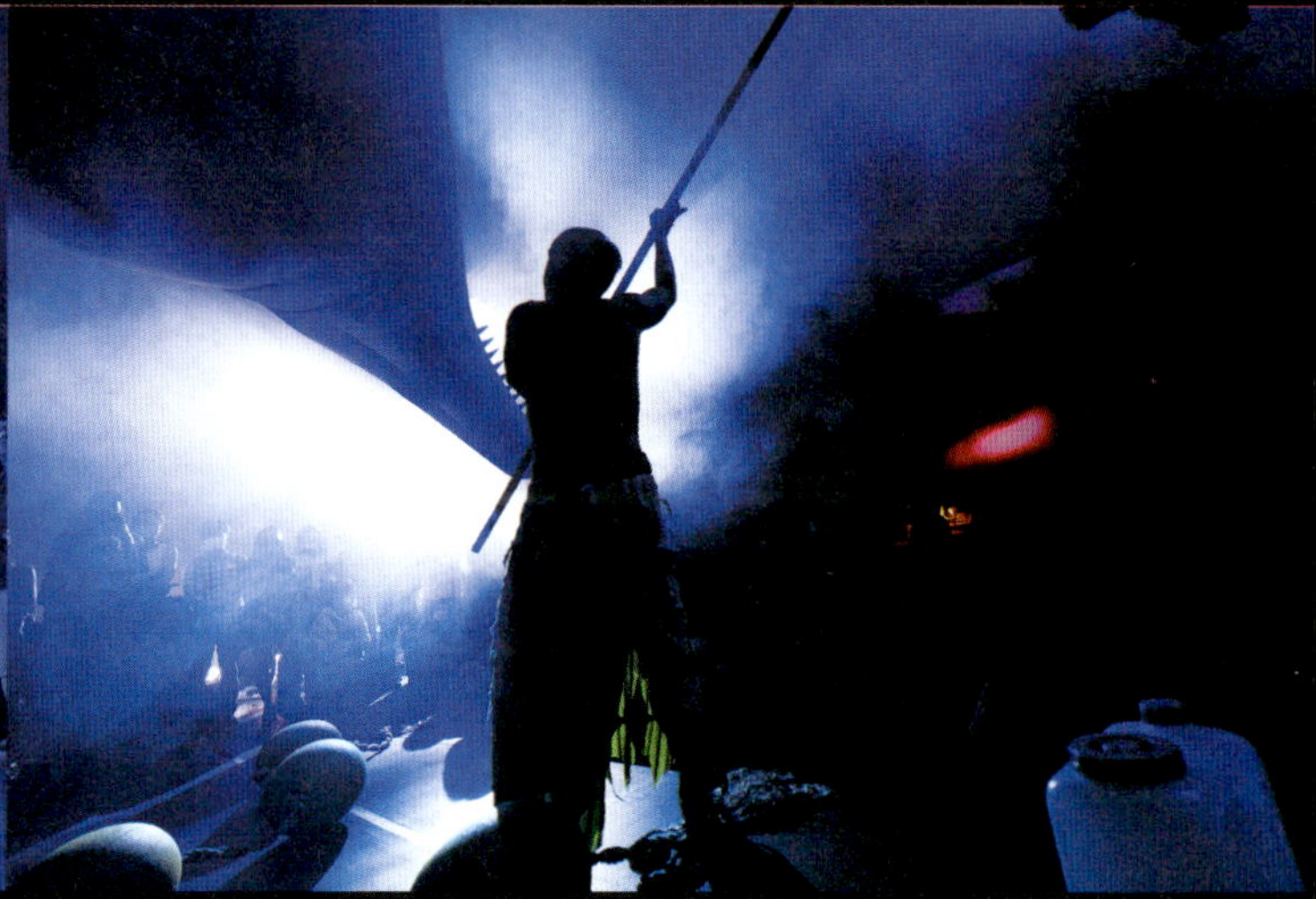

様々な場面が思い出されます。撮影はどのように進められたのでしょうか？

**チェン** カラフルな海や人工的な火山の映像はドイツのスタジオにいるときに制作したもので、ラマレラ村では内陸で生活する人々と、漁師との映像を二回別々に渡って撮影をしたんだ。それとクジラの映像は、インド洋を何度も行ったり来たりしながら撮影したから大変だったよ。それと、モーリシャス島の海にはクジラがたくさん泳いでいたね。

――インド洋を横断するのはかなり体力がいりますね…！ また、映像ではシコさんが海に潜るシーンも登場していますが、かなり過酷な撮影だったのではないでしょうか？

**チェン** これも大変だったね！ 海での映像を撮るために、カメラマンと僕は潜水スキルを学んだんだよ。

**シコ** 僕もそれまで、泳ぐことができなかったからすごく大変だった（笑）。難しい潜水は他の人にも協力してもらったけど、これを機に水泳ができるようになって良かったよ。

――とても素敵に泳がれていたと思います。ちなみに『オーシャン・ケージ』は、おふたりの間でどんなふうにクリエイションを進めていったのでしょうか？

**チェン** 台本をつくるときは、話し合っていることが多かったと思う。ドイツにあるスタジオの壁に、考えを書いたメモを貼ってそれを見ながら意見を伝え合っていたんだ。自然とノートが増えていったね。

**シコ** そうだね。僕もいろんな意見があったから、僕のやりたいことはこのシーンでしよう、と一緒に考えて台本が出来ていったんだ。

**チェン** スムーズに進んだと思うよ。僕が舞台上に何があるかというデザインを提案して、そこでシコは自分の考えで踊ろうとしていたから。

**シコ** チェンも僕の踊りを見て、「ああ、とても綺麗だな」という感じで。厳密に確認をするということはしていなかった。僕たちに固定的なつくり方は無いんだ。本当にとても自由で、例えば、僕がこの場面をつくろうかと目の前で踊って見せたり、ときどきある彼との食事で簡単に意見を伝えたりする。だから、踊りは約三週間ぐらいで、自然に体を任せて出来上がっていったね。

**チェン** リハーサルの前に登場人物が三人いるということも決まったんだよね。

――かなりラフに、自然発生的に作品がつくられていったのですね。ちなみに、その時点でどれぐらい衣裳デザインが決まっていたのでしょうか？

**チェン** シャーマンと漁師の衣裳デザインは最初の頃から決めていたけれど、祖先(神様）はアイデアをまとめるのが難しくて最後に決まった部分も多いよ。ただ、特殊メイクのアイデアは衣裳より先に、一年前から用意をしていたんだ。僕がiPadにイラストをスケッチして、それを元にウナ・リヨーにデザインを頼んだんだ。

――禍々しいオーラを放つスケッチに見入ってしまいました…！ 瞳は派手な色をしていて、大きな耳や長いひげ、特に額に蛇が居るというデザインはかなり衝撃的です。また、舞台上ではシコさん一人が最初から最後まで踊っているので、ものすごく難しいパフォーマンスをされていると感じました。シコさんがシャーマンという人物を演じる中で、何者かが身体に取り憑くような、神懸かっているような感覚はあるのでしょうか？

**シコ** 舞台上での状況は、自分でも説明ができない部分が多くて。確かに、自分の動きをコントロールすることはできるけれど、境目を行ったり来たりしながら、自分は別の次元にいると感じることもある…。もし、僕も観客として別のダンサーのパフォーマンスを見ることができたら、その姿を見てゾーンに入ったと感じられることはあるかもしれない。けれど、自分の場合は自分のパフォーマンスを見る、ということはできないし、集中しているから分からないんだ…。きっと答えは、全てパフォーマンスの

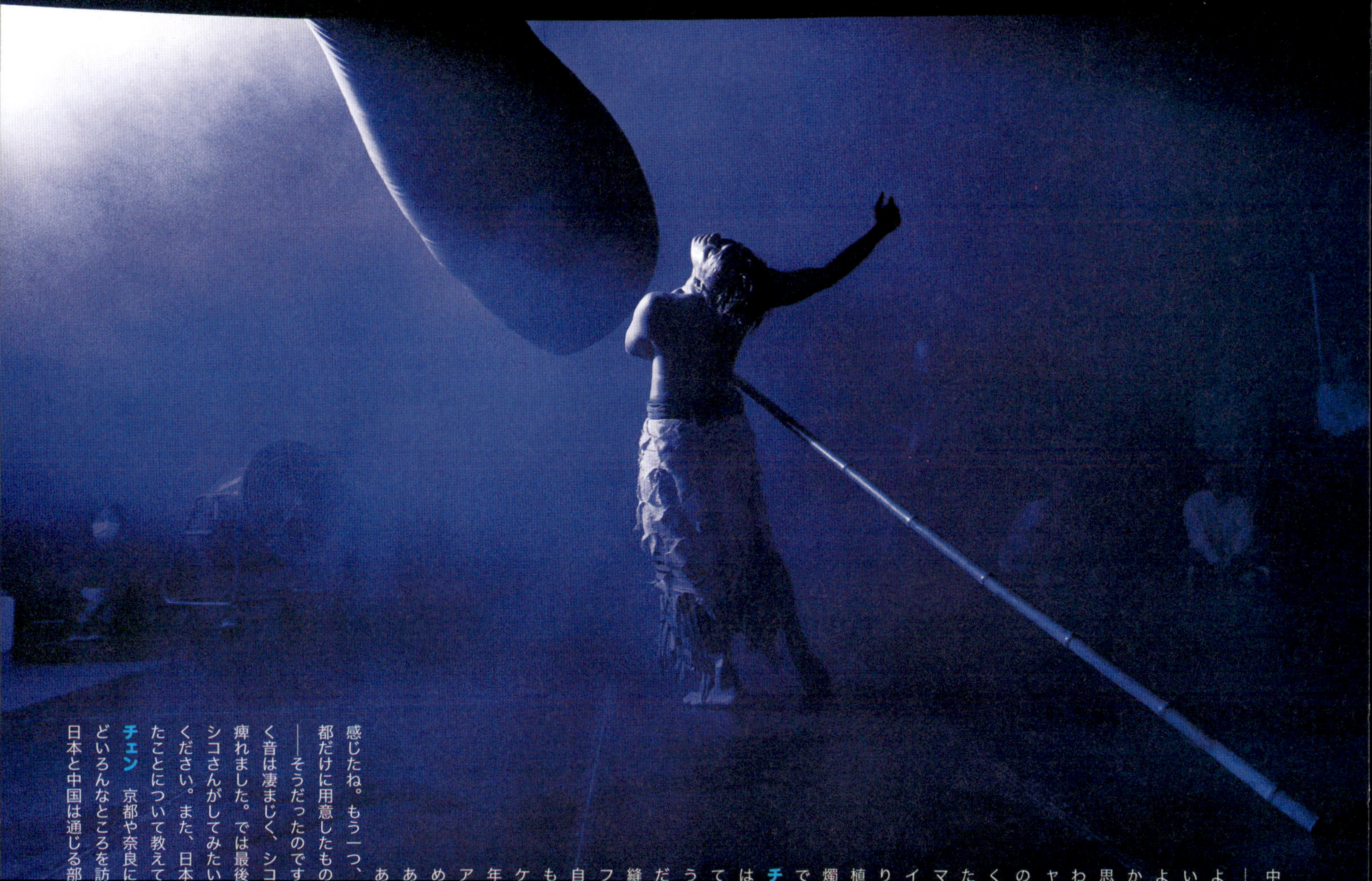

中にあるよ。

——言葉では表せないような感覚をまとっている、別の次元にいるような様子をシコさんから私は感じたのだと思います。話は少し変わりますが、『オーシャン・ケージ』ではどのような舞台空間をつくろうと思っていましたか？　舞台上にはラマレラ村を思わせるアイテムが数々並んでおり、本物の魚や果物、植物、砂、骨、水、蝋燭（火）などが印象的でした。

**チェン**　ラマレラ村には魚を干す場所があって、舞台上にもそのような空間を用意したんだ。クジラのマークが縫われた大きな旗はパフォーマンスのために自分がデザインをしたもの。『オーシャン・ケージ』を上演する数年前から、興味があるアイテムをたくさん集めていたんだけれど、あやって空間ができあがったときは運命を感じたね。もう一つ、亀の甲羅の銅鑼は京都だけに用意したものだよ。

——そうだったのですね！　銅鑼が鳴り響く音は凄まじく、シコさんの雄々しい姿に痺れました。では最後に、今後チェンさん、シコさんがしてみたいことについて教えてください。また、日本滞在中に印象的だったことについて教えてください。

**チェン**　京都や奈良にある神社や寺、村などいろんなところを訪れて楽しかったな。日本と中国は通じる部分があるけれど、インドネシアと比べたときに違う文化を感じられて興味深かったよ。あと、シコは小さい頃から日本に来たいと言っていたよね？

**シコ**　ダンスの先輩たちから舞踏の雑誌を読ませてもらったことがあって、日本に来ることが夢だったんだ！　だから、『オーシャン・ケージ』をキッカケに来ることができてとても嬉しいよ！　これから未来も、何度でも日本に来たいな。

**チェン**　そうだね。日本での上演は、これまでヨーロッパで上演してきた『オーシャン・ケージ』とは大きな違いがあった。日本はアジア人だからこそ、欧米人よりも祖先や信仰といった面で伝わる、理解される場面が多かったと思う。これからも、様々な国と劇場で『オーシャン・ケージ』を上演できたらいいな。

——また日本のどこかで、『オーシャン・ケージ』を観ることができたら嬉しいです！　本日は本番前にお時間をいただき、本当にありがとうございました。これからもおふたりの作品を楽しみにしています！

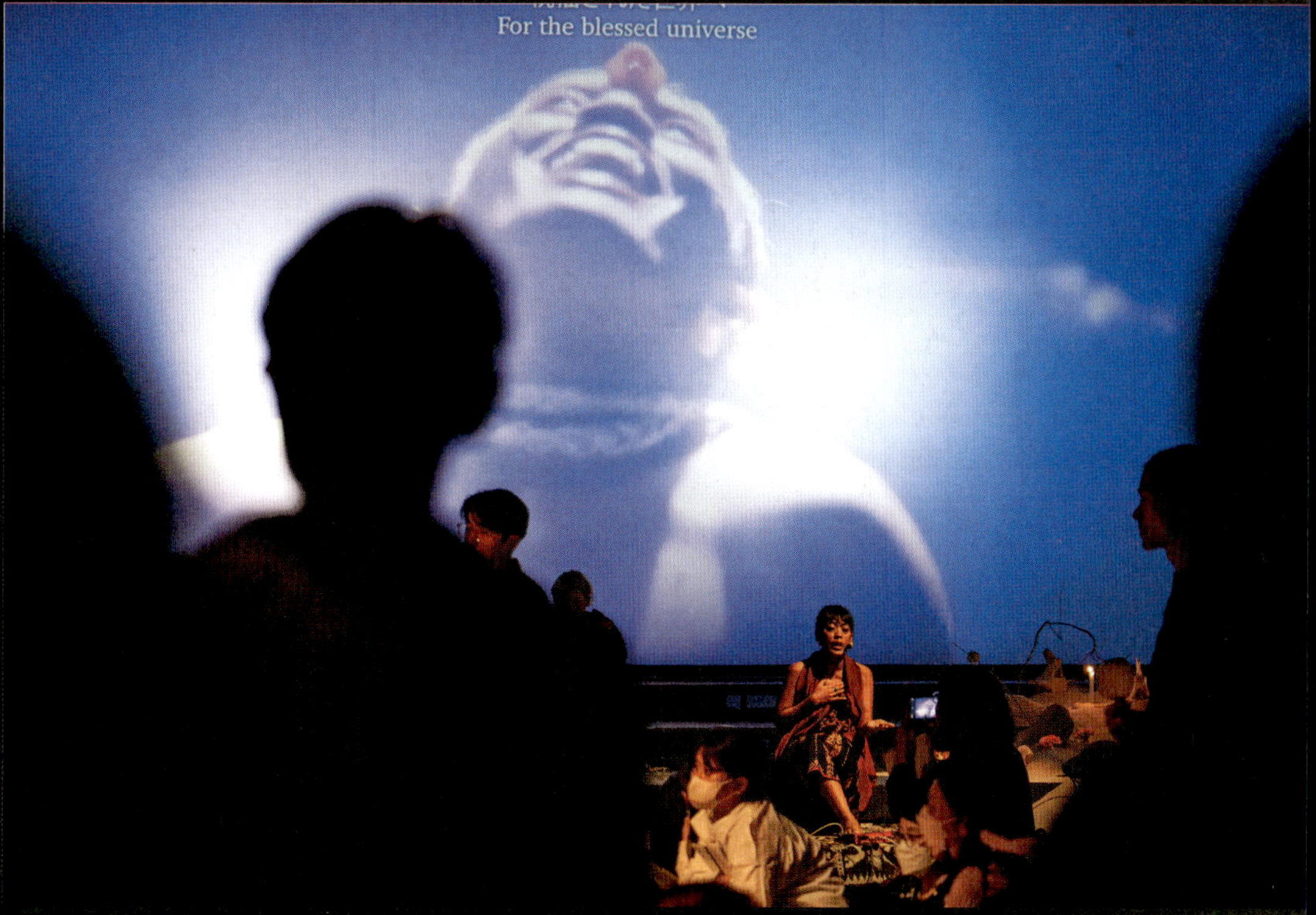

# どちびニュース vol.27

このニュースは、どちびさんの近況や、白身魚さんのお仕事関連のおしらせ、堀口悠紀子さんが参加する作品、進行中の企画などについて取り上げていきます。

**22/7(ナナブンノニジュウニ)の13thシングル「YESとNOの間に」のジャケットイラストを堀口悠紀子が担当。水中を軽やかに漂う姿が爽やか！ TVアニメ『ATRI -My Dear Moments-』を描いたジャケットも登場しました！『デモンズ・クレスト』の続刊も発売。幼いゆえの葛藤や関係性のなかで進むデスゲームは手に汗を握る展開の連続です！**

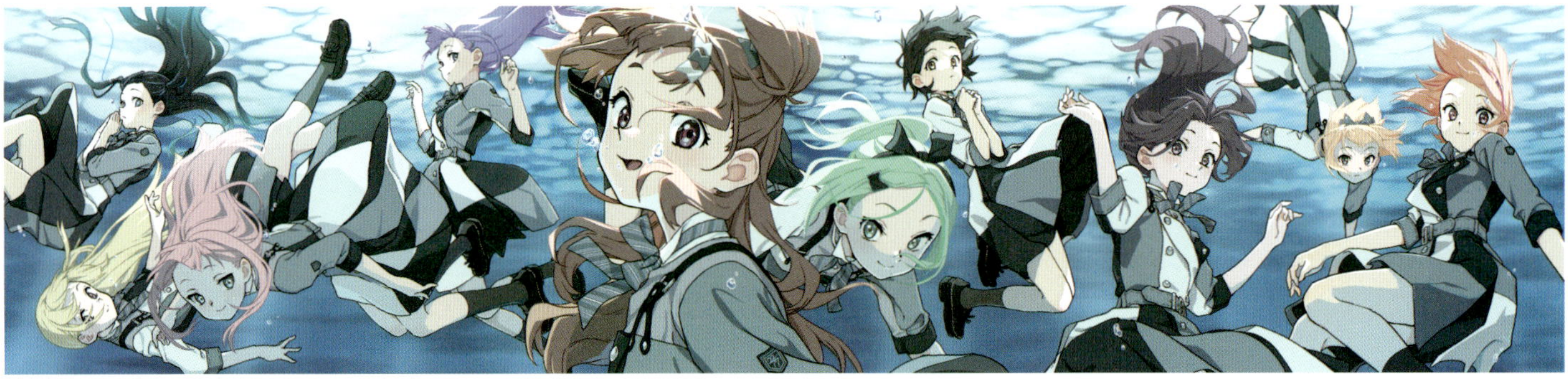

通常盤

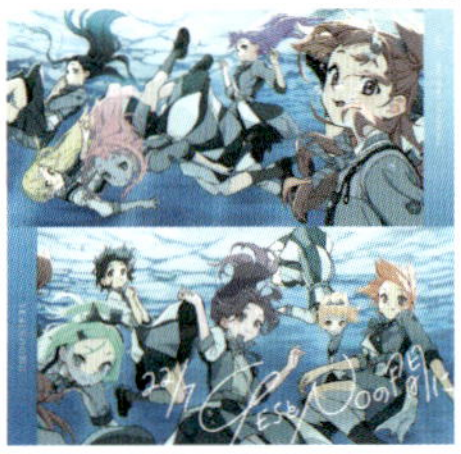


ATRI盤

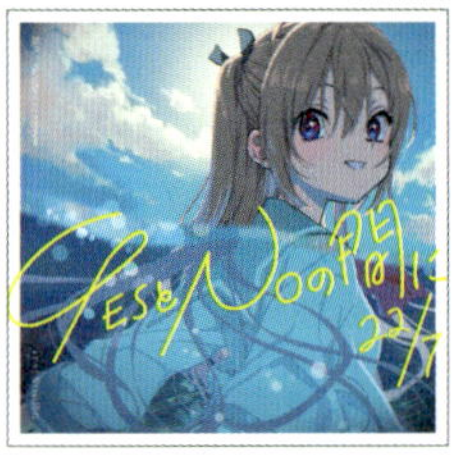


©22/7 PROJECT　©ATRI ANIME PROJECT

TVアニメ『ATRI -My Dear Moments-』エンディングテーマに起用された「YESとNOの間に」。海面上昇後の近未来で出会ったロボットの少女・アトリとのひと夏の思い出を、爽やかでポップな楽曲が彩ります。横長に描かれたジャケットイラストでは、差し込む光のキラメキが伝わってきます。ふわっと広がるスカートや髪の浮遊感も華やか。ATRI盤も堀口さんが手がけており、青空をバックにした笑顔のアトリが愛らしいです。水上と水面で線画の仕上がりを変えているところも印象的です。

22/7

**22/7 13thシングル**
**YESとNOの間に**
各種音楽配信サービスでも配信中！

CD+Blu-ray【完全生産限定盤A】¥10,000円(税込)
CD+Blu-ray【完全生産限定盤B】¥10,000円(税込)
CD+Blu-ray【完全生産限定盤B】¥10,000円(税込)
CD+Blu-ray【ATRI盤 】¥1,850円(税込)
CDのみ【通常盤】¥1,350円(税込)

HP

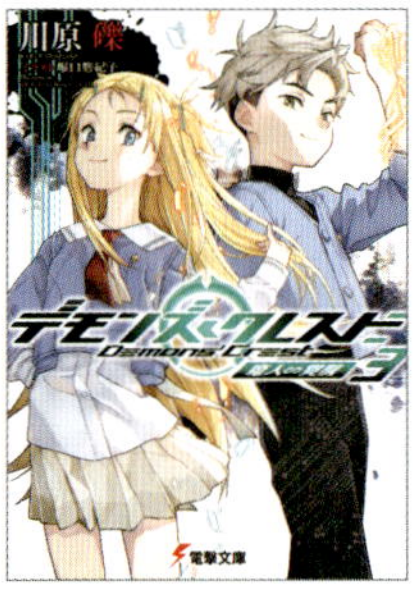


**電撃文庫**
**『デモンズ・クレスト3**
**魔人∞覚醒』**
川原 礫／著
堀口悠紀子／イラスト
定価：680円(税別)
発行：KADOKAWA
ISBN：978-4-04-915801-4

**WEBTOON版『デモンズ・クレスト』HykeComic / LINEマンガにて隔週日曜日連載中！**

デスゲームの舞台と化した《複合現実》に閉じ込められた、雪花小学校6年1組の芦原佑馬・芦原佐羽たちの奮闘を描く『デモンズ・クレスト』。脱出を目指して協力していくものの、不安や猜疑心、裏切りのために、心身ともに追い込まれていく。『デモンズ・クレスト』第三幕では、新たに悪魔化するクラスメイトが出たり、悪魔チートによる能力のバフに対する不穏な忠告が――。表紙には序盤でショッキングな姿に変わってしまう三園愛莉亜と、それに激昂する須鴨光輝が登場した。

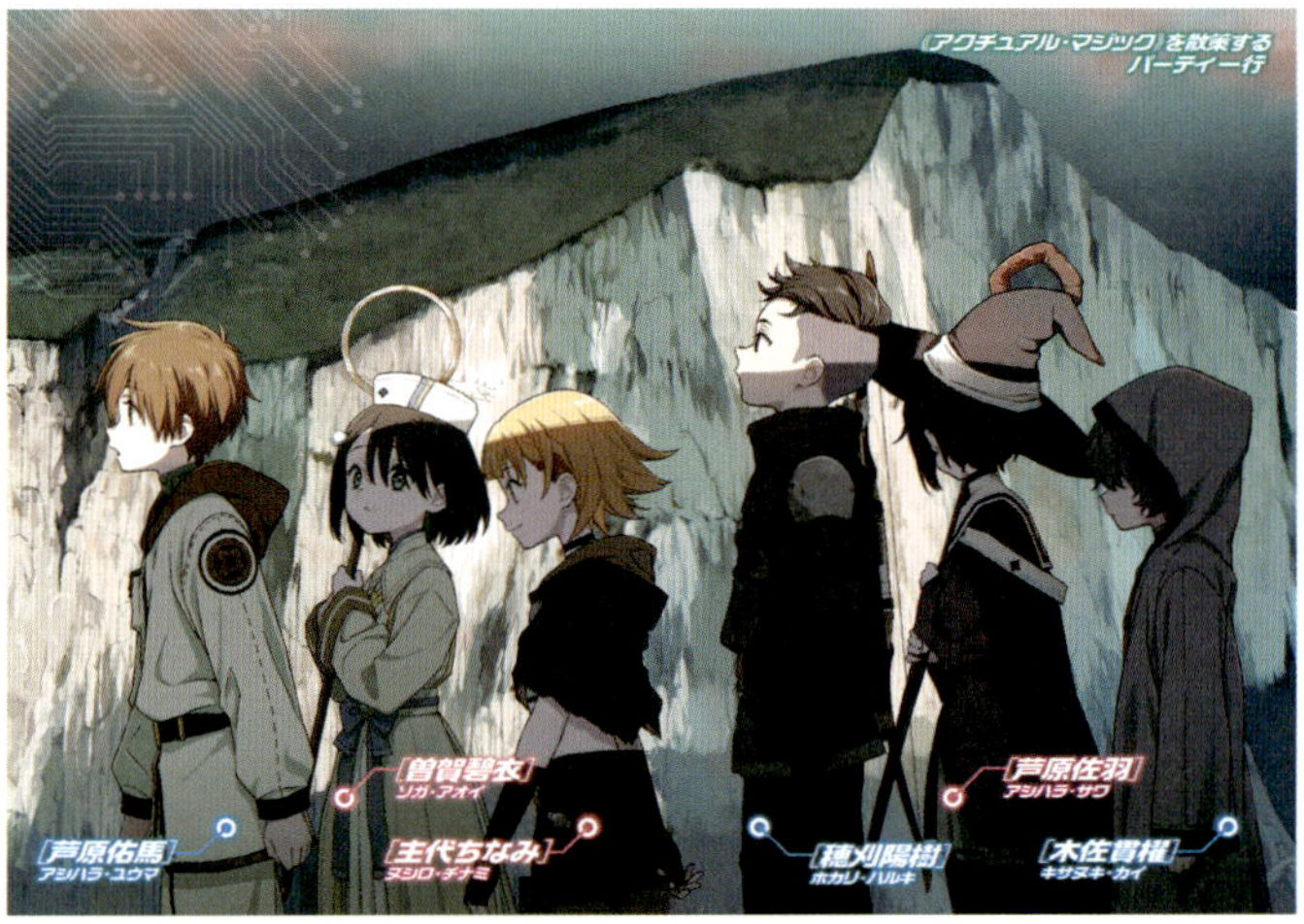


©Reki Kawahara

## 『―白身魚 自選イラスト集― 真昼の月 愛蔵版』好評発売中

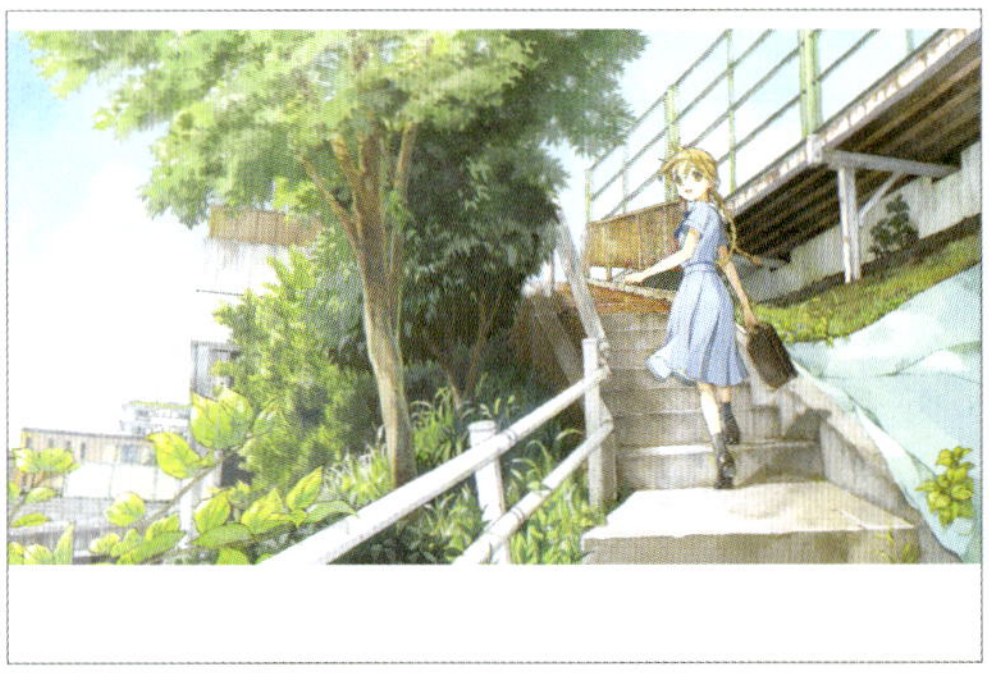

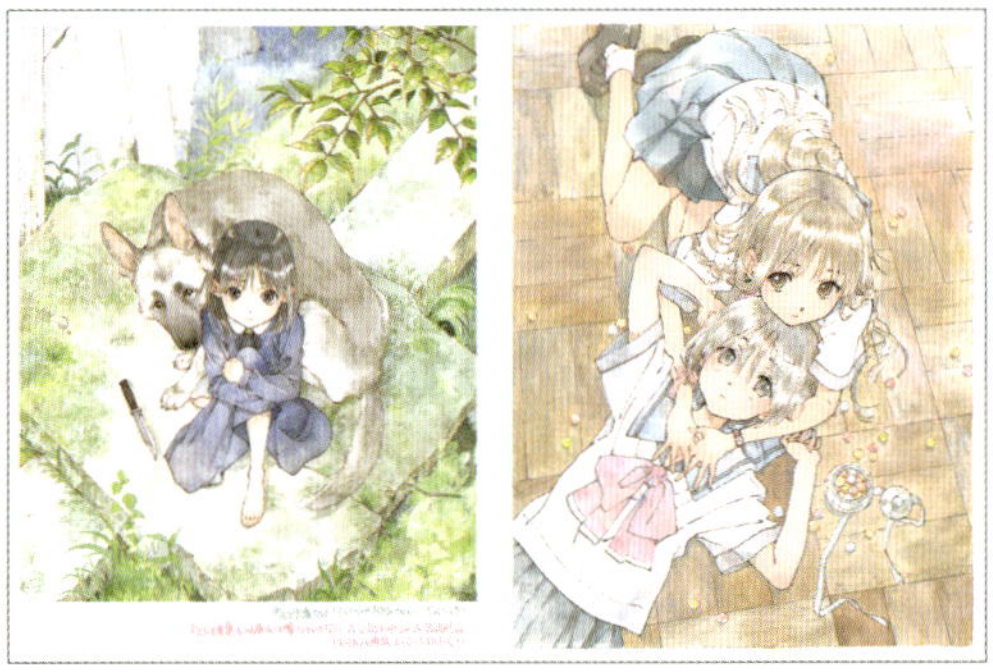

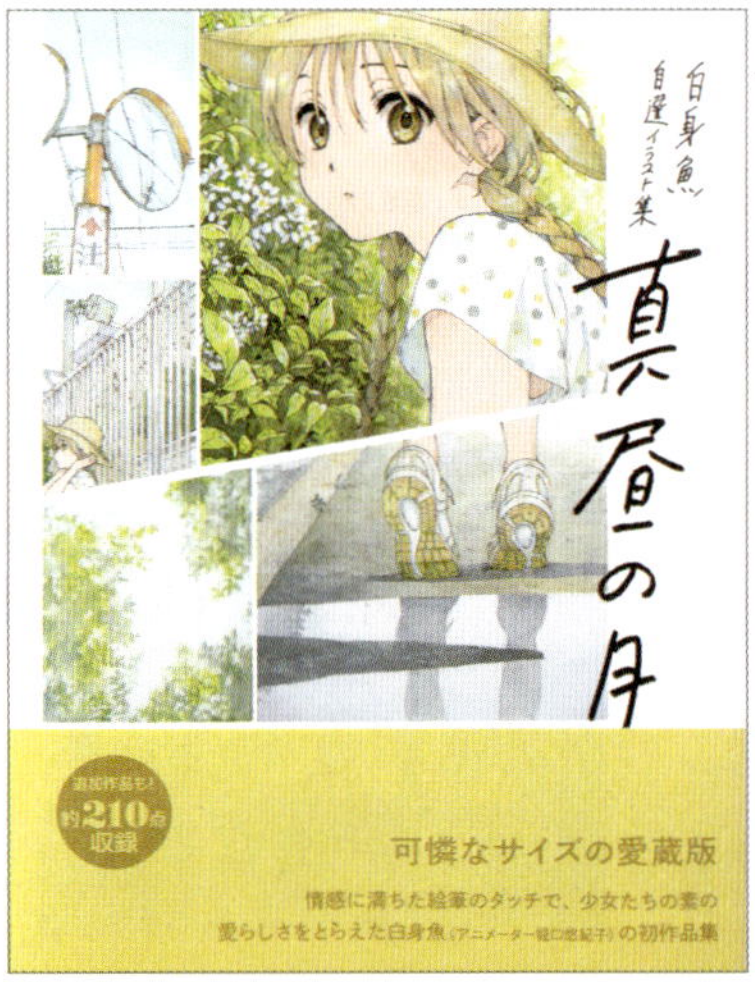


判型：B5判変型(200×150mm)ハードカバー、154ページ　定価：2,750円(税込)
発行元：PIE International　ISBN：978-4-7562-5827-4 C0079

**PIE 紹介ページ▶▶▶▶▶**　**amazon 販売ページ▶▶▶▶▶**　**楽天ブックス 販売ページ▶▶▶▶▶**

手に入りにくい状態が続いていた白身魚さんの貴重な初作品集『―白身魚 自選イラスト集― 真昼の月』。このたび判型を少し変え、近年の作品を10点ほど追加した「愛蔵版」として発売しました！小ぶりなサイズも可憐なイラストとマッチしています。表紙に登場する女の子の通学風景が愛蔵版用に描き下ろしたイラスト(左上)。爽やかな水色の制服と夏の深緑が印象的です。

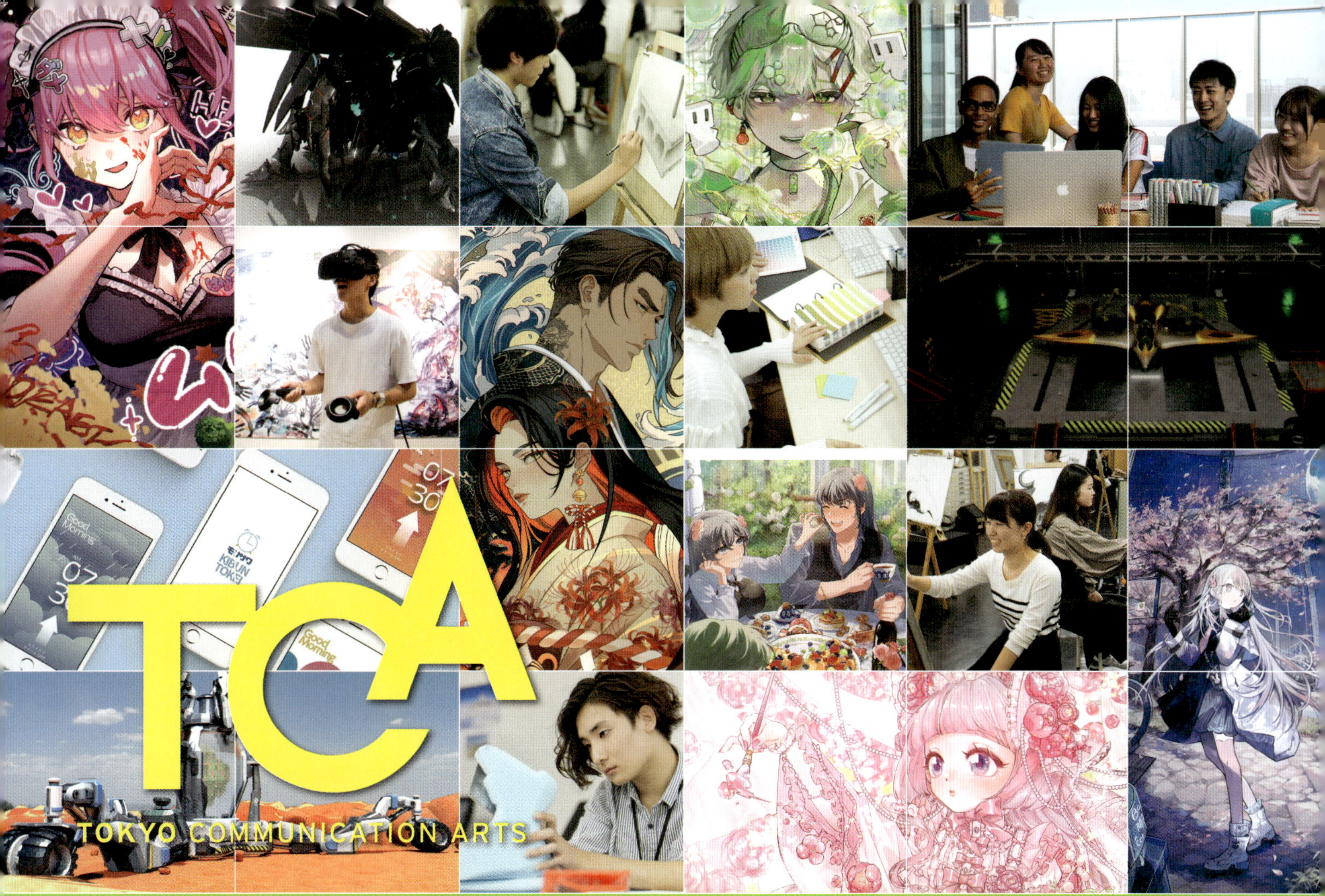
TCA
TOKYO COMMUNICATION ARTS

GALLERIA

テーマ「喜」「怒」「哀」「楽」

# 第2回 GALLERIA イラストコンテスト

季刊エス87号で紹介し、pixivで作品を募っていた「GALLERIAイラストコンテスト」。500点を超えるご応募ありがとうございます。特別審査員に「おしおしお」さん・「れい亜」さんを迎え、WEBでも結果発表が行われております。季刊エスでは、最優秀賞と雑誌掲載賞の作品を紹介します。テーマの感情表現が、仕草や色、シチュエーションから伝わってきます。ドラマチックな場面が多いことも印象的です。ぜひご覧ください！

## 最優秀賞（2作品）

賞品：ドスパラポイント10万円分
副賞：GALLERIAからのお仕事依頼／審査員からのコメント
「季刊エス」への受賞作品の掲載

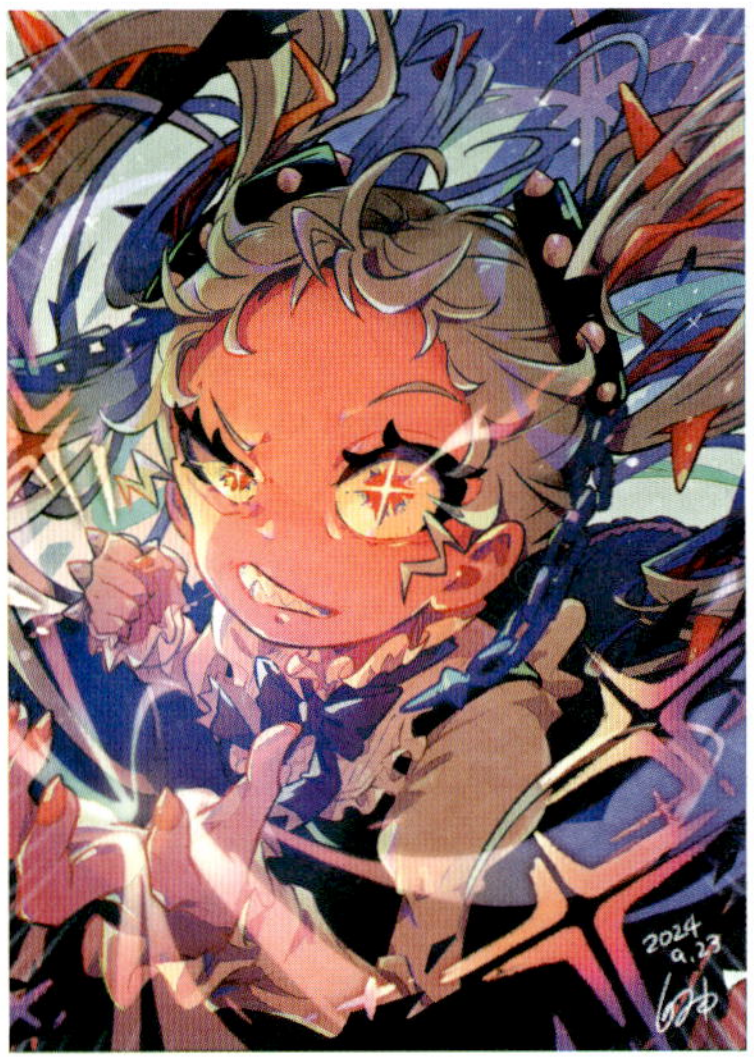

「怒」部門　**マトナカ**「バチギレ」

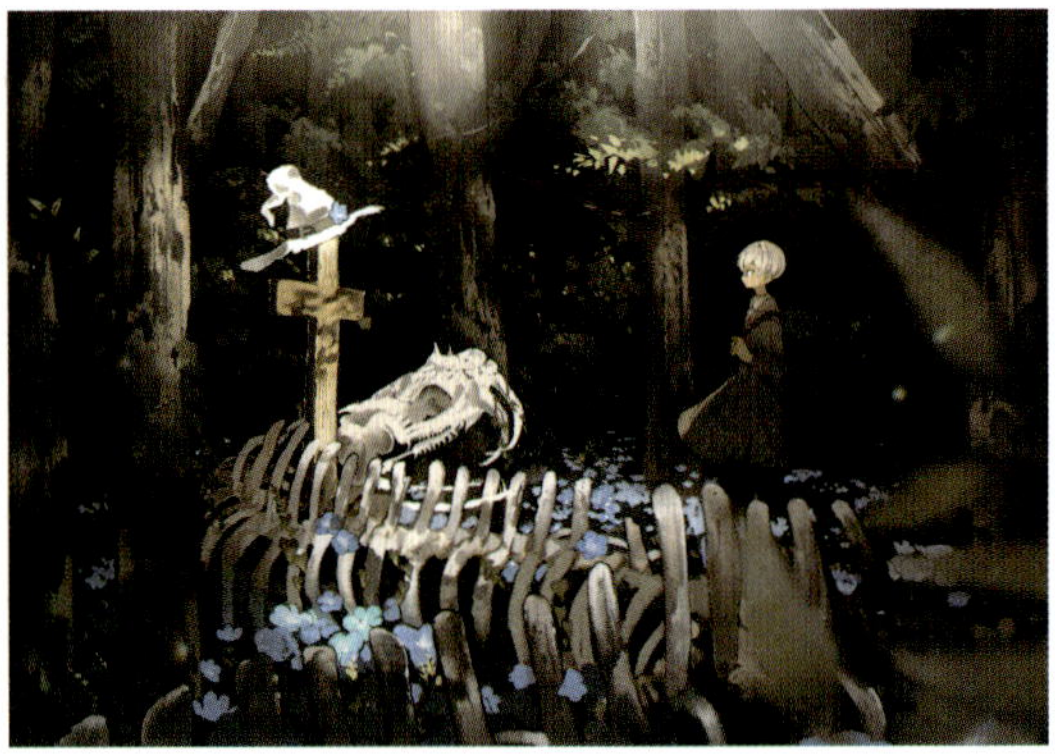

「哀」部門　**じみにしじみ**「魔女の墓」

## 雑誌掲載賞（10作品）

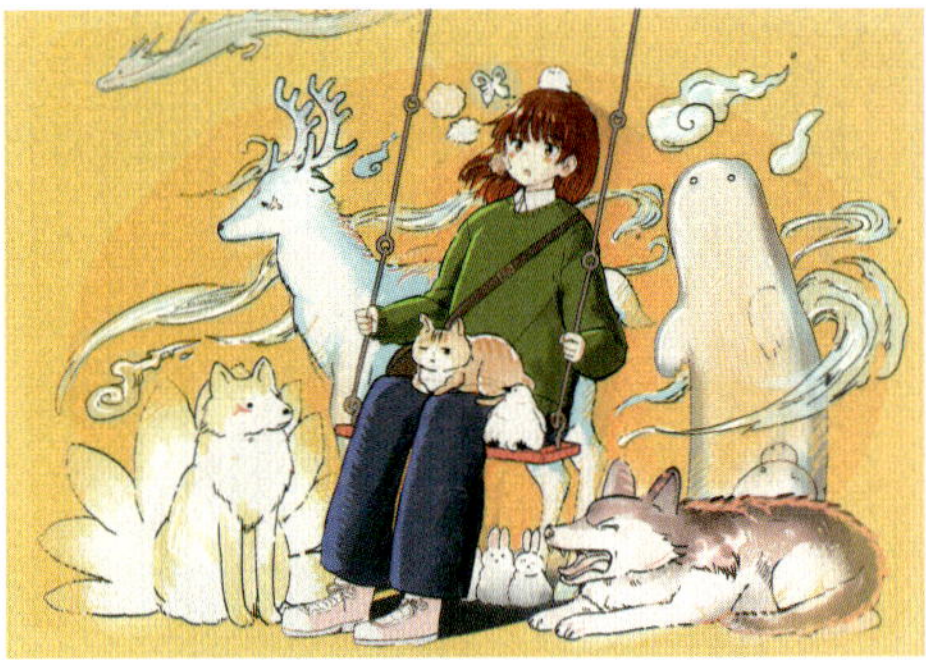

「楽」部門　**かがしか**「もののけと一息」

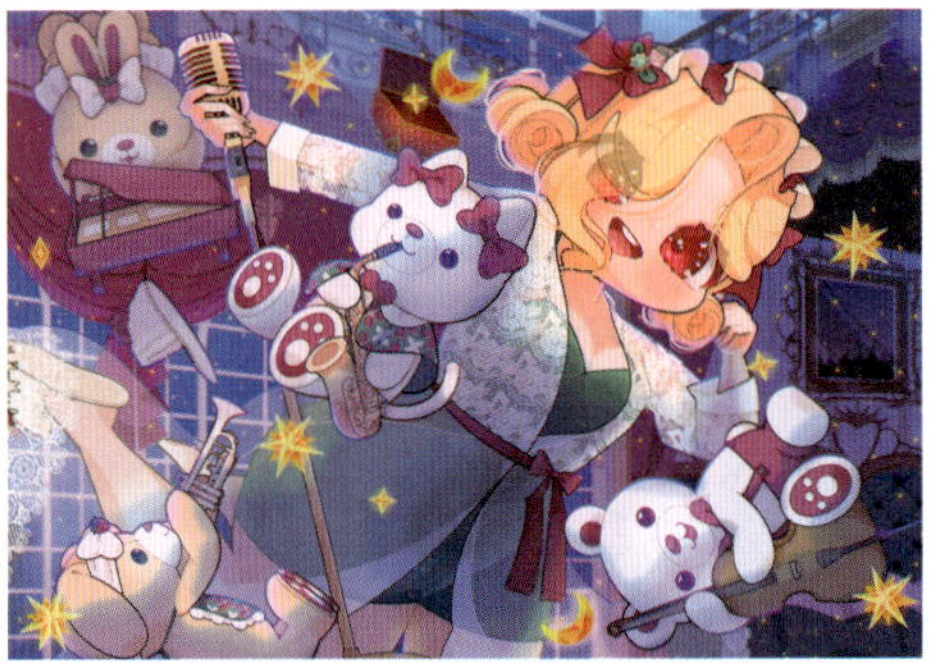

「楽」部門　**まぁまぁ**「Heart skipping a beat ♪」

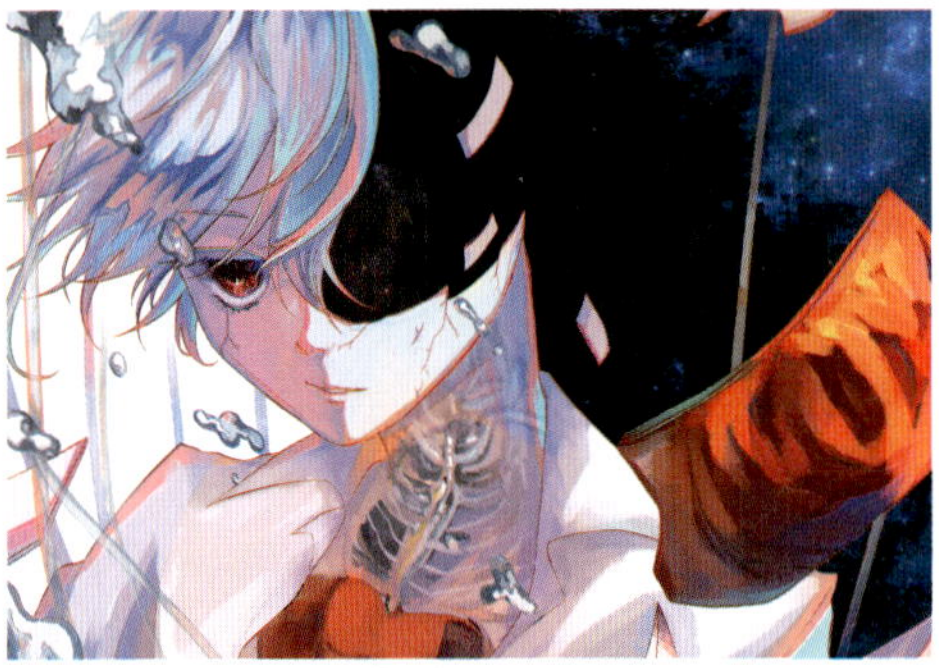

「哀」部門　**煤如鈴あこ**「哀、アイ、愛」

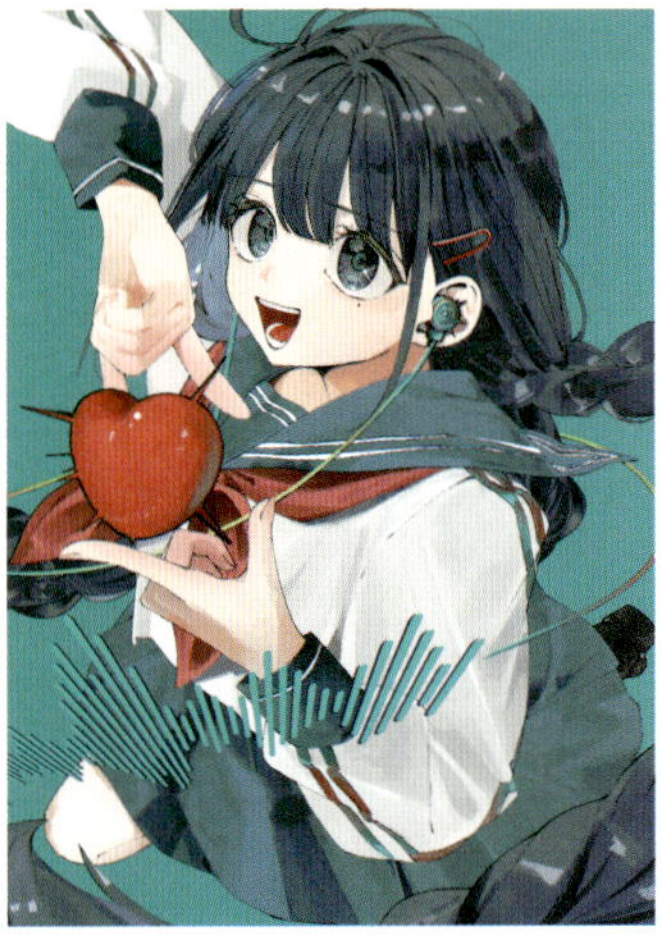

「楽」部門　**前髪**「リズムにのって」

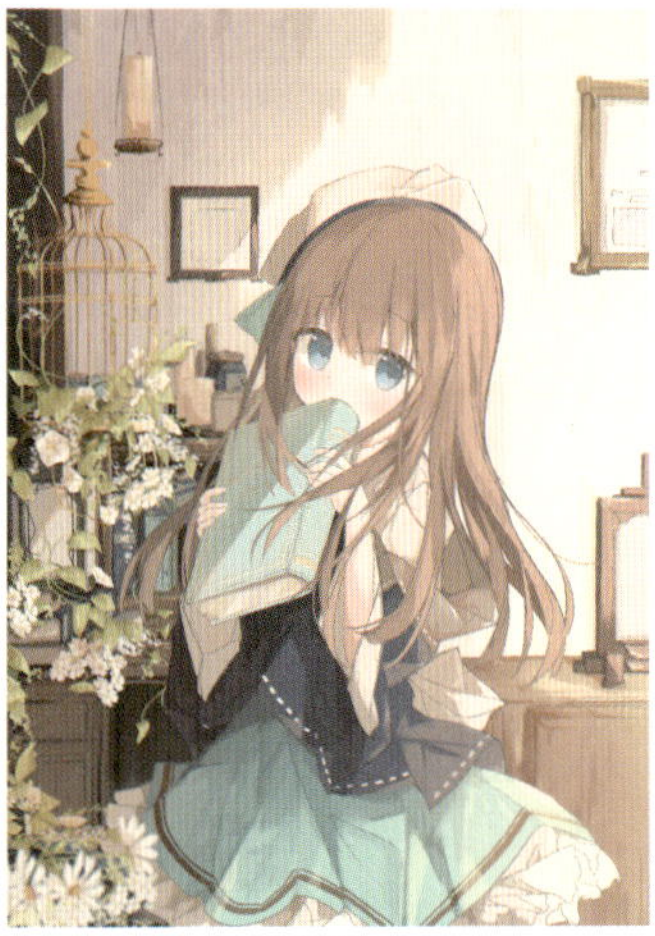

「楽」部門　**くしだ**「本と女の子」

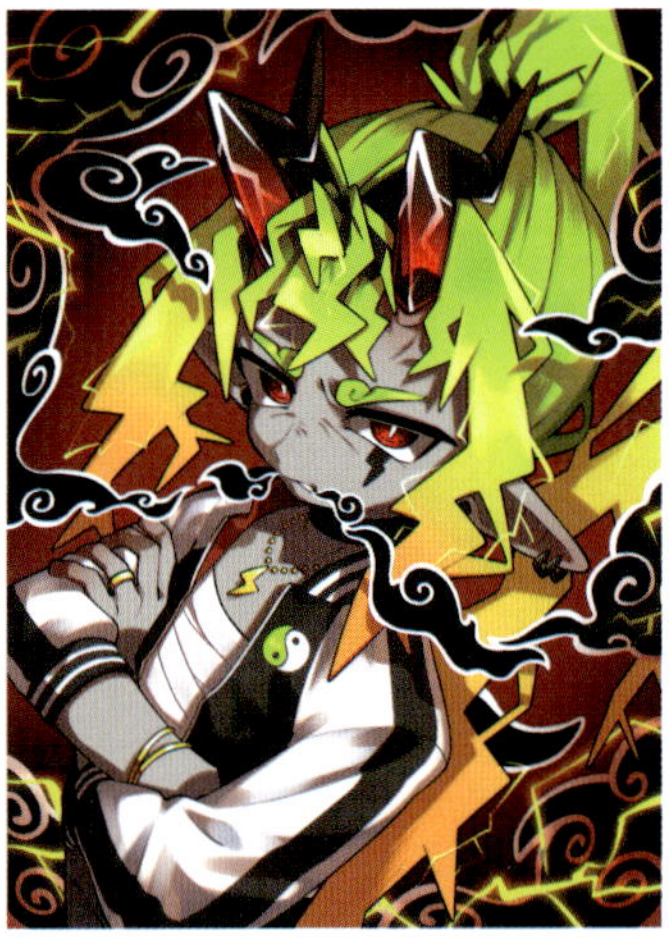

「怒」部門　**照宮テル**「落雷注意」

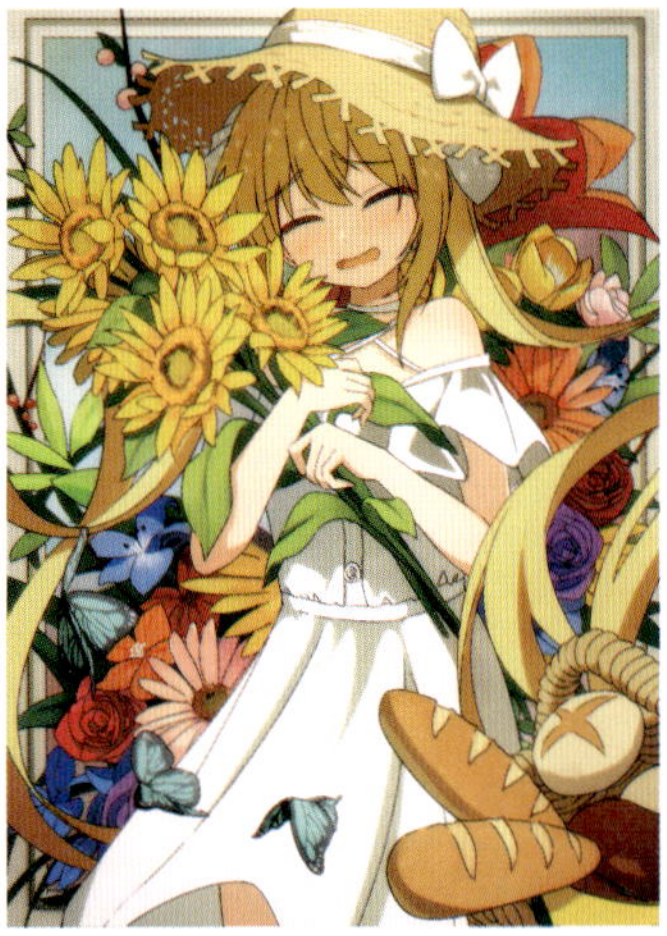

「喜」部門　**れみに**「ひまわり」

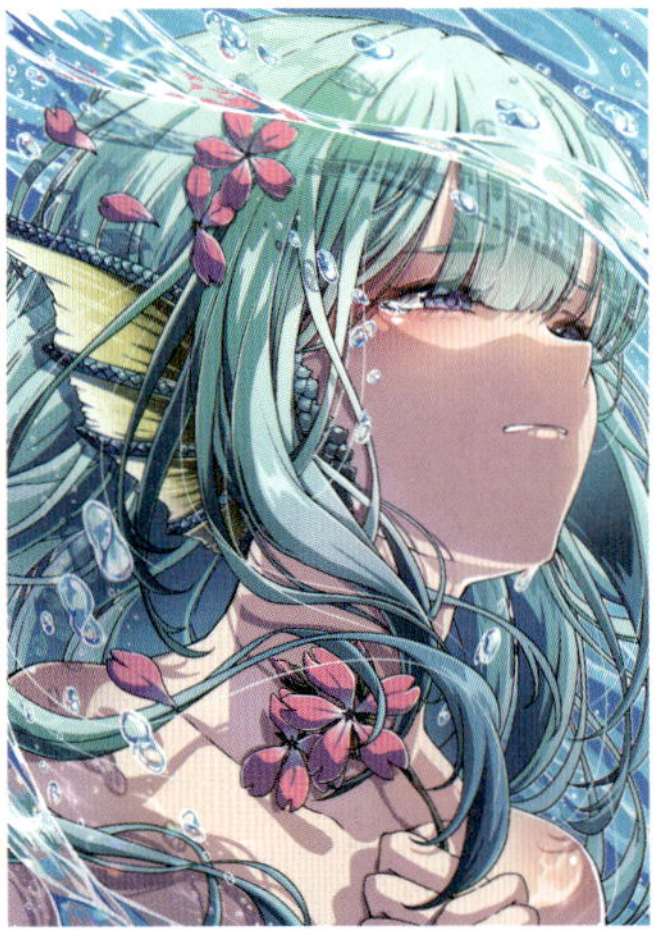

「哀」部門　**みなち＠有償案件募集中**
「深海に散る」

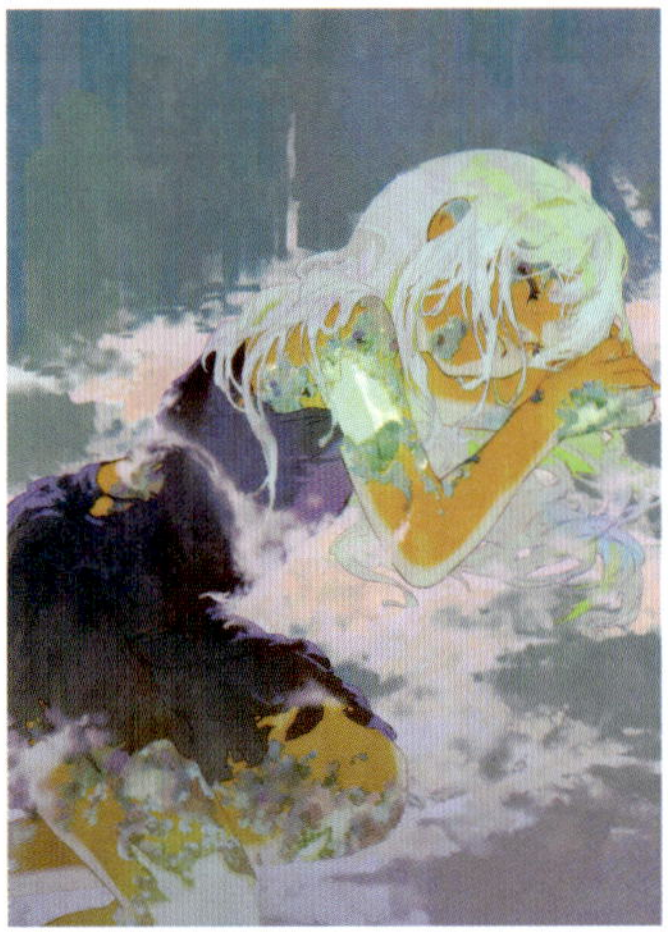

「哀」部門　**ヨス**「mold」

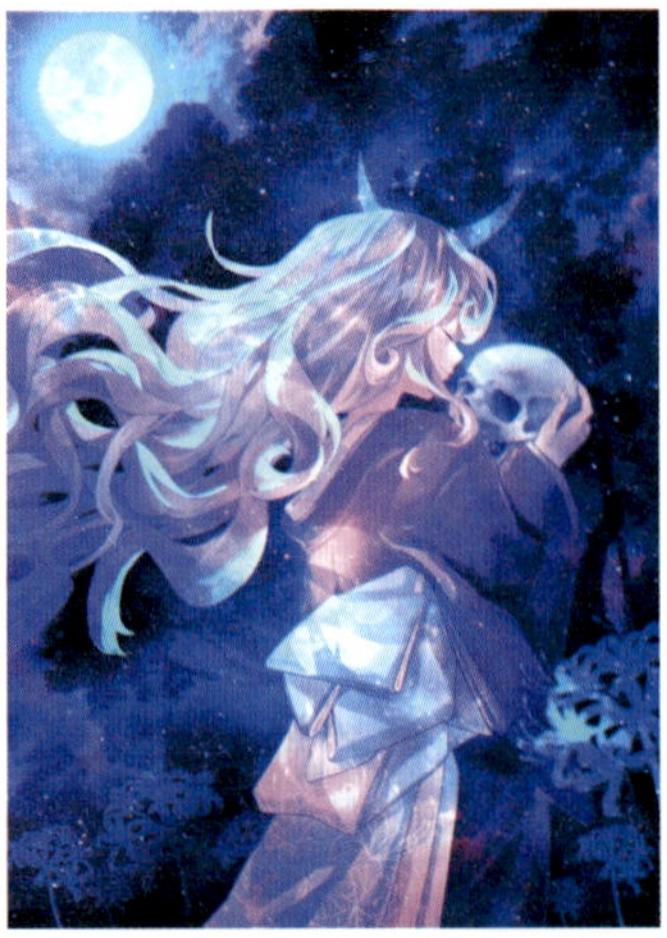

「哀」部門　**梅星太朗（梅星画廊）**
「さよならの後も、愛しいあなたへ」

## 第3回の開催決定！

募集するテーマは2つ！

**カッコイイ×スタイリッシュ**

**カワイイ×ポップ**

それぞれのテーマをもとにオリジナルのキャラクターを想像して自由にイラストを描いてください！　次回も雑誌掲載賞を設けます。たくさんのご応募お待ちしております！

**受付締め切り**
**2025年1月19日（日）**

応募要項

CLIP STUDIO PAINT × S

新コーナー
スタートのおしらせ

# #推しアセおためし
CLIP STUDIO ASSETS TRY!

掲載作品には
CLIPPYを
プレゼント！

プロアマ問わず作画に欠かせない描画ソフト・CLIP STUDIO PAINT。イラストや漫画、アニメまで制作できます。すぐに使えるブラシや機能の豊富さが魅力ですが、さらに追加でブラシや素材のアセットがダウンロードできることも大きな特徴です。ただ、種類が豊富すぎるがゆえに使うきっかけや、自分に合っているアセットを探すのは大変かもしれません。そこで、お題のアセットを試し描きしてもらう新コーナーをスタートします！　文具店で気になるペンやマーカーを使い試す感覚で気軽に試し描きをお送りください！　そして、掲載された方には「CLIP STUDIO ASSETS」で使うことができるCLIPPYを贈呈します。新しいブラシの発見や追加素材の幅を広げるきっかけのひとつになれば嬉しいです。投稿をお待ちしています！

描き試し用の
テンプレートを
配布します！

フレームの中に自由に
試し描きしてください！

選んだアセット名を記入

描いた方の名前を記入

使用したアセット名

お名前

描き試し作例

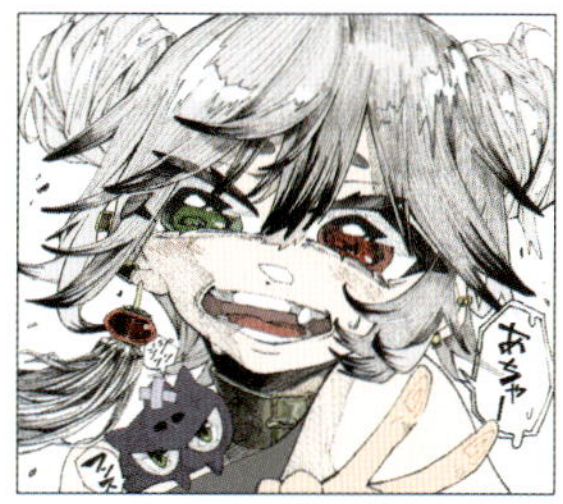

使用ブラシ名 インク溜まりザラペン　お名前 玄石

ベタ塗りなど、ブラシのタッチが伝われば、お題以外のツールで色をつけてもOKです。

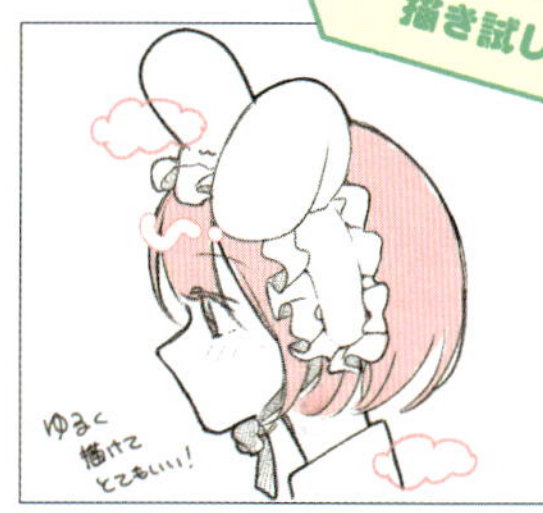

使用したブラシ名 シャーペン　お名前 いと

絵のタッチが変われば同じブラシでも見え方が異なるので、気軽にご参加ください！

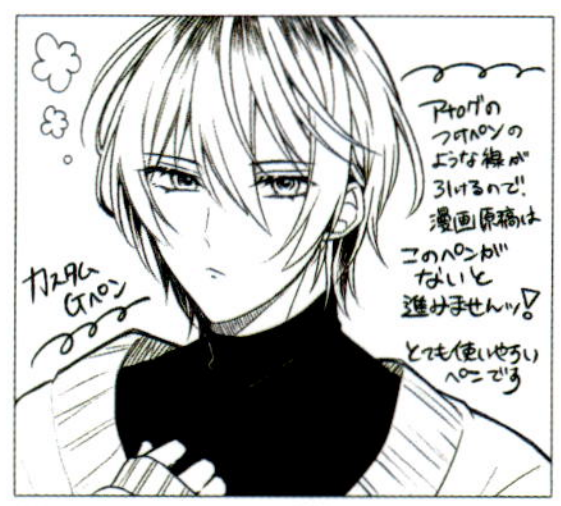

使用したアセット名 カスタムGペン　お名前 森原まろ

応募作品はカラー、モノクロ問いません。普段から使っているアセットが出た際には、ぜひ推しコメントもお寄せください！

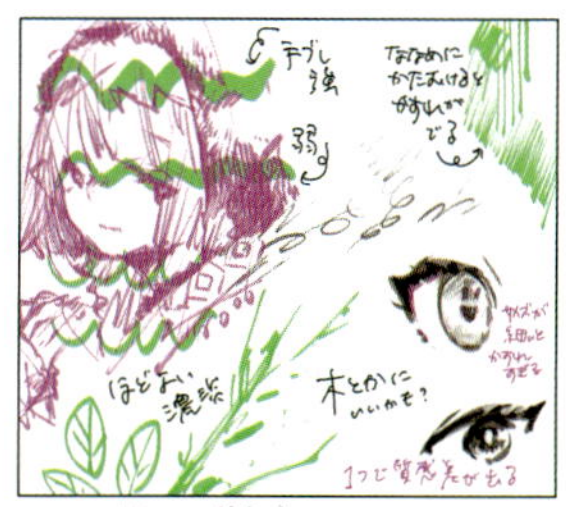

使用したアセット名 筆ペン　お名前 さんぷよ

ブラシを使い試す感覚でメモを加えてもOK。別のブラシを使うときは記載いただけると嬉しいです。

## 応募方法とCLIPPYのプレゼントについて

季刊エスのホームページ内にある「イラスト投稿」に設ける応募フォームを使ってお送りください。応募は随時募集しますが、「推しアセット」は毎号変わるので、応募の締め切りにご注意ください。募集中の「推しアセット」は誌面の他、ホームページでも発表します。
おひとりさま複数点の投稿が可能ですが、基本的に1点のみの掲載です。また、掲載枚数に関係なく贈呈は8,000CLIPPYになります。CLIPPYのお渡しは応募時のメールアドレスへご案内します。メールアドレスの間違いにご注意ください。メールの送付は掲載号の発売日より1ヶ月後ほどを予定しています。

**応募はコチラから**
https://www.s-ss-s.com/events/90

**第1回応募締め切り**
**2025年1月23日（木）**

応募フォーム　　試し描きテンプレート

## 第1回募集 #推しアセット はコチラ！

※2つのブラシから、1種類を選んで試し描きしてください

使い方①　クリスタの「素材」パレットより「ASSETSで素材をさがす」をクリックして、「CLIP STUDIO ASSETS」へアクセス（https://assets.clip-studio.com/ja-jp/）。

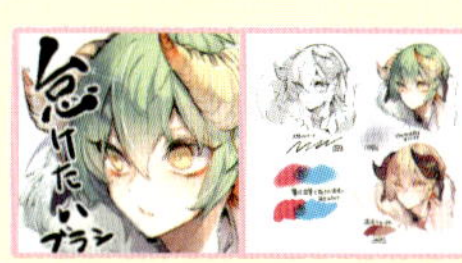

**主線も水彩も厚塗りも一本でやる怠けものブラシ**
コンテンツID:1708873　制作者:am(魚)
主線と塗り、いろんな場面に適して使用できる人気ブラシ。淡い塗りや厚塗り、ハイライトもOK。筆圧次第で混色も可能なので、幅広い表現が可能。

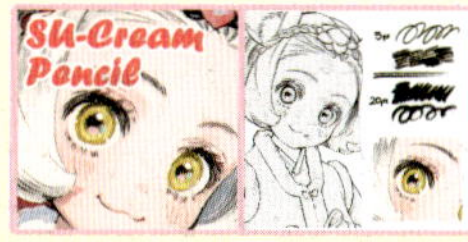

**SUクリームペンシル**
コンテンツID:1761353　制作者:Yuriky
丸みのあるやわらかい形のブラシ。フチがふわっとした質感なので、イラストに向いているとのこと。風合いがあるので、もふもふしたモチーフにも向いています。

使い方②　ダウンロードしたいアセットページから「ダウンロードボタン」をクリックします。

使い方③　ダウンロードした素材を、「サブツールを追加する」または「サブツールパレット」へドラッグすれば使用できます。

pixiv 한국 학생
# 일러스트 콘테스트 2024
## pixiv Korean Student Illustration Contest 2024

pixiv

**ピクシブ株式会社が韓国の青江文化産業大学と連携し、「pixiv韓国学生イラストコンテスト2024」を2024年8月7日から2024年9月20日まで、45日間開催！　受賞者への賞品として、季刊エスで作品が紹介される特典も！**

### pixiv韓国学生イラストコンテスト2024とは？

「pixiv韓国学生イラストコンテスト2024」は、韓国在住の高校生、専門学校生、大学生（修士課程含む）または16～22歳の若者を対象に、創作活動の促進や若手才能の発掘・育成を目指して開催されました。韓国初の文化産業特性化大学である青江文化産業大学のアニメーションスクールの協力を得て、初めて韓国在住の学生向けに開催したpixiv公式イラストコンテストです。審査員としては、青江文化産業大学のキム・ソンミン教授とウィ・ヒョンソン教授が最優秀賞と優秀賞を担当。スペシャル賞には、バーチャルアイドル「PLAVE」のコンセプトアートを手掛けたNAKDI氏、キャラクターとストーリー性に定評のあるRinotuna氏、ゲーム原画で活躍するHeo Sungmoo氏が参加しました。

### ピクシブ株式会社、海外クリエイター支援を加速！

ピクシブ株式会社は、これまで海外クリエイターの創作活動を応援・支援するための多様なグローバルな施策を展開してきました。2021年からは各国・地域で活躍する人気クリエイターとその作品を紹介するイラスト集「Artists in」シリーズを毎年発刊。また、海外サブカルチャーイベントへの出展やスポンサー活動を通じて、海外クリエイターとの接点を増やしてきました。2024年には、新たな取り組みとして、5月の台湾を皮切りに各国の大学生クリエイターを対象としたイラストコンテストを開始しました。今回は、その一環である「pixiv韓国大学イラストコンテスト2024」（8月～9月実施）の大学部門にて、最優秀賞を受賞したhunba様をご紹介いたします！

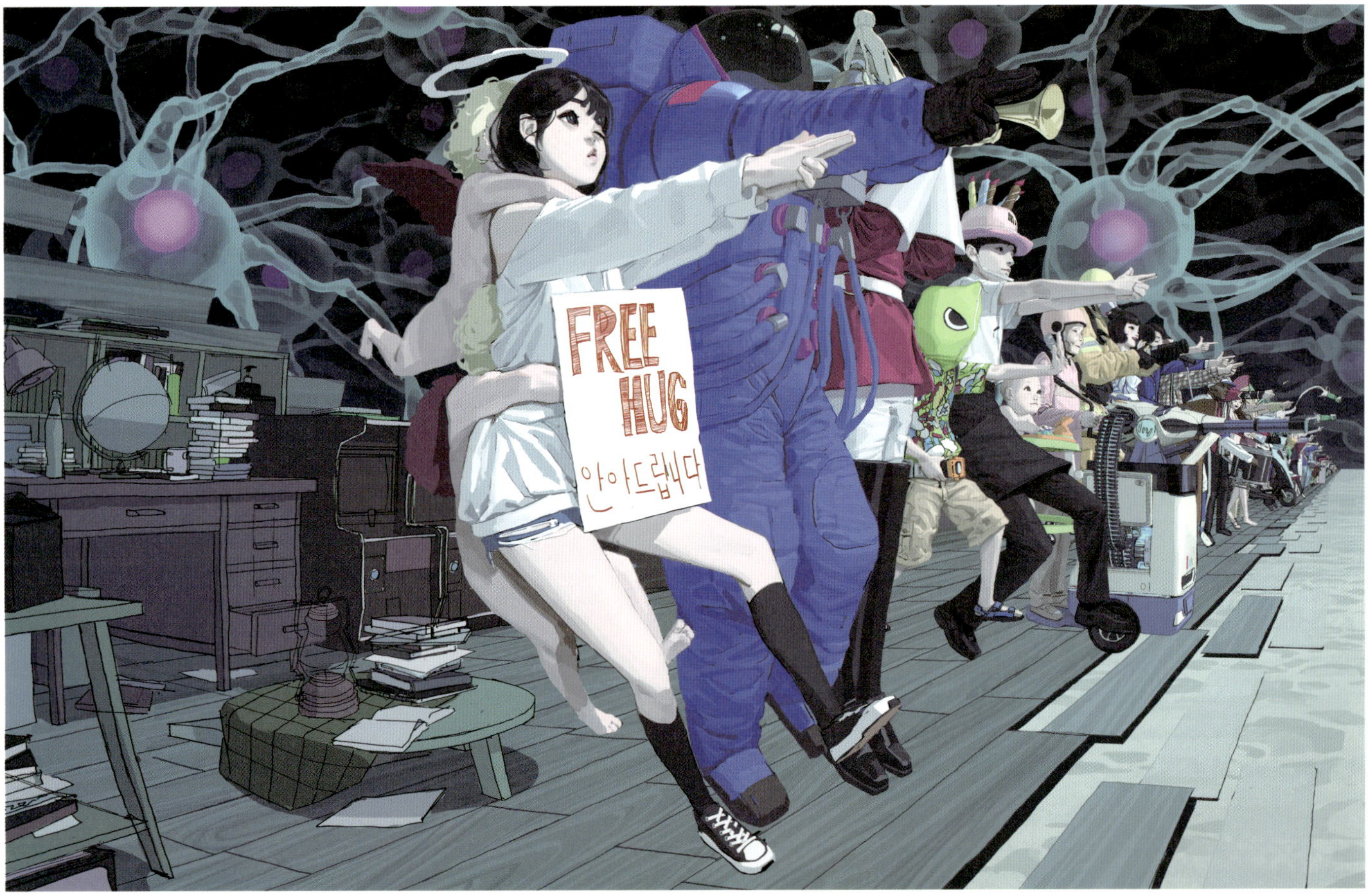


大学部門 最優秀賞　［weird group］hunba

## 【pixiv韓国学生イラストコンテスト2024】大学部門 最優秀賞受賞者紹介

**作品名**:weird group
**クリエイター**:hunba
**pixiv ID**：67556457

**受賞コメント**:
「pixiv韓国学生イラストコンテスト2024」で受賞させていただき、光栄です！　今回の機会を通じて、多くの方々に自分の絵を見ていただくことができてすごく嬉しいです。まだまだ足りないところも多いですが、もっと成長する姿をお見せすることができるように頑張りますので、期待してください。

pixiv

## その他受賞作品の紹介

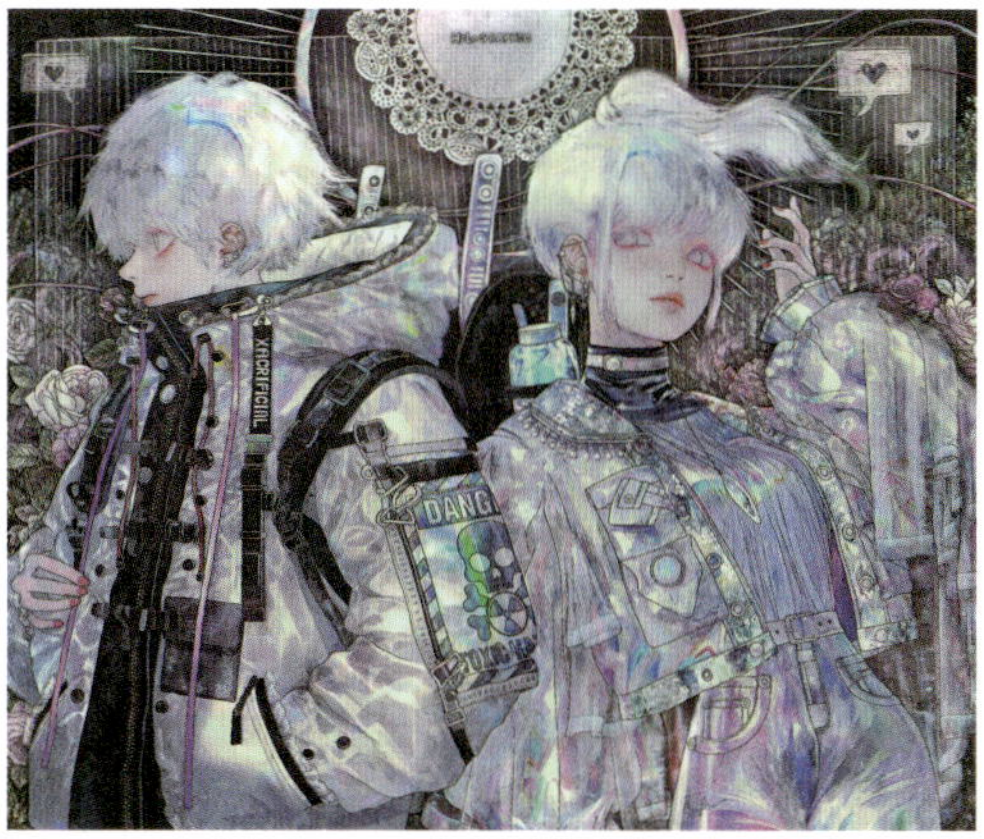

pixiv

**「大学部門 優秀賞」**
**作品名**:Holographic
**クリエイター**:Roo Ryu
**pixiv ID**：109671334

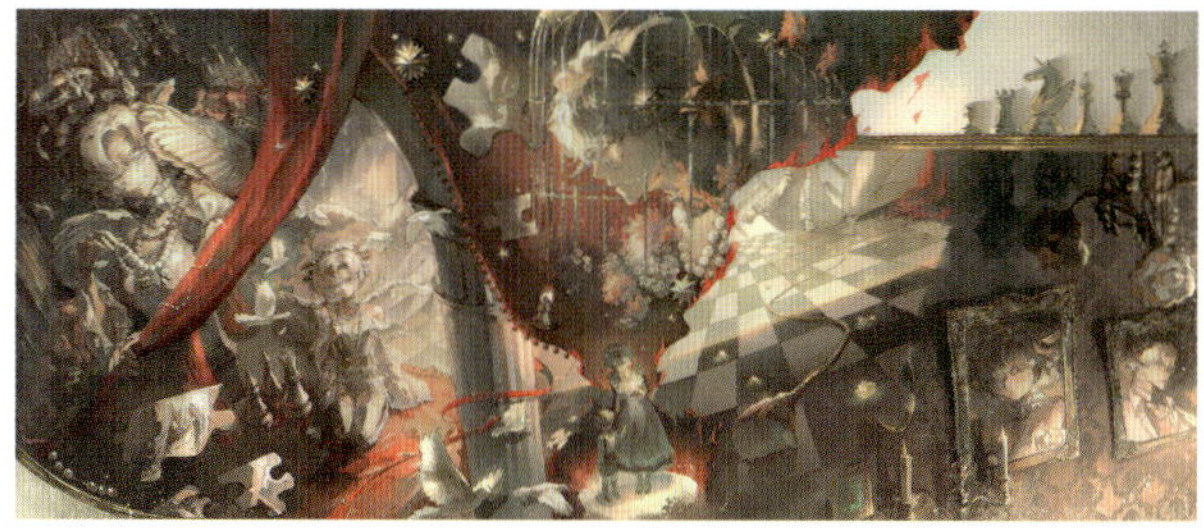

**「大学部門 スペシャル賞」**
**作品名**:힌스(ヒンス)
**クリエイター**:힌스(ヒンス)
**pixiv ID**：101804063

pixiv

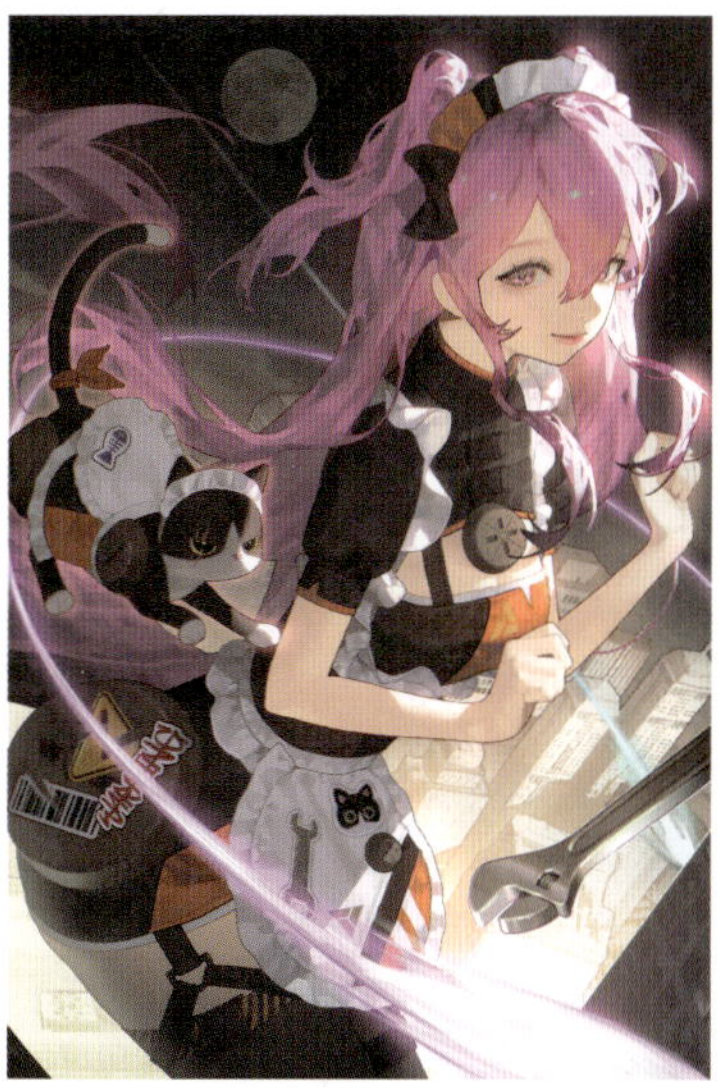

**「高校部門 最優秀賞」**
**作品名**:창작그림 (創作絵)
**クリエイター**:결 結
**pixiv ID**：102477871

pixiv

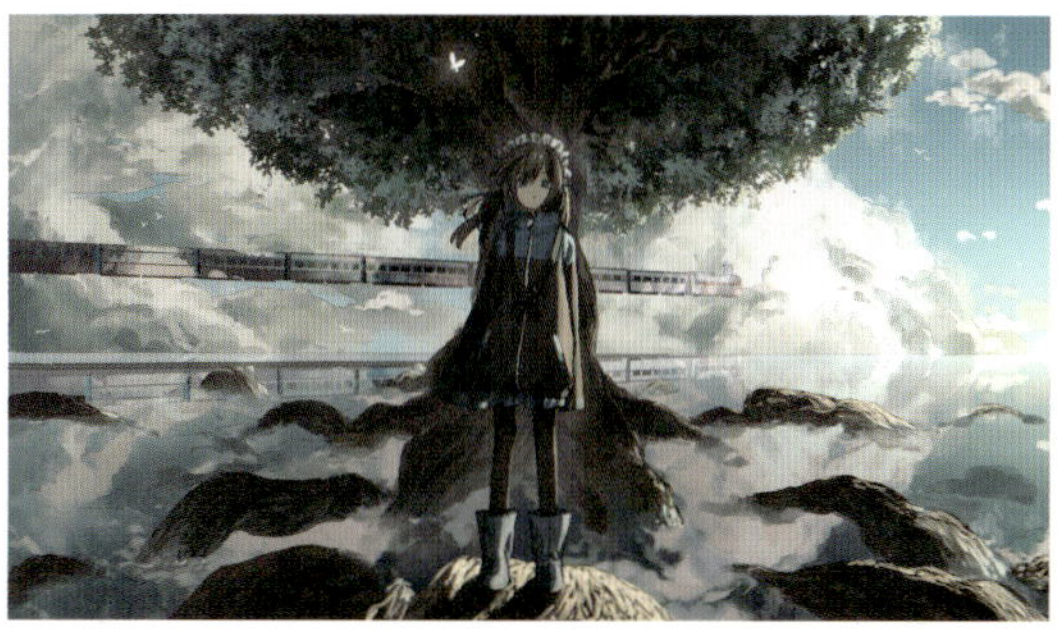

**「高校部門 スペシャル賞」**
**作品名**:지나치게 될 장소(乗り越す場所)
**クリエイター**:김우에 (キム·ウエ)
**pixiv ID**：105125285

pixiv

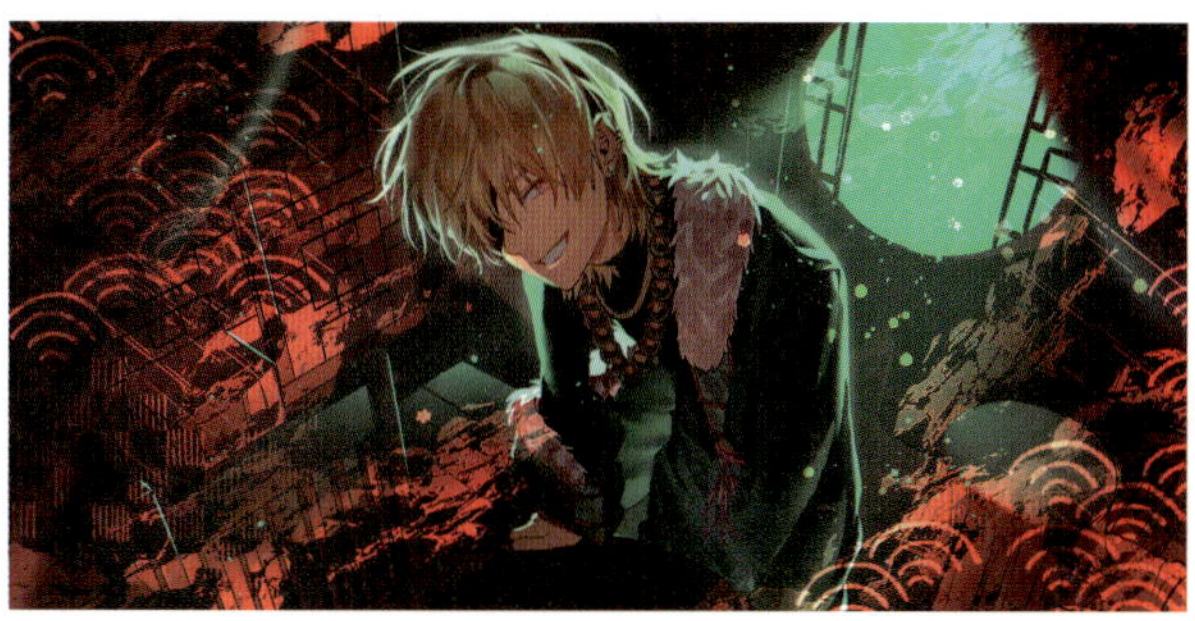

**「高校部門 優秀賞」**
**作品名**:oc
**クリエイター**:CEASE_OFFICIAL
**pixiv ID**：62564752

pixiv

### 「pixiv韓国学生イラストコンテスト2024 運営チームからのメッセージ」

「pixiv韓国学生イラストコンテスト2024」では、韓国の学生クリエイターたちから多くの個性あふれる作品が寄せられました。未来を担う若き才能が自由なテーマで創作に挑戦し、活気ある作品が多数集まったことを大変うれしく思います！　韓国のイラスト市場では、世界的に急速に拡大しているWebtoon(縦読み形式漫画)市場やバーチャルアイドルの人気増加といった新たなトレンドに対応し、スマホやタブレットといったデバイスでの閲覧に適した視覚的に引き込まれる色彩や構図、ストーリーテリングを備えた作品を描くクリエイターが増えています。このように、韓国のイラスト市場は、デジタル化と新しいコンテンツフォーマットの進化に適応しながら、国内外でさらに注目される分野となっています。 pixivでは、今後もこうした新しい才能をサポートするため、全世界のクリエイターが表現の幅を広げ、楽しみながら成長できるようなイベントを展開していきます。新しい才能の発掘や支援にご関心のある読者の皆様にも、こうした取り組みをぜひ見守り、応援いただけると幸いです。

結果発表
pixivision記事

コンテスト
サイト

# okamaの楽しいまちづくり vol.23

## 街のこだわりカフェ 19

カラフルなおかしの国からメカニックな未来都市、幾何学模様の惑星や温室のような学校など、
okamaさんが描く世界は、見た事のないデザインに満ちあふれています。
「街のこだわりカフェ」をテーマに店内の様子を描いていきます。
カフェの特徴やスタッフの衣装、看板メニューや
グッズなども考え、紹介していきます！

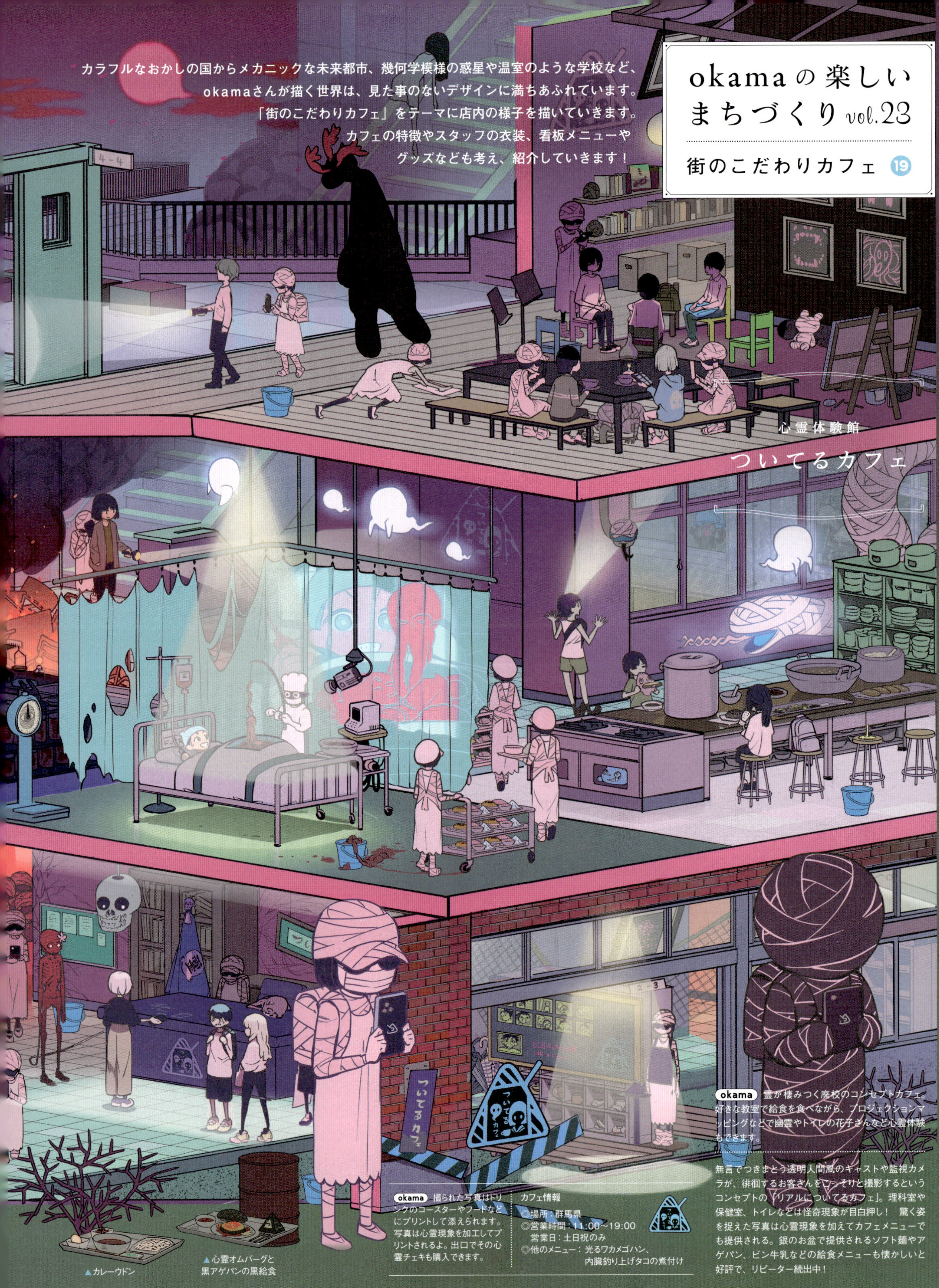


▲カレーウドン

▲心霊オムバーグと黒アゲパンの黒給食

okama 撮られた写真はドリンクのコースターやフードなどにプリントして添えられます。写真は心霊現象を加工してプリントされるよ。出口でその心霊チェキも購入できます。

カフェ情報

◎場所：群馬県
◎営業時間：11:00〜19:00
　営業日：土日祝のみ
◎他のメニュー：光るワカメゴハン、
　内臓釣り上げタコの煮付け

okama 霊が棲みつく廃校のコンセプトカフェ。好きな教室で給食を食べながら、プロジェクションマッピングなどで幽霊やトイレの花子さんなど心霊体験もできます。

無言でつきまとう透明人間風のキャストや監視カメラが、徘徊するお客さんをこっそりと撮影するというコンセプトの「リアルについてるカフェ」。理科室や保健室、トイレなどは怪奇現象が目白押し！　驚く姿を捉えた写真は心霊現象を加えてカフェメニューでも提供される。銀のお盆で提供されるソフト麺やアゲパン、ビン牛乳などの給食メニューも懐かしいと好評で、リピーター続出中！

近況…… okama 【漫画】『無冠の棋士、幼女に転生する』（うほごりくん・原作）を「ヤンチャンWeb」で連載中。単行本3巻が12月25日に発売されます！「どこでもヤングチャンピオン」でも読めます。【書籍】季刊エス連載をまとめた『okamaの楽しいキャラつくり』も好評発売中。電子書籍版はAmazon（kindle）、BookLive!、ebookjapanなどで購入できます。

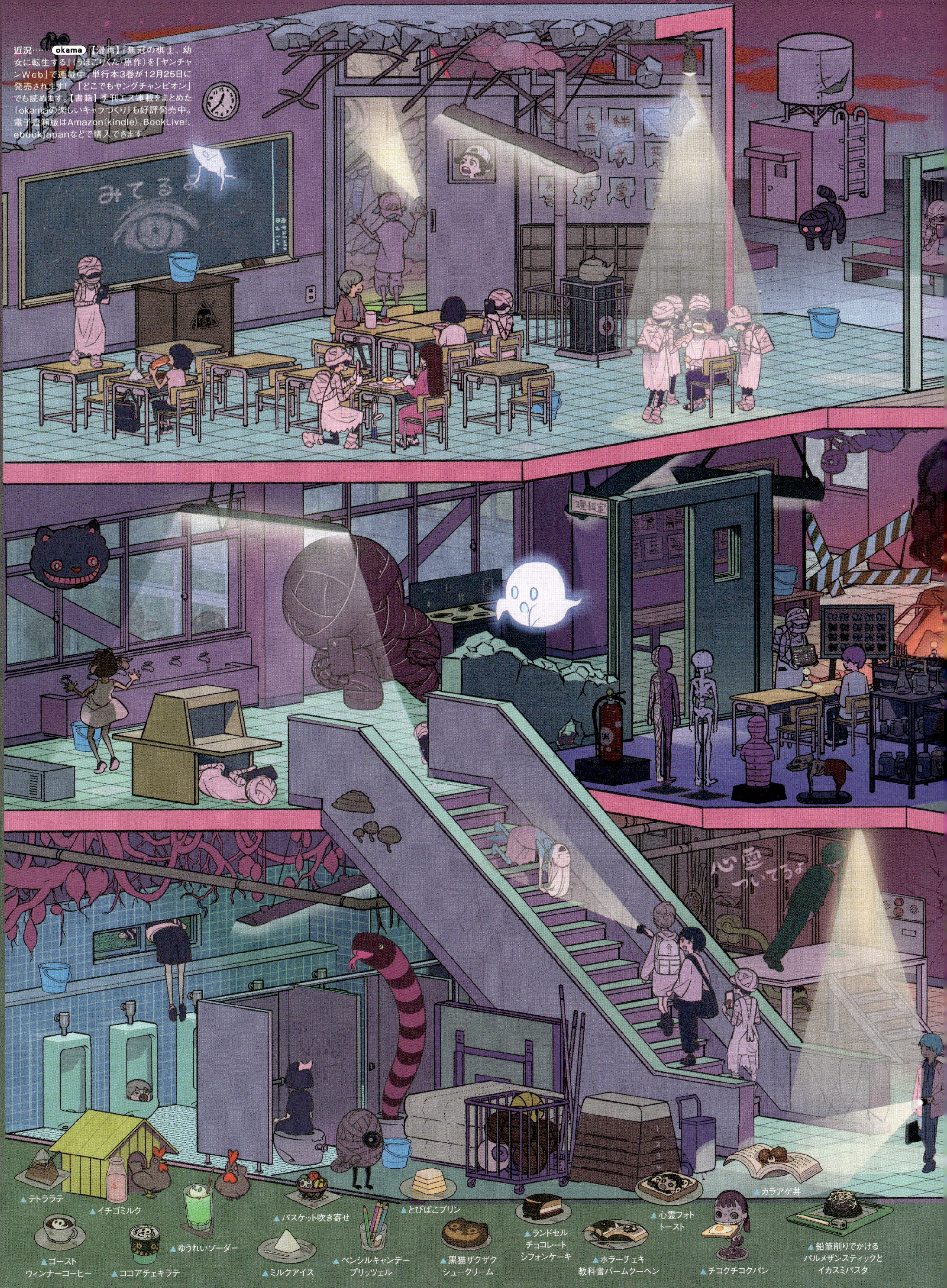

キャラクターデザインをつとめる映画『ふれる。』が公開された田中将賀さん。先日韓国で行われた富川（プチョン）国際アニメーション映画祭2024（BIAF）にて、映画『ふれる。』は特別賞のうち３つの賞を受賞したとのことです。
この赤ペン講座では数々の作品に携わる田中さんの経験をふまえたアドバイスを直接聞くことができます。キャラクターデザインやレイアウトなどの技術的なことだけでなく、行き詰まって凝り固まった考え方をほぐしたり、意識を変えるきっかけを投げかけてくれます。
第33限目は普段スマホで絵を描いている学生の「ミナミミオ」さん。プロの方から自分の絵がどう見えるのかを聞きたくて、応募したということです。違う視点から見てもらいたい方や絵の話を聞きたい方など、赤ペン講座は参加者を随時募集中。ぜひ気軽にご参加ください！

# 田中将賀のキャラクター赤ペン講座

第33限目
「パースの基本を意識して描いてみよう」

受講生
ミナミミオさん

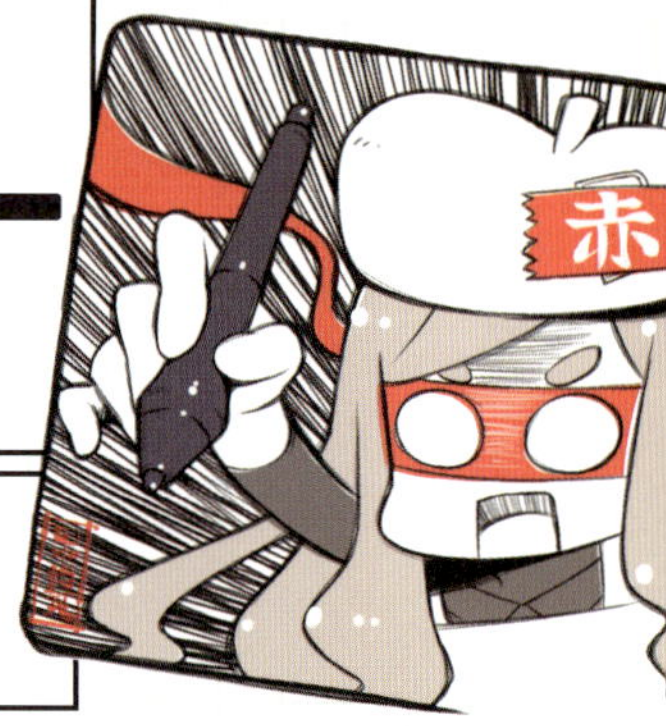


ミナミミオさんのお悩み①

「背景が苦手なので、描き方やパースの考え方を知りたいです」

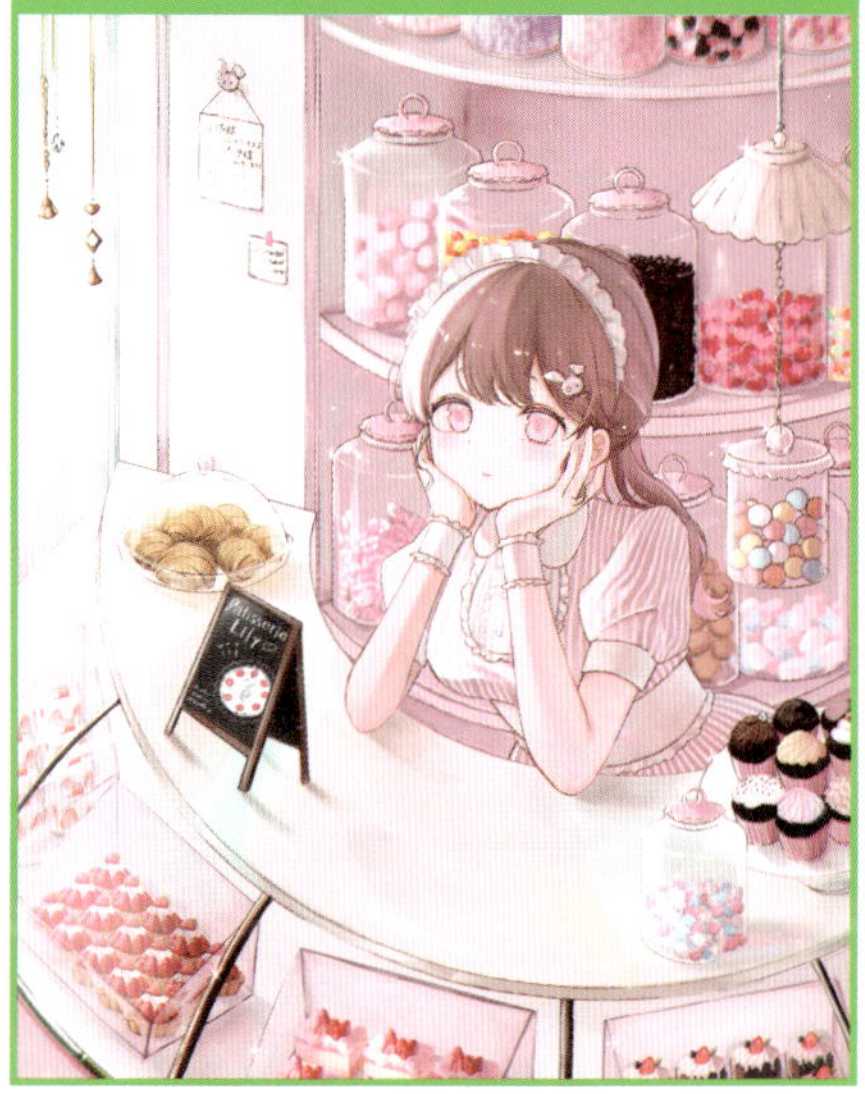

## 自然に見える角度

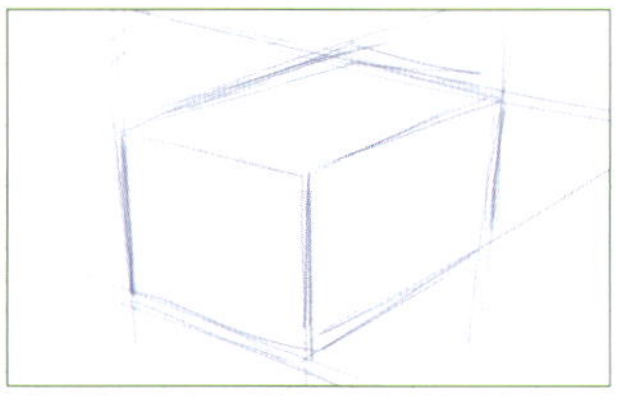

「平行線にしない」「奥はすぼみ手前が広がる」ことを意識して描いた箱。ミオさんの絵はこのくらいゆるやかな角度だと思います。日頃見ている風景の角度に近い印象ですよね。

## 理屈を優先した角度

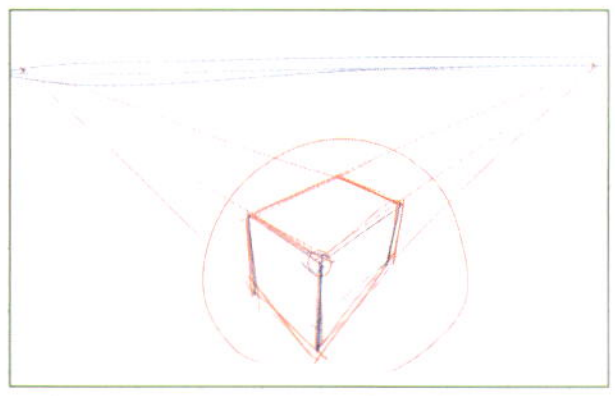

パースの理屈に囚われすぎると「こう見える<理屈では違う」となって、窮屈な形になってしまいます。この角度は「鼻先1cmくらい」の距離なんです。現実的ではないですよね。

## 水平垂直になっている

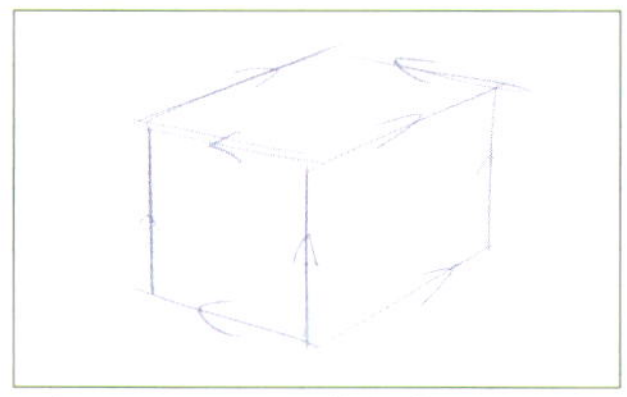

パースを聞きかじった状態で「箱を描いてください」を描くと、平行線を意識すると思います。絵には必ずパースがついてくるので、意図的出ない場合は平行線にはなりません。

## 透明のキャニスター｜奥行きや素材の厚みを意識しよう

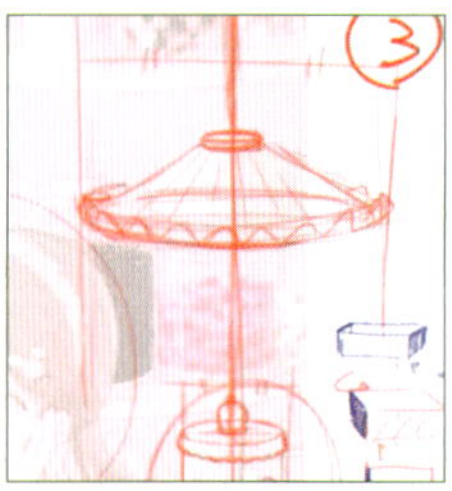

装飾が奥の容器と重なるので大きさを変えます。「吊られている＝重心が均等」なので、左右対称に見えるように意識します。

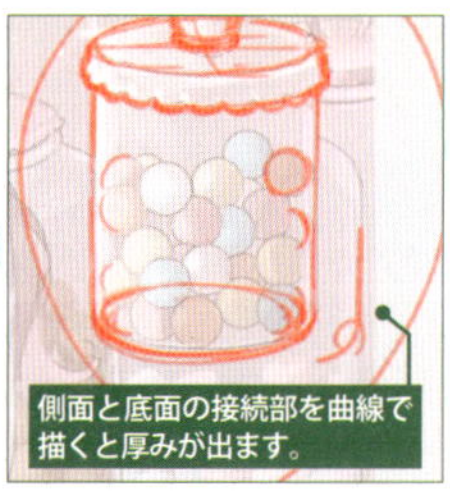


ガラス容器は側面と底で厚みが変わります。底には歪みも描きました。中身は厚みの分、少し内側に描写すると良いです。

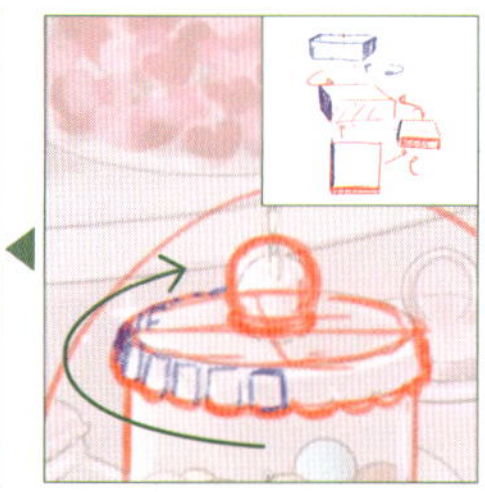

曲面上にある凹凸は正面と側面で見える形が異なります。円状で想像するのが難しい場合は立方体で考えてみてください。

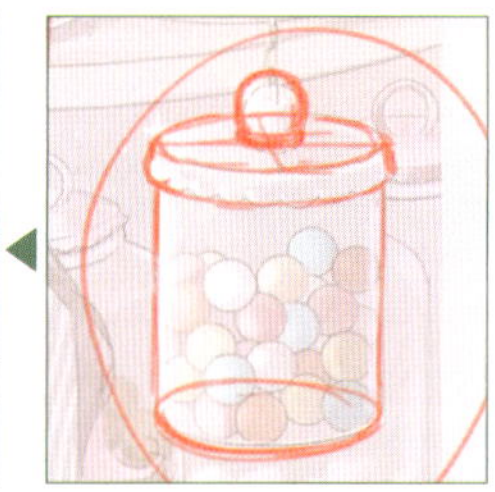

人物の近くにあることや、他と独立しているこのキャニスターは丁寧に描きましょう。フタの取っ手は十字を引いて中心に。

## 並んだケーキ｜角度を＆数を調整

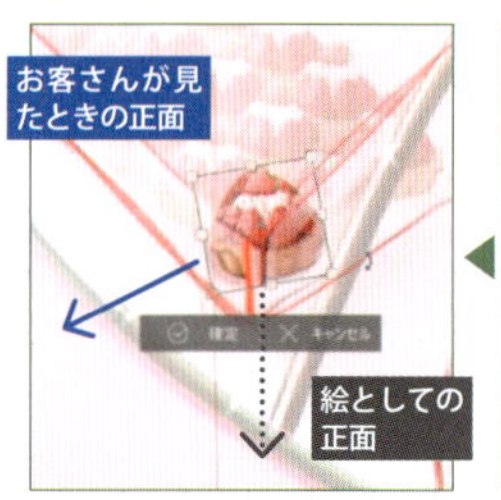


ケーキが画面に対して正面を向いているので、お店で見たときの正面を意識して角度を調整。この方が自然に見えます。

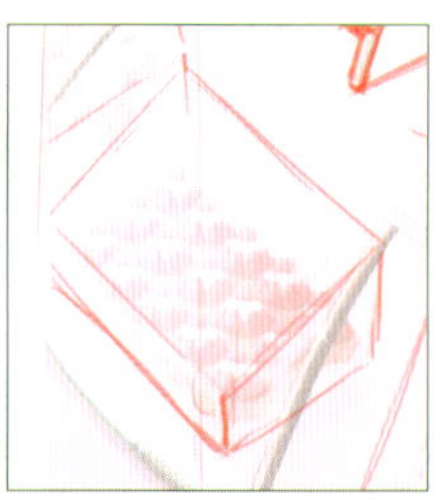

豪華に並んでいますが、不揃いな方が売れている感じがして買いたくなりますよね。実際のお店の陳列も参考になります。

## 黒板｜設置面を確認しよう

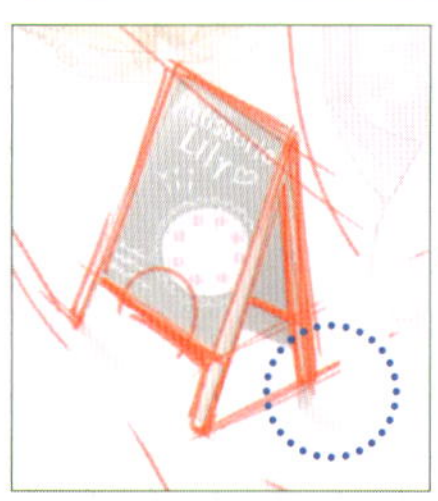

丸で囲んだ奥の設置面がずれていました。少しのずれが違和感に繋がるので、丁寧にチェックしながら描きましょう。

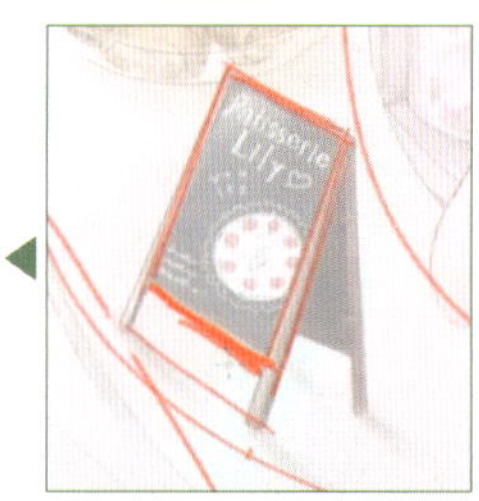

ミオさんも違和感を抱いていた看板。違和感の正体はテーブルの面に対してパースが部分的にずれていたのが原因。

## 色｜視線誘導する色を足そう

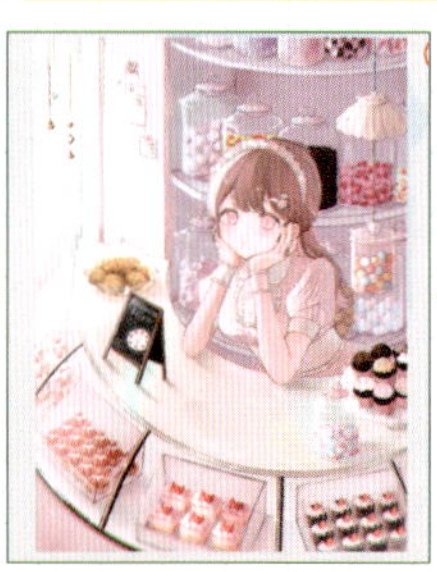

極端に変えなくても良いです。少し彩度や明度を下げるだけでも、絵に奥行きが出て、キャラクターに視線が向きます。

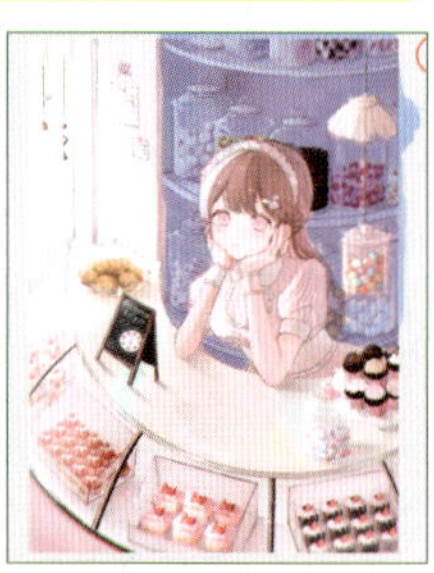

キャラを引き立たせるための色も意識してみると良いですよ。奥の棚の色を、別のトーンにしてみました。

## 体の描き方｜見えないところを意識しよう

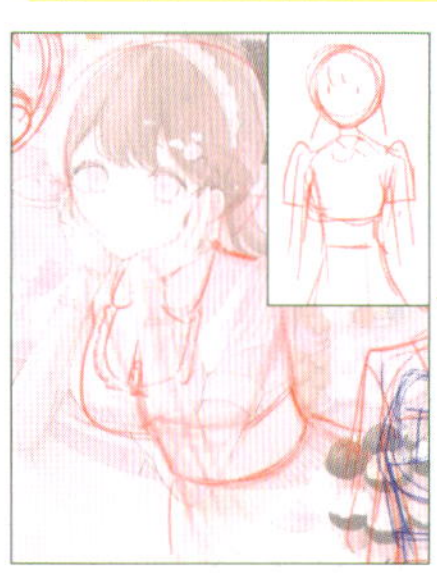

正面から見たときのバランスで描くと腕と重なる位置にラインがきました。薄くガイド線を引くことで安心できますよ。

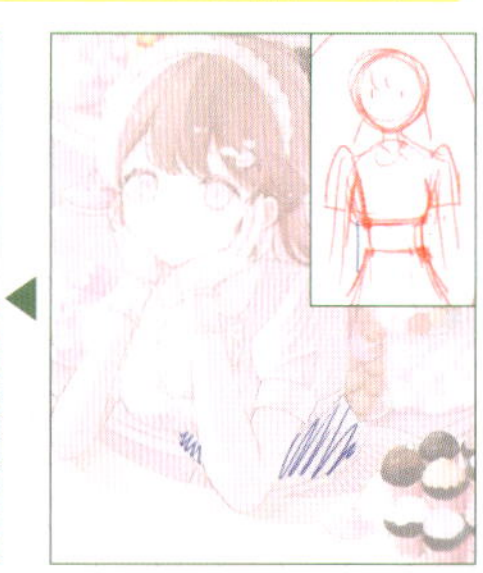

ウエストの線が見えると安心するので出したと思います。この幅だとイメージする体のラインよりも大きく見えます。

## フカンとアオリの違いを解説

パースを考える基礎として必要なのが「フカン」と「アオリ」。歩道橋で写真を撮るイメージで、どこからフカン・アオリになるのかを説明します。

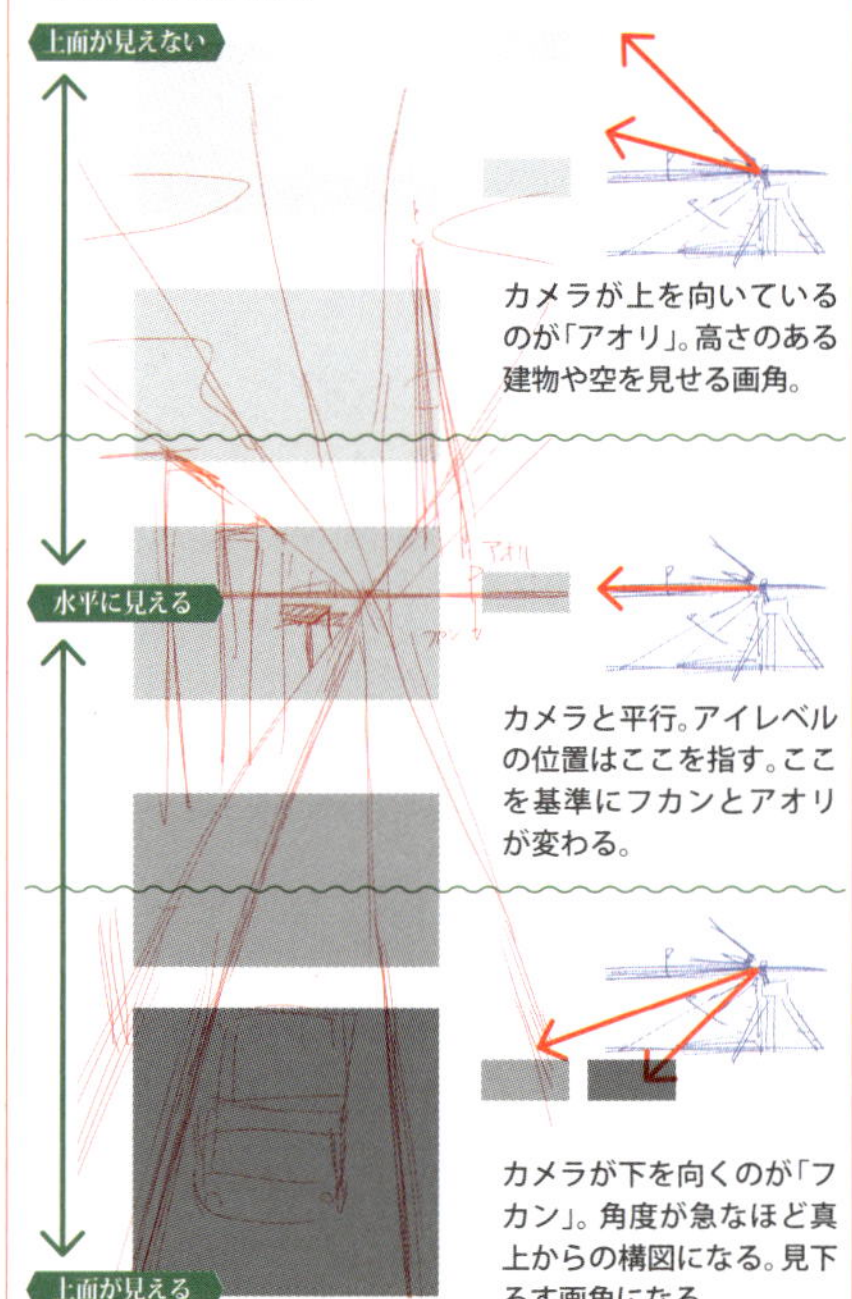


カメラが上を向いているのが「アオリ」。高さのある建物や空を見せる画角。

カメラと平行。アイレベルの位置はここを指す。ここを基準にフカンとアオリが変わる。

カメラが下を向くのが「フカン」。角度が急なほど真上からの構図になる。見下ろす画角になる。

### アオリ構図の場合の見え方

この絵で難易度をあげているのが、棚やテーブルに置かれた小物の多さ。フカンは設置面が見えるため嘘をつけない。そこを誤魔化せるのがアオリの構図。難易度が下がります。

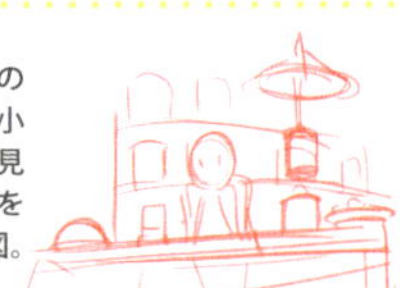

## 「小物のバリエーションを増やす方法を知りたいです」

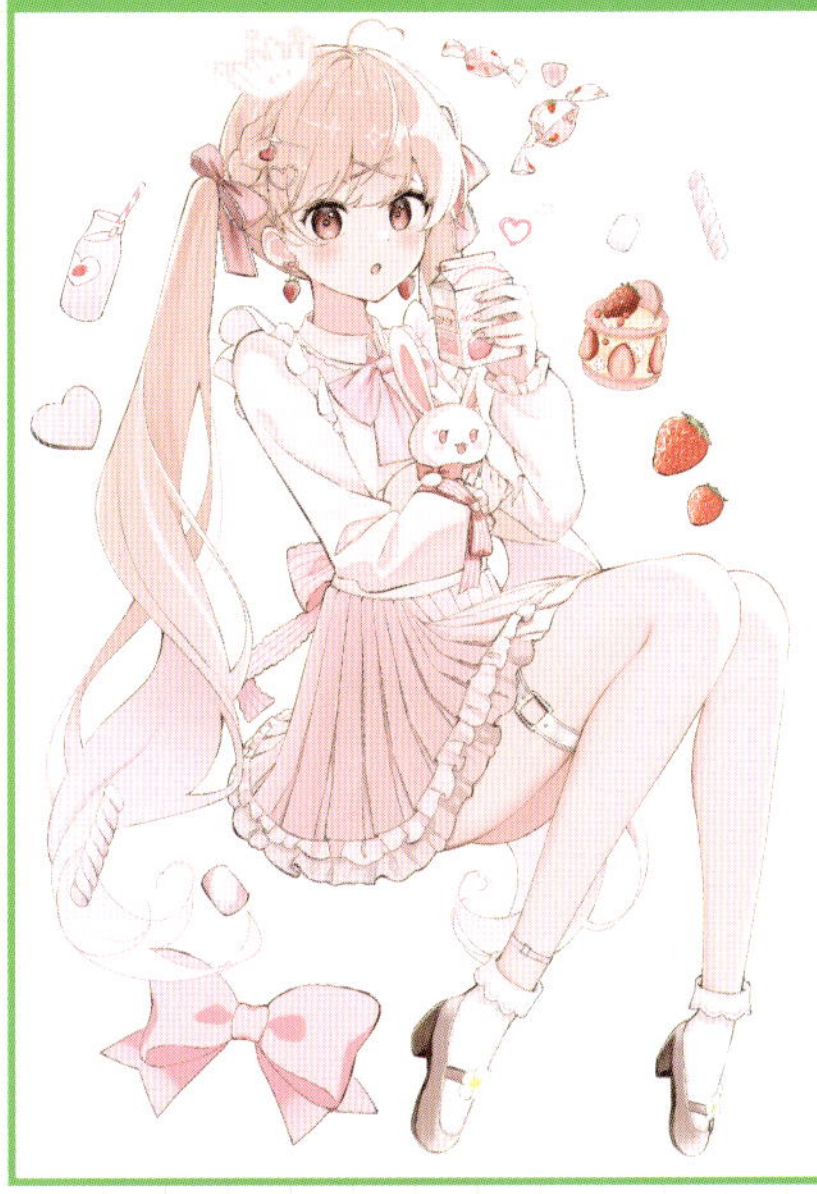

### 田中将賀さんのお答え

ミオさんはスマホと指で描いていると聞き、とても驚きました！スマホで描くとキャンバスが小さいので、部分的に拡大しながら描きますよね。全体で見たときにバランスが崩れそうなのですが、気になりませんでした。線も綺麗に引けていますね。描きたいものも伝わってきました。その上で、日常的な仕草についてお話すると、見ている人の経験に近いシチュエーションなほど、違和感を抱きやすいことを意識しておくと良いです。イラストに限らずアニメーションでも、見る側の経験から遠いファンタジー世界のバトルシーンは所作の違和感が気になりません。それよりも道端を歩いたり、ご飯を食べている場面は「何か変だな」「上手じゃないな」と気づきます。特に食事シーンは一番テクニカルだと感じます。箸を持つ手を描くのも難しいですからね。幸いにも観察することができるので、日々の生活のなかで目に入る仕草に注目してみてください。

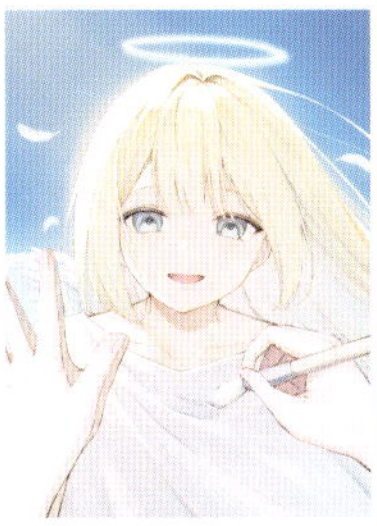

もうひとつ、厚塗りに挑戦した絵（右図）についての質問もいただきました。思ったよりも反響が少なかったことも気になったとのことです。描く側と温度差があるのは、あるあるですよね。自分がこだわったポイントと他人が見たいポイントは違うので、ズレに敏感になりすぎないことが重要です。見ている人を信用しないのもダメですが、信用しすぎるのもダメなんですよね。「自分が描きたいもの≠この絵を使ってやりたいこと」と捉えて、自分のためのスキルアップの絵として考えてみてはいかがでしょうか。厚塗りタッチについては変に色数を増やさず、自分が欲しい色調や塗り加減を意識できると思いました。「厚塗りとはこう塗るもの」に引っ張られすぎず、例えば70%の厚塗りが自分の絵にあっているなど、良い塩梅を見つけてみてください！

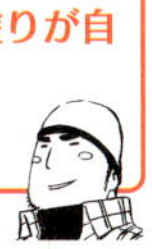

### アイテムの置き方に法則性を作ろう

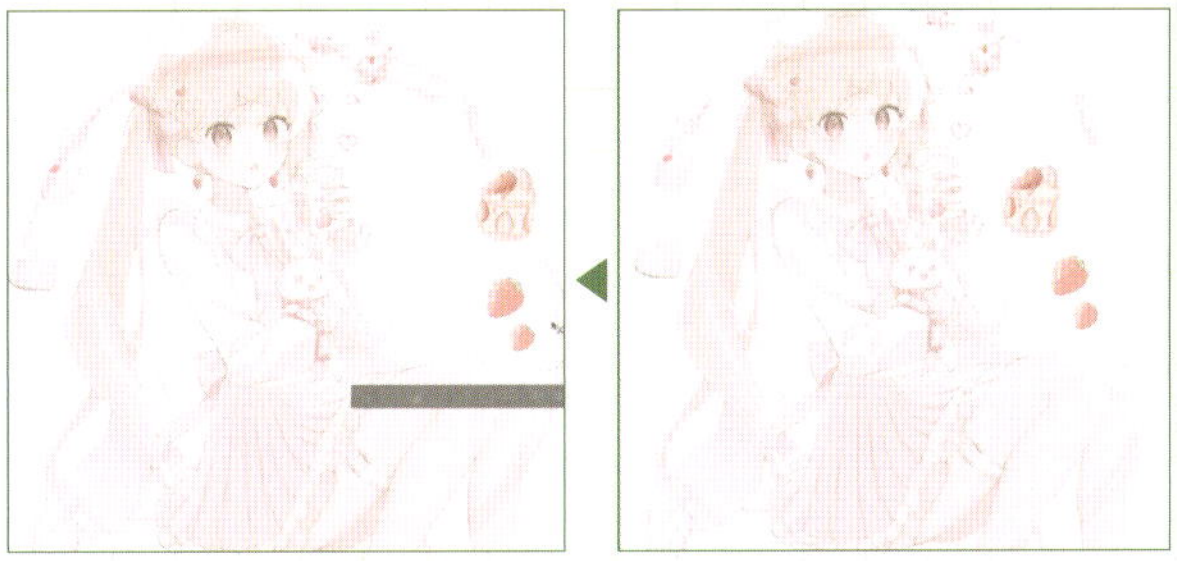

円状に並べ直すと、自然とアイテムを追加したくなりますね。「好きなものに囲まれている」というテーマがより伝わります。

デザイン的な視点ですが、アイテムの配置に法則をつけると、見やすくなります。ベーシックですが円形に並べてみます。

### 質感の異なるものは別の層に置いてみよう

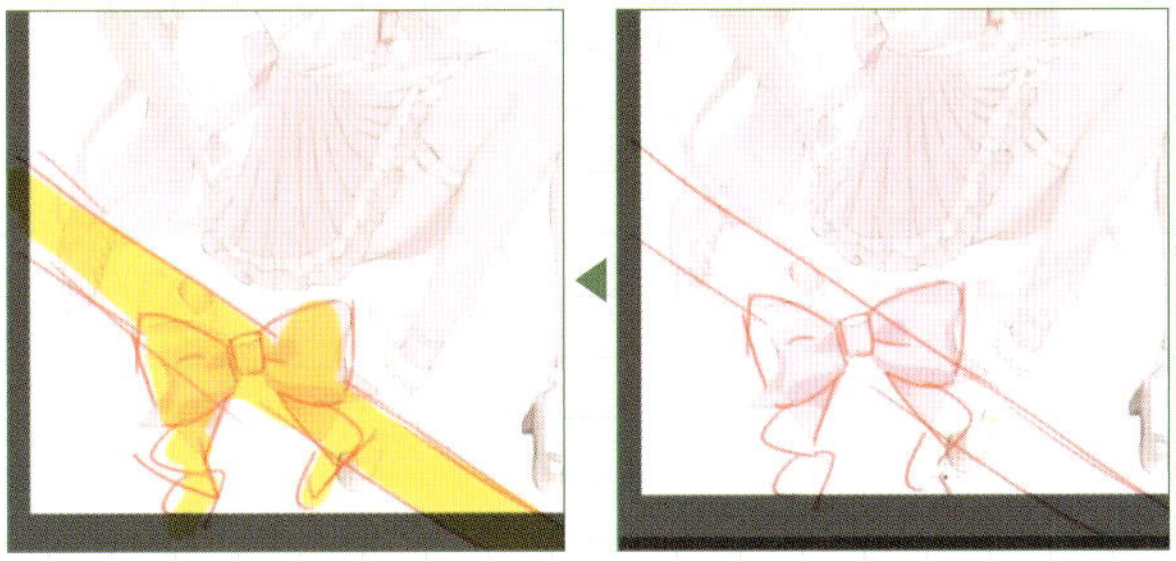

絵が隠れる場合、シースルー素材にすることで解消できます。質感を変えることがポイントなので、柄を入れてもOKです。

「キャラよりお菓子は下でリボンは上に乗せる」「食品と小物で扱い方を変える」など、重ね方の法則も考えてみましょう。

### 持ち方でキャラクターの印象が変わる

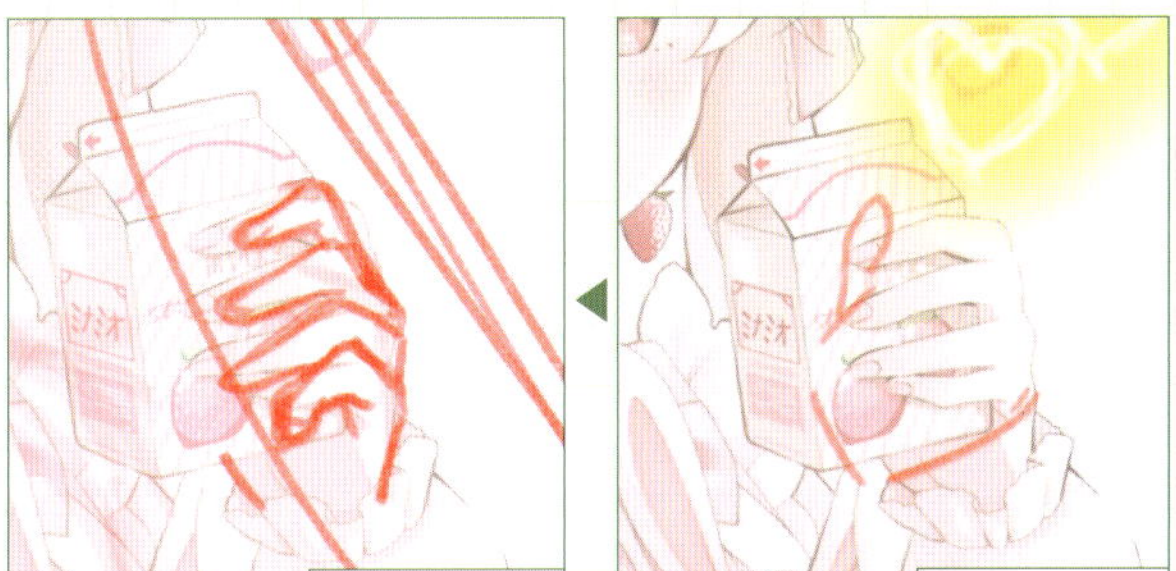

ご自身でもグラスなどを持つと気づきますが、斜めの方が無意識に持つ自然な仕草に見えますね。小指の表情は好みで。

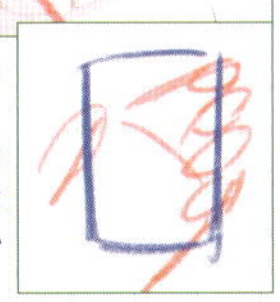

手のひらの中心で筒状のモチーフを持つのはとても大変。グーで握る感じになるので、幼さや不器用さが出ます。

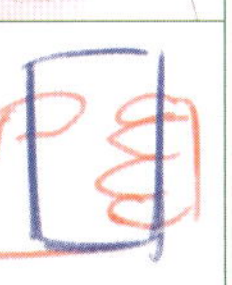

### 意識すると良いポイント

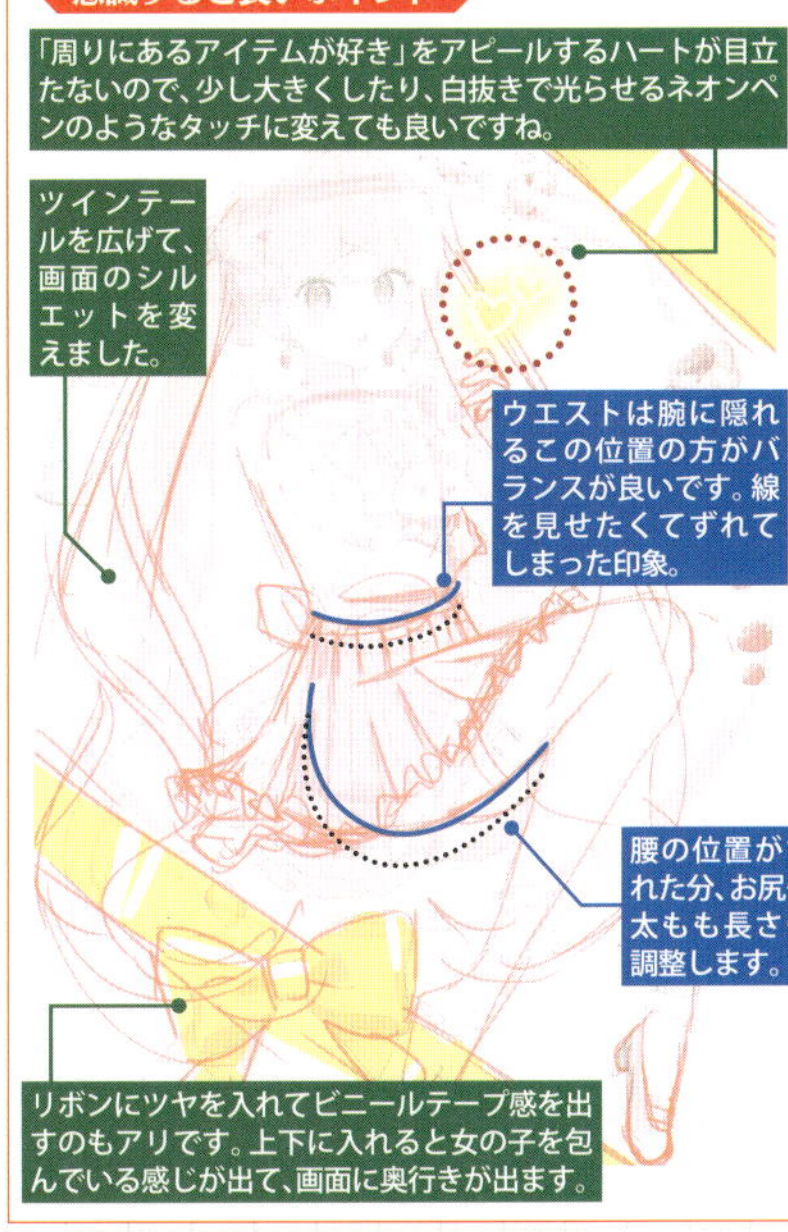


### 赤ペン講座YouTubeのおしらせ

**赤ペン講座の収録の様子を動画で見られます**

どんな風に収録しているのか気になる方も多いはず。近年の講座から、少しずつ動画を作って公開していきます。チャンネル登録や通知をオンにしていただけたら嬉しいです！

### 受講を終えて

**ミナミミオさんからの感想**

この度は赤ペン講座に参加させていただき、ありがとうございました。日常から得られる知識や、より自分の絵の魅力を引き出せる方法を数多く教えていただき、大変感謝しております。多くの質問をさせていただきましたが、一つひとつ丁寧に答えていただき、嬉しかったです。また、普段は知る機会のないアニメーターの裏話や、今後絵の世界で生きていく上で役立つ知識を数多く教えていただきました。本当にありがとうございました。

X【@0527minamimio】

## 田中将賀さんと絵の仕事の話をしたい、アドバイスをしてもらいたい方を随時募集！

- **●講座は基本的にスカイプを通しておこないます。**
- **●季刊エスの誌面に、添削する絵やアドバイスが載ります。**

**参加条件**

- ・スカイプ環境がある方
- ・2時間程度、連続してスカイプできる環境や時間をとれる方
- ・パソコンで画像が開ける、見られる方
- ・スカイプ用にヘッドギアを持っているか内蔵PCをお持ちの方<br>大きな音を出せる、聞こえても良い環境で会話できる方

**●見てもらいたい作品を編集部にお送りください！**

**受講イラストは自作のオリジナル作品に限ります。**

※版権作品が届いた場合、受講用にオリジナル作品をご用意いただきます。

必要点数：1～3枚程度

**応募方法**

**・アナログで応募**

ハガキ～A4サイズに描いたイラストをお送りください。

※作品は返却いたしません。原画のコピーでも結構です。

**・データで応募**

jpgまたはpsd形式で、季刊エスの特設サイト【http://s-ss-s.com/s/】の応募フォームより、お送りください。

**・アナログで応募される方は、作品の裏面に以下をお書き下さい**

① 郵便番号　② 住所　③ 氏名　④ペンネーム　⑤年齢、学年

⑥ 連絡先（電話番号、メールアドレス）

⑦ どんな悩みや、改善したいことがあるか、知りたいこと全般

⑧ 受けられる時間帯（平日や休日、お昼、深夜など）

**・送付先**

150-0041　東京都渋谷区神南1丁目13-3 アーク神南ビル2F

季刊エス編集部「赤ペン講座」係

※投稿イラストと同封する方は封筒の表書きに、コーナー名「赤ペン講座」を追加してください。

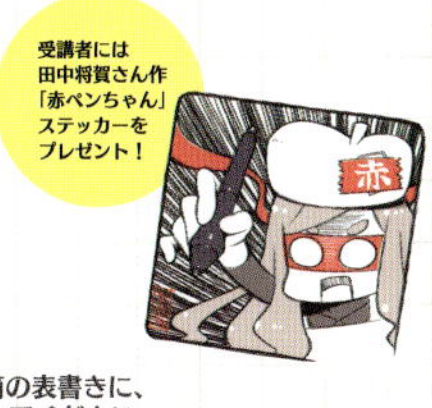


絵を学ぶ学生（専門学校・美大生）や独学で勉強している方、絵の仕事をしている方も参加OKです。お気軽にお送りください！ アニメーション原画なども受け付けています！

**随時募集しておりますが、次回の第34回締切は、2025年1月10日（金）・収録時期は、2025年1月下旬～2月中旬頃を予定しています。**

お願いする方にのみ、編集部から連絡をします。1号につき、1～2名の掲載となるので、応募者がそれ以上集まった場合は、次号以降にお願いする可能性もございます。ご了承ください。

# 是都のおかしの描き方

## VOL.47 バタートースト

今号が47回目となる是都さんのおかしの描き方。
是都さんが描くおかしは、どれも「美味しそう」なのが特徴です。
絵でよく描かれるケーキやフルーツ、焼き菓子、アイス、
和菓子、スナック菓子まで幅広くおかしをメイキングしていきます。
今回は、厚切りのトーストに切り込みを入れてバターを乗せた「トースト」を紹介。
食パンの耳の焼き加減や表面のサクッとした質感表現がポイントです！

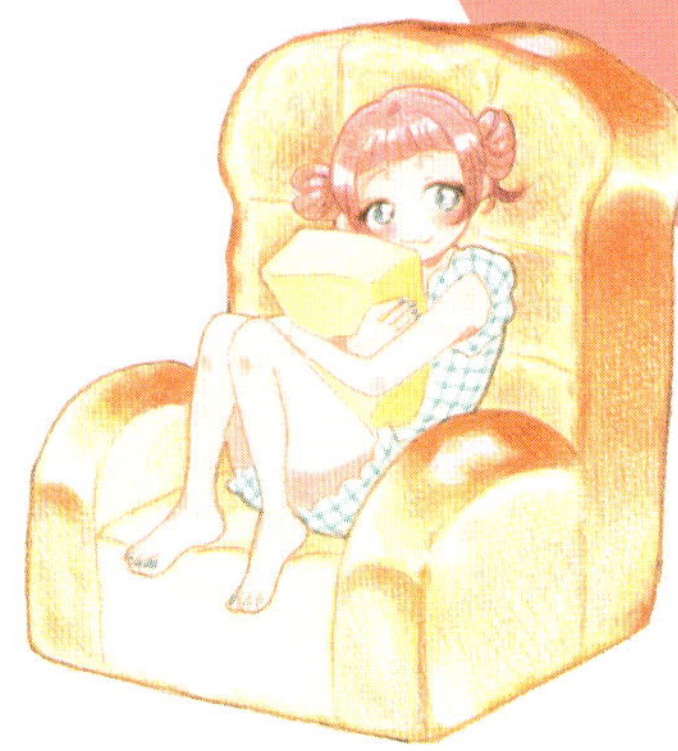

是都　小麦の香りがふんわり漂うふかふかソファー！　お気に入りのバターのクッションでひとやすみ… ヘアアレンジもクロワッサン風にしてみたよ。



●画材について

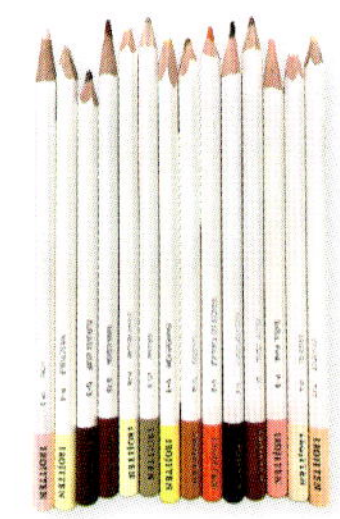

今回のメイキングで使用した色鉛筆。同じ色でも力加減や重ね方で濃淡を変えられるのが色鉛筆の特徴。

※メイキングに登場する色鉛筆の中で、色辞典（トンボ）という種類は色番号で表記しました。絵を描いた紙は、ニューTMKポスターパッド（ミューズ）です。

## アタリを描く

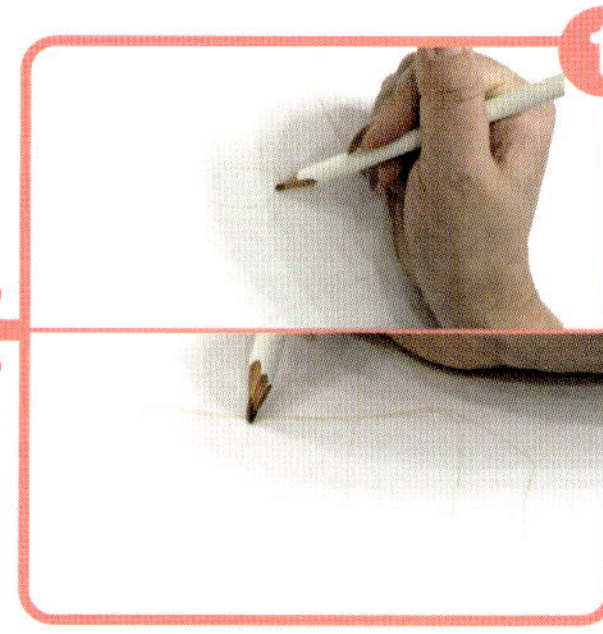

1　明るい茶色（D14）でアタリを描く。立方体を作ってから、内側に9等分の切れ込みを入れる。

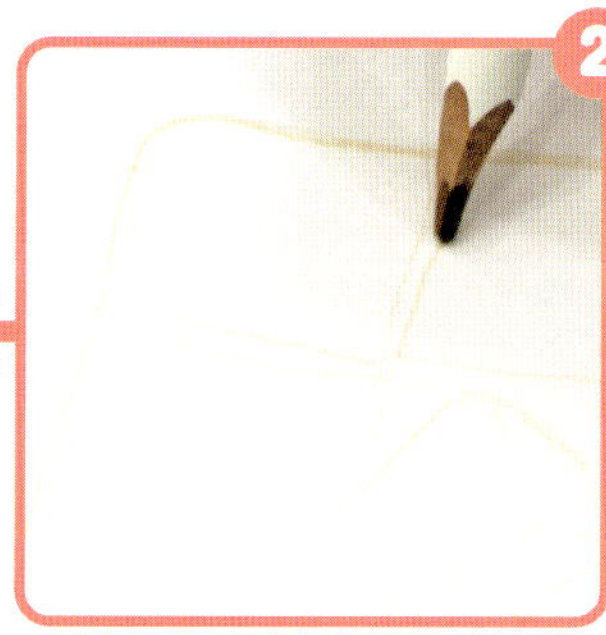

2　9等分に沿ったラインをD14で入れ、立体感を加える。焼くと少し縮むので、切り込みがパカっと開く。

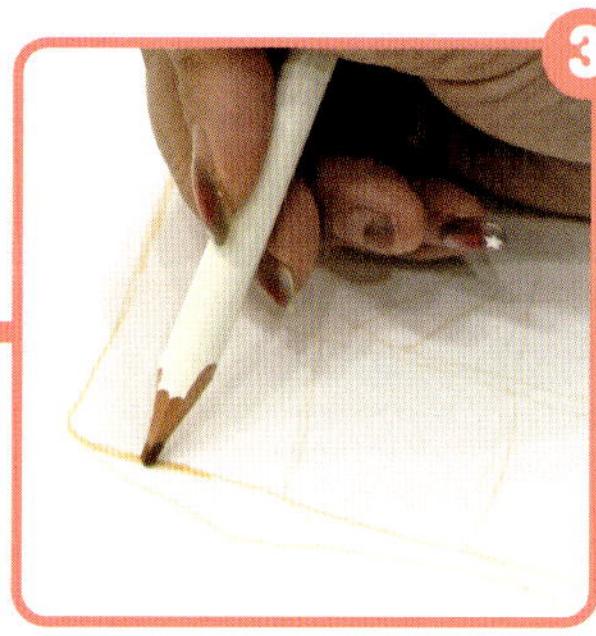

3　明るい茶色（D14）をパンの耳と表面の境目に乗せる。ガシガシと太めに線を引いた。

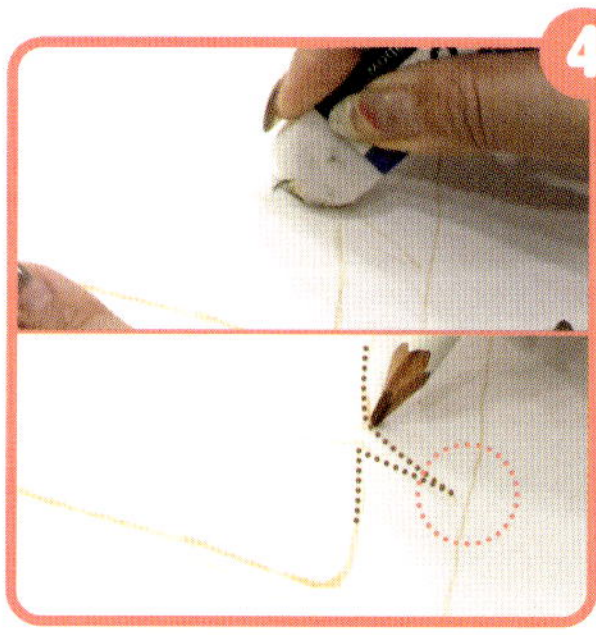

4　消しゴムで切り込み部分を消して、側面にV字を描く。底までは切れていないのがポイント。

## 焼ける前のパンを塗る

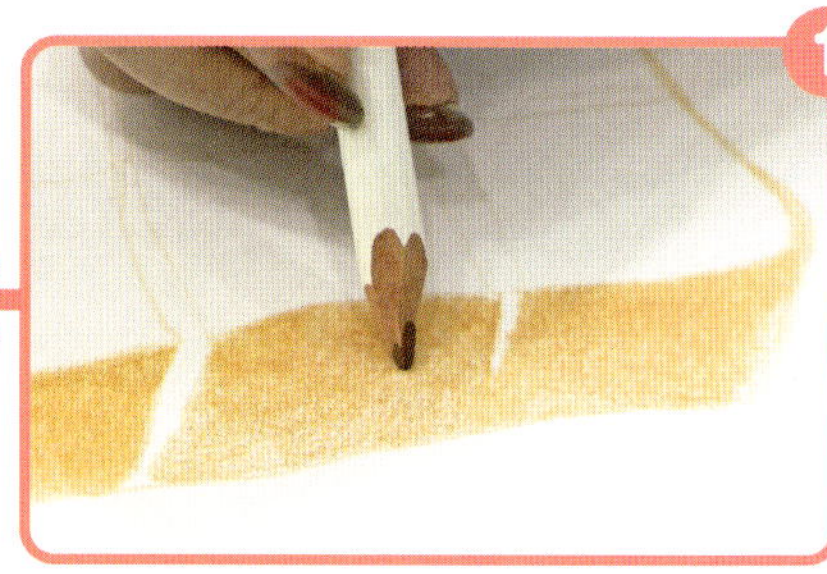

1　アタリに使った茶色（D14）でパンの耳部分を塗る。はじめから焼き目は描かず、まずは焼く前の状態を描くのがポイント。

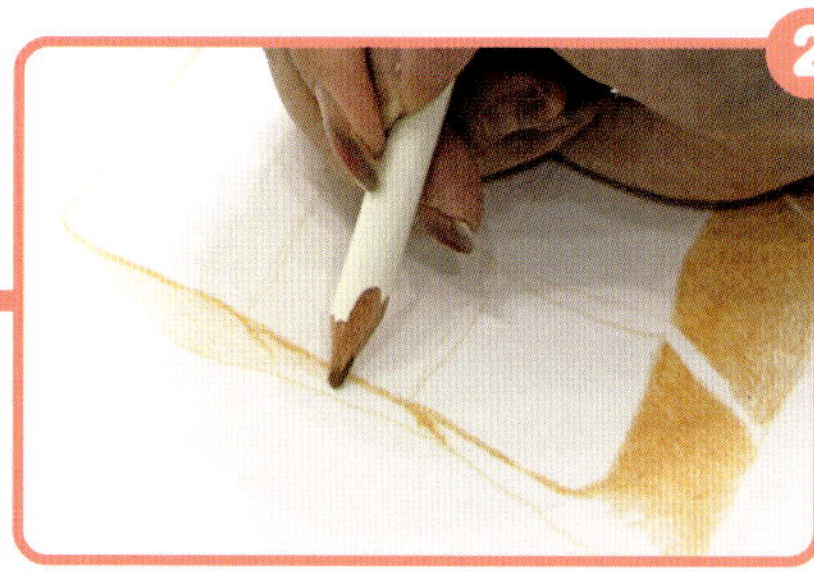

2　光源側にある左の側面は軽いタッチで薄く塗る。手前よりも淡い色で塗ることで、奥行きも出る。

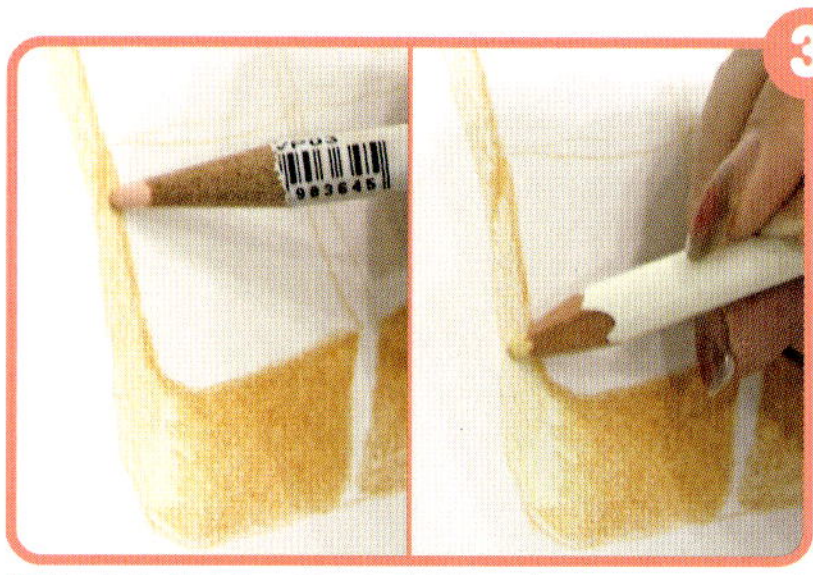

3　明るい茶色（D14）で塗った手前側のパンの耳にクリーム色（P14）と淡いピンク色（VP3）を乗せてグラデーションを作る。

## パンの耳の焼き目と切れ目を塗る

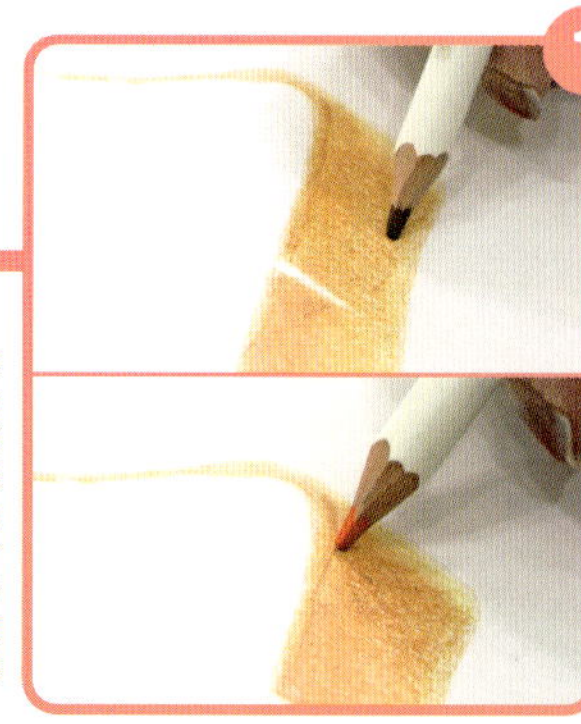

1　プレーンな茶色（D3）で焼き目をつける。茶色だけでは色が単調になるので、上からオレンジ色（V2）を乗せて彩度をあげつつ濃くしていく。

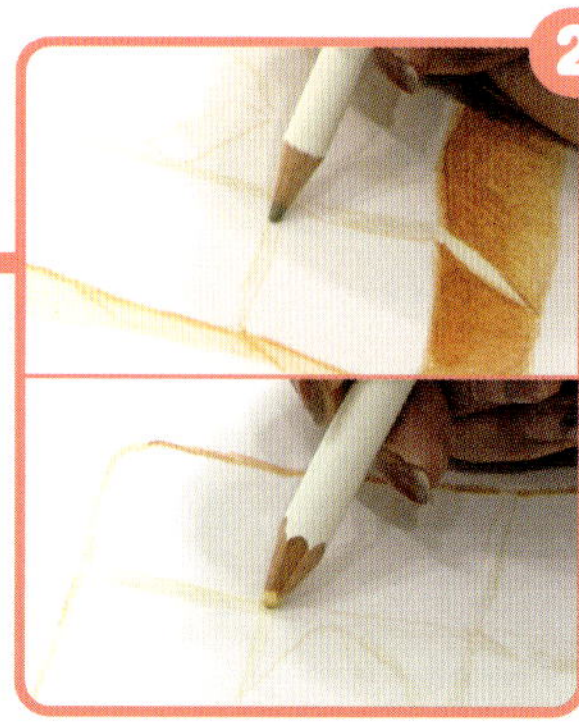

2　切れ目の内側に彩度の低い黄色（LG3）とクリーム色（P14）を重ねる。薄い黄色にグレーを乗算で重ねたような色をイメージして画面上で混色した。

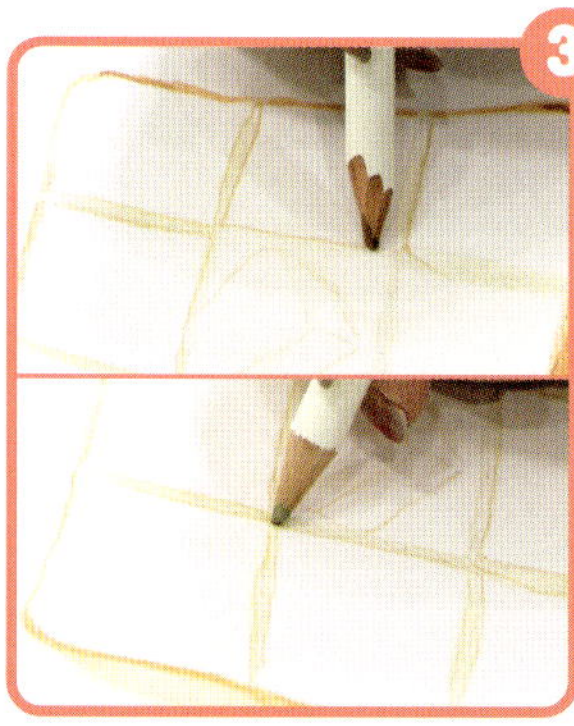

3　切れ目のラインに明るい茶色（D14）を再び重ねてパキッとさせる。表面は最終的に焼き目がついてカリッとした質感になるので、輪郭をシャープにした。切れ目の内側にLG3を追加してメリハリをつける。

## 表面の焼き目を描く

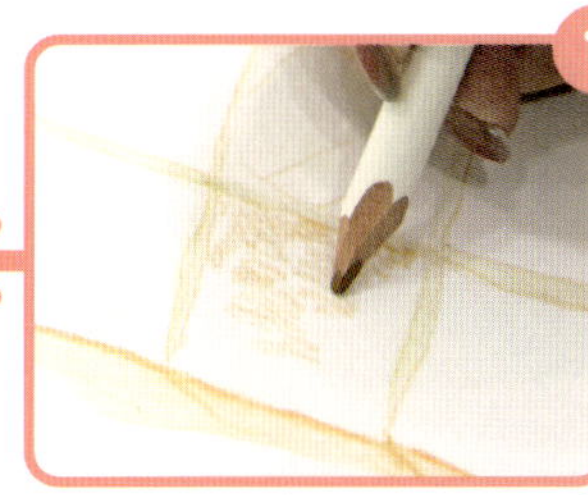

1 明るい茶色(D14)で表面に焼き目をつける。ザクザクした質感にするため、粗めに線を引く。

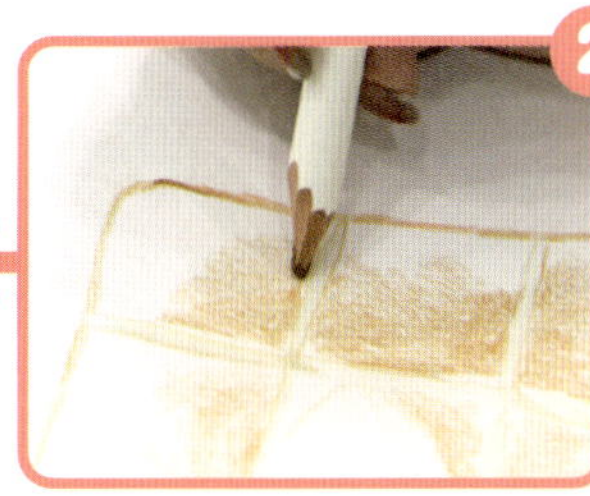

2 1マスごとにタッチを変える。手前より奥側を濃くして焼き目にムラをつけるとリアルな印象に。

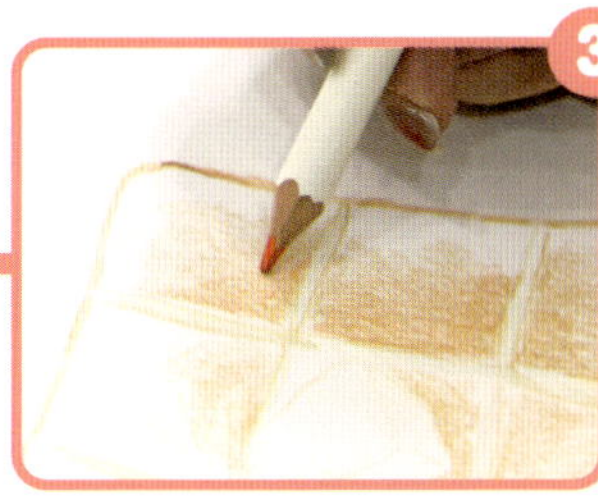

3 焼き目の上にオレンジ色(V2)を乗せて彩度を上げる。塗る面積を広げるが、白い部分は残しておく。

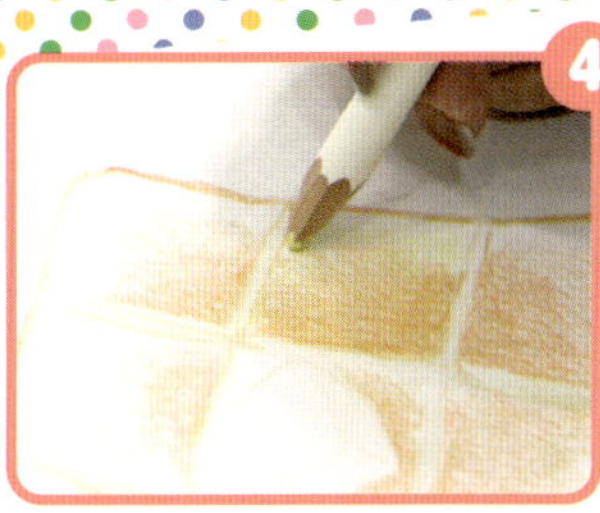

4 クリーム色(P14)をマス全体に乗せて白いところも塗りつぶす。9マス分、同様に塗っていく。

## バターを描く

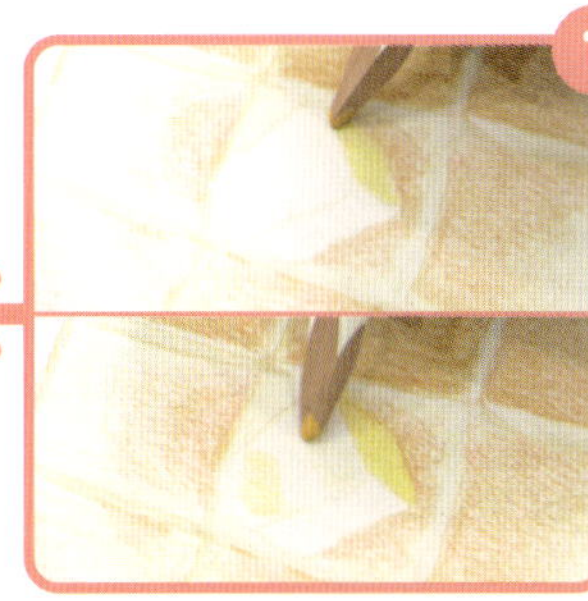

1 黄色(V3)でバターを塗る。光源側が明るめ、逆側が濃いめになるように筆圧を変えて乗せていく。

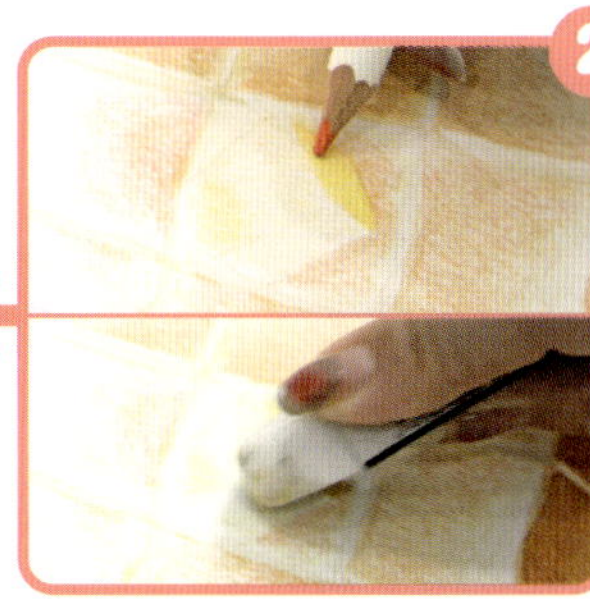

2 D14で輪郭線を整えつつ、オレンジ(V2)で色を足す。上面は濃くしすぎたので消して色を落とした。

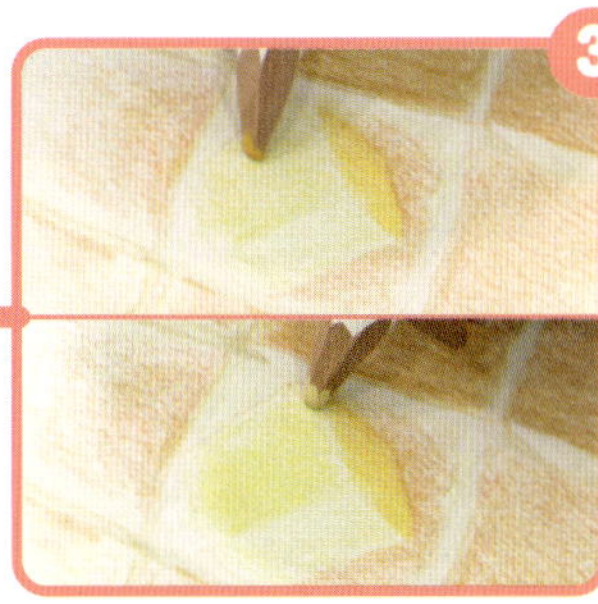

3 黄色(V3)を消した上面に塗り直す。クリーム色(P14)をバター全体に乗せてタッチを馴染ませる。

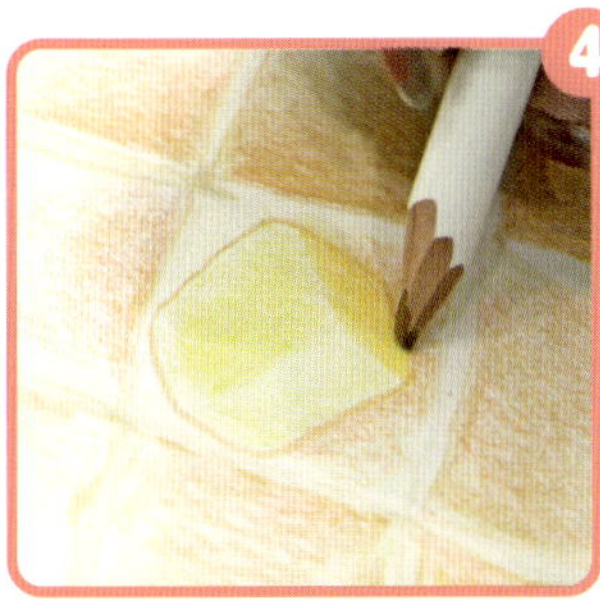

4 明るい茶色(D14)でバターの輪郭を描く。濃くなりすぎないよう、軽いタッチで引いた。

## 表面の焼き目を加筆する

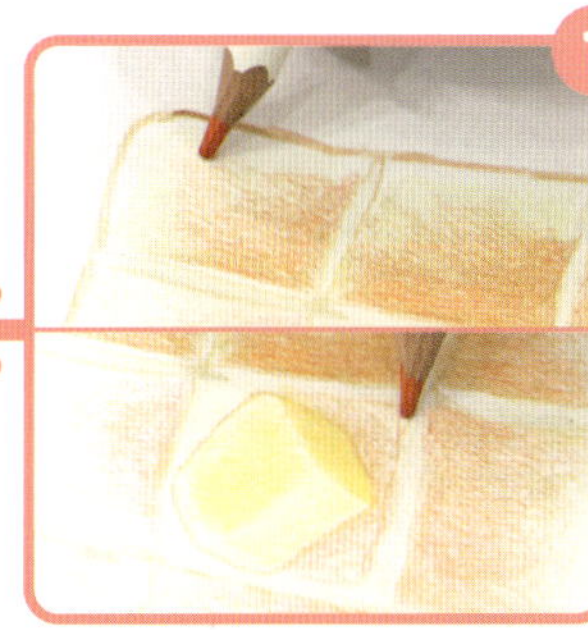

1 オレンジ(V2)でさらにパンの表面に焼き目を足す。切れ目の輪郭にも足してマスの形を強調する。

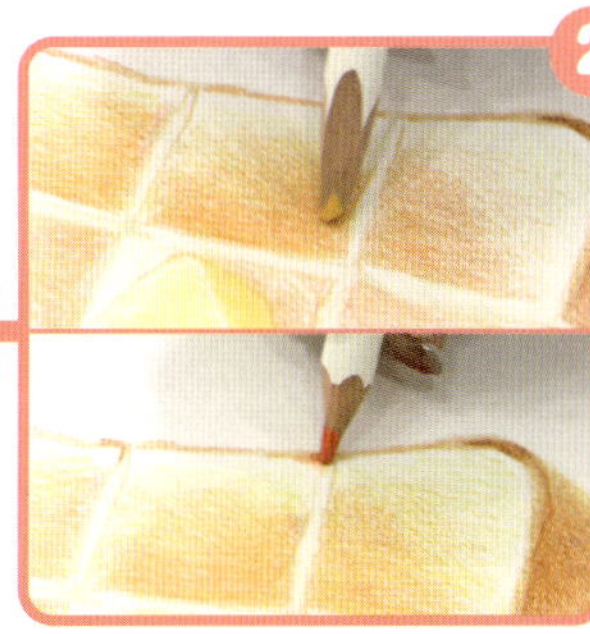

2 焼き目に黄色(V3)を足して彩度をさらに上げる。輪郭のフチにオレンジ(V2)を加えて立体感を出す。

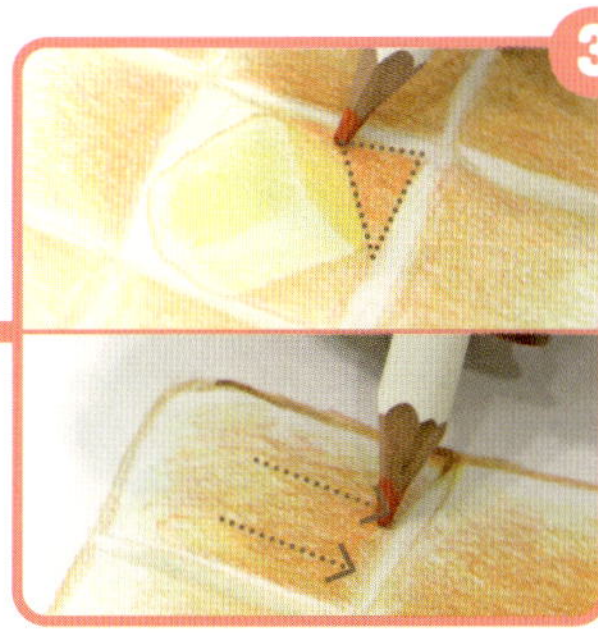

3 オレンジ(V2)を使ってバターから落ちるカゲを入れたり、焼き目にタッチを加える。

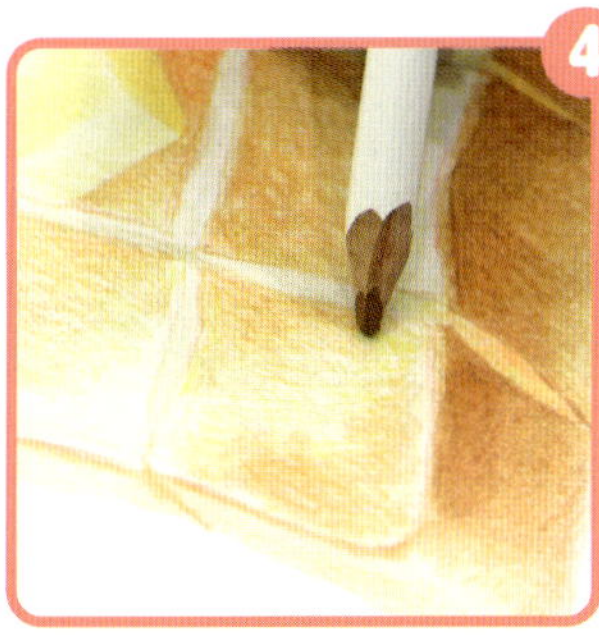

4 全体のバランスを見ながら、プレーンな茶色(D3)を手前側の焼き目に追加する。

## 仕上げ

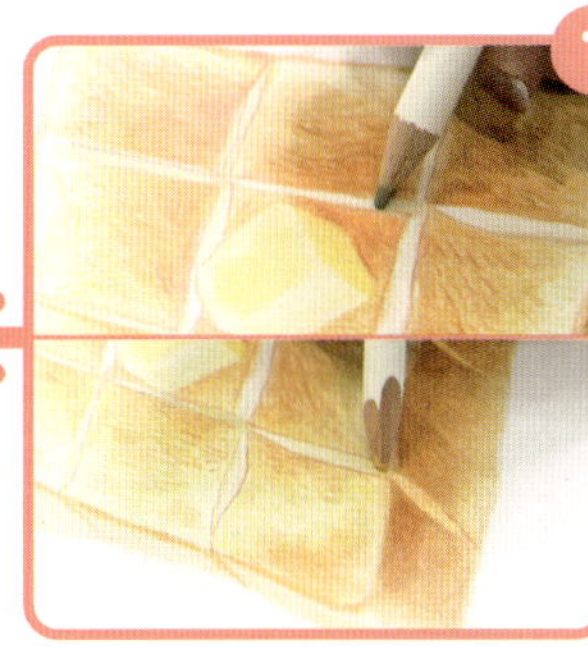

1 切れ目の内側を少し濃くする。彩度の低い黄色(LG3)と黄色(V3)を重ねて色を調整した。

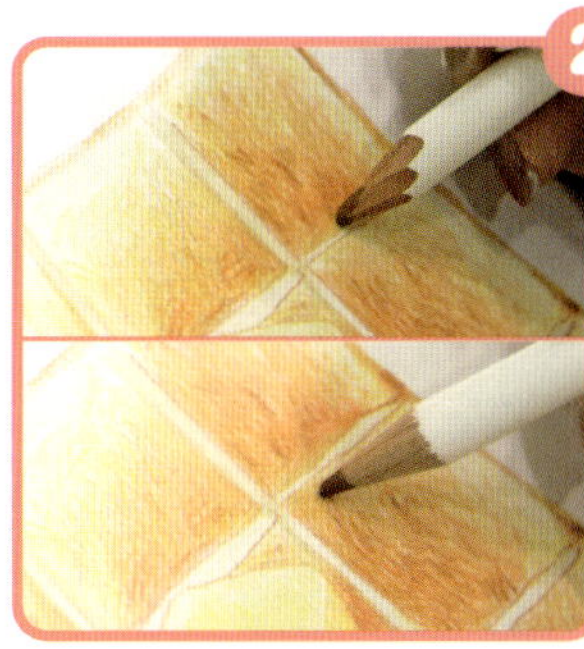

2 茶色(D3)と赤茶色(D13)で焼き目を追加。塗りつぶすのではなく軽くタッチをつける感覚で乗せる。

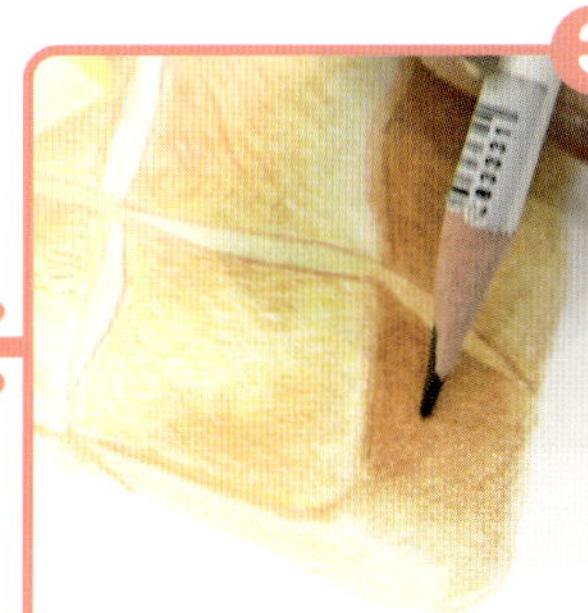

3 パンの耳の方が表面よりも濃くなるので、こげ茶色(D2)を追加して色を整える。

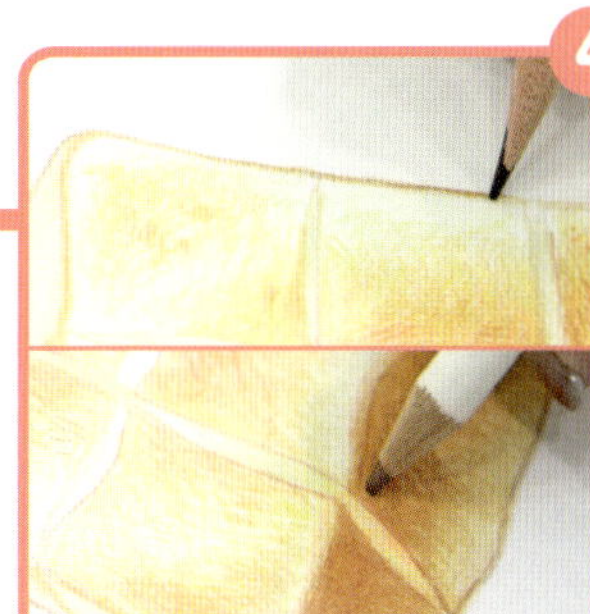

4 こげ茶色(D2)で食パンの輪郭線を描く。少し淡い茶色(DL1)で耳部分の切れ目にも輪郭を引いた。

### 完成

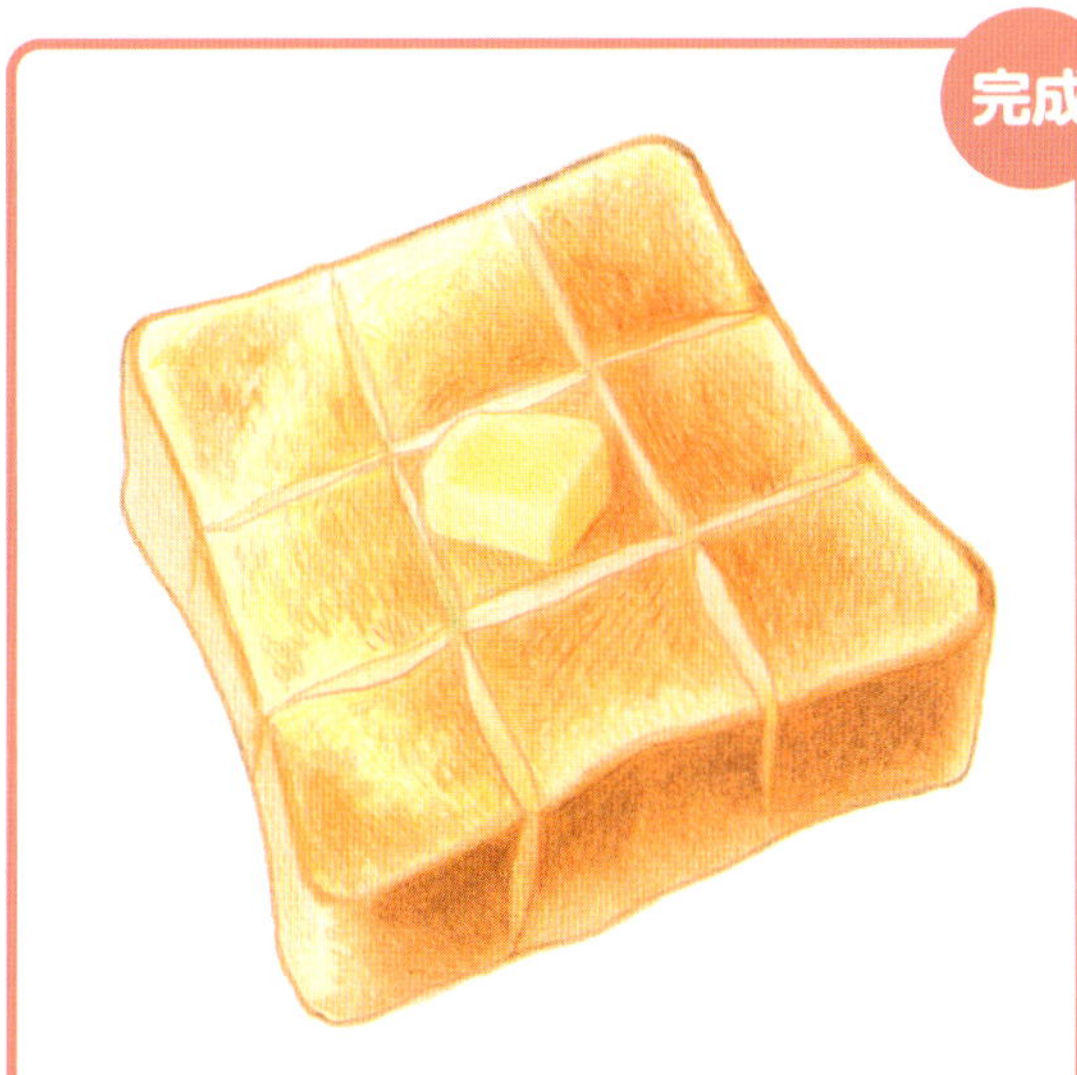

サクサク&もちもち感が伝わってくるバタートーストが完成！パンの耳の濃淡はなめらかに、表面の焼き色は粗めに描くタッチの違いもポイントです。中央にトッピングしたバターは溶かしてもOK。今回は乗せたての状態を描きました。

### まとめ

今回はこんがりとした焼き色に惹きつけられるバタートーストを描きました！　シンプルなトーストではなく、切り込みを入れる一工夫で焼き目が複雑になり、より美味しそうな見た目になります。厚切りで描くこともポイントです。次回はアレンジしたトーストを描く予定です。ぜひみなさんも、好みの厚さで描いてみてね！

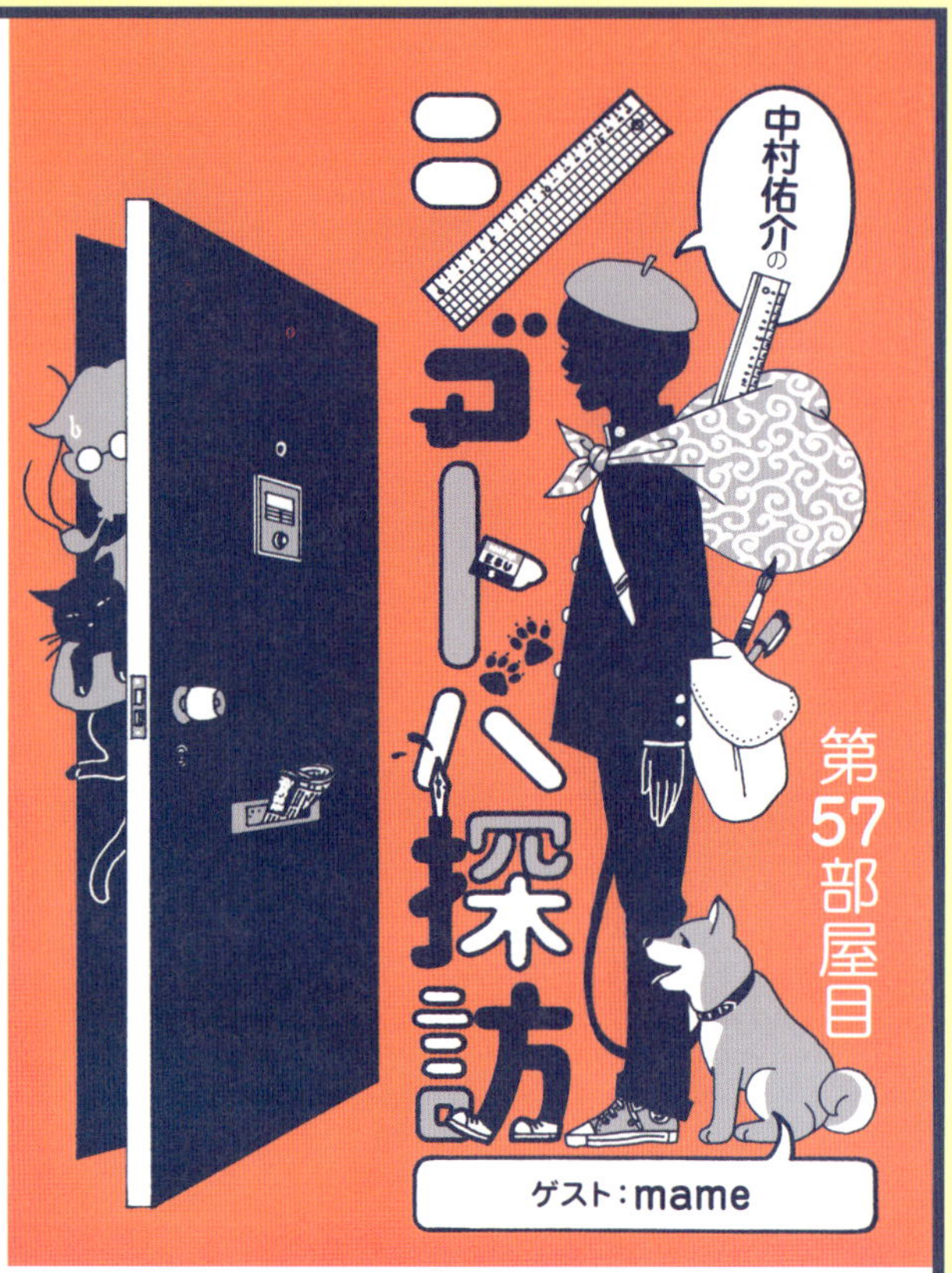


**イラストレーター・中村佑介が様々な仕事場に押しかける「中村佑介のシゴトバ探訪」。第57回目となる今回のゲストはイラストレーターのmameさんです。久々の現地対面取材となりました。というわけで、大阪のギャラリー「シカク」さんで開催されていたmame個展『くつしたをぬいだら』（2024年11月1日～11月24日）におじゃましたのち、はじめましての二人の対談が和やかにスタート！ フレッシュな感性とノスタルジックなレトロモチーフで、とりとめなくかけがえのない日々の暮らしを、リリカルポップに切り取るmameさん。そんなmameさんがどんな人生を送り、どのようにしてその作品世界を確立していったのか、興味津々の中村氏が根ほり葉ほり伺います！**

©mame

**中村** 僕はもともとmameさんのことを、二六、七歳くらいの作家さんなのかなと思っていたんですよ。絵柄がすごくフレッシュだから。だとしたらレトロなモチーフの時代背景やディテール描写があまりに正確すぎるので、同時に不思議にも思っていて。

**mame** 私、中村先生とほぼ同年代なんですよ、四〇代です！

**中村** なーんだ、やっぱり！ 僕は四六歳です！

**mame** まさにアジカン世代です。でも私は絵を描き始めたのが遅かったので。

**中村** 嬉しい！ でもmameさんはインタビューによるとイラストを描き始める前に一度、漫画家としてデビューしているんですよね？ 読みたくてAmazonでコミックスを探したけど見つけられませんでした。

**mame** コミックスは出ていないんです。それにペンネームも今とは違いました。白泉社の「LaLa」という雑誌で二〇代前半にデビューし、二〇代半ばまでの間に増刊誌に何本か読み切りを載せてもらいました。けれど全然売れないし、そもそもネームも通らないので、自信を失くしてしまって。ネームを描いてもお金をもらえるわけじゃないので、生活も苦しくなり、コミックスを出す前に逃げるようにやめてしまったんです。

**中村** ネームを描くのだって時間がかかりますもんね。でも、やめたのは二〇代半ばでしょう？ mameさんのInstagramを見ると、一番最初にあげているイラストが二〇一六年五月だから、ずいぶん長い空白期間があるけど、その間は何をされていたんですか？

**mame** 会社員をしたりバイトをしたりですね。絵は全然描いていませんでした。

**中村** お仕事はデザイン関係ですか？

**mame** いえ、アパレル関係の会社です。そこでECサイトの管理やカスタマーサポートなど、雑務全般をやっていました。

**中村** mameさんは現在山梨にお住まいですけど、当時は東京にお住まいだったんですか？

**mame** 上野の会社で働いていました。もともとの話をすると、親の会社が倒産した時に、家族で知り合いを頼って山梨に移り住んだのが最初です。ただ、私だけは一年で東京に戻って、東京の会社で働いていました。その間も両親はそのまま山梨に残っていたのですが、もう高齢になってきたし、私もちょうどイラストの仕事をもらえるようになってきたので、山梨に戻ったという経緯ですね。それが三四歳の頃です。

**中村** 二五歳で漫画をやめて、三四歳で再び絵の仕事が来るようになったんですね。その前にどういう経緯でまた絵を描き始めたんですか？

**mame** もともと絵以外はやりたいことがなかったんですけど、漫画をやめたあとは絵も描けないし、漫画も読めなくなってしまって。でも生活はしなければいけないので会社務めをしていたら、三〇歳を過ぎてしまった。

**中村** 夢だった漫画の道で挫折して、心が折れてしまったわけですね。

**mame** そうなんです。目標を失って、どうしていいかわからない状態でした。

**中村** 確かに、僕らの世代は絵の仕事と言えば圧倒的に漫画でしたよね。僕も、子供の頃の夢は漫画家でした。それこそイラストレーターって、サンリオに入ってキティちゃんを描くとか、任天堂に入ってマリオを描くとか、そういうイメージで。自分がフリーランスのイラストレーターで食べていけるなんて想像もしていなかった。だから僕は今、自分がやっているような仕事を、どの時点でも目標にしていなかったんですよ。大学生になってようやく、もしイラストレーターになるならカプコンに入りたいなと就職を考えていたくらい。カプコンのゲームが好きだったから。mameさんと僕は世代が近いから、きっと同じような感覚だったんじゃないですか。

**mame** 確かに同じでしたね。だから漫画がダメになった時に全然未来が見えなくなってしまって。でも三〇歳を過ぎた頃に、やっぱり絵を描きたいと思ったんです。ここで絵を描かなかったら、きっと死ぬときに後悔しちゃうなって。その前に、もうちょっと遡ってお話をすると、そもそも私は小学一年生から中三年生までずっと不登校だったんですよ。

**中村** そうなんですね。学校が嫌いだったとか？

**mame** 学校が嫌いというか、共同で何かをするのが苦手なのと、その年齢の女の子特有の、みんなで集まって一緒に行動しないとダメだという同調圧力みたいなものが苦しくて。私も気が弱いので誘われれば付いていくんですけど、そういう自分にも嫌気がさしていました。それで、ほぼ九年間不登校だったんです。

**中村** 高校には進学したんですか？

**mame** 高校は通信制に進学しました。一応、専門学校にも行って。

**中村** でも、その間はずっと引きこもっていたわけですね？

**mame** はい、ずっと引きこもっていました。

**中村** よくぞ出てきましたね！

**mame** 私もそう思います（笑）。

**中村** ご両親の理解があったのでしょうか？

**mame** でも、父親はチャキチャキの江戸っ子なので、「出ていけ！」という感じでしたね。

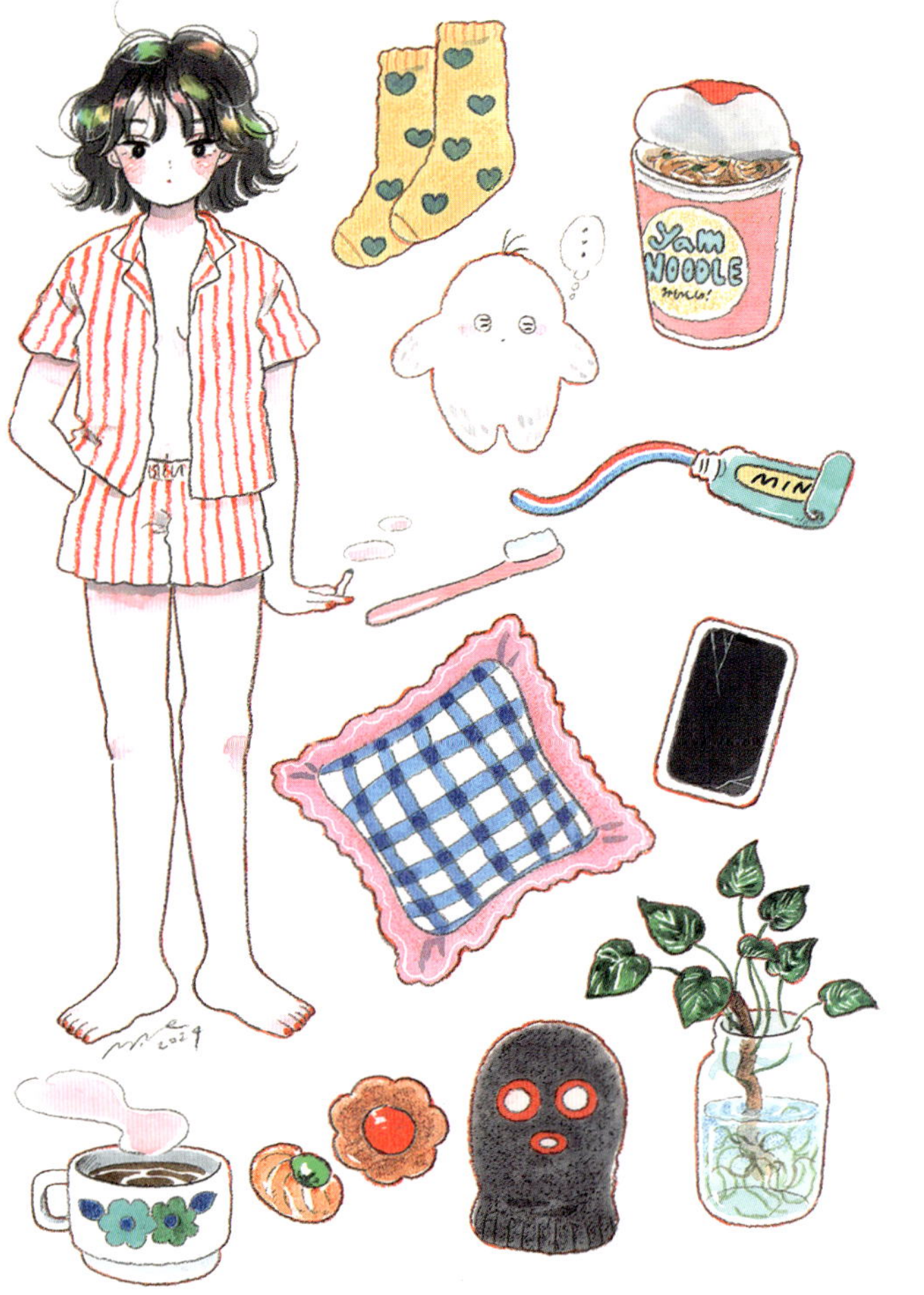

「私のエトセトラ。」2024年

yuko／調布（調布市）調布駅からすぐ、野菜畑に囲まれた住宅地

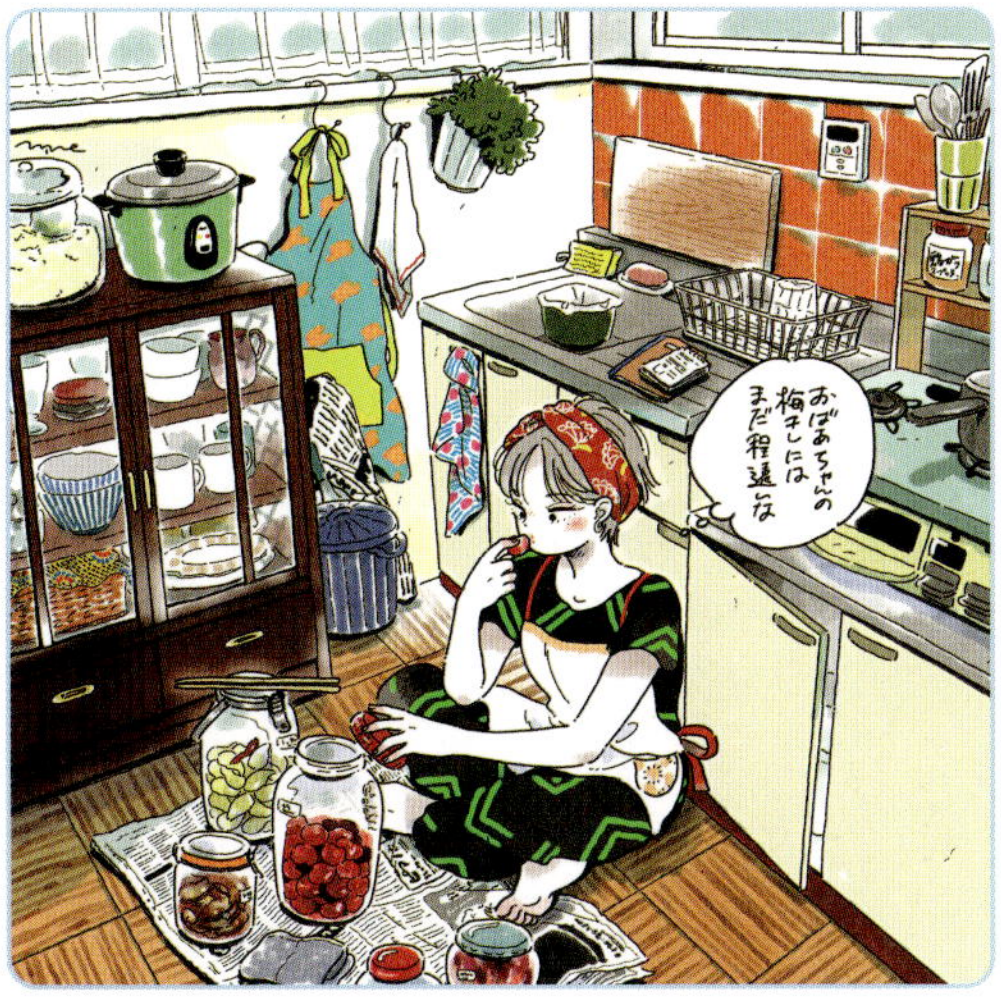


mari／蔵前（台東区）隅田川沿いのヴィンテージマンション

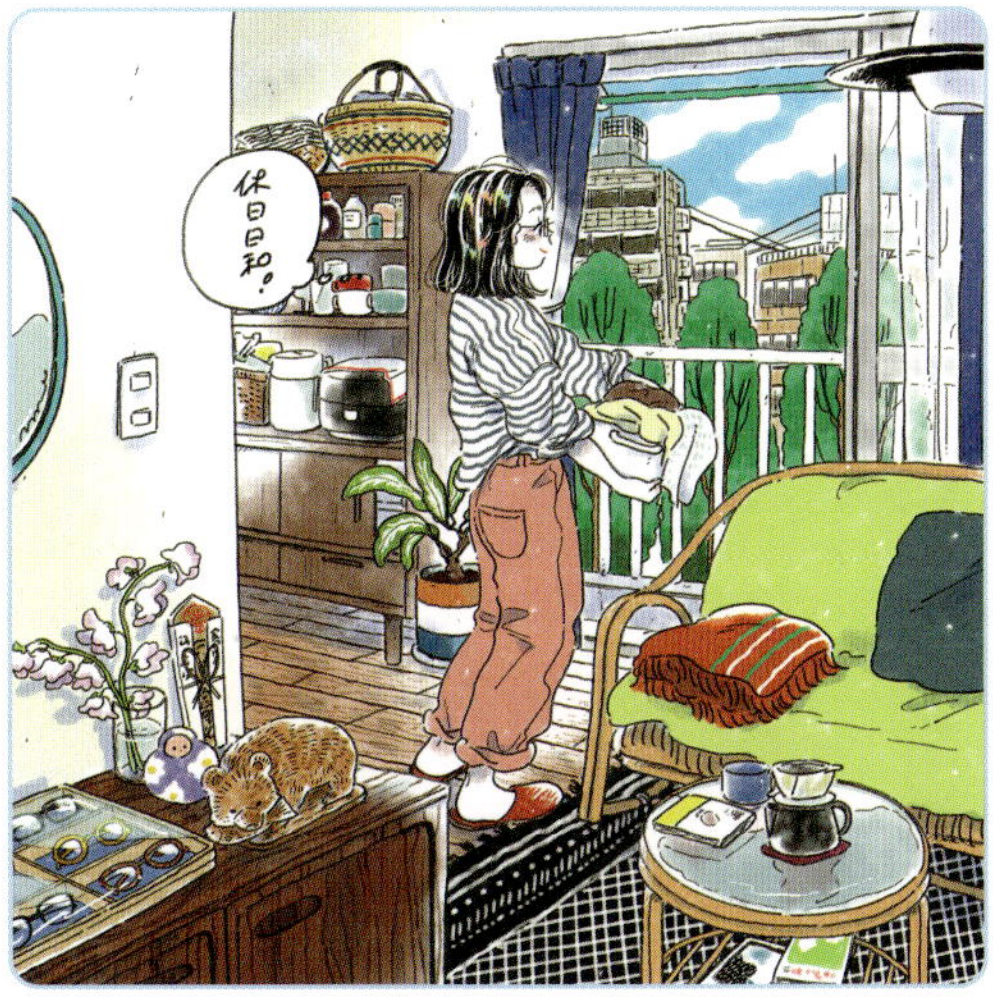


母親は私が絵を描いているのを知っていて、好きなことがあるのはいいことだと見守ってくれていましたけれど。父親にはそれこそパジャマのまま家の外に締め出されたり、八王子の山中に置いていかれたりして、パジャマで道路を走って車を追いかけたこともあります。

**中村**　そんなことが…！　引きこもり時代は、どんなふうに過ごしていたんですか？　今はSNSやオンラインゲームで、直接人と会わなくても交流ができる時代だけど、当時の引きこもりは完全な引きこもりじゃないですか。本当にご両親しか話す相手はいないだろうし、mameさんみたいに小一から不登校だと、近所で友達をつくるのも難しかったでしょう？

**mame**　地元の友達は一人しかいませんでしたね。

**中村**　じゃあ、絵を描く以外の時間は何をしていたんですか？

**mame**　小学生の頃は好きなアニメを観て、アニメーターさんにファンレターを書いていました。そしたら、ちゃんと直筆のイラスト入りのお手紙が返ってくるようになって。すごく嬉しかったですね。他には声優さんのイベントのためにアニメイトに行ったりもしていました。ですから完全に引きこもっていたわけではないんです。

**中村**　声優さんのラジオも聴いてました？

**mame**　聴いてましたね、日髙のり子さんの「ノンことのびたのアニメスクランブル」とか。

**中村**　なるほど、理解できました！　絵がmameさんの本体なんですね。mameさんが繋がっていた社会はテレビアニメで、絵で、そういうものがmameさんの友達だったということですよね。学校ではなくて。そんなmameさんを絵から引き離したら、そりゃ呼吸ができなくなっちゃいます。

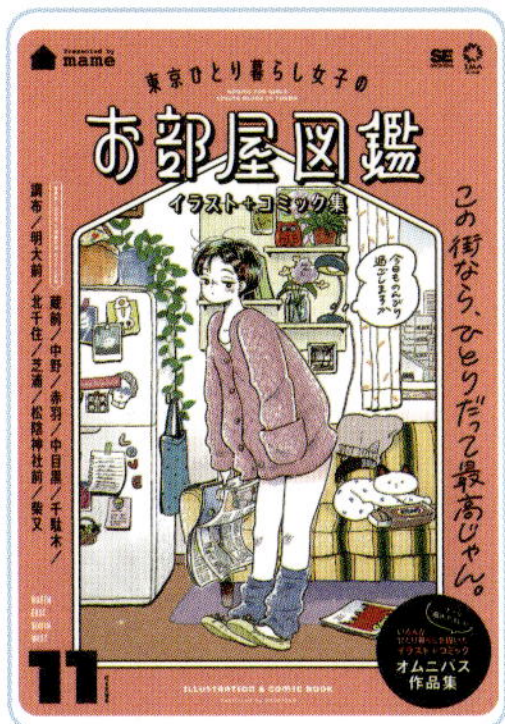


**『東京ひとり暮らし女子の
お部屋図鑑
イラスト+コミック集』**
◎著：mame
◎発売：翔泳社
◎価格：1760円（税込）
◎仕様：A5・128ページ
中野、蔵前、調布に千駄木――東京の11の街を舞台に、ひとり暮らしの女の子たちの暮らしを描いた、mameさん渾身の創作お部屋図鑑。街と人の個性や、その暮らしぶりがにじみでたインテリアに、こだわりのアイテムなど、すみずみまで目に楽しい一冊。

魚を水の中から引き上げるようなものだから。中学生になると、どうでしたか？

**mame**　中学生になると今度は音楽にハマりました。その頃すでに解散はしていたのですが、ユニコーンに夢中になって。でも奥田民生さんがソロで活動していたので、ライブに行くようになったんです。

**中村**　ライブだなんて、そんな人の多い所に行けるということはmameさんは集団が苦手なだけで人が嫌いだったわけではないんですか？

**mame**　きっと、人は好きなんでしょうね。引きこもって人と接してこなかったので、人付き合いは得意じゃないけれど、たぶん人と接すること自体は好きなんだと思います。

**中村**　そこは僕とは違いますね。僕は大勢の人が同じ目的で何かをしているという状況がとにかく苦手なんです。だから電車も無理で、貧乏な時代から家に風呂はないのにタクシーにだけは乗っていました。たぶん個人的な空間が侵食されるような感覚がダメなんでしょうね。そういう意味でホテルも苦手。それこそ『Blue』という初めての作品集を出したサイン会ツアーの時も、最初の三ヶ月間はずっと寝られませんでした。そこでホテルに色々持っていくようになったんですよ。とにかく自分の部屋の気に入っているものを全部カバンに詰めて、ホテルに着いたら綺麗に並べて、擬似的に自分の部屋をつくるというか。それでようやく落ち着いて寝られるようになりました。でもmameさんの場合はそういうことではなくて、本当にただ純粋に学校が苦手だったわけですよね。高校時代はどうでしたか？

**mame**　高校は通信制ではあったんですけど、渋谷にあるサポート校に通学もしていて。

**中村**　渋谷なんだ！　その時代の渋谷なんてギャルがいっぱいでしょう!?

**mame**　そうですね、コギャル全盛期（笑）。その高校には私みたいな不登校の子から精神的にちょっと不安定な子、年上のチーマーみたい人まで本当に様々な生徒がいたんです。高校に入り、本当に世の中には色々な人がいるのだということを知れたのは、私にとってとても重要なことでした。

**中村**　色々な人がいるのだから自分がいてもいいんだ、と思えたということですね！

**mame**　そうです。私だけがダメなんだとずっと思っていたけれど、意外とみんなダメだったと知れて、安心することができた。そしたら外にも出られるようになって、初めてバイトをすることもできたんです。それからもう一つ、『彼氏彼女の事情』（津田雅美・著／白泉社・刊）という漫画に出会うんですよ。そこで漫画ってこんなに凄いことを表現できるのか、と衝撃を受けて。その前もなんとなく漫画は描いていたのですが、引きこもりだから将来のことなんて当然考えられなくて。けれど、そこで初めて漫画家を目指すようになるんです。

**中村**　そうして無事に二〇代前半で漫画家デビューを果たすわけですね。けれどネームがなかなか通らず挫折してやめてしまう、という最初の話に戻ると。

**mame**　結局、九年間ずっと引きこもっていたのも、要は逃げてきた人生だったからで、人生経験がなさすぎて、その挫折が本当に立ち直れなくなるレベルだったんです。

**中村**　mameさんにとっては絵がすべてで、そこだけが拠り所だったから、漫画がうまくいかなくて絵の道が閉ざされたと思った時に、本当にすべてが終わったような気持ちになってしまったんですよね。

**mame**　そうなんです。これでダメなら人間として終わりくらいの気持ちでした。でも、とりあえず生きてくために会社員を続けて。そうこうしているうちに三〇歳を過ぎたところで、やっぱり後悔したくないから、絵を描こうと思い立ちました。その時の会社の同僚に絵を描いている子がいて、Instagramに絵を投稿するといいと教えてもらったんですよ。それまではLINE以外のSNSには触れたこともなかったんですけど、せっかく絵を描き始めたし、誰かにちょっとでも見てもらえたら嬉しいなという気持ちで、おそるおそるInstagramも始めました。

**中村**　そうして定期的にInstagramを更新していくわけですけど、二〇一七年頃から少しずつ今のmameさんの片鱗が見えてきますよね。絵柄も塗りもどんどん変化して。なかでも一番変わったのは世界観。ややファンタジーや憧れの世界観から、日常や土着的なものをきちんと表現する生活を描いた作品へと変化していく。さらにフキダシも付いて、今のmameさんのスタイルが確立されていくのがわかります。その今に繋がる一コマ漫画みたいなスタイルは、好きなように描いていくなかで自然と生まれたものですか？

**mame**　自然と生まれたところもあるけれど、その頃から人に絵を見られることを意識し始

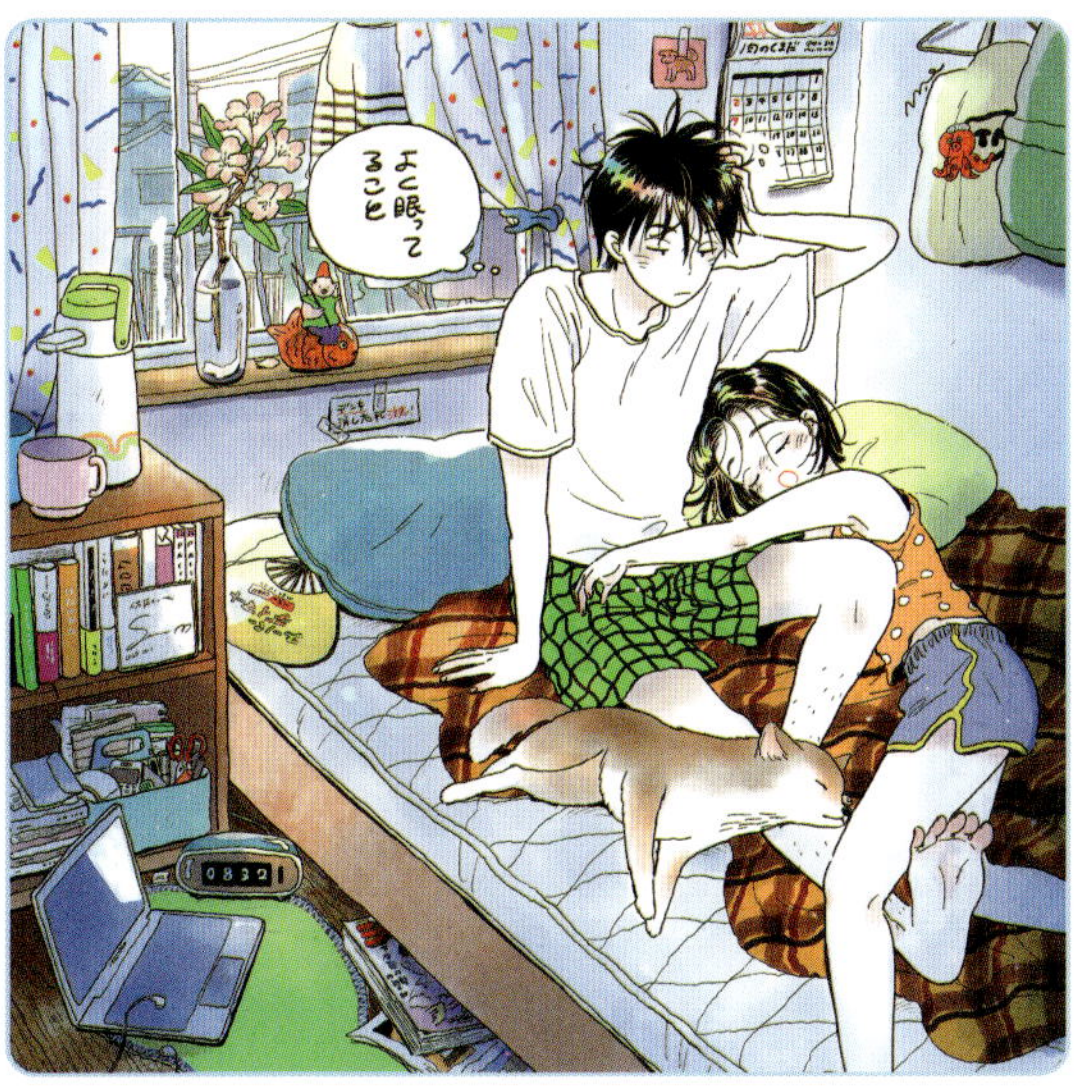


「今日も激戦区なり」2024年

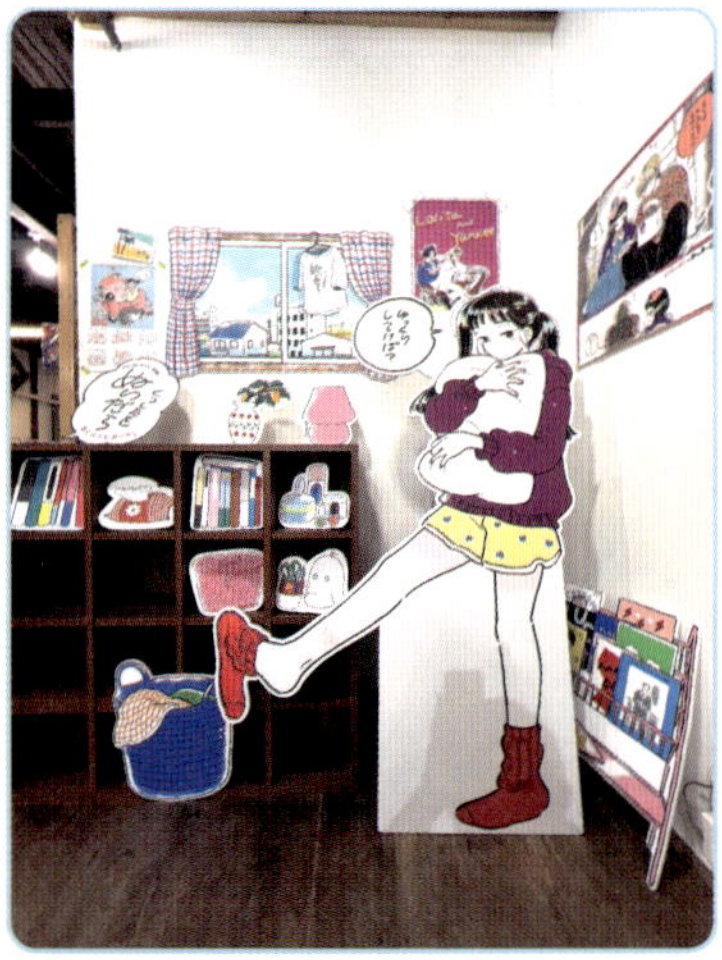
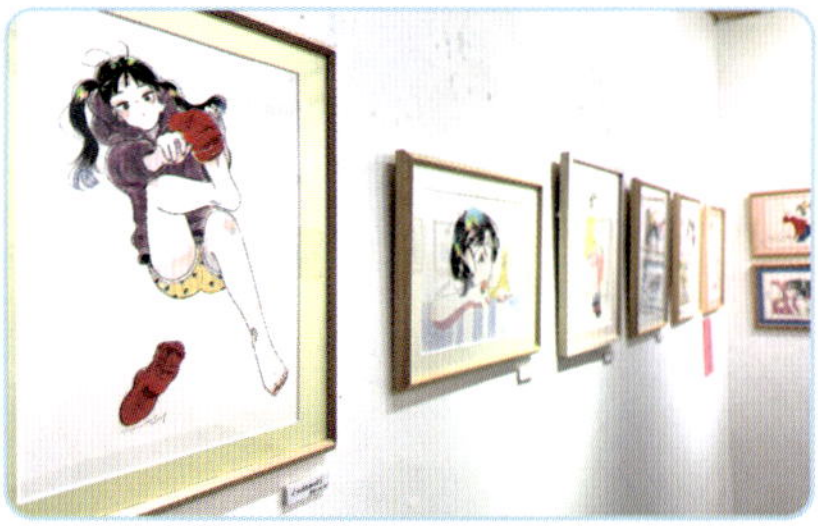
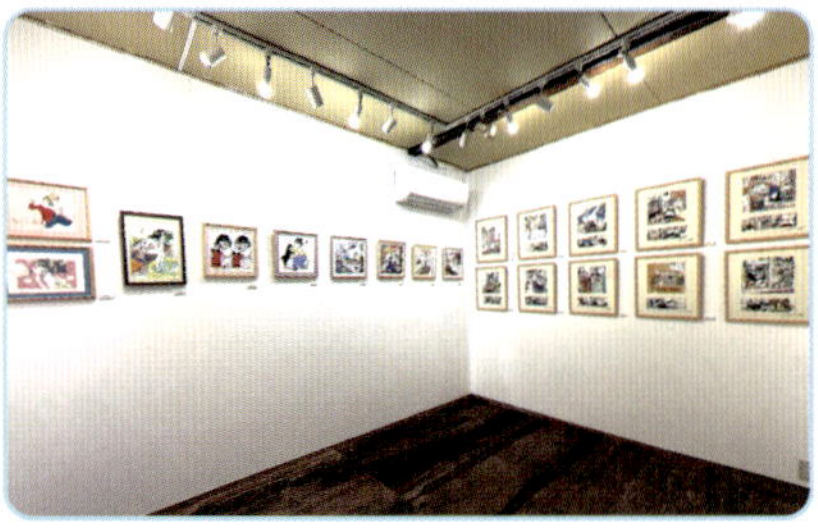

**mame個展**
**『くつしたをぬいだら』**
**@大阪「シカク」**

本展のために描き下ろされた新作のアナログ作品をはじめ、書籍『東京ひとり暮らし女子のお部屋図鑑』に収録されたデジタル作品など、近年の作品をぎゅっと贅沢に集めた展示。展示タイトルにぴったりな可愛いお部屋のフォトスポットも。

めたことも関係があると思います。もともと背景のある絵は好きだったので、漫画は描けないにしても、背景を入れてストーリー性のある一コマ漫画みたいなものを描けば、もっといろんな人に見てもらえるかもしれない、という下心が出てきたというか（笑）。そんな流れでしたね。

**中村**　作家性というより、わかりやすさを追求した結果だったのですね。それ以前の作風は、もしかしたらmameさん以外でも辿り着ける気もします。

**mame**　たぶん、その頃はまだイラストというものが、あまりよくわかっていなかったんだと思います。自分が思うイラストっぽいものを描いていただけというか。

**中村**　それが突然、これはmameさんにしか描けないというものをどんどん出し始めて。だから、この人は一体何者なのだ!?　と思いながら、ずっと見ていたんですよ。最初に話したように、絵柄的には若い人なのかなと思うようなフレッシュな感性なんだけれど、よくよく見るとディテールの時代背景が正しすぎる。リバイバルブーム、レトロブームで、若い人が八〇年代、九〇年代、二〇〇〇年代の文化を作品に取り入れることは増えてきたけれど、実は年代の違うものが全部一緒くたに描かれていることが多いんです。そんななかで、mameさんの作品はとても正確だった。例えば『愛してるっていってよね』の表紙イラストも、『ゴーストワールド』とか『ヴァージン・スーサイズ』とか、僕らからすればあの当時の懐かしい映画のビジュアルに、ソニック・ユースなんて、レトロブームの後追いでは絶対に選ばないであろうジャケットの図柄を入れていたりする。もし本当に若い人なのだとしたら超オタクやなと思ったし、どうなってるんや！　と思っていたけど、あーよかった、同世代だった！　と腑に落ちました（笑）。

**mame**　この作品集の表紙イラストは、特にそんな感じだと思います。私が二〇代前半あたりに見ていたものをたくさん描いているので。すごく細かく見てくださって、いろんな意味で震えています（笑）。

**中村**　その一方で、やっぱりmameさんのイラストから感じる、このフレッシュさは四〇代の作家のものとは思えません。しかも三〇代でこの絵柄を確立していったわけでしょう？　ものすごく柔軟な感性です。やっぱり学校に行ってなかったから摩擦が少なく、いつまでも若々しい心を持ち続けていられるとしか考えられないですよ！

**mame**　ありがとうございます（笑）。もしそう思っていただけるのだとしたら、それは私が引きこもっていたせいで経験することのできなかった青春というものを、自分の絵の中で取り戻す作業をしているからだと思います。それこそ中学時代までは友達とどこかに遊びにいくなんてこともほとんどやってこなくて。憧れ、疑似体験ですね。

**中村**　僕がmameさんのイラストを見て一番ショックを受けた部分は、さらにもう一つあって。僕がそれまで当たり前に見てきたイラストというのは、言うならば〝孤独〟を象徴するものだったんです。なぜなら、絵を描いている自分を投影したものだから。例えば季刊エスの投稿ページに載っている絵も、女の子が部屋でひとりぼっち、男の子が部屋でひとりぼっち、というような作品が二〇一五年くらいまでは特に多かった。イメージとしては、エヴァンゲリオンの碇シンジくんが体育座りでうずくまっているみたいな絵。それを綾波レイが投稿してくる感じというか。ところがmameさんの描く絵は、男の子と女の子が仲良く同棲しているんだよね。これにはびっくりしました。

**mame**　え、そうなんですか？

**中村**　この絵に誰が共感するのかなと僕は勝手に思っていたんだけれど、そこがもう若者との感覚の断絶なのかもしれないなと思って。だからmameさんの作品は生／性に肯定的な方向性なんです。ちょっとエッチだし何か食べてるしカップルだし。ポジティブな生命の表現なんだよね。でも確かに今って、ミュージシャンなんかも普通に恋人がいることをオープンにしているし、若い人にとってはそれが何の違和感もない価値観なのかなって。だから、こんな絵を描くのは絶対に若い人で、こういう感覚を持ったイラストレーターが出てきたことで「もう僕の時代は終わった！」とも思ったくらいの衝撃でした。「もう女の子が一人で孤独に佇んでたらアカンのや！」って（笑）。だから季刊エスを見ていると落ち着きます。後輩たちがまだ頑張って孤独な絵を描いてるな、と思えるから。mameさんはやっぱり根が明るいと思います。こういう絵を描ける時点でそうだし、普通に考えたら小学校から中学校まで引きこもりだった人が、今日初めて会った僕なんかと、こんなにたくさん喋ってくれないよ！

**mame**　でも最近は自分でもそうなのかな？　と思うようになりました（笑）。自分のことをずっとすごく根暗な人間だと思っていたんです。悩むのも大好きだし。けれど最近はむしろ根明なのかもしれないなと思い直しています。人と接することも大好きですし。

**中村**　エネルギッシュですよね。それが絵からも溢れ出ています。みんなmameさんの作品を見ると元気になるんだと思う。若い人たちは、もちろん共感する気持ちもあるだろうし。だから絵だけを見ていると、まさかmameさんが長年引きこもっていた人だとは到底思えない。話は聞いてみるもんだと思いました。エスを読んでいる読者の中にもそういう子たちはいっぱいいると思うし、今日のmameさんの話はとても希望になると思います。

**mame**　ありがとうございます。今日は私も改めて中村先生の言葉を通して、客観的に自分を知ることができた気がして、嬉しかったです。

**中村**　とんでもない！　僕もmameさんのお話を色々聞けて納得できました。ちなみに今日はmameさんの展示『くつしたをぬいだら』をギャラリー「シカク」さんで観せてもらいましたが、そもそもシカクさんとのお付き合いはいつから始まったんですか？

**mame**　最初に展示のお声がけをいただいたのは二〇二〇年頃です。もともと色々な方が展示されていたので、シカクさんのことは知っていましたし、この懐かしい雰囲気もすごく素敵で、「ぜひ、やりたいです」と答えて。シカクさんって、スタッフのみなさん一人ひとりがクリエイターという感じで凄いんです。グッズをつくったりして器用だし、展示のたびに面白いアイデアを提案してくださって。今回のフォトスポットもシカクさんのアイデアなんですよ。ここにある棚に小物を飾って立体っぽく展示したらどうですか、って。わたしは絵を描いてデータを渡しただけ。パネルの切り抜きもシカクさんがやってくださいました。

**中村**　切り抜きまでスゴイ！　業者に出すとけっこう費用がかかるから、諦めちゃいますもんね。

**mame**　もう感謝しかないです。今回で三回目の展示になるんですが、設営から撤収まで毎回シカクさんがやってくださるので、本当にありがたいです。

**中村**　持ちつ持たれつですね。こうして、アナログ原画とデジタルのプリントの両方を展示して、リアルな場で作品を見てもらうことと、SNS、インターネットの差って感じますか？

**mame**　感じます。SNSって、やっぱり色々と実感が湧きづらくて。いつまで経っても馴染まないというか、本当に絵をあげるだけの場所という意識です。

**中村**　確かにmameさんはSNSで交流している様子もあまりないんですよね。

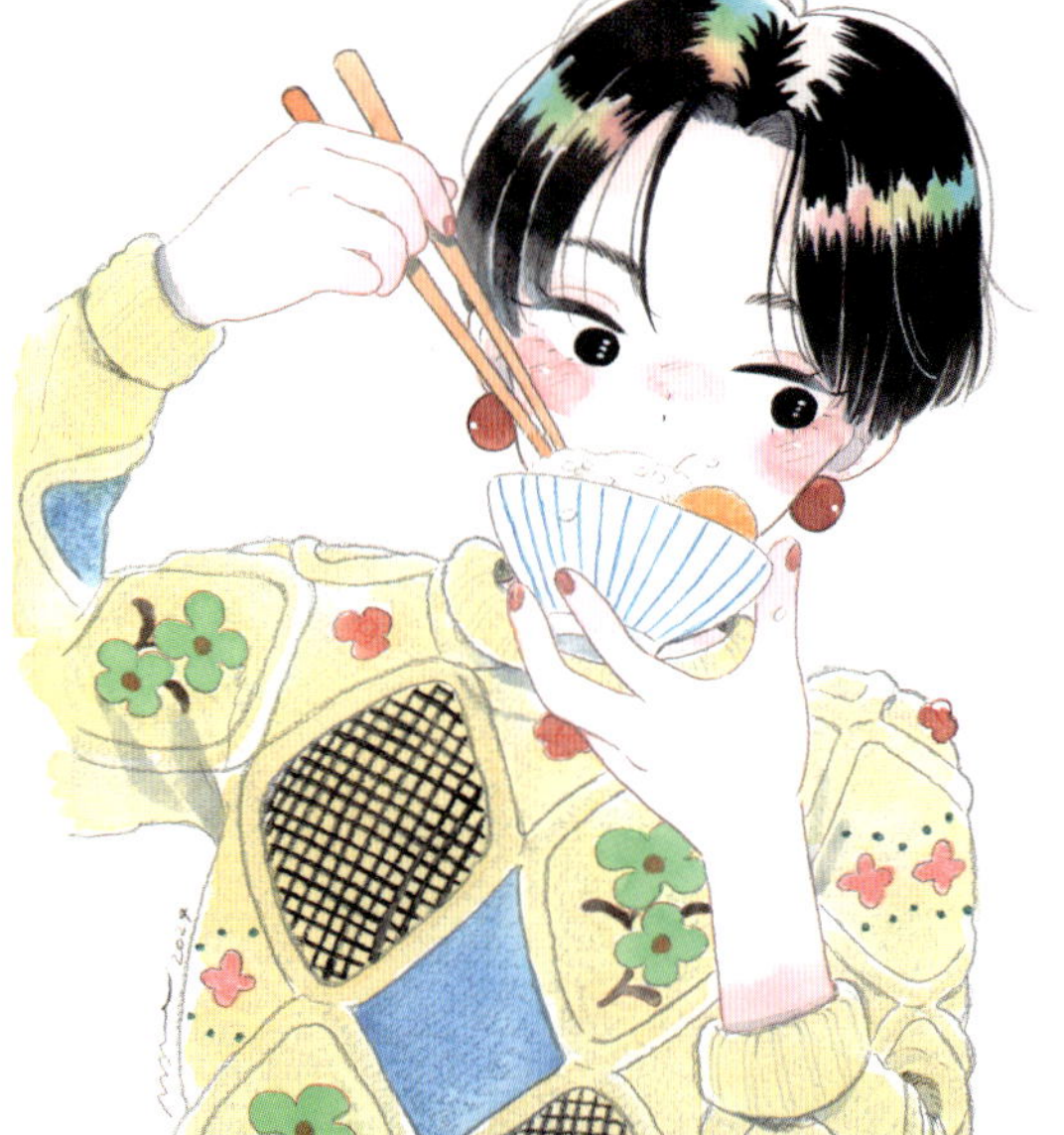

「ベイビー・ドント・ルーズ」2024年

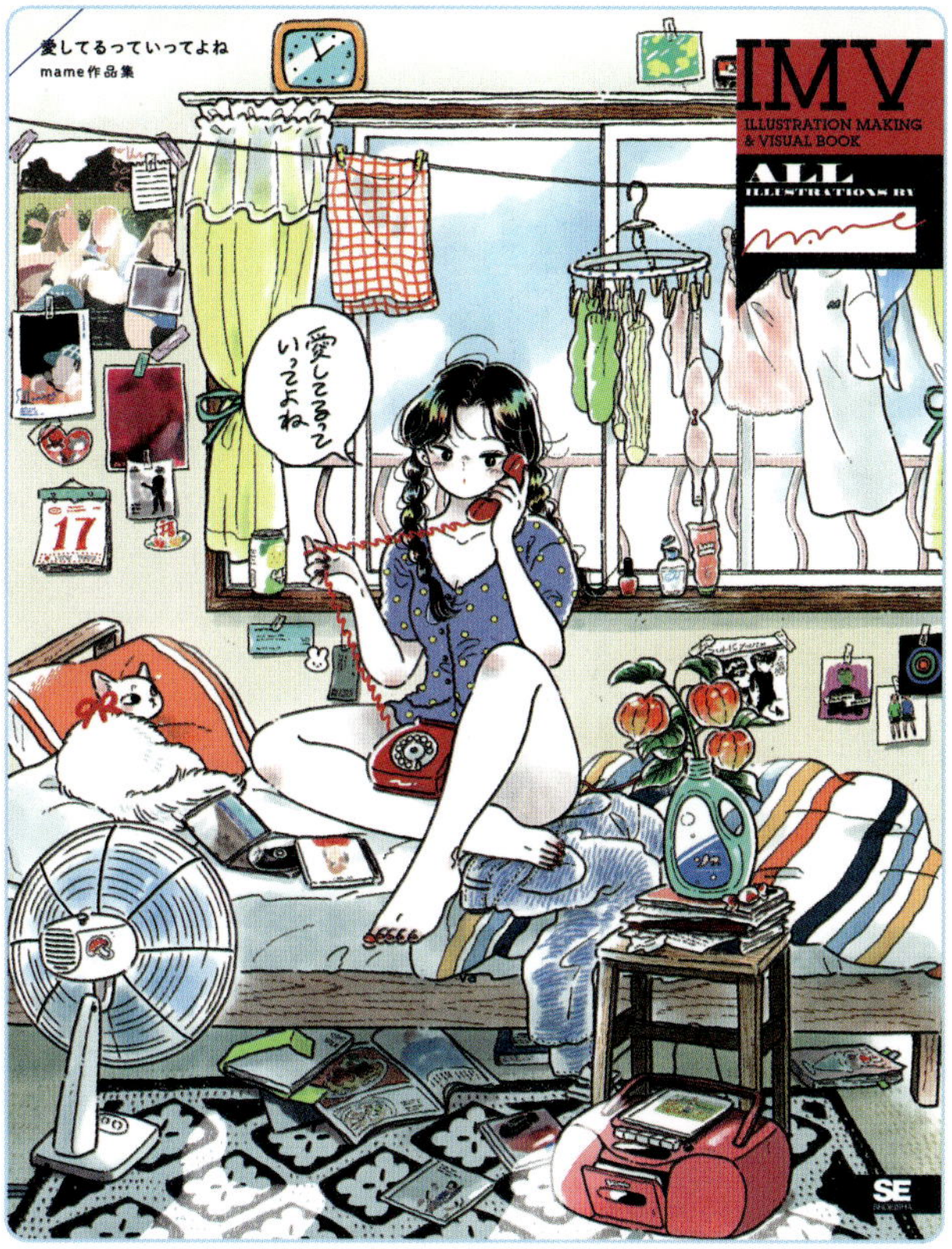


**『愛してるっていってよね mame作品集
ILLUSTRATION MAKING & VISUAL BOOK』**
◎著：mame
◎発売：翔泳社
◎価格：2970円（税込）
◎仕様：B5変・192ページ
アナログ・デジタル、プライベートからお仕事まで、2022年までのmameさんの活動の軌跡を余すところなく収めた初作品集。恋する女の子も、恋に敗れた女の子も、泣いて喋って食べて寝て、今日という日をきらきらと逞しく生きる。デジタルイラストメイキングに設定やスケッチ、インタビューまで網羅した珠玉の一冊。

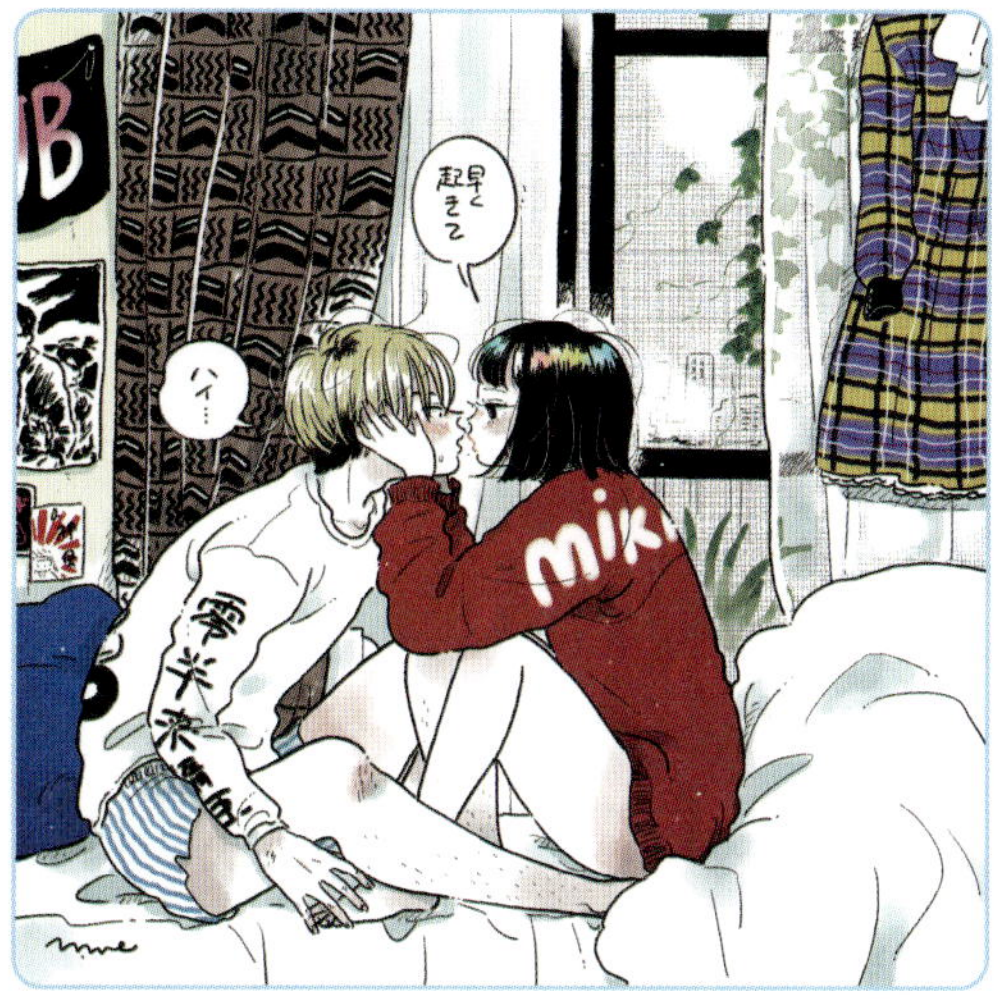


**「ボサッとしてないで、モーニングコーヒー飲もうよ2人で」2020年**
（ロリータちゃんとヤンキーくんシリーズ）

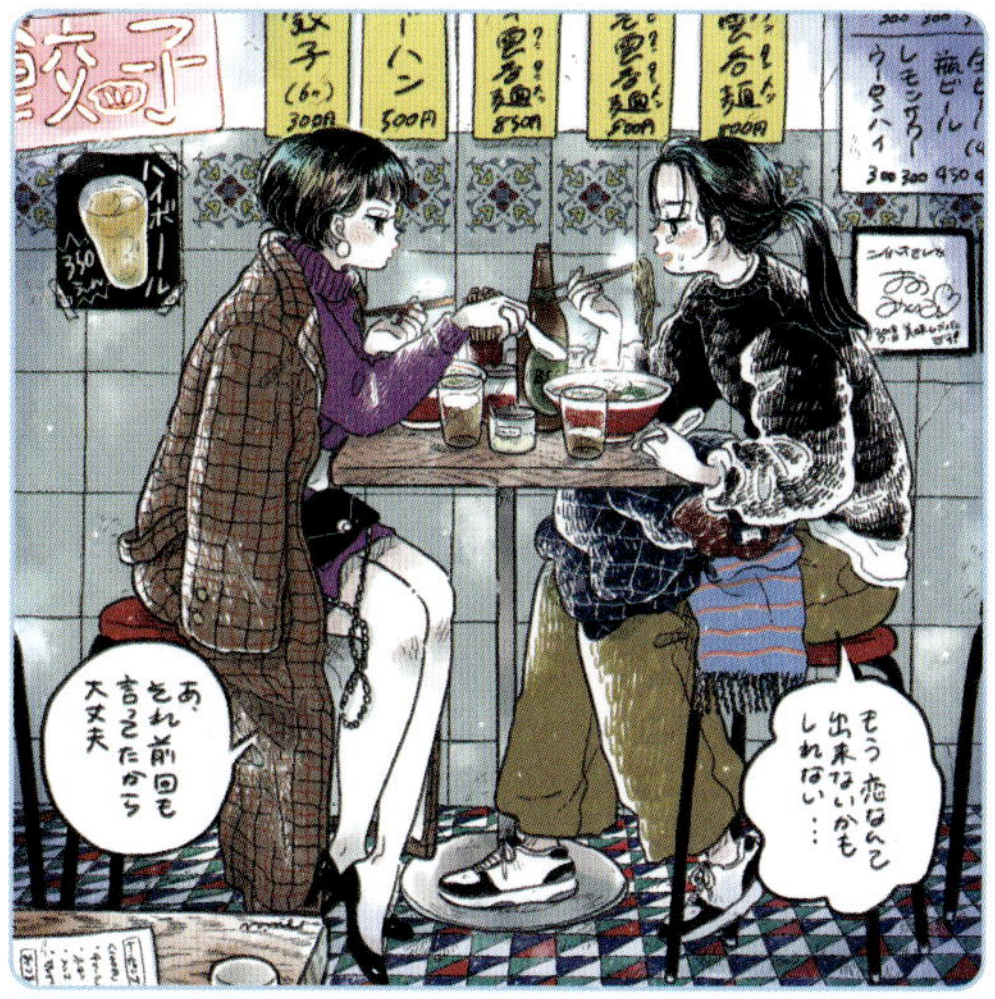

**「あんたがいる私の人生は上々かもしない」2019年**

**mame**　そうですね。自分のこともそんなに発信していないですし、する必要もないと思っています。作品だけ見てもらえればそれでいいと思っているのかもしれません。

**中村**　実は最近、デジタルやインターネット空間について、いま一度考え直さなきゃいけない時が来ているな、とよく思います。インターネットのおかげで、どこでも誰でも、無料で便利に同じ情報を得られるけれど、その便利さをどこまでも追い求めた結果が、それこそ今の生成AIの問題に繋がったとも捉えていて。つまりインターネットの世界で、より平等に、より民主的な世界を求めていくと、なぜ絵を描ける人たちだけが絵を描く専売特許を持っていていいのか、というところまで行き着いてしまうだろうなって。要はSNS、特に日本のSNSにおいて漫画やアニメやイラストの認知度って大きなものですよね。学校では日陰者だとしても、絵を描ければSNSの世界では人気者になれる。そこで、絵は好きだけど描けないという人はたくさんいると思うし、そのなかには描ける人たちを苦々しく思っている人たちもいた。じゃあ、どうするのかという時に、生成AIみたいなものが登場するのは然るべき展開だったというか。でも、そうなってくると今度は絵に対する価値は、「JPGを見る」から一歩出て、「展示による体験」とか「実物を所有する」とか、そういうところが強くなっていくんだろうなという気はして。そういうことを考えていたなかで今日、mameさんの展示でアナログイラストを見たり、お部屋を再現したフォトスポットを見て、ああ、コレだよなと改めて感じました。

**mame**　そんなことを考えてくださっていたんですか。嬉しいです。

**中村**　やっぱり本を買うことも絵を所有することも、「自分の生活や空間を圧迫してまであなたの作品を手元に置きたい」という最大の愛の証明じゃないですか。僕自身が紙の本が好きだということもあるけれど、大人になってどんどん本が増えてきてしまうなかで、同じ値段で電子で買えるものを敢えて紙で買うというのは、そういうことですよね。だから今までのインターネットは、どうやってリアルな世界に近づくかの歴史だったと思うんだけど、ついにインターネットがリアルな生活の便利さを追い越してしまった時に、むしろリアルの不便さに価値が出てくるのかなと今は思ってます。

**mame**　フィジカルなものが、これから、もっともっと大事にされるようになるのかもしれないですよね。そもそも私たちって紙の世代ですよね。本屋さんに行って実際に手に取って買うみたいな、そういう体験も含めて特別なものでした。アナログを展示するのもそういう感覚に近いと思います。そういう意味でも、来年はもうちょっと出版系のお仕事もしたいなと思っていますね。

**中村**　素晴らしいです！　他にも今後の目標などはありますか？

**mame**　今は具体的にこれをやりたいという大きな目標は特にないというか。そもそも自分がイラストで食べていけるなんて、本当に夢にも思っていなかったんです。漫画家として挫折した時点で、もう絵を仕事にできる未来は諦めていたので。だから、いまだに今の生活が嘘みたいで、本当にありがたいことだと思っています。

**中村**　例えば高橋留美子先生との公式コラボとかは考えないですか？

**mame**　そんな！　考えたこともないです！　恐れ多い！

**中村**　えー。mameさんならできると思いますよ。やっぱりmameさんが趣味でファンアートを描くのは、今はもう難しいじゃないですか。僕も公式と勘違いされてしまうと良くないので好きなキャラを趣味では描けないんですよ。だから最近、心斎橋の「キン肉マン」愛と絆の原画展でウォーズマンとロビンマスクを描かせてもらったことは本当にすごく嬉しかったんです。まさかキン肉マンのキャラクターを自分が描けると思ってなかったから。ちゃんと好きであることを公言していたら、夢は叶うんだと思いました。だからmameさんも「高橋留美子先生が好き！　らんまが好き！」と、声を大にしてどんどん言ったらいいですよ。あとはアニメのキャラクターデザインも見てみたい！

**mame**　確かに、自分の絵を動かしたい願望はありますね。あとは考えみたら、私は何かの枠に括られるのがとても苦手なんです。この人はこういう仕事しかしない、みたいに思われないように、色々なことができたら嬉しいなとは思います。

**中村**　「私を学校に閉じ込めるな」ということですね。また不登校になるぞと。

**mame**　ふふふ。今日はありがとうございました。中村先生に色々聞いていただけて本当に嬉しかったし、感動しました。

**mame**
80年代生まれ。東京都出身、山梨県在住。ロマンスに憧れる不器用な女の子を描くことと、音楽と食べ物が好き。書籍や広告、企画展参加など幅広く活動する。著書は『東京ひとり暮らし女子のお部屋図鑑 イラスト+コミック集』（翔泳社）、『愛してるっていってよね mame作品集』（翔泳社）、『ロマンチックになれないふたり』（KADOKAWA）。

**中村佑介**
1978年生まれ。大阪芸術大学デザイン学科卒業。ASIAN KUNG-FU GENERATIONのCDジャケットをはじめ、『謎解きはディナーのあとで』、『夜は短し歩けよ乙女』などの書籍カバーも数多く手がけるイラストレーター。作品集『Blue』『NOW』（ともに飛鳥新社刊）は画集では異例の13万部突破。そのほかの著書は『みんなのイラスト教室』（飛鳥新社刊）、ぬりえブック第二弾『COLOR ME,too』（徳間書店刊）、『PLAY』（飛鳥新社刊）など。中村佑介カレンダー2025（飛鳥新社刊）発売中。

# 直感通信

## 小田島等×長尾謙一郎 第51回目

**小田島**　今回、当連載編集担当から「怖い話で」と言われたじゃない？　怖い話について考えようとすると、少なからず楳図かずお作品が思い浮かぶでしょう？　それで考えていたら翌日にお亡くなりになる。びっくりしました。

**長尾**　別格の大天才でした。漫画家曼荼羅があるとしたら、手塚治虫の真下か隣ですよ。

**小田島**　二〇二二年に「楳図かずお大美術展」を二人で観にいったんだよね。あれ観ておいたせいか、心の準備はだいぶできていた。楳図かずお作詞、近田春夫が歌う『ああ、レディーハリケーン』が頭の中でずっと流れている。

**長尾**　そういえば、ふと生前の楳図さんがテレビのトーク番組に出た際のやりとりを思い出した。タレントさんが「先生がこの世を去る時は世界に奇跡を起こしてください」と言うと、「わかりました」と返答していて。果たして奇跡は起きたのだろうか？　まさかトランプの大統領再選がそうなのか？

**小田島**　楳図先生は普段、赤白のボーダーでしょう？　そこに星条旗を見るよね。

**長尾**　楳図さんの吉祥寺の仕事場の床も星条旗模様なんだよね。さらに『14歳』の主役の名は「アメリカ」。これは単なる戦後日本を生きたアメリカナイズされたセンスなのか？　はたまた……謎は深まる。

**小田島**　さてさて、楳図さんを語ればキリがないけれど、追悼の意も込めて〝怖い話〟をしましょうか。ケンちゃんは、今まで超常現象みたいな体験ってあるの？

**長尾**　あるにはあるけど……今回どっち系の話？　オカルトか怪談か。つまり矢追純一か稲川淳二か。ジュンイチorジュンジ？

**小田島**　そんな分け方があるのか（笑）。ひとまずジュンイチから聞きたい。

**長尾**　じゃあ、UFOの話から。今から十七年くらい前かな。吉祥寺に住んでいた時代、季節は秋、夕方十七時頃に井の頭公園の一番長い橋を渡っていたら、空に無数の長方形状に型抜かれた光がビュンと通り過ぎていった。何かの見間違いかな？　と思ったんだけど、橋の欄干にもたれているカップルたちが空を指差し「光った！」などと口々に話していた。あんな無機質な型の光を見たことは後にも先にもなくて。そのあたりから猛烈にUFOに興味を持ち始めた。そして約一年オカルト修行のような時間を過ごし『ギャラクシー銀座』を描き始めたのです。オダジはどう？

**小田島**　二〇一〇年くらいに世田谷代田に事務所を借りていて。ケンちゃんも来てくれたあそこね。コンクリート打ちっぱなしで二階建てで広くて好きだったけど、何か妙な気配も感じていたわけ。引っ越してから様々なトラブルに巻き込まれてさ。ストーカーに入られたり、精神状態を崩したり。家に棲む魔物みたいなものに制御されている感覚が妙にあった。そうして六年くらい借りた最後の日、部屋を片付けた真夜中。何もない部屋にMacが一台だけという状態で、急にMacが立ち上がってさ…まったく見たことのない Photoshop の絵がゆっくり出てきたんだよ。それは子供二人が砂場で遊んでいるイラストで、自分のハードの中にあるいくつかの画像が組み合わされたものだった。怖いというより意味がわからなかった。思わず、ゆっくりパソコンに近寄って保存したんだけど、あの家にいた何ものかが…僕にあの絵を見せたんだと思う。聞けばそこは、大家さんが娘さんのためにつくったマンションの離れで、道を挟んだ向こう側には小さな祠とお墓があった。

**長尾**　怖い。あの家、特有の妙な雰囲気があった。何かメッセージ性のある絵だった？

**小田島**　わりとポップな絵なんだよ。僕からデザインを学んだようにも見えるし、僕と遊びたかった女の子がいたのかな？　とか色々想像する。霊というものは、もしかしたら電気なんじゃないか。あるいは電気にもアクセスできる力の気流のようなものか……。

**長尾**　エジソンの死後、GEの重役会議中に電源の入っていないテレビにエジソンの顔が映し出されたという話を思い出したな。

**小田島**　ケンちゃんって霊は見たことある？

**長尾**　そっち系はあまり得意じゃない。けど、ちょっと奇妙な体験はある。二〇〇二年頃かな。世田谷の大蔵に住んでいたことがあって。駅から自宅に帰るまでにお墓の前を通るんだけど、必ず鳥肌が立つ場所があった。そこに八体ぐらいの小さなお地蔵さんがあったのね。

**小田島**　ほうほう。

**長尾**　毎回、今日こそは鳥肌を立たさんぞと通るんだけど、必ずぞくーっとするの。もう、当時悩みごとみたいになってて、そんなある日友人夫婦が家に遊びに来てくれて、夜中の一時半まで呑んだんです。そろそろ時間も時間だからと二人をタクシーが通る世田谷通りまで送ったの。すると例のお地蔵さんの手前にさしかかったあたりで、三〇代後半ぐらいの男女が十五人ほどで地べたに座ってワイワイお酒を呑んでいた。へ～、こんな時間にこんな場所で酒盛りか～と思って頭を下げて通ったんだけど、ふと妙だなと思ったのが、みんな何故か黄色の帽子をかぶってるの。小学校の帽子。で、世田谷通りで友人夫婦と別れて来た道を引き返すと、もう酒盛りの場所には誰もいないんだよ。たかだか二分ぐらいの話だよ？　あれ？　おかしいなと思いつつも、その日は帰宅して。後日、例のお地蔵さんのいわれをマンションの大家さんに聞いたところ、昔小学生の登校の列に車が突っ込んで、複数の子供たちの命が犠牲になる凄惨な事故があったと聞いて……。

**小田島**　わぁ…わりと怖い…。私の心霊体験らしきものと言えば数年前、高円寺のガード下を歩いている時に、前を通りすぎた人が明らかに目の前で消える…ということがあった。そこで考えたことがいくつかあって。その人（？）を見た時期はちょうどヨガスタジオに入った頃、毎日クンダリーニの上げ下げをやっていた時期でね。ヨガのクンダリーニとは、人体の中央を通るとぐろを巻いたエネルギーのこと。それを脳へと上げたり、腹の下へとスーッと下げたりすると、気持ちいいから毎日やっていたわけ。かつ、瞑想も始めた頃。そうした自分自身の肉体や意識に注意を払っている状況と、霊体験との関係を少なからず感じた。何らかの脳の変性で違った見え方というものが可能となるのかどうか。さらに感触として思うのは、同時並行世界がペロッと剥けて、あちら側が見えちゃっているのかな？　ということ。どうにもその人物が、この日常に居る他の存在と様子が違うんだよ。

**長尾**　オダジが言うように、同時並行的な別の世界はあると思う。それこそ原始人も紫式部も信長も龍馬も、全てが同時並行的に存在していると俺は考えている。しかし、こういう自己幻想を平気で話せる芸術家というご身分は気分がいい。昨今、自己幻想をもっともらしく話す人はいないからね？　いつの間にやら想像力の翼を折られる社会で気の毒ですな。しかし、瞑想と霊を繋げて考えたことはなかったな。もう二〇年ぐらい瞑想しているけど、あいにくお化けの存在は感じられない。

**小田島**　故・赤瀬川原平さんが若い頃にUFOを見たというエッセイを書いているんだけど、青空が漫画のようにペロッとめくれて、そこからUFOがピョンと出てきたと言っているんだよ。その話を思い出すたびに、UFOも同時並行世界からやってくるのかもしれないと考えるな。あとは全部脳内のビジョン＝自然な作り話かもしれないよね。恐怖のあまりにビジョンが浮かんでしまって、その記憶を自ら増福していることもあるんだろうか。こういうことを考えている時も、また高円寺のガード下で見た人（？）のことを思い出す。酒も飲んでいなかったし、本当に不思議でならない。

**長尾**　同時並行の話で面白い話がある。この連載でもよく出るジョン・C・リリー博士が書いていたことなんだけどね。例のアイソレーション・タンクで体験した話で、宇宙空間のような場所に意識が放り出されたあと、ゆっくりと地球に向かって降りていったそうで、その過程でまず何億パターンかの自分を選択する機会があったと。だんだんアメリカ大陸に近づくにつれて、そのパターンが減っていき、自宅の上あたりで数パターンに絞られ、最後は自分の肉体に戻ったらしい。これはあくまで自分なりの解釈だけど、人生の成功や失敗、好調や不調はひょっとすると単なるパラレルの話なんじゃないかとも思うね。

**小田島**　面白い。怖い話をするはずがスピった話になっちゃったけど、怖い話とも繋がっているよね。そもそもホラー映画や心霊写真やらオカルト雑誌やら陰謀論やら、怖いものってなくならないわけだけれど、なぜ人々は恐怖を欲するのでしょうね？

**長尾**　〝怖い〟って、本来人間にとって嫌な感情なのにね。子供の頃に「3時のあなた」の心霊写真のコーナーを観て、夜に寝られなくなる、あのアンビバレントな感じかな。

**小田島**　毒性の魅惑というやつだ。お寺にあるデカい仁王像なんかも下に立つとやはり怖いじゃん？　かつては畏怖をそうやって作ることで、人々の余る冒涜を抑えたり、平穏を祈祷する意味もあったと思う。

**長尾**　「怖いもの見たさ」という言葉があるように、どうやらそれが人間の本質なんでしょうね。死への憧れか？　はたまた社会化されまいとする本能への欲望か？　それが死に対する普遍的な感情だとしたら、恐怖は死という観念が持つミステリアスな魅力と言っていいのかな？　オダジの言う「自然や大いなる存在への畏怖」もそこに集約されていくのかも。「死」は人間にとって最大の関心事と言っていいだろうね。

**小田島**　「わからないものは怖い」よね。しかし、五〇歳を越えると死も想定の範囲内で、めっきり死が怖くなくなってきた。

**長尾**　確かに「わからない」は怖い。そして魅力的。前述の『ギャラクシー銀座』など、若い頃に描いていたマンガのことをふと考えてしまった。いまは、「わからない」マンガはなかなか許されないけれどね。ところでオダジはあと何年生きると思う？　確かにいよいよ死が近づいてきたとは思う。

**小田島**　小説家の梶井基次郎は享年三一。生きている間には『檸檬』しか出版されなかった。持病もあったらしいけど、あんなにも美しいものが書けてしまったら死んでしまうのだろうなと思うよ。生きて日銭のために延命しながら作った作品なんて、後世の誰に必要となろうか。そんなデカいことを言ってみるけど本当のところだよ。あとは今後の日本が心配。そこを鑑みて六〇歳くらいでいい気しちゃうから、あと八年かな（笑）。

**長尾**　オダジって、この連載の後半部で大体泣きごとを言うよね？（笑）　あと八年で小田島芸術は完成しそう？　最高傑作はもう描いたと思う？　作品に納得できたらもう死んでもいいと思うけど、俺は相変わらずまったく納得いかないし、そして相変わらず自分が生み出す新しい作品が知りたい。とはいえ、あと何年生きられるだろう。ここ数年、大学で教員もやりながら連載をこなしていると、一年に休日と呼べる日は十日ぐらいしかなくて。こんなに働いて、ぱたっと死んでしまって、人生に満足できるのかとは毎日考える。

**小田島**　よく頑張っているよね。まあ、しかし、天国はないね（笑）。最高傑作はお互い、三〇代くらいで既につくってしまっているかもしれない。しかし長寿の日本画家的な、美の境地に到達したいという望みもある。その高度な技巧は誰にも褒められないとも思うけれど。だからきっと、老木の桜が咲き誇るように、ただ描いているんだろうね。今、春の個展に向けて新作を描いていて、ちょっとその気分が入ってきてるんだよね。初老かもしれない。あれ？　いつの間にか、〝死の恐怖〟から〝長寿の達観〟の話になっているな。真逆だ。

**長尾**　矛盾にもほどがある…（笑）。君は長生きするでしょう。でもオダジ、天国はあるぞ。描いている時、あれは天国でしょう？　読者諸君、今日も描いて描いて描きまくれ！

（小田島等／長尾謙一郎）

◀上：世田谷通り・黄色い帽子の集団　illustration by Kenichiro Nagao
下：高円寺ガード下・消えた人　illustration by Hitoshi Odajima

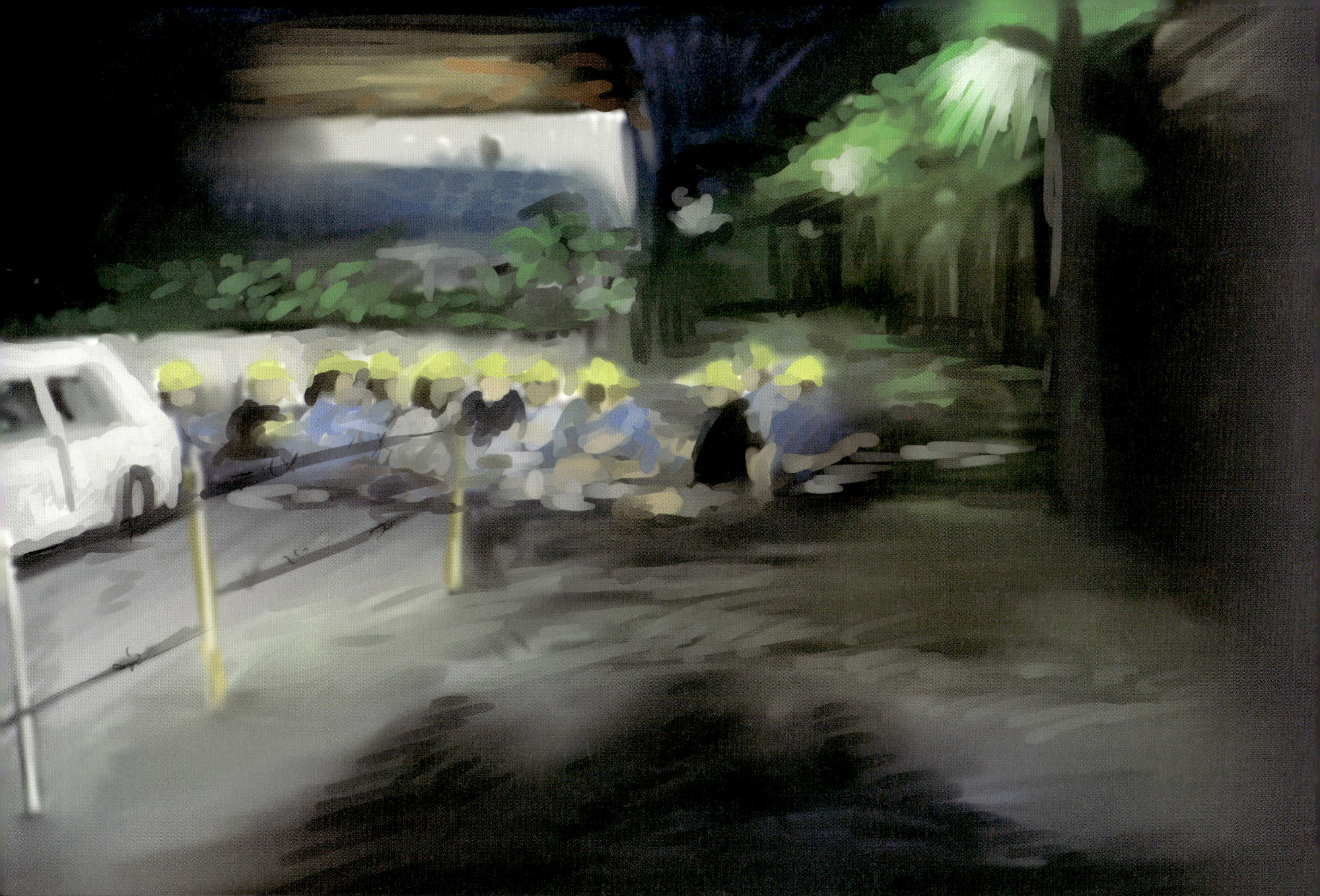

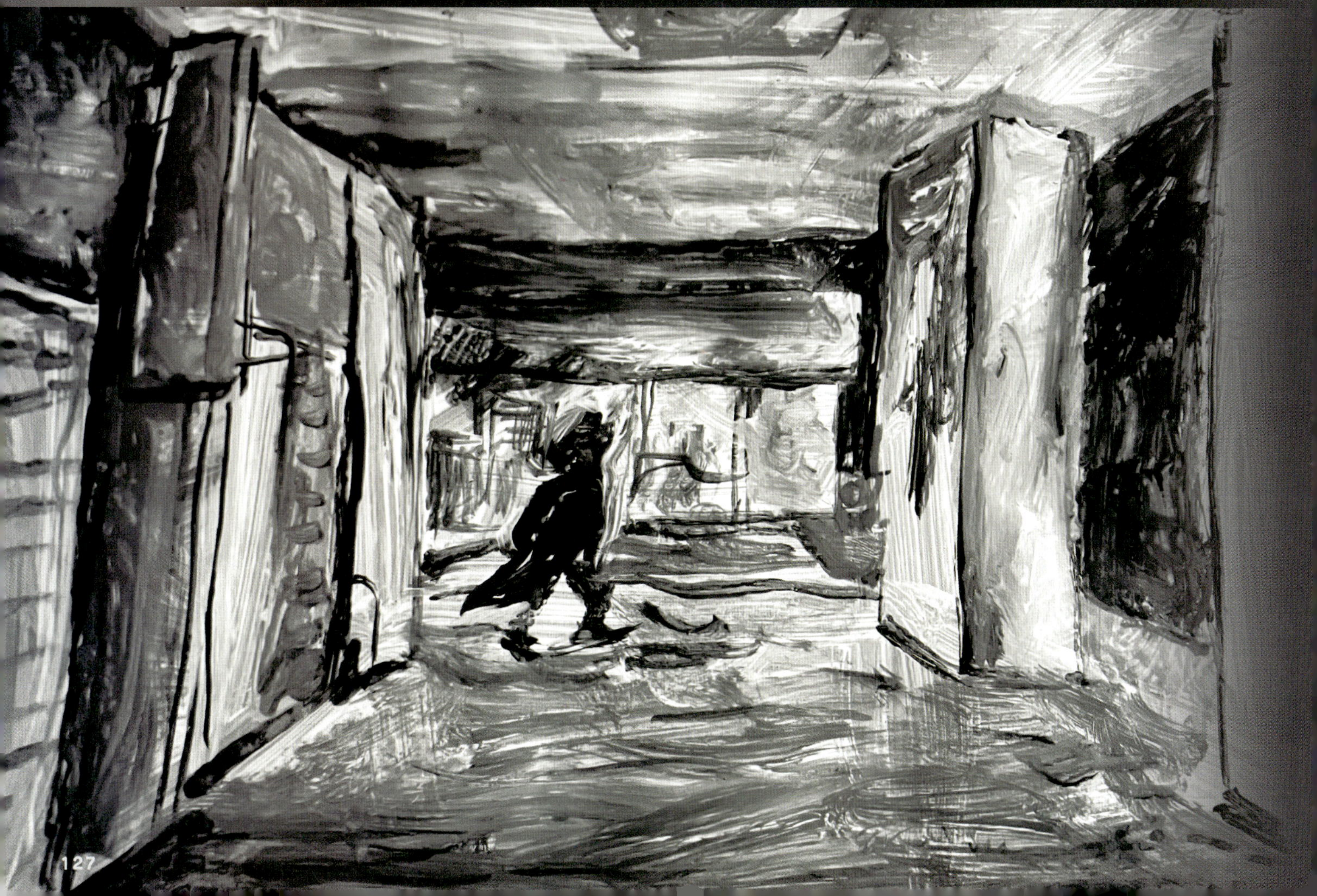

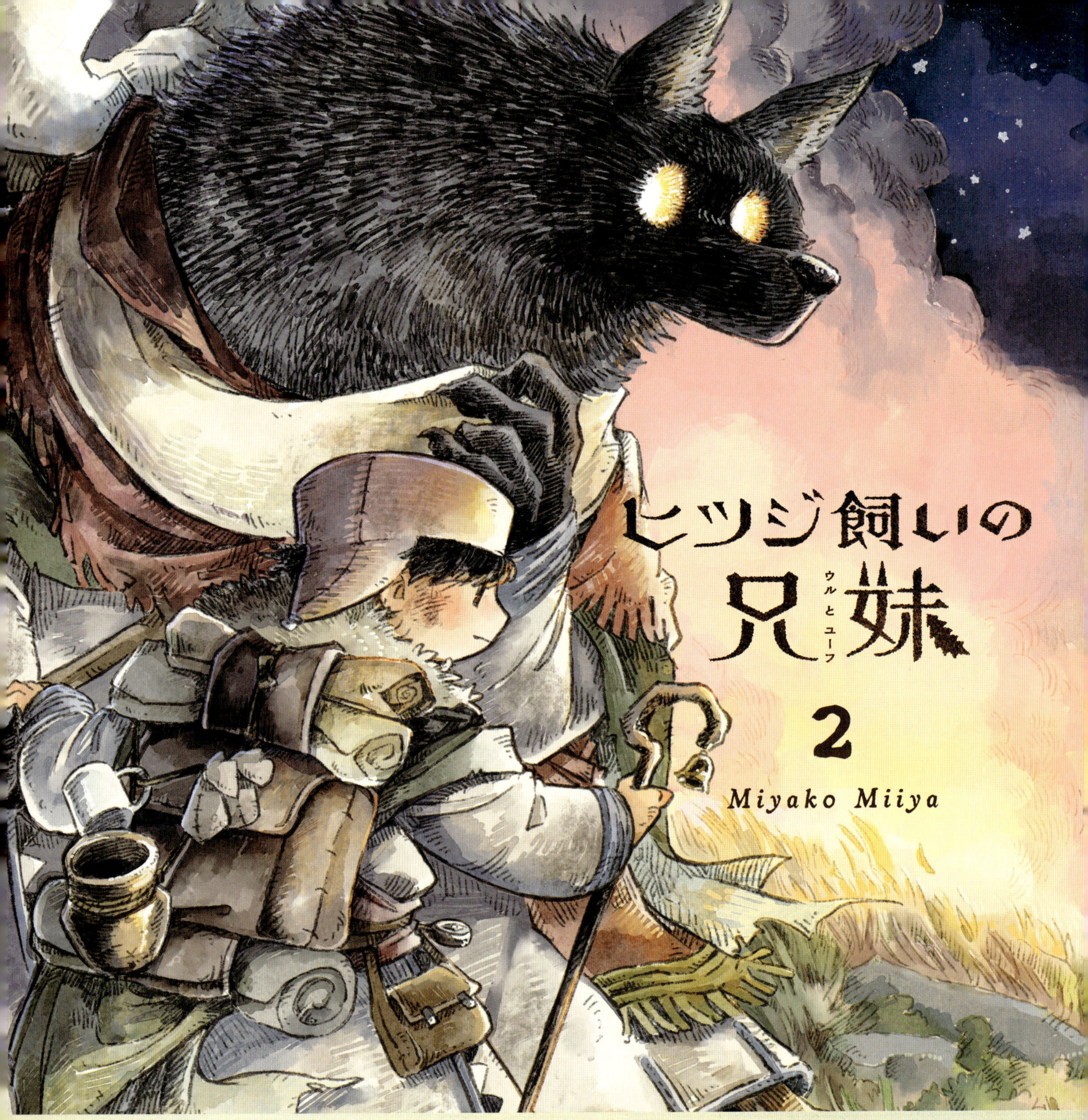
ヒツジ飼いの
ウルとユーフ
兄妹
2
Miyako Miiya

ゆかしなもん教授による、永遠のおんなのこカルチャー講義！

# 昭和ガーリー♥カルチャー大学

文＝ゆかしなもん

47時限目

## コワイけど憧れの芸能界、オーディションブームを振り返る♪

おはこんばんちわ、ゆかしな教授です♡　「芸能界」ってちょっと怖いけれど、キラキラ華やかで憧れちゃいますよね！　それは昭和の時代から今もずっと変わりません。今回は、芸能界への入り口の一つである「オーディション」のハナシ。オーディションといえば、昭和の時代に大人気だった、71年に始まった素人参加番組「スター誕生！」（「スタ誕」）でしょう。森昌子、桜田淳子、山口百恵からなる「花の中三トリオ」に、私も大好きだった「ピンク・レディー」！　それに柏原芳恵、小泉今日子、中森明菜などの超人気アイドルたちを多数輩出した、国民的番組でした。予選を勝ち抜いて、決戦大会で、契約したいレコード会社が一斉に札をあげるときのあの緊張感と興奮……！　あれはドキュメンタリーとしてもドラマとしてもエンタメとしても秀逸だったな〜。

企業や商品のプロモーションを担うキャンペーンガール（「キャンギャル」）も、近年はさまざまな社会的背景から廃止の一途をたどっているようで。以前は、「カネボウ」「東レ」「ユニチカ」などの繊維メーカーのキャンギャルや「アサヒビール」「キリンビール」などのビールメーカーのキャンギャルが業界的にも毎年注目されて、芸能界への登竜門になっていました。定食屋さんに行くと、水着を着たキャンギャルの健康美なポスターが貼ってあって、子供ながらに「お〜！　スゲ〜」なんて思ったり（笑）。それもだんだんなくなって、ちょっと寂しさを覚えちゃいますね。

ネットがない時代は、オーディションの主な情報源は雑誌でした。「月刊デビュー」（勁文社）っていう雑誌がありまして。この雑誌に、歌手、女優、モデル、ミスコン、キャンギャル、コメディアン、バンドマン、テレビ番組のアシスタントまで……こんなに募集があるの？　というぐらいありとあらゆるオーディション情報が掲載されていたのです。雑誌には履歴書も付いているので、すぐに応募できちゃう！　あとは「芸能界適性検査」や「芸能界マナー講座」のような読み物も。情報を見てみると、「あ、ぁの映画のオーディションだ！」と記憶している有名なものならよいのですが、「ヌード必須」が条件の、なにやら怪し〜い映画ヒロイン募集（もちろんタイトルも聞いたことない）もあります。コンプライアンスのない時代だったので、誠も嘘も入り乱れた、なんとも怪しい世界ではありました。それも含めて、つくづく「80年代」だなあと。そういえば、芸能界に憧れていた姉がドラマオーディションを受けることになり、会場に着いていったことがあったな。若い女の子がたくさん集まっていてすごく活気があったことを覚えてます。結局見事に落ちましたけど、誰でも夢を見る権利はありますからね！　私も一度ぐらい、何かに応募してみればよかったかな〜。

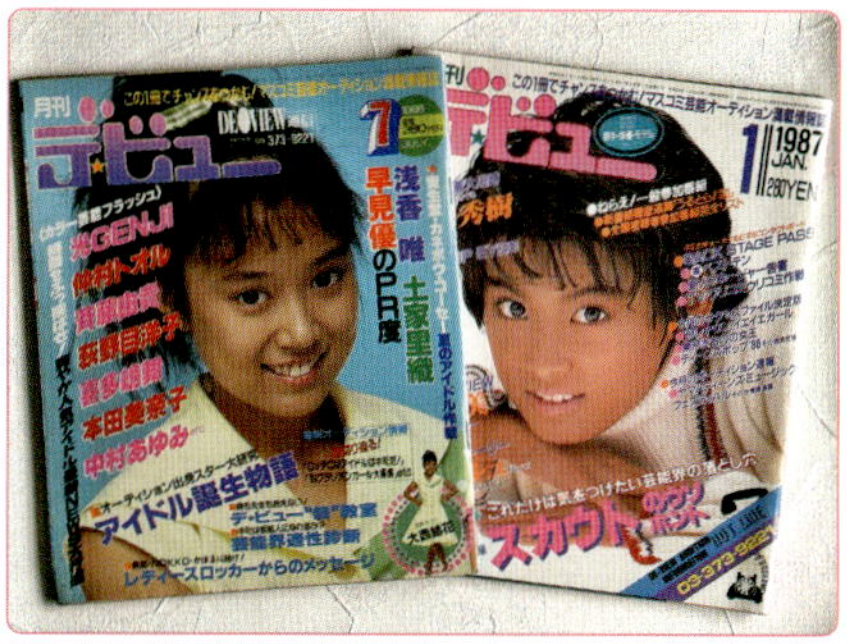


オーディション情報誌「デビュー」。
バブリーなオーディション情報が満載です♪

**ゆかしなもん**
主に70〜80年代の昭和ガーリーカルチャーを懐古＆発信する「昭和的ガーリー文化研究所（http://lineblog.me/yukacinnamon）」所長。小学30年生でもある。2010年より、同名の武露愚（ブログ）をスタート。ムック本「80'sガールズ大百科」にライターとして参加したほか、共著本『ファンシーメイト』も手掛ける。著書に「'80sガーリーデザインコレクション」「'80sガーリー雑誌広告コレクション」「'80s少女漫画ふろくコレクション」（発売：グラフィック社）がある。2023年5月には「ゆかしなもんの'80sガーリーカルチャーガイド」（グラフィック社）を発売。

S SAY COLUMN

# 演劇 3rd EYE

—演劇を観る心眼、授けましょう—

文＝徳永京子

## vol.4 窓の階

控えめな声で少ない言葉がゆっくりと積み上げられていき、そのじれったさが我慢の限界を迎える頃、不意に、自分がそれまでとは違う地図の中にいることに気付かされる。声と言葉はいつの間にか新しい緯度と経度となって、劇場の椅子だと思っていた場所をまったく違う空間——大気圏のぎりぎりあたりだったり、意識の内側が外側にくるんとひっくり返るところだったり——に変えている。

主宰・作・演出を久野那美が務める階の作品は、観る度にこんな不思議な感覚を引き起こす。

具体的なストーリーは、立体囲碁をイメージさせる架空の競技の物語や、劇作品のカットされた登場人物とそれを演じるはずだった俳優の会話など、抽象度高めの設定が多い。こうした正体のつかめなさは、公演の度に団体名を変えるという独自のルールにも表れている。数行前に「階」の作品と書いたが、それはとりあえずの表記で、正式には、その時々の上演作品に由来した「○○の階」と名乗り、毎回新たに参加者を募り、公演が終わると解散する。少し考えればわかることだが、これはものすごく効率が悪い。観客にしてみれば覚えづらいし、自分たちだっていちいち説明が要るはずだし、この検索社会においては圧倒的に不利になる。

けれど裏を返せばそれらは、名前を広める＝売れることよりも作品ひとつひとつの世界観を優先する姿勢、ネットの都合に合わせない頑固さ（合わせられない不器用さかもしれない）であり、手っ取り早く答えを知ることが王道になりつつある今、効率よりも大事なものの存在を、粛々と態度で示してくれている。

そして一月に大阪、二月に東京で上演する『ここはどこかの窓のそと2』では、新たに「窓の階」という団体名で公演を行う。タイトルに2とあるのは、過去に同タイトルのパート1があったからだが、続編ではなく完全新作。休館中の図書館の裏庭を舞台に、図書館職員と本の返却に来た女性、たまたま通りかかった男性が言葉を交わす物語という。ストーリー上の場所はずっとそのまま図書館の裏でも、間違いなく最後は予想もできない風景の中にいる自分を感じることができるはず。どうか最初は無の境地で、彼らの声と言葉に耳を傾けてほしい。

また、階（とりあえずもう一度こう書く）の特徴でもうひとつ忘れてはいけないのが、上演場所のこだわりだ。団体名は変わっても、この場所だからこの物語、という必然性を求める。今回、大阪公演が行われる聖天通劇場は木造二階建て、東京公演の中野テルプシコールはコンクリート打ちっぱなしと、まったく異なる雰囲気の会場が選ばれているが、それぞれの空間によって図書館の設定が細かく変わり、同じ俳優、同じせりふから異なる感覚が生まれるのだろう。繊細で豊かなその感覚は、早送りでは得られない。

撮影：竹崎博人

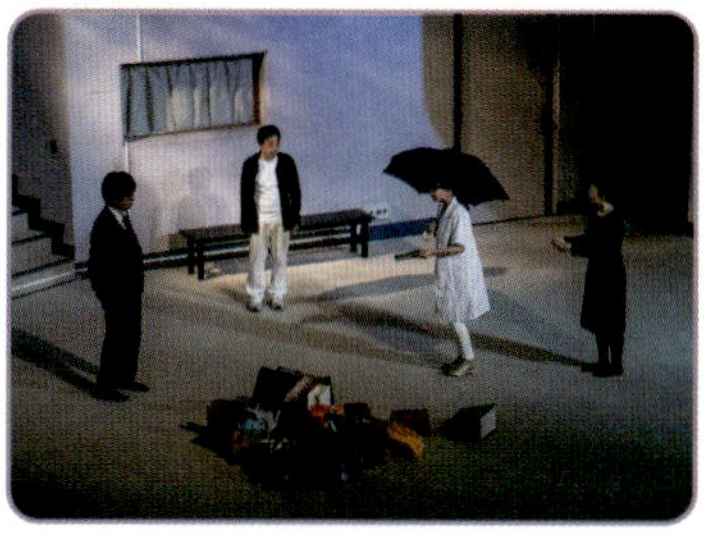

**窓の階『ここはどこかの窓のそと2』**
**大阪公演**：2025年1月23(木)〜25(土)@聖天通劇場
**東京公演**：2025年2月6(木)〜8(土)@中野テルプシコール
**料金**：一般（予約・当日）：3500円／早割：3200円／
Under30：2500円（要身分証）／
高校生以下：1000円（要学生証）
※東京公演のみ高校生以下無料（要身分証）
**脚本・演出**：久野那美
**出演**：七井悠（劇団飛び道具）、北村守（スクエア）、
桜田燐（劇団白色）

**徳永京子**
演劇ジャーナリスト。朝日新聞首都圏版に劇評執筆。演劇専門誌act guideに『俳優の中』連載中。ローソンチケットウェブメディア『演劇最強論-ing』企画・監修・執筆。東京芸術劇場企画運営委員。せんがわ劇場外部演劇アドバイザー。読売演劇大賞選考委員。緊急事態舞台芸術ネットワーク理事。著書に『「演劇の街」をつくった男—本多一夫と下北沢』、『我らに光を—蜷川幸雄と高齢者俳優41人の挑戦』、『演劇最強論』（藤原ちから氏と共著）。

金賞

6ポイント

［うだるような夏の蒸気を蒐めて］
栃木県・畑野まめ

使用画材：透明水彩

夏とスチームパンク、どこか懐かしさを集めた夏の１枚です。

夏とスチームパンクをテーマに、どこか懐かしさを集めたという畑野まめさんが金賞。レトロな装置として旧い潜水服を使うことで夏の海をイメージさせ、それが珊瑚やヒトデにつながり、金魚、朝顔と広がる。アイスクリームも描かれて、夏のモチーフがたくさん詰まった画面構成が見事です。透明水彩の塗りも細やかな描写で素晴らしい（ノ）

# 第39回 starS

季刊エスの投稿コーナーStarSとSpaceSに、たくさんのご投稿ありがとうございます！今後もページ増でお届けします！

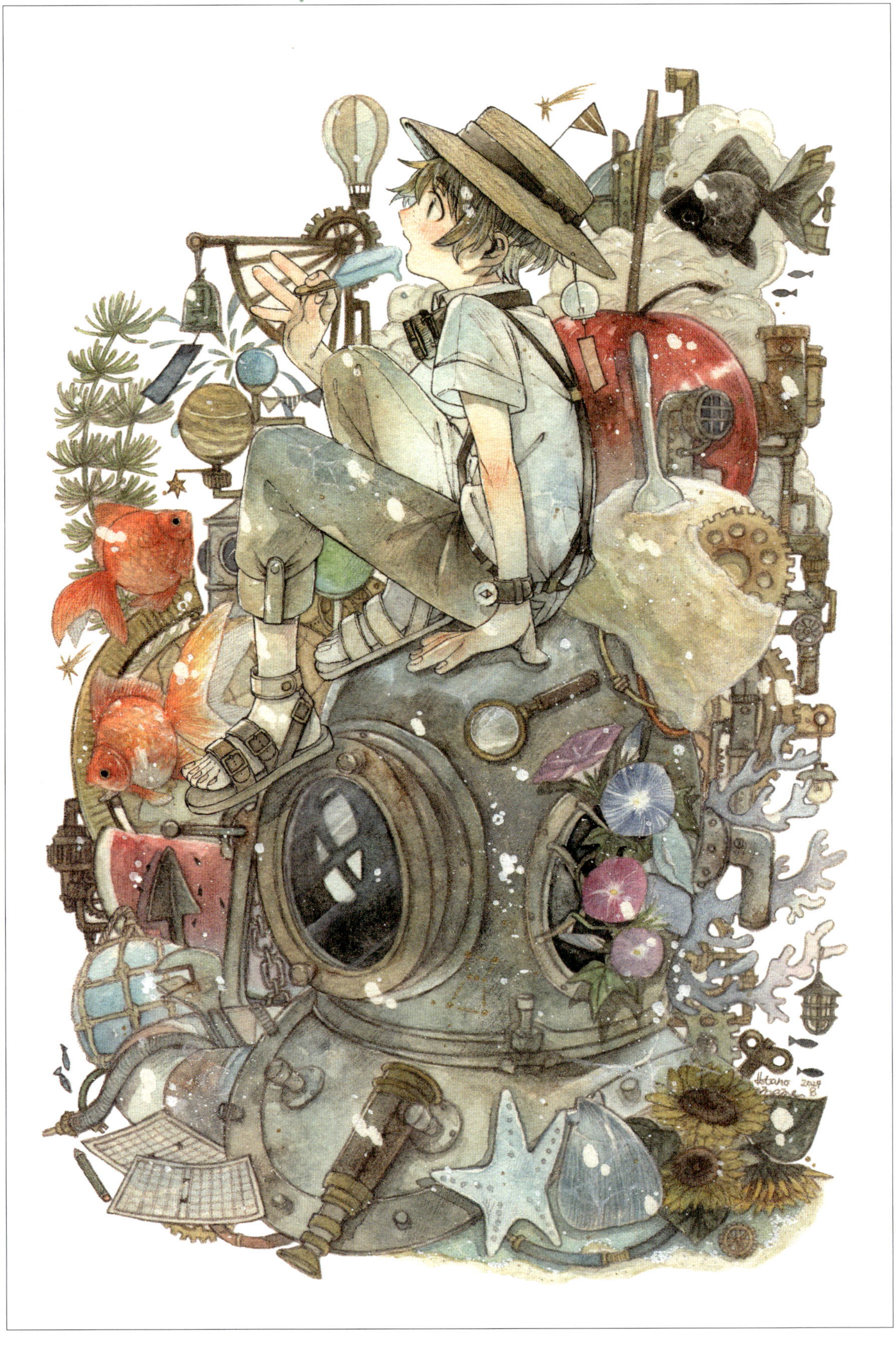

### 今回の審査員

**okama さん**
イラストレーター、漫画家。

**いづなよしつねさん**
漫画家、メカデザイナー。

**ウエダハジメさん**
漫画家、イラストレーター。

**撫荒武吉さん**
漫画家、イラストレーター。

**小川雅史さん**
漫画家。

**shukei さん**
Cygames のデザイナー、イラストレーター。

**六七質さん**
イラストレーター。

**白井もも吉さん**
漫画家。

**たそやマロさん**
映像作家。

**さくしゃ２さん**
イラストレーター。

**天嶺ジウさん**
イラストレーター。

**Ｍざわさん**
ポプラ社の編集者。

**虎硬さん**
「VISIONS by pixiv」統括プロデューサー。

**ハギさん**
ファッションとアニメ・イラストを扱う GEEKS RULE の方。

**ノーヴォ・塚原さん**
アニメ制作会社の方。

**NBC ユニバーサル・Ｔさん**
映像ソフト会社プロデューサー。

**日貿出版社・Ｔさん**
書籍編集者。

**マイナビ出版・Ｆ田さん**
書籍編集者。

**斉藤さん**
パイ インターナショナルの書籍編集者。

**Ｋさん**
パイ インターナショナルの書籍編集者。

**あかさん**
ワニマガジン社のデザイナー。

**おさむさん**
詩とダンスの関係者。

**ぐしゃっぴーさん**
ギャラリー関係者。

**石原さん**
ギャラリーの運営スタッフをしている。

**おむすびさん**
デザインやブランディングのサポートをしている。

**さうさん**
フルートを演奏しているアパレルやイラストの関係者。

**ほこうしゃさん**
MV に携わる仕事をしている。

**しらかばさん**
動画やLive2Dに携わる仕事をしている。

**ノピさん**
本誌編集長。

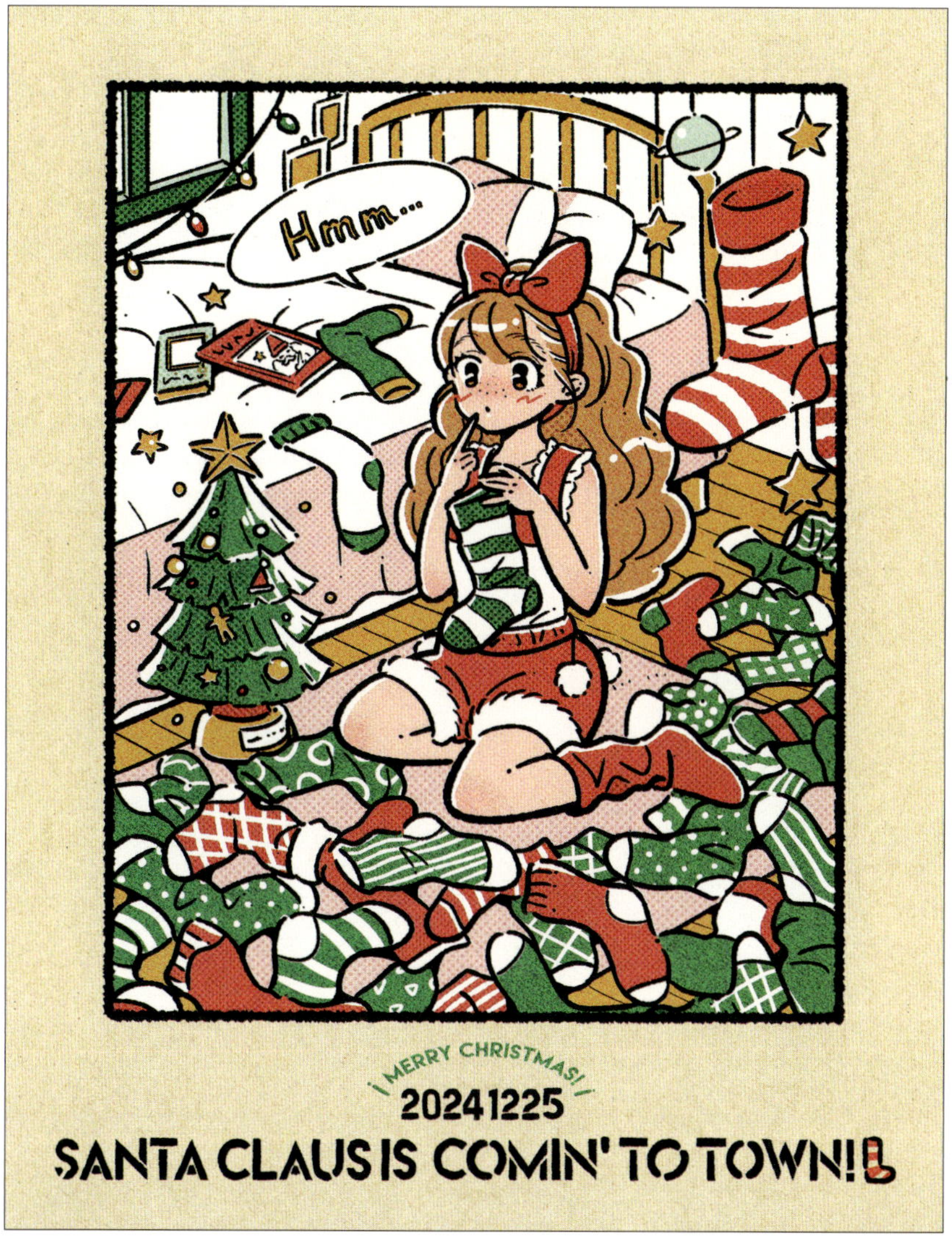


[SANTA CLAUSIS
COMIN' TO TOWN!]

北海道・琥珀雨

使用画材：CLIP STUDIO PAINT EX・Photoshop

サンタさんからのプレゼントが欲しすぎて、靴下をどっさり用意しちゃう欲ばりな女の子を描きました。

銀賞

5ポイント

プレゼント欲しさに部屋いっぱいに靴下を準備する欲張りガール♡　ザラッとしたテクスチャに真っ白な色面は絵に抜け感を与えているように見える。線は黒くて太いが、やわらかなストロークで描くことにより、愛らしい印象に。非常にバランスが良く、デザイン性の高い作品（ぐ）

[Melancholic]

山口県・独楽子・26歳

使用画材：透明水彩・アクリルガッシュ・リキテックス・ミリペン・水彩紙

切り分けられるホールケーキを通して、定義されることによって曖昧だったものがカテゴリ分けされていく憂鬱を描きました。

切り分けられたホールケーキのいちごが少女の頭になっていて、ケーキと少女が象徴的につながって想像を広げられる作品。動きを感じる配置や背景の黒など、際だった画面作りが見事（ノ）

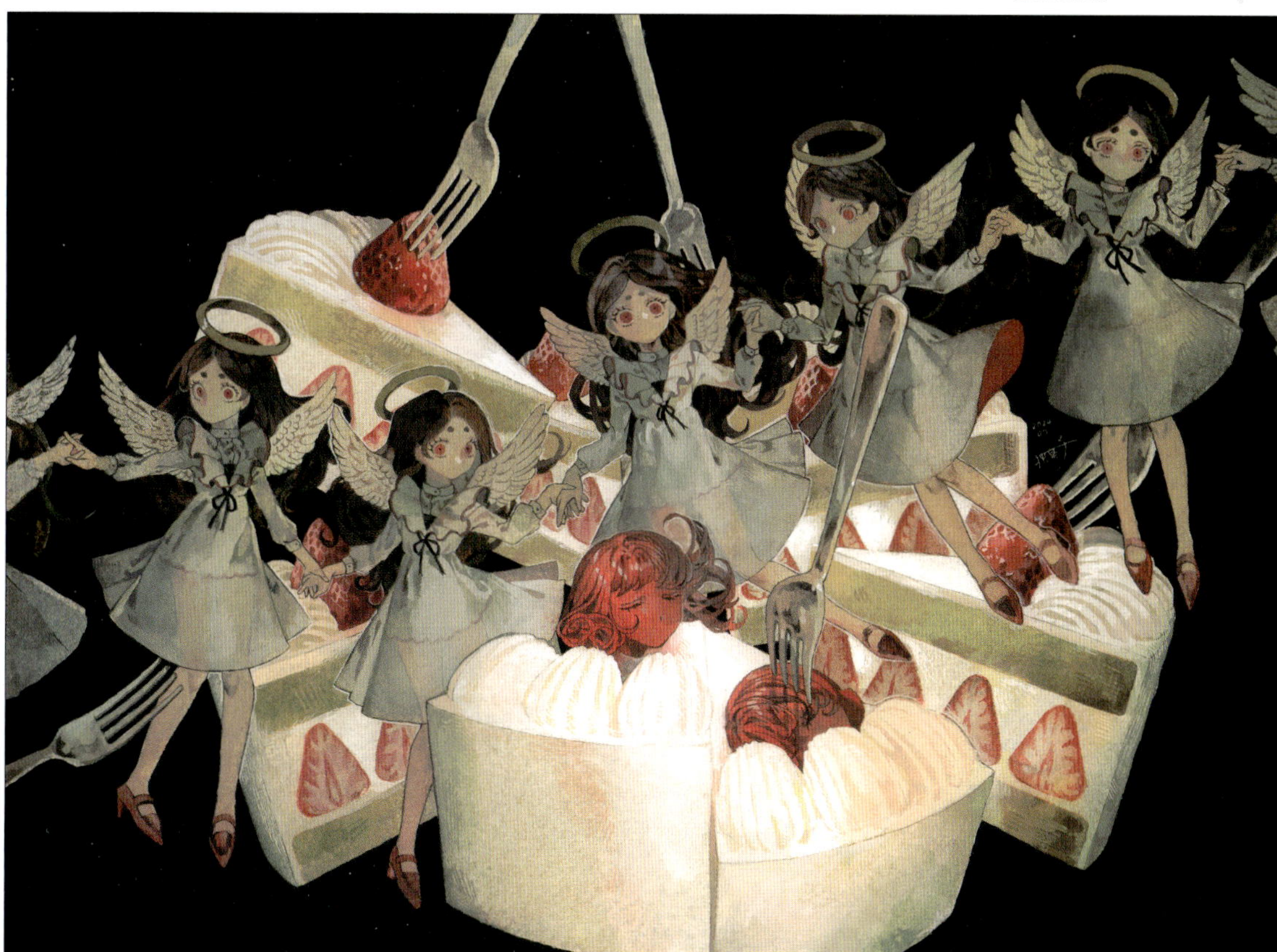

銅賞
4ポイント

[ウルトラマリン]

東京都・はむメロン

使用画材：CLIP STUDIO PAINT・Procreate

夏の旅行中に描いたイラストで、空や海の青色をテーマにしています！

眩しいほど彩度の高い青に目を惹かれました。白と青のコントラストで夏らしさを感じます。水面のような背景の揺らぎなど抽象的な表現が巧みに使われており、どこか神秘的な雰囲気もあります（し）

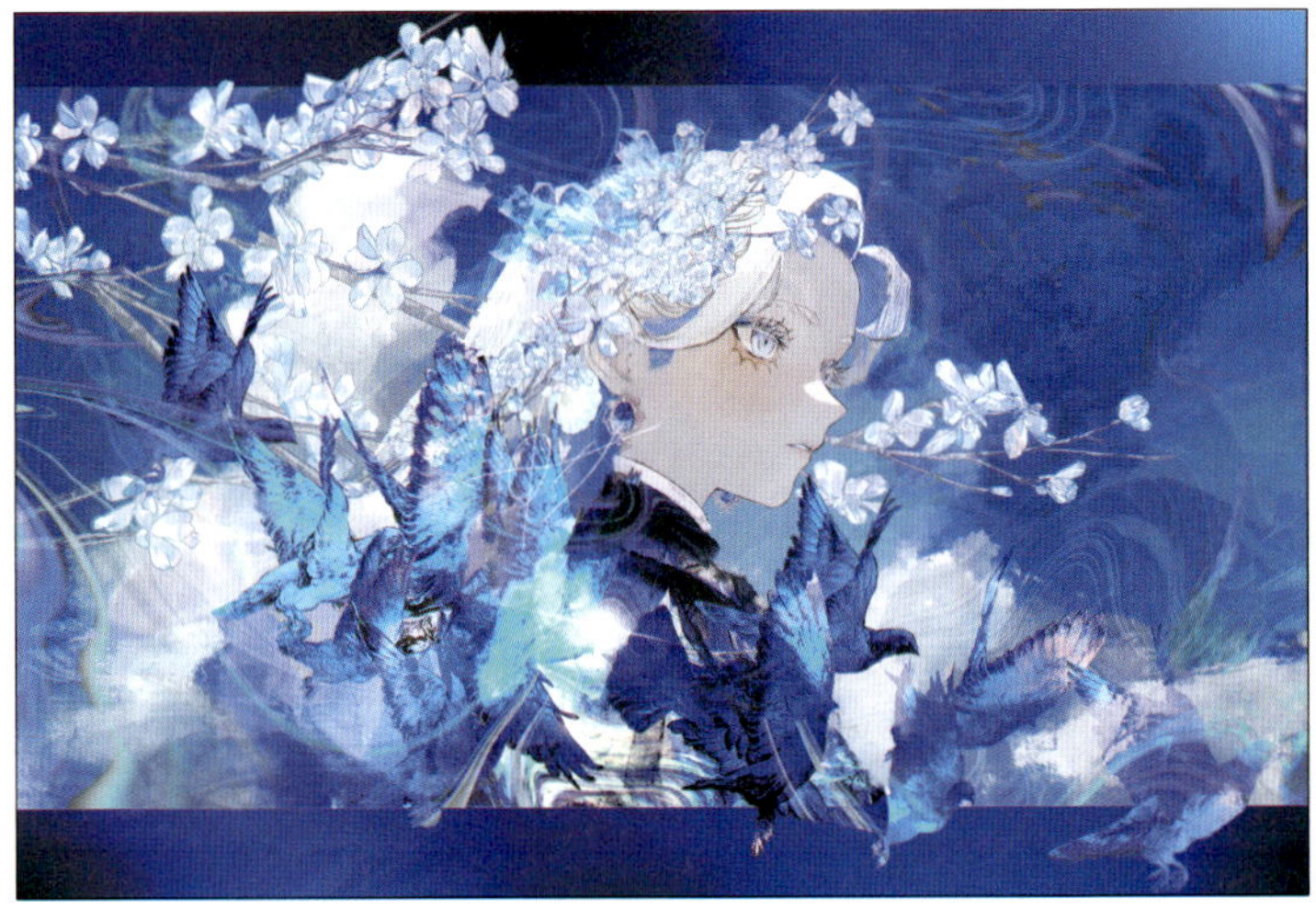

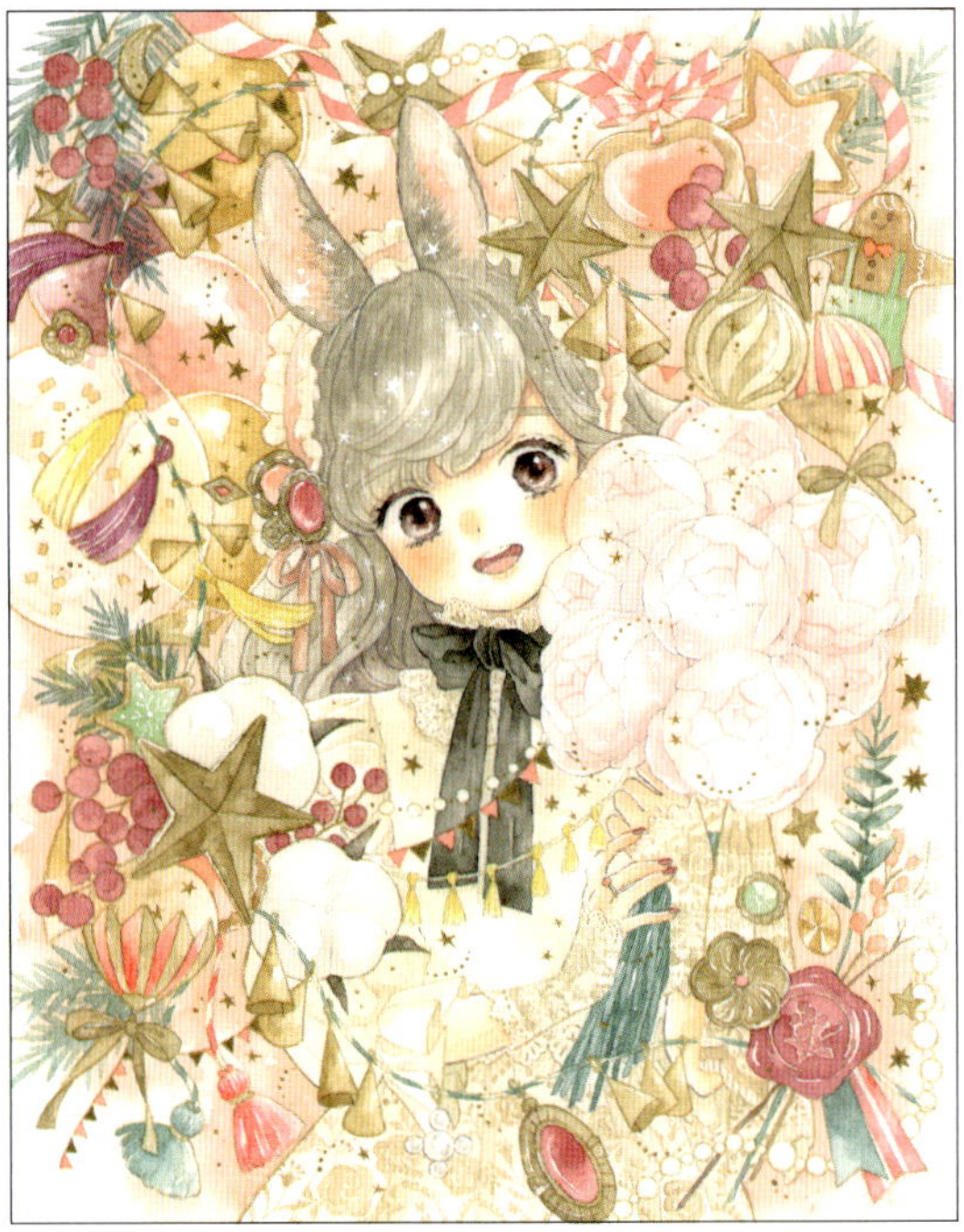

[anniversary charm]

静岡県・咲久亜

使用画材：透明水彩

嬉しいお祝い事をイメージして描きました。クリスマスモチーフですがあえてクリスマスカラーではなくポップな色合いを選んでいつでも楽しめるイラストを目指しました。

明るく淡い色合いで描かれたクリスマスモチーフがとても可愛いです。楽しい小物に囲まれて、うさぎの子のふにゃっとした笑顔に私まで嬉しい気持ちに…。きらきらが詰まっています（お）

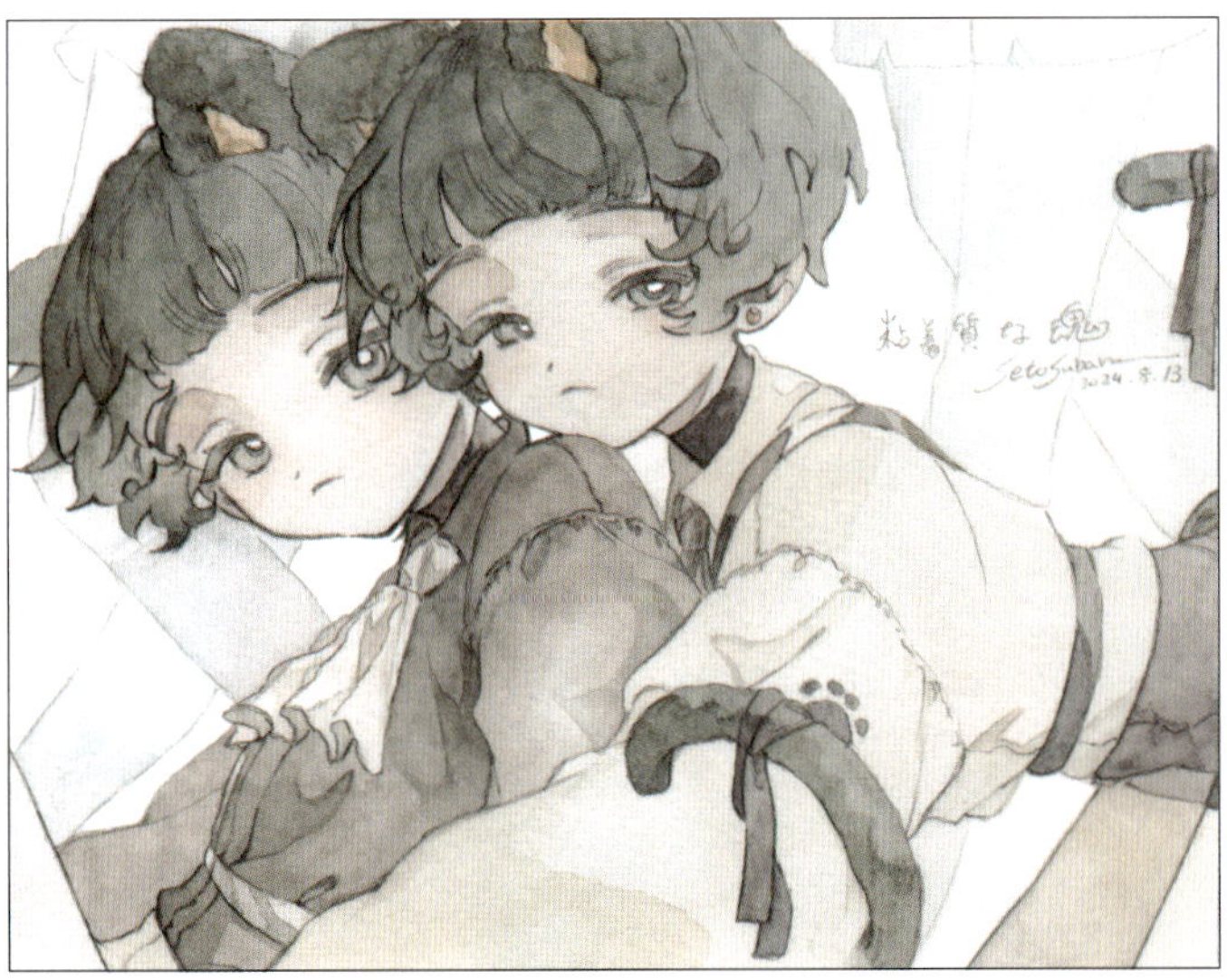

[粘着質な魂]

兵庫県・瀬戸すばる

使用画材：水彩絵具・水彩紙

もちもちぺとぺととして離れない。

上半身はボリュームのある袖に襟つきシャツでありながらも、下半身はショートパンツ＋細いくびれが引き立つファッションが素晴らしい。もこもこな耳や丸い造形のお顔立ちは愛らしい。また、フェティッシュなファッションに心をくすぐられる（ぐ）

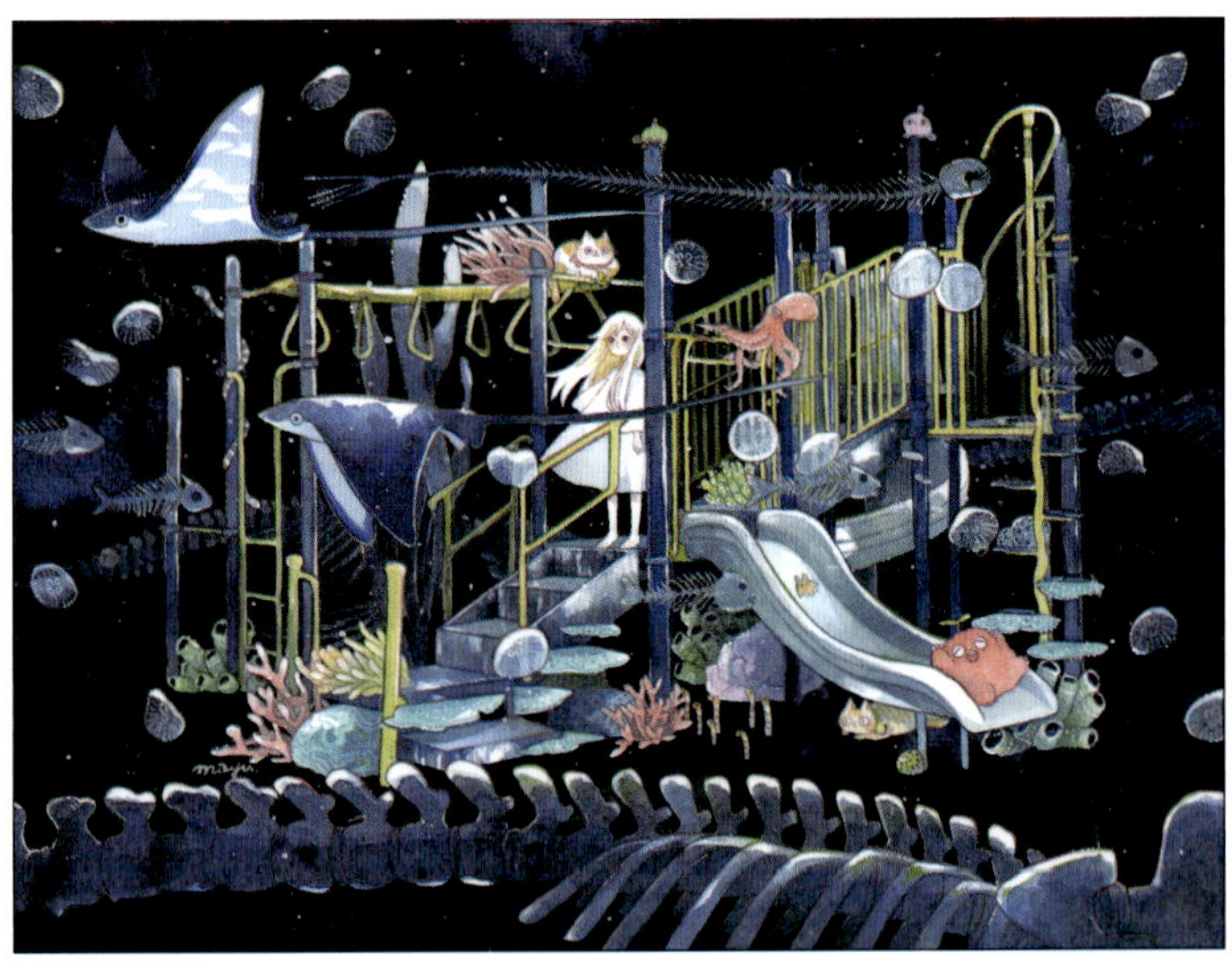

[邂逅] 大阪府・七生まゆ

使用画材：アクリル

刹那に交わるあちらの世界

現実の生き物と架空のものを織り交ぜてつくられた空間が心地よいです。前後感や色のバランスが考えられていて、広大な空間の広がりを感じます。上から入る光も綺麗で物体のシルエットを良く見せてくれています（石）

## 優秀賞 3ポイント

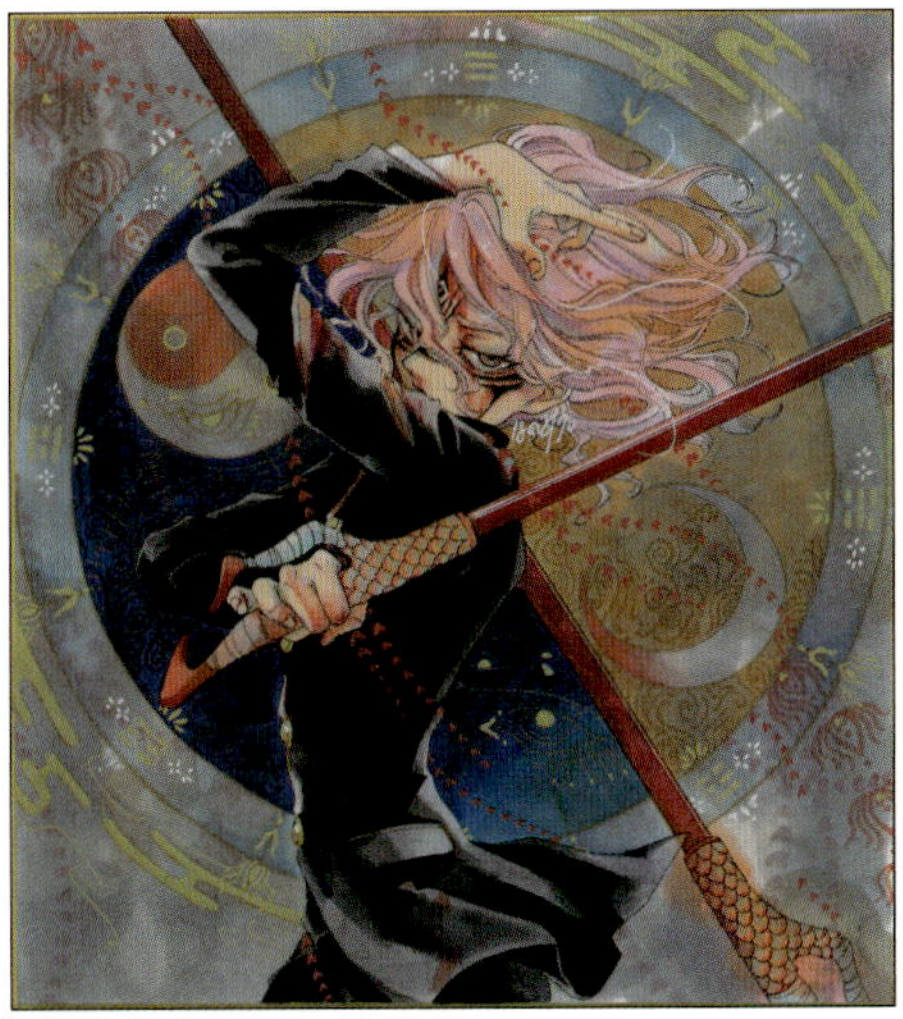

[流転] 長野県・なの子 /70

使用画材：コピック・コピックマルチライナー・色鉛筆

念願のcopic paper色紙を使用。最高です。

人物のポージングが見事だが、黒く締めた衣装でシルエットも際立ちスタイリッシュ。全体を覆う文様も世界観を強めて素晴らしい（ノ）

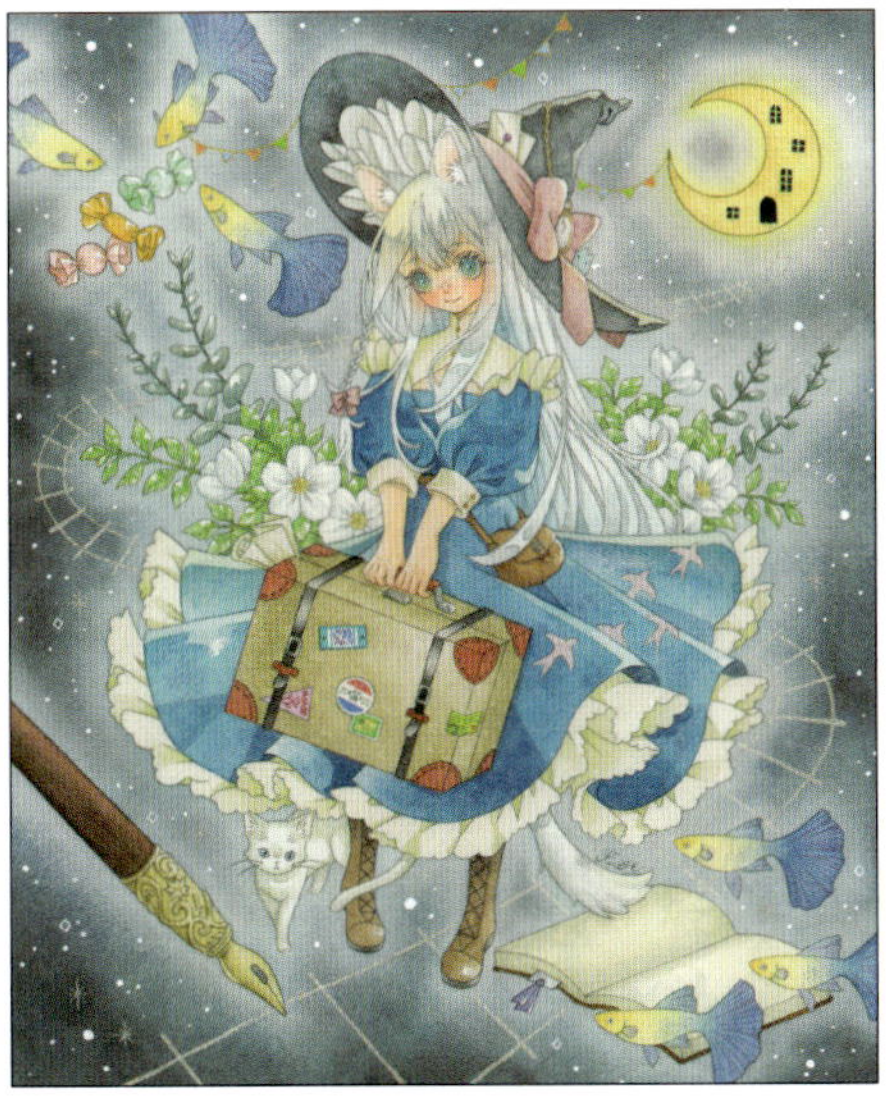

[夜行遊路] 群馬県・inomi

使用画材：透明水彩

大好きなモチーフを詰め込みました。

敷かれた線路と窓のある月・旅する少女、物語性が強く素敵な作品です。本やペンの描写から彼女の旅行記があれば読んでみたいです！（ほ）

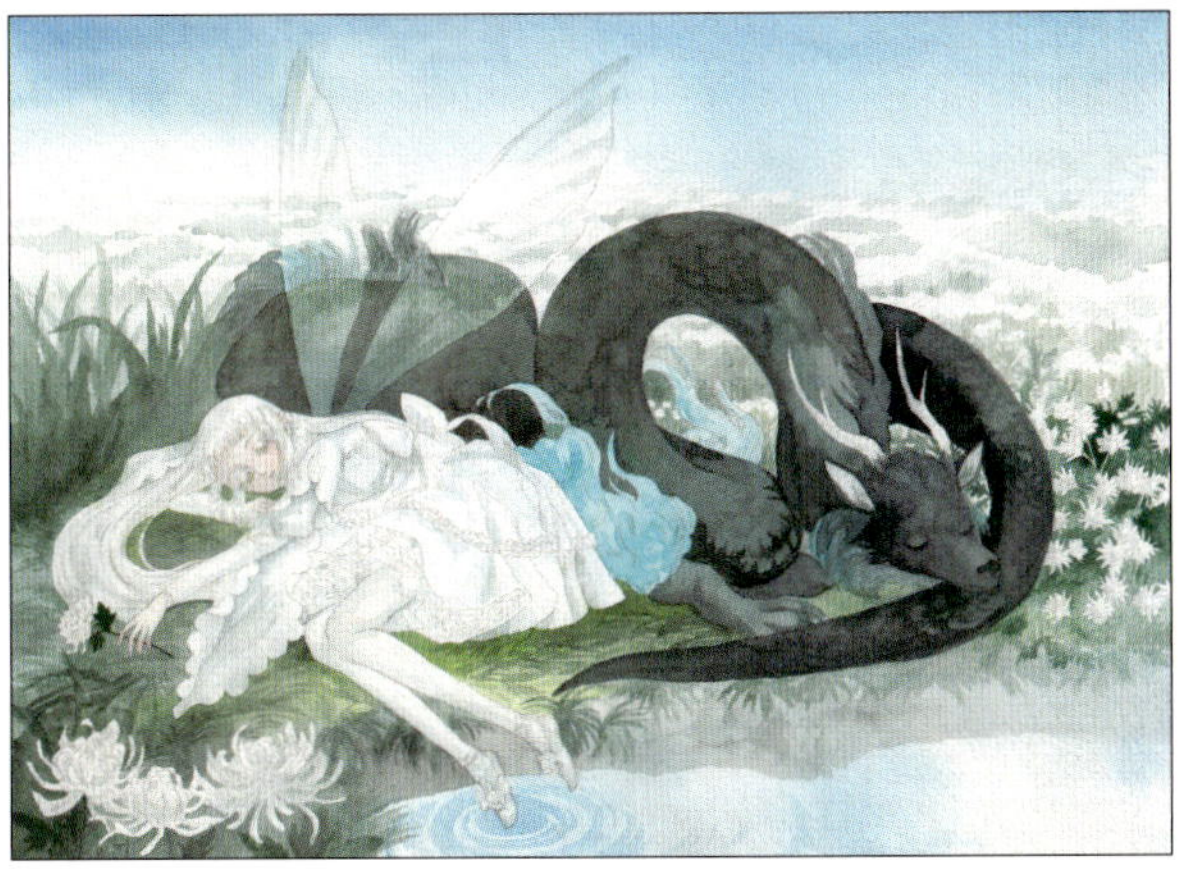

[無可有に眠る]

大阪府・照留セレン

使用画材：透明水彩・鉛筆・アルシュ紙

永遠に安らかな仙境に連れてこられた龍と、仙境の主である少女が眠る様子を描きました。

水、空、植物など、水彩ならではの色が抜けていった時の色の表現が美しくもあり心地がいい。色と構図が対になったことで、物語も想像させられる（く）

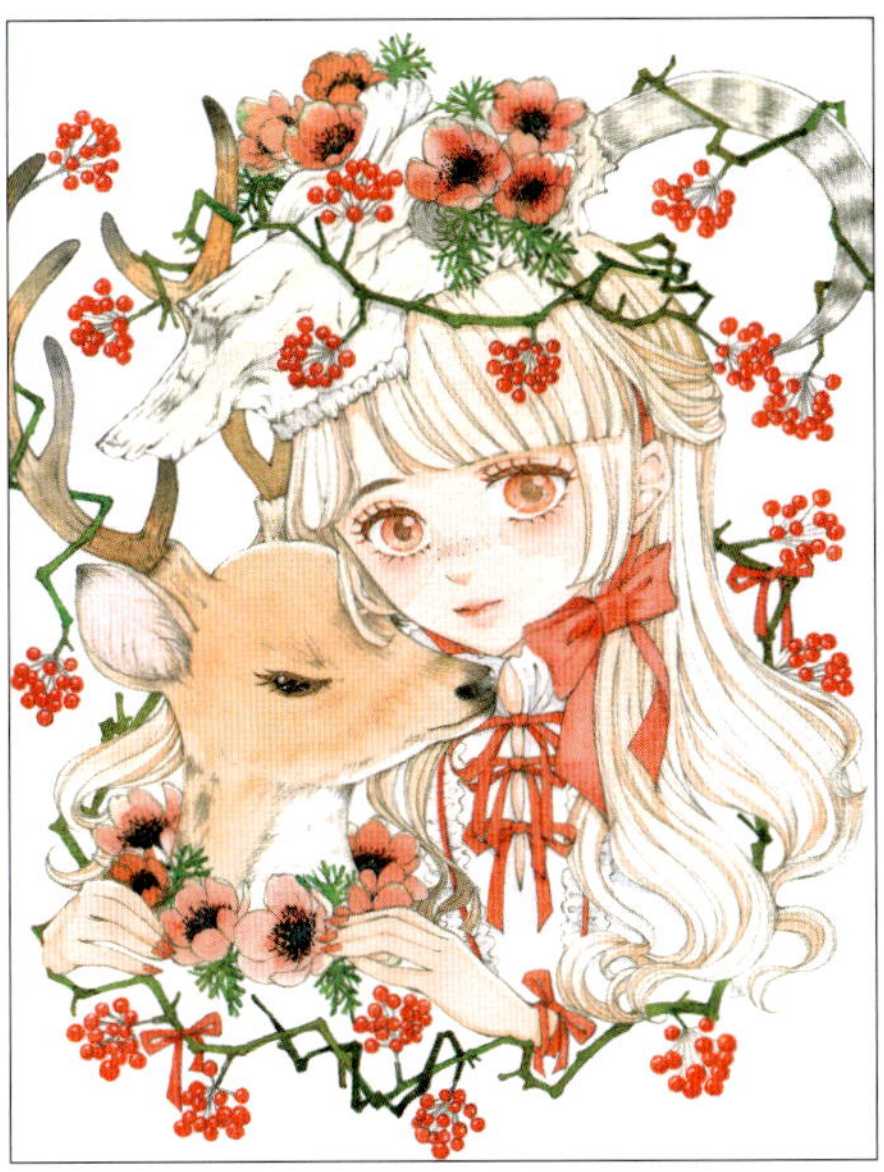

[RED] 宮城県・福

使用画材：透明水彩・コピックマルチライナー・色鉛筆

目をひくような赤い色を使いたかった。

柔らかい色合いに強めの赤色が散りばめられ、画面に華やかさを持たせています。繊細なディテールも美しさと可愛らしさを引き出す（し）

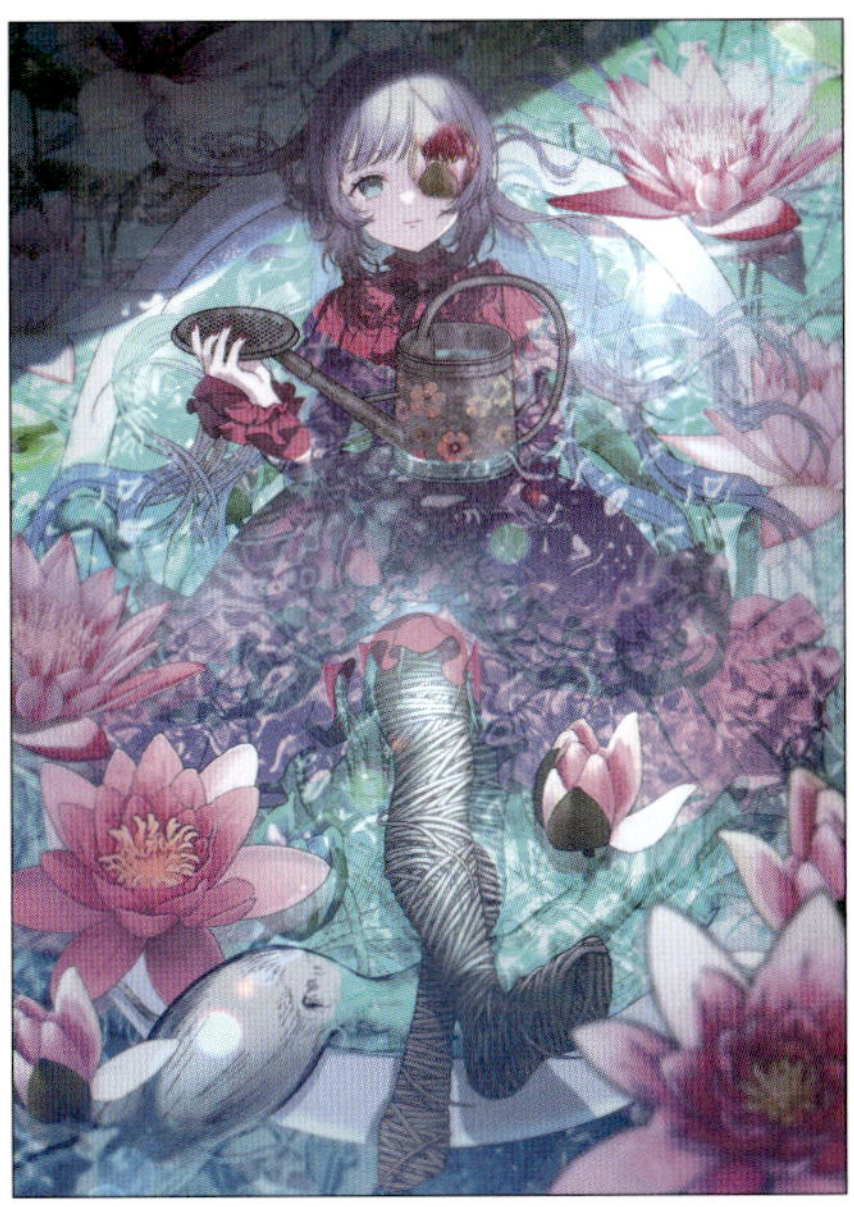

[花の女] 埼玉県・葉月透

使用画材：CLIP STUDIO PAINT PRO

楽しく描きました。

花を象徴する少女のデザインが鮮烈で、幻想性が漂う。淡い色味も画面全体の繊細なムードを印象付けていて大きな魅力を持つ作品（ノ）

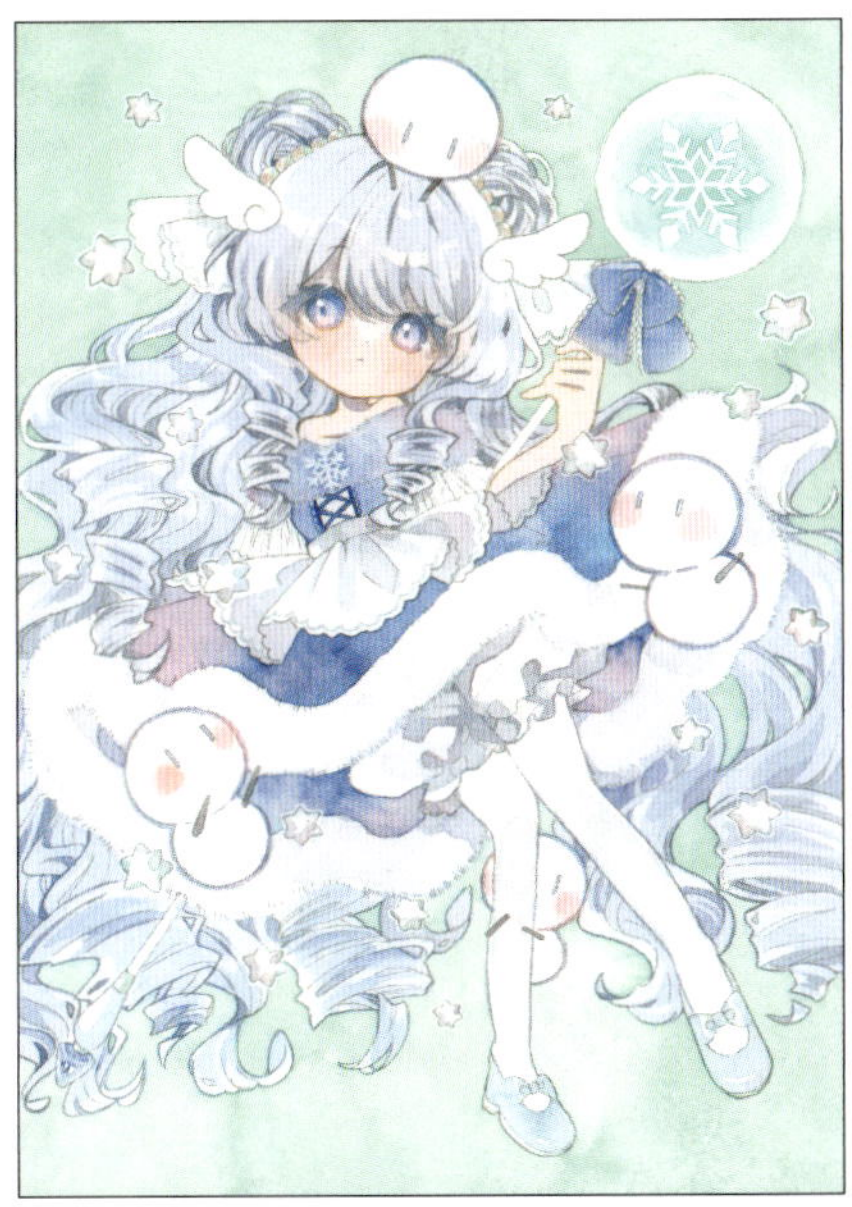

[雪の精霊使いと砂糖星] 岩手県・くりせゆう

使用画材：透明水彩・ウォーターフォード中目

雪のかわりに降ってきたのは、きらきら輝く白いお砂糖…？　失敗したけど雪の精霊たちは大喜び！

ふわふわで儚い精霊少女、か、かわいいぃ！　溶けちゃいそうな淡い色使いの中にある陰影とグラデーション、線の強弱のバランスが美しい（石）

優秀賞 3ポイント

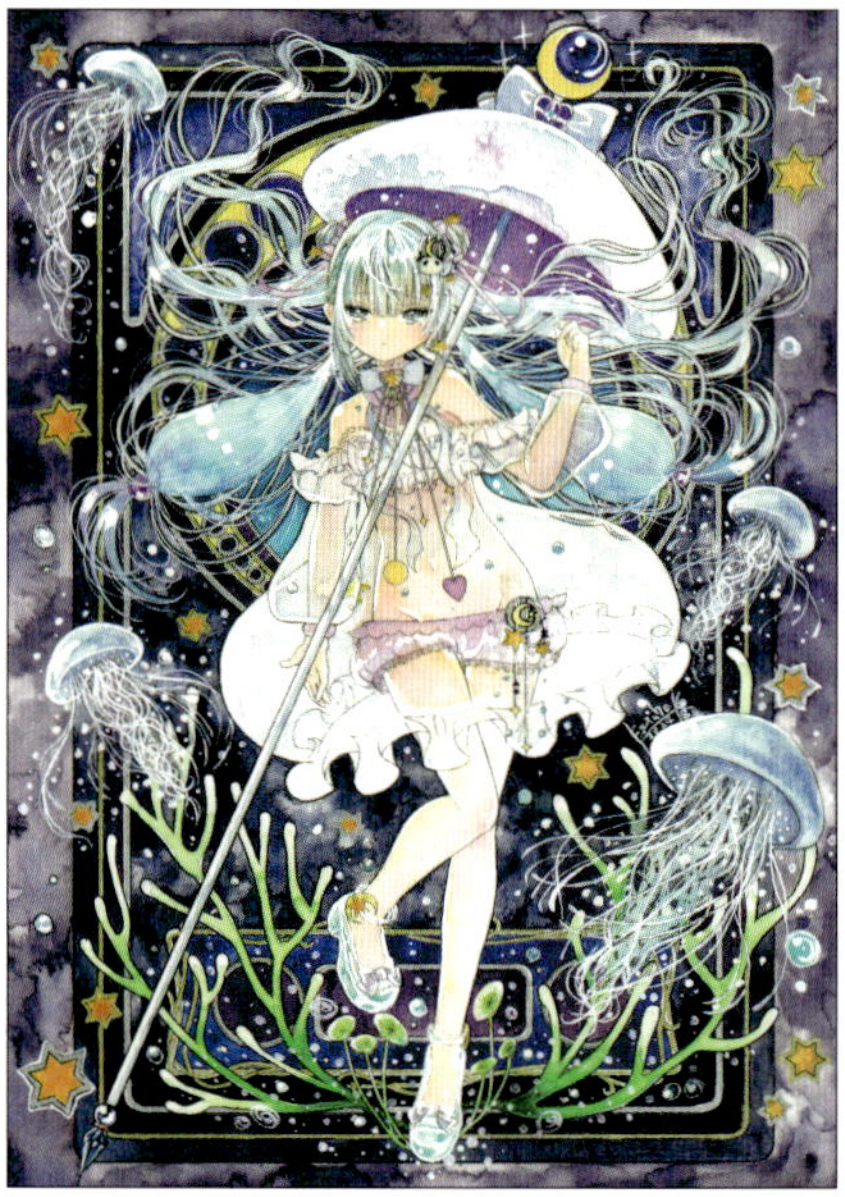

[さくら海月] 北海道・楠田和穂

使用画材：水彩絵具

水彩の滲みの表現を活かして海・月をイメージしながら塗りました。

海月デザインの半透明な衣装が幻想的で可愛い！　にじみを多用しているがぼやっとした印象はなく、イラストとしてまとまっていて良い（し）

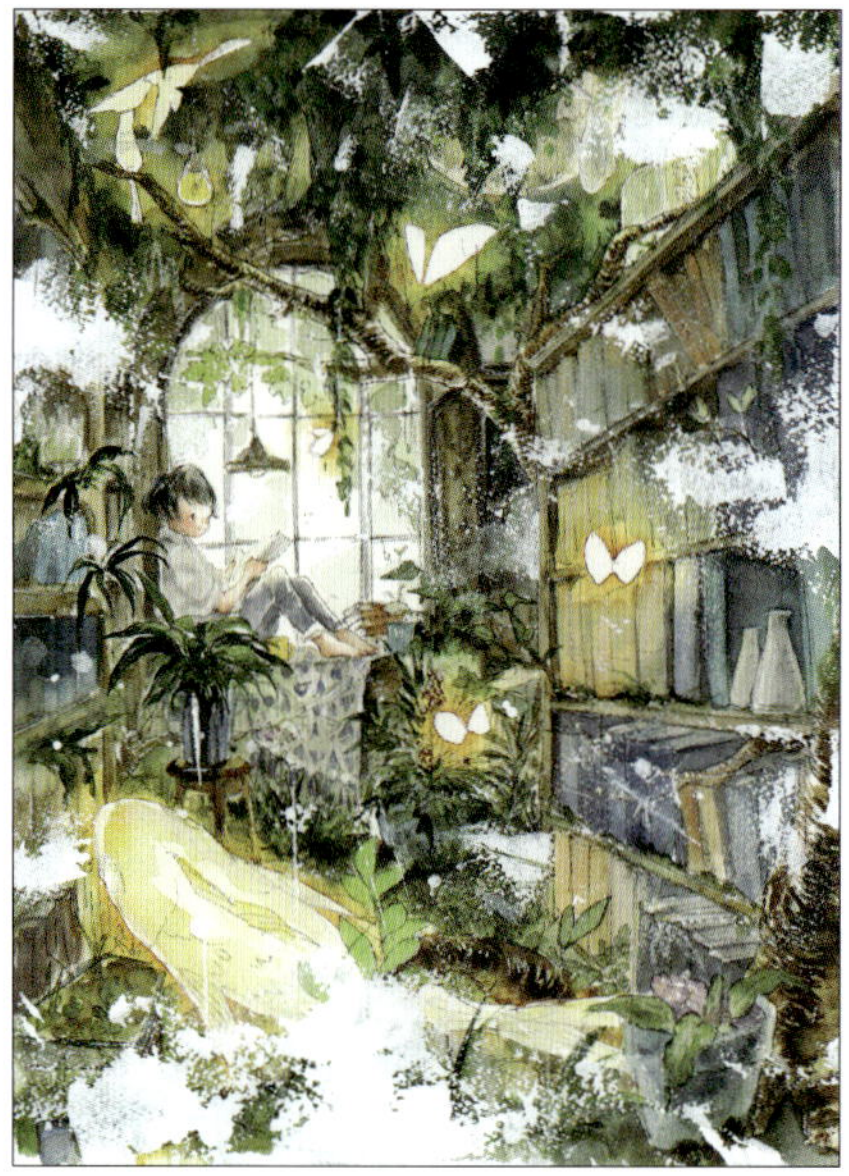

[図書の森] 東京都・しの原しの

使用画材：水彩紙・アクリルガッシュ・水彩絵具・クレヨン・色鉛筆・ペン

ここは僕の楽園【エデン】

水彩や線画は生き生きとしていて、ホワイトのテクスチャは力強い。一目見て、しの原しのさんが描く、穏やかで生命力溢れる幻想的な世界のファンになりました（ぐ）

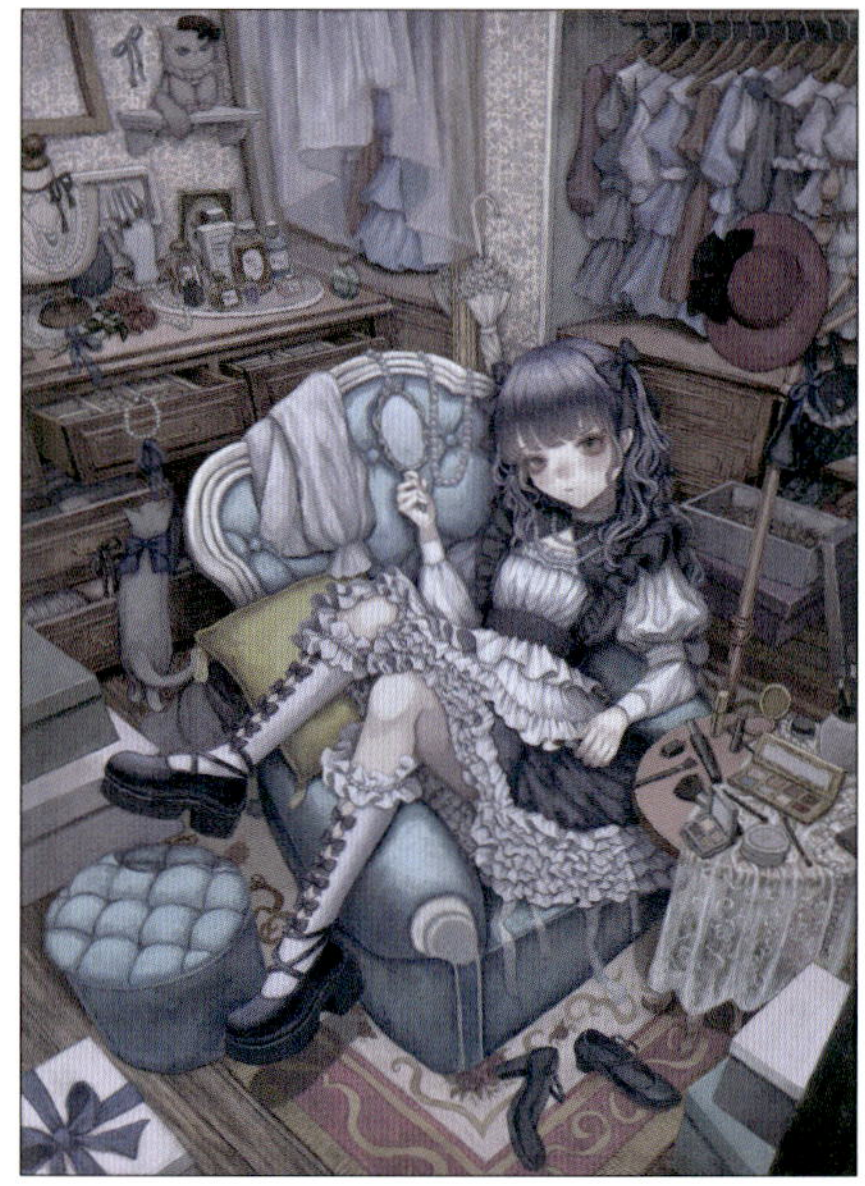

[溺れるクローゼット] 大阪府・白ノ

使用画材：アクリルガッシュ

服、コスメ、アクセサリー、香水など、私の好きな身につけるものに溢れたウォークインクローゼット部屋を描きました。溺れる＝堕落のイメージから俯瞰の構図にしたり、足癖の悪い人物のポーズ、浪費(たくさんの箱)などを美しく描くことにこだわりました。

細部まで描かれた小物の数が圧巻！　オシャレが好きな少女ということが伝わってきます。好きな物の中に溺れて、夢のような空間♡（石）

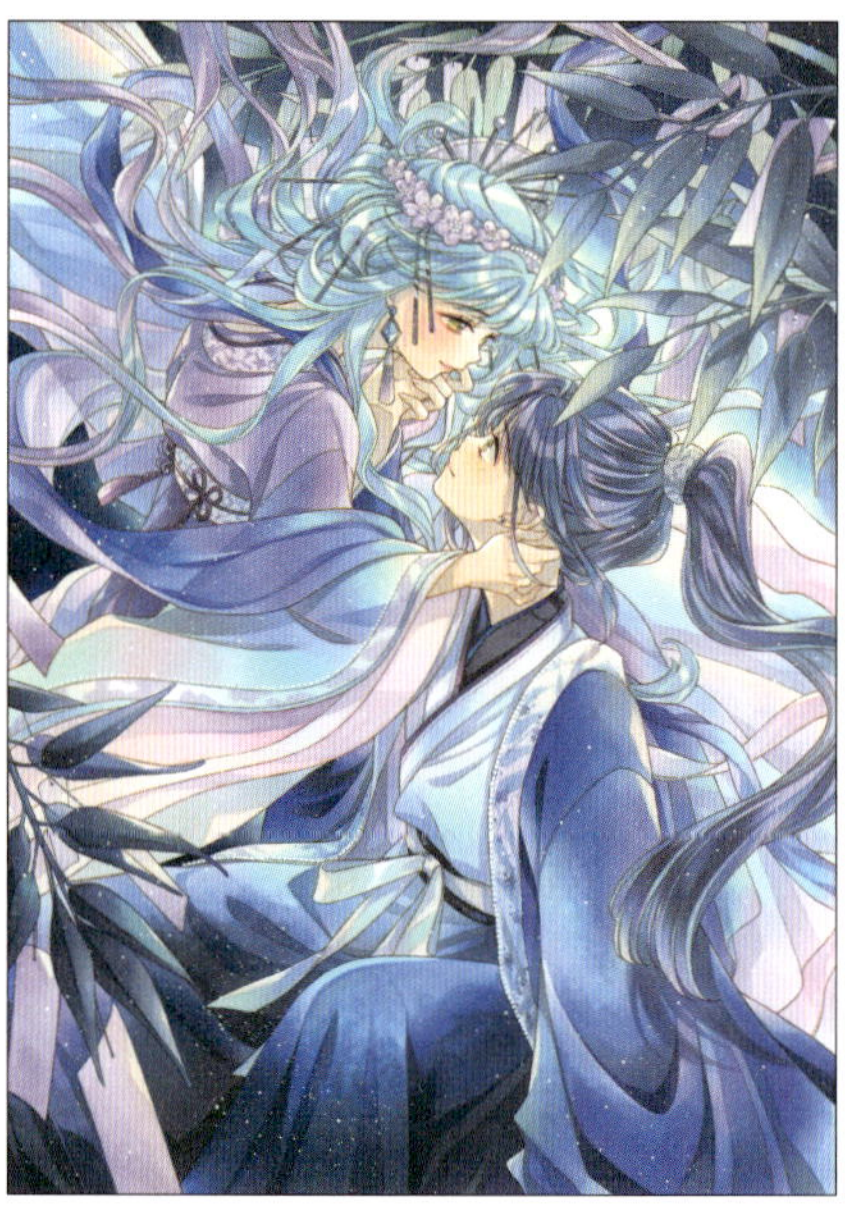

[二星の逢瀬] 東京都・りーりん

使用画材：コピック

七夕の織姫と彦星をイメージして描きました。お互いを想いあうような場面と、パッと見て美しいと思っていただけるような作品になっていたら嬉しいです。

お互いを想い合う織姫と彦星の表情が美しく、どこか儚げで心惹かれる一枚です。柔らかい色づかいも2人の関係性を際立たせています◎（む）

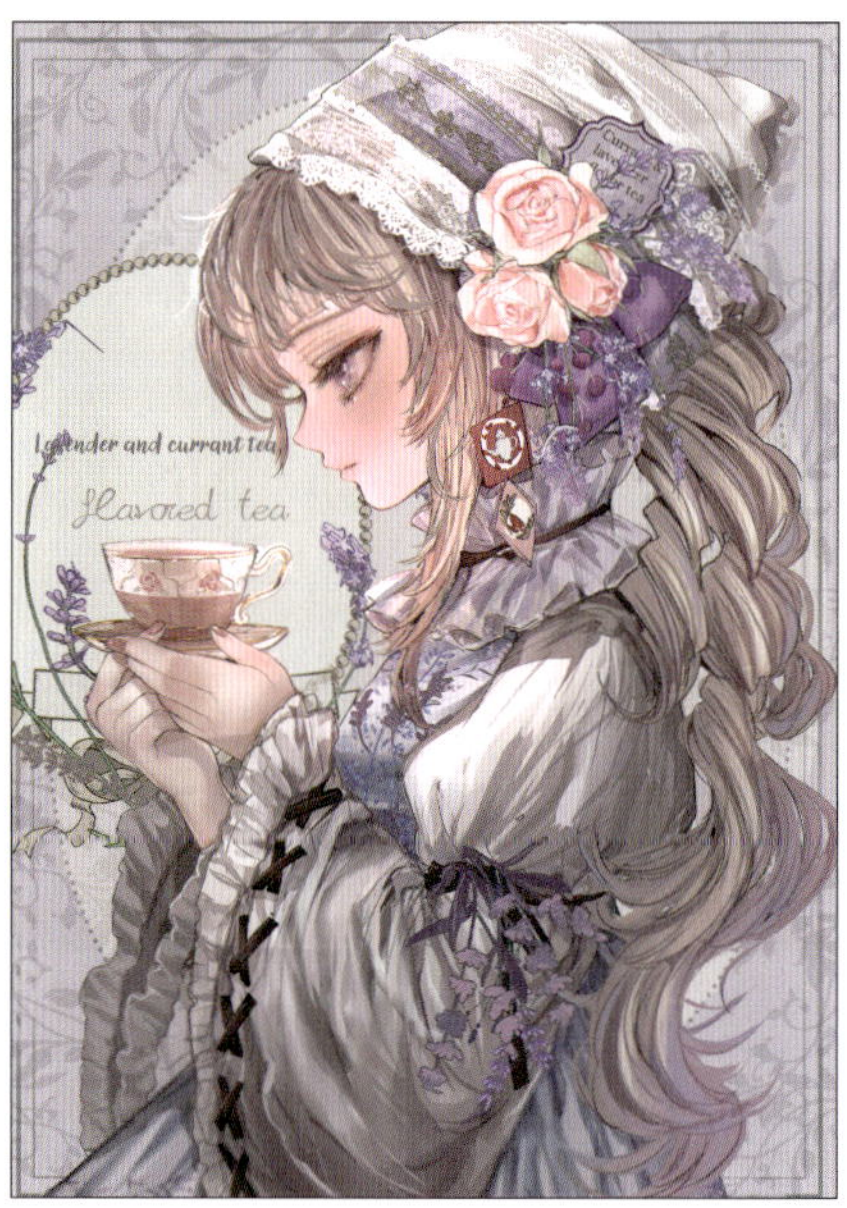


[ラベンダーティーの妖精]
兵庫県・こもりひっき

使用画材:CLIP STUDIO PAINT･Photoshop

ラベンダーティーの妖精ファッションをイメージしたイラストです。

隅々まで繊細に描かれているお花の入ったフリルのドレスが魅力的。ラベンダーティーの香りがこちらまで漂ってきそうな一枚！（さ）

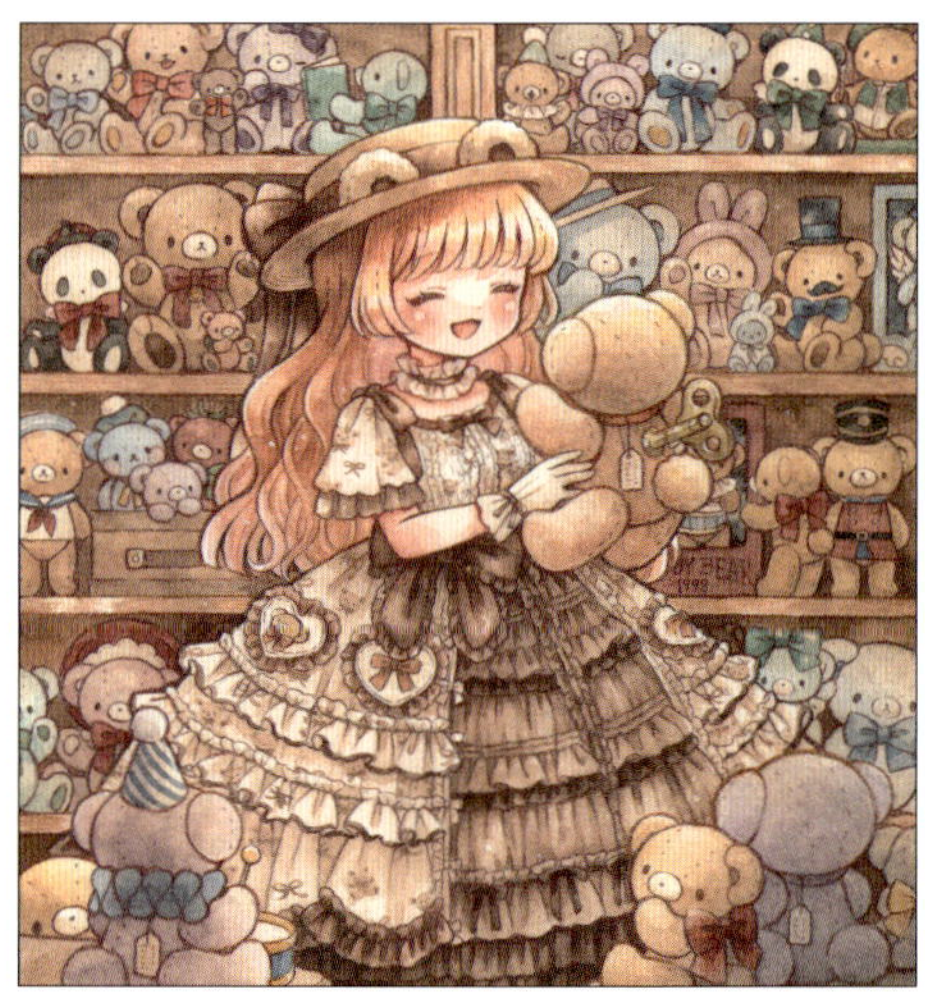

[Teddy bear shop] 東京都・さかのまち

使用画材:透明水彩･水彩色鉛筆･ウォーターフォード水彩紙

アンティークな内装のテディベアショップ。店内は特別なおまじないがかかったテディベアたちが動き出し、不思議な光景が広がります。テディベアが大好きな女の子が入店しお気に入りの子を見つけるシーンを描いた作品です。

アンティークなテディベアショップでお気に入りの子を見つけたときの満面の笑みに心を奪われました…！　くまちゃんの表情は女の子にしか分からない…という構図もいいですね（お）

# 佳作 2ポイント

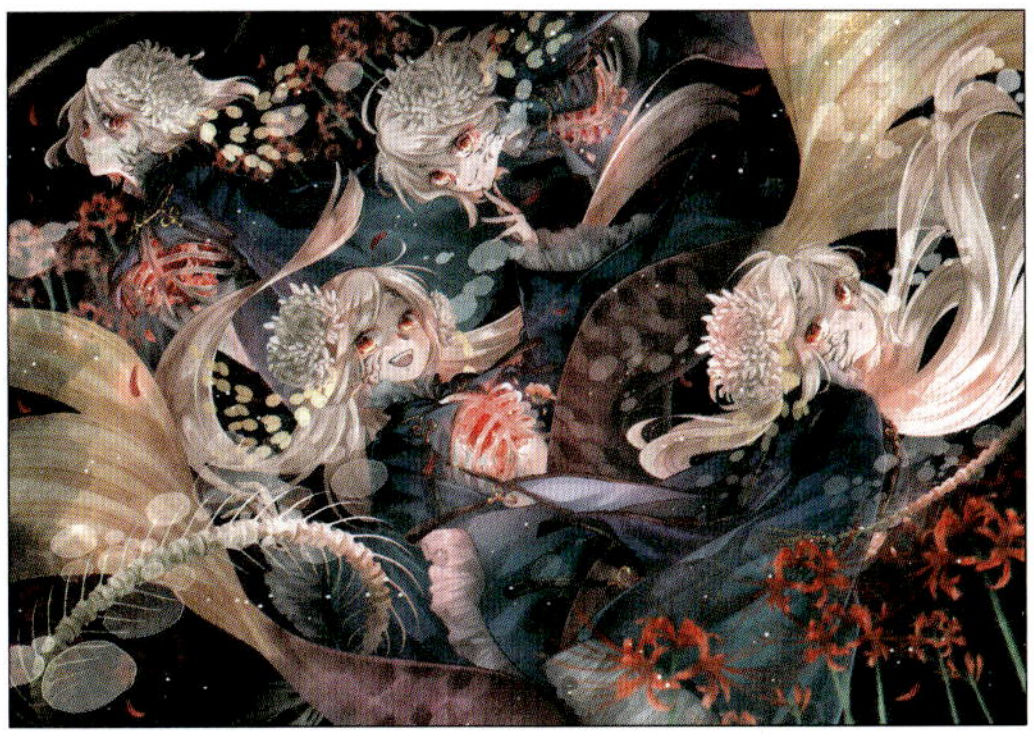

［黄泉の水底］石川県・なかだ絵眞

水の流れを感じる、テンポの心地よい作品。宝石のような瞳と肋骨から透けて見える彼岸花の輝きが美しいです（石）

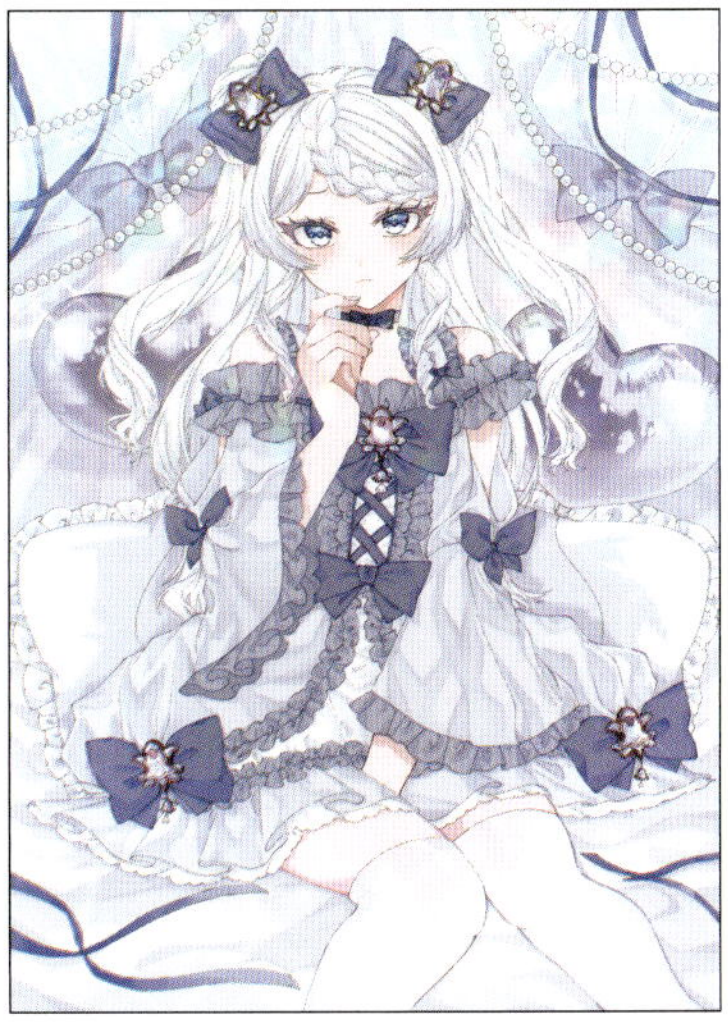

［不意打ちはずるいわ］滋賀県・ぴげ太郎

布の柔らかな質感とうるうるの瞳がとても良く描かれており、キラキラとした装飾が乙女心をくすぐられます！（し）

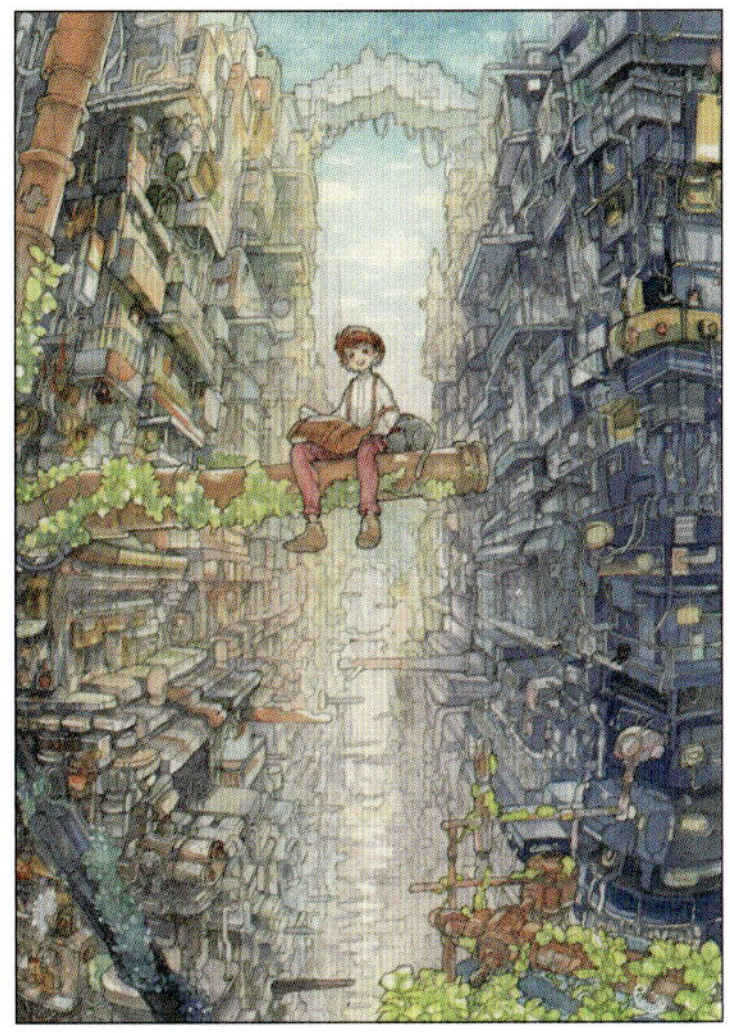

［不思議な世界を君と］大阪府・econoco

緻密に描かれた背景を彩る、透明水彩の色選びが素晴らしい。差し色として描かれたグリーンが、この世界の設定を深めているように感じる（ぐ）

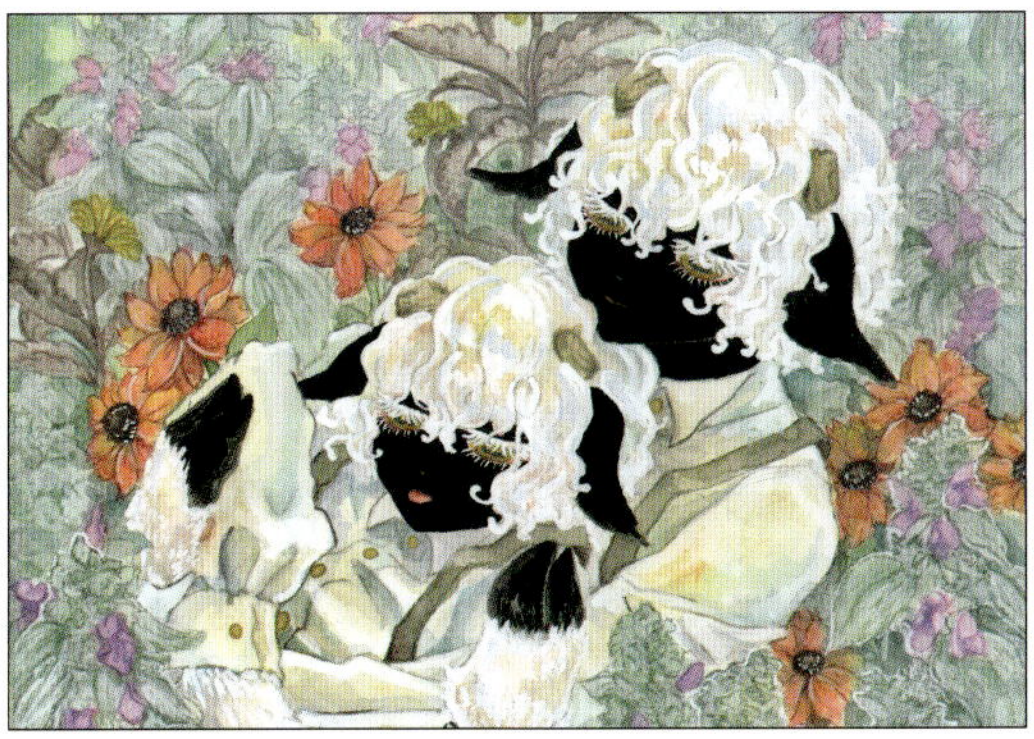

［柔らかな緑に沈む］愛知県・ぶーじゃむ

ラムズイヤーに埋もれて仲良く寝入る兄弟の姿が美しい。白いまつ毛やカールヘアーがまるでお人形のよう。淡いタッチがロマンチック（お）

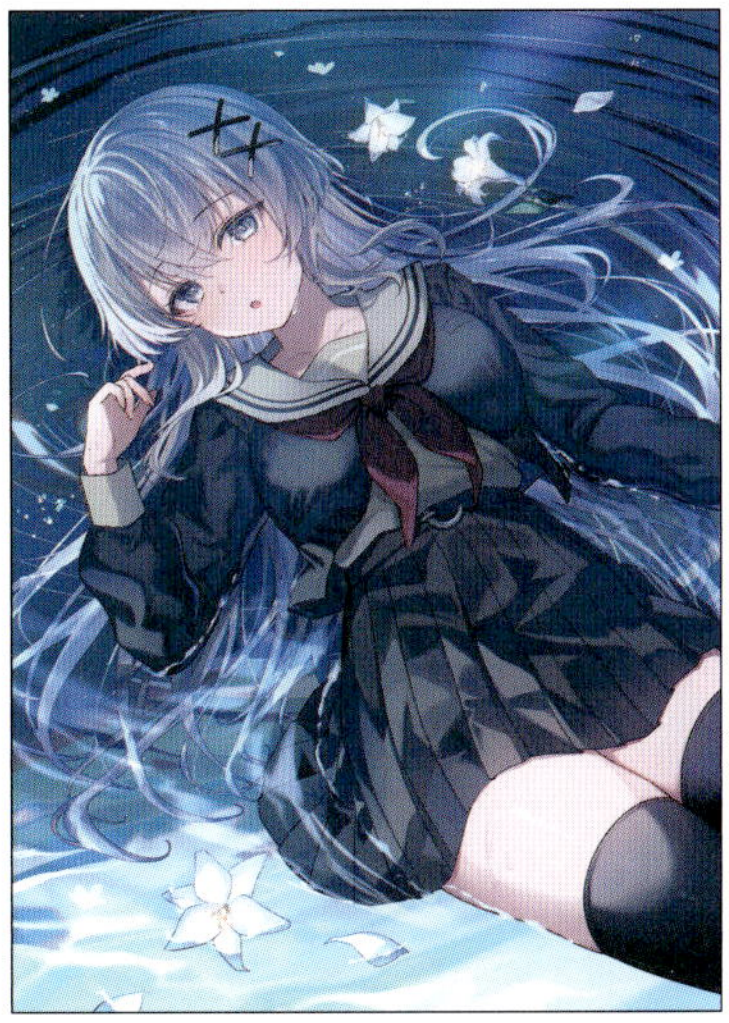

［Lily］埼玉県・餃子ぬこ

透き通るような水や髪の表現が美しい。黒い制服にも透明感があり、絵全体で儚さを感じる技術の高い作品（し）

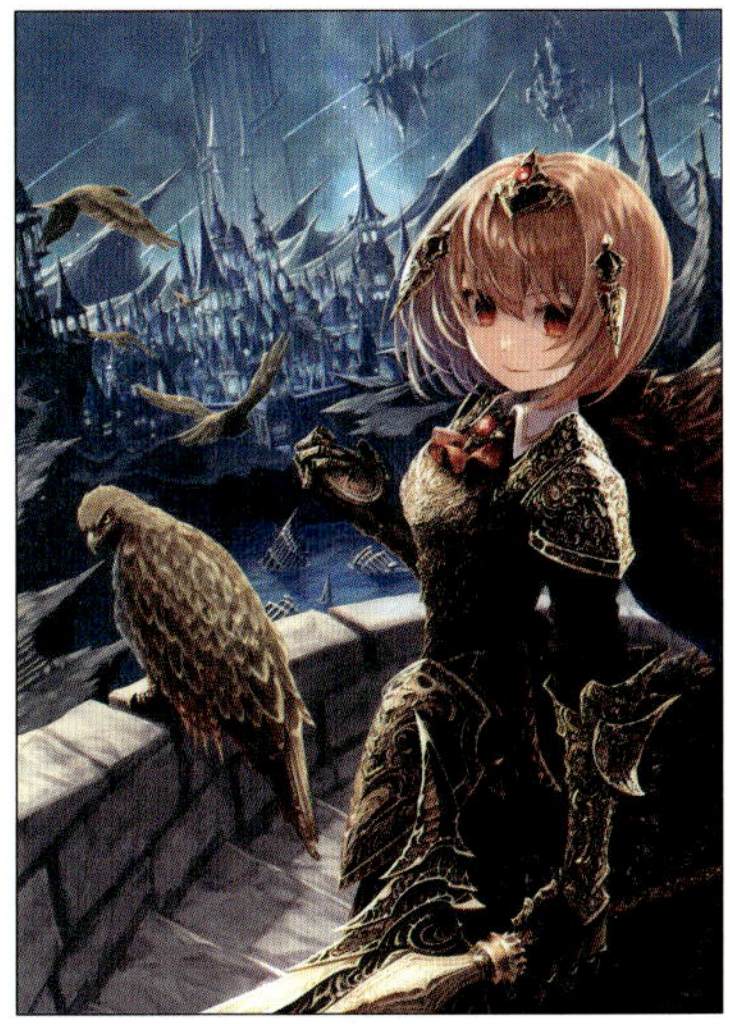

［Voyage］静岡県・星晞

緻密に作品を描かれていて一気にファンタジーの世界に引き込まれます。どんな冒険が待っているかワクワクです！（む）

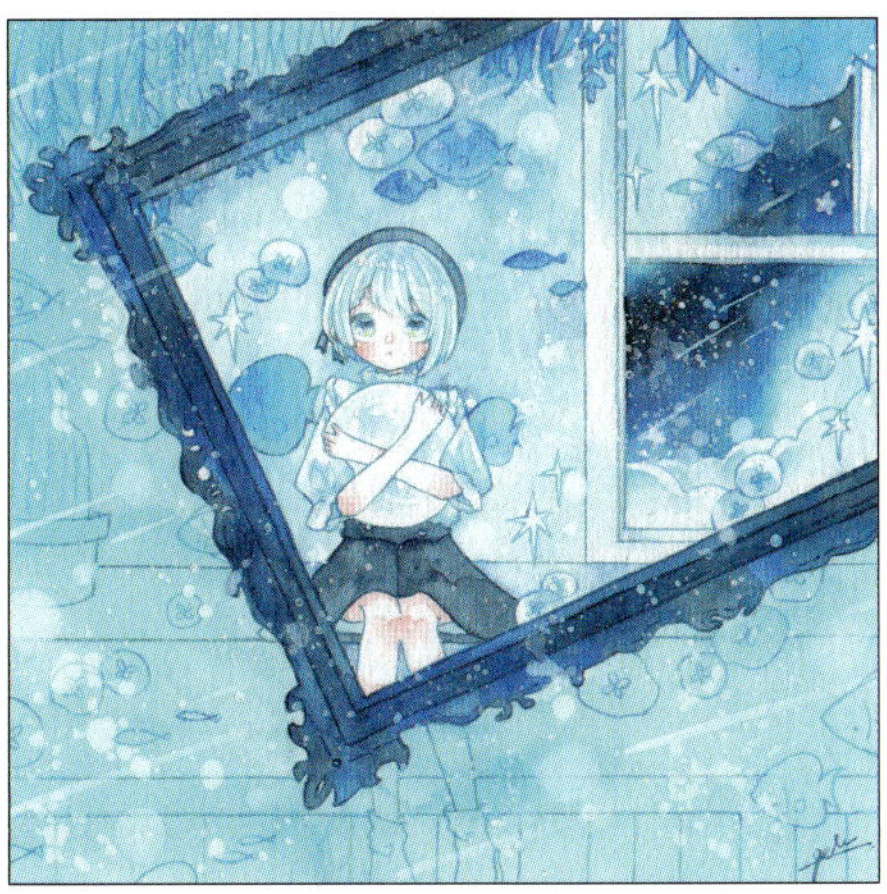

［よるとと月のキリトリセカイ］大阪府・月架

額縁の中だけ色がついて、幻想的な見え方が印象的。青の階調も味わい深く、静謐な時間を伝える（ノ）

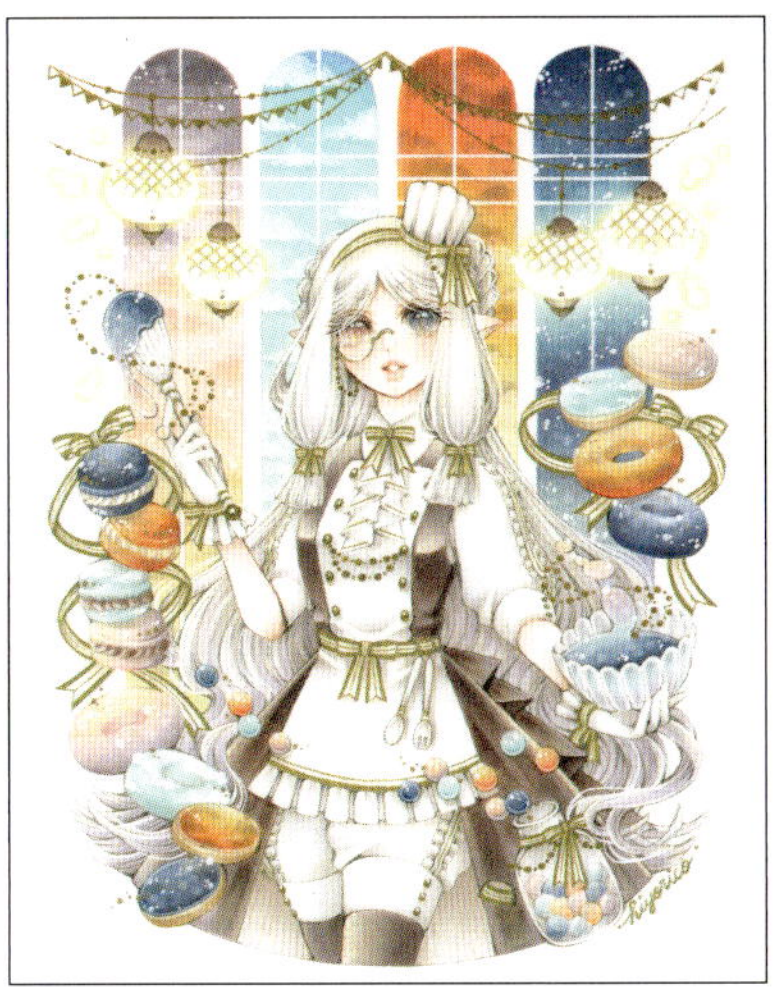

［ソライロ洋菓子店］香川県・ひよりこ

衣装や色づかいがエルフという設定ともマッチしていて、華やかで神々しい印象を抱く。コピックの紫色＆黄色のグラデーションが好きです（ぐ）

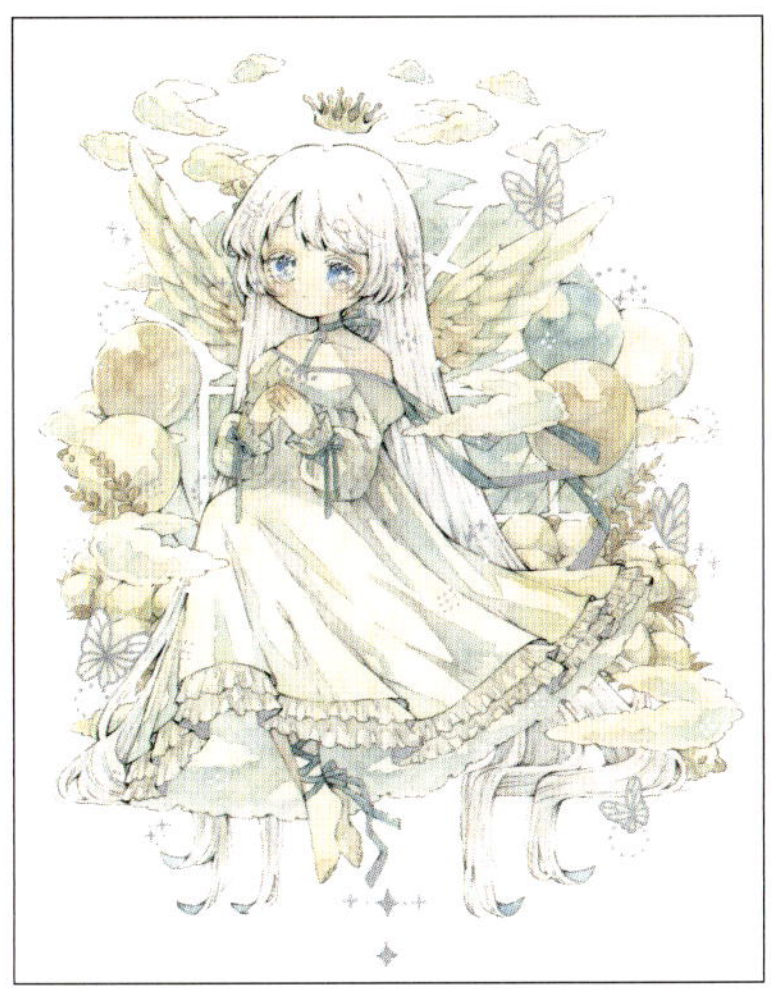

［まどろむ天使の白昼夢］福井県・FUYUKO

雲や風船のふんわりとしたモチーフたちと顔彩をつかった柔らかな世界観に癒される。綺麗な配色で白髪が映えています（さ）

## 佳作 2ポイント

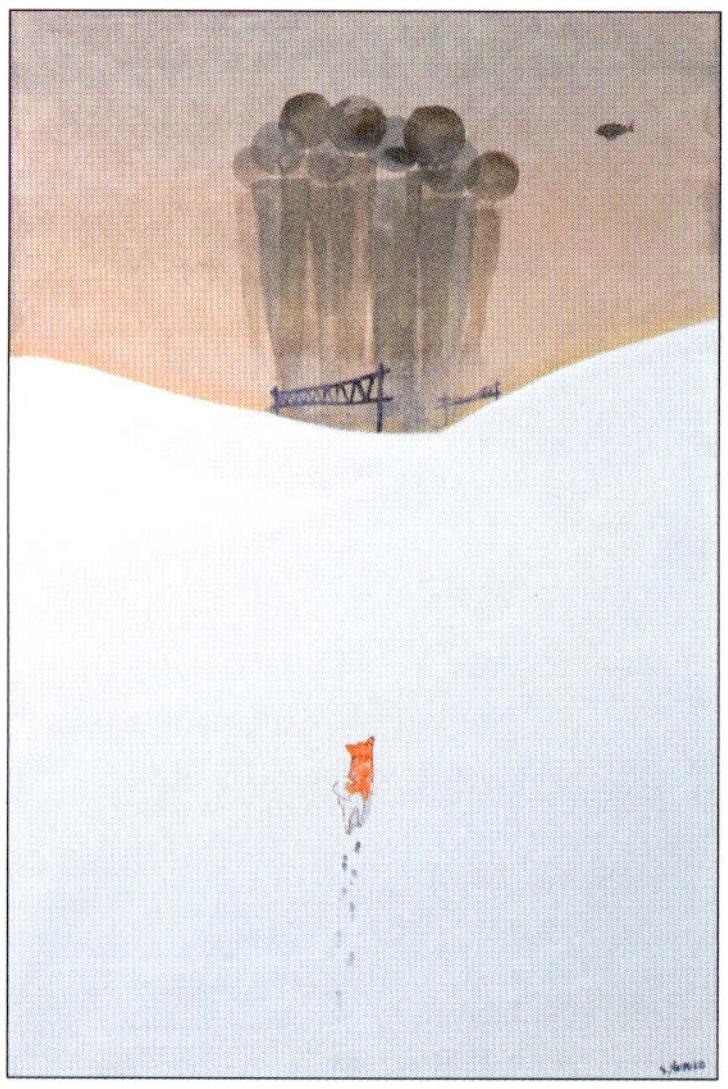

[雪の日] 埼玉県・柴トラ夏子

胡粉で塗られた深い雪の世界、奥に見える風景に向かう犬の姿が印象的。雲母で光らせた空の表現も良い（ノ）

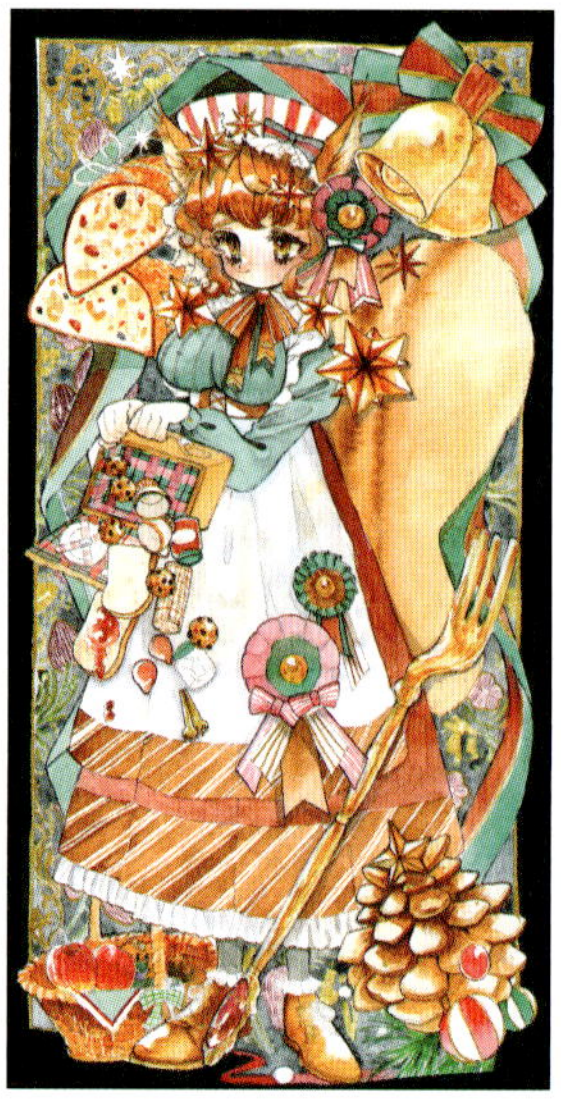

[おいしいものたくさん] 東京都・虎鹿

カラフルで賑やかな印象がありつつ、優しい絵本のような雰囲気の作品。食べ物もどれもいい匂いがしてきそう！（し）

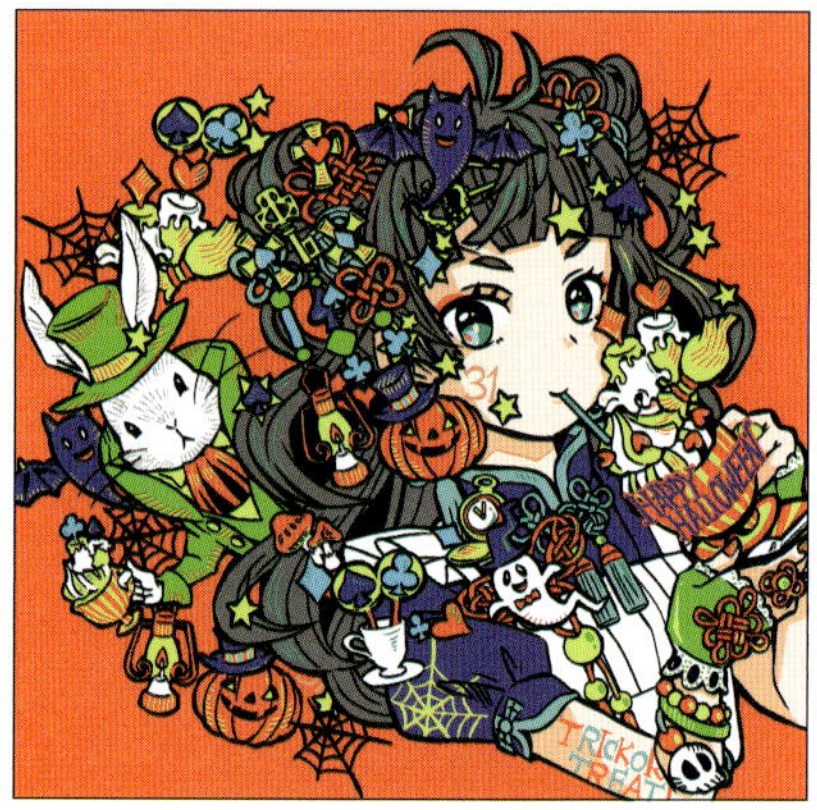

[チャイナ☆でアリス☆のハロウィン☆]
大阪府・中島みなみ

人物の小物と背景に配置されたオレンジが刺激的な一枚。色を散らしながらもまとまりのある配色が素敵（ぐ）

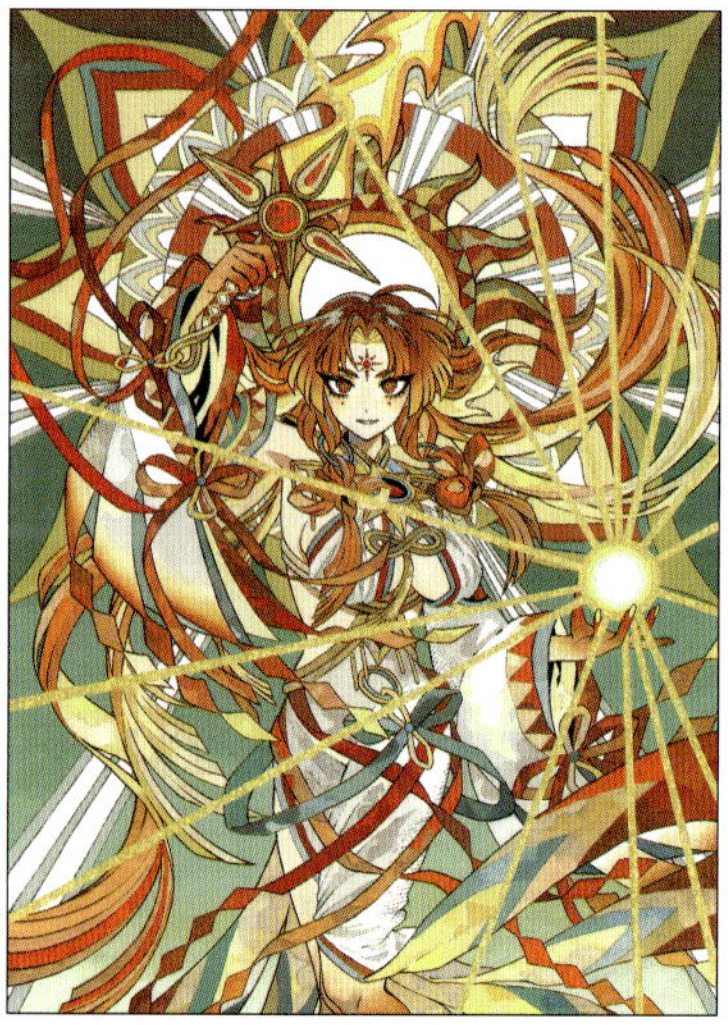

[燦燦] 大阪府・香琳

太陽神の神々しさが一目で伝わってくる作品！ 色使いも繊細でアナログのタッチも感じられる満足感の高い一枚◎（む）

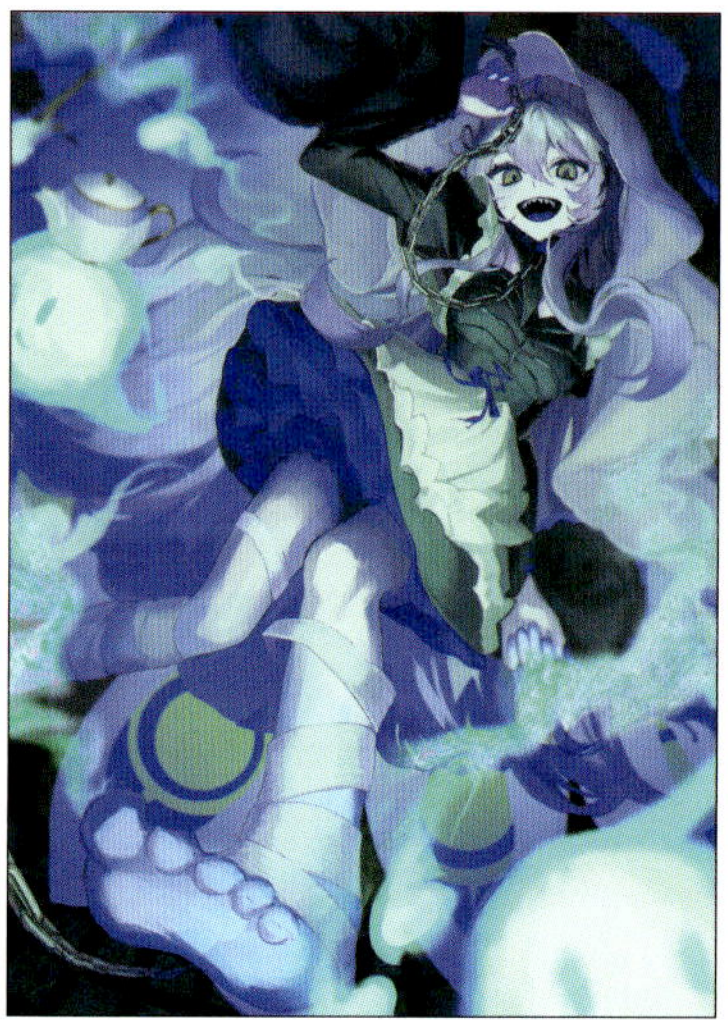

[真夜中のティーパーティー] 新潟県・uwoza

暗がりに不気味に光る青白い人魂もよく見ると可愛いお顔が！ 少女のキュートなギザ歯や金属の光沢にも注目！（し）

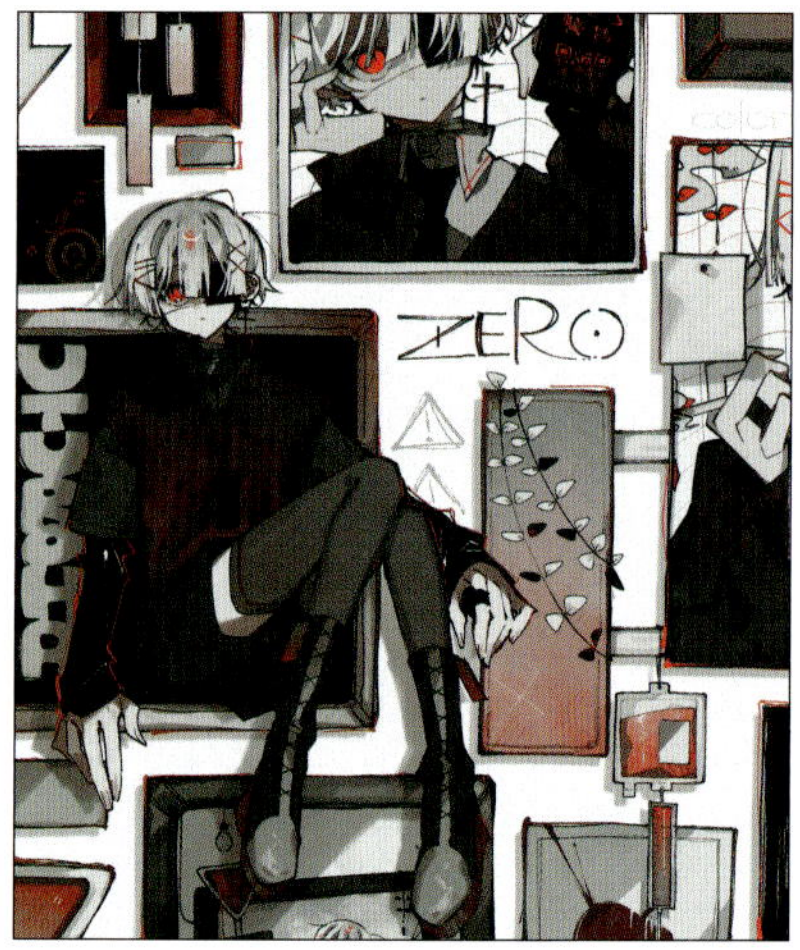


[gallery] 埼玉県・虚葉弌。

虚葉さんの過去作品の額から少年が出てきたような画面構成が面白い。また、血液パックが取り付けられており、三次元と二次元の狭間を表しているかのよう（お）

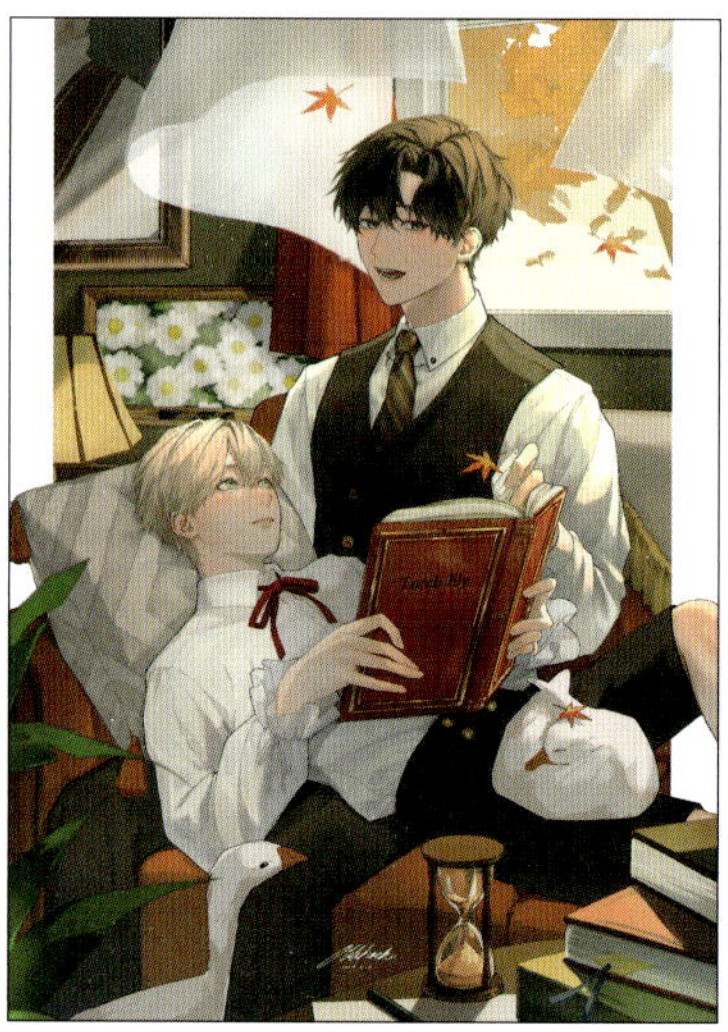

[11:59a.m....] 兵庫県・YORU

秋の少し冷たい空気のなかでも温かい関係性が見てとれます。暖色でも涼しさを感じる色づかいが上手いです（し）

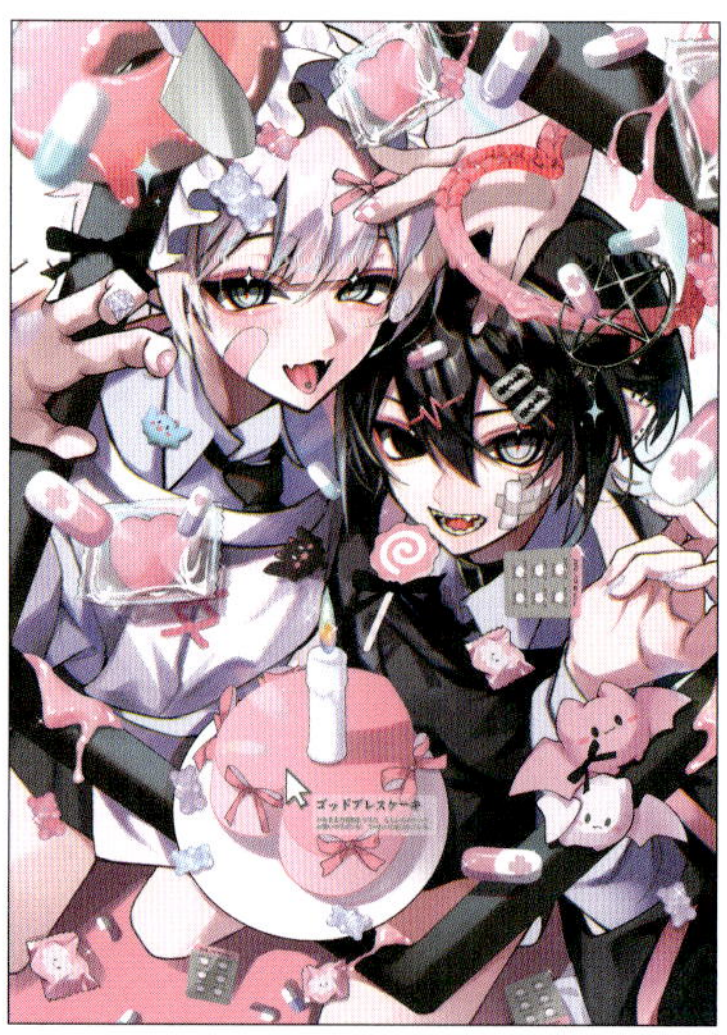

[TESTAMENT] 京都府・上ノ句

絵を描いたことがなかった当時の自分へのプレゼント…♡ モチーフが散らばってにぎやかでハッピー♪ 額から飛び出す立体的なカメラワークが◎（お）

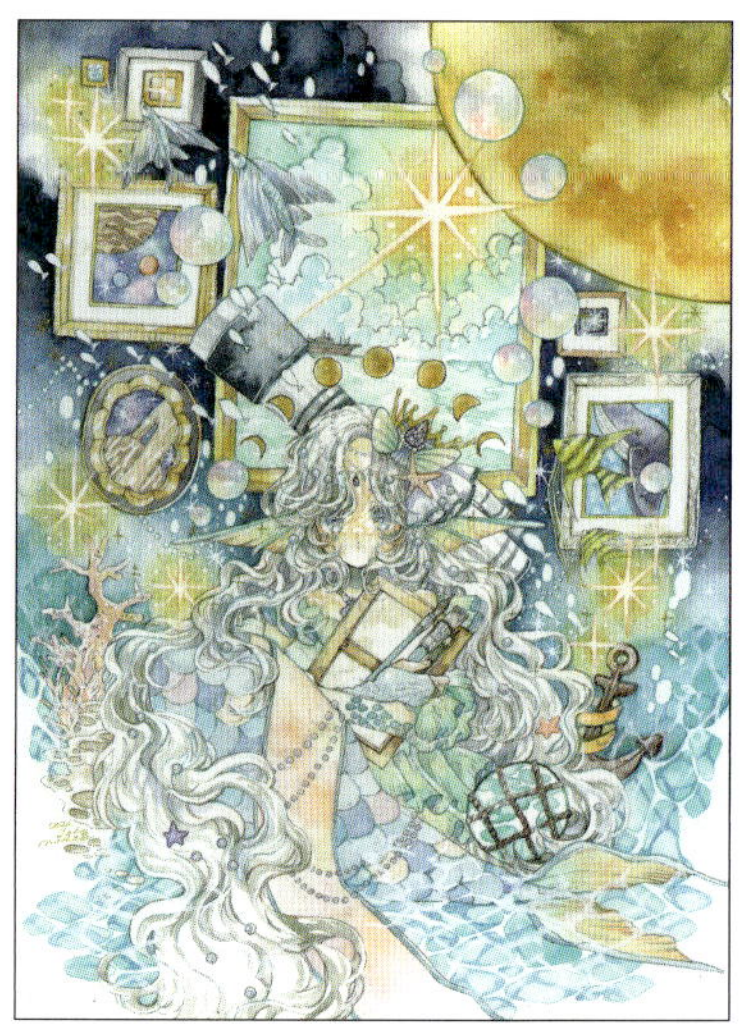

[あの憧れの宙] 宮城県・星宙みか

煌めく宙と星々の表現が人魚姫の瞳に映し出されているようなドラマチックな一枚（さ）

## 佳作 2ポイント

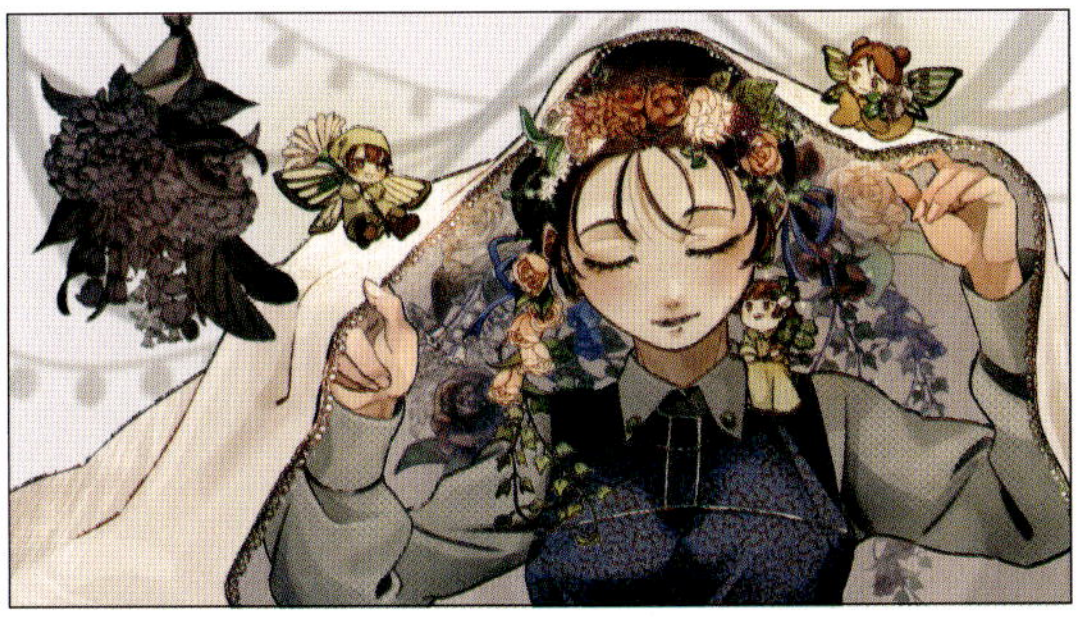

[ 妖精のヴェール ] 北海道・七海げにか

目を閉じた少女の周りには妖精が。夢見るような表現が魅力的。花冠の華やかなデザインも良い（ノ）

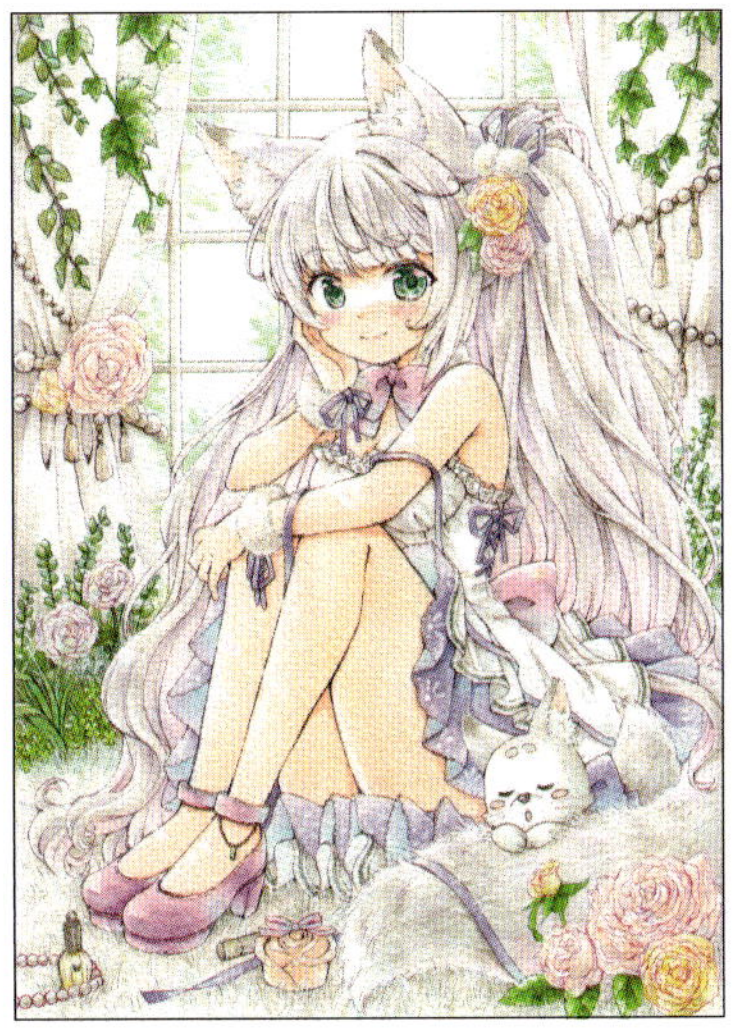

[無題] 埼玉県・みなみかわ

やわらかい色づかいがとても素敵です。細部まで描き込まれた女の子ときつねさんのもふもふ具合がたまりません！（ほ）

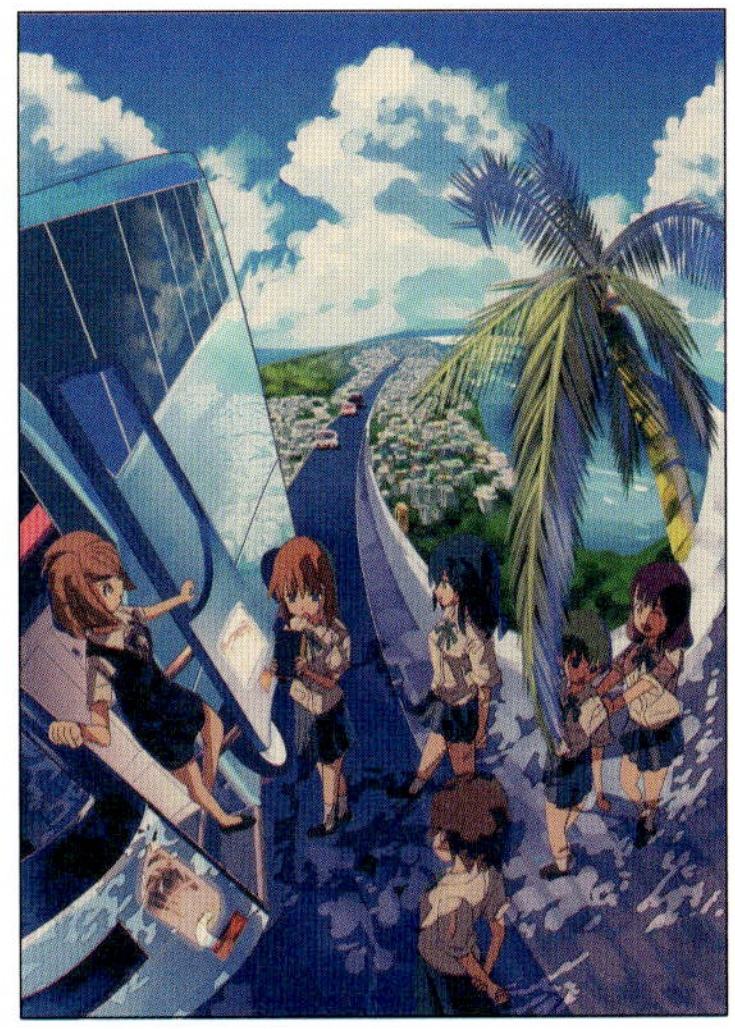

[修学旅行] 新潟県・星野かわうそ

見た瞬間に、バスから降りたときのワクワクが蘇りました！　彼女たちの修学旅行をもっと見たいと思いました（ほ）

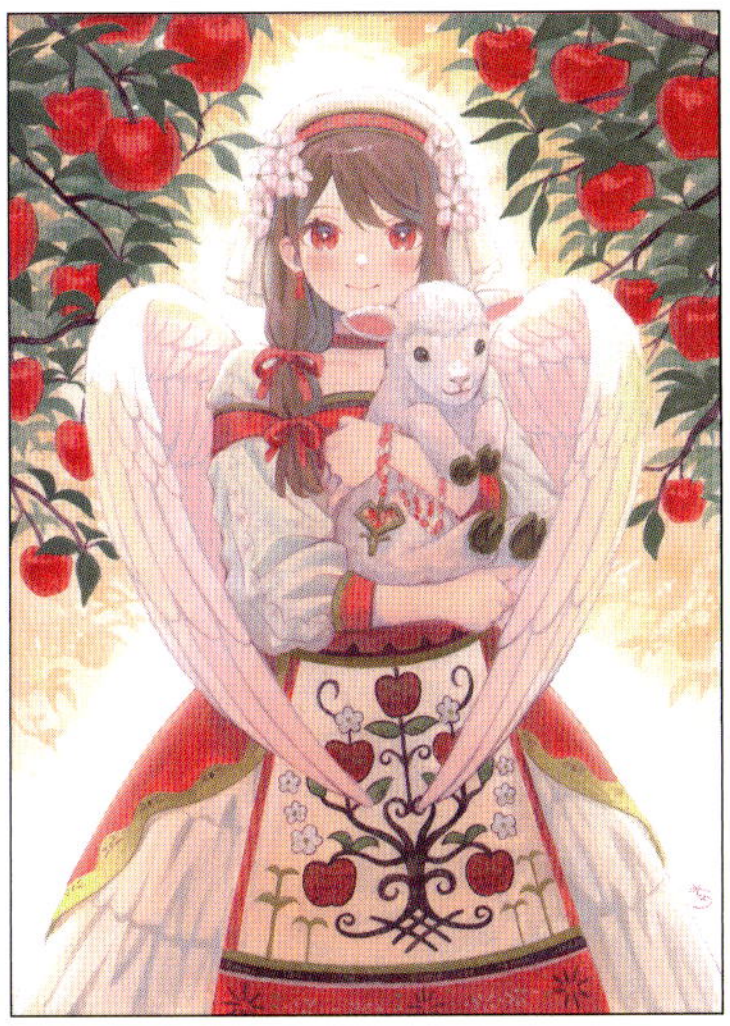

[農園の娘] 埼玉県・みしょう

やわらかなカラーリングに細やかな質感表現が目を引く。作品をみていると豊かな気持ちになる。また、みしょうさんの作品が見たいです（ぐ）

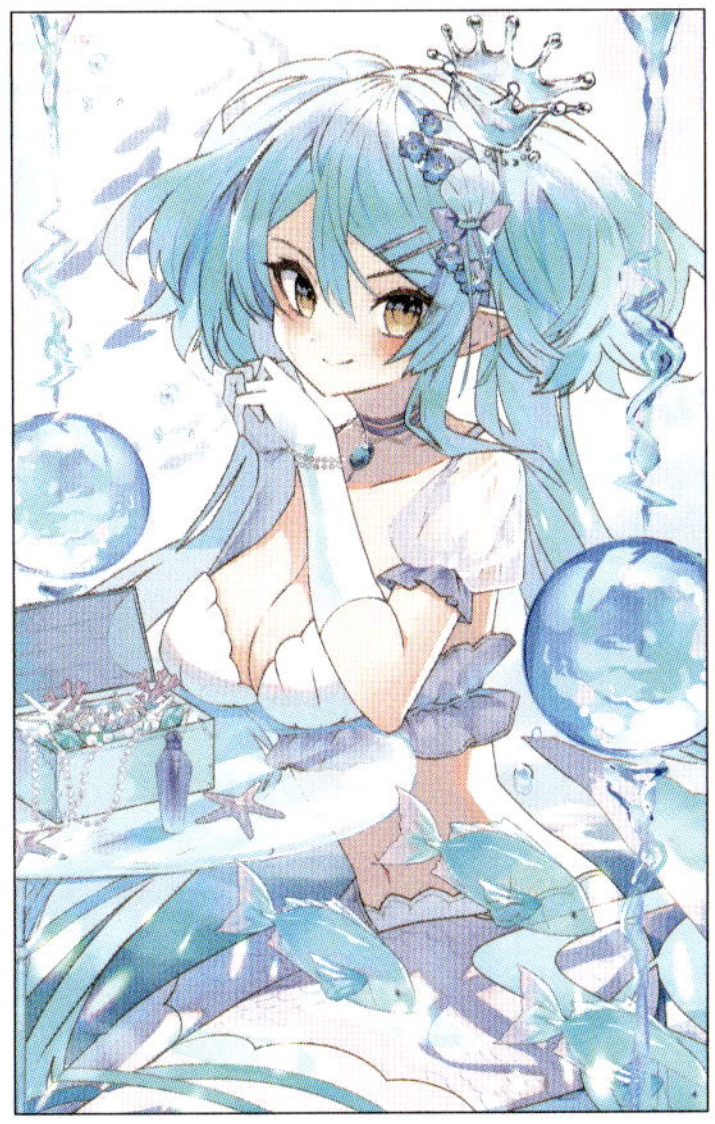

[海の宝石箱] 福島県・桃寸（もす）

色のバランスや立体感を作るのが上手い！　透かしの表現が空間を広く見せていて、海の世界観とマッチしています（石）

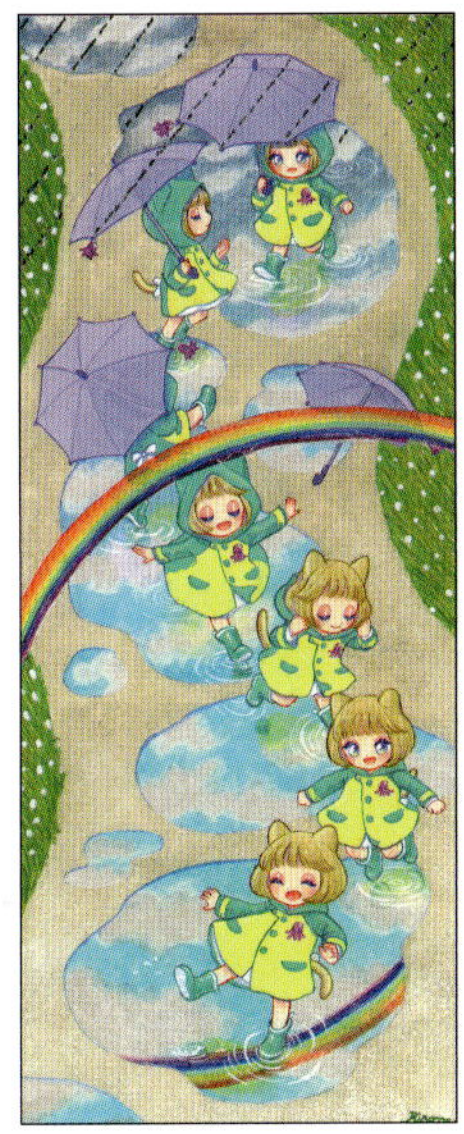

[雨のち虹] 島根県・七海りろん

雨が上がったときの気持ちの高まりが伝わってきて見た人に穏やかな気持ちをプレゼントしてくれる素敵な作品です！（む）

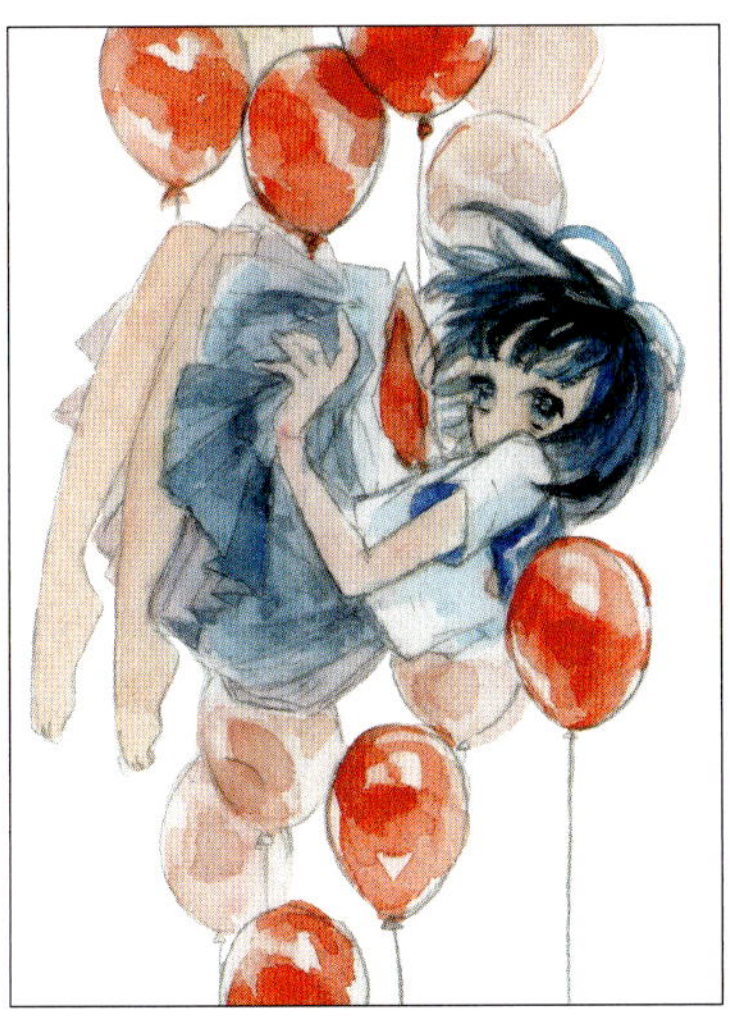

[まどろみ] 東京都・特命希望。

脚が曲がって浮くような女の子のポージングと風船の配置がマッチして、髪と目の深い色も、赤と響き合って素敵（ノ）

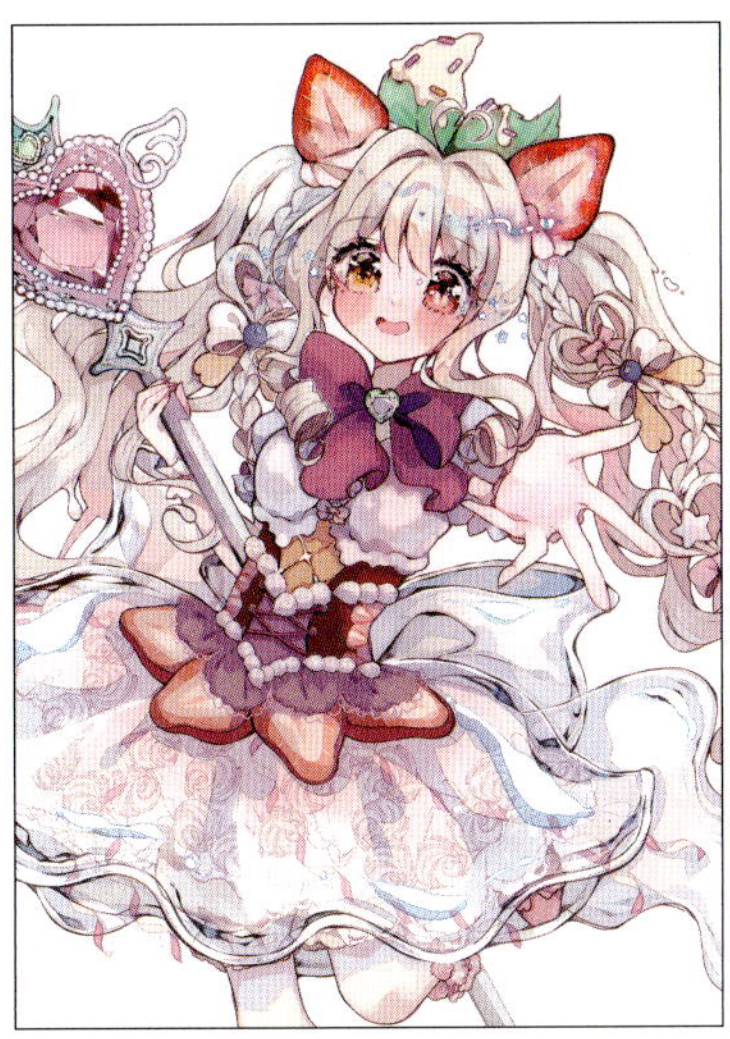

[ときめきをあなたに！] 神奈川県・姫神かをり

幼少期の憧れが詰まった衣装デザインで心踊ります。宝石のような目元から流れ出る星のかけらも良いアクセント♡（石）

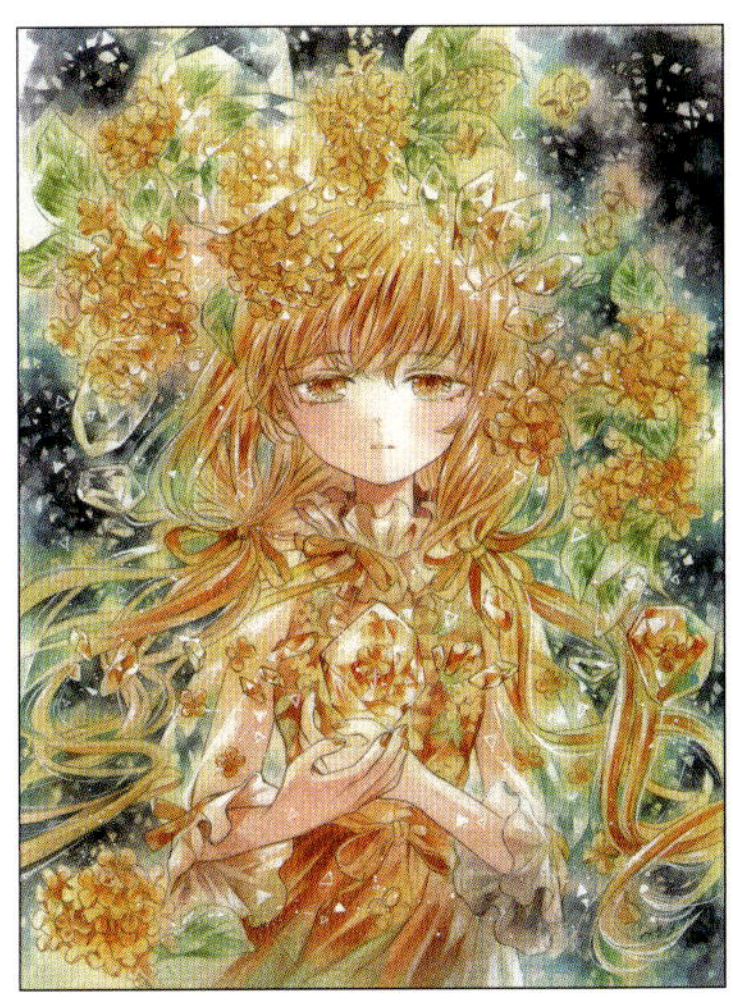

[金木光] 栃木県・mg3/ めぐみ

金木犀の香りやきらめきをとじこめたような作品。結晶を大事そうに胸に抱える、少女の憂いを帯びた表情に惹かれる（お）

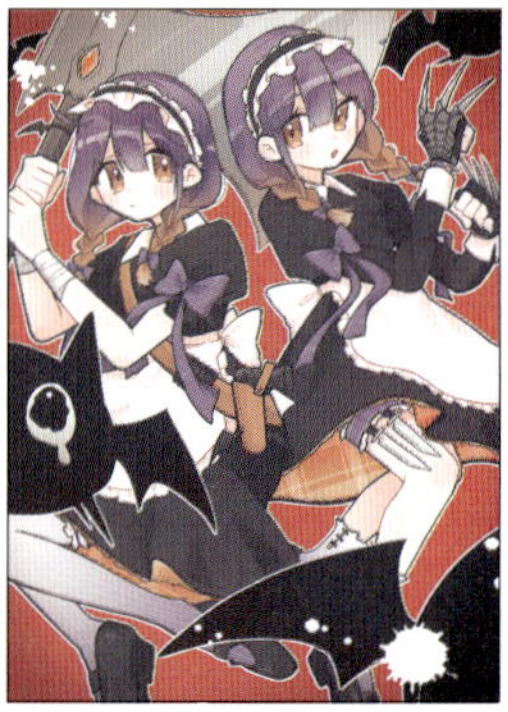

［ふたごの討伐！］福島県・そぞろ
タレ目とツリ目の双子。お洋服と持っている物騒な物のギャップがたまらない！（さ）

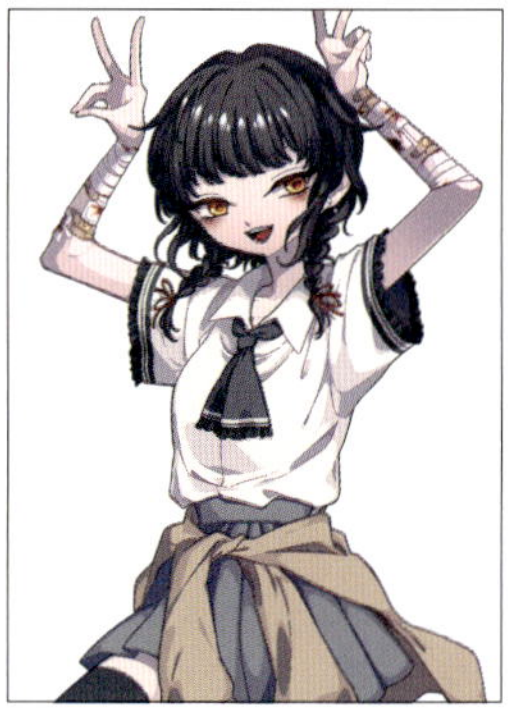

［ハイ］宮城県・四ノ未まぐ
みつあみの描き方とカゲの入れ方が好きです。明るい表情と闇のある表現が気になる…（ぐ）

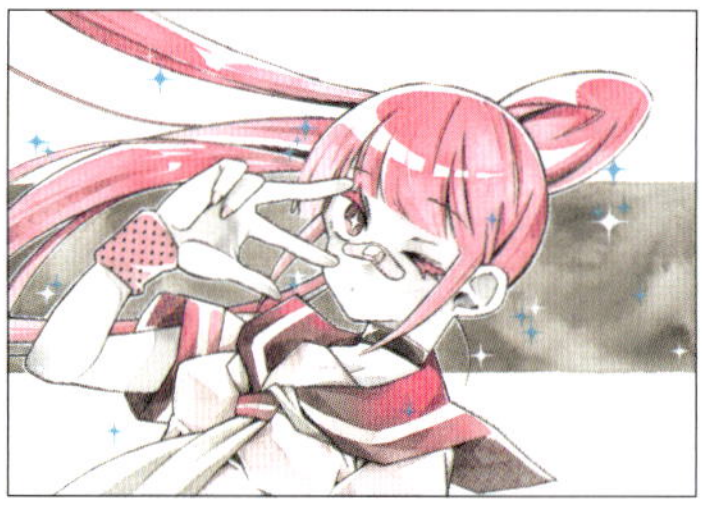

［こっち向いて］神奈川県・るりるり・39歳
あえて絞られた色数がクールな印象を与えます。その中で茶目っ気のある少女が可愛い！（し）

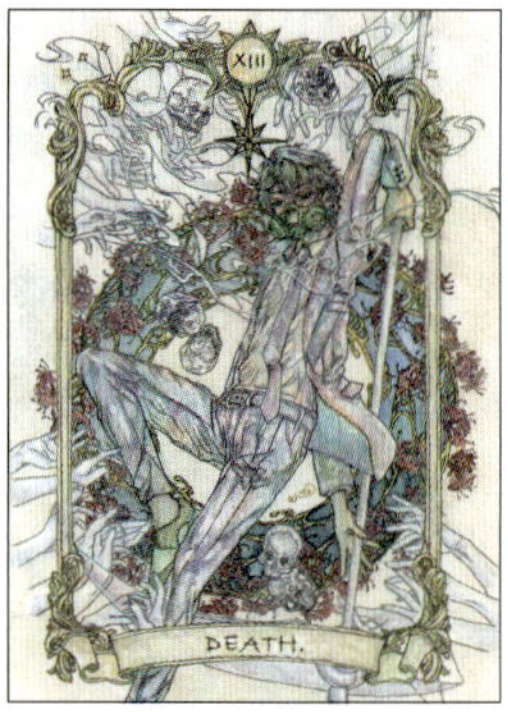

［想うはあなたひとり］福岡県・arise
タロットカードの死神をイメージした一枚。躍動感のあるポージングに装飾的な背景がカッコいい（ぐ）

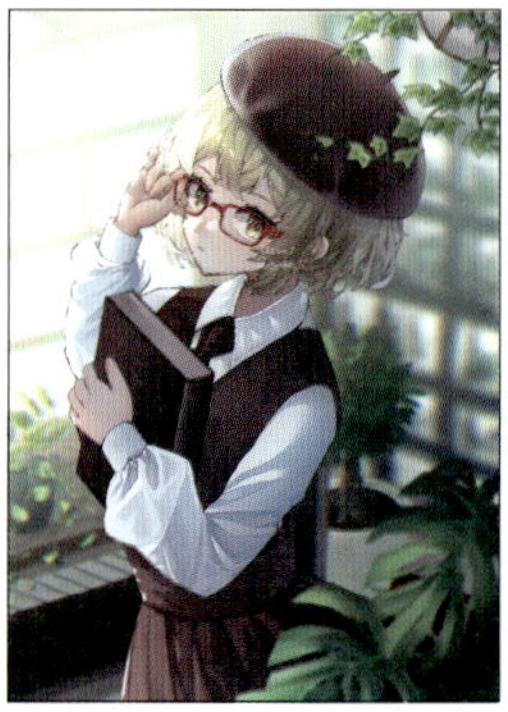

［書斎の主］愛知県・詩聖きなこ
柔らかい光のある神秘的な空間を繊細に描き上げた一枚。きらめく瞳にグッと引き込まれます（さ）

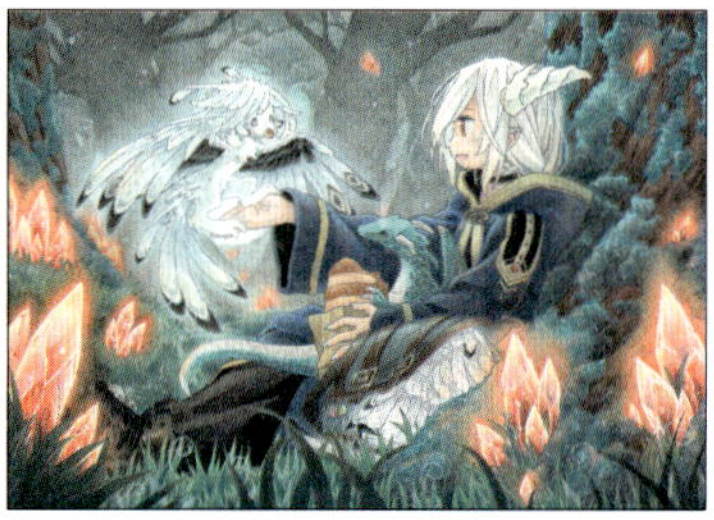

［森のオバケ］千葉県・しろねり竜
油性色鉛筆の柔らかな質感が絵本のようで物語に引き込まれます。緑の中に輝く橙色が綺麗（し）

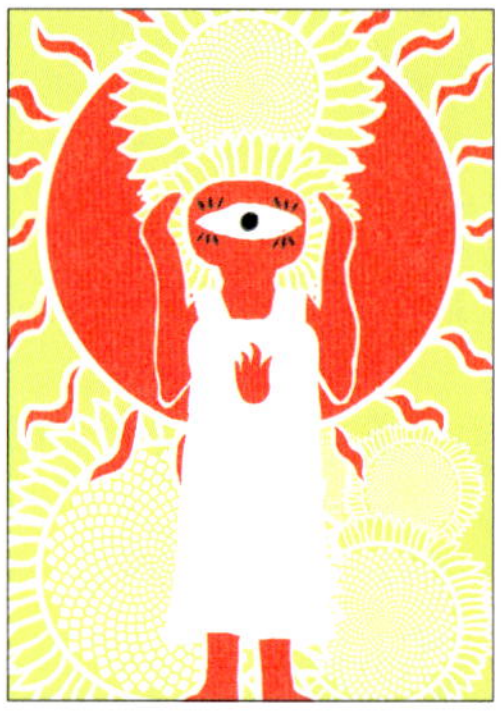

［The Wrath（怒り）］新潟県・Be-・21歳
ひまわりと太陽をイメージさせる女性像を強いカラーリングで描く鮮烈な一枚（ノ）

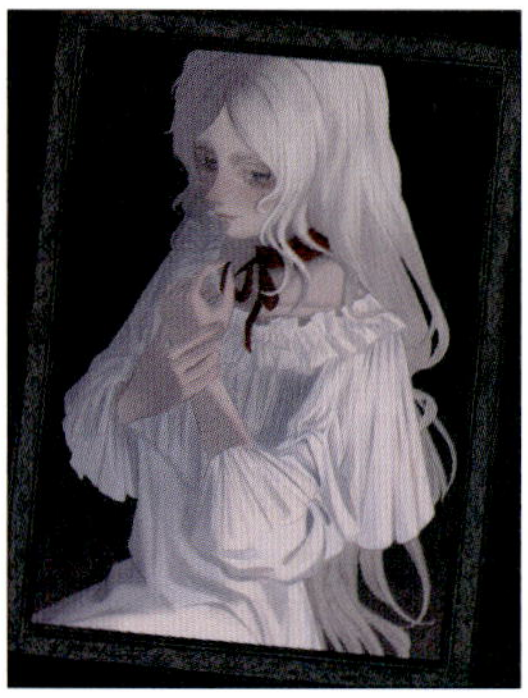

［首輪］神奈川県・たこ
フリルが美しい白い衣装にリボンの赤が効いている。手の表情も印象的で良い（ノ）

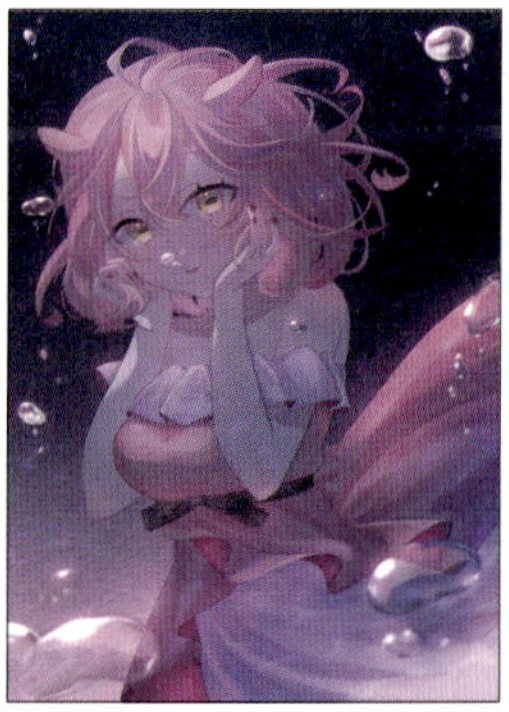

［メンダコ］愛知県・てと
海の中にいる少女の表情がとても魅力的です。なびく髪が柔らかくて触れたくなる作品です！（む）

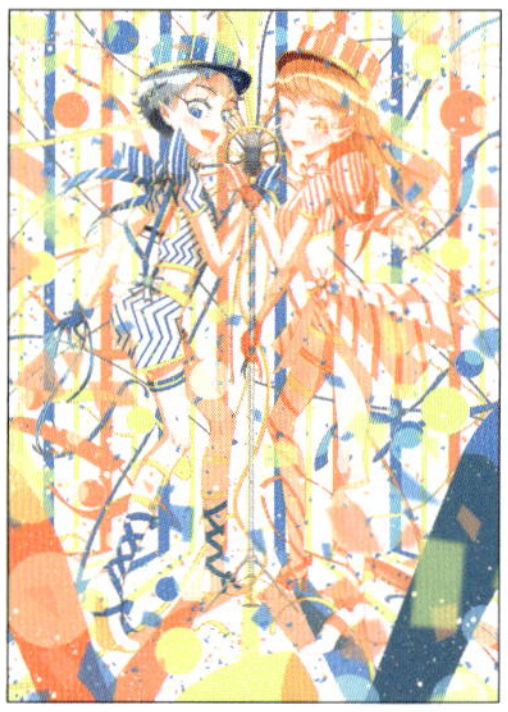

［Ribbon Stripe Strategy］東京都・H2Osui
音楽のリズムを絵のストライプで象徴して、線が踊るように描く秀逸なアイディア！（ノ）

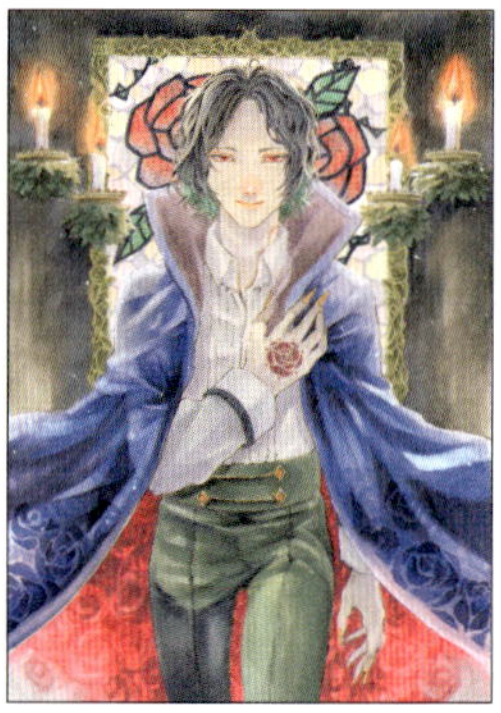

［crimson rose］埼玉県・参崎シュリ
左右対称の構図が神秘的かつ迫力を感じます。長い爪や首元の噛み跡がセクシーです！（し）

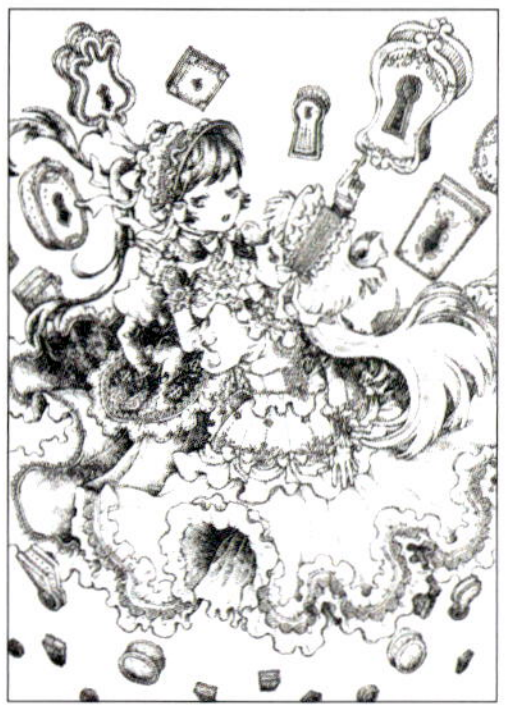

［鍵］福岡県・七瀬なごり
様々なデザインの鍵と装飾たっぷりのドレスを繊細な描線で仕上げた見事な一枚（ノ）

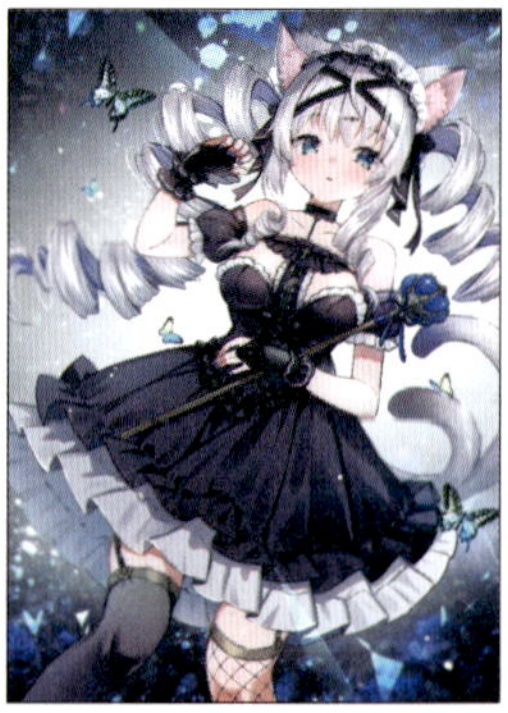

［ゴスロリけもみみ］広島県・とうか
スカート部分のフリル描写や陰影のつけ方が綺麗。猫又のしっぽ、気になります（ほ）

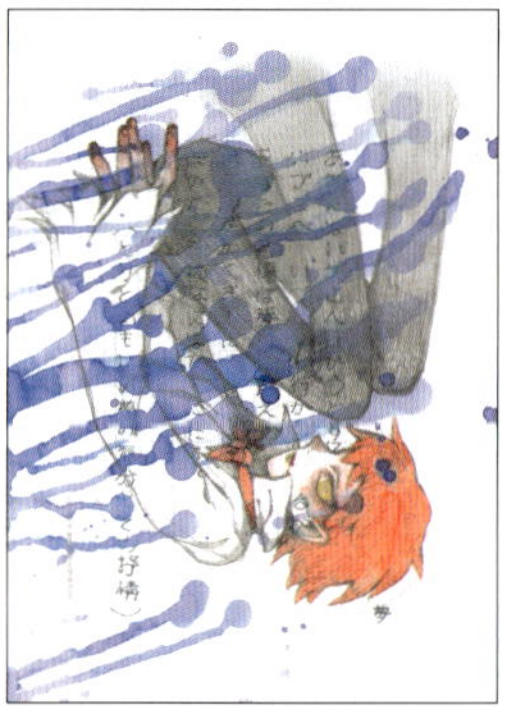

［夢］石川県・庭一
萩原朔太郎の詩をモチーフにした作品。原稿用紙に絵を描くという画材のこだわりが見える（し）

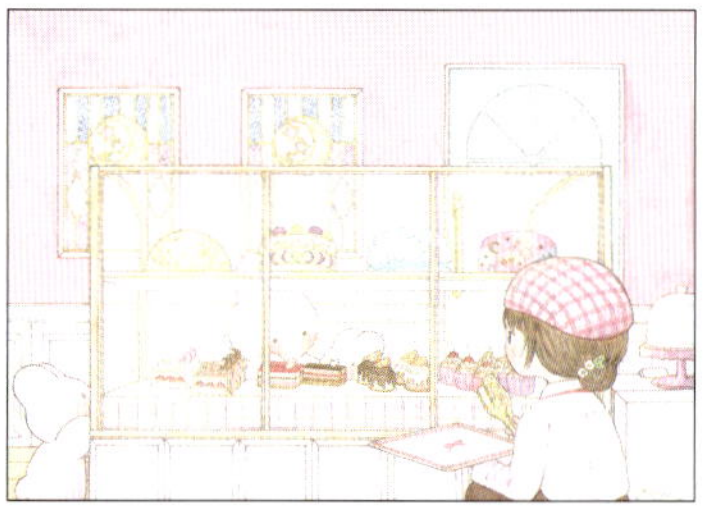

［パティスリー苺月］大阪府・融月りる
ケースに並ぶケーキは月をモチーフにして、うさぎが買う姿が微笑ましくて可愛い（ノ）

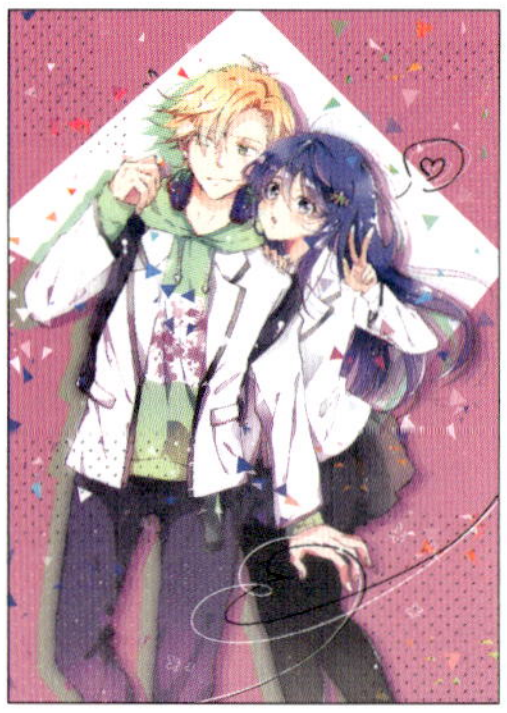

［隣のあの子は…］山口県・hana
ムムッこれは恋の予感！ かわいいあの子は実は男の娘!? 二人の関係性が気になる一枚です！（む）

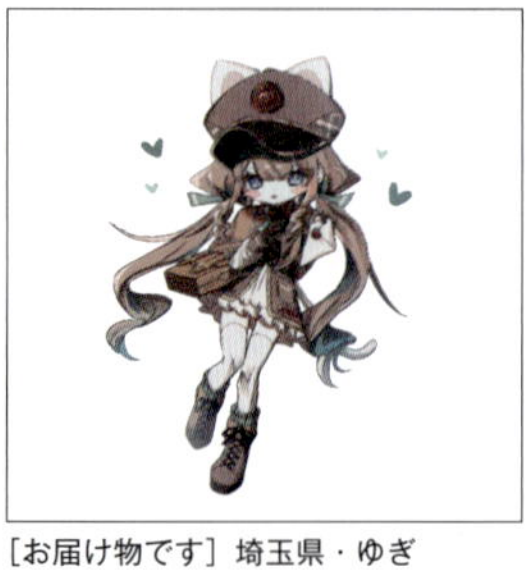

［お届け物です］埼玉県・ゆぎ
ツリ目×猫耳×郵便屋のキャラデザセンスが光ってます。緑のメッシュがイイ！（さ）

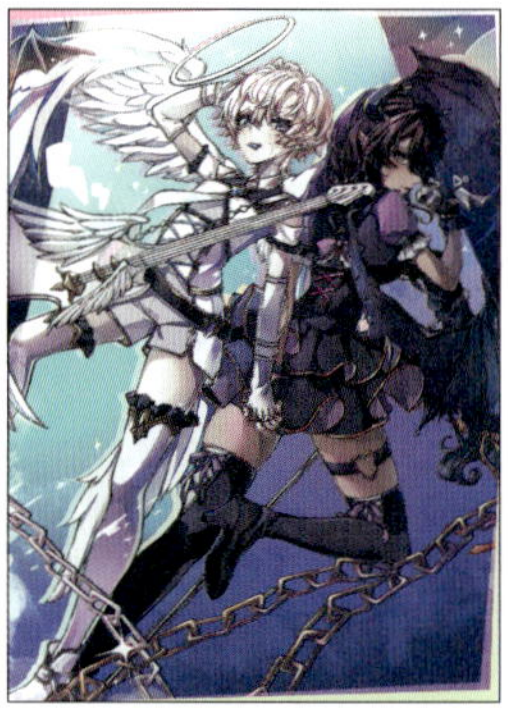

［自分らしく］愛知県・hanamaru870
2人の個性が輝いています！ アイドルユニットだとしたら幅広いファンが産まれそう♡（石）

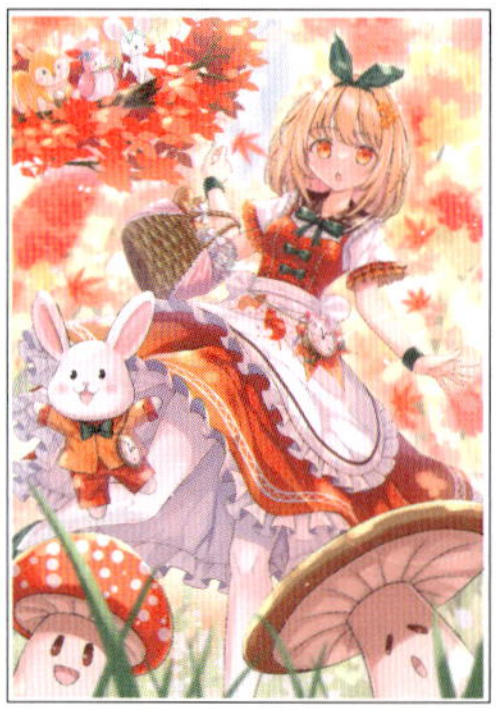

［紅葉の国のアリス］栃木県・しららぎ
明るい暖色が煌びやかで楽しげなイラスト。キャラクターのデフォルメも皆キュートです（し）

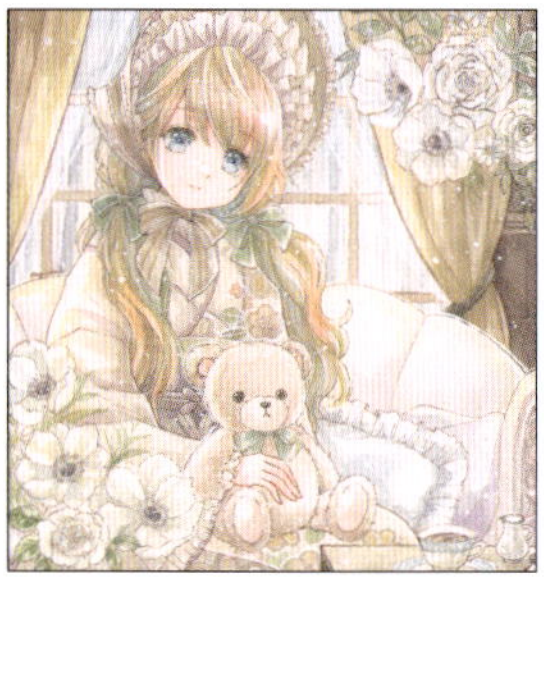

［青い瞳の少女］大阪府・なずみ紫帆
繊細なタッチと少女の雰囲気がマッチしています。小物で少女の性格も描写されていて◎（石）

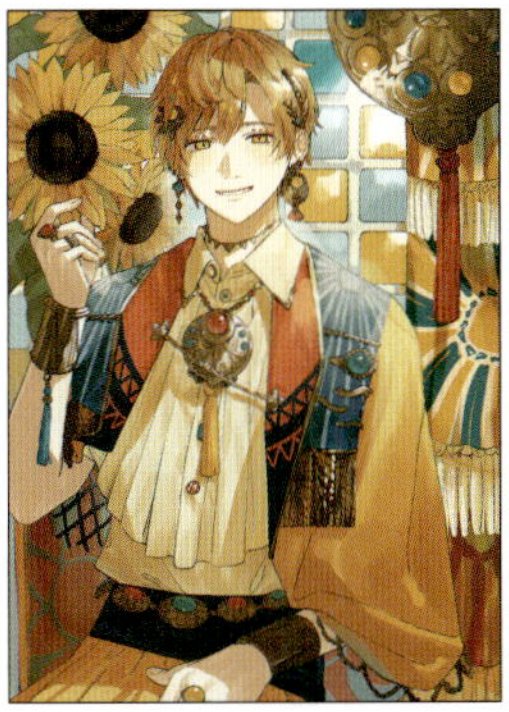

[朝] 愛知県・なつかえる・20歳
色数を絞りながらも色面を大きくすることで華やかな作品に。アクセサリーも見応えがある（ぐ）

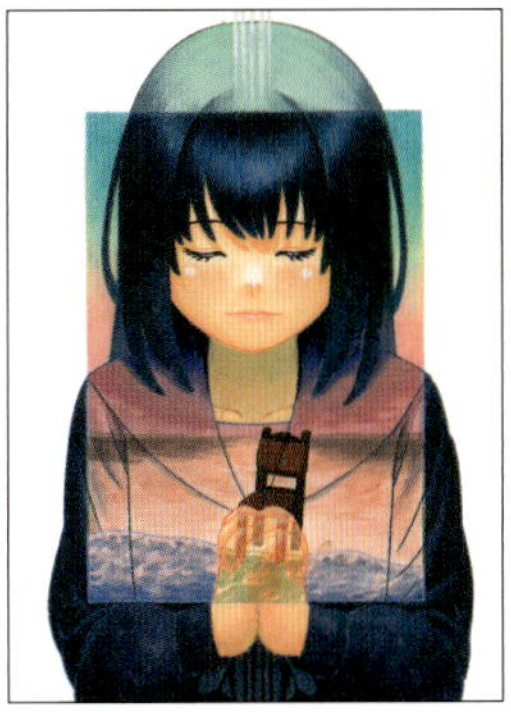

[小さな祈り] 愛知県・びんころ・24歳
体の向こうに見える緩やかな波とひとつの椅子。絵を見ていると安らぎを感じます（し）

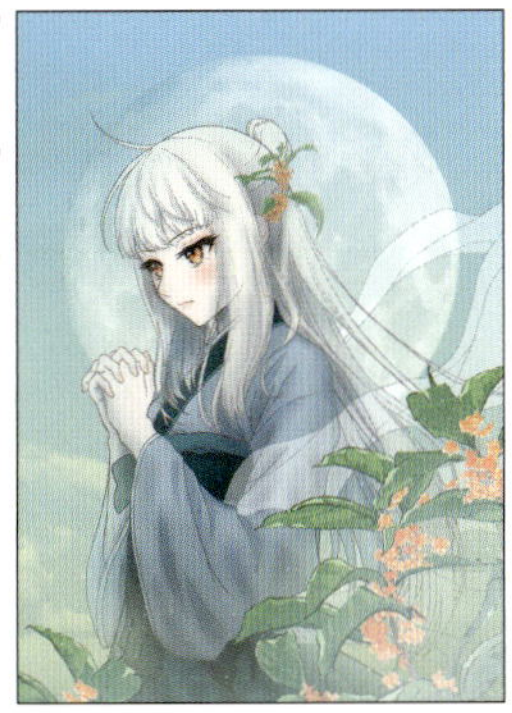

[月の祈り] 千葉県・HarimaKanbe
ウサギをイメージした配色の仙女さん。ふんわりとした筆づかいから澄んだ空気感が伝わります（さ）

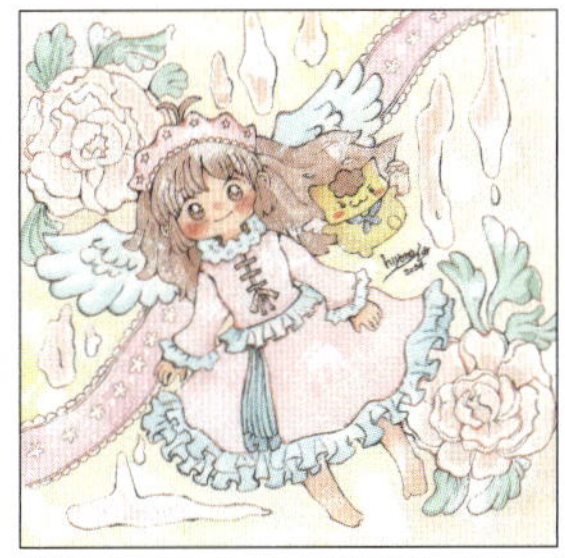

[みるくのはばたき] 神奈川県・はなのひよの
天使と猫の旅人が可愛い。全体の色合いがふんわりして、猫のお茶目な表情も楽しい（ノ）

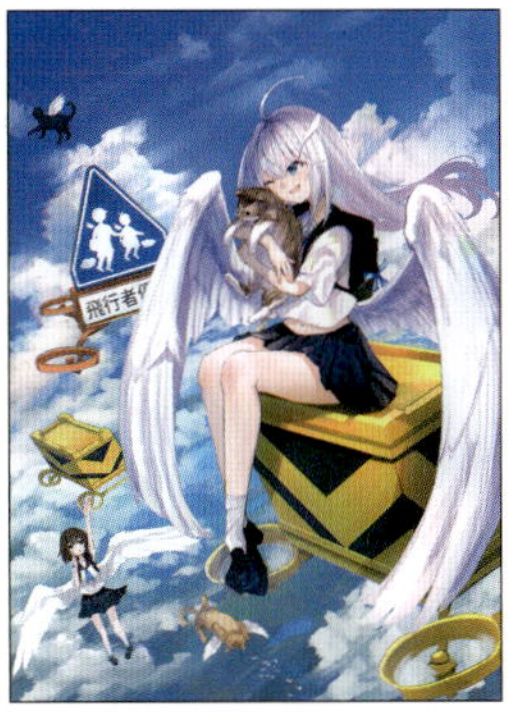

[秘密の寄り道] 大阪府・New3kin
自由気ままに飛ぶはねっこさん達が可愛いです。看板が浮いているのも最高です！（ほ）

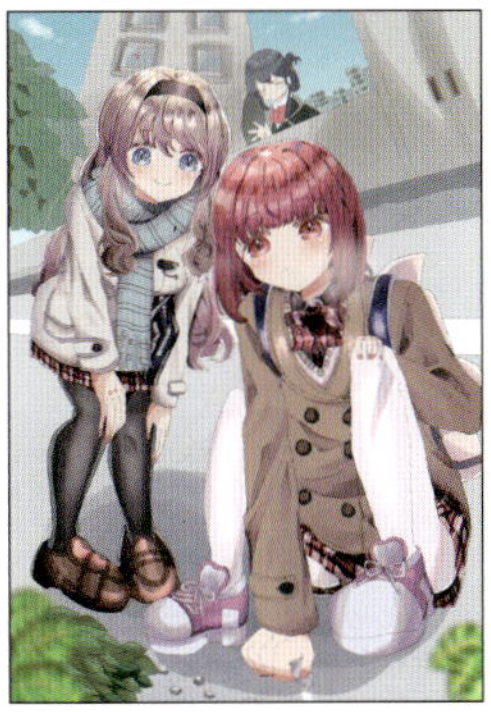

[冬の朝登校 あの子はまだかな] 神奈川県・のにのー
少女たちの仕草からそれぞれの性格が伝わってきます。ストーリーも感じ取れる作品です（石）

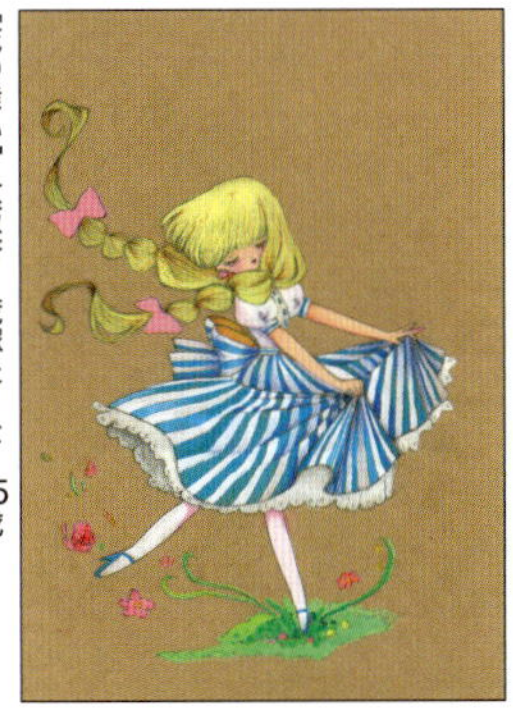

[花の舞い] 大阪府・荒塚たりな・25歳
茶色のクラフト紙に描かれた作品。鮮やかな色彩がよく映えていて、少女と共に心踊ります（し）

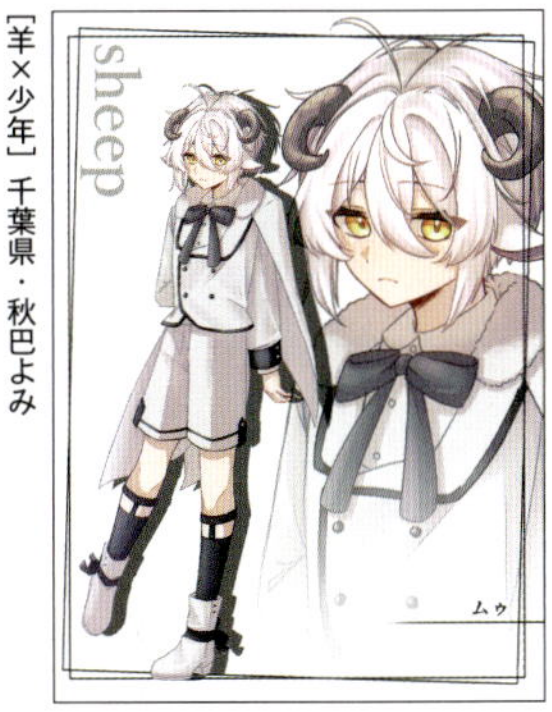

[羊×少年] 千葉県・秋巴よみ
モコモコのついているマントが羊を連想させます。ソックスガーターがたまりません…！（さ）

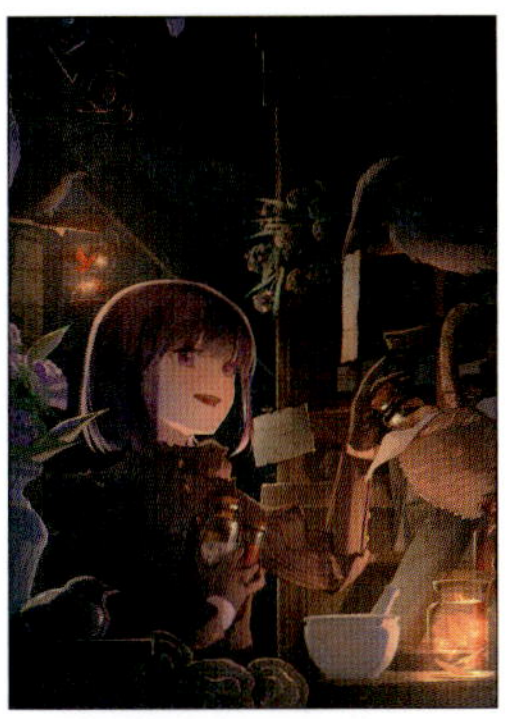

[あと必要なものは～そう、それね！] 岩手県・はるわすれ
暖かい光と空間の演出が圧巻です！ 細部まで描かれた小物が美しい世界観を作りあげています（石）

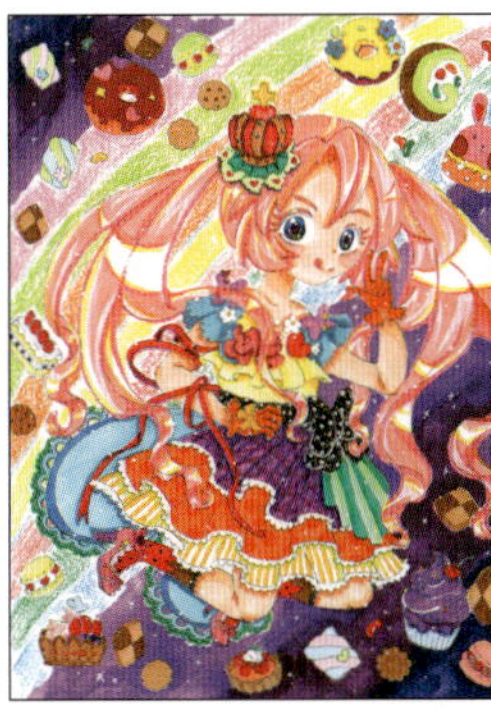

[ポップ&スイーツ] 埼玉県・ぽあ・33歳
カラフルに彩られたたくさんのお菓子！ 衣装も手袋や靴の細部まで細かく描かれている（し）

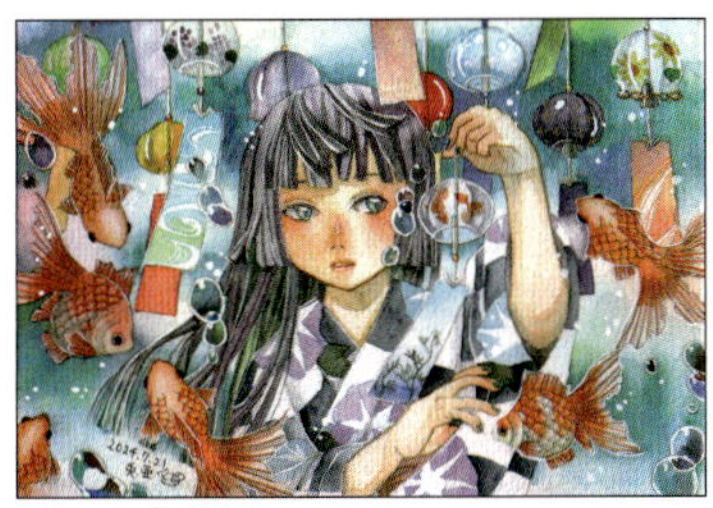

[涼、運ぶ] 岐阜県・兎亜
浴衣に金魚の表現が魅力的な一枚。背景のニュアンスカラーが作品世界を深めている（ぐ）

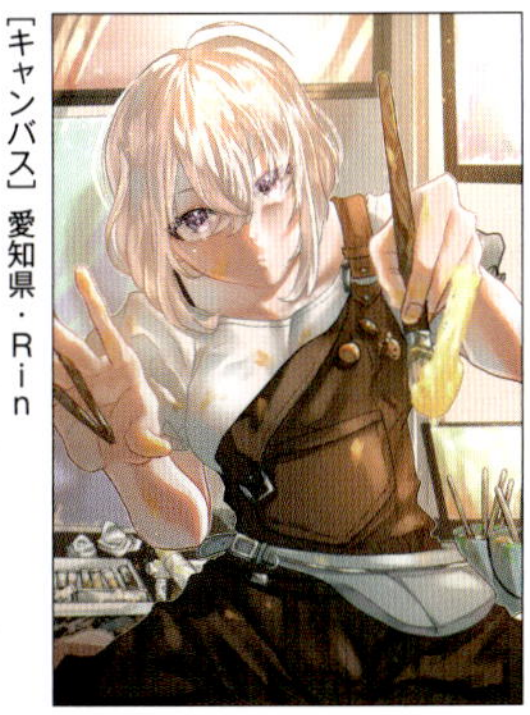

[キャンバス] 愛知県・Rin
光が差し込むアトリエで、絵を描く真剣な表情に胸を撃たれる。背景も細かく描かれていてGood（さ）

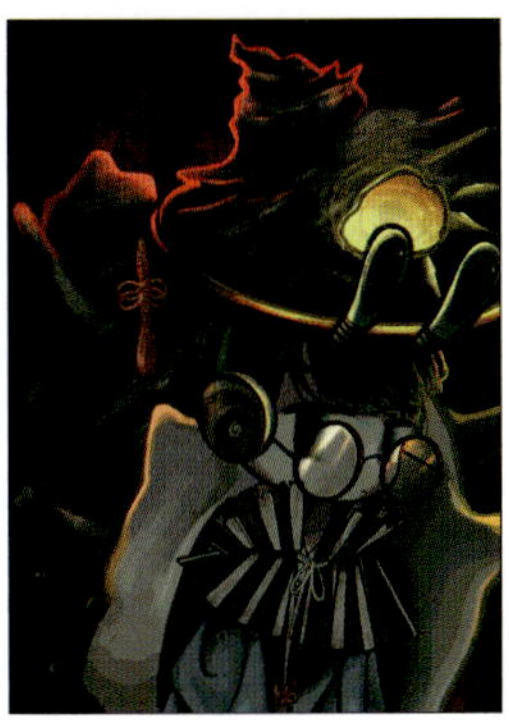

[宿借借借] 新潟県・ヒバゴ中中（おじいちゃんと中中 改め）
大きなライト付きの帽子が印象的です。ヤドカリをモチーフとしたシルエットが面白い！（し）

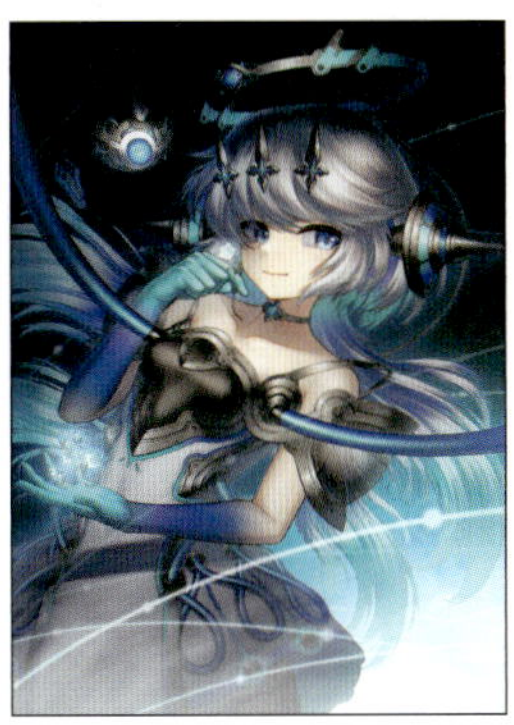

[天機-X/X-] 広島県・RLYØ
宇宙を司る機械人形の彼女は何を想いその瞳に何を映すのか。ミステリアスな表情が気になります！（む）

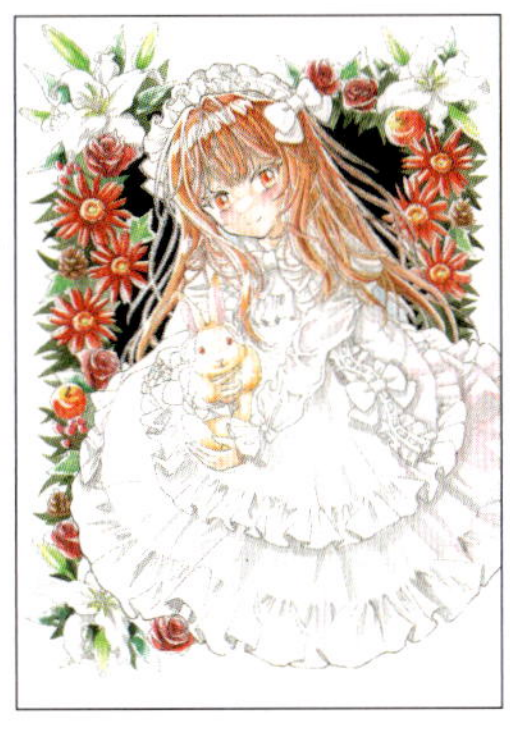

[一生可愛い宣言] 埼玉県・空澄美彩
真っ白なドレスが印象的。うさぎと一緒にこちらを見つめる赤い瞳から目が離せません！（し）

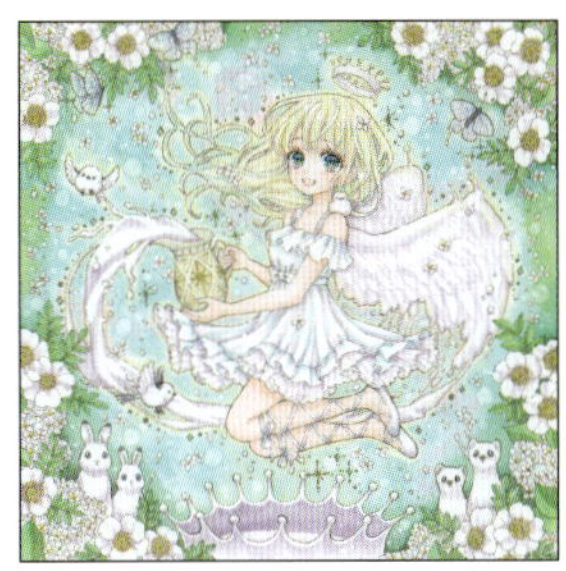

[ミルククラウン天使] 茨城県・タラコ
端から端まで可愛いがつまっています。色や陰影で立体感を作るのが上手いです！（石）

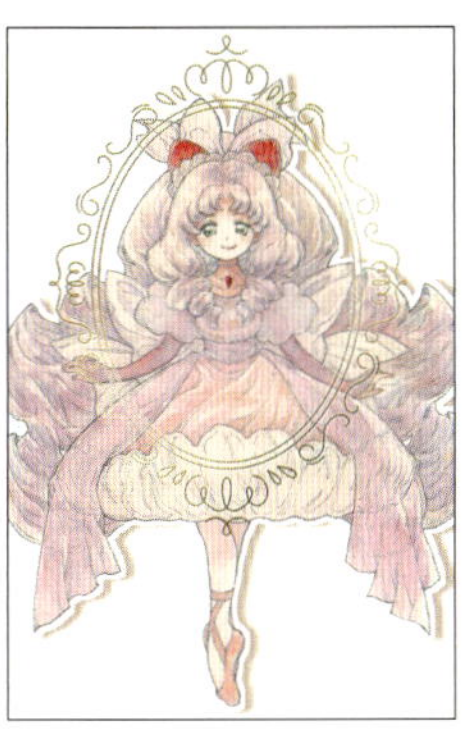

[チュチュケイク] 東京都・小宮美夕
優しい雰囲気のショートケーキのお姫様。てっぺんの苺を髪につけていて可愛すぎます（さ）

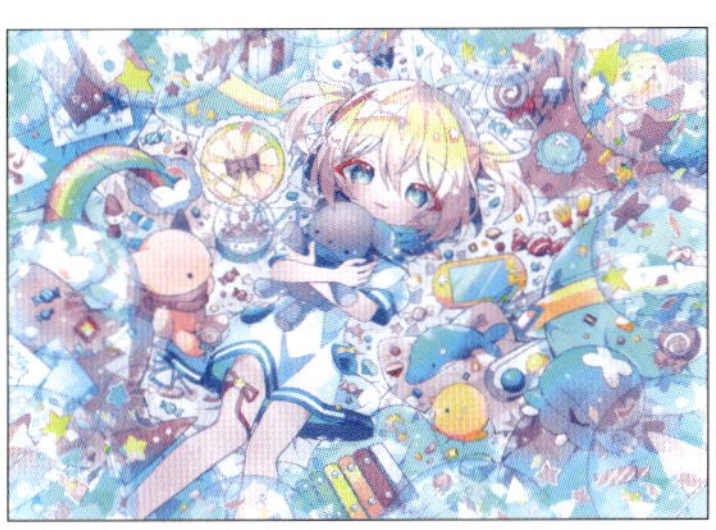

[しあわせのサラウンド] 富山県・天音れもん
ビビットな配色がポップでとっても可愛い。好きなモノで溢れかえった宝箱のような作品（さ）

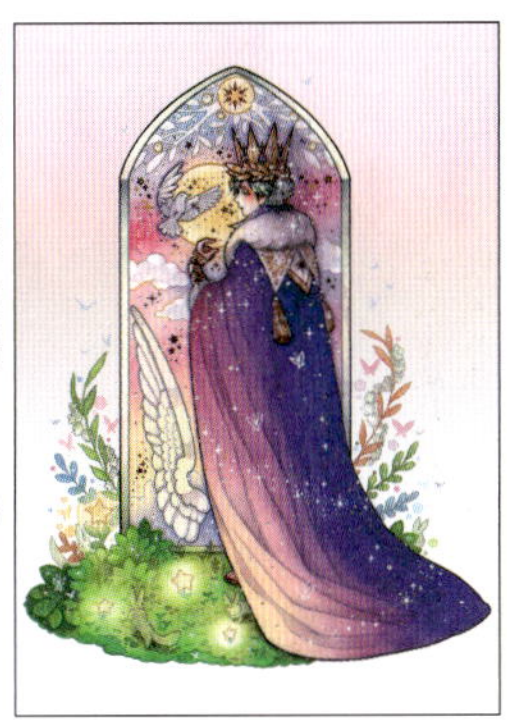

[初魂鳥のしらせ] 北海道・samantha
童話の挿絵のような一枚。色彩が素晴らしく、魔法にかかったような気持ちになりました（さ）

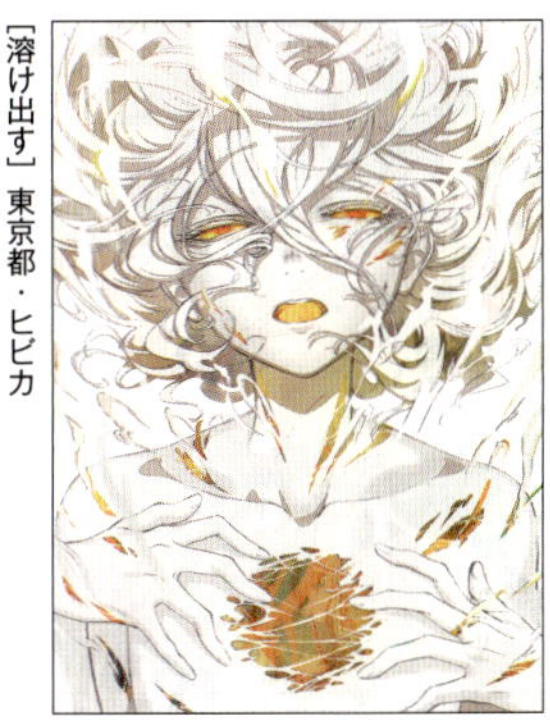

[溶け出す] 東京都・ヒビカ
少ない色数で絵に勢いを持たせている。白の中のビビットなオレンジが目に焼きつきます（し）

入選 1ポイント

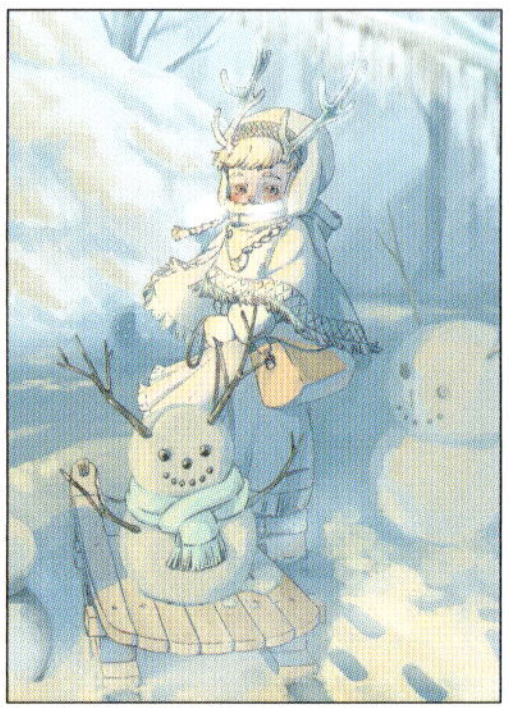

［氷の角のトナカイの子］東京都・ぽぽた
トナカイの子供の透明感と冬景色の中に赤みあるほっぺが映えています。空間の抜け方が綺麗（石）

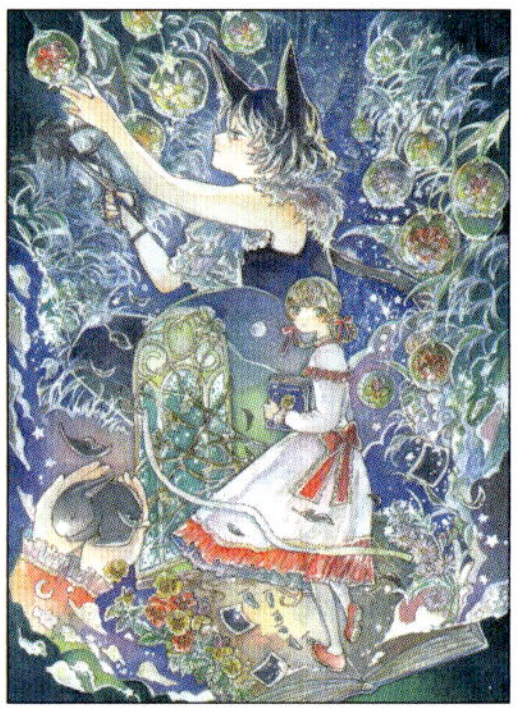

［記憶の森へ］愛知県・senri
色んな場面がつめこまれた、扉絵をイメージした作品。物語が読みたくなる工夫が光ります（し）

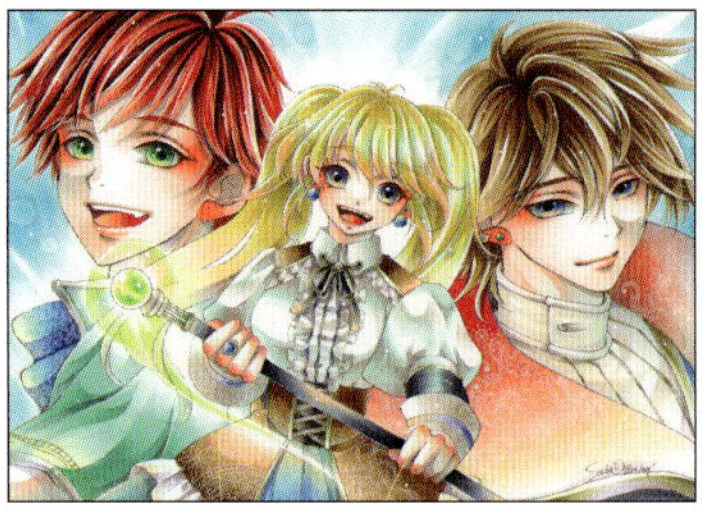

［冒険しちゃうぞ］大阪府・菅田おこ
細かな洋服の模様が印象的です。これから冒険を始める三人の笑顔が晴れやかで素敵（ほ）

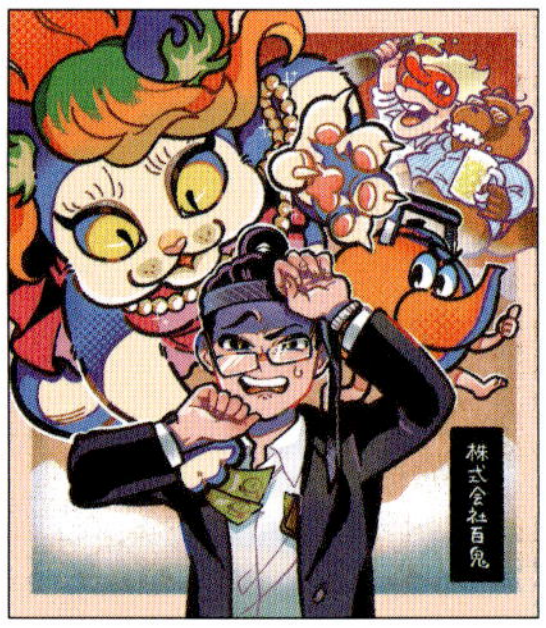

［株式会社百鬼］大阪府・小守もたん
現代版ハロウィンをポップな色使いで表現。どんな背景があったのか物語が気になる一枚です！（む）

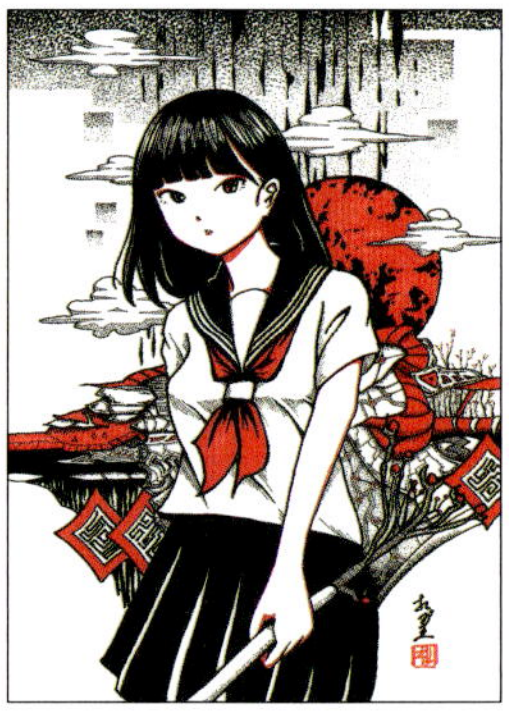

［枝］東京都・小川まつり
シンプルなセーラー服と、背景のいろんなモチーフが黒い線と赤でまとめれて鮮烈（ノ）

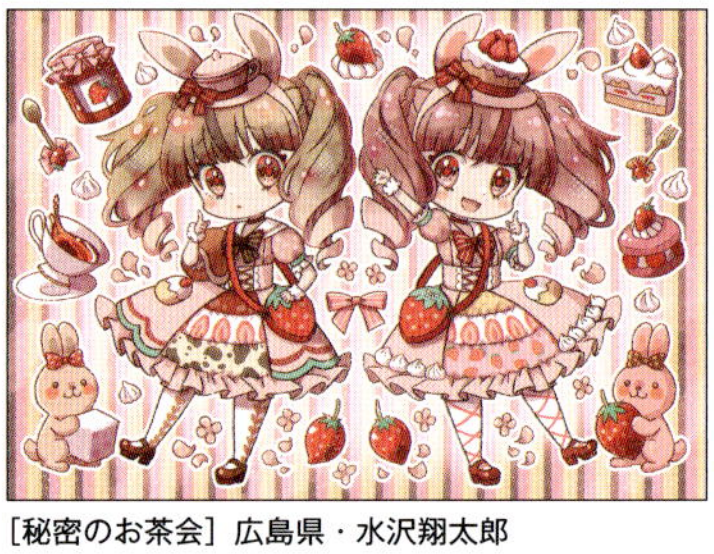

［秘密のお茶会］広島県・水沢翔太郎
ケーキと紅茶の擬人化の女の子２人がふわふわな色味で可愛らしく見ていてほっこりします◎（む）

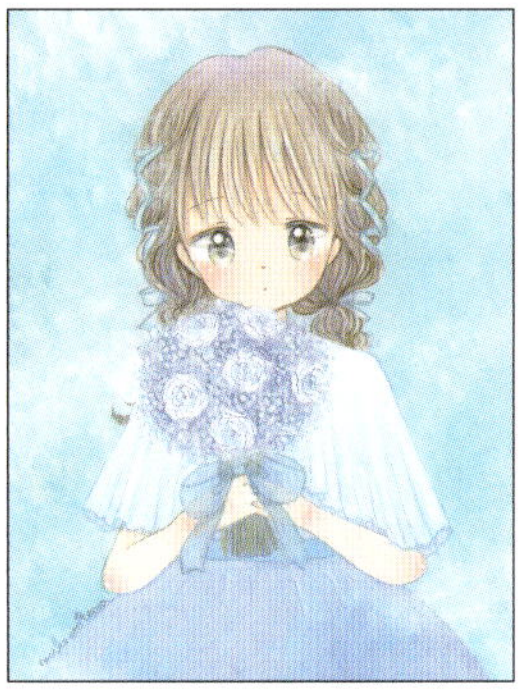

［plein de lumière］奈良県・ましゅまろここあ
ふんわりとした優しい表現が、寒色でまとめた色にも暖かさを持たせていて癒やされます（し）

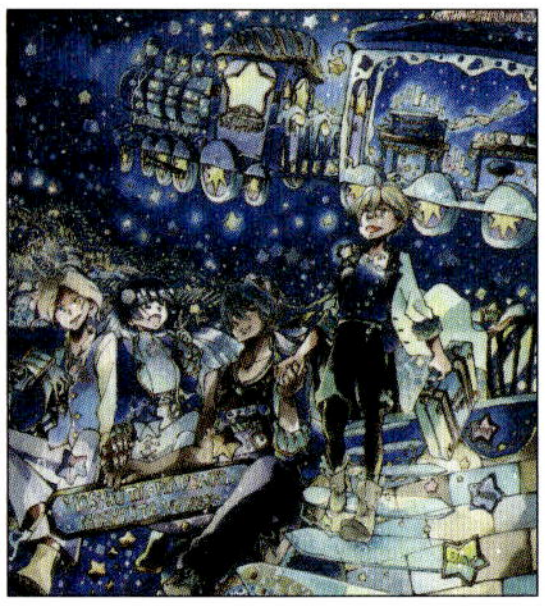

［JOURNEY ON HOSHIUTA Voyage］Twilight Walker
夜空を駆ける列車が幻想的。トランク片手にこれから旅が始まりそうな、胸躍る作品です（し）

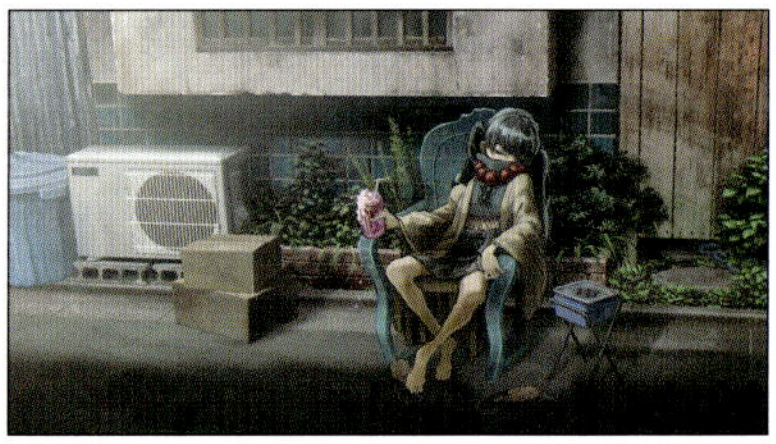

［おひるね］東京都・春慶もずく
外に椅子を置き、その上で昼寝をする様子がキャラクター性と世界観を想像させます（し）

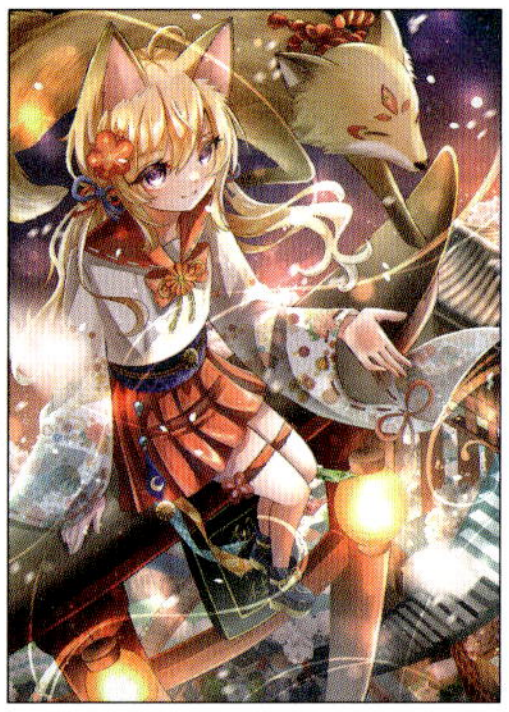

［狐の神様］岡山県・ミカリ・20歳
明るい色づかいで見ていてワクワクする作品です！遠近感もあり世界観が伝わりやすくて◎（む）

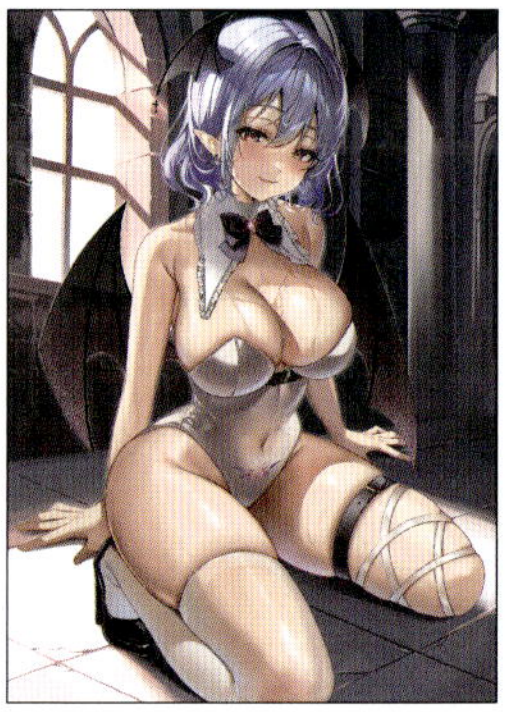

［seducer］岩手県・yata
しっとり×ムッチとした表現が見事です！　はち切れんばかりのボディから溢れる汗がたまらない//（石）

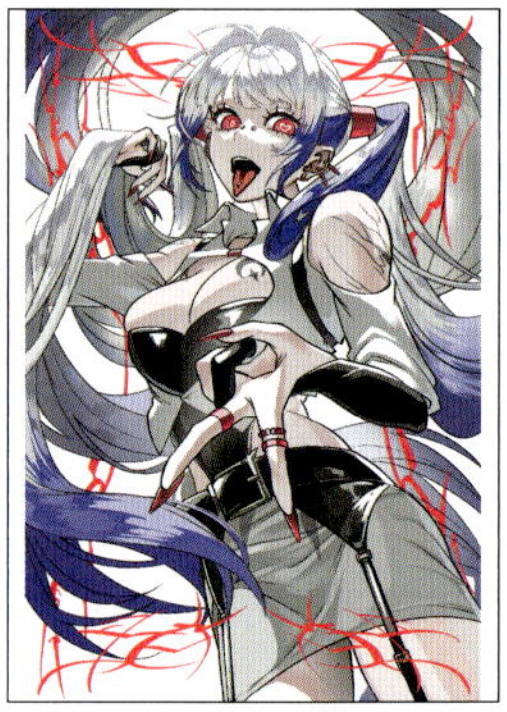

［棘］東京都・織本・21歳
あおりの構図で少女の強さが表現されています。ピンクの差し色が画面を引き締めています（し）

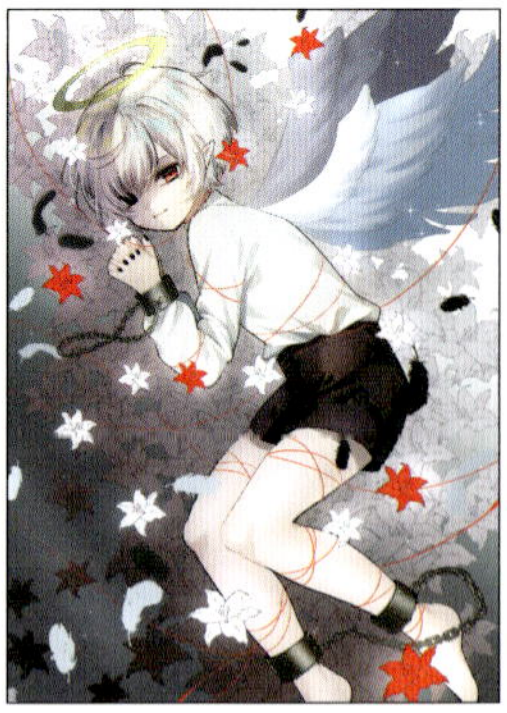

［裁き］神奈川県・瑞乃
天使の少年が堕天使へ変わる様子を描いた一枚。どこか不穏な雰囲気がよく描かれています（し）

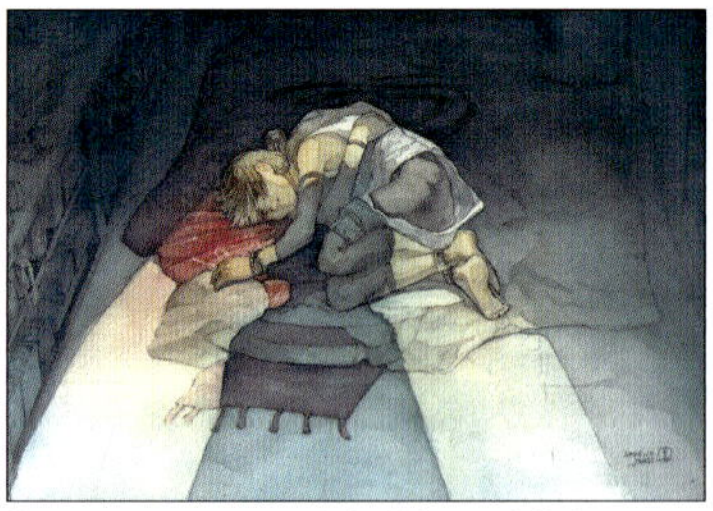

［おはよう と おめでとう］兵庫県・戎井幸一
人物の表情も印象的だが、周りの部屋も細やかに描写されて物語性が深く伝わる（ノ）

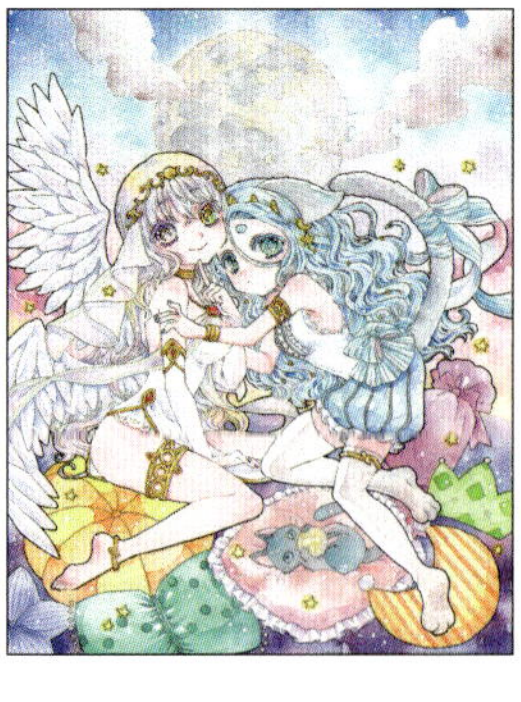

［夜明けに美しい貴方を求めて］東京都・めしゃこ
カラフルで幻想的、かつ可愛らしいイラスト。浮遊感を感じるまさに夢のような作品（し）

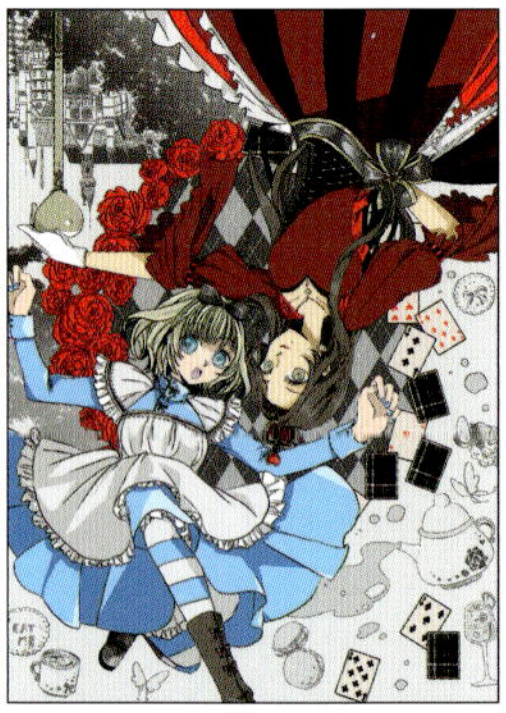

［240929］茨城県・YURI
モノクロの背景にくっきりとした人物が映えています。漫画の表紙のようなクオリティの高い作品です（さ）

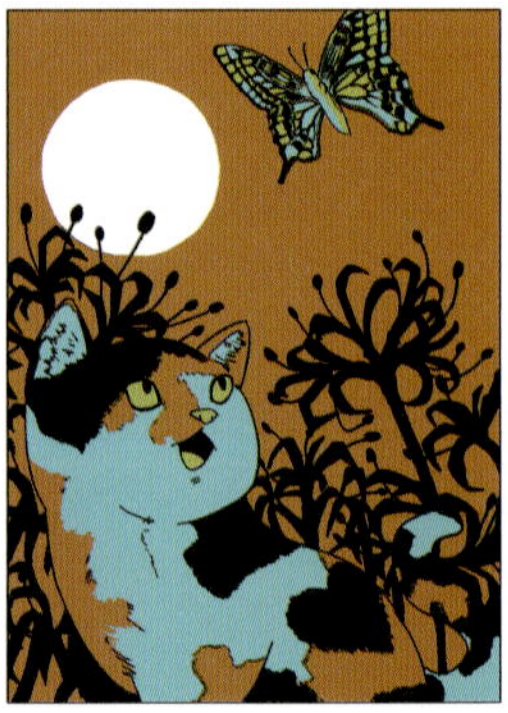

［杪夏］香川県・いがいが
彼岸花の黒いシルエットと、蝶を見つめる猫の表情がインパクト抜群で素敵な一枚（ノ）

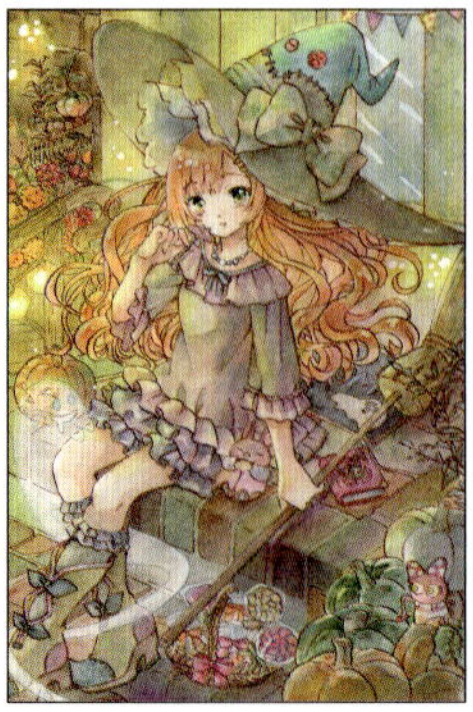

［夕暮れのお菓子パーティー］新潟県・もねぎ
穏やかな光と風を感じる一枚。魔女の周りにいるコウモリやおばけなど不思議な生き物にときめく（ぐ）

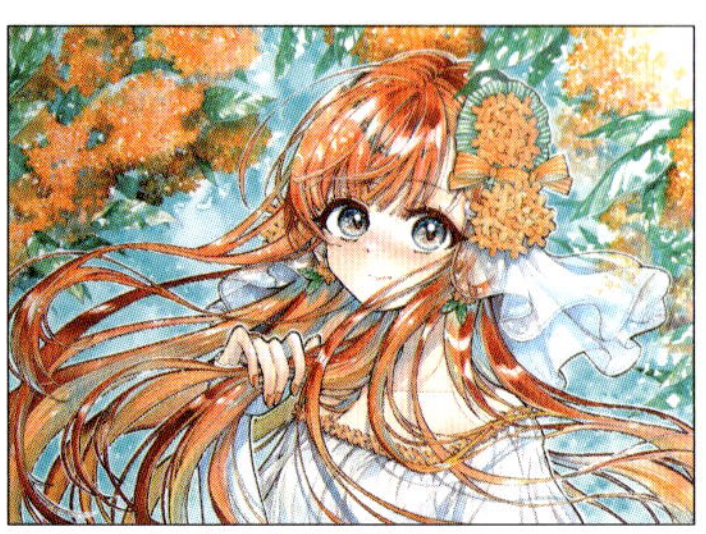

［初恋の金木犀］北海道・咲良なこ
金木犀の花言葉「初恋」の相手が視線の先にいるんだろうなと感じさせる表情◎ キュンとします（石）

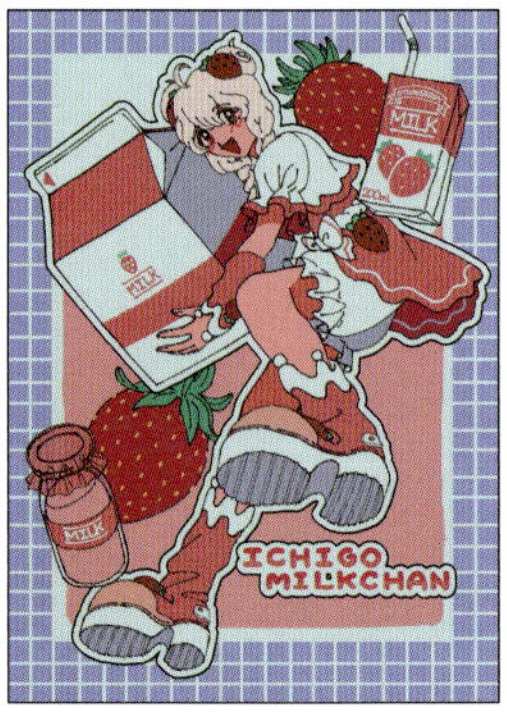


［フェアリーいちごミルクちゃん］大阪府・丹波
レトロアニメ風に描き上げたいちごミルクの妖精。所々にあるミルククラウンのデザインが可愛い！（さ）

## 入選 1ポイント

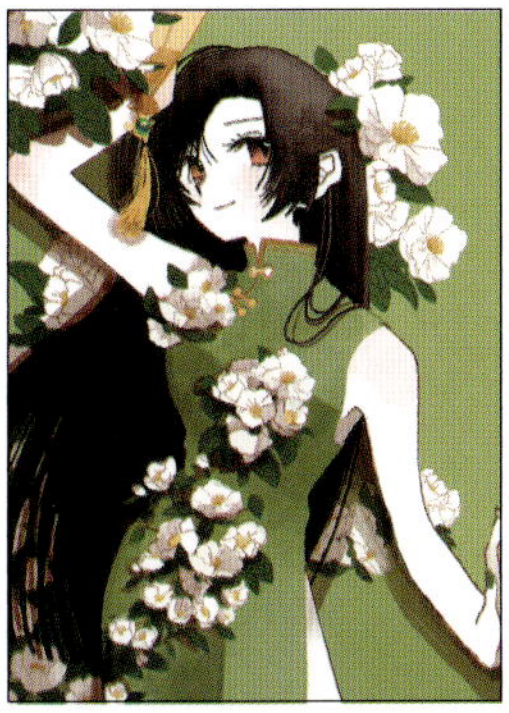

[椿] 福岡県・やすうらやか

チャイナ服に咲く白椿が美しいです。連作二作品を繋げたイラストも是非見たいです！（ほ）

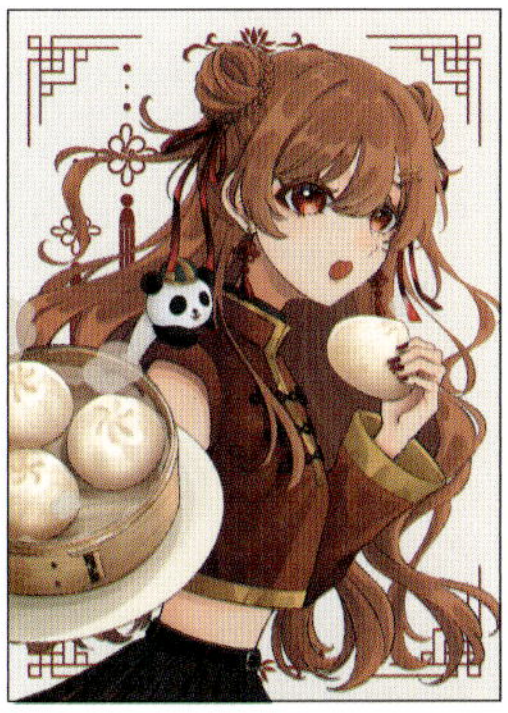

[緋色の中華屋さん] 熊本県・うおざ

色味に統一感があり印象に残ります。肉まんとパンダが可愛いです。肉まんひとつください！（む）

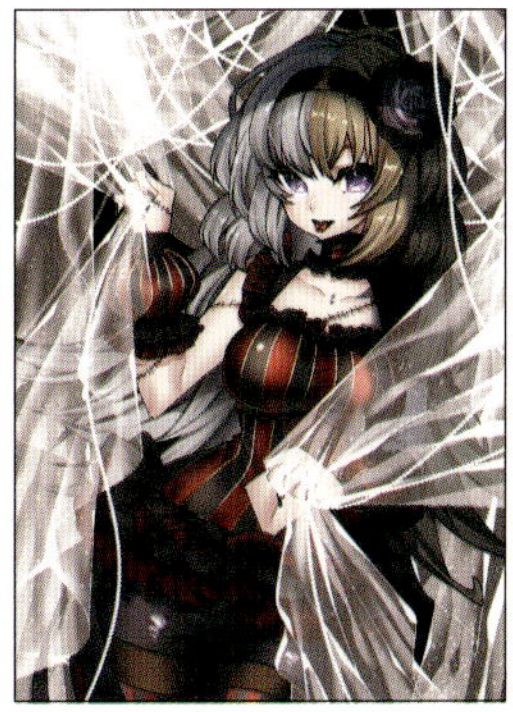

[見ーつけた] 愛知県・天照

むちっとした肉感×骨筋のバランス、陰影で物体の質感を伝える力が圧巻！ アウトラインも洗練されている（石）

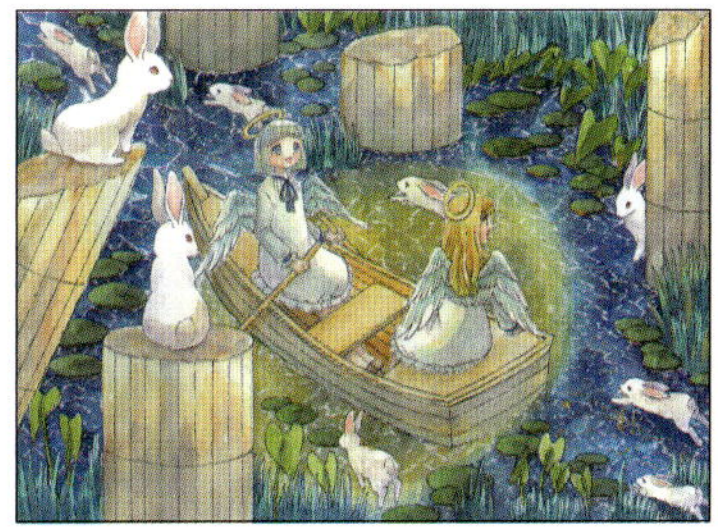

[月夜の船出] 東京都・加藤もりあ

月夜が水に反射して、天使の２人をライトアップしているような表現が美しく素敵です（し）

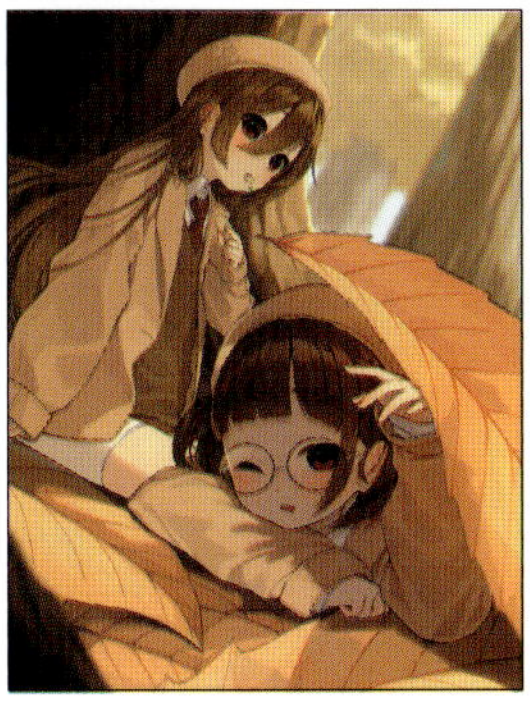

[どんぐり] 神奈川県・うばねる

とっても可愛い！ 一目見て、可愛いと感じる最強の二人♡ 艶やかな髪の表現に目を奪われます（ぐ）

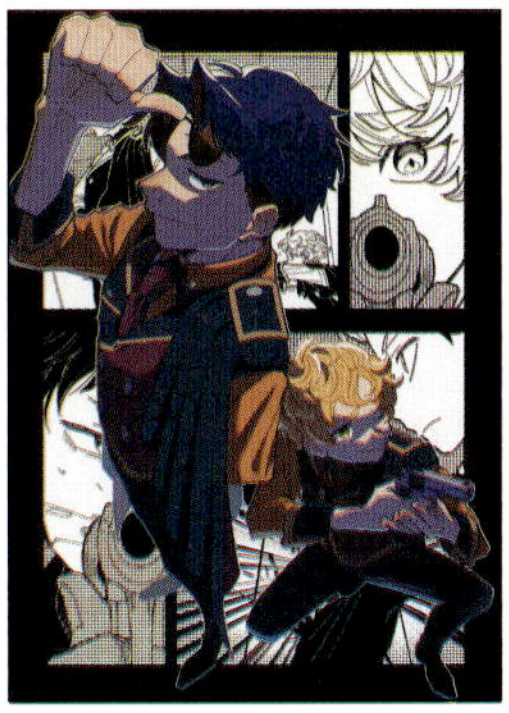

[ハロウィーンの警官さん] 奈良県・やまかわうみ

ドーベルマンとゴールデンレトリバーの警察犬モチーフコンビ！ 2人の漫画が読みたい！（し）

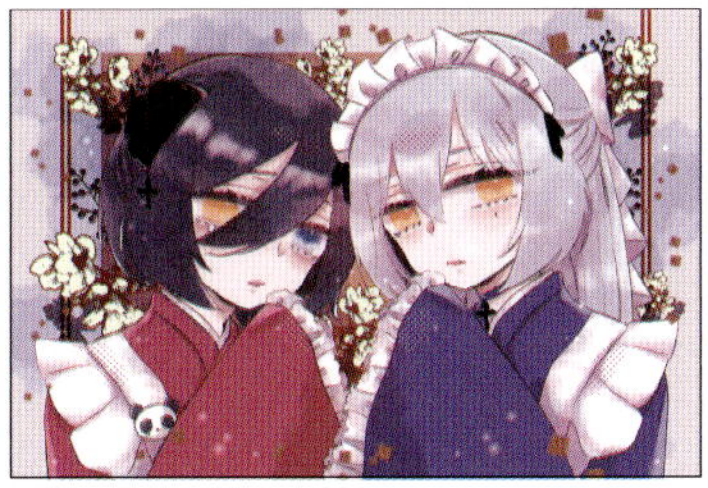

[和風メイドさん] 高知県・ぱんねこ

お人形のような少女たちがかわいい！ ハイライトの入っていない瞳と唇がたまらないです♡（石）

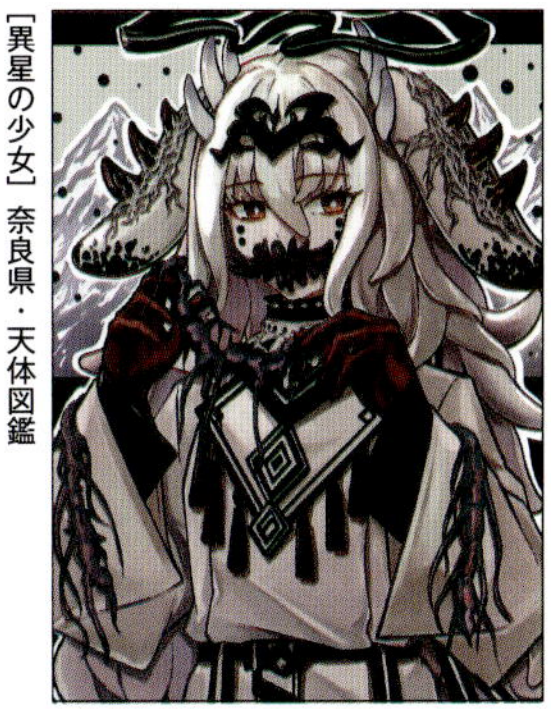

[異星の少女] 奈良県・天体図鑑

人間ではないナニカの描写が秀逸。肌面積の少ない衣服から得体の知れなさを感じます（ほ）

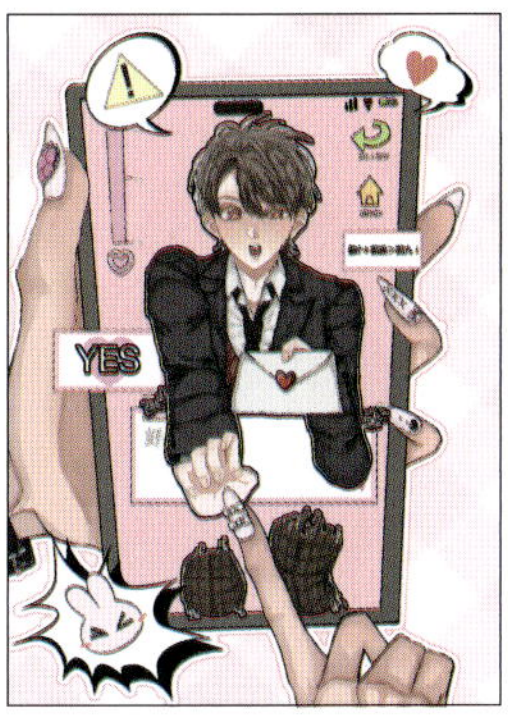

[画面の向こうの君へ] 福島県・兎丸うなぎ

髪の塗りが印象的。絵の構図やネイルの細かいデザインからは作品のテーマが伝わってくる（ぐ）

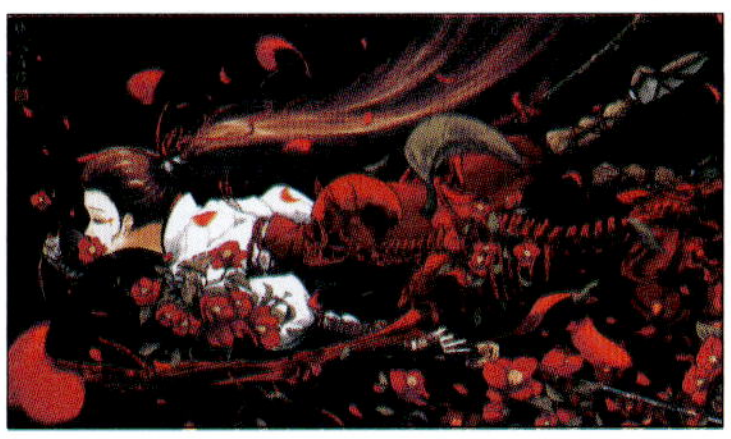

[Daydream] 福岡県・はてぃさ

赤い椿と骨の存在がインパクト大で、人物の髪の描写も繊細。とても魅力的な一枚（ノ）

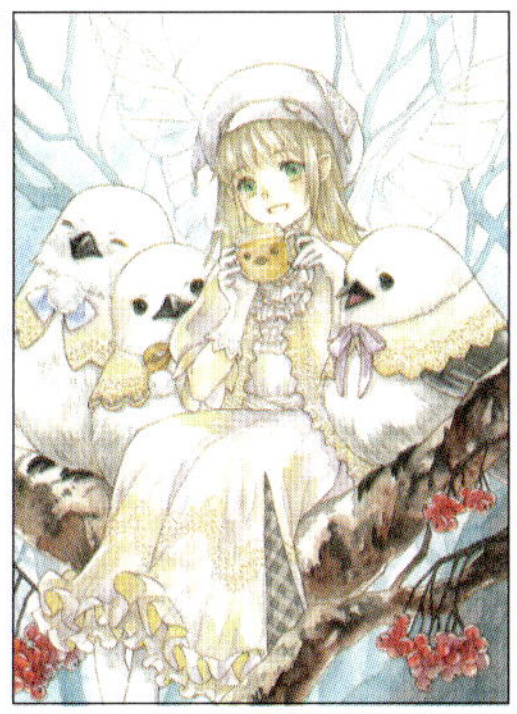

[やすらぎティータイム] 神奈川県・ゆうみ遥

もこもこシマエナガ！ 木の枝に止まってティータイム、冬の中の暖かみを感じます（ほ）

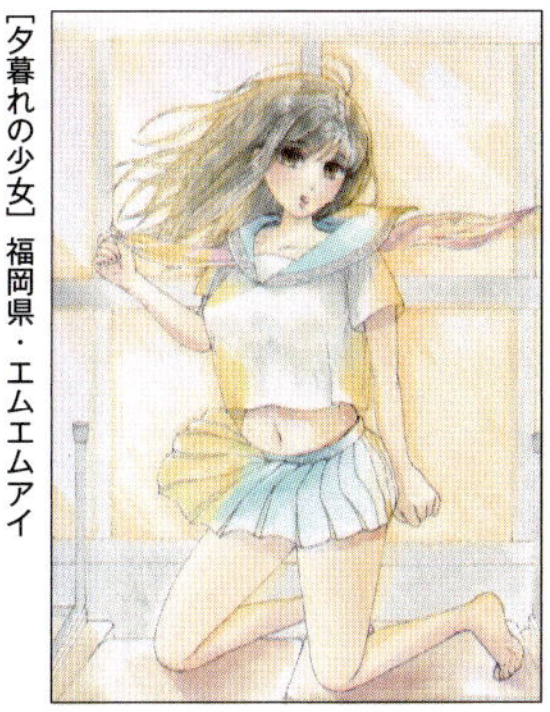

[夕暮れの少女] 福岡県・エムエムアイ

少女と大人の狭間でしか出せない危うい雰囲気がうまく描かれています。神々しいです…（石）

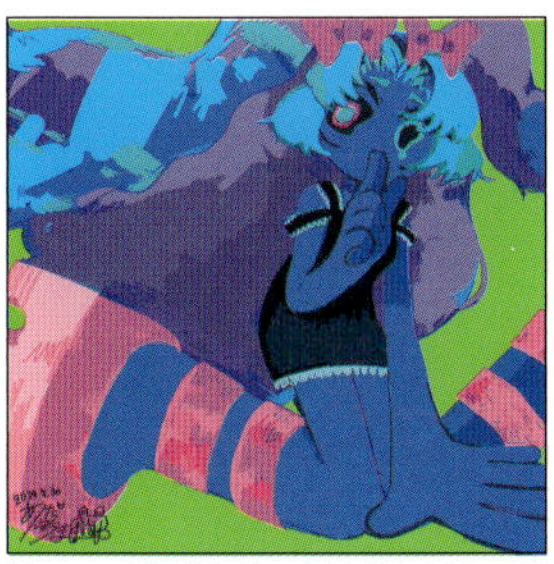

[しーっ！] 愛知県・あけだにちほ・30歳

手足の先に向かって広がるフォルムにビビッドカラーが刺激的で可愛い！（ぐ）

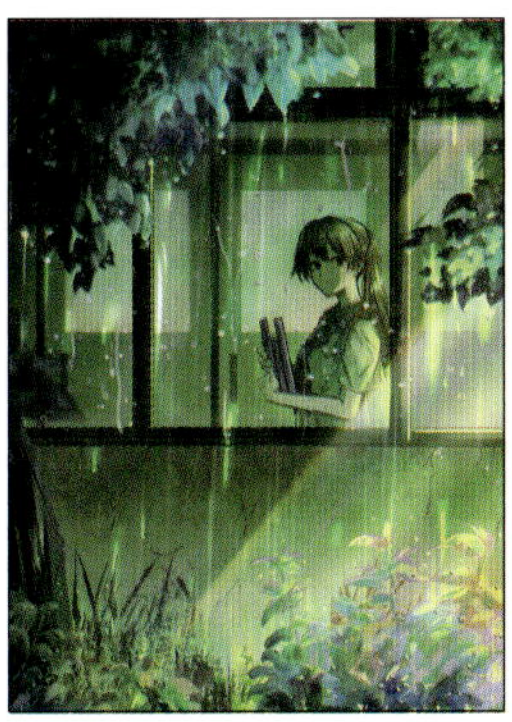

[兆し] 千葉県・おくらさと

雨の降って濡れる様子も目をひくが、光が差して植物が輝く様子も圧巻の美しさ（ノ）

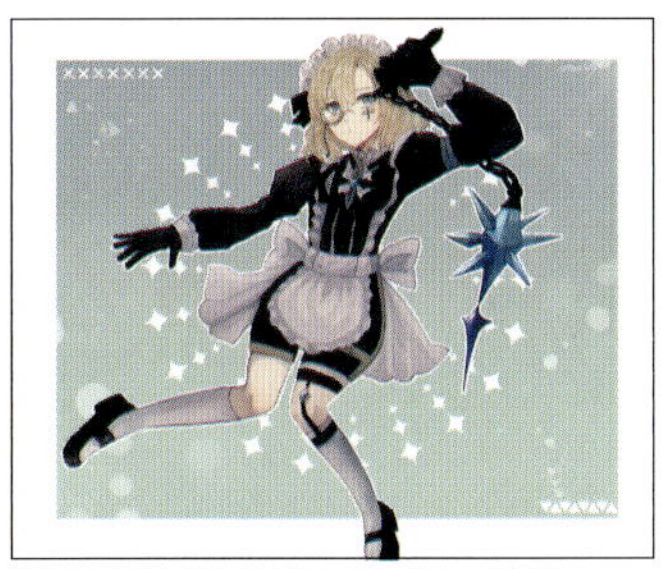

[GEMSTONE] 富山県・はづめ・17歳

ショタ×ガーターベルトの組み合わせが嫌いな人はいない！ アクセントの宝石がキマってます（石）

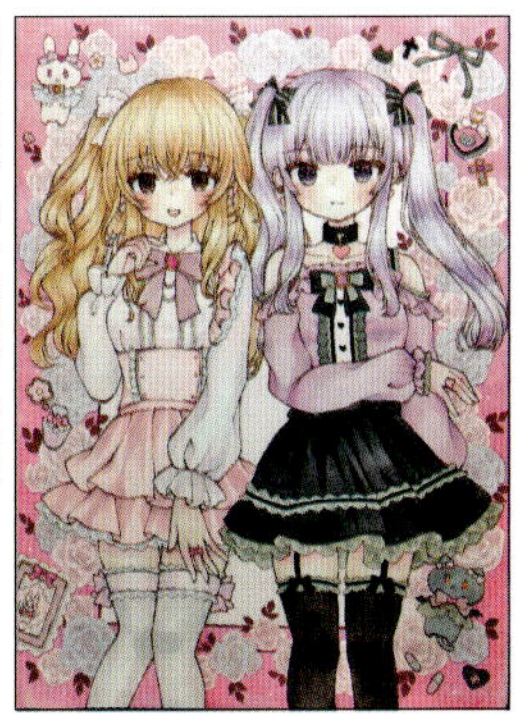

[仲良しちゃんず] 長崎県・ゆにこ

髪の毛のキューティクルと毛束感が美しいです。2人ともそれぞれ違った良い香りがしてきそう（石）

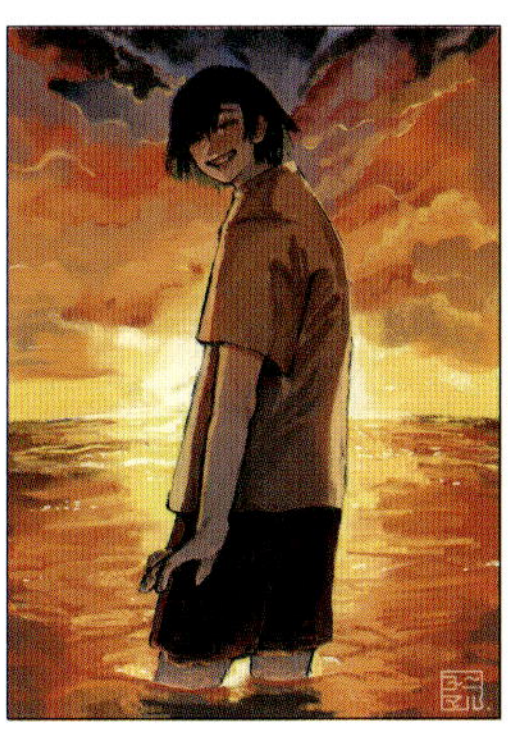

[海] 福島県・ヨニマル

夕焼けとこちらに笑いかける笑顔が眩しい一枚。夜が見えるグラデーションも美しいです（し）

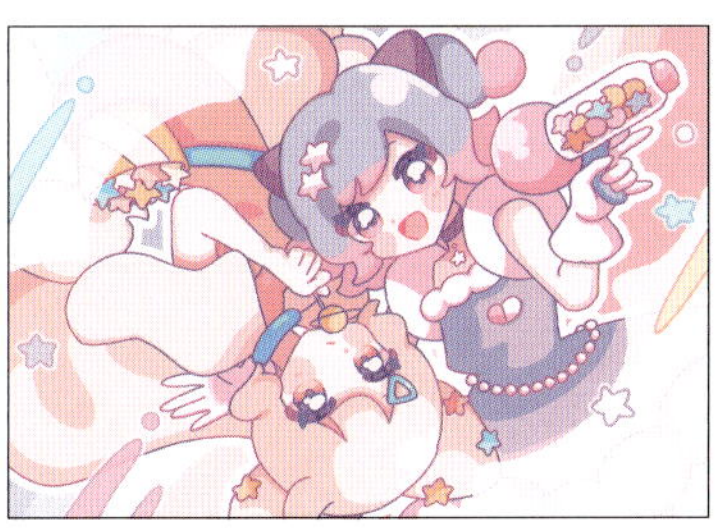

[charmmy] 福岡県・のじ

ポップでゆめかわな雰囲気がかわいい！ 目の大きなハイライトがチャーミング（さ）

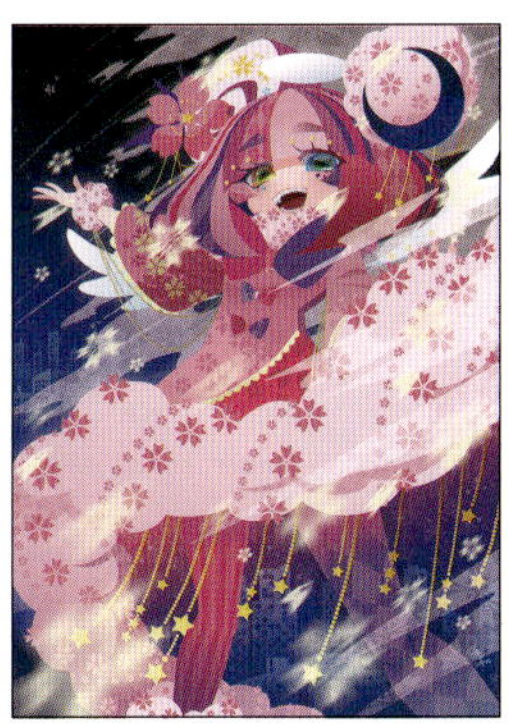

[春の夢へ誘う夜] 東京都・東シマ

桜の煙のようなものが広がる不思議な世界。星が垂れさがるデザインも効いている（ノ）

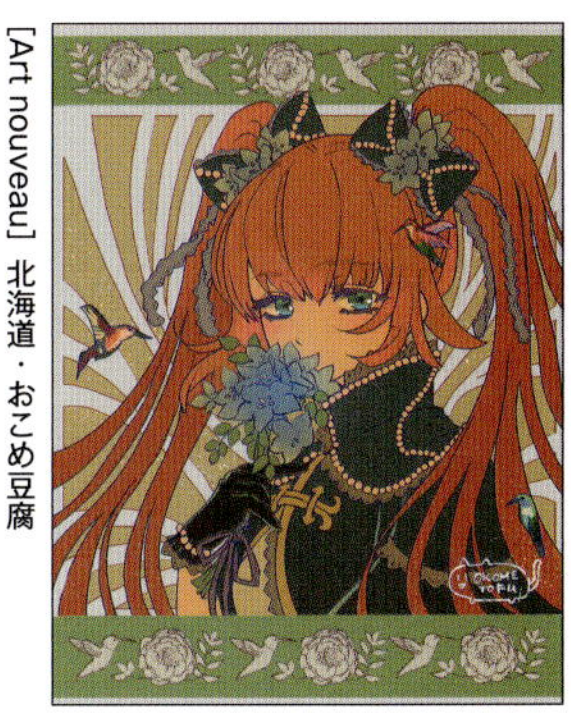

[Art nouveau] 北海道・おこめ豆腐

羊皮紙に描いたようなレトロな雰囲気が素敵。その中にあるキラキラの瞳にも惹かれます（さ）

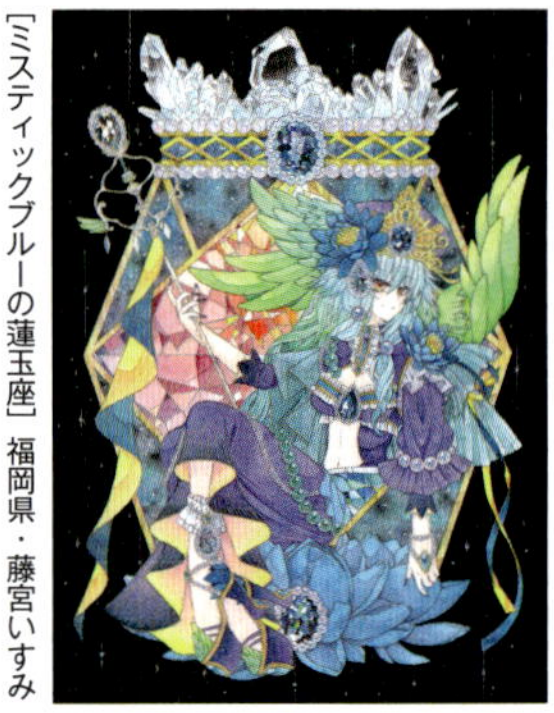

［ミスティックブルーの蓮玉座］福岡県・藤宮いずみ
宝石や真珠の輝きが美しい。暖色の瞳も印象深く、逸らされていることでより引き込まれます（ほ）

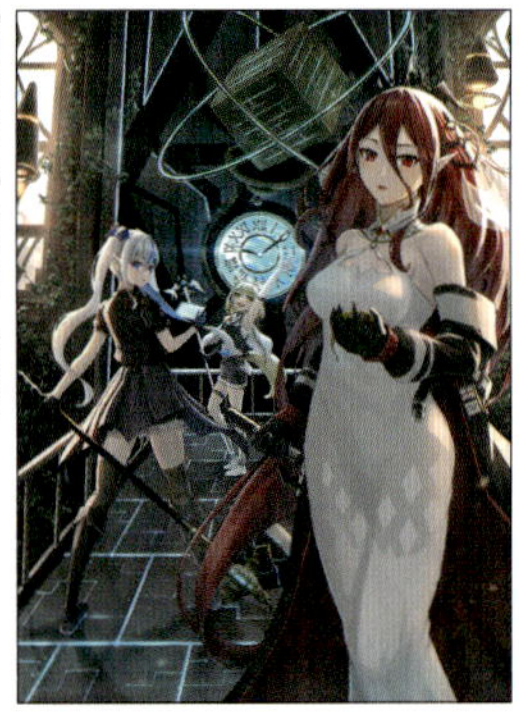

［時空の旅へ］滋賀県・おせろ
3人の個性が色や衣装からも伝わってくる。背景の精密さも世界観を引き立てます（し）

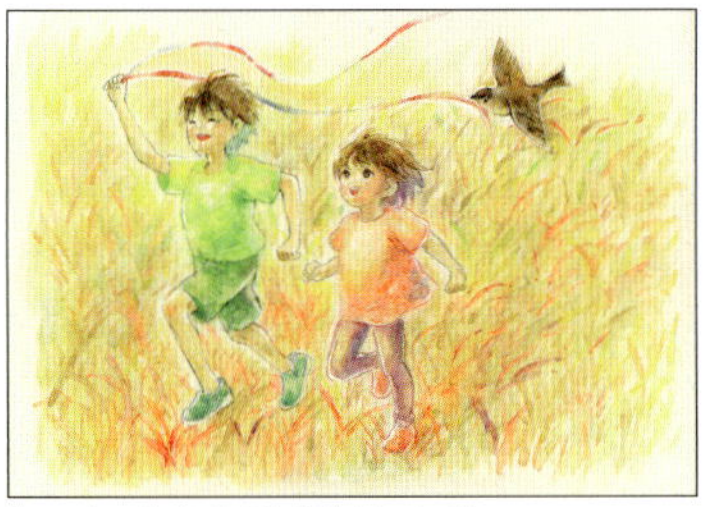

［いっしょに走ろう］鳥取県・にび
暖かな黄色と仲睦まじい兄妹にほっこり。絵本のような塗りが雰囲気によく合っています（し）

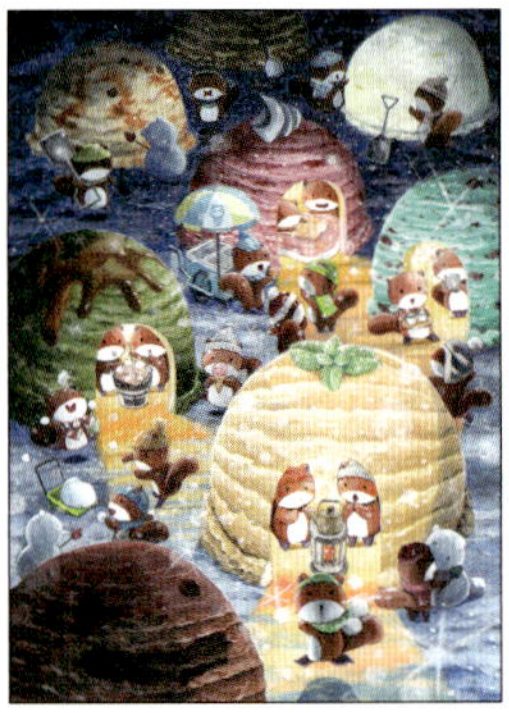

［カマクラクトアイス］大阪府・葵野ケイコ
アイスがカマクラに…！　こたつ布団でぬくぬくしている一匹が非常に可愛いです（ほ）

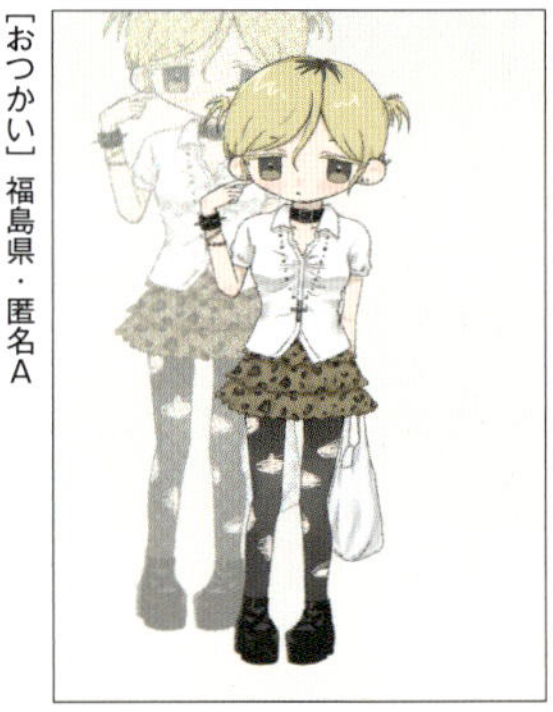

［おつかい］福島県・匿名A
シンプルな作風に甘辛MIXコーデのパンチが◎　何を買ってきてくれたのか気になります！（さ）

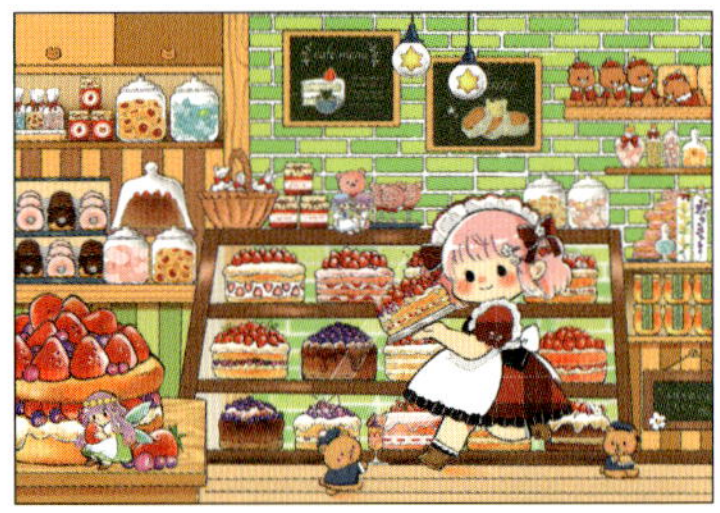

［ケーキ屋さんは今日も大忙し］兵庫県・ななころやお
ジャムのラベルにクマさん、クッキーに足跡が！見れば見るだけ幸せになります！（ほ）

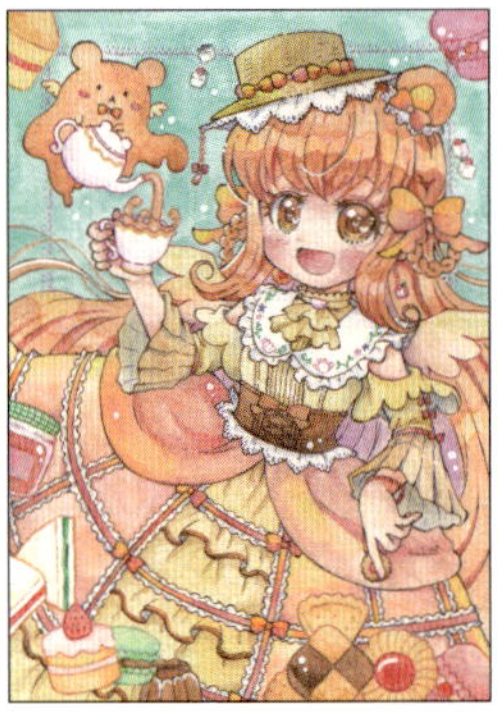

［「好き」が溢れるTea time♡］栃木県・羽鳥しーの
今にも甘い香りが漂ってきそうです。細かい装飾までこだわりが垣間見える一枚！（さ）

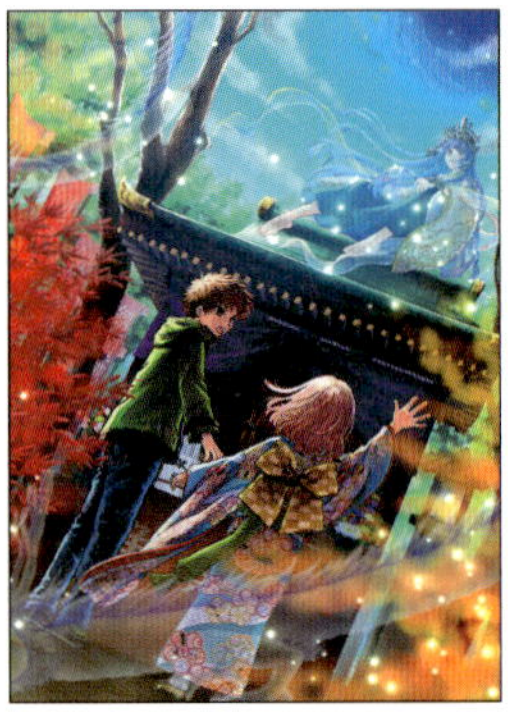

［璃緒と燈太と釼鎧護法］奈良県・かおうつき
屋根に鎮座する存在と交流する少女。ドラマチックな物語性を感じる魅力的なシーン（ノ）

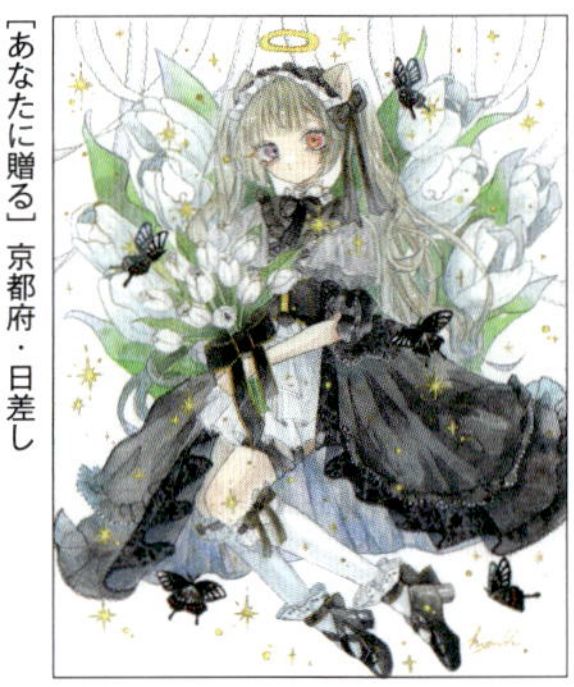

［あなたに贈る］京都府・日差し
美しい衣装や細部までこだわって描かれていて素晴らしい。花束の黒いリボンも良い（ノ）

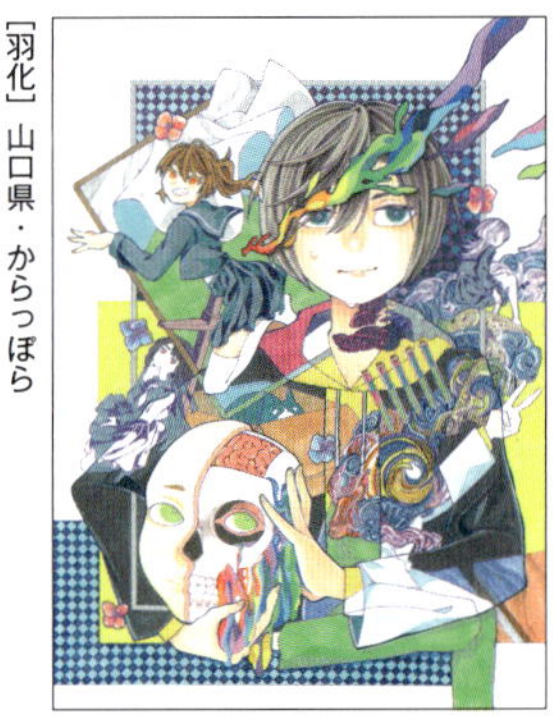

［羽化］山口県・からっぽら
デザイン的でありながらも人物が伸びやかに描かれていて素敵。テーマがしっかり伝わってくる（ぐ）

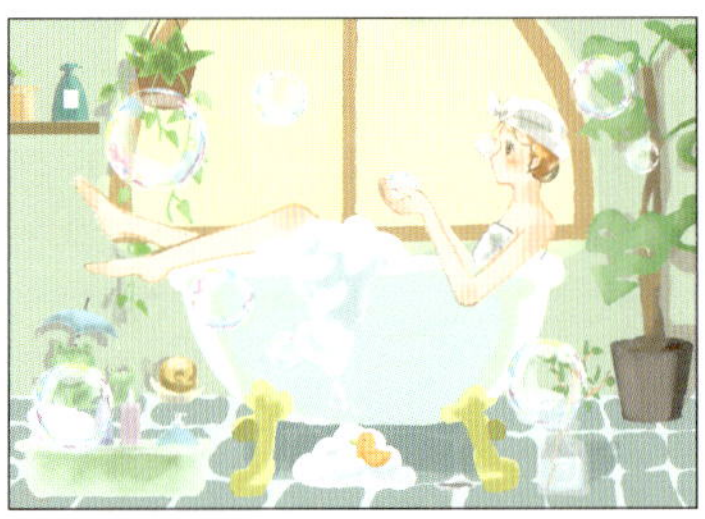

［リラックスタイム］新潟県・セス伯爵・19歳
明るい緑が可愛らしい！　よく見ると小さなカエルが傘をさしているのもキュートです！（し）

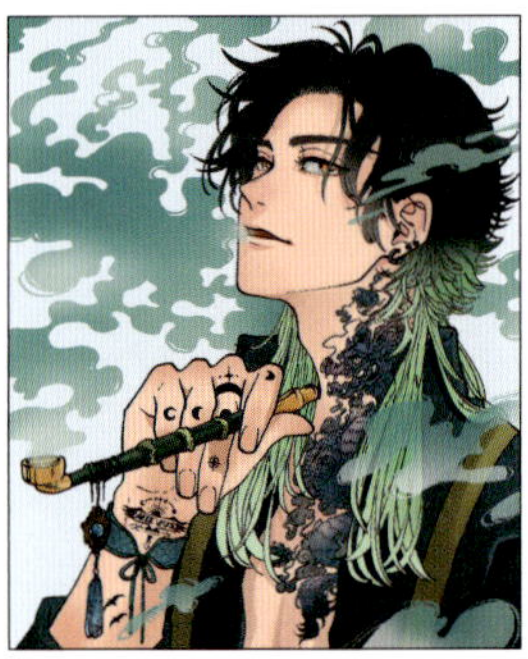

［いらっしゃい］愛知県・羽流
妖艶な流し目がたまらないです。お兄さんのお店では何が買えるのか、気になります（石）

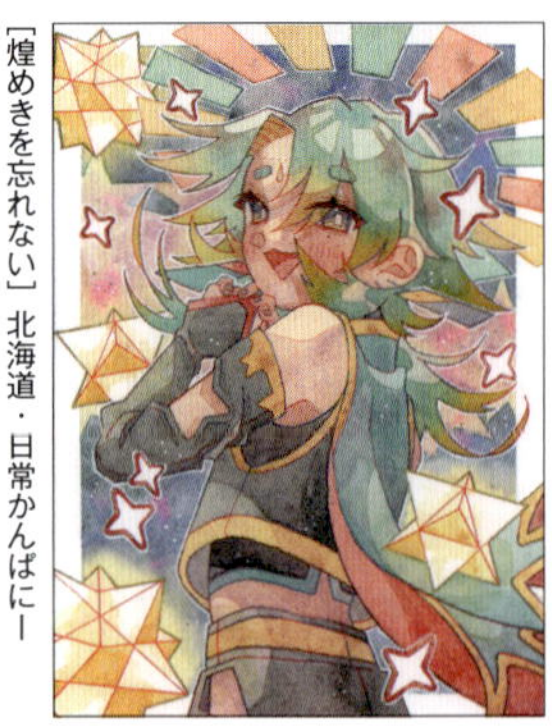

［煌めきを忘れない］北海道・日常かんぱにー
七夕の短冊を天使の輪のようにしているデザインが良い！　柔らかい表情も可愛らしいです（し）

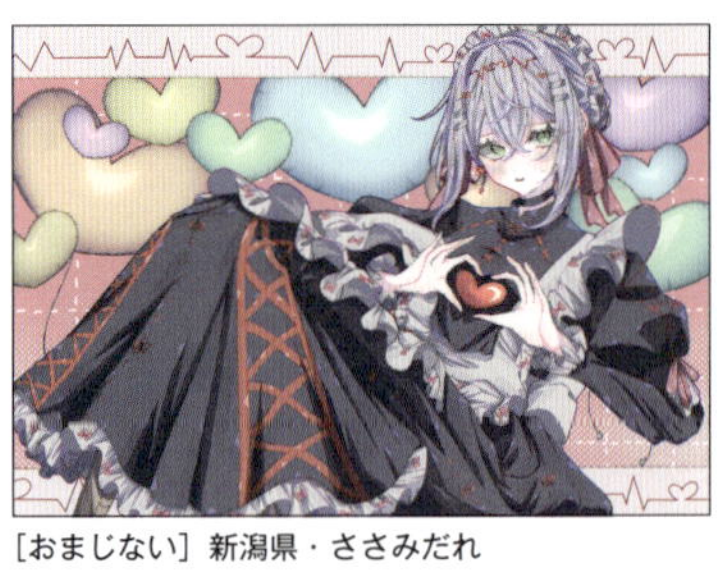

［おまじない］新潟県・ささみだれ
メイドさんがおまじないをかけてくれる夢のような一枚。ハートがたくさん散りばめられていて♡（む）

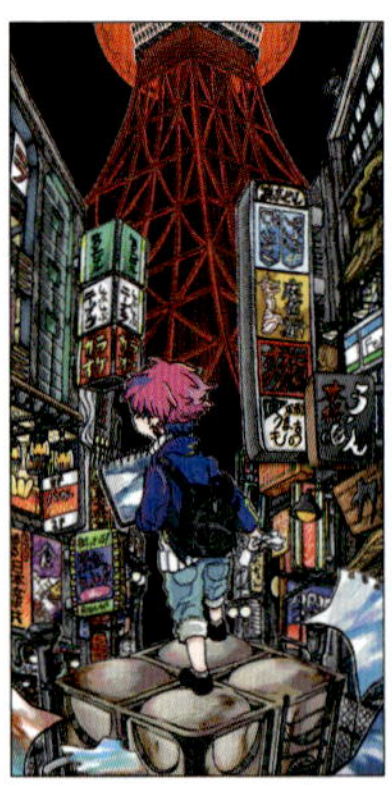

［彼の作品］福岡県・クダペチーノ
大きな東京タワーと賑やかな夜の東京。看板を一つ一つ目で追うのが楽しい作品です（し）

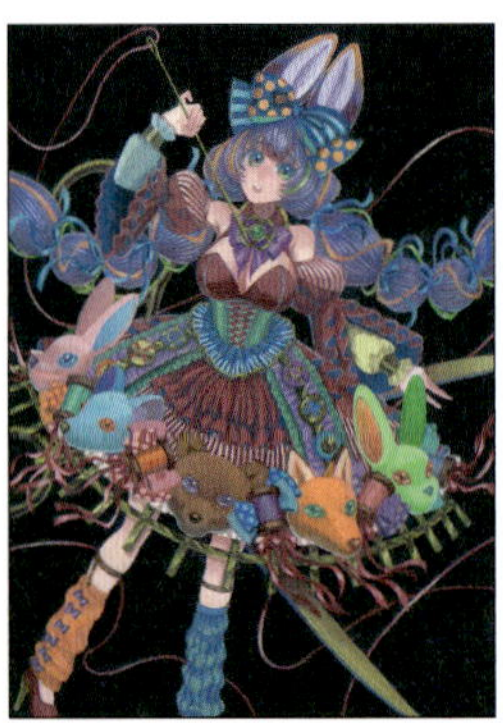

［バルトネール・ルカの名において］新潟県・雲野透
ゴシックさにカラフルな差し色をつかったデザインが素敵。絵具で細やかに描き上げられています（さ）

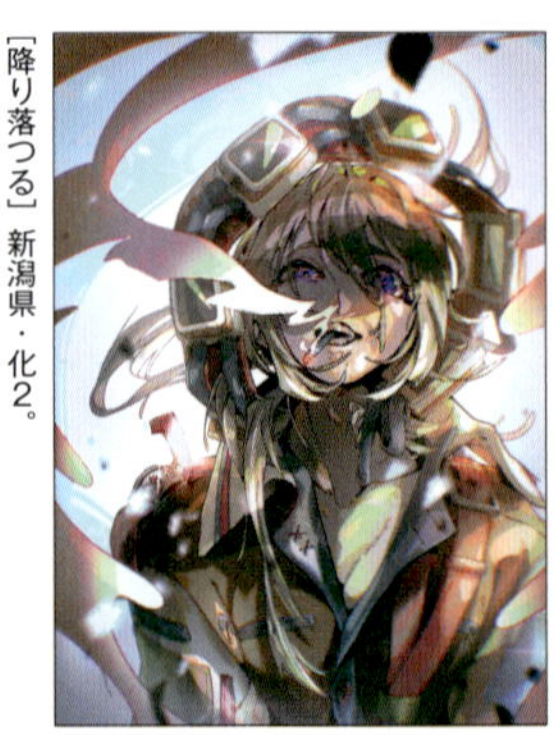

［降り落つる］新潟県・化2。
煙草のけむりがデザイン的で、人物の眼差しも相まって、頽廃的ながら魅力的な作品（ノ）

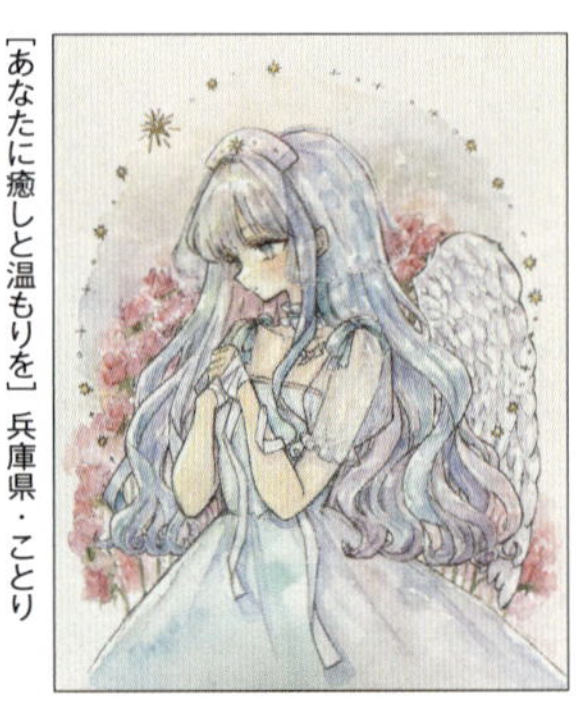

［あなたに癒しと温もりを］兵庫県・ことり
透明水彩のにじみ方と優しい作風がマッチしていて◎　少女の切ない表情にときめきました（さ）

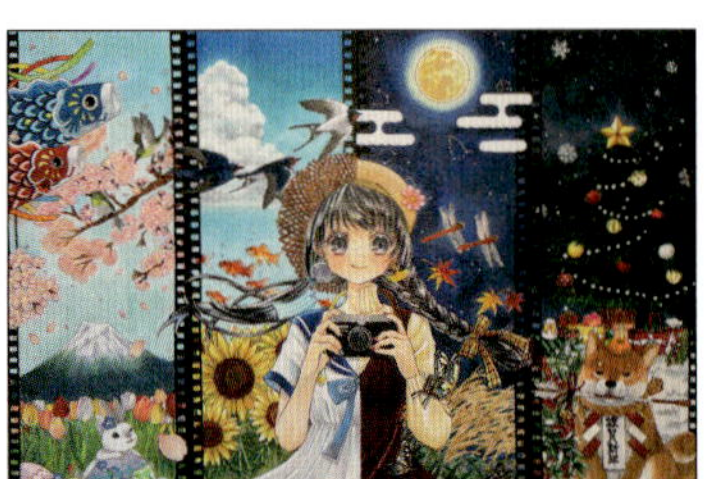

［四季］神奈川県・ここねこ
カメラに写し出される四季折々の風景が鮮やかかつノスタルジックな気持ちになる一枚（さ）

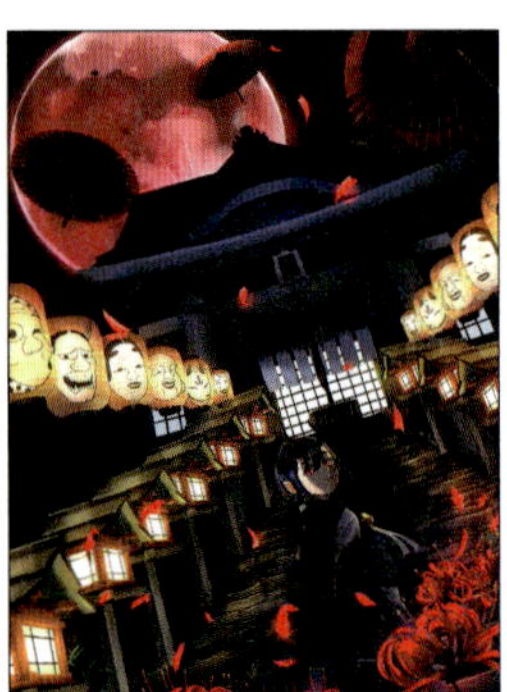

［とおりゃんせ］兵庫県・発狂する雑草
神社の上に舞う和傘と赤い月が神秘と妖しさを伝える。世界観を感じる画面が良い（ノ）

## 入選

1ポイント

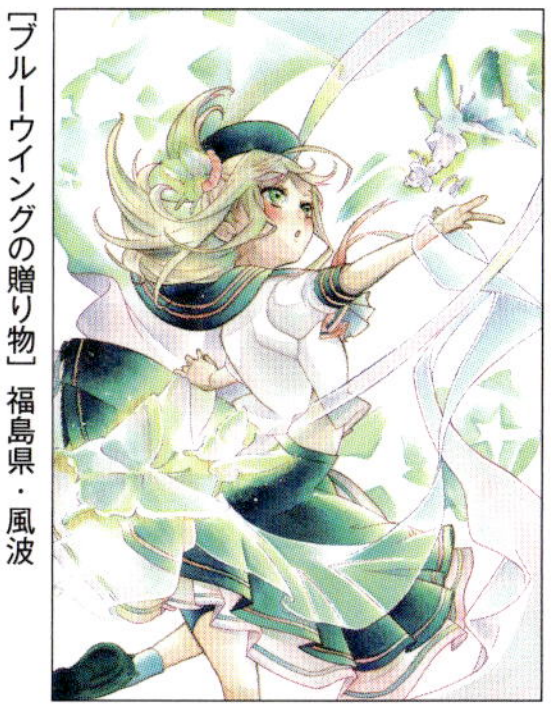

[ブルーウイングの贈り物] 福島県・風波
空気感の抜け方が美しく流れを感じる。光の描写が秀逸で花言葉の希望が眩しく輝いています（石）

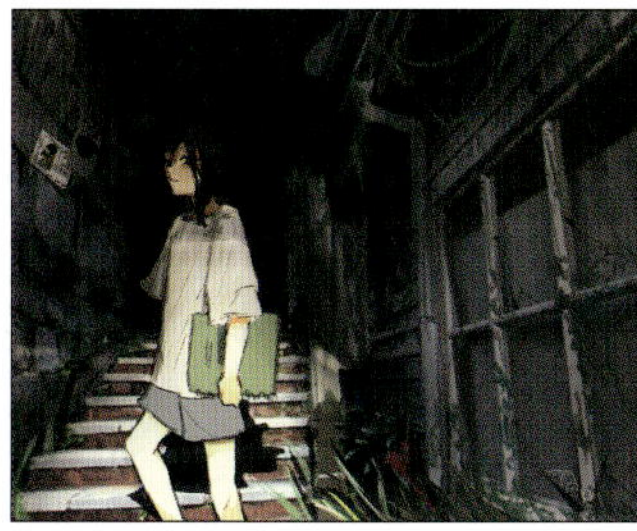

[来ないの？] 埼玉県・うらにわ
映画の一コマを切り抜いたかのような一枚。これからを想像させる光の演出がドラマチック（石）

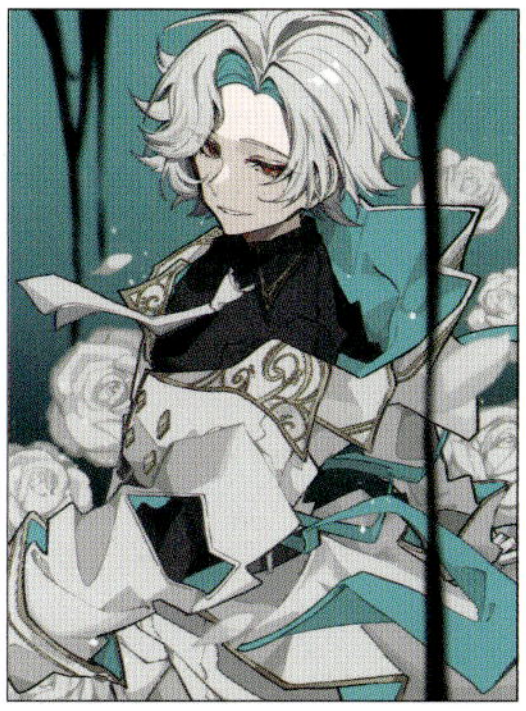

[いざない堕とす] 大阪府・しくろヌコ
美しくもどこか不穏な雰囲気があり何度も見たくなる作品です。エレガントな色味も◎（む）

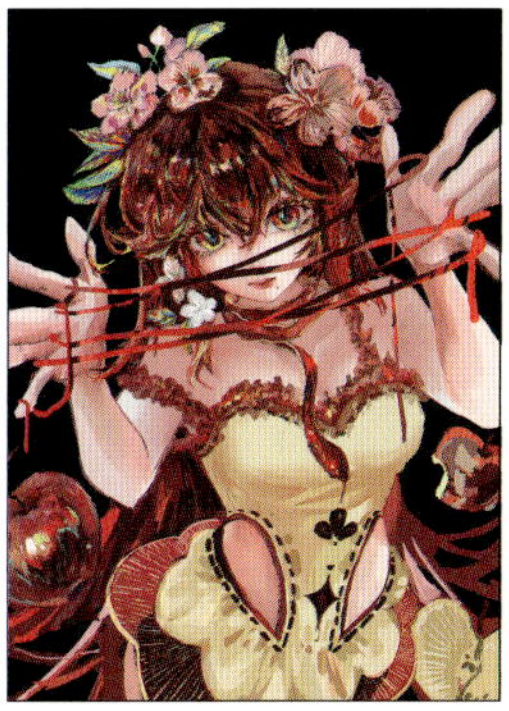

[あやとり・林檎] 愛知県・火華・20歳
唇のグロス感と髪の毛のカラフルなハイライトが目を惹きます。りんごモチーフの衣装も◎（石）

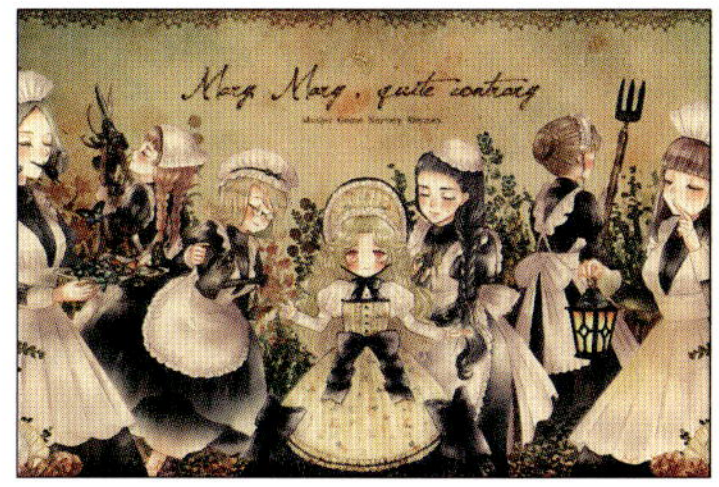

[ひねくれメアリー] 群馬県・あお
メイドさんにかこまれて少し照れくさそうな女の子がかわいい！ 童話のようなテイストも◎（む）

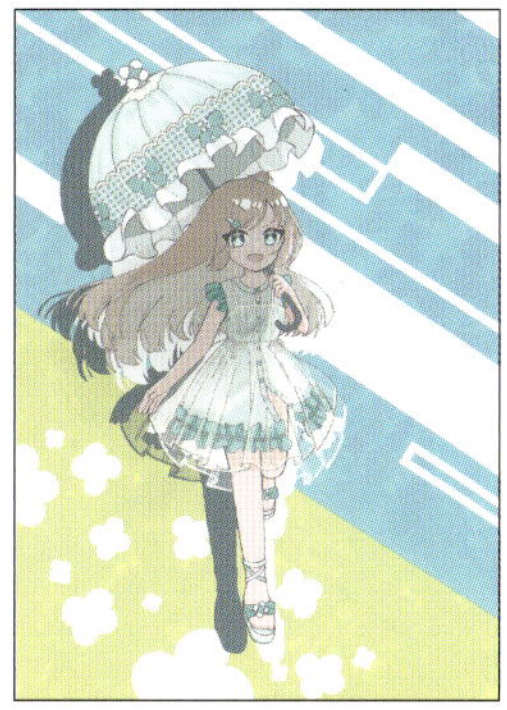

[爽やか！] 福島県・花宮華
透明感のある爽やかな色合いが可愛らしい。ドーリーな日傘が少女の魅力を引き出します（し）

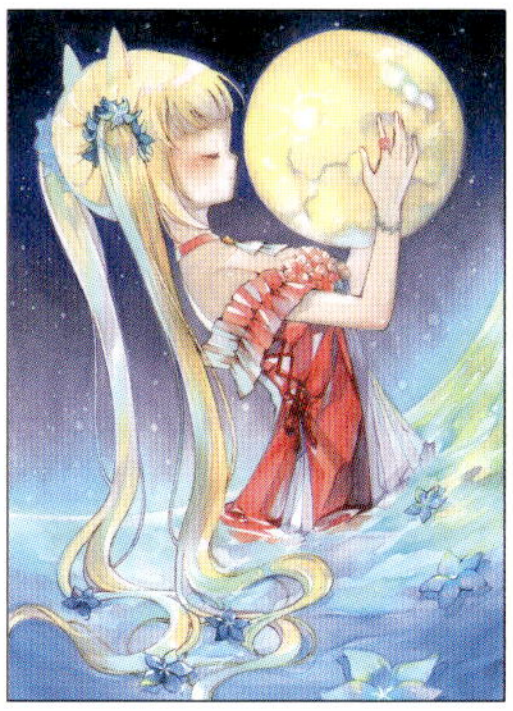

[Harvest] 東京都・沫雪なの
女の子が月を抱えるような神秘的な光景。コピックによるキャラの描写が美しい（ノ）

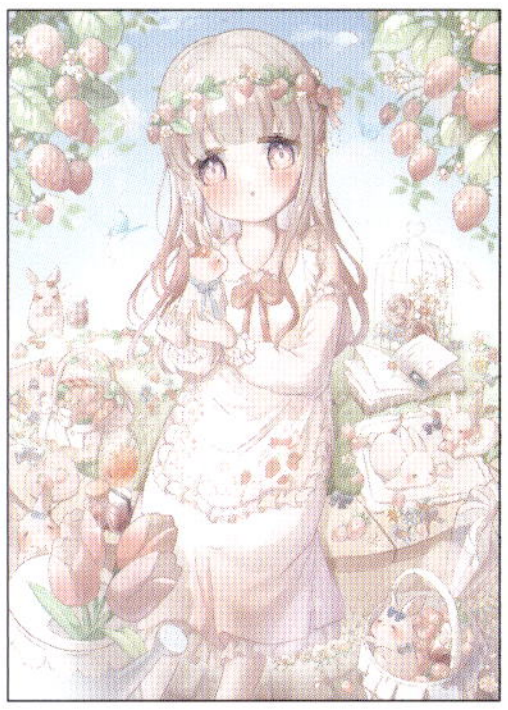

[いちごとうさぎ] 兵庫県・しょうとけーき
ぼやんとした女の子にモチモチなうさぎが愛らしい。ピンクに彩られた世界に胸が躍る（ぐ）

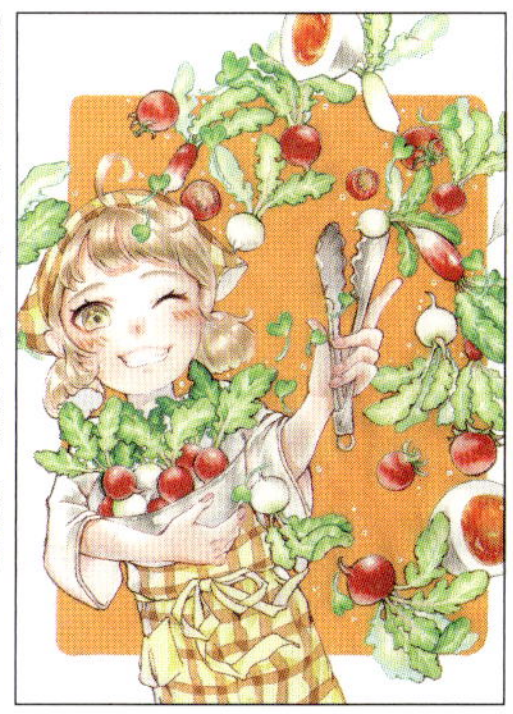

[調理実習しちゃおう！] 千葉県・林檎椿
野菜の水々しさが伝わります！ トマトやゆでたまごの断面がとても美味しそうです！（ほ）

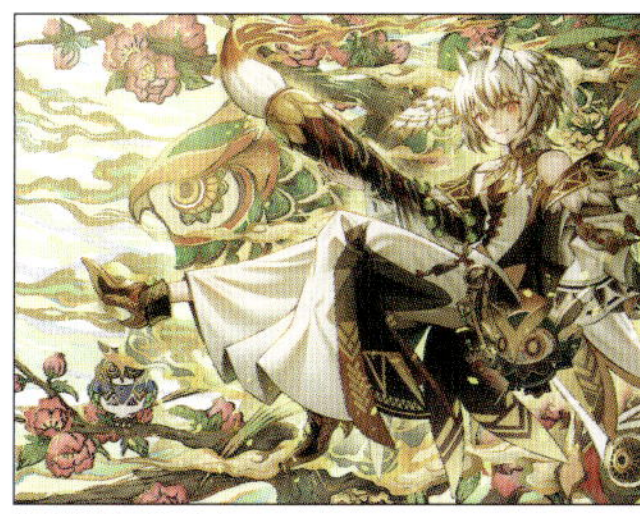

[飛翔鳥画] 広島県・syow
墨絵のような背景に秀才なキャラデザが魅力的な力作。見ているだけで幸福が訪れそうです（さ）

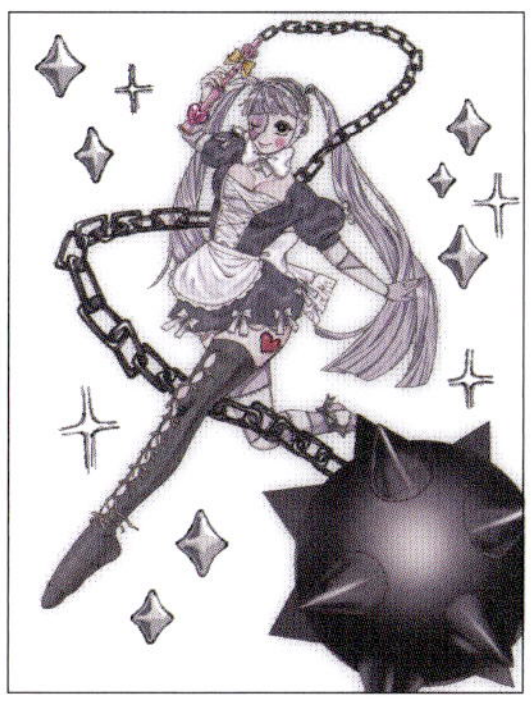

[ゾンビ戦士] 福島県・ずい
可愛らしいステッキの先についた厳ついモーニングスター！ ギャップで少女が引き立つ（し）

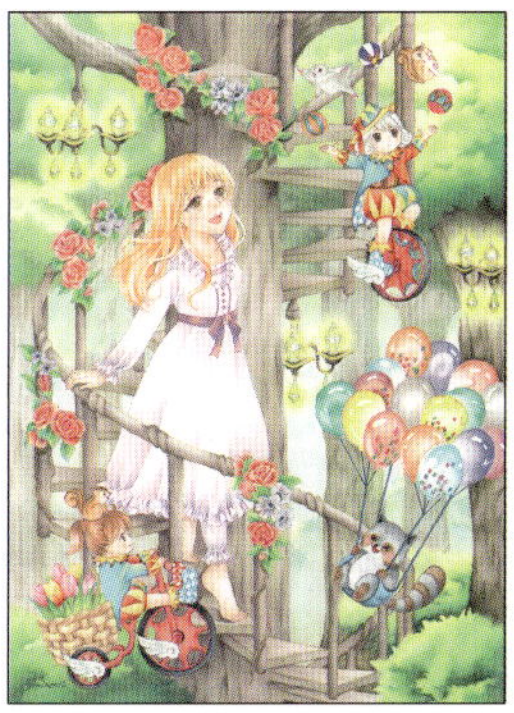

[夢の中の物語] 岐阜県・弓餅
少女が見ている素敵な夢。それぞれ色んなことをしており、楽しい空間に想像が膨らみます（し）

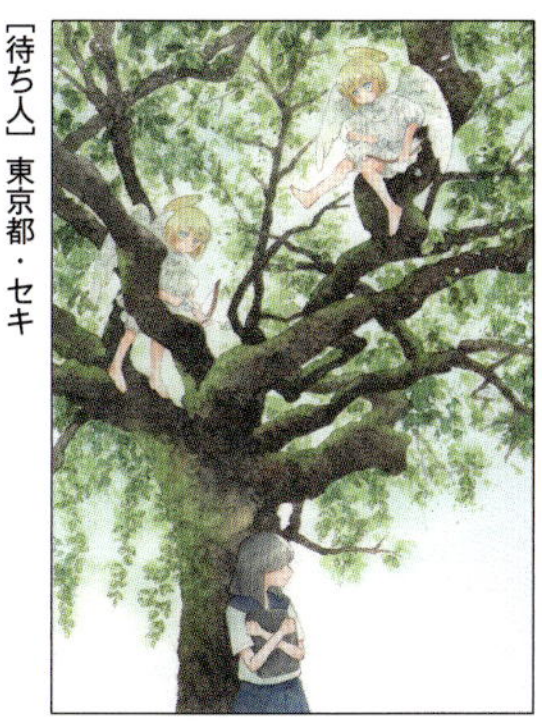

[待ち人] 東京都・セキ
ある人を待つ少女のことをキューピットも見守っています。柔らかい空気感が素敵です（さ）

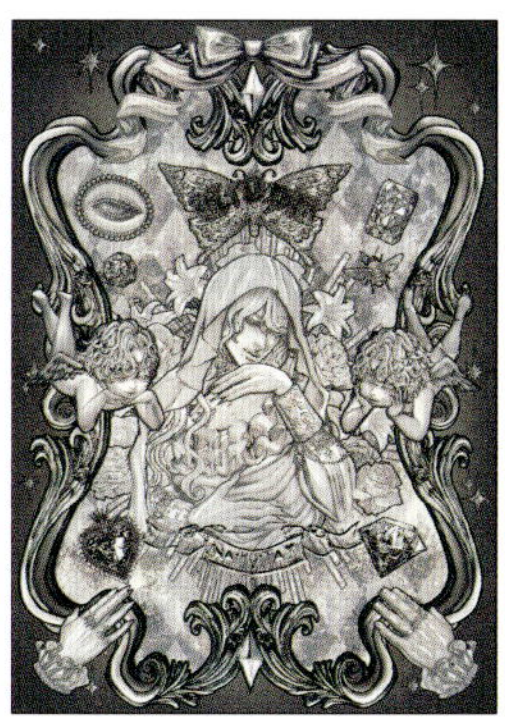

[誕生] 静岡県・紅瀧
華麗に装飾された画面がゴシックな美学を伝えて、際だった存在感を放つ一枚（ノ）

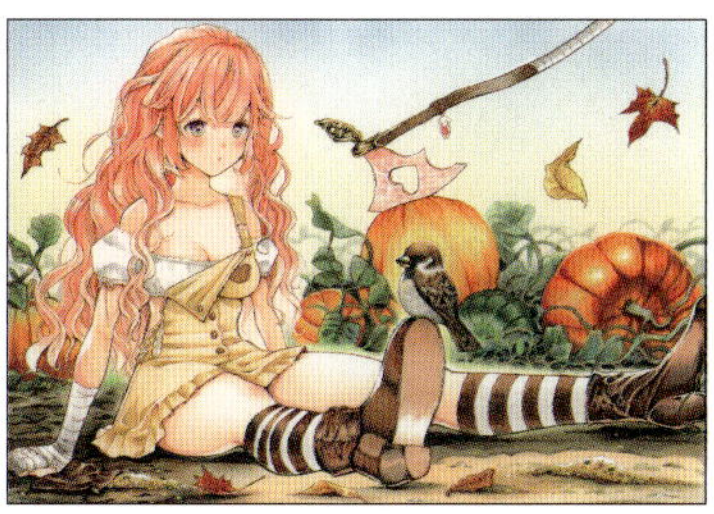

[小さなともだち] 神奈川県・sushidog
無防備な仕草、あどけない表情、刃物のデザインから少女の性格が伝わってくる作品です（石）

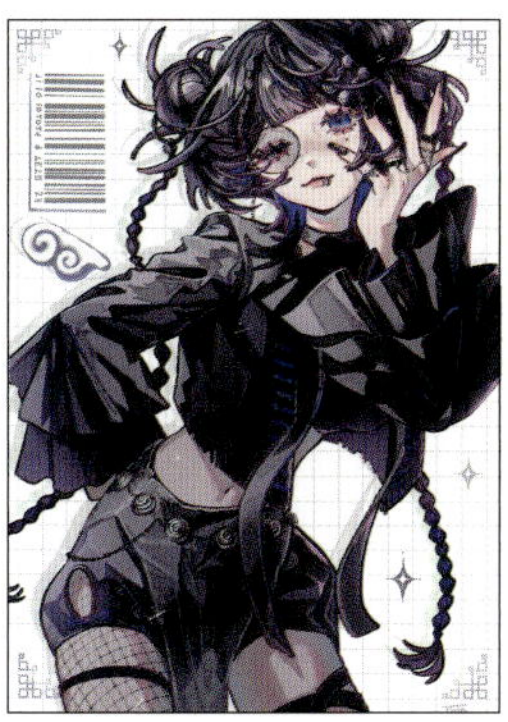

[ぎら] 兵庫県・巛須てと・19歳
ハードながら艶があり、衣装やアクセサリーのデザインが人物像を深めていて魅力的（ノ）

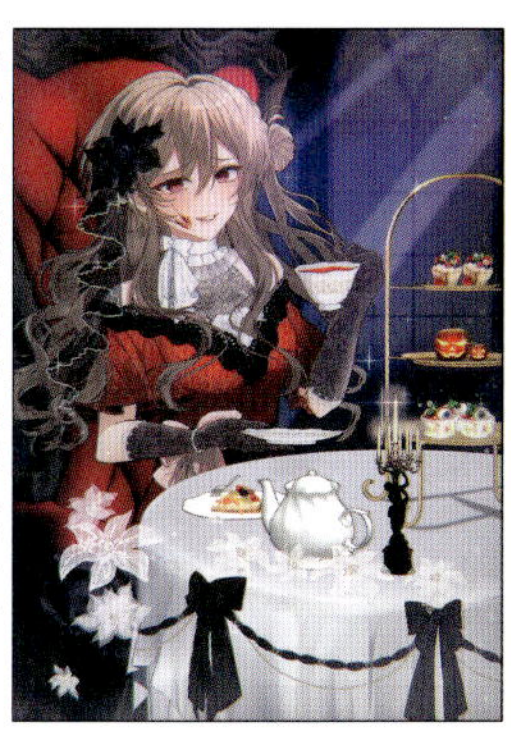

[吸血鬼とお茶会] 福島県・綺咲ゴンザレス
美しく魅力的で圧倒的な美!! 少女の不穏な笑みと血痕から身の危険を感じます…（石）

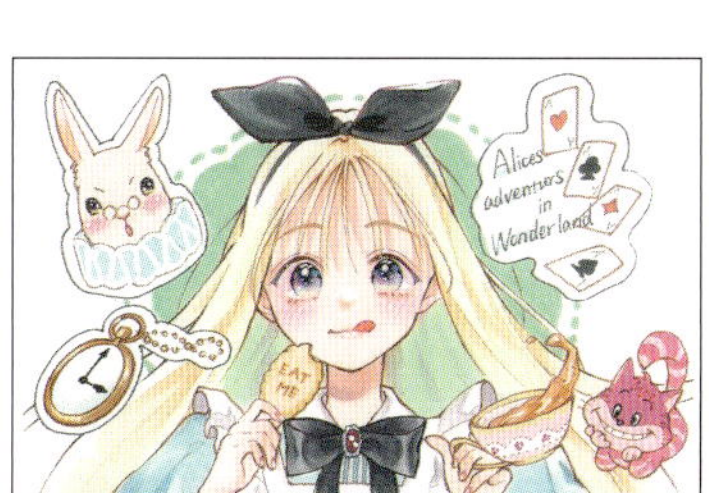


[不思議の国でティータイム] 香川県・kuru.e
いろんな色に光る、とぅるんっとした瞳に引き込まれる！ 血色感と透明感の表現が見事です（石）

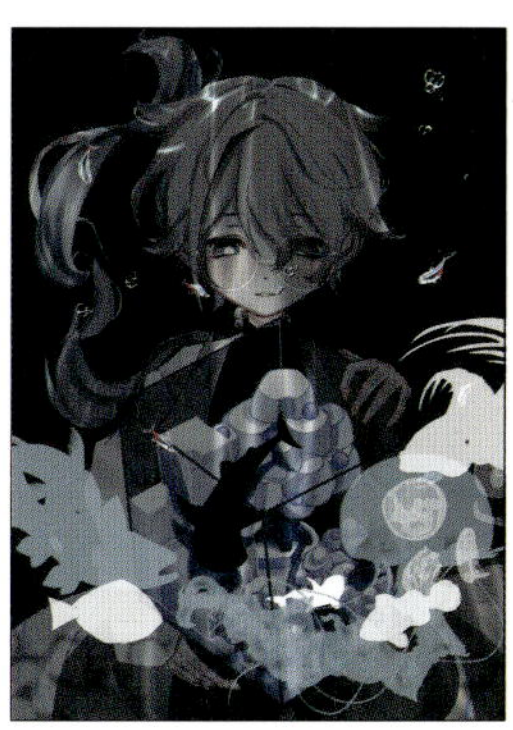

[lost neon aquarium] 福島県・せきう
暗い水中に揺蕩う様々な水中生物のシルエットがオシャレ。穏やかな表情も可愛いです（し）

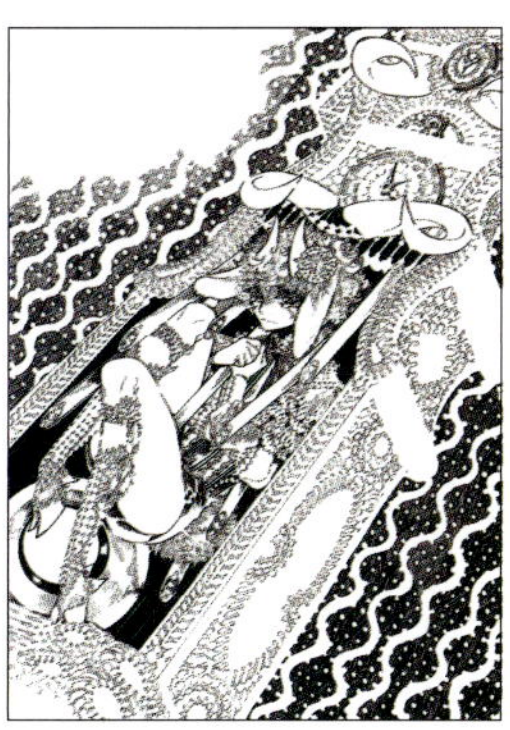

[七番目] 北海道・佐口想
『狼と七匹の子山羊』をモチーフとした作品。模様を含め、全体の描線が圧巻の迫力（ノ）

注目賞 4ポイント

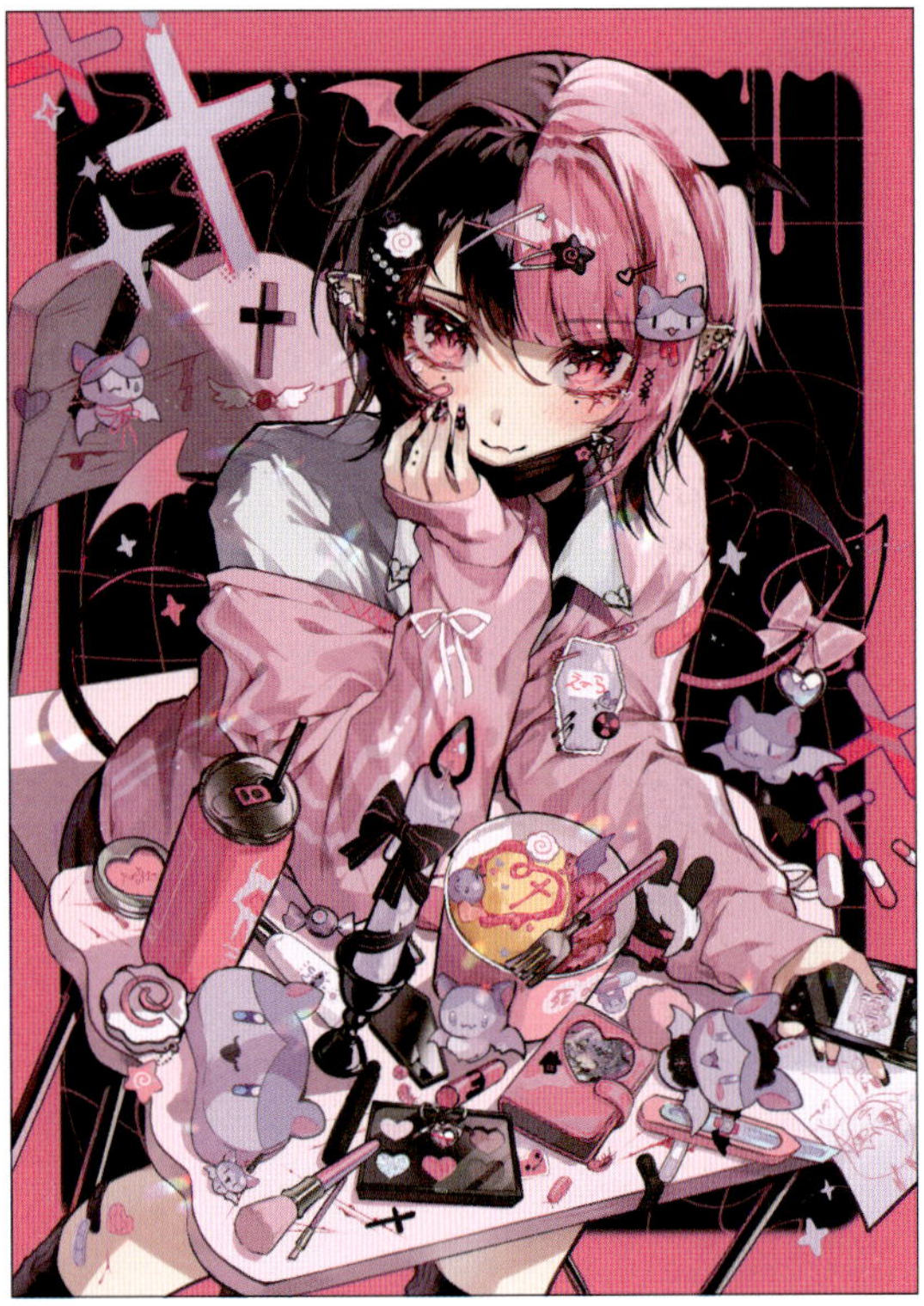

［Lunch］東京都・ゑいた

使用画材：アイビスペイント

オリジナルキャラクターの学校生活をイメージしています！　美味しそうなオムライスがかけました。

黒×ピンクの最高インパクト！　こだわりいっぱいのデコラティブなキャラクターから目が離せない！　世界観たっぷりのオムライスも美味しそう（さ）

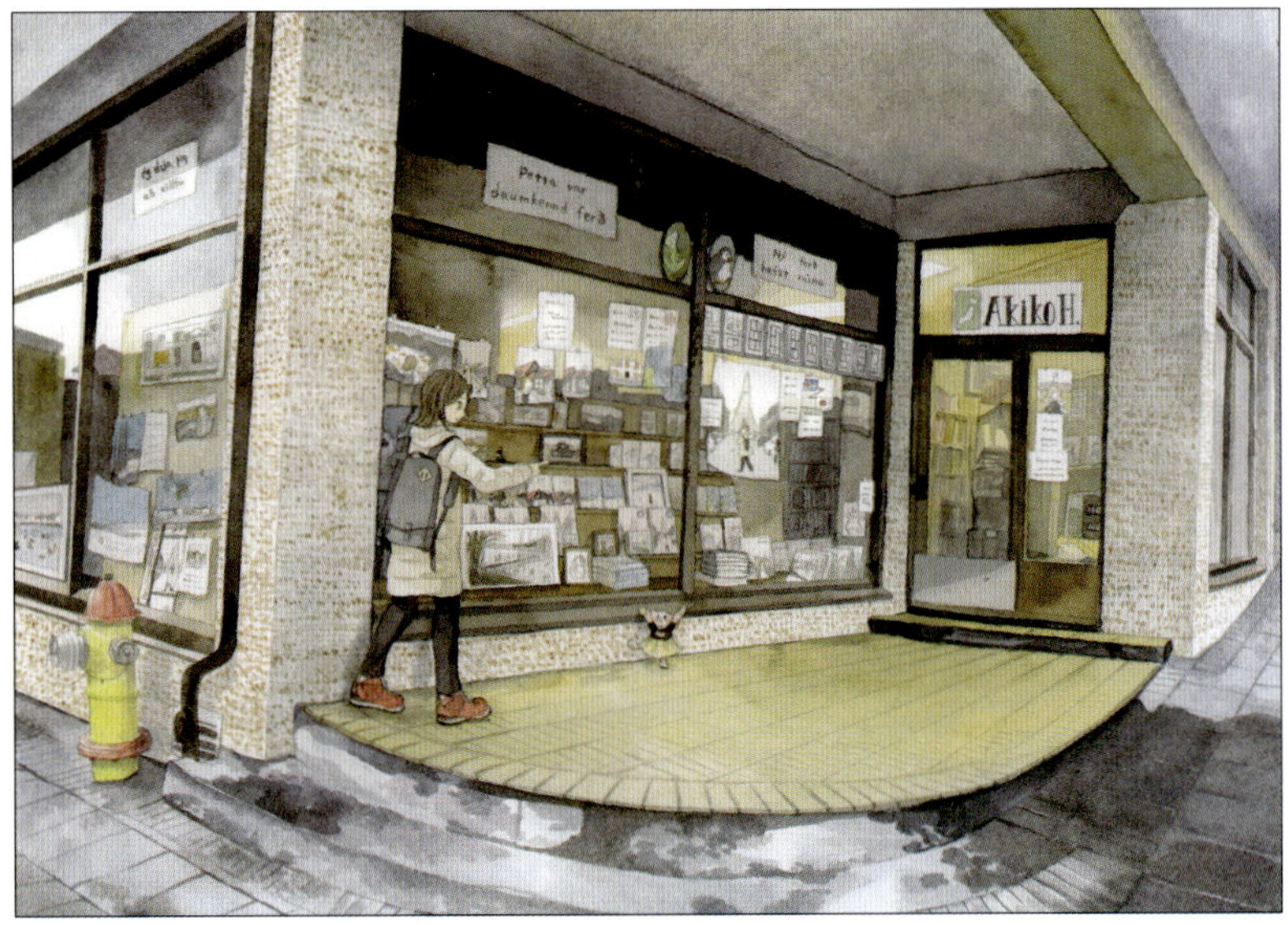

［思い出がいっぱい］大阪府・ひまつだあき子

使用画材：透明水彩

個展のメインビジュアルのために描きました。５年間ずっと描き続けてきた旅行の思い出を振り返るような個展にしたく、絵の中のショーウィンドウに過去の自分の絵をたくさん並べました。

一見、何気ない日常のワンシーンのように見えるが、細やかな表現からは作者のこだわりを感じる。絵を見ることの楽しさを教えてくれる作品（ぐ）

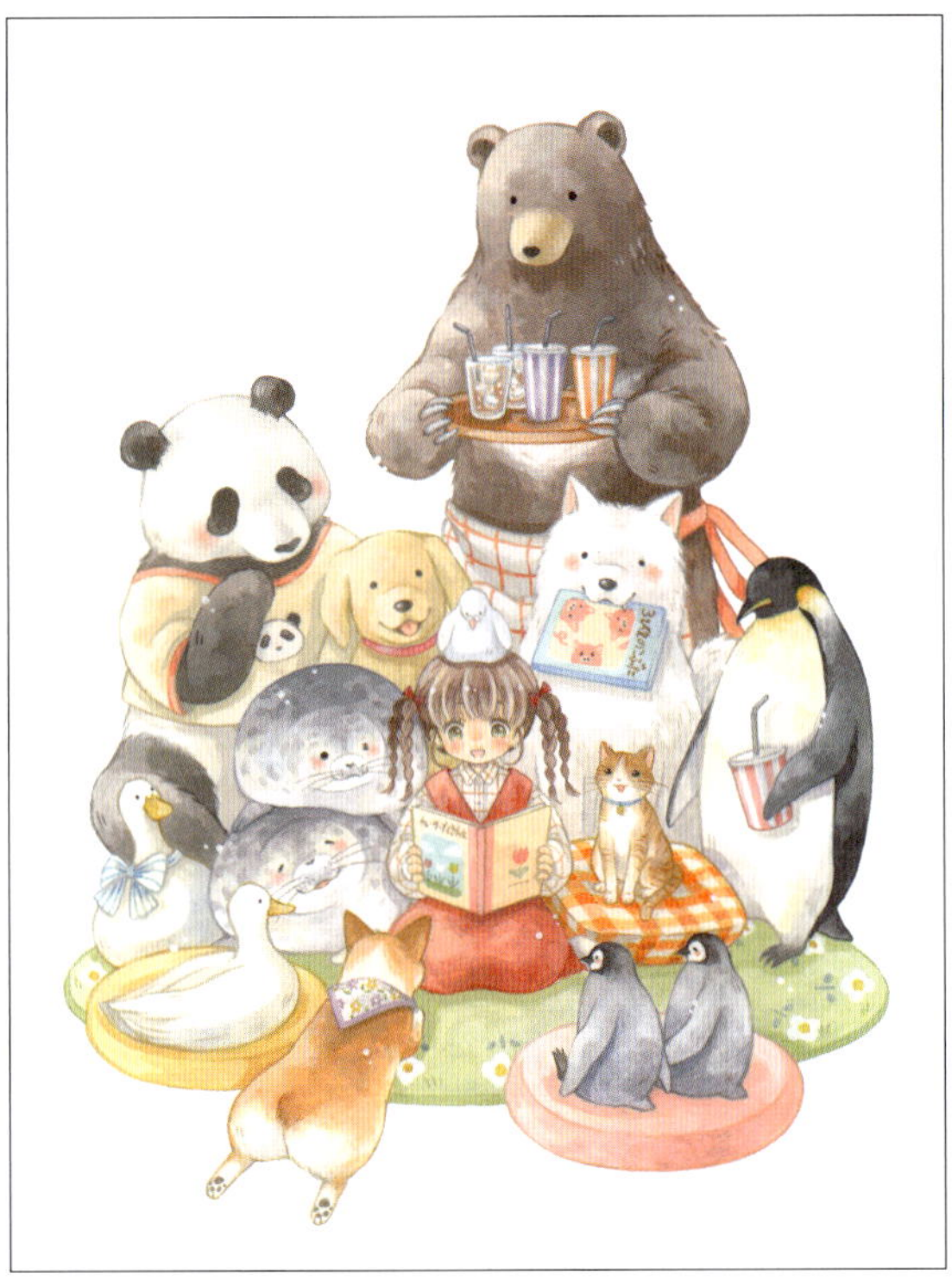

［みんなで朗読会］大阪府・まり子＊

使用画材：リキテックスガッシュ アクリリックプラス

大好きな動物たちを詰め込みました。水陸空の動物問わず1つの空間で楽しく過ごす理想の風景です。

ホッと心が温かくなる作品。みんながお互いを好きな気持ちが伝わります。次の作品待ちしているわんちゃんと、アザラシの表情が好きです（石）

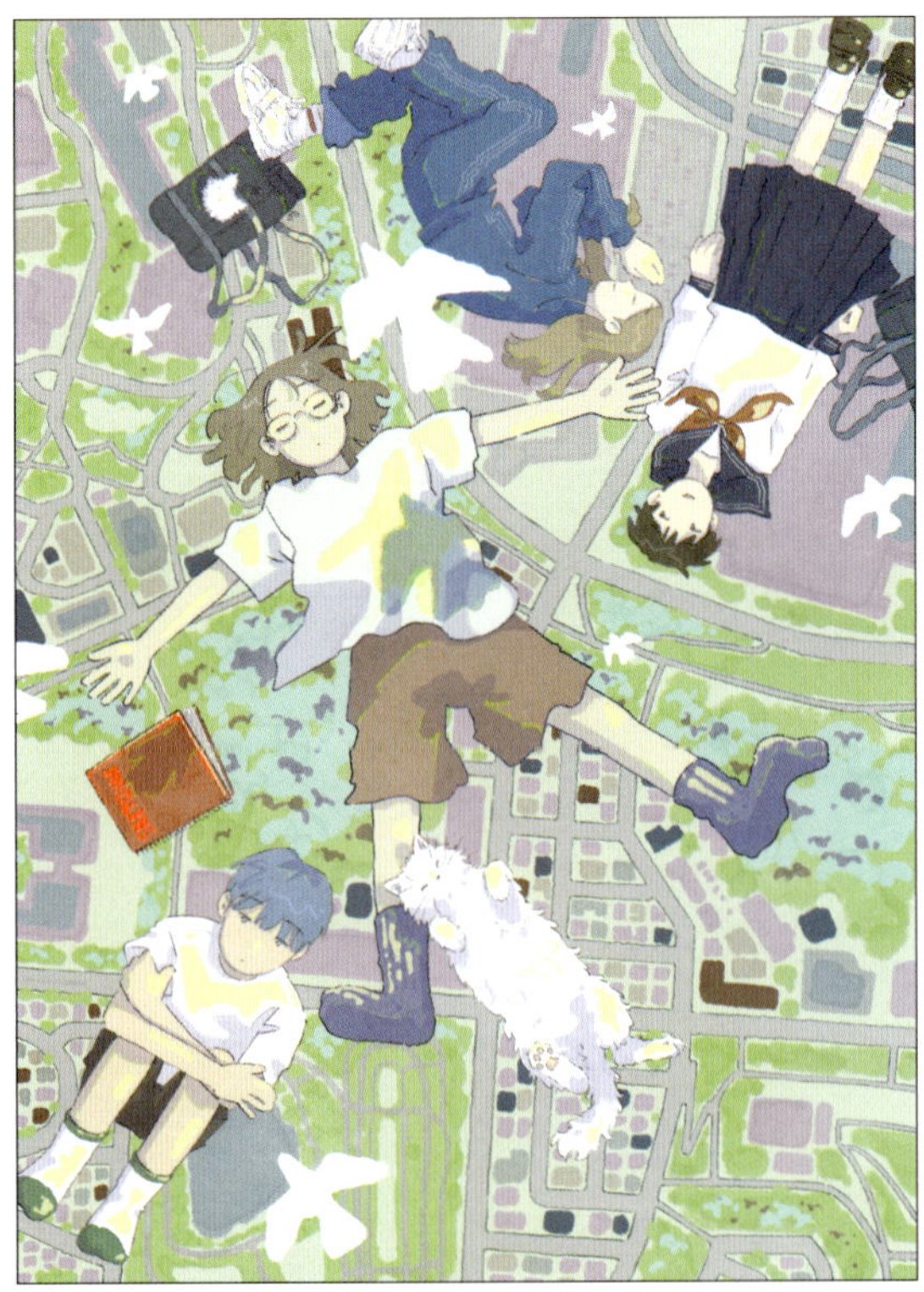

［ちょっとそこまで］東京都・hagi

使用画材：Procreate

空を飛ぶ鳥のように、風に乗り気ままに生きたい気持ちを絵にしました。

空中での自由な仕草が気ままさを感じさせる作品。シルエットだけで描かれた白い鳥が軽い印象もあり、作者の意図がよく表現されている（し）

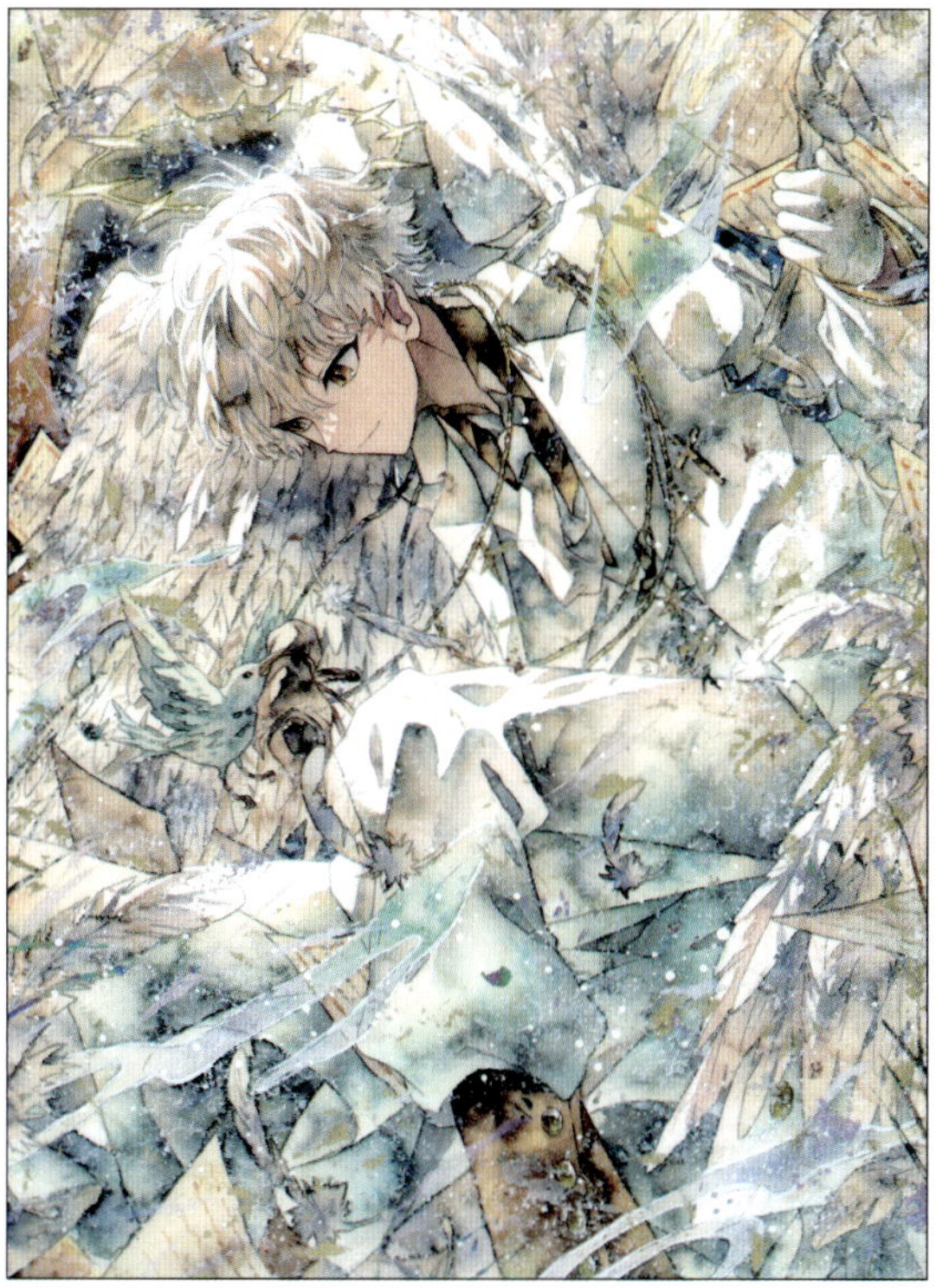

［天使の仕事場］大阪府・potato

使用画材：透明水彩・コピックマルチライナー・ウチハク

天使の男の子に挑戦しました！　成績が良くて親切な性格ですが、負けん気が強いです(笑)。 甘い物が好きなので、太らないように節制しています(^^)

天使の男の子は、白い髪と衣装が美しく清廉な印象を与える。画面全体に飛ばされた白い飛沫もドラマチックで良い（ノ）

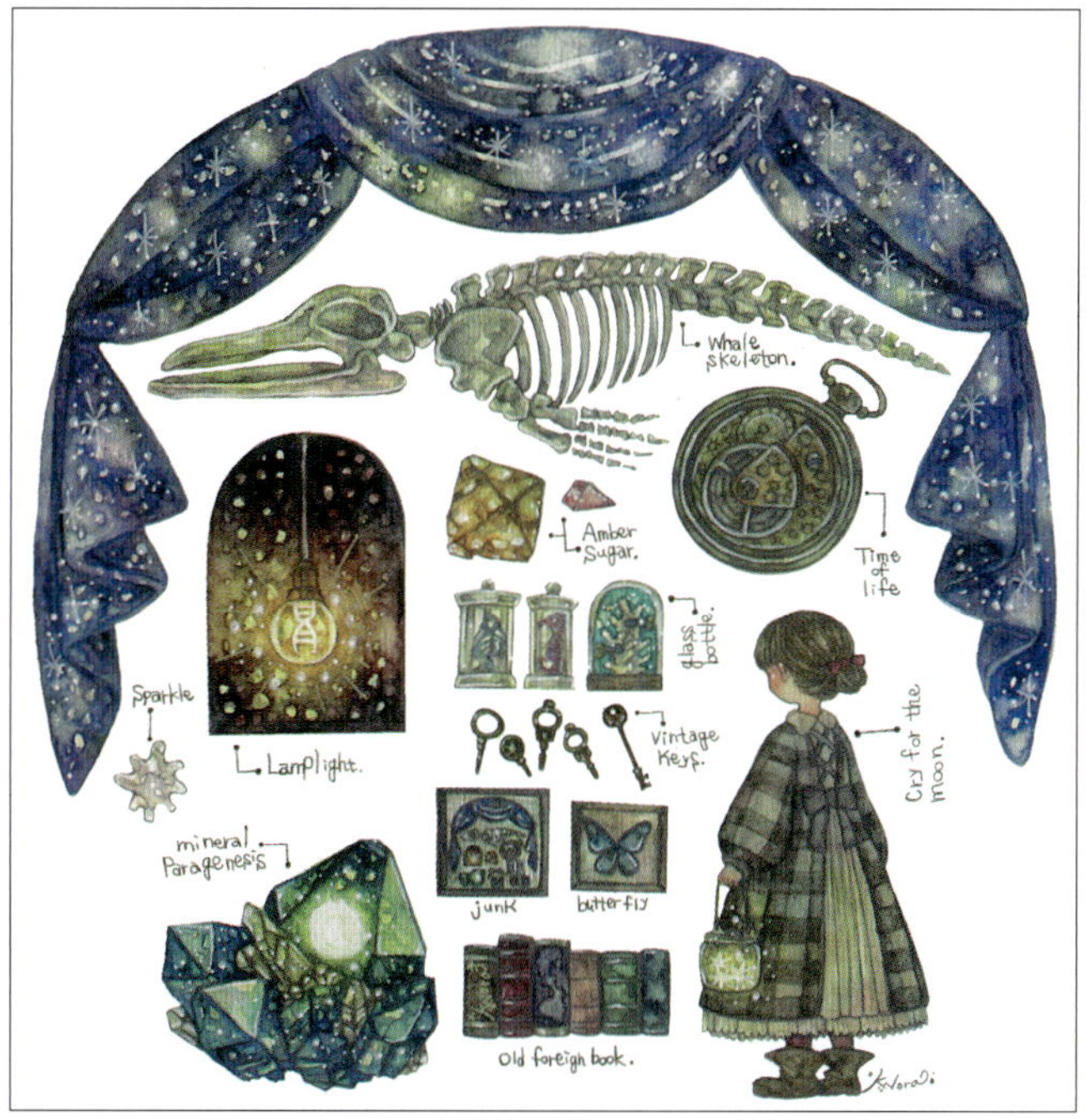


［わたしのがらくた。］栃木県・黒猫のら

使用画材：透明水彩・水彩色鉛筆・コットマン水彩紙（細目）

やくにたたない、わたしにとっては大切ななにかたち。

時計やランプ、鉱石が並べられ、星空の天幕も含めて、水彩の深い色と光の表現が美しい。女の子の後ろ姿も良い佇まいです（ノ）

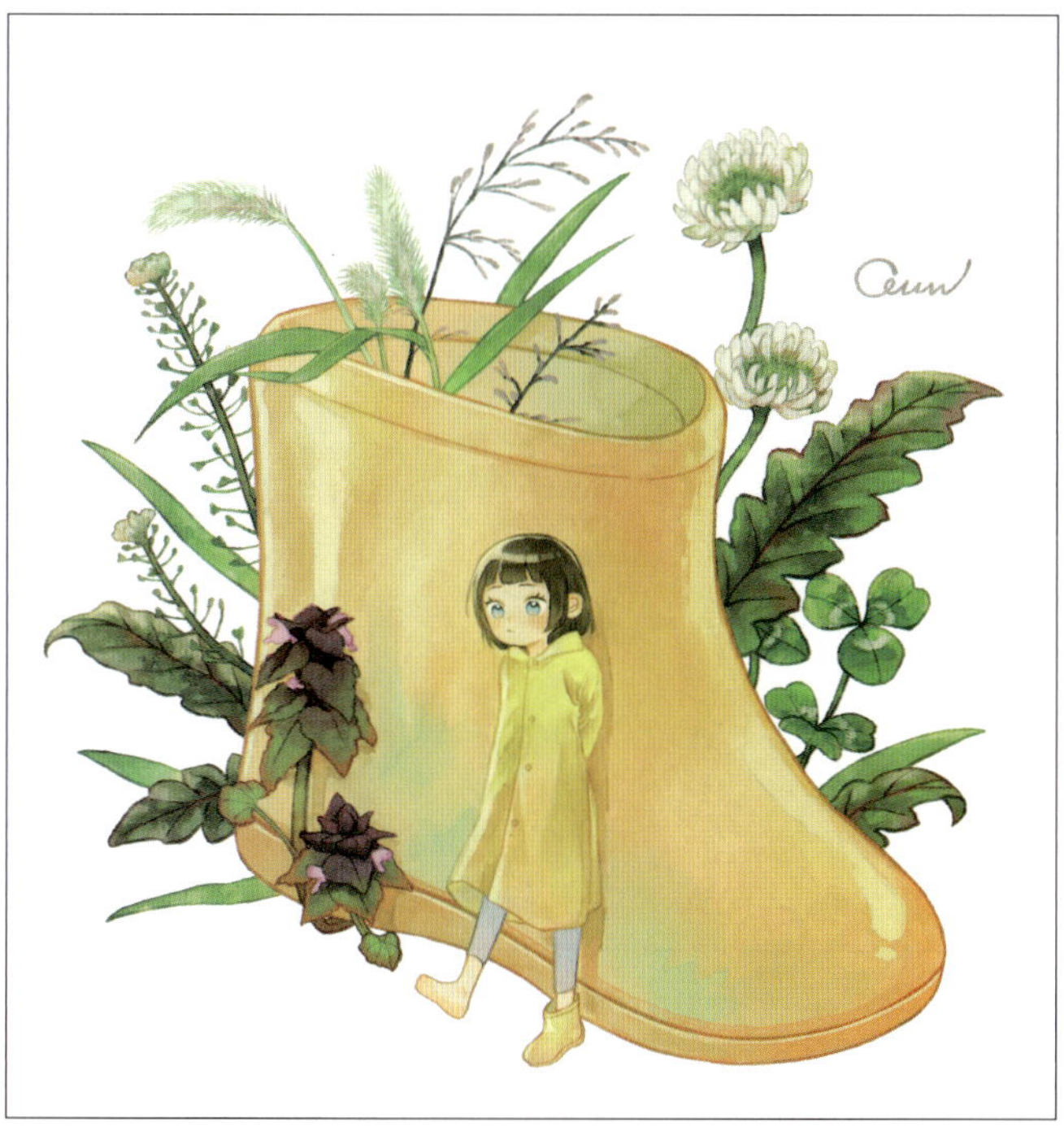

［失くした長靴］東京都・quu

使用画材：CLIP STUDIO PAINT

履けなくなった小さな長靴の片っぽ。家のどこにも見つからない。

リアルなタッチで描かれた野草に、小さな女の子が失くした長靴の今を想像させられます。長靴が引き立つ白背景も良い（ぐ）

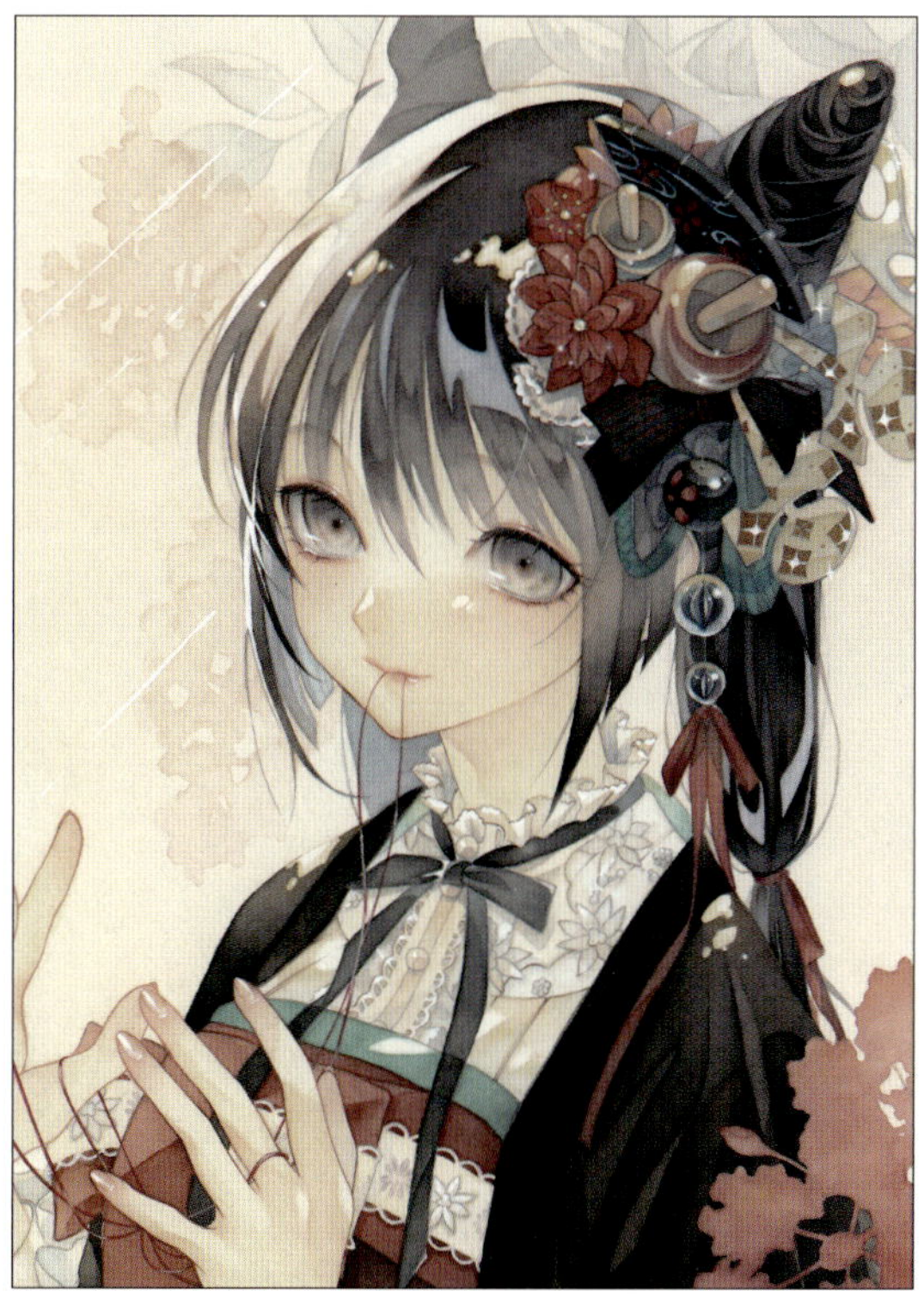

［あやとり］長野県・唯

使用画材：コピックマルチライナー・透明水彩・アクリルガッシュ

お花等、知識が無い為色々調べてから描くのですが、花言葉や意味が分かると切なく可愛いだけじゃない絵になったりするので気に入っています。描いたお花は百日紅です。

あやとりの紐を口でくわえて可愛らしい。透明感のある朗らかな日差しの色合いや、とろっと溶けそうな瞳や髪の描写が綺麗。百日紅とあやとりの意味合いを考えさせられます…（お）

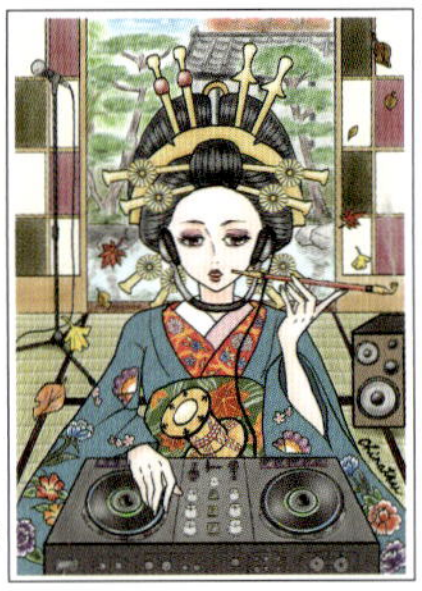
[花魁DJ] 神奈川県・あをきちなつ・38歳

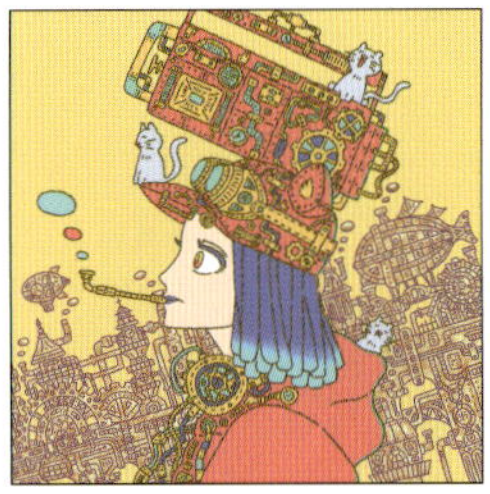
[音] 京都府・なおべんっ・27歳

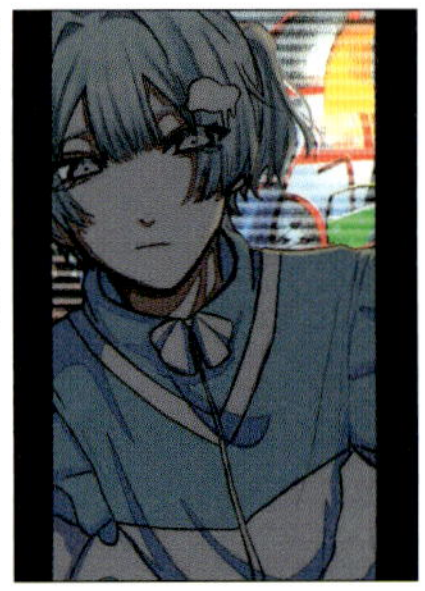
[帰り、を待っている。] 神奈川県・冷蔵庫の中身

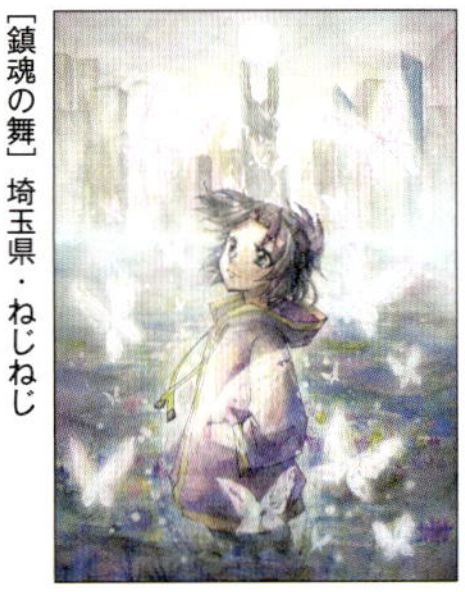
[鎮魂の舞] 埼玉県・ねじねじ

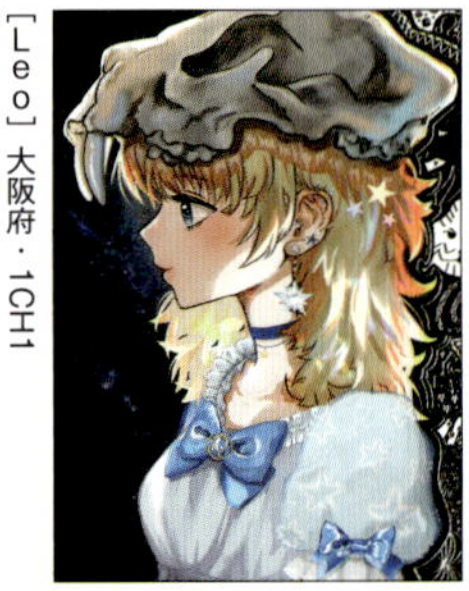
[Leo] 大阪府・1CH1

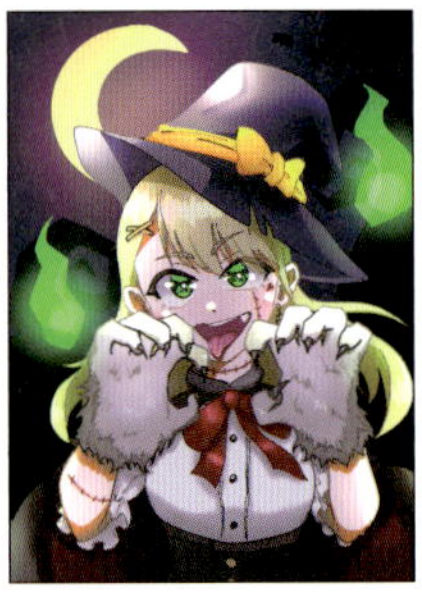
[トリックｏｒトリック！] 福島県・ねふてぃす・18歳

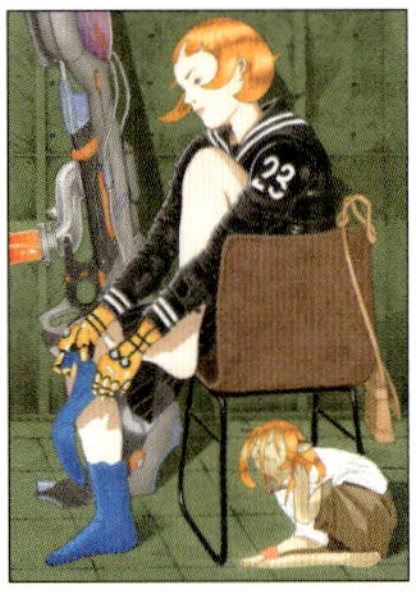
[フミとヨゴロウザ] 兵庫県・Buchberg

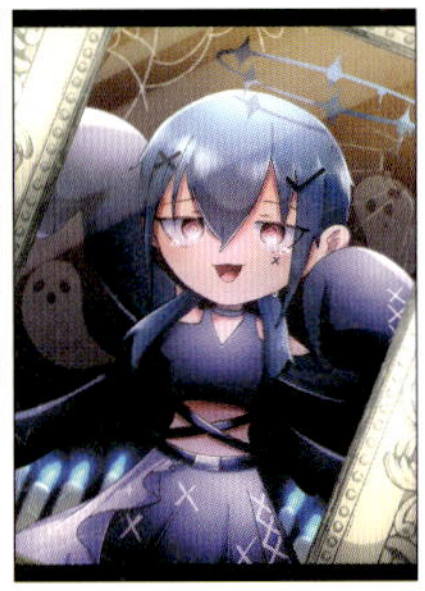
[ダメ堕天使] 福島県・109vir

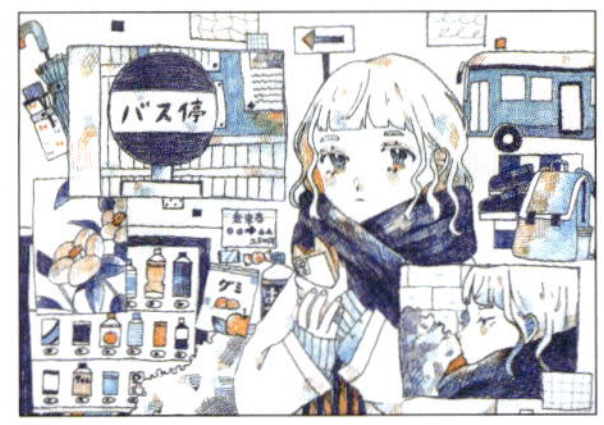
[帰り道] 愛知県・翡翠すい

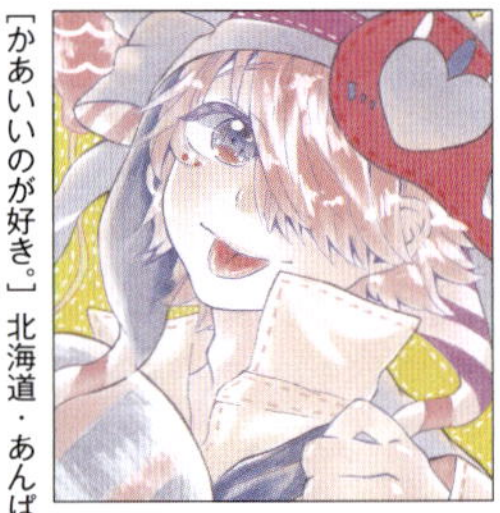
[かあいいのが好き。] 北海道・あんばん。

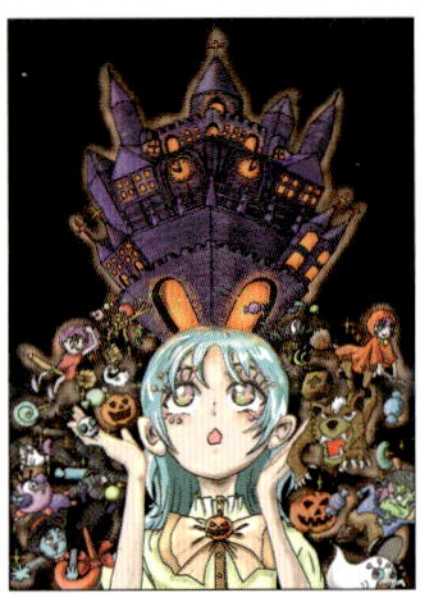
[うさ耳～HALLOWEEN～] 福岡県・akapantori

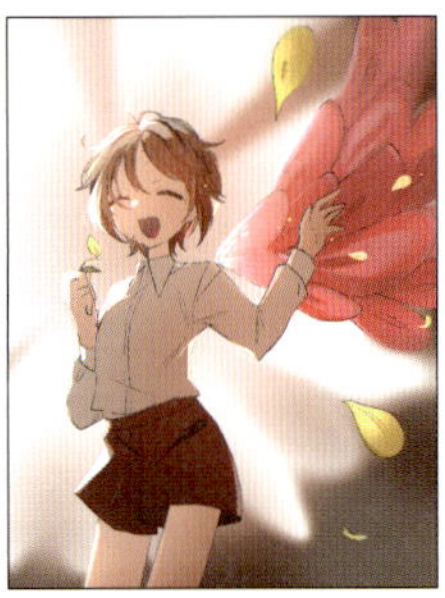
[花占い] 香川県・えとべん

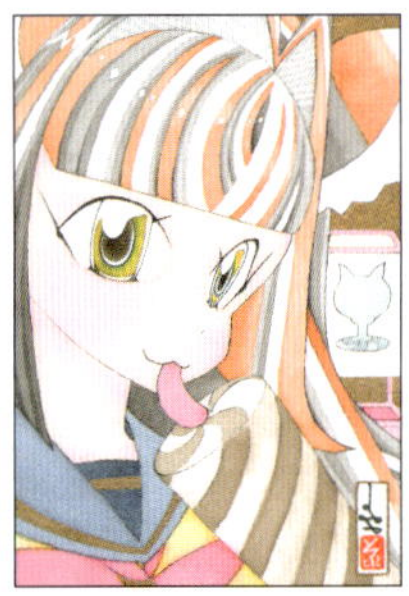
[只可愛三毛猫娘氷菓舐図] 東京都・品一そとと

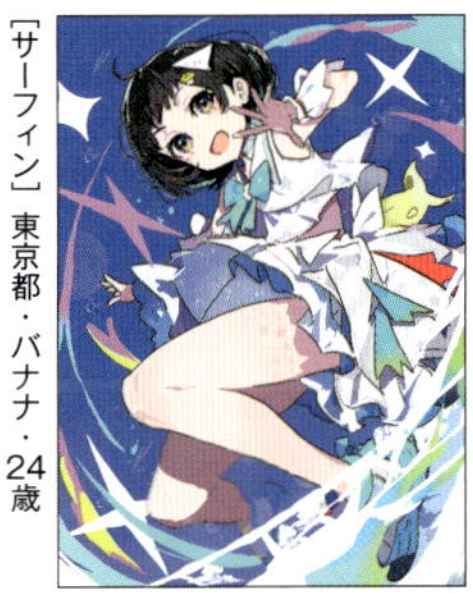
[サーフィン] 東京都・バナナ・24歳

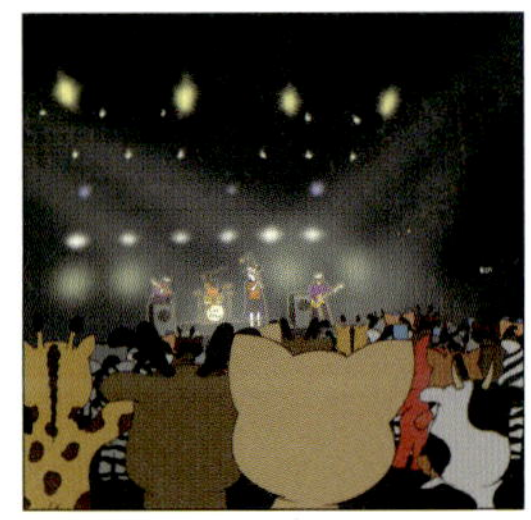
[バンバンバン] 大阪府・yamada

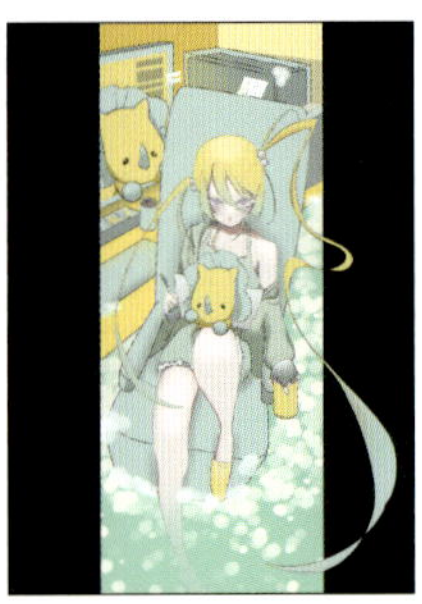
[オリジナル世界] 埼玉県・はんでら～と

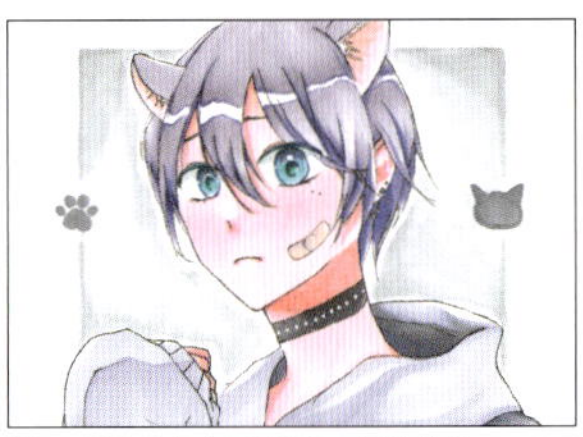
[ネコ耳の少年] 大阪府・保月秋乃

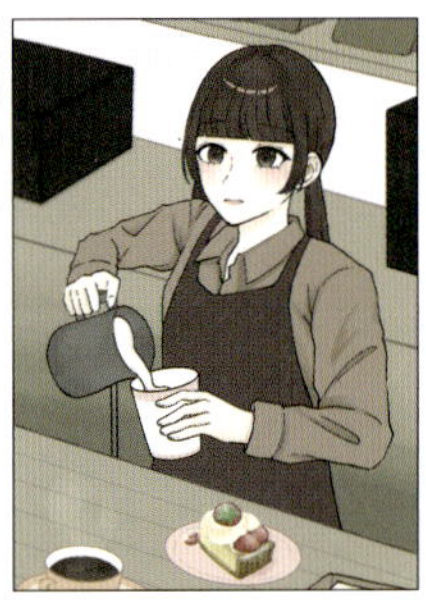
[挑戦] 香川県・Amo

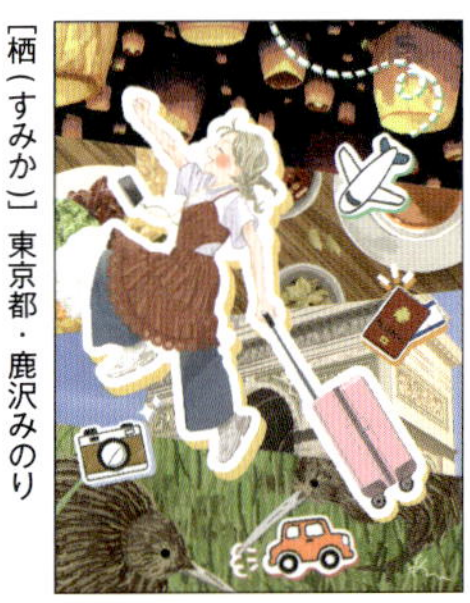
[栖（すみか）] 東京都・鹿沢みのり

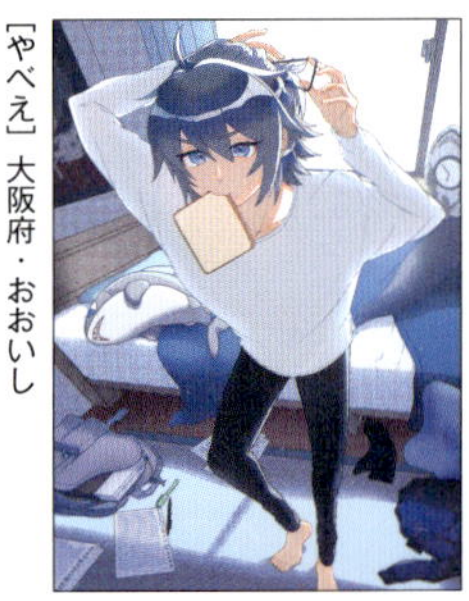
[やべえ] 大阪府・おおいし

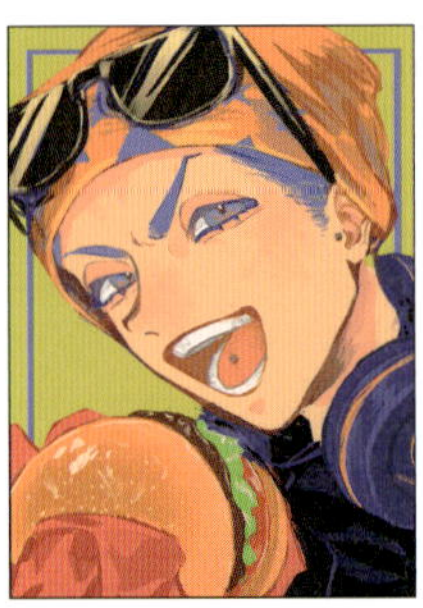
[無題] 福島県・Bora

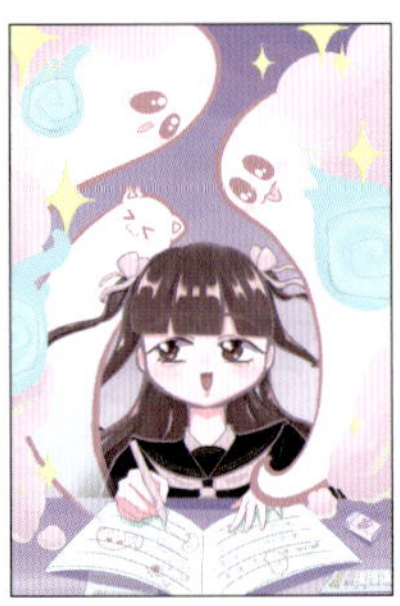
[妄想↑↓現実] 新潟県・七雪・18歳

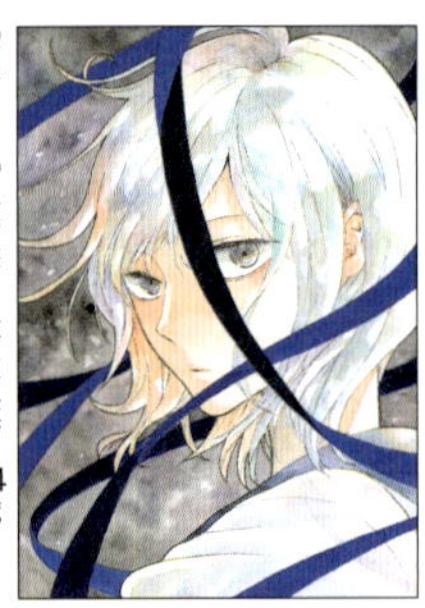
[彼方より] 大阪府・本多亜基・34歳

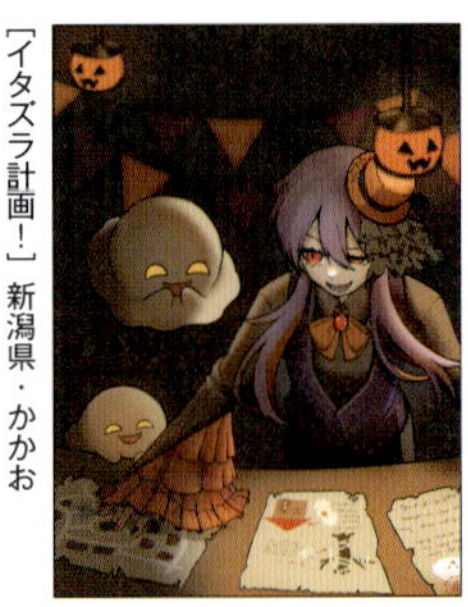
[イタズラ計画！] 新潟県・かかお

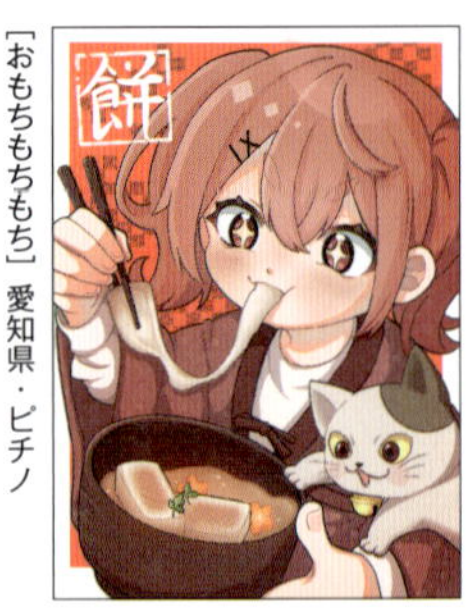
[おもちもちもち] 愛知県・ピチノ

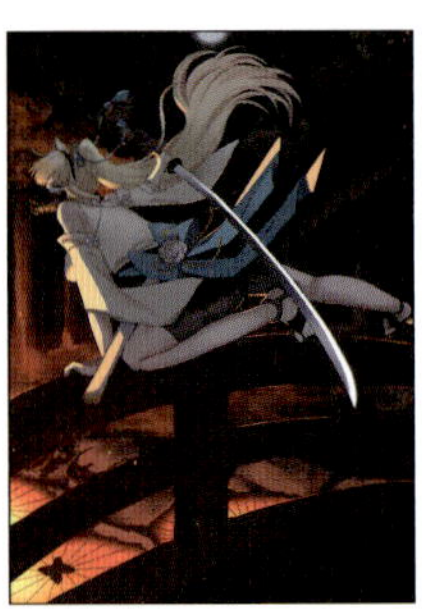
[断罪人] 北海道・ギフカデ

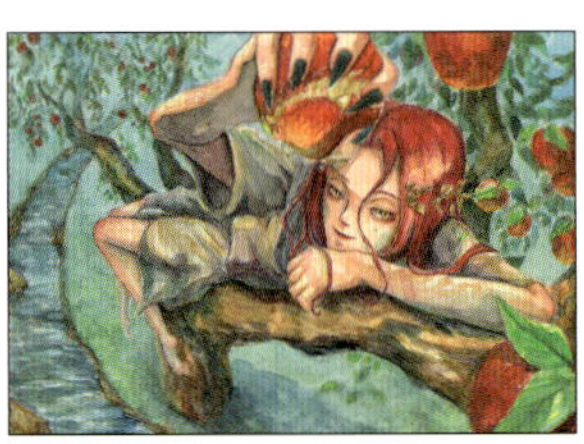
[失楽] 新潟県・某アノ子・19歳

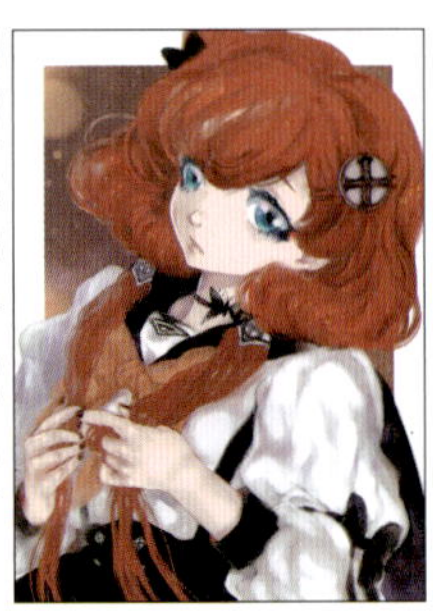
[赤毛の少女] 秋田県・あいうねこ

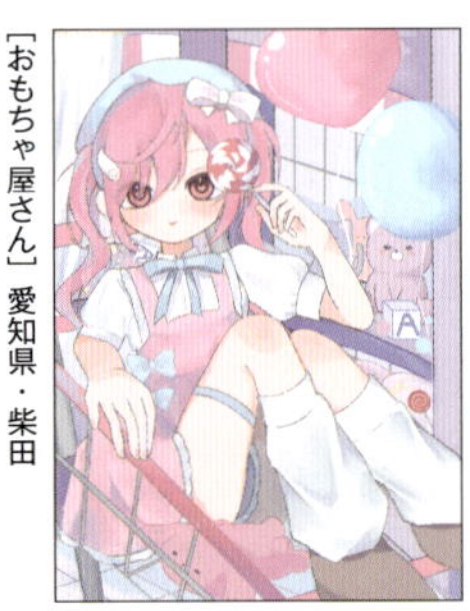
[おもちゃ屋さん] 愛知県・柴田

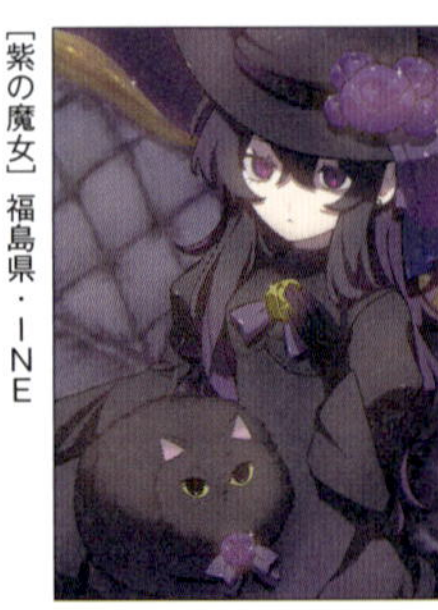
[紫の魔女] 福島県・INE

## 入選

1ポイント

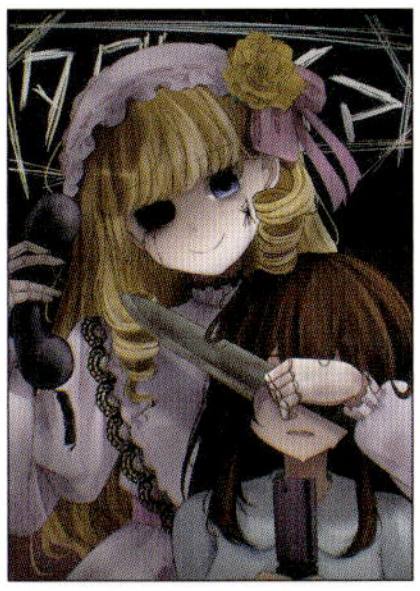
[ただいま] 新潟県・きゃらめる・19歳

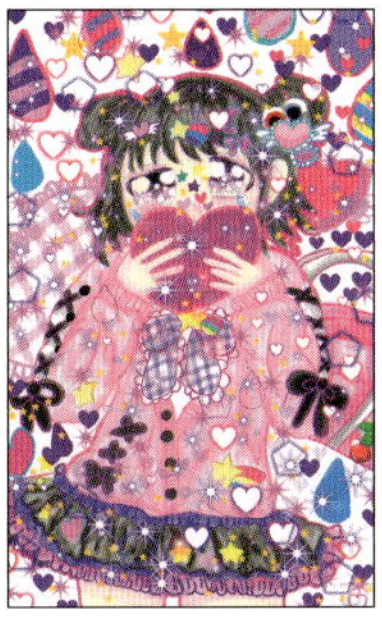
[♡ひろくまワールドは永遠に♡] 東京都・ひろくまひろみ

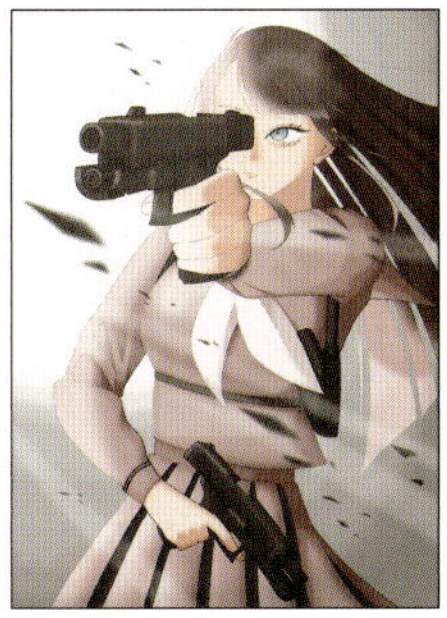
[戦場に咲く桜] 福島県・Ayami

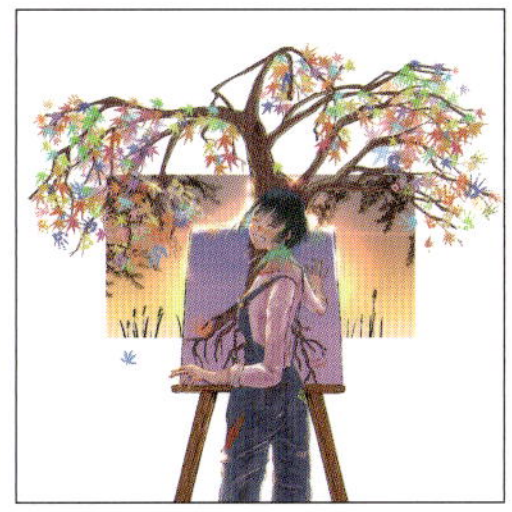
[Hi,color!] 大阪府・Tom・19歳

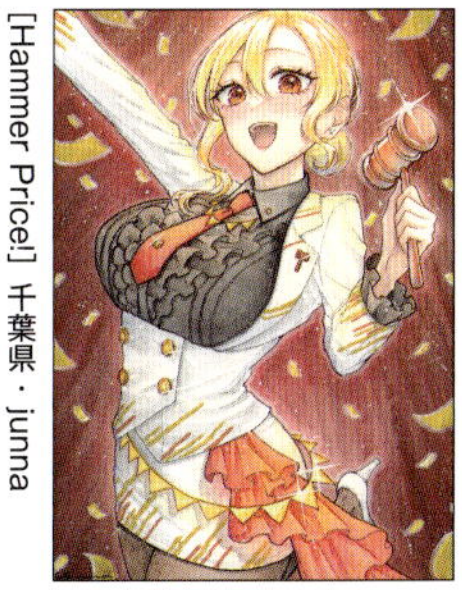
[Hammer Price!] 千葉県・junna

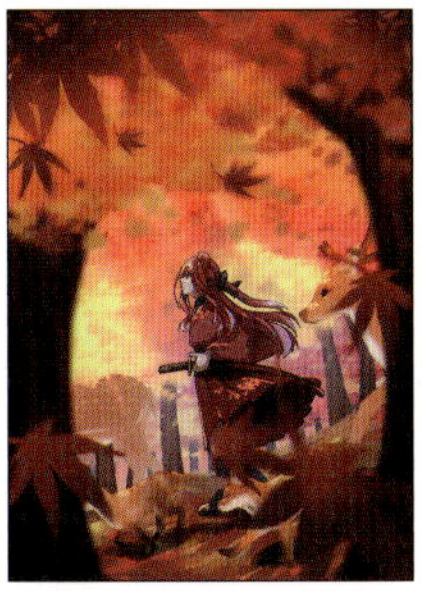
[秋の訪れ] 福島県・K・E

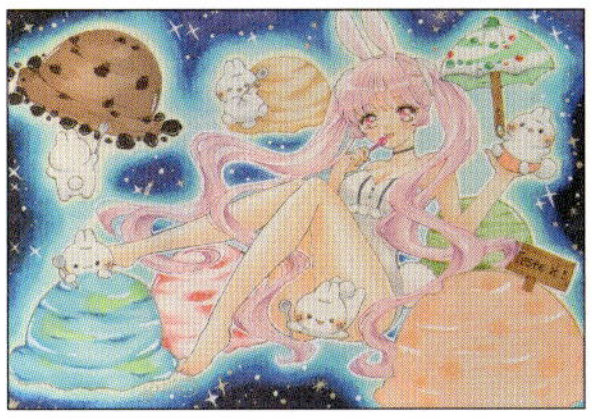
[EAT in SPACE] 岐阜県・鈴ももな

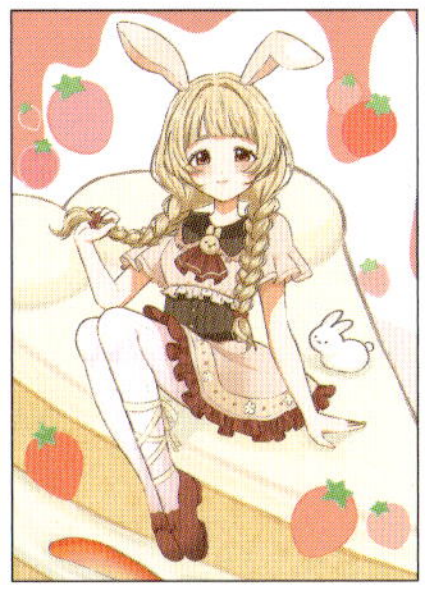
[すいーとらびっと] 愛知県・まおぬん

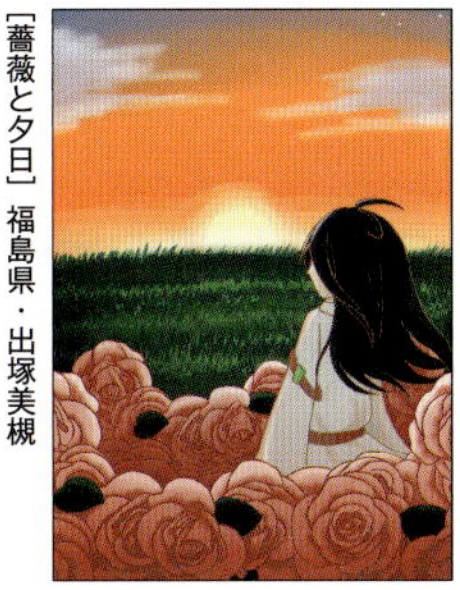
[薔薇と夕日] 福島県・出塚美槻

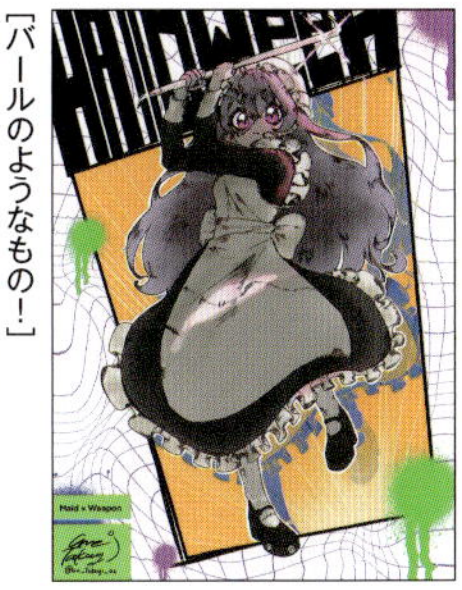
[パールのようなもの!-] 福島県・キュアたかぎ・20歳

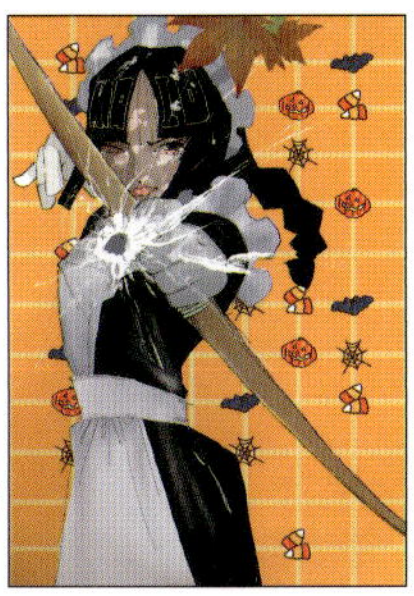
[狙ってバっ] 福島県・クロバ○・18歳

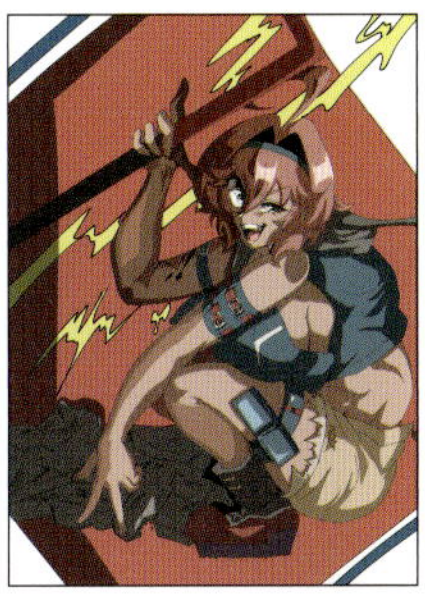
[オリジナルキャラクター] 栃木県・Kashimu・17歳

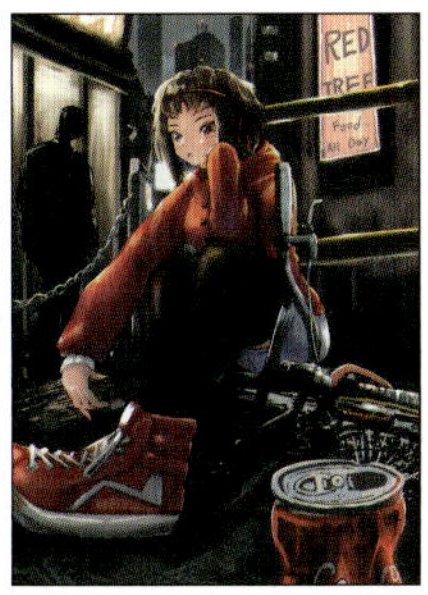
[ナイトがーる] 滋賀県・まつえ

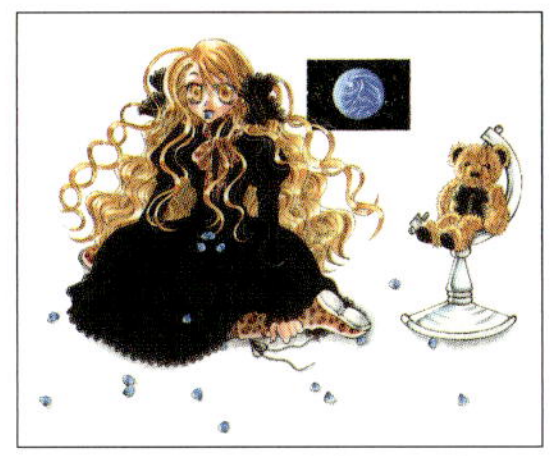
[リリィとテディベア] 愛知県・風海ろっく

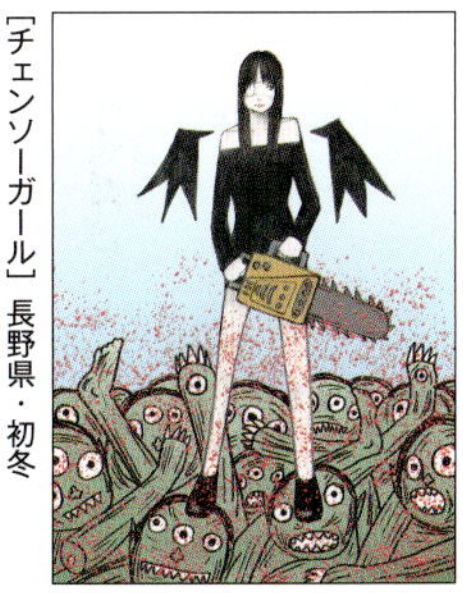
[チェンソーガール] 長野県・初冬

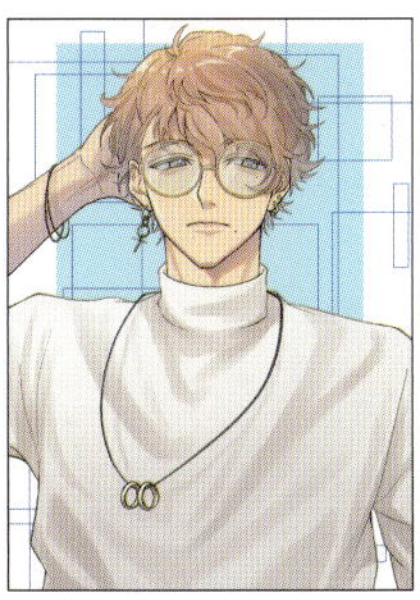
[COOL] 福島県・小ヌ村

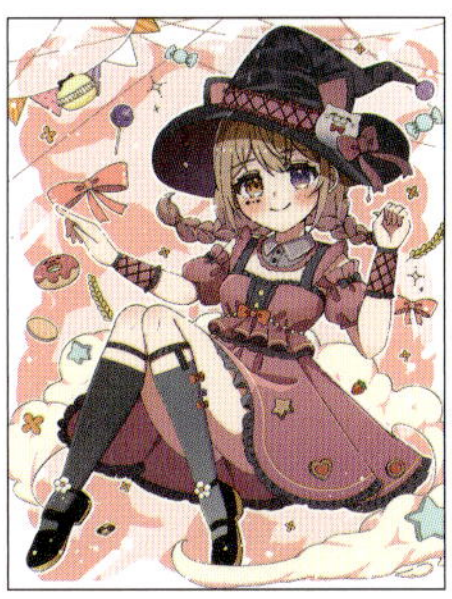
[お菓子な魔女っ娘ちゃん。] 埼玉県・ココテル

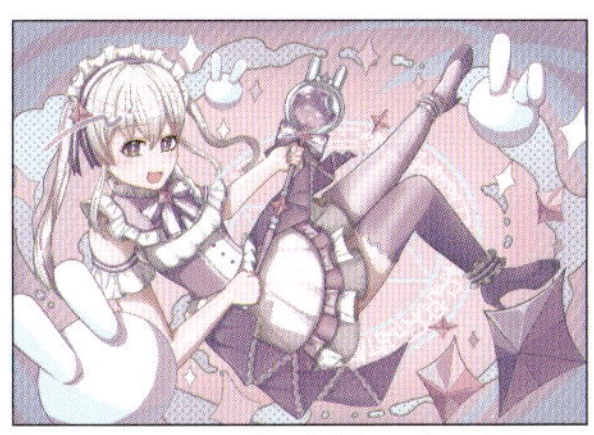
[Magical rabbit!!] 東京都・白崎らら

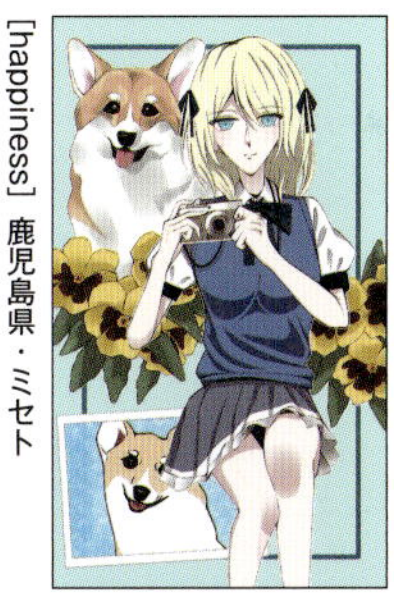
[happiness] 鹿児島県・ミセト

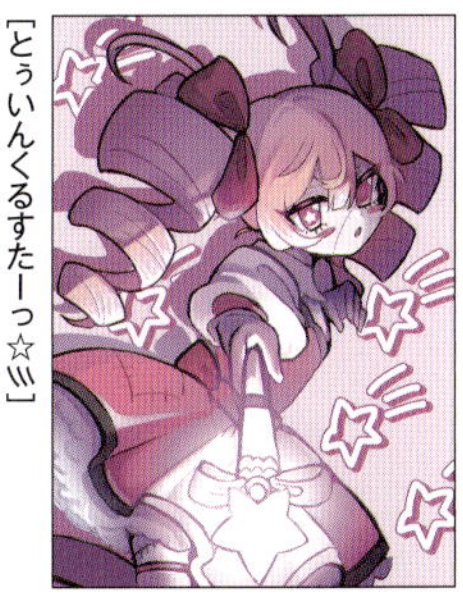
[とぅいんくるすたーっ☆彡] 香川県・Kenn10

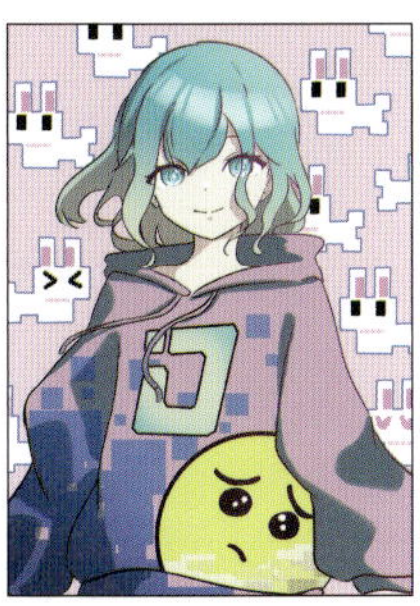
[UsaGi] 福島県・りきゅうる

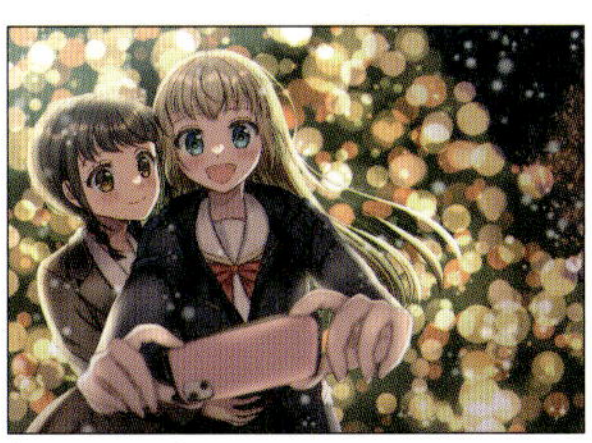
[クリスマス]
秋田県・星崎おぼん

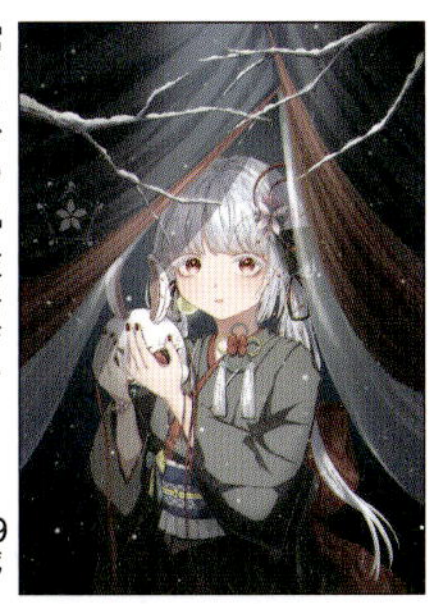
[雪うさぎのこ] 岐阜県・Luna-n・19歳

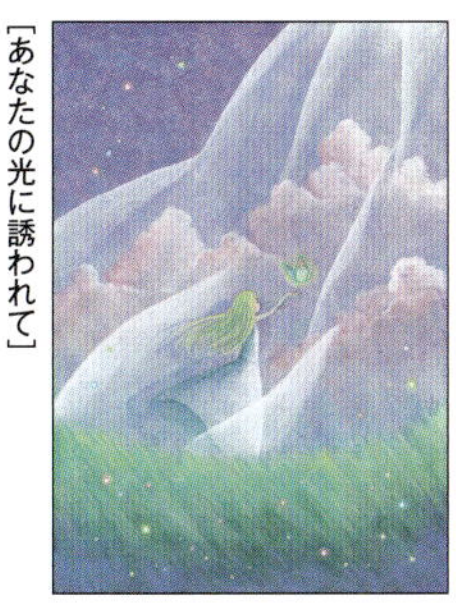
[あなたの光に誘われて] 岩手県・森絵キラリ

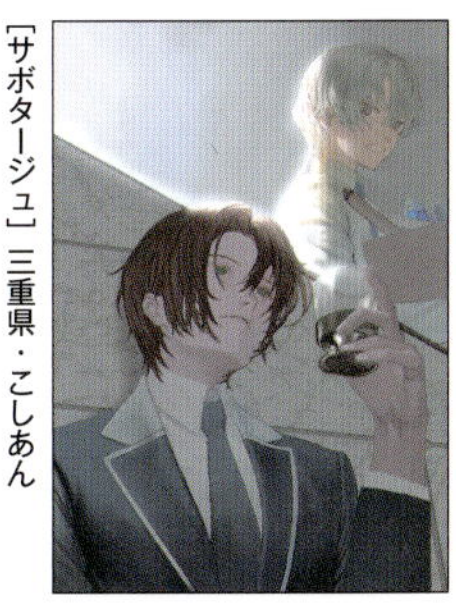
[サボタージュ] 三重県・こしあん

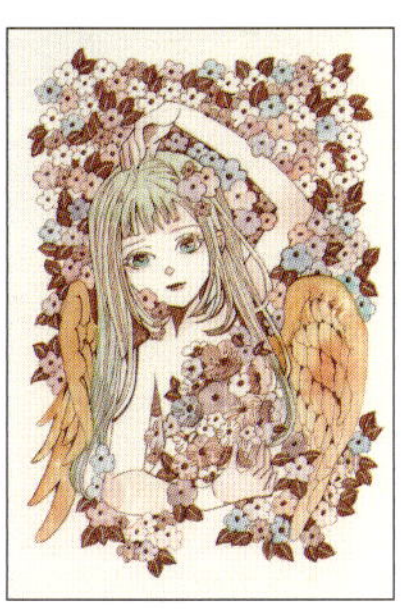
[花に舞う] 千葉県・さざはら

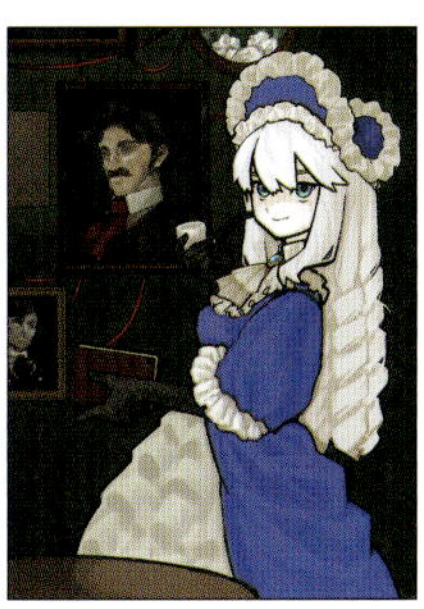
[貴族的道楽推理] 香川県・緑青ナグ

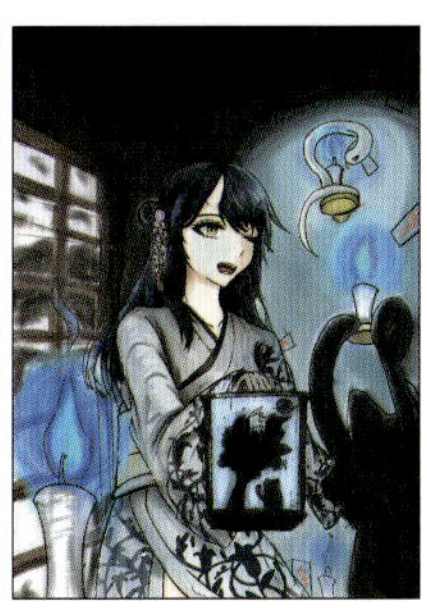
[百物語] 福島県・りんね

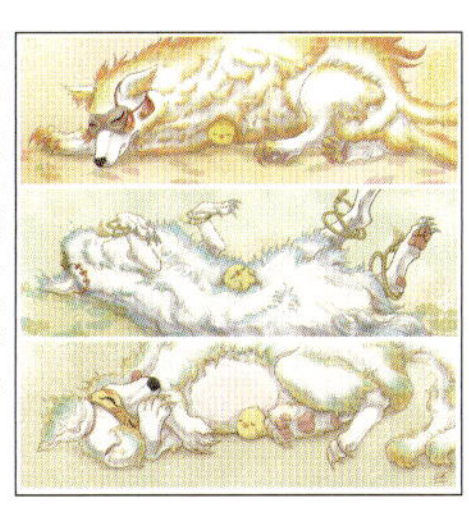
[あったかい場所一番乗り] 福岡県・水中うみ

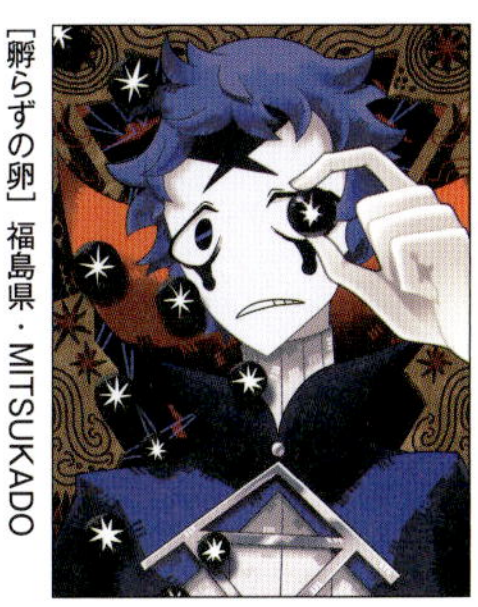
[孵らずの卵] 福島県・MITSUKADO

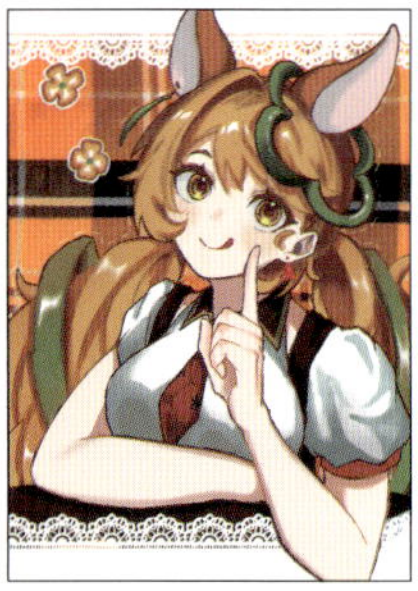
[今日はナポリタンにする?] 山形県・さゆこ

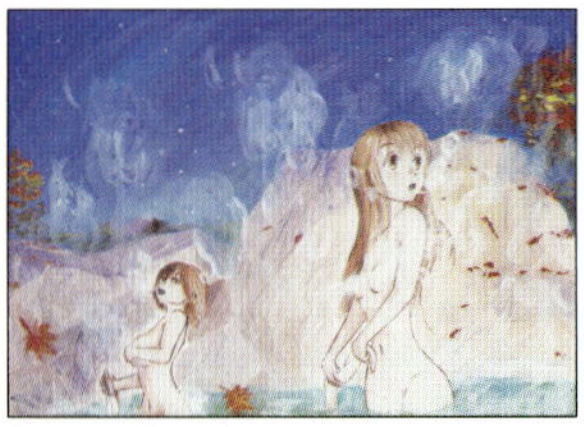
[露天風呂] 神奈川県・瀬乃行平

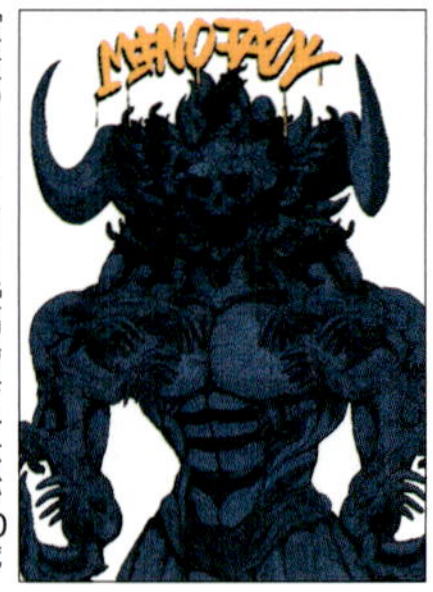
[終末のミノタウロス] 福島県・千本松・20歳

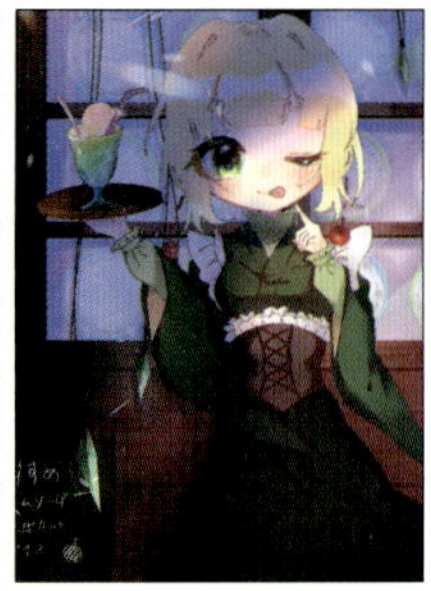
[メロンクリームソーダ] 静岡県・鮎

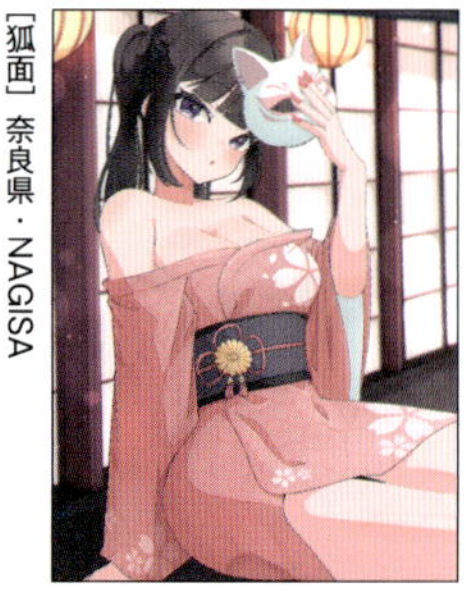
[狐面] 奈良県・NAGISA

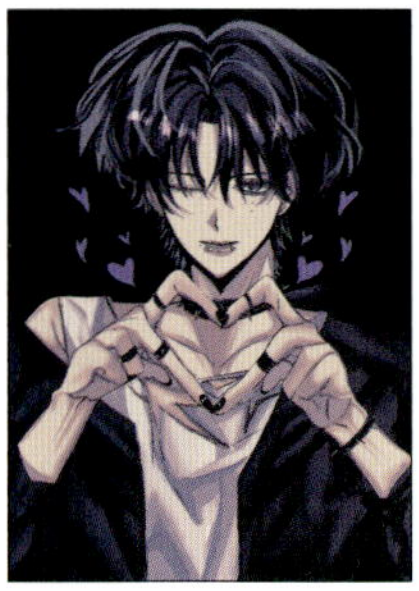
[アイドル] 福島県・依存

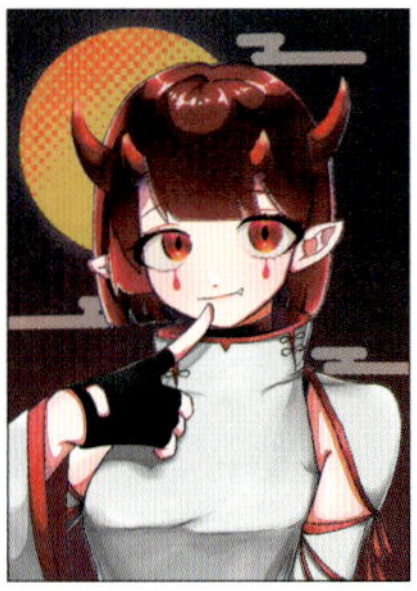
[鬼ちゃん] 福島県・NAVY

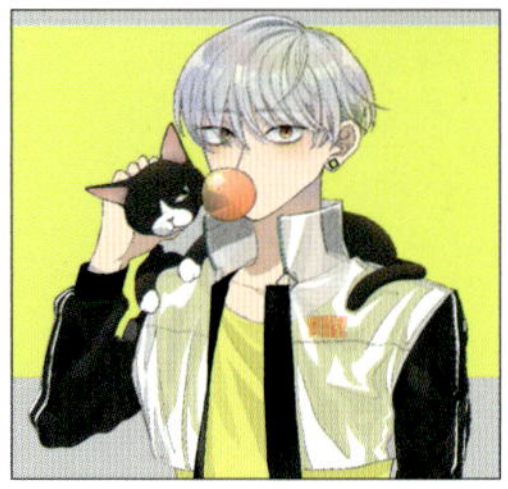
[引きこもりの青年と相棒] 山口県・春ノ助

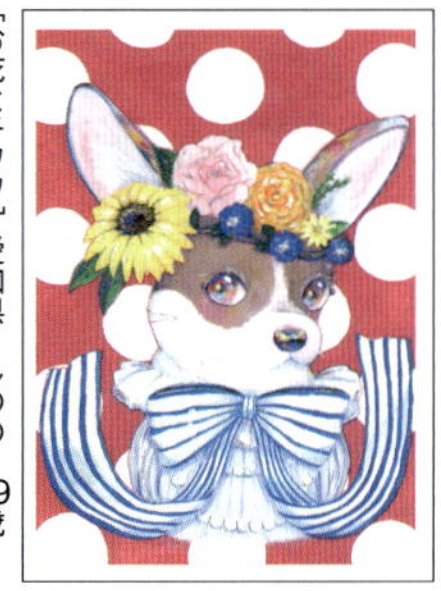
[お花とチワワ] 愛知県・しのの・19歳

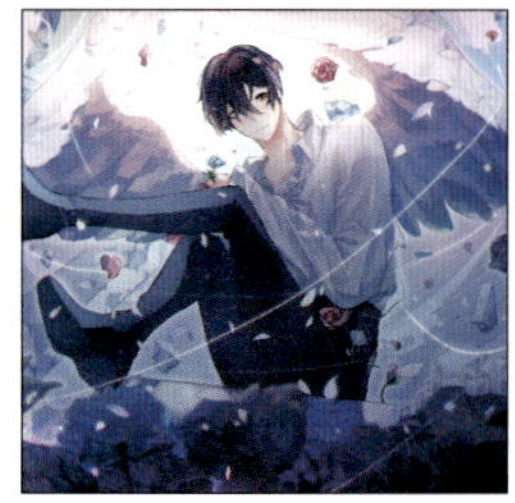
[天使] 北海道・suzune

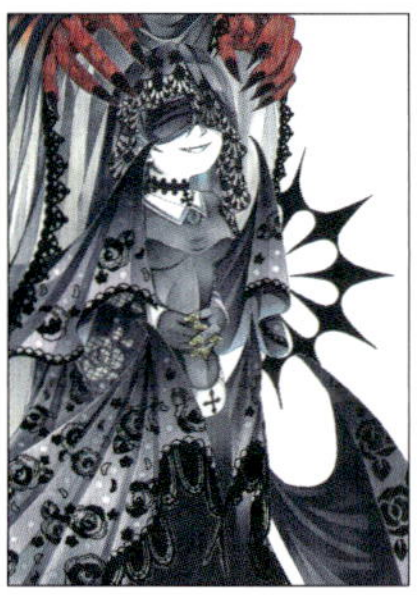
[黒聖母・ブラックマリア・] 福島県・RENGE 8

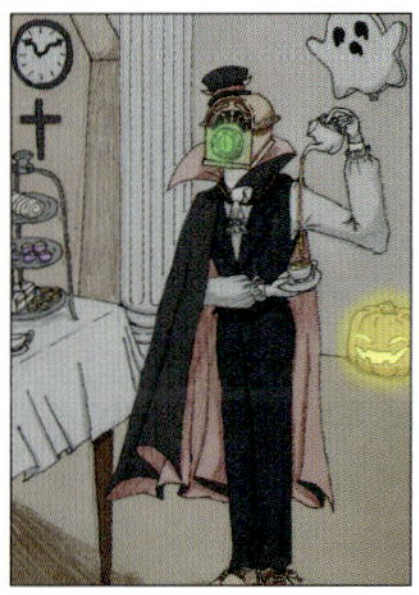
[ラジオヴァンパイアのお茶会] 福島県・ショコラ・20歳

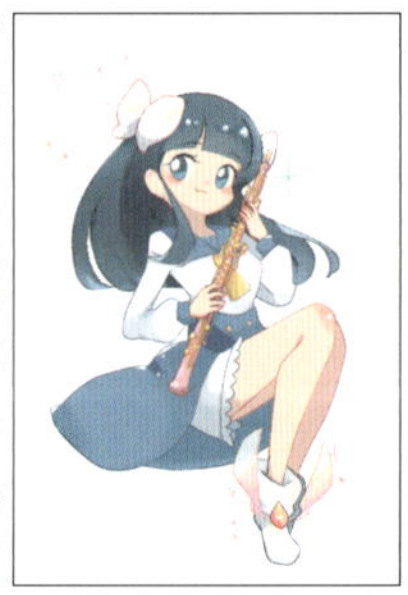
[オーボエウィッチ] 埼玉県・一ツ星ついん

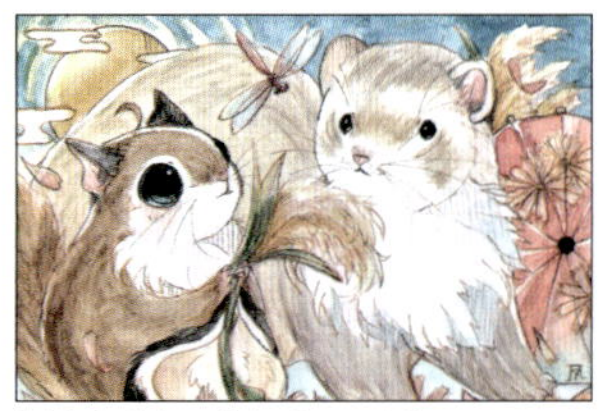
[忘れらんない夜も すべて！]
神奈川県・伊達

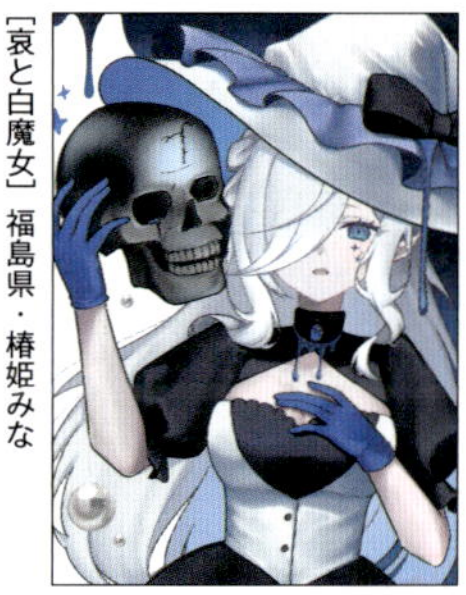
[哀と白魔女] 福島県・椿姫みな

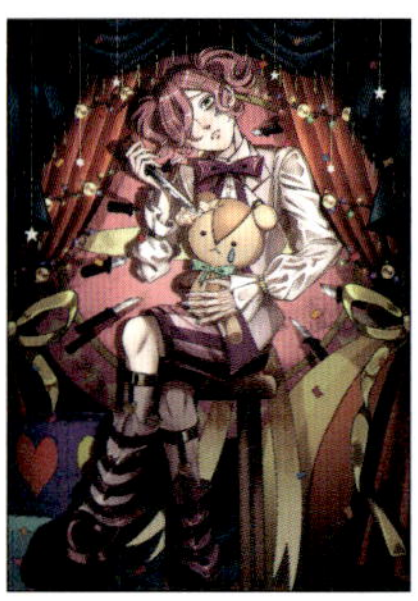
[My Only Spotlight] 北海道・雨宮伊吹

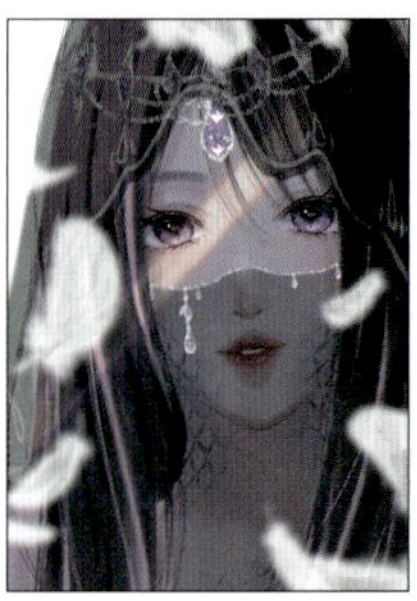
[レースの下側] 福島県・鏑木

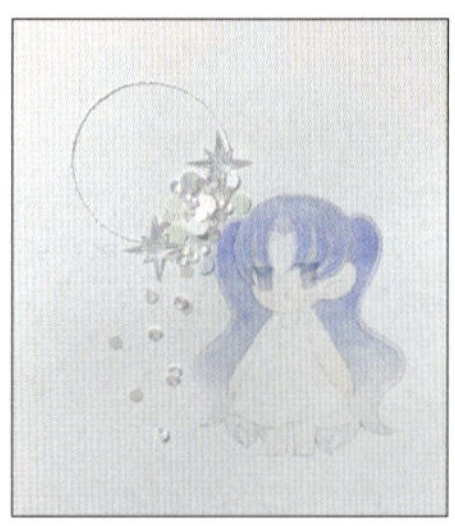
[星屑] 千葉県・すいこ

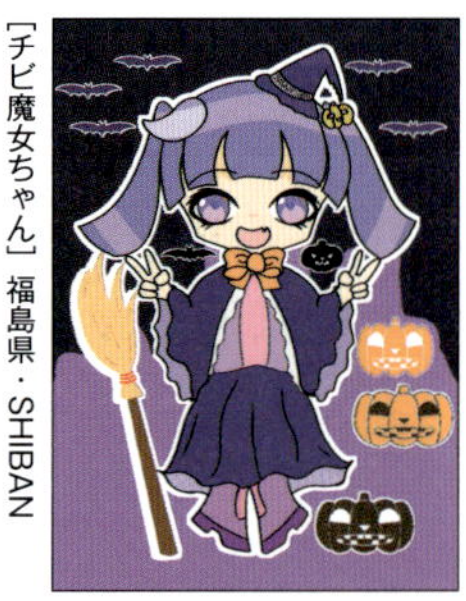
[チビ魔女ちゃん] 福島県・SHIBAN

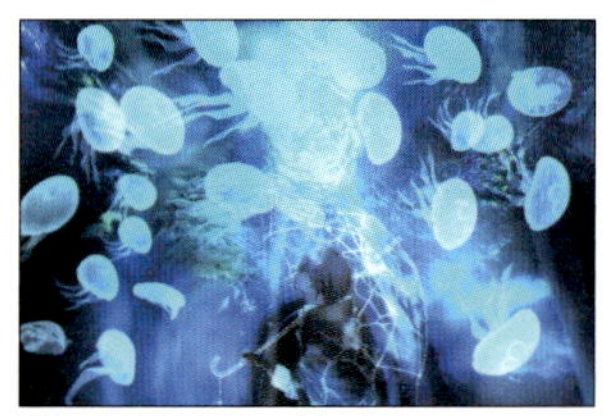
[青い海] 福島県・りんごなし。

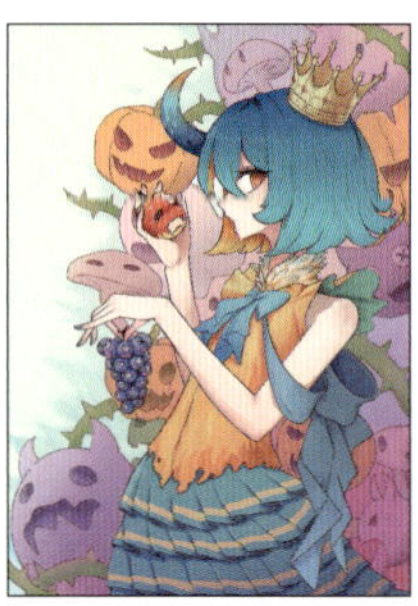
[Halloween Queen] 愛知県・shixnpe

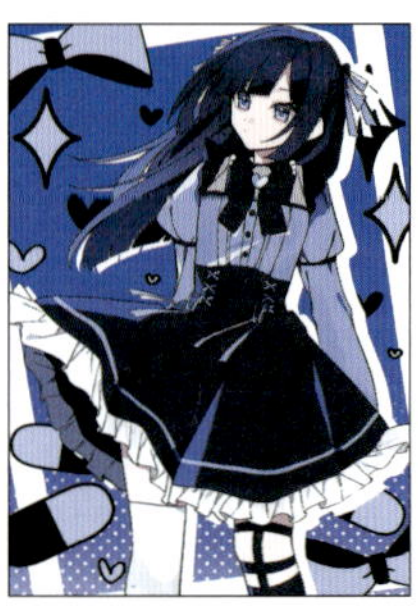
[趣味] 愛知県・せーら

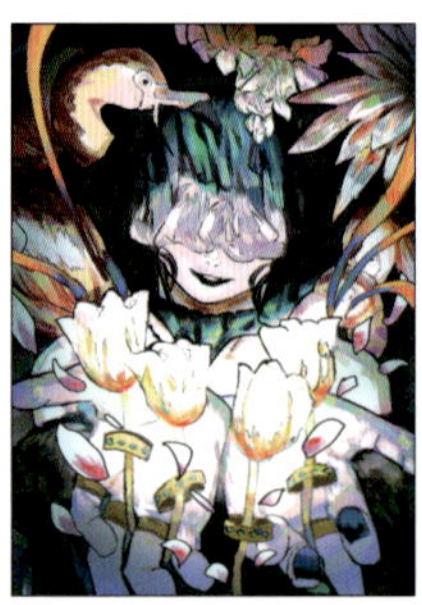
[賑やかな幻視] 岡山県・皆幸

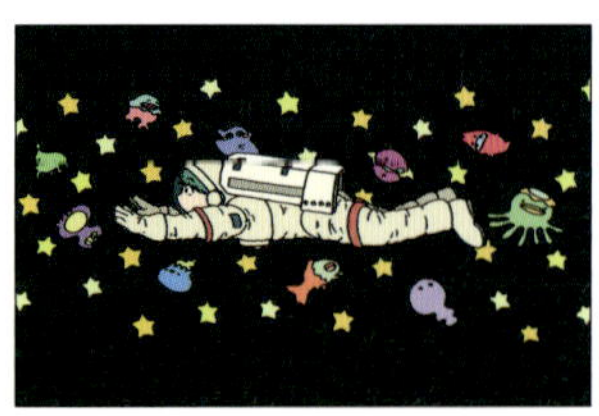
[夢を泳ぐ] 神奈川県・ゆう・25歳

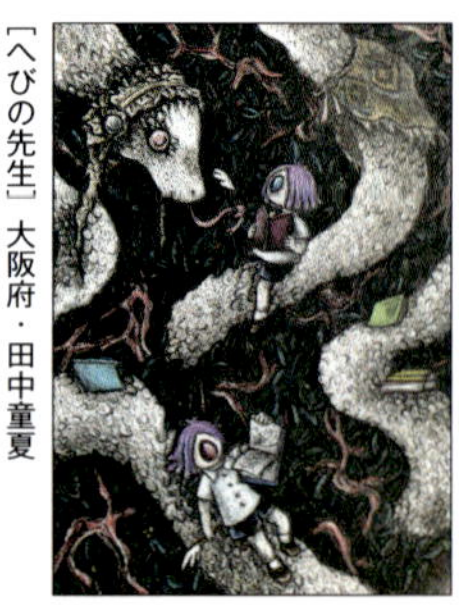
[へびの先生] 大阪府・田中童夏

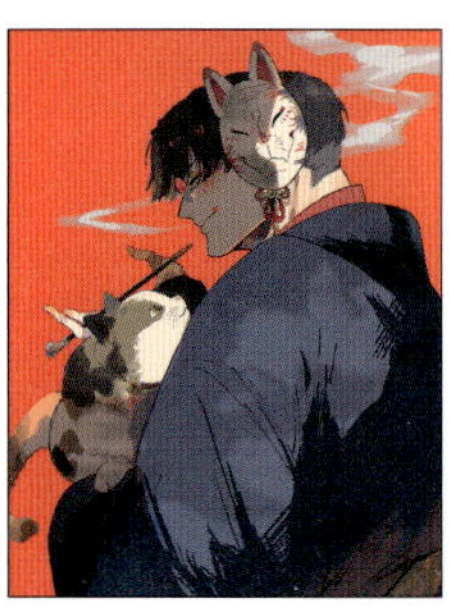
[三毛猫] 愛知県・TOY

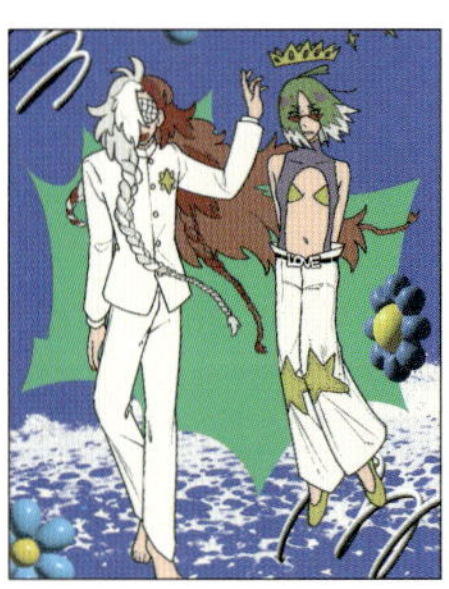
[2人浮遊] 栃木県・那須野銀子

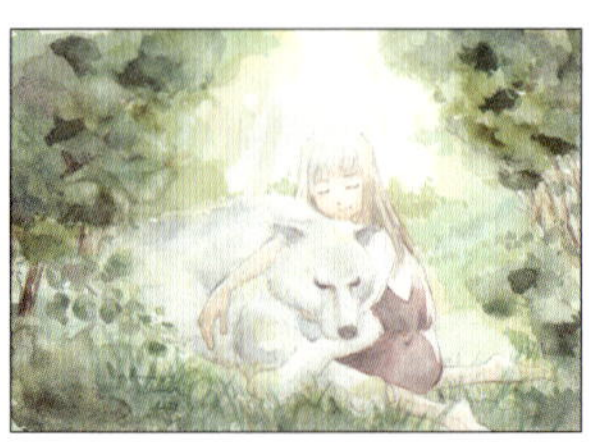
[イツマデモキミト]
神奈川県・こうだひろゆき

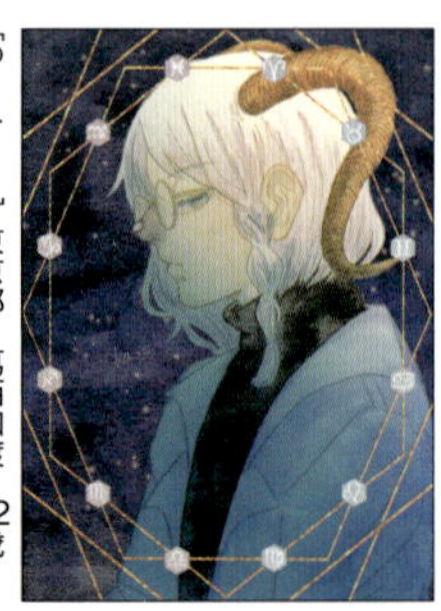
[Capricorn] 東京都・葛西知渡・22歳

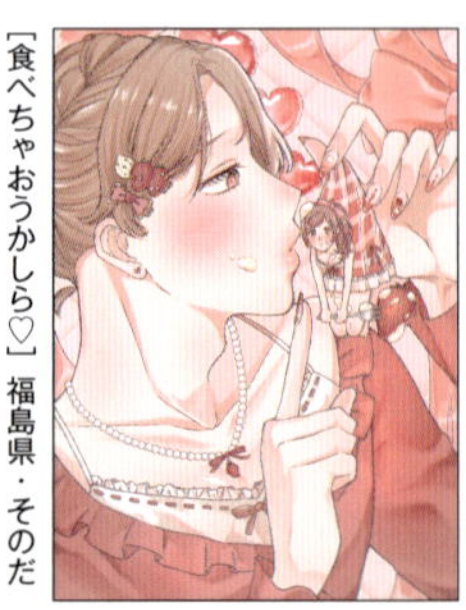
[食べちゃおうかしら♡] 福島県・そのだ

## 入選

1 ポイント

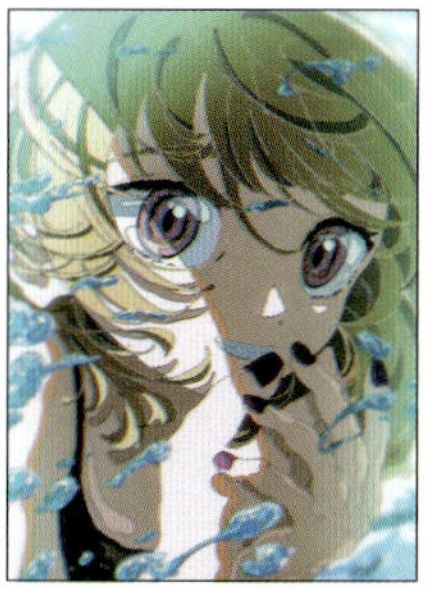
[　] 山口県・UMiUSHi

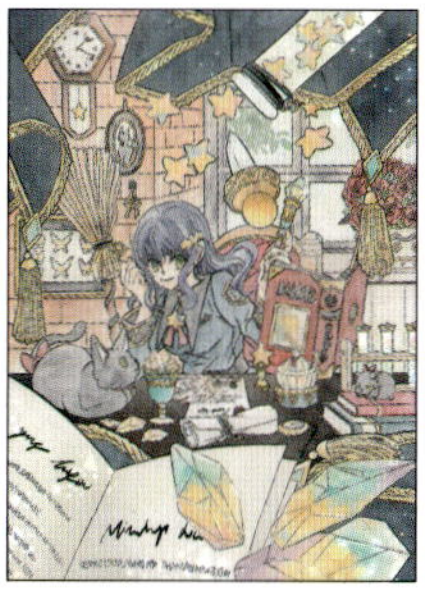
[見習い魔女の自習室] 千葉県・たつのこ

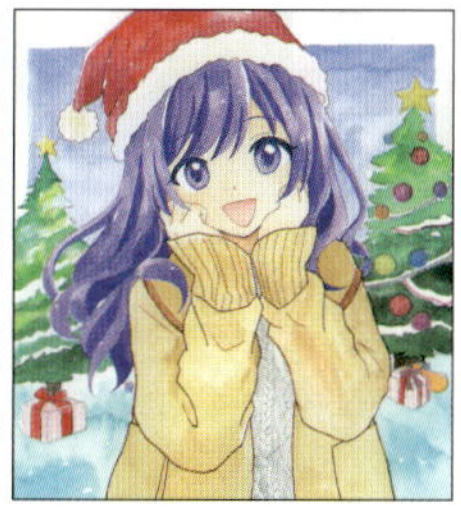
[冬のほんわか笑顔] 京都府・梅山えみ

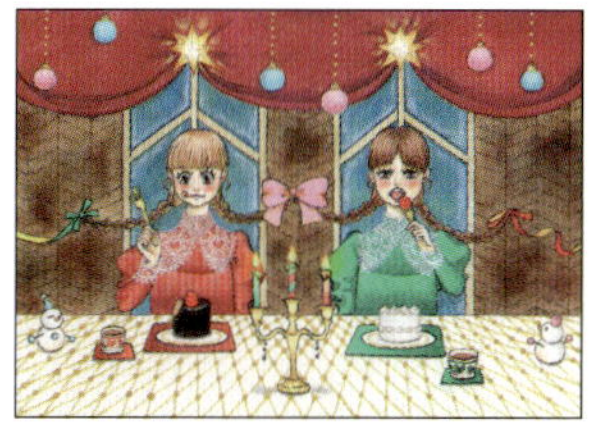
[双子とクリスマスケーキ] 北海道・オーカワ真依

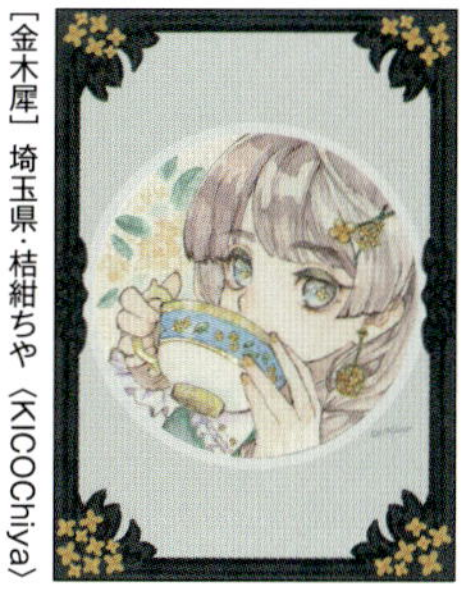
[金木犀] 埼玉県・桔紺ちや〈KICOChiya〉

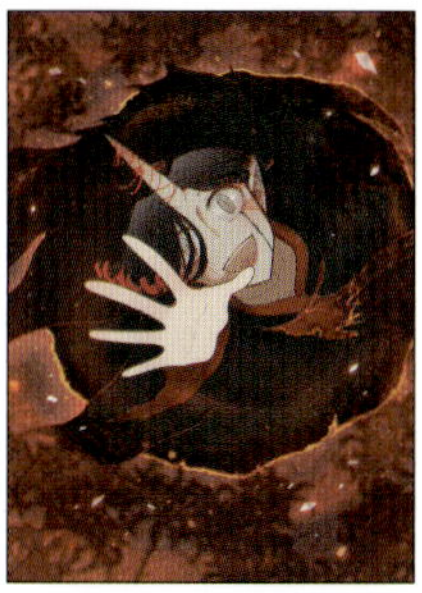
[情熱] 千葉県・墨名ゆうき

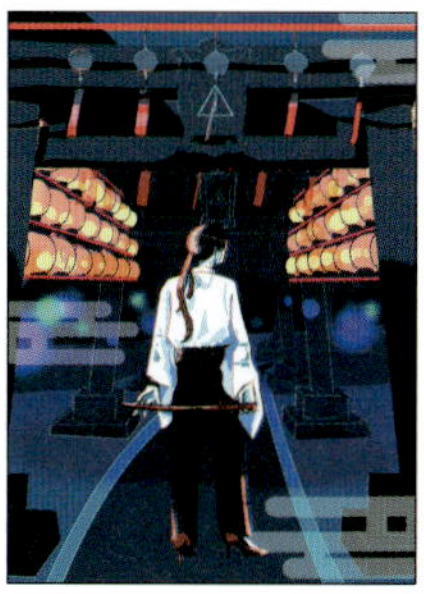
[夏祀り] 茨城県・ちーず

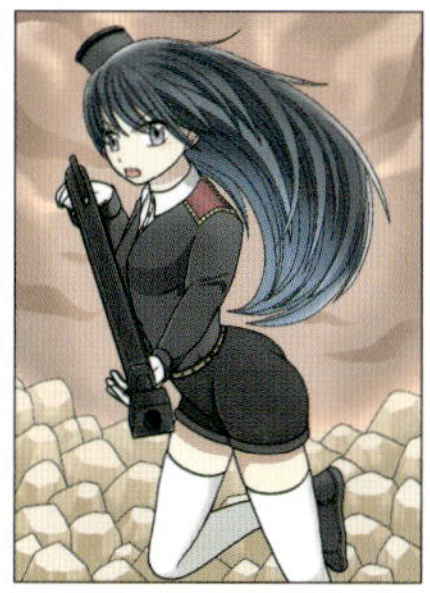
[戦う女兵士] 埼玉県・Yu-Sa

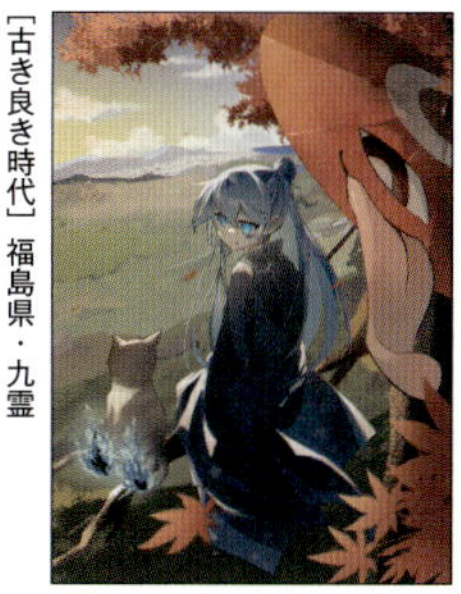
[古き良き時代] 福島県・九霊

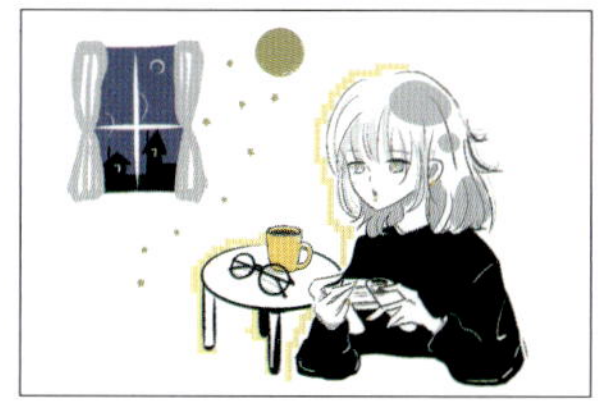
[インドア] 宮城県・yuka

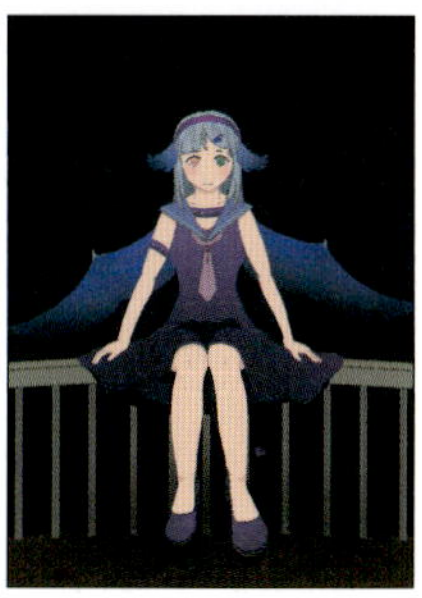
[ある夜の来訪者] 福島県・yumemisor@

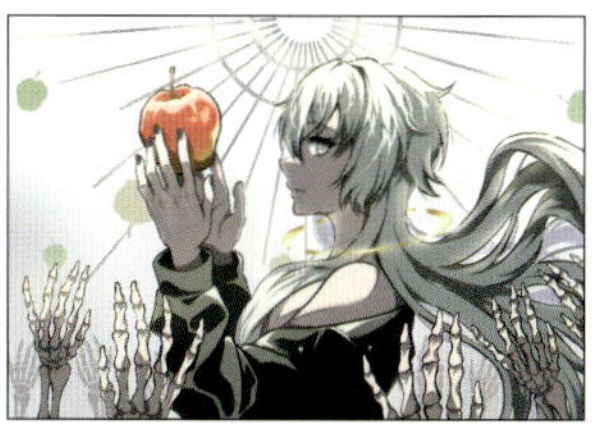
[禁断の果実] 新潟県・ラクらっくん

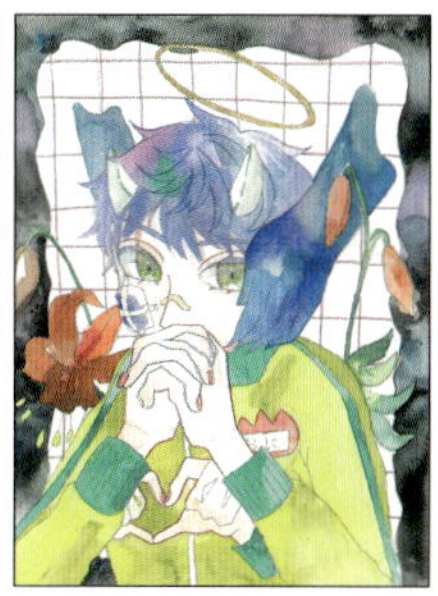
[おにの子] 島根県・犬車

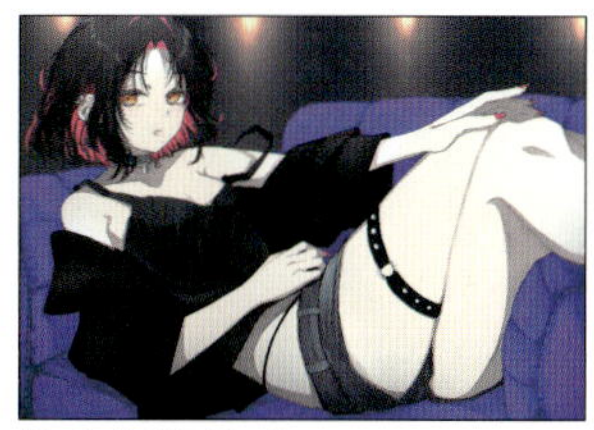
[Ardor] 静岡県・Setsuna.

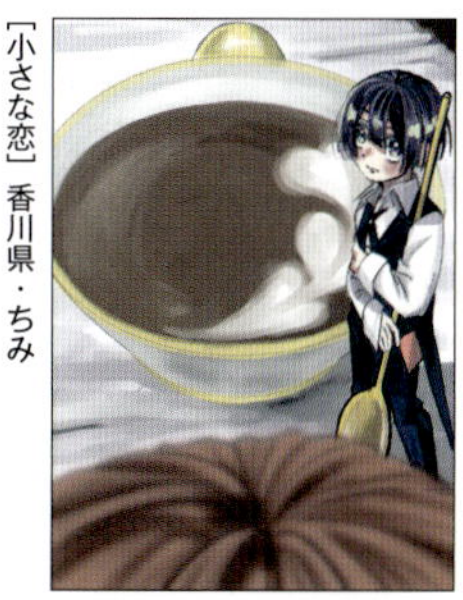
[小さな恋] 香川県・ちみ

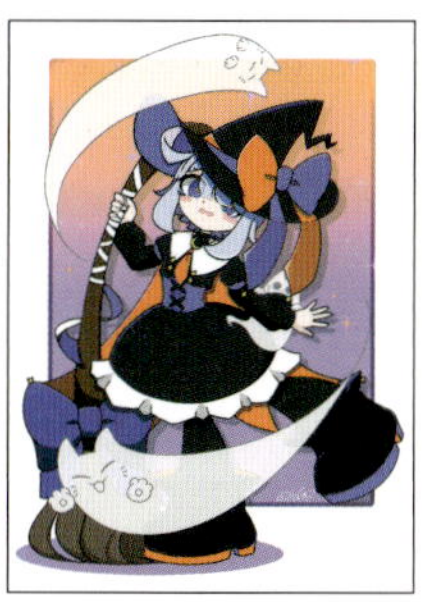
[魔女っ子ちゃん] 福島県・夜葉

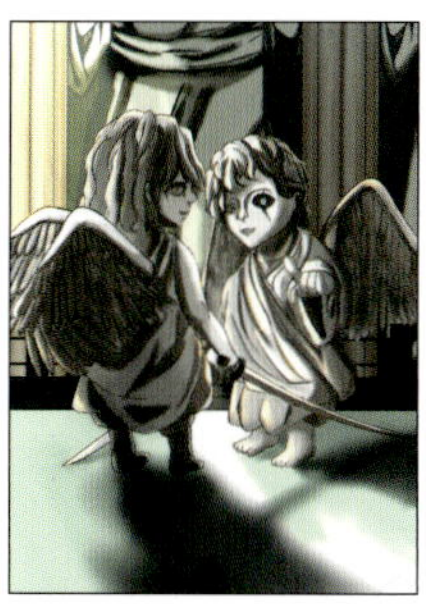
[end] 新潟県・あーしま。

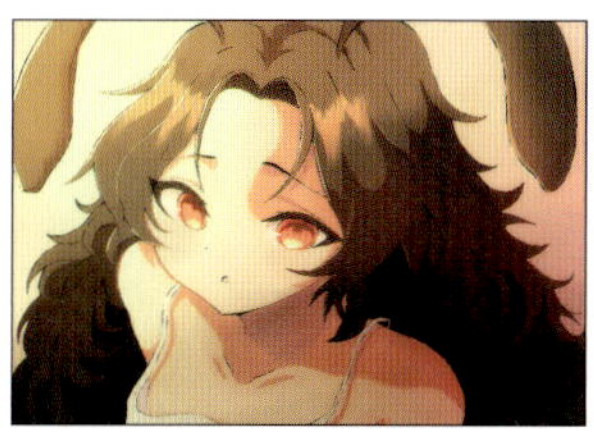
[「はじめまして」] 福島県・Choco

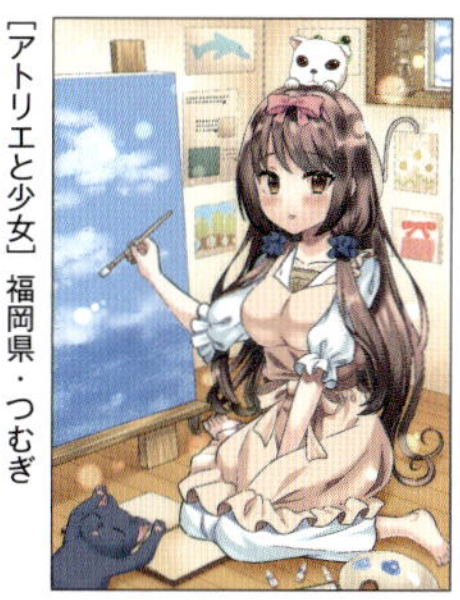
[アトリエと少女] 福岡県・つむぎ

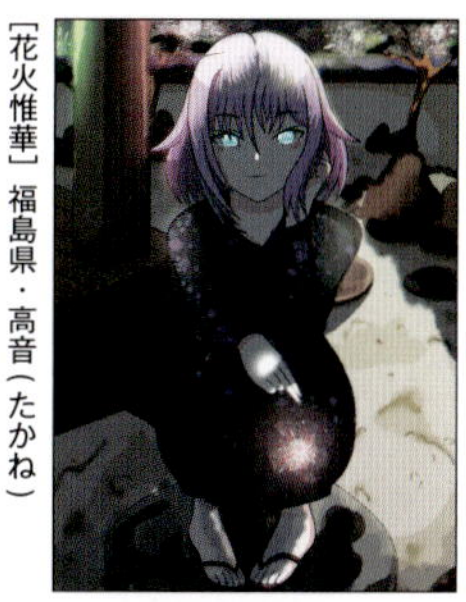
[花火惟華] 福島県・高音（たかね）

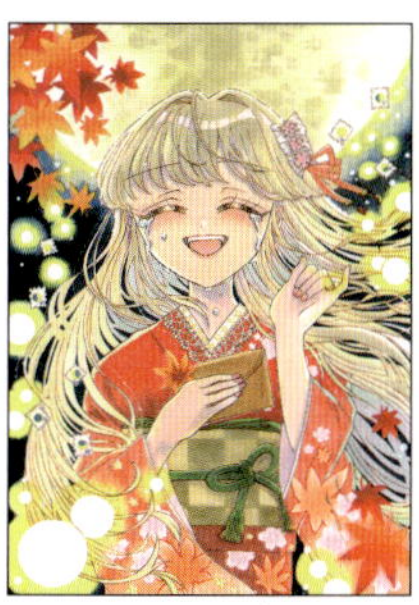
[秋蛍と欠けた私の月さがす] 千葉県・ななせちぃな

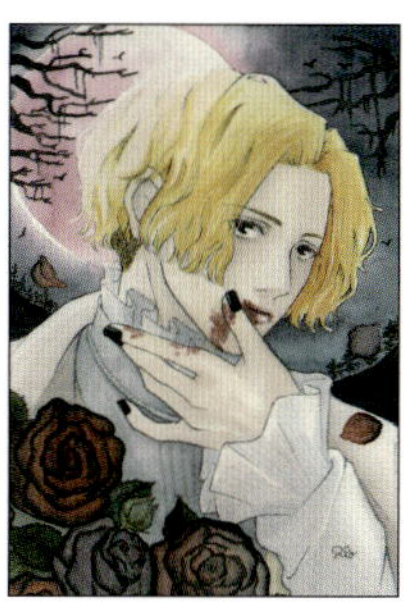
[子夜の血月] 秋田県・里桜

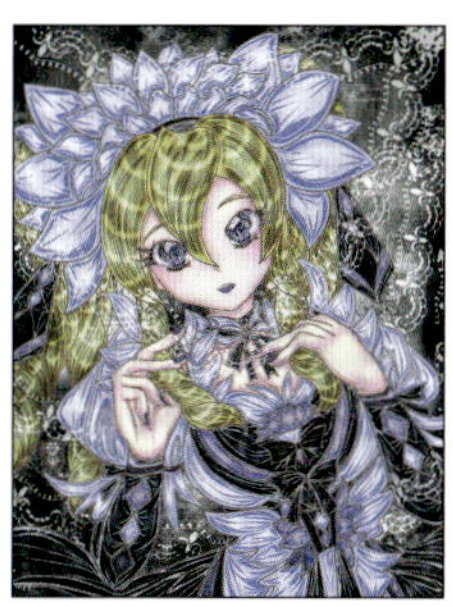
[仏闘進極　蓮城輝] 石川県・骨光環鳴

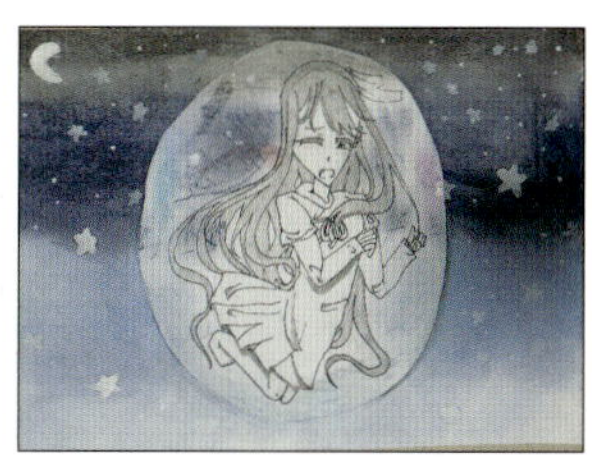
[閉じ込められた私] 福岡県・Ausagi・9歳

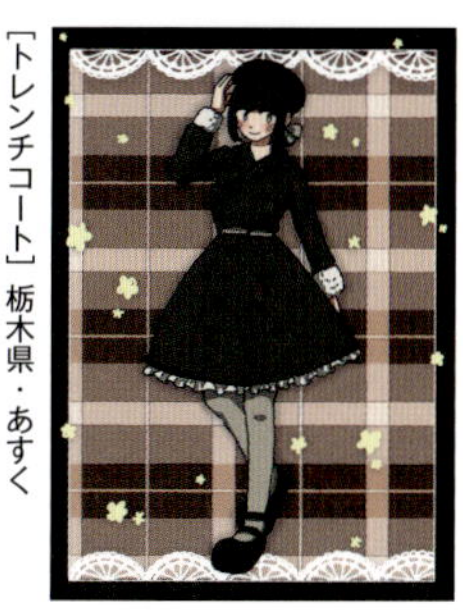
[トレンチコート] 栃木県・あすく

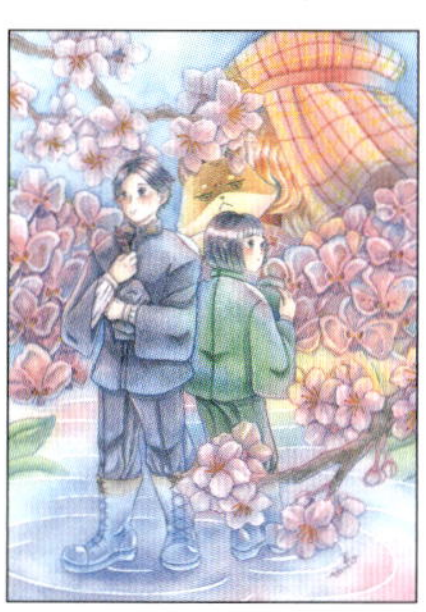
[助手は乙女を恋い慕う] 兵庫県・あつと

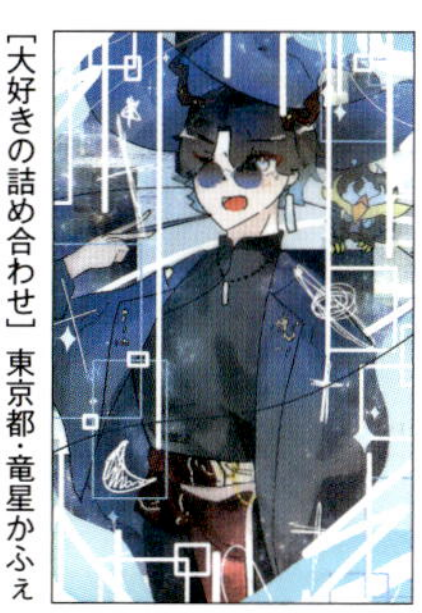
[大好きの詰め合わせ] 東京都・竜星かふぇ

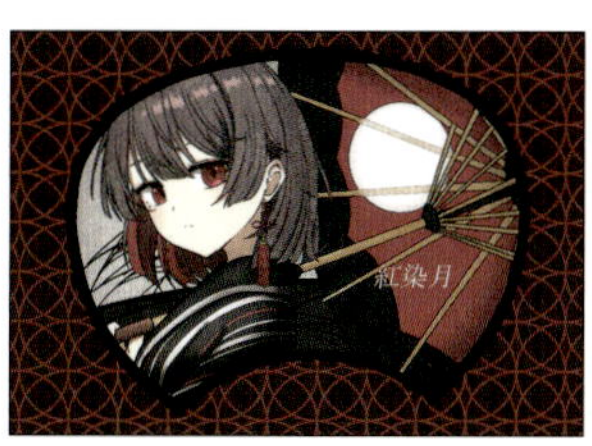
[うちわデザ] 香川県・@・20歳

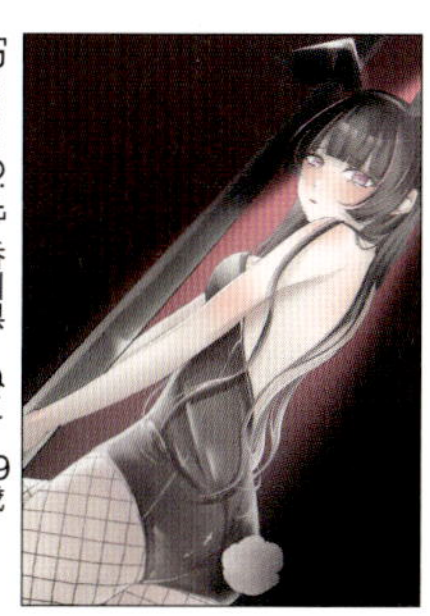
[Bunny Girl] 香川県・ねこ・19歳

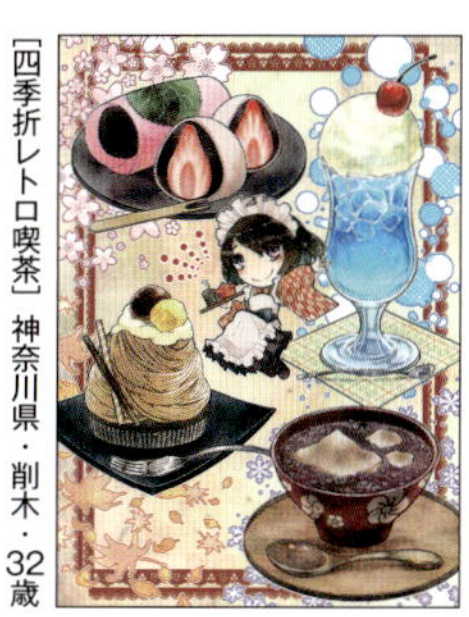
[四季折レトロ喫茶] 神奈川県・削木・32歳

審査員賞

3 ポイント

## ウエダハジメ賞

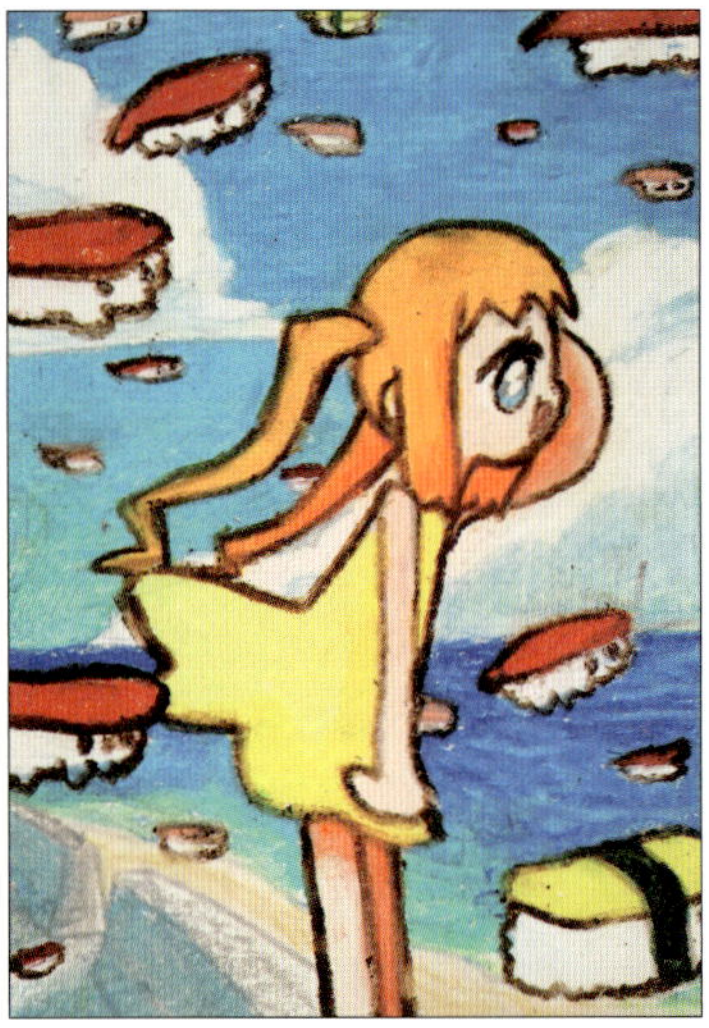

［おすしが海に帰る時の絵］
大分県・じょじむら

終末感が愛らしいですね。

## 日貿出版社・T 賞

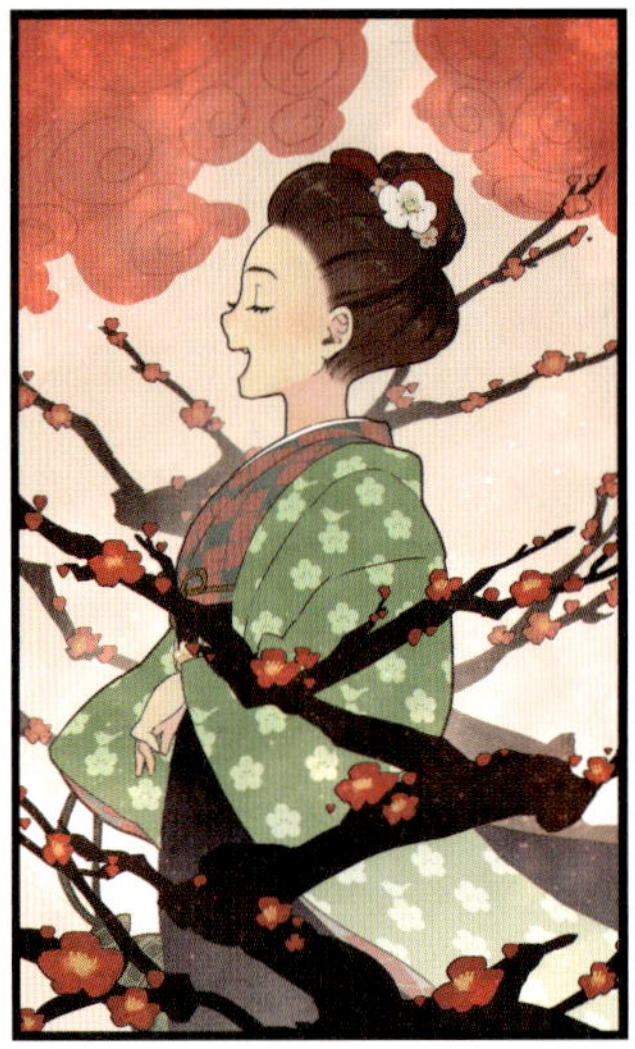

［花札乙女「梅に鶯」］
北海道・yonaka

和風モチーフは日本だけでなく世界で需要があると思います、もっとたくさんの作品をみたいです。

## さくしゃ２賞

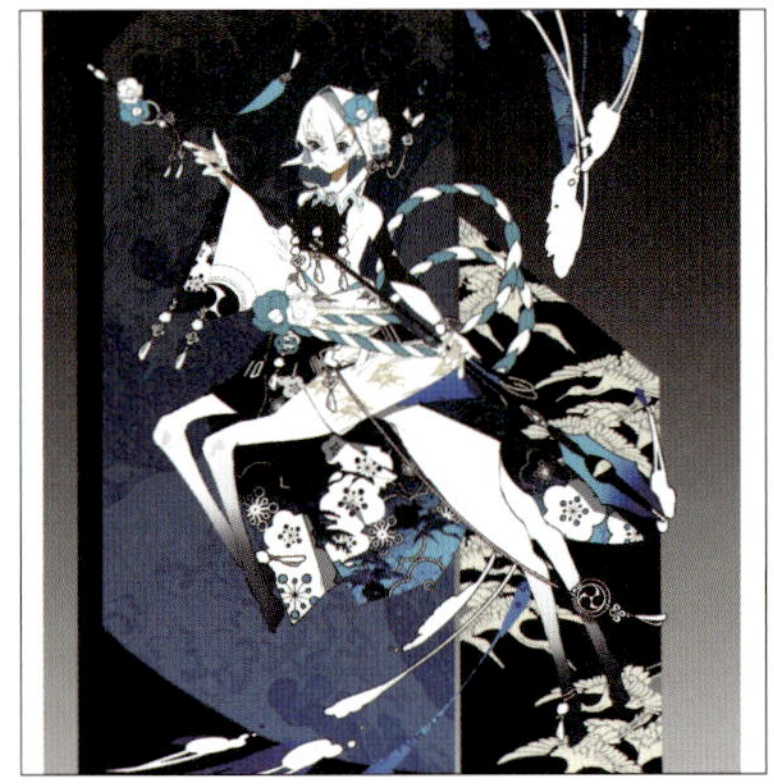

［波鹿］長野県・わら

全てが私の好きな要素で構成されているイラストで、一目見た瞬間に「これだー!!」ってなりました。とても綺麗な青色です。

## 天嶺ジウ賞

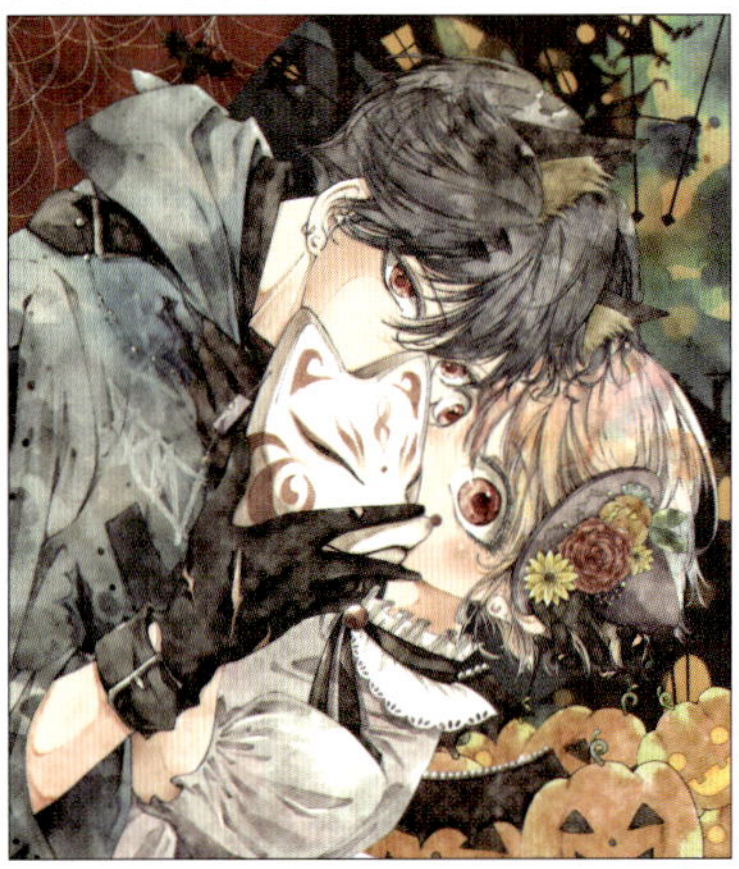

［秘密のハロウィンパーティー］
埼玉県・桜禾

２人の赤い瞳が目を引きます！　すてきな構図。服や小物の色のにじみもキレイで技術も感じました。

## たそやマロ賞

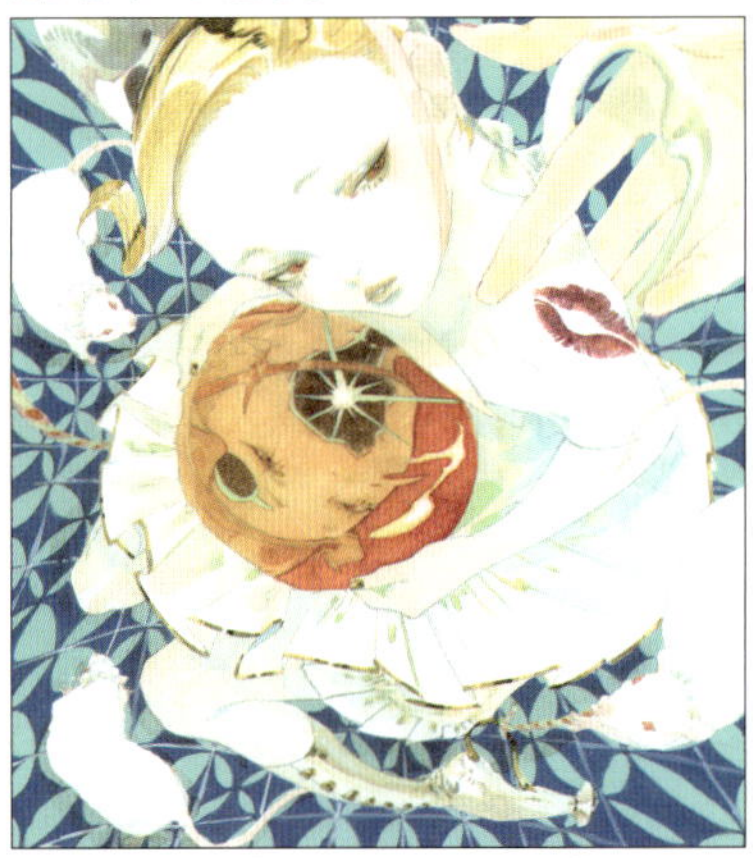

［空想の一服］北海道・雀夏宏

視線を惹き込むように旋回する構図、ティーカップの擬人化の細部の残し方にセンスが光ります。陶器の光沢と質感と厚み、金の装飾が女の子のデザインに落とし込まれているのが美しい。憂いた視線は心の深層まで届くよう。

## 小川雅史賞／京都芸術大学・虎硬賞

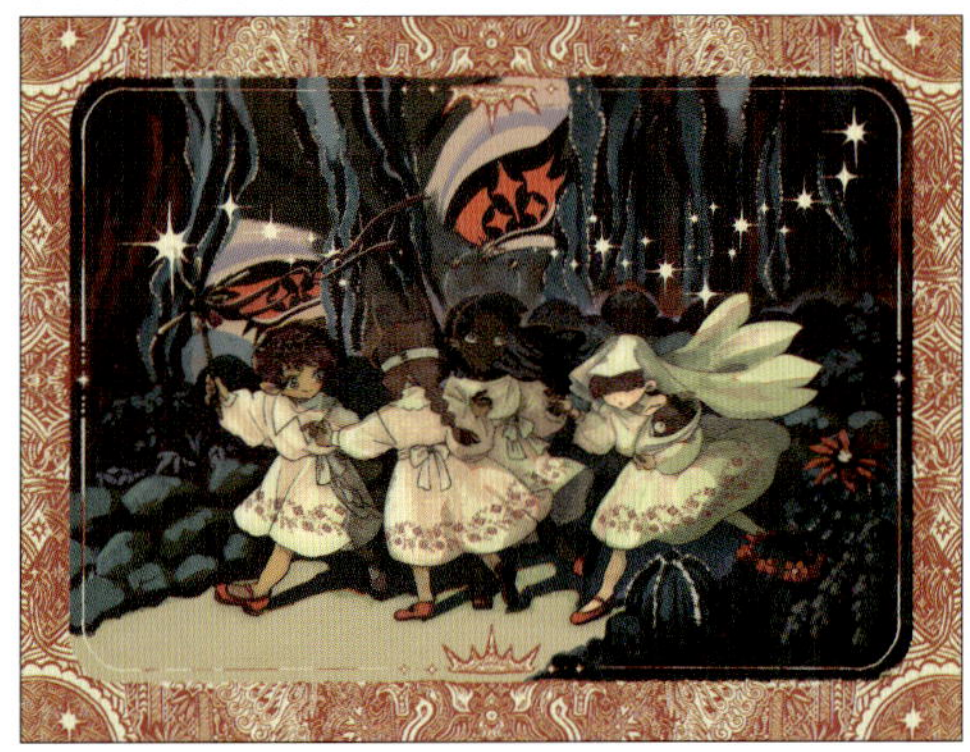

［赤い靴］京都府・笹蒲ぼこ

たくさんの工夫が全て良いです！（小川雅史）

細かな演出、構成すべてがキマってますね。かわいさの中にホラー要素もあり、物語を感じます。（虎硬）

## 六七質賞

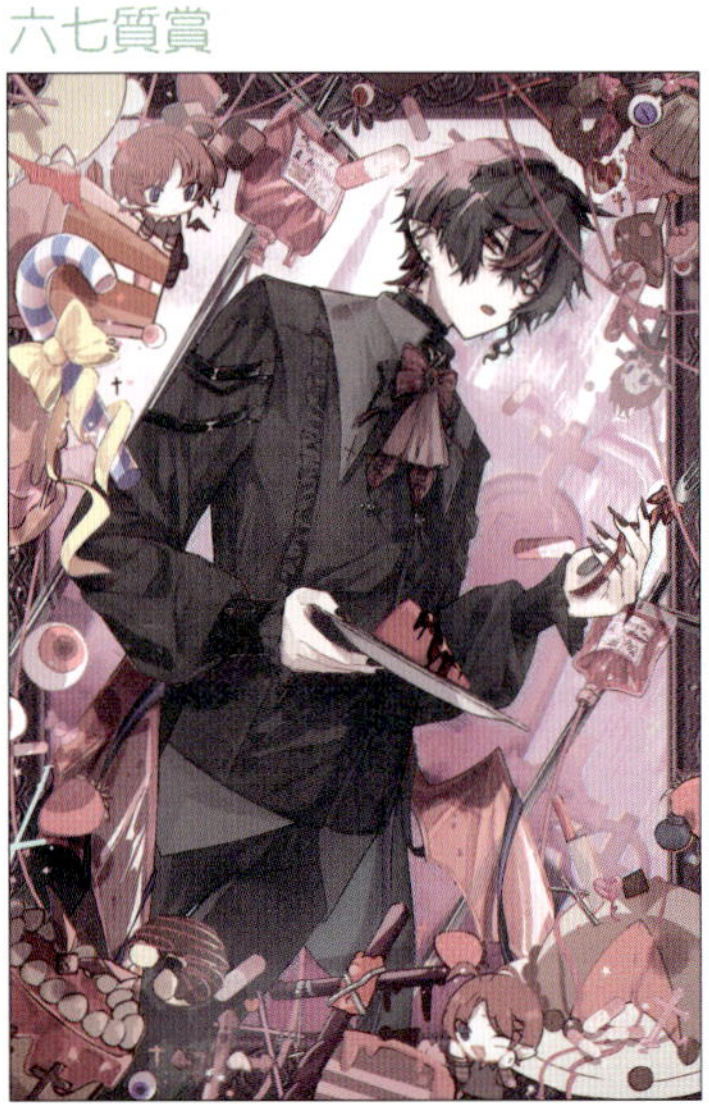

［Sweet core］愛知県・海谷内藤

男子がかっこいい！　クールな目元の青年とまわりの甘味たちのギャップがとても良いです。

## 撫荒武吉賞

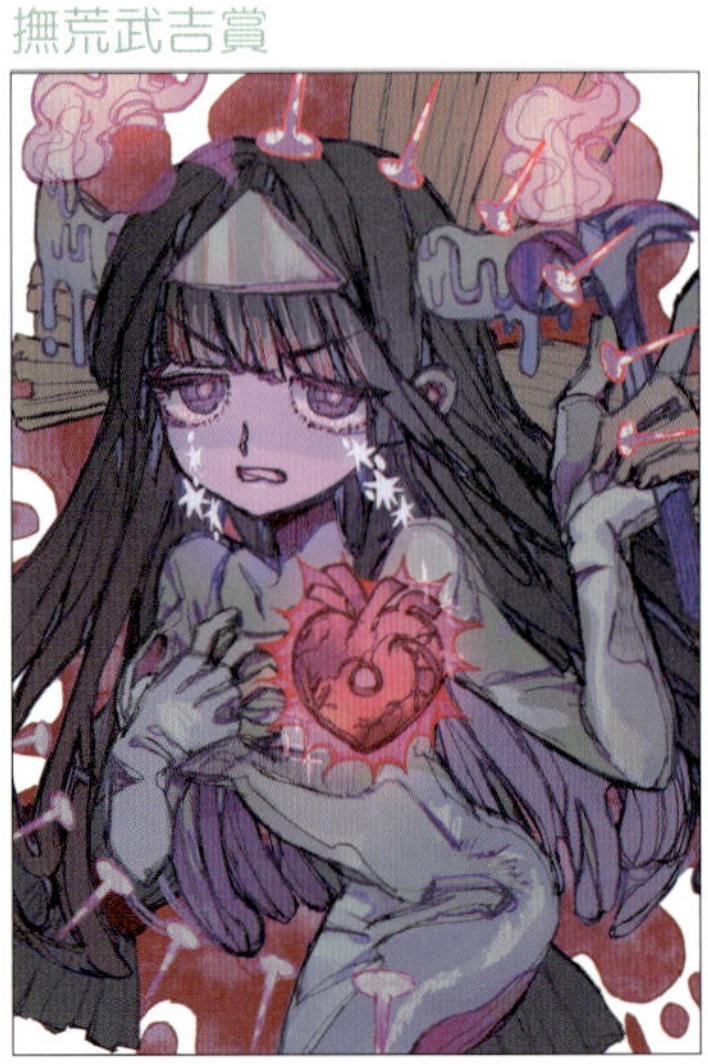

［午前二時の胸痛］宮城県・針尾

涙が星みたいでかわいい！

## パイ インターナショナル・K 賞

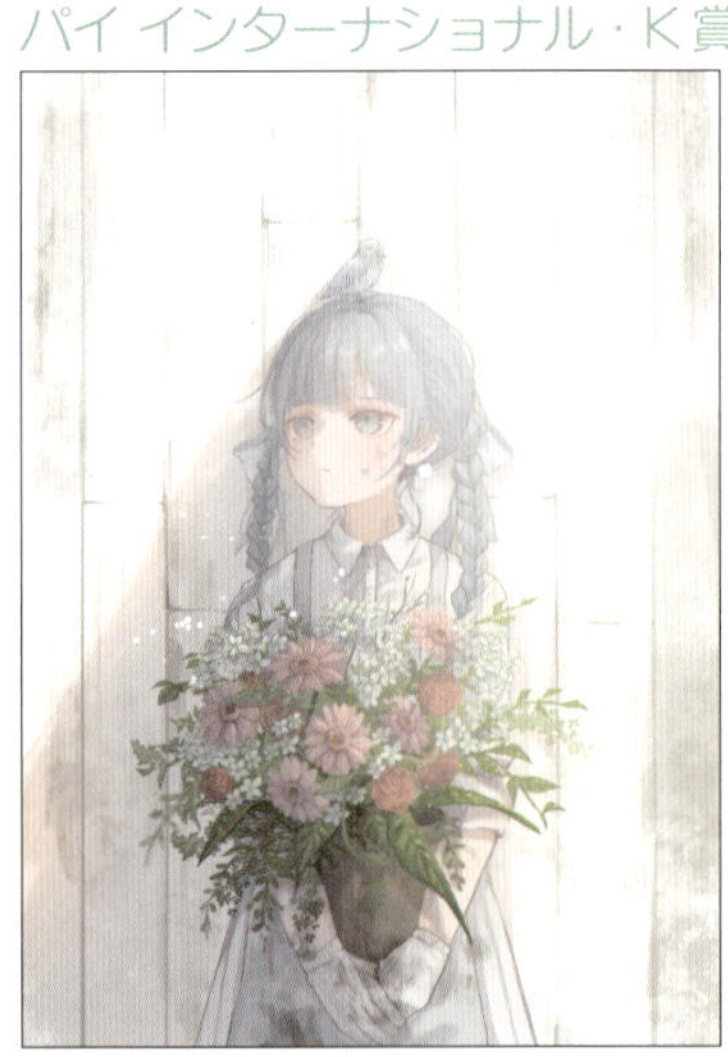

［ひだまり］千葉県・左脳

キャラクターの表情が印象的で、この子が何を考えているのか想像しました。頭の上に小鳥がいるのに気づいて、きっと穏やかな時間を過ごしているのだと思いました。イラストを観る楽しさを感じさせてくれる作品でした。

### いづなよしつね賞

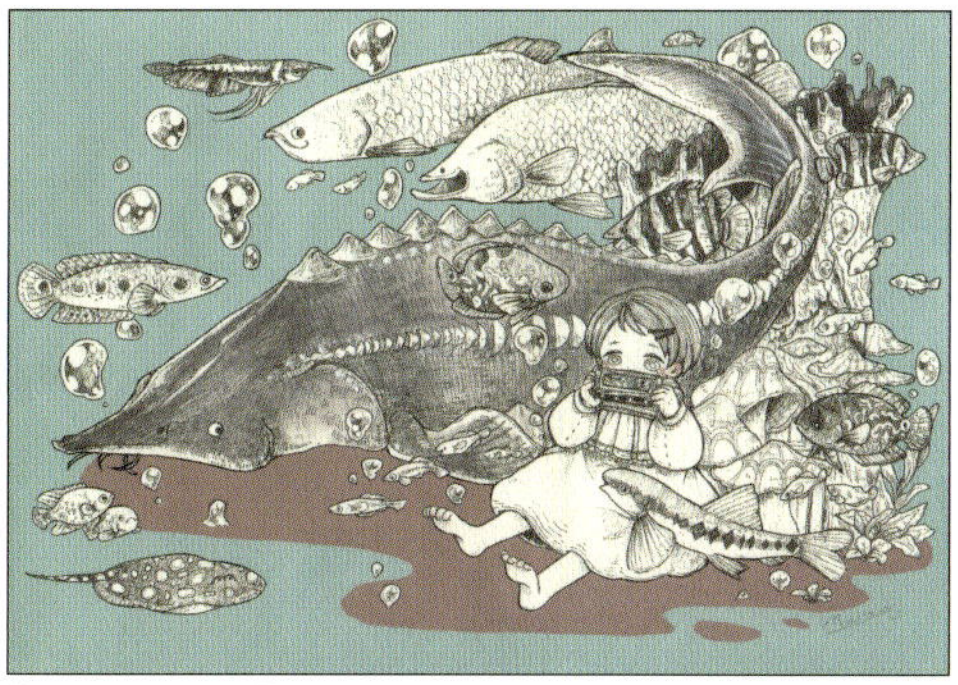

［上手だねえ］栃木県・まうら

チョウザメやピラルクー等の描写とかわいい少女との組み合わせが気に入りました。

### パイ インターナショナル・斉藤賞

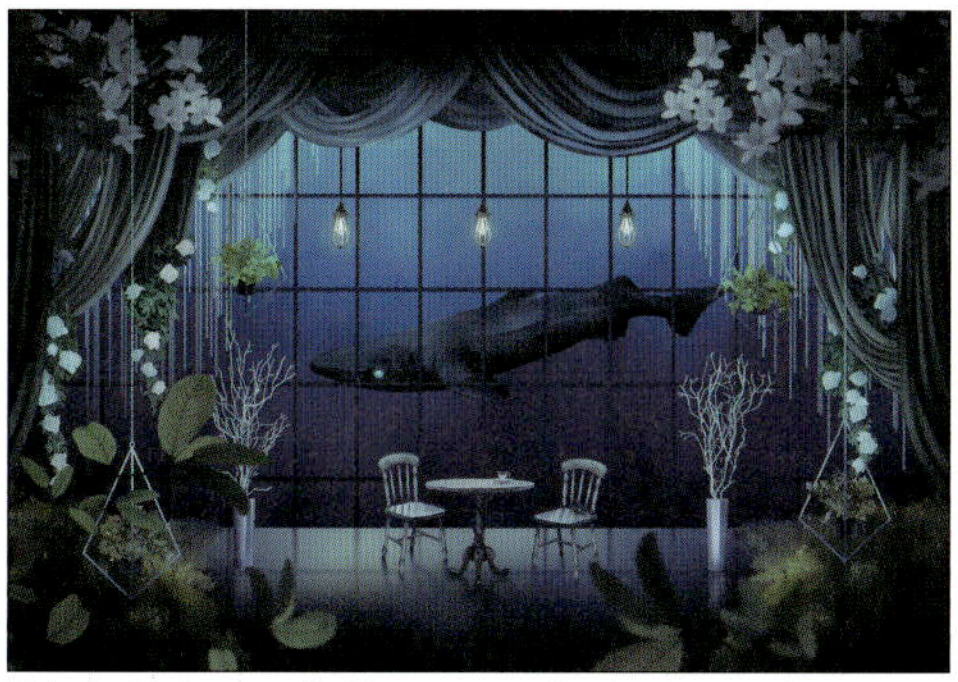

［貴方が来るのを待っている］宮城県・虚月はる

静かさが伝わる深海の不思議な美しい世界にひかれました。

### 白井もも吉賞

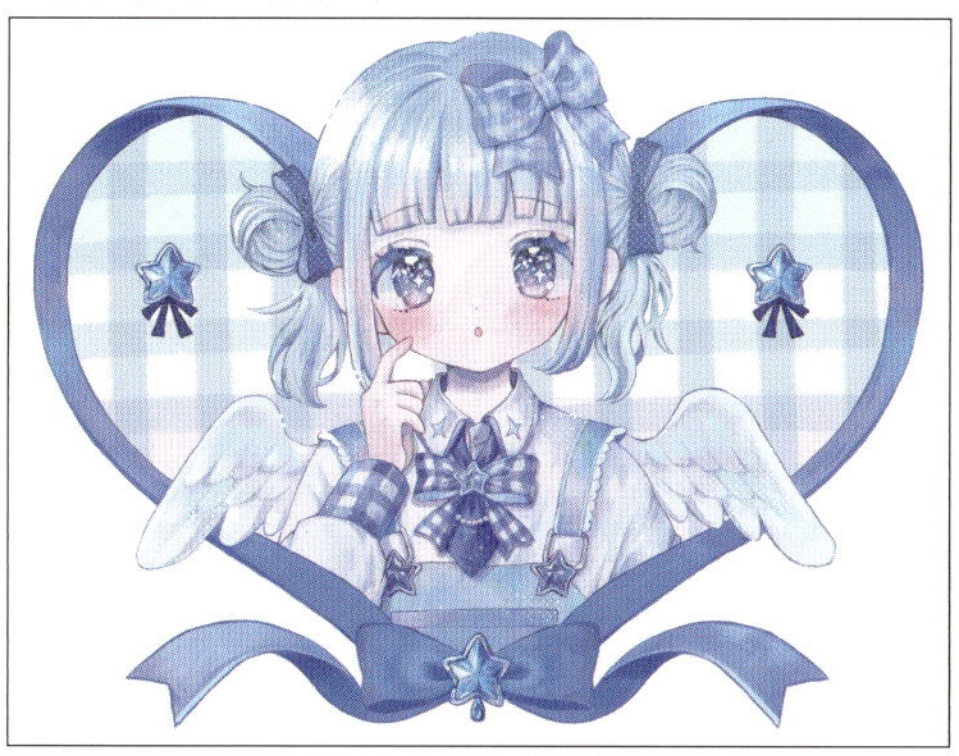

［ときめきの青色］兵庫県・天羽しいら

リボンの質感や柄が丁寧で可愛さに誠実な感じがして素敵でした。

### ポプラ社・Mざわ賞

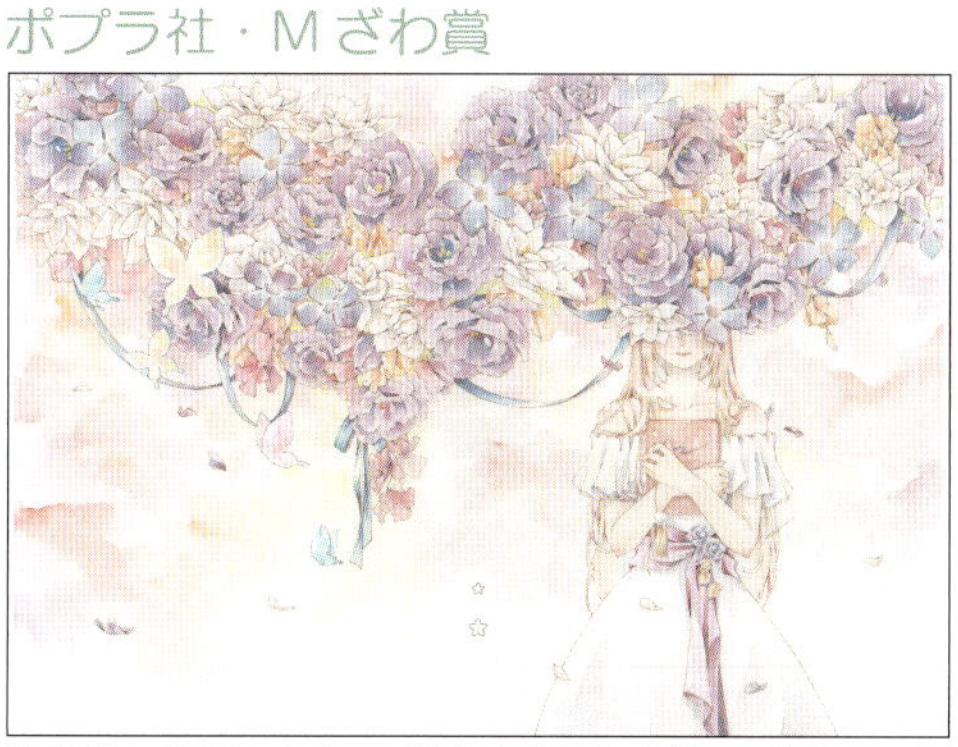

［咲きこぼれるものがたり］東京都・ゆきみ

花で隠れた表情や胸に抱いたノート？　から、秘密がある、ミステリアスな雰囲気を感じ、絵柄とのギャップがステキでした。

### (株)ノーヴォ・塚原賞

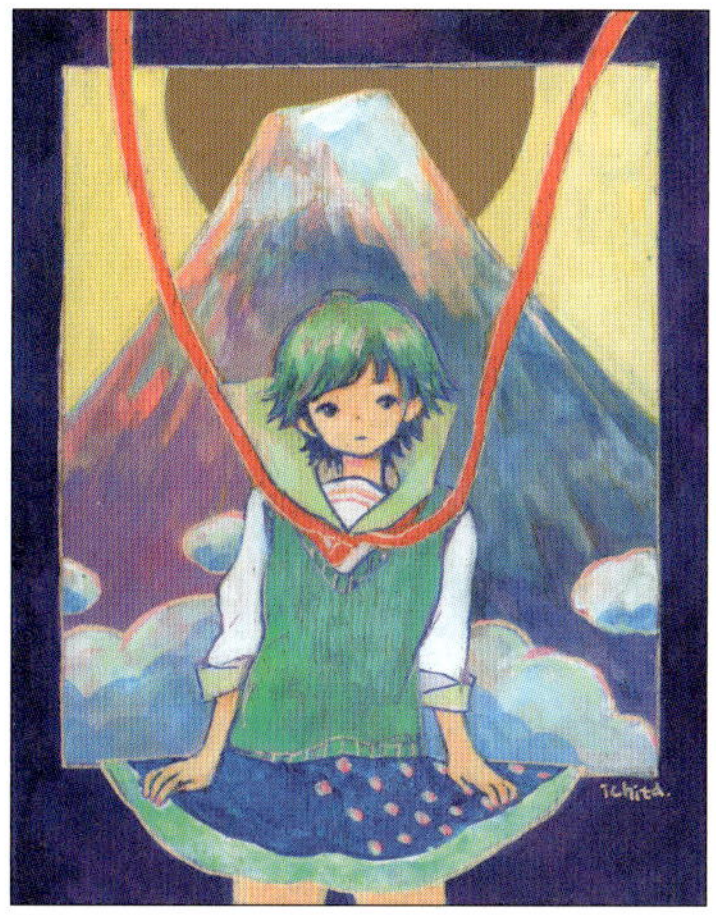

［daydream I］
東京都・壱太助丸

支持体の選択と構図がまるで聖人像を思わせる形でマッチしていて、素敵です。

### マイナビ出版・F田賞

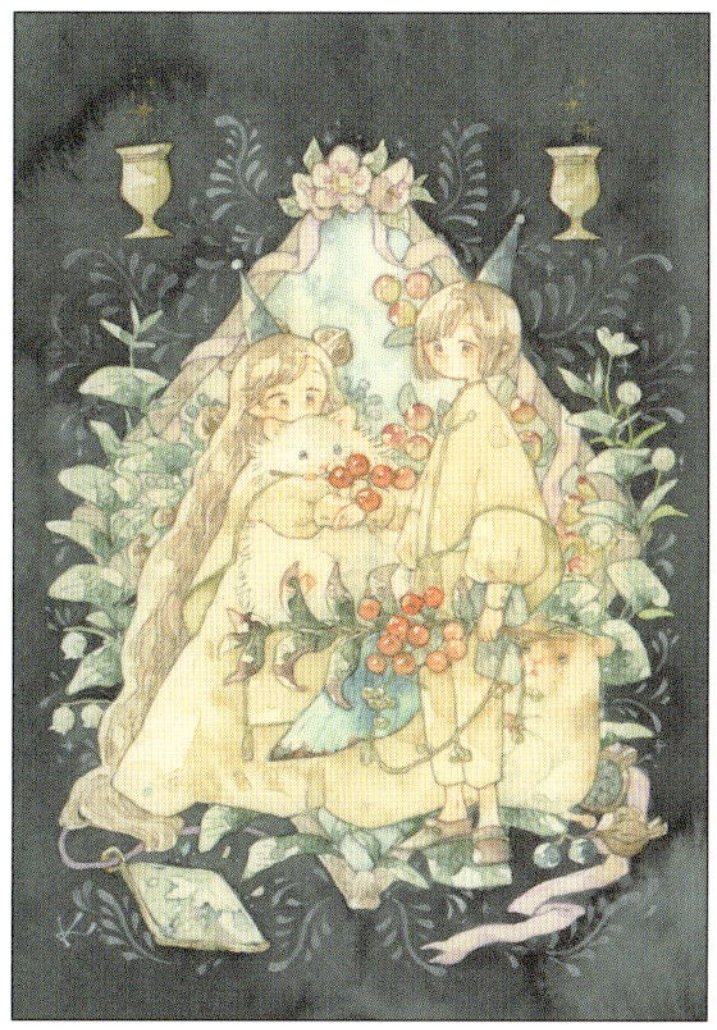

［淵の住人］愛知県・kurone

童話のような世界観と淡い色彩で描かれた２人のお話が読みたくなるような作品でした。

### NBC ユニバーサル・T賞

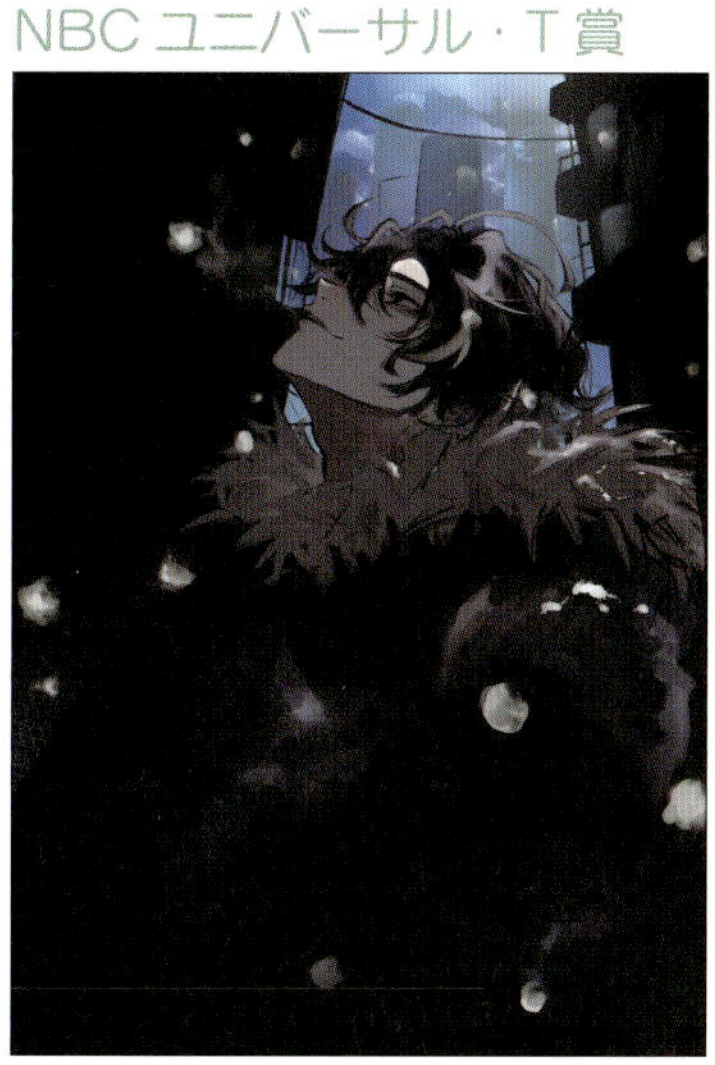

［雪と共に消えてナクナリタイ］
福島県・Pこ

明暗と手前・奥によって空気感があるのとストーリー性が感じられて良いと思いました

### okama 賞

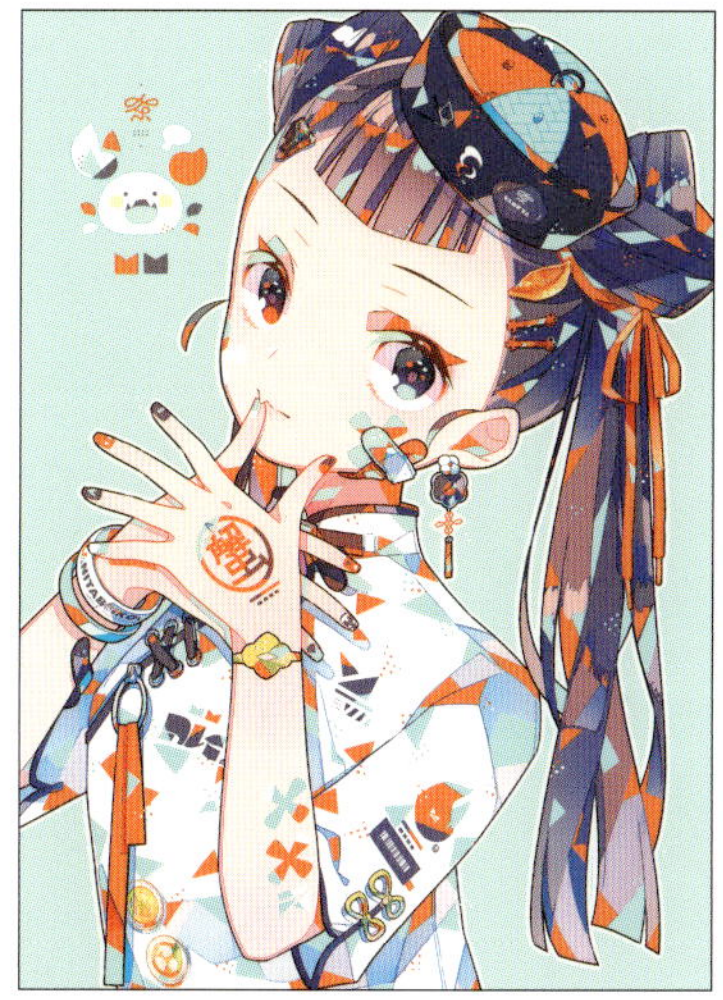

［カニ食べいこ～］
福岡県・2tm/ ツトむ

かわいい！　色をパキパキさせるの好き。かにたべたい。

### GEEKS RULE・ハギ賞

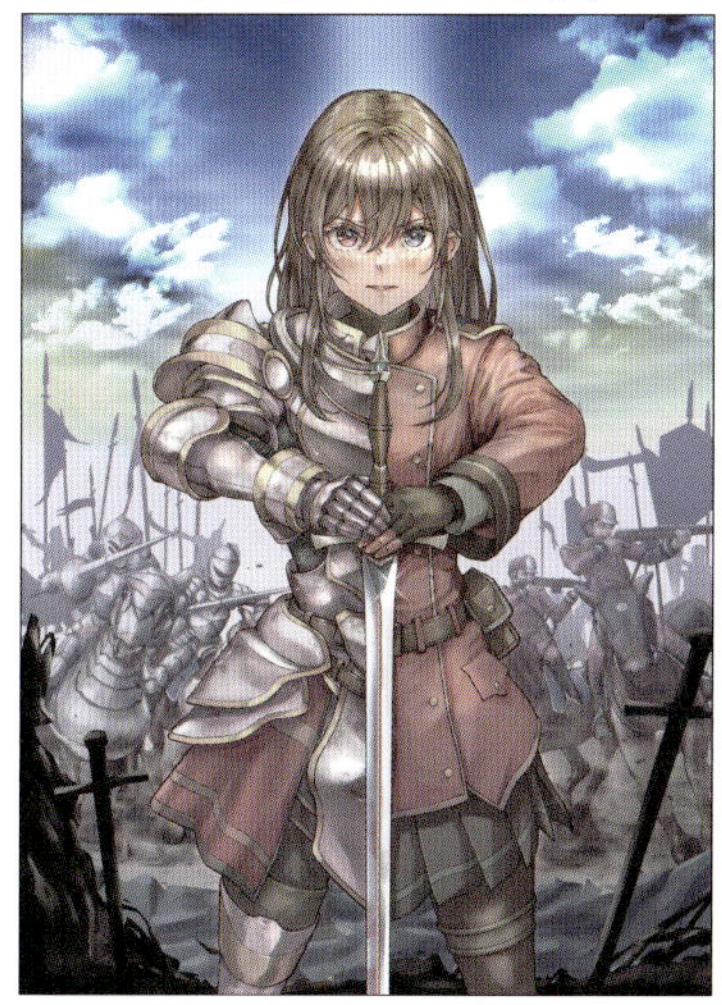

［深淵追放］東京都・白菜ねこ茶

正統派ファンタジー感！　好きです！

### (株)ワニマガジン社・あか賞

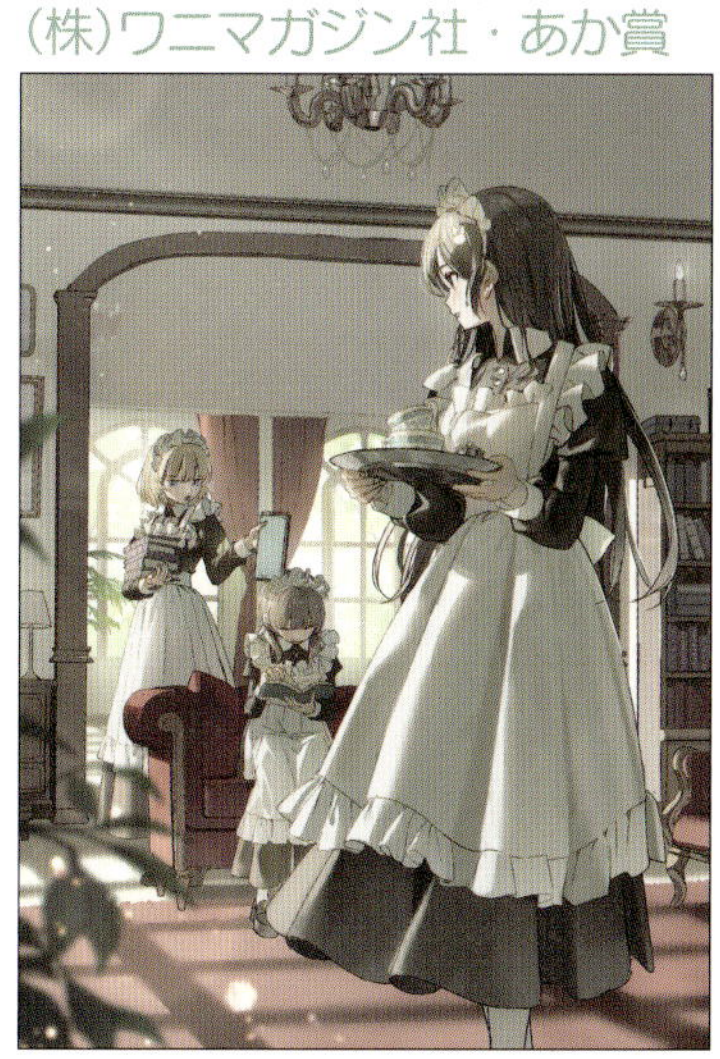

［サボってないで仕事しなさい］
東京都・栞しい

シチュエーションがしっかり描かれていて今にも動き出しそうな説得力を感じました。いいにおいがしそうです。

初投稿賞
2ポイント

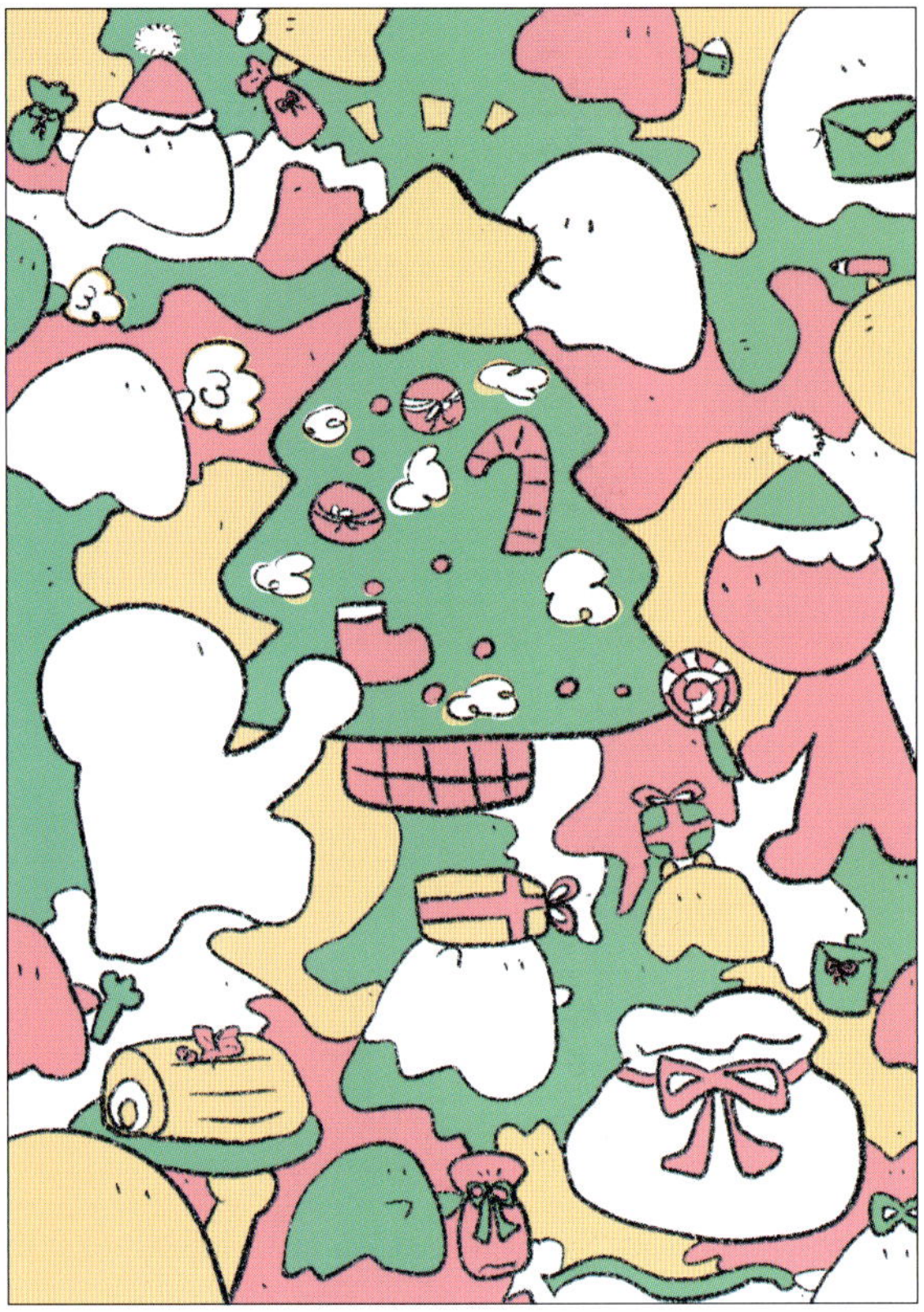

［12月］兵庫県・ぶわぶわ③

柔らかい不思議な生き物達がふわふわ浮いたりしながらクリスマスの飾り付けをしている様子がとってもキュート♡　一緒に飾り付けしたい！（む）

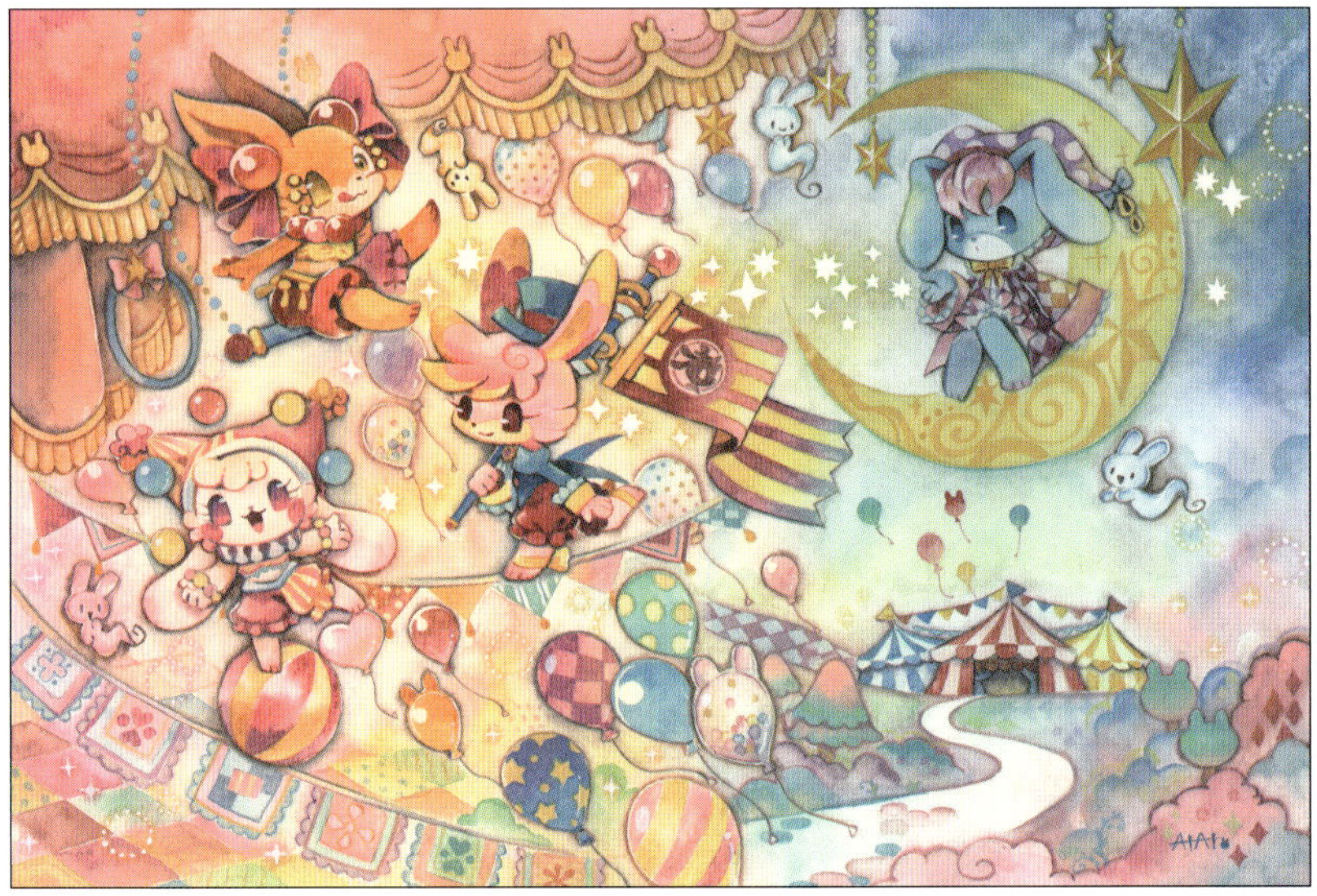

［Lucid Dreamers］埼玉県・AtAt

陰影と色彩のバランスが絶妙にマッチしていて夢と現実の間のような不思議な感覚になります。絵具のグラデーションが気持ち良い◎（石）

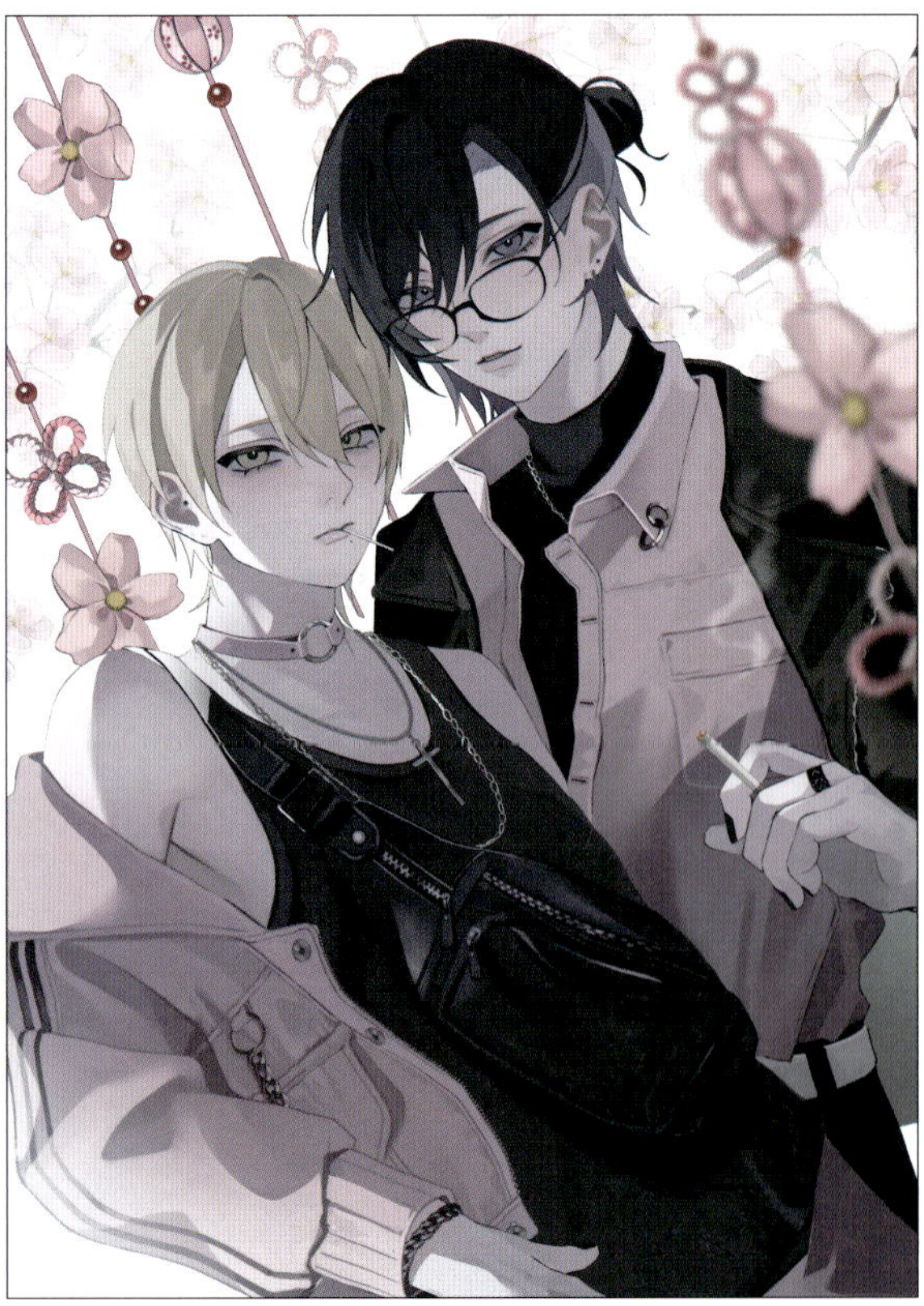

［無題］岐阜県・瀬ツナ

吊るし飾りの質感がそれぞれ描き分けられており、小さくも存在感がある。和風な飾りと現代風な装いがカラーでまとまっていて◎（し）

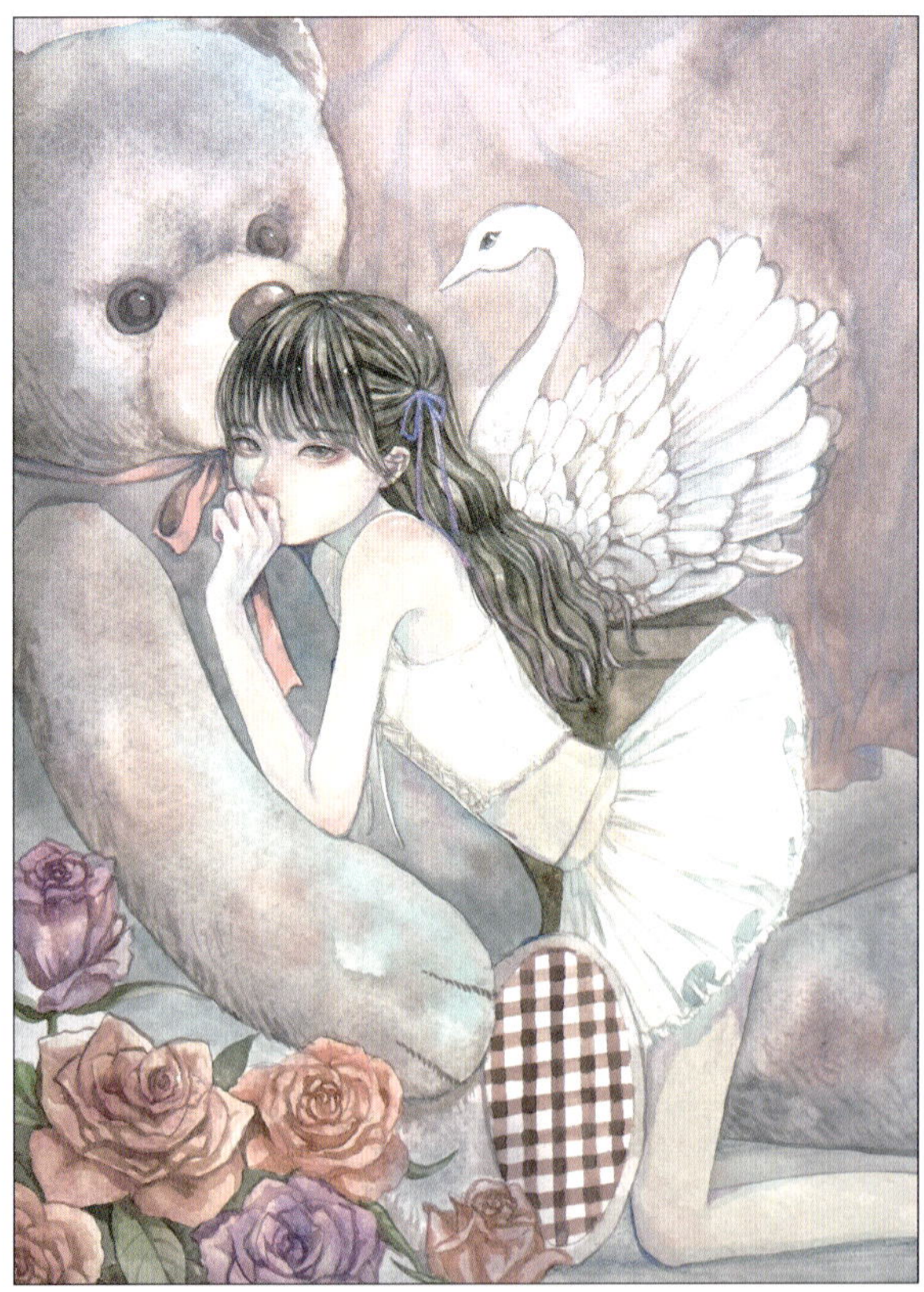

［私だけの部屋］宮城県・伊桐美月

こちらを見つめる瞳にドキッとしてしまう女の子の魅力が詰まった１枚。モチーフとモーヴなピンク色が相まって儚くロマンチック（さ）

※Star sへの応募方法は158ページに記載しています。
次号もみなさまのご投稿、お待ちしています！

# spaceS

ここからはモノクロ投稿コーナー「spaceS」がはじまります！

　たくさんのご投稿ありがとうございました。次号もみなさんのご投稿、お待ちしています！

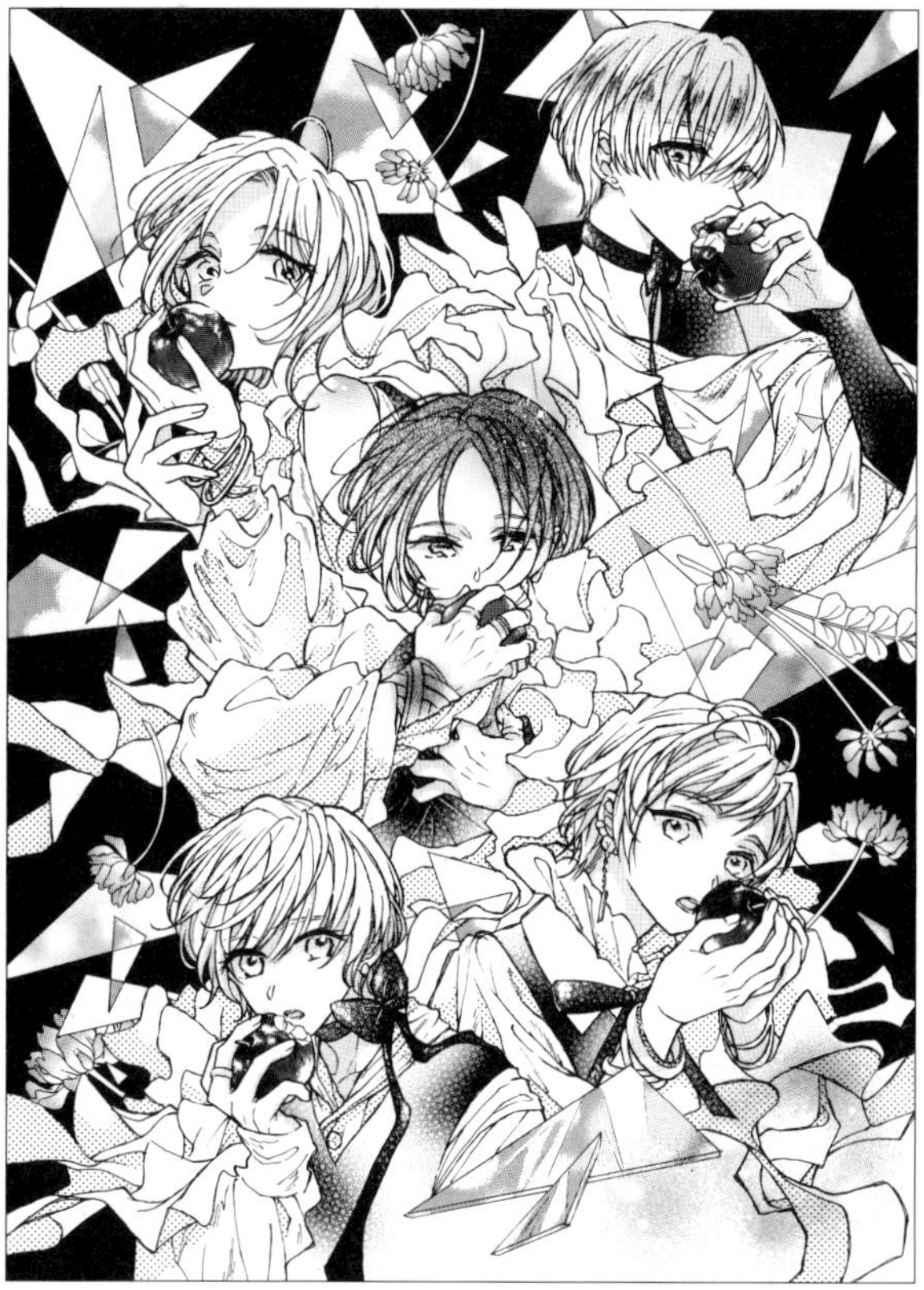

沖縄県・すきっぱねずみ

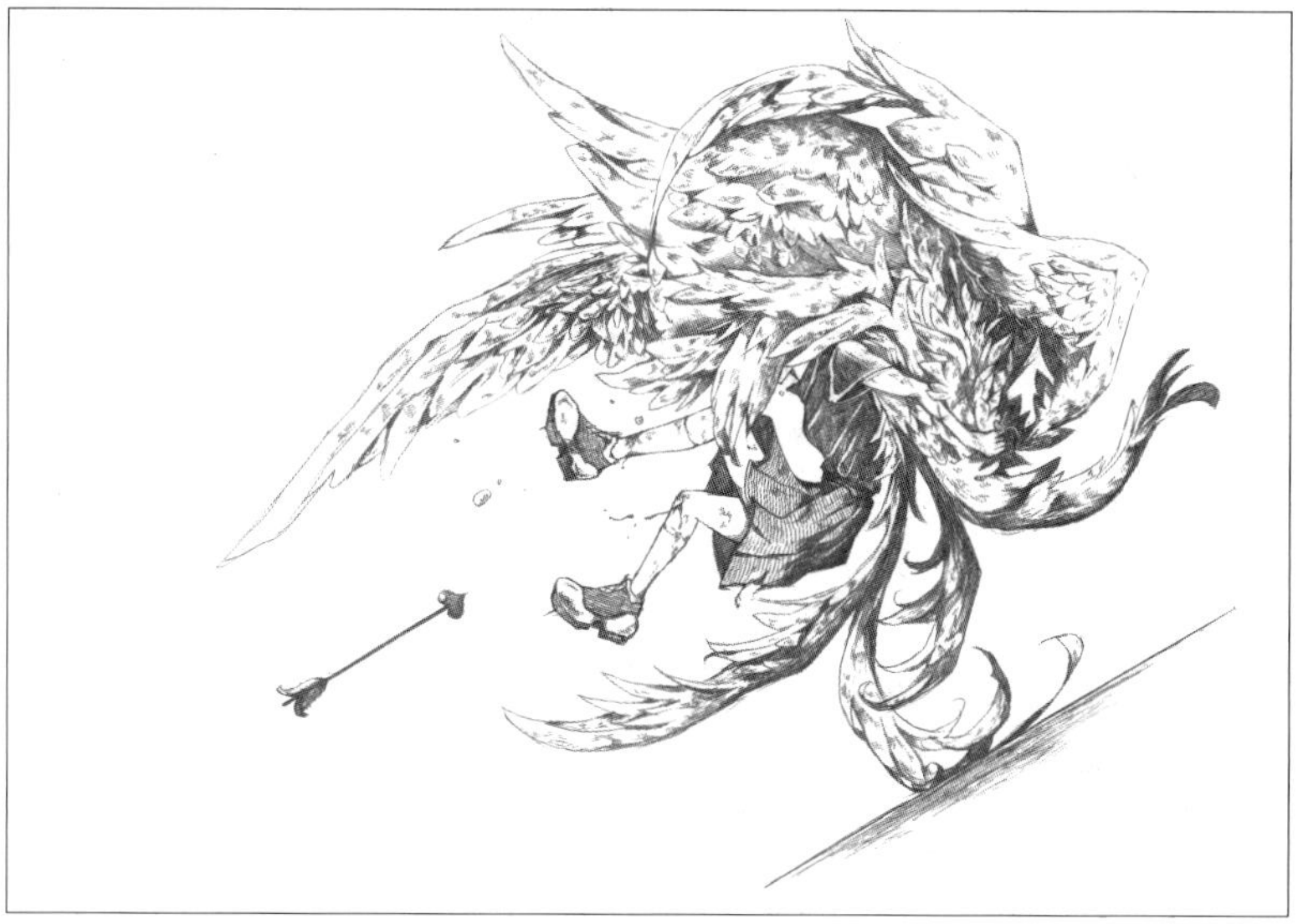

静岡県・透明日記

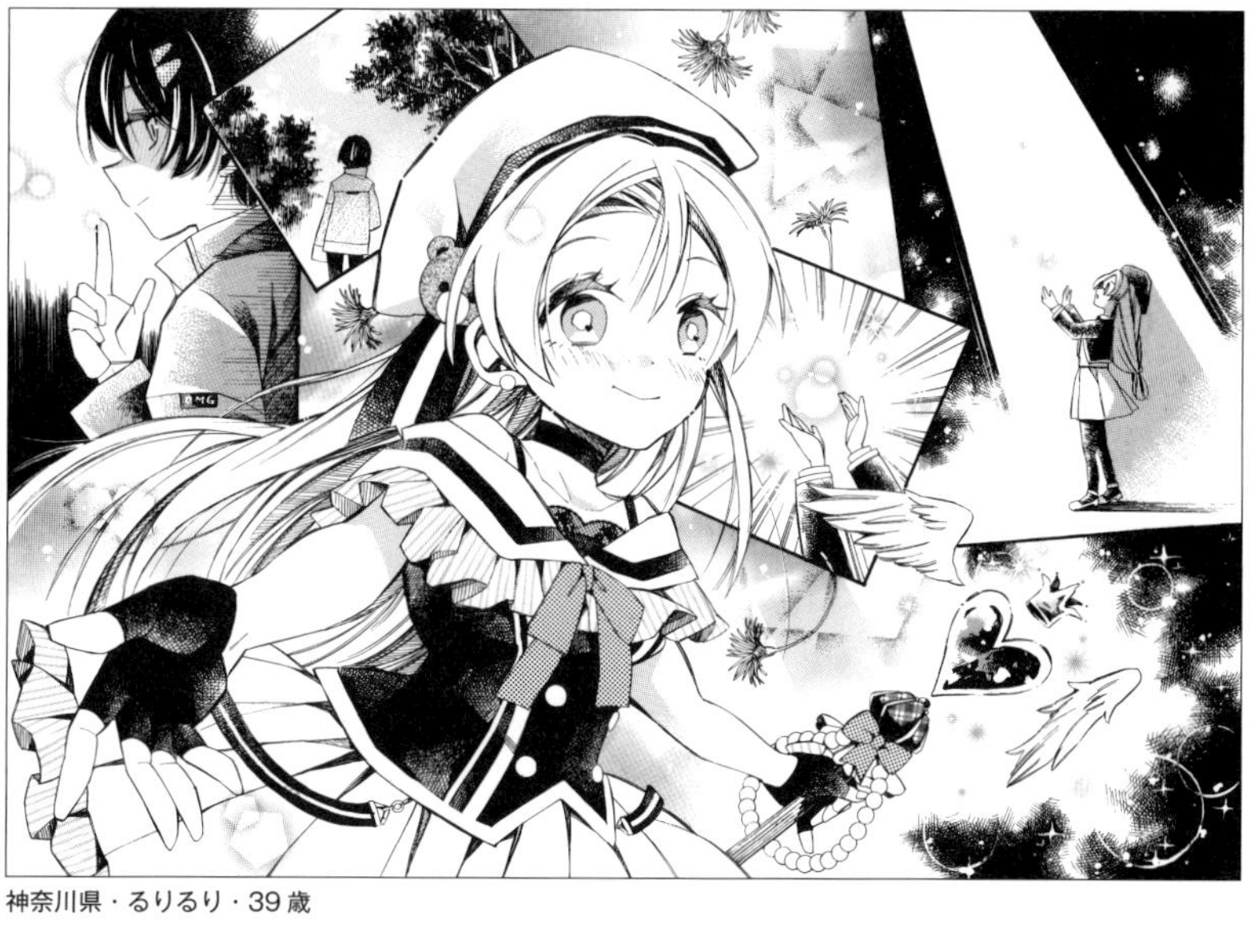

神奈川県・るりるり・39歳

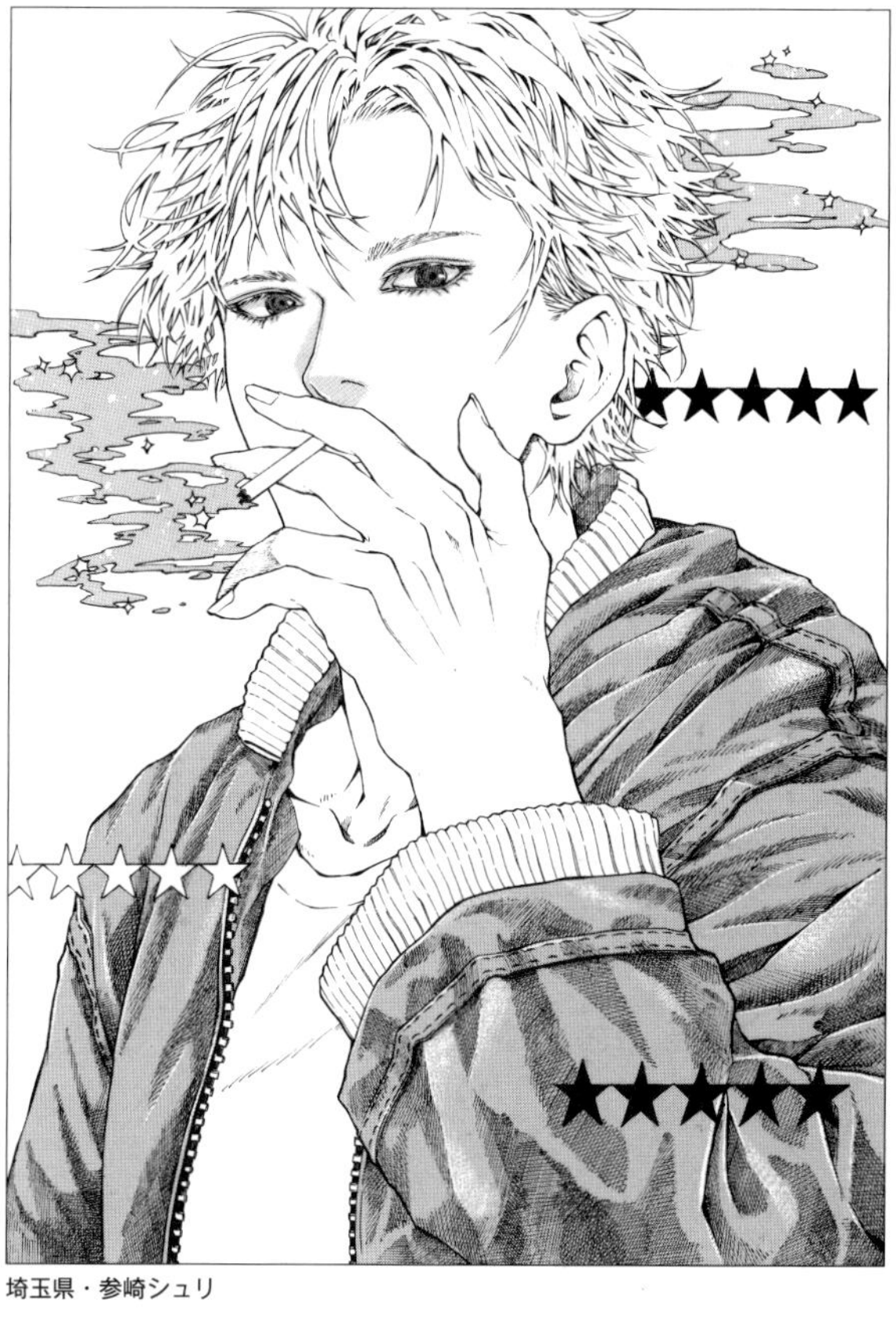

埼玉県・参崎シュリ

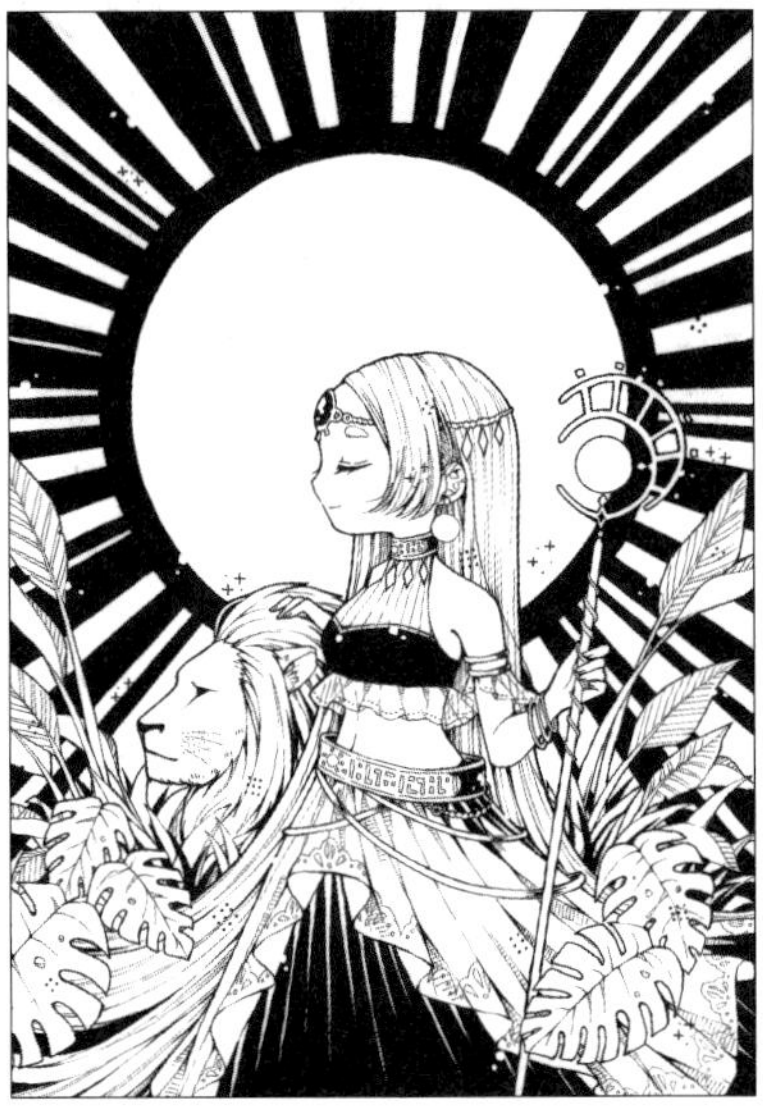

福井県・FUYUKO

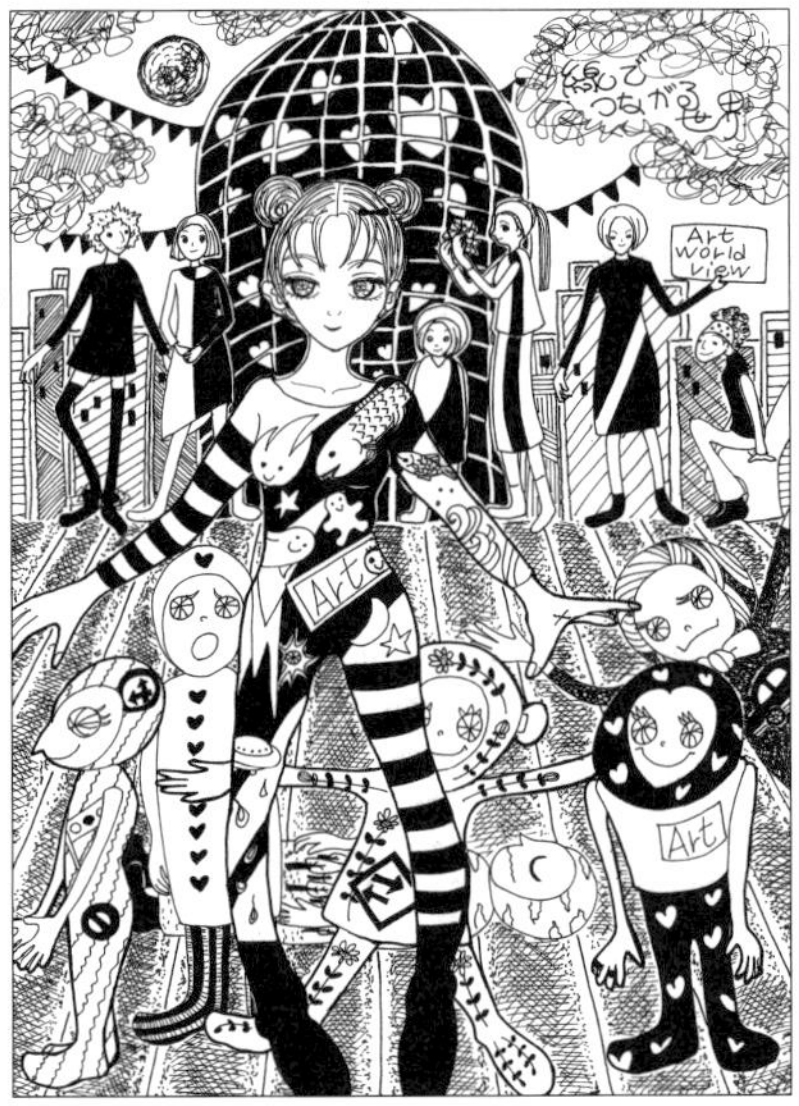


千葉県・武田和子・73歳

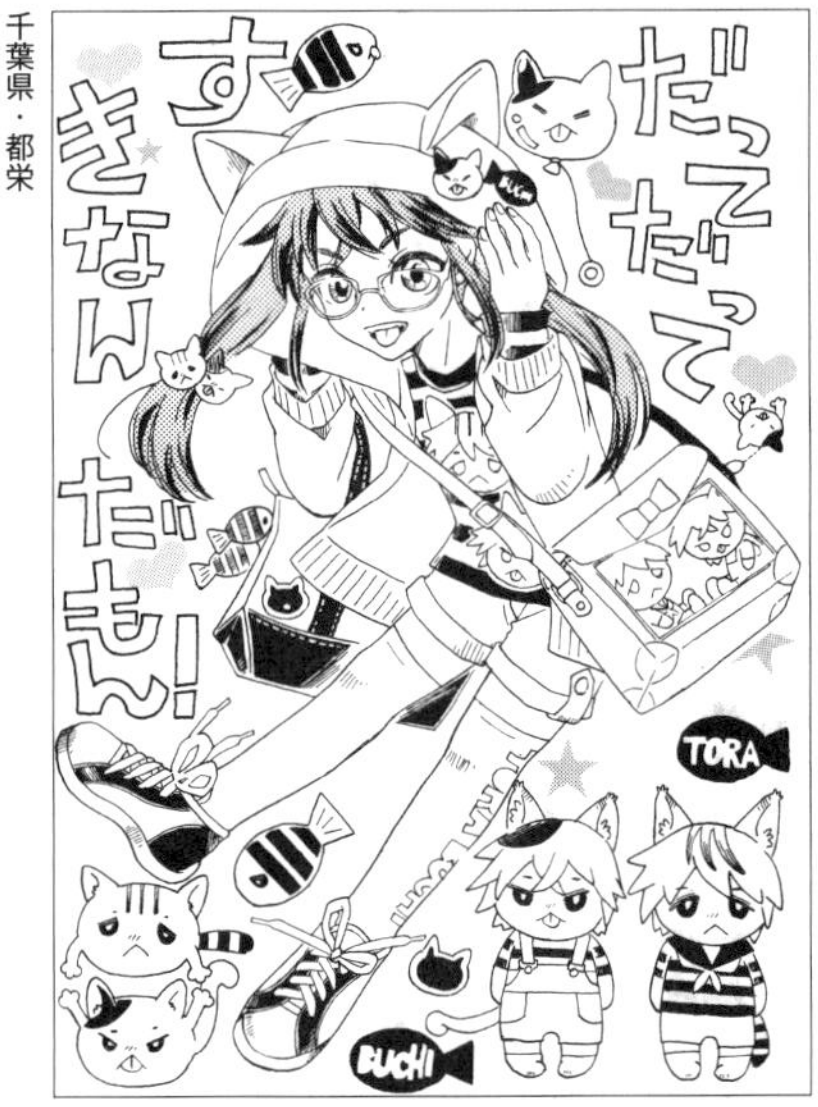


千葉県・都栄

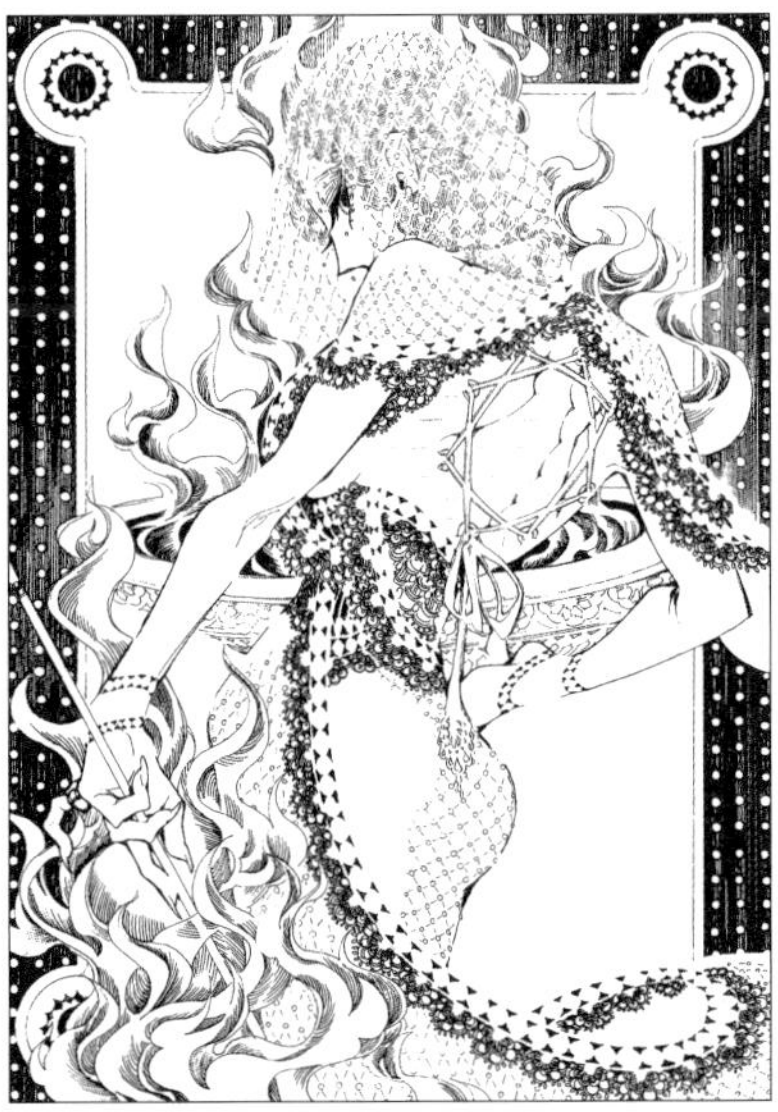

北海道・佐口想

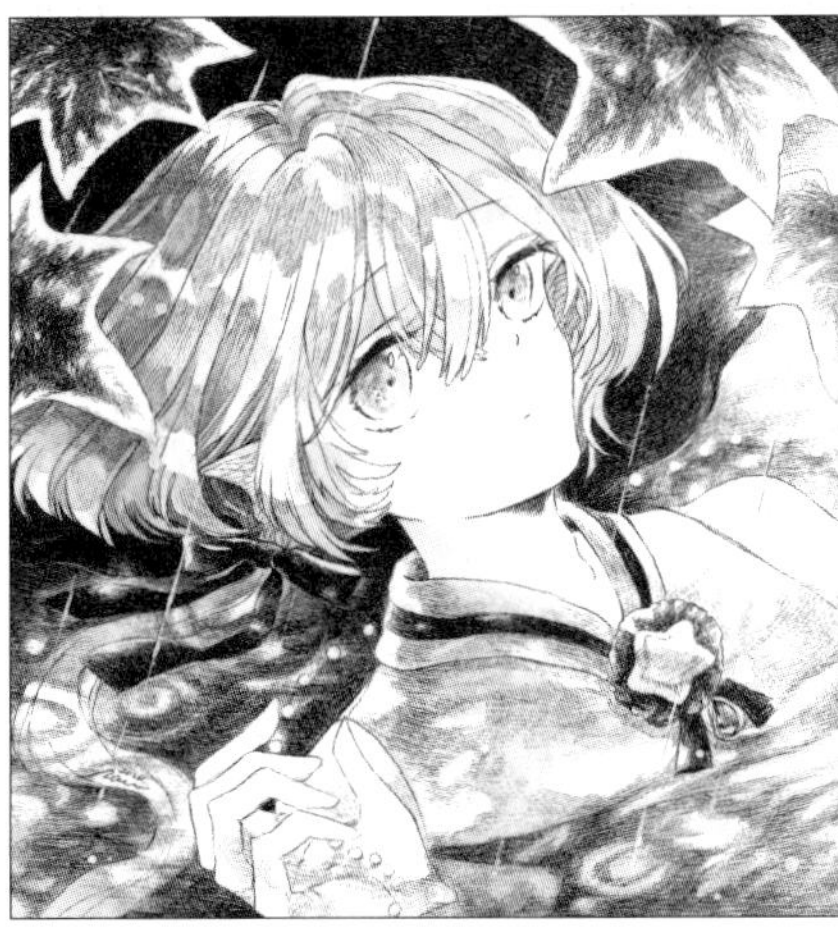

山梨県・sau

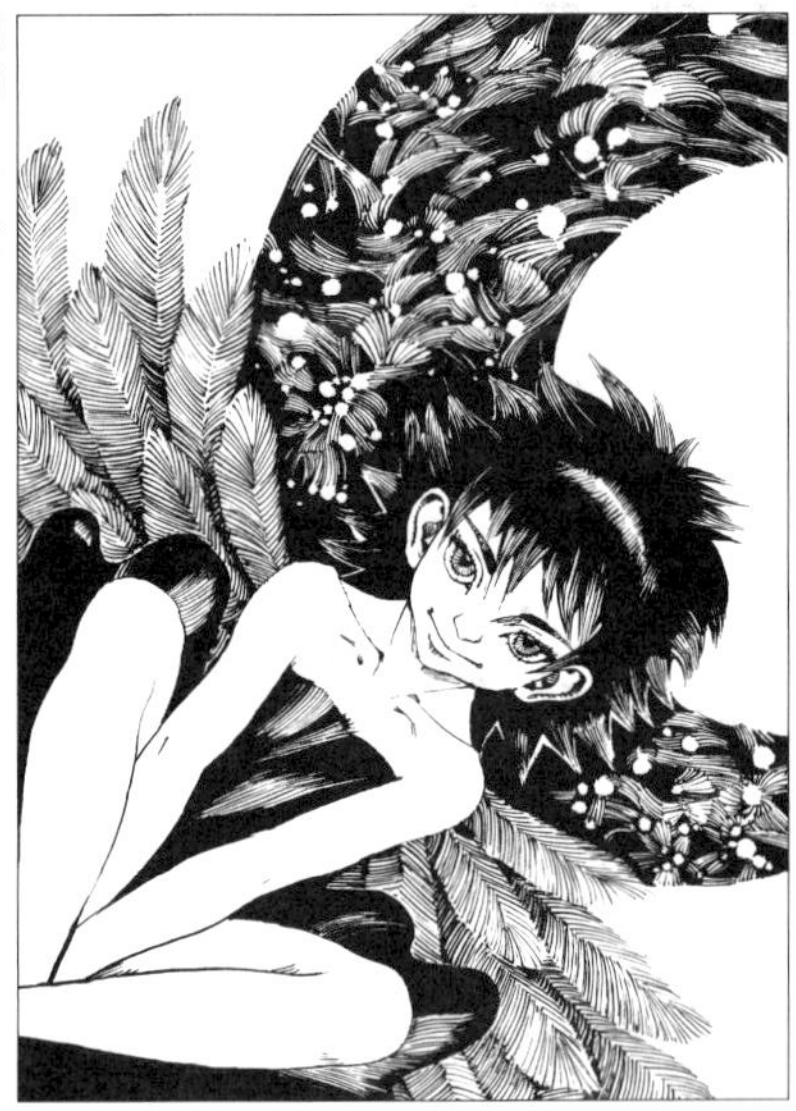

東京都・grimalkin

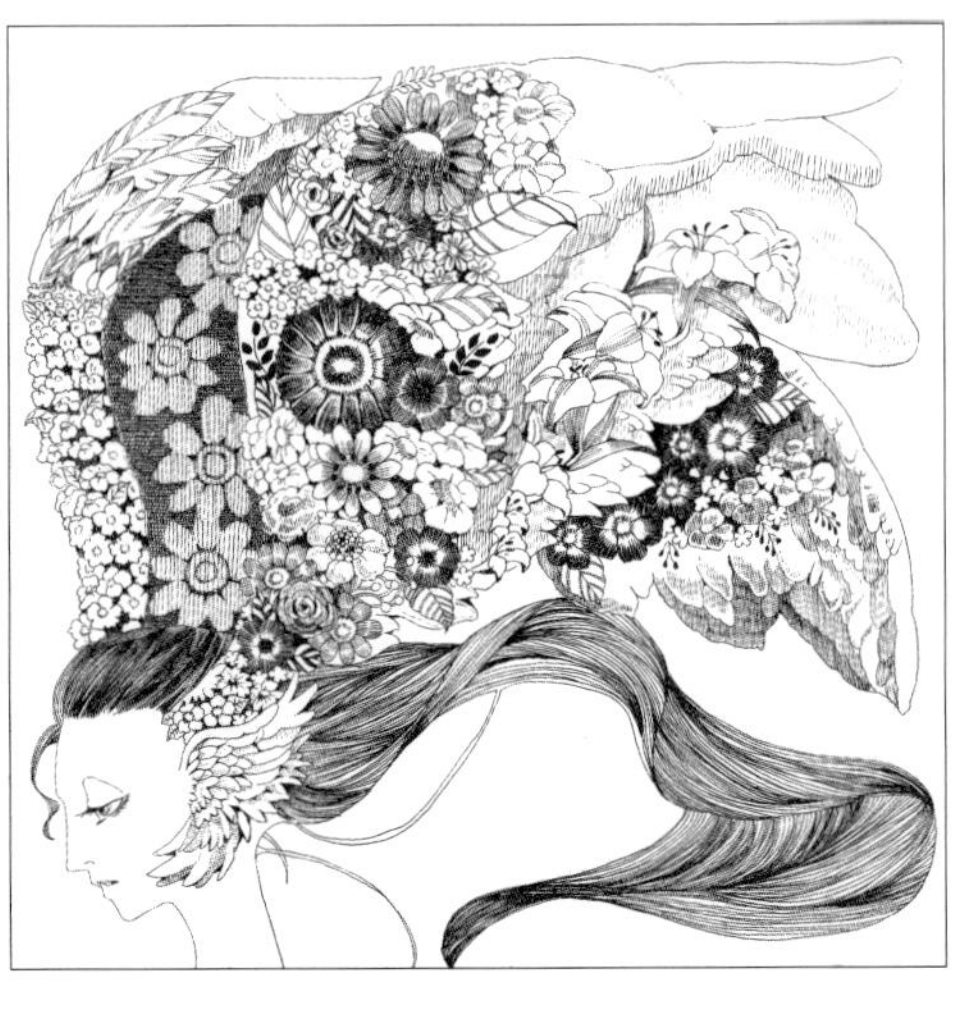

千葉県・さざはら

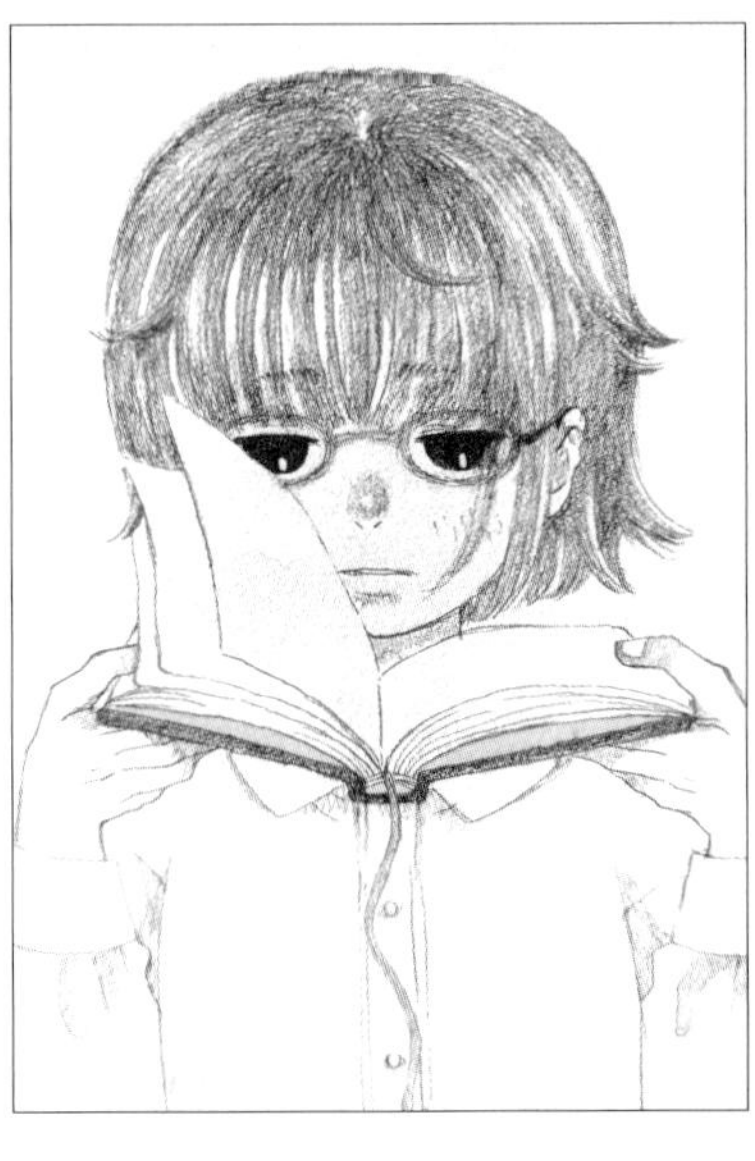

埼玉県・青魚

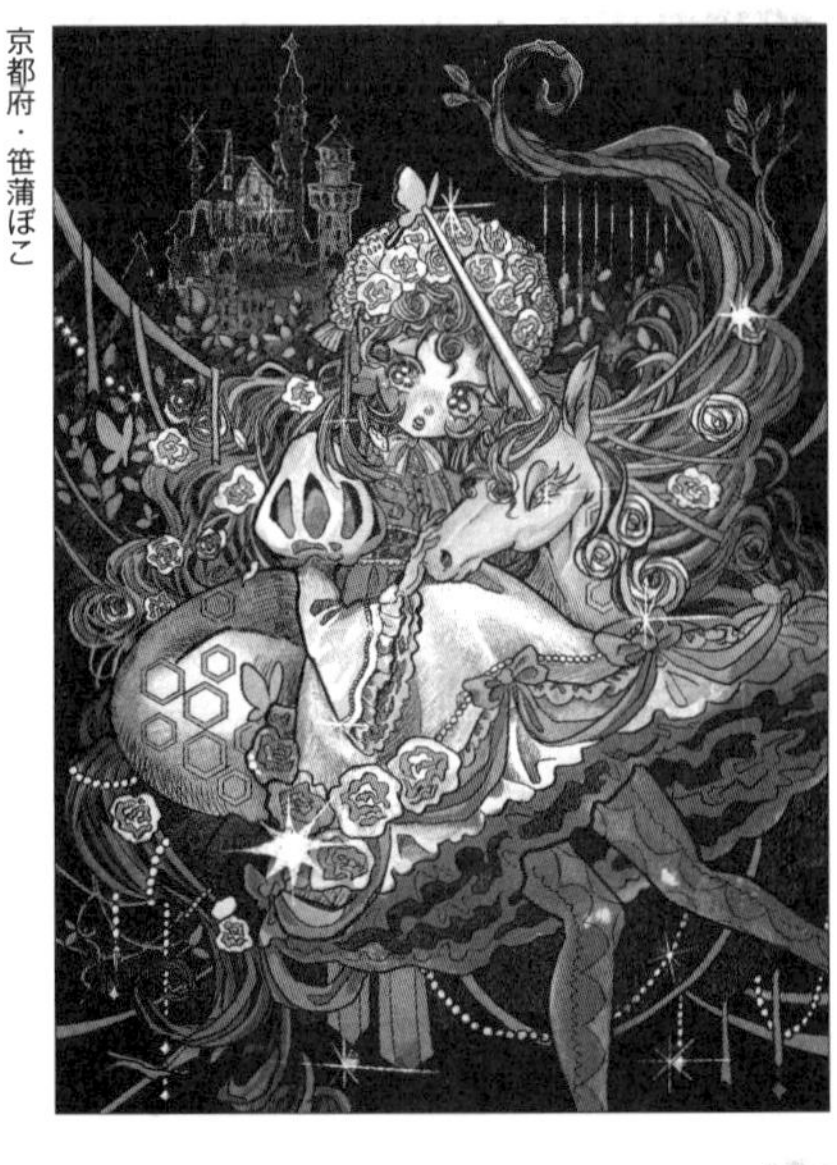

京都府・笹蒲ぼこ

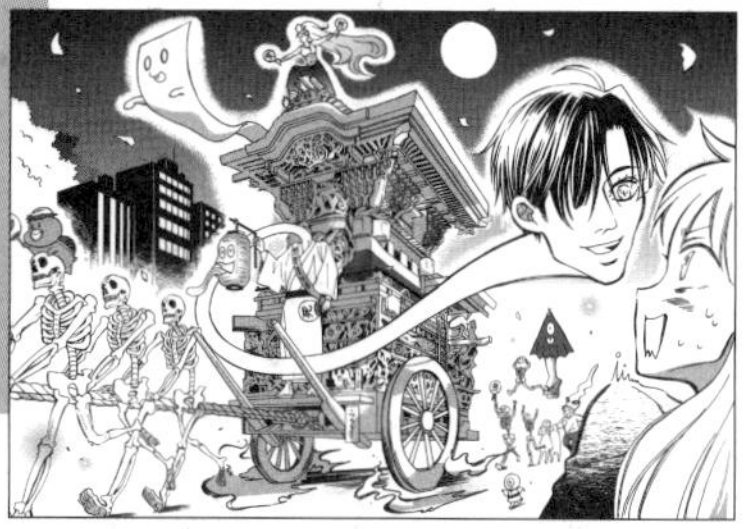
大阪府・大井淑世・37歳

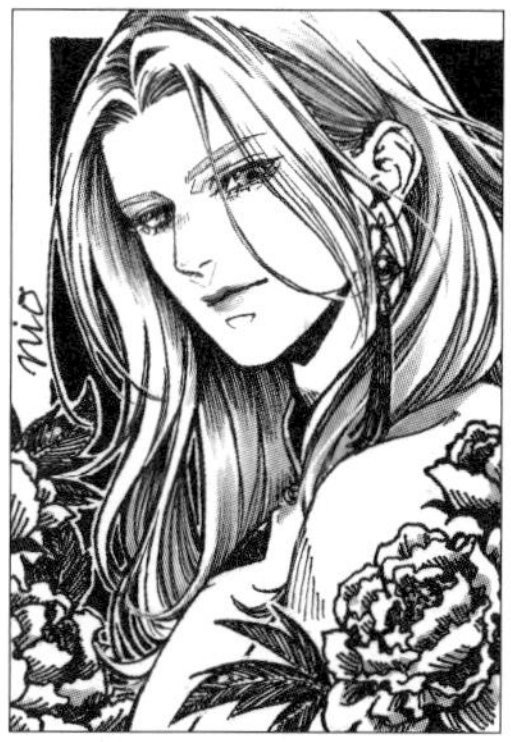
宮城県・Nio

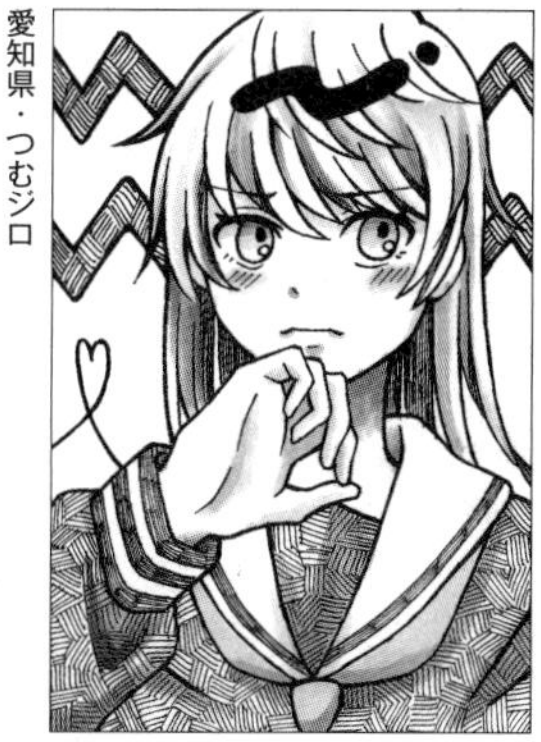
愛知県・つむジロ

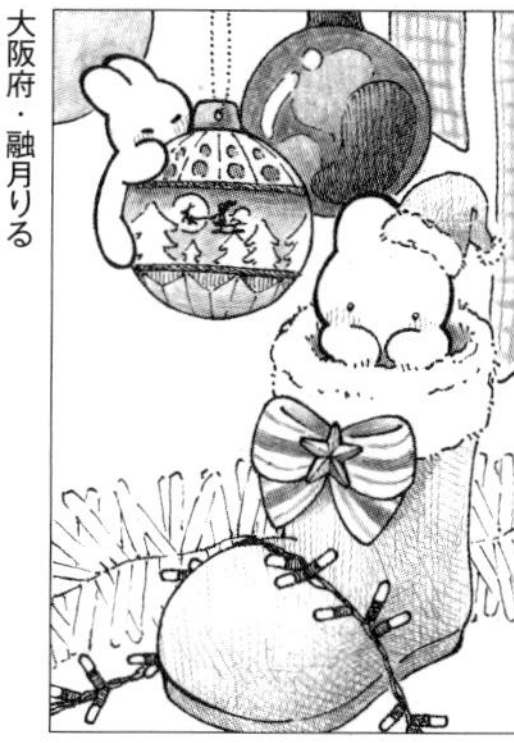
大阪府・融月りる

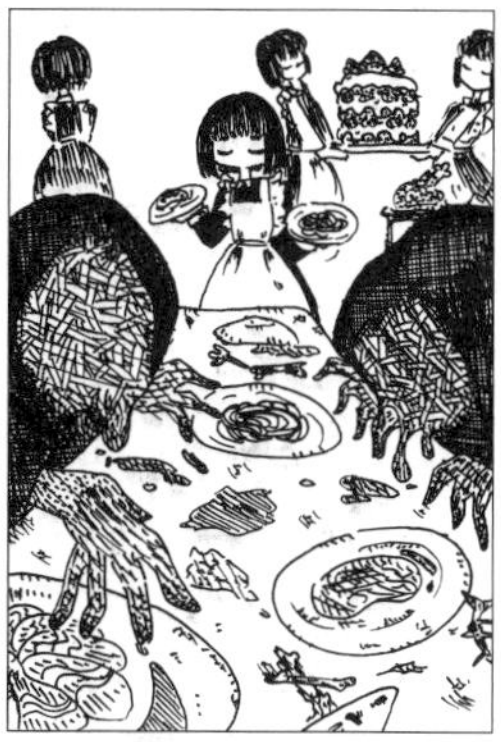
東京都・まるもちカンラン

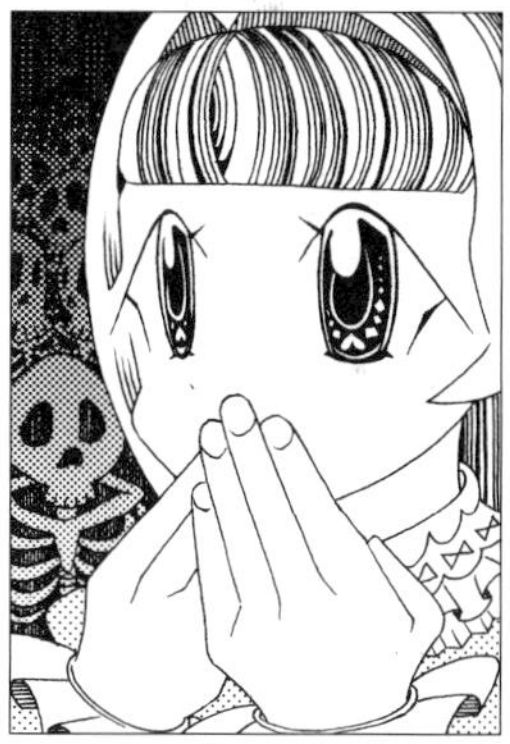
東京都・品一そとと

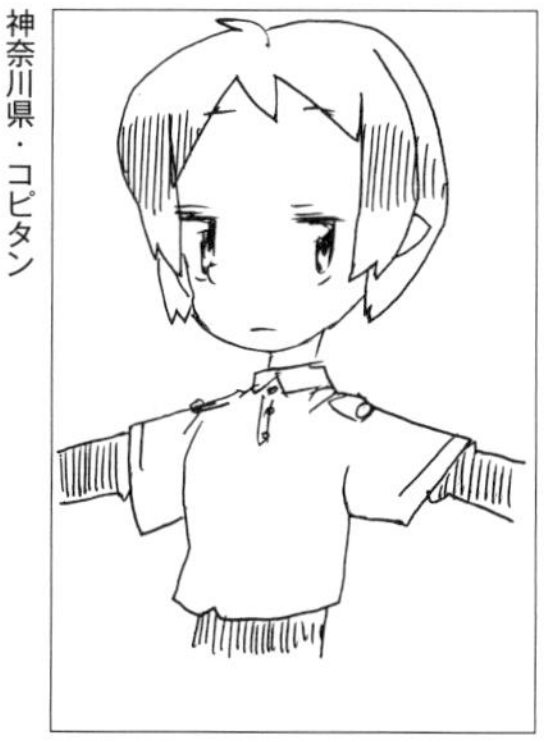
神奈川県・コピタン

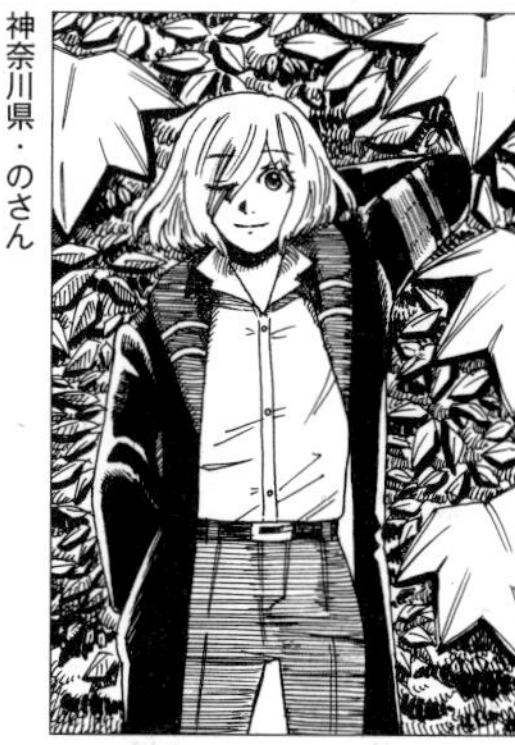
神奈川県・のさん

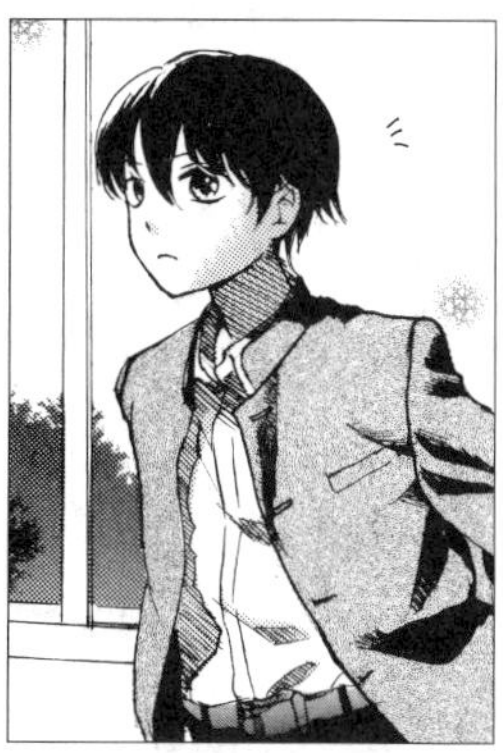
大阪府・保月秋乃

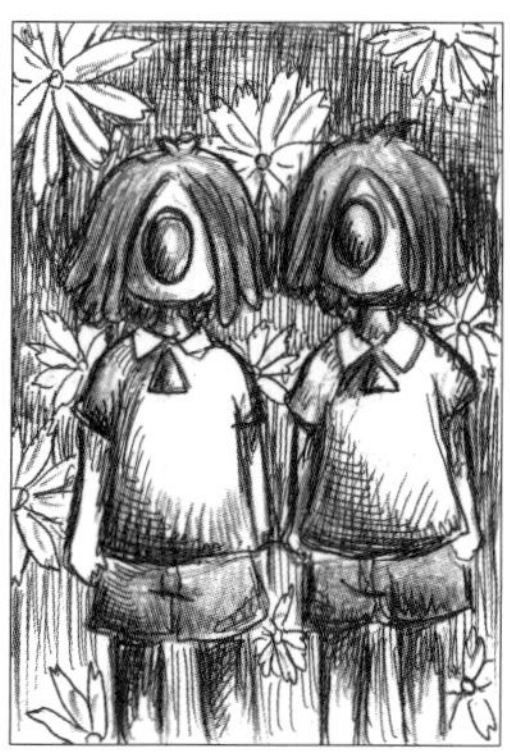
大阪府・田中童夏

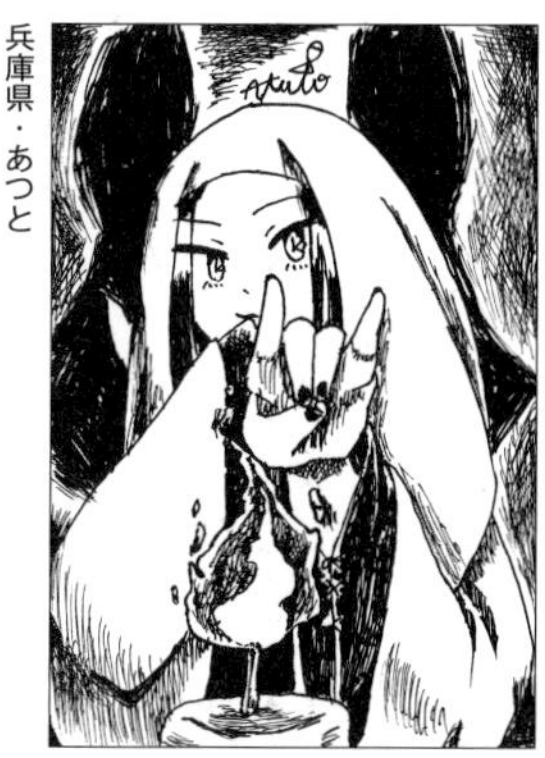
兵庫県・あつと

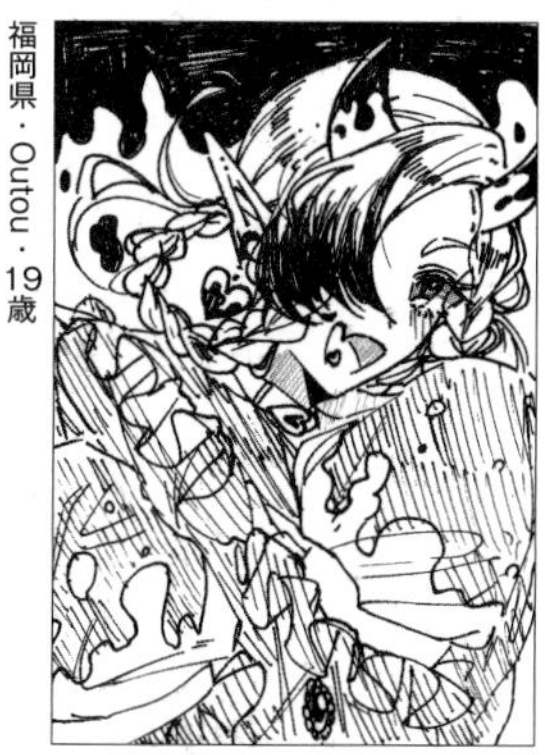
福岡県・Outou・19歳

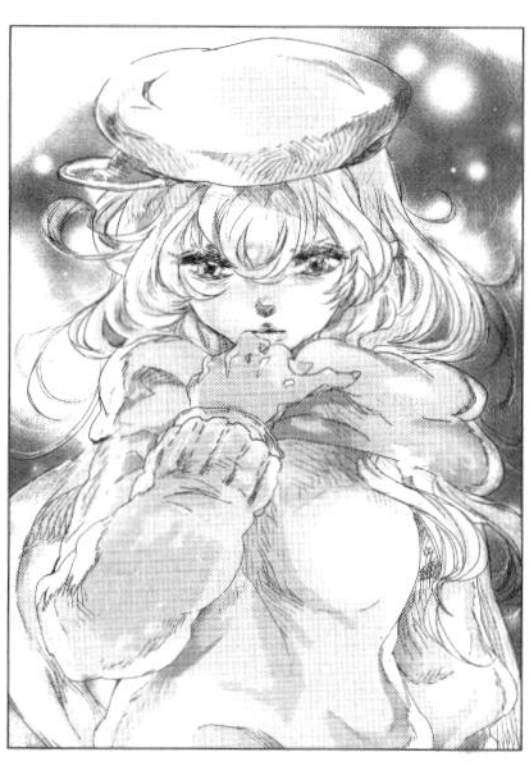
秋田県・あいうねこ

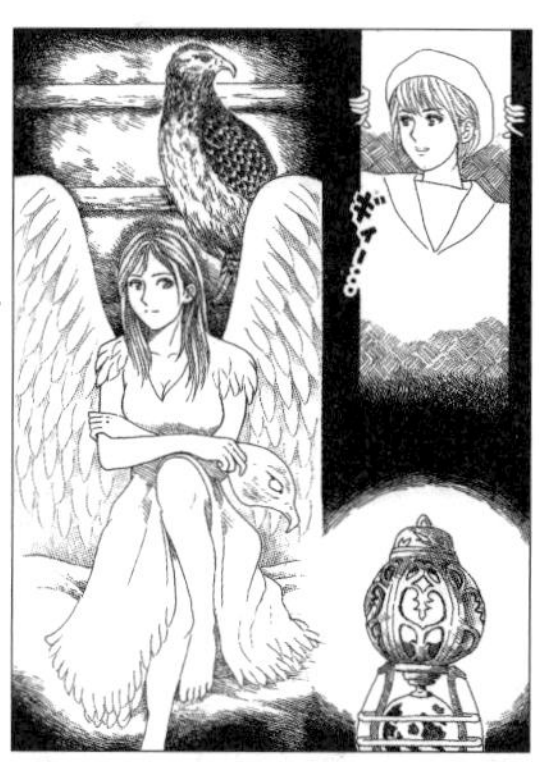
埼玉県・風見☆鶏・67歳

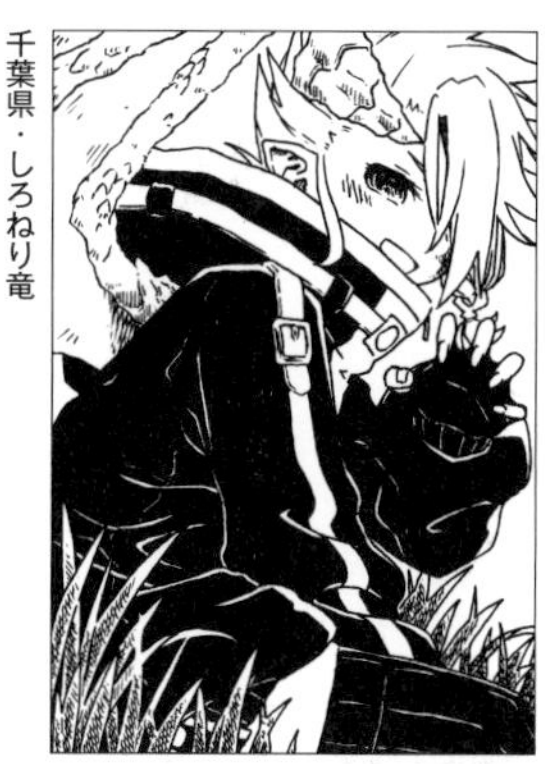
千葉県・しろねり竜

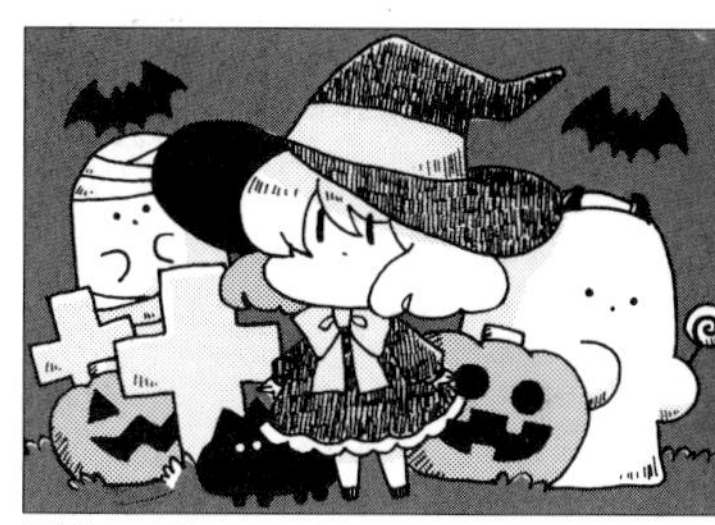
福岡県・侘助

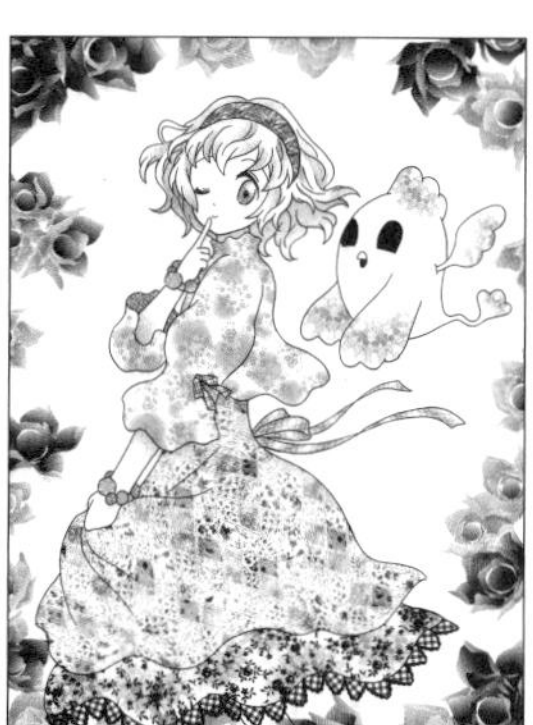
東京都・三田由子

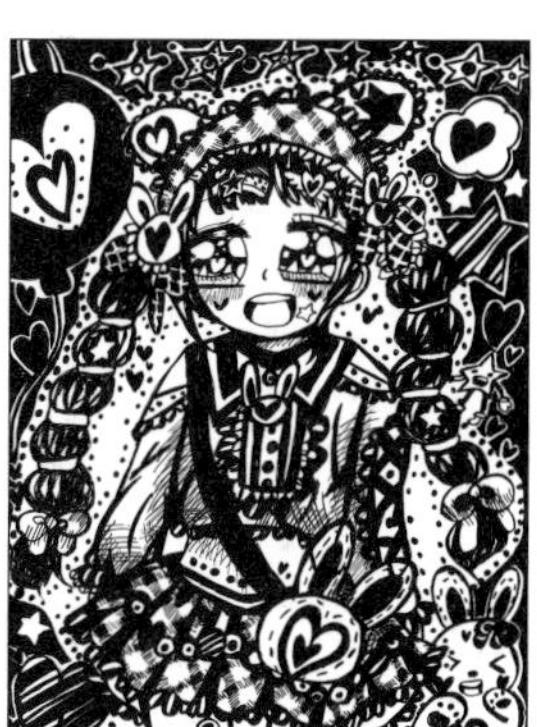
東京都・ひろくまひろみ

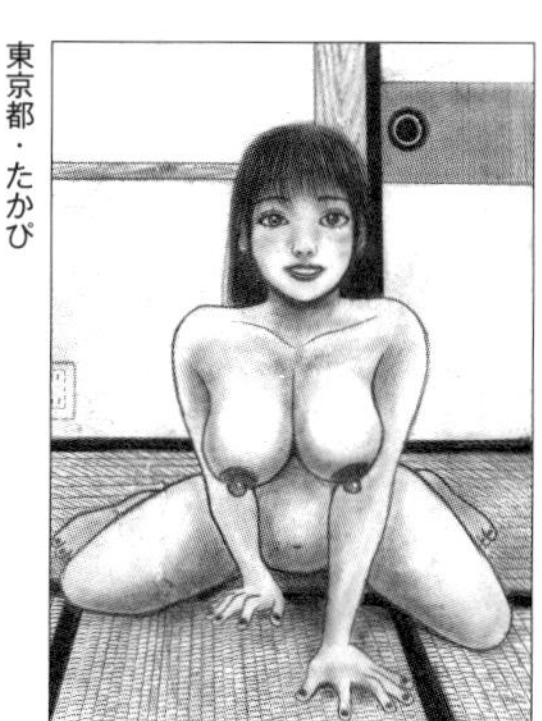
東京都・たかび

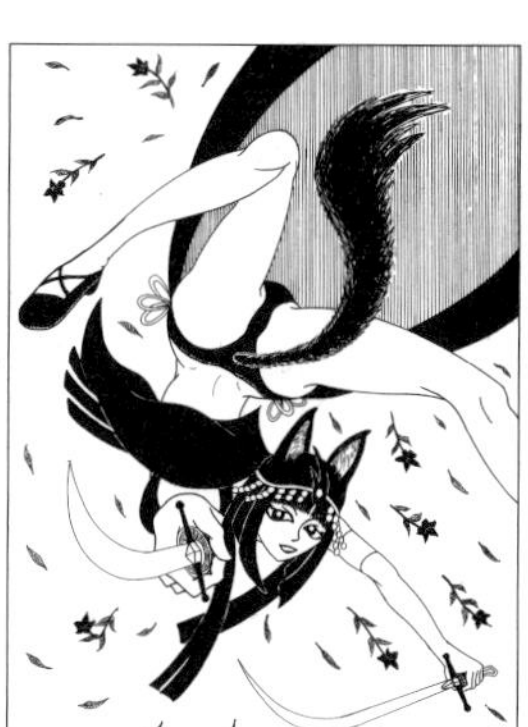
千葉県・鷹野眞二郎・75歳

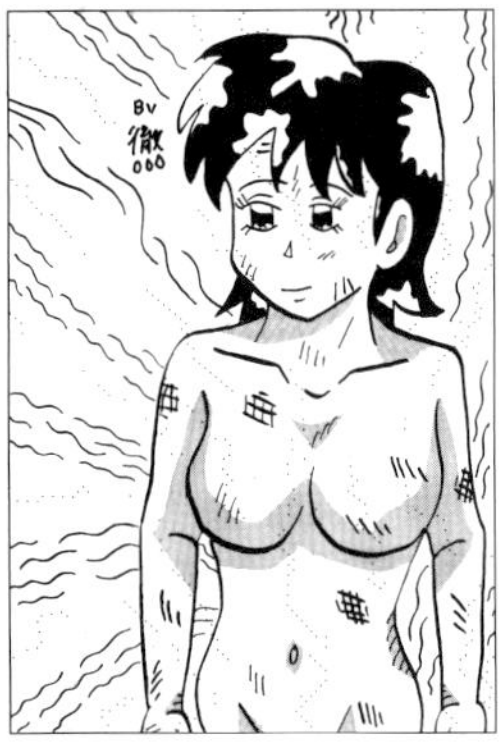
東京都・三峰徹

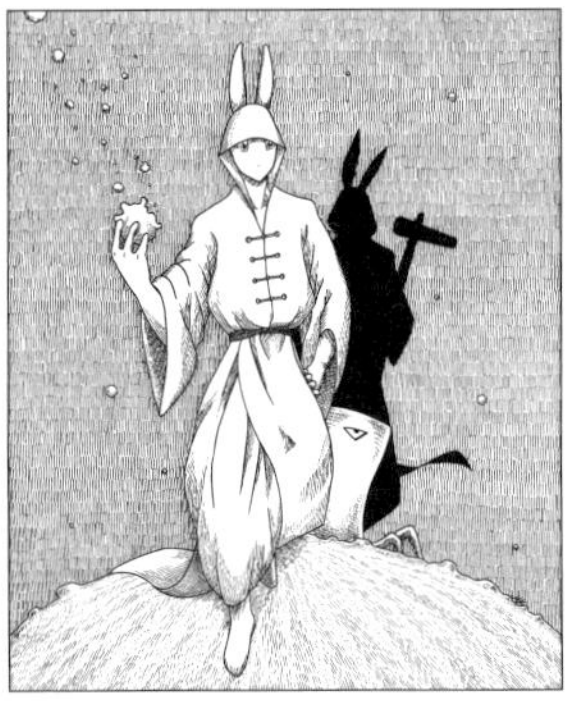
北海道・木村マ衣

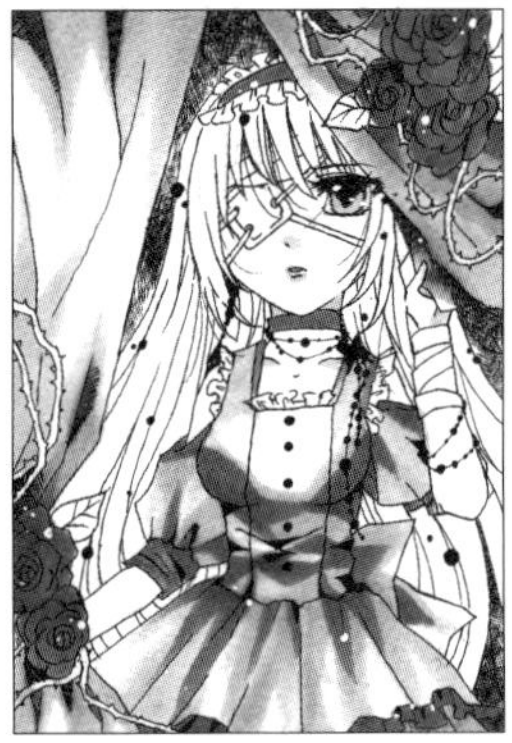
埼玉県・綺良

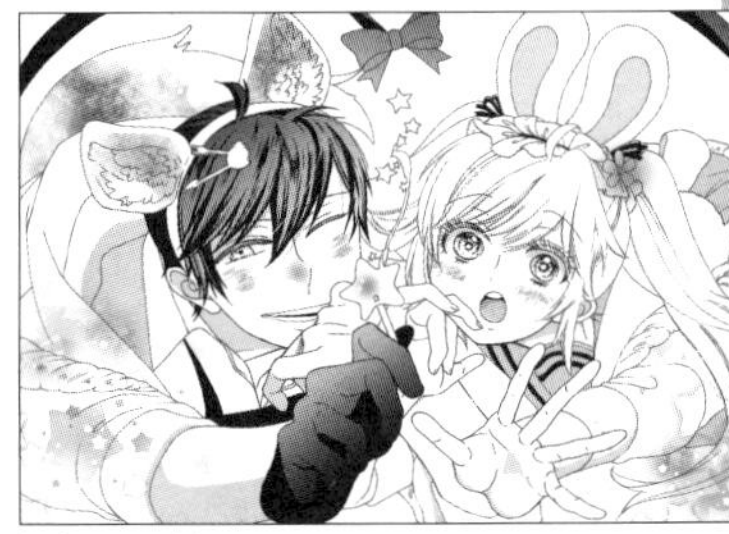
福島県・風波

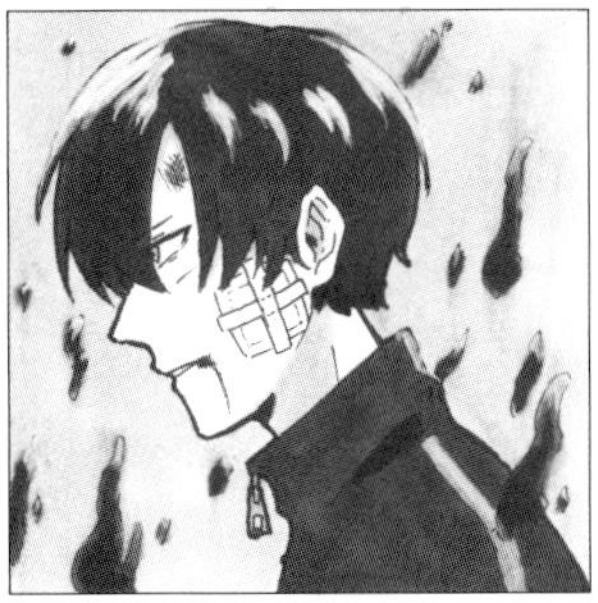
福島県・卯木

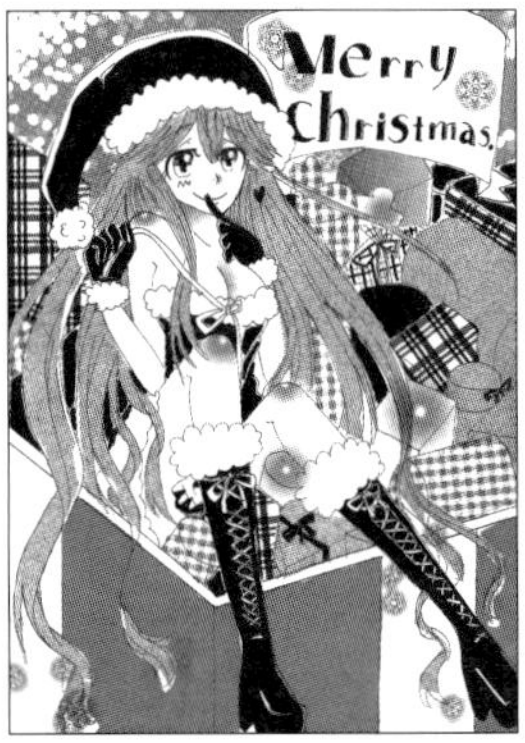

長野県・谷川りおん

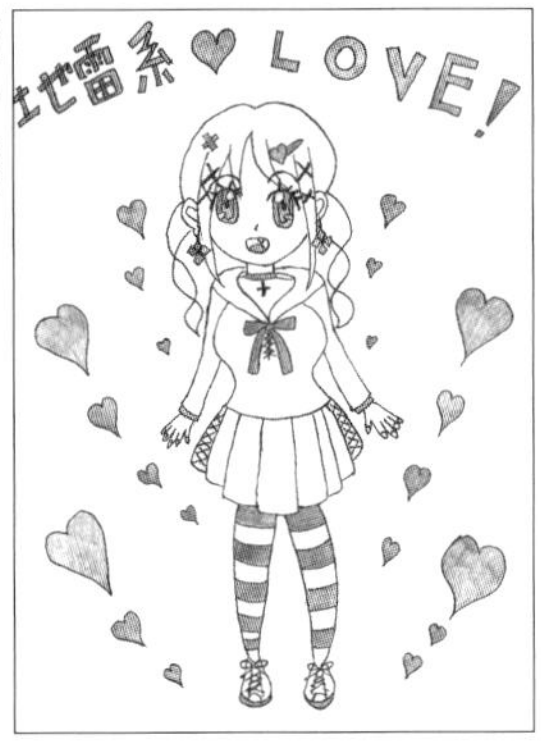

岐阜県・七茶

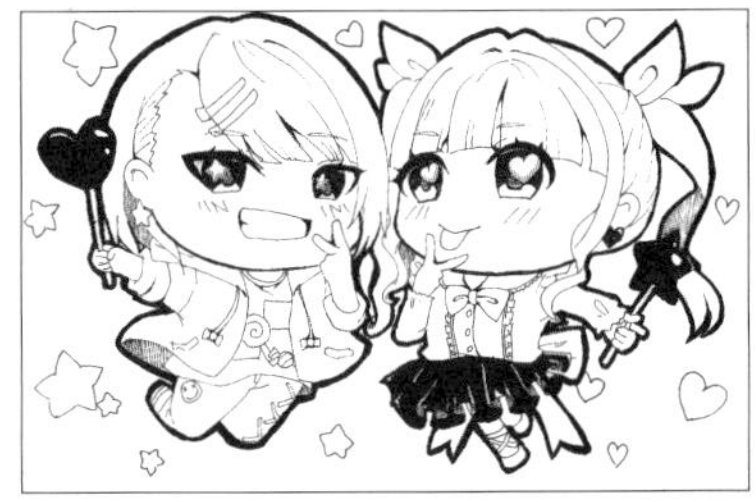
千葉県・寧々

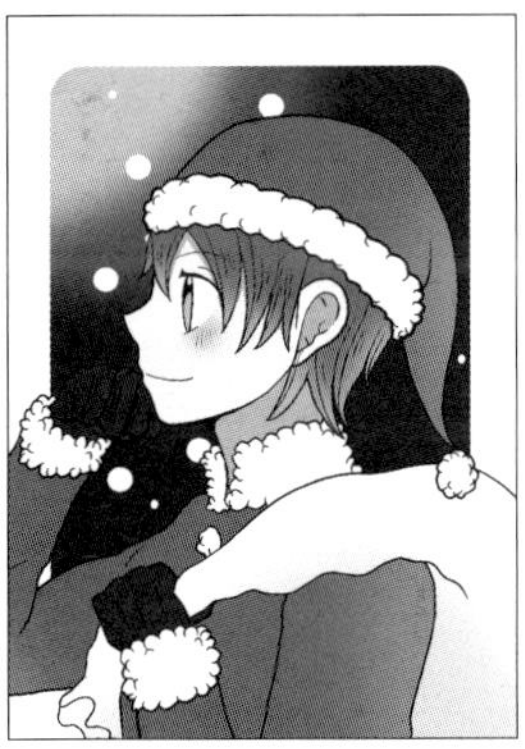
埼玉県・Yu-Sa

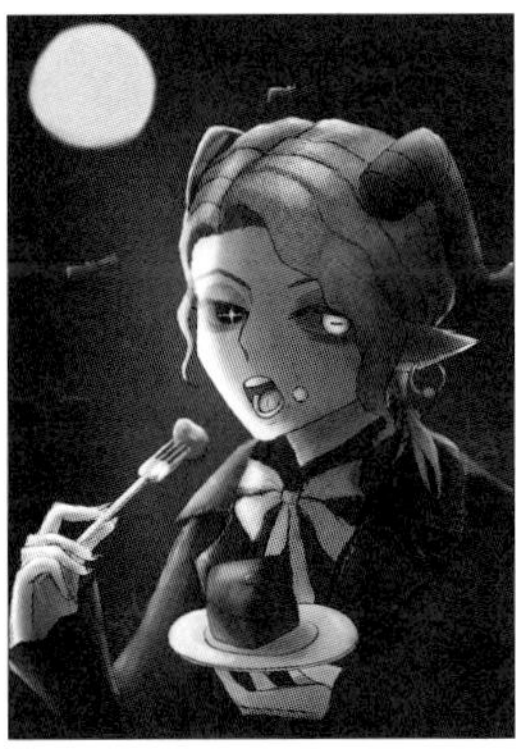
福島県・RouN

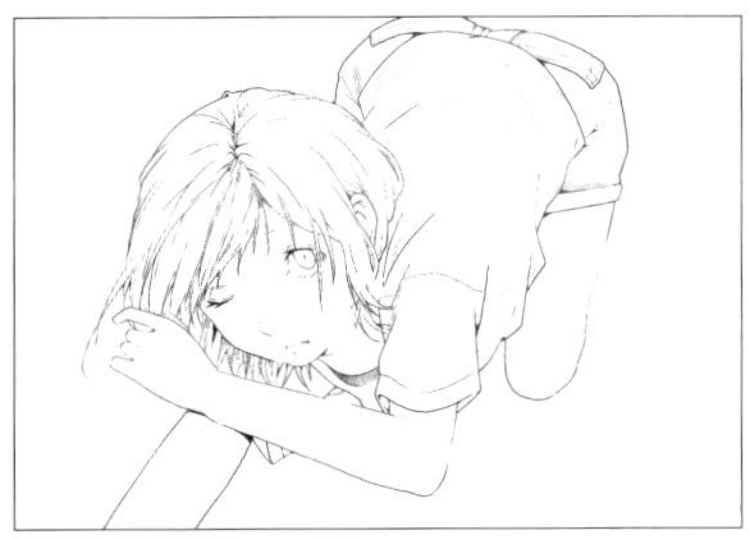
愛知県・泉奈・26歳

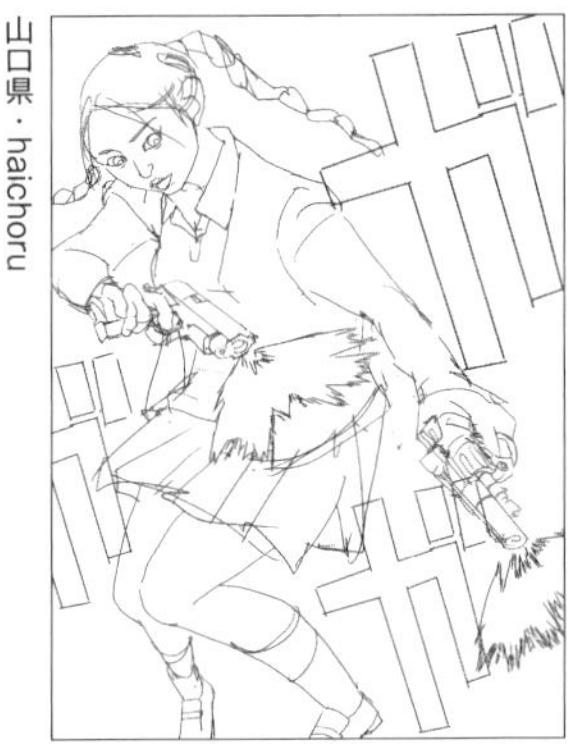
山口県・haichoru

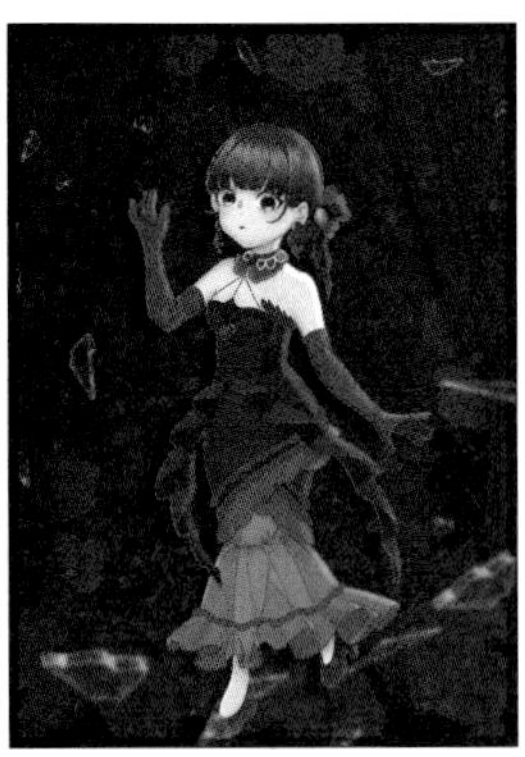
福島県・タラコセンザイ

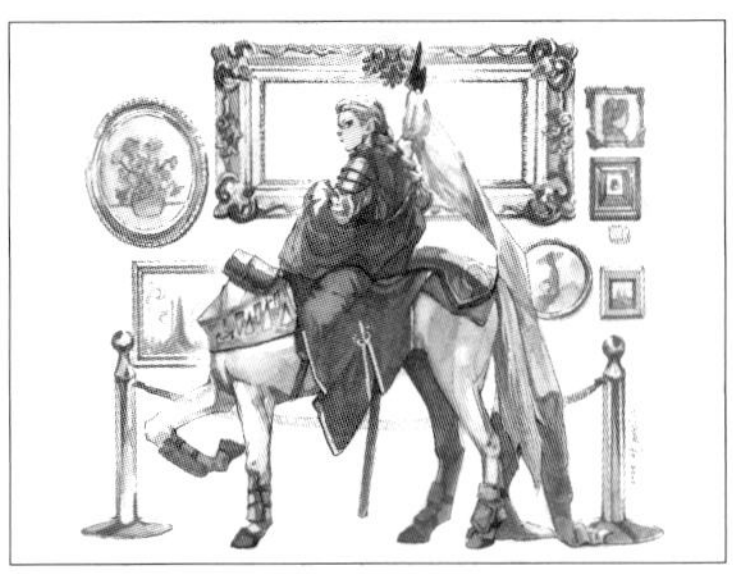
兵庫県・戎井幸一

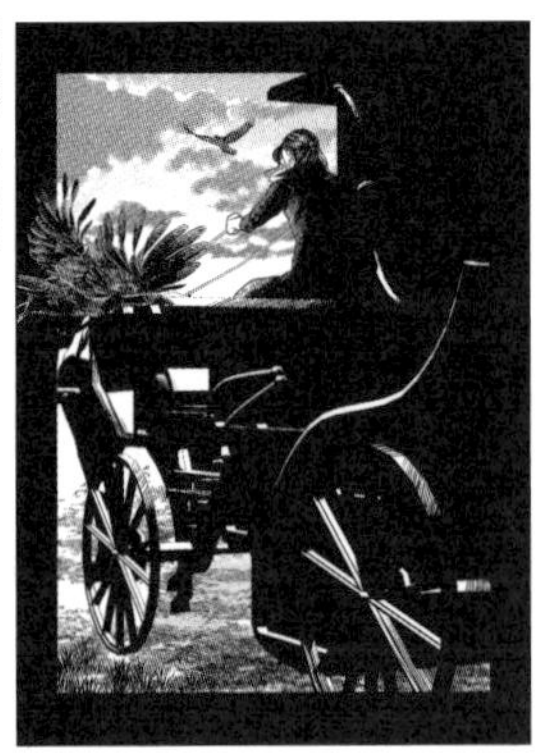
千葉県・タカミン

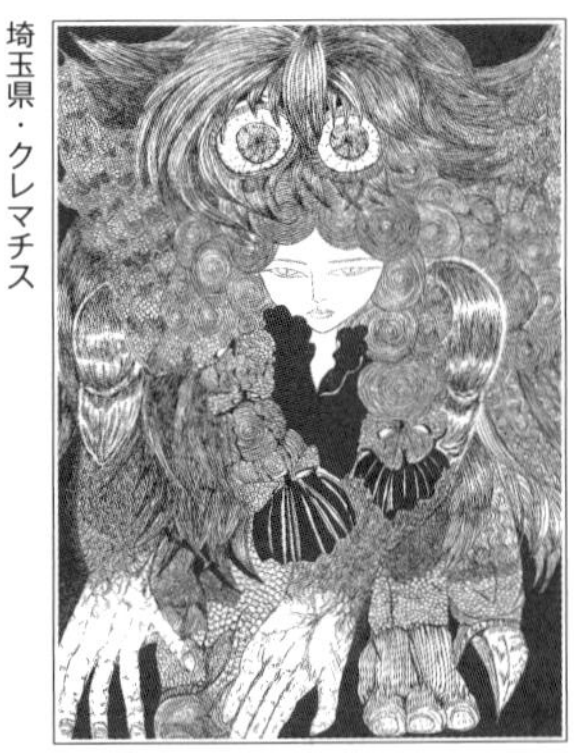
埼玉県・クレマチス

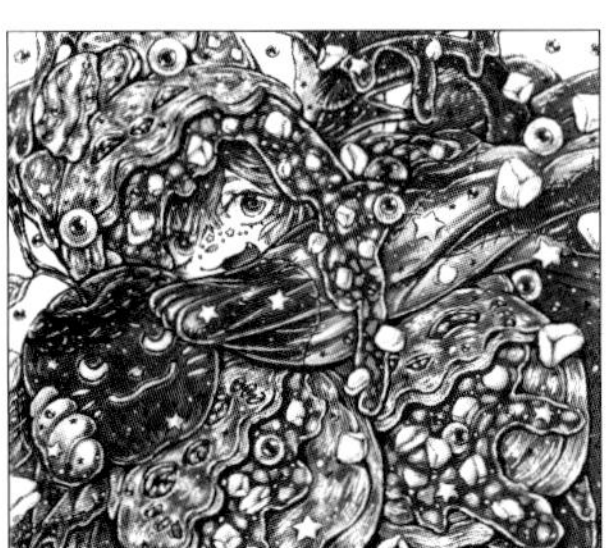
秋田県・ヒビュウ

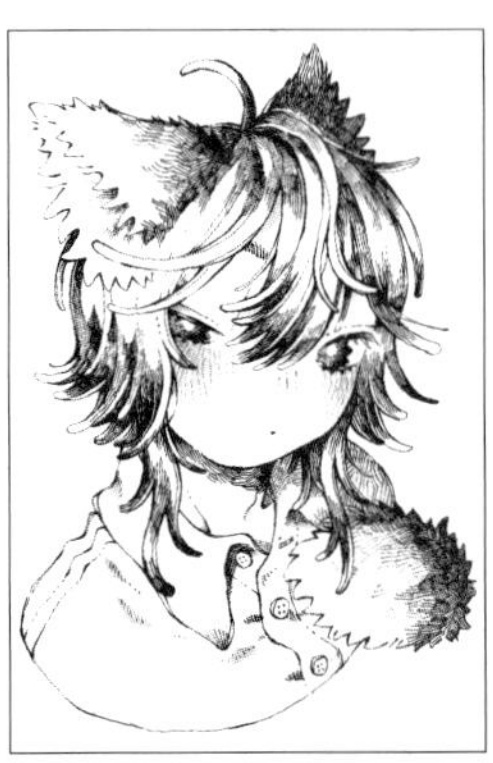
福岡県・七瀬なごり

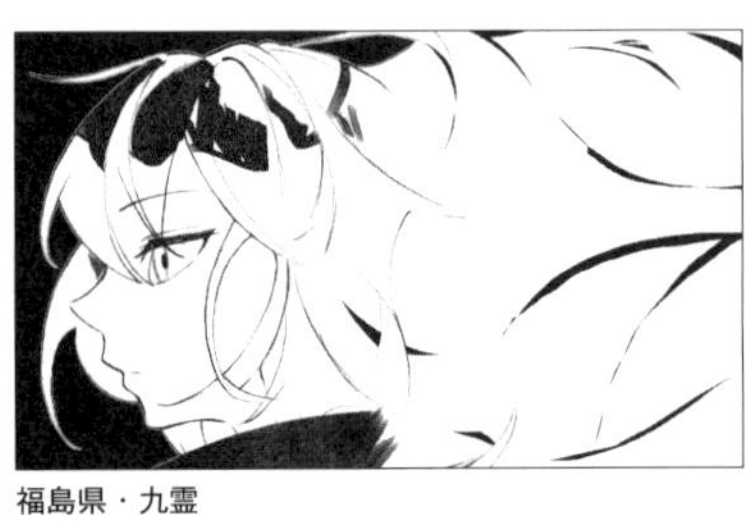
福島県・九霊

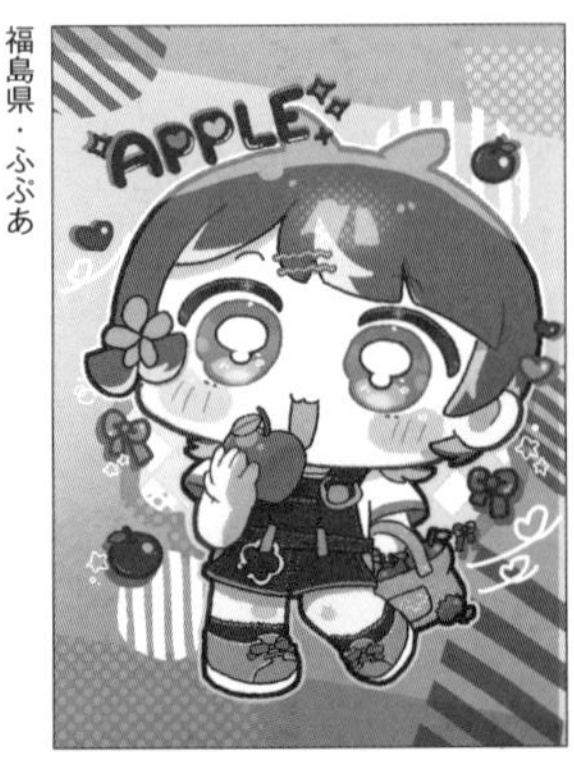

福島県・ふぷあ

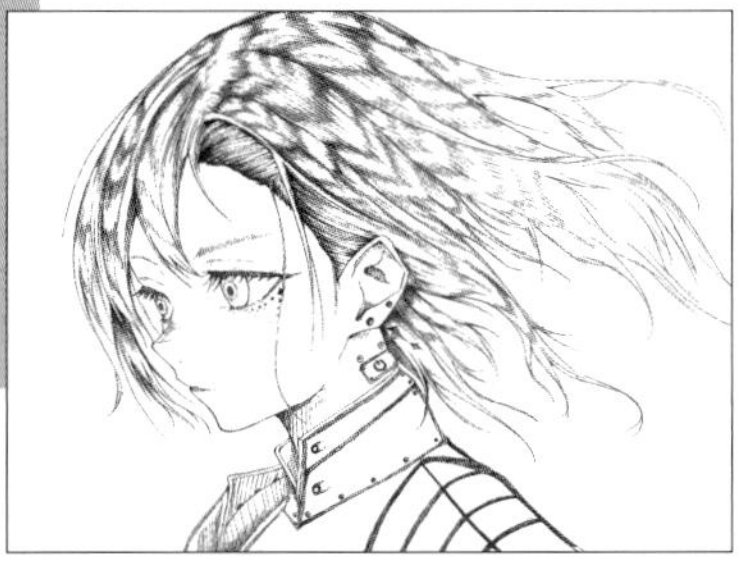

福島県・ゆう

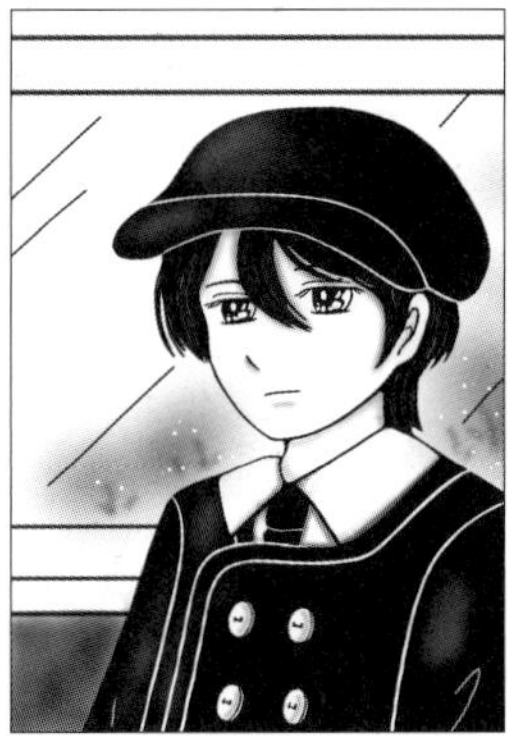

千葉県・潮田ひろみ

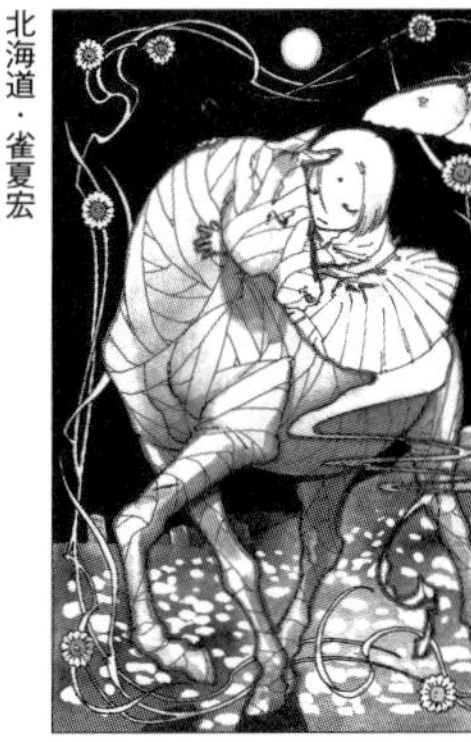

北海道・雀夏宏

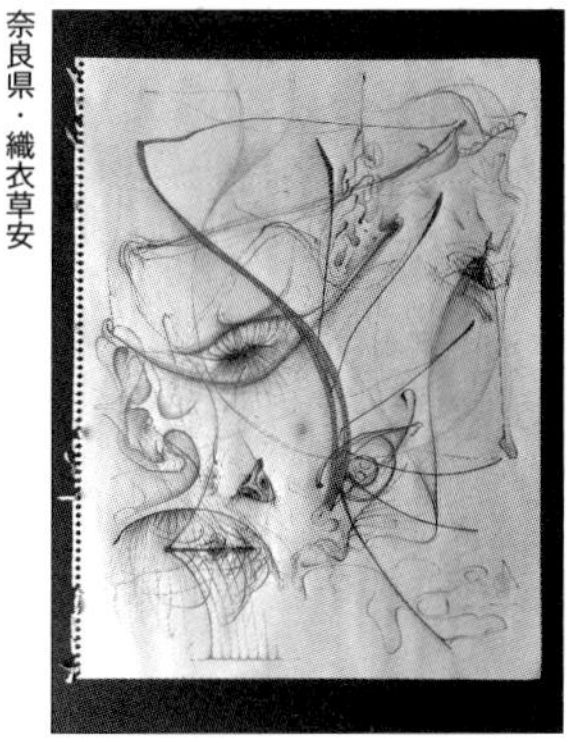

奈良県・織衣草安

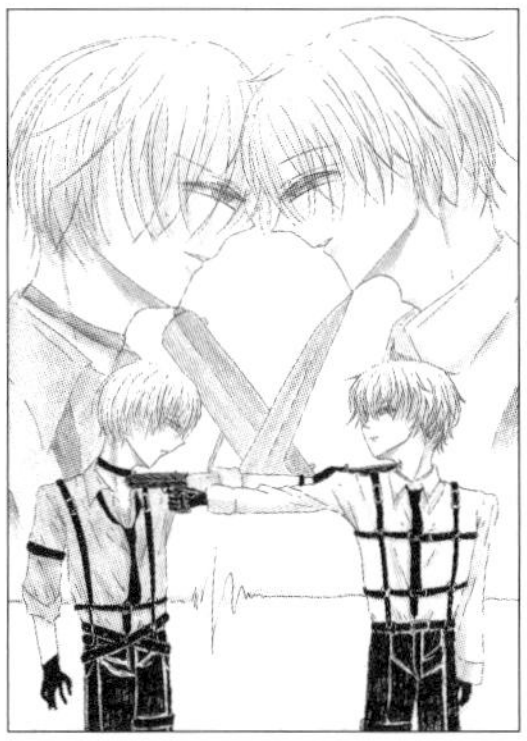

埼玉県・黎羽月雫

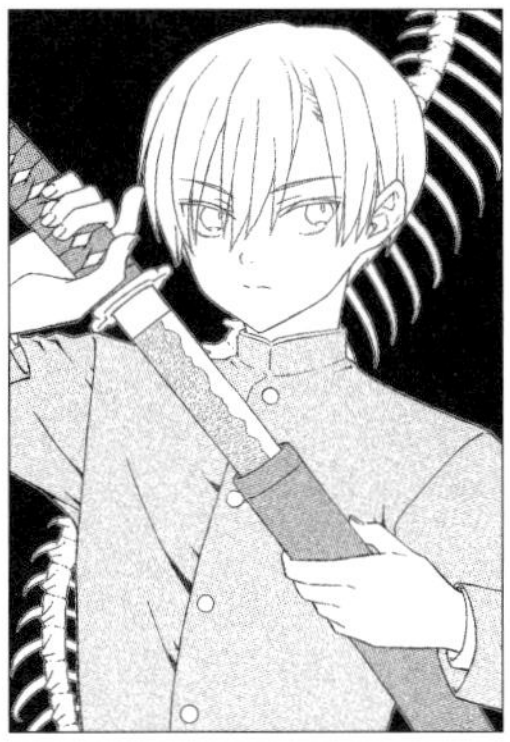

広島県・夜万尋

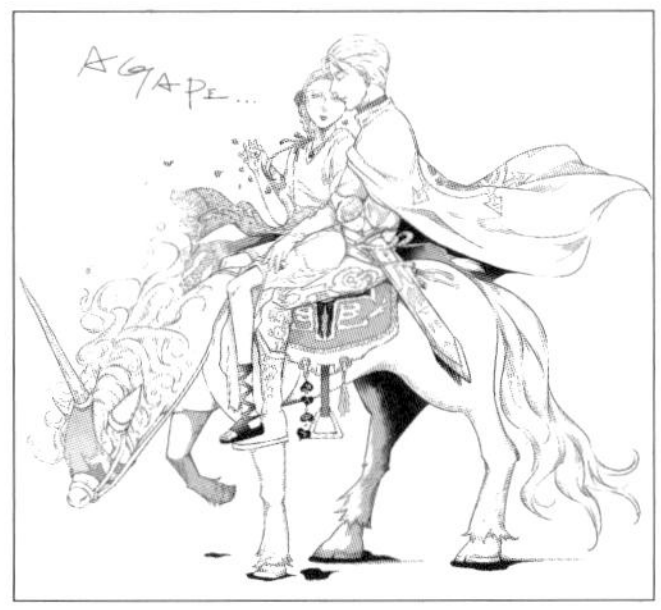


三重県・エスジ

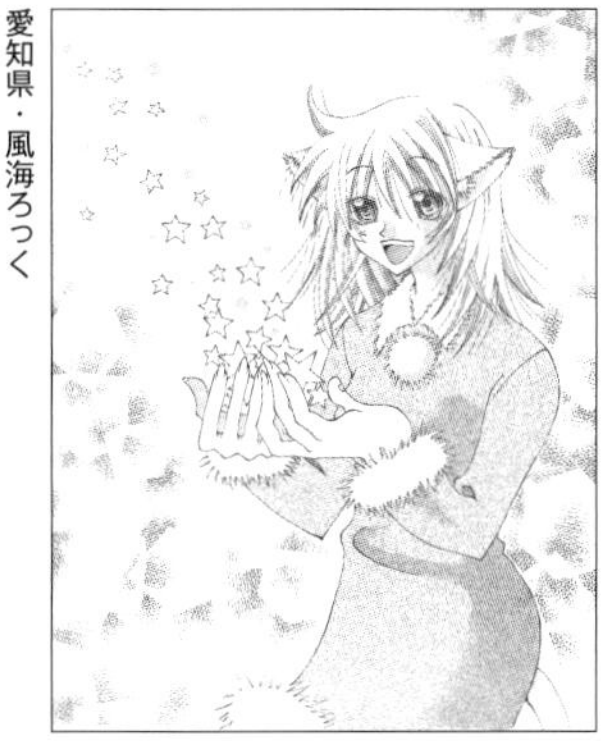

愛知県・風海ろっく

## ピクラ☆ランデブー

今月もピクラ☆ランデブーにおハガキありがとうございますぅ。

それでは、今回もピクピクッとお便りコーナー始まるよ〜！

●TikTokで色んな作家さんなどが〝アナログ〟作画のタイムラプスを投稿しているのをみるのにハマっています!! オススメの配信者さんなどがいれば教えて下さい。

大分県・夕日奏

TikTokですか〜。季刊エスやスモールエスの作家さんたちでは、みひろさんが以前はとても活躍していましたよね〜。芦屋マキさん、てぃらさん、そちらさんも素敵ですよね！

昔から活動している、ゆみゆみやみいさんが面白いねん！ 色鉛筆やマーカーの作画。キャラが自分の手が描かれているところを見ていたり、メイキングとアニメが混ざっていて楽しい！ ぜひ見てみてほしいですぅ。

●100円ショップの小さめのフレームが日々豊富になっていてすごい！ 紙類やラッピング系も、てのひらペーパーやATCにミニ色紙に添えても可愛いし、他にも原画キーホルダー等、大きな紙と向き合う時間とはまた別に、強く構えず身近に絵を楽しめる機会が増えるって素敵だなと思います。

福島県・風波

「季刊エス」の妹雑誌の「スモールエス」でも、小さい用紙を紹介してきました〜。紙のメーカーのミューズが出している豆色紙はホワイトワトソンとコミックケントがあって描きやすいです！「季刊エス」で色鉛筆による「おかしの描き方」を連載してくれている是都さんがパッケージを描いていますよ〜。

確かにエス運営のギャラリーエクリでも「てのひら原画」と呼ばれる小さい作品が展示されることがありますぅ！ 風波さんが仰るミューズの「てのひらペーパー」も人気ですよねん。とともも、てのひらチェキとか、てのひらタイツを販売しようかな〜。

●この号が発売する頃には夏アニメも終わって秋アニメが佳境に入っていますね…！ 最近では家族の影響や原作にハマっているから等、様々な理由で毎クール2〜3本は視聴しています。大好きな作品に推しのスタッフさん・キャストさんが関わっているとすごく嬉しいです！

長野県・谷川りおん

アニメは毎クール何がはじまるか楽しみですよね〜。

取材した漫画作品を、お世話になったアニメ会社さんが手がけていると確かに嬉しいねん。ととんちもママがめっちゃアニメ見るですぅ。この前、「BLを見ちゃうなんて、ととちゃんを驚かせるかしら?」って言われたねん。

あのスーパー美人ママだね…。エス編集部にパンを焼いて定期的に持ってきてくれてありがたいです〜。

●「ふしぎかわいい」特集では、ぬいぐるみや置物の作家さんたちが紹介されていて、面白かったです。あまりそういう作家さんが紹介されている雑誌はないと思うのですが、前にもかわいいぬいぐるみが紹介されていましたね。編集部の皆さんもお好きだったりするのでしょうか。

鹿児島県・かみむぅ

これは本当に、編集部の机はぬいぐるみだらけやねん！ みんな好きな作家さんが手がけたぬいぐるみや陶器、ソフビを置いてるですぅ。

ピクラのグッズも作って欲しい。僕もみんなの机に登場するよ〜。

ととは今回のデザフェスでも、nanikaさんの作品をお迎えしたねん…！ ぬいぐるみが二人になったのですぅ。一緒に寝てるねん！ 皆さんも作家さんたちの立体作品をお迎えして欲しい〜。ではでは、次回も身の回りのこと、絵や漫画、創作イラストのお話、悩みなどを聞かせてねん！ ととやピクラのイラスト投稿もお待ちしてます〜！

次号もピクピクっとお便りお待ちしてま〜す♡

これっておまる…？ 小さくなった女児とと？ ピクラの陽気なカメラアピールの顔も面白い〜。

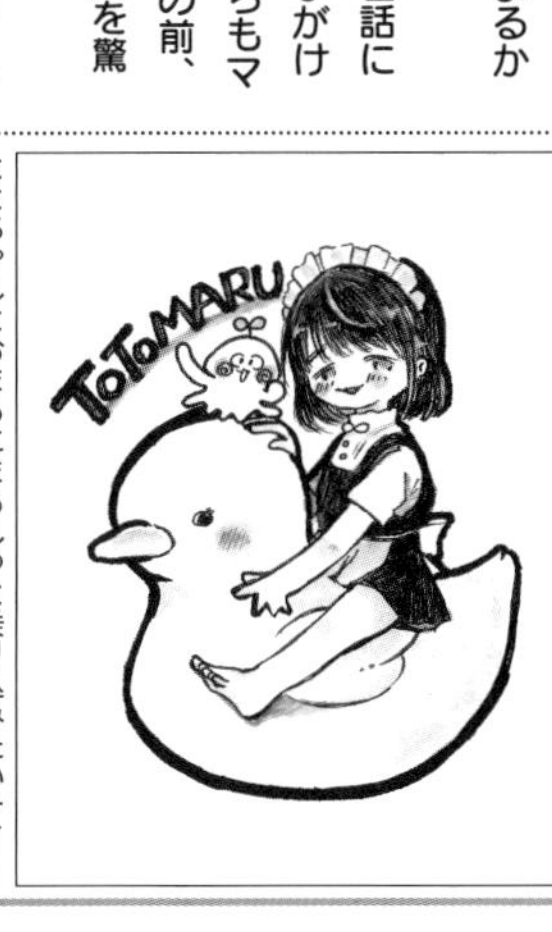


ととちゃんとおまるにまるんっと乗り込みたいティー☆チャー（ととちゃんに恋魔法をかけられたいティー♡チャー）

猫ちゃんピクラと遊んでいるとと！ ねこじゃらしで遊ぶととの表情を可愛くしてくれて嬉しい〜。

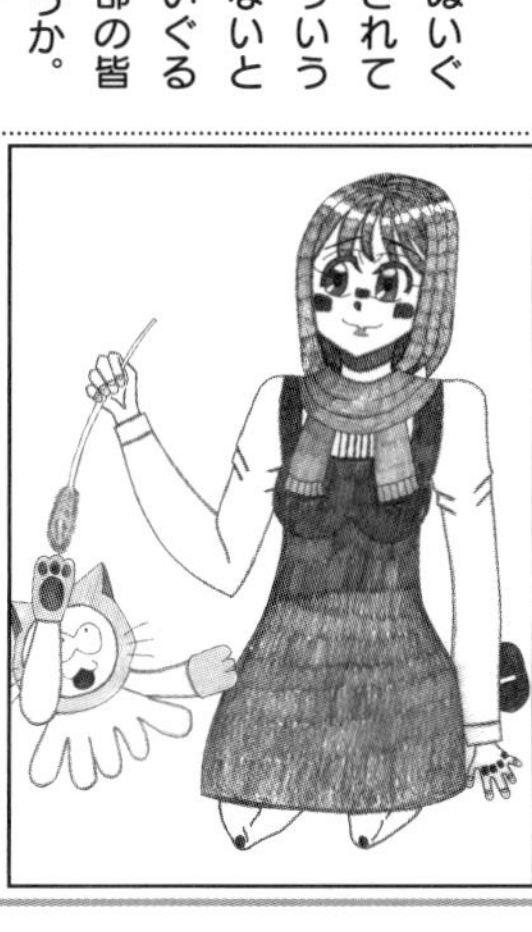

徳島県・阿波アイ

# spaceS ONE MANGA

シリアスからギャグまで
みんなの1Pマンガを紹介するコーナー

福島県・庵冥

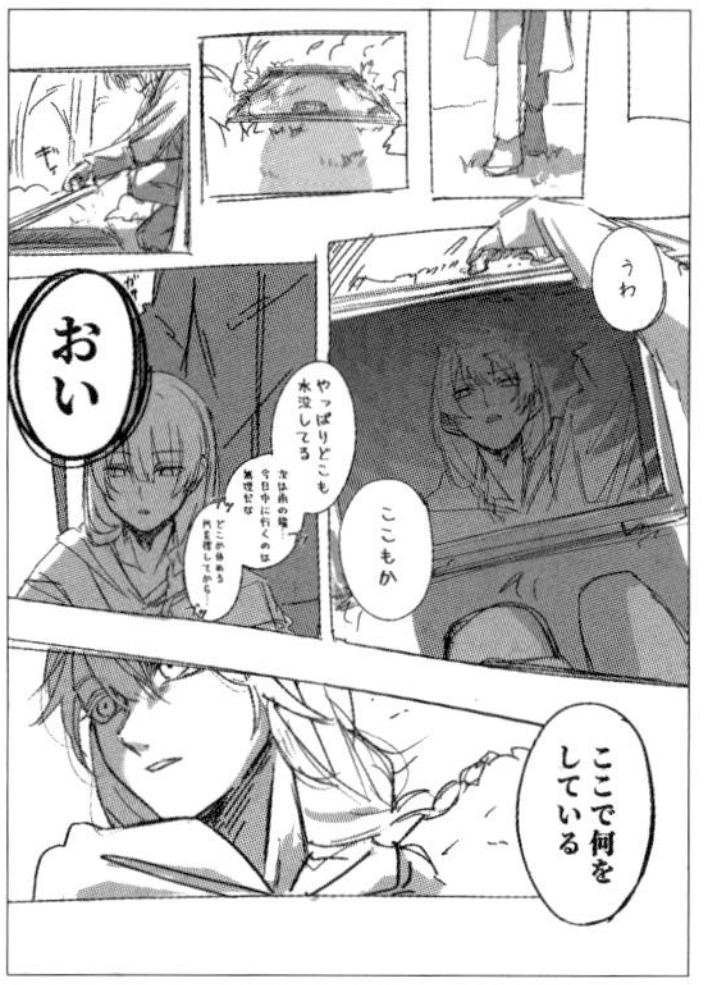


鳥取県・rosyemu

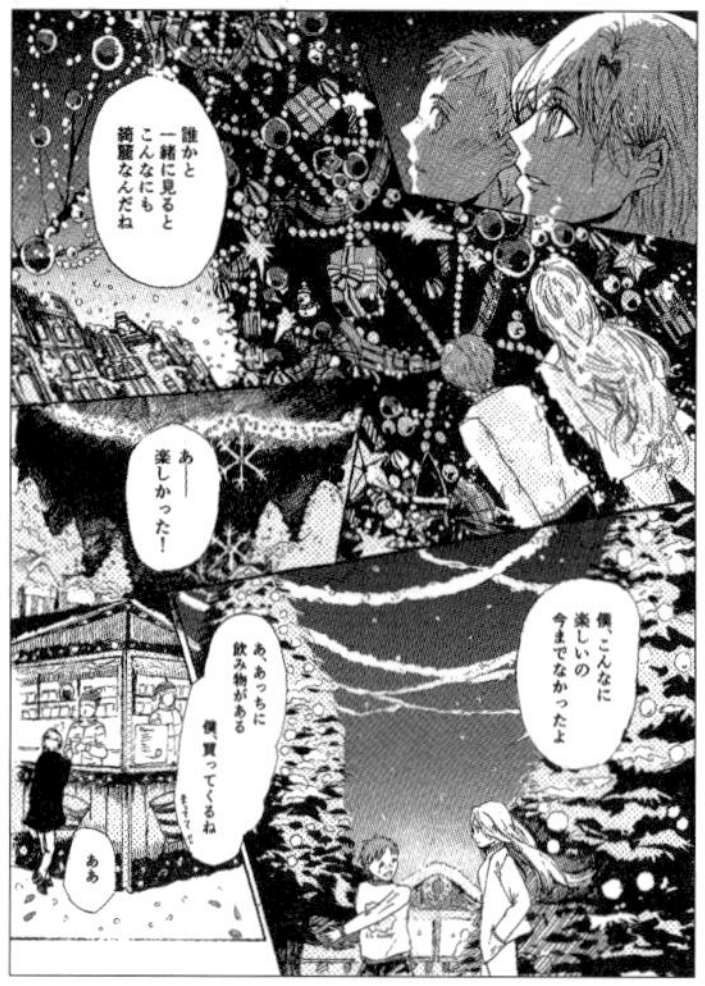


埼玉県・82

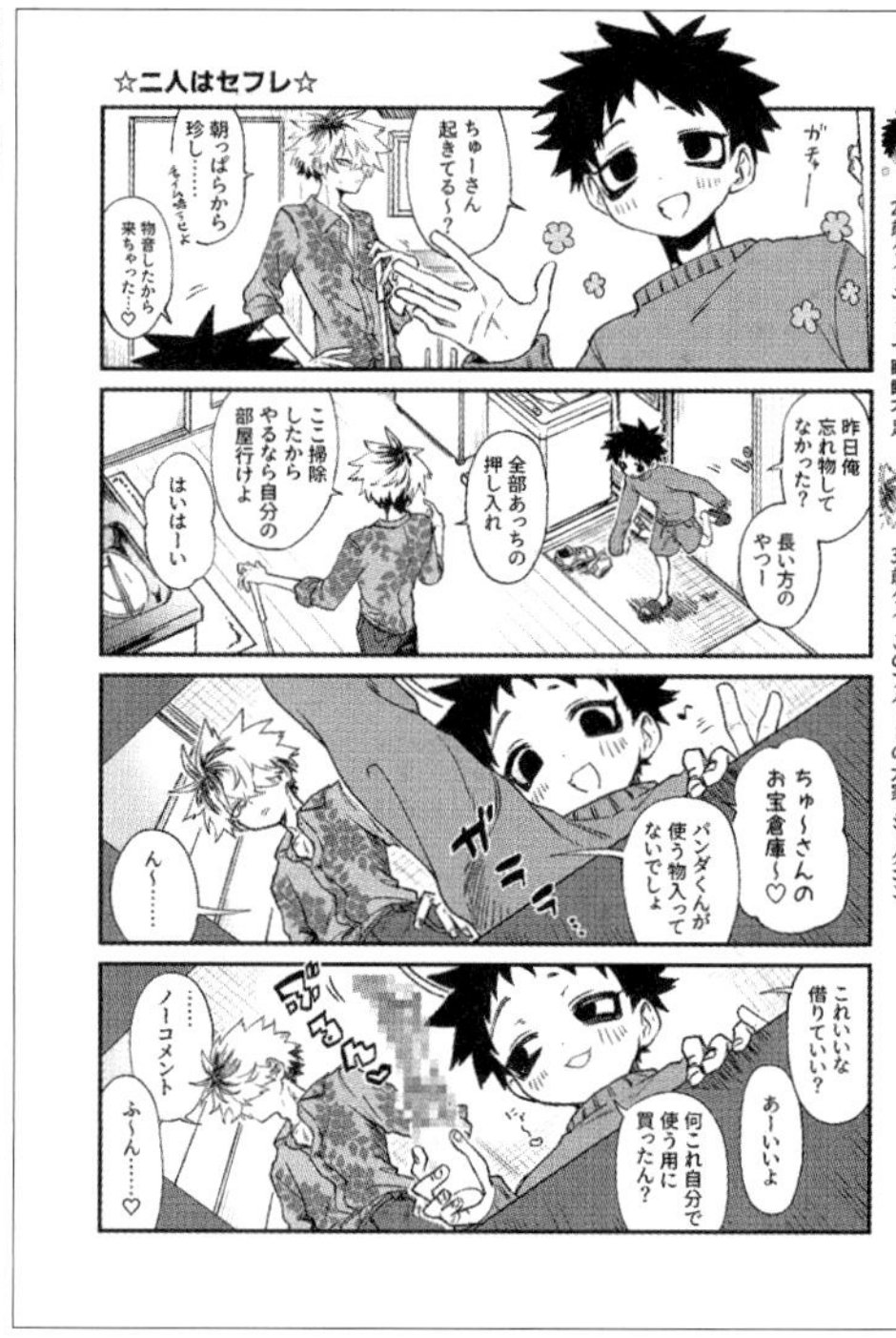


福岡県・とりり

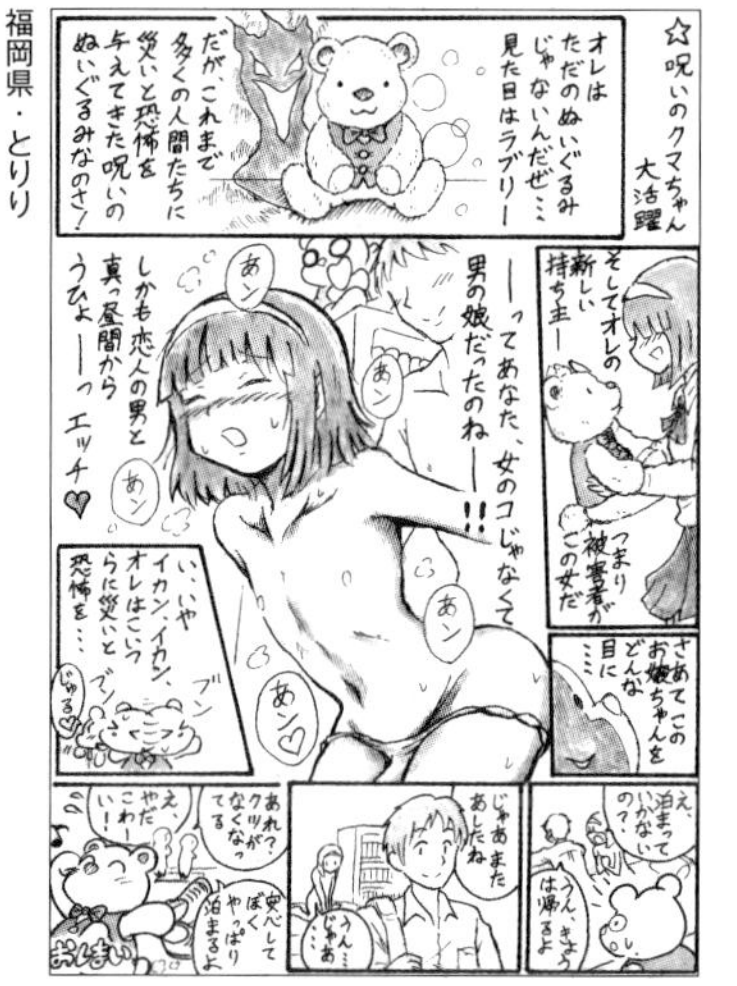


兵庫県・三代目樹里

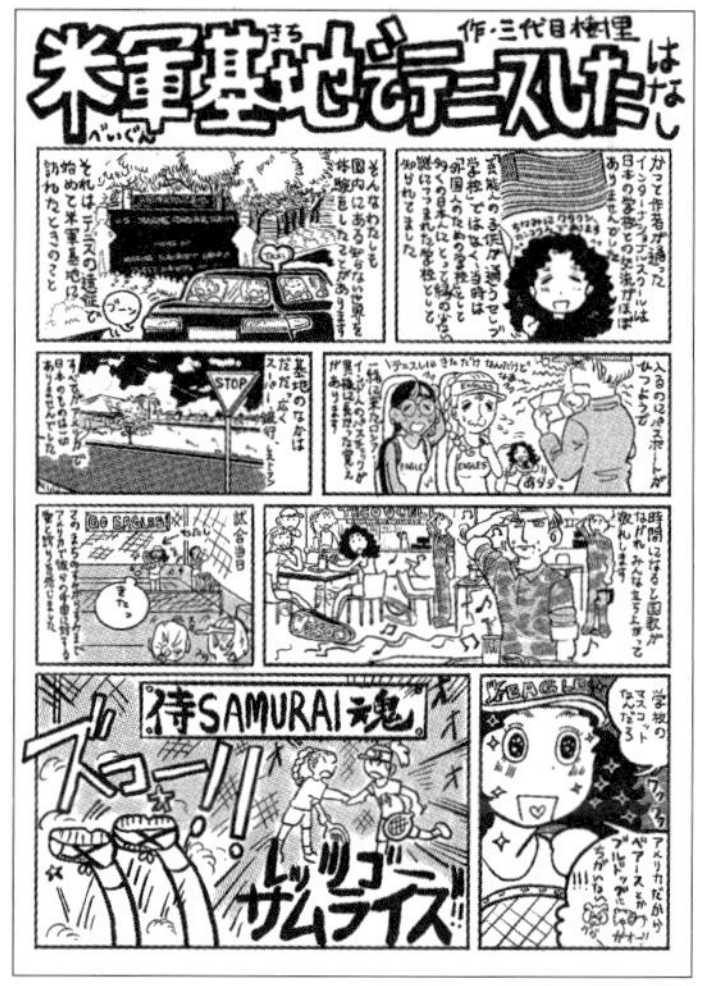


# starS & spaceS 応募の決まり

★ starS
カラーを中心としたメイン投稿コーナー

★ spaceS（作品タイトルは不要です）
「じゆうとうこう」白黒の自由な絵を送るコーナー
「ONE MANGA」1Pの漫画を投稿するコーナー
「ピクラ☆ランデブー」近況や気になる話題、質問したい事を送る文字投稿コーナー
「トークイラスト」近況や好きなものの話題をイラストつきで送って下さい。「SS」の「Ssay」と同じコーナーです！

●郵送でおくる場合

★応募要項
以下の要項を作品の裏面に記入してください（複数作品応募される場合も必ず個別に書いて下さい）
1 投稿するコーナー名（例：「StarS」「SpaceSじゆうとうこう」など）と、S何号宛のイラストなのか必ず記入してください
2 郵便番号、住所、氏名、ペンネーム、年齢（**非公開希望の方は「非公開」と記入してください**）、電話番号またはメールアドレス
3 作品のタイトル（**※Space Sでは不要**）
4 使用画材（絵具や描画ソフト、紙の種類など）
5 作品に関して一言
6 投稿経験（初投稿は特に明記。Xやインスタのアカウント、エスやSSへの掲載歴を記載ください）

★使用画材
画材は何でもOKです。「StarS」宛は白黒、カラーは問いません。「SpaceS」はモノクロページでの掲載なので、白黒で描いてください。

★その他注意
・天地（作品の上下）左右がわかりにくいイラストは裏に明記して下さい。

★作品の返却を希望する際のキマリ
1 投稿時と同額の切手を貼った、自分の住所氏名を書いた封筒を同封すること
2 作品の裏に赤で「要返却」と書くこと
3 複数枚数の場合は、全部で何枚あるか全てのイラストの裏面に必ず書くこと（例えば3枚投稿した場合、1／3、2／3、3／3と書いて下さい。**1枚の場合でも1／1と記載してください**）

★作品のサイズ
用紙サイズはA4（21×29.7cm）以内でお願いします。A4より大きい用紙は不可です。

★応募締め切り
**2025年1月23日（木）当日消印有効**

★送付先
〒150-0041
東京都渋谷区神南1丁目13-3
アーク神南ビル2階
季刊エス編集部
「StarS」または「SpaceS」係
（応募するコーナーの係宛に送って下さい）

●インターネットでおくる場合
季刊エスサイト
http://s-ss-s.com/s/
「投稿のおしらせ」より応募要項をご確認いただきメールフォームに沿って投稿ください。

★応募締め切り
**2025年1月23日（木）当日送信まで有効**

◎発表 2025年3月15日発売号

# spaceS ONE MANGA

実録！エス編集部4コマ　スシ狼ゲーム

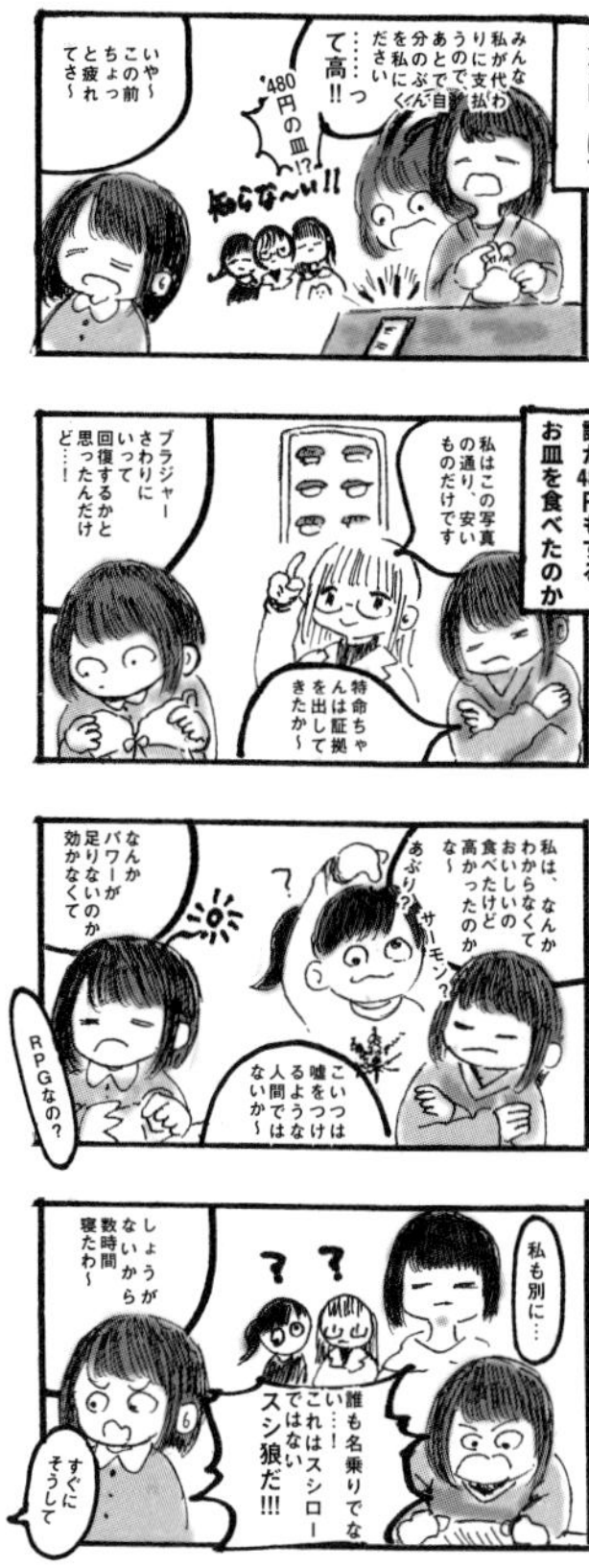


いまだ迷宮いり…！

Gallery ecrii　ギャラリー エクリ
東京・渋谷にあるエス編集部に隣接したミニギャラリー

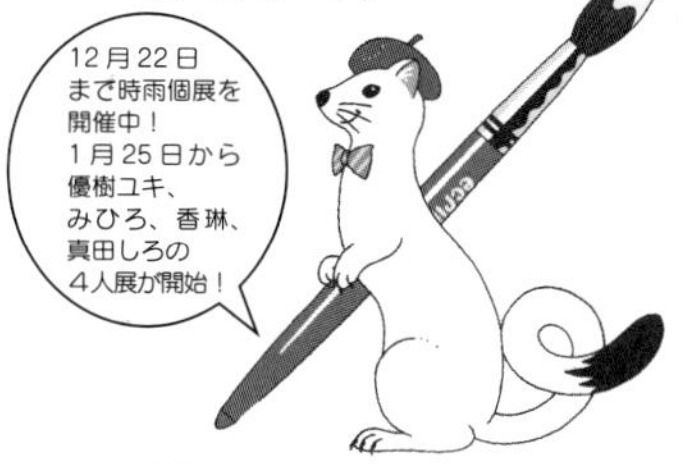


X（Twitter）

予約フォーム

埼玉県・風見☆鶏・67歳

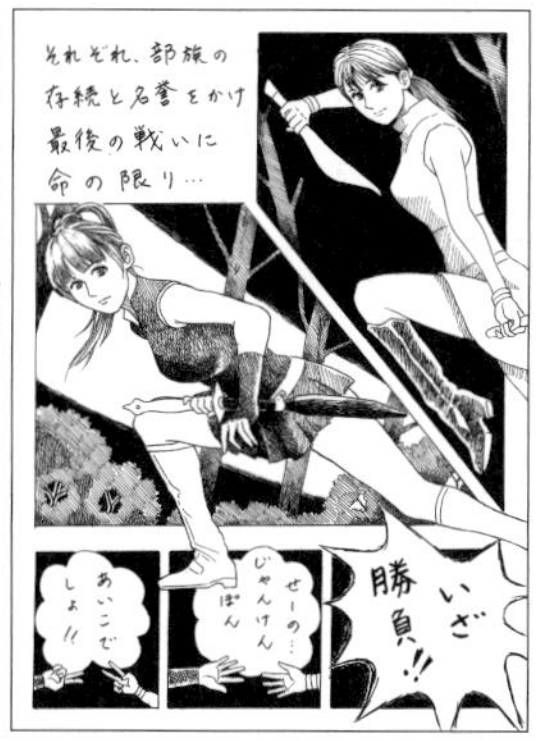


東京都・ひろくまひろみ

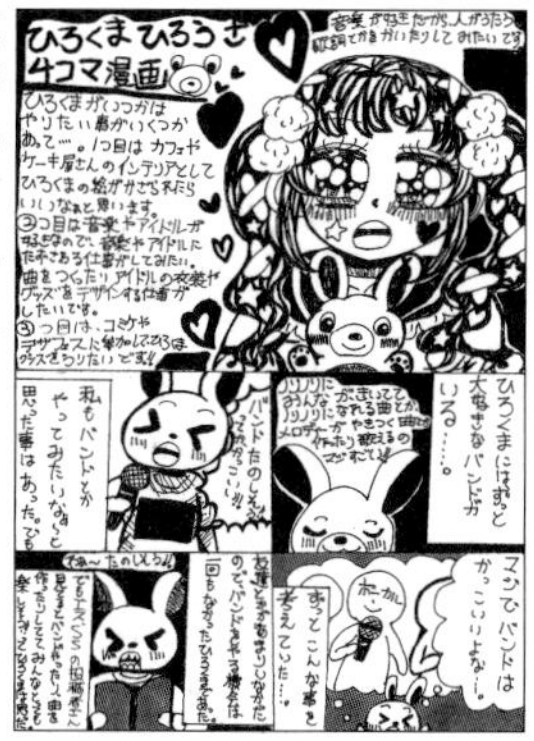

東京都・三田由子

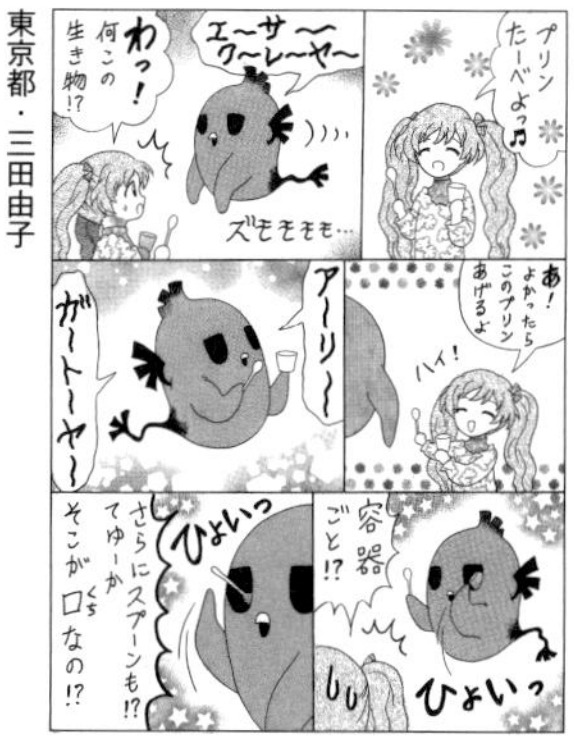

長野県・チェインミラァ

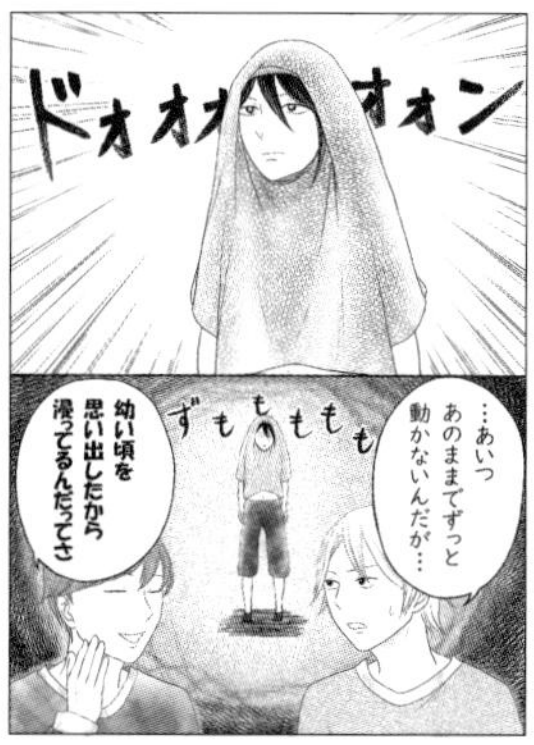


福島県・INE

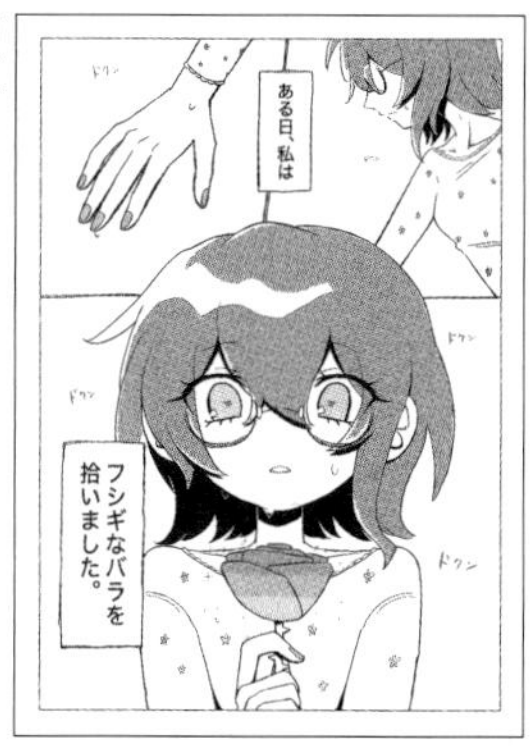


長野県・谷川りおん

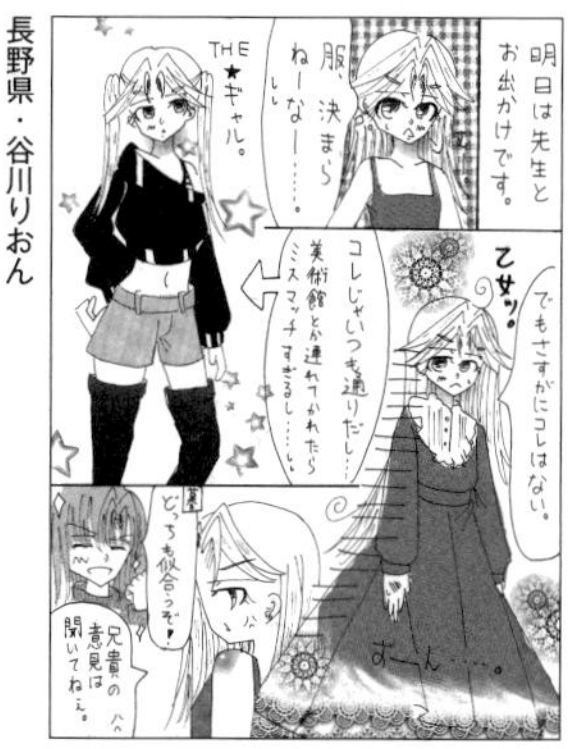

福島県・九雲

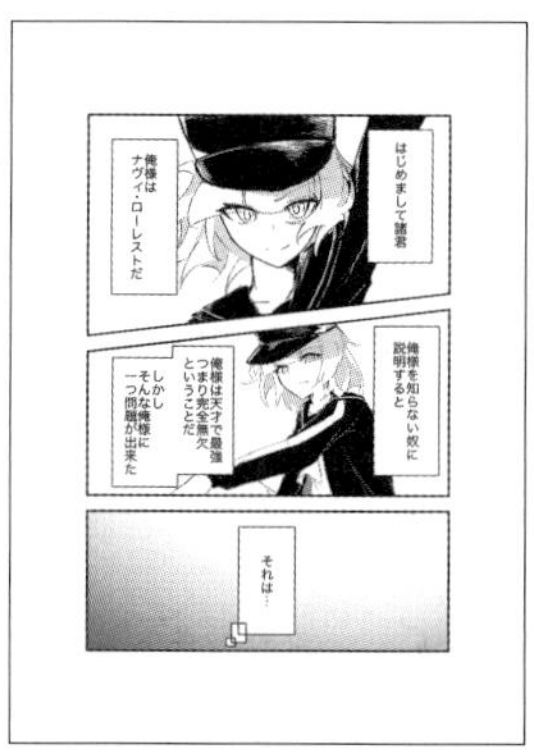

福島県・花宮華

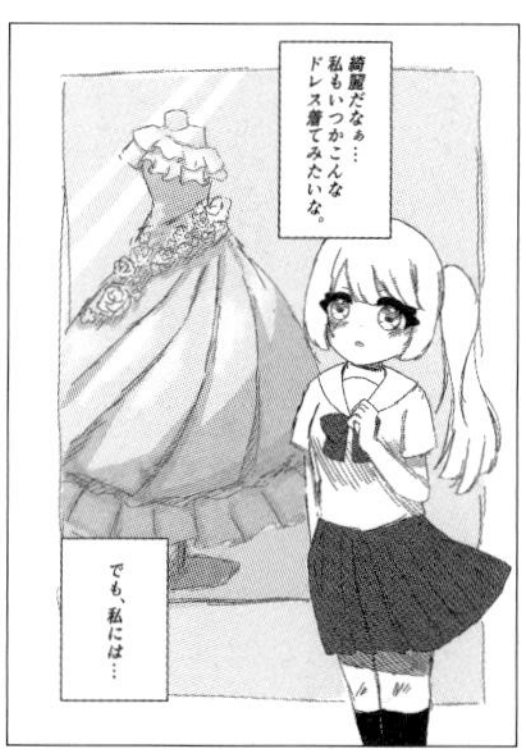


東京都・ともしび（月改め）

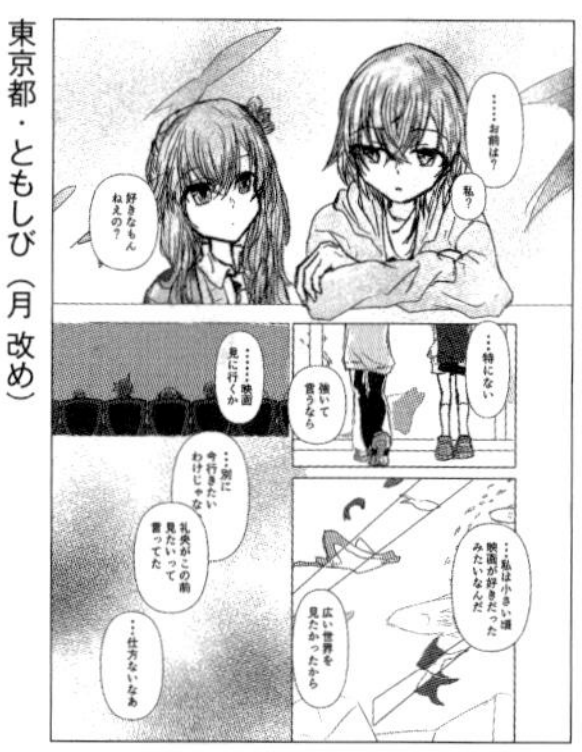

## StarS 読者投票・結果発表！

本誌アンケートハガキに記入欄のある、気に入ったイラストアンケートの結果発表。審査員の意見に加えて、広く皆さんの意見を取り入れるために実施しています。投票で上位に入ったイラストには、読者ポイントも加算されますので、「この人の絵がもっとみたい！」という思いもこめて、是非、投票して下さい。

・第38回 StarS 読者投票結果

1位　フミカ　5ポイント
2位　杉田まがり　4ポイント
3位　ゑいた　3ポイント
4位　梨茶
5位　不み
6位　potato
6位　壱太助丸
8位　うらやか
9位　おもち
10位　りーりん
10位　キスガエ

総合結果
1位　フミカ
2位　杉田まがり
3位　ゑいた
4位　梨茶
5位　不み
6位　potato
7位　壱太助丸
8位　井戸金
9位　うらやか
10位　りーりん
10位　キスガエ

4位～10位の方には、2ポイント加算されます。

StarSのポイントは10回ごとに集計し、その結果からグランプリ受賞者を決定します。上位ポイント獲得者には、画材や描き下ろし原稿料をかねた賞金が贈られます。皆様からの投稿お待ちしております～♡

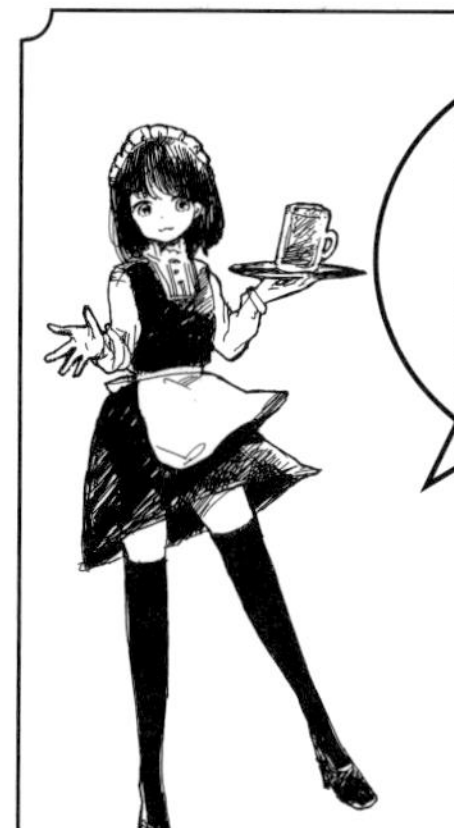

二代目メイド編集部員ととちゃん

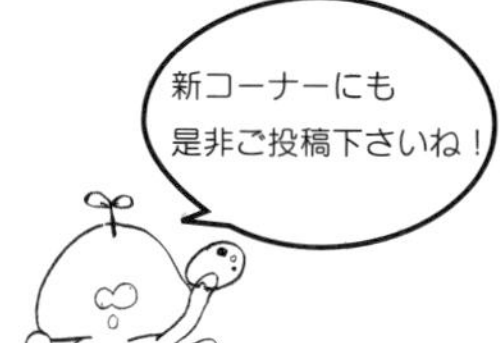


SpaceS ナビゲーター お絵かき宇宙人ピクラ

埼玉県・AtAt

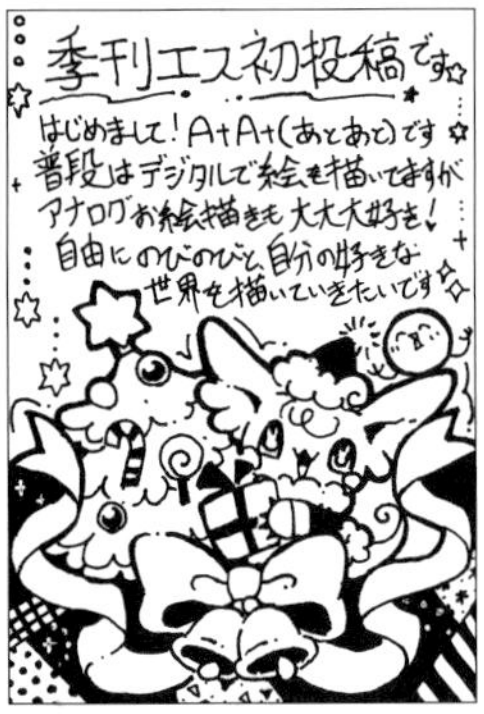


埼玉県・Yu-Sa

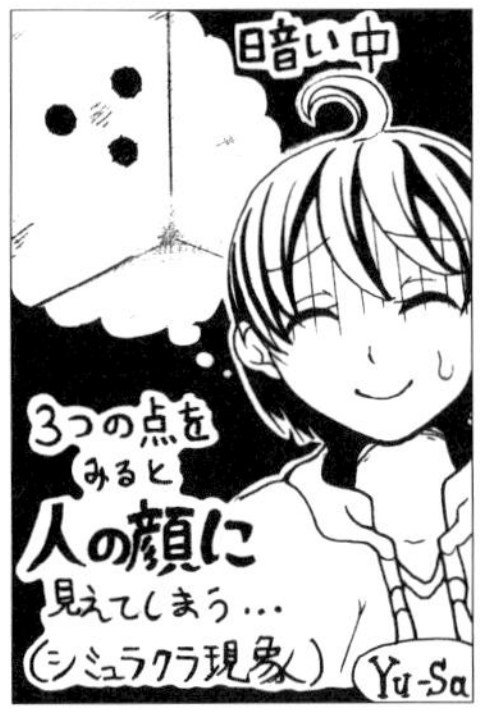


千葉県・さざはら

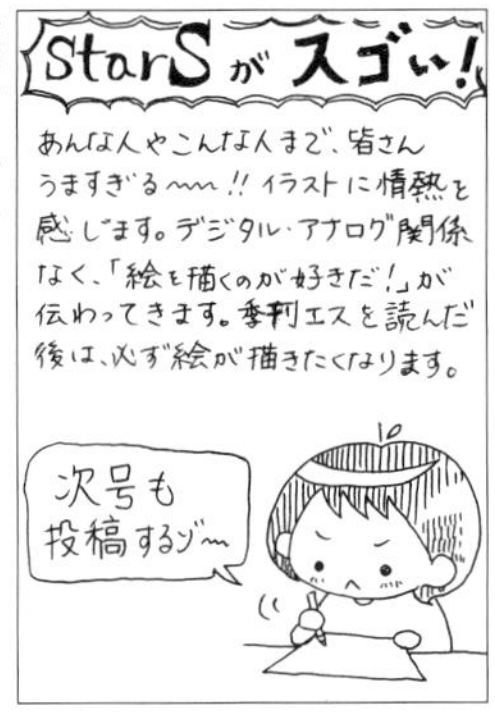


東京都・栗餅

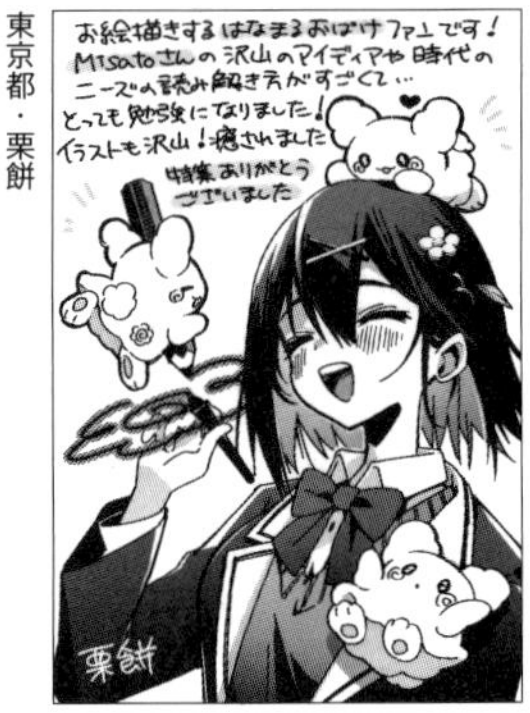


東京都・成

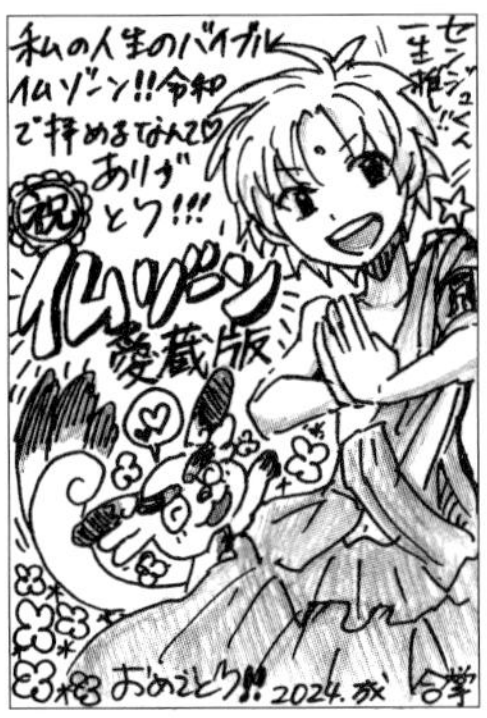


千葉県・前川泉

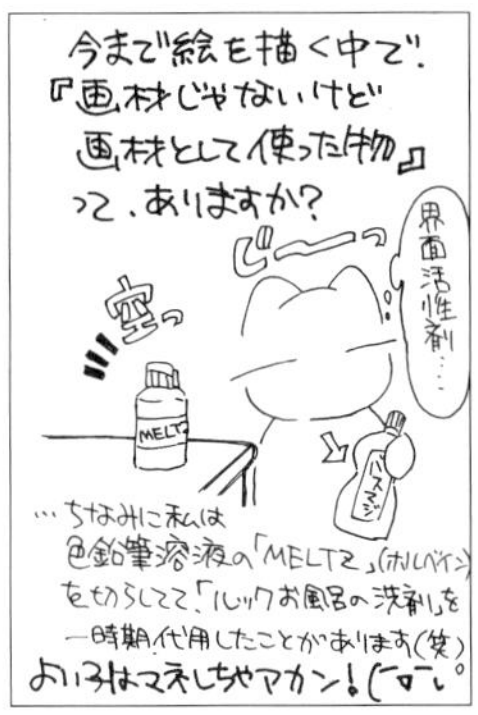


千葉県・HarimaKanbe

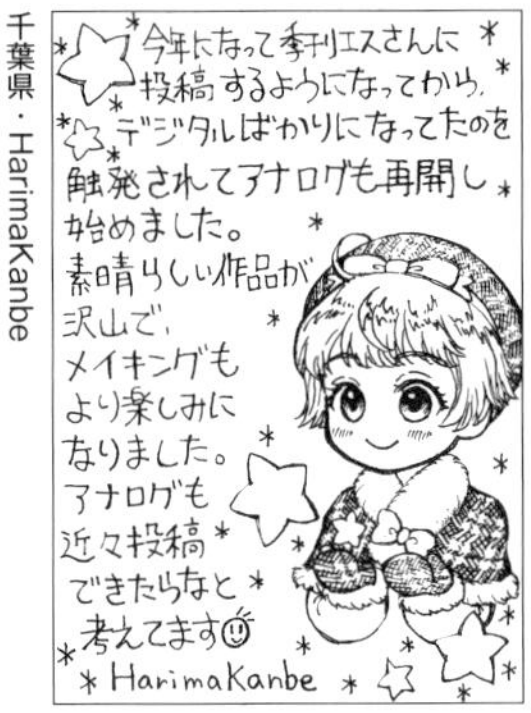


東京都・やえこまち

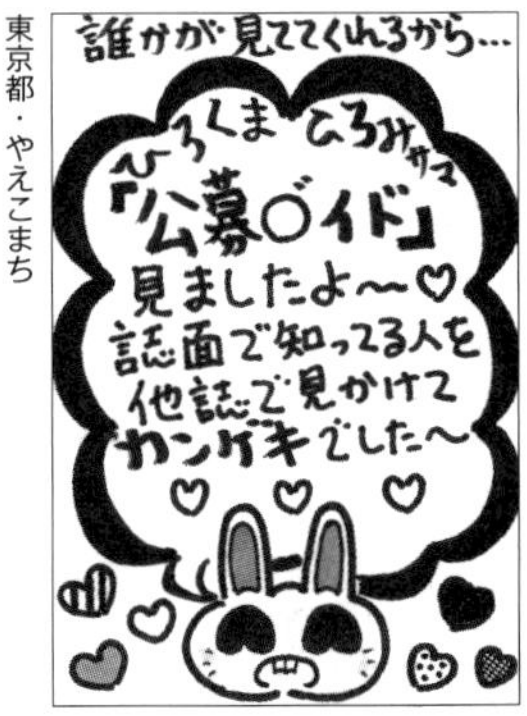


千葉県・武田和子・73歳

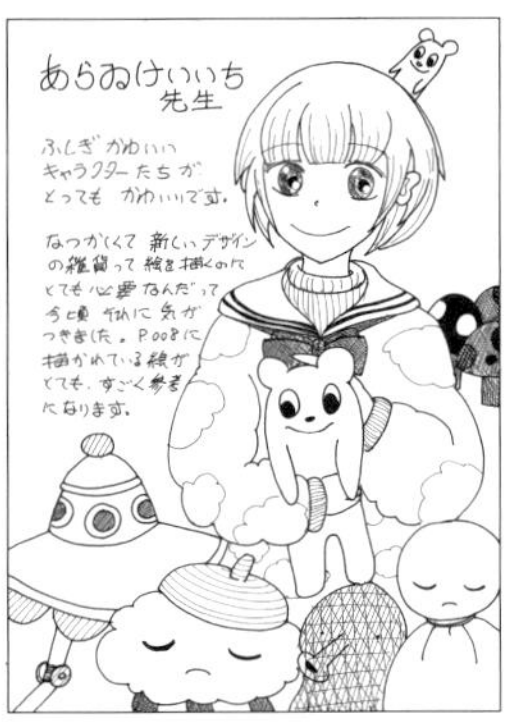


長野県・ももた

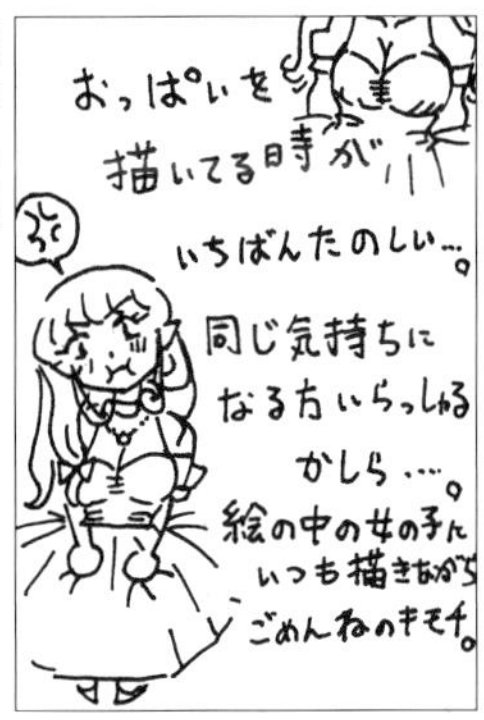


愛知県・とうか

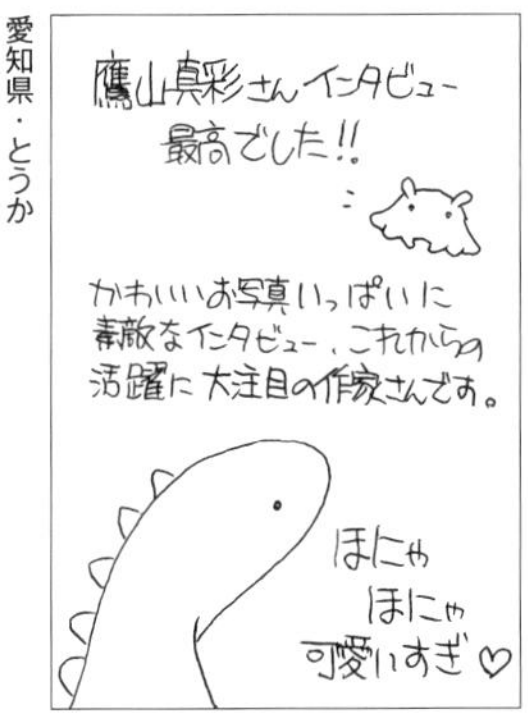


岐阜県・けい

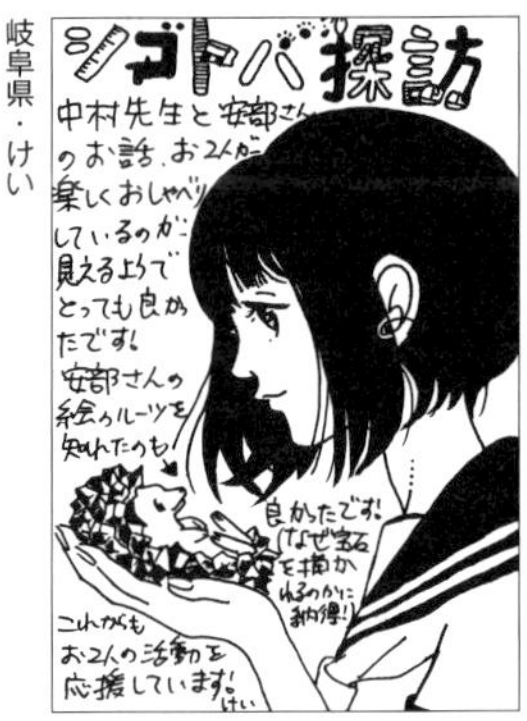


東京都・ひろくまひろみ

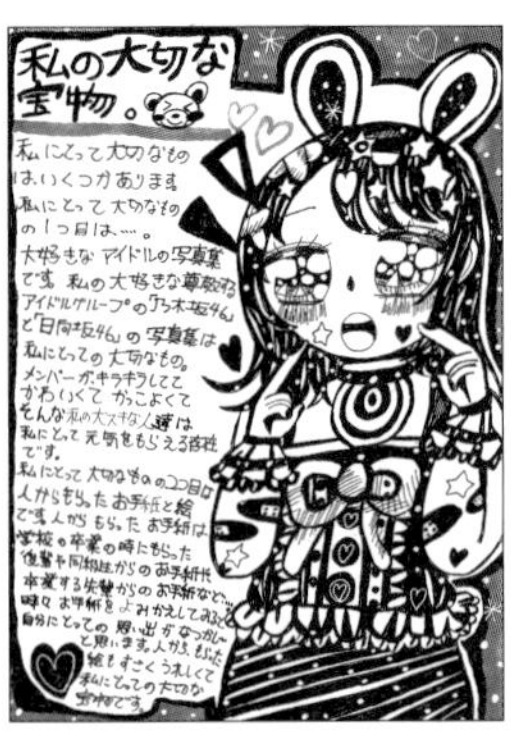


千葉県・都栄

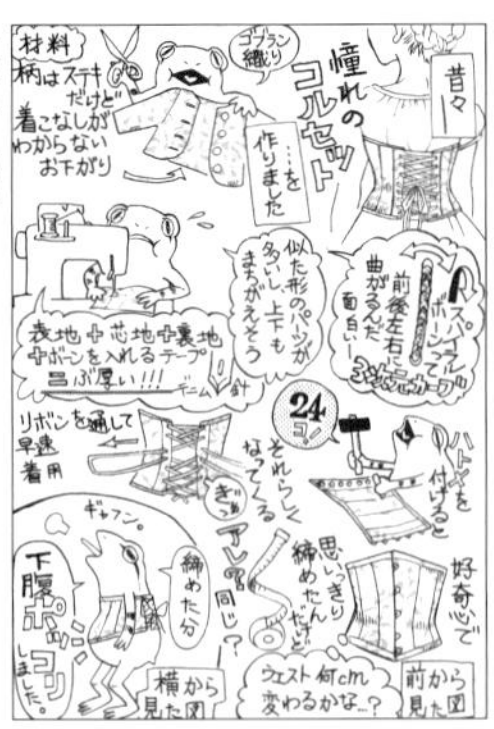


東京都・たかぴ

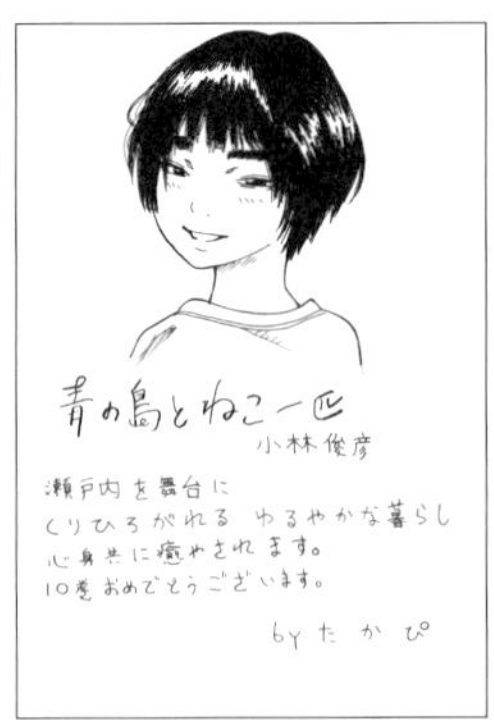


東京都・三峰徹

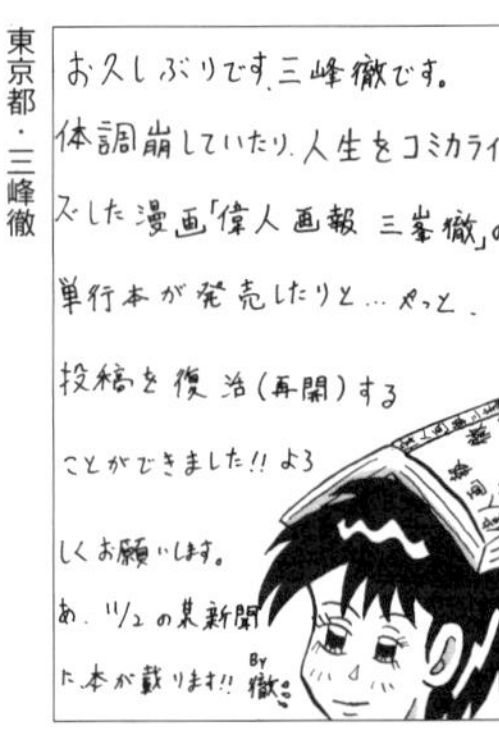


福島県・風波

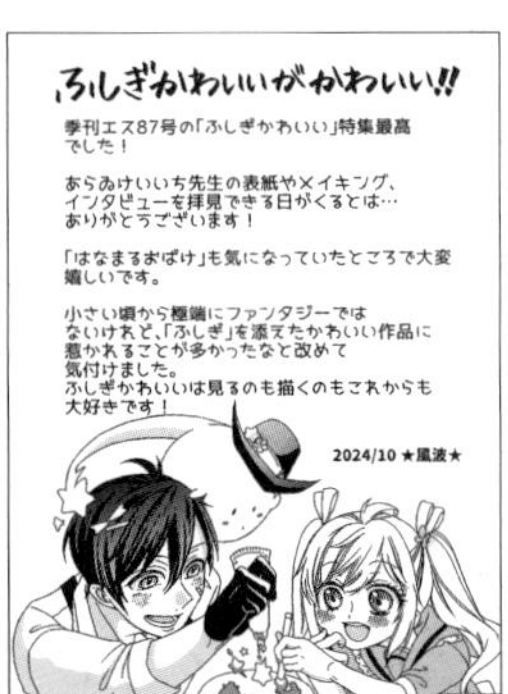


福島県・九霊

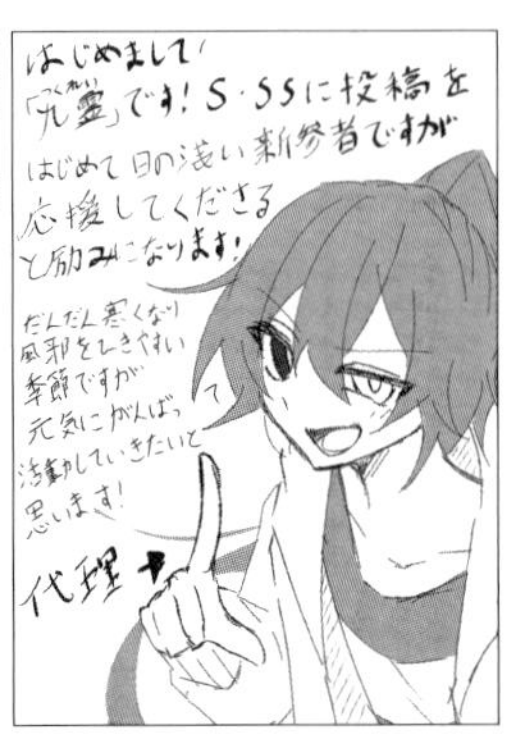


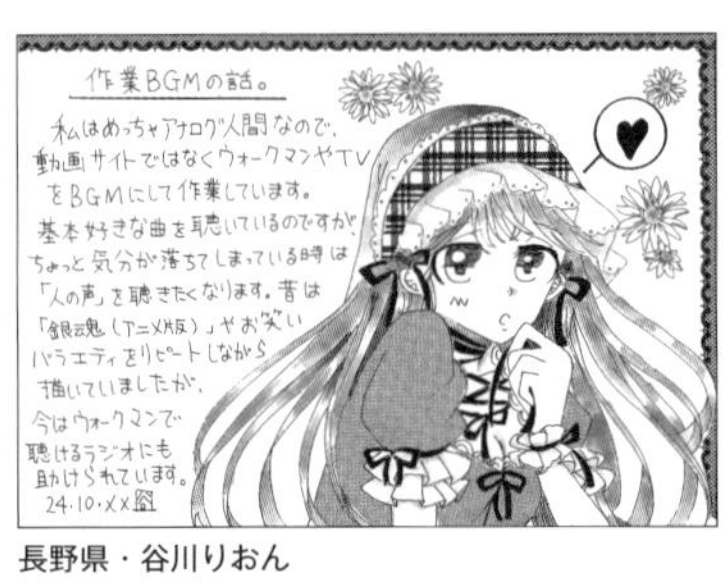


長野県・谷川りおん

埼玉県・風見☆鶏・67歳

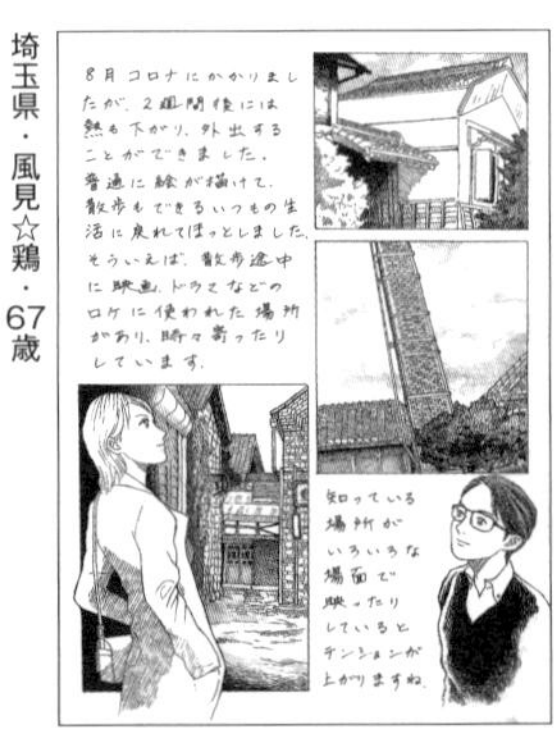

好評受付中！

## 「季刊エス」と「SS」は、年間定期購読ができます！

「季刊エス」と「SS」では便利な年間定期購読システムを行っています。
書店で探さずとも毎号確実に季刊エスやＳＳが手に入るのが
年間定期購読です。 お申し込みはインターネット、スマートフォンから！

季刊エス定期購読　SS定期購読

### ■季刊エス定期購読申し込み方法

WEBサイトから
http://www.fujisan.co.jp/kikans

### ■スモールエス定期購読のお申し込み方法

WEBサイトから
http://www.fujisan.co.jp/ss

※年間購読の申し込みはFujisan.co.jpになります。 お申し込みはFujisan.co.jp記載の利用規約に準じます。
★Fujisan.co.jpでは季刊エスとスモールエスのバックナンバーを購入することもできます！

スモールエスと季刊エスのバックナンバー販売中

■販売中のスモールエス
※電子書籍も発売中
72号(表紙：キナコ)
73号(表紙：寺田てら)
74号(表紙：WOOMA)
75号(表紙：上倉エク)
76号(表紙：南野葵)
77号(表紙：村カルキ)
78号(表紙：優子鈴(ゆこりん))
79号(表紙：七神マナ)

■販売中の季刊エス
83号(表紙：米山舞)
84号(表紙：rurudo)
85号(表紙：なもり)
86号(表紙：山口つばさ)
87号(表紙：あらゐけいいち)

## NEXT ISSUE

2025年3月15日発売予定

### 特集：BODY LOVE（仮）

人の体は様々なかたちで表現されてきて、触れる人の五感を刺激してきました。絵に限らず、音楽でもクラウス・シュルツェが肉体の昂揚を作品にしています。ただ、深く触れるほど生々しくて抵抗感も出てくるもの。五感といっても、花のような香りやお菓子のような味わいとは違うからでしょう。しかし、その抵抗感を超えて、人をひきつければ強い愛をもって求められます。平常な触れ合いを超えたところにある肉体の魅力とは何でしょうか。次回はそういった肉体への愛に迫ります。

## 編集後記

今号の表紙は加藤和恵さん。もう20年も前にイラストを投稿してくれていて、その頃の加藤さんは漫画誌での連載を目指していたのですが、同時に「季刊エス」創刊当時には毎号短編漫画を描いてくれていました。昨年のエス編集部20周年記念展ではその作品が展示されて、お祝いコメントも描いていただきました。これまで折りに触れて取材記事をお願いしてきましたが、『青の祓魔師』の15周年記念である今年、ついに表紙での登場です。古い話で恐縮ですが、加藤さんはイラストを投稿してくれていた頃から、生き生きとしたキャラクター表現がズバ抜けていて、漫画誌ではない私たち編集部でも大きな話題でした。その持ち味を存分に生かして、ずっと刺激的な漫画を描き続けておられます。今回は長い間お世話になってきた加藤さんに表紙を描いていただけて、感慨深い思いです。

また、「怪異」というテーマは、ホラー的な恐怖というよりは、「現実ではありえないような不思議な出来事」を指す言葉ですが、その意味では土地や風俗の古層にも怪異的なものがあると言えます。今回取材した、映像作家チャド・マイケル・ウォードは、かつてはロサンゼルスのアートシーンで、エロスやタナトス、ドラッグといった都市的な逸脱を描いていましたが、現在はスウェーデンの奥深い森で感じられる原初的な怪異に迫っています。チェン・ティエンジュオ＆シコ・スティヤントの舞台『オーシャン・ケージ』は、インドネシアに伝わる捕鯨にまつわる儀式をモチーフとしたもので、これは観客もその儀式を体験できるような作品です。私たちはスマホでコミュニケーションをしたり、作品を鑑賞したりする時間が多いですが、怪異に関しては、古来より人間が味わってきた非現実的な体験にまつわるものが多く、興味深いです。そして今回は奥村靫正さんの取材記事を掲載いたしました。日本画に没頭した幼少期、そして1970年代に革新的なミュージシャンたちとの交流から、世界的なポップカルチャーを築き上げた軌跡をお聞きしました。奥村さんはYMOやチェッカーズの仕事において、アイコン的なデザインでアーティストを表象したり、サイバーパンクの始まりをビジュアル化したり、画期的な表現をされてきました。私たちが当たり前のように見ているビジュアルがどのように生まれたのかを知ることも刺激的なことだと感じます。今後とも様々な分野にアプローチしたいと思っています(ノ)

## イラスト投稿ガイド

158ページとあわせてよく読んでね！

78号から、投稿の送付先の住所が渋谷に変更！お間違えないように！

### ● イラスト送付先住所（編集部は渋谷です！）

〒150-0041 東京都渋谷区神南1丁目13-3 アーク神南ビル2F
季刊エス編集部「（応募コーナー名を書いてください）」

### 投稿イラストの裏面に必要事項を記入する

※読み間違いを防ぐために、丁寧に書いて下さい！

★住所、氏名などの必要事項は、必ず全てのイラストの裏に記入して下さい。封筒や別紙に記入するのは不可です！

これはStarSに1枚SpaceSに2枚、合計3枚を返却希望で送る場合の図解です

返却希望の場合は「要返却」と**赤字**で記入して下さい。黒字はNGです。また、返却封筒の同封も必要になるので、忘れないよう、お気をつけ下さい。

イラストの返却を希望する場合 → 返却用封筒の用意

イラストの返却が不要の場合 → 宛名

### 返却用封筒の用意

イラストを返却する時に、これに入れてお返ししますので、返却を希望する場合に必ず必要となります。返却用封筒が無いとイラストの返却が出来ませんので注意して下さい！

返却時に必要な料金分の切手を貼って下さい

ご自分の住所、氏名を書いて下さい

### 宛名（編集部の住所・コーナー名）、差出人を書いた封筒に入れ、切手を貼る

リターンアドレスが書かれているか、切手の料金が足りているか確認！郵便料金は下の料金表を参考にして下さい。

★重さは自宅のキッチンスケールで量れます。はかりが無い場合など、必要な料金が分からない時は郵便局の窓口で出しましょう。

23.5cm×12cmよりも大きなもの、または厚みが1cmよりもあるものは定形外郵便の料金となるので要注意!!

郵便料金表

| | 定型内 | 定形外 | 角形2号厚み3cm以上の定形外 |
|---|---|---|---|
| 25gまで | 110円 | 140円 | 260円 |
| 50gまで | 110円 | | |
| 100gまで | | 180円 | 290円 |
| 150gまで | | 270円 | 390円 |
| 250gまで | | 320円 | 450円 |

★2024年10月1日以降の新価格を掲載！
※A4、B5、A5サイズ等は定形外郵便となるため郵送には最低140円かかります。

投稿やハガキに記載された情報は、投稿作掲載、原稿依頼、プレゼント発送という誌面での企画にしか使用いたしません。

サイン色紙は転売・譲渡禁止。当選者にはその契約を締結した後に発送します。

希望プレゼント番号：　第1希望　第2希望

AとBなど複数あるプレゼントは「1-A」というように、希望を○内に書いてください

住所：□□□-□□□□

都道府県

氏名：

ペンネーム：

性別：　職業：　年齢：

□掲載時に年齢を載せない

電話番号：

メールアドレス：

※太枠内は投稿作品を掲載させる際に誌面に掲載します。

プレゼントの応募締切りは2025年1月23日(木)消印有効です

料金受取人払郵便

渋谷局承認

7528

差出有効期限
令和7年
3月14日まで

切手は不要なので送ってね！

POST CARD

150-8790

202

東京都渋谷区神南1-13-3
アーク神南ビル2F

「季刊エス」編集部
S88号
アンケート 係

# 「S～エス～」プレゼントコーナー！

**プレゼントの応募締切は
2025年1月23日（木）当日消印有効です**

1
NOW PRINTING
加藤和恵
直筆サイン色紙
1名様

2
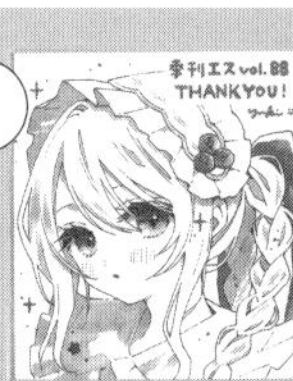
優樹ユキ
直筆サイン色紙
1名様

3
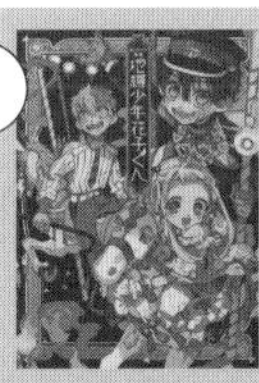
あいだいろ直筆サイン入り
「あいだいろ画集」
1名様

4
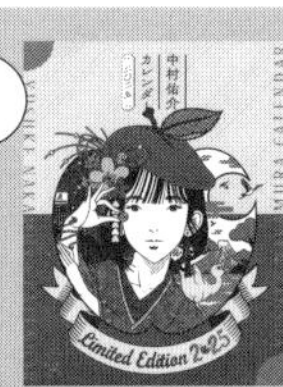
中村佑介カレンダー
2025
3名様

5
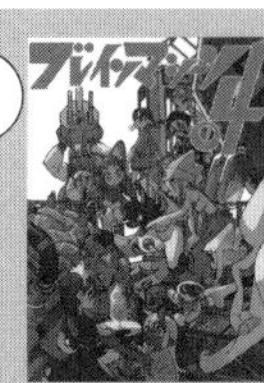
はなぶし直筆サイン入り
A1 ポスター
1名様

6
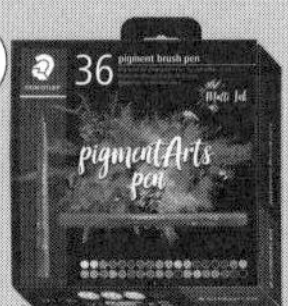
ステッドラー ピグメント
ブラッシュペン 36 色セット
1名様
提供：ステッドラー日本株式会社

7
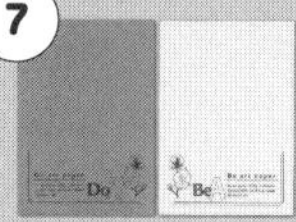
ドゥーアートペーパー
ビィーアートペーパー
パッド2冊セット　5名様
提供：株式会社ミューズ

8
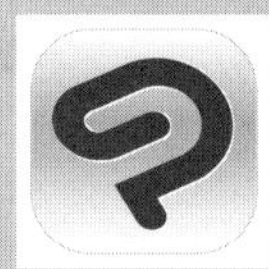
CLIP STUDIO PAINT PRO
1デバイス2年版アクティベーションコード
1名様
提供：株式会社セルシス
(Win/mac/iPad/iPhone/Android/Chromebook
のいずれか1台で利用可能)

9
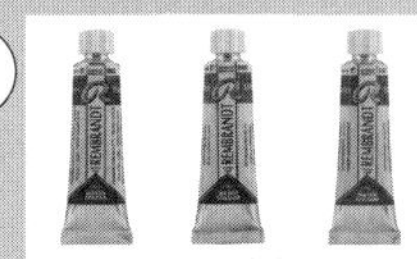
レンブラント透明水彩絵具
#862　カメレオンバイオレットブルーグリーン
#865　スパークブルー
#847　インターフェレンスバイオレット
数量：【各10ml チューブ　3色セット
（既存の包装材を使用しますため、中身と包装材の表記が一部異なります事、ご了承ください。）
「※色は場合によって変更になる可能性もありますので予めご了承ください」
3名様
提供：株式会社ターレンスジャパン

10
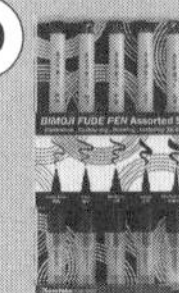
BIMOJI FUDE PEN Assorted set
5本セット（XT/5V2）
3名様
提供：株式会社呉竹

## 季刊エス、SS（スモールエス）、単行本の編集スタッフ募集（※社員登用への道もあり）

**季刊エス編集部では、雑誌「季刊エス」「SS（スモールエス）」と単行本を編集するアルバイトスタッフを募集します。お互いの条件があえば社員登用もありますので、編集経験者も歓迎です。**

**●作業場所：（株）パイ インターナショナル「季刊エス」「SS」編集部
東京都渋谷区神南1丁目13-3　アーク神南ビル2F　※JR渋谷駅から徒歩8分。**

**●おもな作業：イラストレーターや漫画家、アニメ作家さんたちへの取材、映画や舞台、写真、人形などを幅広く扱う記事、投稿ページの編集作業補助。文章やビジュアルを扱います。
●雇用条件：アルバイト・パート契約。時給1200円以上（昇給あり）。交通費支給。委細面談。**

**●応募方法
①履歴書（携帯電話とメールアドレス含む）、職務経歴書（勤務経験のある場合）のPDF
②好きな作家と作品を5つくらい教えてください。
③SNSのアカウント（X、インスタグラムなど）
④編集部までの交通経路（例：JR中野駅～JR渋谷駅）を下記まで、メールでお送りください。
関東近郊で、通いやすい方に限ります。
★応募先：　ss@s-ss-s.com　件名は、「エス編集部」編集スタッフ募集係
応募者には編集部からメール返信いたします。　どうぞ、よろしくお願いします。**

### 「S～エス～」88号 2025年冬 怪異 ―ふしぎあやかし―

1 | 表紙＆ピンナップ｜加藤和恵
2 | ピンナップ：村田蓮爾　4DSTYLE
3 | 特集扉：浅田弘幸
4 | 加藤和恵　表紙メイキング＆インタビュー
5 | 碧風羽　描き下ろし
6 | 七原しえ
7 | おくむらみゆき
8 | hasuimo
9 | 妖魔君
10 | harvey_onioni!
11 | KIRUTA
12 | しらまめ
13 | 紫昏たう
14 | つきのこはら
15 | かいいのかわいい生活（せこなお、いとい ゆき、AO FUJIMORI、haruka peco、
16 | はっく、marron、あやさ工房、きむらほたて）
17 | 漫画『夏目友人帳』緑川ゆき
18 | 漫画『地縛少年花子くん』あいだいろ
19 | アニメ『ダンダダン』李小霏、Louis Ventre
20 | 桂正和と夜馬裕の不思議議世界の話
21 | ダークと怪異の映像作家「チャド・マイケル・ウォード」
22 | はなぶし『ブレインマシーン04』
23 | 「コピックチャオ スペシャルギフトBOX Flowers メイキング」優樹ユキ
24 | 第18回ペンタブレット de アート投稿コンテスト結果発表
25 | もっと教えて…♥　七神マナのイラスト開発テクニック「Rare ZOO」
26 | 描き下ろし　ととまめ
27 | 描き下ろし　けんきょう
28 | 奥村靫正インタビュー
29 | 舞台『オーシャン・ケージ』チェン・ティエンジュオ＆シコ・スティヤント
30 | どちびニュース
31 | 第2回 GALLERIA イラストコンテスト 結果発表
32 | pixiv 韓国学生イラストコンテスト 2024 結果発表
33 | okama の楽しいまちづくり
34 | 田中将賀のキャラクター赤ペン講座
35 | 是都のおかしの描き方
36 | 中村佑介　シゴトバ探訪　mame
37 | 直感通信　長尾謙一郎×小田島等
38 | column：ゆかしなもんの昭和ガーリーカルチャー大学
39 | column：「演劇 3rd eye」徳永京子
40 | Star S
41 | Space S

フリースペース（絵や文章など、SpaceS投稿用にもどうぞ！）
投稿コーナー名
ペンネーム

「S」2025年 冬 88号
「怪異 ―ふしぎあやかし―」

季刊エスの本誌やSNSでコメントを紹介することがあります。
ペンネーム掲載以外を希望の方は、「□」にチェックしてください。
□掲載NG　□匿名希望

■今回登場した作家、作品への感想をどうぞ

■この雑誌で面白かった記事は？（上記のリスト番号から5つまで）
[　][　][　][　][　]

■130～152ページの「StarS」投稿イラストで気に入った絵の作家名を教えてください（3人まで）　※お手数ですが掲載ページもご記入ください
（P.　掲載）（P.　掲載）（P.　掲載）

■季刊エスの「表紙描き下ろし＆巻頭大特集」で見てみたい作家や内容は？

■好きなイラストレーターを教えてください

■今後「季刊エス」を買うとしたら、何が決め手になると思いますか？（2つまで）
□表紙の作家　□漫画家インタビュー　□好きな作家が複数出ている　□連載の絵や記事
□メイキング記事　□描きおろしイラスト　□投稿イラストコーナー　□付録の内容

■「季刊エス」にて、リスト化された紹介一覧が見たいジャンルは？（3つまで）
□イラスト　□漫画　□ぬいぐるみ　□ソフビや陶器などの雑貨　□映像作品（実写）
□衣装やアクセサリー　□ボカロP　□現代美術　□MV（絵や文字で見せる作品）

■「季刊エス」には、どのような記事づくりを求めますか？（2つまで）
□有名作家の取材　□新進作家の紹介　□珍しい分野の紹介　□メイキング記事
□作家活動のための指南書　□1つの世界を詳しく追究　□エンタメ業界最新事情